FORMULAIRE GÉNÉRAL

A L'USAGE

DES NOTAIRES

JUGES DE PAIX, AVOUÉS, HUISSIERS, GREFFIERS

ET OFFICIERS DE L'ÉTAT CIVIL

PARIS. — IMPRIMERIE ÉMILE MARTINET, RUE MIGNON, 2.

FORMULAIRE GÉNÉRAL

A L'USAGE

DES NOTAIRES

JUGES DE PAIX, AVOUÉS, HUISSIERS, GREFFIERS
ET OFFICIERS DE L'ÉTAT CIVIL

CONTENANT EN OUTRE

DES MODÈLES POUR LES ACTES SOUS SEING PRIVÉ LES PLUS USUELS

PRÉCÉDÉ DE DEUX DISSERTATIONS

L'une sur la rémunération, l'autre sur la responsabilité des Officiers ministériels

ET SUIVI

1° De l'évaluation des déboursés et honoraires s'appliquant à chaque formule ; 2° Des tarifs de 1807, de 1841 et de 1851 ; 3° De la loi du 25 ventôse an XI

Complément des *Répétitions écrites sur le Code civil* de M. MOURLON

PAR MM.

FRÉDÉRIC MOURLON
Docteur en droit
Avocat à la Cour d'appel de Paris, l'un des fondateurs de la *Revue pratique de Droit français*

JEANNEST St-HILAIRE
Chevalier de la Légion d'honneur
Membre honoraire, maire, et Président du comité des notaires des départements

Nouvelle édition, revue, corrigée, augmentée et mise au courant jusqu'à ce jour

PARIS
LIBRAIRIE A. MARESCQ AINÉ
A. CHEVALIER-MARESCQ, SUCCESSEUR
20, RUE SOUFFLOT, 20
1882

A Chabert, née Seamnest St-Hilaire.

NOTES DE L'ÉDITEUR

Nous reproduisons la note qui se trouve en tête de la première édition de ce formulaire; elle conserve son intérêt en raison des motifs qui l'ont dictée à l'époque de la création de l'œuvre.

NOTE DE LA PREMIÈRE EDITION

« Nous avions promis aux souscripteurs des répétitions écrites de
» M. F. Mourlon un formulaire général du Code Civil. M. Mourlon lui-
» même et M. Jeannest Saint-Hilaire se sont chargés d'acquitter notre
» dette.

» Ce n'est certes pas une œuvre nouvelle ni en apparence bien
» difficile qu'un formulaire; néanmoins, nous sommes heureux que deux
» hommes, honorablement connus au double point de vue de la théorie et
» de la pratique, aient bien voulu accomplir un travail qui, bien qu'aride,
» intéresse, à un si haut degré, la sécurité des transactions et des familles.

» La tâche qu'ils se sont imposée a singulièremet élargi la portée de
» l'engagement que nous avions pris; au lieu d'un formulaire du Code
» Civil, ils se sont trouvés entraînés à faire cinq manuels distincts, em-
» brassant toutes les formules à l'usage : des notaires, des maires, des
» juges de paix, des avoués et des huissiers, et, en outre, un formulaire des
» actes sous seing privé. Un supplément important, comprenant tous les
» actes qui ne dérivent pas directement du Code Civil, est dès lors devenu
» indispensable. C'est un sacrifice que, comme éditeur, nous n'avons pu
» refuser à leur désir de bien faire. »

NOTE CONCERNANT LA PRÉSENTE ÉDITION.

Dans cette nouvelle édition, nous avons respecté le caractère, l'ordre et la méthode de l'édition première ; seulement, nous avons retouché, dans diverses formules, les clauses ou les phrases que la pratique a pu modifier ; nous avons aussi ajouté quelques formules nouvelles, mises en rapport avec les lois spéciales qui sont intervenues en ces derniers temps, notamment des formules *d'actes de société* (loi de 1867), de *contrat d'hypothèque maritime* (loi de 1874), d'*ouverture de crédit*, etc.

Par suite de l'augmentation survenue dans les droits de timbre et d'enregistrement, il a fallu, en outre, apporter des changements aux chiffres concernant les tarifs.

En résumé, cet ouvrage a été refondu, revu et corrigé avec le plus grand soin, et il est maintenant tout d'actualité, en raison de sa mise au courant jusqu'à ce jour.

Octobre 1881.

AVANT-PROPOS

I

RÉMUNÉRATION

DES OFFICIERS PUBLICS ET MINISTÉRIELS

Bien que chacune de nos formules soit terminée par le décompte des déboursés et des honoraires qui s'y appliquent, nous croyons utile de présenter, non seulement l'ensemble des lois, décrets et ordonnances qui fixent les émoluments des actes de la juridiction contentieuse, mais encore un état, aussi complet que possible, de ceux que l'usage a consacrés pour les actes de la juridiction volontaire.

Des malentendus fâcheux existent, sur cette grave matière, entre un certain nombre de magistrats et les diverses classes d'officiers publics et ministériels. Ces malentendus compromettent le sort des offices et la considération des corporations, soit en entretenant l'inquiétude, soit en éloignant la jeunesse de professions tourmentées dont se dégoûtent les titulaires honorables.

Nous n'exagérons rien, le mal existe, nous le connaissons pour l'avoir sérieusement étudié ; c'est une plaie que nous avons voulu sonder afin de chercher à la guérir.

Loin de nous l'idée de dissuader les officiers publics et ministériels du désintéressement, qu'ils doivent toujours considérer comme un devoir inhérent au monopole dont ils jouissent. Mieux vaut sacrifier un droit même injustement contesté, que de livrer son nom au retentissement d'une lutte judiciaire :

c'est par de tels sacrifices qu'on recueille promptement l'honorabilité. Ce placement à gros intérêt est le seul que nous puissions conseiller à ceux pour qui nous écrivons[1].

Les lois et ordonnances qui régissent la matière fixent deux modes bien distincts de rémunération :

Le tarif *légal* pour les actes de la juridiction contentieuse;

Le règlement *amiable* pour ceux de la juridiction volontaire.

Quelle est la limite exacte qui doit séparer ces divers actes? Quels sont ceux auxquels les tarifs doivent être appliqués d'une manière absolue? Quels sont ceux, au contraire, pour lesquels il y a lieu de laisser toute latitude au libre arbitre des parties?

Sur ces diverses questions la magistrature et les officiers publics et ministériels ne sont que trop souvent divisés d'opinions. Essayons d'éclairer la matière.

Selon nous, les tarifs ont été édictés non pour servir de règle absolue entre le client et l'officier de son choix, mais pour limi-

[1] Le collège des avocats à la Cour d'appel de Paris refuse à ses membres toute demande judiciaire en payement d'honoraires. Cette règle est sage, ainsi que l'explique très bien M. Mollot dans son ouvrage sur la profession de l'avocat;

« Elle constitue essentiellement l'honneur de notre profession; elle fait » que cette profession ne ressemble à aucune autre.

» D'ailleurs, voyez les conséquences de l'opinion contraire : que si vous » admettez l'action en payement d'honoraires, vous altérez profondément la » fonction de l'avocat; vous la transformez en un mandat salarié, sinon en » un louage d'ouvrage; vous soumettez sa réclamation, et, par conséquent, » ses vertus, son mérite, peut-être sa moralité, à une discussion publique, » incertaine, fâcheuse; vous la soumettez à des responsabilités d'autant » plus sévères qu'elles devront se régler sur le prix exigé, à l'obligation de » quittancer le jugement de condamnation, à l'obligation de prendre une » décharge des pièces, d'en affirmer la remise par serment ou même de la » prouver, etc. Que deviendront avec cela nos règles, nos prérogatives, » cet esprit de convenance qui environnent la profession, qui l'ennoblissent, » qui lui attirent le respect des clients, du public et des magistrats eux- » mêmes? Ce serait, je n'hésite pas à le dire, la ruine de la profession! »

Les notaires ne sont pas dans des conditions aussi favorables de désintéressement que les avocats, la loi leur impose des avances et des responsabilités, dont ces derniers sont exempts; néanmoins il y a de telles analogies entre eux que nous n'hésitons pas à croire qu'il y aurait avantage sérieux, pour le notariat, dans l'adoption de cette règle.

ter les exigences de cet officier contre un adversaire, ou contre des incapables qui ne peuvent éviter son ministère.

De quel intérêt avait, en effet, à se préoccuper le législateur? Devait-il limiter la générosité d'un client majeur, libre de ses droits? Nullement! le client est seul juge des services qu'il a reçus et de la rémunération qu'il convient d'y attacher; il y avait lieu seulement d'éviter que la partie qui succombe, que le mineur, l'absent, l'interdit, etc., ne pussent être victimes des prétentions exagérées d'un agent qu'ils n'ont pu choisir, qui leur est imposé ou qu'ils ont eu pour adversaire. Tel est, selon nous, l'unique but que le législateur s'est proposé.

On peut dès lors comprendre que les tarifs, même pour les actes de la juridiction contentieuse, n'excluent que relativement la rémunération équitable, volontaire, exceptionnelle que méritent certains services que le client seul peut bien juger.

Quelques faits feront comprendre cette distinction :

Que dans un ordre judiciaire, l'avoué qui produit ne puisse prélever, sur la masse à distribuer, que les frais admis par le tarif, cela nous paraît juste : le créancier sur lequel les fonds manquent ne doit pas être tenu de payer les services hostiles d'un avoué adverse; mais que cet avoué qui, éveillant l'attention de son client sur une créance oubliée, l'aura sauvé d'une forclusion ruineuse; qui, par ses soins et son intelligence, aura repoussé victorieusement des difficultés sérieuses compromettant les droits de ce client, ne puisse ni réclamer, ni recevoir des honoraires particuliers, voilà ce que nous ne saurions admettre : le législateur n'a pu vouloir ainsi circonscrire le dévouement dans un cercle fatal de 35 francs[1] !

La même distinction se présente dans la procédure des notifications à fin de purge qui engage si sérieusement la responsabilité de l'avoué.

Que dans une séparation de corps ou de biens, l'avoué ne puisse réclamer à l'époux qui succombe que le chiffre sec du tarif, bien! Mais que, malgré la volonté de son client, il y soit enchaîné, lorsque seul, avec énergie et talent, il aura protégé la faiblesse, lutté contre la mauvaise foi, l'hypocrisie, le vice et

[1] C'est, en effet, l'émolument alloué, en pareil cas, à l'avoué par le tarif.

la violence, lorsqu'il aura ainsi attiré sur lui des inimitiés vivaces et puissantes, nous ne pouvons le penser.

Qu'au milieu d'un conflit, l'avoué en cause, imitant en cela le noble exemple que donne si souvent la compagnie des avoués de Paris, abandonne les voies de la procédure pour provoquer, pour exiger même une transaction de ses clients, devra-t-il être rémunéré réglementairement pour les actes de procédure qu'il a faits ? Ne lui devra-t-on rien pour ceux qu'il a volontairement négligés ? Ce serait punir le désintéressement, dégoûter du bien et donner une prime à l'esprit de chicane ! La morale et l'ordre public auraient tout à perdre à cette maladroite sévérité.

Que dans un inventaire, l'officier qui agit pour un mineur soit tenu de se renfermer dans les limites de simples vacations, nous le comprenons ; mais s'il représente un majeur, s'il a rendu à ce majeur d'éminents services, s'il a découvert ses droits dans l'hérédité, s'il les a soutenus et prouvés par des arbres généalogiques péniblement colligés, si enfin il les a fait prévaloir par ses soins et son activité, devra-t-il se contenter des 12 ou 14 francs que le tarif lui alloue, alors qu'un simple agent d'affaires, en pareilles circonstances, s'attribuerait peut-être, ce qui n'est pas sans exemple, un quart, un tiers et quelquefois moitié de l'hérédité ? — Ce serait simplement absurde ! mieux vaudrait fuir des fonctions qui lieraient ainsi le zèle et la liberté de celui qui en est revêtu.

Il est peu d'actes qui ne puissent prouver la nécessité de cette distinction ; elle nous paraît indispensable, et cependant un certain nombre de magistrats la repoussent d'une manière absolue. De là le premier et le plus grave des malentendus que nous avions à signaler.

Si cette distinction est rationnelle pour les actes de la juridiction contentieuse, elle est légale pour ceux de la juridiction volontaire. Elle résulte virtuellement de la loi du 25 ventôse an XI.

Cette charte vénérée du notariat ne s'applique qu'aux notaires ; mais les principes posés par elle sont si éminemment justes, qu'ils doivent, par analogie, profiter aux officiers de la juridiction contentieuse, quand les services qu'ils rendent au public se trouvent avoir quelque similitude avec ceux qui émanent du notariat.

La loi du 25 ventôse an XI satisfait admirablement à ce triple problème : sauvegarder les intérêts des parties, assurer l'équitable rémunération des officiers publics, et surtout enfin protéger la considération personnelle du fonctionnaire, sans laquelle les fonctions sont bien vite avilies.

L'article 5 fixe ainsi qu'il suit le principe du règlement amiable :
« Les honoraires et vacations des notaires seront réglés à l'a-
» miable entre eux et les parties, sinon par le tribunal civil de
» la résidence du notaire, sur l'avis de la Chambre, sur simples
» mémoires et sans frais. »

Que de choses en peu de mots ! L'analyse en paraîtra longue; elle est cependant nécessaire.

Le législateur, en présence de l'impossibilité de tarifer réglementairement les honoraires attachés à l'immense quantité d'actes de formes et d'importance si diverses qu'il confiait à la juridiction volontaire, et bien plus encore dans l'intérêt de l'honorabilité du notariat, laissait l'appréciation de ces honoraires au règlement amiable.

Dans le cas d'un désaccord, le tribunal tout entier vidait la difficulté : le législateur avait pensé que le règlement amiable devait inévitablement résulter de la double crainte, pour le client d'un quasi-procès, et pour le notaire d'avoir à soumettre à un tribunal une réclamation exagérée.

Le tribunal de la résidence du notaire, et non, comme pour toute autre procédure, celui de la résidence du débiteur, connaissait de la difficulté : le notaire honnête y trouvait des juges qui connaissaient sa moralité et son désintéressement ; le notaire exacteur y rencontrait la juridiction disciplinaire à laquelle la loi le soumettait.

L'avis préalable et indispensable des Chambres de discipline, tout en donnant à ces Chambres un élément d'activité indispensable à leur considération, provoquait presque indispensablement le règlement amiable, si favorisé du législateur ; les Chambres s'interposaient paternellement, se faisaient amiables compositeurs, au besoin dictaient leurs décisions souveraines au notaire, et, par l'un ou l'autre de ces moyens, rendaient les recours au tribunal exceptionnellement rares.

Si ce recours avait lieu, la solennité d'une décision rendue par trois magistrats satisfaisait l'officier public et le client. Il est inouï, en effet, qu'un appel ait été formé, sous ce régime, contre une semblable décision.

Cet enchaînement d'idées, si utilement et si logiquement pratiqué, a été malheureusement bouleversé par le décret du 16 février 1807. — Sous prétexte de simplifier le rouage si habilement conçu, on en a brisé le ressort. Ce décret substitue le président au tribunal pour la taxation des actes, et ses termes ambigus font présumer que l'avis préalable des Chambres n'est plus obligatoire. En fait, beaucoup de présidents ont cessé de les consulter; quelquefois même les notaires intéressés ne sont plus entendus; le soin de faire les taxes est fréquemment délégué au plus jeune magistrat du siège. Et cependant, quelle expérience profonde des affaires et des hommes ne faut-il pas pour accomplir une mission qui touche si essentiellement à l'honorabilité des corporations? *car la réduction des honoraires est une accusation vivante d'un fait voisin de l'abus de confiance, surtout quand elle part d'une autorité tellement respectable, qu'il n'y en a pas de plus haut placée dans l'échelle morale*[1].

Quelle vertu, quel tact et quel jugement ne faut-il pas avoir, en semblable matière, pour éviter les exagérations d'un zèle outré, pour faire taire les suggestions de hauteur, de rigueur et de sévérité que peut faire naître une situation sociale plus relevée, plus honorable, mais moins lucrative; enfin pour apprécier avec impartialité les services rendus, les soins prodigués, les responsabilités encourues, les difficultés vaincues, les charges de la profession spécialement si lourdes, à l'époque où nous vivons, par le *surhaussement de toutes choses*[2]?

Bien des magistrats, surtout dans les rangs élevés, se montrent à cet égard justes et bienveillants: les officiers publics et ministériels sont alors traités paternellement; mais dans certains ressorts éloignés du centre, ces derniers n'ont rencontré qu'une dure sévérité. Toute émolumentation proportionnelle, tous honoraires particuliers ont été formellement repoussés. Les actes les plus importants ont été taxés systématiquement à la vacation. Lorsque exceptionnellement la proportionnalité est admise, les

[1] Mémoire des notaires de Versailles sur la demande d'un tarif général.

[2] Ordonnance de 1580, de Henri III, qui rétablissait, pour les notaires, le règlement amiable.

rôles d'expéditions et d'extraits sont refusés, contrairement à la jurisprudence la plus ancienne, et à l'esprit du tarif de 1807[1]. Nous avons vu des notaires recevoir des honoraires représentant à peine le salaire d'un journalier et pour un contrat de mariage de 100,000 fr., n'avoir que 4 fr., ou 8 fr. pour une vente de 120,000 fr.; nous avons vu tarifer une vente de meubles à l'encan à un taux tel, que l'officier public non seulement n'avait pas d'honoraires, mais qu'il ne rentrait même pas dans ses déboursés; le croira-t-on? le juge taxateur n'avait pas voulu reconnaître la nécessité d'un crieur!

En admettant même que de pareils faits soient rares, des corporations dont les membres peuvent être ainsi traités doivent être rapidement désertées par les hommes honnêtes.

Malheureusement, cette situation s'est encore aggravée par la jurisprudence de la Cour de cassation, résultant de divers arrêts, dont le premier date de 1841, et les plus récents sont du 2 janvier 1872 et du 12 avril 1875, lesquels considèrent la taxe comme d'ordre public, et permettent d'y recourir pendant trente ans, même après règlement amiable.

Les principes qui ont prévalu dans ces arrêts ne seraient-il pas le résultat d'un de ces fâcheux malentendus dont nous parlions au début de nos observations? Le législateur de l'an XI, si dévoué au règlement amiable, dans l'intérêt de l'honorabilité des officiers publics, a-t-il pu comprendre que lorsqu'un semblable règlement, librement consenti, serait intervenu, le notaire et le client se trouveraient, pendant trente ans, l'un en suspicion légale de dol et de fraude, l'autre en droit d'annuler sa convention? A-t-il entendu offrir une prime à la mauvaise foi, imposer à l'officier public une inquiétude trentenaire, et à ses héritiers la nécessité absolue de n'accepter sa succession que sous bénéfice d'inventaire? Ce serait essentiellement contraire à l'esprit et à la lettre de la loi; aussi cette jurisprudence appelle-t-elle l'attention du législateur, sous peine de la dégradation morale des corporations[2].

Si des principes généraux on descend dans les détails, on ren-

[1] Sous Louis XIV, le cumul des honoraires proportionnels avec les droits de rôle était sanctionné par le Parlement de Paris.

2. Une loi du 5 août 1881 a modifié l'état de choses signalé par cette observation qui ne conserve plus, sur ce point, qu'un caractère historique.

contre encore de bien plus graves divergences d'appréciation. Cela se conçoit : peu de magistrats connaissent, en effet, les bases du système de rémunération du notariat français.

Il convient de faire connaître ce système, résultat d'usages antiques, remarquable par sa libéralité en faveur des classes pauvres, et n'ayant de défaut que son antiquité même, à cause de la modération traditionnelle de ses fixations.

Les notaires donnent leurs conseils et prodiguent leurs soins gratuitement à qui les réclame.

Ce service gratuit est immense, car sur 10,000 notaires, 9,000 sont placés au milieu de populations privées de toutes ressources à cet égard.

C'est seulement quand ils dressent un acte de leur ministère qu'ils perçoivent un émolument.

Cet émolument se règle soit par vacations, soit par un droit fixe, soit par un droit proportionnel.

Il y a lieu à vacations toutes les fois qu'il s'agit d'actes et de procès-verbaux se rattachant à la juridiction contentieuse.

L'émolument est fixe quand il s'applique aux actes de peu d'importance, n'engageant que par leur forme la responsabilité de l'officier public.

Ces actes donnent lieu à des honoraires tellement minimes, qu'ils sont presque ridicules aujourd'hui. Ils forment cependant la grande majorité des actes de la vie civile habituelle ; toutes les classes de la société ont besoin d'y recourir, et profitent de la modicité de leur coût.

Enfin, l'émolument est prorportionnel toutes les fois que l'acte opère une transmission de valeur, et qu'il engendre, par conséquent, une responsabilité matérielle.

Ce mode de rémunération est juste, d'une part, au point de vue du public, en ce qu'il ne s'applique qu'à ceux qui possèdent, et seulement dans la proportion de ce qu'ils possèdent, ce qui rappelle la proportionnalité indéfinie non décroissante, et si éminemment équitable, adoptée pour les impôts de l'État ; d'autre part, au point de vue des officiers publics, en ce qu'il leur offre une légitime compensation pour l'immense quantité d'actes à droits fixes qu'ils font à vil prix.

Il est libéral pour les classes pauvres ; car si on le remplaçait par le système des vacations ou par celui des droits fixes, l'acquéreur d'un immeuble de 500 fr. payerait autant que celui d'un immeuble de 100, 000 fr.

Il est favorable au recouvrement des impôts indirects qui s'appliquent à la matière, en ce qu'assimilant en quelque sorte l'intérêt de l'État à celui de l'officier public, il exclut les dissimulations de prix, et en ce que, si la rémunération était insuffisante pour les actes publics, le nombre des actes sous seing privé augmenterait indéfiniment, au grand préjudice du trésor.

Enfin, quoique non réglé, dans ses détails, par la loi, il trouve son analogie dans les lois et règlements s'appliquant à une foule d'autres officiers ministériels, tels que les agents de change, les courtiers de commerce, les courtiers maritimes, les commissaires-priseurs, qui tous reçoivent des honoraires proportionnels pour les transmissions des valeurs commerciales et mobiliaires auxquelles ils président[1].

Si le législateur n'a rien fait de semblable pour les autres professions, ce n'est pas qu'il ait voulu traiter plus favorablement des opérations uniformes, matérielles, et, en quelque sorte, manuelles, que les actes des officiers publics qu'il plaçait au premier rang et qu'il chargeait du soin des archives précieuses du sol et de la fortune des familles; mais c'est que rien ne pouvait se comparer dans la mission de ces divers officiers; c'est que les actes des notaires, par leur nombre, leur diversité, leur forme et leur importance, échappaient à l'analyse et à l'appréciation du législateur, et qu'il y avait dès lors lieu pour lui de s'en rapporter au règlement amiable.

C'est ce système juste et modéré, sanctionné par le temps, exempt de tout abus et de tout excès par l'intervention de la magistrature chargée d'en pondérer la mise en œuvre, c'est ce système qu'un certain nombre de magistrats méconnaissent et repoussent.

Préférerait-on voir les notaires, les avoués, etc., devenir agents d'affaires sans contrôle, et comme les *sollicitors*, les *attorneys*, les *lawoyers*, les *councellors* et les *notaries* anglais, se faire payer à l'heure, à la minute, tant pour un conseil, tant pour une lettre,

[1] Arrêté consulaire du 27 prairial an X, ordonnance du 27 avril 1847, loi du 18 juin 1843.

tant pour un compte, tant pour une course, etc., et atteindre ainsi à des rémunérations dont nous n'avons nulle idée en France [1]?

C'est ce qui arriverait inévitablement si, cessant de juger du point de vue élevé choisi par le législateur de l'an XI, on persistait à ne voir, dans ces questions qui touchent par tant de points aux intérêts les plus habituels et les plus chers de la société, que l'occasion de mesquines et sordides économies.

Des esprits novateurs, même parmi les notaires, ont pensé qu'un tarif légal, obligatoire pour les magistrats et pour les officiers de la juridiction volontaire, apporterait quelque remède à l'état de choses fâcheux que nous venons de signaler. Quelques Chambres de discipline, impatientes de l'arbitraire et de l'incertitude dont elles souffraient, ont réclamé cette mesure; mais elle n'a pu subir l'examen sérieux auquel se sont livrés de nombreux délégués des notaires venus à Paris de tous les points de la France.

Cette question touche, en effet, aux susceptibilités les plus honorables des corporations. L'expérience a démontré qu'un tarif a toujours abaissé le niveau moral des institutions auxquelles il s'applique. En France, toutes les tentatives faites dans ce sens ont eu ce résultat [2]. A l'étranger, partout où un tarif existe, les officiers publics sont presque avilis [3].

Un tarif est inutile au point de vue de l'intérêt général; il n'a, d'une part, en effet, jamais été demandé à la législature que par des notaires, ce qui indique plutôt un malaise notarial qu'une nécessité publique; puis, toutes les fois que des pétitions se sont produites devant la législature, elles ont été repoussées; d'autre part, les demandes de taxes ne sont, malgré l'arrêt de 1841, qu'une rare exception, elles ne dépassent pas la proportion de 1 sur 1,000, y comprises les taxes obligatoires qui s'appliquent aux communes, aux mineurs et aux incapables; enfin la magistrature elle-même s'est divisée sur la question d'opportunité d'un tarif [4].

Le tarif est d'ailleurs impossible : la matière à régler ne peut

[1] Voir, pour les détails, l'ouvrage *Du notariat et des offices*, par Me Jeannest Saint-Hilaire.

[2] Ordonnance de Philippe le Bel, 23 mars 1302. — Ordonnance de Louis le Hutin, avril 1315. — Ordonnance de Henri III, mai 1509.

[3] Voir, pour les preuves de ces faits, l'ouvrage de Me Jeannest Saint-Hilaire, *Du notariat et des offices*.

[4] Enquête faite par le garde des sceaux en 1851.

s'y prêter, tant sont variables les usages, les fortunes privées, les services rendus, les responsabilités encourues, le temps employé, les difficultés vaincues, les valeurs, les conventions, les formes, et enfin les capacités des fonctionaires.

Il serait inexécutable. Car comment lier la reconnaissance du client? Toute sanction pénale ferait déserter le fonctionaire honnête, ou serait éludée par le prévaricateur.

Aussi, ce n'est pas un tarif que nous proposons. Les chiffres que nous indiquons, dans le document que nous publions, ne peuvent avoir de valeur que comme constatation d'une pratique ancienne et à peu près générale.

L'officier public qui s'y sera conformé ne pourra, en quelque lieu qu'il exerce, être taxé d'exaction; on s'honore, au contraire, en suivant les règles et les usages de sa profession.

Ces chiffres ne pourront servir de règle absolue aux officiers publics, aux clients, encore moins à la magistrature. Notre but unique est d'indiquer aux uns ce qu'ils doivent légitimement, et aux autres ce qu'ils peuvent réclamer, afin de faire cesser, autant qu'il est en nous, l'incertitude qui pèse si lourdement en cette matière sur la conscience du magistrat. La position de chacun ainsi éclairée, il nous a semblé que le principe du règlement amiable posé par la loi du 25 ventôse an XI fonctionnerait plus facilement, et que les taxes pourraient devenir plus uniformes et plus équitables.

On trouvera peut-être exagérés quelques-uns des chiffres indiqués. Nous les trouvons trop modiques. Bien plus qu'au temps de Henri III, toutes choses sont singulièrement surhaussées. Cette surélévation de ce qui est nécessaire à la vie ne s'applique plus seulement aux grandes villes, le village le plus éloigné du centre en souffre. La situation sociale du fonctionnaire est plus relevée; ses obligations sont plus lourdes; il ne trouve qu'à grands frais des auxiliaires qu'il avait anciennement pour rien; la richesse sociale s'est accrue; le numéraire s'est avili; les salaires de toutes les professions ont augmenté d'une manière inquiétante; la rémunération seule des officiers publics et ministériels est restée telle qu'elle était en 1807 pour les actes de la juridiction contentieuse, et, de temps immémorial, pour les actes de la juridiction volontaire.

Si nous ne voulons pas d'officiers publics prévaricateurs, ne les réduisons pas à la misère!

II

DE LA RESPONSABILITÉ

DES OFFICIERS PUBLICS ET MINISTÉRIELS.

Nous sommes de ceux qui croient que la responsabilité des fonctionnaires doit être le contrepoids du monopole qui résulte des fonctions; mais comme corollaire de cette proposition, nous pensons que cette responsabilité doit être strictement limitée aux cas prévus par la loi, sous peine de voir ces fonctions désertées ou mal occupées, comme offrant des périls tels, que des esprits aventureux peuvent seuls les accepter.

C'est surtout à ce point de vue tout pratique que nous aborderons succinctement cette grave question, déjà touchée par un savant magistrat dans une dissertation[1] très appréciée dans le monde judiciaire et notarial et qui a été suivie d'une étude très complète sur cette matière[2].

Il fut un temps, non loin de nous, où la mine de la responsabilité des officiers publics et ministériels fut exploitée si largement qu'il faut croire qu'elle se trouva féconde. Les recueils de jurisprudence, qui ne produisent cependant que les arrêts des Cours, constateraient, au besoin, la profondeur du mal et l'énormité des sacrifices imposés aux titulaires d'offices et surtout aux notaires.

Une réaction s'est opérée. On la doit d'abord à cette loi de la nature qui veut que ce qui est exagéré dure peu, puis à l'initiative du savant jurisconsulte que son talent a placé à la tête de la magistrature française.

[1] M. Paul Pont, *Revue de législation*, t. VII, p. 35 et suiv.
[2] Le même, *De la discipline notariale*.

M. Troplong s'exprimait ainsi dans son Commentaire du mandat :

« En général, il n'est pas bon de pousser à l'excès la responsa-
» bilité des notaires, il ne faut pas environner de trop de périls
» leurs fonctions déjà si délicates et si difficiles. »

On la doit encore à l'énergie avec laquelle M. Paul Pont a signalé les dangers de l'extension du principe de la resposabilité et les résultats fâcheux qu'elle avait déjà produits.

« En suivant, disait-il dans la *Revue* déjà citée, ces applica-
» tions (de la théorie de la responsabilité) dans les recueils où
» elles sont relevées, en pressentant quelques-unes de celles aux-
» quelles la théorie pourrait conduire encore si elle marchait
» dans la tendance qu'elle accuse, nous sommes frappé des dan-
» gers qu'elles présentent et non seulement pour le notariat
» qu'elles atteignent si gravement, mais encore pour la société
» en général. »

C'est ici le lieu de donner quelques développements à ce moyen tiré de l'intérêt général, que l'éminent publiciste n'a fait qu'indiquer.

Peut-il y avoir avantage pour la chose publique dans le triste spectacle qu'offre une longue suite de notaires, d'avoués, d'huissiers traînés devant les tribunaux pour y défendre leur patrimoine, et souvent leur honneur, en butte aux convoitises de l'intérêt privé ?

Tous ces fonctionnaires sont, à différents titres, dépositaires d'une portion de l'autorité publique ; ils sont tous auxiliaires de cette magistrature française qui rehausse si noblement le prisme de l'autorité ; les uns sont appelés à suppléer par délégation le magistrat dans certaines de ses attributions, les autres préparent ses arrêts, *parant justitiam*, d'autres les font exécuter. Que dirait-on d'un prince qui laisserait amoindrir, avilir même tout ce qui approche de sa personne? Sa dignité ne pourrait évidemment qu'en souffrir. Que les officiers publics et ministériels perdent la situation honorable qu'a voulu leur assigner l'immortel auteur des lois du 13 fructidor an IX et du 25 ventôse au XI, qu'ils retombent au niveau où se trouvaient autrefois placés ce que nos pères appelaient les suppôts de la justice, non sans quelque préjudice pour cette dernière, et l'on verra bientôt la confusion se faire dans les esprits, le prestige de la magistrature diminuer ; peut-être alors pourra-t-on confondre, comme jadis, le sanctuaire de la justice avec l'antre de la chicane !

Or, selon nous, la tendance à l'extension des responsabilités produit infailliblement l'avilissement dont nous parlons, en provoquant la misère, la défiance et la déconsidération.

L'amoindrissement de la situation financière des détenteurs d'offices ne peut être niée, elle est évidente ; on la doit en partie à la sévérité dont nous parlions dans la dissertation qui précède, au point de vue de l'émolumentation ; mais on la doit surtout aux pertes quelquefois écrasantes qu'impose une responsabilité exagérée.

L'accueil favorable fait à une demande en garantie en fait surgir mille autres ; les officiers publics et ministériels, par respect d'eux-mêmes et par crainte de scandale, transigent presque toujours, et leur ruine commence soit d'une manière patente par les arrêts de la justice, soit, et d'une façon plus dangereuse, dans le secret du cabinet.

Veut-on une preuve bien saisissante de cet amoindrissement ? Nous la citons parce qu'elle est bien récente : ce n'est qu'une plaisanterie, mais elle constate la notoriété du mal.

Dans la *Chronique parisienne* du 22 décembre 1861, on lisait :

« Dans la rue de la Chaussée-d'Antin, une charge de concierge est à vendre, et le prix est celui d'une charge d'avoué en province. »

Le mal, ainsi connu et divulgué, se multiplie par lui-même ; son effet le plus immédiat est de produire la défiance. Certes, la pauvreté, la médiocrité honnête sont d'admirables choses ; mais il faut prendre notre siècle comme il est. De notre temps, elles n'inspirent pas la confiance, et dès l'époque où Horace les chantait, il fallait qu'elle fussent dorées (*aurea mediocritas*). Nous en appelons au magistrat le plus rigide admirateur de la vertu et du talent, et nous lui demandons si, à mérite égal, il serait certain de ne pas se laisser entraîner involontairement, s'il avait 100,000 francs à placer, vers le notaire dont la solvabilité lui paraîtrait la mieux assise. Or la défiance est un nouvel élément de ruine ; puis, de cette ruine matérielle au dol, à la fraude, au désastre moral, la pente est bien glissante. Maintenant, comme autrefois, misère engendre tricherie. Le mot n'est pas nouveau, mais il est toujours vrai.

Enfin, des corporations ainsi minées par le malaise publiquement proclamé sont bientôt ébranlées du sommet à la base; d'une part, leurs membres actifs n'y trouvant, dans le présent, ni rémunération, ni honneur, les désertent; d'autre part, les pères de famille, désespérant de l'avenir, renoncent à leur confier le sort de leurs fils et la dot de leurs filles; le vide s'y fait, il s'y est fait, car à une époque assez rapprochée de nous, un grand nombre d'officiers publics et ministériels, même dans un rayon rapproché de Paris, se sont trouvés enchaînés à leurs offices comme Sisyphe à son rocher, faute de clercs pour les aider et surtout pour les remplacer.

C'est une chose louable de veiller soigneusement aux intérêts privés, de poser des bornes aux exactions et à l'impéritie; mais il y a de justes limites qu'on ne saurait dépasser sans préjudice pour la chose publique. La loi, selon nous, les avait fixées; elles ont été dépassées.

Quelles sont ces limites?

Nous n'en posons pas pour les faits de dol ou de fraude; pour eux, les sévérités, même les plus acerbes, nous paraîtraient trop douces : réparation pleine et entière est due, non seulement à la vindicte publique, mais aux intérêts privés.

Nous n'entendons parler que des responsabilités attachées aux actes de négligence et d'incapacité. Nous démontrerons bientôt que celles que la loi a établies sont déjà très nombreuses, beaucoup trop nombreuses peut-être, pour qu'on puisse songer raisonnablement à les étendre encore.

La première réflexion qui logiquement se présente à l'esprit, c'est que, puisque le législateur s'est donné la peine de fixer le cercle des responsabilités, on doit présumer qu'il n'a pas voulu qu'on puisse l'élargir.

On est ensuite frappé de la faveur que la loi accorde à quelques fonctionnaires, en présence de l'abandon dans lequel elle laisse les officiers publics et ministériels. Ainsi, les juges ne peuvent être pris à partie que dans les quatre cas strictement spécifiés par l'art. 505 du C. de pr., et seulement après l'autorisation du tribunal devant lequel la prise à partie doit être portée[1]. On se demande pourquoi, en présence de ces dispositions protectrices, les fonctions des officiers publics et ministériels devraient seule aggraver la situation des titulaires.

On est forcé d'admirer, comme principe social, l'irresponsabilité à peu près absolue du juge; Dieu seul doit contrôler ses actes et sa conscience.

Mais pourquoi ne pas accorder une part infime de cette immunité au magistrat de la juridiction volontaire qui, lui aussi, a sa conscience, mais qui malheureusement aussi peut se tromper ?

A-t-on jamais songé à réclamer la responsabilité matérielle contre l'employé d'un ministère qui, interprétant et appliquant mal la loi, attribuerait à l'un ce qui appartiendrait à l'autre, liquiderait incomplètement ou dénierait l'indemnité, la pension, la retraite, légitimement dues ? De graves et d'irréparables préjudices peuvent être cependant ainsi causés !

Rien ne produit plus de ravages et de ruines que la guerre; a-t-on jamais demandé des dommages-intérêts au général d'armée qui, se trompant sur les nécessités et les conditions de salut qu'il doit apprécier, fait abattre des forêts, brûler des moissons, démolir des maisons ?

L'État lui-même reste désarmé contre l'impéritie de ses agents. Que par suite d'avant-projets fautifs et d'estimations erronées, il dépense inutilement ses millions ou vende à moitié prix ses bois, il sévira disciplinairement contre les employés des ponts et chaussées ou des eaux et forêts qui auront commis les fautes; mais s'ils n'ont pas prévariqué, il ne demandera pas compte de ces fautes à leurs patrimoines; s'il le fait pour quelques hauts emplois de la finance, c'est que ces emplois reçoivent de lui des émoluments qui compensent de la manière la plus large les chances qu'ils font courir, et ces cas sont exceptionnels.

En général, nous voyons partout une tendance à la protection en faveur des fonctionnaires publics. Nous n'apercevons pas aussi clairement la raison qui légitimerait la tendance contraire à l'égard des officiers publics et ministériels.

Serait-ce parce que la loi a organisé un admirable système de concurrence, qui permet au public de placer sa confiance soit

[1] Art. 510 C. pr.

près de lui, dans son canton, soit au chef-lieu de l'arrondissement, soit enfin au chef-lieu de la cour, tandis qu'il est indispensablement forcé d'accepter le magistrat, l'employé, le fonctionnaire que l'administration lui impose? Il nous semble que la faute que le client commet par un mauvais choix devrait avant tout lui être imputée.

Serait-ce parce que les officiers publics et ministériels se trouvent indispensablement mêlés au mouvement des affaires, et plus que tous les autres exposés aux entreprises trop souvent frauduleuses et dolosives de l'intérêt privé? Mais il n'y aurait encore là qu'un motif de plus en faveur de la protection.

Ce motif devrait être d'autant mieux accueilli par la magistrature française, toujours si accessible à tout ce qui est grand et généreux, qu'elle peut apprécier, plus que toute autre classe de la société, les difficultés que les officiers publics et ministériels ont à vaincre dans leur pénible carrière. Il devrait, ce nous semble, lui apparaître qu'il peut être sévère et dur, alors qu'elle est irresponsable et inattaquable sur son siège pour les erreurs qui peuvent échapper à quelques uns de ses membres, de faire supporter toutes les conséquences de l'impéritie à ceux que leurs fonctions groupent autour de ce siège.

L'homme le plus capable, d'ailleurs, a ses moments de maladie physique, de faiblesse, d'atonie morale; qu'il se retire, dira-t-on! Oui; mais le fera-t-il assez à temps pour être certain que son dernier acte ne sera pas l'origine de sa ruine? Qu'il refuse son ministère, dira-t-on encore; mais ce refus pourra engendrer lui-même des dommages-intérêts ruineux [1]. Les magistrats apprécieront, ajoutera-t-on, enfin. — Le feront-ils bien ou mal? Un principe dangereux une fois posé, les déductions fatales ne peuvent facilement en être évitées. Si nous compulsions les recueils de jurisprudence, nous y trouverions de bien nombreuses preuves de ce danger; notre cadre restreint ne le comporte pas, nous ne citerons qu'un fait :

Dans un dossier d'inventaire, se trouvaient, dans les mains d'un notaire, des billets à ordre endossés.

[1] Loi du 25 ventôse an XI.

Le notaire, gravement malade, s'éloigne de sa résidence ; soins, affaires, soucis, lui sont expressément défendus.

A l'échéance, les billets ne sont ni présentés ni protestés ; appel en garantie.

Le notaire, revenu à la santé, invoquait :

1° Les principes généraux que nous énumérions plus haut ;

2° Son état de maladie ;

3° La négligence des héritiers qui n'avaient pas retiré le dossier immédiatement après l'inventaire ;

4° La négligence bien plus caractérisée de celui des héritiers auquel les billets, avant leur échéance, avaient été abandonnés par une liquidation et qui, ayant retiré d'autres papiers des mains du notaire, y avait laissé les billets, peut-être volontairement et par suite d'un calcul machiavélique ;

5° Le fait que cet héritier n'était pas son client.

Ce notaire, condamné néanmoins comme mandataire tacite, effrayé et dégoûté, abdiqua peu de temps après ses fonctions qu'il trouvait trop dangereuses.

Si le principe de la protection due aux fonctionnaires publics est utile à la chose publique, nous le croyons bien plus indispensable à la conscience du juge. Combien doit être grand l'embarras de ce dernier, entre les affirmations de l'intérêt privé, et la défense de l'officier mis en cause ! Une fiction légale, nécessaire, protège la déclaration d'un simple garde champêtre, jusqu'à inscription de faux ; rien de semblable ne vient corroborer celle de l'officier public, dont le patrimoine est cependant mis en danger par un appel en garantie. Citons encore un exemple pratique.

Le notaire le plus ignorant sait que le défaut de transcription d'une vente peut entraîner les conséquences les plus désastreuses ; or, malgré les périls de l'éviction ou d'un double payement, il n'est point rare, dans les campagnes surtout, que l'acquéreur ne veuille, dans un but d'économie, éviter les frais de transcription et de purge. Il connaît son vendeur ; c'est un ami, un voisin, un parent ; il connaît aussi la position, tout le rassure ; les craintes qu'on lui suggère ne sont qu'imaginaires, et sur son ordre le contrat reste incomplet.

Si le péril prévu se réalise, tout change de face ; le client invoque son ignorance, car pour lui l'art. 1er du C. civil n'est que lettre morte, toujours il est ignorant quand il a intérêt à l'être, et il affirme, au besoin, que le contrat devait recevoir sa régularisation parfaite, même lorsque l'injonction contraire s'y trouve insérée, et le notaire se voit déclaré responsable, car il ne peut rien stipuler en sa faveur, dans ce contrat, à peine de nullité.

Ceci n'est point une hypothèse, le fait s'est produit tel que nous le citons.

Qu'on passe en revue les innombrables actes qui incombent aux notaires, et l'on reconnaîtra que presque tous peuvent, au point de vue de la responsabilité, offrir les mêmes difficultés, et pour la conscience du juge les mêmes incertitudes.

Ce sont, sans doute, ces considérations générales, vraies à toutes les époques, qui firent que la législation et la jurisprudence anciennes furent toujours très sobres, en fait de responsabilités imposées au officiers publics et ministériels. Ferrière résume avec beaucoup de clarté et de concision la législation de son époque sur cette matière en disant[1] : « Un notaire est tou» jours tenu des dommages et intérêts qu'il a causés à un des » contractants, lorsqu'il y a dol de sa part ou une faute lourde, » parce que la lourde faute est comparée au dol. »

On voit encore dans les archives des notaires de Paris cette formule que chaque notaire tenait affichée dans son étude : « Les notaires ne sont pas garants des nullités, fautes, omissions ou erreurs par eux commises, sans dol ni fraude[2]; » de nombreux arrêts consacraient ce principe.

Il en était autrement pour les magistrats; les cas de prise à partie étaient bien moins rares que de nos jours, et s'appliquaient à des faits autres que le dol, la fraude, et les dénis de justice. Cette différence s'explique par la facilité qu'il y avait alors à trouver des magistrats dans les classes élevées de la société, et par la difficulté, au contraire, qu'on aurait rencontrée dans le choix d'officiers publics et ministériels, qui répondissent d'autre chose que de leur probité.

Par l'effet tout naturel de la révolution de 1789, les choses se

[1] L. X, chap. XVII.
[2] Reg. de note de la Chambre des notaires de Paris.

sont nivelées, les lois sont devenues moins sévères pour les magistrats, la prise à partie, si largement permise par la législation ancienne, a été restreinte à des cas très rares pour lesquels le dol et la fraude sont toujours indispensables; la responsabilité des officiers publics et ministériels, presque nulle autrefois, a été, au contraire, démesurément étendue.

Cela peut paraître juste au premier aspect, parce que le niveau intellectuel de ces officiers s'est singulièrement élevé; mais si l'on considère que le mouvement social qui a produit cette amélioration a grandi parallèlement et dans la même proportion toutes les classes de la société, on est amené par analogie à ce principe d'arithmétique, qui veut que dans une division le dividende et le diviseur étant augmentés d'un même chiffre, le quotient reste le même, on est amené, disons-nous, à penser que le législateur aurait pu ne rien changer à la législation avec d'autant plus de raison que dans les masses, le mouvement intellectuel ascensionnel n'a pas tourné au profit de l'amélioration morale, et que jamais, à aucune époque, les officiers publics et ministériels ne se sont trouvés à un même degré en présence de la ruse, de la finesse et de la mauvaise foi, soit de la part du public, soit de la part de ceux qu'ils emploient.

Quoi qu'il en soit, les lois existent, nous les respectons, et c'est par respect précisément pour elles que nous désirons qu'on n'outrepasse pas leurs sévérités assez grandes déjà. On va pouvoir en juger.

Pour abréger, nous nous occuperons spécialement de ce qui a trait au notariat; plus que les autres corporations, il est exposé à des responsabilités; mais ce que nous avons dit et ce que nous dirons peut et doit s'appliquer aux autres corporations.

La loi du 29 décembre 1791, qui eut la prétention de réorganiser le notariat après la révolution, le désorganisa en réalité par la suppression des offices; elle admettait indirectement le principe de la responsabilité en imposant aux titulaires le dépôt d'un cautionnement *en deniers*. On était las déjà du papier, et le besoin d'argent faisait songer, une première fois, à la responsabilité des officiers publics et ministériels.

Sous l'empire de cette loi et par les motifs qu'indique l'auteur du livre intitulé : *Du Notariat et des Offices*, le notariat se démoralisa de la manière la plus absolue. Le législateur de l'an XI dut être beaucoup plus sévère, ce qui ne diminua en rien, ce qui augmenta, au contraire, la reconnaissance des notaires qu'il ramenait à leurs vieilles traditions d'honneur.

Les articles 6, 16, 18 et 68 de cette loi autorisent l'action en dommages-intérêts contre les notaires; nous en citons le texte, afin de bien démontrer que lorsque le législateur a voulu imposer la responsabilité, il s'en est expliqué catégoriquement :

Art. 6. Il est défendu à tout notaire d'instrumenter hors de son ressort, à peine d'être suspendu de ses fonctions pendant trois mois, d'être destitué en cas de récidive, *et de tous dommages-intérêts.*

Art. 16. Il n'y aura ni surcharge, ni interligne, ni addition dans le corps de l'acte, et les mots surchargés, interlignés ou ajoutés seront nuls.

Les mots qui devront être rayés le seront de manière que le nombre puisse être constaté à la marge de leur page correspondante, ou à la fin de l'acte, et approuvé de la même manière que les renvois écrits en marge. Le tout à peine d'une amende de 50 fr. contre le notaire, *ainsi que de tous dommages-intérêts, même de destitution en cas de fraude.*

Art. 18. Le notaire tiendra exposé dans son étude un tableau sur lequel il inscrira les noms, prénoms, qualités et demeures des personnes qui, dans l'étendue du ressort où il peut exercer, sont interdites ou assistées d'un conseil judiciaire, ainsi que la mention des jugements relatifs; le tout immédiatement après la notification qui en aura été faite, *et à peine des dommages-intérêts des parties.*

Art. 68. Tout acte fait en contravention aux dispositions contenues aux articles 6, 8, 9, 10, 14, 20, 52, 64, 65, 66 et 67, est nul s'il n'est pas revêtu de la signature de toutes les parties; et lorsque l'acte sera revêtu de la signature de toutes les parties contractantes, il ne vaudra que comme écrit sous signature privée, *sauf, dans les deux cas, s'il y a lieu, les dommages-intérêts contre le notaire contrevenant.*

Le Code Napoléon contient lui-même des dispositions fixant des cas spéciaux de responsabilité.

Art. 1397. Tous changements et contre-lettres, même revêtus

des formes prescrites par l'article précédent, seront sans effet à l'égard des tiers s'ils n'ont été rédigés à la suite de la minute du contrat de mariage, et le notaire ne pourra, *à peine des dommages-intérêts des parties*, et sous plus grande peine s'il y a lieu, délivrer ni grosses, ni expéditions du contrat de mariage sans transcrire à la suite le changement ou la contre-lettre.

Art. 1597. Les juges, leurs suppléants, les magistrats remplissant le ministère public, les greffiers, huissiers, avoués, défenseurs, officiers et notaires ne peuvent devenir cessionnaires des procès, droits et actions litigieux qui sont de la compétence du tribunal dans le ressort duquel ils exercent leurs fonctions, à peine de nullité *et des dépens, des dommages-intérêts.*

Art. 2063. Hors le cas déterminé par les articles précédents, ou qui pourraient l'être à l'avenir par une loi formelle, il est défendu à tous juges de prononcer la contrainte par corps, à tous notaires et greffiers de recevoir des actes dans lesquels elle serait stipulée, et à tous Français de consentir pareils actes, encore qu'ils eussent été passés en pays étrangers, *le tout à peine de nullité, dépens, dommages-intérêts.*

Enfin le Code de commerce lui-même édicte des responsabilités.

Art. 68. Le notaire qui aura reçu le contrat de mariage sera tenu de faire la remise ordonnée par l'article précédent, sous peine de 100 francs d'amende, et même de destitution *et de responsabilité envers les créanciers, s'il est prouvé que l'omission soit la suite d'une collusion.*

Art. 176. Les notaires et les huissiers sont tenus, à peine de destitution, *dépens, dommages-intérêts envers les parties*, de laisser copie exacte des protêts, et de les inscrire en entier, jour par jour et par ordre des dates, dans un registre particulier, coté, paraphé et tenu dans les formes prescrites pour les répertoires.

Avant de tirer de ces textes les déductions qu'ils comportent, nous devons faire connaître la théorie qui a le plus contribué à l'extension des responsabilités notariales.

Ce n'est pas à l'occasion de l'exercice de la profession de notaire que le mal s'est produit. Institué pour donner l'authenticité aux actes, si, dans cette mission spéciale, le notaire commet une faute lourde, si l'acte dont la rédaction lui est confiée se trouve nul, il est responsable. Nous admettons largement ce principe, bien que la loi ait entendu le limiter en se servant de ces expressions : s'il y a lieu[1]. Nous reconnaissons qu'il doit, dans l'intérêt général, ne recevoir que peu d'exceptions, et que la magistrature est chargée d'apprécier les cas où il est applicable. Mais c'est précisément quand ce rôle du notaire est terminé, c'est à l'occasion de leur exécution que le principe de la responsabilité notariale a été étendu.

Pour rendre ceci clair, quelques exemples sont utiles :

Une vente, une obligation, un transport ont lieu; le notaire en reçoit les contrats : il est dans son rôle officiel; mais la vente doit être transcrite et purgée; l'hypothèque résultant de l'obligation doit être inscrite; des notifications, à fin de purge, peuvent être nécessaires; le transport doit être signifié, etc., etc. On a supposé que par cela même que le notaire avait fait le contrat, il devait en suivre les conséquences et en quelque sorte l'exécution; qu'il résultait du premier fait un quasi-contrat qui obligeait sa responsabilité pour les faits subséquents; et que pour le tout il devait être considéré comme un mandataire tacite. Par suite de cette supposition, comme la loi organique et la loi civile, dans leurs articles spéciaux, se taisaient sur cette prétendue bifurcation des fonctions notariales et sur ses conséquences, on a cherché ailleurs les larges moyens de réparation civile que le système nouveau nécessitait, et on les a trouvés dans les dispositions du Code civil, relatives au mandat (art. 1991), et surtout dans le titre *Des délits et quasi délits* (art. 1382), d'autant plus redoutable par sa généralité, que tous les actes du ministère des notaires peuvent donner lieu à son application.

Avant tout il faut, pour obliger le mandataire, que le mandat soit accepté et soit prouvé[2].

Or, le notaire peut avoir pour principe, ce serait son droit, peut-être son devoir, de se renfermer strictement dans sa mission officielle, celle qui consiste à donner l'authenticité aux actes.

[1] Art. 68 de la loi du 25 ventôse an XI.
[2] Art. 1994 C. Civ.

Il peut n'être pas couvert des frais que les suites à donner à ses actes entraînent et vouloir ne pas en faire l'avance; si la loi le rend responsable des droits d'enregistrement[1], grâce à Dieu il n'en est pas de même pour les frais de signification, d'inscription, de transcription, etc.

Il peut avoir été forcé de prêter son ministère[2], et, dans ce cas surtout, il peut lui convenir de ne pas accepter d'autre mandat que celui que la loi lui impose.

Il peut vouloir fuir la responsabilité qu'entraînerait le choix des huissiers, avoués et autres agents que les suites des actes obligent à employer.

Son étude peut avoir été vendue, et son successeur ne pas entendre se charger des prétendus mandats dont il ignore la nature et l'existence.

Enfin, si ce mandat existait de fait et sans acceptation, comment le notaire pourrait-il s'y soustraire? Lui faudrait-il, après chacun de ses actes, faire signifier par huissier à son prétendu mandant qu'il renonce au mandat[3]?

Des prémisses fausses, on le voit, entraînent indispensablement des conséquences plus fausses. Pour appliquer les responsabilités édictées par les art. 1382 et 1991 du Code Napoléon, on est forcé de violer le libre arbitre laissé à tous, en fait de mandat, par l'art. 1984 de ce Code.

Nous croyons donc fermement que, surtout à l'égard du notaire, l'acceptation du mandat ne peut être présumée, et qu'en dehors de la preuve testimoniale restreinte aux conditions des art. 1341 et 1985 du Code Civil, elle ne pourrait être prouvée que par écrit ou par le payement préalable fait au notaire des frais que doit entraîner l'accomplissement des formalités subséquentes dont il se serait chargé.

Nous croyons encore qu'en dehors des preuves légales dont nous venons de parler, le notaire, comme fonctionnaire public, doit être cru sur son affirmation, parce qu'en affirmant il reste dans les termes de la loi.

[1] Loi du 22 frimaire an VII.

[2] Loi du 25 ventôse an XII, art. 3.

[3] Art. 2007 C. Civ.

En effet, quand le législateur a entendu que le notaire veillât à la suite de ses actes, il l'a dit (art. 6, 16, 18 et 68 de la loi du 25 ventôse an XI; art. 1397, 1597 et 2063 Code civil; 68 et 176 Code de commerce).

Quand spécialement il a voulu le rendre responsable de la formalité subséquente de l'enregistrement, il l'a également dit en termes clairs et précis (loi du 22 frimaire an VII).

Pourquoi n'eût-il pas agi de même pour les formalités de transcription, de purge, de significations, et pour tant d'autres qui sont la conséquence des actes de notaires, et qui toutes ont aussi leur côté fiscal?

Toutes les fois que le législateur a tracé un devoir, il a édicté une peine ou une réparation civile pour le cas d'infraction.

A quoi bon ce soin, si l'art. 1382 eût dû s'appliquer à tous les cas? Pourquoi poser l'exception, quand la règle générale s'y applique? C'est une naïveté qu'on prête légèrement à une législation qui brille par sa logique et par son esprit de suite.

Nous croyons que le notaire avant tout est notaire, et que la loi doit le favoriser toutes les fois qu'il veut rester strictement dans les limites de sa profession; il ne doit jamais être présumé avoir voulu troquer ses nobles fonctions contre le rôle d'un mandataire ou d'un agent d'affaires, à moins qu'il n'y ait une preuve manifeste de son consentement.

Nous croyons enfin (qu'on nous pardonne ce dernier rapprochement de la situation du notaire avec celle du magistrat, que la force des choses ramène souvent) qu'il ne peut être ni mieux, ni plus logique d'appliquer le droit commun de l'art. 1382 aux notaires, pour qui les lois spéciales règlent minutieusement les cas de responsabilité, qu'il ne le serait de l'imposer aux juges en dehors de la loi qui réglemente la prise à partie.

Il nous reste à démontrer que le rôle spécial de notaire, tel que la loi le trace, est assez hérissé d'aspérités et de dangers, sans qu'il soit besoin d'étendre le domaine de sa responsabilité.

Cette responsabilité peut être encourue soit envers le trésor, soit envers les clients.

Le notaire est responsable envers le trésor :

1° De la régularité et de la vérité des certificats de propriété nécessaires pour le transfert des inscriptions sur le Grand-Livre de la dette publique (loi du 28 floréal an VII), et pour le retrait des cautionnements (décret du 18 septembre 1806);

2° De la régularité et de la vérité des certificats de vie (décret du 21 août 1806; ordonnance du 30 juin 1814, et ordonnance du 9 juillet 1809);

3° Du recouvrement de l'impôt de l'enregistrement d'abord quant aux actes qu'il reçoit, avec pénalité d'un double droit en sus en cas de retard de l'accomplissement de la formalité (loi du 29 frimaire an VII); puis, quant aux actes sous seings privés qu'il énonce dans ses actes (article 13 de la loi du 16 juin 1824).

Le notaire est, en outre, passible envers le trésor d'une foule d'amendes tendant au recouvrement des impôts, de l'enregistrement et du timbre. Nous en citerons un certain nombre, sans avoir la prétention de les citer toutes.

Il encourt une amende de 5 francs :

1° S'il oublie d'inscrire un article adjugé sur le procès-verbal d'une vente mobilière, sans préjudice des peines criminelles s'il y a dol ou fraude (loi du 22 pluviôse an VII);

2° Si chaque article n'y est inscrit en toutes lettres (*ibid.*);

3° Si l'empreinte du timbre qu'il emploie est maculée ou couverte d'écriture (loi du 13 brumaire an VII);

4° S'il emploie dans ses expéditions plus de vingt-cinq lignes à la page, et de quinze syllabes à la ligne (*ibid.*).

Il doit une amende de 10 francs :

1° S'il omet de porter un acte sur son répertoire, sans préjudice des peines criminelles s'il y a dol (loi du 22 frimaire an VII);

2° S'il énonce dans les contrats un acte non enregistré, sans préjudice de la responsabilité du droit d'enregistrement applicable à ce droit (*ibid.*);

3° S'il reçoit un acte en dépôt sans dresser acte de ce dépôt (loi du 22 frimaire an VII);

4° S'il ne transcrit pas littéralement dans ses actes la mention de l'enregistrement de ceux qu'il y énonce, qu'ils soient faits sous seings privés ou à l'étranger (*ibid.*);

5° S'il ne communique ses actes et ses répertoires aux préposés de l'enregistrement (*ibid.*);

6° S'il emploie du papier timbré d'une dimension autre que celle fixée par l'art. 19 de la loi du 13 brumaire an VII;

7° S'il délivre une grosse ou une expédition avant l'enregistrement de la minute (loi du 22 frimaire an VII);

8° S'il excède dix où quinze jours, suivant le cas, pour l'enregistrement d'un acte à droit fixe.

Il est condamné à 20 francs d'amende :

1° S'il n'énonce pas en tête de ses actes son nom et sa résidence (loi du 25 ventôse an XI, et 16 juin 1824);

2° S'il n'indique les noms, prénoms, qualités et demeures des parties, ainsi que ceux des témoins instrumentaires et certificateurs de l'identité des parties (*ibid.*);

3° Si l'acte n'est pas d'un seul contexte (*ibid.*);

4° S'il n'est pas lisible (*ibid.*);

5° S'il y existe des abréviations, des blancs, des lacunes, des interlignes (*ibid.*);

6° Si les sommes et les dates n'y sont énoncées en toutes lettres (*ibid.*);

7° Si les procurations des contractants n'y sont pas annexées (*ibid.*);

8° Si la lecture faite aux parties n'y est pas constatée (*ibid.*);

9° S'il y insère d'anciennes énonciations de poids, mesures et monnaies (loi du 25 ventôse an XI, et du 4 juillet 1837);

10° S'il ne dépose pas au greffe, dans les deux premiers mois de chaque année, le double de son répertoire (loi du 16 floréal an IV);

11° S'il ne présente l'original de ce répertoire, tous les trois mois, au visa du receveur d'enregistrement (loi du 22 frimaire an VII);

12° S'il fait une vente de meubles sans déclaration préalable au bureau d'enregistrement (loi du 22 pluviôse an VII);

13° S'il altère le prix d'un article adjugé, sans préjudice, s'il y a lieu, des peines criminelles (*ibid.*);

14° S'il a négligé de comprendre dans le procès-verbal des articles exposés en vente, livrés par les propriétaires au prix de la prisée ou retirés (ordonnance de 1er mai 1816);

15° S'il fait un acte sur papier non timbré (loi du 30 brumaire an VII);

16° S'il ne dépose pas dans le mois de leur date les contrats de mariage des commerçants, aux lieux indiqués, sans préjudice, s'il y a lieu, de la destitution et de la responsabilité vis-à-vis des tiers (art. 68 du Code de commerce).

L'amende est de 25 fr., s'il ne transcrit pas en tête des procès-verbaux de ventes mobilières la déclaration préalable qu'il a dû faire au bureau d'enregistrement (loi du 22 pluviôse an VII);

Elle est de 50 à 3,000 fr., s'il met en vente des marchandises neuves (loi du 25 juin 1841);

Elle est de 100 à 300 fr., s'il se livre à la vente du papier timbré (loi du 22 brumaire an VII).

Le notaire est responsable envers les tiers, s'il y a lieu, dans les cas suivants :

1° S'il fait des actes hors de son ressort (loi du 25 ventôse an XI);

2° S'il fait des actes pour ses parents, ses alliés, ou pour lui-même (*ibid.*);

3° S'il se laisse tromper sur l'identité des parties ou sur l'aptitude des témoins instrumentaires ou certificateurs (*ibid.*);

4° S'il omet d'énoncer dans les actes qu'il reçoit, le lieu, l'année, le jour où les actes sont passés (*ibid.*);

5° S'il concourt à des contre-lettres tendant à frustrer les droits du trésor (loi du 22 frimaire an VII);

6° S'il refuse son ministère (loi du 25 ventôse an XI);

7° S'il le prête à des incapables ou à des gens ivres (*ibid.*);

8° S'il enfreint les dispositions impératives des articles précités du Code Civil et du Code de commerce.

Dans la plupart de ces cas il peut être suspendu ou destitué sans qu'il soit besoin de fraude ou de dol. Dans le cas où ces circonstances se rencontrent, il est poursuivi correctionnellement ou criminellement.

Mais là ne s'arrêtent pas les prescriptions légales dont le notaire est passible :

1° Il est considéré comme démissionnaire s'il réside hors du lieu fixé par sa commission (loi du 25 ventôse an XI);

2° Il est passible de la contrainte par corps s'il ne restitue pas les pièces à lui confiées (art. 2060 du Code civ.);

3° Si la numération des espèces est constatée dans ses actes d'une manière fausse ou erronée (circulaire du 17 mai 1831);

4° S'il déguise, en acquérant son étude, une partie du prix de son traité, il est destitué; son prédécesseur perd ses droits à la portion déguisée (cassation, 7 juillet 1841; circulaire du 21 février 1817);

5° S'il viole un secret à lui confié, il encourt six mois de prison et de 100 à 500 fr. d'amende (art. 378 du Code pénal);

6° S'il commet une concussion, il est passible de deux à cinq ans de réclusion (art. 174 du Code pénal);

7° S'il détourne, détruit ou soustrait des deniers, pièces, titres, actes, effets mobiliers à lui confiés, il encourt les travaux forcés à temps (art. 169 du Code pénal);

8° S'il commet un faux, ce sont les travaux forcés à perpétuité qu'on lui inflige (art. 145 et 146 du Code pénal);

9° Il encourt des dommages-intérêts s'il ne tient pas affiché, dans son étude, le tableau des interdits (loi du 25 ventôse an XI, art. 501 du Code civil).

Qu'on juge, par cette nomenclature encore incomplète, des dangers que présente la profession du notaire! c'est bien réellement le sentier de la vertu que la loi lui trace, car elle l'a semé de bien des épines, mais au moins ces dangers sont connus; ils résultent de dispositions claires et précises; le notaire est prévenu, il peut les éviter. Mais si, à côté de ces dangers patents, s'en trouvent encore d'autres vagues, indécis, innomés, qui peuvent à toute heure surgir, grossir ou diminuer suivant l'époque et les variations de la jurisprudence; si, au lieu de pouvoir compter sur la protection qui lui est due pour l'aider et le soutenir dans son labeur écrasant, dans les difficultés qu'il rencontre, au milieu des passions qui le heurtent; si, lorsqu'il peut dire, le front haut et la main sur le cœur: j'ai été honnête, je n'ai commis ni fraude, ni dol, je n'ai enfreint aucune des règles de ma profession, il ne trouve que sévérité au nom d'un droit commun rationnel pour l'homme privé, mais inapplicable à l'homme que son ministère forcé rend l'indispensable pivot de millions d'affaires, qu'on en croie notre expérience, on n'aura plus de notaires honorables.

EXPLICATION DE QUELQUES SIGNES ET ABRÉVIATIONS EMPLOYÉS DANS LE FORMULAIRE.

1° (*p.*) prénoms;

2° (*p. et q.*) prénoms et qualités;

3° (*p., q. et d.*) prénoms, qualités et demeures;

4° (*p., q., â. et d.*) prénoms, qualités, âge et demeure;

5° (*n., p., q., â. et d.*) nom, prénoms, qualités, âge et demeure;

6° Par-devant Me, etc. (Voir au mot *protocoles des actes notariés*, formule 741, nos 1 et 2.);

7° Dont acte, etc. (Voir *Clôture des actes notariés*, formule 741, nos 6 et 7;

8° L'énonciation d'un acte notarié dans un autre acte, faite ainsi: *Passé devant Me, etc.*, ou *reçu par Me, etc.*, doit se compléter de la manière suivante:

(*Si l'acte est en brevet, dire* :) passé en brevet devant Me ..., etc., ou reçu en brevet par Me ..., etc.; (*si l'acte est en minute, dire* :) passé devant Me ..., ou reçu par Me ..., qui en a gardé minute, et son confrère, notaires à ..., etc.

(*Si l'acte est reçu en présence de témoins, dire* :) passé devant Me ..., ou reçu par Me ..., notaire à ..., qui en a gardé minute, en présence de témoins, etc.

9° Dans les actes d'avoués à avoués, la clôture:

Dont acte,
Pour original ou pour copie,
Signifié et laissé copie,

se termine ainsi: à Me ..., avoué près le tribunal de 1re instance de ..., par moi, huissier audiencier, soussigné, le .... Coût ....

10° Les énonciations de l'ouvrage de M. Mourlon s'appliquent à l'édition 10e et 11e (1877-1880).

11° Les lettres S. S. P., placées en tête d'un certain nombre d'actes indiquent qu'ils peuvent être faits valablement sous seing privé, et, dans ce cas, il suffit de supprimer: 1° le protocole notarial et d'y substituer ces mots:

Entre les soussignés (*n., p., q. et d. des parties*),

A été convenu ce qui suit: etc.

2° La clôture notariale et d'y substituer:

Fait double (ou: *triple, quadruple, etc., suivant le nombre des parties*), à ..., le ....

FORMULAIRE

Jouissance et privation des droits civils.

FORMULE 1. — Art. 13 C. C.; Mourlon, t. I, p. 91 et 93.

Pétition par un étranger pour obtenir l'autorisation d'établir son domicile en France.

A. S. Exc. Monsieur le Ministre de la Justice.

Monsieur le Ministre,

Le soussigné A... (*p., q. et d.*) né à (*nom du pays*), le ..., ainsi qu'il résulte de son acte de naissance ci-joint, a l'honneur, conformément à l'art. 13 du C. C., de vous prier de solliciter M. le Président de la République de vouloir bien l'autoriser à établir son domicile en France, à l'effet d'y jouir de tous les droits civils tant qu'il continuera d'y résider.

Il vous présente l'expression de son respect. (*Signature.*)

FORMULE 2. — Art, 13 C. C.; Mourlon, t. I, p. 93.

Acte de transcription, à la mairie du domicile choisi par l'étranger, du décret qui lui accorde l'autorisation d'établir son domicile en France.

L'an ..., le ..., devant nous, maire de ..., a comparu le sieur A... (*p., q. et d.*), lequel nous a présenté l'ampliation d'un décret de M. le Présiden de la République ainsi conçu :

(Copier le décret.)

Et a ledit sieur ... déclaré que, conformément à ce décret, il entend fixer son domicile au lieu ci-dessus indiqué, à l'effet d'y jouir de tous les droits civils.

Et a signé avec nous, après lecture. (*Signatures.*)

FORMULE 3. — Art. 9 C. C.; loi du 22 mars 1849; Mourlon, t. I, p. 102.

Réclamation de la qualité de Français par un enfant né en France d'un étranger.

L'an ..., le ..., devant nous, maire de ..., a comparu le sieur A... (*p., q. et d.*), lequel nous a presenté son acte de naissance, duquel il résulte qu'il est né en France, à ..., le ..., de (*noms, prénoms, qualités et demeure des père et mère*) de nationalité (*indiquer la nation*), et a déclaré que, conformément à l'art. 9 du C. C., son intention était de fixer son domicile en France, afin d'acquérir la qualité de Français.

Le comparant a signé avec nous, après lecture. (*Signatures.*)

FORMULE 4. — Loi du 6 février 1851; Mourlon, t. I, p. 103.

Réclamation de la qualité de Français, par un individu né, même hors de France, d'un étranger qui, postérieurement à la naissance de son enfant, s'est fait naturaliser Français.

L'an ..., le ..., devant nous, maire de ..., a comparu le sieur A... (*p.*, *q. et d.*).

Lequel, après nous avoir présenté : 1° son acte de naissance, duquel il résulte qu'il est né à ..., le ... ; 2° l'ampliation d'un décret de M. le Président de la République (*ou d'une ordonnance royale ou d'un décret impérial*) en date du ..., constatant que (*nom, prénom, qualité et demeure du père du réclamant*), de nationalité ..., a été naturalisé Français postérieurement à la naissance du comparant, a dit que, conformément à la loi du 17 février 1851 modifiée par la loi du 16-29 décembre 1874, son intention est de fixer son domicile en France, et qu'il fait la présente déclaration afin d'acquérir la qualité de Français.

Le comparant a signé avec nous, après lecture. (*Signatures.*)

FORMULE 5. — Loi du 7 février 1851; Mourlon, t. I, p. 103.

Réclamation de la qualité d'étranger par l'individu né en France de parents qui eux-mêmes y sont nés.

L'an ..., le ..., devant nous, maire de ..., a comparu le sieur A... (*p.*, *q. et d.*).

Lequel nous a présenté son acte de naissance duquel il résulte qu'il est né à ..., le ..., de ... (*noms, prénoms, qualités et demeure des père et mère*), et a dit que, né d'un père de nationalité ..., qui lui-même est né en France, il se présente devant nous à l'effet de réclamer la qualité d'étranger, conformément à l'art. premier de la loi du 7 février 1851.

Et a signé avec nous, après lecture. (*Signatures.*)

FORMULE 6. — Art. 10 C. C., 2e alinéa; Mourlon, t. I, p. 105.

Réclamation de la qualité de Français par l'individu né d'un ci-devant Français.

L'an ..., le ..., devant nous, maire de ..., a comparu le sieur A... (*p.*, *q. et d.*).

Lequel nous a présenté son acte de naissance, duquel il résulte qu'il est né à ..., le ..., de (*noms, prénoms, qualités et demeure des père et mère*), et a dit que son père, ayant perdu la qualité de Français (*indiquer le motif et l'époque*), il fait la présente déclaration pour, conformément à l'art. 10 du C. C., constater son intention de fixer son domicile en France à l'effet d'acquérir la qualité de Français.

Et a signé avec nous, après lecture. (*Signatures.*)

FORMULE 7. — Loi du 11 décembre 1849; Mourlon, t. I, p. 108.

Demande en naturalisation ordinaire.

A. S. Exc. Monsieur le Ministre de la Justice.

Monsieur le Ministre,

Le soussigné A... (*p.*, *q. et d.*) a l'honneur de vous exposer : 1° qu'il est né à ..., le ...; 2° que par décret de M. le Président de la République (*ou ordonnance royale ou décret impérial*) en date du ..., il a obtenu l'autorisation de s'établir en France; 3° que depuis cette autorisation il y a effectivement résidé, sans interruption, pendant dix ans. En conséquence, il vous prie de solliciter pour lui de M. le Président de la République la naturalisation ordinaire en conformité de la loi du 11 décembre 1849, et il joint à sa demande son acte de naissance, la copie certifiée du décret précité, et un acte de notoriété constatant sa résidence décennale.

Il vous prie d'agréer, Monsieur le Ministre, l'expression de son profond respect. (*Signature.*)

FORMULE 8. — Loi du 11 décembre 1849; Mourlon, t. I, p. 108.

Demande en naturalisation extraordinaire.

A. S. Exc. Monsieur le Ministre de la Justice.

Monsieur le Ministre,

Le soussigné A... (*p., q. et d.*) a l'honneur de vous exposer: 1° qu'il est né à ..., le ...; 2° que, par décret de M. le Président de la République en date du ..., il a obtenu l'autorisation de s'établir en France; 3° que depuis cette autorisation il y a effectivement résidé pendant (*indiquer le nombre d'années; il faut au moins un an*); 4° enfin qu'il a rendu à la France d'importants services (*énoncer l'industrie, la profession, l'art, etc., dans lesquels ces services ont été rendus et qui peuvent motiver la naturalisation extraordinaire*). Il vous prie de vouloir bien solliciter de M. le Président de la République des lettres de naturalisation extraordinaire en sa faveur, et il joint à sa demande son acte de naissance, copie certifiée du décret précité, un acte de notoriété constatant sa résidence en France et (*les pièces constatant les services, l'industrie ou l'invention qui forment la base de la demande*).

Il vous prie, Monsieur le Ministre, d'agréer l'expression de son profond respect. (*Signature.*)

FORMULE 9. — Art. 18 C. C.; Mourlon, t. I, p. 118.

Acte par lequel un ci-devant Français demande à recouvrer la qualité de Français qu'il a perdue par l'une des causes de l'art. 17.

L'an ..., le ..., devant nous, maire de ..., a comparu le sieur A... (*p., q. et d.*).

Lequel nous a présenté son acte de naissance, duquel il résulte qu'il est né à ..., le ..., de (*noms, prénoms, qualités et demeure des père et mère*), tous deux Français, et a dit qu'il a perdu la qualité de Français par suite de (*indiquer la cause et l'époque de cette perte*); qu'il a renoncé à toute distinction contraire à la loi française; qu'il est rentré en France en vertu de l'autorisation à lui donnée par décret du Président de la République en date du ..., et qu'enfin son intention est d'y fixer son domicile, à l'effet de recouvrer la qualité de Français, conformément à l'art. 18 du C. C.

Et a signé avec nous, après lecture. (*Signatures.*)

FORMULE 10. — Art. 10 C. C.; Mourlon, t. I, p. 119.

Acte par lequel une femme qui a cessé d'être Française, par l'effet de son mariage avec un étranger, et qui résidait hors de France au moment où elle est devenue veuve, demande à recouvrer sa qualité de Française.

L'an ..., le ..., devant nous, maire de ..., a comparu la dame A... (*p., q. et d.*), veuve de (*nom, prénoms, qualité et demeure du mari*).

Laquelle nous a présenté son acte de naissance, duquel il résulte qu'elle est née à ..., le ..., de (*noms, prénoms, qualités et demeure des père et mère*), tous deux Français, et a dit que par son mariage avec le sieur (*nom du mari*) de nationalité ..., elle a perdu sa qualité de Française; qu'elle est rentrée en France en vertu de l'autorisation à elle donnée par décret de M. le Président de la République (*ou ordonnance royale ou décret impérial*) en date du ..., et que son intention est d'y fixer son domicile, à l'effet de recouvrer sa qualité de Française, conformément à l'art. 19 du C. C.

Et a signé avec nous après lecture. (*Signatures.*)

Des actes de l'état civil.

FORMULE 11. — Art. 41. C. C.; Mourlon. t. I, p. 155.

Procès-verbal d'ouverture du registre des naissances, mariages et décès.

NOTA. Dans les communes importantes seules il est ouvert un registre distinct pour les naissances, pour les décès et pour les mariages. Dans toutes les autres, un seul registre reçoit ces trois natures d'actes.

Il n'est fait aucun procès-verbal d'ouverture. Le visa du président en tient lieu; il est ainsi conçu :

Le présent registre, contenant ... feuillets, destiné à recevoir les déclarations de naissances, mariages et décès, pendant l'année ..., dans la commune de ..., a été coté et paraphé par premier et dernier feuillet, par nous, président du tribunal de 1re instance de ..., département de ...

Fait double à (*nom du chef-lieu d'arrondissement*), le ... (*Signature.*)

FORMULE 12. — Mourlon, t. I, p. 155.

Procès-verbal de clôture du même registre.

Le présent registre des naissances, mariages et décès de la commune de ... pour l'année ..., contenant ... actes, a été clos et arrêté par nous maire, officier de l'état civil de .., aujourd'hui premier janvier ... (*Signature*[1].)

FORMULE 13. — Art. 56 C. C.; Mourlon, t. I, p. 169 et suiv.

Acte de naissance d'un enfant légitime déclaré par le père.

Du ..., à ... heure du (*matin ou soir*), acte de naissance de (*prénoms*), du

1. Cette clôture doit se placer, sans blanc ni interligne, immédiatement après le dernier acte inscrit, même lorsque le nombre des actes contenus au registre est indiqué.

sexe ..., né le ..., à ... heure du ... (*soir ou matin*), chez ses père et mère, fil... légitime de ... (*nom, prénoms, profession, domicile et âge du père*) et de ... (*nom, prénoms, âge de la mère*), son épouse.

Les témoins ont été, etc., etc. (*noms, prénoms, âge, qualités et demeures des deux témoins*).

L'enfant nous a été présenté et la déclaration a été faite par ledit sieur (*nom du père*), qui a signé avec les témoins et avec nous, maire, après lecture. (*Signatures.*)

NOTA. Au lieu d'exiger la présentation de l'enfant, il serait préférable qu'un médecin délégué pût aller à domicile vérifier le sexe de l'enfant. Cela se pratique déjà dans beaucoup de villes, en vertu d'une décision ministérielle du 9 août 1870.

Pour la régularité des noms, comme pour la vérification de la légitimité, il serait à désirer que le certificat de mariage des père et mère fût exigé par l'officier de l'état civil.

FORMULE 14. — Art. 56 C. C.; Mourlon, t. I, p. 169.

Acte de naissance d'un enfant légitime déclaré par l'accoucheur, la sage-femme, l'officier de santé, ou la personne chez laquelle l'accouchement a eu lieu, ou par telle autre personne présente à cet accouchement.

Du ..., etc. (*comme au* n° 13). L'acte doit être terminé ainsi :

L'enfant nous a été prérenté et la déclaration a été faite par M. A... (*p., q. et d.*), âgé de ..., comme ayant été présent à l'accouchement en qualité de (*médecin, sage-femme, propriétaire des lieux, etc.*), et a signé avec nous et les témoins, après lecture. (*Signatures.*)

FORMULE 15. — Art. 55 C. C.; Mourlon, t. I, p. 170.

Acte de naissance d'un enfant légitime qui n'a pu être présenté pour cause d'indisposition.

Du... (comme en la formule 13). L'acte se termine ainsi :

L'enfant nous a été présenté et la déclaration nous a été faite par le sieur (*nom du père*), qui, après lecture, a signé avec nous et les témoins en son domicile, où nous nous sommes transporté, attendu l'état de maladie de l'enfant. (*Signatures.*)

FORMULE 16.

Acte de naissance d'un enfant présenté sans vie.

NOTA. Ces actes ne s'inscrivent que comme actes de décès. Ils ne sont pas compris dans les statistiques.

Du ..., heure de ..., acte de décès de (*prénoms*), du sexe ..., présenté sans vie, sorti du sein de sa mère le ..., à ... heure du (*matin ou soir*), au domicile de ses père et mère, fil ... de (*noms, prénoms, qualités et âge des père et mère*).

Cette déclaration nous est faite par (*nom, prénoms, qualité, âge et demeure du déclarant*), en présence de (*noms, prénoms, qualités, âge des deux témoins*) qui ont signé avec le déclarant et avec nous, maire, après lecture. (*Signatures.*)

FORMULE 17.

Acte de naissance d'enfants jumeaux.

NOTA. On doit faire les deux actes séparés et s'abstenir d'y faire mention de la qualité d'enfants jumeaux. Chacun de ces deux actes doit contenir l'indication exacte de l'heure qui fixe la primogéniture. Le premier-né doit être inscrit le premier.

Voir la formule 13.

Formule 17 *bis*. — Art. 57 C. C.; Mourlon, t. I, p. 172.

Acte de naissance d'un enfant naturel non reconnu.

Du ..., heure de ..., acte de naissance de (*noms et prénoms*), du sexe ..., né le ..., à ... heure (*soir ou matin*), dans (*indiquer le lieu de la naissance*), de père et de mère inconnus.

Les témoins ont été (*noms, prénoms, qualités, âge et demeures des témoins*).

L'enfant nous a été présenté et la déclaration a été faite par (*indiquer les nom, prénoms, qualité et demeure de la personne qui déclare*), qui a signé avec les témoins et avec nous, après lecture. (*Signatures.*)

FORMULE 18.

Acte de naissance d'un enfant naturel déclaré et reconnu par son père.

NOTA. Dans la pratique, cet acte ne diffère de l'acte de naissance d'un enfant légitime que parce qu'on s'abstient de déclarer que le père et la mère sont mariés.

Du ..., heure de ..., acte de naissance de (*prénoms*), du sexe ..., né le ..., à ... heure (*du soir ou du matin*), chez sa mère, fil... de (*nom, prénoms, qualité, âge et demeure du père*) et de demoiselle (*nom, prénoms, qualité, âge et demeure de la mère*).

Les témoins ont été (*noms, prénoms, qualités, âge et demeures des témoins*).

L'enfant nous a été présenté et la déclaration a été faite par le dit sieur (*nom*), son père, qui a signé avec les témoins et avec nous, maire, après lecture. (*Signatures.*)

FORMULE 19.

Acte de naissance d'un enfant naturel déclaré et reconnu par la mère.

NOTA. Cet acte est peu fréquent, la déclaration devant être faite dans les trois premiers jours de la naissance et la mère ne pouvant se déplacer en général dans ce délai.

Du ..., heure de ..., acte de naissance de (*noms et prénoms*) du sexe ..., né le ..., heure de ... (*du soir ou du matin*), chez sa mère, fil... de (*nom, prénoms, qualité, âge et demeure de la mère*).

Les témoins ont été (*noms, prénoms, qualités, âge et demeures des témoins*).

L'enfant nous a été présenté et la déclaration nous a été faite par la demoiselle (*nom*) sa mère, qui a signé avec les témoins, et avec nous, maire, officier de l'état civil, après lecture. (*Signatures.*)

FORMULE 20. — Art. 36 C. C.

Acte de naissance d'un enfant naturel déclaré par un fondé de pouvoir agissant au nom du père.

Du ..., heure de ..., acte de naissance de (*noms et prénoms*), du sexe ..., né le ..., heure ... (*du soir ou du matin*), chez sa mère, fil... de (*noms, prénoms, qualités, âge et demeure des père et mère*).

Les témoins ont été (*noms, prénoms, qualités, âge et demeures des témoins*).

L'enfant nous a été présenté et la déclaration a été faite par (*nom, prénoms, qualité, âge et demeure du mandataire*) agissant au nom et comme mandataire spécial de M. (*nom du père*), aux termes de la procuration qu'il lui a donnée par acte reçu par Me (*nom et résidence du notaire*), qui en a gardé minute, et son collègue, le ..., enregistré, dont une expédition légalisée nous a été remise[1].

Et ont, le mandataire et les témoins, signé avec nous, maire, après lecture. (*Signatures.*)

NOTA. — La formule est la même s'il s'agit du mandataire de la mère, sauf la substitution du nom de la mère à celui du père, et sauf encore à ne pas faire mention de la paternité.

FORMULE 20 *bis*. — Art. 58 C. C.; Mourlon, t. I. p. 174.

Procès-verbal constatant la remise à l'officier de l'état civil d'un enfant nouveau-né et des vêtements et autres effets trouvés avec lui.

NOTA. — Cet acte doit être inscrit aux registres de l'état civil.

L'an ..., le ...

Devant nous, maire de la commune de ..., officier de l'état civil.

A comparu le sieur A... (*p. et d.*), âgé de ...

Lequel nous a présenté, tel qu'il l'a trouvé à (*désigner soigneusement le lieu*), un enfant nouveau-né que nous avons reconnu être du sexe ..., être âgé d'environ ... jours, et présenter les apparences de la santé.

Il a la tête couverte d'un calot de toile de coton attaché, sous le menton, par deux cordons de ruban de fil blanc, et a (*désigner ainsi tous les vêtements et autres effets trouvés avec l'enfant, indiquer les marques qui peuvent s'y trouver*).

N'ayant recueilli aucun indice sur l'origine de l'enfant, nous lui avons donné le nom de ... et les prénoms de ... et après lui avoir fait donner les soins et la nourriture dont il avait besoin, nous l'avons remis avec tous les vêtements et effets trouvés avec lui entre les mains de M. B... (*p., âge et d.*), directeur de l'hospice de ...

Du tout, nous avons dressé le présent procès-verbal en présence de ... (*noms, prénoms, qualités, âge et demeures des deux témoins*), lesquels ont signé avec le déclarant, M. le directeur de l'hospice et nous, maire, après lecture.

FORMULE 21. — Art. 72. C. C.; Mourlon, t. I, p. 176.

Reconnaissance d'un enfant naturel faite après l'acte de naissance, par le père, devant l'officier de l'état civil.

Du ..., heure de ..., acte de reconnaissance de (*nom et prénoms de*

1. Rien ne paraît s'opposer à ce que cette procuration soit reçue en brevet; néanmoins, attendu son importance, il est prudent d'en conserver minute.

l'enfant), né à ..., le ..., inscrit aux registres de l'état civil de ..., comme fil... de (*nom, prénoms, qualité, âge et demeure de la mère*).

Cette reconnaissance est faite par M. (*nom, prénoms, qualité, âge et demeure du père*), son père, en présence de (*noms, prénoms, qualités, âge et demeures des deux témoins*), lesquels ont signé avec le père et avec nous, maire, après lecture[1]. (*Signatures.*)

FORMULE 22. — Art. 62 C. C.; Mourlon, t. I, p. 176.

Reconnaissance d'un enfant naturel, faite après l'acte de naissance, par la mère, devant l'officier de l'état civil.

Du ..., heure de ..., acte de reconnaissance de ... (*nom et prénoms de l'enfant*), né à ..., le ..., inscrit aux registres de l'état civil de ..., comme fils de père et de mère inconnus.

Cette reconnaissance est faite par (*nom, prénoms, qualité, âge et demeure de la mère*), sa mère, en présence de (*noms, prénoms, qualités, âges et demeures des témoins*).

La mère et les témoins ont signé avec nous, maire, officier de l'état civil, après lecture. (*Signatures.*)

NOTA. Lorsqu'elle est faite par un mandataire, cette reconnaissance se termine ainsi :

Cette reconnaissance est faite par (*nom, prénoms, qualité, âge et demeure du mandataire*), agissant au mon et comme mandataire spécial de (*nom, prénoms, qualité, âge et demeure du père et de la mère*), aux termes de la procuration qu'ils lui ont donnée par acte reçu en minute par Me (*nom et résidence du notaire*) et son collègue, le ..., enregistré, dont une expédition légalisée nous a été remise.

Le mandataire et les témoins ont signé avec nous, maire, officier de l'état civil, après lecture. (*Signatures.*)

FORMULE 23. — Art. 334 C. C.; Mourlon, t. I, p. 176 et 502.

Reconnaissance d'un enfant naturel devant notaire.

Par le père seul.

Par-devant Me ..., etc.

A comparu :

M. A... (*p., q. et d.*).

Lequel a reconnu pour sa fille naturelle (*nom et prénoms de l'enfant*), née à ..., le ..., inscrite aux registres de l'état civil de ..., à la date du ..., comme étant née de demoiselle (*nom, prénoms, qualité, âge et demeure de la mère*) et de père inconnu.

Consentant que mentions des présentes soient faites sur tous actes et registres.

Dont acte, etc.

1. Mention de cet acte doit être faite en marge de l'acte de naissance sur les deux registres; le maire en donne avis, dans les trois jours, au procureur de la République de son arrondissement, lorsque le double des registres a été déjà déposé au greffe. (Art. 49 C. C.)

Par la mère seule.

Par-devant Me.... etc.

A comparu :

Madame A... (*p., q. et d.*).

Laquelle a reconnu pour son fils naturel (*nom, prénoms de l'enfant*), né à..., le..., inscrit aux registres de l'état civil de... comme étant né de père et de mère inconnus.

Consentant que mentions des présentes soient faites sur tous actes et registres.

Dont acte, etc.

Par le père et la mère.

Par-devant, etc.

Ont comparu :

M. A... (*p., q. et d. du père*) et demoiselle B... (*p., q. et d. de la mère*).

Lesquels ont reconnu pour leur fils naturel (*nom et prénoms de l'enfant*), né à..., le..., inscrit aux registres de l'état civil de... comme étant né de père et de mère inconnus, ou comme étant né du sieur... et de demoiselle... qui sont des personnes supposées ainsi que les comparants le déclarent.

Consentant que mentions des présentes soient faites sur tous actes et registres.

Dont acte, etc.

Décompte :	Timbre de minute et d'expédition.	2 40
	Enregistrement..................	6 25
	2 rôles[1] suivant la classe........	Mémoire.
	Honoraires......................	6 »

FORMULE 24. — Art. 62 C. C.; Mourlon, t. I, p. 176.

Transcription d'un acte de reconnaissance d'un enfant naturel fait devant notaire ou devant un officier de l'état civil, autre que celui qui a reçu l'acte de naissance.

Du..., heure de... Transcription d'un acte dressé par... (*énoncer le nom, la qualité, la résidence de l'officier qui a reçu cet acte, sa date, s'il est enregistré et légalisé*).

Ainsi conçu :

Transcrire littéralement l'acte.

Collationné et transcrit par nous, maire, officier de l'état civil de la commune de... (*Signatures.*)

FORMULE 25. — Art. 62. C. C.; Mourlon, t. I, p. 176.

Mention d'un acte de reconnaissance d'un enfant naturel en marge de l'acte de naissance.

L'enfant inscrit en l'acte ci-contre a été reconnu par le sieur (*nom, prénoms, qualité, âge et demeure*), son père, ainsi qu'il résulte d'un acte de reconnaissance inscrit sur les registres de l'état civil de cette commune

1. Les rôles seront dans tous les actes notariés portés pour mémoire; ils se payent 3 francs

ou de... (*nom de la commune si l'acte a été fait ailleurs*) le... (*si l'acte a été fait par un notaire indiquer son nom, sa résidence et la date de l'acte.*)

Fait à..., le... Le maire de... (*Signature.*)

NOTA. — Cette mention n'étant pas un acte ne se fait jamais en présence de témoins. Si néanmoins elle avait lieu en présence de témoins, il faudrait la terminer ainsi :

Cette mention est faite par nous, maire de..., l'an..., le..., en présence de (*noms, prénoms, qualités, âge et demeures des témoins*), qui ont signé avec nous, après lecture. (*Signatures.*)

FORMULE 26.

Acte de naissance d'un enfant né dans un hospice ou dans une prison.

Voir la formule 13.

NOTA. Il ne doit être fait, dans l'acte, aucune mention de la circonstance de la naissance dans un hospice ou dans une prison. — On se borne à constater le nom, la rue et le numéro de l'établissement.

FORMULE 27. — Art. 59 C. C.; Mourlon, t. I, p. 175.

Transcription de l'expédition de l'acte de naissance d'un enfant né pendant un voyage en mer.

Du..., heure de..., transcription de la copie d'un acte de naissance à nous adressé par (*soit le ministre de la marine, soit le préposé à l'inscription maritime de...*) dressé par (*soit par le capitaine du navire marchand, soit par l'officier d'administration de la marine de* (*nom du bâtiment*), le..., ainsi conçu :

(Transcrire littéralement l'acte.)

Transcrit et collationné par nous, maire de..., en présence de (*noms, prénoms, qualités, âge et demeures des deux témoins*), qui ont signé avec nous, après lecture. (*Signatures.*)

FORMULE 28. — Art. 77 C. C.; Mourlon, t. I, p. 178.

Permis d'inhumer.

Nous, maire de..., département de..., autorisons l'inhumation de (*nom, prénoms, profession, âge et domicile de la personne morte*, (décédé le..., à... heure (*du matin ou du soir*), ainsi que nous l'avons vérifié (ou fait vérifier, si c'est un médecin qui est chargé de la constatation des décès.,

Fait à..., le..., à..., heure de... (*suivent la signature et le cachet*).

FORMULE 29. — Art. 79 C. C.; Mourlon, t. I, p. 178.

Acte de décès ordinaire.

Du..., heure de..., acte de décès de (*nom, prénoms, profession, âge*), né) à..., décédé à..., le..., heure de..., en sa demeure (*indiquer cette demeure. Il faut ici énoncer si la personne décédée était mariée, veuve ou célibataire, et, si elle était mariée ou veuve, les nom, prénoms, âge et*

dans la première classe, 2 francs dans la deuxième, et 1 fr. 50 c. dans la troisième. (Tarif de février 1807.)

domicile de l'autre époux, ajouter, autant que possible, ici les noms et prénoms des père et mère du décédé.)

Les témoins ont été M.M. (*noms, prénoms, qualités, âge et demeures des deux témoins, dire s'ils sont parents, à quel degré, s'ils sont amis ou voisins*).

Lesquels ont signé avec nous, maire de.., après lecture et constatation du décès faites par nous. (*Signatures.*)

FORMULE 30.

Acte de décès d'un enfant mort-né ou décédé avant que sa naissance ait été enregistrée.

Voir formule 16.

FORMULE 31. — Art. 80 C. C.; Mourlon, t. I, p. 180.

Acte de décès dans le cas où le décès est arrivé dans les hôpitaux militaires et civils, séminaires, collèges et autres établissements publics.

Voir formule 29.

NOTA. Il n'est fait aucune mention spéciale : on se borne à indiquer le nom de la rue et le numéro de l'établissement où le décès a eu lieu.

FORMULE 32. — Art. 81, 82 et 85 C. C.; Mourlon, t. I, p. 181.

Acte de décès dans le cas de mort violente.

NOTA. — L'acte ne doit faire mention d'aucune des circonstances qui sont de nature à faire croire à une mort violente.

Il doit être en tout point rédigé comme en la formule 29. Il est bon d'indiquer le lieu du décès et de dire où le corps a été transporté, lorsqu'il n'appartient pas à la commune sur laquelle il a été trouvé.

FORMULE 33. — Art. 83 et 85 C. C.; Mourlon, t. I, p. 181.

Acte de décès dans le cas d'exécution à mort.

Voir formule 29.

NOTA. — Il n'est fait aucune mention de l'exécution ; seulement il y a lieu de dire : *décédé en notre commune*, au lieu de : *décédé en sa demeure*.

FORMULE 34. — Art. 86. C. C.; Mourlon, t. I, p. 181.

Transcription de l'expédition de l'acte de décès d'une personne morte pendant un voyage en mer.

Voir formule 27.

FORMULE 35. — Décret du 3 janvier 1813. Mourlon, t. I, p. 181.

Procès-verbal constatant les circonstances du décès des personnes qui ont péri dans les flots dans un incendie ou dans un éboulement et dont on ne retrouve pas les corps.

L'an..., le..., à..., heure de..., nous, maire de..., averti par (*indiquer comment le maire a été prévenu*), nous sommes transporté (*indiquer le lieu du sinistre*), où étant, après avoir pris tous les renseignements que (*indiquer les noms, prénoms, qualités, âge et demeures des témoins de l'événement*) ont pu nous fournir, avons constaté que (*relater les détails de l'immersion, de l'incendie, ou de l'éboulement, etc.*), que le sieur (*nom, prénoms qualité, âge et demeure de la personne décédée*), fils de (*noms, prénoms de ses père et mère, s'il est possible de se les procurer*), a péri dans cet événement, sans qu'il ait été possible d'en retrouver le corps, malgré les recherches auxquelles nous avons fait procéder.

Et ont les témoins signé avec nous, après lecture. (*Signatures.*)

Nota. — Il est d'usage de transcrire ce procès-verbal sur les registres de l'état civil du domicile du défunt après que l'autorisation par le tribunal de première instance du ressort en a été donnée.

Voir la formule 27. Seulement on énonce l'autorisation du tribunal.

FORMULE 36. — Art. 88, 89 C. C.; Mourlon, t. I, p. 184.

Acte de décès d'un militaire hors du territoire Français.

Du ..., à ... heure de (*soir ou matin*), acte de décès de ... (*nom, prénoms*), fusilier au ... régiment de ligne, ... bataillon, ... compagnie, né le ..., à ..., département de ..., signalé au registre-matricule sous le n° ..., fils de (*noms, prénoms, qualités et demeure des père et mère; célibataire, marié ou veuf*), décédé à ..., le ..., à ... heure du (*matin ou soir*) par suite de (*indiquer la cause de la mort*).

La déclaration a été faite par (*noms, prénoms, qualités, âge et demeures de trois témoins*), lesquels ont signé après lecture avec nous (*nom, prénoms et qualité de l'officier remplissant les fonctions d'officier de l'état civil*).

(*Signatures.*)

Pour la transcription de cet acte sur le registre de l'état civil du dernier domicile du décédé, voir la formule 27.

FORMULE 37. — Art. 99 C. C.; art. 855 à 858 C. Pr.; Mourlon, t. I, p. 186.

Requête afin d'obtenir la rectification d'un acte de l'état civil.

A M. le président du tribunal civil de ...

Le sieur A... (*p., q. et d.*), ayant Me ... pour avoué, a l'honneur de vous exposer que, suivant son acte de naissance inscrit au registre de l'état civil de ..., en date du ... (*s'il s'agit du défaut d'indication du sexe*), son sexe n'a pas été indiqué, (*s'il s'agit du défaut d'indication de l'heure et du jour de la naissance*) qu'on a omis d'indiquer le jour et l'heure de sa naissance, (*s'il s'agit de l'oubli des noms des père et mère*) que les noms, prénoms, qualités et demeures des père et mère (*les indiquer*) y ont été omis, (*s'il s'agit enfin d'altération faites après coup*), que depuis l'inscription de cet acte (*indiquer l'altération qui y a été faite*); qu'il lui importe de faire rectifier cette erreur. L'exposant conclut, en conséquence, monsieur le président, à ce qu'il vous plaise ordonner la communication de la présente requête à M. le procureur de la République et nommer un juge rapporteur, pour être, par le jugement à intervenir, statué que ledit acte de naissance sera rectifié dans le sens qui vient d'être indiqué, que ce jugement sera transcrit sur les registres de l'état civil de la commune de ..., que mention en sera faite en marge de l'acte du ... et qu'il sera fait défense à tout dépositaire d'en déliver extrait ou expédition sans transcrire ladite mention à peine de tous dépens, dommages et intérêts.

Présenté au palais de justice à..., le ... (*Signature de l'avoué.*)

Décompte. Tarif, art. 73, § 4.

Timbre	60
Rédaction	7 50
Enregistrement de l'ordonnance.	5 63
Total	13 73

FORMULE 38. — Art. 101 C. C; Mourlon, t. I, p. 188.

Transcription sur le registre de l'état civil du jugement de rectification.

Voir formule 27.

FORMULE 39. — Art. 101 C. C.; Mourlon, t. I, p. 188.

Mention en marge de l'acte rectifié de la date du jugement et de l'objet sommaire de la rectification.

L'acte ci-contre a été, par jugement du tribunal civil de 1re inst. de ..., en date du ... rectifié, en ce sens que (*indiquer le but de la rectification*).

Fait à ..., le ... Le maire de ... (*Signature.*)

FORMULE 40. — Art. 70, 71 C. C.

Acte de notoriété pour suppléer à un acte de naissance.

L'an ..., le ..., à ... heures du ..., devant nous ..., juge de paix[1] du canton de ..., arrondissement de ..., assisté de ..., notre greffier, en notre cabinet, à ...

A comparu le sieur A ... (*p., q. et d.*), fils (*majeur ou mineur*) de... (*nom, prénoms des père et mère*), lequel nous a exposé qu'étant sur le point de contracter mariage et se trouvant dans l'impossibilité de se procurer son acte de naissance, il avait, sur l'indication par nous verbalement faite de ces jour, lieu et heure, amené les sept témoins ci-après nommés, pour qu'il nous plût recevoir leurs déclarations et attestations afin de suppléer à son acte de naissance, conformément à la loi, et a signé. (*Signature du requérant.*)

A l'instant ont comparu : 1° le sieur... ; 2° la dame... (*noms, prénoms, professions, domiciles, sexe, âge, qualités des parents ou amis au nombre de sept, servant de témoins*), lesquels, après avoir entendu la lecture de l'exposé qui précède, et des art. 70 et 71 C. C, nous ont déclaré et attesté connaître parfaitement ledit sieur ..., et savoir qu'il est né vers le ...,[2] dans la commune de ..., canton de ..., arrondissement de ..., département de ...,; qu'il est fils du sieur ... et de la dame ..., mariés; qu'il a reçu pour nom ..., et qu'il lui est impossible de fournir l'acte de sa naissance pour le mariage qu'il est sur le point de contracter, parce

1. Le juge de paix compétent pour délivrer l'acte de notoriété est celui du lieu de la naissance ou celui du domicile. Art. 70 C. C.)

2. Il faut énoncer, autant que possible, l'époque précise de la naissance. (Art. 71 C. C.)

que.... (*énoncer les causes*). Nous avons, en conséquence, donné acte aux comparants de leur comparution et déclarations, et nous avons renvoyé le sieur ... à se pourvoir en homologation, conformément à l'art. 72 C. C.

Dont acte fait à ..., les jour, mois et an ci-dessus, lequel a été signé par tous les comparants, nous et le greffier, après lecture (*ou bien* signé par nous, les sieurs ... et le greffier, après lecture, lesdits sieurs ..., requis de signer, ayant déclaré ne pas le savoir). (*Signatures.*)

Décompte : Tarif, art. 5, 9 et 16, § 5.

Timbre de la minute et de l'expédition....	Mémoire.
Enseignement..........................	3 75
Émoluments du greffier pour la minute....	3 35
Pour l'expédition par chaque rôle de 20 lignes à la page et 10 syllabes à la ligne, 50 c.	Mémoire.

FORMULE 41. — Art. 72 C. C.

Requête pour faire homologuer l'acte de notoriété.

A MM. les président et juges composant le tribunal civil de...

Le sieur A... (*p., q. et d.*) à ..., ayant M...., pour avoué,

A l'honneur de vous exposer qu'étant sur le point de contracter mariage avec la demoiselle B.... (*p., q. et d.*) et n'ayant pu se procurer son acte de naissance, il s'est conformé à l'art. 71 C. C en demandant à M. le juge de paix de ... de lui délivrer un acte de notoriété que ce magistrat a fait dresser par son greffier et dont l'expédition est produite à l'appui de la présente requête. En conséquence, l'exposant conclut à ce qu'il vous plaise, messieurs, homologuer ledit acte, conformément à l'art. 72 C. C. afin qu'il produise son plein et entier effet.

Présenté au palais de justice à ..., le ... (*Signature de l'avoué.*)

Soit communiqué à M. le procureur de la République pour, après les conclusions et sur le rapport qui en sera fait le ..., par M. ..., juge que nous commettons à cet effet, être statué ce qu'il appartiendra.

Fait au palais de justice à ..., le ... (*Signature du président.*)

Décompte. Tarif, art. 78.

Timbre...........................	20
Émoluments.....................	7 50

L'ordonnance du président n'est pas sujette à l'enregistrement; le jugement seul doit subir cette formalité.

FORMULE 42.

Requête au procureur de la République pour obtenir dispense de la seconde publication de mariage.

(Art. 169 C. C.; arrêté du 20 prairial an XI, art. 3 et 4; Mourlon, t. I, p. 309.

A M. le procureur de la République près le tribunal de première instance de...

Le sieur A... (*p., q. et d.*), et la demoiselle B... (*p., q. et d.*), ont l'honneur de vous exposer qu'il sont dans l'intention de contracter mariage; que déjà la première publication a été (ou sera) faite le ... (*jour, mois, an*), mais qu'ils ont intérêt à être dispensés de la seconde publication, parce que ... (*énoncer les causes*) : par ces motifs, les exposants concluent à ce qu'il vous plaise, monsieur le procureur de la République, en vertu du pouvoir qui vous est conféré par l'arrêté du Gouvernement du 20 prairial an XI, qui assure l'exécution de l'art. 169 C. C., les dispenser d'une seconde publication.

Présenté au parquet du tribunal ..., le ... (*Signatures.*)

Dispense accordée par le procureur de la République.

Nous, procureur de la République près le tribunal civil de ...,

Vu la requête qui précède, vu l'art. 169, C. C., et les art. 3 et 4 de l'arrêté du 20 prairial an XI, accordons aux exposants la dispense de la seconde publication du mariage; de plus, ordonnons que, conformément à l'art. 4 de l'arrêté précité, dépôt sera fait au secrétariat de la commune du lieu de la célébration du mariage de la dispense par nous accordée, que le secrétaire en délivrera expédition, avec mention du dépôt, pour cette expédition demeurer annexée à l'acte de célébration du mariage.

Fait au parquet du tribunal de ..., le ... (*Signature.*)

Décompte : Timbre de la requête.................. 1 20
L'autorisation est mise gratis à la suite.

FORMULE 43.

Déclarations diverses d'état civil qui peuvent être faites dans un acte notarié.

I. Par un célibataire.

M. ... a déclaré qu'il n'a jamais été marié, qu'il n'est et n'a jamais été tuteur, qu'il n'a jamais été chargé d'aucune comptabilité de deniers publics, ni d'aucune fonction entraînant hypothèque légale au profit de l'État.

II. Par des époux mariés en communauté.

M. et Mme ... ont declaré qu'ils sont mariés sous le régime de la communauté, ainsi que le constate leur contrat de mariage passé devant M^e..., etc.; — Qu'ils n'ont pas contracté d'autre mariage que celui qui les unit; — Qu'ils n'ont jamais été tuteurs, et qu'ils n'ont jamais été chargés de comptabilité publique, ni de fonction entraînant hypothèque légale au profit de l'État, de communes ou d'établissements publics.

III. Par une femme séparée de biens.

Mme ... a déclaré que, par son contrat de mariage avec M. ..., passé devant M^e ..., etc., elle a adopté le régime de la séparation de biens; — Qu'elle n'a contracté d'autre mariage que celui qui l'unit à M. ...; — Qu'elle n'a jamais été tutrice, et qu'elle n'a été chargée d'aucune comptabilité de deniers publics.

IV. Par des époux mariés sous le régime dotal.

M. et Mme ... ont déclaré qu'ils sont mariés sous le régime dotal, ainsi que le constate leur contrat de mariage passé devant M^e ..., etc., aux termes duquel il a été stipulé que Mme ... aurait le droit de vendre (ou d'échanger) tout ou partie des biens dotaux (*les désigner s'il ne s'agit que de quelques-uns*);

Qu'ils n'ont pas contracté d'autre mariage que celui qui les unit; — Qu'ils n'ont jamais été tuteurs, et qu'ils n'ont jamais été chargés de comptabilité de deniers publics, ni de fonction entraînant hypothèque légale au profit de l'État, de communes ou d'établissements publics.

V. Par des époux mariés en secondes noces. — Par un tuteur légal.

M. et Mme... ont déclaré qu'ils sont mariés sous le régime ..., ainsi que le constate leur contrat de mariage passé devant M^e^ ..., etc.; — Que M. ... est veuf en premières noces de dame ...; Que de ce mariage il existe ... enfants mineurs dont il est le tuteur naturel et légal; — Qu'il n'a jamais été chargé d'autre tutelle, ni de comptabilité de deniers publics entraînant hypothèque légale.

VI. Par un tuteur datif.

M. et Mme ... ont déclaré qu'ils sont mariés, etc. — (*Voir* même formule, § II et III.)

M....., a, en outre, déclaré qu'il est tuteur de .... âgé de .... ans, qualité à laquelle il a été nommé par délibération des parents et amis du mineur, prise sous la présidence de M. le juge de paix du canton de ..., le ...; et qu'en conséquence ses biens sont grevés de l'hypothèque légale qu'entraîne cette tutelle. Il a ajouté qu'il n'a jamais été chargé d'autre tutelle non plus que de comptabilité publique ou fonctions entraînant hypothèque légale.

VII. Par un comptable public.

M. et Mme ... ont déclaré, etc. — (*Voir* même formule, § II et III.)

Qu'ils n'ont jamais été chargés d'aucune tutelle, etc. — (*Voir* même formule, § I.)

M... a déclaré, en outre, qu'il a été percepteur des contributions directes de ..., mais qu'il a rendu tous les comptes de son administration, apurés depuis complètement, ainsi que le constate le quitus à lui délivré par la Cour des comptes, le...

Décompte : Ces déclarations, qui se placent dans les contrats de vente, échanges, etc., ne donnent lieu à aucun droit d'enregistrement spécial.

Du domicile.

FORMULE 44. Art. 104 C. C.; Mourlon, t. I, p. 194.

Déclarations relatives au domicile que l'on quitte et à celui qu'on veut acquérir.

Déclaration à faire à la mairie de l'ancien domicile.

L'an ..., le ..., devant nous, maire de ..., a comparu le sieur A... (*p., q. et d.*), né à..., le...

Lequel nous a déclaré, conformément à l'art. 104 du C. C., qu'il est dans l'intention de quitter la commune, pour fixer son habitation et son principal établissement dans (*indiquer la commune dans laquelle le domicile sera transféré*).

Et a signé avec nous, après lecture. (*Signatures.*)

Déclaration à faire à la mairie du nouveau domicile.

L'an..., le... (*comme ci-dessus*).

Lequel nous a déclaré, d'une part qu'il a récemment quitté la commune de..., et d'autre part qu'il est venu depuis établir son habitation dans notre commune (*rue n°*) avec l'intention d'y fixer son domicile et son principal établissement.

Et a signé avec nous, maire, après lecture.

(*Signatures.*)

FORMULE 45. — Art. 111 C. C.; Mourlon, t. I, p. 203.

Élection de domicile.

Quand l'élection de domicile a lieu dans l'acte notarié qui contient la convention, cet acte se termine ainsi ;

Dont acte : pour l'exécution duquel les parties élisent domicile, savoir : (*indiquer pour chaque partie le lieu choisi*).

Fait et passé, etc.

Quand l'élection de domicile a lieu par acte postérieur, il est rédigé ainsi :

Par-devant Me, etc.

A comparu :

M. A... (*p., q. et d.*).

Lequel, pour l'exécution de la convention intervenue entre lui et M. B... (*p., q. et d.*), aux termes d'un acte reçu par Me..., etc., le... enregistré, a déclaré faire élection de domicile en la demeure de M. C... (*p., q. et d.*), canton de..., arrondissement de...

Dont acte requis et octroyé. Fait et passé, etc.

NOTA. Il est bon que cette élection de domicile soit faite par acte authentique et en minute, parce que, devant servir à la signification de divers actes de procédure, ces actes pourraient devenir nuls si l'élection de domicile venait à disparaître.

Décompte :		
	Timbre de minute.......	60
	Enregistrement..........	3 75
	Timbre d'expédition.....	1 80
	Rôles suivant la classe...	Mémoire.
	Honoraires...............	6 »

FORMULE 46. — Art. 111 C. C.; Mourlon, t. I, p. 205.

Révocation et changement d'un domicile élu.

Par-devant Me, etc.

A comparu :

M. A... (*p., q. et d.*).

Lequel, pour l'exécution de la convention intervenue entre lui et

M. B... (*p.*, *q. et d.*), aux termes d'un acte reçu par Me..., etc., le..., enregistré, a déclaré faire élection de domicile en la demeure du sieur C... (*p.*, *q. et d.*) et révoquer la précédente élection de domicile qu'il avait faite en la même (*ville ou commune*) chez le sieur D... (*p.*, *q et d.*).

Dont acte requis et octroyé. Fait et passé, etc.

Décompte. (Voir la formule précédente.)

Des absents.

FORMULE 47. — Art. 112 à 117 C. C.; Mourlon, t. I. p. 208 et suiv.

Acte de notoriété pour faire constater une présomption d'absence afin de faire pourvoir à l'administration provisoire des biens du présumé absent[1].

Par-devant, etc.

Ont comparu :

A... (*p.*, *q. et d.*) et B... *p.*, *q*, *et d.*)

Lesquels ont, par ces présentes, attesté comme vérité de notoriété publique, qu'ils ont parfaitement connu le sieur C... (*p.*, *q. e d. anc.*) né à..., le...; — Qu'il a été appelé sous les drapeaux français, le..., comme faisant partie du contignent à fournir par le canton de..., dans la levée de mil huit cent...; — Qu'il a été incorporé dans le... régiment de...; qu'il a fait la campagne de...; — Que depuis la bataille de..., le... mil huit... il n'a plus donné de ses nouvelles; — Qu'il résulte des vérifications faites sur les registres du ministère de la guerre, qu'à partir de l'époque de cette bataille, il a cessé de paraître à son corps, sans qu'il ait été possible d'obtenir des renseignements positifs sur son existence; — Que toutes ces circonstances et le laps de temps qui s'est écoulé depuis ces événements doivent faire présumer sa mort; qu'ainsi son absence doit être déclarée, conformément à la loi, par le trib. de 1re inst. de son dernier domicile; — Qu'il est célibataire; — Qu'il n'a aucun descendant; — Que ses héritiers présomptifs sont : M. M,.. (*n.*, *p.*, *q. et d.*)

Fait et passé à..., etc.

Décompte :		
	Timbre	60
	Enregistrement	3 75
	Timbre d'expédition	1 80
	Rôles suivant la classe	Mémoire.
	Honoraires	6 »

1. Cet acte peut être passé devant le juge de paix du domicile du présumé absent; dans ce cas, on substituerait le protocole suivant :

L'an..., le..., devant nous..., juge de paix..., assist sieur... greffier de notre juridiction.

FORMULE 48. — Art. 112 C. C.; C. 859 C. P.; Mourlon, t. I, p. 208.

Requête pour faire pourvoir à l'administration des biens d'une personne présumée absente.

A MM. les président et juges composant le trib. de 1re inst. de...

Le sieur A... (*p., q. et d.*), agissant comme (*indiquer si c'est comme héritier, créancier ou conjoint*) du sieur B... (*p., q. et d. du présumé absent*), ayant Me... pour avoué;

A l'honneur de vous exposer que ledit sieur B... a disparu de la commune de..., son dernier domicile, depuis le..., sans laisser de mandataire pour gérer son patrimoine et ses affaires; que depuis lors on est sans nouvelles de lui; que l'on ignore même s'il existe encore; que ces faits résultent d'un acte de notoriété dressé par Me..., notaire à..., le..., enregistré; qu'au besoin il offre d'en faire la preuve par la voie d'une enquête judiciaire; qu'il y a dès lors urgence à pourvoir à l'administration des biens et affaires dudit sieur B..., conformément à l'art. 111 du C. C. Par ces motifs, l'exposant conclut à ce qu'il plaise au président du tribunal commettre un de MM. les juges pour faire un rapport sur l'opportunité de la demande de l'exposant, et au tribunal, sur ce rapport et après avoir entendu M. le procureur de la République conformément à l'art. 859 du C. de Pr., autoriser ledit sieur A..., ou telle autre personne qu'il lui plaira de désigner, à administrer provisoirement les meubles et immeubles dudit sieur B..., notamment (*s'il y a quelques pouvoirs spéciaux à demander, les indiquer*).

Présenté au palais de justice à..., le... (*Signature de l'avoué.*)

ORDONNANCE.

Nous, président, etc.

Vu la requête ci-dessus, commettons Me..., juge près ce tribunal, pour faire un rapport, le..., sur la demande énoncée en ladite requête.

Fait et délivré à..., le... (*Signature du Président.*)

Décompte. (Tarif, art. 78, § 5.)

Timbre	1 20
Rédaction	7 50

L'ordonnance du président n'est pas sujette à l'enregistrement. Le jugement seul est soumis à cette formalité.

FORMULE 49. — Art. 113 C. C.; Mourlon, t. I, p. 200.

Requête pour faire nommer un notaire à l'effet de représenter un présumé absent dans les inventaires, comptes, partages et liquidations dans lesquels cet absent est intéressé.

A MM. les président et juges composant le tribunal civil de 1re instance de...[1].

Le sieur A... (*p., q. et d.*) a l'honneur de vous exposer que le sieur

1. Lorsqu'il existe des non présents parmi les héritiers, le notaire est nommé par M. le Pr sident du tribunal, art. 928, 931 et 942 C. Pr. S'il existe des présumés absents, la nominat est faite par le tribunal, art. 113 C. C.

B... (*p., q. et d.*), dont il est habile à se dire héritier pour... (*quotité*), est décédé dans son domicile; à..., le...; que les scellés ont été apposés à ce domicile; qu'il y a lieu de procéder, d'une part, à leur levée ainsi qu'à l'inventaire, d'autre part, aux comptes, partage et liquidation de la succession dudit sieur B....; que le sieur C... (*p., q. et dernier domicile connu*), l'un des héritiers du défunt, est présumé absent, ainsi que cela résulte d'un acte de notoriété, etc. (*Comme en la formule* 48.)

Dans ces circonstances, l'exposant conclut à ce qu'il plaise à M. le président désigner un uge rapporteur, et au tribunal, sur le rapport du juge commis et après avoir entendu M. le procureur de la République conformément à l'art. 859 C. Pr., nommer un notaire, à l'effet de représenter ledit sieur C... aux opérations de levée de scellés et d'inventaire, ainsi qu'aux comptes, partage et liquidation dont s'agit.

ORDONNANCE.

Nous, président, etc.,

Vu la requête ci-dessus, commettons M...., juge près ce tribunal, pour faire un rapport sur la demande énoncée en ladite requête.

Fait et délivré à..., le...

Décompte. (Tarif, art. 77, §§ 10 et 18.)

Timbre	60
Enregistrement	5 63
Rédaction	3 »
Total	9 23

FORMULE 50. — Art. 115 C. C.; Mourlon, t. I, p. 222.

Requête pour faire ordonner l'enquête afin de constater l'absence.

A MM. les président et juges composant le tribunal de 1re instance de...

Le sieur A... (*p., q. et d.*), agissant comme présomptif héritier du sieur B... (*p., q. et d. du présumé absent*), ainsi qu'il résulte d'un acte de notoriété dressé par Me..., notaire à..., le..., enregistré;

Ayant pour avoué Me....

A l'honneur de vous exposer que (*indiquer les faits propres à faire présumer l'absence et continuer ainsi*):

Dans ces circonstances, l'exposant conclut à ce qu'il vous plaise, messieurs, lui donner acte de ce qu'il demande que l'absence dudit sieur B... soit déclarée; ordonner, avant faire droit, que pour parvenir à cette déclaration, il sera procédé, contradictoirement avec M. le procureur de la République, à l'enquête nécessaire pour constater ladite absence; ordonner en outre que le jugement à intervenir sera rendu public par son insertion au *Journal Officiel*. Dépens réservés.

Présenté au palais de justice à..., le... (*Signature de l'avoué.*)

Décompte. (Tarif, art. 78, § 6.)

Timbre	1 20
Rédaction	7 50

FORMULE 50 *bis*. Art. 115 et 116 C. C.; Mourlon, t. I, p. 222, 230.

Requête pour obtenir le jugement de déclaration d'absence et l'envoi en possession provisoire.

A MM. les président et juges composant le tribunal de...

Le sieur A... (*p.*, *q. et d.*), agissant comme présomptif héritier du sieur B... (*p.*, *q. et d.*), présumé absent, ayant Me ... pour avoué;

A l'honneur de vous exposer que par jugement rendu en la chambre du conseil de ce tribunal, le..., enregistré, sur requête tendant à déclaration d'absence présentée par l'exposant, il a été statué qu'il serait, avant faire droit, procédé contradictoirement avec M. le procureur de la République, par-devant M. ..., juge commis, à une enquête à l'effet de constater l'absence du dit sieur B...; que ce jugement a été rendu public par M. le ministre de la justice, ainsi que l'établit un numéro du *Journal officiel*, en date du ..., timbré, légalisé et enregistré; qu'il résulte de l'enquête constatée par procès-verbal en date du ..., enregistré, que ledit sieur B... est absent de son domicile depuis plus de 5 ans, que sa résidence actuelle est inconnue et que son existence même est douteuse; par ces motifs, l'exposant conclut à ce qu'il vous plaise, Messieurs, attendu que ladite enquête est valable et régulière, et qu'il s'est écoulé plus d'un an depuis son insertion précitée au *Journal officiel;* attendu que l'exposant est seul héritier du sieur B..., ainsi que le constate un acte de notoriété dressé par Me..., notaire à ..., etc., le..., enregistré, dont une expédition vous sera remise avec la présente requête, déclarer par le jugement à intervenir, l'absence dudit sieur B..., à partir du jour de sa disparition; en conséquence, envoyer l'exposant en possession provisoire des biens qui appartenaient au sieur B... avant sa disparition, après qu'il aura été dressé, contradictoirement avec M. le procureur de la République, ou par M. le juge de paix commis, inventaire fidèle et exact des meubles, effets, marchandises, livres, papiers et actions appartenant au sieur B...; ordonner que son testament, s'il en est trouvé un, sera ouvert à la requête des parties intéressées et dans les formes voulues par la loi; déclarer que les légataires, donataires et tous ceux pouvant avoir des droits subordonnés au décès du sieur B... pourront les exercer, à la charge par eux, ainsi que par l'exposant, de donner caution pour la jouissance qu'ils auront des biens du sieur B..., et autoriser l'exposant à employer en frais d'administration, dispensés de toute restitution éventuelle, les dépens faits sur la demande de déclaration d'absence.

Présenté au palais de justice à ..., le ... (*Signature de l'avoué.*)

Décompte. (Tarif, art. 78, § 7.)

Timbre	1 20
Émoluments, rédaction de la requête.	7. 50

FORMULE 51. — Art. 120 C. C.; 860 C. Pr.; Mourlon, t. I, p. 230.

Demande d'envoi en possession provisoire.

NOTA. On demande habituellement l'envoi en possession provisoire et la déclaration d'absence par une même requête.

Voir la formule précédente.

FORMULE 52. — Art. 120 et 123 C. C.; Mourlon, t. I, p. 227.

Sommation à l'effet de mettre les héritiers présomptifs en demeure de demander la déclaration d'absence et l'envoi en possession provisoire.

L'an ..., le ..., etc.

A la requête de A... (*p., q. et d.*), pour lequel domicile est élu à ....

J'ai (*immatricule de l'huissier*) dit et déclaré au sieur B... (*p., q. et d., héritier présomptif du sieur C... présumé absent*), que ledit sieur C... (*p., q. et dern. d. du présumé absent*) a quitté son domicile le ... (*détailler les circonstances dans lesquelles il a disparu, indiquer les villes où il est passé, les endroits où on l'a vu, les personnes qui l'ont rencontré*);

Que depuis lors il n'a plus donné signe de vie, et qu'il y a lieu de le considérer comme présumé absent;

Que par suite de ces faits et aux termes de l'art. 123 du C. C., le sieur B... a le droit, en sa qualité, comme présomptif héritier du dit sieur C..., de provoquer la déclaration de son absence et d'obtenir l'envoi en possession provisoire de sa succession;

Que le dit sieur C... a laissé, avant de disparaître, un testament entre les mains du sieur D... (*p., q. et d.*);

Que le requérant a lieu de penser que ce testament contient des dispositions en sa faveur, et qu'il a intérêt à son ouverture en justice et à l'accomplissement des formalités légales pour la conservation de ses droits.

Pourquoi j'ai, huissier soussigné, fait sommation au dit sieur B... de provoquer, dans le délai de ..., en la forme ordinaire et légale, la déclaration d'absence du dit sieur C...; après quoi le requérant entend faire procéder à l'ouverture du testament dont il s'agit, déclarant au sus-nommé que faute par lui d'avoir, dans ledit délai, provoqué la déclaration d'absence et l'envoi en possession provisoire, le requérant se pourvoira suivant la loi.

(*Signature de l'avoué.*)

Décompte : Coût ordinaire des exploits. 7,45

FORMULE 53. — Art. 123 C. C.; Mourlon, t. I, p. 227.

Requête pour obtenir l'ouverture du testament d'une personne absente.

A MM. les président et juges composant le tribunal de ..., etc.

Le sieur A... (*p., q. et d. du légataire*), ayant M^e^... pour avoué;

A l'honneur de vous exposer :

Que le sieur C... (*p., q. et dern. domicile du présumé absent*) a quitté son domicile le... (*détailler les circonstances de sa disparition*);

Que depuis il n'a plus donné signe de vie;

Qu'avant sa disparition il a laissé un testament entre les mains du sieur D... (*p., q. et d. du dépositaire*);

Que le requérant a lieu de penser que ce testament contient des dispositions en sa faveur (*indiquer les motifs qui le font présumer*);

Que, pour satisfaire aux termes de l'art. 123 du C. C., le requérant, par exploit de..., en date du..., a fait faire sommation au sieur B... (*p., q.*

et d.) habile à se dire seul présomptif héritier du dit sieur C..., présumé absent, d'avoir, dans le délai de..., à provoquer judiciairement la déclaration d'absence et l'envoi en possession de sa succession;

Que ce délai s'est écoulé sans qu'il ait été obtempéré à la sommation;

Que l'intérêt du requérant est de faire ouvrir ledit testament et de remplir les formalités nécessaires à la conservation de ses droits;

Pourquoi il conclut, d'une part, à ce qu'il plaise à M. le président ordonner la communication de la présente requête à M. le procureur de la République, et d'autre part à ce qu'il plaise au tribunal ordonner l'ouverture réclamée pour l'exposant, indiquer les jour, heure et lieu où il y sera procédé, et à cet effet autoriser le requérant à sommer le sieur D..., dépositaire dudit testament, d'avoir à le remettre à M. le président aux jours, heure et lieu indiqués, pour l'ouverture en être faite.

(*Signature de l'avoué.*)

Soit communiqué à M. le procureur de la République, pour être, sur ses conclusions, statué ce qu'il appartiendra.

(*Signature du président.*)

Décompte :		
	Timbre	60
	Émoluments	3 30
	Rédaction	3 »
	Total	6 90

FORMULE 54. — Art. 123 C. C; Mourlon, t. I, p. 230

Requête au juge commissaire pour obtenir l'indication du jour où la caution sera présentée.

A M...., juge au tribunal civil de...

Le sieur A..., (*p., q. et d.*), ayant pour avoué Me...;

A l'honneur de vous exposer que, par jugement de ce tribunal, en date du..., enregistré, il a été envoyé en possession provisoire des biens du sieur B... (*p., q. et d.*), à la charge de fournir caution, pour la réception de laquelle le jugement précité vous a commis; l'exposant conclut à ce qu'il vous plaise, Monsieur le juge commissaire, indiquer les jour, lieu et heure où la caution dont il s'agit pourra vous être présentée.

Présenté au palais de justice à..., le... (*Signature de l'avoué.*)

ORDONNANCE.

Nous..., juge commissaire, vu la requête qui précède et la grosse du jugement du..., indiquons le..., heure de..., pour la présentation de la caution dont s'agit.

Fait et délivré au palais de justice de..., le... (*Signature du Juge.*)

Décompte. (Tarif, art. 76.)

Timbre	60
Enregistrement	5.63
Rédaction de la requête.	2 »

FORMULE 55. — Art. 123 C. C.; Mourlon, t. I, p. 230.

Procès-verbal de présentation de caution devant le juge commissaire.

L'an..., le..., heure du..., dans la chambre du conseil du trib. civil de 1re inst. de..., devant nous, juge audit tribunal, commis, assisté de M. ..., greffier.

A comparu le sieur A... (*p.*, *q. et d.*), assisté de Me ..., avoué près de ce siège, lequel a déclaré que pour exécuter l'ordonnance par nous rendue le ..., et le jugement de ce tribunal en date du..., enregistré, déclarant l'absence du sieur B... (*p.*, *q. et dern. demeure*), et envoyant le comparant en possession provisoire des biens, droits et actions de l'absent, à la charge de donner caution devant nous, il présente pour caution le sieur C... (*p.*, *q. et d.*), qui consent à garantir la gestion, par le sieur A..., des biens dudit absent, détaillés en l'inventaire dressé par Me..., notaire à..., le..., enregistré;

Est encore comparu ledit sieur C..., lequel a déclaré se porter caution du sieur A... et garantir, s'il y a lieu, la restitution des biens, droits et actions, dans lesquels ce dernier est envoyé en possession; et pour établir sa solvabilité ledit sieur C..., a produit (*détailler les titres produits*).

Et ont, les comparants et l'avoué du sieur A..., signé après lecture.

(*Signatures.*)

Nous..., juge commissaire, attendu que le procureur de la République, prévenu par nous, n'a formé aucune opposition, donnons acte audit Me..., avoué, et à sa partie, de leurs comparutions, dires et présentations, et vu la grosse du jugement susénoncé, acceptons la caution présentée, à la charge par elle de faire sa soumission au greffe du tribunal dans la forme ordinaire. Fait et signé avec notre greffier, les jour, mois et an ci-dessus.

(*Signature du juge.*)

Décompte :

Timbre	1.20
Enregistrement	5.63
Vacation de l'avoué	3. »
Droit de greffe	1.50
Total	11.33

FORMULE 56. — Art. 123 C. C.; Mourlon, t. I. p. 230.

Acte de soumission de la caution au greffe.

L'an..., le..., au greffe du tribunal civil de 1re inst. de..., a comparu le sieur C... (*p.*, *q. et d.*) assisté de Me..., avoué près ce tribunal, lequel a dit que par jugement de ce tribunal le..., enregistré, le sieur A... (*p.*, *q. et d.*) a été envoyé en possession provisoire des biens du sieur B... (*p.*, *q. et d.*), déclaré absent; que cet envoi en possession a été prononcé, à la charge par le sieur A... de fournir caution de sa gestion, devant M. ..., juge à ce commis; que, par procès-verbal dressé en la chambre du conseil, le..., enregistré, le juge commissaire susnommé a donné acte, audit sieur A..., de la présentation qu'il faisait de la personne du comparant, comme caution, et de son acceptation de ladite caution.

Qu'en conséquence desdites présentation et acceptation le comparant déclare se constituer caution dudit sieur A..., dans les termes du jugement du... précité, se soumettant au besoin à restituer les biens, droits et actions, dans lesquels ledit sieur A... a été envoyé en possession, tels qu'ils sont constatés par l'inventaire dressé par Me..., notaire à..., le..., enregistré, dont il déclare avoir pris parfaite connaissance.

Desquelles comparution, déclaration et soumission, acte a été requis et donné.

Et a signé avec Me..., avoué, et nous, greffier, après lecture.

(*Signatures*).

Décompte. (Tarif. art. 91))

Timbre de minute..........	1 20
Enregistrement............	5 63
Droit de rédaction........	1 50
Vacation de l'avoué........	3 »
Timbre d'expédition	Mémoire
Droits de greffe par rôle d'expédition 1 fr. 10, y compris la remise du greffier (30 c.).	Mémoire
Total..........	11 33

FORMULE 57. — Art. 124 C. C.; Mourlon; t. I, p. 246.

Requête d'intervention du conjoint de l'absent qui s'oppose à l'envoi en possession.

A MM. les président et juges composant la première chambre du tribunal civil de...

La dame A... (*prénoms*), épouse du sieur B... (*p.*, *q. et d.*), domiciliée de droit avec son mari, demeurant de fait à..., rue..., n°..., autorisée spécialement, par jugement de la... chambre du tribunal civil de..., en date du..., enregistré, ayant pour avoué Me...

Contre le sieur C... (*p.*, *q. et d.*), se disant héritier présomptif dudit sieur B..., ayant pour avoué Me...

A l'honneur de vous exposer qu'il résulte d'un contrat de mariage reçu par Me... et son collègue, notaires à..., le..., enregistré, dont il est en tête [de celle] des présentes donné copie, que le sieur et la dame B... sont communs en biens; que cette position donne à ladite dame B... le droit, d'après l'art. 124. C. C., d'empêcher l'envoi en possession provisoire des biens de son mari, en optant pour la continuation de la communauté; par ces motifs, l'exposante conclut à ce qu'il vous plaise la recevoir partie intervenante dans la demande d'envoi en possession intentée par le sieur C..., et, statuant sur cette intervention, donner acte à ladite dame de ce qu'elle déclare opter pour la continuation de la communauté de biens existant entre elle et son mari; déclarer, en conséquence, ledit sieur C... purement et simplement non recevable dans sa demande d'envoi en possession provisoire des biens dudit sieur B...; autoriser l'exposante à prendre l'administration des biens de ladite communauté, passer, renouveler ou résilier tous baux, donner et accepter congé, vendre, aliéner le mobilier, faire tous recouvrements, recevoir tous capitaux, intérêts, arrérages, fruits et revenus, en fournir quittance, consentir toutes mainlevées et radiations d'inscriptions, d'hypothèques ou de priviléges, d'oppositions et de saisies, faire tous placements et revirements de fonds, et généralement tous actes quelconques d'administration que peut nécessiter la gestion des biens de la communauté, sous l'offre que fait la requérante de faire procéder contradictoirement avec M. le procureur de la République, ou le juge de paix par lui requis, en présence du défendeur, ou lui dûment appelé, à l'inventaire fidèle et exact des meubles, effets, titres, papiers et documents appartenant au sieur B... et à la communauté; condamner le défendeur aux dépens, dont distraction, etc. ....

Pour original; pour copie. ....

Signifié, donné copie, etc. .... (*Signature de l'avoué.*)

Décompte. (Tarif, art. 75.)

Timbre....................................	Mémoire
Signification et enregistrement........	»
Original, 2 fr. par rôle..................	Mémoire
Copie, 50 c. par rôle.....................	id.
Copie de pièces, 30 c. par rôle........	id.

FORMULE 58. — Art. 126 C. C.; Mourlon, t. I, p. 231.

Requête pour faire constater l'état des immeubles.

A MM. les président et juges composant le tribunal civil de...

Le sieur A... (*p., q. et d.*), présomptif héritier du sieur B... (*p., q. et d.*), et envoyé en possession provisoire des biens appartenant audit sieur B..., par jugement, etc., enregistré;

A l'honneur de vous exposer que parmi lesdits biens se trouvent plusieurs immeubles, savoir (*les désigner*).

Pourquoi il vous plaira, vu l'art. 126 du C. C., ordonner qu'il sera procédé, par tel architecte qu'il vous plaira nommer, à la visite desdits immeubles, lequel, après avoir prêté serment devant celui de MM. les juges que vous commettrez à cet effet, constatera l'état actuel desdits biens, ce dont il dressera procès-verbal qui sera déposé au greffe dudit tribunal, pour être homologué en présence du procureur de la République.

Présenté au palais de justice, à..., le... (*Signature de l'avoué.*)

Décompte. Tarif, 78, § 7.

Timbre..................	1 20
Rédaction de la requête...	7 50
Total.........	8 70

FORMULE 59. — Art. 125 C. C.; Mourlon, t. I, p. 231.

Requête pour être autorisé à vendre tout ou partie du mobilier.

A MM. les président et juges composant le tribunal civil de...

Le sieur A... (*p., q. et d.*), ayant pour avoué Me...,

A l'honneur de vous exposer que, par jugement de votre tribunal, rendu sur les conclusions de M. le procureur de la République, le..., enregistré, il a été envoyé en possession provisoire des biens du sieur B... (*p. q. et d.*), son... (*degré de parenté*), déclaré absent; qu'en exécution de ce jugement il a fait procéder le..., en présence de... (soit *M. le procureur de la République*, soit *M. le juge de paix du canton de...*, *légalement requis*), et par le ministère de Me..., notaire à..., assisté de Me..., commissaire-priseur, à l'inventaire et prisée des meubles et effets appartenant audit sieur... (*indiquer s'il s'agit de la totalité du mobilier ou bien seulement d'une partie, et, dans ce cas, désigner par leur nature les choses qui ne peuvent être conservées sans préjudice ou sans crainte de détérioration*).— Par ces motifs, l'exposant conclut à ce qu'il vous plaise, Messieurs, l'autoriser à faire procéder, selon les formes de droit et par le ministère de Me..., commissaire priseur à..., à la vente de... (*rappeler l'indication des objets destinés à être vendus*); laquelle vente sera faite dans... (*indiquer le lieu*), pour les deniers à en provenir, ainsi que les fruits échus des immeubles, appartenant audit sieur..., être placés... (*énoncer le mode d'emploi*).

Présenté au palais de justice, à..., le... (*Signature de l'avoué.*)

Décompte :	Timbre.............	1 20
	Rédaction.........	8 50
	Total........	8 70

FORMULE 60. — Art. 126 C. C.; Mourlon, t. I, p. 231.

Inventaire des biens meubles de l'absent.

INTITULÉ

L'an.... le..., à... heure du..., à la requête du sieur A..., (*p.*, *q. et d.*) habile à se dire seul présomptif héritier du sieur B.... (*p.*, *q. et d. de l'absent*), son frère germain, absent sans nouvelles, depuis le..., et comme ayant été envoyé en possession provisoire des biens dudit sieur B..., suivant jugement rendu par le trib. de 1re inst. de.... le..., enregistré, qui a ordonné qu'il serait procédé au présent inventaire.

En présence de M...., procureur de la République près le trib. de 1re inst. de.... y demeurant (ou) en présence de M...., juge de paix du canton de..., demeurant à..., commis à l'effet des présentes, par M. le procureur de la République près le trib. de 1re inst. de..., par une ordonnance en date du..., dont l'original enregistré est demeuré ci-annexé, après que dessus mention de son annexe a été faite par les notaires soussignés.

Pour la conservation des droits et intérêts du requérant et de tous ceux qu'il appartiendra, il va être, par Me... et son collègue, notaires à..., soussignés, etc. (*Voir la formule générale de l'inventaire, n° 150.*)

(Pour le décompte, voir la même formule.)

FORMULE 61. — Art. 129 C. C.; Mourlon, t. I, p. 256.

Assignation en cessation de l'administration provisoire de l'époux présent.

L'an... le..., à la equête du sieur A... (*p.*, *q. et d.*), pour lequel domicile est élu à..., rue..., n°..., dans l'étude de Me...., avoué près le tribunal civil de..., qu'il constitue et qui occupera sur la présente demande, j'ai... (*immatricule*), soussigné, donné assignation à la dame... (*nom, prénoms profession*), demeurant à..., épouse du sieur B... (*p., q. et d.*), déclaré absent par jugement du tribunal de..., en date du..., audit domicile, en parlant à..., à comparaître aujourd'hui à huitaine franche, outre un jour par trois myriamètres de distance, à l'audience et par-devant MM. les président et juges composant la première chambre du tribunal civil de..., au palais de justice, à... heure du..., pour, attendu que ladite dame a opté, pour la continuation de la communauté existant entre elle est le sieur B..., son époux absent et qu'elle a pris l'administration des biens de ce dernier, attendu qu'il s'est écoulé plus de trente ans depuis la déclaration d'absence du sieur B... (ou *cent ans depuis la naissance de l'absent laquelle naissance eut lieu à..., le..., d'après l'extrait des actes de l'état civil de.... produit à l'appui de la présente requête*); attendu que le requérant était héritier présomptif du sieur B..., au jour de sa disparition (ou *de ses dernières nouvelles*); voir prononcer la cessation de l'administration provisoire de ladite dame; en conséquence, voir envoyer le requérant en possession définitive des biens composant la succession dudit sieur A...; ordonner que, sur la poursuite du requérant, les scellés seront apposés sur les meubles et effets trouvés à..., appartenant tant audit sieur B... qu'à la communauté qui s'est continuée depuis sa disparition jusqu'à ce jour, pour être ensuite procédé, en présence de M. le procureur de la République et des intéressés ou eux dûment appelés, à la levée desdits scellés, à l'inventaire et à la prisée desdits meubles et effets, par récolement du premier inventaire dressé, lors de l'option de la communauté par Me..., notaire à..., le..., enregistré; qu'à cet effet, le requérant sera autorisé à retirer des mains dudit notaire et de celles de ladite dame, ou de tous autres dépositaires, l'expédition dudit inventaire et les pièces inventoriées; que ladite dame sera tenue de déclarer, dans le délai des quarante jours qui suivront la clôture de l'inventaire si elle entend accepter la communauté dont il s'agit, ou bien y renoncer, et, en cas d'acceptation, que le requérant sera autorisé, sans qu'il soit besoin d'un nouveau jugement, à poursuivre la liquidation et le partage de ladite communauté suivant les formes tracées par la loi; et s'entendre, en cas de contestation, condamner aux dépens, sous toutes réserves.

Et j'ai, audit domicile, parlant comme ci-dessus, laissé copie du présent, dont le coût est de... (*Signature de l'huissier*.)

Décompte. (Tarif, art. 29.)

Timbre..............	1 20
Original.............	2 »
Copie................	50
Enregistrement.......	3 75
Total.....	7 45

(Plus timbre des copies)

FORMULE 62. — Art. 129 C. C.; Mourlon, t. I, p. 256.

Requête pour être envoyé en possession définitive.

A MM. les président et juges composant le tribunal civil de 1re instance de...

Le sieur A... (*p.*, *q. et d.*), ayant pour avoué Me..., a l'honneur de vous exposer qu'il a été envoyé en possession provisoire des biens du sieur B... (*p.*, *q. et dernier domicile*), par jugement de votre tribunal en date du...; qu'il s'est écoulé plus de trente ans depuis cet envoi en possession provisoire (ou *cent ans depuis la naissance de l'absent*) ; que, dans cet intervalle, l'absent n'a pas reparu et n'a point donné de ses nouvelles. Par ces motifs, l'exposant conclut à ce qu'il plaise au tribunal, vu l'art. 129 C. C., envoyer ledit exposant en possession définitive de tous les biens du sieur B., et ordonner que les cautions qui avaient été fournies seront déchargées.

Présenté au palais de justice, à..., le... (*Signature.*)

Décompte. (Tarif, art. 78, § 7.)

Timbre........	1 20
Rédaction	7 50
Total....	8 70

FORMULE 63. — Loi du 13 janv. 1817, art. 1 et 4.

Requête pour faire déclarer l'absence d'un militaire.

A MM. les président et juges composant le tribunal civil de...

Le sieur A... (*p. q. et d.*), ayant pour avoué Me..., a l'honneur de vous exposer qu'il est héritier présomptif, ainsi que le constate (*énoncer le titre*), du sieur B... (*p. q. et dernier domicile du militaire, son grade et le corps auquel il appartenait*), qui a cessé d'être compris sur le contrôle actif de son corps, depuis le... ou comme il est établi par... (*indiquer la nature de la pièce*); que, depuis cette époque, ledit sieur B... n'a jamais donné de ses nouvelles, ce qui fait présumer son décès ; et, attendu qu'il s'est écoulé plus de deux ans (ou *quatre ans si le militaire servait hors de l'Europe*) depuis sa disparition ; vu les pièces ci-dessus et les art. 1er et 4 de la loi du 13 janvier 1817, conclut à ce qu'il vous plaise déclarer, après que les formalités prescrites par les art. 2 et 3 de la même loi et que le délai énoncé en l'art. 6 sera expiré, l'absence dudit sieur B... ; en conséquence, envoyer l'exposant en possession provisoire de tous les biens meubles et immeubles du susnommé, à la charge de donner caution conformément à la loi.

Présenté au palais de justice, à..., le... (*Signature.*)

Décompte. (Tarif, art. 78.)

Timbre........	1 20
Rédaction......	7 50
Total....	8 70

Du mariage.

FORMULE 64. — Art. 145 C. C.; Mourlon, t. I p. 282.

Demande pour obtenir une dispense d'âge.

A..., le... 18...

A S. Exc. Monsieur le ministre de la justice.

Monsieur le ministre,

Le sousigné A... (*p. q. et d.*), né à..., le..., ainsi qu'il résulte de son acte de naissance ci-joint, a l'honneur de prier Votre Excellence de vouloir bien solliciter de M. le Président de la République la dispense d'âge exigée par l'article 145 du C. C., afin qu'il puisse contracter le mariage qu'il projette avec la demoiselle B... (*p., q. et d. de la future épouse*). Les motifs qui le déterminent sont graves (*les indiquer*).

Il vous prie. Monsieur le ministre, de vouloir bien faire valoir ces motifs auprès de M. le Président de la République. Ce sera justice.

Il vous présente l'expression de son respect. (*Signature.*)

FORMULE 65. — Art. 164 C. C.; loi du 16 avril 1832; Mourlon, t. I, p. 273.

Demande pour faire lever la prohibition de mariage établie par l'art. 162 C. C. entre un beau-frère et sa belle-sœur, ou par l'art. 163 entre un oncle et sa nièce, ou entre une tante et son neveu.

A..., le... 18...

A S. Exc. Monsieur le ministre de la justice.

Monsieur le ministre,

Le soussigné A... (*p., q. et d.*) a l'honneur de vous exposer qu'il est dans l'intention de contracter mariage avec demoiselle B... (*p., q. et d. de la future*), sa nièce; qu'il s'est déterminé à ce mariage pour des motifs graves (*les énoncer*). Il vous prie de vouloir bien solliciter de M. le Président de la République la dispense exigée par l'article 164 du C. C. Ce sera justice.

Il vous présente l'expression de son respect. (*Signature.*)

FORMULE 66. — Art. 73 C. C.; Mourlon, t. I, p. 297.

Acte par lequel des ascendants déclarent consentir au mariage.

Par-devant Me..., etc., furent présents M. A... (*p. et q. de l'ascendant*). et dame B... (*p., q.*), son épouse, de lui autorisée, demeurant ensemble à...,

Lesquels ont déclaré consentir au mariage projeté entre M. C... (*p., q. et d.*), leur petit-fils, et mademoiselle D... (*p., q. et d.*), et vouloir qu'il soit procédé, même en leur absence, à la célébration civile et religieuse dudit mariage.

Pour renouveler ce consentement où besoin sera, tous pouvoirs sont donnés au porteur.

Dont acte, etc.

Décompte :	Timbre du brevet..........	60
	Enregistrement............	3 75
	Légalisation..............	25
	Honoraires................	4 »
	Total..............	8 60

FORMULE 67. — Art. 73 C. C.; Mourlon, t. I, p. 297.

Acte par lequel un conseil de famille déclare consentir au mariage.

L'an..., le..., par-devant nous..., juge de paix du canton de..., arrondissement de..., département de..., assisté de M. ..., greffier de notre juridiction, en notre cabinet.

Ont comparu :

Les parents et amis de la demoiselle A... (*p.*, *q. et d.*), mineure, âgée de..., étant née à..., le..., fille de..., décédé à..., le..., et de dame..., son épouse, décédée à..., le...

Lesquels parents et amis sont, savoir :

DU COTÉ PATERNEL.

(*Noms, prénoms, qualités, demeures et degrés de parenté de trois personnes.*)

DU COTÉ MATERNEL.

(*Noms, prénoms, qualités, demeures et degrés de parenté de trois personnes.*)

(*A défaut de parenté dans la distance de deux myriamètres, indiquer les noms, prénoms, qualités et demeures des amis appelés.*)

Lesquels nous ont déclaré qu'il n'existe pas d'autres parents ni alliés de ladite mineure, plus proche qu'eux, domiciliés en cette commune, ni dans la distance de deux myriamètres ;

Que les père et mère ainsi que les aïeuls et aïeules paternels et maternels de ladite mineure sont décédés ;

Que la demoiselle A... est recherchée en mariage par M. B... (*p.*, *q. et d.*);

Que ladite demoiselle A..., se trouvant dans le cas de l'art. 160 du C. C., ils se réunissent, sur notre indication verbale, à l'effet de composer le conseil de famille de ladite mineure, pour délibérer sur le mariage projeté, et, en cas de consentement, arrêter les principales clauses et conditions qu'il conviendra de stipuler, en exécution des art. 1095 et 1398 du C. C. et nommer un tuteur *ad hoc* chargé de passer le contrat de mariage et de réitérer ledit consentement devant l'officier de l'état civil.

De suite, lesdits parents et amis se sont réunis en conseil de famille sous notre présidence.

Le conseil susdit, considérant que le mariage projeté est sortable et avantageux pour ladite mineure, a été unanimement d'avis de donner, comme de fait il donne, son consentement audit mariage entre la demoiselle A... et le sieur B... ; il a, en outre, déclaré arrêter comme suit les principales clauses et conditions à insérer dans le contrat de mariage de ladite demoiselle (*copier les articles*).

Pour satisfaire aux dispositions des art. 1095 et 1308 du C. C., le conseil de famille susdit, à l'unanimité, a nommé le sieur C... (*p.*, *q. et d.*) pour tuteur *ad hoc* à ladite demoiselle A..., à l'effet par lui d'assister ladite mineure lors de la passation du contrat qui contiendra les conditions qui viennent d'être arrêtées, et, en outre, à l'effet de réitérer le consentement ci-dessus donné audit mariage devant l'officier de l'état civil qui procédera à sa célébration.

Ledit sieur C... a déclaré accepter la mission à lui confiée et s'obliger à la remplir bien et fidèlement.

De tout ce qui précède, nous avons dressé le présent procès-verbal, que les membres du conseil ont signé avec nous et le greffier, après lecture. (*Signatures.*)

Décompte. (Tarif de 1807, art. 14 et 19, loi du 19 juillet 1845.)

Timbre de la minute..........................	1 20
Enregistrement..........................	7 50
Timbre d'expédition..........................	3 60
Rôles de 20 lignes à la page et de 10 syllabes à la ligne, à 50 c. à Paris et 40 c. ailleurs............	Mémoire
Vacation, 1 fr. 76 c. par chaque vacation de 3 heures.	Mémoire

FORMULE 68. — Art. 151 à 154 C. C.; Mourlon, t. I, p. 300.

Acte respectueux par lequel un enfant demande le conseil de ses ascendants avant de contracter mariage.

Par-devant Me..., etc.

Fut présente :

Demoiselle A... (*p.*, *q. et d.*), âgée de... ans, fille de M. ... et de dame..., son épouse, demeurant à...

Laquelle a supplié respectueusement lesdits sieur dame..., ses père et mère, de lui donner leur conseil sur le mariage qu'elle se propose de contracter avec M. B... (*p.*, *q. et d. du futur*), fils de M. ... et de dame..., son épouse, demeurant à..., requérant qu'il soit incessamment procédé par lesdits notaires à la notification du présent acte respectueux, conformément à la loi.

Dont acte, etc.

NOTIFICATION.

Et le..., heure de..., lesdits..., tous deux notaires à..., soussignés, ont notifié au sieur C... (*p.*, *q. et d. du père*), et à la dame (*nom, prénoms, qualité de la mère*), son épouse, en leur demeure, à..., en parlant à leurs personnes, l'acte respectueux, en date du..., enregistré, dont la minute précède.

Lesdits sieur et dame C..., invités à donner le conseil demandé par leur fille, ont répondu (*reproduire leur réponse*) et ont signé (ou *refusé de signer*) leur déclaration.

Et, à l'instant, les notaires soussignés, après avoir donné lecture auxdits sieur et dame... du présent procès-verbal, rédigé les jour, an et lieu ci-dessus indiqués, leur en ont laissé copie en forme, précédée de celle de l'acte respectueux.

Décompte. (Tarif légal, art. 168 de février 1807.)

Timbre minute..............	1 20
Timbre d'expédition..........	Mémoire
Rôle suivant la classe........	Mémoire
Enregistrement..............	3 75
Vacations suivant la classe[1]...	Mémoire

FORMULE 69. — Art. 155 C. C.; Mourlon, t. I, p. 292.

Acte de notoriété prescrit par cet article pour constater l'absence d'un ascendant.

L'an ..., le ..., devant nous ..., juge de paix du canton de ..., arrondissement de ..., département de ..., assisté de Me ..., greffier ordinaire de notre juridiction :

Sont comparus (*noms, prénoms, qualités, âges et demeures de quatre témoins majeurs*), tous citoyens français,

Lesquels nous ont attesté que le sieur A... (*p., q. et d. de l'ascendant*) est absent de son domicile depuis ... années, sans que le lieu de sa résidence actuelle soit connu; qu'il est l'aïeul (*paternel* ou *maternel*) du sieur B... (*p., q. et d. du petit-fils qui veut se marier*), fils légitime de ..., et de ...; que, jusqu'à ce jour, l'absence dudit sieur A... n'a pas été déclarée.

De laquelle attestation nous avons rédigé, conformément à l'art. 155 du C. C., le présent acte de notoriété, que les comparants ont signé avec nous et le greffier, après lecture.

Décompte. (Tarif de 1807, art. 5 et 16.)

Timbre de minute et d'expédition......	Mémoire
Émolument 1 fr. 76 par vacation.......	Mémoire
Rôles à 50 c. à Paris, 40 c. ailleurs.....	Mémoire

FORMULE 70. — Art. 63 et 166 C. C.; Mourlon, t. I, p. 308 et suiv.

Publication de mariage entre majeurs.

1re *Publication.*

Du dimanche ..., à midi, acte de publication du mariage projeté entre le sieur A... (*p., q. et d. du futur*), fils majeur, né à ..., le ..., de ..., et de dame ..., son épouse, et demoiselle B... (*p., q. et d. de la future*), fille mineure, née à ..., le ..., de M ... et de dame ..., son épouse.

Le présent acte publié et affiché, pour la première fois, devant la porte de la mairie de ..., par nous, maire soussigné. (*Signature du maire.*)

FORMULE 71. — Art. 167 C. C.; Mourlon, t. I, p. 309.

Demande pour se faire dispenser de la deuxième publication.

A ..., le ...

A M. le procureur de la République de ...

Monsieur

Le soussigné A... (*p., q. et d.*), né à ..., le ..., a l'honneur de vous ex-

1. Les vacations sont fixées à neuf francs dans la première classe, six dans la second et quatre dans la troisième

poser que, désirant contracter mariage avec la demoiselle B... (*p., q. et d.*), née à ..., le ..., il craint d'en être empêché (*indiquer le motif*). Dans ces circonstances graves, il vous prie de vouloir bien autoriser M. le maire de la commune de ... à procéder à la célébration de ce mariage, conformément à l'art. 169 du C. C., sans qu'il soit besoin d'une seconde publication.

Agréez, Monsieur, l'expression du respect du soussigné.

(*Signature.*)

FORMULE 72. — Art. 70 à 72 C. C.; Mourlon, t. I, p. 316.

Acte de notoriété pour suppléer à l'acte de naissance.

L'an ..., le ..., devant nous ..., juge de paix, etc., assisté de M. ..., greffier ordinaire de notre juridiction.

Est comparu :

Le sieur A... (*p., q. et d.*), fils majeur de ... et de dame ..., son épouse.

Lequel a dit que, voulant contracter mariage, et se trouvant dans l'impossibilité de se procurer son acte de naissance, il a, suivant l'indication par nous faite de ces jour, lieu et heure, amené sept témoins disposés à suppléer, par leurs déclarations, à son acte de naissance, conformément aux art. 70, 71 et 72 du C. C.

A l'instant, sont comparus (*noms, prénoms, qualités, âges et demeures des sept témoins*).

Lesquels ont attesté connaître parfaitement ledit sieur A..., ici présent, ci-dessus qualifié et domicilié, et savoir qu'il est né à ..., le ..., qu'il est fils de ... et de dame ..., son épouse; que par suite (*énoncer la cause de l'impossibilité*) il lui est impossible de se procurer l'acte de sa naissance pour le mariage qu'il est sur le point de contracter.

Desquelles comparution et déclaration nous avons donné acte audit sieur A..., que nous avons renvoyé à se pourvoir afin d'homologation, conformément à la loi.

Fait à ..., dans notre cabinet, les jour, mois et an susdits, et ont, les comparants et le greffier, signé avec nous, après lecture. (*Signatures.*)

Décompte. (Tarif de 1807, art. 5 et 16.)

Timbre de minute........................	Mémoire
Timbre d'expédition........................	Mémoire
Enregistrement........................	3 75
Vacation de 3 heures........................	1 76
Rôles de 20 lignes à la page et de 10 syllabes à la ligne, 50 c. à Paris, 40 c. ailleurs......	Mémoire

FORMULE 73. — Art. 69 C. C.; Mourlon, t. I, p. 317.

Certificat constatant que les publications ont été faites et qu'il n'y a pas d'opposition.

Nous (*nom et prénoms de l'officier de l'état civil*), maire de ..., canton de ..., arrondissement de ..., département de ..., certifions, d'une part, que les dimanches ..., et ..., à midi, nous avons fait devant la porte de la maison commune, les deux publications du mariage projeté entre (*nom, prénoms âges, qualités et domiciles des parties*); d'autre part, qu'il n'est survenu aucune opposition à ce mariage.

Fait à ..., le ...

Décompte : Timbre .... » 60
Légalisation .... » 25
Expédition (voir au tarif des actes de l'état civil) Mémoire

FORMULE 74. — Loi du 21 mars 1832, art. 8, § 9; Mourlon, t. I, p. 317.

Certificat constatant que le futur a satisfait à la loi de recrutement.

Départememt de ...

Le sous-préfet de l'arrondissement de ... certifie que le sieur A... (*p., q. et d.*), faisant partie de la classe 18... et inscrit comme tel sur la liste du tirage au sort du canton de ..., n° ..., a satisfait au service militaire pour cause de ... (*indiquer le motif de l'exemption*), ou se trouve dans ... (*l'une des catégories formant exemption pour le mariage, établies par la loi de* 1872).

Décompte : Timbre......... » 60

FORMULE 75. Art. 76 et 1394 C. C.; Mourlon, t. I, p. 317.

Certificat délivré par le notaire devant lequel les futurs époux ont fait leur contrat de mariage.

Cejourd'hui (*date en toutes lettres*), le contrat de mariage du sieur A... (*p., q. et d. du futur*), et de la demoiselle B... (*p., q. et d. de la future*), a été passé devant moi ..., notaire à ..., soussigné, qui en ai la minute.

Et je leur ai délivré, conformément à la loi, le présent certificat, pour être remis, ainsi qu'ils en sont avertis, à l'officier de l'état civil, avant la célébration de leur mariage.

Ce certificat est délivré sur papier libre et sans frais.

FORMULE 76. — Art. 176 C. C.; Mourlon, t. I, p. 341.

Acte d'opposition à mariage.

L'an ..., etc., à la requête du sieur A ... (*p., q. et d.*), agissant en qualité de ... (*qualité donnant le droit de s'opposer*), pour lequel domicile est élu chez (*dans le lieu où le mariage doit être célébré. C. C. 176*), j'ai (*immatricule de l'huissier*), soussigné, signifié, et déclaré :

1° Au sieur B... (*p., p. et d.*), fils du requérant, demeurant à ..., en son domicile, où étant et parlant à ...;

2° A mademoiselle C... (*p., q. et d.*), en son domicile, où étant et parlant à ...;

3° A M. le maire de ..., en son domicile sis ... (*ou en la maison commune*), parlant à ..., qui, à ce requis, m'a donné visa;

Que ledit sieur A... s'oppose, par ces présentes, à ce qu'il soit procédé au mariage du sieur B..., son fils, avec mademoiselle C...

Et ce, attendu (*déduire les motifs, si l'opposant n'est pas un ascendant*).

Et j'ai, à chacun des sus nommés, parlant comme ci-dessus, laissé séparément copie du présent, dont le coût est de ... (*Signature.*)

Décompte. (Tarif, art. 29.)

Enregistrement	3 75
Timbre	» 60
Original	2 »
Le quart pour la copie	» 50
Total	6 85

(Plus timbre de copie.)

FORMULE 77. — Art. 177 C. C.; Mourlon, t. I, p. 346.

Demande en mainlevée d'une opposition à mariage.

L'an ..., etc., à la requête du sieur A..., (*p., q. et d.*), pour lequel domicile a été élu en l'étude de Me ..., avoué, lequel occupera pour ledit sieur A..., sur la présente demande, j'ai (*immatricule*), soussigné, donné assignation au sieur B... (*p., q. et d.*), en son domicile, où étant et parlant à ..., à comparaître à huitaine franche de ce jour, délai de la loi, en l'audience et par-devant MM. les président et juges composant le tribunal de ..., sis à ..., première chambre, heure de ..., pour, conformément à l'art. 177 du C. C., voir statuer au moins préparatoirement dans les dix jours sur la présente demande, et attendu (*énoncer les motifs*), entendre prononcer la mainlevée de l'opposition formée par exploit de ..., à la requête dudit sieur B..., au mariage du sieur A..., ès mains de M. le maire de ..., lequel sera tenu, sur la signification qui lui sera faite du jugement à intervenir, de faire mention dudit jugement sur le registre des publications de mariage en marge de l'inscripion de ladite opposition, comme aussi de procéder au mariage du demandeur, les conditions et formalités en tel cas requises étant remplies et observées; et attendu que ladite opposition a préjudicié au demandeur, s'entendre ledit sieur B... condamner, envers le requérant, en ... de dommages et intérêts[1], et en outre aux dépens. A ce qu'il n'en ignore, j'ai, audit domicile, parlant comme ci-dessus, laissé copie du présent exploit, dont le coût est de ... (*Signature de l'huissier.*)

Décompte. (Tarif, art. 29.)

Enregistrement	3 75
Timbre	» 60
Original	2 »
Copie	» 50
Total	6 85

(Plus timbre de copie.)

FORMULE 78. — Art. 67 C. C.; Mourlon, t. I, p. 343 et 344.

Visa d'un acte d'opposition à mariage.

Vu et reçu par nous (*nom de l'officier de l'état civil*), maire de la commune de ..., canton de ..., arrondissement de ..., département de ..., cejourd'hui ... (*Signature.*)

1. On ne doit point conclure à des dommages-intérêts quand l'opposition émane d'un ascendant.

FORMULE 79. — Art. 67 C. C.; Mourlon, t. I, p. 343.

Mention sommaire d'une opposition sur le registre des publications.

Opposition au mariage dont la première publication est inscrite ci-contre a été signifiée à la requête du sieur A... (*p., q. et d. de l'opposant*), par acte du ministère de ..., huissier à ..., en date du ..., enregistrée.

Fait à ..., le ....

Le maire de... (*Signature.*)

FORMULE 80. — Art. 177 à 179 C. C.; Mourlon, t. I, p. 343.

Mainlevée volontaire d'une opposition à mariage.

Par-devant Me ...,

A comparu :

M. A... (*p., q. et d.*).

Lequel a déclaré donner mainlevée pure et simple d'une opposition par lui formée, aux termes d'un exploit de ..., huissier à ..., le ..., enregistré, au mariage projeté entre M. B... (*p., q. et d.*) et demoiselle C... (*p., q. et d.*), et consentir que cette opposition soit considérée comme nulle et non avenue, et qu'en conséquence il soit passé outre audit mariage.

Mention des présentes est consentie sur tous registres et pièces.

Dont acte, etc.

Décompte :		
	Timbre minute	» 60
	Timbre d'expédition	1 20
	Rôles suivant la classe	Mémoire
	Enregistrement	3 75
	Honoraires	6 »

FORMULE 81. — Art. 67 C. C.; Mourlon, t. I, p. 346.

Mention de la mainlevée volontaire ou judiciaire en marge de l'opposition.

Mainlevée pure et simple de l'opposition relatée ci-contre a été consentie suivant acte reçu par Me ..., notaire à ..., qui en a gardé minute, et son confrère, le ..., enregistré (ou *prononcée par un jugement du tribunal de 1re instance de ..., en date du..., enregistrée*).

Fait à ..., le...

Le maire de ... (*Signature.*)

FORMULE 82. — Art. 180 et suiv. C. C.; Mourlon, t. I, p. 347 et suiv.

Demande en nullité de mariage.

L'an ..., le ..., à la requête de A ... (*p., q. et d.*), pour lequel domicile est élu à ..., dans l'étude de Me ..., avoué près le tribunal civil de première instance de ..., qu'il constitue et qui occupera pour lui sur la présente assignation, j'ai (*immatricule de l'huissier*), soussigné, donné assignation au sieur B... (*q., p. et d.*) à comparaître à huitaine franche de ce jour, outre un jour par trois myriamètres de distance, à l'audience et devant MM. les président et juges composant le tribunal civil de première instance de ..., au palais de justice à ..., heure de ..., pour, attendu que (*indiquer les causes de nullité invoquées*), voir déclarer que le mariage contracté entre ledit sieur ..., et demoiselle ..., devant l'officier de l'état civil de la commune de ..., le ..., sera déclaré nul, et s'entendre condamner aux dépens.

Et j'ai, audit domicile, parlant comme ci-dessus, laissé copie du présent dont le coût est de ... (*Signature.*)

Décompte :		
	Timbre (orig. et copie)	Mémoire
	Original	2 »
	Copie	50
	Enregistrement	3 75

FORMULE 83. — Art. 183 C. C.; Mourlon, t. I, p. 369 et 370 (S. S. P.)

Ratification d'un mariage contracté sans le consentement des père et mère, des ascendants ou du conseil de famille, dans le cas où ce consentement était nécessaire.

Par-devant ..., etc.

A comparu :

M. A... (*p., q. et d.*).

Lequel a ratifié le mariage célébré devant le maire de ..., le ..., entre (*noms, prénoms, qualités et demeures des époux*), sans le consentement du comparant nécessaire pour la validité de ce mariage. En conséquence, il renonce au droit dont il est investi d'en faire prononcer la nullité, et consent qu'il reçoive tous ses effets civils de même que s'il y eût assisté et y eût consenti.

Mention des présentes sera faite sur tous registres et pièces.

Dont acte, etc.

NOTA. Cette ratification peut être faite par acte sous seing privé et même par simple lettre.

Décompte :		
	Timbre minute	60
	Timbre d'expédition	1 80
	Rôle suivant la classe	Mémoire
	Enregistrement	3 75
	Honoraires	6 »

FORMULE 84. — Art. 198 C. C.; Mourlon, t. I, p. 382.

Inscription sur le registre de l'état civil d'un jugement criminel duquel résulte la preuve de la célébration d'un mariage.

Aujourd'hui ..., devant nous, maire de ..., a comparu le sieur A... (*p., q. et d. de la personne qui représente le jugement*).

Lequel nous a remis la grosse d'un jugement rendu par (*indiquer la juridiction*), le ..., enregistré, ainsi conçu (*copier le jugement*).

Et a signé avec nous, après lecture. (*Signature.*)

FORMULE 85. — Art. 211 C. C.; Mourlon, t. I, p. 390.

Offre faite par un défendeur à une demande alimentaire de recevoir, nourrir, entretenir, le demandeur dans sa demeure.

L'an ..., le ..., à la requête du sieur A... (*p., q. et d. du défenseur*), lequel fait élection de domicile en l'étude de Me ..., avoué à ..., rue ..., n° ..., j'ai (*immatricule de l'huissier*), soussigné, dénoncé au sieur B... (*p., q. et d. du demandeur*), parlant à ..., que le requérant est dans l'impossibilité absolue de payer audit sieur B..., son... (*indiquer le degré de parenté qui fait naître l'obligation des aliments*), une pension en argent, et, en conséquence, je lui ai déclaré que ledit requérant était prêt à le recevoir, nourrir et entretenir dans sa demeure, conformément à l'art. 211 C. C., s'obligeant à l'y traiter comme membre de sa famille, suivant ses facultés.

Auxquelles offres il a été répondu (*indiquer l'acceptation ou le refus, et les motifs de ce refus, s'il en est allégué*).

Contre laquelle réponse j'ai, huissier soussigné, fait, pour ma partie, toutes réserves et protestations, et j'ai, parlant comme ci-dessus, laissé copie audit sieur... du présent procès-verbal, dont le coût est de ...

Décompte : Coût ordinaire des exploits..... 7 45

FORMULE 86. — Art. 217 et 1029 C. C.; Mourlon, t. I, p. 425.
(S. S. P.)

Acte par lequel un mari autorise sa femme à faire un acte extrajudiciaire.

Par-devant ..., etc.

Fut présent :

M. A... (*p., q. et d. du mari*).

Lequel a déclaré autoriser spécialement la dame (*nom, prénoms*) son épouse, demeurant avec lui, à vendre, moyennant le prix et aux conditions qu'elle jugera convenables (*désigner l'immeuble*), appartenant à ladite dame, s'obliger à toutes garanties, toucher le prix ou donner pour son payement les termes que bon lui semblera, en fixer les intérêts, les toucher à leurs échéances; du tout, consentir valables quittances et décharges, faire tous transports et subrogations, donner, avec ou sans réserves, toutes mainlevées d'inscriptions d'office ou autres, se désister de tous privilèges et actions résolutoires, remettre tous titres et pièces, élire domicile, passer et signer tous actes, et généralement faire, pour réaliser ladite vente, tout ce que ladite dame ne pourrait faire sans l'autorisation de son mari.

Dont acte, etc.

Décompte :		
Timbre du brevet..........	»	60
Enregistrement.............	3	75
Légalisation................	»	25
Honoraires..................	4	»
Total..............	8	60

FORMULE 87. — Mourlon, t. I, p. 427. (S. S. P.)

Acte par lequel il l'autorise à faire un commerce.

Par-devant ..., etc.

Fut présent :

M. A... (*p., q. et d. du mari*).

Lequel a déclaré autoriser spécialement dame (*nom et prénoms de la femme*), son épouse, demeurant avec lui, à exercer personnellement la profession de marchande... à... et à faire, relativement à cette profession, sans son assistance, et comme seule intéressée, toutes opérations commerciales et tous actes permis par la loi à la femme marchande publique.

Dont acte, etc.

Même décompte.

FORMULE 88. — Art. 215 C. C.; Mourlon, t. I, p. 412, 428, 405 et 393. (S. S. P.)

Acte par lequel il l'autorise à ester en justice comme demanderesse.

Par-devant..., etc.

Fut présent :

M. A..., (*p., q. et d. du mari*).

Lequel a déclaré autoriser dame (*nom et prénoms*), son épouse, demeurant avec lui, à intenter contre le sieur ..., demeurant à..., toutes demandes tendant à (*indiquer la cause du procès*), à cet effet, citer et comparaître en conciliation, s'y concilier si faire se peut, traiter, transiger, entamer toutes instances devant tel degré de juridiction qu'il appartiendra, constituer avoués et avocats, plaider, faire exécuter tout jugements ou en appeler, et s'il y a lieu, citer en requête civile ou en cassation, suivre, en un mot, le procès dans toutes ses phases, élire domicile, passer, signer tous actes, et procès-verbaux, aux effets ci-dessus, donner tous pouvoirs, les révoquer, en donner d'autres, et généralement faire tout ce qui dans le cours de ce procès sera utile et nécessaire aux intérêts de ladite dame.

Dont acte, etc.

Même décompte.

FORMULE 89. — Art. 215 C. C.; Mourlon, t. I, p. 428.

Assignation donnée à une femme et à son mari pour autorisation.

L'an..., le..., à la requête du sieur... A... (*p., q. et d.*), pour leque domicile est élu en l'étude de M^{e}..., rue..., n^{o}.... avoué près le tribunal civil de.., qu'il constitue et qui occupera pour lui, sur la présente assignation, j'ai... (*immatricule de l'huissier*), soussigné, donné assignation : 1° à la dame (*nom, prénoms et profession*), épouse du sieur (*nom, prénoms, qualité du mari*), demeurant avec lui, à..., en parlant à...; 2° audit sieur ... (*nom du mari*), parlant à...

A comparaître, etc., pour, attendu que ladite dame est personnellement obligée envers le requérant au payement de la somme de..., résultant de (*énoncer le titre*); attendu qu'elle ne peut ester en justice sans l'autorisation de son mari, voir, le dit sieur..., à défaut par lui de donner volontairement cette autorisation, sa femme être autorisée par le jugement à intervenir, et ladite dame s'entendre condamner (*objet de la condamnation*).

Et j'ai, au domicile commun des époux, laissé à chacun d'eux, en parlant comme ci-dessus, copie séparée du présent acte, dont le coût est de...

Décompte. (Tarif, art. 29.)

Original.	2 »
Deux Copies.	1 »
Enregistrement.	3 75
Timbre.	1 80
Total.	8 55

FORMULE 90. — Art. 218 et 219 C. C.; Mourlon, t. I, p. 429.

Sommation faite à la requête de la femme, et notifiée à son mari présent et capable, afin d'obtenir de lui l'autorisation dont elle a besoin, soit pour faire un acte extrajudiciaire, soit pour ester en justice.

L'an ..., le ..., à la requête de dame (*nom, prénoms*), épouse de M. A... (*p. et q.*), demeurant avec lui, à ..., rue ..., n° ..., mais de lui séparée quant aux biens, pour laquelle domicile est élu à ..., rue ..., n° ..., en l'étude de Me ..., avoué près le tribunal civil de 1re inst. de ...[1], j'ai (*immatricule de l'huissier*) fait sommation audit sieur A..., parlant à ..., d'avoir à autoriser, par acte valable, dans un délai de huit jours, ladite dame, son épouse, à (*indiquer l'acte extrajudiciaire qu'elle veut faire*, ou *l'instance qu'elle a intérêt à suivre*).

Lui déclarant que faute par lui de donner l'autorisation qui lui est demandée, il y sera contraint par les voies de droit, faisant réserve de tous dommages et intérêts auxquels un plus long retard pourrait donner lieu.

Je lui ai, au domicile, en parlant comme dessus, laissé copie du présent exploit, dont le coût est de...

Décompte. (Tarif, art. 29.)

Original.	2 »
Copie.	» 50
Enregistrement.	3 75
Timbre.	1 20
Total.	7 45

FORMULE 91. — Art. 218 et 219 C. C.; Mourlon, t. I, p. 429.

Requête pour être autorisée et ordonnance qui autorise à faire citer le mari à l'effet de déduire les causes de son refus d'autorisation.

A M. le président du tribunal de 1re *instance de....*

La dame (*nom, prénoms, qualités*), épouse séparée quant aux biens du sieur A... (*p. et q.*), demeurant, ladite dame, avec son mari, à ..., rue ..., n° ..., ayant pour avoué Me ...

1. Cette élection de domicile n'est point nécessaire, puisqu'elle n'est pas prescrite par la loi. Comme elle est dans l'usage et qu'elle peut être utile, on l'indique comme facultative.

A l'honneur de vous exposer que, suivant exploit du ministère de ..., huissier à ..., en date du ..., enregistré, dont l'original est joint à la présente requête, elle a fait sommation au sieur A..., son mari, d'avoir, dans un délai de huit jours, à l'autoriser à (*indiquer l'acte, ou l'instance qu'il s'agit de faire ou d'intenter*); que ledit sieur ayant refusé (ou *n'ayant pas répondu à cette sommation*), il devient nécessaire de recourir à l'autorisation de la Justice; en conséquence, l'exposante conclut à ce qu'il vous plaise, Monsieur le président, l'autoriser à faire assigner son mari à comparaître, d'abord devant le tribunal, en la chambre du conseil, aux jour et heure qu'il vous conviendra d'indiquer, pour déduire les motifs de son refus d'accorder à la requérante l'autorisation par elle demandée, puis, s'il y a lieu, à l'audience publique, afin d'y voir accorder, par le tribunal, ladite autorisation.

Présentée au palais de justice, à ..., le ... (*Signature de l'avoué.*)

ORDONNANCE.

Nous ..., président, vu la requête qui précède et les pièces à l'appui, vu l'art. 861 du C. de Pr., autorisons la dame A... à faire assigner le sieur A..., son mari, à comparaître le ..., heure de ..., devant le tribunal, en sa chambre du conseil, pour déduire les motifs de son refus d'autoriser la requérante, et, à l'audience publique, afin d'y voir statuer sur la demande d'autorisation dont il s'agit.

Fait et délivré au palais de justice, à ..., le ...

(*Signature du président.*)

Décompte. (Tarif, art. 78, § 8)

Papier timbré et enregistrement.....	6 23
Rédaction..........................	7 50
Total..........	13 73

FORMULE 92. — Art. 218 et 219 C. C.; Mourlon, t. I, p. 429.

Assignation au mari pour déduire le motif de son refus d'autoriser sa femme.

Copier la requête et l'ordonnance sur la copie de cette assignation.

L'an ..., le ..., en vertu d'une ordonnance de M. le président du tribunal civil de 1re inst. de ..., en date du ..., enregistrée, mise au bas de la requête à lui présentée, desquelles requête et ordonnance copie est donnée en tête (*de celle*) des présentes, et, à la requête de dame (*nom, prénoms*), épouse séparée quant aux biens du sieur A... (*p. et q.*), demeurant ladite dame avec son mari à ..., rue ..., no ..., pour laquelle domicile est élu à ..., rue ..., no..., en l'étude de Me ..., avoué près le trib. de 1re inst. de ..., qu'elle constitue, et qui occupera pour elle sur la présente assignation, j'ai (*immatricule de l'huissier*), soussigné, commis à cet effet, donné assignation audit sieur A..., en son domicile susdit et parlant à ..., à comparaître en personne, le ..., heure de ..., devant MM. les président et juges composant la chambre du tribunal civil de 1re inst. de ..., en la chambre du conseil, au palais de justice à ..., pour déduire les motifs de son refus d'accorder à la dame son épouse l'autorisation demandée par la sommation du ..., enregistrée, à se trouver ensuite, s'il y a lieu, à l'audience publique de ladite chambre, au palais de justice à ..., heure de ..., pour voir statuer sur l'autorisation demandée, et s'entendre condamner aux dépens; lui déclarant que, faute par lui de comparaître, il sera requis défaut et statué sur ladite demande d'autorisation.

Je lui ai, audit domicile, parlant comme ci-dessus, laissé copie du présent, dont le coût est de ....

(*Signature de l'huissier.*)

Décompte. (Tarif, art. 39.)

Coût ordinaire des exploits............	7 45
Copie de pièces à 30 c. par rôle........	Mémoire

FORMULE 93. — Art. 221 et 222 C. C.; et 863 et 864 C. P.; Mourlon, t. I, p. 429.

Requête par la femme dont le mari est absent, interdit ou frappé d'une condamnation à une peine afflictive et infamante.

A M. le président du tribunal civil de .....

La dame B... (*p., q. et d.*), épouse de ... (*nom, prénoms, qualités*), (*indiquer si le mari est absent, interdit* ou *frappé d'une condamnation afflictive ou infamante*), ayant pour avoué Me ....

A l'honneur de vous exposer qu'elle a intérêt à ester en justice à l'occasion (*dire si c'est en défendant* ou *en demandant, et pour quelle affaire*); que son mari étant (*absent, interdit,* ou *condamné*), (*citer l'acte, le jugement* ou *l'arrêt qui prouve l'absence, l'interdiction* ou *la condamnation du mari et le joindre à la requête*), elle se voit contrainte de recourir à la justice pour obtenir l'autorisation qui lui est nécessaire; dans ces circonstances, l'exposante conclut à ce qu'il vous plaise, Monsieur le président, ordonner la communication de la présente requête à M. le procureur de la République commettre un juge sur le rapport duquel le tribunal statuera.

Présentée au palais de justice à ..., le .... (*Signature de l'avoué.*)

ORDONNANCE.

Soit communiqué à M. le procureur de la République pour, après ses conclusions et sur le rapport qui sera fait le ..., par Me ..., juge que nous commettons à cet effet, être, par le tribunal, statué ce qu'il appartiendra.

(*Signature du président.*)

Décompte. (Tarif, art. 78, § 8.)

Timbre et enregistrement........	6 23
Rédaction..........................	7 50
Total...........	13 73

FORMULE 94. — Art. 1338 C. C.; Mourlon, t. I, p. 433. (S. S. P.)

Ratification par le mari d'un acte passé sans autorisation par la femme.

Par-devant Me ..., etc.,

A comparu (*n., p., q. et d.*):

Lequel a déclaré ratifier l'obligation d'une somme de ..., souscrite par la dame (*nom, prénoms*), son épouse, au profit de B... (*p., q. et d. du créan-*

cier) suivant acte reçu par Me ..., notaire à ..., qui en a gardé minute, et son confrère, le ..., enregistré, sans que préalablement ladite dame ait été autorisée par le comparant; voulant, en conséquence, que cet acte, dont il déclare avoir parfaite connaissance, reçoive son entière exécution comme s'il l'eût signé et eût autorisé ladite dame son épouse.

Pour faire mention de cette ratification sur tous titres et pièces, tous pouvoirs sont donnés à tous notaires de ce requis.

Dont acte, etc.

Décompte :	Timbre de minute et d'expédition...	Mémoire
	Rôles suivant la classe..............	Mémoire
	Enregistrement.....................	3 75
	Honoraires.........................	6 »

FORMULE 95. — (S. S. P.) Mourlon, t. I, p. 433.

Ratification par la femme autorisée d'un acte fait par elle sans autorisation.

Par devant Me ..., etc.

A comparu :

Madame (*nom, prénoms*), épouse de M. A... (*p. et q.*), demeurant avec ledit sieur ..., son mari, à ....

Agissant en vertu de l'autorisation spéciale que son mari lui a donnée aux termes d'un acte reçu par Me ..., notaire, et son collègue, le ..., dont le brevet enregistré est demeuré ci-annexé, après avoir été de ladite dame certifié sincère, après mention faite de son annexe.

Laquelle a déclaré ratifier (*comme la formule* 93, *sauf quelques modifications résultant de l'intervention de la femme*).

Décompte :	Timbre de minute et d'expédition...	Mémoire
	Rôles suivant la classe..............	Mémoire
	Enregistrement.....................	3 75
	Honoraires.........................	6 »

FORMULE 96. — Art. 225 C. C.; Mourlon, t. I, p. 434.

Demande en nullité d'un acte passé par une femme non autorisée.

L'an ..., le ..., à la requête de M. A... (*p., q. et d.*), pour lequel domicile est élu à ..., rue ..., n° ..., en l'étude de Me ..., avoué près le tribunal civil de 1re inst. de ..., qu'il constitue et qui occupera pour lui sur la présente assignation, j'ai (*immatricule de l'huissier*), soussigné, donné assignation au sieur B... (*p., q. et d. de la partie adverse*), parlant à ..., à comparaître, à huitaine franche de ce jour, à l'audience et par-devant MM. les président et juges composant le tribunal civil de 1re inst. de ..., séant au palais de justice, dix heures du matin, pour, à défaut de conciliation, ainsi qu'il résulte du procès-verbal, en date du ..., enregistré et dont il a été donné copie en tête du présent exploit (*ou* à défaut de comparution en

1. Il doit, en tête de l'exploit, être donné copie du procès-verbal de non conciliation, ou de la mention de non comparution. (Art. 64 C. Pr.)

conciliation, ainsi qu'il résulte de la mention délivrée par le greffier de la justice de paix de..., en marge de la citation en conciliation donnée à la requête du sieur A... (mention (ou *procès-verbal*), dont il a été donné copie en tête du présent exploit.

Attendu que, suivant acte reçu par Me ..., notaire à ..., qui en a gardé minute, et son confrère, le..., enregistré, la dame (*nom et prénoms*), épouse du requérant, s'est reconnue débitrice envers ledit sieur ... d'une somme de ... ; que cette obligation a été souscrite sans le concours et l'autorisation dudit requérant;

Attendu que, dans ces conditions, ledit acte porte une atteinte grave à la puissance maritale, qu'il a été fait en violation de l'art. 217 du C. C., et qu'ainsi il doit être annulé conformément aux art. 225 et 1124 du même code;

Voir ledit sieur ... déclarer nulle l'obligation précitée, s'entendre condamner à la restitution des intérêts qu'il aurait pu toucher, ainsi qu'aux dépens, sous toutes réserves. A ce qu'il n'en ignore, je lui ai, audit domicile, parlant comme ci-dessus, laissé copie du présent acte, dont le coût est de ... (*Signature*).

A..., le ...

Décompte. (Tarif, art. 27.)

Original..........................	2 »
Copie.............................	» 50
Timbre............................	1 20
Enregistrement....................	3 75
Copie de pièces à 30 c. par rôle.....	Mémoire

De la séparation de corps.

FORMULE 97. — Art. 336 et 337 C. Pén.; Mourlon, t I p. 439.

Plainte d'un mari contre sa femme adultère pour la faire condamner à l'emprisonnement.

A M. le procureur de la République, de l'arrondissement de...

Monsieur,

Le soussigné A... (*p., q. et d. du plaignant*) a l'honneur de vous exposer que la dame..., son épouse, s'est rendue coupable d'adultère, ainsi qu'il résulte de (*citer les procès-verbaux où les faits se trouvent établis*); que le plaignant est dans l'intention, sans recourir à la voie de la séparation de corps, de faire poursuivre ladite dame, son épouse, conformément aux articles 336 et 337 du C. pén.; en conséquence, il vous prie, Monsieur le procureur de la République, de vouloir bien requérir contre elle la peine de l'emprisonnement.

Le soussigné vous présente l'expression de son respect. (*Signature*.)

FORMULE 98. — Art. 875 et 876 C. Pr.; Mourlon, t. I, p. 448.

Requête pour être autorisée à former une demande en séparation de corps; ordonnance du président.

A M. le président du tribunal civil de 1re instance de ...

La dame B ... (*p. et q.*), épouse du sieur A... (*p. et q.*), demeurant avec lui à..., ayant pour avoué Me ...

A l'honneur de vous exposer qu'elle a contracté mariage avec ledit sieur A..., le..., en la commune de...; que depuis elle a eu de nombreux sujets de plaintes contre son mari; qu'il vient de se porter envers elle à des excès et sévices tellement graves que la vie commune est devenue impossible; que notamment (*indiquer les faits*); que dans ces circonstances elle est dans l'intention de former une demande en séparation de corps. Elle conclut donc, Monsieur le président, qu'il vous plaise l'autoriser à faire citer ledit sieur A.., à comparaître devant vous aux jour, lieu et heure qu'il vous plaira d'indiquer, pour être entendu contradictoirement avec elle, sur les faits qui motivent la séparation de corps dont s'agit, et pour, en cas de non conciliation, voir autoriser l'exposante à former ladite demande, à se retirer provisoirement, jusqu'à ce qu'il ait été statué, chez (*indiquer la personne*), et voir ordonner que les effets à son usage journalier lui seront remis par son mari, sinon qu'elle sera autorisée à s'en mettre en possession avec l'assistance du commissaire de police.

Présenté au palais de justice, à ..., le ....

(*Signature de la partie et de l'avoué.*)

ORDONNANCE.

Nous ..., président, vu la requête ci-dessus et l'art. 875 C. pr., autorisons la requérante à faire citer le sieur A ..., son mari, à comparaître devant nous le ..., heure de ..., dans notre cabinet, au palais de justice à ..., pour s'expliquer sur les faits exposés dans ladite requête.

Fait et délivré à ... le ..... (*Signature du président.*)

Décompte. (Tarif. art. 79, § 3.)

Timbre..	1 20
Enregistrement de l'ordonnance......	5 63
Rédaction..................................	15 »»
Total..................	21 83

FORMULE 99. — Art. 876 C. P.; Mourlon, t. I, p. 448.

Citation à l'époux défendeur de comparaître devant le président.

Copier la requête ordonnance.

L'an ..., le .... en vertu d'une ordonnance de M. le président du trib. de 1re inst. de ..., en date du ..., enregistrée, mise au bas de la requête à lui présentée, desquelles requête et ordonnance copie est donnée en tête (*de celle*) du présent exploit, et à la requête de madame A... (*p., q.*), épouse de M. A... (*p., d.*), demeurant avec lui à...[1], j'ai (*immatricule de l'huissier*), soussigné, donné citation au sieur A... (*p., q. et d.*), parlant à ..., au domicile ci-dessus indiqué, à comparaître en personne le ..., heure de..., dans le cabinet de M. le président du tribunal civil de 1re inst. de ..., pour, contradictoirement avec la requérante, s'expliquer sur les faits exposés dans la requête copiée en tête de la copie du présent exploit, et sur la demande de séparation de corps que ladite dame B... est dans l'intention de former contre ledit sieur A..., son mari, lui déclarant que, faute par lui de comparaître, il sera requis défaut et conclu à ce qu'il soit passé outre à la demande en séparation de corps en question.

Et je lui ai audit domicile, parlant comme ci-dessus, laissé copie du présent, dont le coût est de ... : (*Signature.*)

Décompte (Tarif, art. 29.)

Coût ordinaire des exploits...........................	7 45
Copie de pièces à 30 centimes par rôle et timbre de copie	Mémoire.

FORMULE 100. — Art. 878 C. Pr.; Mourlon, t. I, p. 448.

Signification de l'ordonnance renvoyant la partie à se pourvoir.

NOTA. Cette ordonnance est rendue à la suite de la formule 97 et sur le même papier timbré.

Nous..., président, après avoir entendu les parties sans avoir pu les concilier, autorisons la dame A... à former contre le sieur A..., son mari, demande en séparation de corps sans citation préalable en conciliation; autorisons également ladite dame à se retirer provisoirement chez ... (*indiquer la personne*), que nous indiquons d'office, faute par les parties d'être tombées d'accord à cet effet; ordonnons que les effets à l'usage de ladite dame, consistant en (*les énumérer*), lui seront remis par son mari, sinon autorisons ladite dame A ... à se faire assister, pour la remise de ces objets, du commissaire de police.

Fait et délivré à ..., le ... (*Signature du président.*)

Décompte : Enregistrement. 5 63

Si le sieur A... ne comparaissait pas, l'ordonnance serait ainsi conçue.

Nous ... etc., après avoir entendu la dame B ..., donnons défaut contre le sieur A .... non comparant, quoique régulièrement assigné, ainsi qu'il résulte de l'exploit du ministère de ..., en date du ..., enregistré, autorisons, etc. (*le reste comme ci-dessus*).

Si les parties se concilient, dire :

Attendu que les parties se sont, par nos soins, conciliées, disons qu'il n'y a lieu de suivre sur la demande.

1. L'élection de domicile et la constitution d'avoué sont inutiles dans cet acte, l'avoué ne pouvant accompagner la femme devant le président.

FORMULE 101. — Mourlon, t. I, p. 448.

Ordonnance du président renvoyant la partie à se pourvoir.

L'an ..., le ...., à la requête de la dame A... (*p., q. et d.*), pour laquelle domicile est élu à..., rue..., n° ..., en l'étude de Me ..., avoué près le trib. civil de 1re inst. de ..., j'ai (*immatricule de l'huissier*), soussigné, signifié et, en tête (*de celle*) des présentes, laissé copie au sieur B ... (*p., q. et d.*). mari de la requérante ..., parlant à ..., en son domicile, de l'ordonnance rendue par M. le président du trib. de 1re inst. de ..., le ..., enregistrée. Et je lui ai, parlant comme dessus, déclaré que la requérante est dans l'intention d'intenter contre lui l'action en séparation de corps pour laquelle elle est autorisée à se pourvoir.

Le coût du présent est de ... (*Signature.*)

Décompte. (Tarif, art. 29.)

Coût ordinaire des exploits	7 45
Copie de pièces à 30 c. par rôle et timbre de copie......	Mémoire

FORMULE 102. — Mourlon, t. I, p. 448.

Demande en séparation de corps.

L'an ..., le..., à la requête de la dame A ... (*p., q. et d.*), pour laquelle domicile est élu à ..., rue ..., n° ..., en l'étude de Me ..., avoué près le trib. de 1re inst. de..., qu'elle constitue et qui occupera pour elle sur la présente assignation, j'ai (*immatricule de l'huissier*), soussigné, en vertu de l'autorisation de M. le président dudit tribunal..., contenue en l'ordonnance de ce magistrat, rendue le ..., enregistrée et signifiée par exploit de ..., huissier à ..., le ..., enregistré, donné assignation au sieur A ... (*p., q. et d.*), mari de la requérante, parlant à ..., au domicile sus indiqué, à comparaître, à huitaine franche de ce jour, outre un jour par trois myriamètres de distance, à l'audience et devant MM. les président et juges composant le trib. civ. de 1re inst. de ..., au palais de justice à ..., heure de ..., pour, attendu que (*exposer tous les faits sur lesquels la demande est basée*); attendu que la séparation de corps entraîne la séparation de biens, qu'il y aura dès lors lieu de procéder à la liquidation de la communauté qui a existé entre les époux A ... et des reprises de ladite dame A ... entendre prononcer la séparation de corps entre la requérante et son époux ; entendre également, et comme conséquence, ordonner que les époux A..., seront séparés de biens; que la requérante reprendra la libre administration de ses biens présents et à venir, sous la réserve qu'elle fait de renoncer à la communauté ou de l'accepter suivant qu'elle avisera; qu'elle pourra prendre les mesures conservatoires que nécessitera la conservation de ses intérêts, et notamment faire déposer à la Caisse des consignations le numéraire et les valeurs au porteur appartenant à la communauté; dire que devant tel de MM. les juges qu'il plaira au tribunal de commettre, et pour les opérations

1. En général, cet acte est compris dans l'assignation, formule 101 *infra*.

de détail, devant Me ..., notaire à ..., il sera procédé à la liquidation de la communauté ayant existé entre les époux, en cas d'acceptation de la part de la requérante, et dans tous les cas à la liquidation de ses reprises à raison de ses biens propres; voir également ordonner que jusqu'à ce qu'il ait été statué sur la présente demande, le sieur A... sera tenu de payer à la requérante une pension alimentaire de ... par mois, à partir de ce jour et par avance, et en outre la somme de ... à titre de provision; et que la garde et l'administration des enfants issus du mariage entre les sieur et dame A... seront retirées audit sieur ... et remises à (*à la femme, ou à toute autre personne*); qu'après la séparation prononcée, les garçons (*les désigner par leurs noms, prénoms et âges*) seront placés (*indiquer le lieu*), et les filles (*les désigner comme ci-dessus*) seront placées (*indiquer le lieu*) (ou que *les enfants seront placés sous la direction exclusive de la mère*), et s'entendre enfin condamner aux dépens; subsidiairement, et dans le cas où les faits articulés par la dame A... ne paraîtraient pas suffisamment justifiés, voir ordonner que la preuve en sera faite devant tel de MM. les juges que le tribunal commettra; les dépens dans ce cas réservés; et j'ai, audit domicile, parlant comme ci-dessus, laissé copie du présent, dont le coût est de ... (*Signature de l'huissier.*)

Décompte. (Tarif, art. 29.)

Timbre	1 20
Original	2 »»
Copie	» 50
Enregistrement	3 75
Total	7 45

FORMULE 103. — Art. 878 C. Pr.; Mourlon, t. I, p. 450.

Requête par laquelle la femme demande au président du tribunal l'autorisation, d'une part, de quitter provisoirement la maison commune pour se retirer dans une autre maison dont elle est convenue avec son mari ou que le président désignera d'office, d'autre part, de se faire remettre les linges et hardes dont elle a besoin pour son usage particulier.

(*Voir la formule* 97.)

Même décompte.

FORMULE 104. — Art. 270 C. C.; 868 C. Pr.; Mourlon, t. I, p. 450.

Demande par laquelle la femme réclame du tribunal, pour la conservation de ses droits, l'autorisation de recourir à des mesures conservatoires plus efficaces qu'une simple apposition de scellés[1].

A MM. les président et juges composant le tribunal civil de 1re inst. de...

La dame B... (*p.*), épouse du sieur A... (*p., q. et d.*), ayant M... pour avoué.

Contre ledit sieur A..., son mari, conclut à ce qu'il plaise au tribunal,

1. Cette demande se fait habituellement par l'exploit introductif de la demande en séparation de corps. On peut, quand il y a péril en la demeure, procéder par la voie du référé. (Art. 337 C. P.)

attendu que par exploit du ..., enregistré, ladite dame a formé contre le sieur A..., son époux, une demande en séparation de corps, laquelle est encore pendante; attendu qu'il y a urgence pour la conservation de ses droits de prendre des mesures plus efficaces que la simple apposition de scellés permise par l'art. 270 du C. C.; qu'il existe, en effet, des valeurs monnayées et au porteur, s'élevant à une somme de ..., dépendant de la communauté, qui pourraient être diverties et dissipées par le sieur A..., ordonner, par le jugement à intervenir, que l'argent et les valeurs au porteur dont il vient d'être question, seront par la demanderesse déposés à la Caisse des dépôts et consignations, jusqu'à la liquidation à intervenir des droits des parties dans la communauté.

Dont acte.

Pour original. Pour copie. Signifié, donné copie, etc.

(*Signature de l'avoué.*)

Décompte. (Tarif, art. 71.)

Timbre	1 20
Original	5 »
Copie (le quart)	1 25
Total	7 45

FORMULE 105. — Mourlon, t. I, p. 450.

Demande par laquelle le mari réclame qu'il soit ordonné que sa femme sera tenue, pendant le procès, de quitter le domicile conjugal et de se retirer dans une autre maison que le président du tribunal désignera[1].

A M. le président du tribunal civil de 1re inst. de ...

Le sieur A... (*p., q. et d.*), ayant pour avoué M^e^ ...,

Contre la dame A... (*p. et d.*), sa femme, demeurant avec lui ayant M^e^... pour avoué, conclut à ce qu'il plaise au tribunal, attendu qu'il est en instance pour faire prononcer la séparation de corps entre lui et ladite dame ..., son épouse.

Attendu que la conduite de ladite dame dans le domicile commun est l'objet d'un scandale public; attendu que la sûreté personnelle du requérant peut être compromise par suite du caractère violent de ladite dame A... et des menaces auxquelles elle se livre habituellement.

Ordonner, avant de faire droit, que ladite dame A... sera tenue, durant le procès, de quitter le domicile conjugal, et d'habiter (*indiquer le lieu*); et faute par elle de se conformer à la décision à intervenir, qu'elle y soit contrainte par les voies de droit.

Dont acte,

Pour original. Pour copie. Signifié, donné copie, etc.

(*Signature de l'avoué.*)

Même décompte qu'en la formule précédente.

1. La not précédente s'applique aussi à cet acte.

FORMULE 106. — Art. 145 C. C.; Mourlon, t. I, p. 454.

Acte de réconciliation entre époux séparés de corps[1].

Par-devant Me ..., etc.

Furent présents :

Le sieur A... (*p., q. et d.*), et dame ... (*nom et prénoms*), sa femme, qu'il autorise à l'effet des présentes, demeurant avec lui.

Lesquels, par suite de la réconciliation opérée depuis le jugement du trib. civil de 1re inst. de ..., en date du ..., enregistré et signifié, qui a prononcé entre eux la séparation de corps, ont déclaré rétablir formellement leur communauté de biens établie aux termes de leur contrat de mariage reçu par Me ..., notaire à ..., qui en a gardé la minute, et son confrère, le ..., enregistré, et vouloir que, conformément à l'art. 1451 du C. C., cette communauté reprenne son effet du jour du mariage, et que les choses soient remises au même état que s'il n'y avait pas eu de séparation, sous la réserve de l'exécution des actes qui auraient pu être faits par la dame ... en conformité de l'art. 1449 du même code, durant le cours de la séparation. La dame A... rapporte à la communauté rétablie les biens et valeurs s'élevant à ... fr. qu'elle avait reçus en payement de ses reprises, aux termes de la liquidation opérée par suite de la séparation par Me ..., notaire à ..., qui en a gardé minute, et son confrère, le ..., enregistré ; M... se reconnaît en possession desdites valeurs; il déclare s'en charger de nouveau envers son épouse, comme il en était chargé par son contrat de mariage.

Pour faire publier et afficher les présentes où besoin sera, tous pouvoirs sont donnés au porteur d'un extrait ou d'une expédition.

Dont acte, etc.

Décompte :		
	Timbre	» 60
	Enregistrement	3 75
	Timbres d'expédition	1 80
	Rôles suivant la classe	Mémoire
	Honoraires, 1/2 p. 0/0 sur l'actif de la communauté	Mémoire

Paternité et filiation.

FORMULE 107. — Art. 312 C. C.; Mourlon, t. I, p. 458, 480.

Demande par laquelle un enfant réclame sa filiation légitime.

L'an ..., le ..., à la requête du sieur A ... (*p., q. et d.*), pour lequel domicile est élu à ..., rue ..., n° ..., en l'étude de Me ..., avoué près le trib. de 1re inst. de ..., qu'il constitue et qui occupera pour lui sur la présente

1. Cet acte est très rare.

assignation, j'ai (*immatricule de l'huissier*), soussigné, donné assignation au sieur B... (*p., q. et d.*), parlant à ..., à comparaître d'aujourd'hui à huitaine franche, outre un jour par trois myriamètres de distance, à l'audience et par-devant MM. les président et juges composant le trib. civ. de 1re inst. de ..., séant au palais de justice, à dix heures du matin, pour, attendu que le requérant est né à ..., le ..., de la dame C... (*p., q. et d.*), ainsi qu'il résulte de son acte de naissance inscrit aux registres de l'état civil de ladite commune, à la date du ...; attendu qu'à l'époque de la conception du requérant, ladite dame ..., depuis décédée, était unie en mariage avec ledit sieur B..., ainsi qu'il résulte de l'acte de leur mariage inscrit aux registres de l'état civil de la commune de ... à la date du ...; attendu que, suivant l'art. 312 du C. C., l'enfant conçu pendant le mariage a pour père le mari; attendu que le requérant ne se trouve dans aucun des cas prévus par la loi pour qu'un désaveu de paternité soit possible; voir, par ces motifs, déclarer, par le jugement à intervenir, la légitime filiation du requérant, comme issu du mariage contracté entre lesdit sieur B... et dame C...; ordonner qu'à l'avenir ledit sieur A... prendra le nom du sieur B..., son père, et jouira de tous les droits et avantages attachés à la filiation légitime; que l'acte de naissance précité sera rectifié dans le sens qui vient d'être indiqué; que ce jugement sera transcrit sur les registres de l'état civil de la commune de ...; que mention en sera faite en marge de l'acte du ... et qu'il sera fait défense à tous dépositaires d'en délivrer extrait ou expédition sans transcrire ladite mention, à peine de dommages-intérêts; se voir condamner aux dépens sous toutes réserves. A ce qu'il n'en ignore, je lui ai, audit domicile, parlant comme ci-dessus, laissé copie du présent dont le coût est de ...

Décompte. (Tarif, art. 27.)

Original	2 »
Copie	» 50
Enregistrement	3 75
Timbre	1 20
Total	7 45

FORMULE 108. — Art. 312, 2e alinéa, C. C.; Mourlon, t. I, p. 462 et 463.

Demande en désaveu pour cause d'impossibilité physique de cohabitation entre les époux dans le temps légal de la conception.

L'an ..., le ..., à la requête du sieur A... (*p., q. et d.*), pour lequel domicile est élu à ..., rue ..., n° ..., en l'étude de Me ..., avoué près le tribunal de 1re instance de ..., qu'il constitue et qui occupera pour lui, sur la présente assignation, j'ai (*immatricule de l'huissier*), soussigné, donné assignation : 1° au sieur B... (*p., q. et d.*), en sa qualité de tuteur *ad hoc* du mineur C... (*p., q. et d.*), à lui confié par délibération du conseil de famille dudit mineur tenu sous la présidence de M. le juge de paix du canton de ..., le ..., enregistrée, audit domicile et parlant à ...; 2° à la dame (*nom et prénoms de la mère*), demeurant de droit avec le requérant, son mari, mais de fait à ..., et parlant à ..., à comparaître d'aujourd'hui à huitaine franche, outre un jour par trois myriamètres de distance, à l'audience et devant MM. les président et juges composant le tribunal civil de 1re inst. de ..., au palais de justice, à ... heures du matin, pour, attendu qu'au moment de la conception et pendant le temps qui a couru depuis le trois centième jusqu'au cent quatre-vingtième jour avant la naissance, le requérant se trouvait dans l'impossibilité physique de cohabiter avec sa femme; qu'en effet il était à cette époque caissier dans la maison de commerce D..., à New-York, obligé à des travaux de tenue de livres qui constataient sa présence, tandis que sa femme se trouvait à Paris, donnant chaque jour des représentations sur le théâtre de ...; attendu que par acte extrajudiciaire notifié à la dame A ..., par M^e ..., huissier à ..., le ..., enregistré, le requérant a désavoué ledit mineur C...; voir déclarer recevable dans la forme et bien fondé le désaveu fondé par le requérant; ordonner en conséquence que le sieur C.... ne pourra porter le nom du requérant qui n'est pas son père, et à la famille duquel il ne peut appartenir; que le jugement à intervenir sera transcrit sur le registre de l'état civil de la commune de ...; que mention en sera faite en marge de l'acte du ..., et qu'il sera fait défense à tout dépositaire d'en délivrer extrait ou expédition sans transcrire la mention, à peine de dommages-intérêts; s'entendre en outre condamner aux dépens.

Et j'ai, auxdits domiciles et parlant comme ci-dessus, laissé à chacun des susnommés copie séparée de la délibération du conseil de famille ci-dessus énoncée, et du présent exploit, dont le coût est de ...

(*Signature de l'huissier.*)

Décompte. (Tarif, art. 27.)

Coût ordinaire des exploits......................	7 45
Deux copies......................................	» 50
Copie de pièces à 30 c. par rôle et timbre de copie	Mémoire

FORMULE 109. — Art. 313 C. C.; Mourlon, t. I, p. 464.

Demande en désaveu pour adultère de la femme et recel de l'enfant joints à l'impuissance morale de cohabitation.

NOTA. Comme en la formule précédente, sauf à substituer aux motifs ceux ci-après:

Pour, attendu qu'au moment de la conception dudit sieur C..., et pendant le temps qui a couru entre le trois centième et le cent quatre-vingtième jour avant sa naissance, la dame ..., épouse du requérant, avait quitté le domicile conjugal et vivait en état flagrant d'adultère; qu'elle a caché aux yeux de son mari et du public son état de grossesse; que l'accouchement même a eu lieu clandestinement, ainsi que le requérant se réserve de le prouver; qu'enfin, à l'époque de la conception, ledit requérant se trouvait, tant à cause de sa mésintelligence avec sa femme, résultant de l'inconduite notoire de cette dame, que par suite d'une grave et longue maladie dont il était atteint, dans l'impuissance morale de cohabitation avec ladite dame, etc.; attendu que par acte, etc. (*la suite comme en la formule précédente*).

Même décompte.

FORMULE 110. — Art. 313, 2e alinéa, C. C.; Mourlon, t. I, p. 467.

Désaveu pour cause de séparation de corps.

NOTA. Comme en la formule 108, sauf à substituer aux motifs ceux ci-après :

Pour, attendu que par jugement rendu par le tribunal civil de 1re inst. de ..., le ..., enregistré, le requérant a été séparé de corps avec ladite dame ...; que cette dernière, dès avant cette séparation, a quitté le domicile conjugal et n'y est pas rentrée depuis; qu'il n'y a eu entre les époux aucune réconciliation ni réunion de fait; que ledit mineur C..., ainsi qu'il résulte de son acte de naissance, inscrit aux registres de la commune de ..., le ..., est né de ladite dame trois cents jours après l'ordonnance par laquelle M. le président du tribunal l'a autorisée à quitter le domicile conjugal; attendu que par acte, etc. (*la suite comme en la formule* 108).

Même décompte.

FORMULE 111. — Art. 314 C. C.; Mourlon, t. I, p. 468.

Désaveu d'un enfant né pendant, mais conçu avant le mariage.

NOTA. Comme en la formule 108, sauf à substituer aux motifs ceux ci-après :

Pour, attendu que le mariage contracté entre le requérant et la dame ... a été célébré à ..., le ...; attendu que ledit mineur C... est né à ..., le ..., moins, par conséquent, de cent quatre-vingts jours après le mariage de sa mère avec le requérant; attendu que ce dernier n'a eu aucune connaissance de la grossesse de la dame ..., et qu'il n'a point comparu à l'acte de naissance de l'enfant et ne l'a ni signé, ni approuvé; attendu que par acte, etc. (*la suite comme en la formule* 108).

Même décompte.

FORMULE 112. — Art. 315 C. C.; Mourlon, t. I, p. 472 et 473.

Demande en contestation de légitimité.

L'an ..., le ... (*comme en la formule* 108 *jusqu'au n°* 2, *qui sera rédigé comme suit*) : 2° A dame B ... (*p.*, *q. et d.*), veuve du sieur A..., (*p.*, *q. et d.*), en son domicile et parlant à ..., etc. (*comme en la formule n°* 108, *jusqu'à la déduction des motifs, qui seront rédigés comme suit*) :

Pour, attendu que le sieur A... est décédé à ..., le ..., ainsi qu'il résulte de son acte de décès inscrit aux registres de l'état civil de la commune de ..., le ...; attendu que ledit sieur C... est né de ladite dame B..., alors veuve du sieur A..., à ..., le ..., ainsi qu'il résulte de l'acte de naissance dudit sieur C..., inscrit aux registres de l'état civil de la commune de ..., le ...; que cette naissance a eu lieu, par conséquent, trois cents jours après la dissolution du mariage d'entre les époux A...; que dès lors ledit sieur C... ne doit pas rester inscrit aux registres de l'état civil de ... comme enfant légitime de ... et de ...; attendu que le requérant, seul enfant légitime dudit sieur A..., et son seul héritier, a intérêt à contester la légitimité du sieur C...; attendu que par acte extrajudiciaire, notifié à ladite dame veuve A..., par Me ..., huissier à ..., le ..., enregistré, il a, en effet, contesté cette légitimité; voir déclarer recevable en la forme et bien fondée la demande formée par lui, etc. (*comme en la formule* 108).

Même décompte.

FORMULE 113. — Art. 318 C. C.; Mourlon, t. I, p. 318.

Désaveu par acte extrajudiciaire.

L'an ..., le ..., à la requête du sieur A... (*p., q. et d.*), qui a signé le présent, j'ai (*immatricule de l'huissier*), soussigné, déclaré à la dame (*nom, prénoms*), épouse du requérant, domiciliée de droit avec lui, et de fait à ..., audit domicile en parlant à ..., que le requérant désavoue, par le présent, l'enfant du sexe ..., dont ladite dame ... est accouchée le ..., inscrit le ..., sur les registres de l'état civil de la commune de ..., sous les noms et prénoms (*les indiquer*), et comme issu du légitime mariage du requérant et de ladite dame ..., déclarant en outre à ladite dame ... que le requérant se propose d'intenter en justice son action en désaveu de paternité, conformément aux prescriptions de l'art. 318 C. C.

Et j'ai, audit domicile, parlant comme ci-dessus, laissé copie, signée par le requérant, du présent, dont le coût est de....

(*Signatures de la partie et de l'huissier.*)

Décompte : Coût ordinaire des exploits.............. 7 45

FORMULE 114. — Mourlon, t. I, p. 472.

Action en contestation d'état.

NOTA. Comme en la formule 108, sauf à modifier les motifs comme suit :

Pour, attendu que la dame A... n'est pas accouchée à ... le ..., ainsi que le requérant se réserve d'en faire la preuve; attendu dès lors que c'est à tort et sans raison que le sieur C... a été inscrit aux registres de l'état civil de la commune de ..., le ..., comme issu du légitime mariage contracté entre lesdits sieur et dame...; qu'en réalité ledit sieur C... est entièrement étranger au requérant, et ne peut faire partie de sa famille; voir déclarer recevable en la forme et bien fondée la demande formée par, etc. (*comme en la formule* 108).

Même décompte.

FORMULE 115. — Mourlon, t. I, p. 497.

Acte par lequel un héritier renonce expressément au droit de former, du chef du défunt, une action en réclamation d'état.

Par-devant Me ..., etc.,

A comparu,

Le sieur A... (*p., q. et d.*),

Habile à se dire et porter seul héritier du sieur B... (*p., q. et d. de celui à qui incombait l'action en réclamation d'état*), décédé à ..., le ..., ainsi que cette qualité résulte, au profit du comparant, d'un acte de notoriété, dressé à défaut d'inventaire par Me ..., notaire à ..., qui en a gardé minute, et son confrère, le ..., enregistré.

Lequel a déclaré renoncer sans réserve aux droits et actions résultant de l'état dudit sieur B... comme enfant légitime de (*noms, prénoms, qualités et demeure des père et mère*).

Pour faire signifier ces présentes, tous pouvoirs sont donnés au porteur d'un extrait ou d'une expédition.

Dont acte, etc.

Décompte :	
Timbre, minute et expédition	Mémoire
Enregistrement	3 75
Rôles suivant la classe	Mémoire
Honoraires	6

FORMULE 116. — Art. 330 C. C.; Mourlon, t. I, p. 497.

Désistement d'une demande en réclamation d'état[1].

Par-devant Me ..., etc.,

Fut présent,

Le sieur A... (*p., q. et d.*).

Lequel a déclaré se désister sans réserve de la demande en réclamation d'état, comme enfant légitime de (*noms, prénoms des père et mère*), contre le sieur B... (*p., q. et d. de la partie adverse*), qu'il a formée suivant exploit signifié audit sieur B... par Me ..., huissier à ..., le ..., enregistré.

Pour faire signifier ces présentes, tous pouvoirs sont donnés au porteur d'un extrait ou d'une expédition.

Dont acte, etc.

Même décompte.

FORMULE 117. — Art. 334 C. C.; Mourlon, t. I, p. 505.

Reconnaissance d'un enfant naturel par acte notarié.

(*Voyez formule* 23.)

FORMULE 118. — Art. 334 C. C.; Mourlon, t. I, p. 505.

Reconnaissance d'un enfant naturel par acte reçu par un officier de l'état civil

NOTA. Cet acte doit être inscrit sur le registre des naissances.

L'an ..., le ..., à ..., heure de ..., devant nous (*nom et qualité du fonc tionnaire*), officier de l'état civil de la commune de ..., canton ..., dép de ..., est comparu le sieur A... (*p., q. et demeure*), âgé de ..., lequel nous

1. Ce désistement peut être valablement fait par un acte signifié d'avoué à avoué. (402 C. P.)

a déclaré reconnaître pour son fils naturel (*nom et prénoms*), né en cette commune, le..., inscrit aux registres de l'état civil de ladite commune comme étant né de père inconnu et de demoiselle B... (*p., q. et d.*).

Cette déclaration a été faite en présence de (*noms, prénoms, âges, qualités et demeures des deux témoins*).

Le déclarant et les témoins ont signé avec nous, maire, après lecture.

(*Signatures.*)

FORMULE 119. — Art. 339 C. C.; t. I, p. 511 et suiv.

Demande tendant à faire déclarer nulle ou fausse la reconnaissance d'un enfant naturel.

L'an..., le..., à la requête du sieur A... (*p., q. et d.*), pour lequel domicile est élu à..., rue..., n°..., en l'étude de Me..., avoué près le trib. civil de 1re inst. de..., qu'il constitue et qui occupera pour lui sur la présente assignation, j'ai (*immatricule de l'huissier*), soussigné, donné assignation au sieur B..., (*p., q. et d.*), en son domicile et parlant à..., à comparaître à huitaine franche de ce jour, outre un jour par trois myriamètres de distance, à l'audience et devant MM. les président et juges composant le trib. civil de 1re inst. de..., au palais de justice, à... heures du matin, pour, attendu que le sieur B... a, par acte reçu par Me..., notaire à..., qui en a gardé minute, et son confrère, le..., enregistré, reconnu le requérant comme son fils naturel; attendu que ledit requérant a toujours eu la possession d'état d'enfant naturel du sieur A... et de la demoiselle C...; attendu que dès lors la reconnaissance en question est fausse, qu'elle ne peut préjudicier au requérant, et qu'elle doit être annulée; voir ledit sieur B... déclarer nulle ladite reconnaissance; ordonner, en conséquence, que mention de cette nullité sera faite en marge de l'acte précité, et en marge des actes de transcription qui auraient pu en être faits sur les registres de l'état civil; se voir en outre condamner aux dépens et à tous dommages-intérêts. A ce qu'il n'en ignore, je lui ai, audit domicile, parlant comme ci-dessus, laissé copie du présent, dont le coût est de...

(*Signature.*)

Décompte. (Tarif, art. 27.)

Original	2 »
Copie	» 50
Enregistrement	3 75
Timbre	1 20
Total	7 45

FORMULE 120.

Demande en réclamation d'état d'enfant naturel.

L'an..., le... (*comme en la formule* 108 *jusqu'aux motifs*), pour, attendu que le sieur B... se dit, comme frère de la demoiselle..., décédée à..., le..., son seul héritier; attendu que ladite demoiselle est accouchée d'un enfant, à..., le...; attendu que le requérant est l'enfant dont elle est accouchée; attendu qu'il a en sa possession des lettres de la demoiselle..., qui rendent vraisemblables les faits qu'il allègue et forment, à ce titre, à son profit, un commencement de preuve par écrit; attendu, dès lors, qu'il est recevable à faire entendre des témoins pour corroborer le commencement de preuve dont il vient d'être parlé; voir dire, en conséquence, qu'il sera autorisé à faire preuve par témoins desdits faits par-devant tel de MM. les juges qu'il plaira au tribunal de commettre pour cet objet, et, après l'enquête faite, entendre déclarer que le requérant est né de la demoiselle ..., et qu'ainsi il a droit à sa succession pour moitié, aux termes de l'art 757 du C. civ.; voir ordonner que le jugement à intervenir sera transcrit sur le registre (*le reste comme en la formule* 108).

Même décompte.

Adoption et tutelle officieuse.

FORMULE 121. — Art. 343, 345 C. C.; Mourlon, t. I, p. 526 et 528.

Acte de notoriété pour parvenir à une adoption[1].

Par-devant, etc.,

Ont comparu :

M. A... (*p., q. et d.*),

M. B... (*p., q. et d.*).

Lesquels ont attesté comme vérité de notoriété publique qu'ils connaissent parfaitement M. C... (*p., q. et d.*) et dame... (*noms et prénoms*), son épouse, demeurant ensemble à ...; qu'ils ont chacun plus de cinquante ans, le mari né à ...; le ..., et la femme née à ..., le ..., ainsi qu'il résulte de leurs actes de naissances inscrits aux registres de l'état civil des susdites communes, sous la date des ..., desquels actes copies dûment légalisées sont demeurées ci-annexées, après avoir été des comparants certifiées véritables, et que dessus mention de leurs annexes a été faite par les notaires soussignés; qu'ils n'ont aucun enfant ni descendant légitime; qu'ils jouissent de l'estime et de la considération de tous les honnêtes gens; que leur conduite a toujours été irréprochable; qu'enfin, durant la minorité du sieur D... (*p., q. et d.*), et pendant plus de six ans, ils lui ont fourni des secours et donné des soins non interrompus.

Dont acte, etc.

Décompte :		
	Timbre minute	» 60
	Timbre d'expédition	1 80
	Rôles suivant la classe	Mémoire
	Enregistrement	3 75
	Honoraires	6 »

1. Cet acte de notoriété peut être passé devant le juge de paix du domicile des adoptants.

FORMULE 122. — Art. 344, 2e alinéa, C. C.; Mourlon, t. I, p. 527.

Acte par lequel un mari ou une femme donne son consentement à l'adoption que veut faire son conjoint.

Par-devant Me..., etc.,

Fut présente :

Dame... (*nom, prénoms*), épouse de M. A... (*prénoms, qualité*), demeurant ensemble à..., ladite dame de son mari, présent à cet effet, dûment autorisée.

Laquelle a déclaré consentir à l'adoption que son mari se propose de faire de la personne du sieur B... (*p. q. et demeure de l'enfant adoptif*).

Pour renouveler le présent consentement devant M. le juge de paix du canton de..., arrondissement de ..., département de ..., comme devant le trib. civil de 1re inst. de... et devant la cour d'appel de..., tous pouvoirs sont donnés au porteur d'un extrait ou d'une expédition des présentes.

Dont acte, etc.

Même décompte.

FORMULE 123. — Art. 346 C. C.; Mourlon, t. I, p. 528.

Acte par lequel les père et mère consentent à l'adoption de leur enfant mineur.

Par-devant Me..., etc.,

Furent présents :

M. A... (*p., q.*) et dame... (*nom, prénoms*), son épouse, qu'il autorise à l'effet des présentes, demeurant ensemble à...

Lesquels ont déclaré donner leur consentement à ce que le sieur A... (*p., q. et d.*), leur fils, âgé de ..., soit adopté par M. C... (*p., q. et d.*).

Pour renouveler (*le reste comme en la formule précédente*).

Même décompte.

Un seul droit d'enregistrement de 3 fr. 75 est dû.

FORMULE 124. — Art. 346 C. C.; Mourlon, t. I, p. 528.

Acte respectueux par lequel un enfant majeur de 25 ans demande, avant de se donner en adoption, l'avis de ses père et mère.

Par-devant Me ..., etc.,

Fut présente demoiselle A... (*p., q. et d.*), âgée de 26 ans, fille de M... et de dame..., demeurant à ...

Laquelle a supplié respectueusement lesdits sieur... et dame..., ses père et mère, de lui donner leur conseil sur le choix que le sieur B... (*p., q. et d.*) se propose de faire de sa personne comme enfant adoptif.

Requérant, etc. (*la fin et les notifications comme en la formule 67.*)

Même décompte.

FORMULE 125. — Art. 353 C. C.; Mourlon, t. I, p. 532.

Acte d'adoption devant le juge de paix.

Aujourd'hui, etc.,

Devant nous, etc., juge de paix de ..., etc., assisté du sieur..., greffier de notre juridiction.

A comparu :

M. A... (*p., q. et d.*),

Agé de... (*au moins* 50 *ans*), ainsi qu'il résulte de son acte de naissance, inscrit aux registres de l'état civil de ..., le ..., satisfaisant à toutes les conditions voulues par la loi, pour autoriser l'adoption, ainsi que le constate un acte de notoriété dressé par, etc., enregistré, desquels actes de naissance et de notoriété expéditions en bonne forme à nous remises ont été à l'instant par nous rendues.

Lequel a déclaré adopter le sieur B ... (*p., q. et d.*), âgé de ..., suivant que le constate son acte de naissance inscrit aux registres de l'état civil de ..., fils de ... et de ..., tous deux décédés, ainsi qu'il en a été justifié par leurs actes de décès inscrits, le premier, aux registres de l'état civil de la commune de ..., le ..., et le second, aux registres de l'état civil de la commune de ..., le ...

A ce qui précède fut présent ledit sieur B..., lequel a déclaré accepter, avec reconnaissance, l'adoption que ledit sieur A... veut bien lui conférer, et se soumettre, à cet égard, aux obligations que la loi impose aux adoptés, et a signé. (*Signature.*)

Nous, juge de paix,

Vu les actes ci-dessus énoncés, donnons acte aux parties de leurs déclarations, consentement et acceptation; en conséquence, et en vertu de la loi, disons que, par l'adoption ci-dessus conférée, ledit sieur B... est maintenant fils adoptif dudit sieur A..., et qu'en cette qualité, il jouira de tous les droits attachés à l'adoption, sauf à lui à subir les charges qui en découlent.

Ces présentes seront soumises à la double homologation du trib. civil de 1re inst. de ... et de la cour d'appel de ..., dans les formes et dans les délais prescrits par la loi.

Fait et clos, etc.

Décompte :		
	Timbre	1 20
	Enregistrement	3 75
	Timbre d'expédition	3 60
	Quatre rôles	1 60
	Deux vacations	3 32
	Total	13 47

FORMULE 126. — Art. 355 à 356 C. C.; Mourlon, t. I, p. 530.

Requête en homologation du contrat d'adoption[1].

A MM. les président et juges composant le trib. civ. de 1re inst. de ...

Le sieur A... (*p., q. et d.*), ayant Me ... pour avoué,

A l'honneur de vous exposer que par acte reçu par M. le juge de paix du canton de ..., le ..., enregistré, il a adopté le sieur B ... (*p., q. et d.*), qui a consenti à ladite adoption; qu'une expédition dudit acte, produite à l'appui de la présente requête, constate que les conditions prescrites par la loi ont été remplies; en conséquence, l'exposant demande qu'il vous plaise, Messieurs, conformément aux art. 354. et suiv. du C. civ., homologuer ledit acte, et déclarer qu'il y a lieu à l'adoption dont il s'agit.

Présenté au palais de justice, à ..., le ... (*Signature de l'avoué.*)

ORDONNANCE.

Soit communiqué à M. le procureur de la République, pour, après ses conclusions et sur le rapport qui en sera fait par M ..., juge que nous commettons à cet effet, être statué ce qu'il appartiendra.

Fait au palais de justice, à ..., le ... (*Signature du président.*)

Vu la requête qui précède l'acte d'adoption en date du ..., et les pièces produites à l'appui; attendu que les conditions voulues par la loi sont remplies, nous pensons qu'il y a lieu à adoption.

Fait au parquet, à ..., le ... (*Signature du procureur de la République.*)

Décompte. (Tarif, art. 79.)

Timbre	1 20
Par analogie, émolument	15 »

Il n'est pas dû d'enregistrement sur la requête et sur l'ordonnance.

FORMULE 127. — Art. 359 C. C.; Mourlon, t. I, p. 536.

Demande de confirmation de l'homologation.

NOTA: Voir la formule 126, sauf à changer l'en-tête en adressant la requête *à MM. les président et conseillers composant la ... chambre de la cour d'appel de...*

FORMULE 128. — Art. 359 C. C.; Mourlon, t. I, p. 537.

Inscription du contrat d'adoption sur les registres de l'état civil.

(*Voir la formule 24.*)

FORMULE 129. — Art. 361 et 363 C. C.; Mourlon, t. I, p. 542.

Contrat de tutelle officieuse.

Aujourd'hui, etc., par-devant nous, etc., juge de paix du canton de ..., etc., assisté du sieur ..., greffier de notre juridiction.

1. Cet acte ne paraît pas nécessaire, l'art. 854 du C. C. indiquant que l'expédition de l'acte d'adoption doit être transm dans les dix jours par la partie la plus diligente au procureur de la République ponr être so se à l'homologation; comme il est d'usage dans la pratique, la formule en est produite.

A comparu :

Le sieur A... (*p.*, *q. et d.*), veuf sans enfant, âgé de (*au moins* 50 *ans*), ainsi qu'il résulte de son acte de naissance, inscrit aux registres de l'état civil de ..., le ..., qu'il nous a présenté en bonne forme et que nous lui avons rendu d'une part ;

Et le sieur B... (*p.*, *q. et d.*), et dame ... (*p. q. et d.*), son épouse, qu'il autorisé, demeurant ensemble à ..., d'autre part.

Lesquels sont convenus de ce qui suit :

Le sieur A... a prié lesdits sieur et dame B... de lui accorder la tutelle officieuse de B... (*p.*, *q. et d.*), leur fils, âgé de ... ans, ainsi qu'il résulte de son acte de naissance, inscrit aux registres de l'état civil de la commune de ..., à la date du ..., duquel acte copie dûment légalisée demeurera ci-annexée, et il a offert de remplir toutes les obligations imposées aux tuteurs officieux par le Code civil.

De leur côté, lesdits sieur et dame B... ont acquiescé à la demande du sieur A..., à la charge par lui de (*énoncer les conditions*), à l'exécution desquelles charges et conditions le sieur A... a déclaré se soumettre sans réserve.

En conséquence, lesdits sieur et dame B... ont accordé et ledit sieur A... a accepté la tutelle officieuse du sieur A... fils, dont la personne sera remise audit sieur A...

Desquels comparution, consentement et acceptation nous avons dressé le présent procès-verbal que les comparants ont signé avec nous et le greffier, après lecture. (*Signatures*).

Même décompte qu'en la formule 125.

FORMULE 130. — Art. 369 C. C. ; Mourlon, t. I, p. 544.

Réquisition d'un pupille à son tuteur officieux à fin d'adoption.

L'an ..., le ..., à la requête du sieur A..., (*p.*, *q. et d.*), j'ai (*immatricule de l'huissier*), soussigné, requis le sieur A... (*p.*, *q. et d.*) audit domicile, parlant à ..., d'avoir à déclarer, dans un délai de ..., s'il entend adopter ledit sieur A..., qui, pendant sa minorité, est devenu son pupille officieux, ainsi qu'il résulte d'un procès-verbal dressé par M. le juge de paix du canton de ..., le ..., enregistré, dont copie est donnée en tête (*de celle*) des présentes, avertissant ledit sieur B... que, faute par lui de procéder à cette adoption dans le délai fixé par l'art. 369 du C. civ., ce dernier se pourvoira devant les tribunaux, pour obtenir dudit sieur B..., conformément à l'art. précité, des secours suffisants pour que le requérant devienne apte à exercer un métier qui lui permette de pourvoir à sa subsistance.

Et j'ai, audit domicile, parlant comme ci-dessus, laissé copie du présent, dont le coût est de ...

Décompte : Coût ordinaire des exploits.......................... 7 45
Plus le droit de copie à 30 c. par rôle et timbre des copies.......................... Mémoire

FORMULE 131. — Art. 369 C. C. ; Mourlon, t. I, p. 541.

Demande d'un pupille à l'effet d'obtenir une indemnité de son tuteur officieux qui a refusé de l'adopter.

L'an ..., le ..., à la requête du sieur A... (*p.*, *q. et d.*), pour lequel domicile, etc. (*forme ordinaire des citations*).

Pour, attendu que ledit requérant est devenu le pupille officieux du sieur B..., par acte dressé par M. le juge de paix du canton de ..., le ..., enregistré; attendu que, devenu majeur, ledit sieur A... a, par exploit de ..., huissier à ..., le ..., enregistré, fait les réquisitions indiquées par l'art. 369 du C. civ., à l'effet de mettre ledit sieur B... en demeure d'avoir à adopter le requérant; attendu que, par exploit dressé par moi, huissier à ..., le ..., enregistré, ledit sieur B... a déclaré refuser l'adoption demandée; attendu que le sieur A... n'est pas en état de gagner sa vie, que cet état de choses est dû à ce que le sieur B... a négligé, durant la minorité du requérant, de lui faire apprendre un métier; par ces motifs se voir, ledit sieur B..., condamner par le jugement à intervenir à payer au requérant la somme de ... jugée nécessaire pour lui procurer un métier; se voir en outre condamner aux dépens sous toutes réserves. A ce qu'il n'en ignore je lui ai, audit domicile, parlant comme ci-dessus, laissé copie du présent, dont le coût est ...

Décompte : Coût ordinaire des exploits.................. 7 45

De la puissance paternelle.

FORMULE 132. — Mourlon, t. I, p. 546.

Demande par laquelle un membre de la famille réclame que le père ou la mère so pri l'exercice de la puissance paternelle, et que l'enfant, dans l'intérêt duquel il conclut, soit autorisé à se retirer chez telle personne qu'il désignera.

L'an ..., le ..., à la requête du sieur A... (*p.*, *q. et d.*), agissant comme aïeul maternel du sieur B... (*p.*, *q. et d.*), fils, pour lequel domicile, etc., (*comme en la formule* 96), ai donné assignation au sieur B... (*p.*, *q. et d.*), père du sieur B..., ci-dessus prénommé, etc. (*comme en la formule* 96), pour, attendu que le sieur B... se livre habituellement envers (*nom et prénoms*) son fils âgé de douze ans, à des violences qui pourraient compromettre son intelligence et sa vie; qu'en outre il se passe dans la maison des scènes de débauche et de licence dont l'enfant est journellement témoin; que personne ne pourvoit à sa nourriture, à son entretien, à son éducation; que, dans ces circonstances, il y a lieu, dans le plus bref délai possible, de porter remède aux inconvénients physiques et moraux qui résulteraient inévitablement de cet état de choses pour l'enfant...; par ces motifs, l'exposant conclut à ce qu'il plaise au tribunal l'autoriser à faire de ces faits les preuves par témoins devant tel de MM. juges qu'il lui plaira de commettre pour cet objet, et, l'enquête faite, ordonner, par le jugement à intervenir, telle mesure qui mette le sieur B... dans l'impossibilité d'abuser à l'avenir de la puissance paternelle, dire notamment que l'enfant ... sera placé, jusqu'à ce qu'il ait atteint l'âge de ..., chez le sieur C... (*p., q. et d.*), que son père sera tenu de payer par trimestre et par avance entre les mains dudit sieur C... la somme annuelle de ... pour faire face aux frais de nourriture, d'entretien et d'éducation dudit enfant, et enfin condamner ledit sieur B... aux dépens.

Et, j'ai, audit domicile, parlant comme ci-dessus, laissé copie du présent, dont le coût est de ... (*Signature de l'huissier.*)

Décompte : Coût ordinaire des exploits......... 7 45

FORMULE 133. — Art. 374 C. C.; Mourlon, t. I, p. 548.

Acte par lequel un père ou une mère autorise son enfant à quitter la maison paternelle.

Je soussigné A... (*p., q. et d.*) déclare autoriser le sieur ... (*nom, prénoms, qualité*), mon fils, à quitter la maison paternelle et à fixer sa résidence à (*indiquer le lieu*). (*Signature du père.*)

Décompte : Timbre........................ » 60

FORMULE 134. — Art. 378, 2e alinéa, C. C.; Mourlon, t. I, p. 553.

Acte de soumission, par le père, de payer les frais et les aliments de son fils qu'il fait détenir.

Fait à ..., le ..., le ...

Le soussigné A... (*p., q. et d.*) déclare s'obliger envers l'État à payer à première réquisition, entre les mains de qui de droit, la somme de ..., tant pour les frais d'arrestation que pour ceux de nourriture pendant six mois qu'occasionnera la détention, dans une maison de correction, par lui requise, du sieur ..., son fils.

Fait à ..., (*Signature du père.*)

Décompte : Timbre........................ » 60

Minorité, tutelle, émancipation.

FORMULE 135. — Art. 391 et 392 C. C.; Mourlon, t. I, p. 571.

Acte par lequel un père nomme un conseil sans lequel sa femme ne pourra point exercer, en tout ou en partie, la tutelle.

Par devant Me ..., etc.,

Et en présence de MM. ... (*noms, prénoms, qualités et demeures des quatre témoins*),

Tous quatre majeurs, jouissant de leurs droits et ayant les qualités exigées par la loi, pour être témoins.

Fut présent le sieur A... (*p.*, *q. et d*).

Lequel, sain de corps et d'esprit, ainsi qu'il est apparu au notaire et aux témoins, a dicté son testament, comme suit, audit Me ..., en présence des quatre témoins susnommés :

Je nomme le sieur B... (*p.*, *q. et d.*), comme conseil spécial, sans l'avis duquel, et conformément à l'art. 391 du C. civ., la dame... (*nom et prénoms*), mon épouse, demeurant avec moi, ne pourra exercer aucun des actes de la tutelle à laquelle elle aura droit après mon décès, des personne et biens de... (*nom et prénoms*), notre fille commune.

Ce testament a été dicté par le testateur à Me ..., notaire soussigné, qui l'a écrit tel qu'il lui a été dicté. Lecture en a été faite par ledit notaire au testateur, qui a déclaré l'avoir bien entendue et persévérer dans ses dispositions fidèlement reproduites dans ledit testament, le tout en présence desdits quatre témoins.

Fait et passé à ..., dans le cabinet du notaire, dans lequel le testateur et les témoins se sont transportés, l'an ..., le ..., heure de ...

Et le testateur a signé avec les témoins et le notaire, après nouvelle lecture faite du tout.

Décompte :		
	Timbre	» 60
	Enregistrement	9 38
	Rôles suivant la classe	Mémoire
	Honoraires, vacations	Mémoire

NOTA. Cet acte peut être fait dans toutes les autres formes de testament, par acte devant le juge de paix ou devant notaires. Art. 392 C. C.

FORMULE 136. — Art. 395 et 396 C. C.; Mourlon, t. I, p. 572.

Convocation du conseil de famille à l'effet de délibérer sur la question de savoir si la mère qui veut se remarier sera ou non maintenue dans la tutelle.

Procès-verbal de la délibération du conseil de famille.

L'an ..., le ..., par-devant nous, juge de paix de ..., assisté du sieur ..., greffier de notre juridiction, a comparu la dame A... (*p.*, *q. et d.*), veuve de M. ... (*noms, prénoms et qualités*).

Laquelle nous a déclaré que, voulant convoler à de nouvelles noces avec le sieur B... (*p.*, *q. et d.*), elle a, conformément à l'art. 395 C. civ., et sur notre indication, convoqué les parents et amis composant le conseil de famille de ... (*nom, prénoms*), son fils mineur, dont elle a la tutelle, pour, avec nous et sous notre présidence, délibérer sur la question de savoir si elle sera, nonobstant son mariage, maintenue dans ladite tutelle. En conséquence, elle nous a prié de vouloir bien constituer le conseil de famille et de dresser procès-verbal de la délibération à intervenir; et a signé après lecture. (*Signature de la veuve.*)

Faisant droit à cette réquisition, nous avons reçu et sont comparus :

Du côté paternel :

(*Noms, prénoms, qualités, demeures et degrés de parenté de trois personnes.*)

Du côté maternel.

(*Noms, prénoms, qualités, demeures et degrés de parenté de trois personnes.*)

NOTA. — A défaut de parents dans la distance de deux myriamètres, indiquer les noms, prénoms, qualités et demeures des amis appelés à les remplacer.

Lesquels nous ont déclaré qu'il n'existait pas d'autres et plus proches parents ni alliés dudit mineur, domiciliés dans la commune, ni dans la distance de deux myriamètres.

Nous avons alors constitué le conseil de famille dudit mineur, sous notre présidence, et lui avons donné lecture de la réquisition qui précède.

Après en avoir délibéré, ledit conseil de famille, attendu que la requérante a rempli les formalités qui lui étaient prescrites par la loi, comme mère tutrice ; que son administration paraît sage ; qu'elle a manifesté constamment de la tendresse pour ses enfants; que la personne qu'elle se propose d'épouser inspire de la confiance ; déclare à l'unanimité maintenir ladite veuve ... dans la tutelle de son fils ..., nonobstant son futur mariage avec ledit sieur B..., que le conseil lui adjoint comme cotuteur, conformément à l'art. 396 du C. civ.

En cet instant, ledit sieur B..., pour ce intervenant, a déclaré accepter cette cotutelle.

Desquelles comparution, délibération, déclarations et acceptations nous avons dressé le présent acte, que tous les comparants ont signé avec nous et le greffier, lecture faite. (*Signatures.*)

Décompte. (Décret du 16 février 1807, art. 4.)

Timbre de la minute........................	1 20
Enregistrement (loi du 29 février 1872)...........	7 50
Timbre de l'expédition........................	3 60
Rôles à raison de vingt lignes à la page et de dix syllabes à la ligne ; par rôle 50 c. à Paris, 40 c. ailleurs........................	Mémoire
Deux vacations à 1 fr. 76 l'une........................	3 52

FORMULE 137. — Art. 393 C. C.; Mourlon, t. I, p. 575.

Nomination d'un curateur au ventre.

L'an ..., le ... (*voir la formule 136*).

Laquelle nous a déclaré que son mari est mort à ..., le ..., ainsi qu'il résulte de son acte de décès inscrit aux registres de l'état civil de la commune de ..., dont elle nous a remis copie ; qu'elle se trouve enceinte, et que, conformément à l'art. 393 du C. civ., il y a lieu de nommer un curateur au ventre à l'enfant qu'elle a conçu ; que pour cet objet, sur notre indication, elle a convoqué les parents et amis devant composer le conseil de famille de son futur enfant, pour, sous notre présidence, procéder à la nomination en question, et a signé, après lecture. (*Signature de la veuve.*)

(*Pour la suite, voir la formule 136 jusqu'aux mots : lecture de la réquisition qui précède.*)

Après en avoir délibéré, ledit conseil a nommé à l'unanimité, comme curateur au ventre, le sieur B... (*p., q. et d.*) l'un des délibérants, lequel nous a déclaré accepter cette fonction pour l'exercer suivant la loi, et pour, à la naissance de l'enfant, devenir de droit son subrogé tuteur, sans autre formalité, la mère devant être alors tutrice légale de son enfant.

Desquelles (*voir formule* 136).

Même décompte qu'en la formule 136.

FORMULE 138. — Art. 398 C. C.; Mourlon, t. I, p. 577.

Nomination d'un tuteur par le dernier mourant des père et mère.

NOTA. Voir la formule 135, sauf le dispositif du testament qui sera rédigé ainsi :

Ayant perdu ma femme... (*nom, prénoms*), décédée à ..., le ..., je déclare nommer pour tuteur des personne et biens de ..., mon fils, le sieur B... (*p., q. et d.*), et je lui confère, par ces présentes, tous les droist attachés à la tutelle, sous la charge par ledit sieur B... d'en accomplir tous les devoirs.

Ce testament (*la suite comme en la formule* 135).

Même décompte qu'en la formule 135.

FORMULE 139. — Art. 417 C. C.; Mourlon, t. I, p. 583.

Nomination d'un protuteur.

NOTA. Voir la formule 136 pour la constitution du conseil de famille.

Attendu que le mineur possède (*désigner la propriété*), que l'administration de cet immeuble doit être séparée de celle confiée au tuteur du mineur, le conseil de famille, à l'unanimité, a nommé, par ces présentes, aux fonctions de protuteur le sieur B... (*p., q et d.*), et a commis M. ..., l'un des membres du conseil de famille, qui accepte, pour faire audit sieur B... la notification du présent acte.

Desquelles, etc. (*la fin comme en la formule* 136).

Même décompte.

FORMULE 140. — Art. 406 C. C.; Mourlon, t. I, p. 584.

Convocation d'un conseil de famille et délibération pour la nomination d'un tuteur.

Voir la formule 136.

Sauf à modifier la réquisition et à la faire faire par celui des parents du mineur qui aura fait diligence.

FORMULE 141. — Art. 412 C. C.; Mourlon, t. I, p. 589. (S. S. P.)

Procuration par laquelle un membre convoqué se fait représenter au conseil par un mandataire.

Par-devant M[e] ..., etc.,

Fut présent :

Le sieur A ... (*p., q. et d.*),

Lequel a constitué pour son mandataire le sieur B... (*p.*, *q. et d.*),

Auquel il donne pouvoir de, pour lui, comparaître devant M. le juge de paix du canton de ..., arrondissement de ..., département de ..., et le représenter dans le sein du conseil de famille du mineur ... (*nom et prénoms*), dont le comparant fait partie, prendre part aux délibérations de ce conseil, sous la présidence de M. le juge de paix, nommer au mineur un tuteur et un subrogé tuteur, donner sa voix pour ces fonctions à MM. ... (*indiquer les noms*), ou à telle personne qu'il croira capable et digne, etc... (*indiquer tel autre objet de délibération que les circonstances comporteront*), faire tous dires et protestations, signer tous actes et procès-verbaux, et généralement faire dans l'intérêt du mineur ce que les circonstances exigeront.

Dont acte, etc.

Décompte :		
	Timbre	» 60
	Enregistrement	3 75
	Légalisation	» 25
	Honoraires	4 »
	Total	8 60

FORMULE 142. — Art. 434 C. C. ; Mourlon, t. I, p. 589.

Certificat délivré par un médecin, à l'effet de constater une infirmité assez grave pour dispenser de prendre ou de conserver une tutelle.

Le soussigné ... (*nom et prénoms*), docteur médecin de la faculté de ..., demeurant à ..., déclare que M. A... (*p.*, *q. et d.*) est atteint depuis .... d'une ... (*indiquer la maladie* ou *l'infirmité* [1]) ; que cette infirmité rend impossible pour lui l'accomplissement des devoirs attachés aux fonctions de tuteur du sieur ... (*nom du pupille*) ; qu'il ne peut, en conséquence, accepter (ou *continuer*) lesdites fonctions sans de nombreux inconvénients pour sa santé et pour les intérêt du pupille.

Fait à..., le... (*Signature du docteur.*)

Décompte :		
	Timbre	» 60
	Honoraires	» »

FORMULE 143. — Art. 438 et 439 C. C. ; Mourlon, t. I, p. 602.

Procès-verbal de la délibération par laquelle le conseil de famille admet ou rejette les excuses à lui présentées par le tuteur, pour se dispenser de prendre ou de conserver la tutelle.

L'an ..., le ..., par-devant nous..., juge de paix de ..., assisté de Me.... greffier de notre juridiction, a comparu :

Le sieur A ... (*p.*, *q. et d.*),

Lequel nous a déclaré qu'il se trouve dans l'impossibilité d'accepter (ou *de continuer*) les fonctions de tuteur des personne et biens du mineur ..., qui lui ont été conférées par délibération du conseil de famille dudit mineur, tenu sous notre présidence, le ..., enregistrée, parce que... (*indiquer*

1. S'il s'agit de la discontinuation de tutelle et que la maladie soit antérieure à la tutelle, indiquer l'aggravation de la maladie.

les causes et les pièces à l'appui); que par ces motifs il ne peut être forcé d'accepter (ou *de continuer*) ladite tutelle; qu'il a, en conséquence, sur notre indication, convoqué les parents et amis composant le conseil de famille du mineur ..., pour, avec nous et sous notre présidence, délibérer sur ses motifs d'excuse et procéder à la nomination d'un autre tuteur.

Et le requérant s'est retiré après lecture et après avoir signé.

(*Signature.*)

A l'instant (*voir la constitution du conseil, comme en la formule* 136).

Délibération.

Sur quoi, ledit conseil, délibérant sur la demande du sieur A..., a été unanimement d'avis que les excuses proposées par lui sont légitimes. Il a, en conséquence, accepté la démission dudit sieur A..., et, procédant à son remplacement, il a nommé pour tuteur M. ..., l'un de ses membres, qui a déclaré accepter la charge de tuteur.

Il a confirmé, toujours à l'unanimité, dans les fonctions de subrogé tuteur, le sieur ..., qui en est investi par la précédente délibération du conseil en date du ..., enregistrée.

Si les excuses sont rejetées, le procès-verbal est ainsi redigé :

Sur quoi le conseil délibérant sur la demande du sieur A..., attendu que ... (*indiquer les causes du rejet*) a été unanimement d'avis de rejeter ladite excuse et de maintenir la nomination précédemment faite dudit sieur A... comme tuteur du mineur...

Desquelles comparution, etc. (*comme en la formule* 136).

Même décompte.

FORMULE 144. — Art. 440 C. C.; 883 C. Pr.; Mourlon, t. I, p. 601.

Assignation, par un tuteur en validité d'excuses.

L'an ..., le ..., à la requête du sieur A... (*p., q. et d.*), pour lequel domicile est élu à ..., rue ..., n° ..., en l'étude de Me ..., avoué près le trib. civ. de 1re inst. de ..., qui occupera pour lui sur la présente assignation, j'ai ... (*immatricule de l'huissier*), soussigné, donné assignation et par copies séparées à ... (*noms, prénoms, qualités et demeures de tous les membres du conseil de famille qui ont rejeté les excuses*), (*à la suite de chaque domicile indiquer le parlant à* ...), à comparaître à huitaine franche de ce jour, à l'audience et par-devant MM. les président et juges composant le trib. civ. de 1re inst. de ... séant au palais de justice, dix heures matin, pour, attendu que les excuses présentées par le requérant au conseil de famille du mineur ... sont légitimes et fondées, qu'en effet ledit sieur A... est (*indiquer les causes qui le mettent dans l'impossibilité de remplir ses fonctions et les pièces à l'appui*); attendu que, nonobstant ces causes légitimes d'excuse, le conseil a refusé de décharger de la tutelle le requérant, voir, lesdits membres du conseil de famille, déclarer nulle la délibération dudit conseil, en date du ...; voir également le requérant déchargé de la tutelle du mineur, et s'entendre condamner solidairement aux frais et dépens, sous toutes réserves.

A ce qu'ils n'en ignorent et auxdits domiciles parlant comme ci-dessus, j'ai laissé à chacun d'eux copie séparée du présent exploit, dont le coût est de ...

(*Signature.*)

Décompte. (Tarif, art. 2.)

Original....................................	2 »
Six copies..................................	3 »
Enregistrement..............................	3 75
Timbre......................................	Mémoire

FORMULE 145. — Art. 440 C. C.; Mourlon, t. I, p. 601 et suiv.

Demande par laquelle les membres dissidents du conseil qui a admis une excuse se pourvoient devant le tribunal pour la faire écarter.

L'an ..., le ... (*comme en la formule précédente*), à la requête de ... (*noms, prénoms, qualités et demeures de tous les membres dissidents*).

Pour lesquels domicile est élu, etc. (*comme en la formule précédente*).

(*L'assignation est donnée au tuteur et aux membres qui ont composé la majorité du conseil.*)

Pour, attendu que par délibération tenue sous la présidence de M. le juge de paix du canton de ..., le ..., enregistrée, les sieurs ... (*noms des personnes assignées*) ont admis les excuses présentées par le sieur ..., tuteur du mineur ...; attendu que ces excuses étaient et sont encore mal fondées par les motifs que les requérants ont déduits dans la délibération précitée, et dont ils se proposent de prouver la vérité, attendu que cette délibération a été prise contre les intérêts du mineur; par ces motifs, voir, lesdits sieurs ..., déclarer nulle la délibération précitée; s'entendre, ledit sieur ..., condamner à conserver, contrairement à cette délibération, la tutelle des personne et biens du mineur ..., et s'entendre, tous solidairement, condamner aux dépens, sous toutes réserves.

Et à ce qu'ils n'en ignorent et auxdits domiciles, parlant comme ci-dessus, j'ai laissé à chacun d'eux copie séparée du présent exploit, dont le coût est de ... (*Signature*).

Même décompte qu'en la formule précédente.

FORMULE 145 *bis*. — Art. 446 et 447 C. C.; Mourlon, t. I, p. 605.

Délibération par laquelle un conseil de famille destitue un tuteur.

NOTA. Voir, pour la constitution du conseil de famille, la formule 136.

Le conseil peut être convoqué d'office par le juge de paix ou sur la réquisition soit du subrogé tuteur, soit d'un parent ou allié du mineur au degré de cousin germain ou à un degré plus proche. En cas de réquisition, le procès-verbal commence ainsi :

L'an..., le..., etc.

A comparu le sieur B... (*p., q. et d.*), (*énoncer la qualité en vertu de laquelle il agit*).

Lequel nous a déclaré que le sieur V... (*p., q. et d.*), tuteur du mineur... (*nom et prénoms*), nommé par délibération du conseil de famille dudit mineur, en date du ..., enregistrée, a été récemment déclaré, par un jugement du tribunal de police correctionnelle de ..., en date du ..., enregistrée, incapable de l'exercice du droit de tutelle; qu'il y a lieu dès lors de prononcer la destitution dudit sieur A... des fonctions de tuteur qu'il remplit, et de pourvoir à son remplacement. Pourquoi il a convoqué, etc. (*voir la formule* 136 *jusqu'à la délibération*).

Est aussi comparu.

Le conseil a entendu le sieur A..., tuteur, lequel a dit que le jugement dont on excipe contre lui n'a pas acquis la force de chose jugée; qu'il en a interjeté appel devant la cour d'appel de ...; et qu'ainsi et jusqu'à la solution à intervenir devant la cour, il ne serait pas juste de lui enlever la tutelle qu'il a gérée jusqu'à ce jour avec zèle et dévoûment à la satisfaction des intérêts du mineur. Il a signé, après lecture, et s'est retiré. (*Signature.*)

Délibération.

Sur quoi le conseil : attendu que quand bien même le sieur A... parviendrait à faire réformer le jugement qui l'a frappé, les faits que les poursuites ont révélés prouveraient chez le sieur A... une inconduite notoire et habituelle; que le scandale occasionné par ces poursuites est de nature à lui faire retirer la direction de la personne de son pupille; par ces motifs le conseil, à l'unanimité, déclare que ledit sieur A... est destitué de la tutelle du mineur...

Et, procédant à son remplacement, le conseil, toujours à l'unanimité, a nommé le sieur ..., l'un des membres du conseil, pour nouveau tuteur du mineur ... Il a, en outre, continué les fonctions de subrogé tuteur au sieur ..., qui en est investi. Ledit sieur ..., nouveau tuteur, a déclaré accepter les fonctions à lui conférées.

L'ancien tuteur ayant été réintroduit dans le sein du conseil, et après communication à lui donnée de la délibération qui précède, interpellé de déclarer s'il y a adhère, il a répondu qu'il proteste contre elle, se réservant de se pourvoir; alors le conseil a invité, conformément à l'art. 448 C. C., le subrogé tuteur à suivre l'homologation du présent acte devant le trib. de 1re inst. de ...

(*La suite comme en la formule* 136.)

Même décompte.

FORMULE 146. — Art. 448 C. C.; Mourlon, t. I, p. 605.

Assignation en homologation d'une destitution de tuteur.

L'an ..., le ..., à la requête du sieur B... (*p., q. et d. du subrogé tuteur*), agissant comme subrogé tuteur du mineur ..., élu, à cette qualité qu'il a acceptée, par délibération du conseil de famille du mineur tenu sous la présidence de M. le juge de paix du canton ...., le ..., enregistrée, et en vertu du droit que lui confère l'art. 448 du C. C., pour lequel domicile est élu à ..., rue ..., n° ..., en l'étude de Me ..., avoué, qu'il constitue et qui occupera pour lui sur la présente assignation, j'ai (*immatricule de l'huissier*) donné assignation au sieur A... (*p., q. et d. du tuteur*), en son domicile, en parlant à ..., à comparaître d'aujourd'hui à huitaine franche, outre un jour par trois myriamètres de distance, à l'audience et devant MM. les président et juges composant le tribunal civil de ..., au palais de justice à ..., heure du ..., pour, attendu que par délibération du conseil de famille du mineur ..., en date du ..., enregistrée, il a été décidé que le sieur A... serait destitué de la tutelle des personne et biens du mineur ..., attendu que le sieur A... ne s'est pas pourvu contre cette délibération, qu'il est de l'intérêt du mineur qu'il ne soit pas apporté un plus long retard à l'homologation de cette délibération, entendre dire et ordonner que ladite décision sera homologuée purement et simplement; s'entendre en outre condamner aux dépens, qu'il ne pourra employer en frais de tutelle.

Et j'ai, audit sieur B..., en son domicile et parlant comme ci-dessus, laissé copie du présent acte, dont le coût est de ...

(*Signature de l'huissier.*)

Décompte. **(Tarif, art. 29.)**

Coût ordinaire des exploits.................... 7 45

FORMULE 147. — Art. 448 C. C.; 883 C. P.; Mourlon, t. I, p. 605.

Assignation en maintien de la tutelle.

L'an ..., le ..., à la requête du sieur A... (*p., q. et d.*), agissant en qualité de tuteur du mineur ..., pour lequel domicile est élu à ..., rue ..., n° ..., en l'étude de Me ..., avoué, qu'il constitue et qui occupera pour lui sur la présente assignation, j'ai (*immatricule de l'huissier*), soussigné, signifié, et, en tête (*de celle*) des présentes, donné copie : 1° au sieur ...; 2° au sieur ... (*noms, prénoms, qualités et demeures de tous les membres du conseil de famille qui ont été d'avis de la destitution*), — (*indiquer le parlant à ... pour chaque assigné*), d'une expédition de la délibération du conseil de famille dudit mineur ..., tenu sous la présidence de M. le juge de paix du canton de ..., le ..., enregistrée, à laquelle les susnommés ont pris part; et, à même requête et parlant comme dessus, j'ai donné assignation auxdits sieurs ..., à comparaître, d'aujourd'hui à huitaine franche, outre un jour par trois myriamètres de distance, à l'audience et par-devant MM. les président et juges composant le trib. civ. de 1re inst. de ..., au palais de justice, à ..., le ..., à ... heure du matin, pour, attendu que le requérant a été, par la délibération précitée, destitué de la tutelle des personne et biens dudit mineur, par ce motif qu'une condamnation judiciaire l'aurait expressement privé du droit de tutelle; attendu que le jugement rendu sur cet objet, par le trib. correct. de ..., en date du ... enregistré, a été, sur son appel, réformé sur ce point; que rien dans sa conduite n'a motivé, les suspicions sur lesquelles cette délibération est motivée; voir déclarer ladite délibération nulle; voir également le requérant maintenu dans la tutelle dudit mineur ..., et s'entendre tous condamner aux dépens sous toutes réserves.

Et j'ai, afin qu'ils n'en ignorent, aux domiciles ci-dessus indiqués, et parlant comme dessus, laissé à chacun des susnommés copie du présent acte, dont le coût est de... (*Signature de l'huissier.*)

Coût ordinaire des exploits........................	7 45
Plus copie de pièces à 30 c. par rôle..........	Mémoire

FORMULE 148. — Art. 451 C. C.; Mourlon. t. I, p. 609.

Réquisition et ordonnance de levée de scellés.

L'an ..., le ..., devant nous ..., juge de paix du canton de ..., assisté de M. ..., greffier de notre juridiction.

A comparu :

Le sieur A... (*p., q. et d.*), agissant comme tuteur du mineur ... (*nom, prénoms*), élu en cette qualité, qu'il a acceptée, par délibération du conseil de famille dudit mineur, tenu sous la présidence de M. le juge de paix du canton de ..., le ..., enregistrée.

Lequel nous a dit qu'il est de l'intérêt de son mineur de faire procéder, d'une part, aux reconnaissance et levée des scellés par nous apposés, après le décès et en la demeure du sieur B... (*p., q. et d.*), suivant notre procès-verbal en date du ..., enregistré, d'autre part à l'inventaire de tous les meubles et effets, titres, papiers et renseignements dépendant de la succession dudit sieur B..., dont ledit mineur est habile à se dire héritier, pour ..., ainsi qu'à la prisée de ceux des effets qui en seront susceptibles, nous requérant en conséquence qu'il nous plaise de lui indiquer les jour et heure où il sera par nous procédé auxdites reconnaissance et levée de scellés, s'engageant ledit requérant à appeler et faire comparaître tous les intéressés auxdites opérations, ainsi que le gardien de nos scellés, et a, ledit sieur A..., signé après lecture. (*Signature.*)

Sur quoi, nous, juge de paix susdit et soussigné, assisté comme ci-dessus, faisant droit à la réquisition qui précède, disons que le ... prochain ..., ..., à ... heure du matin, nous nous transporterons dans la maison sise à ..., rue ..., n° ..., où nous avons apposé nos scellés, après le décès du sieur B..., pour, en présence des parties intéressées, ou dûment appelées, être procédé par nous aux reconnaissance et levée desdits scellés, et, par les officiers qui seront nommés par les parties, à l'inventaire des meubles, effets, titres et papiers qui se trouveront sous les scellés au fur et à mesure qu'ils seront levés.

Décompte. (Tarif de 1807.)

Timbre..	» 60
Enregistrement......................................	3 75
Vacation du greffier................................	1 76

L'expédition ne doit être délivrée que sur réquisition.

FORMULE 149. — Art. 451 C. C.; 931 et 942 C. P. C.; Mourlon, t. I, p. 609.

Procès-verbal de levée de scellés.

L'an ..., le ..., à ... heure de ...

Nous ..., juge de paix du canton de ..., assisté de ..., etc.

En conséquence de l'ordonnance délivrée par nous, le ..., étant à la suite de la réquisition du sieur A..., ci-après nommé, nous sommes transporté à ... en la maison où est décédé le sieur B..., où étant arrivé, a comparu devant nous le sieur A... (*p., q. et d.*), tuteur légal (*ou datif; dans ce cas, énoncer le conseil de famille ou le testament qui l'a nommé*) du mineur ..., héritier pour ... (*quotité*) du sieur B..., et en cette qualité, ledit tuteur ayant fait apposer les scellés après le décès dudit sieur B... et requérant leur levée.

Lequel nous a remis l'exploit de ..., huissier à ..., en date du ..., enregistré, contenant sommation faite à la requête du comparant au sieur B... (*p., q. et d.*), héritier lui-même pour ... dudit sieur ..., de comparaître en ces jour, lieu et heure, pour être présent à la reconnaissance et à la levée de nos scellés, ainsi qu'à l'inventaire des biens, meubles, titres, papiers, dépendant de ladite succession; ledit exploit contenant déclaration au susnommé que, faute par lui de comparaître, il serait, contre lui, donné défaut et procédé tant en son absence qu'en sa présence. Le requérant a, en outre, déclaré qu'il a fait choix de Mᵉ ..., notaire, pour procéder à l'inventaire et à la prisée des objets mobiliers qui en sont susceptibles (*si le notaire n'est pas chargé de la prisée, indiquer l'huissier, le greffier, ou le commissaire-priseur choisi*), et a signé après lecture. (*Signature.*)

Est aussi comparu ledit sieur B..., lequel a dit ne pas s'opposer à ce qu'il fût procédé par nous à la levée des scellés, et par Mᵉ ..., notaire, à l'inventaire dont s'agit, et à la prisée des objets mobiliers qui en sont susceptibles, et a signé avec nous après lecture. (*Signature.*)

S'est aussi présentée la demoiselle C... (*p., q. et d.*), domestique du défunt, établie gardienne de nos scellés; laquelle a offert de faire la représentation desdits scellés sains et entiers, tels que nous les avons apposés et remis à sa garde, et des objets laissés en évidence, tels que nous les avons décrits sur notre procès-verbal d'apposition dudit jour, et a signé après lecture. (*Signature.*)

Les parties étant d'accord, il a été procédé auxdites reconnaissance et levée des scellés, et aux opérations d'inventaire de la manière suivante :

Dans une salle à manger, au rez-de-chaussée, ayant vue sur la rue :

Les meubles et effets en évidence, s'étant trouvés tels qu'ils ont été décrits, ont été prisés et inventoriés comme il est porté en l'inventaire.

Sur le secrétaire se trouvant dans ladite pièce, après avoir reconnu sains et entiers nos scellés appliqués aux deux bouts d'une bande couvrant la serrure de ce meuble, nous les avons levés; ouverture faite par le greffier avec la clef dont il était chargé, les effets, titres et papiers s'y trouvant, ont été prisés et inventoriés ainsi qu'il est porté audit inventaire.

Ainsi de suite pour chaque pièce.

Si les scellés avaient été dérangés, indiquer le fait et questionner la gardienne; rédiger procès-verbal de ses réponses.

Ce fait, tous les effets en évidence, ceux qui étaient sous les scellés, ensemble les titres et papiers, ayant été décrits, prisés et inventoriés par le notaire, en notre présence, au fur et à mesure de la levée de nos scellés, ont été remis en la garde et possession de M ..., aux lieu et place de la gardienne des scellés qui en demeure déchargée, pour, par lui, les représenter quand et à qui il appartiendra.

En conséquence, nous avons clos le présent procès-verbal que les parties ont signé avec nous et le greffier. (*Signatures.*)

Décompte. (Tarif de 1807.)

Timbre..	Mémoire
Enregistrement, 3 fr. 75 par vacation..................	Mémoire
Vacations du greffier à 1 fr. 76 c. par vacation de trois heures..	Mémoire
Transports 3 fr. 32, à plus de 10 kilom. 4 francs.......	Mémoire

FORMULE 150. — Art. 451 C. C.; 931 et 942 C. P. C.; Mourlon, t. I, 609 et 610.

Inventaire des biens mobiliers du mineur.

L'an ..., le ..., heure de ..., à la requête de M. A... (*p.*, *q. et d.*),

Agissant comme tuteur de ... (*nom et prénoms*), nommé à cette qualité, qu'il a acceptée, par délibération du conseil de famille du mineur ..., tenu sous la présidence de M. le juge de paix du canton de ..., le ..., enregistrée, dont une expédition représentée par M. A... aux notaires soussignés lui a été à l'instant rendue.

Ledit mineur ..., habile à se dire seul héritier de madame ..., sa mère, décédée, veuve de M. ..., son père.

En présence de M. B... (*p.*, *q. et d.*),

Agissant au nom et comme subrogé tuteur dudit mineur, nommé à cette qualité, etc. (*comme ci-dessus*).

A la conservation des droits dudit mineur, et de tous autres qu'il appartiendra, sans que les qualités ci-dessus prises puissent nuire à qui que ce soit, il va être, par M[e] ..., et son collègue, notaires à ..., soussignés, procédé à l'inventaire fidèle de tous les meubles meublants, effets mobiliers, deniers comptants, titres, papiers et renseignements, dépendant de la succession de dame C... (*p. et d.*), mère dudit mineur..., veuve de M. D... (*p. et d.*), trouvés dans les lieux ci-après désignés, faisant partie d'une maison située à ..., dont ladite dame était locataire, et où elle est décédée le ...

NOTA. Si la personne est morte dans un autre lieu, on l'indique ici comme suit :

Il est fait observer que madame ... est décédée à ..., le ...

La représentation de tous ces objets sera faite par .., comme gardien des scellés ci-après mentionnés (*s'il n'y a pas eu de scellés, on indique la personne qui fera la représentation*), lequel a été prévenu du serment qu'il aurait à prêter à la fin du présent inventaire, entre les mains de M. le juge de paix[1], d'avoir fidèlement représenté, et déclaré tout ce qu'il savait appartenir à ladite succession, et de n'avoir rien pris ni détourné, vu ni su qu'il ait été rien pris ni détourné des objets qu'il savait en dépendre.

Tous les objets seront représentés et inventoriés, et la prisée de ceux qui en seront susceptibles aura lieu au fur et à mesure que les scellés apposés par M. le juge de paix du canton de ..., suivant son procès-verbal en date du ..., enregistré, auront été par lui reconnus sains et entiers, et comme tels levés au désir de son ordonnance en date du ..., aussi enregistrée.

La prisée sera faite par Me ..., commissaire-priseur, demeurant à ..., qui a promis la faire à juste valeur et sans crue.

Les parties, le gardien des scellés et le commissaire-priseur ont signé avec les notaires, après lecture. (*Signatures.*)

PRISÉE.

DANS LA CAVE.

Six futailles de vin rouge de Joigny, prisées ensemble........ 700 »

Huit cents bouteilles de vin blanc, cru de Chablis, prisées ensemble.. 200 »

Huit chantiers, estimés.................................... 20 »

Deux casiers à bouteilles, en fer, avec deux cents bouteilles vides, prisés, le tout.. 100 »

DANS LA CUISINE, éclairée par une croisée donnant sur la rue :

Une pelle, une pincette, un gril, un trois-pieds, un couperet et trois hachoirs, prisés, le tout................................ 10 »

(*Ainsi de suite, on passe d'une pièce à l'autre, et l'on décrit et prise tous les objets qui s'y trouvent.*)

NOTA Quand des objets sont trouvés sous les scellés on rédige ainsi :

DANS UNE BIBLIOTHÈQUE, sur laquelle se trouvaient apposés les scellés de M. le juge de paix, lesquels ont été par lui reconnus sains et entiers, et comme tels levés :

Quatre-vingts volumes brochés, formant la collection complète des *Œuvres de Voltaire*, prisés ensemble cent vingt francs, ci...... 120 »

Trois volumes, qui sont les répétitions écrites sur les trois examens du Code Civil, contenant l'*Exposé des principes généraux*, etc., par M. Fr. Mourlon, docteur en droit, avocat à la Cour de Paris, prisés ensemble vingt-quatre francs, ci................ 24 »

(*Ainsi de suite pour tous les ouvrages de la bibliothèque.*)

NOTA. Si l'on rencontre des objets que le commissaire-priseur ne puisse priser sans le secours d'un expert, on consigne le fait ainsi :

1. Quand il y a scellés, le serment est prêté entre les mains du juge de paix ; à défaut de scellés, dans celles du notaire.

Suivent les marchandises trouvées dans un magasin au rez-de-chaussée éclairé sur la rue, dont la prisée sera faite avec l'avis de M..., marchand drapier, demeurant à ..., expert choisi par les parties, qui a prêté serment, entre les mains de M. le juge de paix, de donner son avis consciencieusement, et a signé, après lecture. (*Signature.*)

NOTA. Décrire les marchandises et les priser comme ci-dessus.

Clôture d'une vacation.

Il a été vaqué à ce qui précède, depuis ladite heure ... du matin, jusqu'à ... du soir, par triple vacation. Ce fait, tous les objets ci-dessus inventoriés et ceux restant à l'être, ont été laissés en la garde du sieur ..., gardien des scellés, qui le reconnaît, s'en charge et promet les représenter quand et à qui il appartiendra.

La vacation pour continuer le présent inventaire a été remise au ... 18..., heure du matin, les parties consentant qu'il soit procédé, lesdits jour et heure, même en leur absence. Elles ont signé avec le commissaire-priseur, l'expert et les notaires, après lecture.

Clôture de vacation indiquant un transport à la campagne.

Après les mots *et à qui il appartiendra*, mettre :

Et la vacation a été, du consentement des parties, remise au ... présent mois, ... heure du ..., pour continuer le présent inventaire, dans une maison de campagne, sise à ..., département de ..., dépendant de la succession, les parties consentant, etc. (*comme ci-dessus*).

Reprise de vacation.

Et le ..., heure de ...

En conséquence de l'assignation contenue en la clôture de la précédente vacation, il va être, par ledit Me ... et son collègue, notaires à ..., soussignés, procédé, aux mêmes requêtes, présences et qualités que ci-devant, à la continuation du présent inventaire, de la manière et ainsi qu'il suit :

NOTA. Si les qualités de l'une ou de plusieurs des parties requérantes ont changé, on indique les modifications survenues.

Transport à la campagne.

NOTA. Si la reprise a lieu à la campagne, rédiger ainsi :

Et le ..., heure de ...

En conséquence de l'assignation contenue dans la clôture de la précédente vacation, Me ..., notaire à ..., soussigné, s'est transporté avec les parties en une maison de campagne, sise à..., canton de ..., arrondissement de... département de...., à l'effet d'y procéder à l'inventaire des meubles meublants et effets mobiliers qui s'y trouvent, dépendant de la succession de ladite dame...

Auquel lieu à ... heure du matin, il a été procédé par ledit Me ..., notaire, en présence de (*n., p., q. et d. de deux témoins*), soussignés, aux mêmes requêtes, présences et qualités que ci-dessus, à l'inventaire fidèle de tous les meubles et effets mobiliers étant dans les lieux ci-après désignés.

NOTA. Si le transport a lieu dans le milieu d'une vacation, on rédige comme suit, si les deux notaires se transportent :

Les parties déclarent qu'il dépend de ladite succession des objets mobiliers, titres, papiers, etc., se trouvant dans une maison de campagne, sise à ..., qu'il y a lieu de comprendre lesdits objets au présent inventaire. Elles requièrent, en conséquence, lesdits notaires et le commissaire-priseur de se transporter immédiatement et sans interruption de vacation à ..., pour y procéder.

Obtempérant à cette réquisition, les parties, lesdits notaires et commissaire-priseur, vont se transporter à ..., pour y continuer le présent inventaire.

NOTA. Le notaire et les parties étant rendus sur les lieux, on continue de la manière suivante :

Et ledit jour ..., les parties, les notaires et le commissaire-priseur se sont transportés à ... pour continuer l'inventaire; ils ont procédé comme suit :

La représentation de tous les objets sera faite par M. ...., comme gardien des scellés ci-après mentionnés, prévenu du serment qu'il aurait à prêter (*le reste comme ci-dessus*).

La représentation des objets et la prisée de ceux qui en sont susceptibles auront lieu au fur et à mesure que les scellés apposés par M. le juge de paix du canton de ..., suivant son procès-verbal en date du ...., enregistré, auront été reconnus, par lui, sains et entiers, et comme tels levés, au désir de son ordonnance en date de ce jour, aussi enregistrée.

La prisée sera faite par M^{e} ..., l'un des notaires soussignés, désigné par les parties, qui a promis de s'acquitter fidèlement de la mission qui lui est confiée.

Les parties ont signé avec le gardien des scellés et les notaires, après lecture. (*Signatures.*)

Clôture à la campagne et indication pour la reprise de la vacation à la ville.

Il a été vaqué (*comme ci-dessus, voir Clôture d'une vacation*).

Et attendu qu'il ne s'est plus rien trouvé dans ladite maison de campagne à comprendre au présent inventaire, après serment prêté par le sieur ... entre les mains de M. le juge de paix, en conformité de l'art. 943 du Code de procédure, qu'il n'a rien détourné, vu ni su qu'il ait été rien pris ou détourné des objets dépendant de ladite succession, tous les objets inventoriés ont été laissés en la garde dudit sieur .., qui le reconnaît, s'en charge, et promet de les représenter quand et à qui il appartiendra.

Et la vacation pour la continuation du présent inventaire a été remise à ..., dans la maison où il a été commencé, au ... du présent mois ...., heure du ..., de l'avis des parties, qui consentent qu'il y soit procédé lesdits jours et heure, même en leur absence.

Les parties ont signé avec le gardien des scellés et les notaires, après lecture. (*Signatures.*)

Reprise de vacation dans les biens où l'inventaire a été commencé.

Et le ..., ... heure du ..., en conséquence de l'indication contenue en la clôture de la précédente vacation, il va être procédé, par ledit Me ... et son collègue, notaires à ..., dans la maison située à ..., aux mêmes requêtes, présences et qualités qu'en l'intitulé du présent inventaire.

Suite de la prisée.

Dans une chambre à coucher.

Une couchette en acajou, un sommier en crin, deux matelas, un traversin, deux couvertures en laine, etc. Prisé le tout ensemble, deux cents francs. . . . . 200 »

(*Ainsi de suite pour tout le mobilier.*)

Argenterie.

Dix couverts d'argent, une cuiller à potage, dix cuillers à café, le tout à filets, poinçon de Paris, pesant ensemble ... kilogrammes, prisés à raison de deux cent huit francs le kilogramme, trois cents francs. . . . . 300 »

Deniers comptants.

Il s'est trouvé en deniers comptants :

En un billet de banque, n° ... mille francs . . . . 1000 »
En pièces de vingt francs. . . . . 200 »
En pièces de cinq francs . . . . 100 »
En menue monnaie . . . . 10 »
En monnaie de billon. . . . . 5 »

NOTA. Quand toute la prisée est terminée, on l'indique par ces mots :

Total de la prisée. . . . .

Clôture de vacation d'arrangement de papiers.

NOTA. On emploie assez souvent la fin d'une vacation au classement et à la mise en ordre des papiers, on l'indique ainsi dans la clôture de la vacation

Il a été vaqué à tout ce qui précède ainsi qu'au classement et à l'arrangement des papiers dépendant de ladite succession, depuis ladite heure de ... du matin jusqu'à celle de ... de relevée, par triple vacation, pour accélérer.

Ce fait, tous les papiers ont été remis dans un secrétaire, sur lequel M. le juge de paix a apposé de nouveau les scellés, confiés comme précédemment à la garde du sieur ..., qui le reconnaît.

La vacation a été remise, etc. (*voir ci-dessus, Clôture de vacation*).

NOTA. Si dans le cours d'une vacation on trouve un testament, la vacation doit être close dans la forme habituelle, afin que le testament soit présenté à M. le président du tribunal de 1re instance. S'il y a des scellés, c'est au juge de paix à se charger du testament, sinon c'est au notaire.

A la vacation suivante, après la reprise de vacation comme ci-dessus, on inventorie les papiers.

PAPIERS[1].

Cote première. — Pièce unique.

Contrat de mariage.

Cette pièce est l'expédition du contrat de mariage des défunts sieur et dame..., père et mère du mineur..., reçu par Me ..., notaire à .... qui en a gardé minute, et son confrère, le ..., enregistré.

Le mineur ..., ayant réuni en sa personne les droits de ses père et mère tels qu'ils résultaient de ce contrat de mariage, cette pièce est maintenant sans objet; c'est pourquoi il n'en a pas été fait plus ample analyse à la réquisition des parties. Elle a été seulement cotée, paraphée et inventoriée, pour ordre, sous la cote première, ci...... Cote première.

Cote II. — 10 pièces.

TITRES DE LA MAISON, rue ..., où il est procédé :

La première pièce est l'expédition du partage de la succession de M..., père de la défunte, passé devant Me ..., etc. ... ; aux termes dudit acte, les cohéritiers de la défunte lui ont abandonné, pour la remplir de ses droits dans la succession de son père, la maison, où il est procédé, avec toutes ses dépendances, sans aucune soulte.

Les autres pièces sont anciens titres et renseignements relatifs à cette maison.

Lesquelles pièces, dont il n'a pas été fait une plus ample désignation, à la réquisition des parties, ont été cotées, paraphées et inventoriées sous la cote deuxième, ci...... Cote deuxième.

Cote III.

NOTA. Ainsi de suite pour tous les actes, notes, papiers, pouvant offrir un intérêt quelconque pour l'établissement de l'actif ou du passif de la succession, et même pour les papiers pouvant seulement servir de renseignement. On a soin de mettre dans la même cote tous les papiers s'appliquant à la même affaire.

On fait en général une cote pour les baux;
Une pour les obligations et actions[2];
Une pour les registres de ménage ou du commerce;
Une pour les quittances de contributions;
Une pour les quittances de loyers;
Une pour les mémoires et factures acquittées;
Une pour les renseignements de famille.
Si un précédent inventaire a eu lieu et que cet inventaire offre un intérêt quelconque, on analyse ainsi :

1. Tous les papiers compris dans une cote doivent être placés sous une enveloppe ou chemise portant les indications suivantes : ... 18 ..., inventaire après le décès de ..., cote ... (nature des pièces comprises dans la cote), Me ..., notaire à ...

2. Mais s'il s'agit de titres de valeurs au porteur, le notaire doit se dispenser de les coter et parapher, par ce motif (qu'il exprimera dans l'inventaire) qu'une pareille formalité aurait pour effet d'en dénaturer le caractère et d'en paralyser la libre circulation. C'est un point reconnu par la jurisprudence (voy. notamment Douai 17 janv. 1870) et admis maintenant dans la pratique, sous la réserve des précautions que la prudence exige, selon les cas.

RÉCOLEMENT.

Cote IV. — Pièce unique.

Cette pièce est l'expédition de l'inventaire fait après le décès de M. ..., par Me ..., etc., etc., en date du ..., à la requête de la défunte, etc.

Laquelle pièce a été cotée, etc., sous la cote IV.

Et à l'instant les parties ont requis les notaires de procéder immédiatement au récolement des papiers décrits dans ledit inventaire, et ont signé. (*Signature des parties.*)

Les notaires, obtempérant à cette réquisition, ont procédé à ce récolement de la manière suivante :

La pièce unique, de la cote 1re, qui est le contrat de mariage d'entre M. ... et Madame ..., s'est trouvée en nature.

Les ... pièces de la cote 2, qui sont les titres d'une maison, sise à ..., se sont également trouvées en nature.

Les ... pièces de la cote 3, qui étaient des inscriptions sur le grand-livre de la dette publique, au nom de ..., n'ont pas été retrouvées.

Ainsi de suite pour toutes les cotes.

(Quand tous les papiers sont inventoriés et récolés on constate les déclarations.)

DÉCLARATIONS ACTIVES.

M. A..., tuteur, déclare qu'il est dû à ladite succession, savoir :

1° Par ..., la somme de ..., pour ..., ci.	»	»
2° Par ..., la somme de ..., pour ..., ci.	»	»
3° Par ..., la somme de ..., pour ..., ci.	»	»
Total. (*En toutes lettres.*)	»	»

DÉCLARATIONS PASSIVES.

Il déclare, en outre, qu'il est réclamé de ladite succession, savoir :

1° Par ..., la somme de ..., pour ..., ci.	»	»
2° Par . ., la somme de ..., pour ..., ci.	»	»
3° Par ..., la somme de ..., pour ..., ci.	»	»
Total. (*En toutes lettres.*)	»	»

A l'appui de ces dernières déclarations, M. A... a présenté ... pièces qui sont notes et mémoires non acquittés, lesquels ont été cotés et inventoriés sous la cote ... et dernière.

Et a signé, après lecture. (*Signature.*)

M. B ...., subrogé-tuteur, a fait contre ces déclarations toutes réserves et protestations.

Et a signé après lecture. (*Signature*).

Sur a réquisition adressée à M. A... par Me ..., notaire, de dire s'il avait quelque réclamation à faire contre le mineur ..., il a déclaré qu'il ne lui était rien dû personnellement que le coût du conseil de famille qui l'a nommé tuteur du mineur ...

Et a signé après lecture. (*Signature.*)

CLÔTURE.

Il a été vaqué à tout ce que dessus, depuis ladite heure de ... du matin, usqu'à celle de ... de relevée, par triple vacation.

Attendu qu'il ne s'est plus rien trouvé à dire, comprendre et déclarer au présent inventaire, il est demeuré clos.

A l'instant M. ..., gardien des scellés, et M. ..., domestique au service de la défunte, demeurant dans les lieux où il a été procédé, ont prêté serment, entre les mains de M. le juge de paix, de n'avoir rien pris, caché, ni détourné, vu, ni su qu'il ait été rien pris, caché, ni détourné des objets dépendant de la succession.

Ce fait, tous les meubles meublants et objets mobiliers, titres et papiers compris au présent inventaire, ont été remis à M. A..., tuteur, qui le reconnaît et s'en charge.

Et les parties, sous toutes réserves de droit, ont signé avec les témoins, après lecture. (*Signatures.*)

Décompte : Timbre de minute et d'expédition.......... Mémoire
Rôles d'expédition suivant la classe........ Mémoire
Enregistrement 3 fr. 75 c. par chaque vacation.............................. Mémoire
Vacations suivant la classe[1]................ Mémoire
Vacations de l'huissier-priseur, 6 fr. à Paris, Lyon, Bordeaux, Rouen, Toulouse et Marseille ; partout ailleurs, 5 fr........ Mémoire

Il est en général alloué moitié des honoraires de l'expédition pour le depouillement de l'inventaire et la déclaration de succession.

FORMULE 151.

Qualités diverses des parties qui peuvent requérir l'inventaire.

§ 1.

A la requête d'une veuve.

A la requête de

Madame A... (*p., q. et d.*), veuve de M. ...

1° Commune en biens.

Agissant :

En son nom personnel, à cause de la communauté de biens qui a existé entre elle et son défunt mari, aux termes de leur contrat de mariage passé devant Me ..., notaire à ..., le ..., antérieurement, par conséquent, à leur union célébrée à la mairie de ..., le ...

Nota. Si la communauté est légale, on l'exprime ainsi : à cause de la commu-

1. A Paris, 9 fr. Dans les villes où il y a un trib. de 1re inst. 6 fr., partout ailleurs, 4 fr., (Décret de 1807.)

nauté légale de biens qui a existé entre elle et son défunt mari, à défaut de contrat de mariage qui ait réglé les conditions civiles de leur union.

Communauté que ladite dame se réserve d'accepter ou de répudier, ainsi qu'elle avisera.

2° Créancière.

A cause des reprises et créances qu'elle peut avoir à exercer, contre ladite communauté et contre la succession de son mari, en vertu de son contrat de mariage précité ou de tous autres actes.

3° Donataire.

Comme donataire en usufruit pendant sa vie, sans être tenue de donner caution ni de faire emploi, d'un quart des biens meubles et immeubles de la succession de son mari, aux termes du contrat de mariage précité.

4° Légataire.

Comme légataire à titre universel d'un quart, en toute propriété, des biens meubles et immeubles de la succession de son mari, aux termes ... (*Enoncer le testament.*)

5° Ayant la jouissance légale des biens de son enfant mineur.

Comme ayant la jouissance légale des biens de son enfant mineur, ci-après nommé, jusqu'à ce qu'il ait accompli ses dix-huit ans, ou qu'il ait été émancipé.

6° Tutrice légale.

Au nom et comme tutrice légale des biens de son fils mineur, né à ..., le ..., issu de son mariage avec le défunt.

§ II.

A la requête du mari d'une héritière.

M. A... (*p.*, *q. et d.*),

Agissant tant en son nom personnel, à cause de la communauté de biens qui existe entre lui et la dame ... son épouse, aux termes de leur contrat de mariage reçu par Me ..., notaire à ..., le ..., enregistré, que comme maître des droits possessoires et mobiliers de ladite dame.

§ III.

A la requête d'un mineur émancipé.

M. A... (*p. q. et d.*), mineur émancipé, par déclaration de sa mère, faite devant le juge de paix du canton de ..., le ..., enregistrée.

Assisté de M. B... (*p.*, *q. et d.*), curateur à son émancipation, aux termes de la délibération prise par son conseil de famille, sous la présidence de M. le juge de paix du canton de ..., le ..., enregistrée.

§ IV.

A la requête d'un exécuteur testamentaire.

M. A... (*p.*, *q. et d.*), agissant comme exécuteur testamentaire[1] nommé par le défunt, aux termes du testament précité.

§ V.

Présence du subrogé-tuteur.

En présence de M. A... (*p.*, *q. et d.*), subrogé-tuteur du mineur ..., nommé à cette qualité, qu'il a acceptée, par délibération des parents et amis de ce mineur, présidée par M. le juge de paix du canton de ..., le ..., enregistrée.

§ VI.

Présence d'un curateur au ventre.

(*Si une femme survivante est enceinte, elle agit comme tutrice naturelle et légale et comme ayant la jouissance légale des biens de son enfant; on constate la présence du curateur au ventre comme suit :*)

En présence de M. A..., curateur au ventre, pour l'enfant conçu de ladite dame ..., ledit sieur A..., nommé à cette qualité, qu'il a acceptée, par délibération du conseil de famille dudit enfant, présidée par M. le juge de paix du canton de ..., le ..., enregistrée.

§ VII.

A la requête d'un légataire à charge de restitution.

A la requête de ...

M. A... (*p.*, *q. et d.*),

Agissant comme légataire universel, mais à la charge de restitution au profit de ses enfants nés et à naître de tous les biens composant la succession de M. ..., ci-après nommé, son père, aux termes du testament de ce dernier. (*Enoncer le testament.*)

§ VIII.

Présence d'un tuteur à la substitution.

En présence de M. B... (*p.*, *q. et d.*),

Agissant comme tuteur à la substitution résultant du testament susénoncé, au profit des enfants nés ou à naître dudit sieur A... Ledit sieur B..., nommé, par ledit testament, à ces fonctions qu'il a acceptées suivant déclaration faite devant le juge de paix du canton de ..., le ..., enregistrée.

§ IX.

A la requête d'un mandataire.

(*Lorsqu'une partie est représentée par un mandataire, ce n'est qu'après la requête par la partie et l'énonciation de ses noms, prénoms, qualité et demeure, qu'on rédige l'intervention comme suit :*)

1. Si l'exécuteur testamentaire avait la saisine, mettre : ayant la saisine pendant l'an et jour.

Ledit sieur A..., représenté par M. B..., aux termes d'une procuration passée devant M[e] ..., notaire à ..., le ..., dont le brevet original, enregistré et légalisé, est demeuré ci-annexé, après avoir été certifié véritable, et signé par le mandataire, et que dessus mention de son annexe a été faite par les notaires soussignés.

§ X.

Présence d'un notaire représentant des absents.

En présence de M[e] ..., notaire à ..., y demeurant,

Commis par ordonnance de M. le président du trib. de 1re inst. de ..., en date du ..., pour représenter, au présent inventaire, M. A... (*p., q. et d.*).

De laquelle ordonnance, l'original enregistré, étant au bas de la requête présentée à cet effet par ..., est demeuré ci-annexé, après que dessus mention de son annexe a été faite par les notaires soussignés.

(*S'il y a scellés, cette ordonnance est annexée au procès-verbal de levée des scellés.*)

§ XI.

Présence d'un enfant naturel.

En présence de A... (*p., q. et d.*).

Enfant naturel reconnu dudit défunt sieur ..., et comme tel, habile à exercer les droits qui lui sont attribués dans sa succession, c'est-à-dire à recueillir la moitié de ceux qu'il aurait eus s'il eût été légitime ou ... (*Indiquer le quantum.*)

§ XII.

Présence d'un créancier opposant.

En présence de M. A... (*p., q. et d.*),

Se disant créancier, et à ce titre s'étant, en vertu d'une autorisation de M. le président du trib. de 1re inst. de ..., en date du ..., enregistrée, opposé à ce qu'il soit, hors sa présence, procédé audit inventaire, suivant exploit de ..., huissier à ..., en date du ..., enregistré.

§ XIII.

A la requête d'une veuve héritière à défaut d'héritier

A la requête de dame A..., (*p., q. et d.*), veuve de ...

Agissant (*énoncer ses qualités de commune en biens, créancière, légataire, donataire*).

Et comme habile à se dire et porter héritière de sondit mari, conformément à l'art. 769 du C. Civ., à défaut d'héritiers au degré successible, d'enfant naturel, de donataire ou de légataire.

§ XIV.

A la requête d'un curateur à la succession vacante.

A la requête de M. A... (*p.*, *q. et d.*),

Agissant au nom et comme curateur à la succession vacante de M. ..., décédé sans qu'aucun héritier se soit fait connaître (*ou bien*), décédé ayant laissé pour seuls héritiers MM. ... qui ont renoncé à cette succession par acte dressé au greffe du trib. de 1re inst. de ..., en date du ..., enregistré, sans que depuis cette renonciation personne se soit présenté pour réclamer ladite succession.

M. A..., nommé par jugement du trib. de 1re inst. de ..., en date du ..., à ladite qualité de curateur qu'il a acceptée, suivant acte dressé au greffe du même tribunal, le ..., enregistré.

§ XV.

A la requête du Domaine (art. 769 C. civ.).

En exécution d'un arrêté de M. le préfet du département de ..., en date du ...

A la requête de M. le directeur général et de MM. les administrateurs de la Régie, de l'enregistrement et des domaines, représenté par M. A... (*p.*, *q. et d.*), désigné à cet effet, suivant une autorisation de M. le directeur général, en date du ..., dont l'original, enregistré, est demeuré ci-annexé, après que mention de cette annexe a été faite par les notaires soussignés.

Ledit sieur A..., agissant dans l'intérêt de l'État, appelé à recueillir, à titre de déshérence, la succession de M. ..., décédé sans héritiers connus.

A la conservation, etc.

§ XVI.

A la requête d'une femme séparée judiciairement.

Madame ..., séparée de corps et de biens, par jugement du trib. de 1re inst. de ..., en date du ..., signifié, publié et exécuté dans les délais légaux, ainsi qu'il est expliqué dans un acte passé devant Me ..., notaire à ..., le ..., enregistré.

FORMULE 152.

Cadre général pour le classement des papiers, sauf au notaire à distinguer ce qui doit s'appliquer à chaque nature de successions.

COTE 1re. — Contrat de mariage.

COTE 2. — Donations ou testament.

COTE 3. — Pièces relatives aux reprises de la femme, en distinguant dans une cote particulière chaque nature de dons, legs, successions, qui peuvent y donner lieu.

COTE 4. — Papiers relatifs aux reprises du mari. (*Même observation qu'à la cote précédente.*)

CONQUÊTS DE COMMUNAUTÉ

Maison à...

COTE 5. — Titres de l'acquisition faite au profit de la communauté.

COTE 6. — Anciens titres.

COTE 7. — Baux et locations.

COTE 8. — Impôts, assurances, abonnements, renseignements divers.

Bois de.....

COTE 9. — Acquisition directe, au profit de la communauté.

COTE 10. — Anciens titres, plans, bornages.

COTE 11. — Ventes annuelles des coupes et baux.

COTE 12. — Assurances, impôts, frais de garde, renseignements.

Créances hypothécaires.

COTE 13. — Créance sur M. ..., etc. (*Chaque créance donne lieu à une cote qui renferme les titres, les inscriptions, significations, états hypothécaires, etc.*)

Rentes sur l'État.

COTE 14. — Faire autant de cotes qu'il y a de natures de rentes.

Actions diverses.

COTE 15. — Faire autant de cotes qu'il y a de natures d'actions [1].

Rapports sur les héritiers.

COTE 16. — Faire autant de cotes qu'il y a d'héritiers sujets à rapport, en suivant l'ordre de progéniture.

Dettes diverses.

COTE 17. — Faire autant de cotes qu'il a de créances passives.

Renseignements divers.

COTE 18. — On ne comprend sous cette cote que les renseignements vraiment utiles, les titres de famille, les actes de l'état civil, etc.

NOTA. Dans les inventaires après décès de commerçants, il est fait une ou plusieurs cotes des divers livres de commerce.

S'il arrive que dès le début de l'inventaire il soit nécessaire de laisser le maniement des registres à celui qui est appelé à régir la maison de commerce, on procède ainsi :

M. ... déclare que les registres placés sous les scellés lui sont nécessaires pour les opérations de la maison de commerce; il requiert M. le juge de paix de vouloir bien lever lesdits scellés, et MM. les notaires soussignés de lui remettre les registres en question.

Les autres parties ayant déclaré ne pas s'y opposer, M. le juge de paix après les avoir reconnus sains et entiers, a levé les scellés sous lesquels les registres se trouvaient placés et les notaires soussignés ont constaté l'état desdits registres, commesuit :

1. Voy. note, page 80.

Cote ... Pièces qui sont : la première, un registre ..., etc. (*Décrire le registre.*)

Cette description doit contenir le titre, le nombre des feuillets, expliquer si le registre est entièrement écrit, si les comptes qui s'y trouvent sont arrêtés; on y fait, autant que possible, le dépouillement de chaque compte présentant un actif ou un passif.

Chaque feuillet doit être coté et paraphé par le notaire.

L'état desdits registres étant ainsi constaté, ils ont été, du consentement de toutes les parties, remis à M. ..., qui le reconnaît, s'en charge et promet les représenter quand et à qui il appartiendra.

Ouverture de toute cote.

... pièces qui sont : la première (*la désigner par toutes les indications qui la caractérisent, en analyser les dispositions*).

Fermeture de toute cote.

Lesquelles pièces n'ont été plus longuement décrites, à la réquisition des parties; mais elles ont été cotées, paraphées et inventoriées sous la cote ...

Nota. Si les pièces se trouvent être des valeurs au porteur et qu'il ne soit pas nécessaire de les coter et parapher, on dit :

Lesquelles pièces n'ont été ni cotées ni paraphées à la réquisition expresse des parties (*ou en vertu d'une ordonnance sur référé, rendue par le président du trib. de 1re inst. de ..., en date du ...*), attendu leur nature, mais elles ont été inventoriées sous la cote ..., qui a été, du consentement desdites parties (*ou en exécution de l'ordonnance précitée*), remise à M. ..., qui le reconnaît et s'en charge.

En ce qui a trait aux valeurs industrielles sur l'État, au porteur (voyez observations de la note, page 80.)

Pièce communiquée et remise.

Sur la demande des parties, M. ..., l'un des notaires soussignés, a représenté la minute d'un acte reçu par Me ..., son prédécesseur, le ..., enregistré, contenant (*analyser la partie de l'acte qui peut intéresser la succession*).

Laquelle minute a été à l'instant reprise par ledit Me ...

Déclarations.

Nota. Toutes les fois que l'analyse d'un acte a besoin d'être complétée, il y a lieu de faire suivre cette analyse d'une déclaration.

S'il s'agit, par exemple, d'un contrat de mariage, il y a souvent lieu de faire déclarer si la dot de la femme a été payée au mari et comment elle a été payée; d'indiquer sommairement la nature et l'importance des successions, donations ou legs que chacun des époux a recueillis durant le mariage, les aliénations de propres qui ont eu lieu, etc., etc.

FORMULE 153. — Art. 452 C. C. et 945 à 951 C. Pr.; Mourlon, t. I, p. 611.

Procès-verbal d'une vente de biens meubles appartenant à un mineur.

Bureau de l'enregistrement et des domaines de ...

Extrait du registre des déclarations préalables aux ventes de meubles.

Du..., a comparu M. ... (*commissaire-priseur, huissier* ou *notaire* [1]), à ..., lequel a déclaré que le ... prochain et jours suivants, s'il y a lieu, à ... heures, il sera, par lui, procédé, en une maison sise à ..., à la vente aux enchères du mobilier dépendant de la succession du sieur ..., décédé à ..., le ...

De laquelle déclaration ledit comparant a requis acte.

Et a signé après lecture.

Pour copie certifiée conforme par le receveur de l'enregistrement et des domaines, au bureau ... (*Signature du receveur.*)

L'an ..., le ..., heure de ...

A la requête de M. A... (*p., q. et d.*),

Agissant au nom et comme tuteur de ..., son neveu, seul et unique héritier de ..., son père, décédé à ..., le ..., nommé à ces fonctions de tuteur, qu'il a acceptées, par délibération du conseil de famille dudit mineur, tenue sous la présidence de M. le juge de paix du canton de ..., le ..., enregistrée.

En présence de M. B... (*p., q. et d.*),

Agissant au nom et comme subrogé-tuteur dudit mineur, nommé à cette qualité, qu'il a acceptée, par la délibération précitée.

Il va être par Me ... (*immatricule de l'officier public*), dans une maison, sise à ..., procédé à la vente aux enchères des meubles et effets mobiliers dépendant de la succession de M. ..., et appartenant au mineur ..., comme seul héritier dudit sieur ..., lesquels objets ont été détaillés en l'inventaire fait après le décès dudit sieur ..., par Me ..., qui en a gardé minute, et son collègue, le ..., enregistré, laquelle vente aux enchères a été annoncée par des placards apposés aux lieux indiqués par la loi, ainsi qu'il résulte d'un procès-verbal de constat, dressé par Me ..., huissier à ..., le ..., dont l'original, dûment enregistré, est demeuré ci-annexé, avec la copie de la déclaration préalable ci-dessus transcrite, après que sur lesdites pièces, mentions de leurs annexes ont été faites par ...

Et ont MM. ..., signé après lecture.

(*Signature du tuteur et du subrogé-tuteur.*)

Sur la requête qui précède, ledit Me ... a établi les charges et conditions de la vente comme suit :

La vente aura lieu, de la part du vendeur, sous la garantie de tous troubles, saisies, et revendications, et de la part des adjudicataires sous les charges et conditions suivantes :

1° De prendre les objets vendus dans l'état où ils se trouveront au moment de l'adjudication;

2° De les enlever immédiatememt, afin d'éviter toute confusion et toute réclamation; néanmoins, dans le cas où cet enlèvement, par la nature même des objets, ne pourrait avoir lieu tout de suite, il sera accordé un délai

1. Les commissaires-priseurs, les huissiers, les greffiers, ne peuvent faire que les ventes des meubles au comptant. (Édits de 1556, de 1696 et de 1771, loi du 27 ventôse, an IX.)

de vingt-quatre heures, les objets rendus restant, dans ce cas, aux risques et périls de l'adjudicataire;

3° De ne pouvoir faire cet enlèvement qu'après avoir soldé le prix des objets adjugés et les frais. Nonobstant cette condition, les adjudicataires ne seront libérés que sur la représentation de leur bordereau acquitté.

A défaut par les adjudicataires de payer le prix et les frais comptant et sans retard, les objets à eux adjugés seront remis en vente, et si le prix de la revente est supérieur à celui de la première adjudication, l'excédant appartiendra au vendeur; s'il est au contraire inférieur, l'adjudicataire sera tenu de la différence.

Il ne sera reçu d'enchères que du chef de personnes notoirement solvables.

Les charges et conditions ainsi établies, Mᵉ ... a procédé comme suit, après avoir donné lecture aux personnes présentes de ce qui précède.

Il a été mis en vente et adjugé après plusieurs enchères successives :

1° A M. ..., marchand de ferrailles à ..., un lot de vieilles planches moyennant trois francs.. ci 3 »

2° A M. ..., marchand de literies, demeurant à ..., deux matelas en laine, moyennant soixante francs.................................. ci 60 »

3° Etc., etc.

Total de la vente... » »

Ce fait, tous les objets désignés dans l'inventaire ci-dessus énoncé ayant été adjugés, le présent procès-verbal est demeuré clos.

Fait et passé à ..., etc.

Décompte. (Tarif de la loi de 1843.)

Timbre minute........................	Mémoire
Enregistrement 2 fr. 50 par 100	Mémoire
(En général l'expédition ne se délivre pas.)	
Timbre de la déclaration........................	» 60
Vacations et transport à la déclaration préalable suivant la classe........................	Mémoire
Déboursés des publications........................	Mémoire
Honoraires, 6 p. 100........................	Mémoire

FORMULE 154. — Art. 453 C. C.; Mourlon, t. I, p. 613.

État descriptif et estimatif des objets mobiliers qu'un tuteur garde en nature et administre en sa qualité d'usufruitier légal.

L'an ..., le ..., à la requête de M. A... (*p.*, *q. et d.*),

Agissant au nom et comme tuteur de (*n. et p.*), élu à cette qualité, qu'il a acceptée, par délibération du conseil de famille dudit mineur tenue sous la présidence de M. le juge de paix du canton de ..., le ..., enregistrée.

En présence du sieur B... (*p.*, *q. et d.*),

Agissant comme subrogé-tuteur dudit mineur, élu, etc.

Il va être par Mᵉ... (*immatricule de l'officier public, commissaire-pri-*

seur, huissier ou *notaire*), expert choisi par M. B..., subrogé-tuteur, procédé à l'estimation des objets mobiliers appartenant au mineur ..., que M. A... est autorisé à conserver en nature, suivant délibération du conseil de famille dudit mineur, tenue sous la présidence de M. le juge de paix du canton de ..., le ..., enregistrée.

Cette estimation sera faite en âme et conscience, à juste valeur, conformément au serment que le dit sieur ... a prêté ès mains de M. le juge de paix du canton de ..., qui en a dressé acte le ..., enregistré, et ont MM. A... et B... signé après lecture. (*Signatures du tuteur et du subrogé-tuteur.*)

A l'instant Me ..., expert choisi, a procédé comme suit :

1° Un portrait représentant le père du mineur, peint par Vernet, estimé six cents francs.......................................ci. 600 »

2° Vingt volumes composant la collection de ..., par Dalloz, estimés cent francs.................................ci. 100 »

3° Etc., etc...

Total de l'estimation....

Il n'a été fait, dans le cours de cette estimation, aucune protestation par les parties; M. A... consent à demeurer chargé des objets décrits et estimés, pour par lui les représenter en nature quand et à qui il appartiendra, et faute par lui de le faire, à la charge d'en rendre la valeur estimative, sous toutes réserves.

Fait et passé à ..., etc.

Décompte : Timbre de minute et d'expédition.......... Mémoire
Enregistrement.............................. 3 75
Rôles d'expédition suivant la classe....... Mémoire
Vacations suivant la classe................ Mémoire

NOTA. L'inventaire que le tuteur est obligé de faire faire rend souvent inutile l'état descriptif et estimatif en question; on se borne alors à décrire et à estimer à part et d'une manière plus détaillée les objets que le tuteur garde en nature.

FORMULE 155. — Art. 454 et 455 C. C.; Mourlon, t. I, p. 614.

Procès-verbal de la délibération par laquelle le conseil de famille : 1° détermine la somme qui pourra être employée pour la dépense annuelle du mineur et l'administration de ses biens[1]; 2° donne ou refuse au tuteur l'autorisation de s'aider, dans sa gestion, d'un ou de plusieurs administrateurs salariés, gérant sous sa responsabilité; 3° fixe le chiffre à partir duquel il devra faire emploi de l'excédant des revenus sur les dépenses.

L'an ..., le ...

Par-devant nous ..., juge de paix du canton de ..., assisté du sieur ..., greffier de notre juridiction,

A comparu

Le sieur A ... (*p., q. et d.*),

Lequel nous a déclaré que comme tuteur du mineur ..., et conformément

1. Ce n'est que lorsque la tutelle n'est pas exercée par le père ou la mère que le conseil de famille peut déterminer le genre d'éducation que recevra le mineur.

à l'art. 454 du C. civ., il désire que le conseil de famille dudit mineur délibère sur quelques questions préliminaires dont la solution importe à la gestion de sa tutelle, et spécialement : 1° qu'il détermine la somme qui pourra par lui être employée pour la dépense annuelle du mineur et pour l'administration de ses biens; 2° qu'il lui accorde l'autorisation de s'aider dans la gestion de deux administrateurs salariés, gérant sous sa responsabilité; 3° qu'il fixe le chiffre à partir duquel il devra faire emploi de l'excédant des revenus sur les dépenses; 4° enfin qu'il émette son avis sur l'éducation qu'il convient de donner au mineur.

Qu'à cet effet, sur notre indication, il a convoqué les membres composant le conseil de famille du mineur, pour, avec nous et sous notre présidence, délibérer sur les quatre questions qui précèdent; qu'il nous requiert de vouloir bien constituer le conseil de famille et de dresser procès-verbal de la délibération à intervenir, et a signé après lecture.

(*Signature du tuteur.*)

Faisant droit, etc. (*Voir, pour la constitution du conseil, la formule* 136.)

Sur quoi le conseil de famille, après avoir entendu le tuteur du mineur... dans ses explications, examen fait des pièces par lui produites et après mûre délibération :

Sur le premier point : Attendu que la fortune du mineur est importante; qu'il est appelé par les relations de sa famille et par sa fortune à occuper dans le monde une position sociale élevée; que dès lors une somme de trente mille francs est nécessaire, savoir, vingt mille francs pour la dépense annuelle du mineur, et dix mille francs pour la gestion de ses biens;

Sur le second point : Attendu que le mineur possède dans le département de... la forêt de..., et dans celui de... la manufacture de...; qu'il est impossible au tuteur de surveiller utilement l'administration de ces deux propriétés importantes, retenu qu'il est à Paris par ses affaires personnelles et par la gestion du surplus de la fortune du mineur;

Sur le troisième point : Attendu que le produit net des revenus présentera, après la dépense annuelle qui vient d'être évaluée à trente mille francs, un excédant de ..., qu'il est convenable de placer au profit dudit mineur;

Enfin, sur le quatrième point : Attendu que le père du mineur occupait de son vivant un poste important dans la diplomatie, que son fils, en suivant cette carrière, y trouvera les relations et les amis de sa famille. Par ces motifs, le conseil décide à l'unanimité : 1° que la dépeuse du mineur ne pourra excéder trente mille francs, dont vingt mille francs pour sa dépense personnelle, dix mille francs pour la gestion de la tutelle; 2° que le tuteur pourra s'aider dans sa gestion de deux administrateurs salariés, mais en comprenant leur salaire dans les 10,000 fr. qui viennent d'être fixés; 3° que le tuteur fera chaque année, dans les six mois au plus tard, le placement en rentes sur l'État de la somme de..., formant l'excédant probable des revenus du mineur sur ses dépenses, faute de quoi le tuteur sera passible des intérêts des sommes non placées; 4° enfin que le tuteur fera donner au mineur une éducation classique, qu'il lui fera ultérieurement suivre les cours de droit, et autant que faire se pourra, l'école des chartes.

Ledit sieur A... étant rentré dans le sein du conseil, connaissance lui a été donnée par nous du résultat de la délibération; il a déclaré s'obliger à s'y conformer.

Desquelles comparution et délibération nous avons dressé le présent acte, que tous les comparants ont signé avec nous et le greffier, après lecture. (*Signatures.*)

Décompte : Voir la formule 136.

FORMULE 156. — Art. 457 et suiv., C. C.; Mourlon, t. I, p. 618 et suiv.

Délibération par laquelle le conseil de famille habilite le tuteur à faire un certain acte tel que la répudiation ou l'acceptation d'une succession, une vente d'immeubles, un emprunt, une demande ou un aquiescement relatif à des droits immobiliers, notamment une demande en partage de succession.

NOTA. Pour la constitution du conseil de famille et la clôture du procès-verbal, voir les formules 136 et 155; seulement la délibération sera rédigée comme suit :

Sur quoi le conseil de famille, considérant que la succession dont s'agit est mauvaise, qu'il est de l'avantage du mineur d'y renoncer, examen fait de l'état de situation de cette succession et des pièces à l'appui, a été unanimement d'avis d'autoriser, comme de fait il autorise, ledit sieur A... à renoncer, au nom du mineur, à la succession du sieur ..., faire et signer à cet effet toutes déclarations qu'il appartiendra, en requérir acte et le faire, au besoin, signifier à qui besoin sera.

NOTA. S'il s'agit de la vente d'un immeuble, rédiger ainsi :

Sur quoi le conseil, après avoir entendu l'exposé qui précède, et délibérant sur la demande du tuteur, à l'unanimité, a reconnu la nécessité (*ou l'avantage*) de l'aliénation proposée; en conséquence, ledit conseil a déclaré autoriser formellement le sieur A..., tuteur, à faire procéder, dans les formes légales, à la vente (*désignation des immeubles*), dont la valeur approximative est de ..., et qui peuvent être mis en vente sur la mise à prix de ..., à recevoir le prix de ladite vente en principal et intérêts, pour l'affecter à (*indiquer l'emploi*), à passer et signer tous actes nécessaires.

De tout ce qui précède il a été dressé le présent procès-verbal, etc. (*Voir la formule précédente.*)

Décompte : Comme en la formule 136.

FORMULE 157. — Art. 958 à 960 C.; Pr. C. Mourlon, t. I, p. 622.

Affiche annonçant la vente d'un immeuble appartenant à un mineur.

Etude de Me ..., avoué à . ., rue ..., n° ...

VENTE DE BIENS DE MINEUR.

A VENDRE.

Le ..., à ..., heure de ..., devant Me ..., juge au tribunal de 1re inst. de ..., délégué à cet effet, dans l'une des salles du palais de justice, rue ..., (*ou devant Me ..., notaire à ..., commis à cet effet, dans son étude, rue ..., n° ...*)

Les immeubles ci-après désignés, appartenant au mineur A... (*p., q. et d.*), fils de ... et de dame ..., tous deux décédés.

Sur la poursuite du sieur B... (*p., q. et d.*), tuteur dudit mineur, ayant pour avoué Me .... demeurant à .... rue ..., n° ...

En présence du sieur C... (*p., q. et d.*), subrogé-tuteur dudit mineur.

DÉSIGNATION DES BIENS A VENDRE.

NOTA. Copier la désignation insérée dans le cahier des charges.

La vente de ces immeubles a été autorisée par jugement du tribunal de 1re inst. de ..., en date du ..., enregistré, qui a homologué une délibération du conseil de famille dudit mineur, tenu sous la présidence de M. le juge de paix du canton de ..., le ..., enregistrée.

Le cahier des charges dressé pour parvenir à cette vente a été déposé au greffe dudit tribunal, où dans l'étude dudit Me ..., le ...

La mise à prix a été fixée par le jugement sus énoncé à la somme de ...

Me ..., avoué poursuivant (*si la vente a été renvoyée devant notaire*), et Me ..., notaire chargé de la vente, donnera (*ou donneront*) tous les renseignements nécessaires.

Fait et rédigé par moi, avoué poursuivant ..., le ...

(*Signature de l'avoué.*)

Décompte. (Tarif de 1841.)

Timbre	Mémoire
Enregistrement	1 88
Impressions et insertions	Mémoire
Vacation pour faire légaliser la signature de l'imprimeur	2 »
Rédaction du placard	6 »
Droit pour chaque insertion, 2 fr.	Mémoire
Total	» »

FORMULE 158. — Art. 962 C. Pr. C.; Mourlon, t. I, p. 622.

Sommation au subrogé-tuteur d'assister à la vente.

L'an ..., le ..., à la requête du sieur A... (*p., q. et d.*), agissant au nom et comme tuteur du mineur ..., pour lequel requérant domicile est élu à ..., dans l'étude de Me ..., avoué près le tribunal de 1re instance de ..., qui occupe pour lui, dans la procédure de vente dont il va être parlé, j'ai (*immatricule de l'huissier*), soussigné, signifié et déclaré au sieur B... (*p., q. et d.*), subrogé-tuteur du mineur ..., audit domicile et parlant à ..., qu'en exécution d'un jugement du tribunal de 1re inst. de ..., en date du ..., enregistré, contenant homologation d'une délibération du conseil de famille dudit mineur tenue sous la présidence de M. le juge de paix du canton de ..., le ..., aussi enregistrée, le requérant a fait déposer au greffe du tribunal de ... (*ou fait dresser par Me ..., notaire à ...*) le cahier des charges, clauses et conditions sous lesquelles il sera procédé le ..., heure de ... (*Un mois au moins après la sommation*), à la vente aux enchères publiques, à l'audience des criées du tribunal de ... (*ou devant ledit Me ..., notaire*), sur la mise à prix de ... (*désignation des biens à vendre*), appartenant au mineur ...

En conséquence, j'ai fait sommation audit sieur B... de prendre communication dudit cahier des charges, d'y faire, dans le délai de la loi, les dires et observations qu'il croira utiles, comme aussi de comparaître ledit jour ..., à ... heures (*ou à l'heure indiquée ci-dessus*), pour être présent à la vente, lui déclarant qu'il y sera procédé même en son absence.

Et j'ai, audit domicile et parlant comme ci-dessus, laissé copie du présent exploit, dont le coût est de ...

Décompte. (Ordonnance de 1841, art. 3, § 17.)

Coût ordinaire des exploits.......................... 7 45

FORMULE 159. — Art. 458 C. C. et 953, 954 C. P.; Mourlon, t. I, p. 622.

Requête pour demander l'homologation du conseil de famille favorable à la vente.

A MM. les président et juges composant le trib. de 1re instance de ...

Le sieur A... (*p., q. et d.*), tuteur naturel et légal du mineur ..., son fils, ayant pour avoué Me ...

A l'honneur de vous exposer que suivant délibération du conseil de famille dudit mineur, tenue sous la présidence de M. le juge de paix du canton de ..., le ..., enregistrée, dont expédition est remise à l'appui des présentes, et pour les motifs qui y sont déduits, le requérant a été autorisé à vendre dans les formes légales (*désigner les immeubles*); que cette délibération est conforme aux intérêts du mineur et régulière en sa forme; par ces motifs, l'exposant conclut à ce qu'il plaise au tribunal homologuer ladite délibération pour être exécutée suivant sa teneur; ordonner en conséquence que les immeubles ci-dessus désignés seront vendus à l'audience des criées de ce tribunal (ou *devant tel notaire qu'il vous plaira de commettre*[1]), au plus offrant et dernier enchérisseur, sur la mise à prix de ..., indiquée par la délibération du conseil de famille susénoncée (*ou sur* telle mise à prix qu'il plaira au tribunal de fixer d'office) aux clauses et conditions déterminées par le cahier des charges qui sera déposé au greffe du trib. par Me ..., avoué (*si la vente a lieu à la barre*), ou qui sera dressé par le notaire commis, après l'accomplissement de toutes les formalités légales; et pour le cas où le tribunal croirait une expertise nécessaire, ordonner qu'un seul expert (*ou trois experts*) nommé d'office visitera, après avoir prêté serment, les immeubles dont il s'agit, à l'effet d'en constater la valeur et de déterminer le lotissement, pour, après le dépôt au greffe du rapport dudit expert, être par l'exposant conclu et par le tribunal statué ce qu'il appartiendra; ordonner que les dépens seront employés en frais privilégiés de vente et que distraction

1. Le notaire est indiqué verbalement ou dans une note remise à l'audience.

en sera prononcée au profit de Me ..., avoué, qui affirme en avoir fait l'avance.

Présenté au palais de justice à ..., le ... (*Signature de l'avoué.*)

ORDONNANCE DU PRÉSIDENT.

Soit communiqué à M. le procureur de la République pour, après ses conclusions et sur le rapport qui sera fait le ..., par M. ..., juge que nous commettons à cet effet, être statué ce qu'il appartiendra.

Fait au palais de justice à ..., le ...

(*Signature du président.*)

CONCLUSIONS DU MINISTÈRE PUBLIC.

Nous ..., procureur de la République près le tribunal de 1re inst. de ..., vu l'art. 458 du C. civ., pensons qu'il y a lieu d'accorder l'homologation demandée.

Fait au parquet à ..., le ...

(*Signature du procureur de la République.*)

Décompte. (Ordon. de 1841, art. 9.)

Timbre....................................	Mémoire
Rédaction de la requête......................	7 50

FORMULE 160. — Art. 954 et 955 C. P.; Mourlon, t. I, p. 622

Jugement d'homologation.

Le tribunal de 1re instance de ..., réuni en chambre du conseil, où étaient présents MM. (*noms des président, juges et greffier*).

Vu la délibération du conseil de famille, la requête présentée au tribunal et les conclusions écrites de M. le procureur de la République, ouï M. ..., l'un des juges, dans son rapport, après en avoir délibéré conformément à la loi, jugeant en premier ressort, attendu, etc. (*motifs*). Par ces motifs, homologue, pour être exécutée suivant sa teneur, la délibération du conseil de famille du mineur ..., en date du ..., par laquelle le sieur A..., tuteur dudit mineur, a été autorisé à faire vendre le ... (*indication des immeubles*) ordonne en conséquence que lesdits immeubles seront vendus en un seul lot (*ou en ... lots; dans ce cas en indiquer la composition*); à l'audience des criées, devant M. ..., l'un des juges que le tribunal délègue à cet effet (*ou bien*), que lesdits immeubles seront vendus devant Me ..., notaire à ..., que le tribunal commet à cet effet, et en cas d'empêchement dudit Me ..., par tel autre notaire qui sera commis par M. le président sur simple requête, au plus offrant et dernier enchérisseur, sur la mise à prix de ..., indiquée par la délibération du conseil de famille sus énoncée, après l'accomplissement des formalités prescrites par les art. 957 et suivants du Code de Pr., autorise le sieur A..., en sa qualité de tuteur, à employer en frais de poursuite de vente les dépens, dont distraction, etc.

Décompte. (Tarif, art. 78, § 11.)

Timbre de la minute sur laquelle seront écrits l'expédition du conseil de famille, la requête, l'ordonnance du président,

les conclusions du ministère public, le jugement....... Mémoire
Enregistrement du jugement.............................. 7 60
Timbre d'expédition.................................... Mémoire
Droit de greffe, 1 fr. 50 par rôle y compris la remise du greffier.. Mémoire

FORMULE 161.

Requête pour demander l'entérinement du rapport de l'expert.

A MM. les président et juges composant le trib. de 1re instance de...

Le sieur A... (*p., q. et d.*), tuteur naturel et légal du mineur..., son fils, ayant pour avoué Me...

A l'honneur de vous exposer que par jugement du ..., enregistré, il a été ordonné, avant de fixer la mise à prix sur laquelle seront vendus les... (*désignation des immeubles*) appartenant au mineur ..., que lesdits immeubles seraient vus et visités par le sieur ..., expert, qui après serment en constaterait la valeur; qu'en effet ledit expert, après avoir prêté ledit serment, ainsi qu'il résulte d'un procès-verbal en date du ..., enregistré, a procédé aux opérations qui lui étaient confiées, et qu'aux termes de son rapport en date du ..., enregistré, il a évalué lesdits immeubles à la somme de...; attendu que ce rapport a été déposé au greffe du tribunal par acte du ...., enregistré; que, régulier en sa forme, il fait une juste appréciation de la valeur des immeubles dont il s'agit; par ces motifs l'exposant conclut à ce qu'il vous plaise, Messieurs, entériner, pour être exécuté suivant sa teneur, le rapport susénoncé de M....

En conséquence, ordonner que la vente autorisée par jugement du... aura lieu sur la mise à prix de... fixée par l'expert, après l'accomplissement des formalités légales; déclarer que les dépens seront employés en frais privilégiés de vente, et que distraction en sera prononcée en faveur de Me ..., avoué, qui affirme en avoir fait l'avance, etc.

Présenté au palais de justice à ..., le ... (*Signature de l'avoué.*)

Décompte. (Ordonnance de 1841, art. 9, §§ 2 et 3.)

Timbre.................................... Mémoire
Vacation pour prendre communication du rapport au greffe.......................... 6 »
Emoluments du greffier pour communication du rapport et du cahier des charges.................................. 15 »

FORMULE 162. — Art. 957 C. P.

Cahier des charges pour une vente à la barre.

Cahier des charges, clauses et conditions auxquelles seront adjugés à l'audience des criées du trib. de 1re instance de ..., séant au palais de justice à..., au plus offrant et dernier enchérisseur.

Les immeubles (*désignation sommaire*).

A la requête, poursuite et diligence du sieur A... (*p., q. et d.*), tuteur naturel et légal du mineur ..., son fils, ayant pour avoué Me..., demeurant à ...

En présence du sieur B... (*p., q. et d.*), subrogé-tuteur dudit mineur.

En exécution d'un jugement rendu par le tribunal de 1re instance de..., le ..., enregistré, lequel jugement a ordonné. (*Copier le dispositif.*)

DÉSIGNATIONS DES BIENS A VENDRE.

NOTA. Cette désignation, quoique sommaire, doit être suffisamment détaillée. Si des immeubles par destination sont attachés à l'immeuble mis en vente, ils doivent être indiqués, les objets mobiliers qui ne sont pas immeubles par destination doivent être détaillés en un état estimatif certifié par l'avoué et annexé au cahier des charges. Il est important d'énoncer les servitudes actives et passives et les droits de mitoyenneté. Les contenances doivent être énoncées en mesures métriques. Le lotissement doit être clairement indiqué.

PROPRIÉTÉ

Pour l'établissement de propriété, voir au mot *Vente* (formule 541).

CONDITIONS DE LA VENTE.

ART. 1. — GARANTIE.

L'adjudicataire sera propriétaire par le fait seul de l'adjudication; il prendra les biens dans l'état où ils seront au jour de l'adjudication, sans pouvoir prétendre, contre les vendeurs, à aucune garantie, indemnité ni diminution de prix, pour dégradations, réparations, erreurs dans la désignation ou dans la contenance, ni quand même les murs, haies ou fossés séparatifs des propriétés voisines appartiendraient à ces dernières en totalité ou dans des proportions plus fortes que celles indiquées.

NOTA. S'il s'agit de biens ruraux ou de terrains non clos, il sera dit que les parties resteront dans les termes de l'art 1519 du C. civ.

S'il y a quelques contestations, les indiquer, faire connaître les actes sur lesquels reposent les droits des vendeurs.

ART. 2. — SERVITUDES.

L'adjudicataire jouira des servitudes actives et souffrira les servitudes passives, occultes ou apparentes, déclarées ou non, sauf à faire valoir les unes et à se défendre des autres à ses risques et périls, sans aucun recours contre le vendeur, et sans que la présente clause puisse attribuer à qui que ce soit plus de droits que ceux qui résulteraient de titres.

NOTA. S'il y avait des servitudes connues ou résultant de titres, énoncer ces servitudes et les titres qui les constituent.

ART. 3. — ENTRÉE EN JOUISSANCE.

L'adjudicataire entrera en jouissance des immeubles vendus à partir du...

ART. 4. — CONTRIBUTIONS.

Il supportera les contributions et charges de toute nature dont les biens mis en vente sont grevés, à partir de son entrée en jouissance.

ART. 5. — BAUX ET LOCATIONS.

Il devra exécuter les baux ou locations écrites ou verbales pour le temps qui en reste à courir. (*Si ces baux ou locations sont connus, énoncer leurs dates, leur durée, le prix et les principales conditions.*)

L'adjudicataire tiendra compte, en sus et sans diminution de son prix, aux différents locataires, des loyers qu'ils justifieront avoir payés d'avance et qui auront été déclarés, soit dans le présent procès-verbal, soit dans un dire avant l'adjudication ; à défaut de cette déclaration, ledit adjudicataire retiendra sur son prix les loyers payés d'avance qu'il sera tenu de rembourser aux locataires. (*Si ces loyers payés d'avance sont connus, les énoncer.*)

ART. 6. — ASSURANCE CONTRE L'INCENDIE.

L'adjudicataire devra entretenir, à partir du jour de l'adjudication, et pour tout le temps qui en reste à courir, toute police d'assurance contre l'incendie qui a pu être contractée pour l'immeuble mis en vente, et payer, à partir de son entrée en jouissance, les primes dont le vendeur était tenu, de manière que ce dernier ne puisse être inquiété ni recherché.

ART. 7. — DROITS D'ENREGISTREMENT ET AUTRES.

L'adjudicataire sera tenu d'acquitter, en sus de son prix, tous les droits d'enregistrement, de greffe, de transcription, de purge et autres auxquels l'adjudication donnera lieu.

ART. 8. — FRAIS DE POURSUITE.

Il payera entre les mains et sur les quittances de Me..., avoué, dans la huitaine de l'adjudication et en sus de son prix : 1° la somme à laquelle auront été taxés les frais faits pour parvenir à la vente des biens susdésignés et dont le montant sera déclaré avant l'adjudication ; 2° le montant de la remise proportionnelle fixée par la loi en faveur de l'avoué.

La grosse du jugement d'adjudication ne pourra être délivrée par le greffier du tribunal qu'après la remise qui lui aura été faite de la quittance desdits frais qui demeurera annexée à la minute du jugement d'adjudication.

ART. 9. — TRANSCRIPTION ET PURGE.

L'adjudicataire aura quatre mois pour faire transcrire à ses frais le jugement d'adjudication au bureau des hypothèques de..., et pour remplir les formalités nécessaires pour la purge des hypothèques légales. (*Déclarer l'état civil des vendeurs et les noms et demeures, si la chose est possible, des femmes et des subrogés-tuteurs.*)

ART. 10. — PAYEMENT DU PRIX. INTÉRÊTS.

Après l'expiration de ce délai, l'adjudicataire sera tenu de payer son prix à..., entre les mains du tuteur du mineur ..., avec l'intérêt à 5 p. 100 que le prix produira à partir du jour de l'entrée en jouissance.

Ce prix sera payé en espèces d'or et d'argent au cours actuel.

ART. 11. — RÉSERVE DE PRIVILÈGE.

A la sûreté et garantie du payement du prix et de l'exécution des charges, l'immeuble mis en vente demeurera grevé du privilège et de l'action résolutoire, réservés par la loi, au profit des vendeurs.

ART. 12. — PROHIBITION DE DÉTÉRIORER L'IMMEUBLE.

L'adjudicataire ne pourra faire, avant l'entier payement de son prix, aucun changement, aucune démolition, ni commettre aucune détérioration dans les immeubles vendus, à peine d'être contraint au dépôt de son prix, même par voie de folle enchère.

ART. 13. — TITRES DE PROPRIÉTÉ.

Lors du payement du prix, il sera remis à l'adjudicataire (*désigner les titres à remettre*); il demeurera d'ailleurs autorisé à s'en faire délivrer tous autres par tous dépositaires.

ART. 14. — RÉCEPTION DES ENCHÈRES.

Les enchères ne pourront être portées que par le ministère d'avoués.

ART. 15. — DES COMMANDS.

Dans le cas où l'adjudicataire userait de la faculté de déclarer command, il sera solidairement obligé, avec celui qu'il se sera substitué, au payement du prix et à l'accomplissement des charges.

ART. 16. — FOLLE ENCHÈRE.

A défaut par l'adjudicataire d'exécuter l'une des clauses et conditions de l'adjudication ou de payer tout ou partie de son prix, le vendeur pourra faire revendre les biens, par folle enchère, dans les formes voulues par les art. 733 et suiv. du C. de Pr.

Si le prix de la nouvelle adjudication est inférieur à ce qui sera dû alors en principal et intérêts sur le prix de la première, le fol enchérisseur sera tenu au payement de la différence en principal et intérêts par toutes les voies de droit et même par corps, conformément à l'art. 740 du C. de Pr.

Dans le cas où le prix de la seconde adjudication serait supérieur à celui de la première, la différence appartiendra au vendeur.

Dans aucun cas le fol enchérisseur ne pourra réclamer les frais qu'il aura payés, lesquels seront acquis au vendeur à titre de dommages et intérêts.

ART. 17. — ATTRIBUTION DE JURIDICTION ET ÉLECTION DE DOMICILE.

Élire domicile, pour les vendeurs, dans le ressort du tribunal devant lequel la vente est faite et attribuer au tribunal toutes les contestations sur l'adjudication.

ART. 18. — MISE A PRIX.

Outre les charges et conditions ci-dessus, les enchères seront reçues sur la somme de ..., mise à prix fixée par le tribunal.

Fait et rédigé à..., le..., par Me..., avoué. (*Signature.*)

NOTA. Dans le dire qui précédera la vente on indiquera l'accomplissement des formalités, la publicité donnée et la quotité des frais.

Décompte :		
	Timbre	Mémoire
	Emoluments de l'avoué par rôle contenant 25 lignes à la page et 12 syllabes à la ligne, 2 fr.	Mémoire
	Enregistrement	1 88

FORMULE 163.

Acte de dépôt du cahier des charges.

L'an ..., le..., au greffe du tribunal de ..., et devant nous, greffier, a comparu Me ..., avoué du sieur A... (*p., q. et d.*), tuteur du mineur ..., lequel a déposé au greffe le cahier des charges par lui rédigé, pour parvenir à la vente autorisée par justice de ... (*indication de l'immeuble*), appartenant au mineur...

Lequel cahier des charges enregistré à ..., le ..., folio ..., case ..., par ..., qui a reçu 1 franc 10 centimes, décime compris, contenant ... rôles, a été coté, paraphé par l'avoué comparant, qui a requis acte du dépôt par lui effectué et a signé avec nous, greffier, après lecture.

Décompte :		
	Émoluments du greffier pour la communication du cahier des charges	15 »
	Vacation de l'avoué au dépôt	3 »
	Timbre	» 60
	Enregistrement	5 63
	Droit de greffe, 1 fr. 37 1/2 par rôle	Mémoire

FORMULE 164.

Cahier des charges pour une vente opérée devant notaire de biens appartenant par indivis à un mineur.

Cahier des charges, et conditions sous lesquelles sera adjugé en l'étude et par le ministère de Me..., notaire à ..., au plus offrant et dernier enchérisseur, en un seul lot,

Une maison sise à ..., etc.

Aux requête, poursuite et diligence de : premièrement M. A... (*p., q. et d.*), ayant pour avoué Me...,

Agissant d'une part en son nom personnel.

1° A cause de la communauté de biens qui a existé entre lui et madame ...; sa défunte épouse, aux termes de leur contrat de mariage reçu par Me..., etc.; 2° comme donataire en vertu du même contrat de mariage de moitié en usufruit des biens dépendant de la succession de ladite dame ..., sans pour cet usufruit être tenu de faire emploi du mobilier, mais à la charge de donner caution.

D'autre part, comme tuteur naturel et légal de mademoiselle ..., sa fille mineure, issue de son mariage avec ladite dame...

Ladite mineure seule et unique héritière de ladite dame, sa mère, décédée à ..., le ..., ainsi que le constate l'intitulé de l'inventaire fait après son décès par Me ..., etc.

Laquelle qualité a été acceptée sous bénéfice d'inventaire, ainsi qu'il résulte de la déclaration qui sera ci-après énoncée[1].

2° M. C ... (*p., q. et d.*), agissant comme tuteur *ad hoc* de la mineure ..., élu, attendu l'opposition d'intérêt qui existe entre elle et son père, par délibération du conseil de famille de ladite mineure, tenue sous la présidence de M. le juge de paix du canton de ..., le ..., enregistrée, ayant pour avoué Me ..., etc.

En présence de M. B... (*p. q. et d.*).

Au nom et comme subrogé-tuteur de la mineure ..., nommé à cette fonction, qu'il a acceptée, par délibération des parents et amis de cette dame réunis en conseil de famille sous la présidence de M. le juge de paix du canton de ..., assisté de son greffier, le ..., enregistrée.

Ayant pour avoué, etc.

En exécution d'un jugement rendu par le trib. de 1re instance de ..., le ..., enregistré et signifié à avoué, suivant exploit de ..., en date du ..., enregistré, et à domicile par autre exploit de ..., en date du ..., enregistré.

Lequel jugement a ordonné qu'aux requête, poursuite et diligence, etc. (*Relater le dispositif du jugement tout entier.*)

DÉSIGNATION

(*Voir formule* 162 *et formule* 541.)

ÉTABLISSEMENT DE PROPRIÉTÉ.

(*Voir formule* 541.)

CHARGES, CLAUSES ET CONDITIONS.

L'adjudication aura lieu sous la garantie solidaire entre les vendeurs, de tous troubles, et sous les charges, clauses et conditions suivantes, que l'adjudicataire sera tenu d'exécuter, par le seul fait de l'adjudication.

ART. 1er. — GARANTIE.

(Voir, pour les articles 1 à 6 inclusivement, la formule 162.)

ART. 7. — FRAIS DE POURSUITE.

L'adjudicataire sera tenu de payer en sus de son prix, dans la huitaine de l'adjudication, les frais privilégiés de poursuite de vente revenant aux avoués, lesquels seront déclarés publiquement, avant l'adjudication, et feront l'objet d'un dire spécial, consigné au procès-verbal d'adjudication; et attendu qu'il n'y a pas eu d'expertise, l'adjudicataire devra, en outre, et dans les mêmes délais, payer aux avoués la différence entre la remise proportionnelle due aux notaires en vertu de l'art. 14 de l'ordonn. du 6 octobre 1841, et celle accordée aux avoués par l'art. 11 de la même ordonnance, pour le cas où cette expertise étant facultative, le tribunal ne l'aurait pas ordonnée.

1. Cette énonciation se fait dans l'établissement de propriété.

ART. 8. — FRAIS DU NOTAIRE.

L'adjudicataire sera, en outre, tenu de payer en sus de son prix, entre les mains de Me ..., notaire, savoir :

1° A l'instant même de l'adjudication ou le lendemain avant midi, les frais de timbre des minute, grosse et expédition du présent procès-verbal et de celui d'adjudication, ceux de transcription ainsi que les droits d'enregistrement.

2° Et dans la huitaine de l'adjudication, délai de rigueur, tous les autres déboursés faits et à faire, ainsi que la remise proportionnelle telle qu'elle est fixée par le § 2 de l'art. 14 de l'ordonn. du 10 oct. 1841.

ART. 9. — DÉLIVRANCE DE L'EXPÉDITION.

L'expédition du présent cahier des charges et de l'adjudication ne sera délivrée à l'adjudicataire qu'après qu'il aura satisfait aux charges et conditions qui lui sont imposées par les art. 7 et 8 ci-dessus.

ART. 10. — TRANSCRIPTION ET PURGE.

(Voir cet article en la formule 541.)

ART. 11. — PAYEMENT DU PRIX.

(Voir l'article 10, formule 162.)

ART. 12. — RÉSERVE DE PRIVILÈGE.

(Voir article 11, formule 162.)

ART. 13. — PROHIBITION DE DÉTÉRIORER.

(Voir article 12, formule 162.)

ART. 14. — TITRES DE PROPRIÉTÉ.

(Voir article 13, formule 162.)

ART. 15. — RÉCEPTION DES ENCHÈRES.

Les enchères ne pourront être moindres de ... francs.

ART. 16. — DES COMMANDS.

(Voir article 15, formule 162.)

ART. 17. — FOLLE ENCHÈRE.

(Voir article 16, formule 162.)

ART. 18. — ATTRIBUTION DE JURIDICTION ET ÉLECTION DE DOMICILE.

(Voir article 17, formule 162.)

ÉTAT CIVIL.

(Voir formule 541.)

MISE A PRIX.

(Voir article 18, formule 162.)

Le présent cahier des charges a été rédigé par Me ..., notaire à ..., soussigné, à ..., en son étude, le ... (*Signature.*)

Décompte : Timbre de la minute[1] .... Mémoire
Enregistrement 3 75
Honoraires de la minute à 1 fr. 50 c. par rôle Mémoire

FORMULE 165. — Art. 957 C. P. C.

Acte de dépôt du cahier des charges qui précède[2].

Par-devant, etc.,

A comparu :

Le sieur A... (*p., q. et d.*), lequel a déposé audit Me... le cahier des charges sur lequel devront être ouvertes les enchères pour la vente de... (*désigner succinctement l'immeuble*), appartenant à ...

Ce cahier dressé par ledit Me ... en conséquence d'un jugement du trib. de 1re inst. de ..., en date du ..., enregistré, qui l'a commis à cet effet, et a ordonné que ladite vente aura lieu devant lui, aux requête, poursuite et diligence du sieur ..., en présence de ...

Lequel cahier des charges, signé par ledit Me..., le ..., écrit sur ... feuilles au timbre de ..., et qui sera enregistré en même temps que ces présentes, y est demeuré annexé après avoir été dudit sieur ... signé et paraphé, et que dessus mention de son annexe a été faite par les notaires soussignés.

Dont acte, etc.

Décompte : Timbre .... » 60
Enregistrement 3 75
Honoraires .... 6 »

FORMULE 166.

Procès-verbal d'adjudication.

Et le ..., heure de ..., en l'étude ..., jour, heure et lieu indiqués par la procédure de l'adjudication de l'immeuble dont il s'agit,

A comparu devant ledit Me..., etc. :

Le sieur A... (*p., q. et d. de la partie qui doit faire les déclarations*),

Lequel a dit que suivant procès-verbal de ..., huissier à ..., en date du ..., enregistré, l'apposition a été faite, à chacun des endroits désignés par la loi, des placards annonçant ladite adjudication, lequel procès-verbal, rédigé sur un exemplaire du placard, a été visé par chacun des maires ou adjoints des communes où les appositions ont eu lieu ; que le contenu de ce placard a été inséré au journal de ..., le ..., ainsi que le constate un exemplaire de la feuille de ce jour, dûment timbré, portant

1. L'expédition est payée par l'adjudication.

2. Beaucoup de notaires s'abstiennent de faire cet acte : ils portent au répertoire le cahier des charges comme acte notarié. On doit conseiller de procéder ainsi, parce que rien dans la loi n'indique qu'un dépôt spécial doit être constaté, et parce qu'en réalité cet acte est inutile et par conséquent abusif.

la signature de l'imprimeur, légalisée par le maire, et la mention suivante d'enregistrement (*la copier*). Ledit procès-verbal et l'exemplaire de la feuille dudit journal sont, à la réquisition du comparant, demeurés ci-annexés, après avoir été de lui certifiés véritables, signés et paraphés, et que dessus mentions de leurs annexes ont été faites par ledit notaire.

Il a dit, en outre, que, suivant exploit de ..., huissier à ..., en date du ..., enregistré, il a été fait sommation à ... (*indiquer la partie ou les parties auxquelles il aurait été fait sommation*) de se trouver ce jourd'hui, heure de ..., en l'étude du notaire soussigné, pour assister à la vente dont il s'agit.

Au désir de l'art. 7 du cahier des charges, ledit sieur A... déclare que les frais de poursuite de vente, d'après la taxe, se sont élevés à la somme de ...

Ce fait, ledit sieur A... a requis le notaire commis de donner défaut contre les non-comparants et de procéder à la lecture du cahier des charges et à la réception des enchères.

Et ledit sieur ... a signé après lecture.

(*Signature.*)

Au même instant est intervenu le sieur ... (*p., q. et d.*),

Lequel a dit qu'il comparaît pour être présent à la vente à laquelle il déclare consentir.

Et a signé après lecture. (*Signature.*)

En conséquence de la réquisition qui précède et attendu la présence de M. ... (*ou attendu que M. ..., régulièrement sommé, ne s'est pas présenté ni personne pour lui*), ledit Me ... a prononcé défaut; il a fait lecture aux personnes présentes du cahier des charges et des dires contenus au présent procès-verbal, et après avoir déclaré que les frais de poursuite de vente s'élèvent à la somme de ..., il a procédé ainsi qu'il suit à la réception des enchères sur la mise à prix de ..., et à l'adjudication.

Des bougies ayant été successivement allumées, plusieurs enchères ont été portées, et la dernière par M. C... (*p., q. et d.*) a élevé le prix à la somme de ...

Deux nouvelles bougies successivement allumées ont brûlé chacune pendant une minute au moins, et se sont éteintes sans que personne ait surenchéri.

Et aussitôt Me ..., notaire commis, a prononcé l'adjudication au profit de mondit sieur C..., dernier enchérisseur pour la somme de ..., en outre des charges.

Le sieur C..., à ce présent, a déclaré accepter ladite adjudication sous réserve de nommer command, et s'obliger au payement du prix et à l'exécution des charges.

De tout ce qui précède a été dressé le présent procès-verbal, les jour, mois et an ci-dessus, et les parties ont signé avec le notaire et les témoins, après lecture. (*Signatures.*)

Décompte :		
	Timbre de la minute et de l'expédition..........	Mémoire
	Enregistrement 6 fr 88 pour 100[1]..............	Mémoire
	Rôles de l'expédition, de l'adjudication et du cahier des charges suivant la classe..........	Mémoire
	Remise de l'avoué fixée à. Honoraires............ { Voir l'ordonnance de 1841 }	Mémoire

NOTA. Si l'adjudication a lieu dans une mairie hors de la résidence du notaire, il est dû un droit à la commune de 2 fr. 50, lorsque l'adjudication est au-dessous de 1000 francs et de 5 francs lorsqu'elle excède.

FORMULE 167. — Art. 467 C. C. ; Mourlon, t. I, p. 589.

Acte contenant l'avis prescrit par l'art. 467, pour autoriser une transaction au nom d'un mineur.

Les soussignés A... (*p., q. et d.*), B... (*p., q. et d.*) et C... (*p., q. et d.*), jurisconsultes désignés conformément à l'art. 467 du C. civ., par ordonnance de M. le procureur de la République, en date du ..., enregistrée;

Vu l'expédition d'une délibération prise par le conseil de famille du mineur ..., réuni sous la présidence de M. le juge de paix du canton de ..., le ..., enregistrée, dans le procès-verbal de laquelle se trouve l'exposé fait par le sieur D... (*p., q. et d.*), tuteur dudit mineur, des difficultés surgies entre son pupille et le sieur E ... (*p., q. et d.*), à l'occasion de ..., vu la transaction produite par ledit sieur E..., et l'avis favorable donné par ledit conseil de famille à la conclusion de cette transaction.

Examen fait des bases de cette transaction, les soussignés considérant ... (*indiquer les motifs de leur avis*), sont, à l'unanimité, d'avis que M. D..., tuteur du mineur, doit accepter la transaction proposée.

Délibéré à ..., dans le cabinet de M[e] ..., l'un des soussignés, le ...

Décompte. (Tarif, art. 140 par anologie.)

Timbre..	Mémoire
Honoraires des trois jurisconsultes....................	72 »
Enregistrement......................................	3 75

FORMULE 168. — Art. 450 C. C.; Mourlon, t. I, p. 591.

Quittance d'un payement fait avec les deniers du tuteur et sous condition de subrogation.

Par-devant M[e] ..., etc.,

Fut présent :

Le sieur A... (*p., q. et d.*)

Lequel a reconnu avoir reçu en bonnes espèces métalliques comptées, et réellement délivrées à la vue des notaires soussignés, du sieur B... (*p., q. et d.*), payant de ses deniers personnels, en l'acquit du sieur C..., (*p., q. et d.*), son pupille, la somme de 10,250 francs, composée de celle de 10,000 francs, montant d'une obligation souscrite au profit du sieur A..., suivant acte reçu par M[e] ..., notaire à ..., qui en a gardé minute, et son confrère, le ..., enregistré, par le sieur D... (*p. et q.*), père du mineur ..., du montant de la-

1. Lorsqu'un propriétaire indivis se rend adjudicataire, le droit n'est pas dû sur la portion lui afférente.

quelle obligation ce dernier est tenu, comme seul héritier dudit sieur D..., son père, ainsi qu'il résulte de l'intitulé de l'inventaire fait après le décès de ce dernier, par Me ..., notaire à ..., et son confrère, en date du ..., enregistré, ci .... 10,000 »

Et de celle de 250 francs pour six mois d'intérêts de ladite somme, courus du ... jusqu'à ce jour, ci .... 250 »

Somme égale .... 10,250 »

De cette somme, ainsi payée, M. A... quitte et libère le sieur B... sans aucun recours.

Mais attendu que le payement a été fait des deniers personnels du sieur B..., le sieur A..., conformément à l'art. 1250 du C. civ., le met et subroge, sans aucune garantie de sa part, dans tous les droits, privilèges et hypothèques résultant à son profit de l'obligation précitée, et notamment dans l'entier effet d'une inscription prise au bureau des hypothèques de ..., le ..., vol ..., f. ...

Le sieur A... reconnaît que le sieur B... lui a présentement remis la grosse de l'obligation remboursée et le bordereau de l'inscription dans laquelle il vient d'être subrogé.

Pour faire mentionner ladite subrogation en marge de l'inscription précitée, tous pouvoirs sont donnés au porteur d'une expédition ou d'un extrait des présentes.

A ce fut présent et est intervenu le sieur C... (*p.*, *q. et d.*), agissant au nom et comme subrogé-tuteur du mineur C..., et comme spécialement autorisé à l'effet des présentes, par délibération du conseil de famille dudit mineur, tenu sous la présidence de M. le juge de paix du canton de ..., le ..., enregistrée, dont une expédition est demeurée ci-annexée, après que dessus mention de son annexe a été faite par les notaires soussignés[1]. Lequel a déclaré approuver le payement qui vient d'être fait et la subrogation qui en a été la suite, comme étant favorable aux intérêts du mineur.

Mention des présentes sera faite sur tous titres et pièces par tous notaires requis.

Dont acte, etc.

Décompte :		
	Timbre de la minute	Mémoire
	Id. d'une expédition et d'un extrait	Mémoire
	Rôles suivant la classe	Mémoire
	Enregistrement 1 fr. 25 pour 100	Mémoire
	Subrogation	2 35
	Honoraires 1/2 p. 100	Mémoire
	Honoraires de mention s'il y a lieu, 2 fr. par chacune	Mémoire

1. Cette autorisation n'est pas rigoureusement nécessaire, mais il est prudent de la demander. — Mourlon, *Traité des subrogations*, Demolombe, t. VII, n° 771. — Valette, *Conf. sur Proudhon* t. II, p. 400. — Marcadé, t. II. art. 450, n° 3.

FORMULE 169. — Art 450 C. C.; Mourlon, t. I, p. 590.

Bail des biens d'un mineur à son tuteur.

Par devant Me ...

A comparu :

Le sieur A... (*p.*, *q. et d.*).

Agissant au nom et comme subrogé-tuteur du sieur B... (*p.*, *q. et d.*), et comme spécialement autorisé à l'effet des présentes par délibération du conseil de famille dudit mineur, tenu sous la présidence de M. le juge de paix du canton de ..., le ..., enregistrée, dont une expédition est demeurée ci-annexée, après que dessus mention de cette annexe a été faite par les notaires soussignés.

Lequel a fait bail pour neuf années entières et consécutives qui commenceront à courir du ..., pour finir le ...

A. M. C... (*p.*, *q. et d.*), à ce présent et ce acceptant, tuteur dudit mineur, mais spécialement autorisé à prendre à bail les biens ci-après désignés appartenant au mineur B... (*Pour le surplus, voir au mot* Bail.)

Décompte :	Timbre de la minute	Mémoire
	Id. de la grosse et de l'expédition si elle est requise	Mémoire
	Rôles suivant la classe	Mémoire
	Enregistrement, 25 c. par 100 sur les années cumulées	Mémoire
	Honoraires : 24 fr. pour 1000 fr. de la 1re année pour les baux de 9 ans, avec augmentation d'un sixième pour chaque période de 3 ans en sus de 9 ans, et avec diminution dans la même proportion au-dessous de 9 ans	Mémoire

FORMULE 170. — Art. 466 et suiv. C. C.; Mourlon, t. I, p. 592 à 594.

Compte de tutelle.

§ 1er

RÉCÉPISSÉ DU COMPTE DE TUTELLE.

Par-devant Me ...

A comparu A... (*p.*, *q. et d.*), majeur, né à ..., le ...

Lequel a reconnu que le sieur B... (*p.*, *q. et d.*), son père et son tuteur naturel et légal, lui a présentement remis : 1° le compte général de la tutelle qu'il a eue de ses personne et biens, depuis le ..., jusqu'à sa majorité; 2° toutes les pièces à l'appui de ce compte, se réservant d'examiner le tout pendant le temps voulu par l'art. 472 du C. civ., de l'approuver ou de le contester suivant qu'il y aura lieu.

Fait et passé, etc.

Décompte :	Timbre	» 60
	Enregistrement	3 75
	Timbre d'expédition	Mémoire
	Rôles suivant la classe	Mémoire
	Vacations	Mémoire

§ 2.

COMPTE DE TUTELLE.

Compte rendu par le sieur A... (*p.*, *q. et d.*) de son administration comme tuteur à M. B... (*p.*, *q. et d.*), son fils majeur.

OBSERVATIONS PRÉLIMINAIRES.

La tutelle s'est ouverte par le décès de madame ..., épouse de M. A..., mère du mineur, arrivé à ..., le ...; elle a pris fin par la majorité du pupille, accomplie le ...

Par délibération du conseil de famille du mineur, tenu sous la présidence de M. le juge de paix du canton de ..., le ..., enregistrée, M. C... (*p.*, *q. et d.*) a été nommé subrogé-tuteur du mineur B.

Immédiatement après le décès de la dame A..., le sieur A... a fait, en présence du subrogé-tuteur, procéder à l'inventaire des biens dépendant tant de sa communauté avec sa défunte femme, que de la succession de cette dernière.

Le sieur A... a accepté sous bénéfice d'inventaire, au nom de son fils, la succession de la dame A..., par acte dressé au greffe du trib. de 1re instance de ..., en exécution d'une délibération du conseil de famille tenu sous la présidence de M. le juge de paix du canton de ... le ..., enregistrée.

Il a fait vendre le mobilier de cette succession par le ministère de Me ..., commissaire-priseur à ..., le ..., après l'accomplissement des formalités voulues par la loi. Le produit net de cette vente s'est élevé à ....

Les immeubles de la même succession ont été licités en vertu d'un jugement du trib. de 1re instance de ..., en date du ..., enregistré, et après toutes les formalités voulues par la loi, en présence du subrogé-tuteur, ils ont été adjugés, à l'audience des criées dudit tribunal, le ..., savoir : 1° une maison sise à Paris, rue ..., à M. ..., moyennant... de prix principal; 2° une ferme sise à ..., département de ..., à M. ..., moyennant ..., le tout en sus des frais et payable le ..., avec intérêt à 5 p. 0/0 à partir du ..., jour fixé pour l'entrée en jouissance.

La liquidation desdites communauté et succession a été faite le ..., par Me ..., notaire à ..., commis à cet effet par justice. L'homologation en a été prononcée par jugement du trib. de 1re instance de ..., le ..., enregistré.

Les droits du mineur ont été fixés à ...

Pour lui fournir cette somme il lui a été abandonné (*indiquer la nature et la quotité de chaque abandonnement*).

Plan de l'opération.

Cette opération sera divisée en trois chapitres :

Le premier comprendra les recettes et les dépenses faites pendant la gestion du tuteur.

Le deuxième comprendra l'état des sommes restant à recouvrer.

Le troisième indiquera les sommes restant à payer.

CHAPITRE PREMIER.

Recettes.

ANNÉE 18 .

M. A... a fait les recettes suivantes :

NOTA. Tant que la jouissance légale du père tuteur dure, c'est-à-dire jusqu'au jour où le pupille a atteint ses 18 ans accomplis, on ne doit pas faire mention des fruits, intérêts et revenus qui sont soumis à cette jouissance légale, non plus que des dépenses et des frais qui sont à sa charge.

Le ... 18... de M. ... la somme de ... pour sept mois et dix jours des intérêts de la somme de ... qu'il doit au mineur, courus depuis le ..., jour où finissait la jouissance légale du tuteur jusqu'au ... ci. » »

Le ...

Du même, la somme de ..., pour six mois échus le ..., des intérêts de la même somme............... » »

Le ..., de M. ... la somme de ..., pour le montant d'un mémoire par lui dû, ci...................... » »

(*Enoncer de la même manière toutes les sommes reçues durant l'année.*)

Total des sommes reçues en 18 .... » »

Dépenses.

M. A... a fait les dépenses suivantes :

Le 1er ..., payé à madame ... la somme de ..., en compte sur ce que le mineur lui devait.................................. » »

(*Enoncer de la même manière toutes les sommes payées.*) » »

Total..... » »

BALANCE

Les recettes se sont élevées à la somme de............ » »

Les dépenses à la somme de......................... » »

Partant, il y a eu un excédent de recettes de............ » »

ANNÉE 18 .

NOTA. Faire le même détail pour chaque année.

RÉCAPITULATION

L'excédent des recettes sur l'année ... s'est élevé à....... » »

Celui sur l'année ..., à.............................. » »

Partant, M. ... est comptable envers son pupille de..... » »

CHAPITRE II.

État des sommes restant à recouvrer.

Il reste dû au mineur, savoir :

1° Par M. ..., sur le prix de la maison rue ..., la somme de..........ci.	» »
Intérêts du..........	Mémoire »
2° La somme de ..., due par M. ..., pour le montant d'une obligation plus longuement énoncée en l'inventaire précité..........ci.	» »
Intérêts du..........	Mémoire »
(*Enoncer toutes les sommes dues au mineur.*)	
Total......	» »

CHAPITRE III.

État des sommes restant à payer.

Le sieur B... fils aura à payer les sommes dont le détail suit :

1° Les frais, droits et honoraires auxquels le présent compte pourra donner ouverture.	Mémoire »
2° La somme de ... restant due à M. ..., pour (*indiquer la cause*)..........	» »
3° (*Enoncer toutes les sommes dues par le mineur*)..	» »
Total, sauf les sommes portées pour mémoire.......	» »

Certifié sincère et véritable à ..., le ... (*Signature du rendant.*)

§ 3.

ARRÊTÉ DE COMPTE DE TUTELLE.

Et ..., le ...

Devant Me ..., etc.

Ont comparu M. A... (*p.*, *q. et d.*), d'une part,

B... (*p. q. et d.*), d'autre part,

Lesquels ont arrêté ce qui suit :

Le sieur B... déclare approuver le compte de tutelle à lui remis par M. A..., son père et tuteur, aux termes d'un acte reçu par Me ..., l'un des notaires soussignés, le ..., dont la minute enregistrée précède, duquel compte l'original dressé sur ... feuille de timbre à ... centimes, non encore enregistré, mais qui le sera avec ces présentes, est demeuré ci-annexé, après avoir été des comparants certifié sincère et véritable, et que dessus mention de son annexe a été faite par les notaires soussignés.

En conséquence, les parties ont fixé définitivement le reliquat de ce compte à la somme de ..., que le sieur A... a payée à l'instant à son fils qui le reconnaît et l'en quitte définitivement.

Le sieur A... a remis à son fils les titres des créances restant à recouvrer, tels qu'ils sont ci-dessus énoncés.

Dont décharge.

Par suite du payement qui vient d'être fait et de l'apurement des comptes de tutelle qui précèdent, le sieur B... fait et donne mainlevée pure et simple de tous les droits d'hypothèque légale qu'il avait contre son père, et spécialement d'une inscription prise au bureau des hypothèques de ..., le ..., vol. ..., f° ..., consentant que ces droits et inscription soient considérés comme non avenus.

Mention des présentes sera faite sur tous titres et pièces par tout notaire requis.

Fait et passé, etc.

Décompte :		
	Timbre de minute et d'expédition..................	Mémoire
	Enregistrement..	3 75
	NOTA. Il est dû un droit de 1 fr. 25 c. p. 0/0 dans le cas où le rendant est créancier ou débiteur mais alors il n'y a pas lieu de percevoir le droit fixe. Encore le droit d'obligation n'est-il dû que dans certains cas, par exemple lorsqu'il y a engagement de payer à terme	Mémoire
	Rôles suivant la classe..............................	Mémoire
	Honoraires 1 p. 0/0 sur le total des recettes..........	Mémoire

FORMULE 171. — Art 470 C. C.; Mourlon, t. I, p. 599.

Compte préparatoire ou état de situation que le tuteur peut être tenu de fournir pendant le cours de sa gestion.

État de situation remis le ..., par M. A... comme tuteur du mineur B..., à M. C..., subrogé-tuteur dudit mineur, conformément à l'art. 470 du C. C.

(*Cet état comprendra toute la période de la gestion du tuteur depuis le commencement de la tutelle, s'il n'y a pas eu d'état antérieur, ou depuis la date du dernier, s'il y en a eu un.*)

RECETTES.

(Voir la formule précédente.)

DÉPENSES.

(Voir la formule précédente.)

BALANCE.

(Voir la formule précédente.)

Certifié véritable par le soussigné, ce ... (*Signature du rendant.*)

Décompte :		
	Timbre de minute..............................	Mémoire
	Enregistrement..................................	3 75
	Rôles suivant la classe........................	Mémoire
	Honoraires 1 p. 0/0 sur le total des recettes..	Mémoire

Emancipation.

FORMULE 172. — Art. 479 C. C.; Mourlon, t. I, p. 602.

Requête au juge de paix par un ascendant, pour obtenir la convocation du conseil de famille, à l'effet de délibérer au sujet d'une émancipation qu'il croit utile.

L'an ..., le ..., devant nous ..., juge de paix du canton de ..., assisté du sieur ..., greffier de notre juridiction, a comparu le sieur A... (*p., q. et d.*),

Lequel nous a déclaré que le sieur B... (*p.*, *q. et d.*), son petit-fils, mineur sous la tutelle du sieur C... (*p.*, *q. et d.*), a maintenant dix-huit ans accomplis, ainsi qu'il résulte de son acte de naissance dont une copie délivrée par le maire de la commune de... nous a été présentée; que cet enfant se trouve dans le cas d'être émancipé; qu'il y va de ses intérêts (*indiquer les motifs*); qu'il croit cette mesure essentiellement utile. En conséquence, il nous a requis de convoquer, dans le plus bref délai possible, le conseil de famille dudit mineur pour, avec nous et sous notre présidence, délibérer sur l'émancipation en question.

Et il a signé après lecture. (*Signature.*)

Pour la constitution du conseil de famille, s'il a été convoqué, et pour la délibération, *voir la formule* 136.

S'il n'a pas été convoqué, le juge de paix délivre une cédule, conformément aux art. 406 et 415 C. C.

CÉDULE.

Nous..., juge de paix, etc., assisté, etc.

Sur ce qui nous a été exposé par le sieur A... (*p.*, *q. et d.*) que le mineur B... (*p.*, *q. et d.*), son petit-fils, a dix-huit ans accomplis et se trouve dans le cas d'être émancipé.

Ordonnons que le conseil de famille dudit mineur sera convoqué pour comparaître devant nous, le ..., à ... heures, dans notre cabinet à ..., à l'effet de délibérer sur l'émancipation du mineur B...

En conséquence, désignons pour composer le conseil de famille les sieurs (*n.*, *p.*, *q. et d. des membres du conseil*), auquels citation, pour ladite comparution, sera notifiée par tout huissier requis.

Enjoignons aux susnommés de comparaître en personne ou par mandataires à peine d'amende.

Fait à ..., le ... (*Signatures.*)

Décompte de la cédule.

Timbre	» 60
Émoluments	Néant

FORMULE 173. — Art. 477, C. C.; Mourlon, t. I, p. 635.

Émancipation par le père ou par la mère de l'enfant.

Aujourd'hui, etc.

Devant nous..., juge de paix, etc., assisté, etc.

A comparu le sieur A... (*p.*, *q. et d.*),

Lequel nous a dit que de son mariage avec la dame ... il est né, le ..., un fils du nom de ... (*n.*, *et p.*), dont il a la tutelle naturelle et légale, et qui a maintenant quinze ans accomplis, ainsi qu'il résulte de son acte de naissance à nous présenté, délivré par le maire de la commune de ... Dans la pensée qu'il est de l'intérêt de son enfant mineur d'être émancipé, et certain qu'il n'abusera pas des droits résultant de cette émancipation, il déclare formellement l'émanciper, conformément à la loi, ce dont nous lui avons donné acte; il nous a encore dit que, pour nommer un curateur à cette émancipation, il a, sur notre indication, convoqué devant nous, à ces présents jour, lieu et heure, le conseil de famille dudit mineur, pour, avec nous et sous notre présidence, procéder à cette nomination.

Et a signé après lecture. (*Signature*).

(Pour le surplus, voir la formule 136.)

Même décompte qu'en la formule 136.

(Le droit d'enregistrement est de 18 fr. 75 par chaque émancipé.)

FORMULE 174. — Art. 478 C. C. ; Mourlon, t. I, p. 638.

Émancipation par le conseil de famille.

Aujourd'hui, etc.

Devant nous ..., juge de paix, etc., assisté de, etc.

A comparu le sieur A... (*p., q. et d.*),

Lequel a dit que le sieur B ... (*p., q. et d.*), fils mineur de ... et de ..., dont il est tuteur, a maintenant atteint sa dix-huitième année, ainsi qu'il résulte de son acte de naissance, dont expédition délivrée par le maire de ... nous a été présentée ; qu'il juge utile de procéder à cette émancipation ; que, pour en délibérer sous notre présidence, il a, sur notre indication, convoqué le conseil de famille dudit mineur. En conséquence, il nous requiert de constituer le conseil de famille, et de soumettre l'objet en question à sa délibération.

Et a signé après lecture. (*Signature du tuteur.*)

NOTA. Pour la constitution du conseil, voir la formule 136.

Après en avoir délibéré, attendu que le mineur B... mérite d'être émancipé, et que ses intérêts y sont engagés, le conseil, à l'unanimité, est d'avis que l'émancipation lui soit conférée.

En conséquence, et en vertu de l'art. 478 du C. C., nous, juge de paix, avons, comme président dudit conseil de famille, déclaré que le mineur B... était émancipé, pour jouir des droits attachés à l'émancipation.

Procédant à la nomination d'un curateur à cette émancipation, le conseil, à la même unanimité, a nommé pour remplir cette fonction le sieur ..., l'un des délibérants, qui a déclaré accepter.

Desquelles, etc. (*Voir la formule* 136.)

NOTA. S'il convient au conseil de conférer au mineur le droit de faire le commerce, ajouter après l'acceptation du curateur :

Et à l'instant, sur la demande à ce relative du mineur émancipé, assisté de son curateur, le conseil de famille auquel a été adjoint le sieur ... (*n., p., q. et d. d'un parent remplaçant le curateur*), considérant que le mineur, par ses études préparatoires et par son séjour de plusieurs années dans une maison de ... (*indiquer le genre de commerce*), est apte à faire utilement ce genre de commerce, autorise ledit mineur B..., émancipé, à faire ledit commerce de ..., et tous les actes qui seront la conséquence de ce commerce.

Le présent avis sera soumis à l'homologation du tribunal civil de ... ; il sera, en outre, affiché dans l'auditoire du tribunal de commerce de ...

Desquelles, etc. (*Voir la formule* 136.)

Même décompte qu'en la formule 136.
(Le droit d'enregistrement est de 18 fr. 75.)

FORMULE 175. — Art. 481 et suiv. C. C. ; Mourlon, t. I, p. 642 et suiv.

Bail fait par un mineur émancipé avec l'assistance de son curateur.

Par-devant Mᵉ ..., notaire, etc.

A comparu :

Le sieur A ... (*p., q. et d.*), mineur émancipé par délibération de son conseil de famille réuni sous la présidence de M. le juge de paix du canton de ..., le ..., enregistrée, dont une expédition est demeurée ci-annexée après que dessus mention de son annexe a été faite par les notaires soussignés.

Assisté de M. B... (*p., q. et d.*),

Agissant comme curateur à l'émancipation dudit mineur, nommé à cette qualité qu'il a acceptée suivant la délibération du conseil de famille ci-dessus énoncée.

Lequel a par ces présentes fait bail, etc. (*Voir au mot* BAIL, *formule* 567.

Décompte.
(*Voir formule* 567.)

FORMULE 176. — Art. 487 C. C.; Mourlon, t. I, p. 645.

Acte par lequel un mineur émancipé est autorisé par son père à faire le commerce.

Par-devant Mᵉ ..., notaire, etc.

Fut présent,

Le sieur A... (*p., q. et d.*),

Lequel a déclaré autoriser M. B... (*p., q. et d.*), son fils, âgé de dix-huit ans, né à ..., le ..., émancipé suivant déclaration faite par le comparant devant M. le juge de paix du canton de ..., le ..., enregistrée, à exercer la profession de ..., (*indiquer le commerce*), et à faire relativement à cette profession toutes opérations commerciales qui en sont la conséquence sans aucune exception.

Pour faire publier les présentes partout où besoin sera, tout pouvoir est donné au porteur d'une expédition.

Dont acte, etc.

Décompte :		
	Timbre de minute et d'expédition.............	Mémoire
	Rôles suivant la classe..........................	Mémoire
	Enregistrement.....................................	3 75
	Frais de publication................................	Mémoire
	Honoraires...	6 »

FORMULE 177. — Art. 486 C. C.; Mourlon, t. I, p. 645.

Acte portant révocation d'une émancipation.

L'an ..., le ..., devant nous ..., juge de paix, assisté du sieur ..., greffier de notre juridiction,

A comparu le sieur A... (*p., q. et d.*),

Lequel a dit que devant nous, qui en avons dressé acte le ..., enregistré, il a émancipé le sieur B... (*p., q. et d.*), son fils; que ce dernier n'a pas répondu à ses espérances (*indiquer les faits qui rendent le fils indigne de conserver le bénéfice de l'émancipation.*)

En conséquence, le comparant nous déclare révoquer l'émancipation conférée par lui audit sieur B..., son fils, ce dont il a requis acte qui lui a été par nous octroyé.

Fait, etc. (*Signatures.*)

Décompte. (Décret du 16 février 1807.)

Timbre	» 60
Enregistrement	3 75
2 rôles	1 80
3 vacations au greffier	3 32
Total	9 47

NOTA. Si l'émancipation était révoquée par le conseil de famille, il faudrait suivre la formule 174, en changeant la suite de la décision.

De l'interdiction et du conseil judiciaire.

FORMULE 178. — Art. 476 C. C.; Mourlon, t. I, p. 633 et 634.

Requête en interdiction pour cause d'imbécillité, de démence ou de fureur, et ordonnance du président.

A M. le président du trib. de 1re instance de...

Le sieur A... (*p., q. et d.*), ayant pour avoué Me ..., a l'honneur de vous exposer que le sieur B... (*p., q. et d.*), âgé de ... ans, son neveu, est depuis ... dans un état de démence notoire qui se révèle publiquement par (*énoncer les faits de démence, d'imbécillité ou de fureur qui doit motiver l'interdiction*); attendu que les faits ci-dessus articulés sont de nature, suivant l'art. 489 du C. C., à motiver l'interdiction dudit sieur B...; attendu qu'aux termes de l'art. 490 du même code, tout parent est recevable à provoquer l'interdiction de son parent; attendu que la parenté qui existe entre le requérant et ledit sieur B... est de notoriété publique, et qu'il est d'ailleurs prêt à en justifier. Par ces motifs, l'exposant conclut à ce qu'il vous plaise, Monsieur le président, lui donner acte de ce qu'il entend poursuivre l'interdiction dudit sieur B..., et pour parvenir à ladite interdiction, ordonner la communication de la présente requête à M. le procureur de la République, et commettre l'un de MM. les juges du tribunal, à l'effet de faire son rapport, pour, sur ce rapport et sur les conclusions du ministère public, ordonner par le tribunal que le conseil de famille dudit sieur B... sera réuni afin de donner son avis.

A l'appui de sa requête, l'exposant produit (*indiquer les pièces*).

Déclarant qu'il offre pour témoins des faits articulés : 1° le sieur C... (*p., q. et d.*) ; 2° le sieur D... (*p., q. et d.*).

Présenté au palais de justice à ..., le ... (*Signature de l'avoué.*)

ORDONNANCE.

Soient la requête qui précède et les pièces à l'appui communiquées à M. le procureur de la Répubique, pour, après ses conclusions sur le rapport qui sera fait dans un délai de ..., par M ..., juge, que nous commettons à cet effet, être statué ce qu'il appartiendra.

Fait au palais de justice, à ..., le ... (*Signature du président.*)

CONCLUSION DU PROCUREUR DE LA RÉPUBLIQUE

Vu la requête qui précède, les pièces à l'appui et l'art. 892 du C. P. C., nous pensons qu'il y a lieu d'ordonner la convocation du conseil de famille du sieur B...

Fait au parquet du tribunal à ..., le ...

(*Signature du procureur de la République.*)

Décompte. (Tarif, art. 79, § 5.)

Timbre................................	Mémoire
Rédaction de la requête, vacation pour requérir l'ordonnance, communiquer au ministère public et obtenir le jugement.	15 »

FORMULE 179. — Art. 494 C. C. ; art. 891 et 892 C. Pr; Mourlon, t. I, p. 652.

Procès-verbal de la délibération du conseil de famille sur l'état du dendeur en interdiction.

L'an ..., le ...

Devant nous ..., juge de paix, etc., assisté, etc.

A comparu, le sieur A... (*p., q. et d.*)

Lequel a dit qu'en exécution d'un jugement du trib. de 1re instance de ..., en date du ..., enregistré, il a, en vertu de notre cédule, en date du ..., enregistrée et notifiée par exploit de ..., huissier à ..., le ..., enregistré, fait appeler à ces jour et heure, devant nous, les membres du conseil de famille du sieur B... (*p., q. et d.*), pour, avec nous et sous notre présidence, émettre son avis sur l'état mental dudit sieur B..., contre lequel une action en interdiction a été dirigée. En conséquence, il nous a requis de constituer le conseil de famille et de dresser procès-verbal de la délibération à intervenir. Et a signé après lecture. (*Signature.*)

Pour la constitution du conseil de famille, voir la formule 136.

Après en avoir délibéré, le conseil de famille, considérant que les faits articulés en la requête qui a donné lieu au jugement susénoncé sont suffisamment établis; que la conduite du sieur B... décèle un état habituel (*d'imbécillité, de démence ou de fureur*), est à l'unanimité d'avis qu'il y a lieu de prononcer son interdiction.

Desquelles, etc. (*Voir la formule* 136.)

Décompte : Comme en la formule 136

FORMULE 180. — Art. 500 C. C.; Mourlon, t. I, p. 656.

Acte d'appel d'un jugement d'interdiction.

L'an..., le ..., à la requête du sieur A... (*p., q. et d.*), pour lequel domicile est élu en l'étude de Me ..., avoué près la cour d'appel de ..., y demeurant, rue ..., n° ..., qu'il constitue, et qui occupera pour lui, sur la présente assignation, j'ai (*immatricule de l'huissier*), huissier soussigné, déclaré au sieur B... (*p., q. et d. du parent qui a poursuivi l'interdiction*), où étant et parlant à ..., que le sieur A... interjette, par ces présentes, appel d'un jugement contradictoire, rendu entre lui et le sieur B..., par le tribunal de ..., le ..., enregistré, qui met ledit sieur A.. en état d'interdiction, et, en conséquence, j'ai donné assignation audit sieur B... à comparaître à huitaine franche, outre un jour par trois myriamètres de distance, à l'audience et par-devant MM. les président et conseillers composant la cour d'appel de ..., séant à ..., heure de ..., pour :

Attendu que le requérant est sain d'esprit et se trouve entièrement en état de gérer et d'administrer sa fortune et ses biens; que c'est à tort, sur de fausses informations et sur des faits mal appréciés, que son interdiction a été prononcée, voir dire qu'il a été mal jugé, et qu'en conséquence ledit jugement sera mis à néant, émendant et faisant droit au principal, voir le requérant relevé de l'interdiction prononcée contre lui, entendre prononcer la restitution de l'amende consignée et se voir condamner aux dépens, tant de 1re instance que d'appel.

Et je lui ai, audit domicile et parlant comme ci-dessus, laissé copie du présent exploit dont le coût est de ...

Décompte. (Tarif, art. 29, § 21.)

Timbre..	Mémoire
Original..	2 »
Copie..	» 50
Enregistrement..	18 75
Total..	21 25

FORMULE 181. — Art. 501 C. C.; Mourlon, t. I, p. 656.

Insertion du jugement sur les tableaux affichés dans la salle de l'auditoire du tribunal.

Suivant jugement rendu par le trib. de 1re inst. de ..., le ..., enregistré, le sieur A... (*p., q. et d.*) a été mis en état d'interdiction.

Pour extrait. Le greffier.

(*Signature.*)

FORMULE 182. — Art. 501 C. C. ; loi du 25 ventôse an XI ; Mourlon, t. I, p. 656.

Tableaux nominatifs des personnes interdites ou pourvues d'un conseil judiciaire dans l'arrondissement de ..., département de ..., dressés en exécution de l'art. 18 de la loi du 25 ventôse an XI, de l'art. 501 du C. C., et de l'art. 175 du décret du 16 février 1807.

§ 1er.

PERSONNES INTERDITES.

Nos d'ordre.	NOMS ET PRÉNOMS.	Professions.	Demeures.	Dates des jugements.	OBSERVATIONS.

§ 2.

PERSONNES POURVUES D'UN CONSEIL JUDICIAIRE.

Nos d'ordre.	NOMS ET PRÉNOMS.	Professions.	Demeures.	Dates des jugements.	OBSERVATIONS.

FORMULE 183. — Art. 507 C. C. ; Mourlon, t. I, p. 659.

Procès-verbal de délibération par lequel le conseil de famille nomme pour tutrice la femme de l'interdit.

Voir les formules 143 et 145, sauf à modifier l'exposé et les termes de la délibération.

FORMULE 184. — Art. 503 C. C. ; Mourlon, t. I, p. 662 et 672.

Demande en nullité d'un acte fait par un interdit avant son interdiction.

L'an ..., le ..., à la requête de M. A... (*p., q. et d.*), pour lequel domicile est élu à ..., rue ..., n° ..., en l'étude de Me ..., avoué près le trib. de 1re inst. de... qu'il constitue et qui occupera pour lui, sur la présente assignation, agissant, ledit sieur A..., comme tuteur à l'interdiction du sieur B... (*p., q. et d.*), j'ai (*immatricule de l'huissier*), soussigné, donné assignation au sieur C... (*p., q. et d.*), audit domicile et parlant à ..., à comparaître d'aujourd'hui à huitaine franche, outre un jour par trois myriamètres de distance, à l'audience et devant MM. les président et juges composant le trib. de 1re inst. de ..., au palais de justice, à ... heures du matin, pour, à défaut de conciliation, ainsi qu'il résulte d'un procès-verbal dressé par M. le juge de paix du canton de ..., le ..., enregistré, dont il est donné copie en tête (*de celle*) des présentes (*ou, à défaut de comparution en conciliation, ainsi qu'il résulte de la mention délivrée par M. le juge de paix, etc., en marge de la citation en conciliation donnée à la requête du demandeur*), attendu que, suivant acte sous seing privé, en date, du ..., à ..., enregistré au bureau de ..., le ..., f° ..., aux droits de ..., le sieur B... s'est reconnu débiteur envers ledit sieur C... d'une somme de..., stipulée remboursable le ...; attendu qu'à l'époque où cet acte a été fait, le sieur B... était dans un état de démence tellement notoire que ledit sieur C... n'a pu l'ignorer; attendu que l'interdiction dudit sieur B..., prononcée depuis par le tribunal de 1re instance de ..., a été spécialement motivée sur des faits remontant à l'époque dont s'agit; par ces motifs, voir l'obligation précitée déclarée nulle, et ordonner que la grosse en sera remise au requérant, s'entendre, en outre, condamner aux dépens.

Et j'ai, audit domicile et parlant comme ci-dessus, laissé copie du présent, dont le coût est de... (*Signature de l'huissier.*)

Décompte. (Tarif, art. 27.)

Coût ordinaire des exploits........................ 7 45

FORMULE 185. — Art. 504 C. C.; Mourlon, t. I, p. 663.

Demande par laquelle l'héritier d'une personne non interdite poursuit la nullité d'un acte portant en lui la preuve de la démence.

(*Voir la formule précédente; seulement indiquer, comme requérant, le nom de l'héritier et sa qualité héréditaire, et après ces mots : n'a pu l'ignorer, ajouter :*)

Attendu, enfin, que l'acte en question porte en lui-même les preuves les plus irrécusables de la démence (*les indiquer*), par ces motifs (*comme en la formule précédente*).

Même décompte.

FORMULE 186. — Art. 512 C. C.; Mourlon, t. I, p. 665.

Requête en mainlevée d'interdiction.

A M. le président du tribunal de 1re instance de ...

Le sieur A... (*p., q. et d.*), ayant pour avoué Me...

A l'honneur de vous exposer que, par jugement rendu par le trib. de 1re instance de ..., enregistré, le requérant a été mis en état d'interdiction pour cause de démence; que depuis lors il a été soumis aux soins des gens de l'art; qu'il a recouvré complètement l'usage de sa raison, ainsi qu'il résulte d'un certificat délivré par le médecin en chef de l'hospice de

..., qu'il joint à la présente requête; que la folie momentanée dont il a été atteint était le résultat d'un accident dont les suites ont entièrement disparu. Par ces motifs, l'exposant conclut à ce qu'il vous plaise, Monsieur le président, lui donner acte de ce qu'il entend demander la mainlevée de son interdiction, ordonner la communication de la présente requête, etc. (*La suite comme en la formule* 178.)

Décompte comme en la formule 178.

FORMULE 187. — Mourlon, t. I, p. 671.

Requête à l'effet de faire nommer à quelqu'un un conseil judiciaire.

Voir la formule 178.

FORMULE 188. — Mourlon, t. I, p. 671.

Requête en mainlevée de cette demi-interdiction.

Voir la formule 186.

De la distinction des biens.

FORMULE 189. — Art. 520 et 521 C. C.; Mourlon, t. I, p. 654.

Vente à l'amiable d'une récolte pendante par branches et par racines.

Voir au mot : *Vente de récolte.*

FORMULE 190. — Art. 521 C. C.; Mourlon, t. I, p. 6 2.

Vente d'une coupe de bois.

Par-devant Me..., etc.

Ont comparu :

Le sieur A... (*p., q. et d.*), d'une part,

Le sieur B... (*p., q. et d.*), d'autre part,

Lesquels sont convenus de ce qui suit :

Le sieur A... vend à M. B..., qui accepte,

La coupe de l'exercice 18 ... à faire dans la forêt de ..., au lieu dit ..., d'une contenance de ...

Cette vente est faite à la charge par l'acquéreur :

1° De ne pouvoir exiger de réarpentage, la vente ayant lieu sans garantie de mesure, la différence entre la mesure réelle et la mesure déclarée devant, excédât-elle un vingtième, tourner au profit ou à la perte de l'acquéreur;

2° De respecter les réserves faites dans la coupe et qui sont marquées du marteau du propriétaire, lesquelles consistent en 1° ... anciens; 2° ... modernes; 3° ... baliveaux de l'âge du taillis; 4° tous les arbres fruitiers, même ceux non marqués; dans le cas où l'acquéreur laisserait un moins grand nombre de réserves que celui ci-dessus indiqué, le vendeur pourra le poursuivre en réparation du dommage, conformément aux lois forestières; s'il en laissait au contraire un plus grand nombre, l'acheteur ne pourrait, après les délais d'exploitation, ni les enlever, ni en exiger le prix;

3° De se conformer en tout point aux lois et règlements en vigueur, particulièrement au Code forestier, et aux conditions et clauses spéciales établies par le cahier des charges officiel dressé par l'administration pour la vente et l'exploitation des bois de l'État;

4° De ne pouvoir exiger aucune diminution de prix pour les places vides, mares, fossés, chemins qui peuvent se trouver dans l'intérieur du bois;

5° De ne pouvoir écorcer, sous les peines prononcées par les lois forestières;

6° De ne point chasser;

7° De terminer l'abatage le 15 avril prochain, d'effectuer la traite et vidange dans l'année qui suivra le 15 avril prochain, de faire la desserte par ... (*indiquer les chemins*), sans pouvoir en suivre d'autres;

8° De faire à ses frais le récolement, au plus tard le 15 mai 18...

Il sera fait délivrance à l'acquéreur des anciennes places à charbon, des mousses, gazons, feuilles mortes et harts nécessaires pour couvrir les fours à charbon, et pour façonner les bourrées et fagots; mais cette délivrance n'aura lieu qu'aux jours et lieux qui seront indiqués par le garde de la propriété.

En outre, cette vente est faite moyennant ..., qui seront payables dans la demeure du vendeur, le ..., sans intérêts jusque-là, mais avec intérêts à 5 p. 100 en cas de retard.

Jusqu'au payement intégral de ce prix, M. B... ne pourra enlever de l'assiette de la coupe que la moitié des produits à en provenir.

A défaut de payement, le vendeur pourra s'opposer à l'enlèvement de tous les produits qui s'y trouveront encore, quand bien même ils excéderaient la moitié en question; il fait à cet égard réserve expresse de son privilège.

Dont acte, pour l'exécution duquel, etc. (Voir. *Élection de domicile.*)

Décompte :		
	Timbre de minute et d'expédition.............	Mémoire
	Enregistrement 2 fr. 50 c. par 100.............	Mémoire
	Rôles suivant la classe.......................	Mémoire
	Frais de publicité............................	Mémoire
	Honoraires 1 p. 100...........................	Mémoire

FORMULE 191. — Art. 545 C. C.; Mourlon, t. I, p. 724 et suiv. S. S. P.

Règlement amiable de l'indemnité à payer au propriétaire et au locataire en cas d'expropriation pour cause d'utilité publique.

Par-devant Me ..., etc.

Ont comparu :

Le sieur A... (*p., q. et d.*),

Agissant au nom et pour le compte de la Compagnie anonyme du chemin de fer de..., régulièrement constituée, dont le siège est à ..., et comme spécialement autorisé, à l'effet des présentes, conformément aux articles ... des statuts, suivant délibération prise par le conseil d'administration et par la commission administrative de ladite compagnie, en date des ..., de laquelle délibération un extrait en forme a été déposé pour minute au notaire soussigné, par acte reçu par lui, le ..., enregistré, d'une part;

M. B... (*p., q. et d.*), d'autre part;

Lesquels, avant de constater les adhésion et quittance qui font l'objet des présentes, ont exposé ce qui suit :

EXPOSÉ.

§ 1er. FORMALITÉS.

Un jugement rendu par le trib. de 1re instance de ..., le ..., enregistré, après l'accomplissement de toutes les formalités voulues par la loi, a prononcé l'expropriation pour cause d'utilité publique des propriétés et portions de propriétés nécessaires à l'établissement du chemin de fer de ... et de ses dépendances dans l'arrondissement de ...

Ce jugement a été publié et affiché dans la commune de ..., ainsi qu'il résulte d'un certificat délivré par le maire de ladite commune, le ..., conformément aux art. 5 et 15 du 3 mai 1841. Enfin, la grosse dudit jugement a été transcrite au bureau des hypothèques de ..., le ..., vol. ..., n° ..., sans que le conservateur ait délivré d'état général sur l'ensemble des propriétaires portés au jugement, en ayant été dispensé par la Compagnie.

§ 2. DÉSIGNATION DES PARCELLES EXPROPRIÉES SUR M. B... ET ÉTABLISSEMENT DE PROPRIÉTÉ.

La parcelle expropriée dont M. B... se déclare propriétaire sur la commune de ..., inscrite au plan parcellaire du chemin de fer de ..., à ..., sous le n° ..., et à la matrice cadastrale, section ..., n° 1 ..., ous le nom de ..., consiste en ... (*désigner l'immeuble*).

Cet immeuble appartient (voir au mot *Vente*, le titre : *Établissement de propriété*).

§ 3. SITUATION HYPOTHÉCAIRE.

D'un état spécial, délivré par le conservateur des hypothèques de l'arrondissement de ..., en date du ..., sur la réquisition de la Compagnie, il résulte qu'il n'existe aucune inscription grevant M. B...

Ce dernier déclare, d'ailleurs, en tant que de besoin, sous les peines du stellionat, qu'il n'est pas obligé au remploi de la somme formant l'indemnité, et qu'il n'est soumis à aucune hypothèque légale, n'étant ni marié, ni tuteur, ni fonctionnaire public.

§ 4. ENTRÉE EN JOUISSANCE, CONTRIBUTIONS.

La Compagnie est en possession des biens expropriés. Elle en paye les impôts à partir du ...

§ 5. FIXATION DE L'INDEMNITÉ.

L'indemnité due à raison de l'expropriation a été fixée, d'accord entre les parties, à la somme de deux mille francs.

§ 6. RÉSUMÉ DE L'EXPOSÉ.

Par l'effet du jugement susénoncé, la Compagnie est devenue propriétaire incommutable de l'immeuble ci-dessus désigné, libre et quitte de toutes charges, servitudes et services fonciers.

L'indemnité due à raison de cette expropriation ayant été fixée, il ne reste plus qu'à solder cette indemnité, et à constater l'acquiescement de M. B... au jugement d'expropriation, ce à quoi il a été procédé comme suit :

ART. 1er. — ACQUIESCEMENT.

Le sieur B... déclare acquiescer aux dispositions du jugement précité, renoncer au bénéfice des art. 60 et 61 de la loi du 3 mai 1841, dont il a pris connaissance, et faire réserve des droits qui peuvent compéter au sieur C..., locataire de la parcelle expropriée pour ... années, suivant bail reçu par Me ..., notaire à ..., qui en a minute, et son confrère, le ... enregistré.

ART. 2. — PAYEMENT.

Rien ne s'opposant à la libération de la Compagnie, à l'instant même elle a par l'entremise de son représentant, payé et réellement délivré, à la vue du notaire soussigné, à M. B..., qui le reconnaît, ladite somme de ..., formant le solde de l'indemnité, pourquoi il consent quittance sans aucune réserve.

A ce fut présent et est intervenu le sieur C... (*p.*, *q. et d.*), locataire de la parcelle expropriée, lequel, après être tombé d'accord à l'amiable avec M. A..., représentant la Compagnie, a reconnu avoir présentement reçu dudit sieur A..., à la vue des notaires soussignés, la somme de ..., à titre d'indemnité pour la jouissance à laquelle il avait droit sur la parcelle expropriée, en vertu du bail précité, consentant qu'à son égard ladite Compagnie prenne possession pleine et entière de ladite parcelle, faisant réserve de l'effet de son bail sur les autres biens qui y sont compris.

Les frais et honoraires des présentes seront supportés par la Compagnie.

Pour l'exécution des présentes, les parties font élection de domicile savoir : M. A..., pour la Compagnie en son siége, et M. B..., en l'étude du notaire soussigné.

Dont acte, etc.

Décompte :	Enregistrement...........................	Gratis
	Timbre....................................	Gratis
	Honoraires de la minute à régler de gré à gré....................................	
	Rôles d'exp. suivant la classe..................	Mémoire

FORMULE 192. — Art. 555 C. C.; Mourlon, t. I, p. 737 et suiv. S. S. P.

Règlement entre le propriétaire d'un fonds sur lequel ont été faites des constructions ou des plantations par un tiers.

Par-devant Me ..., etc.

M. A.., (*p.*, *q. et d.*), d'une part, M. B... (*p.*, *q. et d.*), d'autre part.

Lesquels ont dit et fait ce qui suit :

EXPOSÉ.

Dans le courant de l'année ..., M. A... a fait construire une maison et diverses dépendances sur un terrain sis à ..., dont il pensait être légitime propriétaire; mais depuis lors, sur la demande de M. B.... un jugement rendu par le tribunal de 1re instance de ..., le ..., enregistré, tout en reconnaissant la bonne foi de M. A..., a déclaré M. B... incontestable propriétaire de l'immeuble sur lequel les constructions ont été élevées.

Ce jugement a été signifié à M. A..., par exploit de ..., huissier à ..., le ..., enregistré; il a par conséquent acquis force de chose jugée.

Pour la fixation de l'indemnité due aux termes de l'art. 555 du C. C., M. A... a justifié par les mémoires des ouvriers et par notes et factures, que les dépenses par lui faites à l'occasion des constructions élevées sur le terrain de M. B... avaient coûté une somme de ..., mais, après avoir pris l'avis de personnes à ce connaissant, les parties ont reconnu que la plus-value donnée à l'immeuble ne devait être évaluée qu'à la somme de ... Elles ont, en conséquence, fixé, d'un commun accord, à cette dernière somme ..., l'indemnité due par M. B... à M. A...

Conventions et payement.

ART. 1er.

M. A... acquiesce au jugement précité, il consent à ce qu'il reçoive son entière exécution.

ART. 2.

M. A... reconnaît avoir présentement reçu de M. B..., en bonnes espèces métalliques délivrées à la vue des notaires soussignés, la somme de ..., montant de l'indemnité à laquelle il avait droit pour les constructions par lui faites sur le sol dudit sieur B..., lesquelles resteront la propriété de ce dernier, par droit d'accession.

Les frais des présentes seront supportés par moitié entre les parties.

Le notaire déclare avoir donné lecture aux parties des articles 12 et 13 de la loi du 23 août 1871.

Dont acte, etc.

Décompte :	Timbre de minute et d'expédition..........	Mémoire
	Enregistrement, 6 fr. 88 par 100............	Mémoire
	Transcription................................	Mémoire
	Rôles suivant la classe......................	Mémoire
	Honoraires, 1 p. 100.........................	Mémoire

De l'usufruit, de l'usage et de l'habitation.

FORMULE 193. — Art. 579 C. C.; Mourlon, t. I, p. 760. S. S. P.

Acte à titre onéreux constitutif d'un droit d'usufruit sur un immeuble.

Par-devant Me..., etc.

A comparu M. A. (*p.*, *q. et d.*),

Lequel a vendu à M. B... (*p.*, *q. et d.*), à ce présent et qui accepte,

L'usufruit d'une maison sise à ..., rue ..., consistant en (*désignation*).

M. B... jouira, en usufruit seulement, pendant sa vie, de ladite maison et de ses dépendances, à compter du ..., sans être obligé de fournir caution.

Cet immeuble appartient (*voir pour l'établissement de propriété la formule* 541).

La présente vente est faite à la charge par l'acquéreur, savoir : 1° de faire faire, avant son entrée en possession et à ses frais, et contradictoirement avec le vendeur, un état de la maison ci-dessus désignée; 2° de jouir de cette maison en bon père de famille et sans en changer la nature; 3° de l'entretenir en bon état de réparations locatives et usufructaires pendant toute la durée de son usufruit; 4° de souffrir les grosses réparations qui seront à faire, quelle que soit leur durée; 5° de souffrir les servitudes passives de toute nature qui peuvent la grever; 6° de payer, à partir du ..., les contributions de toute nature dont ladite maison est ou pourra être chargée ainsi que les cotisations d'assurance contre l'incendie; 7° de payer les frais et honoraires du présent contrat.

(*Pour le prix, la transcription, la purge des hypothèques, l'état civil des vendeurs, la remise des titres, l'élection de domicile, voir au mot :* VENTE, *formule* 541.)

Le notaire déclare avoir donné lecture aux parties des articles 12 et 13 de la loi du 23 août 1871.

Dont acte, fait et passé, etc.

NOTA. Lorsque l'usufruit est constitué sur un immeuble rural, il est bon de convenir, par une clause spéciale, que les ventes de fruits et récoltes sur pied, consenties de bonne foi pour l'usufruit seront opposables au nu propriétaire, lequel alors aura droit au prix, si l'usufruitier meurt avant la récolte.

Après la clause du prix, attendu la fréquence des expropriations, on peut mettre :

Il est convenu que dans le cas où l'immeuble vendu serait exproprié pour cause d'utilité publique, l'indemnité à provenir de cette expropriation ne pourra être touchée que par le nu propriétaire et par l'usufruitier simultanément et sur la quittance des deux, et qu'elle sera immédiatement employée en rentes 3 p. 100 sur l'État, au nom du sieur A..., quant à la nue propriété, et à celui du sieur B..., quant à l'usufruit.

Décompte :	Timbre de minute et d'expédition.....	Mémoire
	Rôles suivant la classe.............	Mémoire
	Enregistrement 6 fr. 88 c sur le prix stipulé............................	Mémoire
	Frais de transcription et de purge.....	Mémoire
	Honoraires 1 p. 100 sur le prix.......	Mémoire

FORMULE 194. — Art. 579 C. C. ; Mourlon, t. I, p. 760.

Donation d'un droit d'usufruit sur un immeuble.

Par-devant M^e ..., etc.[1].

A comparu :

M. A... (*p.*, *q. et d.*)

Lequel a fait donation entre-vifs et irrévocable, sans aucune garantie, à M. B... (*p.*, *q. et d.*), qui accepte, de l'usufruit pendant sa vie, de ladite maison à partir du ..., à titre d'usufruitier, sans être tenu de donner caution.

Pour l'établissement de propriété, voir la formule 541.

Cette donation est faite à la charge par le donataire, savoir : 1° etc. (*voir la formule précédente*).

(Pour les formalités hypothécaires, l'état civil du donateur, la remise des titres, voir la formule 541.)

Pour la perception du droit d'enregistrement et sans tirer à conséquence, les parties déclarent que l'immeuble donné est loué moyennant un loyer annuel de ..., en sus des impôts.

Dont acte, etc.

Décompte :	Timbre de minute et d'expédition........	Mémoire
	Rôles suivant la classe..................	Mémoire
	Enregistrement, droit de donation, suivant la position des parties, sur le revenu multiplié par dix.............	Mémoire
	Frais de transcription..................	Mémoire
	Honoraires 1 p. 100 sur le capital au denier dix du revenu................	Mémoire

FORMULE 195. — Art. 587 C. C. ; Mourlon, t. I, p. 769, 770.

Vente de l'usufruit d'une créance.

Par-devant ... etc.

A comparu :

M... A. (*p.*, *q. et d.*),

Lequel a vendu à M. B... (*p.*, *q. et d.*), qui accepte, l'usufruit d'une créance de ... à lui constituée par le sieur C... (*p.*, *q. et d.*), suivant acte reçu par M^e ..., notaire à ..., qui en a gardé minute, et son confrère, le ..., enregistré, productible d'intérêts à 5 p. 100 par an, par semestres, aux 1er janvier et 1er juillet de chaque année. Cette créance est conservée par une inscription hypothécaire faite au bureau des hypothèques de ..., le ..., vol. ..., fol. ...

M. B... jouira de cette créance à partir de ce jour jusqu'à son décès.

A l'effet de quoi M. ... le met et subroge, mais pour l'usufruit seulement, dans tous les droits, privilèges et hypothèques qui conservent

1. Forme des donations.

ladite créance, et spécialement dans l'effet de l'inscription ci-dessus énoncée, qu'il sera spécialement chargé de faire renouveler, en temps utile, tant en son nom qu'en celui du nu propriétaire, à peine, en cas d'oubli, de tous dommages et intérêts.

La présente vente est faite moyennant la somme de ..., que M. A... reconnaît avoir présentement reçue de M. ..., en bonnes espèces métalliques comptées et réellement délivrées à la vue des notaires soussignés; dont quittance.

Il est expressément convenu que l'exigibilité de ladite créance arrivant avant l'extinction de l'usufruit, le remploi en sera fait par les parties en rentes 3 p. 100 sur l'État, au nom de M. A... quant à la nue-propriété, et au nom de M. B... quant à l'usufruit.

Ce dernier reconnaît que remise vient de lui être faite par le cédant de la grosse de la créance faisant l'objet de la présente cession d'usufruit; dont décharge.

Pour faire signifier ces présentes à qui besoin sera, tous pouvoirs sont donnés au porteur d'un extrait ou d'une expédition.

Dont acte, etc.

Décompte :	Timbre de minute et d'expédition.........	Mémoire
	Enregistrement 1 fr. 25 sur le prix.......	Mémoire
	Rôles suivant la classe..................	Mémoire
	Subrogation, salaire et timbre............	2 35
	Honoraires, 1 p. 100 sur le prix..........	Mémoire

FORMULE 196. — Art. 595 C. C.; Mourlon, t. I, p. 785.

Cession d'un usufruit.

Par-devant Me ..., etc.

A comparu :

M. A... (*p., q. et d.*),

Lequel a cédé à M. B... (*p., q. et d.*), à ce présent et ce acceptant, l'usufruit auquel il a droit sa vie durant sur la somme de ..., montant d'une créance reconnue par M. C... (*p., q. et d.*), au profit de M. D... (*p., q. et d.*), aux termes d'un acte reçu par Me ..., notaire à ..., qui en a gardé minute, et son confrère, le ..., enregistré, stipulée exigible le ..., et productive d'intérêts à raison de 5 p. 100 par an sans retenue, de six en six mois, aux 1er janvier et 1er juillet de chaque année, avec hypothèque sur (*désignation*), inscrite au bureau des hypothèques de .... le ..., vol. ..., n° ...

Cet usufruit a été constitué au profit du cédant par M. D..., aux termes d'un acte reçu par Me ..., notaire à ..., qui en a minute, et son confrère, le ..., enregistré, moyennant ... de prix principal payé comptant par l'acte de constitution qui en contient quittance.

M. ... jouira de ladite créance depuis ce jour jusqu'à son décès. (*Le reste comme en la formule précédente.*)

Décompte : Voir la formule précédente.

FORMULE 197. — Art. 600 C. C.; Mourlon, t. I, p. 792.

Inventaire des effets mobiliers sujets à un droit d'usufruit.

L'an ..., le ..., heure de ...

A la requête :

1° de M. A..., (*p., q. et d.*),

Légataire universel en usufruit pendant sa vie, avec dispense de donner caution et de faire emploi, de M. B... (*p., q. et d.*), aux termes de son testament fait olographe, en date du ..., à ..., décrit par M. le président du tribunal de 1re instance de ..., suivant procès-verbal du ..., mis à cette date au rang des minutes de Me ..., notaire à ..., conformément à l'ordonnance contenue dans ledit procès-verbal et enregistré à ..., le ..., folio ..., C ..., par ..., aux droits de ...;

2° De M. C... (*p., q. et d.*),

Légataire universel, en nue propriété, de mondit sieur B..., aux termes du testament précité.

A la conservation des droits et intérêts des parties, etc. (*Voir la suite comme en la formule* 150.)

Décompte. Voir formule 150.

FORMULE 198. — Art. 600 C. C.; Mourlon, t. I, p. 792.

État des immeubles grevés d'un droit d'usufruit.

Les soussignés :

M. A... (*p., q. et d.*), d'une part,

M. B... (*p., q. et d.*), d'autre part,

Pour la conservation des droits de M. B..., nu propriétaire de la maison ci-après indiquée et de ses dépendances, dont la jouissance usufruitière appartient à M. A..., sa vie durant, aux termes d'un acte (*énoncer l'acte constitutif de l'usufruit*), se sont transportés en une maison sise à ..., rue ..., à l'effet de constater l'état des lieux de ladite maison, conformément à l'art. 600 du C. C., ce qui a eu lieu comme suit :

DESCRIPTION SOMMAIRE.

Ladite maison, d'un seul corps de logis entre cour et jardin, est composée d'un étage de caves, d'un rez-de-chaussée, d'un entre-sol, de trois étages et d'un étage en mansarde, le tout surmonté d'un combles à deux égouts. Au milieu de ce corps de logis est un escalier en charpente de chêne avec rampe en fer depuis le rez-de-chaussée jusqu'aux combles, et avec murailles et marches en pierre de taille dans la profondeur de l'étage des caves.

Dans la cour se trouve une pompe en cuivre. Dans le jardin sont deux statues en marbre représentant, l'une Apollon, l'autre Diane.

L'ensemble de cette maison est en bon état. Les ravalements sont neufs. Chaque porte ou croisée est garnie d'une paire de persiennes en chêne peintes à neuf en gris. Les toits sont garnis de gouttières en zinc aboutissant à la conduite de descente en fonte, etc.

SOUS-DÉTAIL.

(*On commence par les caves, on décrit le premier étage, puis le second et ainsi de suite jusqu'aux combles.*)

A droite de l'escalier se trouve un vaste berceau de caves en moellons et plâtre, dans lequel on entre par une porte en chêne ferrée de deux pentures et d'une forte serrure avec sa clef, le tout en bon état, etc., etc.

(*On continue pièce par pièce en spécifiant toutes les parties qui composent l'intérieur de la maison, en énonçant la matière, la qualité, la forme et l'état de conservation de chacun des objets qui composent ledit intérieur, tels que portes, croisées, poêles niches, cheminées, etc. Si quelque chose paraît en vétusté, faire suivre la description de la déclaration suivante : « Lequel objet sera reçu par le nu propriétaire à la fin de l'usufruit en l'état où il se trouvera, attendu sa vétusté,* » etc., etc.)

Attendu qu'il ne s'est plus rien trouvé à décrire, le présent état est demeuré clos du consentement des parties qui déclarent en adopter le contenu.

Fait double à ..., le ...

(*Signatures des parties, précédées de : approuvé l'écriture ci-dessus.*)

NOTA. Cet acte peut se faire par procès-verbal notarié; c'est alors le notaire qui fait la description en présence des parties.

Décompte :	Timbre	Mémoire.
	Enregistrement	3 75
	Honoraires, vacations	Mémoire.

FORMULE 199. — Art. 601 C. C.; Mourlon, t. I, p. 793.

Cautionnement fourni par un usufruitier.

NOTA. Si la caution est fournie par suite d'une décision judiciaire, *voir formule* n° 55.

Si la caution est donnée à l'amiable, l'acte de cautionnement est rédigé comme suit :

Entre les soussignés :

M. A... (*p.*, *q. et d.*), d'une part,

M. B... (*p.*, *q. et d.*), d'autre part,

A été convenu ce qui suit :

Le sieur A... déclare se porter caution du sieur C... (*p.*, *q. et d.*), à raison de l'usufruit auquel ledit sieur C... a droit pendant sa vie sur une maison sise à ..., rue ..., appartenant en nue propriété au sieur B... et, en conséquence, il garantit le sieur B... de tous abus de jouissance que pourra commettre ledit sieur C..., s'obligeant, au besoin, personnellement à la restitution de ladite maison, à la fin de l'usufruit, dans l'état qui en a été constaté par acte, etc. (*l'énoncer*), ainsi qu'au payement de tous dommages et intérêts s'il y a lieu.

M. B... accepte cette caution.

Fait double à ..., le ...

Décompte : Timbre........................ Mémoire.
Enregistrement................. 3 75
Honoraires à régler de gré à gré........................ Mémoire.

FORMULE 200. — Art. 603 C. C.; Mourlon, t. I, p. 794.

Baux d'immeubles et prêts de somme au cas où l'usufruitier n'a pu donner aucune garantie au nu propriétaire.

Voir au titre du BAIL, et au titre des OBLIGATIONS.

(Seulement le bail est fait et l'obligation est acceptée par le nu propriétaire et par l'usufruitier simultanément.)

A la fin de l'acte il est dit ce qui suit :

Il est ici expliqué que M. A... aura seul droit aux loyers (ou *aux intérêts*) depuis ce jour jusqu'à son décès, comme usufruitier de l'immeuble loué (ou *de la somme prêtée*), et qu'à partir de ce décès seulement lesdits loyers (ou *intérêts*) appartiendront audit sieur A..., qui y a droit comme nu propriétaire, le tout ainsi qu'il résulte de (*énoncer l'acte de partage, le testament ou tout autre acte en vertu duquel le nu propriétaire* et *l'usufruitier se trouvent avoir des droits*).

FORMULE 201. — Art. 621 C. C.; Mourlon, t. I, p. 824.

Liquidation d'une succession appartenant à deux maîtres, à l'un quant à la nue propriété et à l'autre quant à l'usufruit.

Voir formule 283.

FORMULE 202. — Art. 621 C. C.; Mourlon, t. I, p. 824.

Renonciation à un droit d'usufruit [1].

Par-devant ..., etc.

A comparu M. A... (*p., q. et d.*)

Lequel a déclaré renoncer formellement à l'usufruit auquel il a droit aux termes de (*énoncer l'acte en vertu duquel existe l'usufruit*), sur une maison sise à ..., rue ..., dont la nue propriété appartient à M. B... (*p., q. et d.*); il consent, en conséquence, que ledit sieur B... ait désormais la toute propriété et jouissance de ladite maison, sauf à lui à supporter toutes les charges de cet immeuble.

A ce fut présent et est intervenu M B... (*ci-dessus prénommé, qualifié et domicilié*), lequel a déclaré accepter cette renonciation et s'obliger à acquitter, à partir de ce jour, toutes les charges dont M.... était tenu comme usufruiter.

Cette renonciation est faite sans bourse délier.

1. Pour peu que cet acte puisse, par la position respective des parties, paraître renfermer un don et non un abandon d'un droit onéreux, il serait sage d'employer la forme des donations (Demante, *Cours analytique*, t. II, n° 467 *bis* ; Demolombe, t. X, n° 732.)

Mention des présentes est consentie sur tous titres et pièces.

Fait et passé...

Décompte : Timbre de minute et d'expédition.......... Mémoire.
Rôles suivant la classe.................... Mémoire.
Enregistrement, le même que dans l'acte de constitution, (*voir la formule supra* 193).. Mémoire.
Transcription et purge..................... Mémoire.
Honoraires 1 p. 100 sur la valeur de l'usufruit............................... Mémoire.

FORMULE 203. — Art. 618 C. C. ; Mourlon, t. I, p. 825.

Demande en cessation d'usufruit pour cause d'abus de jouissance.

L'an ..., le ...

A la requête du sieur A... (*p., q. et d.*), pour lequel domicile est élu à ..., rue.... n° ..., en l'étude de Mᵉ ..., avoué près le tribunal de 1ʳᵉ instance de ..., qu'il constitue et qui occupera pour lui sur la présente assignation, j'ai (*immatricule de l'huissier*), soussigné, donné assignation au sieur B... (*p., q. et d.*) audit domicile et parlant à ..., à comparaître d'aujourd'hui à huitaine franche, outre un jour par trois myriamètres de distance, à l'audience et devant MM. les président et juges composant le tribunal de 1ʳᵉ instance de ..., au palais de justice à ..., dix heures du matin..., pour, à défaut de conciliation, ainsi qu'il résulte d'un procès-verbal dressé par M. le juge de paix du canton de ..., le ..., enregistré, et dont copie est donnée en tête (*de celle*) des présentes, attendu que ledit sieur B... est, en vertu d'un ... (*énoncer le titre*), usufruitier de la forêt de. .., dont le requérant a la nue propriété; attendu que non-seulement ledit sieur B... n'acquitte aucune des charges de cet usufruit, ce qui résulte des poursuites qui ont été dirigées contre lui pour le payement des intérêts des créances hypothéquées sur la forêt soumise à l'usufruit, mais encore qu'il abuse de la manière la plus caractérisée de la jouissance usufruitière à laquelle il a droit; qu'en effet depuis quelques années il a, par des coupes anticipées, violé l'aménagement ordinaire de la forêt, abattu les réserves et les futaies et fait un tort considérable au nu propriétaire; par ces motifs, voir dire, par le jugement à intervenir, que l'usufruit auquel il a droit sera considéré comme éteint; ordonner que le requérant prendra possession immédiate de la forêt de...; s'entendre condamner aux dépens et à tous dommages et intérêts qui seront ultérieurement fixés par état; à ce qu'il n'en ignore, je lui ai, audit domicile, parlant comme ci-dessus, laissé copie du présent dont le coût est de ...

Décompte :		
	Original..........................	2 »
	Copie.............................	».50
	Enregistrement....................	3.75
	Timbre............................	1.20
	Total....	7.45

FORMULE 204. — Art. 625 C. C.; Mourlon, t. I, p. 833.

Donation d'un droit d'habitation.

Par-devant Me..., etc.[1].

Fut présent :

M. A... (*p.*, *q. et d.*),

Lequel a par ces présentes concédé et donné à titre gratuit et irrévocable en la meilleure forme que donation puisse se faire avec garantie de tous troubles,

A. M. B... (*p.*, *q. et d.*) à ce présent et ce acceptant,

Le droit d'habiter personnellement, pendant toute sa vie, dans une maison sise à (*la désigner*).

Pour par lui en jouir, sans être obligé de fournir caution, à compter du ..., pour lui, sa femme et ses enfants, ainsi qu'au besoin, pour les parents auxquels d'après la loi il devrait des aliments, mais néanmoins durant la vie dudit sieur B... seulement.

La présente donation est faite à la charge par le donataire qui s'y oblige, 1° de jouir de ladite maison en bon père de famille, de la tenir en état de toutes les réparations d'entretien dont elle aura besoin pendant la durée du droit d'habitation, et de la laisser, à la fin de sa jouissance, conforme à l'état de lieux qui en sera dressé, entre les parties, aux frais de M. B...; 2° de souffrir sans indemnité que M. A... fasse les grosses réparations qui pourront devenir nécessaires à ladite maison, quelle que soit leur durée; 3° d'en payer, à compter du ..., les contributions de toute nature, et de supporter les charges de ville et de police dont elle peut être tenue; 4° de souffrir la perte du droit d'habitation concédé dans le cas de démolition ou de destruction de ladite maison par cas fortuit ou de force majeure, pour ce droit ne revivre dans le cas où ladite maison serait rebâtie; 5° de payer les frais et honoraires des présentes.

De son côté, le sieur A... s'oblige à faire faire en temps utile les grosses réparations qui deviendront nécessaires.

Pour la perception du droit d'enregistrement seulement, et sans tirer à conséquence, les parties évaluent le droit d'habitation donné à ...

Dont acte, pour l'exécution duquel les parties, etc.

Décompte. Voir la formule 194.

FORMULE 205. — Art. 625 et suiv. C. C.; Mourlon, t. I, p. 833. S. S. P.

Vente d'un droit d'habitation.

Par-devant ..., etc.

A comparu M. A... (*p.*, *q. et d.*),

Lequel a vendu

A. M. B... (*p.*, *q. et d.*), présent et qui accepte,

1 Dans la forme des donations.

Le droit d'habiter, etc. (*comme en la formule précédente jusqu'à* « La présente »).

La présente vente est faite aux charges et conditions suivantes, que le sieur B... s'oblige d'exécuter, savoir :

1° De jouir de ladite maison, etc. (*reproduire les charges énoncées en la formule précédente*).

Et en outre cette vente est faite moyennant, etc.

Voir pour le surplus, c'est-à-dire pour le prix, les formalités hypothécaires, la remise des titres, etc., la formule 541.

Dont acte, pour l'exécution duquel, etc.

Décompte. Voir formule 193.

FORMULE 206. — Art. 625 C. C; Mourlon, t. I, p. 833. S. S. P.

Vente d'un immeuble avec réserve d'un droit d'habitation.

NOTA. Voir la formule 541, seulement après la désignation on met :

Mais M. A... excepte de la présente vente le droit d'habitation pendant sa vie, pour lui, sa femme et ses enfants et ceux de ses parents auxquels, suivant la loi, il devrait des aliments, pour ce droit d'habitation être exercé dans un appartement dépendant de l'immeuble vendu, consistant en (*désigner l'appartement*).

Après l'établissement de propriété et les charges qui incombent à l'acquéreur, on met :

A l'égard du droit d'habitation ci-dessus réservé, le sieur A... s'oblige 1° à jouir, etc. (*voir la formule* 204).

Pour le prix, les formalités hypothécaires, la remise des titres, voir la formule 541.

Décompte. Voir *Vente.*

FORMULE 207. — Art. 625 et suiv. C. C.; Mourlon, t. I, p. 833.

Donation d'un droit d'usage.

Voir la formule 204.

FORMULE 208. — Art. 626 et suiv. C. C.; Mourlon, t. I, p. 833 et suiv. S. S. P.

Vente d'un droit d'usage.

Voir la formule 205.

FORMULE 209. — Art. 626 et suiv. C. C., Mourlon, t. I, p. 833 et suiv.

Vente d'un immeuble avec réserve d'un droit d'usage.

Voir la formule 206.

Des servitudes ou services fonciers.

FORMULE 210. — Art. 646 C. C.; Mourlon, t. I, p. 859 § 11.

Du bornage des propriétés contiguës.

CITATION EN BORNAGE.

L'an ..., le ..., à la requête du sieur A... (*p. et q.*), pour lequel domicile est élu à ..., j'ai (*immatricule de l'huissier*), soussigné, cité le sieur B... (*p., q. et d.*) audit domicile, où étant et parlant à ..., à comparaître, le ..., par devant M. le juge de paix du canton de ..., au lieu de ses audiences à ..., heures de ..., pour, attendu que les propriétés sises à ... lieu dit ..., appartenant au requérant et au sieur B ..., ne sont séparées par aucune borne qui en fixe les limites, voir déclarer, conformément à l'art. 646 du C. C., par M. le juge de paix procédant seul ou avec l'assistance de tel géomètre qu'il lui plaira de choisir et qui sera dispensé du serment, qu'il sera procédé en présence des parties ou elles dûment appelées à la délimitation et au bornage des deux propriétés contiguës et pour, en cas d'expertise ordonnée par M. le juge de paix, être statué par ce magistrat ce qu'il appartiendra sur le rapport des experts, déclarant, en outre, le requérant, que dans le cas où il serait élevé des contestations sur ses titres de propriété, le présent exploit vaudra citation en conciliation, sur la demande en bornage que le requérant introduirait alors devant le tribunal de 1re instance de ..., sous la réserve des dépens.

Et j'ai, audit domicile, parlant comme ci-dessus, laissé copie du présent dont le coût est de ...

Décompte :		
	Original	1 50
	Copie	» 40
	Enregistrement	1 88
	Timbre	1 20
	Total	4 98

FORMULE 211. — Art. 646 C. C.; Mourlon, t. I, p. 859.

Assignation en bornage.

Forme ordinaire des assignations. (Voir, ci-dessus, formule 92.)

Pour, attendu que le requérant est propriétaire à ..., lieu dit ..., d'un domaine contigu à celui du sieur B..., et que ces domaines ne sont pas bornés; attendu que sur la citation en bornage que le requérant avait faite audit sieur B..., devant M. le juge de paix du canton de ..., par exploit de ..., huissier à ..., le ..., enregistré, il a été élevé par le sieur B... des difficultés sur les titres de propriété du requérant, difficultés de nature à rendre M. le juge de paix incompétent; attendu que ce magistrat a vainement essayé de les concilier, ainsi qu'il résulte de son procès-verbal en date du ..., dont copie est donnée audit sieur B... en tête (*de celle*) des présentes, voir déclarer que par tel géomètre qu'il plaira au tribunal de désigner, il sera procédé à la délimitation et au bornage desdites propriétés, et qu'au cas où les titres du requérant seraient contestés, et, sur le rapport dudit géomètre, il sera statué ce qu'il appartiendra et se voir condamner aux dépens.

Et j'ai, audit domicile et parlant comme ci-dessus, laissé copie du présent dont le coût est de ... (*Signature de l'huissier.*)

Décompte : Coût ordinaire des exploits à 7,45 plus le droit de copie de pièces à 30 c. par rôle.

FORMULE 212. — Art. 646 C. C.; Mourlon, t. I, p. 859.

Procès-verbal de bornage.

L'an..., le..., à ..., heure de ..., nous..., géomètre assermenté, commis par le jugement ci-après énoncé.

Vu le jugement rendu par le tribunal de 1re instance de..., le ..., enregistré.

A la requête du sieur A... (*p.*, *q. et d.*) et du sieur B... (*p.*, *q. et d.*), nous nous sommes transporté (*indiquer le lieu et le pays*), afin de procéder au bornage ordonné par le jugement précité.

Où étant, en présence des requérants qui ont déclaré adhérer au jugement en question, nous avons procédé à la désignation des limites des deux propriétés; en conséquence nous avons placé (*description exacte de l'emplacement des bornes, de leur forme, de leur orientation et de tout ce qui, en dehors d'elles-mêmes, pourrait, en cas de suppression volontaire ou fortuite, en faire reconnaître l'emplacement*).

Le bornage étant ainsi fait, nous avons clos le présent procès-verbal que les parties ont signé avec nous après lecture, les jour et heure susdits.

(*Signatures.*)

Décompte :	
Timbre....................	Mémoire.
Enregistrement.............	3 75
Vacations du géomètre, 4 f. par trois heures..........	Mémoire.

FORMULE 213. — Art. 656 C. C.; Mourlon, t. I, p. 871. S. S. P.

Abandon de la mitoyenneté d'un mur[1].

Par-devant Me ..., etc.

A comparu :

M. A... (*p.*, *q. et d.*),

Lequel voulant s'affranchir des charges que fait peser sur lui la mitoyenneté d'un mur qui sépare sa propriété sise à..., lieu dit..., d'avec celle appartenant au sieur B... (*p.*, *q. et d.*), conformément à l'art. 656 du C. C.,

1. Si l'abandon était accepté, le droit de 6,88 p. 100 d'enregistrement serait dû, alors il y aurait lieu de déclarer la valeur du droit abandonné et de faire mention de la lecture des art. 12 et 13 de la loi du 23 août 1871.

a déclaré renoncer à la mitoyenneté du mur en question et à la copropriété du terrain sur lequel il est construit.

Pour faire signer ces présentes à qui besoin sera, tous pouvoirs sont donnés au porteur d'une expédition ou d'un extrait.

Dont acte[1], etc.

Décompte :	Timbre de minute et d'expédition..........	Mémoire.
	Enregistrement..........................	3 75
	Rôles suivant la classe....................	Mémoire.
	Honoraires, 1 p. 100......................	Mémoire.

FORMULE 214. — Art. 658 C. C.; Mourlon, t. I, p. 875. S. S. P.

Quittance d'indemnité de surcharge.

Par-devant, etc.,

A comparu :

M. A... (*p.*, *q. et d.*),

Lequel a reconnu avoir reçu de M. B ... (*p.*, *q. et d.*) la somme de ..., à laquelle a été évaluée par le sieur ..., expert commis par les parties, l'indemnité à laquelle avait droit le comparant, en raison de l'exhaussement fait par ledit sieur B..., sur un mur mitoyen séparant les propriétés desdites parties, sises à ..., lieu dit ...,, eu égard à la surcharge imposée au mur mitoyen.

De laquelle somme mondit sieur A... quitte et libère M. B..., dont quittance.

Pour faire mention des présentes, où besoin sera, tous pouvoirs sont donnés à tous notaires requis.

Dont acte, etc.

Décompte :	Timbre de minute.........................	» 60
	Timbre d'expédition......................	1 80
	Rôles suivant la classe....................	Mémoire.
	Enregistrement	» 63
	Honoraires 1/2 p. 100.....................	Mémoire.

FORMULE 215. — Art. 659 C. C.; Mourlon, t. I, p. 876. S. S. P.

Vente de la mitoyenneté d'un exhaussement.

Par-devant, etc.

A comparu (voir *Vente, formule* 541).

La désignation sera ainsi faite :

La mitoyenneté de l'exhaussement fait par ledit sieur A..., dans le courant de l'année..., sur un mur mitoyen, entre le vendeur et l'acquéreur, séparant leurs propriétés respectives, sises à ..., lieu dit ... ; ledit exhaussement ayant... mètres de hauteur, sur ... mètres de largeur, au-dessus du mur mitoyen, dont la hauteur était originairement de ... mètres, ensemble la moitié du terrain fourni par ledit sieur B... pour élargir la base de ce mur.

1. Cet acte n'est opposable aux tiers qu'après sa transcription (loi du 23 mars 1855)

Le reste comme en la formule 541.

Dont acte, etc.

Décompte :	Timbre de minute et d'expédition.	Mémoire.
	Rôles suivant la classe..........	Mémoire.
	Transcription..................	Mémoire.
	Enregistrement................	6 88
	Honoraires 1 p. 100............	Mémoire.

FORMULE 216. — Art. 661 C. C.; Mourlon, t. I, p. 866.

Vente de mitoyenneté à un propriétaire immédiatement voisin.

Voir la formule 541.

La désignation se fera comme suit :

La mitoyenneté d'un mur construit par ledit sieur A..., sur la limite immédiate de la propriété du sieur B..., sise à..., lieu dit..., ayant... mètres de longueur, et ... mètres de hauteur, depuis le bas des fondations jusques et y compris le chaperon, ensemble la moitié du sol sur lequel ce mur a été construit.

Le reste comme en la formule 541.

Décompte. Voir la formule précédente.

Des successions.

FORMULE 217 — Art. 745 et suiv. C. C.; Mourlon, t. I, p. 47.

Acte de notoriété supplétif d'inventaire, constatant une hérédité en ligne directe.

Par-devant Me ..., etc.

Ont comparu :

Le sieur A... (*p., q. et d.*),

Le sieur B... (*p., q. et d.*),

Lesquels ont attesté, pour vérité de notoriété publique, à tous qu'il appartiendra, qu'ils ont connu M. C... (*p., q. et d.*), et qu'ils savent qu'après son décès arrivé à ..., le ..., il n'a pas été fait d'inventaire, et qu'il a laissé pour seuls héritiers, chacun pour moitié : 1° M. ..., et 2° M. ..., etc., ses deux enfants, nés de son mariage avec dame ..., aujourd'hui sa veuve.

A l'appui de leur déclaration, MM. A... et B... ont présenté la copie de l'acte de décès dudit sieur C..., délivrée par ..., légalisée par ..., laquelle est demeurée ci-annexée, après que dessus mention de son annexe a été faite par lesdits notaires soussignés.

Fait et passé, etc.

Décompte : Timbre de minute et d'expédition.	Mémoire.
Rôles suivant la classe........................	Mémoire.
Enregistrement....................................	3 75
Honoraires...	6 »

FORMULE 218. — Art. 750 C. C.; Mourlon, t. I, p. 500.

Acte de notoriété supplétif d'inventaire, constatant une hérédité collatérale.

Voir la formule précédente.

Après ces mots : il n'a pas été fait d'inventaire, mettre :

Et qu'il a laissé pour seuls héritiers, savoir :

Dans la ligne paternelle : 1° M. ..., 2° M. ..., 3° M. ..., chacun pour un tiers dans la moitié affectée à cette ligne, comme cousins au... degré du défunt, ayant pour auteurs paternels communs le sieur ..., et la dame ..., son épouse, leurs trisaïeuls;

Et dans la ligne maternelle : 1° ..., 2° ..., 3°..., etc., chacun pour un tiers dans la moitié affectée à cette ligne, comme cousins au ... degré du défunt, ayant pour auteurs communs maternels M. ... et madame ..., son épouse, leurs trisaïeuls.

A l'appui de leur déclaration, MM. ... ont présenté : 1° l'acte de décès du sieur ...; 2° un arbre généalogique dressé sur une feuille au timbre de ..., enregistré à ..., le ..., vol. ..., f° ..., aux droits de ...; 3° (*désigner les actes de décès et de naissance qui seraient rapportés à l'appui de l'arbre généalogique*).

Lesquelles pièces sont demeurées ci-annexées, après que dessus mentions de leurs annexes ont été faites sur chacune d'elles par les notaires soussignés.

Fait et passé, etc.

Même décompte.

FORMULE 219. — Art. 758 C. C.; Mourlon, t. II, p. 72 et suiv.

Acte de notoriété supplétif d'inventaire, constatant les qualités d'un enfant naturel.

Par-devant Me..., etc.

Voir la formule 217 jusqu'après les mots : *il n'a pas été fait d'inventaire;* ajouter

Qu'il n'a laissé aucun héritier en ligne directe ou collatérale à un degré assez rapproché pour pouvoir lui succéder;

Mais qu'il a laissé pour seul héritier, conformément à l'art. 758 du C. C. le sieur ..., né de lui et de dame ..., qui tous deux l'ont reconnu dans son acte de naissance, dûment inscrit aux registres de l'état civil de la commune de ..., le ...

A l'appui, etc. (*Voir les formules précédentes.*)

Fait et passé, etc.

Même décompte qu'en la formule 217.

FORMULE 220.

Acte de notoriété supplétif d'inventaire, constatant qu'il n'existe pas d'héritiers à réserve.

Par-devant Me..., etc.

Voir la formule 217. Après ces mots, *il n'a pas été fait d'inventaire;* dire :

Qu'il n'a laissé aucun héritier réservataire.

A l'appui, etc. (*Voir pour l'annexe la formule* 217.)

Même décompte.

FORMULE 221.

Acte de notoriété rectificatif d'erreurs de noms.

Par-devant Me..., etc.

Ont comparu :

Le sieur A... (*p., q. et d.*),

Le sieur B... (*p., q. et d.*),

Lesquels ont attesté, pour vérité de notoriété publique, qu'ils connaissent parfaitement M. C... (*p., q. et d.*);

Qu'ils savent qu'il est propriétaire d'une rente inscrite au grand-livre de la dette publique de France sous le n° ... de la ... série, pour une somme annuelle de ... francs; — que c'est à tort et par erreur si, dans l'inscription qui lui a été délivrée de la rente dont il s'agit, M. C... a été prénommé..., au lieu de ..., qui sont ses véritables prénoms, ainsi que le constate son acte de naissance inscrit aux registres de la commune de ..., le ...; — et qu'il y a bien identité de personne entre le titulaire de ladite rente de ... et M. C...

A l'appui de leur déclaration, les comparants ont présenté l'extrait de l'acte de naissance de M ... délivré par ..., le ..., timbré et légalisé, lequel est demeuré ci-annexé, après que dessus mention de son annexe a été faite par le notaire soussigné, en présence des témoins aussi soussignés.

Fait et passé à ..., etc.

Même décompte

FORMULE 221 *bis*. — Art. 761 C. C.; Mourlon, t. II, p. 83.

Donation par un père à son enfant naturel avec renonciation de ce dernier à la succession de son père.

Par-devant Me ..., etc.[1].

A comparu :

Le sieur A... (*p., q. et d.*),

Lequel voulant faciliter l'établissement de M. B ..., (*p., q. et d.*), son fils naturel reconnu, et en même temps éviter toutes difficultés dans le partage de sa future succession, a, par ces présentes, fait donation entre-

1. Forme des donations.

vifs à mondit sieur B..., présent et acceptant, d'une somme de trois mille francs, qu'il vient de lui verser en bonnes espèces métalliques au cours du jour, comptées en présence des notaires soussignés.

Le donateur déclare qu'il entend réduire à ladite somme de trois mille francs les droits que le sieur B..., son fils, aurait eus dans sa future succession.

Ledit sieur B... déclare se soumettre aux dispositions de l'art. 761 du C. C., eu égard au don qui vient de lui être fait.

Dont acte, etc.

Décompte :	Timbre de minute et d'expédition..........	Mémoire.
	Rôles suivant la classe....................	Mémoire.
	Enregistrement, droit de donation 3.13 p. 100.	Mémoire.
	Droit de renonciation fixe..................	3 75
	Honoraires, 1 p. 100......................	Mémoire.

FORMULE 222. — Art. 762 C. C.; Mourlon, t. II, p. 85.

Demande, par un enfant adultérin, à l'effet d'obtenir des aliments.

L'an ..., le ... (*comme en la formule* 119, *jusqu'à ce mot :* « Pour »).

Attendu que l'acte de naissance du requérant inscrit aux registres de l'état civil de la commune de ..., le ..., constate qu'il a été reconnu par le sieur C... (*p., q. et d.*) comme issu de lui et de la dame D... (*p., q. et d.*), alors qu'il était marié à la dame E... (*p. q. et d.*);

Attendu que ledit sieur C... est décédé à ..., le ..., laissant pour seul héritier ledit sieur B...

Attendu qu'aux termes de l'article 762, l'enfant adultérin a droit à des aliments;

Attendu qu'à aucune époque le père du requérant ne lui a fait apprendre d'art mécanique et ne l'a pourvu d'un établissement de commerce ou d'une profession pouvant le mettre à même de vivre;

Attendu encore qu'il manque de tout moyen d'existence, se voir ledit sieur B... condamner à payer au requérant annuellement, en quatre termes et payements égaux, et par avance à partir du ..., la somme de ..., à titre de pension alimentaire ; se voir, en outre, condamner aux dépens. A ce qu'il n'en ignore, je lui ai, audit domicile parlant comme ci-dessus, laissé copie du présent, dont le coût est de ..., y compris une feuille de timbre spécial à 60 cent.

Décompte : (Tarif, art. 27.)

Original..............	2 »
Copie.................	» 50
Enregistrement.......	3 75
Timbre................	1 20
Total.......	7 45

FORMULE 223. — Art. 769 C. C.; Mourlon, t. II, p. 96.

Requête, par un conjoint, au juge de paix, à l'effet de faire apposer les scellés sur les biens meubles de son conjoint à la succession duquel il prétend.

L'an ..., le ..., par-devant nous, juge de paix, etc., assisté, etc.

A comparu :

La dame A... (*p.*, *q. et d.*), veuve de M...

Laquelle a dit que son mari est décédé aujourd'hui dans sa demeure sise à..., dépendant de notre canton, et que, attendu qu'il n'a laissé aucun héritier connu, elle a droit à sa succession aux termes de l'art 769 du C. C. Par ces motifs, et pour la conservation de ses droits, tant comme ayant été commune en biens avec ledit sieur son mari, à défaut de contrat de mariage, que comme son héritière, en qualité de conjoint survivant, elle nous requiert de procéder à l'apposition de nos scellés sur tous les meubles, effets, titres et papiers dépendant tant de la communauté d'entre elle et son défunt mari que de la succession de ce dernier, et a signé. (*Signature.*)

ORDONNANCE.

Sur quoi nous, juge de paix assisté comme dessus, attendu que la requérante a intérêt à faire mettre les scellés, et qu'elle y est même obligée aux termes de l'art. 769 du C. C., disons qu'il sera procédé à leur apposition sans désemparer, et avons signé avec le greffier les jour, mois et an susdits. (*Signatures.*)

APPOSITION DES SCELLÉS.

Et à l'instant, en conséquence de l'ordonnance qui précède, nous nous sommes transporté au domicile du sieur ..., où nous avons commencé ladite apposition de scellés ainsi qu'il suit :

Dans une pièce servant de cuisine, éclairée sur la cour, nous avons trouvé en évidence (*désigner tous les objets*).

Sur la grande armoire qui vient d'être décrite, qui nous a paru contenir du linge, de l'argenterie et des papiers, nous avons, après l'avoir fermée à clef, apposé sur ces deux vantaux et à l'endroit même de la serrure une bande scellée, à ses deux extrémités, de notre cachet de juge de paix empreint sur de la cire molle.

NOTA. On fait de même dans chaque pièce, excepté dans celles qui peuvent être closes et scellées extérieurement; alors on s'abstient d'en décrire l'évidence, et l'on constate l'apposition des scellés sur toutes les ouvertures, portes et croisées.

Lesquels lieux et effets ci-dessus désignés sont tous ceux à nous indiqués par la dame A..., laquelle, après serment par elle fait en nos mains de n'avoir rien pris, ni détourné, vu ni su qu'il eût été rien pris ni détourné des meubles, effets et biens de ladite succession, a été par nous chargée de la garde des scellés et des objets décrits, pour par elle les représenter quand et à qui il appartiendra, ainsi qu'elle s'y oblige.

Il a été vaqué à ce que dessus, depuis ... heures du matin jusqu'à ...

de relevée, et avons signé avec ladite dame, et le greffier après lecture.

(*Signatures.*)

Décompte : Timbre.................... Mémoire.
Enregistrement, par vacation 7 50
Émoluments du greffier 1 fr. 76 c. par vac. de 3 heures.. Mémoire.
Transport, s'il y a lieu........ Mémoire.

FORMULE 224. — Art. 769 C. C.; Mourlon, t. II, p. 95.

Requête par l'administration des domaines pour faire apposer les scellés après l'ouverture d'une succession vacante.

L'an..., le..., devant nous, juge de paix du canton de ..., assisté de..., etc.

A comparu A. (*p., q. et d.*), *c'est en général le receveur de l'enregistrement et des domaines du canton*).

Agissant au nom et comme ayant pouvoirs de M. le directeur des domaines et pour la conservation des droits et intérêts du domaine de l'État,

Lequel a dit que le sieur B... (*p., q. et d.*) est décédé en sa demeure à..., le..., sans héritiers connus et sans conjoint survivant; que dès lors et aux termes de l'art 768 du C. C. sa succession est acquise à l'État, il nous requiert, conformément à l'art. 769 du même code, de procéder à l'apposition de nos scellés, etc. (*comme en la formule précédente*).

FORMULE 225. — Art. 770 C. C.; Mourlon, t. II, p. 95 et suiv.

Requête pour demander l'envoi en possession, présentée par le conjoint survivant, et jugement qui donne acte et prescrit les publications.

A MM. les président et juges composant le tribunal de 1re instance de...

Le sieur A... (*p., q. et d.*), ayant Me ..., pour avoué, a l'honneur de vous exposer que la dame ..., son épouse, est décédée à ..., le ..., sans laisser ni testament, ni héritier au degré successible, ni enfant naturel ayant des droits à faire valoir sur sa succession, ainsi que le constate l'intitulé de l'inventaire fait après son décès par Me ..., notaire à ..., en date au commencement du ..., enregistré, dont l'expédition est produite à l'appui des présentes; que dès lors l'exposant, qui est appelé par la loi à recueillir sa succession, conformément à l'art. 767 du C. C., a le droit de se faire envoyer en possession, d'après l'art. 770 du même code, des biens qui dépendent de ladite succession. Pour ces motifs, l'exposant conclut à ce qu'il vous plaise lui donner acte de sa demande et prescrire les formalités préalables, et après l'accomplissement de ces formalités et l'expiration du délai fixé par l'art. 770 précité, l'envoyer en possession des biens composant la succession de la dame ..., son épouse.

Présenté au palais de justice à ..., le ...

(*Signature de l'avoué.*)

ORDONNANCE DU PRÉSIDENT.

Soit la présente requête, communiquée à M. le procureur de la République pour, après ses conclusions et sur le rapport qui sera fait le ..., par M. ..., juge que nous commettons à cet effet, être par le tribunal statué ce qu'il appartiendra.

Fait au palais de justice à..., le... (*Signature du président.*)

CONCLUSIONS DU MINISTÈRE PUBLIC.

Vu la requête qui précède, les pièces à l'appui et l'art. 770 du C. C., nous pensons qu'il y a lieu de faire droit à la requête du sieur A...

Au parquet du trib. de 1re instance de .... le ...

(*Signature du procureur de la République.*)

JUGEMENT D'AVANT FAIRE DROIT.

Le tribunal de 1re instance de ..., réuni en chambre du conseil, où étaient présents MM. les président, juges et greffier, vu la requête présentée par M. A..., ayant pour avoué Me..., et les pièces à l'appui ; vu l'art. 770 du C. C.; vu les conclusions de M. le procureur de la République, sur le rapport de M. ..., juge en ce tribunal; attendu que les faits énoncés par le sieur A... étant exacts, il y a lieu de procéder aux formalités préalables à l'envoi en possession, avant faire droit; donne acte au sieur A... de sa demande, ordonne que cette demande sera rendue publique, qu'à cet effet extrait du présent jugement sera transmis à M. le garde des sceaux pour l'insertion dans le *Journal officiel*, et qu'un autre extrait sera affiché par trois fois, de trois mois en trois mois (*indiquer les lieux*), et inséré par trois fois, dans les mêmes délais, dans l'un des journaux judiciaires de l'arrondissement.

Fait, etc.

Décompte. (Tarif, arg. de l'art. 5 et 16.)

Timbre	Mémoire.
Enregistrement	5.63
Expédition, timbre	Mémoire.
Droits de greffe par rôle, y compris la remise du greffe, 30 c.	Mémoire.
Rédaction de la requête, et obtention du jugement	7 50
Total	» »

FORMULE 226. — Art. 770 C. C.; Mourlon, t. II, p. 93.

Extrait destiné à être affiché et inséré.

Le trib. de 1re instance de ..., par jugement en date du ..., enregistré, rendu sur la requête du sieur (*p., q. et d.*), a donné acte audit sieur A... de sa demande d'envoi en possession de la succession de la dame ..., son épouse, décédée à ..., le ..., sans laisser de testament, d'héritier légitime ou d'enfant naturel, et, avant faire droit, a prescrit l'accomplissement des formalités de publication voulues par la loi.

Pour extrait à ..., le ... (*Signature de l'avoué.*)

Décompte :	Timbre	» 60
	Enregistrement	1 88
	Rédaction	6 »
	Vacation, pour chaque insertion, 2 fr	6 »
	Vacation pour la réquisition de la signature de l'impr., 2 f...	6 »
	Total..	20 48

FORMULE 227. — Art. 770 C. C.; Mourlon, t. II, p. 96.

Requête pour demander l'envoi en possession quand les formalités prescrites ont été remplies, et jugement qui ordonne l'envoi en possession.

Même décompte qu'en la formule 225.

NOTA. La requête, l'ordonnance et le jugement ont lieu dans la même forme qu'en la formule 225.

Même décompte qu'en la formule 225.

FORMULE 228. — Art. 771 C. C.; Mourlon, t. II, p. 96.

Emploi par un conjoint survivant et héritier.

NOTA. — Cet emploi peut être fait en acquisition d'immeubles, en placement sur hypothèque ou sur privilége immobilier (art. 1065), ou rentes sur l'État.

S'il est fait acquisition d'immeubles (*voir formule* 541) ou par hypothèque (*voir formule* 372), on insère dans l'acte la clause suivante :

M .... déclare que l'acquisition (ou *le prêt*) qu'il vient de faire a pour objet l'emploi d'une somme de ..., formant l'actif mobilier de la succession de ..., sa défunte femme, dent il est habile à se dire et porter héritier en vertu de l'art. 767 du C. C., à défaut d'héritiers au degré successible, L'emploi de cette somme est ainsi fait en conformité des dispositions de l'art. 771 du même code, pour en garantir, durant trois ans, la restitution aux héritiers de la défunte, au cas où il s'en présenterait.

FORMULE 229. — Art. 771 C. C.; Mourlon, t. II, p. 96.

Présentation de caution, par une veuve, héritière de son conjoint, à défaut d'héritiers au degré successible.

(*Voir la formule* 55.)

FORMULE 230. — Art. 774 C. C.; Mourlon, t. II, p. 104.

Acceptation pure et simple d'une succession.

L'an..., le..., au greffe du tribunal de 1re instance de...,

A comparu le sieur A... (*p., q. et d.*),

Lequel, assisté de Me ..., avoué près ce tribunal, a déclaré accepter purement et simplement la succession du sieur B..., décédé à ..., le ..., à laquelle succession il a droit pour (*énoncer la quotité*), ainsi qu'il résulte (*énoncer l'inventaire ou l'acte de notoriété qui constate les qualités*).

Nous avons donné acte au comparant de son acceptation pure et simple, et il a signé avec Me ..., son avoué, et nous, greffier, après lecture.

(*Signatures.*)

Décompte. (Tarif, art. 91.)

Timbre..............................	» 60
Enregistrement.....................	5 63
Droit de rédaction..................	1 50
Expédition, timbre..................	Mémoire.
Droit de greffe, 1 fr. 50 par rôle...	Mémoire.
Vacation de l'avoué................	3 »

FORMULE 231. — Art. 774 et 793 C. C ; Mourlon, t. II, p. 105 et 134.

Acceptation d'une succession sous bénéfice d'inventaire.

Comme en la formule précédente. Au lieu de ces mots : *accepter purement et simplement*, mettre : *sous bénéfice d'inventaire.*

Si l'héritier accepte après être entré en possession, on ajoute :

M. A... déclare n'avoir rien pris ni détourné des objets dépendant de ladite succession.

Même décompte.

FORMULE 232. — Art. 461 et 776, C. C. ; Mourlon. t. II, p. 107.

Acceptation bénéficiaire par un tuteur pour un mineur ou un interdit.

L'an ..., le ..., au greffe, etc.

A comparu le sieur A... (*p. q., et d.*),

Agissant au nom et comme tuteur de ..., son neveu, élu à cette qualité qu'il a acceptée, par délibération du conseil de famille dudit mineur tenu sous la présidence de M. le juge de paix du canton de ..., le ..., enregistrée contenant l'autorisation de faire la présente acceptation, délibération dont il nous a été remis une expédition que nous avons à l'instant rendue (*ou bien :* tuteur naturel et légal de .., son fils).

Lequel, assisté de Me ..., avoué près le tribunal, a déclaré, au nom dudit mineur, accepter sous bénéfice d'inventaire, etc. (*comme en la formule* 230).

Même décompte.

NOTA. Si l'acception intéresse un mineur émancipé, elle doit être faite par le mineur lui-même, assisté de son curateur et autorisé par une délibération de son conseil de famille.

FORMULE 233. — Art. 784 C. C. ; Mourlon, t. II, p. 122.

Renonciation à une succession.

L'an ..., le ..., au greffe du tribunal de 1re instance de..., a comparu le sieur A... (*p., q. et d.*) assisté de Me ..., son avoué, lequel a déclaré renoncer expressément à la succession du sieur ..., décédé à ..., le ..., dont il était habile à se dire et porter héritier pour (*indiquer la quotité*).

Si l'héritier fait en personne la renonciation, on ajoute :

Le sieur A... déclare n'avoir rien pris ni détourné des objets dépendant de ladite succession.

Nons avons donné acte au comparant de sa renonciation, et il a signé avec Me ..., son avoué, et nous, greffier, après lecture.

(*Signatures.*)

Décompte. (Tarif, art. 91, § 18.)

Timbre	» 60
Enregistrement	5.63
Droit de rédaction	1.50
Expédition, timbre	Mémoire.
Droit de greffe, 1 fr. 10 par rôle.	Mémoire.
Vacation de l'avoué	3 »

FORMULE 234. — Art. 461 et 776 C. C.; 997 C. Pr.; Mourlon, t. II, p. 107.

Délibération du conseil de famille du mineur qui autorise le tuteur à accepter une succession sous bénéfice d'inventaire ou bien à y renoncer.

Voir formule 136.

Nota. Le tuteur comparant devant le juge de paix expose les faits, invoque les résultats constatés par le dépouillement de l'inventaire, pour démontrer l'opportunité d'accepter sous bénéfice d'inventaire ou de renoncer, et le conseil de famille donne son autorisation.

FORMULE 235. — Art. 788 C. C.; Mourlon, t. II, p. 130.

Demande en nullité d'une renonciation frauduleuse formée par un créancier du renonçant.

L'an ..., le ..., à la requête du sieur A... (*p.*, *q. et d.*), pour lequel domicile est élu à ...,dans l'étude de Me ..., avoué près le trib. de 1re inst. de ..., qu'il constitue et qui occupera pour lui sur la présente assignation, j'ai (*immatricule de l'huissier*), soussigné, donné copie en tête des présentes au sieur B... (*p., q. et d.*), audit domicile et parlant à ..., et, par copie séparée, au sieur C... (*p., q. et d. de celui à qui la renonciation profite*) audit domicile et parlant à ... d'un procès-verbal de non conciliation dressé par le juge de paix du canton de ..., le ..., enregistré, et à même requête j'ai donné assignation aux sieurs B... et C... à comparaître d'aujourd'hui à huitaine franche, outre un jour par trois myriamètres de distance, à l'audience et par-devant MM. les président et juges composant le trib. de 1re instance de ..., au palais de justice à ... heures du ..., pour, attendu que le sieur B... appelé à la succession du sieur C..., son cousin germain, décédé à ..., le ..., a renoncé à ladite succession bien qu'elle lui fût avantageuse, ainsi qu'il résulte de l'inventaire dressé le ..., par Me ..., et son collègue, notaires à...; que cette renonciation à eu pour but d'avantager le sieur C..., son cohéritier et de frustrer ses créanciers; attendu que le requérant est créancier du sieur B... ainsi qu'il en sera justifié au tribunal, et qu'il a par conséquent intérêt, pour la conservation de ses droits, à profiter de la succession échue à son débiteur jusqu'à concurrence de sa créance, voir les sieurs B... et C... déclarer nulle la reconciation faite par ledit sieur B ..., à la succession du sieur..., au greffe du trib. de ..., le ...; autoriser le requérant à accepter, du chef de son débiteur, la succession du défunt sieur ..., purement et simplement (ou *sous bénéfice d'inventaire*), lui donner acte de son acceptation, l'autoriser, en conséquence, à prendre part à toutes les opérations de comptes, liquidation et partage de ladite succession, à toucher de tout débiteur le montant de sa créance et condamner lesdits sieurs B... et C... solidairement aux dépens.

Et j'ai, audit domicile et parlant comme ci-dessus, laissé copie du présent dont le coût est de ..., y compris ... feuille de timbre spécial à 60 centimes.

(*Signature.*)

Décompte. (Tarif, art. 29.)

Coût ordinaire des assignations........	7 45
Plus pour copie de pièces à 30 c. par rôle..............................	Mémoire.

FORMULE 236. — Art. 792, 801-1460, 1477 C. C.; Mourlon, t. II, p. 111-115.

Demande contre un héritier qui a diverti ou recelé des effets d'une succession, tendant à ce qu'il soit déchu de la faculté d'y renoncer.

L'an ..., le ..., à la requête du sieur A... (*p., q. et d.*), pour lequel domicile est élu à ..., en l'étude de Me ..., avoué près le tribunal de 1re instance de..., qu'il constitue et qui occupera pour lui sur la présence assignation, j'ai (*immatricule de l'huissier*), soussigné, donné assignation au sieur B... (*p., q. et d.*), audit domicile et parlant à ..., à comparaître d'aujourd'hui à huitaine franche, outre un jour par trois myriamètres de distance, à l'audience et par-devant MM. les président et juges composant le tribunal de 1re instance de ..., au palais de justice, à... heures du ..., pour, à défaut de conciliation, ainsi qu'il résulte du procès-verbal dressé par M. le juge de paix du canton de ..., le ..., enregistré, dont copie est donnée en tête (*de celles*) des présentes; et attendu que le sieur B..., appelé à la succession du sieur C..., son cousin germain, décédé à .... le ..., a diverti à son profit, de la succession, divers effets mobiliers (*les désigner*); attendu que le requérant est créancier de ladite succession; attendu qu'il sera justifié du tout au tribunal; se voir, ledit sieur B..., déclarer déchu de la faculté de renoncer à la succession du sieur C...; s'entendre déclarer héritier pur et simple et, comme tel, tenu soit sur les biens de l'hérédité, soit sur ses biens personnels, du montant de la créance du requérant, en principal, intérêts et frais; voir autoriser, en conséquence, ledit requérant à prendre part à toutes les opérations de comptes, liquidation et partage de ladite succession et s'entendre, le sieur B..., condamner aux dépens.

Et j'ai, audit domicile et parlant comme ci-dessus, laissé copie du présent, dont le coût est de ... y compris ... feuille de timbre spécial à 60 centimes.

(*Signature.*)

(Même décompte qu'en la formule précédente.)

FORMULE 237. — Art. 796 C. C.; 986 C. P.; Mourlon, t. II, p. 136.

Requête, par un héritier, pour être autorisé à vendre les meubles d'une succession, sans attribution de qualité.

A M. le président du trib. de 1re instance de....

Le sieur A... (*p., q. et d.*), ayant Me ... pour avoué, a l'honneur de vous exposer qu'il est habile à se porter héritier du sieur B... (*p. et q.*), décédé à..., le...; qu'il a fait faire inventaire de tous les meubles et effets mobiliers, titres, papiers, etc., dépendants de cette succession, par le ministère de Me..., notaire à..., qui en a gardé minute, et son confrère, le...; qu'il est urgent de procéder à la vente de (*indiquer les effets mobiliers à vendre et les causes qui rendent cette vente utile*); qu'enfin l'exposant, quoique se trouvant encore dans les délais pour prendre qualité, a encore intérêt à ne pas le faire; en conséquence, il conclut à ce qu'il vous plaise, vu les art. 796 du C. C. et 986 du C. de Pr. l'autoriser à faire procéder, dans la forme voulue par la loi et sans attribution de qualité, à la vente desdits meubles, et ordonner que cette vente aura lieu à..., par le ministère de tel officier public qu'il vous plaira choisir.

Présenté au palais de justice à ..., le ... (*Signature de l'avoué.*)

ORDONNANCE.

Nous, président, vu la requête ci-dessus; vu les art. 796 du C. C. et 986 du C. de Pr.; attendu que l'héritier est encore dans les délais pour prendre qualité; attendu qu'il est urgent de vendre les effets mobiliers dépendant de la succession du sieur B...; par ces motifs, autorisons le sieur A... à faire vendre à..., par le ministère de Me..., notaire à..., avec les formalités prescrites par la loi, les objets mobiliers inventoriés dépendant de ladite succession, sans attribution de qualité, parties intéressées présentes ou appelées par ..., huissier audiencier.

Fait au palais de justice à ..., le...

(*Signature du président et du greffier.*)

Décompte. (Tarif, art. 77, § 11.)

Timbre	» 60
Enregistrement de l'ordonnance.	5.63
Rédaction de la requête et obtention de l'ordonnance.	3 »
Expédition, timbre	Mémoire.
Droit de greffe, 1 f. 10 par rôle.	Mémoire.

FORMULE 238. — Art. 796 C. C.; Mourlon, t. II, p. 145.

Procès-verbal de vente d'effets mobiliers, faite par un habile à succéder, durant les délais d'option.

Voir la formule 145.

NOTA. Après la copie de la déclaration on rédige ainsi :

L'an..., le..., à la requête de M. A... (*p., q. et d.*), habile à se porter seul héritier du sieur B... (*p. et q.*), décédé à..., le..., et comme tel, autorisé par ordonnance de M. le président du trib. de 1re instance de..., à procéder, sans attribution de qualité, à la vente, par le ministère de Me..., après les formalités voulues par la loi, des objets mobiliers dépendant de la succession dudit sieur B..., décrits dans l'inventaire fait après son sécès par Me ..., notaire à ... en date au commencement du ..., enregistrée.

Il va être, etc. ; *le reste est comme en la formule* 153.

Même décompte qu'en la formule 153.

FORMULE 239. — Art. 796 C. C.; 945 C. P.; Mourlon; t. II, p. 145.

Placard pour annoncer la vente de meubles appartenant à une succession.

VENTE DE MEUBLES PAR AUTORITÉ DE JUSTICE.

Il sera procédé le ..., à... heure du ..., dans une maison sise à..., rue... n° ..., par le ministère de Me ... (*commissaire-priseur, notaire ou autre officier public compétent*), à la vente des meubles et objets mobiliers consistant en (*description sommaire des objets à vendre*), dépendant de la succession du sieur A... (*p. et q.*), en son vivant demeurant à ...

Cette vente a été autorisée par ordonnance de M. le président du trib. de 1re instance de ..., en date du ..., enregistrée.

Elle se fera au plus offrant et dernier enchérisseur, au comptant, sous peine de revente immédiate des objets non payés.

Décompte. (Tarif, art. 38.)

Original	1 »
Chaque copie manuscrite	» 50
Timbre	Mémoire.
Si les placards sont imprimés, compter les frais d'impressions.	

FORMULE 240. — Art. 796 C. C.; 945 C. P.; Mourlon, t. II, p. 145.

Procès-verbal d'apposition de placards.

L'an ..., le ..., à la requête de A... (*p., q. et d.*), pour lequel élection de domicile est faite en l'étude de Me ..., avoué à ..., je (*immatricule de l'huissier*), soussigné, certifie avoir fait apposer aujourd'hui, en ma présence, par le sieur ..., afficheur public, à chacun des endroits désignés par la loi, un exemplaire d'un placard indiquant qu'il sera procédé le ..., à... heure de ..., par le ministère de ..., à la vente des objets mobiliers dépendant de la succession du sieur B... (*p. et q.*), en son vivant demeurant à ..., en vertu de l'autorisation donnée par ordonnance de M. le président du trib. de 1re instance de ..., en date du ..., enregistrée.

Et pour constater ladite apposition, j'ai rédigé le présent procès-verbal auquel j'ai annexé un exemplaire dudit placard, et a, ledit sieur ... (*l'afficheur*), signé avec nous le présent procès-verbal dont le coût est de ...

Décompte. (Tarif, art. 39.)

Rédaction du procès-verbal	3 »
Timbre	» 60
Enregistrement	3 75
Salaire de l'afficheur	Mémoire.

FORMULE 241. — Art. 796 C. C.; 945 C. P.; Mourlon, t. II, p. 145.

Sommation aux parties d'être présentes à la vente du mobilier.

L'an ..., le ..., en vertu d'une ordonnance de M. le président du trib. civ. de..., en date du..., enregistrée, et à la requête du sieur A... (*p.*, *q. et d.*), qui fait élection de domicile à ..., chez ...; ledit sieur A... agissant comme habile à se porter héritier du sieur A... (*p. et q.*), en son vivant demeurant à..., et, comme tel, autorisé à procéder à la vente dont sera ci-après question, sans attribution de qualité, j'ai (*immatricule de l'huissier*), soussigné, fait sommation à ... (*désigner la ou les parties qui doivent être appelées, aux termes des art.* 942 *et* 947 *du C. de Pr.*), parlant à ..., de comparaître le..., à ..., heure de ..., dans une maison sise à ..., rue..., n°..., pour être présent à la vente qui sera faite par le ministère de ..., aux enchères publiques, des meubles dépendant de la succession dudit sieur B...

Et j'ai, à chacun des susnommés, parlant comme ci-dessus, laissé copie du présent exploit, dont le coût est de ...

Décompte. (Tarif, art. 29.)

Original	2 »
Copie, 50 c. chacune	Mémoire.
Enregistrement	3.75
Timbre	Mémoire.

FORMULE 242. — Art. 803 C. C.; Mourlon, t. II, p. 142.

Compte de bénéfice d'inventaire.

Par-devant Me ..., etc.

Furent présents:

M. A... (*p.*, *q. et d.*), seul héritier de M. B... (*p. et q.*), en son vivant demeurant à ..., décédé à ..., le ..., laquelle qualité n'a été acceptée par M. A... que sous bénéfice d'inventaire, suivant la déclaration qu'il en a faite au greffe du trib. de 1re instance de ..., le ..., enregistrée;

Et MM. C... et D... (*p.*, *q. et d.*), créanciers de cette succession, ainsi qu'il résulte de l'inventaire qui sera ci-après indiqué, et sans que cette qualité de créanciers puisse être opposée à l'héritier comme reconnaissance de titre, ou comme addition d'hérédité,

Lesquels ont dit qu'aux termes d'un acte reçu par Me ..., notaire à ..., le ..., enregistré, M. A... a fait aux créanciers l'abandon de tous les biens de l'hérédtté bénéficiaire, ce qu'ils ont accepté sous la réserve de leurs droits au sujet du compte de bénéfice d'inventaire que leur rendrait l'héritier;

Que ce dernier se trouvant maintenant en mesure de satisfaire à l'obligation qu'il a prise de rendre ce compte, il va y être procédé de la manière suivante:

. . . . .

OBSERVATIONS PRÉLIMINAIRES.

PREMIÈRE OBSERVATION.

L'inventaire, après le décès du sieur..., a été dressé par Me ..., notaire à..., en date du commencement du..., enregistré à la requête du sieur..., habile à se porter seul héritier du défunt, son ...

Par la clôture de cet inventaire, tous les titres et pièces dépendant de cette succession, ainsi que les deniers comptants s élevant à ..., ont été remis audit sieur A..., qui s'en est chargé, ainsi que de tous les objets décrits en l'inventaire, pour les représenter quand et à qui il appartiendra.

Ainsi qu'il a été dit ci-dessus, M. A... n'a accepté la succession que sous bénéfice d'inventaire.

La vente du mobilier, après l'accomplissement des formalités voulues par la loi, a été faite par le ministère de Me..., suivant son procès-verbal en date du ..., enregistré. Elle a produit . . . . » »

Dont il a été déduit les frais de la décharge qui a été donnée au commissaire-priseur. . . . . » »

Il est resté net. . . . . » »

DEUXIÈME OBSERVATION.

Ventes des immeubles et des rentes sur l'État.

A la requête du sieur A..., le tribunal de 1re instance de ..., par jugement rendu le..., enregistré, a autorisé la vente, à la barre du tribunal, d'une maison sise à Paris, rue ..., n° ...., et décidé que les rentes sur l'État seraient vendues, au cours de la Bourse de Paris, par le ministère de ..., agent de change.

Ces opérations ont été réalisées, savoir : la vente de la maison de ..., par jugement de l'audience des criées du trib. de ..., en date du..., au profit du sieur ..., moyennant ... de prix principal, productible d'intérêts au taux légal à partir du ..., et la vente de l'inscription de ... de rente 3 p. 100 au nom du défunt, par le ministère de l'agent de change susdésigné. Cette dernière vente a produit au cours de la Bourse de ..., en date du ..., une somme de ..., nette des frais de négociation retenus par l'agent de change.

NOTA. Si d'autres opérations importantes ont eu lieu, si un procès a été soutenu, etc., il y a lieu d'en comprendre l'indication sous une ou plusieurs observations subséquentes.

COMPTE.

CHAPITRE PREMIER. — RECETTES.

Les recettes se composent des sommes suivantes :

ART. 1er. — Deniers comptants (1re *observation*). . . . . . » »

ART. 2. — Reliquat net du produit de la vente mobilière 1re *observation*. . . . . » »

ART. 3. — Deux semestres de la rente 3 p. 100 échus au

22 juin 18.., dernière échéance, antérieure à la vente de ladite rente . . . . »

ART. 4. — Prix de ladite rente 3 p. 100 (2e *observation*). . . » »

ART. 5. — Prix de la maison de ... (2e *observation*), touché par l'héritier bénéficiaire, en principal et intérêts, suivant quittance reçue par Me ..., notaire à ..., qui en a gardé minute, et son collègue, le ..., enregistrée. . . . . » »

ART. 6. — La somme de ..., pour le terme échu le ..., des loyers de ladite maison, d'après le détail qui suit (*indiquer le nom de chaque locataire, le chiffre des loyers payés par chacun d'eux*). . . . . » »

ART. 7. — La somme de ..., pour le remboursement en principal et intérêts d'une créance hypothécaire due au défunt par le sieur ..., effectué sur quittance reçue par Me ..., notaire à ..., et son confrère, le ..., enregistrée. . . . . » »

Indiquer ainsi successivement tout ce que l'héritier a dû toucher.

Total des recettes. . . . . » »

CHAP. II. — DÉPENSES.

§ 1er. — *Dépenses privilégiées.*

ART. 1er. — Payé à Me ..., pour frais d'inventaire . . . . . . » »

ART. 2. — Payé à M. ..., pour frais funéraires. . . . . » »

ART. 3. — A M. ..., médecin, pour frais de la dernière maladie. . . . . » »

(*Ainsi de suite pour les notes de fournisseurs, droits de succession, etc.*) . . . . » »

Total des dépenses privilégiées . . . . » »

§ 2. — *Dépenses non privilégiées.*

ART. 1er. — Payé pour les frais d'acceptation bénéficiaire. . . . » »

ART. 2. — Payé pour ports et affranchissements de lettres, courses de voiture, etc. . . . . » »

ART. 3. — Payé à M. ..., maître-maçon, pour travaux faits dans la maison de ..., avant sa mise en vente. . . . . » »

(*Ainsi de suite pour toutes les sommes payées par l'héritier bénéficiaire*.). . . . . » »

Total des dépenses non privilégiées. . . . . » »

A quoi, ajoutant les dépenses privilégiées s'élevant à . . . . » »

On trouve un total général des dépenses de . . . . » »

BALANCE.

Les recettes s'élèvent à . . . . » »

Les dépenses à. » »

Partant l'héritier bénéficiaire reste comptable de. . . . . . » »

CHAP. III. — CRÉANCES A RECOUVRER.

Il reste à recevoir (*énoncer tout ce qui n'a pas encore été reçu*).

CHAP. IV. — PASSIF RESTANT A ACQUITTER.

Il reste à payer : 1° (*indiquer toutes les dettes non payées*).

2° Le coût du présent compte. (*Mémoire.*)

Ce compte ainsi présenté par M. A..., et par lui certifié sincère, a été, après examen des pièces justificatives, reconnu exact par MM. C... et D..., créanciers, qui ont déclaré l'approuver en tout son contenu. Ils en ont fixé le reliquat actif à la somme de ..., dont le sieur A... se trouve être comptable et dont il a fait le versement à la caisse des dépôts et consignations, suivant récépissé en date du ..., remis par le sieur A..., avec toutes les pièces comptables, à MM. C.., et D..., qui le reconnaissent et lui en donnent décharge.

Pour faire mention des présentes sur tous actes et pièces, tous pouvoirs sont donnés à tous notaires requis.

Fait et passé, etc.

Décompte :		
	Timbre de minute et d'expédition............	Mémoire.
	Rôles suivant la classe.......................	Mémoire.
	Enregistrement...............................	3.75
	Honoraires, 1 p. 100 jusqu'à 20,000, 1/2 au-dessus.................................	Mémoire.

FORMULE 243. — Art. 805 C. C.; Mourlon, t. II, p. 145 et suiv.

Procès-verbal d'une vente de biens meubles appartenant à une succession bénéficiaire.

Voir la formule 153.

NOTA. Il y a lieu seulement de modifier les qualités du vendeur, en ayant soin de lui faire prendre la qualité d'héritier sous bénéfice d'inventaire, et d'énoncer l'ordonnance du président qui autorise la vente sans attribution de qualité.

Même décompte qu'en la formule 153.

FORMULE 244. — Art. 804 C. C.; Mourlon, t. II, p. 145 et suiv.

Requête pour être autorisé à vendre une rente sur l'État, dépendant d'une succession bénéficiaire.

A M. le président du trib. de 1re instance de ...

Le sieur A... (*p., q. et d.*), héritier bénéficiaire du sieur B... (*p. et q.*), en son vivant demeurant à ..., décédé à ..., le ..., ayant pour avoué Me ...,

A l'honneur de vous exposer qu'il dépend de ladite succession une rente de ... 3 p. 100, inscrite au grand livre de la dette publique de France, série ..., n° ..., au nom du défunt sieur B...; qu'il y a nécessité de vendre cette rente pour payer les dettes de ladite succession. Par ces motifs, l'exposant conclut à ce qu'il vous plaise l'autoriser à faire opérer par le ministère d'un agent de change, au cours de la Bourse, la vente de ladite rente; à signer tous transferts et émargements, à donner toutes quittances et décharges, à toucher le prix du transfert et à faire tout ce qui sera utile et nécessaire.

Présenté au palais de justice à ..., le ...

ORDONNANCE.

Nous, président, vu la requête qui précède et les pièces à l'appui; vu l'avis du Conseil d'État du 11 janvier 1808 et l'art. 989 du C. de Pr., autorisons le sieur A..., en sa qualité d'héritier bénéficiaire, à faire vendre, par le ministère de tel agent de change qu'il lui plaira de choisir et au cours de la Bourse, la rente dont il s'agit, a signer tous transferts et toucher le prix de cette vente, à en donner quittance et décharge et à faire tous actes pour ce nécessaires.

Fait au palais de justice à ..., le ...

Décompte. (Tarif, art. 77, § 11.)

Timbre....................	» 60
Enregistrement.............	5.63
Rédaction de la requête.....	3 »
Expédition, timbre...........	Mémoire.
Droit de greffe, 1 f. par rôle.	Mémoire.

FORMULE 245. — Art. 806 C. C.; 987 C P.; Mourlon, t. II, p. 145 et suiv.

Requête, par l'héritier bénéficiaire, pour être autorisé à vendre les immeubles de la succession.

A MM. les président et juges composant le trib. de 1re inst. de ...

Le sieur A... (*p., q. et d.*), héritier sous bénéfice d'inventaire du feu sieur B...,(*p. et q.*), en son vivant demeurant à..., décédé à..., le ..., ayant Me... pour avoué.

A l'honneur de vous exposer que suivant acte dressé au greffe de ce tribunal, le ..., enregistré, il a accepté sous bénéfice d'inventaire la succession dudit sieur B...; qu'il dépend de cette succession (*désigner les immeubles*); qu'il est indispensable de vendre ces immeubles pour payer les dettes de la succession. Par ces motifs l'exposant conclut à ce qu'il plaise au tribunal l'autoriser à faire vendre lesdits immeubles à l'audience des criées de ce tribunal (ou *devant un notaire désigné ou tel autre qu'il plaira au tribunal d'indiquer*), sur les mises à prix qui seront fixées d'après les pièces et titres présentés à l'appui de la présente requête, ou sur le rapport de l'expert qui sera commis d'office à cet effet, si le tribunal le juge à propos

Présenté au palais de justice à ..., le ... (*Signature de l'avoué.*)

ORDONNANCE DU PRÉSIDENT.

Soit, la présente requête, communiquée à M. le procureur de la République, pour, après ses conclusions et sur le rapport qui sera fait, le ..., par M. ..., juge que nous commettons à cet effet, être statué ce qu'il appartiendra.

Fait au palais de justice à .. , le ...

Décompte. (Ord. de 1841, art. 9.)

Timbre........ Mémoire.
Rédaction...... 7 50

NOTA. Le jugement qui intervient ordonne la vente ou une expertise.

Voir pour cette procédure la formule 160.

FORMULE 246. — Art. 806 C. C.; Mourlon, t. II, p. 145 et suiv.

Cahier des charges pour une vente d'immeubles dépendant d'une succession bénéficiaire.

NOTA. Les formalités sont les mêmes que pour la vente des biens du mineur. (*Voir les formules 162 et suivantes.*)

FORMULE 247. — Art, 807 C. C.; 992 C. P.; Mourlon, t. II, p. 147 et suiv.

Sommation à l'héritier bénéficiaire de donner caution [1].

L'an ..., le ..., à la requête du sieur A... (*p., q. et d.*), agissant comme créancier du feu sieur ..., et qui élit domicile à ..., rue ..., n° ..., en l'étude de Me ..., avoué, j'ai (*immatricule de l'huissier*), soussigné, fait sommation au sieur B... (*p., q. et d.*), héritier sous bénéfice d'inventaire dudit sieur ..., et parlant à ..., de fournir bonne et solvable caution de la valeur des biens meubles dépendant de la succession dudit sieur ..., ainsi que de la portion du prix des immeubles qui ne revient pas aux créanciers hypothécaires, et de signifier à l'avoué du requérant l'acte de présentation de ladite caution, déclarant audit sieur B..., que, faute par lui de satisfaire à la présente sommation, il y sera contraint par tous les moyens de droit.

Et j'ai, au susnommé, au même domicile, parlant comme ci-dessus, laissé copie du présent, dont le coût est de ...

(*Signature.*)

Décompte : Coût ordinaire des exploits....... 7 45

FORMULE 247 *bis*; Mourlon, t. 2, p. 147.

Assignation pour obtenir, contre l'héritier bénéficiaire, la vente du mobilier et le versement à la caisse des consignations du numéraire de l'hérédité.

L'an ..., le ..., à la requête du sieur A... (*p., q. et d.*), créancier du sieur ..., élisant domicile à ..., rue ..., n° ..., en l'étude de Me ..., avoué, qu'il constitue et qui occupera pour lui sur la présente assignation, j'ai (*immatricule*), soussigné, donné assignation au sieur B... (*p., q. et d.*), héritier bénéficiaire dudit sieur ..., et parlant à ..., de comparaître à huitaine franche, outre un jour par trois myriamètres de distance, à l'audience et par-devant MM. les président et juges composant le tribunal de 1re inst. de ..., au palais de justice à ..., heure du ..., pour, à défaut de conciliation

1. Généralement, et, pour le cas où il ne serait pas satisfait à la sommation, il est d'usage de donner assignation devant le tribunal de 1re instance, pour faire ordonner que la caution sera donnée; mais il est plus prudent de recourir au préliminaire de la conciliation dont l'héritier bénéficiaire ne paraît pas dispensé.

(*voir la formule* 184); attendu que nonobstant la sommation à lui faite part acte du ministère de ..., en date du ..., enregistrée, le sieur B... n'a pas fourni la caution exigée part l'art. 807 C. C., voir ordonner que le requérant sera autorisé, conformément à l'art. précité, à poursuivre immédiatement la vente des meubles de ladite succession et le dépôt à la caisse des consignations, du prix de cette vente, ainsi que de la portion non déléguée du prix des immeubles et généralement de tout le numéraire de a succession, et s'entendre en outre condamner aux dépens.

Et j'ai, audit sieur A..., en son domicile et parlant comme ci-dessus, laissé copie du présent exploit, dont le coût est de...

Décompte : Coût ordinaire des exploits 7 fr. 45

FORMULE 248. — Art. 807 C. C.; 992 C. P.; Mourlon, t. II, 147.

Cautionnement fourni par un héritier bénéficiaire.

Voir la formule 199.

ORMULE 248 *bis*. — Art. 811-812 C. C.; 998 C. P.; Mourlon, t. II, p. 154.

Requête tendant à faire nommer un curateur à une succession vacante.

A MM. les président et juges composant le trib. de 1re inst. de ...

Le sieur A... (*p., q. et d.*), ayant Me... pour avoué,

A l'honneur de vous exposer qu'il est créancier de la succession du sieur B..., décédé le ..., dans son domicile à ...; que les délais pour faire inventaire et pour délibérer sont expirés; qu'il ne se présente personne qui réclame la succession, et qu'enfin il n'y a pas d'héritier connu (ou *que le sieur..., seul héritier, a renoncé par acte fait au greffe du tribunal, le ..., enregistré*); qu'il y a lieu dès lors de nommer un curateur à ladite succession qui doit être réputée vacante; par ces motifs l'exposant conclut à ce qu'il vous plaise, Messieurs, nommer un curateur à la succession vacante du sieur B..., à l'effet de le représenter dans toutes les actions dirigées pour ou contre elle, et de faire tous les actes inhérents à cette qualité, autoriser l'exposant à employer les frais faits et à faire sur la présente requête, en frais privilégiés de curatelle, avec distraction en faveur de Me..., avoué, qui en fera l'avance.

Présenté au palais de justice à ..., le ...

Décompte (Tarif, art. 77, § 14.)

Timbre....................	1 20
Rédaction..................	3 »
Total........	4 20

NOTA. Cette requête est suivie d'une ordonnance de soit communiqué au ministère public et de la nomination d'un rapporteur.

Voir la formule 178.

FORMULE 249. — Art. 811 et 812 C. C. ; 998 C. P. ; Mourlon, t. II, p. 154.

Jugement qui nomme un curateur à une succession vacante.

Le tribunal de 1re instance de ..., réuni en la chambre du conseil, où étaient présents MM.... (*noms des président, juges et greffier*) vu la requête qui précède, les pièces à l'appui et les conclusions de M. le procureur de la République, après avoir entendu le rapport de M. ..., juge, vu les art. 811, 812 du C. C. et 998 du C. de Pr.; considérant que le sieur ... est décédé le ... qu'ainsi les délais pour faire inventaire et délibérer sont expirés, qu'il ne se présente personne pour réclamer la succession, qu'aucun héritier n'est connu (ou *que les héritiers connus y ont renoncé, énoncer les renonciations*) que dès lors la succession est réputée vacante; faisant droit à la demande du requérant et jugeant en premier ressort, nomme pour curateur à ladite succession M. ..., à la charge de se conformer dans ses fonctions aux dispositions de la loi; l'autorise à employer les frais faits en frais privilégiés de curatelle, desquels frais distraction est faite au profit de Me ..., avoué, qui l'a requise, après avoir affirmé en avoir fait l'avance.

Fait et prononcé en la chambre du conseil par MM. ..., en présence de M. le procureur de la République, M. ..., greffier, tenant la plume.

Décompte : Le timbre de la requête sert au jugement.
Enregistrement 9 38
Timbre d'expédition .... Mémoire.
Droit de greffe, 1 fr. 37 1/2 par rôle.. Mémoire.

FORMULE 250. — Art. 813 C. C.; 941 C. P.; Mourlon, t. II, p. 154.

Inventaire des biens d'une succession vacante.

Voir la formule 150 *et la formule* 151, § XIV.

FORMULE 251.— Art. 814 C. C.; Mourlon, t. II, p. 154.

Vente du mobilier d'une succession vacante.

Voir les formules 238, 239, 240, 241.

Vente de rentes sur l'État dépendant d'une succession vacante.

Voir la formule 244.

Vente des immeubles d'une succession vacante.

Voir les formules 162 *et suivantes.*

Compte à rendre par le curateur d'une succession vacante.

Voir la formule 242.

FORMULE 252. — Art. 815 C. C.; 966 C. P.; Mourlon, t. II, p. 156 et suiv.

Assignation en partage, avec demande en licitation d'immeubles.

L'an ..., le ..., à la requête du sieur A ... (*p., q. et d.*), pour lequel domicile est élu à ..., rue .... no ..., en l'études de Me ..., avoué au trib. de

1re inst. de... lequel occupera sur la présente assignation, j'ai (*immatricule de l'huissier*), soussigné, donné assignation (*indiquer tous les ayants droit à la succession*), parlant à...

A comparaître, etc.

Pour, attendu que le sieur..., est décédé en son domicile à ..., le ..., laissant le requérant comme héritier pour..., et les sieurs..., héritiers pour le surplus;

Attendu qu'il dépend de ladite succession, en outre des valeurs constatées par l'inventaire dressé par Me..., notaire à ..., en date au commencement du ..., divers immeubles (*les indiquer article par article*);

Attendu qu'aux termes de l'art. 815 du C. C. nul n'est tenu de rester dans l'indivision, que le partage peut toujours être provoqué et qu'aucune convention ou prohibition n'existe pour le suspendre; attendu que plusieurs des cohéritiers ont des rapports à faire ; voir dire et ordonner qu'aux requête, poursuite et diligence du requérant, en présence des susnommés ou eux dûment appelés, il sera procédé, par-devant celui de MM. les juges qu'il plaira au tribunal de commettre, et pour les opérations de détail devant Me..., notaire à..., qui a dressé l'inventaire, ou tout autre notaire, aux opérations de comptes, liquidation et partage de la succession du sieur ..., à l'établissement des masses active et passive, à la fixation des droits des parties et des rapports que chacune d'elles pourront devoir, comme à la formation des lots, dans les formes voulues par la loi, que, préalablement à ces opérations, les immeubles seront visités par les experts qu'il plaira au tribunal de commettre, lesquels, après avoir prêté serment, procéderont, toutes les parties présentes ou dûment appelées, à l'examen desdits immeubles, en feront la désignation sommaire, diront s'ils sont commodément partageables, fixeront dans ce cas le mode de partage, feront au contraire, en cas de négative, les lotissements pour la vente et indiqueront, pour servir à la fixation des mises à prix, la valeur de chacun des lots; voir également dire que la vente de ces lots aura lieu soit à l'audience des criées du tribunal de..., soit en l'étude et par le ministère du Me ..., notaire à ..., au plus offrant et dernier enchérisseur, d'après les lotissements et sur les mises à prix fixés par les experts ou déterminées d'office par le tribunal, sur le cahier des charges qui sera déposé au greffe du tribunal (ou *rédigé par Me..., notaire*), pour, le prix à provenir de ladite vente, être compris dans la masse active et partagé entre les parties, suivant leurs droits.

S'il n'a pas été pourvu à l'administration provisoire de la succession, on peut ici désigner les personnes que le requérant désire voir chargées de cette administration et les pouvoirs qu'il convient de leur donner.

S'entendre enfin, les contestants, condamner aux dépens, que le requérant pourra dans tous les cas employer en frais privilégiés de comptes, liquidation, partage et poursuite de vente.

Et j'ai, auxdits domiciles, parlant comme ci-dessus, laissé à chacun des susnommés, copie du présent, dont le coût est de...

(*Signature de l'huissier*).

Décompte. (Ord. de 1841, art. 3, § 18.)

Timbre	Mémoire.
Original	2 »
Chaque copie 50 c.	Mémoire.
Enregistrement	3 75
Copie de pièces à 30 c. par rôle	Mémoire.
Vacation, à faire viser la demande au greffe	1 50

FORMULE 253. — Art. 815 C. C.; Mourlon, t. II, p. 131. S. S. P.

Acte qui proroge le partage.

Par-devant ...., etc.

Ont comparu :

1° M. A... (*p.*, *q. et d.*),

2° M. B... (*p.*,*q*, *et d.*),

Tous deux héritiers, chacun pour moitié, du sieur...., en son vivant (*profession*), demeurant à ..., où il est décédé le ..., ainsi que ces qualités ont été constatées par l'intitulé de l'inventaire fait après son décès par Me ..., notaire à ..., en date au commencement du ..., enregistré;

Lesquels sont convenus de ce qui suit :

I.

Durant cinq ans, à partir de ce jour, la succession du sieur... demeurera indivise entre les parties, qui renoncent à en demander le partage sous quelque prétexte que ce soit.

II.

Cette succession sera administrée, etc. (*indiquer l'administrateur et le mode d'administration*).

Pour faire signifier ces présentes à qui besoin sera, notamment aux débiteurs de la succession, tous pouvoirs sont donnés au porteur d'une expédition.

Dont acte, etc.

Décompte :	
Timbre de minute et d'expédition	Mémoire.
Rôle suivant la classe	Mémoire.
Enregistrement	3 75
Honoraires	6 »

FORMULE 254. — Art. 187 C. C.; 966 C. P.; Mourlon, t. II, p. 134.

Assignation en partage par un tuteur spécialement autorisé pour son mineur.

Voir la formule 252. Seulement les qualités du requérant sont ainsi indiquées :

A la requête du sieur A... (*p.*, *q. et d.*), agissant au nom et comme tuteur naturel et légal (ou *comme tuteur datif*) du mineur B... (*p.*, *q. et d.*), et comme ayant été spécialement autorisé à l'effet des présentes, par délibération du conseil de famille dudit mineur, tenu sous la présidence de M. le juge de paix du canton de ..., en date du ..., enregistré;

Pour lequel domicile est élu, etc.

Même décompte qu'en la formule 252.

FORMULE 255. — Art. 822, 823 C. C.; 969, 970 C. Pr.; Mourlon, t. II, p. 166 et suiv.

Jugement sur l'assignation en partage.

Le tribunal de ... etc., attendu qu'aux termes de l'art. 815 du C. C., nul n'est tenu de demeurer dans l'indivision, qu'il n'existe aucune convention ou prohibition qui suspende le partage; ordonne que sur la poursuite du sieur A..., il sera procédé au partage de la succession du sieur .., à laquelle les parties ont droit (*indiquer les proportions*); nomme M ...., juge commissaire pour présider à ce partage et renvoie pour les opérations de détail devant Me ..., notaire, qui établira les comptes et rapports que les parties pourront se devoir, composera les masses active et passive, proposera les abandonnements qu'il conviendra de faire; ordonne que par trois experts convenus entre les parties, dans les trois jours de la signification du présent jugement, sinon par les sieurs ..., que le tribunal nomme d'office, serment par eux préalablement prêté devant M. le président (ou *devant le juge de paix du canton de* ...), les immeubles dépendant de ladite succession seront visités afin de les estimer, de dire si ces immeubles peuvent être partagés; en ce cas, d'en faire les lots et d'en fixer la valeur, et, dans le cas contraire, d'indiquer le lotissement et les mises à prix pour arriver à la vente aux enchères publiques; pour, après ces opérations, être, sur le tout, par les parties conclu, et par le tribunal statué ce qu'il appartiendra, dépens réservés.

Décompte :	Timbre..............................	Mémoire
	Enregistrement..........................	9.38
	Honoraires de l'avoué s'il plaide en personne..........................	10
	S'il ne plaide pas 3 fr., à l'avoc. 15 f.	
	Expédition, timbre....................	Mémoire
	Droit de greffe, 1 f.50 par rôle.....	Mémoire

FORMULE 256. — Art. 822 et 823 C. C.; 969 C. Pr.; Mourlon, t. II, p. 166 et suiv.

Requête pour faire commettre un nouveau juge en remplacement de celui désigné par le jugement.

A M. le président du trib. de 1re inst. de ...

Le sieur A. (*p., q. et d.*), agissant en qualité d'héritier pour (quotité) du sieur B..., ayant pour avoué Me ...

A l'honneur de vous exposer que sur l'assignation en compte, liquidation et partage de la succession du feu sieur B..., donnée à la requête de l'exposant aux sieurs C. (*p., q.* et *d.*), et D... (*p. q.* et *d.*), ses cohéritiers, il a été rendu, le ..., par le tribunal, un jugement contradictoire qui a ordonné qu'il serait procédé auxdites opérations de liquidation et partage devant M ..., juge commis; qu'aujourd'hui M ...., se trouvant (*dire l'empêchement*), ne peut continuer à présider auxdites opérations; qu'il y a lieu de pourvoir à son remplacement; par ces motifs, l'exposant conclut à ce qu'il vous plaise, monsieur le Président, conformément à l'art. 969 du C. Pr., commettre l'un de MM. les juges de ce tribunal, pour procéder aux dites opérations de compte, liquidation et partage de la succession du feu sieur B... en remplacement de M...., empêché.

Présenté au palais de justice, à ..., le..., (*Signature de l'avoué.*)

ORDONNANCE

Nous, président, vu la requête ci-dessus, les pièces à l'appui et l'art 969 du C. Pr., commettons M. ..., juge de ce tribunal, à l'effet de présider aux opérations de compte, liquidation et partage de la succession du sieur B..., en remplacement de M. ..., juge précédemment commis et actuellement empêché.

Fait et délivré au palais de justice, à ..., le ...

(*Signatures du président et du greffier.*)

Décompte. (Ord. de 1841, art. 10, § 1er.)

Timbre et enregistrement........	6.23
Rédaction de la requête........	3 »
Timbre d'expédition.............	Mémoire
Droit de greffe, 1 fr. 20 par rôle compris la remise du greffier 30 c.	Mémoire

FORMULE 257. — Art. 824 C. C.; 306 C. Pr.; Mourlon, t. II, p. 166 et suiv.

Déclaration au greffe des experts convenus.

L'an ..., le ..., au greffe, ont comparu : 1° le sieur A. (*p.*, *q.* et *d.*) assisté de Me ..., son avoué; 2° le sieur B. (*p.*, *q.* et *d.*) assisté de Me ..., son avoué lesquels ont déclaré qu'ils sont tombés d'accord entre eux de nommer les sieurs ... (*experts*), à l'effet de procéder, conformément à l'art. 824 du C. C., à l'estimation des immeubles dépendant de la succesion du sieur ..., à la formation des parts à attribuer aux comparants ou au lotissement des mêmes biens, s'ils les déclarent impartageables, et à la fixation de leurs mises à prix, le tout en exécution d'un jugement rendu par le trib. de 1re instance de ..., le ...., enregistré; les déclarants ont requis, de leur comparution et déclaration, acte que nous leur avons donné, et ils ont signé, après lecture, avec leurs avoués, et nous, greffier.

(*Signatures.*)

Décompte. (Tarif, art. 91.)

Timbre et enregistrement........	4.35
Vacation de l'avoué...........	3 »

FORMULE 258. — Art. 307 C. Pr.

Requête au juge commissaire pour obtenir son ordonnance portant indication des lieu, jour et heure auxquels le serment des experts sera prêté.

A M. ..., juge au trib. de 1re inst. de...

Le sieur A. (*p.*, *q.* et *d.*, ayant pour avoué Me ..., a l'honneur de vous exposer :

Que par jugement rendu par le tribunal de ..., le ..., contradictoirement entre l'exposant et le sieur ..., demeurant à ..., enregistré et signifié à l'avoué dudit sieur..., il a été ordonné, avant faire droit, que les immeubles dépendants de la succession du sieur ..., seraient vus et visités par trois experts dont les parties conviendraient à l'amiable dans les trois jours de la signification du jugement, sinon et en cas de désaccord, par les sieurs ..., experts nommés d'office, et qu'ils prêteraient préalablement serment devant vous ;

Que les parties ont désigné pour experts les sieurs ..., ainsi qu'il résulte d'une déclaration par eux faite au greffe de ce tribunal le ..., enregistrée ;

Qu'il y a dès lors lieu de recevoir des experts ainsi nommés la prestation du serment prescrit.

C'est pourquoi l'exposant vous prie, monsieur le juge commissaire, d'indiquer les lieu, jour et heure auxquels il sera, par vous, procédé à la réception du serment des experts nommés.

Présenté au palais de justice, à ..., le ...

(*Signature de l'avoué*).

ORDONNANCE

Nous, juge commissaire, vu la requête qui précède, ensemble la grosse du jugement du ..., indiquons pour la réception du serment des experts le ..., heure de..., en la chambre du conseil.

Fait et délivré au palais de justice à ..., le ...

Décompte. (Tarif, art. 76.)

Timbre et enregistrement......	6.23
Rédaction de la requête.......	2 »
	8.23

FORMULE 259. — Art. 307. C. Pr.

Sommation aux experts de prêter serment.

L'an ..., le ..., à la requête du sieur A. (*d.*, *p.* et *q.*), pour lequel domicile est élu à ..., en l'étude de Me ..., avoué à ..., j'ai (*immatricule de l'huissier*), soussigné, signifié et en tête (*de celle*) des présentes laissé copie 1° au sieur ..., 2° ..., 3° ..., en leurs domiciles et parlant à ..., d'une ordonnance de M. ..., juge commissaire au trib. de 1re inst. de ..., en date du ..., enregistrée, ensemble de ladite requête au pied de laquelle se trouve ladite ordonnance.

Et à la même requête, je leur ai fait sommation, en parlant comme ci-dessus, de comparaître le ..., heure de ..., en la chambre du conseil dudit trib. de ..., au palais de justice, à ..., par-devant M .... juge commissaire, pour prêter serment de fidèlement remplir la mission indiquée par le jugement rendu par le tribunal de 1re intance de ..., le ..., enregistré, dont la grosse leur sera communiquée, et pour indiquer les lieu, jour et heure auxquels il sera procédé aux opérations d'expertise.

Je leur ai, à chacun séparément, en leurs dits domiciles et parlant comme ci-dessus, laissé copie, tant des requête et ordonnance susénoncées que du présent, dont le coût est de ... (*Signature de l'huissier.*)

Décompte (Tarif, art. 70.)

Original et copie à l'huissier.........	3.50
Enregistrement..........................	3.75
Timbre..................................	Mémoire
Copie de pièces, de l'ord. et de la requête, 30 c. par rôle, 3 rôles pour chacune des copies................	Mémoire

FORMULE 260. — Art. 307 C. Pr.

Sommation à l'avoué adverse d'assister à la prestation de serment.

A la requête du sieur ..., ayant pour avoué Me ..., soit signifié et en tête (de celle) des présentes laissé copie à Me ..., avoué près le trib. de 1re inst. de ..., et du sieur ..., d'une ordonnance (*énonciation de la requête et de l'ordonnance, comme en la formule précédente*).

Et à même requête soit sommé ledit Me ..., de comparaître et faire comparaître sa partie le ..., heure de ..., en la chambre du conseil du tribunal de ..., pour assister, si bon lui semble, à la prestation du serment des sieurs ..., experts nommés par le tribunal, qui doit avoir lieu devant Me ..., juge commissaire, et à l'indication qui doit être faite par lesdits experts des jour, lieu et heure auxquels il sera procédé à leurs opérations.

Dont acte, etc.

Pour original, pour copie.

Signifié, etc., (*Signature de l'avoué.*)

Décompte (Tarif, art. 70.)

Timbre, signification et enregistr.......	2.14
Original et copie........................	1.25
Copie de pièces, 3 rôles.................	» 90
	4.29

FORMULE 261. — Art. 315 C. Pr.

Prestation de serment par les experts.

L'an ..., le ..., heure de ..., par-devant nous ..., juge au trib. de 1re inst. de...., commis à cet effet, étant assisté dans la chambre du conseil de Me..., greffier,

A comparu Me ..., avoué près ce tribunal et du sieur A. (*p., q. et d.*), lequel nous a déclaré :

Qu'en vertu de notre ordonnance en date du.., enregistrée, le sieur A...., suivant exploit de ..., huissier à ..., en date du ..., enregistré, a fait sommation à 1° ..., 2° .... 3° ..., tous trois experts choisis par les parties pour procéder, conformément au jugement rendu par le trib. de 1re inst. de ..., le..., enregistré, à l'estimation des immeubles dépendant de la succession du sieur..., à la formation des parts à attribuer à chacun des ayants-droit ou au lotissement desdits immeubles et à la fixation de leur mise à prix, s'ils les déclaraient impartageables, de comparaître en ces lieux ce jourd'hui, heure de ..., pour prêter serment de fidèlement remplir la mission à eux confiée et pour indiquer les lieu, jour et heure auxquels ils procéderont aux opérations de l'expertise ordonnée;

Que, par acte d'avoué à avoué, en date du ..., enregistré, notre ordonnance et la requête susénoncées ont été signifiées à Me ..., avoué du sieur B. (*p. q. et d.*), avec sommation de comparaître en ces lieux, ce jourd'hui, heure de ..., et de faire comparaître sa partie pour assister, si bon lui semblait, auxdites prestations de serment et indication des lieu, jour et heure auxquels il sera procédé à l'expertise;

Que ledit Me ..., comparaît conformément à ces sommations, demandant défaut contre le sieur B..., et Me ..., son avoué, en cas de non comparution, et qu'il soit, dans tous les cas, procédé à la prestation de serment des experts, et a signé sous toutes réserves. (*Signature de l'avoué,*)

Et à l'instant a comparu Me ..., avoué dudit sieur B..., lequel a dit qu'il se présente pour satisfaire à la sommation à lui faite par acte d'avoué à avoué en date du ..., enregistré, d'assister à la prestation de serment des experts et à l'indication des lieu, jour et heure de leurs opérations, et a signé, sous toutes réserves. (*Signature de l'avoué.*)

Ont aussi comparu les sieurs ..., experts, lesquels, sur notre interpellation, ont prêté serment entre nos mains d'accomplir, en leur âme et conscience, la mission à eux confiée dont nous leur avons donné connaissance, et ils ont indiqué le ..., heure de ..., pour se transporter sur (*indiquer les lieux*) et pour y procéder auxdites opérations et ont signé.

Desquels comparutions, dires, prestations de serment, indications et réserves, nous avons donné acte aux comparants..... et aux experts; après quoi, nous avons signé avec notre greffier. (*Signatures du juge et du greffier*.

Décompte (Tarif, art. 91.)

Timbre........................	» 60
Vacation de l'avoué à la prestation de serment....................	3 »

FORMULE 262. — Art. 318 C. Pr.

Rapport d'experts.

Cadre pouvant s'appliquer à toute expertise.

A MM. les président et juges composant le tribunal de...

L'an ..., le ..., heure de ..., nous ..., tous trois experts désignés par les parties, en exécution de votre jugement du ..., rendu entre le sieur A..., et le sieur B..., à l'effet de (*indiquer l'opération qu'il s'agit de faire*), après avoir prêté serment de procéder à ces opérations en notre âme et conscience, suivant qu'il résulte d'un procès-verbal dressé par Me..., votre juge-commissaire, le ..., enregistré, nous nous sommes transportés à ... (*lieu des opérations*), où étant arrivés à ..., heure du ..., nous avons trouvé ledit sieur A..., assisté de Mᵉ ..., son avoué, lequel nous a remis la grosse dudit jugement enregistré et signifié, ensemble l'original de la sommation faite au sieur B..., par acte d'avoué, de se trouver aux lieu, jour et heure ci-dessus désignés et il nous a requis de procéder aux opérations à nous confiées, et a signé avec Mᵉ ..., son avoué.

(*Signatures.*)

Nous avons aussi trouvé le sieur B..., assisté de Mᵉ ..., son avoué, lequel nous a dit qu'il ne s'opposait pas à ce que nous procédions auxdites opérations.

Et a signé, avec son avoué. (*Signatures.*)

NOTA. Si les parties font des réquisitions ou déposent des conclusions, les indiquer ici :

Desquels comparutions, réserves, dires et conclusions, nous avons donné acte aux parties, et nous avons procédé, en leur présence et en celle de leurs avoués, à l'expertise pour laquelle nous avons été commis, opération dont le rapport a été écrit par ..., l'un de nous, ainsi qu'il suit ;

NOTA. Relater le dispositif du jugement qui a ordonné l'expertise ; exposer la visite et les opérations auxquelles les experts se sont livrés.

Après avoir vaqué depuis ... heure jusqu'à ..., nous avons clos et signé le présent rapport, qui a été remis à (*l'un des experts*), chargé de le déposer au greffe. (*Signatures.*)

Décompte. (Tarif, art. 92.)

Vacation des avoués par 3 heures, 6 francs......	Mémoire
Vacations des experts (tarif, art. 159 et suivant)..	Mémoire
Timbre du procès-verbal........................	Mémoire
Enregistrement 3 fr. 75........................	Mémoire

FORMULE 263. — Art. 319 C. Pr.

Acte de dépôt de la minute du rapport.

Voir formule 163.

Même décompte.

FORMULE 264. — Art. 819 C. C. ; Mourlon, t. II, p. 163.

Partage amiable d'une succession entre majeurs.

Par-devant ..., etc.

Ont comparu :

1° M. A. (*p., q. et d.*), 2° M. B. (*p., q. et d.*),

Seuls héritiers, chacun pour moitié, de M. ..., leur oncle, en son vivant (*profession*), demeurant à ...

Lesquels, avant de procéder au partage des immeubles dépendant de cette succession, ont exposé ce qui suit :

OBSERVATIONS PRÉLIMINAIRES.

M. ..., étant décédé à ..., le ..., les parties ont fait procéder à l'inventaire des biens de sa succession par Mᵉ ..., notaire à ..., qui en a gardé minute ..., en date au commencement du ..., enregistré. La vente du mobilier ayant eu lieu par le ministère de Mᵉ ..., commissaire priseur, a ..., le ..., lesdites parties ont procédé à la liquidation mobilière de ladite succession, aux termes d'un acte reçu par Me ..., notaire à ..., et son confrère, le ..., enregistré, en sorte qu'il ne reste plus qu'à opérer le partage des immeubles.

Pour parvenir à ce partage, ils ont fait procéder à l'estimation de ces immeubles par M. ..., expert, qui les a divisés en deux lots égaux, pour être tirés au sort entre les copartageants.

MASSE DES BIENS

Désigner, dans une série de numéros, les biens à partager.

ÉTABLISSEMENT DE PROPRIÉTÉ

Etablir la propriété article par aticle. *Voir la formule* 541

COMPOSITION DES LOTS

Les lots ont été composés de la manière suivante :

1er LOT

Le 1er lot se compose de : 1° (*désigner successivement tous les immeubles ou parties d'immeubles qui doivent entrer dans ce lot, en tirant hors ligne l'estimation de chaque article*)........................... » »
2° id., id.. » »
3° id., id.. » »

Total du 1er lot.................... » »

2e LOT.

Le deuxième lot se compose 1°..................................... » »
(*Comme au 1er lot.*) 2°.. » »
3°.. » »

Total du deuxième lot.............. » »

CHARGES ET CONDITIONS

Le présent partage a lieu aux charges et conditions suivantes :

1° MM. A... et B... prendront les biens qui leur écherront par le tirage au sort dans leur état actuel ;

2° Ils souffriront les servitudes de toute nature qui peuvent ou pourront les grever, et profiteront de celles actives, le tout à leurs risques et périls ;

3° Ils seront tenus d'exécuter les baux et locations pouvant exister de tout ou partie des biens partagés ;

4° Le premier lot fournira au deuxième lot, sur la pièce de ..., un droit de passage sur un terrain d'une largeur de ..., le long de ..., partant de ..., pour arriver à..., et fera que ce passage soit toujours libre et praticable ;

S'il y a lieu d'établir d'autres servitudes ou communautés, les indiquer avec soin.

5° Ils payeront distinctement les contributions, à partir du ..., jour ci-après fixé pour l'entrée en jouissance ;

Ils payeront les frais des présentes chacun par moitié.

SOULTE

S'il n'y a pas de soulte, mettre :

Attendu l'égalité des lots, le présent partage est fait sans soulte.

Si au contraire, il y a soulte, mettre :

Le premier lot ayant été estimé la somme de.................. » »
Le deuxième lot celle de.. » »
le premier lot se trouve plus élevé que le deuxième d'une
somme de.. » »

Il est convenu que celui des copartageants auquel écherra ledit premier lot fera soulte à son copartageant d'une somme de ..., formant moitié de la plus-value de son lot. Il aura terme de deux ans à partir du ..., pour payer cette soulte, en l'étude du notaire soussigné, en bonnes espèces métalliques, aux cours, titre et poids de ce jour, à la charge d'en payer l'intérêt à cinq pour cent, d'année en année, à compter du ..., en la demeure de celui à qui écherra le deuxième lot.

A défaut de payement de cette soulte, le copartageant auquel elle sera due pourra demander la résolution du partage.

L'autre co-partageant ne pourra aliéner les biens à lui échus avant le délai de soixante jours sans prévenir son copartageant, afin de le mettre en mesure de faire inscrire son privilége en temps utile.

La validité du présent partage est subordonnée à ces conditions.

TIRAGE AU SORT

Les lots ainsi formés, les parties ont inscrit sur deux morceaux de papier de forme semblable, sur l'un, 1er lot, sur l'autre, 2e lot. Ces papiers, fermés de la même manière, ont été déposés dans un chapeau par Me ..., notaire, et M. B..., le plus jeune des deux copartageants, du consentement de l'autre, a tiré du chapeau un papier sur lequel se sont trouvés inscrits les mots 2e lot; M. A..., l'autre copartageant, a eu le 1er lot.

ABANDONNEMENTS

Les comparants se font, en conséquence de ce tirage au sort, tous abandonnements respectifs des lots à eux échus, à titre de partage, sous la garantie ordinaire entre copartageants, ce qu'ils acceptent, chacun en ce qui le concerne. Ils jouiront divisément des immeubles à eux abandonnés, et en supporteront les charges à compter de ce jour.

TITRES

Chacun des copartageants reconnaît qu'il a en sa possession les titres de propriété s'appliquant à son lot.

Dont acte pour l'exécution duquel les parties élisent domicile, etc.

Le notaire a donné lecture aux parties des articles 12 et 13 de la loi du 23 août 1871.

Fait et passé, etc.

Décompte : Timbre de minute d'expédition et d'extraits..... Mémoire
Rôles suivant la classe, droit gradué, (art. 1er de la loi du 28 février 1872), 5 fr. pour les sommes ou valeurs au-dessous de 5000 fr.,

10 fr. pour les sommes ou valeurs au-dessus de 5 000 fr., mais n'excédant pas 10000, 20 fr. pour les sommes ou valeurs supérieures à 10000 mais n'excédant pas 20 000, et ensuite à raison de 20 fr. par chaque somme ou valeur de 20 000 ou fraction de 20 000............... Mémoire

Enregistrement, sauf le cas de soultes, sur lesquelles il est dû un droit de 5 fr. 0/0......

Honoraires 1 p. 100 de l'estimation de 2 lots.. Mémoire

FORMULE 265. — Art 834 C. C.; 982 C. Pr.; Mourlon, t. II, p. 171.

Tirage au sort, devant notaire, des lots faits par des experts.

L'an ..., le ..., heure de ..., devant Me ..., notaire à ..., soussigné, commis pour les opérations qui vont suivre, par le jugement ci-après énoncé,

Ont comparu :

M. A. (*p., q. et d.*),

M. B. (*p., q. et d.*), tuteur naturel et légal (ou *datif*) du mineur B... (*p. q. et d.*), son ... (*Dans le cas de tutelle dative, énoncer la délibération qui a nommé le tuteur.*)

Ledit sieur A..., et le mineur C..., héritiers chacun pour moitié de M...., en son vivant (*profession*), demeurant à...

Lesquels ont dit que par jugement rendu par le trib. de 1er inst. de..., en date du..., enregistré, il a été ordonné que le partage des biens composant la succession dudit sieur ... aurait lieu en deux lots, et il a été statué, 1° que M ..., juge, présiderait à cette opération; 2° que Me..., notaire soussigné, procéderait au tirage au sort et en dresserait acte; et 3° que les biens seraient visités et estimés par MM. ..., experts nommés d'office à l'effet de déclarer si lesdits biens pouvaient être partagés en nature, d'en composer deux lots, en cas d'affirmative, et enfin de déposer rapport de ces opérations au greffe, pour être statué ce qu'il appartiendrait. Les comparants ont ajouté que les experts, après avoir prêté serment, le ..., entre les mains de M. le juge-commissaire, ont procédé aux opérations qui leur étaient confiées; qu'ils ont déclaré partageables en deux lots les immeubles dépendant de la succession du sieur ...; que ces lots ont été par eux formés, ainsi que cela résulte du rapport par eux dressé en date du ... déposé au greffe, enregistré et entériné le ..., dont une expédition est demeurée ci-annexée, après que dessus mention de son annexe a été faite par le notaire commis.

De ce rapport il résulte ce qui suit :

MASSE DES BIENS

Voir, pour tout le surplus, la formule 264.

Même décompte.

FORMULE 265 *bis*. — Art. 466 et 834 C. C.; 975 C. Pr.; Mourlon, t. I, p. 171 t. II, p. 171

Requête au juge commissaire, pour obtenir l'indication des lieu, jour et heure où il sera procédé, devant lui, au tirage des lots au sort.

A M...., juge au trib. de 1re inst. de...

Le sieur (*p. q. et d.*), agissant comme héritier pour portion du feu sieur..., ayant Me..., pour avoué,

A l'honneur de vous exposer que par jugement du ..., le tribunal a entériné le rapport des experts nommés par son précédent jugement du ... pour estimer les immeubles dépendant de la succession du feu sieur ..., et composer des lots eu égard au droit des parties, que le même jugement du ... a renvoyées devant vous pour le tirage au sort desdits lots; en conséquence, l'exposant conclut à ce qu'il vous plaise, monsieur le juge-commissaire, indiquer les jour, lieu et heure où vous voudrez bien procéder audit tirage au sort, toutes les parties présentes ou dûment appelées, et, vu l'urgence, permettre l'exécution de votre ordonnance sur minute.

Présenté à ..., le ... (*Signature de l'avoué.*)

ORDONNANCE

Nous, juge-commissaire, vu le jugement d'homologation rendu par le tribunal de ..., le ..., et l'art. 975 du C. Pr., ordonnons qu'il sera procédé au tirage au sort des lots composant la succession du sieur ..., devant nous..., le ..., à ... heure du ..., au greffe du tribunal, toutes parties présentes ou dûment appelées, et que, vu l'urgence, notre ordonnance sera exécutée sur minute.

Fait à ..., le ... (*Signature du juge.*)

Décompte. (Tarif, art. 76.)

Timbre.........................	» 60
Enregistrement...............	5.63
Rédaction de la requête et vacation de l'avoué............	2 »

FORMULE 266

Signification de la requête et de l'ordonnance qui fixe les lieu, jour et heure du tirage au sort.

A la requête du sieur A. (*p., q. et d.*), ayant Me... pour avoué.

Soit signifié et en tête (*de celle*) des présentes, donné copie à Me..., avoué du sieur B. (*p., q. et d.*), d'une requête présentée à M...., juge-commissaire, et d'une ordonnance rendue par ce magistrat, le ..., enregistrée, contenant l'indication des jour, lieu et heure auxquels il sera procédé devant lui au tirage au sort des lots composant la succession du sieur ...; soit, en conséquence, ledit Me..., sommé de comparaître et faire comparaître sa partie le ..., à ..., heure de ..., au greffe du trib. de 1re inst. de ..., au palais de justice, devant M. ...., juge-commisssaire, pour y procéder au tirage au sort desdits lots, leur déclarant qu'il sera passé outre en leur absence.

Dont acte, etc.

Pour original, pour copie.

Signifié, laissé copie, etc. (*Signature de l'avoué.*)

Décompte. (Tarif, art. 70.)

Timbre..	Mémoire.
Enregistrement et signification par copie...	1 54
Original..	2 »
Émoluments par chaque copie 25 c........	Mémoire.
Plus droit de copie à 30 c. par rôle.......	Mémoire.

FORMULE 267. — Art. 834 C. Pr.; Mourlon, t. II, p. 171.

Procès-verbal de tirage au sort devant le juge commissaire des lots faits par experts.

L'an ..., le ..., heure ..., au greffe du tribunal de première inst. de ...,

Devant nous ..., juge commis à cet effet par jugement du tribunal, en date du ..., a comparu le sieur A..., (*p. q. et d.*), assisté de Me ..., son avoué, lequel nous a dit que, par jugement en date du ..., enregistré et signifié, le tribunal de ... a entériné purement et simplement le rapport contenant la composition des lots des biens dépendant de la succession du sieur ..., fait par MM. ..., experts commis par un autre jugement dudit tribunal, en date du ..., enregistré;

Qu'en exécution de ces jugements et en vertu de l'ordonnance par nous délivrée le ..., enregistrée, sommation a été faite, par acte du ..., enregistré, dont l'original nous a été présenté, au sieur B. (*p., q. et d.*), d'avoir à se trouver à ces lieu, jour et heure, pour assister au tirage au sort desdits lots; qu'en conséquence il demande qu'il soit par nous procédé à ce tirage, même en l'absence des parties, et a signé avec son avoué.

(*Signatures.*)

Est aussi comparu le sieur B. (*p. q. et d.*), assisté de Me ..., son avoué, Lequel a déclaré consentir au tirage au sort dont il est question.

(*Signatures.*)

Nous, juge-commissaire, avons donné acte aux parties de leurs comparutions, dires et consentements; nous avons ensuite procédé au tirage au sort des lots, ainsi qu'il suit :

Il a été fait deux bulletins d'égale forme ; les mots 1er lot ont été inscrits sur l'un d'eux, et ceux de 2e lot sur l'autre. Il a été fait ensuite deux bulletins portant, l'un le nom de M. A..., l'autre, celui de M. B...

Les bulletins des lots ont été placés dans une urne et ceux des noms des héritiers dans une autre; alors M. ..., greffier, a extrait de la 1re urne le nom de M. A..., et de la 2e urne, le 2e lot; puis, de la 1re, le nom de M. B..., et de la 2e, le 1er lot.

En conséquence, nous avons délivré à chacun des susnommés le lot qui lui est échu par le sort, ce qu'ils ont accepté sous la garantie ordinaire entre copartageants.

Nous avons dressé de l'opération qui précède le présent procès-verbal que les parties et leurs avoués ont signé avec nous et le greffier, après lecture.

(*Signatures.*)

Décompte. (Tarif, art. 92, § 37.)

Timbre	Mémoire
Enregistrement..................	5.63
Vacation aux avoués............	6 »
Droit de rédaction 1 f. 50 y compris la remise au greffier 12 c. 1/2.	Mémoire
Expédition s'il y a lieu, timbre...	Mémoire
Droit de greffe 1 fr. 10 par rôle y compris la remise du greffier, 30c.	Mémoire

FORMULE 268. — Art. 831 à 834 C. C. 979 Pr.; Mourlon, t. II, p. 170.

Procès-verbal de composition des lots par le notaire commis.

L'an ..., le ..., heure de ..., devant nous ..., notaire à ..., soussigné, commis par jugement du trib. de 1re instance de ..., en date du ..., enregistré, pour les opérations de liquidation et partage de la succession du sieur ...

M. A. (*p., q. et d.*), expert nommé par ordonnance de M. ..., juge-commissaire, en date du ..., enregistrée, conformément aux dispositions de l'art. 978 du C. Pr., a établi, de la manière suivante, la composition des lots qui devront être tirés au sort entre les cohéritiers :

Les biens à partager, déduction faite des prélèvements et des dettes, s'élevant à une valeur de..., dont il y a lieu de former deux lots égaux, ainsi qu'il résulte du jugement du ..., précité; l'importance de chaque lot doit, dès lors, être de ...

1er LOT

Il se compose :

1° De la ferme de ..., estimée........................	»	»
2° de la somme de ..., montant d'une créance active, etc. (*énoncer la créance*)........................	»	»
3° des meubles meublants, etc. (*les indiquer*), estimés........	»	»
Total du 1er lot..............	»	»

2e LOT

Procéder comme pour le premier.

(En cas d'excédant d'un lot sur l'autre) :

Le 1er lot ne devant être que de..., il sera dû, par le copartageant auquel il écherra, une soulte de ..., payable à ses cohéritiers. (*Indiquer dans quel terme.*)

Tel est le rapport que nous, notaire commis, avons reçu et rédigé.

Il a été vaqué à tout ce que dessus depuis ladite heure de ..., jusqu'à celle de ..., par ... vacations, et nous avons clos le présent procès-verbal, que le comparant a signé avec nous, lecture faite. (*Signatures.*)

Décompte. (Tarif, art. 160 et 168.)

Timbre........................	Mémoire
Enregistrement................	3.75
Vacations du notaire...........	Mémoire
Honoraires de l'expert (8 f. par vac.)	Mémoire

FORMULE 269. — Art. 831-834 C. C.; 982 C. Pr.; Mourlon, t. II, p. 171.

Procès-verbal de tirage au sort, devant le juge, des lots faits par experts devant notaire.

(*Voir la formule* 367, sauf que l'exposé sera rédigé comme suit :)

A comparu le sieur ..., lequel a dit que, par jugement en date du ..., enregistré et signifié, le tribunal a homologué 1° le procès-verbal de liquidation et partage de la succession du sieur ..., dressé par Mᵉ..., notaire commis le ..., enregistré, et 2° le procès-verbal de composition des lots de divers biens dépendant de cette succession rédigé par ledit Mᵉ..., sur le rapport de M ....., expert chargé de la formation des lots; qu'en exécution de ce... (*le reste comme en ladite formule* 267.)

FORMULE 270. — Art. 819 et 820 C. C.; 907 et 985 C. Pr.; Mourlon, t. II, p. 164 et suiv.

Apposition de scellés dans le cas de minorité, d'interdiction ou d'absence.

L'an ..., le ..., heure de ...

Devant nous ..., juge de paix du canton de ..., assisté de ..., greffier de notre juridiction, en notre demeure à ...

Est comparu M. A. (*p., q. et d.*),

Lequel nous a dit que cejourd'hui, à ..., est décédé, en son domicile, à ..., le sieur B... (*p., q. et d.*), son oncle, dont il est habile à se porter héritier pour ... (*quotité*);

Qu'en cette qualité et pour la conservation de ses droits et intérêts, et des droits et intérêts de tous autres qu'il appartiendra, il requiert qu'il nous plaise procéder, dans le plus bref délai possible, à l'apposition de nos scellés sur tous les objets mobiliers, titres, papiers et renseignements dépendant de la succession dudit sieur B..., se trouvant en son domicile.

Faisant le requérant élection de domicile...

Et a signé après lecture. (*Signature.*)

Desquels comparution, dire et réquisition nous avons donné acte audit sieur A...

Y faisant droit, nous nous sommes immédiatement transporté avec le greffier au domicile dudit sieur A..., sis en la commune de ..., distante du chef-lieu de canton de ... kilomètres, en une maison, rue ..., n ..., où étant arrivé à ... heures, nous avons trouvé la demoiselle C... (*p., n. et âge*), laquelle, sur nos interpellations, a dit être domestique au service du défunt, être la seule personne habitant avec lui et restée en possession de tous les objets mobiliers, titres et papiers et renseignements dépendant de la succession, desquels elle était prête à nous faire la représentation.

Après nous être fait conduire auprès du défunt, que nous avons vu gisant sur son lit, nous juge de paix, assisté comme dessus,

A la requête dudit sieur A..., se disant habile à se porter héritier pour ... du défunt, ayant élu domicile à ..., et à la conservation des droits et intérêts, tant du requérant que de tous autres qu'il appartiendra, sur la représentation qui nous sera faite, quant aux objets en évidence par la demoiselle C..., avertie du serment qu'elle sera tenue de prêter, de les avoir fidèlement représentés.

Avons procédé à l'apposition de nos scellés ainsi qu'il suit :

Dans une pièce servant de bureau, sur une grande armoire à deux vantaux, nous avons appliqué une bande de ruban noir, portant d'un bout sur le vantail de droite, et d'autre sur le vantail de gauche, de manière à couvrir l'entrée de la serrure qui a été par nous fermée et dont la clef a été remise à notre greffier; sur les deux extrémités de cette bande nous avons mis nos scellés en cire rouge molle, portant pour empreinte notre cachet de juge de paix.

Les objets existant dans cette chambre qui n'ont pas été mis sous les scellés sont : 1° une commode en acajou, 2° dix chaises en acajou, etc., etc.

NOTA. Dans chaque pièce on procède de même, tant pour les objets sur lesquels les scellés sont apposés que pour ceux laissés en évidence.

Lorsque toute une pièce est mise sous les scellés on les place sur toutes les issues, portes et croisées.

Si l'on trouve de l'argent ou des objets nécessaires aux besoins journaliers de la maison, on le constate ainsi :

Dans le secrétaire de la chambre à coucher, nous avons trouvé la somme de 100 fr., en pièces de cinq francs monnaie d'argent, laquelle somme nous avons laissé à la dame C..., domestique, pour les besoins journaliers de la maison (ou *à l'un des héritiers*); dans ce dernier cas on ajoute : sans que cette remise puisse entraîner contre ledit sieur... adition d'hérédité, toutes réserves contraires étant faites à cet égard par ledit sieur qui a signé.

(*Signature.*)

Si on trouve un testament, on procède ainsi :

Dans le secrétaire de la chambre à coucher nous avons trouvé un paquet fermé de trois cachets de cire noire et portant pour suscription ces mots : « Ceci est mon testament. » Nous avons paraphé et signé l'enveloppe dudit testament avec le sieur A..., requérant et nous avons indiqué le ..., à ... heure ..., pour nous transporter devant M. le président du tribunal de 1re instance de ..., à l'effet de lui présenter le paquet dont s'agit pour qu'il en fasse l'ouverture et en ordonne le dépôt. Nous avons signé avec le requérant et notre greffier.

(*Signatures.*)

On finit ainsi

Lesquels lieux et effets ci-dessus désignés sont ceux à nous indiqués par la dame C..., domestique, laquelle, après serment par elle prêté, devant nous, qu'elle n'a rien détourné, vu ni su qu'il ait été rien détourné directement ou indirectement des meubles, effets et biens de ladite succession, s'est chargée de la garde desdits scellés et de tous les objets laissés en évidence, promettant de représenter le tout quand et à qui il appartiendra.

Le sieur A... a élu domicile à ..., et il a requis qu'il lui fût délivré expédition du présent procès-verbal.

Remise a été faite à notre greffier de ... clefs s'appliquant aux serrures sur lesquels nos scellés ont été apposés.

Il a été vaqué à tout ce que dessus depuis ladite heure de ... jusqu'à celle de ... de relevée. Nous avons signé avec la domestique, gardienne des scellés, le sieur A..., requérant et notre greffier, après lecture.

(*Signatures.*)

Décompte. (Tarif du 16 février 1807.)

Timbre.................................... Mémoire
Enregistrement par vacation 7 fr. 50.......... Mémoire
Émoluments du greffier, 1 f. 76 par vacation.... Mémoire
Plus le transport, s'il y a lieu.

NOTA. Si la réquisition a lieu par un créancier, il y a lieu d'énoncer sa créance dans la réquisition.

FORMULE 271. — Art. 821 C. C.; 926 C. Pr.; Mourlon, t. II, p. 164 et suiv.

Opposition aux scellés sur le procès-verbal.

Et le ...

Au greffe de la justice de paix de ..., par-devant nous ..., greffier, est comparu le sieur A. (*p.*, *q. et d.*), pour lequel domicile est élu à ...,

Lequel a dit qu'il s'oppose à la levée, hors sa présence, des scellés apposés après le décès du sieur ... Cette opposition est formée pour sûreté d'une somme de ... à lui due par le défunt, ainsi qu'il en sera justifié.

Dont acte requis et octroyé, que le sieur A... a signé avec nous greffier, après lecture.

Signature

Décompte : Timbre.......................... Mémoire
Enregistrement................ 3.75
Vacation...................... 1.76

FORMULE 272. — Art. 821 C. C.; Mourlon, t. II, p. 164 et suiv.

Réquisition et ordonnance de levée de scellés.

Procès-verbal de levée de scellés.

Voir les formules 139 *et* 139 *bis*

FORMULE 273. — Art. 831 C. C.; 826 C. Pr.; Mourlon, t. II, p. 164 et suiv.

Inventaire après ouverture de succession.

Voir, pour la forme de l'inventaire et pour les qualités en vertu desquelles il peut être requis, les formules 150 et 151.

FORMULE 274. — Art. 826 C. C.; 945 C. proc.; Mourlon, t. II, p. 168.

Vente publique de meubles d'une succession, s'il y a des créanciers opposants ou si la majorité des cohéritiers juge la vente nécessaire pour l'acquit des dettes et charges de la succession.

Voir la formule 153.

FORMULE 275. — Art. 827 C. C.; Mourlon, t. I, p. 167.

Assignation en licitation.

Voir la formule 252.

FORMULE 276. — Art. 827 C. C.; Mourlon, t. II, p. 167.

Vente par licitation, devant notaire, avec exclusion d'étrangers,

Par devant Me ..., etc.

A comparu

A sieur A. (*p.*, *q. et d.*)

Lequel a cédé, à titre de licitation, et sous les garanties de droit, au sieur B. (*p.*, *q. et. d.*), son copropriétaire, à ce présent, et qui accepte, la moitié à lui appartenant dans une ferme, sise à ... (*désignation*), qu'ils ont reconnue impartageable.

Au moyen de quoi M ... sera propriétaire de la totalité dudit immeuble, dont il disposera en toute propriété à compter de ce jour.

PROPRIÉTÉ

Cette ferme appartenait aux sieurs A... et B..., colicitants comme seuls héritiers, chacun pour moitié, du sieur ..., leur oncle, décédé à ..., le ..., ainsi que ces qualités résultent de l'intitulé de l'inventaire fait après son décès par Me ..., notaire à ..., et son confrère, en date au commencement du ..., enregistré.

Pour le surplus de l'établissement de propriété, pour les conditions et le prix voir la formule 541.

RÉSERVE DE PRIVILÈGE

La ferme ci-dessus licitée demeure affectée au privilège de colicitant pour sûreté du prix qui revient au sieur A... Pour la conservation de ce privilège, il sera pris sur la totalité de l'immeuble, dans les soixante jours à compter d'aujourd'hui, au bureau des hypothèques de ..., une inscription au profit de mondit sieur A... contre M. B...

Il a été en outre convenu que M. B... ne pourrait aliéner ladite ferme avant le délai de soixante jours, sans prévenir M. A..., afin de le mettre en mesure de faire inscrire son privilège en temps utile.

A défaut de payement du prix de la cession au terme convenu, la licitation sera résoluble.

La validité de la présente licitation est subordonnée à ces conditions.

TRANSCRIPTION

REMISE DES TITRES

ÉLECTION DE DOMICILE

(Voir la formule 541.)

Décompte : Timbre de minute et d'expédition...... Mémoire
Rôles suivant la classe.................. Mémoire
Enregistrement principal, 5 fr., 10 c., 1 par cent sur la part du colicitant vendeur.............................. Mémoire
Honoraires, 1 p. 100................... Mémoire

FORMULE 277. — Art. 827 C. C. ; Mourlon, t. II, p. 167.

Vente par licitation devant notaire, sans admission d'étrangers, mais par voie d'adjudication.

L'an ..., le .... heure de ..., par-devant Me ... notaire à ..., et son collègue, etc.

Ont comparu :

Le sieur A., (*p.*, *q. et d.*),

Le sieur B., (*p.*, *q. et d.*),

Agissant comme seuls héritiers, chacun pour moitié, du sieur ..., leur oncle décédé à ..., le ..., ainsi que ces qualités sont constatées par l'intitulé de l'inventaire fait après son décès par Me..., notaire à..., et son confrère, en date au commencement du..., enregistré.

Lesquels ont dit qu'ils désirent procéder à la licitation amiable, par adjudication et sans admission d'étrangers, d'une ferme sise à... (*Désignation succincte*); qu'ils requèrent en conséquence les notaires soussignés de faire la désignation détaillée de ladite ferme, d'établir le droit de propriété des colicitants, de dresser le cahier des charges et conditions sous lesquelles la licitation aura lieu, ce qui a été fait comme suit :

DÉSIGNATION.

PROPRIÉTÉ.

JOUISSANCE.

CHARGES ET CONDITIONS.

Voir ces divers titres en la formule 541.

NOTA. Dans les charges et conditions, on introduira une réserve de privilège semblable à celle contenue dans la formule précédente.

MISE A PRIX.

Ces charges et conditions établies, les parties ont requis les notaires, soussignés de procéder à la réception des enchères, sur la mise à prix de..., et de prononcer l'adjudication au profit du dernier enchérisseur ; elles ont ensuite signé.

(*Signatures.*)

RÉCEPTION DES ENCHÈRES.

Obtempérant à la réquisition ci-dessus, les notaires soussignés ont de suite procédé à la réception des enchères.

Une première bougie a été allumée, et, pendant sa durée, diverses enchères portées successivement par les colicitants ont fait monter la mise à prix à... Une seconde bougie allumée, les enchères ont été portées à la somme de....; enfin une dernière bougie s'est éteinte sur l'enchère du sieur B..., s'élevant à...; deux nouvelles bougies ont été successivement allumées, ont brûlé et se sont éteintes sans nouvelles enchères; en conséquence, Me..., l'un des notaires soussignés, a adjugé ladite ferme à M. B..., dernier enchérisseur, moyennant la somme de..., en sus des charges. M. B... a déclaré accepter cette adjudication et s'est obligé à payer à M. A..., son cohéritier, la moitié lui revenant dans ledit prix aux époques ci-dessus fixées et à l'exécution des charges de l'adjudication.

REMISE DES TITRES.

ÉLECTION DE DOMICILE.

(Comme en la formule 541.)

Fait et passé, etc.

Décompte :	Timbre de minute et d'expédition.	Mémoire.
	Rôles suivant la classe. . . .	Mémoire.
	Enregistrement, 5 fr. par cent. .	Mémoire.

(L'enregistrement ne se paye pas sur la part du colicitant qui se rend aquéreur.)

Honoraires 1 p. 100.............. Mémoire.

FORMULE 278. — Art. 827 C. C.; Mourlon, t. II, p. 167.

Vente sur licitation avec admission d'étrangers.

Cet acte se fait dans la forme ordinaire de l'adjudication amiable. Voir au mot : *Vente*, formules 541 et suivantes.

Même décompte.

FORMULE 279 — Art. 828, 829, 830 C. C.; 977 et 978 C. Pr.; Mourlon, t. II, p. 160 et suivantes.

Procès-verbal d'ouverture des opérations de liquidation.

L'an..., le..., à..., heure du..., devant nous..., notaire à..., commis pour les opérations de compte, liquidation et partage de la succession du feu sieur ..., par jugement du trib. de 1re inst. de..., en date du... enregistré,

A comparu : le sieur A... (*p., q. et de d.*;),

Lequel a dit qu'il a engagé une instance contre MM. B... et C..., ayant pour objet de faire ordonner qu'il fût procédé aux comptes, liquidation et partage de ladite succession; qu'en accueillant ses conclusions, le tribunal de 1re inst. de... a rendu le jugement précité, qui désignait M. ..., juge audit tribunal, commissaire pour les opérations dont il s'agit, renvoyait les parties devant nous pour y procéder et ordonnait que préalablement la visite des immeubles serait faite par MM. ..., experts, qu'il commettait et chargeait d'en apprécier la valeur, de déclarer s'ils étaient partageables (*rendre compte de la mission des experts, dire s'il y a eu licitation et partage*);

Que la procédure ayant été régularisée, il a fait sommation à chacune des parties intéressées de comparaître aujourd'hui devant nous, à... heure, dans notre étude, jour, lieu et heure que nous avons verbalement indiqués sur sa demande, pour y procéder aux opérations en question; qu'en conséquence, il nous requiert de remplir le mandat à nous confié par le jugement du...

Et de suite le comparant a présenté au notaire soussigné l'original de la sommation et la grosse du jugement précité, pour demeurer ci-annexés, après mention de leur annexe faite par le notaire, et a signé, après lecture.

(*Signature*).

Ont aussi comparu :

M. R... (*p., q. et d.*),

M. C... (*p., q. et d.*),

(*Indiquer ainsi les noms, prénoms, qualités et demeures de toutes les parties.*)

Lesquels ont déclaré consentir à ce qu'il soit procédé auxdites opérations.

Et ont signé, après lecture. (*Signatures.*)

Si quelques parties ne comparaissent pas, le constater comme suit :

M. D... (*p. q. et d.*), l'un des cohéritiers, n'ayant pas comparu, bien que régulièrement sommé par un exploit du ministère de Me..., huissier à..., en date du..., enregistré, dont l'original à nous présenté est demeuré ci-annexé, après que dessus mention de son annexe a été par nous faite, attendu qu'il est... heure de ..., nous avons constaté l'absence dudit sieur D..., et déclaré que nous allions passer outre aux opérations à nous confiées.

Nous, notaire commis, avons donné acte aux omparants de leurs dires et réquisitions, et attendu qu'ils nous ont communiqué les jugements rendus, les pièces de la procédure, leurs notes et observations, ainsi que les titres et pièces qui peuvent faciliter nos opérations, nous avons déclaré ouvert le procès-verbal des compte, liquidation et partage de ladite succession, auxquels nous procéderons en l'absence des parties que nous avons ajournées au ... prochain, à ... heure du... pour prendre connaissance de notre travail.

De tout ce que dessus a été dressé le présent procès-verbal, auquel il a été vaqué les jours, mois et an susdits, depuis ladite heure de..., jusqu'à celle de..., par... vacation, en l'étude dudit notaire.

Et ont les parties signé avec le notaire, après lecture.

(*Signatures.*)

Décompte :	Timbre de minute et d'expédition. .	Mémoire.
	Rôles suivant la classe.	Mémoire.
	Enregistrement	3.75
	Honoraires, vacations	Mémoire.

FORMULE 280. — Art. 828, 831 C. C. ; Mourlon, t. II, p. 169 et suiv.

Procès-verbal de comparution quand les parties ont pris communication de l'état de liquidation et n'ont rien à y opposer.

Et le..., heure du..., devant Me ..., notaire à ..., soussigné,

Ont comparu :

Le sieur A... (*p., q. et d.*),

Le sieur B... (*p., q. et d.*), etc., etc.

(*Énoncer les qualités dans lesquelles les parties agissent.*)

Lesquels, après avoir pris communication, et après que lecture leur a été faite par le notaire pour ce commis de l'état de liquidation desdites communauté et succession, rédigé par le notaire soussigné, ont déclaré l'approuver en toutes ses parties, n'avoir rien à y opposer, et consentir à ce qu'il soit exécuté suivant sa teneur.

Et de suite, ledit état, écrit sur... feuilles de papier, au timbre de ..., signé et paraphé par les parties, en présence du notaire soussigné, est demeuré ci-annexé, après que dessus mention de cette annexe a été faite par ledit notaire.

De tout ce que dessus a été dressé le présent procès-verbal, auquel il a été vaqué les jour, mois et an susdits, depuis... heure de..., jusqu'à celle de..., par ... vacation, en l'étude de Me..., notaire.

Et ont les parties signé avec le notaire, après lecture.

(*Signatures.*)

Décompte :		
	Timbre de minute et d'expédition. .	Mémoire.
	Rôles suivant la classe.	Mémoire.
	Enregistrement	3.75
	Émoluments, vacations.	Mémoire.

FORMULE 281. — Art. 837 C. C.; 977 C. Pr.

Procès-verbal de difficultés soulevées par les parties.

Et le ..., heure du..., devant Me..., etc., notaire soussigné, commis pour les opérations dont il s'agit.

Ont comparu :

Le sieur A... (*p.*, *q. et d.*),

Le sieur B... (*p.*, *q et d.*),

(*Indiquer ainsi toutes les parties et les qualités héréditaires dans lesquelles elles agissent.*)

Lesquels, après que lecture leur a été faite par le notaire commis de l'état de liquidation des communauté et succession des sieurs ..., et dame..., ont déclaré ne pouvoir s'entendre sur divers points des opérations, dont les bases leur paraissent erronées. En conséquence, ils ont exposé, comme suit, les difficultés qui les divisent :

PREMIÈRE DIFFICULTÉ.

Expliquer ici le point en litige.

DEUXIÈME DIFFICULTÉ.

Comme pour la première.

Desquels dires et observations, ledit Me... a donné acte aux parties, et rédigé le présent procès verbal qui sera, par lui, remis au greffe du tribunal de 1re inst. de ...; il a envoyé les parties à se pourvoir devant M. ..., juge-commissaire.

(*Pour la clôture, comme en la formule précédente.*)

Décompte. (Tarif de 1807.)

Timbre.	Mémoire.
Enregistrement	3.75
Vacation du notaire.	Mémoire.

FORMULE 282. — Art. 837 C. C.; 977 C. Pr.

Acte de dépôt du procès-verbal qui précède.

L'an ..., le ..., au greffe du tribunal civil de ..., a comparu Me ..., notaire à ..., lequel a demandé acte du dépôt qu'il fait de la minute d'un procès-verbal par lui dressé le ..., enregistré, sur des difficultés nées entre le sieur A... (*p.*, *q. et d.*), et le sieur B... (*p.*, *q. et d.*), à l'occasion de la liquidation de la succession du sieur ..., pour, ladite minute, être retenue au greffe conformément à l'art 677 du C. Pr. Nous avons en conséquence donné acte au comparant de ce dépôt, et il a signé avec nous, après lecture. (*Signatures.*)

Décompte. (Tarif, art. 168, n° 9.)

Timbre.	Mémoire.
Enregistrement	5.63
Vacations du notaire, indemnité de transport.	Mémoire.

FORMULE 283. Art. — 828 à 830 C. C.; 977 et 978 C. Pr.; Mourlon, t. II, p. 169.

Liquidation et partage d'une communauté et d'une succession entre la veuve survivante et des héritiers majeurs et mineurs, contenant liquidation de reprises, rapports, etc.

ÉTAT DES COMPTE, LIQUIDATION ET PARTAGE.

1° De la communauté de biens qui a existé entre le défunt sieur E... (*p., q. et d.*), et la dame..., aujourd'hui sa veuve; 2° de la succession dudit sieur E...; ledit état dressé par Me ..., notaire à ..., soussigné, commis a cet effet par le jugement qui sera ci-après énoncé.

QUALITÉS DES PARTIES,

Lesdites opérations ont lieu entre :

1° Madame A... (*p., q. et d.*), veuve de M. E... (*p., q. et d.*),

Agissant 1° à cause de la communauté qui a existé entre elle et son défunt mari, aux termes de leur contrat de mariage reçu par Me ..., etc.; 2° comme créancière des reprises de toute nature qu'elle a le droit d'exercer tant contre ladite communauté que contre la succession de son mari; 3° comme donataire dudit sieur E..., son mari, de moitié en usufruit de tous les biens meubles et immeubles composant sa succession, avec dispense de donner caution ou de faire emploi, aux termes de leur contrat de mariage précité;

2° M. B... (*p., q. et d.*),

Héritier pour moitié dudit sieur E..., son père;

3° M. C... (*p., q. et d.*), agissant premièrement, en son propre nom, comme donataire aux termes d'un acte dressé par Me ..., notaire à ..., qui en a gardé minute, et son confrère, le ..., enregistré, de moitié en usufruit, avec dispense de donner caution ou de faire emploi de la dame ..., décédée, son épouse.

Deuxièmement, au nom et comme tuteur naturel et légal du mineur K..., (*p., q. et d.*), seul enfant issu de son mariage avec ladite défunte dame C...

Ledit mineur ... héritier, pour l'autre moitié, dudit feu sieur E..., son aïeul, par représentation de la dame C..., sa mère, qualité qui n'a été acceptée, au nom dudit mineur, que sous bénéfice d'inventaire, suivant déclaration faite au greffe du trib. de 1re inst. de ..., le ..., enregistrée.

4° M. D... (*p., q. et d.*)

Au nom et comme subrogé tuteur du mineur K..., nommé à cette qualité qu'il a acceptée, suivant délibération du conseil de famille dudit mineur tenue sous la présidence de M. le juge de paix du canton de..., le ..., enregistrée, agissant à cause des intérêts opposés dudit mineur et de son tuteur.

Toutes ces qualités sont établies tant par l'intitulé de l'inventaire fait après le décès de M. ... par Me ..., notaire à ... et son collègue, le ..., enregistré, que par celui fait après le décès de madame C..., dressé par Me ..., notaire à ..., le ..., enregistré.

Pour rendre plus claires les opérations qui font l'objet des présentes, on les fera précéder des observations suivantes.

OBSERVATIONS PRÉLIMINAIRES.

PREMIÈRE OBSERVATION.

MARIAGE DE M. ET MADAME E... — CONTRAT DE MARIAGE.

M. et madame E... se sont mariés à Paris, le ..., après avoir fait un contrat pour régler les conditions civiles de leur union.

Aux termes de ce contrat, reçu par Me ..., notaire à ..., qui en a gardé minute et son confrère, le ..., enregistré, il a été dit qu'il y aurait entre les époux communauté de biens, avec exclusion des dettes personnelles antérieures au mariage et sous les modifications suivantes.

Le futur époux a déclaré que ses biens consistaient en :

1° Une maison sise à ..., provenant de la succession de sa mère ;

2° Une somme de ..., en argent comptant.

En considération dudit mariage, M. et madame ... ont constitué en dot à mademoiselle leur fille, chacun pour moitié et en avancement d'hoirie, sur leurs successions futures, la somme de ..., en deniers comptants, et un trousseau d'une valeur de ...; il a été convenu que la célébration du mariage vaudrait quittance de cette constitution de dot.

Ces biens ainsi apportés ou donnés, ensemble ceux, qui durant le mariage, pourraient survenir aux époux à quelque titre que ce soit, ont été exclus de la communauté et réservés propres.

Il a été stipulé que le survivant prendrait, à titre de préciput et avant partage de la communauté, tels des meubles d'icelle qu'il lui plairait choisir jusqu'à concurrence de ..., d'après la prisée de l'inventaire, ou cette somme en deniers comptants, à son choix; et, en cas de survie de la future, il a été dit qu'elle prendrait, à titre d'augment de préciput, ses habits, linge, hardes, dentelles et joyaux.

Faculté a été réservée à la future épouse et à ses enfants à naître dudit mariage, en renonçant à la communauté, de reprendre sa dot, ensemble tout ce qui lui serait échu, durant le mariage, à titre successif ou autrement, ensemble son préciput et augment de préciput, le tout franc et quitte des dettes de la communauté.

Le contrat est terminé par une donation mutuelle au survivant des époux de la moitié en usufruit, avec dispense de faire emploi et de donner caution, de tous les biens meubles et immeubles qui composeraient la succession du prédécédé, sans aucune exception. Quant aux autres dispositions de ce contrat, il est inutile, pour l'objet des présentes, de les rappeler ici.

DEUXIÈME OBSERVATION.

BIENS ADVENUS AUX ÉPOUX PENDANT LE MARIAGE.

§ 1er. —*Successions échues à la femme.*

Pendant le mariage, madame E..., a recueilli les successions de M. ..., et de madame ..., ses père et mère.

Il a été procédé à la liquidation amiable de ces successions, entre elle et ses cohéritiers, tous majeurs, suivant acte passé devant Me ..., etc.

Il résulte de cet acte que madame E... a recueilli dans lesdites successions (*indiquer d'une manière détaillée toutes les valeurs recueillies*).

Tout le passif de ces successions, même les droits de mutation et ceux de liquidation ayant été déduits, il n'y a pas lieu à indemnité pour cet objet en faveur de la communauté.

§ II. — *Donation faite au mari.*

Par acte passé devant Me .... notaire à ..., qui en a gardé minute et son confrère, le ..., enregistré, il a été fait donation entre-vifs par M. ... à M. E..., qui a accepté, de... (*Détailler les objet donnés et leur valeur.*)

TROISIÈME OBSERVATION.

ALIÉNATION DES PROPRES DE M. E...

La maison appartenant à M. E..., a été vendue à M. ..., par contrat reçu par Me ..., etc., moyennant la somme de ..., payée suivant acte passé devant le même notaire, qui en a gardé minute et son confrère, le ..., enregistré.

Il n'a pas été fait, durant le mariage, dans cette maison, de travaux pouvant donner lieu à récompense en faveur de la communauté.

QUATRIÈME OBSERVATION.

ÉTABLISSEMENT PAR MARIAGE DE MADAME C...

Lors du mariage de madame C..., M. et madame E..., ses père et mère, lui ont constitué en dot une somme de ..., ainsi qu'il résulte de son contrat de mariage reçu par Me ..., etc.

Cette somme versée et fournie avec des deniers de la communauté, la veille du mariage célébré à ..., le ..., qui en a valu quittance, a été stipulée entièrement imputable sur la succession du prémourant des donateurs, en sorte que la succeesion de ladite dame C... devra en faire le rapport intégral à la succession de M. E.

CINQUIÈME OBSERVATION.

DÉCÈS DE M. E. — INVENTAIRE. — VENTE MOBILIÈRE.

Le sieur E... est décédé à ..., le ... Les parties ont fait procéder le...

et jours suivants, par le ministère de Me ..., à l'inventaire des effets mobiliers, titres, papiers et renseignements dépendant tant de la communauté d'entre les sieur et dame E..., que de la succession dudit sieur E... Tout le contenu audit inventaire est resté en la garde et possession de la veuve E...

La vente du mobilier a été faite, après l'accomplissement des formalités légales, par le ministère de Me ..., commissaire-priseur, le...; elle a produit la somme de.. » »

Sur laquelle le commissaire-priseur a été chargé de payer les frais d'inventaire, de dernière maladie, qui se sont élevés, d'après les quittances dont il a justifié, à la somme de............ » »

Il est donc resté reliquataire de la somme de.............. » »

Cette somme figurera à la masse active de la communauté.

SIXIÈME OBSERVATION.

ADMINISTRATION DE LA COMMUNAUTÉ ET DE LA SUCCESSION.

La dame E... a, depuis le décès de son mari, administré tous les biens desdites communauté et succession, en vertu de l'autorisation qui lui a été donnée par une ordonnance de référé, rendue par le président du trib. de 1re inst. de ..., le ..., enregistrée étant en suite de l'inventaire fait après le décès de M. E...

Le compte de cette administration et les masses seront établis avec distinction des fonds et des fruits à cause : 1° de la communauté qui existe entre M. B... et sa femme, et 2° des droits usufruitiers qui incombent à plusieurs des parties.

On comprendra dans les fonds tous les intérêts, rentes et fermages antérieurs au décès de M. E..., et dans les fruits tous ceux perçus depuis.

CHAPITRE PREMIER.

Recettes.

PREMIÈRE SECTION.

RECETTES FAITES POUR LE COMPTE DE LA COMMUNAUTÉ.

Ces recettes se composent de :	FONDS.		FRUITS	
	fr.	c.	fr.	c.
1° La somme de..., montant de l'argent comptant trouvé dans le cours de l'inventaire, et dont la dame E... s'est chargée par sa clôture. Cette somme figurera dans la colonne des fonds..	»	»		
2° La somme de ..., montant, en principal, d'une obligation (*énoncer le titre*), dont le remboursement a été effectué par quittance, etc. Cette somme figurera à la colonne des fonds..	»	»		
3° La somme de ..., montant des intérêts de ladite obligation, remboursés avec le capital, courus depuis le... jusqu au...				

	FONDS.		FRUITS.	
	fr.	c.	fr.	c.
Cette somme se subdivisera en deux portions : l'une de..., représentant les intérêts courus jusqu'au jour du décès, figurera dans la colonne des fonds, ci....................	»	»		
L'autre de ..., représentant les intérêts courus depuis le décès figurera dans la colonne des fruits, ci...........			»	»
Total des recettes....	»	»	»	»
En capitaux, ci......	»	»		
En fruits, ci........			»	»

DEUXIÈME SECTION.

RECETTES FAITES POUR LE COMPTE DE LA SUCCESSION.

On opère de la même manière pour toutes les sommes reçues pour le compte de la succession en distinguant également les fonds et les fruits.

CHAPITRE DEUXIÈME.

Dépenses.

PREMIÈRE SECTION.

DÉPENSES A LA CHARGE DE LA COMMUNAUTÉ.

	FONDS.		FRUITS.	
Ces dépenses comprennent:				
1° La somme de ..., pour les gages des domestiques, depuis le ... jusqu'à ...				
Sur cette somme, ... francs sont à la charge des fonds, comme dus avant le décès, ci..........................	»	»		
Et ... francs sont à la charge des fruits, comme étant dus depuis le décès, ci..............................			»	»
2° La somme de ... pour les contributions.				
(Même division.)				
3° La somme de ..., payée à M. ... pour le montant en principal d'une obligation souscrite à son profit par le défunt, remboursée par la veuve, suivant quittance, etc.				
Cette somme est à la charge des fonds, ci.............	»	»		
4° Celle de..., payée au même par la même quittance, pour les intérêts de ladite obligation, courus depuis le ... jusqu'à ...				
Cette somme se subdivise en deux portions : l'une de ..., représentant les intérêts courus avant le décès, est à la charge des fonds, ci................................	»	»		
L'autre de ..., représentant lesdits intérêts courus depuis le décès, est à la charge des fruits, ci.............			»	»
Continuer de la même manière pour toutes les sommes payées pour la succession.				
Total des dépenses pour la communauté à la charge des fonds, ci..	»	»		
A la charge des fruits, ci........................				

DEUXIÈME SECTION.

DÉPENSES A LA CHARGE DE LA SUCCESSION.

Procéder comme pour les sommes payées pour la communauté et avec les mêmes distinctions.

BALANCES.

Communauté.

	FONDS.		FRUITS.	
	fr.	c.	fr.	c.
Le total des recettes faites pour la communauté s'élève, en fonds, à........	»	»		
En fruits, à........			»	»
Les dépenses pour ladite communauté se sont élevées, en fonds, à........	»	»		
Et en fruits, à........			»	»
Le reliquat est de ..., pour les capitaux, ci........	»	»		
Et de ..., pour les fruits, ci........			»	»

Succession.

	FONDS.		FRUITS.	
	fr.	c.	fr.	c.
Les recettes faites pour la succession se sont élevées, en fonds, à........	»	»		
En fruits, à........			»	»
Le total des dépenses a été, en fonds, de........	»	»		
En fruits, de........			»	»
Le reliquat est, en fonds, de........	»	»		
Et en fruits de........			»	»

SEPTIÈME OBSERVATION.

LIQUIDATION DES REPRISES DES ÉPOUX E...

Dans la liquidation des reprises que les époux E... ont le droit d'exercer contre la communauté, on distinguera, comme on vient de le faire pour le compte de l'administration de madame E..., les fruits des capitaux. Les rentes, intérêts et loyers seront calculés jusqu'au ..., jour qui sera ci-après fixé pour la jouissance divise.

CHAPITRE PREMIER.

REPRISES DE MADAME E...

	FONDS.		FRUITS.	
Madame veuve E ... a droit de reprendre sur la communauté :				
1° La dot à elle constituée par ses père et mère aux termes de son contrat de mariage, analysé en la première observation qui précède, s'élevant à la somme de ..., qui forme un fonds........	»	»		
Les intérêts de cette somme courus depuis le ..., jour du				

	FONDS.		FRUITS.	
	fr.	c.	fr.	c.
décès de M. E ..., jusqu'à ..., jour de la jouissance divise. Cette somme doit entrer dans la colonne des fruits, ci....			»	»
2° Son trousseau, à elle donné par ses père et mère, aux termes du même contrat, évalué à la somme de ..., qu'elle reprendra comme fonds, ci........................	»	»		
Les intérêts de cette somme courus depuis le ..., jusqu'au ..., jour de la jouissance divise. Cette somme doit entrer dans la colonne des fruits, ci..................			»	»
3° La somme de ..., représentant le préciput attribué au survivant des époux E..., par leur contrat de mariage précité, madame veuve E... ayant opté pour la somme de ..., en argent comptant. Cette somme doit figurer dans la colonne des fonds, ci..................................	»	»		
Les intérêts de cette somme ne sont dus que du jour de la demande, il n'en sera question ici que pour ordre.....			»	»
Quant à ses linge, hardes, dentelles et joyaux, qu'aux termes de son contrat de mariage la dame E... avait le droit de prélever à titre d'augment de préciput sur la communauté, elle les a repris en nature, et délivrance lui en a été consentie par les autres parties, d'après la distinction qui en avait été faite dans l'inventaire dressé après le décès de M. E...				
4° La somme de ..., etc. (Voir le détail des valeurs recueillies par ladite dame dans les successions de ses père et mère (2e observation), en ayant soin de tirer hors ligne, dans la colonne des fonds, tous les capitaux, et dans celle des fruits, les intérêts desdits capitaux, depuis le jour du décès jusqu'au jour de la jouissance divise).	»	»		
5° La somme de ..., à laquelle est évaluée l'indemnité de logement et de nourriture à laquelle elle a droit, aux termes de l'art. 1465 du C. C. Cette somme figurera à la colonne des capitaux................................	»	»		
Si la veuve a recueilli des immeubles qui se trouvent en nature, il faut les désigner et indiquer, comme mémoire, qu'elle en a fait la reprise en nature.				
Total des reprises de la dame E ..., en fonds.........	»	»		
Et en fruits..			»	»

CHAPITRE DEUXIÈME.

REPRISES DE M. E...

On procède absolument de la même manière, en comprenant les reprises qui résultent du contrat de mariage et celles qui sont énoncées dans les deuxième et troisième observations.

	FONDS.		FRUITS	
	fr.	c.	fr.	c.

PLAN DES OPÉRATIONS.

Ces observations préliminaires ayant été jugées suffisantes, il convient d'indiquer le plan des opérations. Elles seront divisées en trois parties distinctes. La première aura pour objet la liquidation de la communauté, la seconde la liquidation de la succession, et la troisième la fixation des droits des parties et les abandonnements.

La jouissance divise, ainsi qu'il a été dit en la septième observation, sera fixée au ...

Les masses seront divisées par fonds et par fruits, par les motifs indiqués en la sixième observation.

PREMIÈRE PARTIE.

Liquidation de la communauté.

PREMIÈRE SECTION.

MASSE ACTIVE.

Cette masse se compose des sommes ci-après, savoir :

ARTICLE PREMIER.

Reliquat du compte de l'administration de madame E...

	FONDS fr.	FONDS c.	FRUITS fr.	FRUITS c.
Ce reliquat, établi en la sixième observation, s'est élevé, en fonds, à la somme fixe..............................	»	»		
Et en fruits, à la somme de........................			»	»

ART. 2.

Prix de la vente du mobilier.

	FONDS fr.	FONDS c.	FRUITS fr.	FRUITS c.
On comprendra dans la présente masse, colonne des fonds, le reliquat de la vente mobilière resté dans les mains du commissaire-priseur, ainsi qu'il est dit en la cinquième observation, ci..................................	»	»		

NOTA. S'il y avait des créances, des prix d'immeubles, ou toute autre valeur appartenant à la communauté, il y aurait lieu de faire pour chacun de ces objets un article séparé, en distinguant les fonds et les fruits.

ART. 3.

Indemnité due à la communauté par la succession du sieur E ...

On fera figurer dans la présente masse, colonne des fonds, la somme de ..., montant de la dot que les sieur et dame E ... ont constituée à ladite dame C ..., en la mariant, ainsi qu'il est plus au long expliqué en la quatrième observation.

	FONDS.		FRUITS.	
	fr.	c.	fr.	c.
Cette dot, fournie avec des deniers de la communauté, a été déclarée imputable, en entier, sur la succession du prémourant ; la succession du sieur E... en doit, en conséquence, indemnité à la communauté, sauf aux représentants de la dame C... à en faire le rapport à ladite succession, ci.....	»	»		
Les intérêts de cette somme, courus depuis le..., jour du décès, jusqu'au..., jour de la jouissance divise, figureront ici à la colonne des fruits, ci....................			»	»
Total de la masse active de la communauté, en fonds....	»	»		
En fruits			»	»

DEUXIÈME SECTION.

MASSE PASSIVE.

On comprend sous autant d'articles qu'il y a de dettes tout ce que la communauté peut devoir et qui n'aurait pas été compris dans le compte d'administration de la veuve.

Les intérêts d'obligations, les rentes, les loyers d'immeubles sont classés comme fonds jusqu'au jour du décès et comme fruits à partir du décès jusqu'à la jouissance divise.

ARTICLE PREMIER.

Reprises de la dame E...

	FONDS fr.	c.	FRUITS fr.	c.
Ces reprises ont été liquidées en la septième observation. Elles se sont élevées : 1o en fonds, à la somme de..., qui entrera en la présente masse, sous le présent article, dans la colonne des fonds, ci....................................	»	»		
Et 2o en fruits, à la somme de..., qui entrera, etc., ci...			»	»

ART. 2.

Reprises de M. E...

Elles ont été liquidées en la septième observation. Elles se sont élevées :

	FONDS fr.	c.	FRUITS fr.	c.
1° En fonds, à....................................	»	»		
2° En fruits, à....................................			»	»

ART. 3.

Frais de dernière maladie et d'inventaire.

	FONDS fr.	c.	FRUITS fr.	c.
Il n'est question que pour ordre des frais de dernière maladie et d'inventaire qui ont été payés sur le produit de la vente mobilière, ainsi qu'il a été dit en la cinquième observation, ci....................................	ord	re		

ART. 4.

Frais des présentes et de leur homologation.

On comprendra dans la présente masse, sous le présent article, colonne des capitaux, la somme de..., jugée néces-

	FONDS. fr.	c.	FRUITS. fr.	c.
saire pour faire face, et sauf taxe, aux frais du présent état, des procès-verbaux d'ouverture et de clôture des présentes opérations, et à ceux du jugement d'homologation à obtenir du trib. de 1re inst. de ... ci	»	»		
Total de la masse passive :				
En fonds	»	»		
En fruits			»	»
BALANCE.				
La masse active s'est élevée à la somme de..., en fonds	»	»		
A celle de..., en fruits			»	»
La masse passive est de..., en fonds	»	»		
Et en fruits, de			»	»
Partant, la masse nette à partager est de..., en fonds	»	»		
Et de..., en fruits			»	»
Dont la moitié pour chacun des époux est de	»	»		

DEUXIÈME PARTIE.

Liquidation de la succession de E...

PREMIÈRE SECTION

MASSE ACTIVE.

ARTICLE PREMIER.

Part afférente à la succession dans l'actif net de la communauté.

	FONDS. fr.	c.	FRUITS. fr.	c.
La moitié revenant à la succession de M. E..., dans l'actif net de la communauté, a été liquidée ci-dessus à la somme de..., en fonds	»	»		
Et à celle de ..., en fruits			»	»

ART. 2.

Reliquat actif du compte d'administration de madame E...

	FONDS. fr.	c.	FRUITS. fr.	c.
Ce reliquat, tel qu'il est fixé en la sixième observation qui précède, s'est élevé pour la succession, en fonds, à	»	»		
Et en fruits, à			»	»

ART. 3.

Reprises de M. E...

	FONDS. fr.	c.	FRUITS. fr.	c.
Elles figureront ici telles qu'elles ont été liquidées en la septième observation, et telles qu'elles ont été comprises sous l'art. 2 de la masse passive de la communauté, c'est-à-dire pour la somme de ..., en fonds	»	»		
Et pour celle de..., en fruits			»	»

ART. 4.

Rapport de madame C...

La succession de madame C... fait ici le rapport de la dot

	FONDS.		FRUITS.	
	fr.	c.	fr.	c.
à elle constituée par les père et mère de cette dame, aux termes de son contrat de mariage, suivant lequel cette dot est entièrement imputable sur la succession de M. E..., prémourant, ainsi qu'il est plus au long expliqué en la quatrième observation.				
Ce rapport, qui a fait l'objet d'une indemnité par la succession de M. E..., à la communauté, comprise sous l'art 3 de la masse active de ladite communauté, figurera ici, de même qu'audit article, pour une somme de..., à la colonne des fonds, ci........................	»	»		
Et pour une somme de.... à celle des fruits, ci......			»	»
S'il existe des créances personnelles au défunt, des prix de ventes d'immeubles propres, etc., on les comprend sous autant d'articles qu'il y a de créances distinctes, en divisant, d'après les bases ci-dessus indiquées, les fonds et les fruits.				
Total de la masse active, en fonds..................	»	»		
En fruits..................			»	»

DEUXIÈME SECTION.

MASSE PASSIVE.

PREMIER ARTICLE.

	fr.	c.	fr.	c.
Toutes les sommes que la succession pourrait devoir sont indiquées sous autant d'articles distincts qu'il y a de créances passives, en les divisant en fonds et en fruits d'après les bases ci-dessus indiquées.				
ART. 2 — *Indemnité due à la communauté pour la dot de madame C.*				
Cette indemnité, qui figure sous l'art. 3 de la masse active de la communauté, et qui a fait l'objet du rapport opéré par la succession de madame C..., sous l'art. 4 de la masse active de la succession, doit figurer ici, savoir : à la colonne des fonds, pour une somme de....................	»	»		
Et à celle des fruits, pour une somme de.............			»	»
ART. 3. — *Frais funéraires.*				
Ces frais, qui sont à la charge de la succession, sont encore dus et s'élèvent à la somme de..., qui doit figurer en la présente masse, colonne des fonds, ci..................	»	»		
ART. 4. — *Deuil de la veuve.*				
On portera pour cet objet dans la colonne des fonds la somme de..	»	»		
On procède de même pour toutes sommes qui peuvent être à la charge de la succession.				
Total de la masse passive, en fonds, ci..............	»	»		
En fruits, ci..............			»	»

BALANCE	FONDS.		FRUITS.	
	fr.	c.	fr.	c.
La masse active s'est élevée à la somme de..., en fonds..	»	»		
A celle de..., en fruits..............................			»	»
La masse passive est de..., en fonds..............	»	»		
Et de..., en fruits....................................			»	»
Reliquat restant à partager..........................	»	»	»	»
Sur les fonds, madame E... a droit à moitié en usufruit, la nue propriété appartenant aux héritiers de M. E......	»	»		
Et sur les fruits elle a droit également à moitié, c'est-à-dire à..., mais en toute propriété, attendu qu'elle a fait lesdits fruits siens, en vertu de son usufruit..............			»	»
Il reste pour les héritiers de M. E..................	»	»	»	»
Cette somme revient, savoir:				
1° Pour moitié à M.B..................................	»	»	»	»
2° A M. C..., comme donataire de la dame son épouse, pour un quart dans la colonne des fonds, mais en usufruit seulement; la nue propriété appartenant au mineur K...	»	»		
Pour un semblable quart en toute propriété dans la colonne des fruits qu'il a faits siens par le fait de son usufruit, ci.....			»	»
3° Au mineur K... pour le surplus..................	»	»	»	»
Total égal au reliquat net à partager.............	»	»	»	»
Ledit sieur B... et le mineur K... ont droit, chacun pour moitié, à la nue propriété des sommes dont madame E... a l'usufruit, sauf les droits aléatoires en usufruit de M. C... s'il survivait à la dame E..., sur la moitié de la somme attribuée en nue propriété audit mineur K..............				

TROISIÈME PARTIE.

Fixation des droits des parties et abandonnements.	fr.	c.
Madame E.		
Il lui revient en toute propriété:		
1° Sa moitié des bénéfices de communauté ci..........	»	»
2° Ses reprises, art. 1er de la masse passive de la communauté, ci..........	»	»
3° La moitié des fruits de la succession de son mari qu'elle a faits siens... ci	»	»
Total..................	»	»
Et en usufruit, la moitié des fonds de la succession de son mari, ci	»	»
Total en toute propriété et en usufruit.	»	»
Monsieur B...		
Il lui revient dans la succession de son père, en fonds...	»	»
En fruits..........................	»	»
Plus, il a droit à la moitié de la somme de..., dont madame E... a l'usufruit..........................	mémo	ire.
Total..........................	»	»

	FONDS. fr.	c.	FRUITS. fr.	c.
Les héritiers de madame C...				
Ils ont droit savoir, en fonds à....................	»	»		
En fruits à....................			»	»
Mais ils doivent le rapport fait à la succession de M. X.. compris sous l'art. 4 de la masse active de cette succession, savoir en fonds....................	»	»		
En fruits....................			»	»
Il ne leur revient plus en fonds que....................	»	»		
En fruits que....................			»	»
Sur ces sommes, le mineur C... a droit à la moitié en toute propriété sur les fonds et sur les fruits, c'est-à-dire à..	»	»	»	»
Et à la nue propriété de l'autre moitié des fonds dont son père a l'usufruit....................	mé	m	oir	e
M. C..., père a droit à :				
1° La toute propriété de l'autre moitié des fruits, qu'il a faits siens, en vertu de son usufruit, ci....................			»	»
Et à l'usufruit de l'autre moitié des fonds....................	»	»		
Total de son émolument, en toute propriété et en usufruit.	»	»	»	»

Pour fournir à madame X ... le montant de son émolument, il lui est abandonné, en toute propriété :

(*Désigner toutes les sommes auxquelles elle aura droit.*)

1° etc.

Et en usufruit.

Même détail.

(*De même pour tous les héritiers.*)

SOMMES DESTINÉES A L'ACQUIT DU PASSIF.

Il sera laissé en commun :

Pour l'acquit du passif, non encore payé, compris sous les articles...de la masse passive de communauté, et sous les articles ... de la masse passive de succession, une somme de ... à prendre dans (*Désigner les valeurs destinées à cet acquit*).

RÉCAPITULATION ET PREUVE DE LA JUSTESSE DE L'OPÉRATION.

	FONDS. fr.	c.	FRUITS. fr.	c.
Il a été abandonné à madame X....................				
A M. B....................				
Au mineur C....................				
A M. C. père....................				
Si à ces sommes on réunit les sommes de..., laissées en commun, pour l'acquit du passif..				
On retrouve un total égal aux valeurs composant l'actif réel desdites communauté et succession, ce qui prouve la justesse de l'opération, ci....................	»	»	»	»

Jouissance.

Chacune des parties jouira et disposera des valeurs à elle abandonnées, à compter du..., jour fixé pour la jouissance divise.

Conformément à leurs titres, madame X..., et M. B..., n'auront à faire aucun emploi des sommes dont ils ont l'usufruit.

Pouvoir.

Les parties, par le fait de l'approbation du présent état, donneront pouvoir à madame X... de toucher les sommes affectées à l'acquit du passif et d'effectuer le payement des dettes qui le composent.

Remise des titres.

Les titres et papiers de la succession seront remis après l'homologation, à...

Au moyen des présentes, les droits des parties dans lesdites communauté et succession seront entièrement liquidés.

Clos et arrêté par Me..., notaire, aujourd'hui... 18...

Décompte :	Timbre de minute et d'expédition.........	Mémoire
	Enregistrement............................	3.75
	Rôles suivant la classe..................	Mémoire
	Honoraires de 1 0/0 sur la masse active de la communauté........................	Mémoire

FORMULE 283 *bis*.

État rectificatif d'une liquidation.

(Cet acte se place à la suite de la liquidation.)

Et le..., par-devant Me.... etc. ...

Ont comparu (*Énoncer les noms, prénoms, professions, demeures de toutes les parties ayant comparu à la liquidation, et les qualités dans lesquelles elles ont agi. Voir la formule précédente*).

Lesquels ont dit ce qui suit :

Un jugement rendu par le trib. de 1re inst. de..., le..., enregistré, fait droit à la demande du sieur..., relative à la rectification de l'état de la liquidation desdites communauté et succession, dressé par Me...., notaire à..., le..., enregistré, et annexé à la minute qui précède, d'un procès-verbal dressé par le même notaire, le..., enregistré, énonçant les difficultés survenues entre les parties, au cours de ladite liquidation; ce jugement ordonne que ledit état liquidatif sera modifié en ce qui a trait (*Énoncer les points sur lesquels la rectification a été ordonnée*), et homologue purement et simplement le surplus du travail.

Ledit jugement a été signifié par un acte d'avoué à avoué, et à domicile, par exploits de..., enregistrés. (*Si les délais d'appel sont expirés, il y a lieu de l'indiquer. Si les parties sont majeures et adhèrent au jugement, il y a également lieu de le dire.*)

En conséquence, les parties ont requis ledit Me... de procéder à la rectification dudit état liquidatif dans les termes du jugement précité, ce qui a eu lieu de la manière suivante :

§ Ier. DISPOSITION DU JUGEMENT. — Le jugement précité a tranché ainsi qu'il suit les difficultés surgies entre les parties. (*Copier textuellement le dispositif du jugement.*)

§ II. — Rectification.

La masse active de la communauté s'élève, d'après l'état liquidatif, à la somme de..., ci.. » »

Il y a lieu de déduire, suivant le jugement précité, la somme de..., comprise à tort sous l'art. ... de la masse active, ci........ » »

Il reste.................... » »

A cette somme il convient d'ajouter la somme de..., omise dans ladite masse active, ci.. » »

En sorte que la masse active de la communauté doit être définitivement portée au chiffre de.. , ci.. » »

On procède ainsi pour chacune des masses actives ou passives, soit de la communauté, soit de la succession, et, suivant le résultat que ces rectifications ont sur les masses, on modifie la balance, la fixation des droits des parties, les abandonnements, en suivant la marche adoptée par la formule précédente.

Décompte :	Timbre de minute et d'expédition.......	Mémoire
	Enregistrement..........................	3.75
	Rôles suivant la classe.................	Mémoire
	Émolument (il est d'usage de ne prendre des vacations que suivant le temps employé)...........................	Mémoire

FORMULE 283 *ter*.

Liquidation judiciaire de reprises, après séparation de corps, par état séparé.

État de liquidation des reprises, créances et indemnités que madame A... (*p.*, *q. et d.*), épouse de M. B... (*p.*, *q. et d.*), a le droit d'exercer contre son mari, dressé par Me ..., notaire, à..., soussigné, en exécution du jugement qui sera ci-après énoncé, aux termes duquel les sieur et dame B ... ont été déclarés séparés de corps et de biens, et le notaire soussigné a été commis pour procéder à la présente liquidation.

QUALITÉS DES PARTIES.

Lesdites opérations ont lieu entre :

1° Ladite dame A... (*p.*, *q. et d.*), épouse de M. B... (*p.*, *q. et d.*),

Agissant comme créancière, contre son mari, de ses reprises matrimoniales de toute nature, actuellement exigibles, attendu la séparation de corps et de biens prononcée entre les époux B..., par jugement du trib. de 1re inst. de ..., en date du ..., enregistré, signifié par exploit de ..., é ..., enregistré, duquel jugement extraits contenant toutes les énonciations voulues par la loi ont été, l'un inséré dans le journal judiciaire de ..., le ..., et les autres déposés aux greffes du trib. de 1re inst. de ... et du trib. de comm. de ..., à la Chambre des avoués et à la Chambre des notaires de ..., ainsi qu'il résulte de quatre certificats délivrés par les greffiers desdits tribunaux, et par les secrétaires desdites Chambres, aux dates des ...

2° M. B... (*ci-dessus prénommé, qualifié et domicilié*), agissant comme débiteur des reprises, créances et indemnités que ladite dame son épouse peut avoir à exercer contre lui.

Ces qualités sont établies par l'intitulé de l'inventaire fait, en exécution de ladite séparation de corps et de biens par Me ..., notaire à ..., qui en a minute et son collègue, le ..., enregistré.

Pour rendre plus claires les opérations qui font l'objet des présentes, elles seront précédées des observations suivantes.

PREMIÈRE OBSERVATION.

MARIAGE. — CONTRAT DE MARIAGE.

Voir la formule 283.

DEUXIÈME OBSERVATION.

DISSOLUTION DE LA COMMUNAUTÉ. — RENONCIATION.

Le jugement susénoncé, en prononçant la séparation de corps et de biens des époux B..., a entraîné la dissolution de leur communauté, à partir du..., jour de la demande formée par la dame A...

Par acte dressé au greffe du trib. de 1re inst. de ...., le ..., enregistré, madame A... a renoncé à cette communauté pour s'en tenir à ses reprises.

Il résulte de ce qui précède que la présente liquidation ne devra s'appliquer qu'auxdites reprises.

Cette liquidation a eu lieu comme suit :

LIQUIDATION.

CHAPITRE PREMIER.

REPRISES EN NATURE.

(S'il se trouve, soit des immeubles, soit des créances, soit enfin des effets mobiliers, bijoux, etc., existant encore en nature, il y a lieu de les désigner chacun sous un article spécial.)

Madame A... reprendra tous les objets ci-dessus désignés en nature.

CHAPITRE DEUXIÈME.

REPRISES EN DENIERS.

Madame A... a droit de reprendre en deniers :

1° La dot à elle constituée par ses père et mère aux termes de son contrat de mariage, analysé dans la première observation, s'élevant à la somme de..., ci.. » »

2° Son trousseau à elle donné par ses père et mère, aux termes du même contrat, évalué à ..., ci.............................. » »

3° La somme de..., montant d'une créance recueillie par madame A... dans la succession de..., touchée durant la communauté par M. B..., suivant quittance reçue par Me..., notaire à ..., qui en a la minute, et son confrère, le..., enregistrée, ci... » »

(*Continuer ainsi pour toutes les reprises que la dame A... peut avoir à exercer.*)

4° La somme de..., montant des frais de l'instance en séparation de corps et de biens, auxquels M. B... a été condamné, et qui sont dus à Me..., avoué, ci.. » »

5° La somme de ..., montant des frais d'inventaire dus à Me..., notaire soussigné, ci.. » »

Et celle de ..., montant des frais et honoraires des présentes, sauf à augmenter ou à diminuer, ci.. » »

Total des reprises.................. » »

D'un autre côté, madame A... doit à la communauté :

1° La somme de..., pour impôts, réparations, frais de concierge, etc., avancée par son mari, jusqu'au ..., pour la maison par elle reprise en nature et dont elle a touché directement les revenus, pour lui servir de provision, en vertu d'un jugement rendu par le trib. de 1er instance de..., le..., enregistré, ci.. » »

2° La somme de..., pour la part incombant à ladite dame dans les frais de ménage, et dans l'éducation des enfants communs depuis le..., jusqu'à..., ci.. » »

(*Continuer ainsi pour toutes les sommes que la femme doit à la communauté.*)

Total.......... » »

BALANCE.

Le montant des reprises s'élève à..., ci.................... » »

Les sommes que la dame A... doit à la communauté s'élèvent à ..., ci.. » »

Le montant des reprises se trouve réduit à... » »

Madame A... aura droit aux intérêts de cette somme, au taux légal à partir du jour de la dissolution de la communauté.

(Si la femme a contracté avec son mari des dettes de communauté, il y a lieu de les énoncer, et de garantir la femme de tous recours au sujet desdites dettes.)

Le notaire soussigné propose, pour remplir ladite dame A... du montant de ses reprises ci-dessus liquidées, qu'il lui soit fait abandon par le sieur B..., son mari, de 1° (*Énoncer, la ou les créances, propriétés ou valeurs ayant dépendu de la communauté, ou personnelles au mari, qui sont données en payement desdites reprises.*)

Au moyen des présentes, les droits et reprises de la dame A... seront entièrement liquidés sous la réserve de la garantie, par le mari, des valeurs et créances qu'il abandonne.

Clos et arrêté par Me..., notaire à..., cejourd'hui... (*Signature.*)

Décompte :	Timbre de minute et d'expédition.......	Mémoire
	Enregistrement........................	3.75
	Rôles suivant la classe.................	Mémoire
	Honoraires, 1 p. 0/0 sur le montant des reprises............................	Mémoire

Nota. Pour les procès-verbaux d'ouverture et de clôture de cette liquidation comme pour celui des difficultés qu'elle pourrait soulever, voir les formules 279, 280 et 281, sauf à modifier suivant les circonstances et les qualités des parties.

FORMULE 283 *quater*.

Liquidation amiable de reprises après décès.

Par-devant Me...

Ont comparu :

Premièrement. — Madame A... (*p. q. et d.*), veuve de M. B...,

Agissant :

A cause des reprises et conventions matrimoniales qu'elle peut avoir à exercer tant contre la communauté qui a existé entre elle et son défunt mari, aux termes de son contrat de mariage reçu par Me ..., et son collègue, notaires à ..., le ..., enregistré, à laquelle communauté ladite dame a renoncé, ainsi qu'il sera ci-après dit, que contre la succession de son mari.

Deuxièmement. — M. C... (*p., q. et d.*),

Agissant comme seul héritier du sieur B..., son père.

Ces qualités sont constatées par l'intitulé de l'inventaire fait après le décès de M. B ... par Me ..., notaire à ..., et son collègue, en date au commencement du ..., enregistré.

Lesquels ont requis ledit Me ... de procéder à la liquidation des reprises et créances que Madame A... peut avoir à exercer contre lesdites communauté et succession.

Déférant à cette réquisition, Me ... a fait précéder son travail des observations suivantes.

PREMIÈRE OBSERVATION.

MARIAGE. — CONTRAT DE MARIAGE.

Voir la formule 283.

DEUXIÈME OBSERVATION.

DÉCÈS DE M. B..., DISSOLUTION DE LA COMMUNAUTÉ. — RENONCIATION A CETTE COMMUNAUTÉ.

La communauté d'entre les sieurs et dame B... s'est trouvée dissoute par le décès de M. B..., arrivé à.... le...,

L'inventaire après ce décès a été fait, ainsi qu'il a été dit ci-dessus, par Me ..., notaire à ..., le ..., enregistré, et d'après le résultat de cet inventaire, madame A... a renoncé à la communauté pour s'en tenir à ses reprises, suivant acte dressé au greffe du trib. de 1er inst. de..., le..., enregistré.

TROISIÈME OBSERVAVION.

SUCCESSION ÉCHUE A MADAME A... — FAITS ACCOMPLIS DURANT LE MARIAGE.

Il résulte des pièces analysées dans l'inventaire susénoncé, et de déclarations y contenues, les faits suivants, ayant tous directement trait aux droits, reprises et créances de la dame A...

Premièrement. — Madame A... a, durant le mariage, recueilli la succession du sieur..., son oncle, liquidée aux termes d'un acte reçu par Me ..., notaire à ..., le ..., enregistré. Il lui a été abandonné par cette liquidation : 1o une créance hypothécaire de la somme de... due par ... aux termes d'un acte reçu par Me ..., etc. Cette somme a été touchée durant la communauté par Me B..., suivant acte reçu par Me ..., etc., ci.. » »

2o Une somme de..., en deniers comptants, ci.............. » »

Total.................. » »

Il est fait observer que la communauté a payé, pour la part de madame A... dans les frais de cette liquidation et pour droit de mutation une somme de ...

Deuxièmement. — Durant le mariage, il a vendu, suivant acte reçu par Me ..., notaire à ..., le ..., enregistré, une maison sise à ..., moyennant .. de prix principal, sur lequel une somme de ... a été payée comptant entre les mains de M. B... Le surplus encore dû, s'élevant à..., a été stipulé payable le..., et productible d'intérêts, à raison de cinq pour cent. Cette dernière somme sera reprise en nature.

Troisièmement. — Madame A... s'est également, durant la communauté, rendue adjudicataire de la totalité d'une ferme sise à..., dont elle possédait moitié sur la licitation qui en était poursuivie, à sa requête, contre le sieur K..., son copropriétaire indivis, pour l'autre moitié. Cette adjudication a été prononcée suivant procès-verbal dressé par Me..., etc. (ou par jugement), moyennant..., de prix principal sur lequel madame A... a confondu en sa personne celle de ..., formant moitié de son prix, l'autre moitié a été payée par la communauté, aux termes d'un acte, etc.

En conséquence, la dame A..., usant du bénéfice de l'art. 1408 du C. N., reprendra en nature ladite ferme, à la charge par elle de récompenser la communauté, de 1o la somme de..., formant moitié du prix payé par la communauté, ci.. » »

2o Celle de..., montant des frais de licitation et de quittance relatifs à l'acquisition de cette ferme, ci.............................. » »

3o Celle de..., à laquelle les parties évaluent la plus-value donnée à ladite ferme par ces travaux exécutés dans ses bâtiments et payés durant la communauté.......................... » »

Total .... » »

Ces observations étant jugée suffisantes, il va être procédé aux opérations d'ont s'agit.

PLAN DU TRAVAIL.

Ce travail sera divisé en trois parties comprenant : la première, les reprises en nature et en deniers de Madame A..., la seconde, les récompenses et indemnités qu'elle doit à la communauté, et la troisième, la balance et le résultat de cette balance.

PREMIÈRE PARTIE.

REPRISES DE MADAME A...

§ 1er.

Reprises en nature.

Madame A... reprendra en nature : 1° la somme de..., formant le reliquat du prix de la maison sise à ..., ensemble les intérêts dont elle est productible à partir du ..., jour de décès de M. B...

2° La ferme sise à..., acquise par voie de licitation, ainsi qu'il a été ci-dessus expliqué.

§ II.

Reprises en deniers.

Ces reprises se composent de 1° la dot à elle constitué par son père, aux termes de son contrat de mariage, analysé dans la première observation, s'élevant à la somme de..., ci........................ » »

2° Son trousseau a été donné par son père, aux termes du même contrat, évalué à ..., ci........................ » »

3° La somme de ..., montant de la créance hypothécaire recueillie dans la succession de M. ..., son oncle, ci................ » »

4° Celle de ..., montant des deniers comptants recueillis dans la même succession, ci........................ » »

5° La somme de ..., touchée durant la communauté, sur le prix de la maison sise à ... propre de madame A..., ci..............

Total des reprises en deniers.......... » »

DEUXIÈME PARTIE.

RÉCOMPENSES DUES PAR MADAME A...

Madame A... doit les récompenses et indemnités suivantes savoir :

1° La somme de ..., pour les frais de la liquidation et les droits de mutation de la succession du sieur..., oncle de la dame A..., ci..... » »

2° La somme de..., formant la partie payée durant la communauté sur le prix de la licitation de la ferme sise à..., ci........ » »

3° Celle de..., pour les frais de cette licitation, ci.......... » »

4° Enfin la somme de ..., pour la plus-value donnée à la ferme de... par les travaux exécutés durant la communauté, ci.......... » »

Total des récompenses............ » »

TROISIÈME PARTIE...

BALANCE.

Les reprises en deniers sont de..., ci........................ » »
Les récompenses et indemnités sont de..., ci........................ » »

Partant, madame A... aura encore à reprendre en deniers, en dehors de ses reprises en nature, ..., ci........................ » »

Elle aura droit aux intérêts de cette somme à cinq pour cent, depuis, le ..., jour de la dissolution de la communauté.

ABANDONNEMENTS.

Pour remplir madame A... du montant de ses reprises, M. C... lui cède et abandonnée, ce qu'elle accepte, 1° (*Désigner les biens sommes ou valeurs cédés*) le tout dépendant de la communauté.

Madame A... aura droit aux revenus et intérêts de ces biens à partir du...

(Si des créances hypothécaires sont cédées, il y a lieu de faire subroger madame A... dans les inscriptions hypothécaires.)
(On constate, s'il y a lieu, la remise des titres.)

Dont acte, pour l'exécution duquel, etc.

Décompte :		
	Timbre de minute et d'expédition.....	Mémoire
	Enregistrement........................	3.75
	Rôle d'expédition suiv. la classe......	Mémoire
	Honoraires, 1 p. 0/0 du montant des des reprises........................	Mémoire

FORMULE 284. — Art. 834, 833, 834 C. C.; Mourlon, t. II, p. 163 et suiv.

Partage amiable d'une succession immobilière.

Par-devant Me.., etc,
Ont comparu :
1° M. A... (*p.*, *q.* et *d.*), 2° B... (*p.*, *q*, et *d.*), 3° C... (*p.*, *q.* et *d.*)
Tous trois frères germains, héritiers chacun pour un tiers de M. D... (*p.*, *q*, et *d.*), leur père, décédé à..., le...
Lesquels, voulant procéder au partage des biens immeubles dépendants de la dite succession, ont fait procéder à l'estimation de ces immeubles par MM. ... experts, qui les ont divisés en trois lots égaux,

MASSE DES BIENS.

Art. 1er. (Désigner l'immeuble avec soin, en indiquant ses tenants aboutissants, et ses servitudes actives et passives).
Cet immeuble a été estimé à la somme de..., ci........................ » »
Art. 2. Même désignation et évaluation, ci........................ » »
Art. 3. Id., Id. ci........................ » »
(*Ainsi de suite pour tous les immeubles de l'hérédité.*)

Total de la masse des biens à partager........ » »

ÉTABLISSEMENT DE PROPRIETÉ.

Voir la formule 283.

COMPOSITION DES LOTS.

Il a été formé par les experts susnommés trois lots, de la manière suivante :

Le premier lot se compose de :

1° (Désigner l'immeuble ou la portion d'immeuble affecté au premier lot en énonçant le n° sous lequel il est indiqué dans la désignation générale.)

1° etc., estimé...... » »
2° etc., Id........ » »
3° etc., Id........ » »

Total de l'estimation du premier lot.... » »

Le second lot se compose de :

Comme pour le premier lot.

1° etc., estimé......... » »
2° etc., *Id*......... » »
3° etc., *Id*......... » »

Total de l'estimation du deuxième lot.. » »

Le troisième lot se compose de :

1° etc., estimé...... » »
2° etc., Id....... » »
3° etc., Id....... » »

Total de l'estimation du troisième lot, ci.... » »

SOULTES.

L'estimation des biens à partager s'est élevée, ainsi qu'on l'a vu ci-dessus, à..., dont le tiers revenant à chacun des copartageants est de...

Le premier lot, se trouvant trop élevé d'une somme de..., fera soulte, savoir : au deuxième lot, d'une somme de..., et au troisième lot d'une semblable somme de..., chacun d'eux se trouvant trop faible dans cette proportion.

Le propriétaire du premier lot aura pour le payement de ces soultes un délai de..., à partir du..., elles produiront des intérêts, sur le pied de cinq pour cent par an, à partir du jour ci-après fixé pour la jouissance divise ; le tout sera payable à ..., en bonnes espèces métalliques, au cours de ce jour.

Il est fait réserve, au profit du deuxième et du troisième lot, du privilège résultant de l'art. 2103 C. C., pour sûreté de ces soultes.

CHARGES ET CONDITIONS.

Ce partage a lieu sous la garantie de droit entre copartageants, et sous les charges et conditions suivantes :

1° Les copartageants entreront en jouissance des lots qui leur seront échus à partir du...; ils recevront, par tiers, les loyers et revenus courus et à courir jusqu'à cette époque.

2° Chacun d'eux prendra le lot qui lui sera échu tel qu'il sera lors de l'entrée en jouissance, avec les servitudes actives ou passives qui peuvent y être attachées.

3° Ils payeront, à partir du..., les contributions de toute nature qui sont ou seront imposées sur chacun des lots.

4° Les arbres et vignes qui existent sur quelques-uns des biens partagés devront rester debout, quand bien même ils ne se trouveraient pas à distance légale.

5° Le troisième lot aura droit de passage sur la pièce du deuxième lot, n°... de la désignation de ce lot, pour arriver sur la partie de la dite pièce qui lui est attribuée; ce passage aura un mètre 33 centimètres de largeur, et sera pris sur le bas de la pièce à tenir, à...

6° Les rentes dues sur les biens partagés seront payées, par tiers, entre les parties.

7° Il en sera de même des frais du présent partage.

TIRAGE AU SORT.

Les parties, pour arriver au tirage des lots au sort, ont sur trois morceaux de papier de même couleur et de même forme écrit sur l'un : premier lot; sur l'autre : deuxième lot, et enfin sur le dernier : troisième lot; ces papiers, pliés d'une manière uniforme, ont été déposés et agités dans une boîte, puis ils ont été tirés au sort, et par l'événement de ce tirage le premier lot est échu à M. A...

Le second lot à M. B...

Le troisième lot à M. C...

Chacun des copartageants a déclaré accepter le lot à lui échu.

TITRES.

Les copartageants reconnaissent avoir, chacun en sa possession, les titres de propriété des immeubles compris dans son lot.

Le sieur... reconnaît que remise vient de lui être faite de (*énoncer des titres*); il s'oblige à en aider ses cohéritiers à toute réquisition et sous récépissé.

ÉLECTION DE DOMICILE.

Pour l'exécution des présentes, etc.

Le notaire a donné lecture aux parties des articles 12 et 13 de la loi du 23 août 1871.

Fait et passé, etc.

Décompte :	Timbre de minute et d'expédition........	Mémoire
	Rôles suivant la classe..................	Mémoire
	Enregistrement, droit gradué. (Voir la formule n° 264)........................	
	Et en sus le droit de soulte à 5 fr. p. 0/0..	Mémoire
	Honoraires, 1 p. 0/0 jusqu'à 100 000 fr. 1/2 p. 0/0 pour le surplus................	

FORMULE 285. — Art. — 834 C. C.; Mourlon, t. II, p. 166 et suiv.

Rapport d'un expert commis par le juge-commissaire pour préparer un partage.

L'an..., le..., nous, A... (p., q. et d.), expert nommé par ordonnance rendue le..., enregistrée, par M. ..., juge-commissaire aux opérations de compte, liquidation et partage de la succession de M. ..., ordonnées par jugement rendu par le tribunal de 1re inst. de ..., le ..., enregistré, entre (*énoncer les noms, prénoms, professions et demeures des héritiers, et les qualités héréditaires dans lesquelles ils ont agi; le nom des tuteurs des héritiers mineurs et les actes en vertu desquels ils sont tuteurs.*)

Par lequel jugement le tribunal ordonne qu'aux requête, poursuite et diligence des parties de Me..., avoué, à l'encontre de celles de Me... avoué devant Me..., juge que le tribunal commet, lequel renverra les parties devant Me..., notaire à..., que le tribunal nomme d'office, à l'effet de procéder aux compte, liquidation et partage de la succession dudit sieur..., que pour y parvenir, les biens immeubles qui en dépendent seront visités et estimés par un expert que le juge-commissaire désignera pour les parties mineures, et auquel les parties majeures déclarent s'en rapporter, serment préalablement prêté devant le dit juge-commissaire; lequel expert dira si les biens sont ou non partageables en nature, sans dépréciation, suivant les droits des parties; au premier cas, il en composera des lots autant justes et égaux que possible; au second cas, il indiquera les causes qui s'opposent au partage; dans l'un et l'autre cas, fixera la valeur estimative desdits biens, pour, au premier cas, être tirés au sort, et au second cas, être vendus en l'étude de Me..., notaire à... (ou à la barre dudit tribunal), de tout quoi il dressera procès-verbal, qu'il déposera au greffe dudit tribunal, pour être ensuite par les parties requis et par le tribunal statué ce qu'il appartiendra, tous droits, moyens et dépens réservés.

En conséquence du serment que nous avons prêté, le..., devant M. ..., juge-commissaire, après avoir indiqué que nous procéderions aujourd'hui, nous nous sommes transporté à..., où est comparu Me..., avoué à..., des parties ci-devant nommées, qualifiées et domiciliées, en tête du présent rapport, lequel nous a requis de procéder en sa présence aux opérations ordonnées par le jugement du...; à l'effet de quoi il nous a remis la grosse dudit jugement, ainsi que l'expédition du procès-verbal de notre prestation de serment, et a signé, après lecture, sous les réserves de faire dans le cours desdites opérations telles réquisitions et observations qu'il jugera convenables.

(*Signature.*)

Est comparu Me ..., avoué à..., de ...., ses parties ci-devant nommées, qualifiées et domiciliées, lequel a dit qu'il consentait qu'il soit, en sa présence, procédé aux opérations qui nous sont confiées, par le jugement susdaté, se réservant de faire dans le cours de nos opérations telles réquisitions et observations qu'il avisera, et a signé après lecture.

(*Signature.*)

Sur quoi nous experts susdits et soussignés, constatons les comparution, réquisitition, consentement et réserves de MMes ..., avoués, et, en leur présence, nous avons procédé à la visite, désignation et estimation des biens immeubles dépendants de ladite succession du sieur ..., de la manière suivante :

MASSE A PARTAGER.

Art. 1er. (*Désigner avec soin, en indiquant les tenants, aboutissants, les droits et servitudes se rattachant à l'immeuble.*)

Cette propriété, telle qu'elle se poursuit et comporte, et par comparaison avec les biens de même nature, situés dans le même canton, est par nous estimée à la somme de.. » »

Art. 2. Etc.. » »

Art. 3. Etc.. » »

Total de la valeur des biens composant la présente masse.................. » »

Cette masse ainsi désignée, il s'est agi de savoir si ces immeubles pouvaient être commodément partagés suivant les droits des parties. Nous sommes d'avis que ce partage peut être facilement fait ; en conséquence, nous en avons formé deux lots.

COMPOSITION DES LOTS.

1er lot. — Il se composera de : 1° ... (*désigner avec soin l'immeuble ou la fraction d'immeuble*) pour la somme de.................... » »

2° Etc.. » »

3° Etc.. » »

Total de l'estimation du 1er lot.............. » »

1re lot. — Il se composera de 1° (*comme ci-dessus*).......... » »

2° Etc.. » »

3° Etc.. » »

Total de l'estimation du 2e lot............ » »

(Si l'un des lots est plus fort que l'autre, il y a lieu de dire :)

La valeur totale des biens à partager étant de ..., dont la moitié est de..., le premier lot se trouve trop élevé d'une somme de ..., celui des deux héritiers auquel ce lot écherra devra faire soulte à son cohéritier d'une somme de...

Dans la supposition où la vente serait ordonnée, nous estimons que la valeur des biens composant la masse doit être réduite d'un tiers, pour servir utilement de mise à prix.

Notre mission étant remplie, nous avons clos le présent rapport.

Il a été vaqué auxdites opérations (*indiquer les heures pendant lesquelles elles ont duré*) en présence de MMes ..., avoués, qui ont signé avec nous, lecture faite. (*Signatures.*)

Décompte : Timbre........................ Mémoire
Enregistrement.................... 3.75
Vacations.......................... Mémoire

FORMULE 286. — Art. 841 C. C. ; Mourlon, t. II, p. 176.

Retrait successoral.

Par-devant Me ... notaire, etc.

Ont comparu.

Le sieur A... (*p.*, *q. et d.*), d'une part,

Le sieur B... (*p.*, *q. et d.*), d'autre part.

Lesquels ont dit qu'aux termes d'un acte passé devant Me ..., notaire à..., le ..., enregistré, le sieur C... (*p.*, *q. et d.*) a cédé à M A..., l'un des comparants, tous ses droits successifs, mobiliers et immobiliers, dans la succession du sieur D... (*p.*, *q. et d.*), dont ledit sieur C... était héritier pour moitié, l'autre moitié revenant à M. B..., ainsi qu'il résulte de l'intitulé de l'inventaire fait après le décès dudit sieur D..., par le ministère de Me ..., notaire à..., en date au commencement du ..., enregistré.

Cette cession a eu lieu moyennant..., dont le contrat porte quittance, et en outre à la charge de payer la part des dettes dont le cédant pouvait être tenu dans ladite succession.

Ce transport a été signifié au cohéritier du cédant, par exploit de..., huissier à ..., le..., enregistré. Sur cette signification M. B... a déclaré, par exploit de..., huissier à..., en date du..., enregistré, à M. A..., qu'il entendait user du bénéfice de l'art. 841 du C. C., et exercer le retrait successoral sur les droits compris au transport précité, avec offre du remboursement du prix, de ses intérêts, et des loyaux coûts dudit transport.

Pour éviter toutes contestations, M. A... a consenti à l'exercice du droit de retrait réclamé par M. B...

En conséquence, M. B... a payé, à la vue des notaires soussignés, en bonnes espèces métalliques ayant cours, à M. A..., qui le reconnaît et lui en donne quittance, la somme de..., pour le remboursement du prix du transport précité, en principal et intérêts et pour les frais et loyaux coûts de ce transport.

Il s'est obligé à payer la part dont ledit sieur A... se trouvait chargé dans les dettes de la succession.

Au moyen de ce qui précède, M. B... se trouve subrogé dans les droits du cédant, dans la succession du sieur D..., sans exception ni réserve.

Ledit sieur A... a remis à M. B..., qui le reconnaît, l'expédition du transport précité.

Dont acte, pour l'exécution duquel les parties élisent domicile, etc.

Fait et passé, etc.

Décompte : Timbre de minute et d'expédition....... Mémoire
Rôles suivant la classe.................. Mémoire

Enregistrement 63 c. p. 0/0, arrêté du ministre des finances du 8 ventôse et 11 floréal, an XI........	Mémoire
Honoraires, 1 p. 0/0............	Mémoire

FORMULE 287. — Art. 877 C. C.; art. 545 et 547 C. Pr. C.; t. II, p. 227.

Signification aux héritiers pour rendre exécutoire contre eux le titre déjà exécutoire contre leur auteur.

L'an ..., le ..., à la requête du sieur A ... (*p., q. et d.*), j'ai (*immatricule de l'huissier*), soussigné, signifié, et en tête (*de celle*) des présentes, laissé copie :

1° Au sieur B... (*p., q. et d.*), audit domicile, en parlant à...

2° (Comme ci-dessus.)

3° (Comme ci-dessus.)

Tous trois héritiers du feu sieur C... (*p. q. et d.*)

De (*Énoncer les titres, actes ou jugements exécutoires contre le défunt.*)

Déclarant auxdits sieurs..., que la présente notification leur est faite, conformément à l'art. 877 du C. C., pour rendre exécutoires contre leur auteur, et pour en poursuivre l'exécution s'il y a lieu, huit jours après le présent.

Et j'ai, auxdits domiciles et parlant comme ci-dessus, laissé à chacun des susnommés copie, tant des titres sus énoncés que du présent, dont le coût est de... (*Signature.*)

Décompte. (Tarif, art. 29.)

Original....................	2 »
Copies (trois)..............	1 50
Enregistrement..............	3.75
Timbre......................	Mémoire
Copies de pièces, 25 c. par rôle.	Mémoire

FORMULE 288. — Art. 878 et 2111 C. C.; Mourlon, t. II, p. 227.

Requête pour obtenir et ordonnance qui accorde l'autorisation de prendre inscription lorsque le créancier n'a pas de titre.

A M. le président du tribunal de 1re instance de...

Le sieur A... (*p., q. el d.*), ayant Me... pour avoué,

A l'honneur de vous exposer qu'il est créancier de la succession du sieur B... (*p., q. et d.*), d'une somme de ..., pour (*indiquer la cause*); que les héritiers dudit sieur... sont MM. ... (*n., p., q. et d. des héritiers*); qu'il y a lieu de craindre, eu égard à la situation appréciable de la fortune de ces derniers, que leurs créanciers personnels n'exercent leurs droits sur l'actif de ladite succession, au préjudice des créanciers du cette dernière; que pour obvier à cet inconvénient et conformément à l'art. 878 du C. C., il y a lieu de recourir à la séparation du patrimoine du défunt, de celui des héritiers; que l'exposant n'étant porteur d'aucun titre, ne peut conserver ses droits par l'inscription hypothécaire indiquée par l'art. 2111 du C. C., qu'autant qu'il vous plaira fixer provisoirement le montant de sa créance, et l'autoriser à prendre ladite inscription sur les immeubles de ladite succession; que cette mesure conservatoire ne peut blesser les intérêts des héritiers qui demeurent libres d'opposer toutes contestations; par ces motifs, l'exposant conclut à ce qu'il vous plaise, monsieur le président, évaluer provisoirement le montant de sa créance à la somme de ..., l'autoriser à prendre inscription sur les immeubles de la succession, afin qu'il puisse utilement former la demande en séparation de patrimoine qu'il projette, contre qui il appartiendra.

Présenté à..., le ... (*Signature de l'avoué.*)

ORDONNANCE.

Nous, président, vu la requête qui précède, et les (*factures, comptes ou registres, etc.*) à l'appui, vu les art. 878 et 2111 du C. C., attendu que pour être admis à prendre inscription de séparation de patrimoine, il suffit d'être créancier de la succession; attendu qu'il y a des présomptions graves que la créance du sieur A... est sérieuse, sans néanmoins rien préjuger sur la validité et sur l'importance de cette créance, autorisons le sieur A... à prendre inscription sur les immeubles de la succession, pour la somme de..., à laquelle nous évaluons provisoirement sa créance; ordonnons à tous conservateurs de ce requis, de se conformer à la présente ordonnance sous les peines de droit.

Fait et délivré à..., le ... (*Signatures du président et du greffier.*)

Décompte (Tarif, art. 77, par analogie)

Timbre..............................	» 60
Enregistrement..................	5.63
Rédaction de la requête.........	3 »
Expédition, timbre................	Mémoire
Droit de greffe 1 fr. 10 c. par rôle y compris la remise du greffier 30 c..........................	Mémoire

FORMULE 289. — Art. 879 et 2111 C. C ; Mourlon, t. II, p. 229.

Bordereau d'inscription en séparation des patrimoines du défunt et de l'héritier.

Bordereau de privilège et de séparation de patrimoine à inscrire au bureau des hypothèques de...

Au profit de A... (*p., q. et d.*)

Pour lequel domicile est élu à (*choisir ce domicile dans l'arrondissement hypothécaire du bureau où l'inscription est requise.*)

Contre (*n., p., q. et d. de l'héritier ou des héritiers si on les connaît*), sinon contre les héritiers et représentants du sieur B... (*p., q. et d.*), décédé à..., le ...

Pour sûreté et conservation :

1° De la somme principale de..., (*cause de la créance*), ci...... » »

2° de celle de ..., montant des intérêts échus, ci.............. » »

3° Des intérêts à échoir dont la loi conserve le rang...... Mémoire.
4° Et de la somme de ..., pour frais de mise à exécution, ci.... » »

Total, sauf les articles portés pour mémoire.................. » »

Résultant de (*énoncer les titres*), et en vertu des articles 878 et 2111 du C. C.

Sur tous les biens dépendant de la succession du sieur B..., situés dans l'arrondissement du bureau des hypothèques de ..., et spécialement sur (*Indiquer les immeubles que l'on connaît*).

Décompte :		
	Timbre des deux bordereaux...	1 20
	Droit d'inscription, 1 fr. 25 c. par mille fr..................	Mémoire
	Salaire du conservateur......	Mémoire
	Émoluments de la rédaction des bordereaux (par analogie de l'art. 104 du tarif).........	6 »

FORMULE 290. — Art. 878 C. C. ; Mourlon, t. II, p. 232.

Assignation en séparation de patrimoine.

L'an..., le ..., à la requête du sieur A... (*p. q. et d.*), pour lequel domicile est élu à ..., dans l'étude de Me ..., avoué près le tribunal de 1re inst. de..., qu'il constitue et qui occupera pour lui sur la présente assignation, j'ai (*immatricule de l'huissier*), soussigné, donné assignation au sieur B... (*p., q. et d.*), audit domicile, parlant à ...., à comparaître d'aujourd'hui à huitaine franche, outre un jour par trois myriamètres de distance, à l'audience et devant MM. les président et juges composant le tribunal de 1re inst. de ..., au palais de justice à ..., heures du ..., pour, attendu que le requérant est créancier du sieur C... (*p. q. et d.*), décédé à ..., le ..., d'une somme de ..., en vertu (*énoncer les titres*). signifiés audit sieur B..., et à ses cohéritiers, conformément à l'article 877 du C. C., par exploit de ..., en date du ..., enregistré ; attendu que ledit sieur B..., est le seul qui jusqu'à ce jour ait accepté la succession du sieur..., [1]; attendu, dès lors, que le requérant a intérêt à demander la séparation du patrimoine du défunt d'avec celui du sieur B..., conformément aux art. 878 et suiv. du C. C., voir dire et ordonner que cette séparation aura lieu, et qu'en conséquence le requérant pourra se faire payer sur les biens de la succession, avant les créanciers personnels du sieur B..., et s'entendre en outre condamner aux dépens, sous toutes réserves, notamment contre les cohéritiers dudit sieur B...

Et j'ai, audit domicile, parlant comme ci-dessus, laissé copie audit sieur B... du présent, dont le coût est de... (*Signature de l'huissier.*)

Décompte (Tarif, art 29.)

Timbre................	» 60
Original..............	2 »

1. La séparation serait utile même au cas d'acceptation bénéficiaire.

Copie..................	» 50
Enregistrement........	3.75
Total.......	6.65

NOTA. Si le titre en vertu duquel on agit n'est pas exécutoire, il faut que l'assignation conclue, en outre, à ce que l'héritier soit condamné à payer le montant de la créance.

FORMULE 291. — Art. 881 C. C.; Mourlon, t. II, p. 236.

Opposition à partage par un créancier.

L'an..., le ..., à la requête du sieur A ... (*p., q. et d.*), créancier du sieur B... (*p., q. et d.*), suivant acte... (*énoncer le titre*), dont il est en tête (*de celle*) des présentes donné copie, pour lequel requérant domicile est élu dans l'étude de M[e] ..., avoué près le tribunal de 1re instance de ..., demeurant dans cette ville, rue..., n° ..., j'ai... (*immatricule de l'huissier*), soussigné, signifié et déclaré : 1° au sieur C... (*p., q. et d.*), audit domicile en parlant à...; 2° au sieur ..., etc. (*énonciation analogue à la précédente pour chacun des héritiers*), tous les susnommés en leur qualité d'héritiers du feu sieur D... (*p., q. et d.*), que le requérant s'oppose, par ces présentes, à ce qu'il soit procédé, hors sa présence, aux compte, liquidation et partage de la succession dudit sieur D..., dont le sieur B... est héritier pour... (*quotité*); que la présente opposition est faite pour avoir payement de la somme de..., montant de... (*causes de la créance*); leur déclarant que le requérant proteste, dès à présent, de nullité contre tout ce qui serait fait au mépris de la présente opposition, notamment de tous partages de la succession dont il s'agit.

Et j'ai, à chacun des susnommés, parlant comme ci-dessus, laissé copie du présent exploit, dont le coût est de... (*Signature de l'huissier*).

Décompte. (Tarif, art. 29.)

Timbre..........................	Mémoire
Original........................	2 »
Copie, pour chacun le 1/4.......	Mémoire
Enregistrement..................	3.75
Copie de pièces, 25 ou 30 cent. par rôle....................	Mémoire

FORMULE 292[1].

Certificat de propriété pour une rente perpétuelle,

Extrait d'inscription au grand-livre de la dette publique, 3 p. 100, n ...., série de... f. de rente.

Au nom de... (*nom et prénoms de l'ancien titulaire*).

Je soussigné ..., notaire à la résidence de ..., département de ....

Vu (*s'il s'agit d'un héritier recueillant directement la rente, on énonce*

1. Une circulaire de M. le garde des sceaux défend que deux notaires de résidences différentes, dépositaires d'actes nécessaires à la rédaction d'un certificat de propriété, prennent part à sa rédaction; il y a lieu dans ce cas de déposer, chez celui qui doit signer le certificat, des extraits des actes dont son confrère est dépositaire.

seulement l'inventaire ou l'acte de notoriété qui constate les qualités héréditaires).

Certifie que M. B... (*p. q. et d.*), a seul droit à la pleine propriété de la rente énoncée en tête des présentes, et à tous les arrérages échus ou à échoir, comme seul héritier dudit sieur A..., son père, ainsi que cette qualité résulte des actes susvisés.

En foi de quoi, j'ai délivré le présent certificat.

Fait à..., le... (*Signature du notaire.*)

S'il s'agit d'une rente dépendant d'une communauté et d'une succession, il faut viser : 1° le contrat de mariage, 2° l'acte de donation du défunt au survivant, 3° l'inventaire ou l'acte de notoriété constatant les qualités héréditaires et l'acte de liquidation qui attribue la rente aux nouveaux titulaires.

On continue ainsi :

Certifie que ladite rente de... appartient, savoir, à madame veuve..., 1° pour une somme annuelle de..., en pleine propriété, avec jouissance du..., ci.. » »

2° Pour une somme annuelle de..., en usufruit seulement pendant sa vie, avec jouissance du..., ci.............................. » »

A M. ..., demeurant à..., 1° pour une somme annuelle de..., en pleine propriété, avec jouissance du..., ci.......................... » »

3° Pour la nue propriété de la moitié de la somme annuelle de..., dont l'usufruit appartient à madame veuve..., ci.......... Mémoire

Et à M. ..., demeurant à... 1° ... (*Comme ci-dessus*)....... » »

Total égal..................... » »

Je certifie en outre qu'aux termes du partage précité, madame veuve... a seule droit aux arrérages courus jusqu'à...

En foi de quoi j'ai délivré le présent certificat.

Fait à..., le... (*Signature du notaire.*)

S'il s'agit d'un légataire en vertu d'un testament authentique, il faut viser : 1° le testament, 2° l'acte de notoriété ou l'inventaire constatant qu'il n'y a pas d'héritier à réserve.

S'il s'agit d'un testament olographe, il faut viser : 1° le testament olographe en énonçant son constat par le président et son dépôt chez le notaire, 2° l'acte de notoriété ou l'inventaire constatant qu'il n'existe aucun héritier à réserve, 3° l'envoi en possession.

Décompte :	Timbre..........................	« 60
	Enregistrement................	3.75
	Légalisation....................	» 25
	Honoraires, 6 fr. jusqu'à 1 000 f. du capital, 1/4 p. 0/0 de 1 000 à 2000, 1/8 au delà.........	Mémoire

FORMULE 293.

Certificat de propriété délivré aux héritiers du titulaire d'un cautionnement.

TRÉSOR PUBLIC.

Certificat d'inscription sur le livre des cautionnements, folio..., n°..., registre ..., somme capitale.

Au nom de M. A... (*p., q. et d.*),

Je soussigné ..., notaire à ..., etc.,

Vu (*Voir les formules précédentes*),

En foi de quoi, j'ai délivré le présent certificat.

Fait à ..., le ...

Même décompte.

Des Donations et Testaments.

FORMULE 293 *bis*. — Art. 894 et suiv. C. C. ; Mourlon, t. II, p. 257 et suiv.

Donation d'une créance.

NOTA. Dans tout acte de donation, le notaire en second ou les témoins doivent assister à la lecture et à la signature de l'acte. Il doit en être fait mention à peine de nullité (loi du 4 juin 1843, art. 23. Voir aux mots *Styles et Protocoles*).

Par-devant Me ... etc.,

A comparu :

Le sieur A... (*p., q. et d.*), lequel a, par ces présentes, fait donation irrévocable, entre-vifs, à M. B ... (*p., q. et d.*), présent et acceptant, de la somme de ..., montant d'une obligation souscrite par le sieur C... (*p., q. et d.*), et par dame ..., son épouse, suivant acte reçu par Me .., etc., aux termes duquel les débiteurs ont affecté (*énoncer les immeubles*), sur lesquels inscription a été prise au bureau des hypothèques de..., le..., vol. ..., n° ...

Le donataire disposera de cette créance en toute propriété à compter de ce jour. Il aura droit, à compter du ..., aux intérêts dont cette somme est productible, sur le pied de 5 p. 100 par an.

A cet effet, le donateur le met et subroge dans tous ses droits, actions, privilége et hypothèque, contre les débiteurs, notamment dans l'entier effet de l'inscription hypothécaire ci-dessus énoncée.

Le sieur A... a remis à mondit sieur B..., qui le reconnaît, la grosse de l'obligation donnée, ensemble le bordereau de l'inscription susénoncée.

Pour faire signifier ces présentes, tous pouvoirs sont donnés au porteur d'une expédition des présentes.

Dont acte, etc,

Décompte :	Timbre de minute et d'expédition.....	Mémoire
	Rôles suivant la classe...............	Mémoire
	Enregistrement, en ligne directe 3.13 p. 0/0, en ligne collatérale entre frères et sœurs, oncles et tantes, neveux et nièces 8.13 p. 0/0, entre grands oncles et grand'tantes, petits-ne-	

veux et petites-nièces et cousins germains, entre parents du quatrième au douzième degré 10 p. 0/0, entre étrangers 11.75.................... Mémoire
Honoraires 1 p. 0/0................. Mémoire

FORMULE 294. — Art. 894 et suiv. C. C. ; Mourlon, t. II, p. 257 et suiv.

Donation d'effets mobiliers.

Par-devant Me ..., notaire, etc., (*Voir pour la forme des donations, aux mots Styles et Protocoles*).

A comparu le sieur A... (*p., q. et d.*),

Lequel a fait donation irrévocable, entre-vifs,

A M. B ... (*p., q. et d.*), présent et acceptant, de tous les meubles meublants et effets mobiliers qui garnissent un logement, que le donateur occupait récemment et qu'il vient de quitter, dépendant d'une maison sise à ..., rue ..., d'une valeur de ...

Desquels meubles et effets les parties ont dressé un état descriptif et estimatif, sur ... feuilles de timbre à ..., lequel état est demeuré ci-annexé, après avoir été desdites parties certifié sincère, et que dessus mention de son annexe a été faite par le notaire, en présence des témoins.

Le donataire disposera en pleine propriété, à compter de ce jour, des objets donnés qui viennent de lui être remis.

Dont acte, etc.

Même décompte.

FORMULE 295. — Art. 894 et suiv. C. C. ; Mourlon, t. II, p. 257 et suiv.

Donation d'un immeuble.

Par-devant Me ... etc., (*Voir pour la forme des donations aux mots Styles et Protocoles*).

A comparu le sieur A ... (*p., q. et d.*)

Lequel a fait donation irrévocable, entre-vifs, sous la simple garantie de ses faits personnels, à M. B ... (*p., q. et d.*),

Présent et acceptant, d'une ferme, etc. (*Indiquer la situation, le nom de la ferme, ses dépendances, sa contenance par chaque nature de propriété*).

ÉTABLISSEMENT DE LA PROPRIÉTÉ.

(Voir la marche à suivre dans la formule 541).

ENTRÉE EN JOUISSANCE.

Le donataire disposera de ladite ferme en toute propriété, à compter de ce jour.

CHARGES ET CONDITIONS.

Cette donation est faite aux charges et conditions suivantes, que le donataire s'oblige d'exécuter, savoir :

1° De supporter les servitudes passives de toute nature qui peuvent grever la ferme donnée, sauf à lui à s'en défendre et à profiter de celles actives, le tout à ses risques et périls, et sans recours contre le donateur :

2° De payer, à compter de ce jour, les contributions de toute nature dont ladite ferme est ou pourra être tenue;

3° D'exécuter le bail (*énoncer le bail, son prix, sa durée*), et de faire qu'à cet égard le donateur ne puisse être inquiété;

4° De payer les frais et honoraires des présentes.

FORMALITÉS HYPOTHÉCAIRES.

ÉTAT CIVIL.

REMISE DES TITRES.

ÉLECTION DE DOMICILE.

Voir la formule 541.

(S'il n'existait pas de bail, il conviendrait de faire l'évaluation comme suit :)

ÉVALUATION.

Pour la perception du droit d'enregistrement seulement, les parties ont évalué à la somme de ... le revenu brut annuel de ladite ferme.

Dont acte, etc.

Décompte :

Même décompte qu'en la formule 293, si ce n'est qu en ligne directe il faut ajouter le droit de transcription de 1 fr. 50 p. 0/0, plus les deux dixièmes et demi.

FORMULE 296. — Art. 952 C. C.; Mourlon. t. II, p. 286.

Acceptation d'une donation par acte séparé [1].

Par-devant Me ..., etc., (*Voir pour la forme des donations aux mots Styles et Protocoles*).

Le sieur A ... (*p.. q. et d.*), après que lecture lui a été faite par Me ..., l'un des notaires soussignés, d'un acte reçu par ledit Me ..., qui en a gardé minute, et son collègue, le ..., enregistré, contenant donation entre-vifs à son profit par M. B... (*p., q. et d.*), de... (*indiquer l'objet de la donation et ses charges et conditions*), a déclaré accepter ladite donation, et s'obliger à l'exécution de toutes les charges qu'elle lui impose.

Pour faire signifier ces présentes, tous pouvoirs sont donnés au porteur d'une expédition.

Dont acte, etc.

Même décompte qu'en la formule précédente.

Lorsque le droit proportionnel d'enregistrement n'a pas été perçu sur la donation non acceptée, il est perçu sur l'acceptation.

FORMULE 296 *bis*. — Art. 952 C. C.; Mourlon, t. II. p. 286.

Signification de l'acte d'acceptation d'une donation.

L'an ..., le ..., à la requête du sieur A... (*p.. q. et d.*), j'ai (*immatricule*

1. Cet acte doit être fait dans la forme sacramentelle des donations.

de l'huissier), soussigné, fait signification et en tête (*de celle*) des présentes donné copie au sieur B... (*p., q. et d.*), en son domicile, où étant et parlant à ..., d'un acte reçu par Me ..., notaire à ..., et son collègue, le ..., enregistré, contenant acceptation par le requérant de la donation à lui faite par ledit sieur B..., de ... (*indiquer l'objet donné*), aux termes d'un autre acte reçu par Me ..., notaire à ... et son confrère, le ..., enregistré; afin que le sus nommé n'en ignore, je lui ai, en son domicile et parlant comme ci-dessus, laissé, sous toutes réserves, copie, tant dudit acte d'acceptation que du présent dont le coût est de ... (*Signature de l'huissier*).

Décompte :	Coût ordinaire des exploits.................	7.45
	Copie de pièces à 25 ou 30 c. par rôle.......	Mémoire

FORMULE 297. — Art. 969, 972, 973, 974, 975 C. C. ; Mourlon, t. II, p. 390 et suivantes.

Testament reçu par un notaire et quatre témoins.

Par-devant Me ..., etc.

En présence de MM. ... (*n., p., q. et d. des quatre témoins*),

Tous quatre majeurs, citoyens français, jouissant de leurs droits, et ayant les qualités requises, ainsi qu'il l'ont déclaré et qu'il est à la connaissance du testateur ci-après nommé, qui les a choisis pour témoins[1],

Fut présent :

Le sieur A ... (*p., q. et d.*),

Lequel, sain de corps et d'esprit, ainsi qu'il est apparu aux notaire et témoins par sa conservation et par la manifestation de ses volontés (*ou bien malade de corps, mais sain d'esprit, etc.*), a dicté, comme suit, son testament audit Me ..., en présence des quatre témoins susnommés :

Je donne et lègue (*dispositif du testament*),

Ce testament a été ainsi dicté par le testateur à Me ..., notaire soussigné, qui l'a écrit tel qu'il lui a été dicté ; puis il a été lu par ledit notaire au testateur, qui a déclaré bien entendre ladite lecture et persévérer dans ses volontés exprimées audit testament, le tout en présence des quatre témoins.

Fait et passé, etc. (*Voir la formule* 299.)

Décompte :	Timbre de minute et d'expédition...........	Mémoire
	Rôles suivant la classe......................	Mémoire
	Enregistrement.............................	9.38
	NOTA. Au décès les droits proportionnels d'enregistr. sont dus comme pour les donations.	Mémoire
	Honoraires par vacations, sans préjudice des droits proportionnels au décès à raison de 1 p. 0/0 des sommes léguées..............	Mémoire

1. Il est prudent de choisir des témoins domiciliés dans l'arrondissement communal du lieu où se fait le testament.

FORMULE 298. — Art. 969, 972, 973, 974, 975 C. C.; Mourlon, t. II, p. 399 et suivantes.

Testament par deux notaires et deux témoins.

Par-devant Me ..., et Me ..., notaires à ..., etc., soussignés.

En présence de MM. ... (*n. p., q. et d. des deux témoins*),

Tous deux majeurs, citoyens français, jouissant de leurs droits et ayant les qualités requises, ainsi qu'ils l'ont déclaré et qu'il est à la connaissance du testateur ci-après nommé, qui les a choisis pour témoins,

Fut présent :

Le sieur A ... (*p.. q. et d.*),

Lequel, etc. (*Voir la formule précédente.*),

Ce testament a été ainsi dicté par ledit sieur A... aux notaires soussignés; il a été écrit par Me ..., l'un d'eux, tel qu'il a été dicté, puis il a été lu par ledit Me ... au testateur, qui a déclaré bien entendre ladite lecture et persévérer dans ses volontés exprimées audit testament, le tout en présence dudit Me ..., second notaire, et des deux témoins susnommés, tous soussignés.

Fait et passé, etc. (*Voir la formule* 299.)

Même décompte.

FORMULE 299. — Art. 969 C. C.; Mourlon, t. II, p. 399 et suiv.

Clôtures de testaments authentiques.

1° En la demeure du testateur :

Fait et passé de suite, sans divertir à d'autres actes, à .... canton de ..., en la demeure du testateur, rue ..., n° ..., dans sa chambre à coucher (*ou toute autre, qu'il est bon de désigner*), dans laquelle chambre le notaire et les témoins (*ou bien les notaires et les témoins*) ont trouvé ledit testateur (*indiquer la situation dans laquelle le testateur a été trouvé*).

L'an ..., le ..., à ..., heures du ,.. (*Voir pour la mention des signatures les nos* 3, 4, 5 *et* 6 *ci-après.*

2° Dans le cabinet du notaire :

Fait et passé, de suite, sans divertir à d'autres actes, à ..., dans le cabinet de Me ..., notaire, l'an ...., le.,., à ..., heures du ... (*Voir pour la mention des signatures les nos* 3, 4, 5 *et* 6 *ci-après.*)

3° Si le testateur sait signer :..

Et le testateur a signé avec le notaire et les témoins (ou *avec les notaires et les témoins.*)

4° Si le testateur ne peut ou ne sait signer :

Et le testateur ayant déclaré ne savoir signer ou ne pouvoir signer à cause de (*indiquer le motif qui s'oppose à ce qu'il puisse signer*), le notaire et les témoins (ou *les notaires et les témoins*) ont seuls signé, en présence du testateur.

5° Si le testateur a vainement essayé de signer :

Le testateur ayant pris la plume et tenté vainement de signer, conformément à la mention ci-dessus faite de sa signature, a déclaré, en présence des témoins (ou *de* Me..., *second notaire, et des témoins*), ne pouvoir achever sa signature, à cause de son état de maladie.

Par suite le notaire et les témoins, *ou les notaires et les témoins*) ont signé, en présence du testateur.

6° Si deux des quatre témoins ne savent pas signer :

Et le testateur a signé avec le notaire et les témoins, à l'exception de MM. ..., qui ont déclaré ne le savoir.

FORMULE 300. — Art. 969 C. C.; Mourlon, t. II, p. 395.

Testament olographe.

CECI EST MON TESTAMENT.

Je soussigné A... (*p., q. et d.*),

Donne et lègue à..., etc. (*Dispositif du testament*).

Je révoque tous testaments antérieurs.

Fait à... (*lieu où le testament a été fait*), le... (*le jour et l'année en toutes lettres*).

Le testateur signe immédiatement au-dessous de la date.

Décompte : Timbre seulement..... Mémoire

FORMULE 301. — Art. 969 C. C.; Mourlon t. II, p. 403 et suiv.

Testament mystique écrit et signé par le testateur et présenté non clos.

(Voir, pour la forme du testament, la formule précédente.)

ACTE DE SUSCRIPTION POUR CE CAS.

Par-devant Me ..., etc,

Et en présence de MM. ... (*n., p., q. et d. de six témoins*),

Tous citoyens français, majeurs, jouissant de leurs droits, ayant les qualités requises, ainsi qu'ils l'ont déclaré et qu'il est à la connaissance du testateur ci-après nommé, qui les a choisis pour témoins,

A comparu :

Le sieur A... (*p., q. et d.*),

Lequel a fait clore et sceller en présence desdits notaires et témoins, et leur a présenté clos et scellé (*décrire succinctement le mode de clôture et de scellement employé, notamment l'empreinte du cachet dont il s'est servi; il est prudent de ne pas clore le testament avec le papier sur lequel il est écrit, parce que lors de son ouverture ce testament peut être mutilé; habituellement on l'écrit sur une feuille double, dont l'une sert d'enveloppe, sur laquelle est rédigé l'acte de suscription; ce mode de procéder évite d'ailleurs tout soupçon de substitution*); un papier qu'il a déclaré contenir son testament écrit et signé par lui; en conséquence, ledit Me ..., notaire, a dressé le présent acte de suscription écrit sur ledit papier, et cet acte a été signé par le testateur, par les six témoins, et par ledit Me..., notaire, qui a donné lecture du présent acte à M. ..., en présence des témoins.

Tout ce qui précède a été fait de suite et sans divertir à autres actes, à ..., l'an ..., le ...

Décompte : Timbre de minute et d'expédition........ Mémoire
Rôles, suivant la classe.................... Mémoire
Enregistrement.......................... 3.75
Les droits proportionnels sont dus au décès comme pour les donations.
Vacations, sans préjudice des honoraires proportionnels au décès 1 p. 0/0............ Mémoire

FORMULE 302. — Art. 969, 976, C. C.; Mourlon. t. II, p. 403 et suiv.

Testament mystique écrit et signé par le testateur et présenté clos.

(Pour la forme du testament, voir la formule no 300)

ACTE DE SUSCRIPTION POUR CE CAS.

Par-devant Me ..., etc.

En présence de... (*n., p. q. et d. de six témoins*), tous, etc. (*comme en la formule* 301).

Fut présent :

Le sieur A ... (*p., q. et d.*)

Lequel a présenté auxdits notaire et témoins un papier clos et scellé (*décrire le mode de clôture et de scellement, ainsi que l'empreinte du cachet* qu'il a déclaré contenir son testament écrit et signé par lui; en conséquence, ledit Me ..., etc. (*comme en la formule précédente*).

Même décompte.

FORMULE 303. — Art. 969, 976, 977 C. C.; Mourlon, t. II, p. 403 et suiv.

Testament mystique écrit par un tiers et non signé du testateur.

On doit suivre la forme du testament olographe, bien que le testament ne soit ni écrit ni signé par le testateur (Voir la formule 300.).

ACTE DE SUSCRIPTION POUR CE CAS.

Par-devant Me ..., etc.

En présence de MM. ... (*n., p., q. et d. de sept témoins.*)

Fut présent :

Le sieur A ... (*p., q. et d.*),

Lequel a présenté auxdits notaire et témoins un papier clos et scellé (*décrire le mode de clôture et de scellement, ainsi que l'empreinte du cachet*), qu'il a déclaré contenir son testament, écrit de la main d'une autre personne (ou *de la main de ..., s'il veut la nommer*), et non signé par lui, parce qu'il ne sait ni écrire ni signer (ou *qu'il n'a pu signer à cause de telle infirmité*); en conséquence, Me ..., notaire, a dressé le présent acte de suscription, écrit sur ledit papier, et cet acte a été signé, tant par ledit notaire que par les témoins, après lecture faite audit sieur A ..., en présence des témoins, par ledit notaire

Tout ce qui précède a été fait de suite et sans divertir à autres actes à..., l'an ..., le ...

Même décompte.

FORMULE 304. — Art. 969, 979 C. C.; Mourlon, t. II, p. 403 et suiv.

Testament mystique par un testateur qui sait écrire mais qui ne peut parler.

Dans ce cas, le testament doit être entièrement écrit, daté et signé de la main du testateur. (Voir la formule du testament olographe n° 300.)

ACTE DE SUSCRIPTION POUR CE CAS.

La suscription doit être précédée de ces mots écrits par le testateur :

Ce papier que je présente aux notaires et témoins contient mon testament, écrit, daté et signé par moi.

Au-dessous et sur le même papier le notaire écrit l'acte suivant :

Par-devant Me ..., notaire, etc.

En présence de MM. ... (*n., p., q. et d. de six témoins.*), tous, etc. (*comme en la formule* 301).

A comparu :

Le sieur A... (*p., q. et d.*),

Lequel a présenté auxdits notaire et témoins un papier clos et scellé (*décrire le mode de clôture et de scellement, ainsi que l'empreinte du cachet*), contenant son testament entièrement écrit, daté et signé de sa main, ainsi qu'il résulte de la mention qu'il a écrite et signée en présence desdits notaire et témoins, en tête des présentes; en conséquence, Me ..., notaire, a dressé le présent acte de suscription, écrit sur ledit papier, et cet acte a été signé par le testateur, par les six témoins et par le notaire, après lecture faite au testateur, en présence des témoins, par ledit notaire.

Tout ce qui précède a été fait de suite et sans divertir à autres actes à..., l'an ..., le ...

Même décompte.

FORMULE 305. — Art. 981, 998 C. C.; Mourlon, t. II, p. 410.

Testament militaire.

Par-devant Me... (*n., p. et q. du chef de bataillon ou d'escadron, ou de tout autre officier d'un grade supérieur qui reçoit le testament.*),

Et en présence de MM.. (*n., p., q. et d. de deux témoins.*),

A comparu :

Le sieur A... (*p., q. et d.*),

Lequel, sain de corps et d'esprit (ou *malade de corps* ou *blessé, mais sain d'esprit*), ainsi qu'il est apparu auxdits chef de bataillon (ou *d'escadron*) et témoins soussignés, a dicté audit chef de bataillon, en présence desdits témoins (*si ce sont deux commissaires des guerres qui reçoivent le testament il faut mettre : a dicté auxdits commissaires*), son testament ainsi qu'il suit :

Je donne et lègue (*dispositif*).

Ce testament a été dicté par le testateur au chef de bataillon (ou *d'escadron*) soussigné, qui l'a écrit tel qu'il lui a été dicté. Ce dernier en a ensuite fait lecture au testateur, qui a dit le bien comprendre et persévérer dans ses volontés exprimées audit testament; le tout en présence desdits témoins.

Fait et passé à ..., l'an..., le ...

Et le testateur a signé avec lesdits témoins et chef de bataillon (ou *d'escadron*).

Si le testament est reçu par deux commissaires des guerres, on met après les dispositions :

Ce testament a été ainsi dicté par le testateur aux commissaires des guerres soussignés; il a été écrit par M. ..., l'un d'eux, tel qu'il lui a été dicté; enfin il a été lu par ce dernier au testateur, qui a déclaré le bien comprendre; le tout en présence de mondit sieur... (*l'autre commissaire.*).

Fait et passé à ..., l'an ..., le...

Et le testateur a signé avec les commissaires, après lecture.

Décompte : Timbre et enregistrement seulement.

FORMULE 306. — Art. 985, 998 C. C.; Mourlon, t. II. p. 411.

Testament fait dans un lieu avec lequel toute communication est interceptée à cause de la peste ou autre maladie contagieuse.

Par-devant M^e ... (*juge de paix* ou *officier municipal*), soussigné,

En présence de MM.... (*n., p. q. et d. de deux témoins*), témoins requis,

A comparu :

Le sieur A... (*p., q. et d.*),

Lequel, sain de corps et d'esprit (ou *malade de corps et sain d'esprit*), ainsi qu'il est apparu audit juge de paix (ou *audit officier municipal*) et aux témoins, a dicté son testament audit juge de paix (ou *officier municipal*), en présence desdits témoins, ainsi qu'il suit :

Je donne et lègue, etc.

Ce testament a été ainsi dicté par le testateur au juge de paix (ou *à l'officier municipal*), soussigné, qui l'a écrit tel qu'il lui a été dicté, et l'a lu audit testateur, qui a déclaré le bien comprendre et y persévérer; le tout en présence desdits témoins.

Fait et passé à..., l'an..., le ...

Et le testateur a signé avec lesdits témoins et juge de paix (ou *officier municipal*).

Même décompte qu'en la formule précédente.

FORMULE 307. — Art. 988, 998 C. C.; Mourlon, t. II, p. 411.

Testament fait sur mer à bord d'un bâtiment de l'État.

Par-devant M.... (*n., p., q de l'officier commandant le bâtiment, ou, à son défaut, de celui qui le supplée dans l'ordre du service*), et M.... (*n.,p., q. et d. de l'officier d'administration, ou de celui qui en remplit les fonctions*), soussignés.

En présence de MM. ... (*n., p., q. et d. de deux témoins.*),

A comparu :

Le sieur A ... (*p., q. et d.*), actuellement à bord du vaisseau,

Lequel, sain de corps et d'esprit (ou *malade de corps mais sain d'esprit*), ainsi qu'il est apparu aux commandant et officier d'administration, et aux témoins susnommés, a dicté auxdits commandant et officier d'administration, en présence desdits témoins, son testament, ainsi qu'il suit :

Je donne et lègue, etc.

Ce testament a été ainsi dicté par le testateur aux commandant du vaisseau et officier d'administration susdits; il a été écrit par le commandant (ou *par l'officier d'administration*) tel qu'il a été dicté; puis il a été lu par ce dernier au testateur, qui a dit bien le comprendre et y persévérer ; le tout en présence des deux témoins susnommés.

Fait et passé en deux doubles originaux, à bord dudit vaisseau (*énoncer le lieu ou le degré de latitude et de longitude où le vaisseau se trouve en mer*), l'an..., le...

Et le testateur a signé avec le commandant du vaisseau, l'officier d'administration et les témoins.

Même décompte qu'en la formule 305.

FORMULE 308. — Art. 988, 998 C. C.; Mourlon, t. II, p. 411.

Testament fait sur mer à bord d'un bâtiment de commerce.

Par-devant M. ... (*n., p. et d. de l'écrivain du navire ou de celui qui en fait fonction*), et M. ... (*n., p. et q. du capitaine, du maître ou du patron ou à leur défaut d'un de ceux qui les remplace*), soussignés,

A comparu :

(*La suite comme en la formule précédente, en indiquant le nom et la qualité de celui qui tient la plume et lit le testament.*)

Même décompte.

FORMULE 309. — Art. 1003 C. C., Mourlon, t. II, p. 415.

Legs universel.

Je donne et lègue tous les biens, meubles et immeubles, qui m'appartiendront au jour de mon décès, à M. B... (*p., q. et d.*), que j'institue mon légataire universel en toute propriété et jouissance (*s'il y a des legs particuliers, dire :* à la charge des legs particuliers contenus en mon testament.)

FORMULE 310. — Art. 1003 C. C.; Mourlon, t. II, p. 415.

Legs universel en usufruit avec dispense de donner caution ou de faire emploi.

Je donne et lègue à M. B... (*p., q. et d.*), que j'institue mon légataire universel, en usufruit, tous les biens, meubles et immeubles, qui m'appartiendront à mon décès, pour en jouir pendant sa vie, sans être tenu de donner caution ou de faire emploi des valeurs mobilières.

FORMULE 311. — Art. 1003 et suiv. C. C.; Mourlon, t. II, p. 415.

Legs universel à plusieurs.

Je donne et lègue tous les biens, meubles et immeubles, qui m'appartiendront au jour de mon décès, à M. A... (*p., q. et d.*), et à M. B... (*p., q. et d.*), que j'institue conjointement mes légataires universels en toute propriété et jouissance. Si l'un deux venait à décéder avant moi, j'entends que sa part soit recueillie par l'autre, par droit d'accroissement.

FORMULE 312. — Art. 1010 et suiv. C. C.; Mourlon, t. II, p. 417.

Legs à titre universel.

Je donne et lègue, en toute propriété, la moitié (*le tiers, le quart, etc.*) de tous les biens, meubles et immeubles, qui m'appartiendront au jour de mon décès, à M. B... (*p., q. et d.*).

FORMULE 313. — Art. 1014 et suiv. C. C.; Mourlon, t. II, p. 418.

Legs particuliers.

Je lègue à la dame A... (*p., q. et d.*), ma cuisinière, si elle est encore à mon service au jour de mon décès, une rente annuelle et viagère de..., exempte de toute retenue, et payable par semestres et par avance, à compter du jour de mon décès.

Je lègue au bureau de bienfaisance de la commune de..., pour les pauvres de cette commune, une somme de...

Je lègue, en toute propriété, à M. .., une maison sise à Paris, rue..., n°..., et toutes ses dépendances.

Je lègue à Mme..., ma nourrice, deux douzaines de serviettes, etc.

FORMULE 314. — Art. 919 et suiv. C. C.; Mourlon, t. II. p. 418.

Legs par préciput et hors part.

Je donne et lègue, par préciput et hors part, en toute propriété, à..., ma fille, épouse de M..., toute la portion de mes biens, meubles et immeubles, dont la loi me permet de disposer.

FORMULE 315. — Art. 1040 C. C.; Mourlon, t. II, p. 418.

Legs conditionnels.

Je donne et lègue à M...., la somme de 10,000 fr., s'il se fait nommer notaire à la résidence de...; cette somme lui sera payée par mes héritiers, aussitôt après sa prestation de serment, sans intérêts jusque-là.

FORMULE 316. — Art. 1025 C. C.; Mourlon, t. II, p. 443.

Nomination d'un exécuteur testamentaire avec saisines.

Je nomme, pour mon exécuteur testamentaire, M. A... (*p.*, *q. et d.*). Je lui donne la saisine de tout mon mobilier pendant un an, à compter du jour de mon décès.

Je le prie d'accepter cette fonction, avec un diamant de la somme de..., comme gage de mon affection et de ma reconnaissance.

FORMULE 317. — Art. 1025 C. C.; Mourlon, t. II, p. 450.

Révocation de testaments antérieurs, par testament.

Je révoque tous testaments et codicilles que j'ai pu faire avant le présent, qui sera seul exécuté, comme contenant mes dernières volontés.

FORMULE 318. — Art. 1035 C. C.; Mourlon, t. II, p. 450.

Révocation de testament par acte notarié.

Par-devant Me..., etc.

A comparu M. A... (*p.*, *q. et d.*), lequel a déclaré révoquer le testament qu'il a fait devant Me..., etc., le..., enregistré, entendant que ce testament soit nul, et considéré comme non écrit.

Fait et passé.

Décompte :		
	Timbre de minute et d'expédition..........	Mémoire
	Rôles suivant la classe....................	Mémoire
	Enregistrement............................	3.75
	Honoraires................................	6 »

FORMULE 319.

Dispositions relatives aux droits de mutation.

Je veux que les droits d'enregistrement, de mutation et autres, ainsi que les honoraires auxquels donneront lieu les legs faits au profit de MM.... restent à la charge de ma succession, afin que lesdits légataires recueillent ces legs francs et nets.

FORMULE 320. — Art. 1048 C. C.; Mourlon, t. II, p. 476 et suiv.

Legs par un père à son fils, avec charge de restitution et nomination d'un tuteur à la restitution.

Je donne et lègue à A... (*p.*, *q. et d.*), mon fils, tous mes biens, meubles et immeubles, à la charge par lui de les rendre à sa mort à tous ses enfants nés ou à naître.

Je nomme M. B... (*p.*, *q. et d.*), tuteur chargé de veiller à l'exécution de la substitution que je viens de faire au profit de mes petits-enfants nés ou à naître.

NOTA. Si cette indication de tuteur a lieu par acte postérieur, elle peut être faite par un acte authentique comme suit :

Par-devant Me..., etc.,

Fut présent :

Le sieur A... (*p.*, *q. et d.*), lequel, usant de la faculté résultant de l'art. 1055 du C. C., a déclaré nommer le sieur B... (*p.*, *q. et d.*) tuteur à, la substitution contenue dans le testament par lui fait devant Me..., notaire à..., et son collègue, en présence de deux témoins, le..., non encore enregistré, attendu la nature de l'acte (ou *par lui fait olographe, le..., non encore enregistré, attendu la nature de l'acte*); en conséquence, il le charge de veiller à l'exécution des dispositions contenues dans ce testament au profit de ses petits-enfants nés ou à naître.

Pour faire signifier ces présentes, tous pouvoirs sont donnés au porteur d'un extrait ou d'une expédition.

Dont acte, etc.

Décompte :	Timbre de minute et d'expédition........	Mémoire
	Rôles suivant la classe....................	Mémoire
	Enregistrement..........................	3.75
	Honoraires..............................	6 »

FORMULE 321. — Art. 1049 C. C.; Mourlon, t. II, p. 478.

Legs par un frère à son frère, avec charge de restitution au profit des enfants de ce dernier nés ou à naître.

N'ayant aucun héritier à réserve, je donne et lègue à M. A... (*p.*, *q. et d.*), mon frère germain, tous mes biens, meubles et immeubles, à la charge de les rendre à ses enfants nés ou à naître.

FORMULE 322. — Art. 1005, 1011 et 1014 C. C.; Mourlon, t. II, p. 426.

Demande en délivrance de legs et d'envoi en possession par un légataire universel, par un légataire à titre universel ou par un légataire particulier.

L'an..., le..., à la requête du sieur A... (*p.*, *q. et d.*), pour lequel domicile est élu à..., rue..., n°..., en l'étude de Me..., avoué près le trib. de 1re inst. de..., qu'il constitue et qui occupera pour lui sur la présente demande, ledit sieur A..., agissant comme légataire (*universel, à titre universel ou particulier*) du sieur C... (*p.*, *q. et d.*), décédé à..., le..., ce legs résultant du testament de M. C... (*énoncer ce testament*), j'ai (*immatricule de l'huissier*), soussigné, signifié en en laissant copie en tête (*de celle*) des présentes au sieur B... (*p.*, *q. et d.*), audit domicile et parlant à... : 1o d'un procès-verbal de non conciliation dressé par M. le juge de paix du canton de..., le..., enregistré; 2o d'un extrait du testament susénoncé, contenant le legs fait au profit du requérant; et à même requête j'ai donné assignation audit sieur B... à comparaître d'aujourd'hui à huitaine franche, outre un jour par trois myriamètres de distance, à l'audience et devant MM. les président et juges composant le tribunal civil de ..., au palais de justice à ..., heures du ..., pour, attendu que le défunt sieur C ... a, par son testament susénoncé, institué le requérant son légataire ... (*universel, à titre universel, ou particulier*), voir dire que ce testament sera exécuté suivant sa teneur; en conséquence, qu'il sera fait délivrance au demandeur, dans la huitaine de la signification du jugement à intervenir, du legs qui lui est fait par ledit testament, ensemble des fruits composant ledit legs, à compter du ... (*jour de l'ouverture de la succession pour les légataires universels si la demande est formée dans l'année du décès, jour de la demande pour les légataires à titre universel ou particulier*); et faute par ledit sieur B... de faire cette délivrance dans le délai fixé, s'entendre condamner à payer au requérant la somme de ... représentant la valeur dudit legs, avec les intérêts à compter dudit jour, et s'entendre, en outre, condamner aux dépens.

Et j'ai, audit domicile et parlant comme ci-dessus, laissé copie du présent, dont le coût est de ... (*Signature.*

Décompte. (Tarif. art. 29.)

Coût ordinaire des exploits	7 45
Copie de pièces à 25 ou 30 c. par rôle...	Mémoire.

FORMULE 323. — Art. 1008 C. C.; Mourlon, t. II, p. 420.

Requête pour obtenir l'envoi en possession d'un legs universel quand il n'y a pas d'héritier à réserve et lorsque le testament est olographe ou mystique.

A M. le président du trib. de 1re inst. de...

Le sieur A... (*p., q. et d.*), ayant Me ... pour avoué,

A l'honneur de vous exposer que le sieur B... (*p., q. et d.*) est décédé à ..., le ..., sans laisser aucun héritier ayant droit à une réserve légale, ainsi qu'il est constaté par un acte de notoriété dressé à défaut d'inventaire par Me ..., notaire à ..., et son collègue, le ..., enregistré; qu'aux termes de son testament (*énoncer sa nature, sa date, son ouverture et son dépôt chez un notaire*), ledit feu sieur B... a institué l'exposant son légataire universel, qu'il y a donc lieu d'envoyer ce dernier en possession de ce legs, conformément à l'art. 1008 du C. C.; par ces motifs, l'exposant conclut à ce qu'il vous plaise, monsieur le président, vu l'expédition dudit testament, et celle de l'acte de notoriété susénoncé, jointes à la présente requête, l'envoyer en possession dudit legs universel, pour qu'il puisse disposer des biens qu'il comprend, comme de chose lui appartenant, à partir du jour du décès.

Présenté à ..., le ... (*Signature de l'avoué.*)

ORDONNANCE.

Nous, président du tribunal de 1re inst. de ..., vu la requête qui précède et les pièces à l'appui, vu l'art. 1008 du C. C.; envoyons le sieur A...

en possession de la succession du sieur B ..., pour disposer des biens qui la composent, à titre de légataire universel, conformément à la loi.

Fait au palais de justice, à ..., le...

(*Signatures du président et du greffier.*)

Décompte. (Tarif, art. 78, § 12.)

Timbre de minute et d'expédition......	Mémoire.
Enregistrement........................	5 63
Droit de greffe 1 fr. 20 p. rôle........	Mémoire.
Rédaction de la requête..............	7 50

FORMULE 324. — Art. 1005 et 1009 C. C.; Mourlon, t. II, p. 426.

Délivrance de legs par un héritier à réserve à un légataire universel.

Par-devant Mᵉ ..., etc.

A comparu :

Le sieur A... (*p., q et d.*),

Seul héritier de M. ..., son père, ainsi que le constate un acte de notoriété dressé à défaut d'inventaire par Mᵉ ..., etc., le ..., enregistré, après le décès dudit sieur ..., arrivé à ..., le ...

Lequel consent que le testament fait olographe par ledit sieur ..., son père, à ..., le ..., portant la mention d'enregistrement suivante ..., déposé à Mᵉ ..., notaire à ..., le ..., en vertu d'une ordonnance de M. le président du trib. civ. de ..., contenue au procès-verbal d'ouverture et de constat dudit testament, dressé en la chambre du conseil, le ..., enregistré, soit exécuté suivant sa teneur; en conséquence, il fait délivrance à M. B... (*p., q. et d.*) du legs universel contenu en sa faveur dans le testament susénoncé, aux charges de droit, et notamment sous la condition d'acquitter tous les legs particuliers; enfin il consent que M. B... dispose des biens compris dans le legs universel comme de chose lui appartenant en toute propriété à partir du jour du décès du testateur.

A ces présentes est intervenu M. B..., sus-prénommé, qualifié et domicilié, lequel a déclaré accepter la délivrance de legs qui vient de lui être faite, et, en conséquence, se soumettre à toutes les charges de cette délivrance.

Fait et passé à ..., etc.

Décompte :	Timbre de minute et d'expédition......	Mémoire.
	Rôles suivant la classe..............	Mémoire.
	Enregistrement, droit gradué voir formule nᵒ 264....................	
	Honoraires, vacations au-dessous de 1000, 1/2 p. 0/0 de 1000 à 10000 et 1/4 p. 0/0 au delà....................	Mémoire.

FORMULE 325. — Art. 1005, 1008, 1010, 1011, C. C.; Mourlon, t. II, p. 426 et suiv.

Délivrance par un légataire universel à un légataire à titre universel.

Par-devant, etc.

A comparu :

Le sieur A... (*p.*, *q. et d.*), légataire universel en toute propriété de M. B... (*p.*, *q. et d.*), suivant son testament olographe (*Voir pour l'énonciation de ce testament, la formule précédente*).

Duquel legs universel, M. A..., attendu le décès de M. B..., arrivé à ..., le ..., a été envoyé en possession par ordonnance de M. le président du tribunal de ..., en date du ..., rendue en conséquence d'un acte de notoriété reçu par Me ..., notaire à ..., etc.; constatant que M. B.. (*p.*, *q. et d.*) n'a laissé aucun héritier auquel une quotité de ses biens soit réservée par la loi ;

Lequel consent à l'exécution du testament susénoncé, en ce qui concerne M. C... (*p.*, *q. et d.*), légataire du quart de tous les biens meubles dépendant de la succession dudit défunt sieur B..., à la charge par M. C... de supporter les dettes et charges de la succession du testateur, en proportion de son émolument.

En conséquence M. C..., disposera des biens à lui légués comme de chose lui appartenant en pleine propriété, à partir du jour du décès du testateur.

A ces présentes est intervenu M. C..., ci-dessus prénommé, qualifié et domicilié, lequel a déclaré accepter la délivrance du legs qui vient de lui être faite sous les charges qu'elle lui impose.

Fait et passé à ..., etc.

Même décompte qu'en la formule précédente.

FORMULE 326. — Art. 1014 C. C.; Mourlon, t. II, p. 426.

Délivrance par un héritier à réserve à un légataire particulier.

Voir la formule 324, sauf à changer la qualité du légataire.

Même décompte.

FORMULE 327.

Démission des fonctions de notaire.

Art. 91 de la loi du 28 avril 1816.

Le soussigné A... (*p.*, *q. et d.*), notaire à la résidence de ..., déclare donner à M. le Président de la République, entre les mains de M. le garde des sceaux, sa démission des fonctions de notaire en faveur de M. B... (*p.*, *q*, *et d.*), qu'il présente pour son successeur, conformément à l'art. 91 de la loi du 28 août 1816. Priant M. le Président de la République de vouloir bien nommer M. B... en son lieu et place.

Fait à ..., le ...

Timbre.................................. 1 80

FORMULE 328. — Art. 1018 C. C. ; Mourlon, t. II, p. 426.

Décharge de legs.

Par-devant, etc.

A comparu M. A... (*p.*, *q. et d.*),

Lequel a reconnu que M. B... (*p.*, *q*, *et d.*), (*héritier légataire universel, ou exécuteur testamentaire*) de M. C... (*p.*, *q. et d.*), conformément au testament de ce dernier (*énoncer le testament*), lui a remis la bibliothèque que ledit sieur C... lui avait léguée par le testament précité.

Au moyen de quoi M. A... tient quitte la succession de M. C... du legs qui vient de lui être remis.

Mention des présentes est consentie sur tous titres et pièces.

Fait et passé, etc.

Décompte :		
	Timbre de minute et d'expédition......	Mémoire.
	Rôles suivant la classe................	Mémoire.
	Enregistrement, droit gradué voir formule nº 264.........................	
	Honoraires.............................	6 »

FORMULE 329. — Art. 1029 C. C.; Mourlon, t. II, p. 445.

Autorisation par un mari à sa femme pour accepter une exécution testamentaire.

Voir la formule 86.

FORMULE 330. — Art. 1029 C. C.; Mourlon, t. II, p. 445.

Assignation à la requête d'une femme séparée de biens à son mari, afin d'obtenir l'autorisation d'accepter une exécution testamentaire.

Voir la formule 90.

FORMULE 331. — Art. 1029 C. C.; Mourlon, t. II, p. 445.

Requête par une femme séparée de biens pour être autorisée à accepter une exécution testamentaire, et ordonnance qui autorise la femme à faire citer le mari à l'effet de le contraindre à déduire les motifs de son refus.

Voir la formule 91.

FORMULE 332. — Art. 1029. — C. C.; Mourlon, t. II, p, 445.

Assignation donnée par une femme séparée de biens contre son mari, pour qu'il déduise les motifs de son refus de l'autoriser à accepter une exécution testamentaire.

Voir la formule 91.

FORMULE 333. — Art. 1031 C. C.; Mourlon, t. II, p. 447.

Vente du mobilier d'une succession par un exécuteur testamentaire.

Voir formule 153.

FORMULE 334. — Art. 1031 C. C.; Mourlon, t. II, p. 447.

Compte d'exécution testamentaire.

Par-devant, etc.

Ont comparu,

M. A... (*p.*, *q. et d.*),

Exécuteur testamentaire de M. C... (*p.*, *q. et d.*), décédé à ..., le ..., nommé en cette qualité suivant le testament qui sera ci-après énoncé;

M. B... (*p.*, *q. et d.*),

Seul héritier du sieur C... (*son degré de parenté*), ainsi que cette qualité a été constatée par l'intitulé de l'inventaire fait après le décès dudit sieur C... par Me ..., notaire à ..., et son collègue, en date au commencement du ..., enregistré;

Lesquels, voulant établir le compte que ledit sieur A..., comme exécuteur testamentaire avec saisine, doit rendre au sieur B... de l'administration qu'il a eue des biens mobiliers du feu sieur C..., ont fait précéder ce compte des observations suivantes :

PREMIÈRE OBSERVATION.

TESTAMENT.

Par son testament (*énoncer la forme du testament et les formalités accomplies pour son exécution*), le sieur C... a légué (*énoncer tous les legs et les noms des légataires*).

Enfin il a institué M. A..., l'un des comparants, son exécuteur testamentaire, en lui conférant la saisine du mobilier, et en lui léguant un diamant de ...

. . . .

DEUXIÈME OBSERVATION.

DÉCÈS. — SCELLÉS. — INVENTAIRE. — VENTE DU MOBILIER.

M. C... est décédé à ..., le .... Après son décès, et conformément à l'art. 1031 du C. C, M., A..., en sa qualité d'exécuteur testamentaire, a fait apposer les scellés sur les biens meubles, titres et papiers de la succession du sieur C..., ainsi qu'il résulte du procès-verbal d'apposition desdits scellés dressé par M. le juge de paix du canton de ..., le ..., enregistré.

L'inventaire a été fait par Me ..., notaire à ..., qui en a gardé la minute, et son collègue, le ..., et jours suivants, à la requête : 1° dudit sieur A..., comme exécuteur testamentaire; et 2° dudit sieur B..., comme seul héritier.

Par la clôture de cet inventaire, les valeurs mobilières, les titres et papiers de la succession ont été remis en la garde et possession de l'exécuteur testamentaire.

La vente du mobilier a été faite par le ministère de M. ..., commissaire-priseur à ..., suivant son procès-verbal en date du ..., enregistré, aux mêmes requêtes que pour l'inventaire. . . . . . .

Le montant de cette vente, défalcation faite des frais d'inventaire, s'est élevé à ..., que M. A..., exécuteur testamentaire, a touchés.

Enfin M. A..., en vertu de sa saisine, a administré les biens de la succession, il a touché les revenus échus et a payé non-seulement les legs particuliers, mais encore diverses autres charges de la succession.

TROISIÈME OBSERVATION.

DÉLIVRANCE DES LEGS.

M. B..., en sa qualité de seul héritier du sieur C..., a consenti l'exécution du testament précité, et la délivrance des legs a été faite aux ayants droit, ainsi que le tout résulte d'un acte reçu par Me ..., notaire à ..., qui en a minute, et son collègue, le ..., enregistré.

Ces observations étant jugées suffisantes, M. ... a établi son compte d'exécution testamentaire de la manière suivante :

PREMIÈRE PARTIE.

RECETTES.

Les recettes comprennent :

1° La somme de ..., montant des deniers comptants constatés en l'inventaire et dont ledit sieur A... s'est chargé, ci. . . . . . . » »

2° La somme de ..., produit net à lui remis de la vente du mobilier, ainsi qu'il est expliqué en la deuxième observation, ci.... » »

3° La somme de ..., pour loyers de la ferme de ..., échus le ..., ci. . . . . » »

4° La somme de ..., montant des intérêts échus le ..., d'une créance hypothécaire de ..., due par le sieur ..., suivant acte reçu par Me ..., etc., ci. . . . . » »

5° Etc., etc. . . . . » »

Total des recettes. . . . . . . » »

DEUXIÈME PARTIE.

DÉPENSES.

Ces dépenses comprennent :

1° La somme de ..., payée pour frais de la dernière maladie, ci. » »

2° La somme de ..., pour les droits de mutation dus à l'État à l'occasion du décès du sieur C..., lesquels droits ont été acquittés au bureau de l'enregistrement et des domaines de ..., ci. . . . » »

3° La somme de ..., payée aux divers légataires particuliers du sieur C..., aux termes de l'acte énoncé en la troisième observation qui précède, ci. . . . . » »

4° La somme de ..., due audit sieur A..., pour déboursés de ports de lettres et pour frais de voyage etc., faits à l'occasion de l'exécution testamentaire dont il était chargé, ci. . . . . . . » »

5° La somme de ... pour frais du présent compte, sauf à augmenter ou à diminuer. . . . . » »

6° La somme de ..., léguée audit sieur A... par le défunt, à titre de diamant, ci. . . . . » »

7° Etc., etc. . . . .

Total des dépenses. . . . . . » »

BALANCE.

Les recettes s'élèvent à. . . . . » »

Les dépenses à. . . . . » »

Le comptable se trouve en conséquence reliquataire de ..., ci.. » »

M. B..., après avoir vérifié le compte qui précède et les pièces à l'appui, a déclaré l'approuver, et en fixer le reliquat à la somme de ..., que M. A... lui a versée à l'instant en présence des notaires soussignés, en bonnes espèces, au cours de ce jour; en conséquence, il lui en consent quittance et décharge, ainsi que de toutes choses relatives à l'exécution testamentaire en question.

M. B... reconnaît que M. A... vient de lui remettre les pièces à l'appui dudit compte, et tous les titres dont il s'était chargé, par la clôture de l'inventaire précité.

Pour faire mention des présentes sur tous titres et pièces, tous pouvoirs sont donnés à tous notaires requis.

Dont acte, etc.

Décompte.	Timbre de minute et d'expédition.......	Mémoire.
	Rôles suivant la classe................	Mémoire.
	Enregistrement, droit fixe..............	3 75
	Néanmoins si l'exécuteur testamentaire est créancier ou débiteur, il y a lieu à un droit de 1 fr. fr. 25 p. 0/0.	
	Honoraires p. 0/0.	

FORMULE 335. — Art. 1056 C. C.; Mourlon, t. II, p. 490.

Nomination d'un tuteur à une substitution.

Voir les formules 136 *et* 140.

FORMULE 336. — Art. 1058 C. C.; Mourlon, t. II, p. 492.

Inventaire des biens d'une succession grevée de restitution.

Voir, par analogie, la formule 150.

FORMULE 337. — Art. 1062 C. C.; Mourlon, t. II, p. 492.

Vente de meubles dépendant d'une succession grevée de restitution.

Voir, par analogie, la formule 153.

FORMULE 388. — Art. 1074 C. C.; Mourlon, t. II, p. 493.

Estimation des bestiaux et ustensiles servant à faire valoir des terres comprises dans une donation entre-vifs ou testamentaire à charge de restitution.

Voir, par analogie, la formule 154.

FORMULE 339. — Art. 1075 C. C.; Mourlon, t. II, p. 469.

Donation et partage d'ascendants.

Cet acte doit être fait dans la forme sacramentelle des donations; voir aux mots *Styles et protocoles.*

Par-devant, etc.

Ont comparu M. A... (*p., q. et d.*), et dame ... (*n. et p.*), son épouse, qu'il autorise, et demeurant ensemble à ...

Lesquels, voulant prévenir entre leurs enfants toutes difficultés après leur décès, ont par ces présentes fait donation entre-vifs et irrévocable à :

1° M. B... (*p., q. et d.*),

2° M. C... (*p., q. et d.*),

Seuls enfants issus de leur mariage, et leurs présomptifs héritiers, chacun pour moitié, tous deux présents et acceptant,

Des biens ci-après désignés, savoir :

DÉSIGNATION.

§ Ier. — *Biens dépendant de la communauté existant entre les sieur et dame A...*

1° (*Désigner avec soin la nature de l'immeuble, ses tenants et aboutissants.*)

2° (*Id.*)

Etc., etc.

§ II. — *Biens propres du mari.*

1° (*Id.*)

2 (*Id.*)

§ III. — *Biens propres de la femme.*

1° (*Id.*)

2° (*Id.*)

ÉTABLISSEMENT DE PROPRIÉTÉ.

Voir la formule 541.

ENTRÉE EN JOUISSANCE.

Les donataires entreront immédiatement en jouissance des biens compris en la présente donation.

CONDITIONS DE LA DONATION.

Cette donation est faite sous les conditions ci-après, que les donataires s'obligent, chacun en ce qui le concerne et sans solidarité, à exécuter fidèlement, savoir :

1° De payer, à compter de ce jour, les impôts dont les biens donnés peuvent ou pourront être tenus;

2° D'entretenir les baux, écrits ou les locations verbales qui peuvent exister desdits biens (*énoncer leur date, leur durée et leurs conditions*), et de faire qu'à cet égard les donateurs ne puissent être inquiétés.

3° De payer en l'acquit des donateurs (*énoncer les dettes dont les donataires seront chargés*).

4° De payer les frais et honoraires des présentes.

5° Enfin, de se partager immédiatement les biens donnés d'après les bases que les donateurs ont eux-mêmes indiquées à leurs enfants.

FORMALITÉS HYPOTHÉCAIRES.

ÉTAT CIVIL.

REMISE DES TITRES.

Voir ces divers titres en la formule 541.

ÉVALUATION.

(S'il n'y a pas de bail.)

Pour la perception du droit d'enregistrement, les parties ont déclaré évaluer à la somme de ..., le revenu brut annuel des biens donnés.

PARTAGE.

Pour satisfaire à la condition qui vient de leur être imposée MM. B... et C... ont procédé, comme suit, au partage des biens compris dans la donation :

1er LOT.

Il a été composé de :

1° (*Désignation de chaque immeuble ou fraction d'immeuble*).

2° (*Id.*)

3° (*Id.*)

2e LOT.

Il a été composé de :

1° (*Désignation, etc.*)

2° (*Id.*)

3° (*Id.*)

CONDITIONS DU PARTAGE.

Le présent partage est fait sous les conditions suivantes, que MM. B... et C... promettent d'exécuter, savoir :

1° Ils payeront, à compter de ce jour et séparément, les impôts des biens compris dans le lot qui écherra à chacun d'eux.

2° Ils payeront par moitié les dettes dont ils ont été chargés par les donateurs ainsi que les frais et honoraires des présentes, y compris même les frais extraordinaires de transcription et de purge.

(S'il y a quelques conditions exceptionnelles, servitudes ou soultes à établir entre les copartageants, il faut les indiquer avec soin. Voir la formule 264.)

Les lots ainsi formés ont été tirés au sort par MM. B... et C...; en présence de leurs père et mère, et, par le résultat de ce tirage, le premier lot est échu à M. B..., le deuxième lot à M. C...; chacun d'eux a déclaré accepter le lot à lui échu.

Dont acte, pour l'exécution duquel, etc.

Fait et passé (*Voir pour la clôture aux mots Styles et Protocoles.*)

Décompte : Timbre de minute et d'expédition....... Mémoire.
Rôles suivant la classe.................. Mémoire.
Enregistrement 1 fr. 88 0/0, (loi du 22 juin 1875 art. 1er).
Honoraires 1 p. 0/0.

FORMULE 340. — Art. 1075 C. C.; Mourlon, t. II, p. 499.

Donation et partage d'ascendants par un père et une mère, avec réserve d'usufruit.

Par-devant, etc. (*Voir la formule précédente jusqu'au titre* : Conditions de la donation, *qui devra être rédigé ainsi*) :

Cette donation est faite sous les conditions ci-après, que les donateurs s'obligent d'exécuter fidèlement, chacun en ce qui le concerne, sans solidarité, savoir :

1° De payer, à partir de l'extinction de l'usufruit ci-après réservé, les impôts dont les biens donnés pourront être tenus;

2° D'entretenir les baux et locations verbales desdits biens qui existeront à la même époque;

3° De payer par moitié les frais et honoraires des présentes;

4° Enfin de se partager immédiatement les biens donnés, d'après les bases que les donateurs ont eux-mêmes indiquées à leurs enfants.

RÉSERVE D'USUFRUIT.

Les donateurs se réservent l'usufruit de tous les biens donnés pendant leur vie, jusqu'au jour du décès du survivant d'eux, et sans réduction au décès du prémourant, pour jouir dudit usufruit (*soit aux charges de droit, soit avec dispense de donner caution*).

Le reste *comme en la formule* 339.

Même décompte.

Ajouter pour la réserve d'usufruit le droit fixe de 9 38

FORMULE 341. — Art. 1076 C. C.; Mourlon, t. II, p. 499.

Partage testamentaire.

Par-devant, etc. (*Voir au mot Testament.*)

A comparu le sieur A... (*p. q. et d.*),

Lequel, sain de corps et d'esprit, ainsi qu'il est apparu aux notaires et témoins par sa conversation et par la manifestation de ses volontés (ou bien *malade de corps mais sain d'esprit, etc.*), a dicté son testament audit Me..., en présence des quatre témoins susnommés, de la manière suivante :

Voulant éviter à mes enfants toutes contestations au sujet des biens qui composeront ma succession, j'ai résolu d'en faire immédiatement le partage entre eux.

Mes biens consistent dans les valeurs ci-après.

(Faire la désignation, article par article, de tous les biens meubles et immeubles du testateur, en les estimant. — Établir succinctement la propriété des immeubles.)

De tous ces biens et valeurs j'ai formé deux lots composés comme suit :

1er LOT.

1° (*Désignation.*)
2° (*Id.*)
3° (*Id.*)

2e LOT.

1° (*Désignation.*)
2° (*Id.*)
3° (*Id.*)

Ces lots ainsi formés, je donne et lègue le premier à M. B... (*p., q. et d.*), mon fils aîné.

Je donne et lègue le second lot à M. C... (*p. q. et d.*), mon second fils.

Chacun de mes enfants jouira des biens compris en son lot, en toute propriété, à compter de mon décès; ils acquitteront par moitié d'abord sur les deniers comptants qu'ils trouveront à mon décès, puis pour le surplus, avec leurs ressources personnelles, toutes les dettes généralement quelconques qui grèveront ma succession.

Voulant assurer l'exécution de mes volontés, prévoyant le cas où mon testament serait attaqué pour quelque cause que ce soit par l'un de mes enfants, je donne et lègue par préciput et hors part, à celui d'entre eux qui en soutiendra la validité, toute la portion de mes biens, meubles et immeubles, dont la loi me permet de disposer.

Ce testament a été ainsi dicté par le testateur à Me..., notaire soussigné, qui l'a écrit tel qu'il lui a été dicté; puis il a été lu par ledit notaire au testateur, qui a déclaré bien entendre ladite lecture et persévérer dans ses volontés exprimées audit testament, le tout en présence des quatre témoins.

Fait et passé. (*Voir pour le surplus la formule* 299.)

Décompte : Voir la formule 297.

Le droit de 1 p. 100 pour honoraires est immédiatement dû.

FORMULE 342. — Art. 1091 et suiv. C. C.; Mourlon, t. II, p. 519 et suiv.

Donation faite pendant le mariage par un mari à sa femme en toute propriété.

Par-devant, etc. (Voir la forme sacramentelle des donations aux mots *Styles et Protocoles.*)

A comparu le sieur A... (*p., q. et d.*),

Lequel a fait donation entre-vifs à madame..., son épouse, demeurant avec lui, présente et acceptant, avec son autorisation.

De tous les biens, meubles et immeubles, qui composeront sa succession au jour de son décès, sans exception.

Ladite dame, si elle survit à son mari, disposera de tous lesdits biens, en toute propriété, à partir du décès du donateur.

En cas d'existence d'enfants du mariage des époux A..., la présente donation sera réduite à un quart en toute propriété et à un quart en usufruit, avec dispense, pour raison de cet usufruit, de donner caution ou de faire emploi du mobilier, mais à la charge de faire faire inventaire (*si la donation est faite sans les dispenses ci-dessus, on dit après ces mots : « et à un quart en usufruit »* :) aux charges de droit pour raison de cet usufruit.

Dans le cas, au contraire, où le donateur ne laisserait pas d'enfants ni de descendants, mais où il laisserait un ou plusieurs ascendants, le donataire aura l'usufruit, aux mêmes charges et dispenses que ci-dessus, de la totalité de la portion dont la loi prohibe la disposition au préjudice des héritiers à réserve. (*Ou bien dire qu'elle n'aura pas cet usufruit.*)

Fait et passé, etc.

Décompte : Timbre de minute et d'expédition........ Mémoire.
Enregistrement au décès.................. 9 38.
Honoraires.............................. 8 »
Honoraires proportionnels de 1 0/0, réservés au décès.

FORMULE 343. — Art. 1091 et suiv. C. C.; Mourlon, t. II, p. 519 et suiv.

Donation faite, pendant le mariage, par une femme à son mari, en usufruit seulement.

Par-devant, etc. (Voir la forme sacramentelle aux mots *Styles et Protocoles*).

A comparu :

Madame A... (*p.*), épouse assistée et autorisée de M..., avec lequel elle demeure à...

Laquelle a fait donation entre-vifs audit sieur..., son mari, qui accepte, de tous les biens, meubles et immeubles qui composeront sa succession au jour de son décès, sans exception.

Ledit sieur..., s'il survit à sa femme, disposera de tous lesdits biens durant sa vie en usufruit seulement, sans être tenu de donner caution ou de faire emploi du mobilier, mais à la charge de faire faire inventaire (ou bien *aux charges de droit*).

En cas d'existence d'enfants, la présente donation sera réduite à moitié, toujours en usufruit, aux mêmes charges et dispenses que ci-dessus.

Fait et passé, etc.

Même décompte.

FORMULE 344. — Art. 1094 et 1098 C. C.; Mourlon, t. II, p. 519.

Donation entre époux qui ont convolé.

Voir pour le commencement les formules précédentes.

En cas d'existence d'enfants issus du premier mariage de ladite dame..., la présente donation sera réduite à une part d'enfant le moins prenant, en toute propriété, sans que cette donation puisse excéder le quart des biens composant la succession de la donatrice.

En cas d'existence d'enfants issus du mariage d'entre lesdits sieur et dame..., la présente donation sera réduite à un quart en propriété, et à un quart en usufruit (ou *à moitié en usufruit*), avec dispense, etc. (*Voir les formules précédentes.*)

Fait et passé, etc.

Même décompte.

FORMULE 345. — Art. 1096 C. C.; Mourlon, t. II, p. 519.

Révocation de donation par un mari.

Par-devant, etc.

Est comparu :

Le sieur A.... (*p.*, *q. et d.*),

Lequel a déclaré révoquer la donation qu'il a faite à madame..., son épouse, par acte passé devant Me..., voulant que cette donation reste sans effet et qu'elle soit considérée comme non écrite.

Mention des présentes est consentie sur tous titres et pièces.

Fait et passé, etc.

Décompte :		
	Timbre de minute et d'expédition.....	Mémoire.
	Rôles suivant la classe..............	Mémoire.
	Enregistrement.......................	3 75
	Honoraires...........................	6 »

FORMULE 346. — Art. 1096 C. C.; Mourlon. t. II, p. 519.

Révocation d'une donation par une femme.

Par devant, etc.

A comparu madame..., épouse de M. A... (*p.*, *q.*), avec lequel elle demeure à...

Laquelle a déclaré révoquer la donation qu'elle a faite à son mari, suivant acte, etc. (V*oir la formule précédente*).

Même décompte.

Des contrats ou des obligations conventionnelles en général.

FORMULE 347. — Art. 1102 et 1107 C. C.; Mourlon, t. II, p. 460 et 463.

Contrat synallagmatique à titre onéreux.

Voir la formule 541.

FORMULE 348. — Art. 1103 C. C.; Mourlon, t. II, p. 537.

Contrat unilatéral.

Je soussigné A... (*p.*, *q. et d.*), reconnais devoir la somme de ..., à M. B... (*p.*, *q. et d.*), qui m'en a fait l'avance; je m'oblige à lui rembourser cette somme à..., le..., avec intérêts à 5 p. 100 par an à compter de ce jour. (*Signature.*)

Fait à .., le...

Décompte : Timbre........................... » 60
Enregistrement 1 fr. 25 par cent....... Mémoire

FORMULE 349. — Art. 1104, C. C.; Mourlon, t. II, p. 540.

Contrat commutatif.

Voir *Échange*, formule 565.

FORMULE 350. — Art. 1104, 1964 C. C.; Mourlon, t. II, p. 540.

Contrat aléatoire.

Voir *Contrat de rente viagère*, formule 598.

FORMULE 351. — Art. 1105 C. C.; Mourlon, t. II, p. 538.

Contrat à titre gratuit.

Voir *Donations*, formules 293 et suiv.

FORMULE 352. — Art. 1113 C. C.; Mourlon, t. II. p. 551.

Ratification d'un contrat annulable pour cause de violence, de dol, d'erreur, etc.

Par-devant, etc.

Fut présent :

Le sieur A... (*p.*, *q. et d.*),

Lequel a déclaré ratifier un acte reçu par Me..., notaire à..., qui en a gardé minute, en présence de témoins, le..., enregistré, contenant obligation de la somme de.... par le comparant, au profit de M. B... (*p.*, *q. et d.*); voulant que cette obligation, bien qu'entachée de violence (*de dol, d'erreur*), reçoive son entière exécution, et que mention des présentes soit faite sur tous titres et pièces par tous notaires, de ce requis.

Dont acte fait et passé, etc.

Décompte : Timbre de minute et d'expédition.. Mémoire.
Rôles................................ Mémoire.
Enregistrement....................... 3 75
Honoraires.......................... 6 »

FORMULE 353. — Art. 1119 C. C.; Mourlon, t. II, p. 559.

Ratification par une personne dont on s'est porté fort.

Fut présent :

Le sieur A... (*p., q. et d.*),

Lequel, après avoir pris communication par la lecture que lui en a faite M^e..., l'un des notaires soussignés, d'un acte passé devant M^e..., notaire à..., qui en a gardé minute, et son confrère, le ..., enregistré, contenant vente d'une maison sise à ...,moyennant ..., à M. B... (*p., q. et d.*), par M. B... (*p., q. et d.*), ayant agi comme se portant fort du comparant dont il a promis la ratification.

A, par ces présentes, déclaré ratifier la vente susénoncée, et consentir qu'elle reçoive son entière exécution et que mention des présentes soit faite sur tous titres et pièces par tous notaires, de ce requis.

Dont acte fait et passé, etc.

Même décompte qu'en la formule précédente.

FORMULE 354. — Art. 1124 C. C.; Mourlon, t. II, p. 568.

Ratification par un mineur devenu majeur, d'un contrat par lui fait durant sa minorité.

Par-devant, etc.

Fut présent :

Le sieur A... (*p., q. et d.*)

Lequel a déclaré ratifier la vente par lui faite, durant sa minorité, à M. B... (*p., q. et d.*), d'une maison sise à ..., moyennant ..., de prix principal, suivant contrat reçu par M^e ..., notaire à ..., qui en a gardé minute, et son confrère, le..., enregistré, et consentir que cette vente reçoive son entière exécution et que mention des présentes soit faite sur tous titres et pièces par tous notaires, de ce requis.

Dont acte fait et passé.

Même décompte.

FORMULE 355. — Art. 1124 C. C.; Mourlon, t. II, p. 568.

Ratification d'un contrat de vente par une femme qui renonce à son hypothèque légale.

Par-devant, etc.

Est comparue :

Madame A... (*p.*), épouse de M. B... (*p., q.*), avec qui elle demeure à..., et de lui ici présent dûment autorisée ;

Laquelle, après avoir pris communication par la lecture qui lui en a été faite par M^e ..., l'un des notaires soussignés, d'un contrat passé devant M^e ..., notaire à ..., qui en a gardé minute, et son confrère, le ..., enregistré, contenant vente par mondit sieur B ..., son mari, agissant tant en son nom personnel que comme se portant fort de la comparante, à M. C..., (*p.*, *q. et d.*), d'une maison sise à ..., moyennant..., de prix principal stipulé, payable à ..., le ..., et productible d'intérêts à 5 p. 100, à partir du...

A déclaré ratifier le dit contrat de vente, voulant qu'il reçoive une entière exécution; en conséquence, la comparante déclare s'obliger, conjointement et solidairement avec ledit sieur B... son mari, envers l'acquéreur, à toutes les garanties qui résultent de ce contrat, au moyen de quoi elle renonce à son droit d'hypothèque légale sur ladite maison.

Consentant, la comparante, que mention des présentes soit faite sur tous titres et pièces par tous notaires requis.

Dont acte fait et passé, etc.

Même décompte.

FORMULE 356. — Art. 1125 C. C.; Mourlon, t. II, p. 568.

Ratification par une femme d'un acte passé par elle sans autorisation.

Par-devant, etc.

Fut présente :

Madame A... (*p.*), épouse de M. B... (*p.*, *q.*), avec lequel elle demeure à ..., et de lui ici présent dûment autorisée;

Laquelle a déclaré ratifier la vente faite par elle, sans l'autorisation de son mari, à M. C... (*p.*, *q. et d.*), suivant contrat reçu par Me ..., notaire à ..., qui en a gardé minute, et son confrère, le ..., enregistré, d'une maison sise à ..., moyennant ..., de prix principal et vouloir que ce contrat reçoive son entière exécution, comme si elle eût été au moment de sa passation munie du consentement régulier de son mari.

En conséquence ladite dame renouvelle ici les obligations de garantie et autres par elle prises dans ladite vente, et consent que mention des présentes soit faite sur tous titres et pièces par tous notaires requis.

Dont acte fait et passé, etc.

Même décompte.

FORMULE 357. — Art. 1132 C. C.; Mourlon, t. II, p. 576.

Billet causé.

Je reconnais devoir à M. ..., demeurant à ..., la somme de ..., valeur reçue en marchandises (*ou en espèces, ou valeur, en quittance.*) — Laquelle somme je m'oblige à lui rembourser le ..., avec intérêt au taux légal.

A ..., le ...

(*Signature du débiteur*).

Décompte : Timbre proportionnel, à 0,05 c. par 100 fr. jusqu'à 1000 et ensuite 1 fr. par 1000 fr. ou fraction de 1000 francs.
Enregistrement, 1 fr. 25 p. 0/0.

FORMULE 358.

Billet portant intérêt.

Le ..., je payerai à M. ..., en sa demeure, à ..., la somme de ..., valeur reçue comptant, avec les intérêts à 5 p. 100 par an à partir de ce jour.

A ..., le ...

Bon pour la somme de ... (*Signature.*)

Même décompte.

FORMULE 359.

Billet par une femme séparée.

Je soussignée A... (*p., q, et d.*), épouse séparée, quant aux biens, du sieur B... (*p., q. et d.*), par jugement contradictoirement rendu par le tribunal de ..., le ..., reconnais devoir et m'oblige à payer dans six mois, à M. ..., en sa demeure, à ..., la somme de ..., pour denrées et marchandises qu'il m'a fournies.

A ..., le ... (*Signature.*)

Même décompte.

FORMULE 360.

Billet à ordre,

Le ..., je payerai à M. ... ou à son ordre, mille francs, valeur reçue en marchandises (*ou* en espèces).

A ..., le ...

Payable à ..., rue ..., n° ... (*Signature.*)

Timbre Voir formule n° 357........
Enregistrement...................... » 63 p. 0/0

ENDOSSEMENT DU BILLET.

Payez à M. ..., ou à son ordre, valeur reçue comptant.

A ..., le ... (*Signature.*)

FORMULE 361.

Lettre de change simple.

B. P. 1,000 francs.

Paris le ...

Monsieur ..., à ... jours de date, il vous plaira payer par cette première (ou *deuxième*) lettre de change à M. ..., banquier, ou à son ordre, mille francs, valeur reçue comptant (ou *en compte* ou *en marchandises*.

(*Signature du tireur.*)

A M. ... négociant à...

Décompte : Timbre (voir formule n° 357).

ENDOSSEMENT DE LA LETTRE DE CHANGE.

Payez à M. ... ou à son ordre, valeur reçue comptant.

A ..., le ... (*Signature.*)

AVAL DE LA LETTRE DE CHANGE.

Je m'oblige à la garantie du payement de la lettre de change qui précède.

A ..., le ... (*Signature.*)

FORMULE 362.

Lettre de change à l'ordre du tireur lui-même.

B. P. ... francs,

Paris, le ...

Au ... du courant, il vous plaira payer, par cette première de change, à mon ordre, la somme de ..., valeur en compte avec vous, et que je vous passerai de même, suivant mon avis de ce jour. (*Signature.*)

A M. ..., banquier à ...

Payez à l'ordre de M. ..., valeur reçue comptant.

A ..., le ... (*Signature.*)

Même décompte.

FORMULE 363.

Lettre de change tirée à vue.

B. P. 1,000 francs.

Paris, le ...

A vue, il vous plaira payer, par cette première de change, à l'ordre de M. ..., mille francs, valeur reçue en marchandises, et que je vous passerai en son compte, suivant mon avis de ce jour.

Même décompte.

FORMULE 364.

Lettre de change tirée pour le compte d'un tiers.

B. P. 1,000 francs.

Paris, le ...

A trente jours de date, il vous plaira payer, par cette première de change, à mon ordre, la somme de mille francs, pour compte de M. ..., demeurant à ..., et suivant son ordre, valeur en compte avec lui, et qui vous sera passée de même, suivant mon avis et celui du sieur ...

(*Signature.*)

ÉCRIRE AU DOS.

Payez à l'ordre de M. ..., valeur reçue comptant.

A ..., le ... (*Signature de l'endosseur, qui est en même temps tireur.*)

Même décompte.

FORMULE 365.

Acceptation d'une lettre de change.

Accepté pour la somme de ..., payable à ..., le ..., (*Signature*).

FORMULE 366. — Art. 1142 C. C.; 523 C. Pr.; Mourlon, t. II, p. 600.

Liquidation de dommages et intérêts.

Déclaration de dommages-intérêts prononcée par suite d'inexécution d'une obligation de faire.

Déclaration des dommages-intérêts à donner par état, auxquels le sieur A... (*p., q. et d.*) a été condamné envers le sieur B... (*p., q., et d.*), par jugement contradictoirement rendu par le trib. de 1re inst. de ..., le ..., enregistré et signifié.

OBSERVATION.

Le sieur B... fait observer que le jugement rendu a posé en principe que les dommages-intérêts devaient être calculés non-seulement sur le préjudice matériel à lui causé par l'inexécution de l'obligation contractée par le sieur A... de faire (*énoncer le fait qui formait l'objet de l'obligation*), mais encore sur la perte provenant de ce que les capitaux consacrés par le sieur B... à l'achat des matériaux nécessaires à la construction qu'il voulait ériger sont demeurés improductifs pendant la durée du procès, etc., etc.

Sous le mérite de ces observations, le sieur B... établit le chiffre des dommages-intérêts à lui dus comme suit :

1° La somme de..., montant des frais de reconstruction du mur que le sieur B... a été obligé de faire pour réparer l'écroulement occasionné par les eaux pluviales amenées dans les fondations, par suite de la non exécution des travaux d'assainissement que le sieur A... s'était obligé de faire, aux termes d'un acte reçu par Me ..., le ..., enregistré, ci. » »

2° La somme de..., représentant les loyers de l'appartement resté inoccupé durant six mois, par suite de la reconstruction du mur en question, ci.. » »

3° La somme de ..., pour intérêts pendant ... de la somme de ..., prix.., d'achat des matériaux, que le sieur B... destinait à la surélévation qu'il se proposait de faire du bâtiment dont faisait partie le mur écroulé, ci.. » »

4° La somme de ..., pour location des deux logements qu'il devait faire construire en surélévation, et dont la mise en état a été retardée de six mois, ci.. » »

Etc., etc.

(*Exposer dans la même forme les autres causes de répétitions.*)

Pour justifier de la sincérité de ses rélamations, le sieur B... a produit :

1° L'expédition en bonne forme de l'acte précité du ...

2° Une liasse de ... pièces, contenant factures et quittances timbrées, enregistrées et cotées, constatant les payements faits aux vendeurs des matériaux, etc.

C'est qourquoi ladite déclaration certifiée sincère et véritable a été dressée par moi, avoué soussigné, pour servir à l'exécution du jugement ci-dessus énoncé.

A ..., le ..., (*Signature de l'avoué.*)

Avant de signifier la déclaration, si l'on ne veut pas communiquer à l'amiable les pièces à l'appui, on en fait le dépôt au greffe.

Décompte. (Tarif, art. 14.)

Timbre d'expédition.............	Mémoire.
Enregistrement.................	3.75
Rédaction, 60 c. pour chaque article.........................	Mémoire.

FORMULE 367. — Art. 1142 C. C.; 523 C. P.; Mourlon, t. II, p. 600.

Signification de la déclaration des dommages-intérêts.

A la requête du sieur B... (*p., q. et d.*), ayant pour avoué Me ...

Soit faite la signification et en tête (*de celle*) des présentes laissé copie à Me ..., avoué du sieur A... (*p., q. et d.*)

1° De la déclaration détaillée et enregistrée des dommages-intérêts auxquels le sieur A... a été condamné envers le requérant, par jugement du tribunal de ..., le ..., enregistré, et signifié.

2° De l'expédition d'un acte fait au greffe du tribunal de ..., le ..., enregistré, constatant le dépôt qui y a été opéré par Me ..., au nom de son client, des titres et pièces à l'appui de ladite déclaration.

Soit, en conséquence, sommé ledit Me ..., de prendre, dans quinzaine pour tout délai, communication au greffe, sans déplacement, des titres et pièces y déposés, et de faire, dans la huitaine qui suivra l'expiration de ce délai, offre au requérant de telle somme qu'il jugera convenable pour dommages-intérêts.

Lui déclarant que faute par lui de ce faire, le requérant le poursuivra à l'effet d'obtenir contre lui condamnation au payement des dommages-intérêts détaillés en ladite déclaration.

Dont acte.

Pour orignal, pour copie.

Signifié, donné copie, etc. (*Signature de l'avoué.*)

Décompte. (art. 141 du tarif.)

Timbre..........................	Mémoire.
Signification et enregistrement..	» 98
Émolument pour chaque article la copie signifiée...........	» 15

FORMULE 368. — Art. 1142 C. C.; 524 C. Pr.; Mourlon, t. II, p. 600.

Acte contenant la critique de la déclaration des dommages-intérêts et l'offre d'une somme.

A la requête du sieur A... (*p., q. et d.*), ayant pour avoué Me ...

Soit signifié et déclaré à Me..., avoué près le tribunal de 1re instance de..., et du sieur B... (*p.*, *q. et d.*),

Que sur la déclaration des dommages-intérêts signifiée par le sieur B..., suivant acte en date du..., le requérant expose :

En ce qui touche l'article premier de cette déclaration, que, etc. (*énoncer pour cet article comme pour tous les autres, les motifs qui peuvent faire rejeter ou réduire les articles critiqués*).

En conséquence, soit signifié et déclaré audit Me... que, pour satisfaire à la sommation contenue en la déclaration des dommages-intérêts du..., et au jugement contradictoirement rendu par le tribunal de..., le..., enregistré, le sieur A... fait offre de la somme de... pour tous dommages-intérêts.

Dont acte.

Pour original, pour copie.

Signifié, donné copie, etc. (*Signature de l'avoué.*)

Décompte. (Tarif, art. 71 et 152.)

Signification et enregistrement..........	» 90
Timbre..............................	Mémoire.
Original de l'acte contenant les offres...	6 »
Copie................................	1 25
Plus, pour chaque article de la déclaration critiquée 60 c....................	Mémoire.

FORMULE 369. — Art. 1142 C. C.; 524 C. Pr.; Mourlon, t. II, p. 600.

Acte pour demander la condamnation au payement du montant de la déclaration des dommages-intérêts.

A la requête du sieur B... (*p.*, *q. et d.*), ayant pour avoué Me..., soit sommé Me..., avoué près le trib. de 1er inst. de..., et du sieur A... (*p.*, *q. et d.*), de comparaître le..., à l'audience dudit tribunal, séant au palais de justice, heure de..., pour,

A défaut par le sieur A... d'avoir, conformément à l'art. 524 C. Pr., fait offre d'une somme pour les dommages-intérêts auxquels il a été condamné par le jugement du..., enregistré et signifié, dommages-intérêts dont la déclaration lui a été signifiée par acte du...,

S'entendre condamner à payer au sieur B... la somme de..., montant de la déclaration des dommages-intérêts réclamés avec les intérêts de droit, et s'entendre en outre condamner aux dépens, dont distraction sera prononcée au profit de Me..., avoué, qui affirme en avoir fait l'avance.

Dont acte.

Pour original, pour copie.

Signifié, donné copie, etc. (*Signature de l'avoué.*)

Décompte. (Tarif, art. 70.)

Signification et enregistrement..........	» 98
Timbre..............................	Mémoire.
Original et copie....................	1 25

FORMULE 270. — Art. 1142. C. C; 524 C. Pr.; Mourlon, t. II, p. 600.

Acte d'acceptation des offres et sommation de les réaliser dans les vingt-quatre heures.

A la requête du sieur B... (*p.*, *q. et d.*), ayant Me..., pour avoué.

Soit signifié et déclaré à Me..., avoué du sieur A... (*p.*, *q. et d.*) :

Que ledit sieur B... accepte les offres à lui faites par le sieur A... de la somme de ..., pour les dommages-intérêts auxquels il a été condamné par jugement du tribunal de..., en date du..., enregistré et signifié, lui faisant sommation de payer, dans les vingt-quatre heures, au requérant, la somme de..., montant desdites offres notifiées par acte du...

Déclarant audit sieur A... que, faute par lui de ce faire dans ledit délai, le requérant se pourvoira pour le faire condamner au payement de ladite somme.

Dont acte.

Pour original, pour copie.

Signifié, donné copie, etc. (*Signatures de l'avoué et de la partie.*)

Décompte. (Tarif, art. 71, § 19 et 156.)

Signification et enregistrement...........	» 98
Timbre................................	Mémoire.
Original..............................	5 »
Copies................................	1 25

FORMULE 371. — Art. 1185 C. C.; Mourlon, t. II, p. 642.

Obligation simple à terme et solidaire entre les débiteurs. S. S. P.

NOTA. Cette obligation, lorsqu'elle est faite sous seing privé, n'est autre qu'un billet (*voir les formules* 347 et 357).

Par-devant Me..., et son collègue, etc.

Ont comparu :

Le sieur A... (*p. et q.*) et dame B... (*p.*), son épouse, qu'il autorise à l'effet des présentes, demeurant ensemble à...

Lesquels ont reconnu devoir légitimement au sieur C... (*p.*, *q. et d.*), présent et acceptant,

La somme de..., qu'il leur a prêtée en monnaies d'or et d'argent, ayant cours, comptées et réellement délivrées à la vue des notaires soussignés (ou *du notaire et des témoins soussignés*, ou bien *qu'il leur a prêtée dès avant ce jour*, ou *dès le...*)

En conséquence, ils s'obligent, solidairement entre eux, à rendre ladite somme de..., à M. C..., en sa demeure ci-dessus indiquée, ou, pour lui, au porteur de son pouvoir et de la grosse des présentes, en un seul payement dans... ans de ce jour; et, sous la même solidarité, ils s'obligent à lui en servir les intérêts sur le pied de 5 p. 100 par an, au même domicile, et de six mois en six mois, à compter de ce jour.

(*Si l'obligation a quelque importance on peut y insérer les conditions contenues en la formule* 372.)

Dont acte pour l'exécution duquel les parties élisent domicile, savoir : le prêteur à..., et les débiteurs à..., où ils ont actuellement leur domicile réel.

Décompte :	Timbre de la minute et de la grosse.	Mémoire.
	Enregistrement 1 f. 25 par 100......	Mémoire.
	Grosse, rôle suivant la classe........	Mémoire.
	Honoraires 1 p. 100..............	Mémoire.

FORMULE 372. — Art. 1431, 2114 C. C. ; et 9 de la loi du 29 mars 1855 ; Mourlon, t. III, p. 33 et 534.

Prêt avec hypothèque, subrogation dans l'hypothèque légale de la femme, obligation de faire assurer contre l'incendie et transport éventuel des sommes qui pourront être dues par une compagnie d'assurance.

Par-devant, etc.

Ont comparu :

Voir la formule qui précède, jusqu'à ces mots : « à compter de ce jour ; » on ajoute :

Il est encore convenu comme conditions essentielles de ce prêt :

1° Qu'à défaut de payement d'un seul terme d'intérêt constaté à son échéance par un commandement, resté infructueux pendant un mois de sa date, le créancier pourra, si bon lui semble, exiger le remboursement de ladite somme principale de...

2° Que le terme de remboursement ayant été stipulé en faveur de toutes les parties ne pourra être anticipé sans le consentement du créancier.

3° Qu'au décès des débiteurs, la dette sera indivisible entre leurs héritiers et que chacun de ces derniers pourra être actionné pour le tout, sauf, s'il y a lieu, son recours contre qui de droit.

4° Qu'enfin, M. C... pourra, s'il le juge convenable, proroger le terme d'exigibilité de la présente obligation de... années à partir de son échéance, sans rien innover à cette obligation, mais à la seule charge de prévenir six mois à l'avance les débiteurs de son intention à cet égard[1].

A la garantie de la présente obligation en principal, intérêts et frais, le sieur et la dame A... hypothèquent spécialement : (*désigner l'immeuble*) *établir la propriété. Voir la formule* 541.

Sur lequel immeuble le créancier prendra, aux frais des débiteurs, toutes inscriptions nécessaires à la sûreté de sa créance.

M. et madame A..., sous les peines du stellionnat, déclarent : 1° que l'immeuble hypothéqué n'est grevé que de (*énoncer les charges hypothécaires*) ; 2° qu'ils ne sont et n'ont jamais été tuteurs, ni comptables de deniers publics.

Pour plus de sûreté, madame A..., autorisée de son mari, cède avec garantie à M. C..., qui accepte, pareille somme de..., et ses intérêts à

1. Cette condition est peu en usage ; elle a pour objet de garantir indirectement le débiteur d'un remboursement en valeurs fictives qui seraient en cours légal au moment du remboursement ; elle est cependant préférable à l'engagement qu'on fait généralement prendre aux débiteurs de ne rembourser qu'en espèces métalliques ayant cours au moment du prêt ; cet engagement est contraire à l'ordre public.

prendre avec préférence à elle, dans le montant des droits, créances, reprises et avantages matrimoniaux qu'elle a et pourra avoir à exercer contre son mari, soit en vertu de son contrat de mariage, soit à tous autres titres, à l'effet de quoi elle subroge mondit sieur C... jusqu'à due concurrence dans l'effet de son hypothèque légale contre son mari, mais limitativement en ce qu'elle frappe sur l'immeuble ci-dessus hypothéqué; il est même convenu que l'inscription d'hypothèque légale que mondit sieur C... devra prendre, aux termes de l'article 9 de la loi du 23 mars 1855, pourra être rayée sur la mainlevée qu'il en donnera. M. A... déclare se tenir ledit transport pour signifié[1].

Pour plus de sûreté encore, M. et madame A... s'obligent solidairement à faire assurer contre l'incendie, dans un délai de..., la maison hypothéquée et ses dépendances, tant en leur nom qu'au nom du prêteur, pour toute la durée du prêt; dans le cas où ils n'exécuteraient pas cet engagement, M. C..., à l'expiration du terme indiqué, pourra faire opérer lui-même cette assurance aux charges, risques et périls des emprunteurs.

En cas de sinistre, le prêteur profitera de cette assurance; en conséquence, il touchera jusqu'à concurrence du montant de son obligation en principal, intérêts et frais, l'indemnité due à ses débiteurs, qui lui en font le transport avec autorisation de le signifier, à leurs frais[2].

Les frais des présentes et de la grosse exécutoire, ceux de l'état et de l'inscription hypothécaires seront supportés par les débiteurs.

Dont acte, pour l'exécution duquel les parties élisent domicile, savoir : le prêteur à..., et les débiteurs à..., où ils ont actuellement leur domicile réel.

Fait et passé, etc.

Même décompte.

Sauf les frais d'inscription, de subrogation et d'état qu'il y lieu d'ajouter.

FORMULE 373. — Art. 2125 C. C.; Mourlon, t. III, p. 552 et suiv.

Obligation avec hypothèque sur des biens indivis.

Par-devant, etc.

Voir la formule précédente jusqu'à la description de l'immeuble hypothéqué.

A la garantie de la présente obligation en principal, intérêts et frais, mondit sieur A... hypothèque spécialement la moitié qui lui appartient dans (*désigner l'immeuble*), indivis entre lui et M. D..., son frère (*établir les motifs de l'indivision*), et même la totalité de cet immeuble dans le cas où mondit sieur A... serait seul propriétaire par suite de partage ou de licitation.

1. La subrogation pourrait n'être pas limitée à l'immeuble hypothéqué; mais cette manière de procéder entraînerait de graves difficultés.

2. Même quand l'immeuble est assuré, il vaut mieux renouveler l'assurance dans les termes ci-dessus, et employer cette formule qui évite les difficultés soulevées par la Régie de l'enregistrement sur cette matière.

Le sieur C... pourra, quand bon lui semblera, et aux frais des emprunteurs, requérir l'inscription qui doit conserver sa créance, et M. A... s'interdit le droit de procéder à aucun partage ou à aucune licitation de l'immeuble indivis sans y appeler préalablement M. C... Au surplus, il transporte à M. C..., qui accepte, toutes les sommes qui pourraient lui revenir par l'effet du partage ou de la licitation, à titre de soulte ou autrement, et le met et subroge dans tous les droits, priviléges et hypothèques qui résulteraient, à son profit, du partage ou de la licitation.

A ces présentes est intervenu M. D... (*p.*, *q. et d.*), lequel, après que lecture lui a été faite par Me ..., notaire soussigné, de ce qui précède, a déclaré s'interdire tout partage ou licitation de l'immeuble hypothéqué, hors la présence du prêteur, et se tenir au besoin pour signifié le transport de soulte ou de prix de licitation consenti par son frère au profit du prêteur.

(*Le reste comme dans les formules* 371 et 372.)

Dont acte, etc.

Même décompte.

FORMULE 374. — Art. 1230 C. C.; Mourlon, t. III, p. 557.

Obligation avec hypothèque sur des biens actuels et sur des biens à venir, attendu l'insuffisance des biens présents.

Par-devant, etc.

Voir les formules 371 et 372 *jusqu'à ces mots* : « lequel immeuble; » continuer ainsi :

Mais attendu que l'immeuble ci-dessus hypothéqué n'offre qu'une valeur insuffisante pour garantir la somme prêtée en principal, intérêts et accessoires, M. et madame A... hypothèquent, en conformité de l'art. 2130 du C. C., les immeubles dont ils deviendront propriétaires à tel titre que ce soit, au fur et à mesure qu'ils en auront la propriété.

Sur lesquels immeubles présents et à venir le créancier, etc. (*comme en la formule* 372).

Même décompte.

FORMULE 375. — Art. 1250 et 2103 C. C.; Mourlon, t. III, p. 557.

Promesse d'emploi de la somme prêtée.

Après l'établissement de propriété, la promesse d'emploi est ainsi rédigée :

Les sieur et dame A... déclarent que la somme de... qu'ils viennent emprunter est destinée à payer pareille somme qu'ils restent devoir à M. ... sur le prix de la vente qu'il leur a faite de la maison ci-dessus hypothéquée, aux termes de l'acte de vente ci-dessus énoncé, transcrit au bureau des hypothèques de ..., le ..., vol. ..., n° ...; ils promettent d'effectuer incessamment cet emploi et de déclarer dans la quittance authentique qui constatera le payement l'origine des deniers, afin que M. C... soit subrogé aux priviléges et hypothèques de M. K... (*p.*, *q. et d.*); ils s'obligent à remettre, sous quinzaine, au prêteur, un extrait de ladite quittance, ainsi que les pièces qui constateront la subrogation.

FORMULE 376. — Art. 1249 et 1255 C. C.; Mourlon, t. III, p. 614 et suiv.

Emploi de la somme prêtée, dans l'obligation même [1].

Après la déclaration de promesse d'emploi mettre comme suit l'intervention de celui qui reçoit.

A l'instant est intervenu M. K.., (*p.*, *q. et d.*), lequel a reconnu avoir reçu de M. et madame A..., en bonnes espèces ayant cours, comptées et délivrées à la vue des notaires soussignés (ou *du notaire et des témoins soussignés*), la somme de ..., provenant de l'emprunt qu'ils viennent de faire de M. A...

Cette somme forme le solde du prix en principal et intérêts de la vente que M. K... a faite aux sieur et dame A... de la maison sise à ..., aux termes d'un acte reçu par Me ..., etc.

Au moyen de ce payement, M. K... quitte et libère M. et madame A... de la somme payée ainsi que de toutes choses relatives au prix de ladite vente; mais attendu l'origine ci-dessus établie des deniers il subroge, mais sans recours ni garantie, M. C..., qui accepte, dans les droits, priviléges et hypothèques, résultant à son profit du contrat de vente susrelaté, et notamment dans l'effet, jusqu'à due concurrence de l'inscription d'office prise à son profit, contre les sieur et dame A...,au bureau des hypothèques de ..., le ..., vol. ..., n° ...

Mondit sieur C... reconnaît que M. K... lui a présentement remis la grosse du contrat de vente susrelaté et le bordereau de l'inscription d'office ci-dessus énoncée.

Pour faire opérer au bureau des hypothèques la subrogation qui vient d'être consentie, tout pouvoir est donné au porteur d'un extrait des présentes.

Même décompte.

FORMULE 377. — Art. 2110 et suiv. C. C.; Mourlon, t. III, p. 402.

Intervention d'une caution.

A ces présentes est intervenu M. O... (*p.*, *q. et d.*), lequel, après que lecture lui a été faite par Me ..., notaire soussigné, de l'obligation contractée par les sieur et dame A..., solidairement entre eux, au profit de M. C..., a déclaré se constituer caution solidaire de mesdits sieur et dame A ..., envers M. C..., qui accepte, et s'obliger avec eux au remboursement de la somme de ..., et au payement des intérêts, de la manière et aux époques ci-dessus fixées, le tout sans division ni discussion.

1. Si l'emploi est effectué dans une quittance à part, voir au mot *Quittance*.

Si la caution donne une hypothèque, ajouter :

A la garantie de ce cautionnement, M. O... hypothèque spécialement (*désigner et établir la propriété*).

Etc., etc.

Décompte. L'enregistrement pour la caution est de 63 p. 100.

FORMULE 378.

Exigibilité de la créance avant le terme dans le cas de vente des biens hypothéqués.

Dans le cas où, avant l'échéance de la présente obligation, M. et madame A... vendraient les immeubles ci-dessus hypothéqués, ladite somme de ... et les intérêts alors courus deviendraient exigibles, si bon semblait au prêteur, par le seul fait de cette vente.

FORMULE 379.

Réserve d'un second emprunt avec concurrence.

Les sieur et dame A... se réservent pendant un an, terme de rigueur, la faculté d'emprunter, jusqu'à concurrence de la somme de ..., avec hypothèque sur les immeubles ci-dessus désignés, et de faire concourir cette nouvelle hypothèque avec celle qui vient d'être consentie ; en conséquence, l'inscription qui sera prise en vertu du nouvel emprunt que lesdits sieur et dame A... feront ultérieurement, viendra au même rang que celle qui sera prise en vertu des présentes, comme si toutes deux eussent été faites à la même date.

Les sieur et dame A... seront déchus de cette faculté, si, avant d'en user, il survient contre eux une inscription d'hypothèque judiciaire, s'ils se trouvaient soumis à une hypothèque légale dispensée d'inscription, ou si enfin l'état hypothécaire ci-dessus déclaré n'était pas exact.

FORMULE 380.

Déclaration à faire dans l'acte du second emprunt.

Les sieur et dame A... déclarent que par acte passé devant M^e ..., etc., ils ont emprunté à M. B... (*p., q. et d.*) une somme de ... avec hypothèque sur les biens ci-dessus hypothéqués, ils consentent, conformément à la réserve qu'ils en ont faite, que M. C... (*le nouveau prêteur*) vienne en concurrence avec ledit sieur B... (*l'ancien prêteur*) pour sûreté de la somme qui vient de leur être prêtée ; en conséquence, l'inscription qui sera la conséquence des présentes, et celle prise au profit de M. B..., au bureau des hypothèques de ..., le ..., vol. ..., n° ..., jouiront du même rang hypothécaire, quelles que soient leurs dates.

Décompte. Cette clause ne donne lieu à aucun droit spécial.

FORMULE 381. — Art. 2157 C. C.; Mourlon, t. III, p. 592.

Convention pour restreindre l'hypothèque dans un cas prévu.

Si avant l'exigibilité de la créance, l'usufruit dont les biens hypothéqués sont grevés vient à s'éteindre, les droits hypothécaires du sieur B... (*le prêteur*) seront alors restreints à la ferme de ... comprise sous l'article premier de la désignation, et le conservateur des hypothèques de ... sera tenu, sur la simple représentation de l'acte de décès de l'usufruitier, de radier l'inscription qui sera la conséquence des présentes, en ce qu'elle grèvera tous les biens ci-dessus hypothéqués autres que ladite ferme de ...

Décompte. Cette clause ne donne lieu à aucun droit spécial.

FORMULE 382. — Art. 1142, 1226 et 1229 C. C.; Mourlon, t. III, p. 600.

Obligation de faire avec clause pénale.

Par-devant, etc.

Est comparu le sieur A... (*p., q. et d.*), lequel s'est obligé envers M. B ... (*p. q. et d.*), présent et acceptant, à construire sur un terrain appartenant à mondit sieur B..., sis à ..., une maison composée de ..., dans un délai de ... à partir de ce jour.

A défaut de faire, dans le délai ci-dessus indiqué, ladite construction, le sieur A... s'oblige à payer à mondit sieur B..., à titre de clause pénale, la somme de ..., pour lui tenir lieu de dommages-intérêts.

Dont acte, etc.

Même décompte.

FORMULE 383. — Art. 1142, 1145 C. C.; Mourlon, t. II, p. 601.

Clause contenant obligation de ne pas faire.

En conséquence de l'engagement que vient de contracter M. A..., comme artiste dramatique, envers M. B..., son directeur, et des avantages qui y sont attachés, M. A... s'oblige, pendant toute la durée de cet engagement, à ne jouer, sous quelque prétexte que ce soit, sur aucun théâtre public ou privé, et ce, à peine de tous dommages-intérêts et même de résiliation du présent traité.

Même décompte.

Voies d'exécution des contrats et obligations.

FORMULE 384. — Art. 877 C. C.; 547 C. P; Mourlon, t. II, p. 226.

Signification aux héritiers, pour rendre exécutoire contre eux le titre déjà exécutoire contre leur auteur.

Voir la formule 287.

FORMULE 385.

Commandement à toutes fins avec notification du titre de créance.

L'an..., le..., en vertu de la grosse d'un acte reçu par Me..., notaire à..., qui en garde minute, et son confrère, le..., enregistré (*si c'est un jugement ou un arrêt l'énoncer, et ajouter*, signifié le...), dont copie est donnée en tête (*de celle*) des présentes et à la requête du sieur A... (*p., q. et d.*), pour lequel domicile est élu à..., (*indiquer le lieu et la personne chez laquelle cette élection est faite*), j'ai (*immatricule de l'huissier*) soussigné, fait commandement au sieur B... (*p., q. et d.*), en son domicile, parlant à...

D'avoir à payer au requérant la somme de..., montant de l'obligation précitée (ou *de la condamnation prononcée par le jugement* ou *l'arrêt susrelaté*) en principal et intérêts courus depuis le... (*s'il s'agit d'un arrêt ou d'un jugement, ajouter*) et celle de..., pour les dépens comprenant le coût de l'expédition et de la signification dudit jugement ou arrêt, sous la réserve de tous autres droits.

Déclarant audit sieur B... que, faute par lui de satisfaire au présent commandement, il y sera contraint par toutes les voies de droit.

Et j'ai, audit domicile parlant comme ci-dessus, laissé copie du présent, dont le coût est de...

Décompte. (Tarif, art. 29.)

Original	2 »
Copie	1 »
Enregistrement	3 75
Timbre	Mémoire.
Copie de pièces à 25 c. par rôle	Mémoire.

FORMULE 386. — Art. 551 et 554 C. Pr.

Opposition à un commandement avec assignation en nullité des poursuites.

L'an..., le..., à la requête du sieur B..., (*p., q. et d.*), pour lequel domicile est élu en l'étude de Me..., avoué près le trib. de 1re inst. de..., y demeurant, rue..., n°..., qu'il constitue et qui occupera pour lui sur la présente assignation, j'ai (*immatricule de l'huissier*), soussigné, déclaré au sieur A... (*p., q. et d.*), audit domicile et parlant à...

Que le requérant s'oppose à ce qu'il soit donné suite au commandement qui lui a été notifié le..., par..., huissier à..., enregistré, à la requête dudit sieur A...

Et pour statuer sur ladite opposition fondée sur ce que (*énoncer succinctement les causes*), j'ai, à la même requête que ci-dessus, donné assignation audit sieur A..., audit domicile, à comparaître d'aujourd'hui à huitaine franche, outre un jour par trois myriamètres de distance, à l'audience et par devant MM. les président et juges composant le tribunal de 1re inst. de..., pour, par les motifs ci-dessus exprimés, voir dire et ordonner (*conclusions*); en conséquence, entendre prononcer la nullité du commandement précité et des poursuites qui l'auraient suivi; se voir en outre condamner à..., de dommages-intérêts, pour le préjudice occasionné au requérant par lesdites poursuites, ainsi qu'à tous les dépens.

Et j'ai, audit domicile en parlant comme ci-dessus, laissé copie du présent, dont le coût est de...

Décompte.

Coût ordinaire des exploits......... 7 45

FORMULE 387. — Art. 555 C. Pr.

Procès-verbal de rebellion dressé par l'officier insulté dans l'exercice de ses fonctions.

L'an..., le..., heure de..., je (*immatricule de l'huissier*), soussigné, agissant à la requête du sieur A... (*p.*, *q. et d.*), m'étant transporté à..., au domicile du sieur B... (*p.*, *q. et d.*), pour exécuter, par voie de saisie de ses immeubles et effets mobiliers, la grosse d'un (*acte notarié, jugement ou arrêt*), en date du..., enregistré et signifié (*à avoué et à la partie, quand il s'agit d'un jugement ou d'un arrêt*), assisté des sieurs C... et D... (*p.*, *q. et d.*), témoins, j'ai trouvé audit domicile le sieur B..., qui à ma vue est entré dans une violente colère (*énoncer les injures et insultes proférées*), et comme ledit sieur B..., allait se porter à des voies de fait (*indiquer de quelle nature*), je me suis retiré avec mes témoins, protestant contre la conduite du sieur A..., et j'ai dressé, conformément à l'art. 555 du C. Pr., le présent procès-verbal de rebellion, qui sera transmis à M. le procureur de la République près le tribunal de..., sous la réserve du préjudice que ledit sieur B..., m'a causé par ses insultes et par ses imputations calomnieuses. (*Signature de l'huissier.*)

Décompte. Timbre............... Mémoire.
Enregistrement.................... 3 75
Émolument....................... Mémoire.

FORMULE 388. — Art 583 et 584 C. Pr.

Commandement tendant à saisie-exécution.

L'an..., le..., en vertu de la grosse (*énoncer l'acte notarié, le jugement ou l'arrêt, si c'est un jugement ou un arrêt, dire signifié à avoué, et à la partie..., les...*), et à la requête de A... (*p.*, *q. et d.*), pour lequel domicile est élu (*dans la commune où est situé le lieu de l'exécution*) j'ai (*immatricule de l'huissier*), soussigné, fait commandement au sieur B... (*p.*, *q. et d.*), au domicile à... où étant, et parlant à...

De payer dans vingt-quatre heures à... pour tout délai, au sieur A..., ou à moi huissier, porteur de pièces : 1° la somme de..., montant en principal de l'obligation (ou *de la condamnation prononcée par le jugement ou par l'arrêt précité*) ; 2° celle de..., pour frais (*énoncer de quelle nature sont ces frais*), sous la réserve de tous autres droits ; lui déclarant que faute par lui de payer lesdites sommes dans ledit délai, il y sera contraint par toutes les voies de droit, et notamment par la saisie-exécution de ses meubles et effets mobiliers, sans préjudice de toutes autres poursuites.

Et je lui ai, en son domicile, parlant comme ci-dessus, laissé copie du présent, dont le coût est de... (*Signature de l'huissier.*)

Décompte. (Tarif, art. 29.)
Coût ordinaire des exploits. 7 45

FORMULE 389. — Art. 586 et suiv. C. Pr.

Procès-verbal de saisie-exécution.

L'an..., le..., heure de..., en vertu de la grosse (*énoncer l'acte notarié, le jugement ou l'arrêt*), enregistré (*si c'est un jugement ou un arrêt, énoncer la signification faite à l'avoué et à la partie*), et à la requête du sieur A... (*p., q. et d.*), pour lequel domicile est élu chez (*en la commune où se fait l'exécution*), attendu que le sieur B... (*p., q. et d.*), n'a pas obtempéré au commandement qui lui a été fait le..., enregistré, j'ai (*immatricule de l'huissier*), soussigné, assisté des sieurs C... et D... (*p., q. et d.*), tous deux témoins, fait de nouveau commandement audit sieur B... en son domicile à..., où étant et parlant à..., de payer au requérant ou à moi, huissier, porteur de pièces, 1° la somme de..., 2°..., 3°... (*comme en la formule précédente*, sous la réserve de tous autres droits.

Ledit sieur B.., n'ayant pas satisfait au présent commandement, je lui ai déclaré que j'allais à l'instant même procéder à la saisie-exécution de tous ses meubles et effets mobiliers, et de suite j'ai, en présence des témoins susnommés, saisi les objets ci-après détaillés: 1°... (*le détail de tous les objets saisis et des lieux où ils se trouvent.*)

J'ai ensuite, sous toutes réserves, sommé ledit sieur B..., partie saisie, en parlant comme ci-dessus, de me donner bon et valable gardien des objets saisis ; sur son refus, j'ai constitué gardien desdits objets le sieur K... (*p., q. et d.*), lequel à ce présent, après avoir fait élection de domicile en sa demeure susdite et encore dans la maison où il est procédé, pour le fait de sa garde seulement, s'est chargé des objets saisis, et a promis de tout représenter quand il en sera requis, à la charge de ses frais de garde qu'il réclamera du saisissant.

Et j'ai, pour la vente desdits meubles et effets saisis, indiqué tant au saisi qu'au gardien qu'il y sera procédé le..., heure de..., sur la place publique de..., au plus offrant et dernier enchérisseur, les formalités voulues par la loi préalablement remplies, leur déclarant qu'il y sera procédé même en leur absence.

De tout ce qui précède j'ai rédigé le présent procès-verbal, qui a été clos à..., heures, et dont, en parlant comme il a été dit, j'ai laissé copie séparée au saisi et au gardien, en présence des témoins susnommés, lesquels ont signé avec moi le présent procès-verbal dont le coût est de...

(*Signatures de l'huissier, du gardien et des témoins.*)

Décompte : (Tarif, art. 31.)

Timbre...........................	Mémoire.
Enregistrement...................	3 75
Pour la constitution du gardien....	3 75
La première vacation de 3 h. 4 fr, y compris 1. fr. 50 pour chaque témoin. Chaque autre vacation 5 fr., y compris 80 c. pour chaque témoin[1]..................	Mémoire

FORMULE 390.

Procès-verbal de carence.

(Le préambule comme en la formule 346.)

Ledit sieur... n'ayant pas satisfait au présent commandement, je lui ai déclaré, etc. (*Voir la formule précédente.*) Je me disposais, en présence des témoins susénoncés, à mettre sous la main de justice les objets mobiliers garnissant le domicile du sieur B..., mais je n'ai trouvé que (*énoncer les objets trouvés*), d'une valeur trop modique pour acquitter les frais à faire afin d'arriver à la vente; j'ai laissé lesdits objets sans les saisir et j'ai rédigé le présent procès-verbal de carence pour valoir ce qu'il appartiendra, sous la réserve au requérant de se pourvoir par toutes autres voies.

Et j'ai, audit sieur B..., en parlant comme ci-dessus, laissé copie du présent procès-verbal, clos à..., heure de..., le tout en présence des témoins déjà nommés, qui ont signé avec moi.

(*Signatures de l'huissier et des témoins.*)

Décompte. (Tarif, art. 36.)

Timbre..........................	1 20
Enregistrement..................	3 75
Émolument 6 fr., y compris 1 fr., 50 pour chaque témoin et la copie au débiteur......	Mémoire.

FORMULE 391. — Art 602 C. Pr.

Énonciation du procès-verbal de saisie pratiquée hors du domicile du saisi et en son absence.

L'an..., le..., à la requête du sieur A... (*p., q. et d.*), pour lequel domicile est élu (*soit en sa demeure*) soit en l'étude de Me..., avoué près le trib. de 1re inst. de..., j'ai (*immatricule de l'huissier*), soussigné, fait la notification, et en tête (*de celle*) des présentes donné copie au sieur B... (*p., q. et d.*), audit domicile et parlant à..., du procès-verbal de saisie, fait en son absence, à la requête dudit sieur A..., par moi, huissier soussigné, assisté de deux témoins, le..., des meubles et effets appartenant audit sieur B..., et trouvés dans (*désigner l'immeuble*).

1. Si l'huissier trouve les portes closes, il constate ce fait dans son procès-verbal, se transporte devant le juge de paix ou devant le commissaire de police, et mentionne comment et par qui ce magistrat a fait ouvrir les portes.

Je lui ai, en son domicile et parlant comme ci-dessus, laissé copie tant dudit procès-verbal que du présent exploit, dont le coût est de...

(*Signature de l'huissier.*)

Décompte. (Tarif, art. 29.)

Original	2 »
Copie	» 50
Enregistrement	3 75
Timbre	Mémoire.
Copie de pièces du procès-verbal, à 25 c. par rôle	Mémoire.

FORMULE 392. — Art. 586 C. Pr.

Assignation en nullité de saisie-exécution.

L'an..., le..., etc. (*Préambule ordinaire des assignations; voir notamment la formule* 203.) Les motifs et les conclusions sont rédigés comme suit :

Pour, attendu que le requérant s'est libéré intégralement, ainsi qu'il en sera justifié, en principal, intérêts et frais du montant de la créance pour sûreté de laquelle une saisie a été pratiquée à la requête du sieur A... sur ledit requérant, suivant procès-verbal de..., huissier à..., en date du..., enregistré; attendu que dès lors cette saisie est abusive, en voir donner mainlevée, et ordonner que le gardien établi sera tenu de se retirer, sous peine d'y être contraint, en vertu du jugement à intervenir, même par corps, s'entendre ledit sieur A... condamner à ... francs de dommages-intérêts, et en outre aux dépens.

A ce qu'il n'en ignore, je lui ai, audit domicile, parlant comme ci-dessus laissé copie du présent exploit dont le coût est de...

(*Signature de l'huissier.*)

Décompte : Coût ordinaire des exploits. 7.45

FORMULE 393. — Art. 608 C. Pr.

Opposition à la vente d'objets saisis n'appartenant pas à la partie saisie.

L'an..., le..., à la requête du sieur D... (*p., q. et d.*), pour lequel domicile est élu en l'étude de Me..., avoué près le tribunal de 1re inst. de..., y demeurant, rue..., qu'il constitue et qui occupera sur la présente opposition, j'ai (*immatricule de l'huissier*), soussigné, signifié, et déclaré au sieur K... (*p., q. et d.*), gardien à la saisie faite sur le sieur B... (*p., q. et d.*), à la requête du sieur A... (*p., q. et d.*), par procès-verbal de..., huissier à..., le..., enregistré, audit domicile du sieur K..., où étant et parlant à...

Que le requérant s'oppose formellement à la vente des effets saisis consistant en, savoir : (*désigner les objets*), par le motif que lesdits objets appartiennent à l'opposant, ainsi qu'il en sera justifié, lui déclarant que si nonobstant la présente opposition il était passé outre à leur vente, le requérant se pourvoirait en nullité de ladite vente et en payement de tous dommages-intérêts.

Et je lui ai, audit domicile et parlant comme ci-dessus, laissé copie du présent exploit, dont le coût est de... (*Signature de l'huissier.*)

Décompte. (Tarif, art. 29.)

Original..........................	2 »
Enregistrement.....................	3 75
Timbre............................	1 20
Copie.............................	» 50
Total............	7 45

FORMULE 394. — Art. 608 C. Pr.

Dénonciation de l'opposition au saisissant et à la partie saisie, avec assignation en main-levée de la saisie.

L'an..., le..., à la requête du sieur D... (*p., q. et d.*), pour lequel domicile est élu en l'étude de Me..., avoué près le tribunal de 1re inst. de..., y demeurant, rue..., no..., lequel occupera pour lui sur la présente assignation, j'ai (*immatricule de l'huissier*), soussigné, fait la signification et en tête (*de celle*) des présentes donné copie,

1° Au sieur B... (*p., q. et d.*), saisi, en son domicile et parlant à...,

2° Au sieur A... (*p., q. et d.*), saisissant, en son domicile et parlant à...,

D'un exploit de mon ministère, en date du..., enregistré, signifié à la requête du sieur D... au sieur K... (*p., q. et d.*), gardien, ledit exploit, contenant opposition à la vente de plusieurs objets y désignés; et à même requête j'ai donné assignation auxdits sieurs A... et B... à comparaître d'aujourd'hui à huitaine franche, outre un jour par trois myriamètres de distance, à l'audience et par-devant MM. les juges, composant la 1re chambre du trib. de 1re inst. de..., pour,

Attendu que les objets (*les désigner*) compris à tort dans la saisie du... sont la propriété du requérant, voir ordonner qu'ils seront distraits de la saisie, et restitués au requérant par le gardien, qui en sera déchargé, et s'entendre condamner aux dépens.

Et j'ai, à chacun desdits sieurs A... et B..., et en leurs domiciles, parlant comme ci-dessus, laissé copie tant de l'exploit d'opposition susénoncé que du présent, dont le coût est de... (*Signature de l'huissier.*)

Décompte. (Tarif, art. 29.)

Original..........................	2 »
2 copies..........................	1 »
Enregistrement; deux droits de..	3 75
Timbre............................	Mémoire.
Copie de pièces, 30 c. par rôle..	Mémoire.

FORMULE 394 *bis*. — Art. 60 C. Pr.

Opposition aux deniers d'objets saisis.

L'an..., le..., à la requête du sieur D... (*p., q. et d.*), pour lequel domicile est élu, etc., j'ai (*immatricule de l'huissier*), soussigné, signifié et déclaré,

1° au sieur A... (*p.*, *q. et d.*), poursuivant la vente des objets saisis à sa requête sur le sieur B... (*p.*, *q. et d.*), en son domicile et parlant à ...;

2° au sieur ... (*commissaire-priseur ou huissier*), chargé de la vente des dits objets saisis, demeurant à ..., audit domicile et parlant à ...,

Que le requérant s'oppose à ce que les deniers à provenir de la vente des meubles et effets saisis sur ledit sieur B..., par procès-verbal de... huissier à..., le ..., enregistré, soient versés à son préjudice, entre les mains de qui que ce soit; lui déclarant que ladite opposition est faite pour avoir payement de la somme de ..., due par ledit sieur B... au requérant, en vertu (*énoncer le titre de la créance*), ainsi qu'il en sera justifié, et que faute par les susnommés d'avoir égard à la présente opposition, ils seront envers lui passibles de tous dommages-intérêts, et tenus personnellement de payer la somme pour laquelle cette opposition est formée.

Et je leur ai, auxdits domiciles et parlant comme ci-dessus, laissé à chacun copie du présent exploit, dont le coût est de ...

(*Signature de l'huissier.*)

Décompte. (Tarif, art. 29.)

Original..............................	2 »
2 copies..............................	1 »
Enregistrement; deux droits de..	3 75
Timbre................................	Mémoire.

FORMULE 395. — Art. 611 C. Pr.

Procès-verbal de récolement à la requête d'un second créancier saisissant.

L'an..., le ... (*Voir comme en la formule* 389.) Continuer ainsi :

A l'instant le sieur K... (*p.*, *q. et d.*), gardien établi, m'a représenté la copie d'un procès-verbal de saisie-exécution pratiquée par exploit de..., huissier à ..., le ..., enregistré, sur les meubles et effets dudits sieur B..., à la requête du sieur A... (*p.*, *q. et d.*), qui a élu domicile à..., j'ai alors déclaré audit gardien que j'allais, suivant l'art. 611 C. Pr., procéder, en présence des deux témoins déjà nommés, au récolement des meubles et effets compris en la saisie sur la copie qu'il me présentait; m'étant assuré qu'il n'existait dans les lieux aucun objet nouveau à saisir, j'ai maintenu ledit sieur K... gardien des effets saisis, lequel s'est obligé à les représenter, quand et à qui il appartiendra.

(Si d'autres objets existent, il y a lieu d'en opérer la saisie et de constituer un gardien comme en la formule 389.)

Déclarant audit sieur B... que le requérant fait sommation au sieur A..., créancier premier saisissant, de vendre les meubles saisis dans le délai de huitaine, avec déclaration que faute par ledit sieur A... d'y procéder, le requérant fera opérer lui-même cette vente.

De tout ce qui précède, etc.

(*Le reste comme en la formule* 389.)

Décompte. (Tarif, art. 36.)

Vacation, témoins compris et deux copies......	6 »
Enregistrement..............................	3 75
Timbre......................................	Mémoire.

FORMULE 396. — Art. 612 C. Pr.

Sommation au créancier saisissant de faire procéder à la vente dans la huitaine.

L'an ..., le ..., à la requête du sieur D... (*p., q. et d.*), demeurant à ..., créancier opposant au prix de la vente dont sera ci-après question, par exploit de..., huissier à ..., en date du ..., enregistré, pour lequel domicile est élu en ma demeure, j'ai (*immatricule de l'huissier*), soussigné, fait sommation au sieur A... (*p., q. et d.*), créancier saisissant sur le sieur B... (*p., q. et d.*), au domicile dudit sieur A... et parlant à ...,

De faire procéder dans le délai de huit jours au récolement et à la vente des meubles et autres effets par lui saisis sur ledit sieur B..., par procès-verbal de ..., huissier, en date du ..., enregistré.

Déclarant audit sieur A..., que faute par lui d'y procéder, le requérant fera opérer lui-même lesdits récolement et vente.

Et j'ai, audit sieur A..., audit domicile et parlant comme ci-dessus, laissé copie du présent exploit dont le coût est de ...

(*Signature de l'huissier.*)

Décompte. (Tarif, art. 29.)

Original........................	2
Copies..........................	» 50
Enregistrement..................	3 75
Timbre..........................	1 20
Total............	7 45

FORMULE 397. — Art. 614 C. Pr.

Sommation à la partie saisie d'être présente à la vente lorsqu'elle n'a pas eu lieu le jour indiqué par le procès-verbal.

L'an ..., le ..., à la requête du sieur A... (*p., q. et d.*), lequel élit domicile à ..., j'ai (*immatricule de l'huissier*), soussigné, fait sommation au sieur B... (*p., q. et d.*), partie saisie audit domicile, en parlant à ..., de se trouver (*soit en son domicile, soit sur la place publique du lieu où les ventes se font*) le ..., heure de ..., pour être présent au récolement, à l'enlèvement et à la vente des meubles et autres effets saisis sur lui, par procès-verbal du ministère de ..., huissier, en date du ..., enregistré, lui déclarant qu'il sera procédé auxdites opérations, même en son absence.

Et je lui ai, audit domicile, parlant comme ci-dessus, laissé copie du présent dont le coût est de ... (*Signature de l'huissier.*)

Décompte : Comme en la formule précédente.

FORMULE 398. — Art. 617 C. Pr.

Requête au tribunal pour être autorisé à changer le lieu de la vente.

A MM. les président et juges composant le tribunal de 1re inst. de...

Le sieur A...(*p., q. et d.*), ayant pour avoué Me ...,

A l'honneur de vous exposer que, par procès-verbal de ..., huissier, en date du..., enregistré, il a fait saisir les meubles appartenant au sieur B... (*p., q. et d.*), que pour la plupart de ces meubles il serait plus avantageux de les vendre dans les lieux où ils sont que sur la place publique par les motifs que (*indiquer les motifs*).

En conséquence, l'exposant conclut à ce qu'il vous plaise, messieurs, lui permettre de faire vendre lesdits meubles dans les lieux où ils se trouvent.

(*Signature de l'avoué.*)

JUGEMENT.

Le tribunal jugeant en chambre du conseil vu la requête qui précède, ouï le procureur de la république, autorise le sieur A... à faire vendre les meubles dont il s'agit dans les lieux où ils sont.

Fait et jugé à.... le..., (*Signatures du président et du greffier.*)

Décompte. (Tarif, art. 76.)

Timbre...........................	» 70
Enregistrement....................	9 38
Rédaction de la requête, y compris la vacation pour prendre jugement........................	2 »

FORMULE 399. — Art. 617 C. P. C.

Placard pour annoncer la vente.

VENTE PAR SUITE DE SAISIE-EXÉCUTION.

Il sera procédé le ..., heure de ..., dans la commune de ..., sur (*indiquer les lieux*) par le ministère de Me ...,à la vente des meubles et autres effets consistant en (*désigner les objets*), saisis sur le sieur B... (*p., q. et d.*)

La vente sera faite au plus offrant et dernier enchérisseur, au comptant, sous peine de folle enchère.

(*Sur l'exemplaire du placard destiné à être annexé au procès-verbal d'apposition, l'huissier écrit*) : Annexé au procès-verbal rédigé par moi, huissier soussigné constatant l'apposition de semblables placards aux lieux designés par la loi, aujourd'hui, l'an..., le...

(*Signature de l'huissier.*)

Décompte. (Tarif, art. 38.)

Original.........................	1 »
Chaque copie manuscrite........	» 50

Timbre........................ Mémoire.
Si les placards sont imprimés, compter
les frais d'impression.

FORMULE 400.

Déclaration préalable à faire à l'enregistrement.

Voir le commencement de la formule 153

FORMULE 401. — Art. 617 et 623 C. P. C.

Procès-verbal de vente.

Voir la formule 153.

FORMULE 401 *bis*. — Art. 626 C. P.

Commandement tendant à la saisie-brandon.

Le commencement comme en la formule 388. On termine ainsi :

Déclarant audit sieur B..., que faute par lui de satisfaire au présent commandement dans ledit délai, il y sera contraint par toutes les voies de droit et notamment par la saisie-brandon des (*indiquer les récoltes*), pendantes par racines sur une pièce de .... d'une contenance de ..., sise à ..., appartenant audit sieur B ..., et sous toutes réserves je lui ai, etc. (*Comme en la formule* 388.) (*Signature de l'huissier.*)

Décompte : Coût ordinaire des exploits.... 7 45

FORMULE 402. — Art. 627-628 C. P. C.

Procès-verbal de saisie-brandon.

L'an ..., le ...

(*Le commencemeut comme en la formule* 389.)

Ledit sieur B..., n'ayant pas satisfait au présent commandement, je lui ai déclaré que j'allais à l'instant procéder à la saisie-brandon de ses récoltes, et en effet, je me suis transporté au lieu de..., commune de..., arrondissement de..., où étant arrivé j'ai saisi les récoltes (*énoncer leur nature*), pendantes par racines sur une pièce de ..., appartenant au sieur B..., d'une contenance d'environ..., tenant à..., et j'ai à l'instant constitué gardien des récoltes saisies le sieur K... (*p., q. et d.*), garde champêtre de la commune de..., et j'ai indiqué leur vente au plus offrant et dernier enchérisseur, pour avoir lieu après les formalités légales, à ..., le ...,

J'ai enfin rédigé le présent procès-verbal auquel j'ai vaqué depuis ladite heure de ... et dont j'ai remis copie au garde champêtre assistant à la saisie, lequel a déclaré accepter la garde de objets saisis et a signé.

(*Signature du gardien.*)

Et je suis allé à l'instant remettre semblable copie au sieur B..., partie saisie, demeurant à ..., en son domicile et parlant à...

Et enfin j'ai remis une dernière copie au maire de la commune de..., qui a visé le présent original dont le coût est de ...

(*Signature de l'huissier.*)

Décompte. (Tarif, art. 45, 43 et 66.)

Timbre....................	Mémoire.
Enregistrement.............	3 75
1re Vacation de 3 heures....	6 »
2e Id.	5 »
Visa......................	1 »
Pour chaque copie le quart de l'original..............	Mémoire.

FORMULE 403. — Art. 628 C. Pr.

Dénonciation de la saisie-brandon au garde champêtre non présent au procès-verbal de saisie.

L'an..., le..., à la requête du sieur A... (*p.*, *q. et d.*) pour lequel domicile est élu en ma demeure, j'ai (*immatricule de l'huissier*), soussigné, fait la dénonciation, et en tête (*de celle*)des présentes donné copie au sieur K..., garde champêtre de la commune de..., arrondissement de ..., département de..., en son domicile à..., et parlant à...

D'un procès verbal en date du..., enregistré contenant saisie à la requête dudit sieur A..., sur le sieur B... (*p.*, *q. et d.*), des (*énoncer les récoltes*) pendantes par racines sur (*désigner les immeubles, leur situation, etc.*), afin que le susnommé n'en ignore et qu'il ait, sous sa responsabilité, à surveiller lesdits fruits et récoltes confiés à sa garde.

En conséquence, je lui ai, en son domicile, parlant comme ci-dessus, laissé copie tant dudit procès-verbal de saisie que du présent exploit, dont le coût est de... (*Signature de l'huissier.*)

Décompte. (Tarif, art. 29.)

Original.......................	2 »
Copie.........................	» 70
Enregistrement..................	3 75
Timbre........................	Mémoire.
Copie de pièces, 25 c. par rôle..	Mémoire.

FORMULE 404. — Art. 629 C. P. C.

Affiche annonçant la vente des fruits brandonnés.

Voir la formule 390.

En ayant soin de désigner les pièces de terre sur lesquelles les récoltes ont été saisies.

FORMULE 405. — Art. 637 C. P..

Procès-verbal de vente de récoltes brandonnées.

Voir la formule 153.

FORMULE 406. — Art. 819 C. Pr.

Commandement tendant à saisie-gagerie.

L'an ..., le ..., en vertu de l'art. 819 C. pr., à la requête du sieur A.. (*p., q. et d.*), propriétaire d'une maison sise à ..., rue ..., n° ..., pour lequel domicile est élu à ... (*commune dans laquelle la saisie a lieu*), j'ai (*immatricule de l'huissier*), soussigné, fait commandement au sieur B... (*p., q. et d.*), locataire[1] d'un appartement sis au ... étage de ladite maison dans laquelle il demeure et où étant, et parlant à ..., de payer au requérant dans vingt-quatre heures, à moi huissier, porteur des pièces, la somme de ..., montant des termes du loyer dudit appartement échus le ...; lui déclarant que faute par lui de satisfaire au présent commandement dans ledit délai, il y sera contraint par toutes les voies de droit et notamment par la saisie-gagerie des meubles et effets garnissant les lieux loués.

Je lui ai, audit domicile, parlant comme ci-dessus, laissé copie du présent dont le coût est de..., (*Signature de l'huissier.*)

Décompte. (Tarif, art. 29.)

Coût ordinaire des exploits........ 7 45

FORMULE 407. — Art. 819 C. Pr.

Requête et ordonnance afin d'être autorisé à saisir-gager sans commandement préalable.

A M. le président du tribunal de première instance de ...

Le sieur A... (*p. q. et d.*), propriétaire d'une maison sise à ..., rue .... n° ..., ayant pour avoué Me ...

A l'honneur de vous exposer qu'il a, suivant ... loué au sieur B... (*p., q. et d.*) un appartement au ... étage, dans ladite maison, moyennant un loyer de ... par an, payable par termes et d'avance.

Que ledit sieur B... étant en retard de ... termes et que, attendu, etc. (*indiquer les circonstances*), il craint que ledit locataire n'enlève furtivement les meubles et effets garnissant ledit appartement.

C'est pourquoi l'exposant conclut à ce qu'il vous plaise, monsieur le président, l'autoriser à faire saisir-gager, sans commandement préalable. les meubles et effets garnissant l'appartement à lui loué, pour sûreté des loyers échus et des frais, et vu l'urgence, statuer que votre ordonnance sera exécutée sur minute.

Présentée au palais de justice, à ..., le... (*Signature de l'avoué.*)

ORDONNANCE.

Nous, président, vu la requête qui précède et les pièces à l'appui, autorisons l'exposant à faire saisir-gager à l'instant et sans commandement

1. Si le bail est S. S. P. enregistré ou authentique, il faut l'énoncer.

préalable les meubles et effets garnissant l'appartement par lui loué au sieur B..., ce qui, vu l'urgence sera exécuté sur minute.

Fait et délivré au palais de justice, à ..., le ...

Décompte. (Tarif, art. 76, § 15.)

Timbre....................	Mémoire.
Enregistrement............	5 63
Requête..................	2 »

FORMULE 408. — Art. 821 C. P. C.

Procès-verbal de saisie-gagerie.

Voir la formule 389.

NOTA. Ce procès-verbal se rédige comme celui de la saisie-exécution, seulement l'huissier au lieu de saisir-exécuter déclare saisir-gager.

Il énonce si la saisie a lieu en vertu d'un titre exécutoire ou de la permission du juge.

FORMULE 409. — Art. 822 C. Pr.

Requête et ordonnance pour saisir les effets d'un débiteur forain.

A M. le président du trib. de 1re inst. de...

Le sieur A... (*p.*, *q. et d.*), ayant pour avoué Me ..., a l'honneur de vous exposer qu'il est créancier du sieur B... (*p.*, *q. et d.*), d'une somme de ..., actuellement échue, montant de (*énoncer les titres*); que ledit sieur B... se trouve actuellement à ... (*indiquer le lieu*), mais que pour se soustraire aux poursuites de l'exposant il est prêt à s'éloigner avec ses marchandises.

C'est pourquoi, etc.

Pour le surplus de la requête, pour l'ordonnance, et pour le décompte voir la formule 407, sauf les modifications légères résultant de la nature de la saisie.

FORMULE 410. — Art. 822 et 825 C. P. C.

Procès-verbal de saisie foraine.

Voir la formule 389.

FORMULE 411. — Art. 826 C. Pr.

Requête et ordonnance pour obtenir la permission de saisir-revendiquer.

Voir la formule 407.

Seulement il y a lieu d'exposer que le débiteur a déménagé furtivement, d'indiquer le lieu dans lequel il a emporté ses meubles, et de détailler sommairement lesdits meubles.

FORMULE 412. — Art. 2002 C. C.; 829 C. P. C.

Procès-verbal dressé par l'huissier lorsque celui chez lequel sont les effets qu'on veut revendiquer refuse d'ouvrir les portes ou s'oppose à la saisie.

L'an ..., le ..., heure de ..., à la requête du sieur A... (*p.*, *q. et d.*), qui élit domicile à... (*lieu de la saisie*), chez ..., en vertu 1° de l'art 2102 C. E., et 2° d'une ordonnance enregistrée, rendue sur requête le ..., par M. le président du trib. de 1re inst. de ..., qui autorise le requérant à saisir-revendiquer les meubles déplacés par le sieur B... (*p., q. et d*), de l'appartement que lui avait loué ledit requérant, et transportés à ..., chez le sieur C... (*p., q. et d.*), desquelles requête et ordonnance il est, avec celle des présentes, donné copie. Je (*immatricule de l'huissier*), me suis transporté à ... dans la maison dudit sieur C... (*p., q. et d.*), pour procéder à la saisie-revendication desdits objets mobiliers, où étant assisté des sieurs D... et E... (*p., q. et d. des témoins*), j'ai trouvé le sieur C..., propriétaire de ladite maison, auquel j'ai expliqué l'objet de mon mandat, lequel m'a déclaré refuser l'ouverture des portes de sa maison (*indiquer les motifs*), ou bien reconnaître que lesdits effets mobiliers sont en effet dans sa maison, mais s'opposer à toute saisie revendication (*indiquer les motifs*).

Sur cette réponse, et avant de passer outre, et après avoir établi le sieur K... (*p., q. et d.*), comme gardien à la porte de ladite maison, j'ai donné assignation audit sieur C... à comparaître immédiatement (*ou... heure de ...*) devant M. le président du trib. de 1re inst. de ..., tenant l'audience des référés au palais de justice à ..., pour voir statuer sur ledit refus (ou *sur ladite opposition*), et de tout ce qui précède j'ai, en présence desdits témoins, avec moi soussignés, dressé le présent procès-verbal, dont j'ai remis copie audit sieur C..., et dont le coût est de ...

(*Signatures de l'huissier et des témoins.*)

Décompte. (Tarif, art 62, § 1.)

Original, témoins compris........	5 »
Copie..........................	1 25
Enregistrement.................	3 75
Timbre.........................	Mémoire.

FORMULE 413. — Art. 2102 C. C.; 830 C. Pr.

Procès-verbal de saisie-revendication.

Voir la formule 389.

FORMULE 414. — Art. 558 C. Pr.

Requête pour obtenir une ordonnance qui accorde l'autorisation de former une saisie-arrêt ou opposition.

A M. le président du trib. de 1re inst. de ...

Le sieur A... (*p., q. et d.*), ayant pour avoué Me ..., a l'honneur de vous exposer qu'il est créancier du sieur B... (*p., q. et d.*) d'une somme de... (*indiquer l'importance, la nature et la cause de la créance*); que l'exposant a le plus grand intérêt à empêcher par une saisie-arrêt que les sommes dues à son débiteur, spécialement (*énoncer la somme à saisir*), lui soient payées; mais que le défaut d'un titre régulier oblige l'exposant à solliciter, conformément à l'art. 558 du C. pr., l'autorisation de saisir-arrêter les sommes dues par le sieur C... (*p., q. et d.*)

C'est pourquoi l'exposant conclut à ce qu'il vous plaise, monsieur le président, l'autoriser à former opposition entre les mains dudit sieur C..., sur les sommes qu'il doit au sieur B... pour obtenir le payement de la somme de ..., à laquelle vous voudrez bien évaluer dans votre ordonnance la créance de l'exposant, en principal, intérêts et frais, sans préjudice de tous autres droits et actions, aux offres de vous en référer en cas de difficulté[1].

Présenté au palais de justice, à ..., le ... (*Signature de l'avoué.*)

ORDONNANCE.

Nous, président, vu la requête qui précède et les pièces à l'appui, vu l'art. 558 du C. pr., permettons à l'exposant de saisir-arrêter entre les mains du sieur C... les sommes et valeurs qu'il peut devoir au sieur B..., à quelque titre que ce soit, pour obtenir le payement de la somme de..., à laquelle nous évaluons provisoirement la créance de l'exposant.

Fait et délivré au palais de justice, à ..., le ...

(*Signature du président.*)

Décompte. (Tarif, art. 77, § 2, 16, 18.)

Timbre	» 60
Enregistrement	5 63
Requête	3 »

FORMULE 415. — Art. 581, 582 C. Pr.

Requête pour être autorisé à saisir-arrêter des sommes ou objets déclarés insaisissables par le testateur ou le donateur.

Voir la formule 414.

Nota. La requête et l'ordonnance se rédigent comme en la formule précédente; seulement il faut indiquer la date à laquelle l'exposant est devenu créancier et présenter les pièces qui justifient que sa créance est née postérieurement à la mort du testateur ou à la donation.

Même décompte.

FORMULE 416. — Art. 559 C. Pr.

Exploit de saisie-arrêt ou opposition.

L'an ..., le ..., à la requête du sieur A... (*p.*, *q.* *et d.*), pour lequel domicile est élu en l'étude de Me ..., avoué près le trib. de 1re inst. de... (*ou tout autre lieu situé dans la commune où demeure le tiers saisi, lorsque le saisissant n'y est pas domicilié*), en vertu de (*énoncer les titres*), j'ai (*immatricule de l'huissier*), huissier soussigné, signifié et déclaré au sieur C... (*p.*, *q. et d.*), audit domicile où étant, et parlant à ...,

Que le requérant s'oppose formellement par ces présentes à ce que ledit sieur C... se dessaisisse ou se libère de toutes sommes ou valeurs qu'il doit ou devra en capital et intérêts au sieur B... (*p.*, *q.* *et d.*), à quelque

1. Cette évaluation n'est nécessaire qu'au cas où la créance n'est pas liquide.

titre que ce soit, sans que, par justice, il en soit autrement ordonné, à peine par ledit sieur C... de payer deux fois et d'être responsable des causes de la présente opposition; lui déclarant qu'elle est faite pour obtenir payement de la somme de .... en principal, intérêts et frais, montant de la créance dudit sieur A..., résultant du titre ci-dessus énoncé, sous la réserve de ous autres droits et actions, et des frais de mise à exécution.

En conséquence, je lui ai, audit domicile, parlant comme ci-dessus, laissé copie du présent, dont le coût est de... (*Signature de l'huissier.*)

Décompte. (Tarif. art 29 et 72.)

Coût ordinaire des exploits............	7 45
S'il y a copie de pièces, 30 c. par rôle..	Mémoire.

FORMULE 417. — Art. 563 C. Pr.

Dénonciation de la saisie-arrêt à la partie saisie avec assignation en validité.

L'an..., le..., à la requête du sieur A... (*p., q. et d.*), pour lequel domicile est élu en l'étude de Me ..., avoué près le trib. de 1re inst. de ..., y demeurant, rue ..., n° ..., qu'il constitue et qui occupera pour lui sur l'assignation ci-après, j'ai (*immatricule de l'huissier*), soussigné, fait la signification et en tête (*de celle*) des présentes laissé copie au sieur B... (*p., q. et d.*), audit domicile en parlant à...

Si l'opposition est formée en vertu d'une ordonnance du juge, on met :

1° D'une ordonnance de M. le président du trib. de 1re inst. de ..., en date du ..., enregistrée, mise au bas de la requête à lui présentée, ensemble, de ladite requête;

2° D'un exploit du ministère de ..., en date du ..., enregistré, contenant opposition formée à la requête dudit sieur A..., entre les mains du sieur C... (*p., q. et d.*), sur ledit sieur C...

Si l'opposition est formée en vertu d'un titre déjà signifié, on ne signifie que l'exploit de saisie-arrêt.

S'il s'agit d'un acte non signifié, on ajoute :

3° D'un acte passé devant Me ..., notaire à ..., et son collègue, le ..., enregistré (ou *d'un acte sous seing privé, en date du ..., enregistré*), contenant... (*indiquer les causes de la créance*).

Et à même requête j'ai donné assignation audit sieur B..., en parlant comme ci-dessus, à comparaître, d'aujourd'hui à huitaine franche, outre un jour par trois myriamètres de distance, à l'audience et par-devant MM. les président et juges composant le trib. de 1re inst. de ..., séant au palais de justice à ..., heure de ..., pour, attendu que le requérant est créancier du sieur ..., d'une somme de... (*énoncer les causes de la créance et les motifs de la demande en condamnation, si l'on n'a pas un titre exécutoire*); attendu que la saisie-arrêt dont s'agit est régulière en la forme et juste au fond;

S'entendre condamner à payer au requérant la somme de ..., pour les causes ci-dessus indiquées, avec les intérêts à partir du jour de la demande[1], et pour assurer le recouvrement des dites condamnations, voir déclarer bonne et valable l'opposition formée entre les mains du sieur C... En conséquence, voir ordonner que les sommes dont le tiers saisi se reconnaîtra ou sera jugé débiteur seront par lui versées entre les mains du requérant, en déduction et jusqu'à concurrence de sa créance en principal, intérêts et frais; ou que s'il résulte de la déclaration dudit tiers saisi que la créance du sieur B... jouit d'un terme, le requérant sera autorisé à la faire vendre, dans les formes voulues par la loi, pour, le prix de la vente, être affecté au payement de la créance du requérant, et s'entendre en outre condamner aux dépens.

Et je lui ai, en son domicile et parlant comme ci-dessus, laissé copie tant des requête, ordonnance et opposition susénoncées, que du présent, dont le coût est de... (*Signature de l'huissier.*)

Décompte (Tarif, art. 29.)

Timbre	Mémoire
Original	2 »
Copie	1 50
Enregistrement	3 75
Copie de pièces à 30 cent. par rôle	Mémoire.

FORMULE 418. — Art. 564 C. Pr.

Dénonciation au tiers saisi de l'assignation en validité de la saisie-arrêt.

L'an..., le..., à la requête du sieur A... (*p., q. et d.*), pour lequel domicile est élu en la demeure de Me..., avoué près le trib. de 1re inst. de..., j'ai (*immatricule de l'huissier*), soussigné, fait la signification et en tête (*de celle*), des présentes, laissé copie au sieur C... (*p., q. et d.*), audit domicile et parlant à...

D'un exploit du ministère de..., huissier à..., en date du..., enregistré, contenant dénonciation au sieur B... (*p., q. et d.*), de l'opposition sur lui formée par le requérant, entre les mains du sieur C..., avec assignation en validité de ladite opposition; lui déclarant que tous les payements par lui faits au mépris de la présente dénonciation seront nuls.

Et je lui ai, audit domicile et parlant comme ci-dessus, laissé copie du présent, dont le coût est de... (*Signature de l'huissier.*)

Décompte comme en la formule 417.

FORMULE 419. — Art. 568, 570 C. Pr.

Assignation en déclaration affirmative.

L'an..., le..., à la requête du sieur A... (*p., q. et d.*), pour lequel

[1] Cette conclusion n'est pas nécessaire quand la saisie a été pratiquée en vertu d'un titre exécutoire.

domicile est élu à..., rue..., n°..., dans l'étude de Me..., avoué près le trib. de 1re inst. de..., qui est constitué et qui occupera pour lui sur la présente assignation, j'ai (*immatricule de l'huissier*), soussigné, donné assignation au sieur B... (*p.*, *q. et d.*), audit domicile et parlant à...

A comparaître, etc., pour :

Attendu que sur l'opposition formée par le requérant entre les mains du sieur C..., il est intervenu, à la date du..., un jugement rendu par le trib. de 1re inst. de..., enregistré, qui a condamné le sieur B... (*p.*, *q. et d.*), partie saisie, à payer au requérant la somme de..., montant des causes de ladite opposition, avec les intérêts à partir du jour de la demande, et aux dépens;

Attendu qu'aux termes de l'art. 568 du C. pr., ledit sieur C... doit faire la déclaration affirmative des sommes par lui dues au sieur B...

Voir dire que dans le délai qui sera fixé par le jugement à intervenir ledit sieur C... sera tenu de faire, soit au greffe du tribunal, soit devant le juge de paix de son domicile, la déclaration affirmative des sommes qu'il peut devoir au sieur B..., à quelque titre que ce soit, ainsi que les saisies-arrêts, oppositions et significations de transports faites entre ses mains sur ledit sieur B..., comme aussi de déposer au greffe les pièces à l'appui de ladite déclaration.

Lui déclarant que faute par lui de ce faire, le requérant se pourvoira pour qu'il soit déclaré débiteur pur et simple des causes de l'opposition formée entre ses mains, montant des condamnations prononcées au profit du requérant, contre le sieur B..., par le jugement susénoncé, et qu'il conclura à ce que ledit sieur C..., en cas de contestation, soit condamné aux dépens.

Je lui ai, audit domicile, parlant comme ci-dessus, laissé copie du présent dont le coût est de... (*Signature de l'huissier.*)

Décompte. (Tarif, art. 29.)

Timbre....................	Mémoire.
Original..................	2 »
Copie.....................	» 50
Enregistrement............	3 75
Copie de pièces à 30 c. par rôle.	Mémoire.

FORMULE 420. — Art. 574 C. Pr.

Signification de la déclaration affirmative.

A la requête du sieur C... (*p.*, *q. et d*,), ayant pour avoué Me..., qui se constitue et occupera sur la déclaration affirmative dont il va être parlé,

Soit fait signification et en tête (*de celle*) des présentes, laissé copie à Me..., avoué près le trib. de 1re inst. de..., et du sieur A... (*p.*, *q. et d.*), créancier saisissant :

De l'expédition de la déclaration affirmative faite par le sieur C..., au greffe du tribunal, le..., enregistrée, à laquelle déclaration sont annexées les pièces à l'appui. (*Si la déclaration est faite devant le juge de paix, on met :*)

De l'expédition d'un acte fait au greffe du trib. de..., le..., enregistré, constatant le dépôt opéré par le sieur C..., de la déclaration affirmative faite par lui devant M...., juge de paix du canton de..., le..., enregistré, ensemble des pièces à l'appui qui y sont annexées.

Dont acte :

Pour original, pour copie,

Signifié, laissé copie, etc. (*Signature de l'avoué.*)

Décompte. (Tarif, art. 70, § 33.)

Timbre....................	Mémoire.
Enregistrement et signification.	98
Original et copie.............	1 25
Copie de pièces à 30 c. par rôle.	Mémoire.

FORMULE 421. — art. 570 C. P. C.

Acte pour contester la déclaration affirmative.

A la requête du sieur A... (*p.*, *q. et d.*), ayant pour avoué M^e...

Soit signifié à M^e... avoué du sieur C... (*p. q. et d.*), tiers saisi, que ledit sieur A... conteste, par ces présentes, la déclaration faite par le sieur C..., au greffe du tribunal de 1re inst. de... (ou *devant M. le juge de paix du canton de...*) le..., enregistrée et signifiée au requérant le...;

En conséquence, soit sommé M^e..., avoué du sieur C..., de comparaître le..., à l'audience et par-devant MM. les président et juges composant le trib. de 1re inst. de..., séant à..., heure de..., pour : attendu (*indiquer les motifs de la contestation*), voir dire que (*indiquer les conclusions*), et s'entendre, le sieur C..., condamner aux dépens de l'incident, dont distraction, etc., etc.

Pour original, pour copie,

Signifié et laissé copie, etc. (*Signature de l'avoué.*)

Décompte. (Tarif, art. 71.)

Signification et enregistrement.......	98
Timbre............................	Mémoire.
Original..........................	5 »
Copie.............................	1 25

FORMULE 422. — Art. 570 C, Pr.

Requête du tiers saisi pour demander son renvoi devant ses juges.

A MM. les président et juges composant le tribunal de 1re *inst. de...*

Le sieur C... (*p.*, *q. et d.*), ayant pour avoué M^e...,

A l'honneur de vous exposer que par suite de l'opposition formée entre ses mains il a fait la déclaration affirmative des sommes par lui dues au sieur B... (*p.*, *q. et d.*), saisi; qu'il est prêt à payer à qui, par justice sera ordonné, mais que cette déclaration est contestée par le sieur A... (*p.*, *q. et d.*), créancier opposant.

Dans ces circonstances, l'exposant conclut à ce qu'il plaise au tribunal :

Attendu que tout tiers saisi, dont la déclaration est contestée, peut demander son renvoi devant ses juges naturels, se déclarer incompétent et renvoyer les parties devant le tribunal de..., lieu du domicile de l'exposant, dépens réservés.

Pour original, pour copie,

Signifié, donné copie, etc.

Décompte. (Tarif, art, 71.)

Original	4 »
Chaque copie 1/4	Mémoire.
Signification et enregistrement	» 98
Timbre	Mémoire.

FORMULE 423. — Art. 567 C. Pr.

Assignation en mainlevée de saisie-arrêt.

On donne assignation dans la forme et au délai ordinaire.

A comparaître, etc., pour,

Attendu que l'opposition formée par le sieur A... sur le requérant est nulle (*indiquer les motifs de la nullité*),

Voir déclarer nulle l'opposition formée sur le requérant entre les mains du sieur C..., à la requête du sieur A..., par exploits du ministère de..., en date du..., et la procédure qui s'en est suivie; en conséquence, voir ordonner la mainlevée pure et simple de ladite opposition, et s'entendre condamner aux dépens sous toutes réserves.

Et j'ai, etc. (*Signature de l'huissier.*)

Décompte. (Tarif, art. 29.)

Original	2 »
Copie	» 50
Enregistrement	3 75
Timbre	Mémoire.

De l'expropriation forcée. — Saisie immobilière.

FORMULE 424. — Art. 673 C. Pr.

Commandement tendant à saisie immobilière.

L'an..., le..., en vertu de la grosse exécutoire d'une obligation passée devant Me ..., etc., le..., enregistrée, dont copie est donnée en tête (*de celle*) des présentes (*si le commandement est fait en vertu d'un jugement, on le mentionne ainsi*) : en vertu de la grosse d'un jugement rendu par le trib. de 1re inst. de..., en date du..., enregistré et signifié, tant à..., avoué, qu'à la partie, duquel jugement copie est donnée en tête (*de celle*) des présentes (*si le jugement a été confirmé par arrêt, énoncer l'arrêt dans la même forme et la remise de sa copie*), et à la requête du sieur A... (*p., q. et d.*), pour lequel domicile est élu à... (*lieu où siége le tribunal qui connaîtra de la saisie*), en l'étude de Me..., avoué près le trib. de 1re inst. de ..., j'ai (*immatricule de l'huissier*), soussigné, fait commandement au sieur B... (*p , q. et d.*), audit domicile en parlant à..., de payer dans trente jours pour tout délai, soit au requérant, soit à moi, huissier, porteur des pièces, la somme totale de..., composée de : 1° celle de..., montant en principal du titre susénoncé, exigible le... ; 2° celle de..., montant des intérêts dont ladite somme est productible à raison de cinq pour cent, par an, courus depuis le... jusques à..., sans préjudice de tous autres droits, actions, frais de mise à exécution, etc., lui déclarant que faute par lui de satisfaire au présent commandement dans le délai ci-dessus fixé, il y sera contraint par tous les moyens de droit, notamment par la saisie de ses biens immeubles, et spécialement de la maison sise à..., rue..., n°... (*S'il existe une affectation hypothécaire ou privilégiée, on ajoute ces mots :* affectée hypothécairemement ou par privilége au payement en principal et accessoires de l'obligation susdatée.)

Et je lui ai, audit domicile, en parlant comme ci-dessus, laissé copie entière, certifiée et signée par moi, huissier soussigné, tant du ou des titres susénoncés, que du présent commandement, dont l'original sera visé, dans le jour, par M. le maire de la commune de... (*commune où le commandement est signifié*), conformément à la loi, et dont le coût est de...

(*Signature de l'huissier.*)

Visé par nous, maire (ou *adjoint au maire*) de la commune de..., en la mairie, le... (*Signature du maire ou de l'adjoint.*)

Décompte. (Tarif de 1841, art. 3 et 5.)

Original	2 »
Copie	» 50
Visa	1 »
Enregistrement	3 75
Timbre	Mémoire.
Copie de pièces à 25 c. par rôle de 20 lignes à la page et de 10 syllabes à la ligne	Mémoire.

FORMULE 425. — Art. 2183 C. C. ; 673 C. Pr.

Sommation au tiers détenteur d'un immeuble hypothéqué de délaisser ou de payer.

L'an..., le..., à la requête du sieur A... (*p., q. et d.*), pour lequel domicile est élu à..., en l'étude de Me..., avoué près le trib. de 1re inst. de... j'ai (*immatricule de l'huissier*), soussigné, fait la signification et en tête (*de celle*) des présentes laissé copie au sieur C... (*p., q. et d.*), tiers détenteur de... (*désigner l'immeuble*), par lui acquis du sieur B... *p., q. et d.*), audit domicile et parlant à... d'une obligation (*désigner le titre comme en la formule précédente*) ;

Et à même requête, je lui ai fait sommation de délaisser les immeubles par lui acquis du sieur B..., et affectés hypothécairement à la sûreté de la créance du requérant, ou bien de payer audit sieur A..., ou à moi, huissier, porteur des pièces, la somme de... (*énoncer le montant de la créance comme en la formule précédente*), le tout dans un délai de trente jours.

Lui déclarant que, faute par lui, soit de délaisser lesdits immeubles, soit de payer dans le délai ci-dessus fixé, le requérant fera procéder, si le commandement notifié le... (ou *qui sera notifié*) au sieur..., débiteur originaire, demeure infructueux, à la saisie réelle et à la veute desdits immeubles dans la forme prescrite par la loi, pour être payé de sa créance sur le prix à provenir de ladite vente.

Je lui ai, audit domicile, en parlant comme ci-dessus, laissé copie du présent exploit, dont l'original sera visé, dans le jour, par M. le maire de..., et dont le coût est de...

Décompte : Voir la formule précédente.

FORMULE 426. — Art. 2206 C. C.

Sommation au tuteur par un créancier du mineur ou de l'interdit qui veut connaître les biens susceptibles de discussion.

L'an..., le..., à le requête du sieur A... (*p., q. et d.*), qui élit domicile à..., chez..., j'ai (*immatricule de l'huissier*), soussigné, fait sommation au sieur B... (*p., q. et d.*), en sa qualité de tuteur (*s'il s'agit d'un mineur* ou *d'un interdit*), ou de curateur (*s'il s'agit d'un mineur émancipé*), du mineur (ou *de l'interdit*), C... (*p., q. et d.*), au domicile dudit tuteur (ou *curateur*), en parlant à..., d'indiquer dans... jours, pour tout délai, au requérant, créancier dudit sieur C..., en vertu (*énoncer le titre*), quels sont les biens de son pupille qui sont susceptibles d'être discutés; déclarant audit sieur B... que la présente sommation lui est faite, parce que le requérant veut se conformer à l'art. 2206 du C. Civ. avant de poursuivre la saisie des immeubles de son débiteur, et que faute par ledit sieur B..., en sa qualité susdite, de faire, dans le délai fixé, la désignation réclamée, le déclarant passera outre à la saisie des immmeubles dudit mineur (ou *interdit*), son débiteur.

Et j'ai, audit domicile, parlant comme ci-dessus, laissé copie du présent, dont le coût est de... (*Signature de l'huissier.*)

Décompte. (Tarif, art. 29.)

Original	2 »
Copie	» 50
Enregistrement	3 75
Timbre	1 20
Total	7 45

FORMULE 427. — Art. 556 C. Pr.

Pouvoir donné à l'huissier pour procéder à la saisie immobilière.

Je soussigné A... (*p., q. et d.*), donne pouvoir à M..., huissier à..., de rocéder, en mon nom, à la saisie immobilière d'une maison... (*ou tout autre immeuble*) situé à..., rue..., n°... (*indiquer les immeubles ruraux avec assez de précision pour que l'huissier ne puisse commettre aucune erreur*), appartenant au sieur B... (*p., q. et d.*), mon débiteur d'une somme principale de..., avec les intérêts à partir du..., en vertu de... (*indiquer le titre*, à laquelle créance ledit immeuble a été hypothéqué par ladite obligation (*cette dernière phrase doit être supprimée si le titre ne confère pas hypothèque*), dresser à cet effet tous les actes de poursuite de son ministère, constituer, par le procès-verbal de saisie, Me..., avoué près le tribunal de 1re inst. de..., élire domicile dans l'étude dudit avoué, et faire généralement tout ce qui sera nécessaire.

En conséquence, j'ai remis audit sieur... la grosse du... (*désigner le titre*). (*Signature de la partie.*)

Décompte :		
	Timbre	» 60
	Enregistrement	3 75
	Total	4 35

FORMULE 428. — Art. 675, 676 C. Pr.

Procès-verbal de saisie immobilière.

L'an..., le..., heure du..., en vertu de la grosse (*énoncer le titre*), de laquelle grosse copie entière a été donnée au sieur B... (*p., q. et d.*), en tête du commandement tendant à saisie immobilière à lui signifié, par exploit de..., huissier à..., en date du..., enregistré, et à la requête du sieur A... (*p., q. et d.*), pour lequel domicile est élu à... (*lieu où siège le tribunal qui doit connaître de la saisie*), en l'étude de Me..., avoué près le trib. de 1re inst. de..., qu'il constitue et qui occupera pour lui dans la saisie immobilière à laquelle il va être procédé, faute par le sieur B... d'avoir satisfait au commandement susénoncé et d'avoir payé au requérant la somme de..., montant en principal, intérêts et frais liquidés de sa créance, sans préjudice des autres droits dudit requérant, je (*immatricule de l'huissier*), soussigné, porteur d'un pouvoir spécial à moi donné par le sieur A..., suivant acte sous seing privé, en date du..., enregistré à..., le..., folio..., par..., qui a reçu..., pour droits, et dont copie littérale est donnée en tête (*de celle*) des présentes, me suis transporté à..., canton de..., arrondissement de..., département de..., en une maison sise rue..., n°..., dont la désignation suit. (*S'il n'y a pas de n°, indiquer au moins deux tenants et aboutissants.*)

Cette maison se compose d'un rez-de-chaussée élevé sur berceaux de cave, de deux étages carrés et d'un troisième en retraite. Chaque étage est percé de six fenêtres et le rez-de-chaussée de quatre seulement. Une porte cochère sert d'entrée à ladite maison, derrière laquelle se trouve une grande cour rectangulaire, pavée en grès équarris. A gauche de cette cour est une pompe en fonte garnie de sa roue. A droite se trouve un corps de logis faisant angle droit avec le bâtiment principal élevé d'un même nombre d'étages, percé de quatre fenêtres à chacun desdits étages; il contient la cage de l'escalier. Au fond est un troisième corps de logis parallèle au premier, etc...

Tous les bâtiments sont couverts en ardoises.

La superficie desdits bâtiments et cour est d'environ quatre cent cinquante mètres carrés.

Cette maison et ses dépendances sont imposées au rôle des contributions foncières de la ville de..., pour l'année..., sur un revenu cadastral de..., ainsi que le constate la copie de la matrice du rôle dont la teneur suit :

NOMS, prénoms, professions et demeures des propriétaires et usufruitiers.	INDICATION				CONTENANCE.	CLASSE.	REVENU.	OBSERVATIONS
	de la section.	du numéro du plan.	du canton ou lieu.	de la nature de la propriété.				
					h. a. c.		fr. c.	
. . . .	.....	.....	.....	....	....	..	..	
. . . .	.....	.....	.....	....	....	..	..	
. . . .	.....	.....	.....	....	....	..	..	

Pour copie conforme délivrée à..., le..., par.., directeur des contributions directes (ou *percepteur*), qui a reçu un franc dix centimes pour le coût du présent, timbre compris; *Signé:*

S'il s'agit de biens ruraux, il faut insérer au procès-verbal la désignation des bâtiments et leur destination, la contenance approximative de chaque pièce de terre, vigne, près ou bois, le nom du fermier ou du colon, l'arrondissement, la commune et les endroits où chacune des pièces est située, le tout à peine de nullité. Cette désignation se fait comme suit :

Me suis transporté sur le domaine de..., situé au lieu dit..., commune de..., arrondissement de..., département de.... cultivé par le sieur... (*fermier, colon* ou *domestique, etc.*) du sieur B...; ledit domaine composé des articles suivants que j'ai successivement parcourus et visités.

§ Ier. — BIENS SITUÉS DANS LA COMMUNE DE ...

1° Une maison d'habitation, destinée au propriétaire, composée de... (*indiquer les différentes pièces dont la maison se compose*), tenant d'un côté à..., d'autre côté à...

2° Une maison d'habitation occupée par le sieur..., fermier composée de..., etc.

3° Un bâtiment couvert en tuiles, servant d'écurie avec greniers de cinq travées au-dessus..., etc.

4° Etc.

Désigner ainsi successivement tous les bâtiments.

5° Une pièce de terre de la contenance de 3 hectares, 25 ares, 80 centiares, ensemencée en blé, sise au territoire de ..., au lieu dit..., tenant d'un côté à ..., d'autre à ..., d'un bout à ..., d'autre bout à ...

6° Etc.

Désigner successivement toutes les pièces de terre, vigne, prés et bois.

Ledits biens sont imposés, etc. (comme ci-dessus).

Quand les biens sont situés sur plusieurs communes, avant de passer de l'une à l'autre, l'huissier requiert le visa du maire de la commune dans laquelle il vient de constater la désignation des immeubles qui y sont situés.

Il termine ainsi :

Après avoir constaté la nature et la contenance desdits immeubles continuant les poursuites commencées par le commandement susdaté, tendant à saisie immobilière, j'ai saisi réellement sur le sieur B... les immeubles précédemment décrits, afin d'avoir payement de la somme de ..., sous la réserve de tous autres droits; pour être, lesdits immeubles, en exécution de cette saisie, adjugés après les formalités voulues par la loi, à l'audience des criées du tribunal de première instance de ..., séant au palais de justice à ..., auquel tribunal la saisie sera portée à la diligence de Me ..., avoué constitué par ces présentes.

Et j'ai, des opérations qui précèdent, rédigé le présent procès-verbal, auquel j'ai vaqué depuis ladite heure de ..., jusqu'à celle de ..., lequel procès-verbal, dont le coût est de ..., va être immédiatement soumis par moi au visa de M. le maire de la commune de ...

(*Signature de l'huissier.*)

Visé par nous, maire (ou *adjoint*) de la commune de ..., arrondissement de ..., département de ..., le présent procès-verbal de saisie immobilière.

A.... le ... (*Signature du maire.*)

[*Décompte.* (Ord. de 1841, art. 4 et 5.)

Timbre........................	Mémoire.
Enregistrement................	3 75
1re vacation de 3 h. 6 fr.........	Mémoire.
Les autres vacations de 3 h. 5 fr..	Mémoire.
Visa..........................	1 »
Transport s'il y a lieu...........	Mémoire.

FORMULE 429. — Art. 677 C. Pr.

Dénonciation du procès-verbal de saisie à la partie saisie.

L'an ..., le ..., à la requête du sieur A... (*p., q. et d.*), pour lequel domicile est élu à ..., dans l'étude de Me ..., avoué près le tribunal de 1re inst. de ..., lequel est constitué et continuera d'occuper sur la poursuite de saisie immobilière dont il va être parlé, j'ai ... (*immatricule de l'huissier*), soussigné, fait la signification et la dénonciation et en tête (*de celle*) des présentes donné copie au sieur B... (*p., q. et d.*), en son domicile, en parlant à ...

D'un procès-verbal dressé par moi, huissier soussigné, en date du ..., contenant saisie réelle sur le sieur B..., à la requête dudit sieur A..., de la maison et dépendances sises à ..., rue ..., n° ..., ledit procès-verbal visé par M. le maire de la commune de ..., le ..., et enregistré le ..., folio ..., recto ..., case ..., par ..., aux droits de ...

Et je lui ai, audit domicile et parlant comme ci-dessus, laissé copie du présent exploit, qui sera visé, dans le jour, par M. le maire de la commune de..., et dont le coût est de ... (*Signature de l'huissier.*)

Visé par nous, maire de la commune de ...

A ..., le ... (*Signature du maire.*)

Décompte. (Tarif 1841, art. 4 et 5.)

Original	2 50
Copie, le quart	» 65
Enregistrement	3 75
Visa	1 »
Copie de pièces à 30 c. par rôle	Mémoire.

FORMULE 430. — Art. 681 C. Pr.

Assignation en référé donnée au saisi pour voir nommer un séquestre judiciaire.

L'an ..., le ..., à la requête du sieur A... (*p., q. et d.*), pour lequel domicile est élu à ..., en l'étude de Me ..., avoué près le trib. de 1re inst. de ..., qui est constitué, et continuera d'occuper sur la poursuite de saisie immobilière dont il va être parlé, j'ai ... (*immatricule de l'huissier*), soussigné, donné assignation au sieur B... (*p., q. et d.*), audit domicile, en parlant à ...

A comparaître le ..., par-devant M. le président du tribunal de première instance de ..., tenant l'audience des référés, en son cabinet, au palais de justice à ..., heure de ..., pour, — Attendu que la maison et ses dépendances, situées à ..., n° ..., ont été saisies sur le sieur B... à la requête dudit sieur A..., par procès-verbal de ..., en date du ..., dénoncé audit sieur B..., par exploit de ..., en date du ..., lesquels procès-verbal de saisie et exploit de dénonciation, tous deux enregistrés et visés, ont été transcrits au bureau des hypothèques de ..., le ...; — Attendu que les immeubles saisis n'étant ni loués ni affermés, le sieur B... en est resté en possession, conformément à la loi, comme séquestre judiciaire; — Attendu que le sieur B... s'est permis de commettre des dégradations dans ladite maison, notamment de ... (*énoncer la nature des dégradations commises*); que ces dégradations ne permettent pas de laisser plus longtemps le sieur B... séquestre judiciaire des biens sur lui saisis, et qu'il y a lieu de procéder à son remplacement, aux termes de l'art. 681 C. pr.

Au principal, voir renvoyer les parties à se pourvoir, et dès à présent voir dire qu'il sera fait défense audit sieur B... d'administrer les biens sur lui saisis; qu'en conséquence, il sera tenu de remettre l'administration desdits biens à telle personne qu'il plaira à M. le président de désigner comme séquestre judiciaire, chargé de les administrer seul, jusqu'au jour de l'entrée en jouissance de l'adjudicataire, et de veiller à leur conservation; l'autoriser à s'établir dans la maison saisie; en cas de résistance à se faire assister du commissaire de police, et à requérir la force armée; ce qui sera exécuté par provision, nonobstant appel et sans y préjudicier.

Je lui ai, audit domicile, en parlant comme ci-dessus, laissé copie du présent dont le coût est de... (*Signature de l'huissier.*)

Décompte. (Tarif de 1841, art. 3.)

Original........	2 »
Copie..........	» 50
Enregistrement..	3 75
Timbre.........	1 20
Total....	7 45

FORMULE 431. — Art. 681 C. Pr.

Assignation en référé pour faire ordonner la coupe et la vente des récoltes.

L'an ..., le ..., (*même préambule que dans la formule précédente*). On continue ainsi:

Pour, attendu qu'il existe sur les immeubles saisis par procès-verbal de..., huissier à ..., en date du ..., enregistré, appartenant audit sieur B..., des récoltes mûres, immobilisées par l'effet de la transcription de ladite saisie opérée au bureau des hypothèques de ..., le ...; qu'il importe au requérant et aux autres créanciers inscrits du sieur B... d'assurer à leur profit la conservation desdites récoltes; — Que si elles étaient recueillies par le sieur B..., les créanciers seraient exposés à voir ces récoltes perdues en totalité ou en partie; qu'il y a donc lieu de prendre les mesures autorisées par l'art. 681 du C. pr. — Au principal, voir renvoyer les parties à se pourvoir, et dès à présent voir ordonner que lesdites récoltes seront coupées sous la surveillance du garde champêtre de la commune de ..., et par les ouvriers choisis par ce dernier, lesquels seront payés immédiatement sur le produit de la vente par l'officier ministériel qui l'aura opérée: — Voir dire que lesdites récoltes seront vendues, après les formalités légales, aux enchères publiques sur les lieux où elles se trouveront après leur coupe, par le ministère du sieur ..., huissier à ..., qui demeure commis à cet effet; pour, le prix de ladite vente être déposé à la caisse des dépôts et consignations comme valeur immobilière, et être distribué, avec le prix de l'immeuble par ordre d'hypothèque, conformément à l'art. 682 C. pr.; ce qui sera exécuté par provision, nonobstant appel et sans y préjudicier.

Je lui ai, audit domicile, en parlant comme ci-dessus, laissé copie du présent exploit dont le coût est de ... (*Signature de l'huissier.*)

Même décompte qu'en la formule précédente.

FORMULE 432. — Art. 683 C. Pr.

Assignation au saisi en payement de dommages-intérêts à raison de coupes de bois ou de dégradations par lui faites.

Cette assignation se rédige dans la même forme que les ajournements ordinaires; elle est donnée au saisi à la requête du saisissant, à jour fixe, en ayant soin d'observer le délai de huitaine.

Si le saisi a constitué avoué, la demande en dommages-intérêts peut être formée par simples conclusions, signifiées avec avenir à la plus prochaine audience.

Même décompte qu'en la formule précédente.

FORMULE 433. — Art. 685 C. P.

Opposition entre les mains des fermiers et locataires afin d'arrêter les fruits immobilisés[1].

L'an ..., le ..., à la requête du sieur A... (*p.*, *q. et d.*), pour lequel domicile est élu à..., rue ..., n° ..., en l'étude de Mᵉ ..., avoué près le trib. de 1re inst. de ..., qui occupera pour le réquérant sur tous les incidents relatifs à l'opposition ci-après, j'ai ... (*immatricule de l'huissier*), soussigné, signifié et déclaré au sieur C ... (*p.*, *q. et d.*), locataire d'une maison sise à ..., rue ..., n° ..., appartenant au sieur B... (*p.*, *q. et d.*), au domicile dudit sieur C..., en parlant à ...

Que, suivant procès-verbal du ministère de ..., huissier à ..., en date du ..., enregistré et visé, le requérant a fait saisir immobilièrement la maison susindiquée, sur le sieur B..., son débiteur de la somme de ..., en vertu de ... (*indiquer le titre*); que ce procès-verbal, après avoir été dénoncé audit sieur B..., par exploit de ..., huissier à ..., en date du ..., enregistré, a été transcrit avec la dénonciation au bureau des hypothèques de ..., le ...; qu'en conséquence les loyers de ladite maison dus par le sieur C... au sieur B..., et à échoir jusqu'à l'entrée en jouissance de l'adjudicataire, sont immobilisés à partir de ladite transcription pour être distribués, avec le prix de l'immeuble, par ordre d'hypothèque, aux termes de l'art. 685 C. pr.; qu'en conséquence, en vertu du même article, le requérant s'oppose formellement à ce que le sieur C... se dessaisisse des sommes qu'il doit ou devra au sieur B..., pour loyers échus et à échoir de lieux par lui loués dans ladite maison, à peine de payer deux fois et de se voir condamner à tous dommages-intérêts, s'il y a lieu; déclarant au susnommé qu'il ne pourra se libérer desdits loyers qu'en les versant à la caisse des consignations, avec mention de la présente opposition et avec affectation spéciale au profit des créanciers hypothécaires du sieur B..., sommant en conséquence ledit sieur C... d'effectuer le dépot desdits loyers à mesure de leur échance.

1. Cette opposition peut être faite à la requête d'un créancier soit inscrit, soit chirographaire; mais dans ce dernier cas elle doit être suivie d'une dénonciation au saisi.

Et j'ai, audit domicile, parlant comme ci-dessus, laissé copie du présent, dont le coût est de ... (*Signature de l'huissier.*)

Même décompte qu'en la formule précédente.

FORMULE 434. — Art. 693 C. Pr.

Signification aux créanciers inscrits, du récépissé de la consignation faite par l'acquéreur de l'immeuble saisi.

L'an ..., le ..., à la requête du sieur D... (*p., q. et d.*), demeurant à ..., pour lequel domicile est élu à ..., rue ..., n°..., dans l'étude de Me ..., avoué près le tribunal de 1re inst. de..., j'ai... (*immatricule de l'huissier*), soussigné, fait la signification et en tête (*de celle*) des présentes donné copie: 1° au sieur..., (*p., q. et d.*), créancier saisissant, audit domicile, en parlant à ...

2° Au sieur C... (*p., q. et d.*), créancier inscrit, au domicile par lui élu en son inscription à..., audit domicile, en parlant à...;

3° Au sieur ..., etc. (*mêmes énonciations pour chacun des créanciers inscrits*);

D'un récépissé en date du ..., enregistré, delivré le..., au requérant par M ..., préposé de la caisse des dépôts et consignations établie à ..., de la somme de ..., déposée par ledit sieur D..., pour acquitter en principal, intérêts et frais, la créance du sieur A... (*créancier saisissant*), et toutes les créances inscrites sur ... (*indiquer les immeubles*), vendus par le sieur B ... (*p., q. et d.*) au requérant par contrat passé devant Me ..., et son collègue, notaires à ..., le ..., enregistré, après la transcription de la saisie immobilière pratiquée à la requête du sieur A ..., par procès-verbal de ..., huissier, en date du..., enregistré; sommant, en conséquence, le sieur A..., saisissant, de cesser ses poursuites, à peine de tous dépens et dommages-intérêts.

Et j'ai, à chacun des susnommés, en leur domicile, et parlant comme ci-dessus, laissé séparément copie du présent exploit, dont le coût est de...

Décompte. (Tarif de 1841, art. 3.)

Timbre...........................	Mémoire.
Original..........................	2 »
Chaque copie 50 c................	Mémoire.
Enregistrement 3 f. 75 c. par chaque copie signifiée................	Mémoire.
Copie de pièces..................	Mémoire.

FORMULE 435. — Art. 690 C. Pr.

Cahier des charges.

Cahier des charges, clauses et conditions sous lesquelles seront adjugées, sur saisie immobilière,

Une maison, et ses dépendances, sise à..., rue..., n°...

ÉNONCIATIONS PRÉLIMINAIRES.

En vertu d'une obligation passée devant Me... (ou *d'un jugement, etc...*

M. A... (*p.*, *q. et d.*), suivant exploit de ..., huissier à ..., en date du ..., enregistré, a fait faire commandement à M. B... (*p.*, *q. et d.*), de lui payer la somme de ..., avec déclaration que, faute de payement, il serait procédé à la saisie de la maison susindiquée appartenant audit sieur B...

Ce commandement, en tête duquel il a été donné copie entière du jugement (ou *de l'obligation notariée*) susénoncé, a été visé ledit jour ... par M. le maire de ..., et porte cette mention : enregistré à ..., le..., f°..., case ..., reçu ..., signé ...

Suivant un procès-verbal dressé par ..., huissier à ..., le ..., visé par le maire de ..., enregistré à ..., le..., fol. ..., case ..., par..., qui a reçu..., il a été, à la requête dudit sieur A..., procédé, sur ledit sieur A..., à la saisie immobilière de la maison ci-dessus indiquée.

Ce procès-verbal de saisie immobilière a été dénoncé audit sieur B..., suivant exploit de ..., huissier à ..., en date du ..., dont l'original a été visé, dans le jour, par M. le maire de ..., et porte cette mention : enregistré à ..., le ..., f° ..., case ..., reçu ..., signé ...

Le procès-verbal de saisie immobilière et l'exploit de dénonciation susénoncés ont été transcrits au bureau des hypothèques de ..., le ..., vol. ..., n° ...

(Si la saisie a été convertie en vente sur publications volontaires, on ajoute :)

Dans cette position, les parties, étant tombées d'accord pour demander la conversion de la saisie dont il vient d'être parlé en vente sur publications volontaires, ont présenté collectivement au tribunal une requête par laquelle elles ont demandé ladite conversion, conformément aux dispositions des art. 743 et suiv. du C. Pr.

Sur cette requête, il est intervenu le ..., un jugement qui a autorisé la conversion demandée et dont le dispositif est ainsi conçu (*copier le dispositif du jugement*).

En conséquence, il sera aux requête, poursuite et diligence de (*si la vente a lieu par suite de la saisie pure et simple*) M. A..., ayant pour avoué M[e] ..., demeurant à ..., lequel occupe pour lui sur la présente poursuite;

En présence, ou lui dûment appelé, de M. B... (*si le saisi s'est fait représenter, on met :*) ayant pour avoué M[e] ..., exerçant près le trib. de 1re inst. de ..., demeurant au dit...

(Si la saisie a été convertie en vente sur publications volontaires, cette vente a lieu à la requête du saisi en présence du saisissant.)

Procédé le ..., heure de ..., en l'audience des criées du trib. de 1re inst. de ..., au palais de justice, à la vente aux enchères publiques, à l'extinction des feux, de l'immeuble dont la désignation suit :

DÉSIGNATION DES BIENS A VENDRE.

(Aux termes de l'art. 697 C. Pr., le cahier des charges doit contenir la désignation des immeubles telle qu'elle a été insérée dans le procès-verbal de saisie. Voir la formule 428.)

Une maison sise à ..., canton de ..., arrondissement de ..., département de ..., composée d'un rez-de-chaussée élévé sur berceaux de cave, de deux étages et d'un troisième en retraite; chaque étage est percé de six fenêtres et le rez-de-chaussée de quatre seulement. Une porte cochère sert d'entrée à la dite maison, derrière laquelle se trouve une grande cour rectangulaire, pavée en grès équarris. A gauche de cette cour est une pompe en fonte garnie de sa roue. A droite se trouve un corps de logis faisant angle droit avec le bâtiment principal, élevé d'un même nombre d'étages, percé de quatre fenêtres à chacun desdits étages, et contenant la cage de l'escalier. Au fond se trouve un troisième corps de logis parallèle au premier, etc.

Tous les bâtiments sont couverts en ardoises.

La superficie desdits bâtiments et cour est d'environ quatre cent cinquante mètres carrés.

Cette maison et ses dépendances tiennent, par devant à la rue, par derrière à ..., murs mitoyens entre deux (*ou* non mitoyens), appartenant à ..., d'un coté à ..., d'autre côté à ...

BAUX ET LOCATIONS.

Suivant acte reçu par Me ..., notaire à..., etc., M. B... a loué à M. ... le premier étage de la maison avec (*désigner les dépendances comprises au bail*).

Ce bail a été fait aux charges et conditions suivantes que le locataire s'est obligé d'exécuter fidèlement, savoir :

1° (*Indiquer toutes les conditions du bail*), et en outre il a eu lieu moyennant un loyer annuel de ..., payable en quatre termes égaux, le premier des mois de janvier, avril, juillet et octobre de chaque année. (*S'il y a des loyers payés d'avance, il y a lieu de les indiquer.*)

(Énoncer de même tous les autres baux.)

PROPRIÉTÉ.

Il est souvent impossible, en matière de saisie immobilière, d'établir la propriété des immeubles saisis; aussi, l'art. 690 du C. Pr. n'exige-t-il point l'établissement régulier de la propriété des immeubles saisis; néanmoins, il y a lieu de le faire lorsque cela est possible. (Voir la formule 541.)

CHARGES ET CONDITIONS.

L'adjudication de la maison susdésignée aura lieu sous les charges, clauses et conditions suivantes :

ART. 1er. GARANTIE.

L'adjudicataire prendra les biens dans l'état où ils seront au jour de l'adjudication, sans pouvoir prétendre à aucune diminution de prix pour cause d'erreurs dans la désignation, ni même à raison des mitoyennetés des murs ou autres clôtures qui peuvent séparer les immeubles mis en vente des propriétés voisines. Il n'aura droit à aucune garantie de mesure, la différence en plus ou en moins entre la contenance réelle et celle ci-dessus indiquée, fût-elle de plus d'un vingtième, devant tourner au profit ou à la perte du dit adjudicataire, en quoi il est dérogé par ces présentes à l'art. 1619 C. C.

S'il y a des objets réclamés par des tiers ou par des locataires et fermiers les indiquer.

Faire connaître les actes qui repoussent ou qui appuient ces réclamations.

ART. 2. SERVITUDES.

L'adjudicataire jouira des servitudes actives et souffrira les servitudes passives de toute nature, qu'elles aient été déclarées ou non, sauf à faire valoir les unes et à se défendre des autres à ses risques et périls, sans aucun recours contre le poursuivant, la partie saisie ou ses créanciers, et sans que la présente clause puisse attribuer, soit à l'adjudicataire, soit aux tiers, d'autres droits que ceux résultant des titres ou de la loi.

S'il y a des servitudes connues, les indiquer avec détail, et énoncer les titres qui les constituent.

ART. 3. ENTRÉE EN JOUISSANCE.

L'adjudicataire, propriétaire par le fait seul de l'adjudication, entretiendra pendant toute leur durée les baux ci-dessus énoncés. Il n'aura droit à la perception des loyers qu'à partir du premier jour du terme qui suivra l'adjudication. Enfin, il ne pourra réclamer aucune diminution du prix pour raison des loyers payés d'avance ci-dessus indiqués.

ART. 4. CONTRIBUTIONS.

L'adjudicataire supportera les contributions et charges de toute nature dont les biens sont ou seront grevés à compter du jour fixé pour son entrée en jouissance.

ART. 5. ASSURANCE CONTRE L'INCENDIE.

L'adjudicataire devra entretenir, à partir du jour de l'adjudication, et pour tous le temps qui en restera à courir, les polices d'assurance contre l'incendie qui ont été contractées avec la compagnie et (*énoncer les polices et leurs enregistrements*), payer, à partir de cette époque, les primes dues, de manière que le poursuivant, le saisi et les créanciers inscrits, ne puissent être aucunement poursuivis, inquiétés, ni recherchés.

ART. 6. DROITS D'ENREGISTREMENT ET AUTRES.

L'adjudicataire sera tenu d'acquitter, en sus de son prix, tous les droits d'enregistrement, de greffe, de transcription et autres auxquels l'adjudication donnera lieu.

ART. 7. FRAIS DE POURSUITE.

L'adjudicataire payera, entre les mains et sur la quittance de l'avoué poursuivant, en sus de son prix et dans la huitaine de son adjudication, la somme à laquelle auront été taxés les frais faits pour parvenir à la vente et à l'adjudication des biens susdésignés, et dont le montant sera déclaré au cahier des charges avant l'adjudication.

Il payera également dans le même délai, entre les mains et sur la quittance de l'avoué poursuivant, et en sus du prix de l'adjudication, le montant de la remise proportionnelle fixée par le tarif.

La grosse du jugement d'adjudication ne pourra être délivrée par le greffier du tribunal qu'après la remise qui lui aura été faite de la quittance desdits frais, qui demeurera annexée à la minute du jugement d'adjudication.

ART. 8. LEVÉE ET SIGNIFICATION DU JUGEMENT D'ADJUDICATION.

L'adjudicataire sera tenu de lever le jugement d'adjudication, et de le faire signifier dans le mois de l'adjudication, le tout à ses frais.

Faute par lui de satisfaire à cette condition dans le délai prescrit, le poursuivant, le saisi et les créanciers inscrits, pourront se faire délivrer à ses frais, la grosse du jugement d'adjudication, par le greffier du tribunal, trois jours après sommation, sans être obligés de remplir les formalités prescrites par la loi pour parvenir à la délivrance d'une deuxième grosse.

ART. 9. TRANSCRIPTION.

Dans la quinzaine suivante, l'adjudicataire fera transcrire, à ses frais, le jugement d'adjudication au bureau des hypothèques dans l'arrondissement duquel sont situés les biens, à peine d'encourir la revente sur folle enchère.

ART. 10. PAYEMENT DU PRIX.

Dans les quatre mois de l'adjudication, que l'adjudicataire ait ou non rempli les formalités de transcription et autres, il sera tenu de payer son prix à..., en principal et intérêts, en espèces d'or et d'argent ayant cours légal et non autrement. Il payera les intérêts de son prix à raison de 5 pour 0/0 par an, à partir de son entrée en jouissance.

Nonobstant ce terme le prix ne pourra être consigné avant... (*Indiquer le délai; c'est en général celui qui est jugé nécessaire pour le règlement de l'ordre.*)

ART. 11. PROHIBITION DE DÉTÉRIORER L'IMMEUBLE VENDU.

Avant le payement intégral de son prix, l'adjudicataire ne pourra faire de changement notable, de démolition, ni de détérioration dans la maison vendue, à peine d'être contraint immédiatement à la consignation de son prix, même par la voie de folle enchère; et dans ce cas, si les délais fixés par l'art. 10 ci-dessus ne sont pas expirés, et si le poursuivant, les créanciers inscrits et le saisi ne sont pas en mesure de recevoir le prix, l'adjudicataire devra les indemniser de la perte que cette consignation leur ferait éprouver, soit pour le temps pendant lequel la caisse des consignations ne paye pas d'intérêts, soit pour la différence existant entre l'intérêt à cinq pour cent et celui servi par la caisse des consignations.

ART. 12. TITRES DE PROPRIÉTÉ.

Le poursuivant n'ayant pas en sa possession les titres de propriété de l'immeuble saisi, l'adjudicataire n'en pourra exiger aucun ; mais il est autorisé à se faire délivrer, à ses frais, par tous dépositaires, des expéditions ou extraits de tous actes concernant la propriété.

ART. 13. RÉCEPTION DES ENCHÈRES.

Les enchères ne seront reçues, conformément à l'art. 705 C. pr., que par le ministère d'avoué.

ART. 14. DES COMMANDS.

Dans le cas où l'adjudicataire userait de la faculté de déclarer command, il sera solidairement obligé, avec ceux qu'il se sera substitués, au payement du prix et à l'accomplissement des charges.

ART. 15. FOLLE ENCHÈRE.

Dans le cas de folle enchère, le fol enchérisseur ne pourra répéter, soit contre le nouvel adjudicataire, soit contre le poursuivant, le saisi et les créanciers inscrits, auxquels ils demeureront acquis, à titre de dommages-intérêts, les frais de poursuite de vente, ni ceux d'enregistrement, de greffe et d'hypothèque, qu'il aurait payés.

L'adjudicataire sur folle enchère devra les intérêts de son prix du jour de l'adjudication à lui faite, sauf le recours de la partie saisie ou de ses créanciers contre le fol enchérisseur pour les intérêts courus dans l'intervalle de la première à la seconde adjudication, ainsi qu'il est dit ci-dessus.

Sans préjudice du droit attribué au poursuivant, à la partie saisie et aux créanciers inscrits, conformément à l'art. 8, de se faire délivrer une grosse du jugement d'adjudication pour contraindre l'adjudicataire au payement de son prix.

ART. 16. ATTRIBUTION DE JURIDICTION.

Le tribunal de première instance de... (*celui de la situation des immeubles saisis*) sera seul compétent pour connaître de toutes contestations relatives à l'exécution des conditions de l'adjudication et à ses suites, quels que soient la nature desdites contestations et le lieu du domicile des parties intéressées.

ART. 17. ÉLECTIONS DE DOMICILES.

L'adjudicataire sera tenu d'élire domicile à... (*lieu où siége le tribunal qui connaît de la saisie*), pour l'exécution des charges et conditions de l'adjudication ; sinon et par le fait seul de l'adjudication, ce domicile sera élu, de droit, chez l'avoué qui se sera rendu adjudicataire.

Le poursuivant élit domicile en l'étude de Me ..., son avoué, demeurant à ..., rue ...

Les domiciles élus seront attributifs de juridiction pour les préliminaires le conciliation, pour les actes d'exécution, pour la folle enchère et pour tous autres actes. Les exploits d'offres réelles et d'appel y seront valablement signifiés.

ART. 18 ET DERNIER. MISE A PRIX.

Les enchères seront reçues sur la somme de ..., formant la mise à prix fixée par le poursuivant, ci ...

Fait et rédigé à ..., le ..., par Me ..., avoué poursuivant.

(*Signature de l'avoué.*)

Décompte :	Émolument de l'avoué, par rôle de 25 lignes à la page et de 12 syllabes à la ligne, 2 fr.	Mémoire.
	Enregistrement..............................	1 88
	Timbre..............................	Mémoire.

FORMULE 436. — Art. 690 C. Pr.

Dépôt du cahier des charges.

L'an ..., le ..., au greffe du tribunal de 1re inst. de ..., et devant nous greffier, a comparu Me ..., avoué près ledit tribunal occupant pour le sieur A... (*p.*, *q. et d.*), lequel a déposé entre nos mains le cahier des charges par lui rédigé le ..., pour parvenir à la vente de ... (*indiquer l'immeuble*), saisi au préjudice du sieur B ... (*p.*, *q. et d.*), lequel cahier des charges enregistré à ..., le ..., folio ..., case ..., par ..., qui a reçu un franc dix centimes, dixième compris, contient... rôles qui ont été cotés et paraphés par l'avoué comparant; desquels comparution et dépôt ledit Me ... a demandé acte, que nous lui avons donné, et qu'il a signé avec nous, greffier, après lecture.

(*Signature de l'avoué et du greffier.*)

Décompte :	Émolument du greffier pour la communication sans déplacement du cahier des charges...	15 »
	Vacation de l'avoué au dépôt..............	3 »
	Timbre..............................	» 60
	Enregistrement..............................	5 63
	Droit de greffe..............................	1 56 1/4
	Total..............	25 79 1/4

FORMULE 437. — Art. 691 C. Pr.

Sommation à la partie saisie de prendre communication du cahier des charges et d'assister à la publication.

L'an ..., le ..., à la requête du sieur A ... (*p.*, *q. et d.*), demeurant à ..., pour lequel domicile est élu à ..., rue ..., n° ..., dans l'étude de Me ..., avoué près le trib. de 1re inst. de ..., qui est constitué et qui continuera d'occuper sur la poursuite de saisie immobilière dont il s'agit, j'ai ..., (*immatricule de l'huissier*), soussigné, signifié et déclaré au sieur B ... (*p.*, *q. et d.*), partie saisie, demeurant à ..., en son domicile, et parlant à ..., que le cahier des charges dressé par Me ..., le ..., enregistré, pour parvenir à la vente de ... (*désigner l'immeuble*), saisi sur ledit sieur B ..., par procès-verbal du ..., visé et enregistré, a été déposé au greffe du tribunal de ..., le ..., ainsi que le constate un acte de dépôt du même jour, enregistré, et que la publication dudit cahier des charges a été fixée au..., heure de ...

En conséquence, j'ai fait sommation au sieur B..., partie saisie, de prendre communication du cahier des charges contenant les clauses et conditions sous lesquelles sera vendu l'immeuble saisi; de fournir les dires et observations qu'il jugera convenables, et d'assister, si bon lui semble, à la lecture et à la publication dudit cahier, qui auront lieu à l'audience des criées dudit tribunal de ..., lequel fixera le jour de l'adjudication et statuera sur les contestations survenues; déclarant audit sieur B... que, faute par lui de satisfaire à la présente sommation, il y sera procédé même en son absence. . . . .

Et je lui ai, audit domicile, parlant comme ci-dessus, laissé copie du présent, dont le coût est de ... (*Signature de l'huissier.*)

Decompte. (Tarif de 1841, art. 3.)

Original..........	2 »
Copie.............	» 50
Enregistrement....	3 75
Timbre............	1 20
Total...	7 45

FORMULE 438. — Art. 692 C. Pr.

Sommation aux créanciers inscrits du chef des précédents vendeurs de prendre connaissance du cahier des charges, de fournir leurs observations, etc., et d'assister à sa publication.

L'an ..., le ..., à la requête du sieur A... (*p. q. et d.*), créancier poursuivant la vente des immeubles saisis à sa requête sur le sieur B... (*p., q. et d.*), pour lequel requérant domicile est élu à ..., dans l'étude de Mᵉ ..., avoué près le trib. de 1ʳᵉ inst. de ..., qui est constitué, et qui continuera d'occuper pour lui, sur la poursuite de saisie immobilière dont il s'agit j'ai (*immatricule de l'huissier*), soussigné, signifié et déclaré 1° au sieur C ... (*p., q. et d.*), en sa qualité de vendeur des immeubles saisis au domicile par lui élu [1] dans l'inscription d'office prise par le conservateur des hypothèques de ..., le ..., vol. n° ..., à ..., audit domicile élu, en parlant à ...

2° Au sieur D ... (*p., q. et d.*), en sa qualité de créancier hypothécaire du sieur C ..., inscrit sur les immeubles saisis par le requérant au domicile par lui élu dans son inscription, chez ..., à ..., où étant et parlant à ...

3° Mêmes énonciations pour chacun des créanciers.

Que le cahier des charges dressé par Mᵉ ..., avoué, le ..., enregistré, pour parvenir à la vente de ... (*énoncer l'immeuble saisi*), a été déposé au greffe du trib. de 1ʳᵉ inst. de ..., le ..., ainsi que le constate un acte de dépôt du même jour, enregistré, et que la publication dudit cahier des charges a été fixée au ..., heure de ...

En conséquence, j'ai fait sommation à chacun des susnommés, séparément, de prendre communication dudit cahier des charges contenant les clauses et conditions sous lesquelles sera vendu l'immeuble dont il s'agit de fournir tels dires et observations qu'ils jugeront convenables, et d'assis

1. La loi du 21 mai 1858 exige que la sommation soit faite à ce créancier, à défaut de domicile élu par lui, à son domicile réel, pourvu qu'il soit fixé en France.

ter, si bon leur semble, à leur lecture et à la publication dudit cahier, qui auront lieu à l'audience des criées du tribunal de ..., lequel fixera le jour de l'adjudication et statuera sur les contestations survenues.

Déclarant spécialement au sieur C. ..., précédent vendeur, qu'à défaut par lui de former sa demande en résolution de vente et de la notifier au greffe du tribunal de ... avant l'adjudication, il sera définitivement déchu, à l'égard de l'adjudicataire, du droit de la faire prononcer.

Et j'ai, auxdits domiciles, parlant comme ci-dessus, laissé, à chacun des susnommés, copie du présent, dont le coût est de ...

(*Signature de l'huissier.*)

Décompte. (Tarif de 1841, art. 3.)

Coût ordinaire des expoits	7 45
Vacation à la délivrance de l'extrait des inscriptions au bureau des hypothèques	6 »
Examen de cet extrait des inscriptions et préparation de la sommation	6 »

NOTA. Mention des sommations qui précèdent doit être faite en marge de la transcription de la saisie, au bureau des hypothèques, dans les huit jours de la date du dernier exploit.

Cette mention se fait comme suit :

Par exploits des (*dates*), enregistrés, les notifications prescrites par les articles 691 et 692 du C. pr. ont été faites tant au sieur B..., débiteur saisi, qu'aux sieurs ..., créanciers inscrits sur les immeubles dont la saisie est transcrite ci-contre.

La présente mention est faite conformément à l'art. 693 du même code, le ..., reçu un franc pour attribution (une vacation de 6 fr. est donnée à l'avoué pour requérir cette mention.) (*Signature du conservateur.*)

FORMULE 439. — Art. 692 C. Pr.

Sommation à la femme du saisi de prendre communication du cahier des charges et de fournir ses observations, d'assister à sa publication, et d'inscrire son hypothèque légale.

Cet exploit se rédige comme le précédent.

Au lieu du dernier paragraphe, on termine ainsi :

Déclarant à ladite dame... que pour conserver son hypotèque légale contre son mari sur l'immeuble exproprié, elle devra la faire inscrire au bureau des hypothèques de ... avant la transcription du jugement d'adjudication de l'immeuble en question, et qu'à défaut par elle de faire cette inscription avant l'époque indiquée, elle sera déchue de son hypothèque légale à l'égard de l'adjudicataire.

Et j'ai, audit domicile, et parlant comme ci-dessus, laissé à ladite damer copie du présent, dont le coût est de ... (*Signature de l'huissier.*)

Décompte. (Tarif de 1841, art. 3.)

Coût ordinaire des exploits. 7 45

FORMULE 440. — Art. 692 C. Pr.

Sommation aux femmes des précédents propriétaires, aux subrogés tuteurs des mineurs ou interdits, aux mineurs devenus majeurs, de prendre communication du cahier des charges, de fournir leurs observations, d'assister à sa publication, et d'inscrire les hypothèques légales.

(Voir les formules précédentes.)

Même décompte.

FORMULE 441. — Art. 692 C. Pr.

Notification au procureur de la République de l'arrondissement où les biens sont situés de la copie de la sommation faite à la femme du saisi.

L'an ..., le ..., à la requête du sieur A... (*p., q. et d.*), pour lequel domicile est élu à ..., dans l'étude de Me ..., avoué près le trib. de 1re inst. de ..., j'ai (*immatricule de l'huissier*), soussigné, fait la notification et en tête (*de celle*) des présentes laissé copie à M. le procureur de la République près le trib. de 1re inst. de ..., au parquet dudit tribunal, en parlant à ..., du ministère de ..., huissier à ..., en date du ..., enregistré contenant sommation à la dame..., épouse du sieur B... (*p., q. et d.*), ou bien aux *subrogés tuteurs, etc.*), d'avoir à prendre communication au greffe du trib. de 1re inst. de... du cahier des charges dressé pour arriver à l'adjudication de ... (*désigner succinctement l'immeuble*) saisi sur le sieur B... à la requête du requérant, par exploit de..., etc., de fournir ses observations, d'assister à la publication dudit cahier des charges et d'inscrire son hypothèque légale ; faisant à M. le procureur de la République la présente notification afin que, conformément à l'art. 692 du C. pr., il ait à prendre au profit, soit de ladite dame B..., soit de tous autres, contre le saisi, et sur les biens ci-dessus désignés compris en la saisie, telle inscription d'hypothèque légale qu'il croira nécessaire.

Et j'ai, au parquet, parlant comme ci-dessus, laissé à M. le procureur de la République copie du présent, dont le coût est de...

(*Signature de l'huissier.*)

Vu et reçu copie, par nous, procureur de la République au parquet du tribunal le... (*Signature.*)

Décompte :		
	Timbre	Mémoire.
	Copie	» 50
	Visa	1 »
	Enregistrement	3 75
	Copie de pièces à 30 c, par rôle.	Mémoire.

FORMULE 442. — Art. 692 C. Pr.; 2121, 2135, 2153 C. C.

Bordereau d'inscription à transmettre par le procureur de la République au conservateur des hypothèques.

BORDEREAU D'INSCRIPTION HYPOTHÉCAIRE.

(*Exécution de la loi du 4 mai* 1858.)

Inscription d'hypothèque légale est requise au bureau des hypothèques de ... par le procureur de la République près le trib. de 1re inst. de...

Au profit de F... (*p.*, *q. et d.*),

Pour lequel (ou *laquelle*) domicile est élu (*indiquer le domicile dans l'arrondissement.*)

Contre le sieur B... (*p.*, *q. et d.*).

En vertu des art. 2121, 2135 et 2153 du C. C.

Pour sûreté de toutes les sommes en principal, intérêts, frais et autres accessoires (*nature des droits à conserver et approximativement leur importance*).

Sur (*désignation des immeubles compris dans la saisie*), saisis sur ledit sieur B... à la requête du sieur A... (*p.*, *q. et d.*), suivant procès-verbal de..., huissier à..., en date du..., transcrit audit bureau, le..., vol..., n°...

Au parquet, à ..., le ..., 18... *Le procureur de la République.*
(*Signature.*)

Les bordereaux sont dressés sur papier visé pour timbre en débet.
Les bordereaux sont adressés au conservateur des hypothèques par une lettre ainsi conçue: (Circulaire ministérielle du 21 mai 1859).

A..., le ...,

Monsieur le conservateur,

J'ai l'honneur de vous adresser, en exécution de la loi du 4 mai 1858, les deux doubles du bordereau de l'inscription d'hypothèque légale à prendre à votre bureau, contre le sieur B..., sur les biens compris dans la saisie faite le..., transcrite à votre bureau, le..., vol. ..., n° ...

Je vous prie de me renvoyer l'un de ces deux doubles, avec relation de l'inscription faite sur vos registres.

Agréez, etc. *Le procureur de la République.*
(*Signature.*)

A M. le conservateur des hypothèques de...

Décompte : 1 fr. pour 1000 sur l'évaluaton comprise au bordereau. Mémoire.
Les frais sont avancés pas l'administration de l'enregistrement qui en poursuit le recouvrement contre le débiteur.

FORMULE. 443. — Art. 694, 695 C. Pr.

Dire consigné à la suite du cachier des charges pour proposer une modification.

L'an ..., le ..., au greffe du tribunal de 1re inst. de ..., et devant nous, greffier, a comparu Me..., avoué près ce tribunal, du sieur C... (*p.*, *q. et d.*), pour lequel il se constitue sur lapoursuite de saisie immobilière dirigée par le sieur A... (*p.*, *q. et d.*), contre le sieur B... (*p.*, *q. et d.*) dont ledit sieur C. est créancier hypothécaire inscrit sur l'immeuble mis en vente par le cahier des charges qui précède.

Lequel a dit qu'après avoir pris connaissance dudit cahier des charges, il demande que la clause relative à... soit modifiée, en ce que... (ou *qu'il y soit inséré une nouvelle clause portant que...*, (*énoncer les modifications ou additions au cahier des charges que l'on croit devoir réclamer, et les raisons sur lesquelles on se fonde*) ; concluant, en cas de contestation, à ce qu'il soit statué sur le présent dire à l'audience indiquée pour la publication, et que les contestants soient condamnés aux dépens, qui seront payés par privilége sur le prix, conformément à l'art. 714 C. pr. et dont distraction sera prononcée à son profit aux offres de droit.

Desquels comparution et dire ledit M[e] ... a demandé acte qui lui a été donné, et qu'il a signé, après lecture, avec nous, greffier.

(*Signatures de l'avoué et du greffier.*)

Décompte. (Ord. de 1841, art. 7, § 8.)

Vacation de l'avoué. 3 »

FORMULE 444. — Art. 696 et 699 C. Pr.

Placard destiné à être inséré et affiché.

VENTE SUR SAISIE IMMOBILIÈRE.

Il sera procédé le ..., heure de ..., en l'audience des criées du tribunal de 1re instance de..., séant au palais de justice à.... à l'adjudication au plus offrant et dernier enchérisseur d'une maison située à ..., rue..., n° ..., ci-après désignée :

(*Copier la désignation du cahier des charges, qui est elle-même la reproduction de celle du procès-verbal de la saisie.*)

Cet immeuble a été saisi à la requête du sieur A... (*p.*, *q. et d.*), ayant pour avoué M[e] ..., demeurant à ..., rue ..., n° ..., sur le sieur B... (*p.*, *q. et d.*), par procès-verbal de ..., huissier à ..., en date du ..., visé le ..., enregistré le ..., et transcrit, après dénonciation au saisi, au bureau des hypothèques de ..., le ..., vol. ..., n°....

Ladite adjudication aura lieu sur la mise à prix de ..., fixée par le créancier poursuivant.

Il est déclaré, conformément à l'art. 696 C. pr. que tous ceux, du chef desquels il pourrait être pris inscription pour raison d'hypotèques légales, devront requérir cette inscription avant la transcription du jugement d'adjudication.

Fait et rédigé par moi, avoué poursuivant, le... (*Signature de l'avoué.*)

Décompte. (Tarif de 1841, art. 11.)

Timbre	Mémoire.
Enregistrement	1 88
Frais d'insertion et d'impression	Mémoire.

Vacation pour la légalisation de la signature de l'imprimeur...........	2 »
Rédaction du placard................	6 »
Droit pour chaque insertion, 2 fr.....	Mémoire.

FORMULE 445. — Art. 697 C. Pr.

Requête pour obtenir l'ordonnance qui accorde l'autorisation de faire des insertions extraordinaires.

A M. le président du tribunal civil de 1re *inst. de ...*

Le sieur A... (*p.*, *q. et d.*), ayant pour avoué Me ..., a l'honneur de vous exposer que par procès-verbal du ... il a fait procéder sur le sieur B... (*p.*, *q. et d.*) à la saisie de ... (*énoncer l'immeuble*), dont la vente est poursuivie devant ce tribunal; que le cahier des charges a été déposé au greffe du tribunal, et que l'adjudication est indiquée pour le ...; que la nature et l'importance de l'immeuble exigent qu'une grande publicité soit donnée à la vente, et que des annonces extraordinaires soient faites par la voie des journaux;

Qu'il serait également utile que des imprimés annonçant sommairement la vente fussent distribués dans les études des avoués et des notaires de ...; c'est pourquoi l'exposant conclut à ce qu'il vous plaise, monsieur le président, l'autoriser à faire faire des insertions sommaires indiquant la vente dont il s'agit dans les journaux ci-après, savoir :

1° ... (*nombre*) dans le journal ... (*nom du journal*).
2° ... (*id.*) dans le journal ... (*id.*).
3° ... (*id.*) dans le journal ... (*id.*), etc.

L'autoriser, en outre, à faire répandre ... (*nombre*) imprimés annonçant sommairement la vente, dans toutes les études des avoués et notaires de ... et dans les autres lieux où besoin sera.

Présenté à ..., le ... (*Signature de l'avoué.*)

ORDONNANNCE DU PRÉSIDENT.

Nous, président, vu la requête qui précède; vu l'art. 697 C. pr., autorisons l'exposant à faire faire ... annonces sommaires, indicatives de la vente dont il s'agit, dans les journaux ci-après, savoir :

... (*nombre*) dans ... (*nom du journal*).
... (*id.*) dans ...
... (*id.*) dans ...

Autorisons, en outre, l'exposant à faire distribuer ... imprimés annonçant sommairement la vente.

Fait au palais de justice à ..., le ... (*Signature du président.*)

Décompte :	Timbre......................	» 60
	Enregistrement................	15 63
	Rédaction de la requête.......	2 »

FORMULE 446. — Art. 699 C. Pr.

Procès-verbal d'apposition d'affiches.

L'an ..., le ..., à la requête du sieur A... (*p., q. et d.*), poursuivant sur le sieur B... (*p., q. et d.*), la saisie d'une maison sise à ..., pour lequel requérant domicile est élu à ... en l'étude de Me ..., avoué près le trib. de 1re inst. de ..., lequel est constitué pour lui sur la présente poursuite, je ... (*immatricule de l'huissier*), soussigné, certifie m'être transporté dans la commune de ..., assisté du sieur K... (*p., et d.*), afficheur, lequel, en ma présence, a apposé à chacun des endroits désignés par la loi des exemplaires semblables à celui sur lequel le présent acte est rédigé d'un placard indiquant qu'il sera procédé le ..., heure de ..., en l'audience des criées du tribunal de ..., séant à .... à l'adjudication d'une maison et dépendances situées à ..., rue ..., commune de ..., arrondissement de ..., appartenant audit sieur B..., et saisie sur lui à la requête dudit sieur A... En conséquence, j'ai rédigé sur un exemplaire dudit placard le présent procès-verbal soumis au visa de MM. les maires de chacune des communes dans lesquelles l'apposition a été faite, et que j'ai signé avec ledit sieur K..., afficheur.

(*Signature de l'huissier et de l'afficheur.*)

Vu par nous, maire de la commune de ..., le ...

Vu..., etc. (*Signature du maire.*)

Décompte. (Tarif de 1841, art. 4 et 5.)

Vacation de l'huissier y compris le salaire de l'afficheur.	8 »
Enregistrement	3 .75
Par chaque visa, 1 fr....................................	Mémoire.

FORMULE 447. — Art. 703 C. Pr.

Assignation donnée au saisi qui n'a pas constitué avoué pour obtenir, avant le jour fixé pour l'adjudication, la remise a cette adjudication.

L'an ..., le..., à la requête du sieur A... (*p., q. et d.*), demeurant à ..., qui fait élection de domicile en l'étude de Me ..., avoué près le tribunal de 1re inst. de ..., y demeurant, rue ..., n° ..., déjà constitué, sur la poursuite de saisie immobilière dont il va être parlé, et qui occupera pour lui sur la présente assignation, j'ai ... (*immatricule de l'huissier*), soussigné, donné asssignation au sieur B... (*p., q. et d.*), audit domicile, en parlant à ..., à comparaître, d'aujourd'hui à huitaine franche, outre un jour par trois myriamètres de distance, par-devant MM. les président et juges tenant l'audience des criées du trib. de 1re inst. de ..., au palais de justice, à ..., heure de ..., pour, attendu que, par jugement du ..., enregistré, le jour de l'adjudication de ... (*indication sommaire des immeubles*), saisis sur le sieur B..., au nom du requérant, par procès-verbal de ..., huissier, en date du ..., enregistré, à été fixé au ...; attendu ... (*indiquer les causes graves et dûment justifiées qui peuvent faire accorder le sursis*), voir dire et ordonner que ladite adjudication sera remise au ... prochain, et s'entendre, en cas de contestation, condamner aux dépens de l'incident, qui seront payés par privilége sur le prix des immeubles saisis.

Et j'ai, audit domicile, parlant comme ci-dessus, laissé copie du présent dont le coût est de ... (*Signature de l'huissier.*)

Décompte. (Tarif de 1841. art. 3).

Original	2 »
Copie..............	» 50
Enregistrement.......	3 75
Timbre..............	1 20
Total.......	7 45

FORMULE 448. — Art. 701 C. Pr.

Dire consigné à la suite du cahier des charges, par l'avoué poursuivant, avant l'adjudication, pour constater l'accomplissement des formalités prescrites par la loi, et le montant des frais.

Et le ..., a comparu au greffe Me ..., avoué du sieur A... (*p.*, *q. et d.*), poursuivant la vente dont il s'agit; lequel a dit qu'il a, suivant un procès-verbal de ..., en date du ..., enregistré et visé le même jour, par les maires des communes de ..., fait apposer aux lieux prescrits par la loi, des placards imprimés, indiquant que l'adjudication des biens saisis aurait lieu le ...;

Que de plus, il a fait insérer dans le journal ... (*nom du journal*) une annonce indicative de ladite adjudication, ainsi qu'il résulte de la feuille dudit journal du ..., revêtue de la signature de l'imprimeur, légalisée par le maire et enregistrée;

En conséquence, il conclut à ce qu'il soit procédé le..., à l'adjudication dudit immeuble et de ses dépendances, aux clauses et conditions insérées au cahier des charges qui précède, toutes les formalités prescrites par la loi ayant été remplies; déclarant, en outre, que les frais faits pour parvenir à la vente s'élèvent, d'après la taxe enregistrée, à la somme de ..., lesquels seront payés audit Me ..., avoué poursuivant, par l'adjudicataire, en sus du prix de son adjudication, conformément à l'art. 8 des clauses dudit cahier des charges.

Desquelles comparution et déclaration Me ... a demandé acte, qui lui a été donné, et qu'il a signé avec le greffier. (*Signatures.*)

Décompte. Il n'est alloué aucune vacation pour ce dire.

FORMULE 449. — Art. 707 C. Pr.

Pouvoir donné à un avoué pour enchérir.

Je, soussigné (*p.*, *q. et d.*), donne pouvoir à Me ..., avoué près le trib. de 1re inst. de ..., en sus des charges, un ... (*énoncer la nature de l'immeuble*), situé à ..., dont la vente sur saisie immobilière est poursuivie sur le sieur B... (*p.*, *q. et d.*), devant le tribunal de 1re inst. de ..., requérir l'adjudication de cet immeuble moyennant ledit prix, faire et signer toute déclaration de command à mon profit, remplir toutes formalités, élire domicile, et, généralement, faire ce qui sera nécessaire pour l'accomplissement du présent mandat.

Fait à ..., le ... (*Signature du mandant.*)

Décompte : Timbre.......... » 60
Enregistrement.. 3 75

FORMULE 449 *bis.* — Art. 707 C. Pr.

Déclaration de command.

L'an ..., le ..., au greffe du tribunal de première instance de ..., a comparu Me ..., avoué près ce tribunal.

Lequel nous a déclaré que l'adjudication prononcée à son profit par le jugement du ... qui précède, est pour le compte du sieur G... (*p., q. et d.*), comparant, lequel a accepté ladite déclaration de command et a signé avec ledit Me ... et nous, greffier, après lecture. (*Signatures.*)

Décompte (Tarif, art. 11, § 23.)

Enregistrement...............	1 88
Droit de greffe...............	2 56 1/4
Vacation de l'avoué..........	6 »

FORMULE 450. — Art. 716 C. Pr.

Signification du jugement d'adjudication au saisi.

L'an ..., le ..., à la requête du sieur G... (*p., q. et d.*), pour lequel domicile est élu à ..., dans l'étude de Me ..., avoué près le trib. de 1re inst. de ..., j'ai ... (*immatricule de l'huissier*), soussigné, fait la signification et en tête (*de celle*) des présentes laissé copie au sieur B... (*p. q. et d.*), audit domicile, en parlant à ...

1° De la grosse d'un jugement de l'audience des criées du tribunal de première instance de ..., en date du ..., enregistré, contenant adjudication au profit de Me ..., avoué, qui par acte du greffe, le ..., enregistré, a passé déclaration de command au nom du réquérant de ... (*immeuble*), situé à ..., dont la saisie a été poursuivie contre ledit sieur B... ; 2° de la déclaration de command susénoncée.

Et j'ai, audit sieur B..., audit domicile, parlant comme ci-dessus, laissé copie du présent, dont le coût est de ... (*Signature de l'huissier.*)

Décompte :	
Original................	2 »
Copie..................	» 50
Enregistrement.........	3 75
Timbre.................	Mémoire.
Copie de pièces à 30 c. par rôle.............	Mémoire.

FORMULE 451. — Art. 708, 709 C. Pr.

Déclaration de surenchère du sixième.

L'an..., le..., au greffe du trib. de 1re inst. de..., a comparu le sieur F... (*p., q. et d.*), assisté de M[e]..., avoué près ce tribunal qu'il constitue et qui occupera pour lui, sur la surenchère ci-après.

Lequel a déclaré surenchérir du sixième, en sus des charges et des frais de vente, et porter à la somme de..., le prix de la vente d'une maison sise à..., rue..., n°..., adjugée au sieur G... (*p., q. et d.*), par jugement de l'audience des criées de ce tribunal, en date du..., sur la poursuite exercée contre le sieur B... (*p., q. et d.*), par le sieur A... (*p., q. et d.*)

De laquelle surenchère ledit sieur F... a demandé acte que nous lui avons donné, et qu'il a signé avec ledit M[e]... et nous, greffier, après lecture.

(*Signatures.*)

Décompte. (Ord. de 1841, art. 12.)

Timbre......................	Mémoire.
Enregistrement.................	5 63
Vacation de l'avoué...........	15 »
Minute et expéd. de la déclarat.	Mémoire.

FORMULE 452. — Art. 709 C. Pr.

Dénonciation de la surenchère du sixième.

A la requête du sieur F... (*p., q. et d.*), qui élit domicile à..., dans l'étude de M[e]..., avoué déjà constitué, et qui continuera d'occuper pour lui sur la surenchère dont il va être parlé, soit fait la dénonciation et en tête (*de celle*) des présentes donné copie : 1° à M[e]..., avoué dudit sieur G... (*p., q. et d.*), adjudicataire; 2° à M[e]..., avoué du sieur A... (*p., q. et d.*), qui a poursuivi la vente sur saisie immobilière des immeubles surenchéris; 3° et à M[e]..., avoué du sieur B... (*p., q. et d.*), partie saisie;

D'un acte dressé au greffe du trib. de 1re inst de..., le..., enregistré, par lequel le requérant, assisté de M[e]..., son avoué, a surenchéri du sixième, c'est-à-dire de la somme de..., le montant de l'adjudication qui a été faite au sieur G..., moyennant le prix de ..., d'une maison sise à..., rue..., n°..., dont la vente sur saisie immobilière a été poursuivie par le sieur A... sur le sieur B..., et même requête que ci-dessus, soient sommés les susnommés de comparaître le ... (*jour, et heure*), à l'audience des criées dudit tribunal de..., pour assister, si bon leur semble, à l'adjudication des immeubles surenchéris, aux clauses et conditions du cahier des charges après l'accomplissement des formalités prescrites par la loi.

Dont acte.

Pour original, pour copie. (*Signature de l'avoué.*)

Signifié et laissé copie, 1° à M[e]..., 2° à M[e]..., 3° à M[e]..., avoués, à leurs domiciles en parlant à... (ou *au palais en parlant à leurs personnes*), par moi, huissier audiencier soussigné.

L'an ..., le ... (*Signature de l'huissier*)

Décompte. (Ord. de 1841, art. 12.)

Timbre..........................	Mémoire.
Signification et enregistrement, 90 centimes par copie...............	Mémoire.
Original.........................	1 »
Chaque copie, 25 c.................	Mémoire.
Copie de pièces de l'acte de surenchère à 30 c. par rôle............	Mémoire.

FORMULE 453. — Art. 709 C. Pr.

Placard destiné à être affiché et inséré, annonçant la vente par suite de surenchère du sixième.

VENTE PAR SUITE DE SURENCHÈRE.

SUR SAISIE IMMOBILIÈRE.

Il sera procédé le ..., heure de ..., en l'audience des criées du trib. de 1re inst. de ..., séant au palais de justice à ..., à l'adjudication au plus offrant et dernier enchérisseur, d'une maison située à ... (*Copier la désignation du cahier des charges.*)

Ladite maison a été saisie à la requête du sieur A... (*Reproduire les énonciations de la formule 439, jusqu'au paragraphe relatif à la mise à prix.*)

Par jugement en date du ..., ladite maison a été adjugée au sieur G... (*p., q. et d.*), moyennant le prix de ...; mais une surenchère du sixième a été formée par le sieur F... (*p., q. et d.*), suivant acte du greffe en date du ..., enregistré, et dénoncé par acte d'avoué à avoué en date du ...

1o A Me ..., avoué dudit sieur G..., adjudicataire ;

2o A Me ..., avoué dudit sieur A..., poursuivant ;

3o A Me ..., avoué dudit sieur B..., partie saisie.

En conséquence, il sera, à la requête du sieur F..., procédé à la nouvelle adjudication de ladite maison sur la mise à prix de ...

Fait et rédigé par moi, avoué poursuivant, le ...

(*Signature de l'avoué.*)

Décompte :	Timbre..........................	Mémoire.
	Enregistrement..............	1 88
	Rédaction du placard.........	6 »
	Insertions, 2 fr. par chacune..	Mémoire.

FORMULE 454. — Art. 718 C. Pr.

Simple acte pour former une demande incidente.

A la requête du sieur B... (*p., q. et d.*), ayant pour avoué Me ..., qu'il constitue et qui occupera pour lui sur la présente demande.

Soient sommés : 1o Me ..., avoué dudit sieur A... (*p., q. et d.*), créancier saisissant, 2o Me ..., avoué du sieur B... (*p., q. et d.*), partie saisie, à comparaître, le ..., par-devant MM. les président et juges tenant l'audience des criées du trib. de 1re inst. de ..., au palais de justice à ..., heure de ..., pour, attendu (*indiquer les moyens*), voir dire et ordonner (*conclusions*), et s'entendre en outre condamner aux dépens de l'incident qui seront passés en frais extraordinaires de poursuite, et payés par privilége sur le prix des immeubles saisis, et dont distraction, etc.

Dont acte.

Pour original, pour copie,

Signifié, laissé copie, etc. (*Signature de l'avoué.*)

Décompte :	Timbre	1 80
	Signification, 2 copies	» 70
	Enregistrement 63 c. par copie	Mémoire.

FORMULE. 455. — Art. 718 C. Pr.

Exploit d'ajournement pour former une demande incidente contre une partie qui n'a pas d'avoué en cause.

L'an ..., le ..., à la requête du sieur D... (*p., q. et d.*), pour lequel domicile est élu à ..., rue ..., n° ..., dans l'étude de Me..., avoué près le tribunal de 1re inst. de ..., qu'il constitue et qui occupera pour lui sur la présente demande, j'ai... (*immatricule de l'huissier*), soussigné, donné assignation au sieur F... (*p., q, et d. de la partie qui n'a pas d'avoué*), demeurant à ..., audit domicile, en parlant à ...

A comparaître à huitaine franche (*sans augmentation de délai à raison des distances, si ce n'est dans le cas de l'art. 762 C. pr.*), par devant MM. les président et juges tenant l'audience des criées du trib. de 1re inst. de ..., au palais de justice à ..., heure de ..., pour; attendu ..., (*moyens*), voir dire et ordonner ... (*conclusions*), et s'entendre, en outre, condamner aux dépens qui seront passés en frais extraordinaires de poursuite et payés par privilége sur le prix des immeubles saisis.

Et j'ai, au sudit domicile, parlant comme ci-dessus, laissé copie du présent, dont le coût est de ... (*Signature de l'huissier.*)

Décompte :	Original	2 »
	Copie	» 50
	Enregistrement	3.75
	Timbre	1.20
	Total	7.45

FORMULE 456. — Act. 717 C. Pr.

Demande en résolution fondée sur le défaut de payement du prix d'une ancienne aliénation.

Cette demande se fait dans la forme des assignations ordinaires.

Voir notamment la formule 184.

Même décompte qu'en la formule 184.

FORMULE 457. — Art. 717 C. Pr.

Notification au greffe de la demande en résolution formée par un précédent vendeur.

NOTA. Cet acte doit être notifié avant l'adjudication.

L'an ..., le ..., à la requête du sieur A... (*p.*, *q. et d.*), pour lequel domicile est élu en l'étude de Me ..., avoué près le tribunal de 1re inst. de ..., qu'il constitue et qui occupera pour lui sur tous les incidents auxquels la présente notification pourra donner lieu, j'ai ... (*immatricule de l'huissier*), soussigné, fait la notification et en tête (*de celle*) des présentes, donné copie au sieur ..., greffier du trib. de 1re inst. de ..., au greffe dudit tribunal à ..., où étant, parlant à ..., qui a visé le présent, d'un exploit du ministère de ..., en date du ..., enregistré, par lequel le sieur B... (*p.*, *q. et d.*) est assigné par le requérant devant le tribunal de 1re inst. de ..., pour voir, faute du payement du prix, prononcer la résolution de la vente d'une maison sise à ..., rue ..., n° ..., que lui a consentie le requérant par acte passé devant Me ..., et son collègue, notaires à ..., le ..., enregistré, laquelle maison a été saisie sur ledit sieur B..., à la requête du sieur A... (*p.*, *q. et d.*)

Déclarant en conséquence au dit greffier, que le requérant s'oppose formellement à ce qu'il soit procédé à l'adjudication desdits immeubles, à peine de nullité et de tous dommages-intérêts.

Et je lui ai, audit greffe, parlant comme ci-dessus, laissé copie du présent, dont le coût est de ... (*Signature de l'huissier.*)

Vu et reçu copie par nous, greffier (ou *commis-greffier*), soussigné, à ..., le ... (*Signature*).

Décompte :		
	Original	2 »
	Copie	» 50
	Enregistrement	3.75
	Visa	1 »
	Timbre	1.20
	Total	8.45

FORMULE 458. — Art. 719 C. Pr.

Acte pour demander la jonction de saisies immobilières de biens différents portées devant le même tribunal.

A la requête du sieur B... (*p.*, *q. et d. du saisi*), ayant pour avoué Me ..., soient sommés 1° Me ..., avoué du sieur A... (*p.*, *q. et d. du premier saisissant*), 2° Me ..., avoué du sieur C... (*p.*, *q. et d. du second saisissant*), de comparaître le ..., par devant MM. les président et juges tenant l'audience des criées du trib. de 1re inst. de ..., au palais de justice à ..., heure de ..., pour; attendu que, suivant procès-verbal de ..., huissier à..., en date du ..., enregistré, ledit sieur A... a fait saisir une maison et dépendances, située à ..., rue ..., n° ..., appartenant au requérant; que cette saisie a été dénoncée par exploit de ..., en date du ...; attendu que le sieur C... a, suivant procès-verbal de ..., en date du ..., enregistré, fait procéder à la saisie d'une autre maison appartenant audit sieur B..., située également à ..., et que cette saisie a été dénoncée par exploit de ..., en date du ..., enregistré; attendu que le sieur A... est premier saisissant, ainsi qu'il résulte de la comparaison des dates des procès-verbaux des deux saisies susénoncées; attendu que les biens saisis se trouvent situés dans le ressort du même tribunal, et que les deux saisies étant portées devant les mêmes juges, elles doivent, aux termes de l'art. 719, C. pr., être réunies et suivies par le premier saisissant, voir ordonner que la saisie pratiquée à la requête du sieur C..., le ..., sera jointe à la saisie pratiquée à la requête du sieur A..., le..., pour être par ledit sieur A... suivi, par une seule et même procédure, sur les deux saisies jointes; en conséquence, ordonner que le sieur C... sera tenu, dans les trois jours de la signification du jugement à intervenir, de remettre au sieur A..., sur le récépissé de Me ..., son avoué, les pièces de la procédure par lui faite jusqu'à ce jour, sous peine de tous dommages-intérêts; et, en cas de contestation, s'entendre condamner les sieurs A... et C... aux dépens, que les défendeurs ne pourront employer en frais privilégiés de poursuite, et dont distraction sera prononcée au profit de Me ..., avoué, etc.

Dont acte.

Pour original; pour copie,

Signifié, donné copie, etc. (*Signature de l'avoué.*)

Décompte :		
	Original	2 »
	Copie	» 50
	Enregistrement	3.75
	Timbre	1.20
	Total	7.45

FORMULE 459. — Art. 720. C. Pr.

Dénonciation d'une saisie plus ample au premier saisissant.

A la requête du sieur C... (*p., q. et d.*), ayant pour avoué Me ..., soit fait la dénonciation et en tête (*de celle*) des présentes donné copie à Me ..., avoué du sieur A... *p., q. et d. du premier saisissant*), 1° d'un procès-verbal de ..., huissier à ..., en date du ..., visé, enregistré et transcrit, fait à la requête du sieur C..., et contenant saisie de ... (*désignation des immeubles*), appartenant au sieur B... (*p., q. et d.*); 2° de la mention de ladite transcription, opérée au bureau des hypothèques de ..., le ..., vol. ..., n° ...; sommant en conséquence ledit sieur A..., conformément à l'art. 720 du C. pr., de poursuivre sur ladite saisie et sur celle qu'il a pratiquée par exploit de ..., huissier à ..., le ..., enregistrée et transcrite au bureau des hypothèques de ..., le ..., vol. ..., n° ... Lesquelles deux saisies se trouvent réunies de droit, lui déclarant que faute par lui d'obéir à la présente sommation, le requérant se pourvoira en subrogation en vertu des dispositions de l'art. 721 du même code.

Pour original; pour copie,

Signifié, donné copie, etc. (*Signature de l'avoué.*)

Décompte. (Ord. de 1841, art. 7 § 9.)

Timbre.....................	Mémoire.
Signification et enregistrement.	» 98
Original....................	3 »
Copie, le quart..............	» 75
Copie de pièces à 30 c. par rôle.	Mémoire.

FORMULE 460. — Art. 743 C. Pr.

Acte pour faire comprendre dans l'adjudication des biens dépendants d'une même exploitation lorsqu'une partie seulement de ces biens a été saisie.

A la requête du sieur B... (*p., q. et d.*), ayant pour avoué Me ..., soit sommé Me ..., avoué du sieur A... (*p., q. et d. du saisissant*), de comparaître le ..., par-devant MM. les président et juges tenant l'audience des criées du trib. de 1re inst. de ..., au palais de justice, à ..., heure de ..., pour, attendu que, par procès-verbal du ministère de Me ..., en date du ..., enregistré, ledit sieur A... a fait procéder, sur le requérant, à la saisie de... (*désigner les immeubles*), situés à ..., mais que dans ladite saisie ne sont pas compris les biens ci-après décrits, qui font cependant partie de la même exploitation, savoir : 1° ... (*énonciation précise de chacune des parcelles omises*); 2° ..., etc.; voir dire et ordonner, conformément à l'art, 743 C. pr., que lesdits biens non saisis seront compris dans la poursuite faite à la requête dudit sieur A..., et adjugés avec ceux qui font l'objet dudit procès-verbal de saisie, et s'entendre ledit sieur A..., en cas de contestation, condamner personnellement aux dépens dont distraction sera prononcée au profit de Me ..., qui affirme en avoir fait l'avance.

Dont acte.

Pour original, pour copie,

Signifié, donné copie, etc. (*Signature de l'avoué.*)

Décompte :	Timbre..................	Mémoire.
	Signification	» 35
	Enregistrement..........	» 63
	Il n'est pas dû d'émolument.	

FORMULE. 461. — Art 721 C, Pr.

Simple acte pour demander la subrogation lorsque le premier saisissant n'a pas compris dans ses poursuites la saisie plus ample qui lui a été dénoncée.

A la requête du sieur C... (*p., q. et d.*), ayant pour avoué Me ..., soient sommés, 1° Me ..., avoué du sieur A... (*p., q. et d.*), créancier saisissant; 2° Me ..., avoué du sieur B... (*p., q. et d.*), partie saisie, de comparaître le ..., par-devant MM. les président et juges tenant l'audience des criées du tribunal de 1re inst. de ..., au palais de justice, à ..., heure de ..., pour, attendu que par acte du ..., enregistré, le requérant a dénoncé au sieur A... la saisie par lui faite des (*énoncer les immeubles saisis*), situés à ..., sur le sieur B..., par procès-verbal de ..., en date du ..., visé, enregistré et transcrit; attendu que parmi les immeubles ainsi saisis par le sieur C... il s'en trouve qui n'ont pas été compris dans la saisie précédemment pratiquée à la requête du sieur A...; attendu que, depuis la dénonciation ci-dessus énoncée, ledit sieur A... a continué les actes de la procédure faite originairement à sa requête, mais n'a donné aucune suite à la saisie du requérant, réunie de droit à la première, aux termes de l'art. 720 C. pr., voir ordonner que le requérant sera subrogé au sieur A... dans la poursuite des deux saisies dont il s'agit, pour être, savoir : sursis à la première, et suivi sur la deuxième jusqu'à ce que les deux procédures étant au même degré il soit procédé sur les deux saisies par une seule poursuite, sous la réserve que la subrogation prononcée au profit du requérant n'embrassera que les actes valables de la procédure suivie par le sieur A..., les actes nuls demeurant à la charge de ce dernier; en conséquence, voir ordonner que, dans les vingt-quatre heures de la signification du jugement à intervenir, le sieur A... sera tenu, sous peine de ... de dommages-intérêts par chaque jour de retard, de remettre au requérant, sur récépissé, toutes les pièces de la procédure par lui faite jusqu'à ce jour, et s'entendre en outre, ledit sieur A..., condamner aux dépens de l'incident, que le requérant sera, dans tous les cas, autorisé à employer comme frais privilégiés de poursuite, et dont distraction, etc.

Pour original, pour copie,
Signifié, laissé copie, etc. (*Signature de l'avoué.*)

Décompte :		
	Timbre....................	1 80
	Signification, 2 copies.......	» 70
	Enregistrement...............	1 88
	Il n'est dû aucun émolument.	

FORMULE 462. — Art. 721 C. Pr.

Conclusions en réponse à la demande en subrogation.

A MM. les président, et juges tenant l'audience des criées du trib. de 1re inst. de...

CONCLUSIONS.

Pour le sieur A... (*p., q. et d.*), premier créancier saisissant, défendeur à la demande en subrogation, ayant pour avoué Me ..., contre le sieur C... (*p., q. et d.*), second créancier saisissant, demandeur en subrogation, ayant pour avoué Me ...

En présence du sieur B... (*p., q. et d.*), partie saisie, ayant pour avoué Me ...

PLAISE AU TRIBUNAL

Attendu que le concluant n'a apporté aucune négligence dans la poursuite de la saisie immobilière pratiquée à sa requête par procès-verbal de ..., en date du ..., enregistré, visé et dénoncé, sur une maison sise à ..., appartenant au sieur B...; qu'en effet ... (*indiquer les causes du retard ou dire que ce retard n'a pas existé*); sans s'arrêter à la demande en subrogation, suivant acte d'avoué à avoué, en date du ..., dans laquelle il sera déclaré mal fondé, ordonner qu'il sera passé outre à la poursuite de saisie immobilière commencée par le concluant, de l'immeuble sus-indiqué; et condamner le sieur C..., personnellement, aux dépens de l'incident, sauf au concluant à pouvoir employer ceux qu'il aura faits en frais privilégiés de poursuite, ledit sieur C... demeurant néanmoins tenu de tous les dépens, dont distraction, etc.

Pour original, pour copie,

Signifié, donné copie, etc. (*Signature de l'avoué.*)

Décompte : Voir *la formule* 454.

FORMULE 463. — Art. 692 C. Pr.

Commandement au saisi, à la requête d'un créancier non inscrit ou dont l'inscription est postérieure à la sommation, de prendre communication du cahier des charges, avant de demander la subrogation.

L'an ..., le ..., à la requête du sieur E... (*p., q. et d.*), pour lequel domicile est élu dans l'étude de Me ..., avoué près le tribunal de 1re inst. de ..., y demeurant, rue ..., n° ..., j'ai ... (*immatricule de l'huissier*), soussigné, fait commandement au sieur B... (*p., q. et d.*), en son domicile, en parlant à ..., de payer au requérant, dans vingt-quatre heures pour tout délai, la somme de ..., qui lui est due en vertu de ... (*énoncer le titre exécutoire*), dont copie est donnée en tête (*de celle*) des présentes; déclarant audit sieur B... que, faute par lui de satisfaire au présent commandement dans ledit délai, il y sera contraint par toutes les voies de droit, et notamment par la subrogation que demandera le sieur E..., dans les poursuites de saisie immobilière dirigées sur ... (*indiquer l'immeuble*), appartenant audit sieur B..., à la requête du sieur A... (*p., q. et d.*), ainsi qu'il résulte d'un procès-verbal en date du ..., enregistré, visé et transcrit au bureau des hypothèques de ..., le ..., vol. ..., n° ..., sous toutes réserves.

Et j'ai, audit domicile parlant comme ci-dessus, laissé copie du présent dont le coût est de ... (*Signature de l'huissier.*)

Décompte : Coût ordinaire des exploits.......... 7 45
Plus le droit de copie de pièces.....

FORMULE 464. — Art. 725 en 726 C. Pr.

Acte de dépôt au greffe des pièces à l'appui d'une demande en distraction.

L'an ..., le ..., au greffe du trib. de 1re inst. de ..., et devant nous, greffier soussigné, a comparu Me ..., avoué près ce tribunal occupant pour le sieur C... (*p., q. et d.*), sur la demande en distraction dont il va être parlé, lequel a dit que suivant procès-verbal de ..., huissier à ..., en date du ..., enregistré, le sieur A... (*p., q. et d.*), a fait saisir une maison sise à ..., rue ..., n° ..., appartenant au sieur B... (*p., q. et d.*), et un terrain adjacent à ladite maison (*désignation du terrain, d'après le procès-verbal de saisie*); que, ce terrain indûment saisi sur le sieur B...

1. Cet acte ne paraît pas indispensable. Il est néanmoins conseillé par quelques auteurs.

est la propriété personnelle du sieur C..., qui doit former, devant ce tribunal, une demande en distraction; qu'il comparaît par devant nous pour déposer à cet effet les titres et pièces établissant les droits du sieur C.., sur ce terrain, conformément à l'art. 726 C. pr., et à l'instant ledit Me... a déposé entre nos mains ces titres et pièces, qui sont : 1o..., 2o... (*énoncer successivement les titres remis*).

Desquels comparution, dépôt et déclaration le comparant a demandé acte, qui lui a été donné, et qu'il a signé avec nous, greffier, après lecture.

Dont acte. (*Signatures de l'avoué et du greffier.*)

Décompte. (Ord. de 1841, art 7, § 10.)

Timbre..................................	» 60
Enregistrement..........................	5 63
Droit de greffe. Compris la remise du greffier 12 c. 1/2........................	1 56 1/4
Timbre d'expédition.....................	Mémoire.
Droit de greffe, 1 fr. 50 c. par rôle, y compris la remise du greffier, 30 c. par rôle.................................	Mémoire.
Vacation de l'avoué.....................	3 »

FORMULE 465. — Art. 725 et 726 C. Pr.

Acte d'avoué pour demander la distraction d'objets indûment saisis.

A la requête du sieur C... (*p., q. et d.*), ayant pour avoué Me..., qu'il constitue et qui occupera pour lui sur la présente demande en distraction, soient sommés, 1o M..., avoué du sieur A... (*p., q. et d.*), créancier saisissant; 2o Me..., avoué du sieur B... (*p., q. et d.*) partie saisie; 3o Me..., avoué du sieur D... (*p., q. et d.*), premier créancier inscrit sur les immeubles saisis sur le sieur B..., de comparaître le..., par-devant MM. les président et juges tenant l'audience des criées du tribunal de 1re inst. de..., au palais de justice à..., heure de..., pour, attendu que le sieur A... a fait saisir, suivant procès-verbal de..., huissier, en date du..., enregistré, une maison sise à..., rue..., no..., appartenant au sieur B..., et un terrain adjacent à ladite maison (*désignation du terrain et de sa contenance*); attendu que ce terrain est la propriété personnelle de l'exposant, ainsi qu'il résulte de : 1o...; 2o ..., etc. (*énoncer les titres*); lesquels titres ont été déposés au greffe du tribunal, suivant un acte dressé le..., enregistré, dont il est en tête (*de celle*) des présentes donné copie; — attendu que la saisie immobilière pratiquée par le sieur B... sur le terrain en question est nulle; qu'il y a lieu de faire opérer la distraction dudit terrain des objets saisis, et, si cette distraction ne peut être prononcée avant le jour fixé pour l'adjudication des immeubles saisis, de faire surseoir à cette adjudication; — voir ordonner que le terrain situé à..., de la contenance de..., compris sous le no... dans la saisie immobilière faite sur ledit sieur B... à la requête du sieur A..., suivant procès-verbal de..., en date du..., sera distrait de ladite saisie; qu'en conséquence, ladite saisie sera rayée, en ce qui concerne ledit terrain, au bureau des hypothèques de..., et qu'en marge ou à la suite du cahier des charges, et de tous actes et procès-verbaux; mention sera faite du jugement à intervenir par les soins de tous conservateurs des hypothèques et greffiers, qui y seront contraints sur la représentation dudit jugement; déclarer qu'il sera sursis à l'adjudication des immeubles saisis jusqu'à ce qu'il ait été statué sur la distraction demandée; et s'entendre le sieur A... et tous autres contestants condamner aux dépens, dont distraction, etc.

Dont acte. Pour original, pour copie,

Signifié, donné copie, etc. (*Signature de l'avoué*).

Décompte : Voir la *formule* 454.

FORMULE 466. — Art. 727 C. Pr.

Acte notifié par le poursuivant pour demander que, nonobstant la demande en distraction, il soit procédé à l'adjudication du surplus.

A la requête du sieur A... (*p., q. et d.*), ayant pour avoué Me..., soient sommés, 1° Me..., avoué du sieur C... (*p., q. et d. du demandeur en distraction*); 2° Me..., avoué du sieur B... (*p., q. et d. du saisi*); 3° Me..., avoué du sieur D... (*p., q. et d. du premier créancier inscrit*), de comparaître le ..., par-devant MM. les président et juges tenant l'audience des criées du tribunal de 1re inst. de..., au palais de justice à..., heure de..., pour, attendu que la demande en distraction formée le..., par ledit sieur C..., ne porte que sur une très minime partie des immeubles saisis à la requête du sieur B...; qu'en la supposant fondée, elle n'aurait pas pour effet, d'amoindrir considérablement la valeur des biens à vendre, puisqu'elle n'entre que pour le chiffre de... dans la mise à prix; qu'on peut, sans inconvénient, passer outre à l'adjudication des autres immeubles saisis, sauf à vendre plus tard la parcelle revendiquée, si la demande en revendication n'est pas accueillie, voir ordonner que l'adjudication des immeubles saisis par le requérant aura lieu au jour fixé, mais qu'elle ne comprendra pas l'immeuble revendiqué, à la vente duquel il sera sursis jusqu'au jugement à intervenir; qu'en conséquence, la mise à prix portée au cahier des charges et dans les placards sera réduite à..., et s'entendre, ledit sieur C..., en cas de contestation, condamner aux dépens, que, dans tous les cas, le requérant sera autorisé à employer en frais privilégiés de poursuite, et dont distraction, etc.

Dont acte.

Pour original, pour copie,

Signifié, donné copie, etc. (*Signature de l'avoué.*)

Décompte : Voir *la formule* 454.

FORMULE 467. — Art. 728 C. Pr.

Acte pour proposer une nullité de la procédure qui précède la publication du cahier des charges.

A la requête du sieur B... (*p., q. et d.*), ayant pour avoué Me..., qu'il constitue et qui occupera pour lui sur la présente demande, soit sommé Me..., avoué du sieur A.., (*p., q. et d.*), de comparaître le..., par-devant MM. les président et juges tenant l'audience des criées du tribunal de 1re inst. de..., au palais de justice à..., heure de..., pour, attendu qu'aux termes des art. 681 et 715 C. pr. la dénonciation à la partie saisie du procès-verbal de saisie immobilière doit être faite dans la quinzaine de la clôture du procès-verbal; attendu que le procès-verbal de la saisie opérée sur la maison sise à..., appartenant au sieur B..., a été clos le...; que, néanmoins, il n'a été dénoncé au demandeur que par exploit en date du...; qu'il s'est donc écoulé plus de quinze jours entre la clôture dudit procès-verbal et sa dénonciation; que, par conséquent cette dénonciation est nulle ainsi que toute la procédure qui l'a suivie, notamment la transcription faite au bureau des hypothèques de..., le... (*on expose de la même manière toute autre cause de nullité*); voir déclarer nulle ladite dénonciation, ainsi que tous les actes de procédure qui l'ont suivie; ordonner que ladite saisie et sa dénonciation seront rayées au bureau des hypothèques de...; dire que sur la présentation de la grosse du jugement à intervenir, le conservateur de ce bureau sera tenu d'opérer cette radiation; et s'entendre le sieur A... condamner aux dépens de la procédure annulée et de la présente demande, dont distraction sera quant aux frais de la présente demande, prononcée en faveur de Me..., etc., etc.

Dont acte.

Pour original, pour copie,

Signifié, donné copie, etc. (*Signature de l'avoué*).

Décompte : Voir *la formule* 454.

FORMULE 468. — Art. 729 C. Pr.

Acte pour proposer un moyen de nullité contre la procédure postérieure à la publication du cahier des charges.

A la requête du sieur... etc. (*comme en la formule précédente*), soit sommé, etc. (*comme en la formule précédente*) de comparaître le..., par-devant MM. les président et juges tenant l'audience des criées du trib. de 1re inst. de..., au palais de justice à..., heure de..., pour, attendu que l'adjudication des immeubles saisis à la requête du sieur A... sur le requérant après avoir été fixée au..., par jugement du..., a été, sur la demande dudit sieur A..., renvoyée au..., par jugement du...; attendu qu'aux termes des art. 704 et 705 du C. de pr., l'adjudication devait être annoncée huit jours au moins à l'avance par des insertions nouvelles et de nouveaux placards;

attendu que ces nouvelles insertions n'ont eu lieu que le..., ainsi qu'il résulte d'un exemplaire du journal le..., à la date du..., enregistré; qu'entre ce jour et celui où il devait être procédé à l'adjudication ne se trouve pas le délai fixé par la loi; qu'il y a donc nullité, et que cette nullité remonte jusqu'au jugement de publication exclusivement (art. 729, C. pr.); voir dire qu'il ne peut être procédé à l'adjudication; annuler toute la procédure suivie depuis le jugement qui a donné acte de la publication du cahier des charges, et s'entendre ledit sieur A... condamner aux dépens de la procédure annulée et de l'incident, sans qu'il puisse, dans aucun cas, employer en frais privilégiés de poursuite ces dépens, dont distraction, quant aux frais faits sur la présente demande, sera prononcée en faveur de Me..., etc.

Dont acte.

Pour original, pour copie,

Signifié, donné copie, etc. (*Signature de l'avoué*).

Décompte : Voir *la formule* 454.

FORMULE 469. — Art. 728 C. Pr.

Simple acte notifié à la requête du poursuivant qui s'aperçoit que les délais prescrits à peine de nullité pour remplir une formalité sont expirés et qui veut continuer ses poursuites.

A la requête du sieur A... (*p., q. et d.*), ayant pour avoué Me..., soit sommé Me..., avoué du sieur B... (*p., q. et d.*), de comparaître, le..., pardevant MM. les président et juges tenant l'audience des criées du tribunal de 1re inst. de..., au palais de justice à..., heure de..., pour, attendu que le sieur A..., par procès-verbal du..., visé, enregistré, dénoncé dans les délais et transcrit au bureau des hypothèques de..., le..., vol. ..., n° ..., a fait saisir... une maison sise à..., rue..., n° ..., et ses dépendances, appartenant audit sieur B...; attendu que les actes de la poursuite ont été régulièrement faits jusqu'au... (*énoncer le dernier acte*), mais qu'à partir de cet acte le requérant a laissé passer les délais fixés à peine de nullité pour la continuation de la procédure; qu'en cet état le requérant ne peut rester plus longtemps dans l'inaction sans s'exposer à une demande en subrogation; que, d'un autre côté, il ne peut, de son propre mouvement, faire signifier de nouveaux actes, procéder à l'accomplissement de nouvelles formalités sans donner le droit audit sieur B... de se prévaloir de la nullité qui en résulterait; qu'une pareille situation serait désastreuse s'il y avait lieu de renoncer à toutes les poursuites déjà exercées, sans cause de nullité; — attendu que le Code de procédure a prévu implicitement la difficulté; que de l'art. 728 il résulte qu'en cas de nullité la poursuite peut être reprise à partir du dernier acte valable, et que les délais pour accomplir les actes suivants courent à partir du jugement ou de l'arrêt qui aura définitivement statué sur la nullité; voir ordonner que le délai pour faire... (*énoncer l'acte*) étant expiré, il y a lieu de relever le requérant de la déchéance par lui encourue par sa négligence, en lui faisant supporter les dépens de l'incident; déclarer que ledit requérant pourra reprendre utilement ses poursuites, et que le délai pour les continuer prendra cours à partir du jugement à intervenir, et s'entendre, ou outre, ledit sieur A... condamner aux dépens que pourront occasionner ses conclusions, lesquels dépens seront passés comme frais privilégiés de poursuite, et dont distraction, etc.

Pour original, pour copie,

Signifié, donné copie, etc. (*Signature de l'avoué.*)

Décompte : Voir *la formule* 454.

FORMULE 470. — Art 744 C. Pr.

Sommation à l'adjudicataire de justifier de l'acquit des conditions exigibles de l'adjudication

L'an ..., le ..., à la requête du sieur A... (*p., q. et d.*), créancier ayan poursuivi la vente sur saisie immobilière de l'immeuble dont il sera ci-après question, pour lequel domicile est élu à ..., rue ..., n° ..., dans l'étude de Me ..., avoué près le tribunal de 1re inst, de ..., j'ai ... (*immatricule de l'huissier*), soussigné, fait sommation au sieur G... (*p., q. et d. de l'adjudicataire*), au domicile par lui élu en l'étude de Me ..., avoué près le tribunal de ..., y demeurant, rue ..., n° ..., où étant et parlant à ..., d'avoir, dans vingt-quatre heures pour tout délai, à justifier au requérant de l'accomplissement des charges et conditions actuellement exigibles de l'adjudication prononcée à son profit d'une maison sise à ..., le ..., rue ..., n° ..., par jugement du tribunal de ..., le ...., par suite de la saisie immobilière poursuivie contre le sieur B... (*p., q. et d.*), et notamment de justifier du payement dés frais de poursuite, des droits d'enregistrement et de transcription dont il est tenu aux termes de l'art. 7 du cahier des charges, lui déclarant que, faute par lui de satisfaire à la présente sommation, le requérant se fera délivrer par le greffier du tribunal le certificat prescrit par l'art. 734 C. pr., et poursuivra la revente sur folle enchère de l'immeuble dont il s'agit.

Et je lui ai, audit domicile, en parlant comme ci-dessus, laissé copie du présent, dont le coût est de ... (*Signature de l'huissier*).

Décompte : Coût ordinaire des exploits.. 7 45

FORMULE 471. — Art. 734 C. Pr.

Réquisition et certificat pour parvenir à la vente sur folle enchère.

L'an ..., le ..., au greffe du tribunal de première instance de ..., au palais de justice, et devant nous, greffier au dudit tribunal, a comparu Me ..., avoué du sieur A... (*p., q. et d.*), demeurant à ..., lequel nous a dit que, par exploit en date du ..., enregistré, son client a fait faire sommation au sieur G... (*p., q. et d.*) de satisfaire aux conditions de l'adjudication ci-après énoncée, exigibles avant la délivrance du jugement d'adjudication, et que cette sommation est restée sans effet; qu'en conséquence, il nous requérait de lui délivrer le certificat prescrit par l'art. 734 C. pr. pour parvenir à la vente sur folle enchère d'une maison sise à ..., rue ..., n° ..., dont ledit sieur G... s'est rendu adjudicataire, suivant jugement du ..., moyennant la somme de ..., en sus des charges, et a, ledit M^e ..., signé. (*Signature de l'avoué.*)

Déférant à cette réquisition, nous, greffier soussigné, certifions que ledit sieur G... n'a pas satisfait à toutes les conditions exigibles du jugement d'adjudication susdaté, et notamment qu'il ne nous a pas été justifié par ledit sieur G... du payement des frais de la poursuite de saisie immobilière dont il s'agit.

En foi de quoi nous avons délivré le présent certificat lesdits jour, mois et an. (*Signature du greffier.*)

Décompte. (Ord. de 1841, art. 12.)

Timbre minute	» 60
Enregistrement	5 63
Droit de greffe y compris la remise du greffier 12 c. 1/2	1 56 25
Timbre d'expédition	Mémoire.
Droit de greffe, 1 fr. 10 par rôle y compris la remise du greffier 30 c.	
Vacation de l'avoué	Mémoire.

FORMULE 473. — Art. 734 C. Pr.

Opposition entre les mains du greffier à la délivrance du certificat.

L'an ..., le ..., au greffe du trib. de 1re inst. de ..., au palais de justice et devant nous, greffier soussigné, a comparu le sieur G... (*p., q. et d.*), assisté de M^e ..., avoué près ce tribunal, dans l'étude duquel il fait élection de domicile, lequel a dit qu'une sommation qui lui a été notifiée par exploit de ..., en date du ..., enregistré, lui a fait connaître que le sieur A... (*p., q. et d.*), était dans l'intention de requérir de nous, greffier, la délivrance d'un certificat constatant le défaut d'accomplissement des conditions actuellement exigibles d'un jugement de l'audience des criées du tribunal de 1re inst. de ..., en date du ..., enregistré, aux termes duquel le sieur G... s'est rendu adjudicataire d'une maison sise à ..., rue ..., saisie par le sieur A... sur le sieur B... (*p., q. et d.*); que le comparant s'oppose à la délivrance de ce certificat, attendu ... (*exposer les motifs de cette opposition, tels que le payement ou la consignation des frais de poursuite et des droits d'enregistrement*); qu'il proteste donc contre toute réquisition du certificat pour parvenir à la vente sur folle enchère de ladite maison, sous la réserve de tous dommages-intérêts;

Desquelles comparution et opposition le comparant a requis acte, qu'il a signé avec ledit M^e ..., et nous, greffier, après lecture.

(*Signature de la partie, de l'avoué et du greffier.*)

Décompte. (Argument de l'art. 12 de l'ord. de 1841.)

Enregistrement..................	5 63
Timbre de la minute............	» 60
Droit de greffe, y compris la remise du greffier 12 c. 1/2..........	1 56 1/4
Vacation........................	3 »

FORMULE 473. — Art. 734 C. Pr.

Assignation en referé afin d'obtenir le certificat du greffier nonobstant l'opposition.

L'an..., le..., à la requête du sieur A... (*p., q. et d.*), ayant poursuivi la vente, par voie de saisie immobilière, d'une maison sise à..., rue..., n°..., pour lequel domicile est élu à..., n°..., dans l'étude de Me..., avoué près le tribunal de 1re inst. de..., j'ai... (*immatricule de l'huissier*), soussigné, donné assignation au sieur G... (*p., q. et d.*), adjudicataire dudit immeuble, au domicile élu par lui, en l'étude de Me..., avoué près le tribunal de 1re inst. de..., y demeurant, rue..., n°..., où étant et parlant à..., à comparaître le..., heure de..., par-devant M. le président du trib. de 1re inst. de..., tenant l'audience des référés, en son cabinet, au palais de justice, à..., pour, attendu que le requérant n'a pu obtenir du greffier de ce tribunal le certificat constatant le défaut d'accomplissement, de la part du sieur G..., des conditions exigibles du jugement d'adjudication du..., par suite de l'opposition formée par le sieur G..., à la délivrance dudit certificat, suivant acte dressé au greffe du tribunal, le... (ou *par exploit signifié au greffier du tribunal, le...*); attendu que cette opposition, basée sur ce que... (*énoncer les motifs de l'opposition*); n'est pas fondée, qu'en effet (*exposer les raisons contraires à l'opposition*); par ces motifs, au principal, voir les parties renvoyées à se pourvoir, et cependant, dès à présent, voir dire que, sans s'arrêter ni avoir égard à ladite opposition, le requérant sera autorisé à se faire délivrer le certificat constatant l'inexécution par ledit sieur G... des conditions actuellement exigibles de l'adjudication, ce qui sera exécuté par provision, nonobstant appel.

Et je lui ai, audit domicile élu, parlant comme ci-dessus, laissé copie du présent, dont le coût est de... (*Signature de l'huissier.*)

Décompte : Coût ordinaire des exploits 7 45

FORMULE 474. — Art. 735 C. Pr.

Signification du bordereau de collocation dans l'ordre avec commandement tendant à folle enchère.

L'an..., le..., à la requête du sieur A... (*p., q. et d.*), pour lequel domicile est élu à..., rue..., n°..., dans l'étude de Me..., avoué près le trib. de 1re inst. de..., j'ai... (*immatricule de l'huissier*), soussigné, fait la signification et en tête (*de celle*) des présentes laissé copie au sieur G...

(*p., q. et d.*), adjudicataire de l'immeuble ci-après désigné, audit domicile en parlant à..., de la grosse, enregistrée, d'un bordereau de collocation délivré au requérant dans l'ordre ouvert au greffe du tribunal de première instance de ..., sur le prix moyennant lequel ledit sieur G... s'est rendu adjudicataire d'une maison sise à ..., rue ..., n°..., ledit ordre réglé définitivement par M. ..., juge-commissaire, le ...., et à même requête, en vertu dudit bordereau, j'ai fait commandement audit sieur G..., en parlant comme ci-dessus, de payer au requérant, dans vingt-quatre heures pour tout délai, ou présentement à moi, huissier, porteur des pièces, la somme totale de..., francs, composée de ... (*énoncer le principal, les intérêts et les frais*), montant des causes énoncées audit bordereau de collocation, lui déclarant que, faute par lui de satisfaire au présent commandement, il y sera contraint par toutes les voies de droit, et notamment par la revente, à sa folle enchère, de l'immeuble susdésigné, à lui adjugé suivant jugement de l'audience des criées du tribunal de 1re inst. de ..., en date du ..., enregistré.

Et je lui ai, audit domicile, parlant comme ci-dessus, laissé copie du présent, dont le coût est de ..., (*Signature de l'huissier.*)

Décompte :		
	A l'huissier	4 70
	Timbre	Mémoire.
	Copie de pièces à 30 c. par rôle.	Mémoire.

FORMULE 475. — Art. 736 C. Pr.

Sommation aux avoués de l'adjudicataire et du saisi d'assister à l'adjudication sur folle enchère.

A la requête du sieur A... (*p., q. et d.*), poursuivant la revente par voie de folle enchère de l'immeuble ci-après désigné, ayant Me ... pour avoué, soit signifié et déclaré : 1° à Me ..., avoué du sieur G... (*p., q. et d.*), adjudicataire dudit immeuble ; 2° à Me ..., avoué du sieur B... (*p., q. et d.*), partie saisie, que la revente sur folle enchère d'une maison sise à ..., rue..., n°..., aura lieu le..., à l'audience des criées du tribunal de 1re inst. de..., heure de...; leur faisant, en conséquence, sommation d'être présents et d'avertir leurs clients d'assister à ladite adjudication, leur déclarant qu'il sera passé outre à l'adjudication, même en leur absence.

Dont acte.

Pour original, pour copie,

Signifié, laissé copie, etc. (*Signature de l'avoué.*)

Décompte. (Tarif, art. 70.)

Timbre	1 80
Enregistrement, 2 droits	3 75
Signification (2 copies)	» 70
Émoluments	1 »
2 copies	» 50

FORMULE 476. — Art. 738 C. Pr.

Requête et ordonnance pour obtenir la fixation provisoire des frais de folle enchère.

A M. le président du trib. de 1re inst. de ...

Le sieur G... (*p.*, *q. et d.*), ayant pour avoué Me ..., a l'honneur de vous exposer que, suivant jugement de ce tribunal en date du ..., enregistré, il s'est rendu adjudicataire d'une maison sisé à ..., rue ..., n° ..., vendue par suite de la saisie immobilière pratiquée sur le sieur B... (*p.*, *q. et d*), à la requête du sieur A... (*p.*, *q. et d.*), que l'exposant s'étant trouvé dans l'impossibilité momentanée de justifier au sieur A... de l'acquit des conditions exigibles de l'adjudication, parce que ... (*exposer succinctement les causes qui ont empêché cette justification*), ledit sieur A..., après avoir obtenu du greffier du tribunal un certificat constatant que ces conditions n'avaient pas été remplies, a fait apposer des affiches pour parvenir à la revente dudit immeuble sur folle enchère; qu'aujourd'hui, l'exposant se trouve en mesure de satisfaire aux conditions de l'adjudication; mais qu'il doit, en outre, aux termes de l'art. 738 C. pr., justifier de la consignation d'une somme réglée par vous, pour faire face aux frais des poursuites de folle enchère, afin d'arrêter lesdites poursuites; en conséquence, l'exposant conclut à ce qu'il vous plaise, Monsieur le président, l'autoriser à déposer à la caisse des consignations, avec affectation spéciale aux frais de folle enchère dont il s'agit, telle somme que vous voudrez provisoirement fixer, et, vu l'urgence, ordonner l'exécution de votre ordonnance sur minute.

(*Signature de l'avoué.*)

ORDONNANCE.

Nous président, vu la requête précédente, et les pièces à l'appui, ensemble l'art. 738 C. pr., disons qu'en déposant à la caisse des consignations la somme de ..., à laquelle nous évaluons provisoirement les frais de folle enchère, et en justifiant de l'accomplissement des conditions du jugement d'adjudication, le sieur G... sera admis à obtenir la cessation des poursuites de folle enchère dirigées contre lui, et, vu l'urgence, ordonnons l'exécution sur minute de la présente ordonnance.

Fait et délivré à ..., le ... (*Signature du président.*)

Décompte. (Ord. de 1841, art. 8.)

Timbre..................	» 60
Enregistrement...........	5 63
Rédaction de la requête...	2
Total... .	8 23

FORMULE 477. — Art. 738 C. Pr.

Signification à l'avoué du poursuivant, de la requête, de l'ordonnance, du récépissé de la caisse des consignations et des pièces justifiant l'acquit des conditions exigibles de l'adjudication.

A la requête du sieur G... (*p.*, *q. et d.*) ayant pour avoué Me ..., soit fait la signification et en tête (*de celle*) des présentes donné copie à Me ..., avoué du sieur A... (*p.*, *q. et d.*), 1° d'une ordonnance rendue par M. le président du tribunal de 1re inst. de ..., le ..., enregistrée, mise au bas de la requête à lui présentée le même jour, ensemble de ladite requête ; 2° d'un récépissé délivré par le préposé de la caisse des consignations de ..., en date du ..., enregistré, constatant le dépôt dans ladite caisse de la somme de ..., fixée par l'ordonnance précitée pour l'évaluation provisoire des frais de la procédure de folle enchère suivie contre le requérant par ledit sieur A... ; 3° d'une quittance à la date du ..., enregistrée, délivrée par Me ..., avoué, de laquelle il résulte que le montant intégral des frais de poursuite de saisie immobilière et de remise proportionnelle dus à cet officier ministériel lui a été payé ; 4° (*énumérer ainsi successivement les pièces justifiant l'acquit des conditions exigibles de l'adjudication*) ; déclarant audit sieur A... qu'il lui est donné copie des pièces dont l'énonciation précède, afin d'obtenir, conformément à l'art. 738 C. pr., qu'il ne soit pas procédé à l'adjudication annoncée à l'audience du ..., le requérant ayant l'intention d'invoquer à cette audience les justifications qui résultent des pièces ci-dessus pour empêcher que l'adjudication ne soit prononcée, et de conclure contre ledit sieur A... aux dépens que les contestations par lui mal à propos soulevées pourraient occasionner.

Dont acte.

Pour original, pour copie.

Signifié, donné copie, etc. (*Signature de l'avoué.*)

Décompte : Voir *la formule* 454.

FORMULE 478. — Art. 743, 744 et 745 C. Pr.

Requête pour obtenir la conversion d'une poursuite de saisie immobilière.

A MM. les président et juges composant la chambre des criées du trib. de 1re inst. de ...

Le sieur A... (*p.*, *q. et d.*), ayant pour avoué Me ..., et le sieur B ... (*p.*, *q. et d.*), ayant Me ... pour avoué, ont l'honneur de vous exposer que suivant procès-verbal de ..., huissier à ..., en date du ..., visé conformément à la loi, et enregistré, le sieur A... a fait procéder sur le sieur B... à la saisie réelle d'une maison sise à ..., rue .... n° ... ; — que ce procès-verbal a été dénoncé au sieur B... suivant exploit de ..., huissier à ..., en date du ..., enregistré et visé ; — que la saisie immobilière et ledit exploit ont été transcrits au bureau des hypothèques de ..., le ..., vol. ..., n° ... ; — que toutes les parties, majeures et maîtresses de leurs droits, sont d'accord pour demander la conversion de la saisie en vente sur publications volontaires à l'audience des criées du tribunal de 1re inst. de ... — En conséquence, les exposants concluent à ce qu'il vous plaise, Messieurs, ordonner que les poursuites de saisie commencées par le sieur A... seront discontinuées et converties en vente sur publications volontaires, suivant les prescriptions de l'art. 743 C. pr., tous les effets de ladite saisie expressément réservés, conformément à l'art. 748 du même code; ordonner qu'aux requête, poursuite et diligence du sieur B..., il sera procédé, à l'audience des criées du trib. de 1re inst. de ..., en présence du sieur A..., ou lui dûment appelé, à la vente et à l'adjudication aux enchères de ladite maison sur la mise à prix de ..., et sous les clauses et conditions du cahier des charges qui sera, à cet effet, dressé et déposé au greffe de ce tribunal par Me (*l'avoué de la partie saisie*), après l'accomplissement de toutes les formalités voulues par la loi; — ordonner que le cahier des charges sera déposé dans le délai d'un mois du jour du jugement à intervenir; — fixer, conformément à l'art. 746 C. pr., le jour auquel aura lieu l'adjudication, dans un délai qui ne pourra excéder trois mois; — sinon, et en cas d'inexécution par le poursuivant, subroger le sieur A... dans lesdites poursuites de vente; — ordonner que l'avoué du sieur A... sera tenu de remettre à l'avoué de la partie subrogée tous titres et pièces, pour que ce dernier puisse mettre ladite vente à fin, d'après les derniers errements de la procédure; — ordonner la mention sommaire du jugement en marge de la transcription de la saisie ci-dessus datée; — enfin compenser les dépens entre les parties, qui les emploieront en frais privilégiés de poursuite de vente et de présence à cette vente, et dont distraction sera prononcée au profit des avoués, etc.

(*Signatures des avoués de toutes les parties.*)

Décompte. (Tarif de 1841, art. 7 § 11.)

Timbre..........................	Mémoire.
Émolument de chaque avoué signataire 6 fr..............	Mémoire.

FORMULE 479. — Art. 743 C. Pr.

Acte de dépôt du cahier des charges d'une vente sur conversion chez le notaire commis.

Par-devant Me ..., etc.

A comparu Me ..., avoué près le trib. de 1re inst. de ..., y demeurant, rue ..., n° ..., lequel, en exécution d'un jugement dudit tribunal rendu le ..., enregistré, qui a converti en vente sur publications volontaires, devant nous ..., notaire commis, les poursuites de saisie immobilière commencées à la requête du sieur A... (*p., p. et d.*) sur le sieur B... (*p., q. et d.*), par procès-verbal de ..., huissier à ..., en date du ..., visé, enregistré, dénoncé et transcrit, nous a déposé, pour être mis au rang de nos minutes à la date de ce jour, 1° le cahier des charges dressé par lui le ..., pour parvenir à la vente qui aura lieu le ..., sur la mise à prix de ..., d'une maison sise à ..., rue ..., n° ..., objet de ladite saisie; 2° la grosse du jugement de conversion précité et (*désigner les autres pièces de la procédure*).

Lequel cahier des charges dressé sur .., feuilles au timbre de 70 centimes, enregistré à ..., le ..., folio ..., case ..., par ..., qui a reçu ... et les pièces de procédure susénoncées sont demeurés ci-annexées après que dessus mention de leur annexe a été faite par les notaires soussignés.

Dont acte, etc.

Décompte :	Timbre.........................	» 60
	Enregistrement....................	3 75
	Vacation du notaire..............	Mémoire.
	Vacation de l'avoué au dépôt.......	3 »
	Transport s'il y a lieu.............	Mémoire.

FORMULE 480. — Art. 743 C. Pr.

Procès-verbal d'adjudication sur conversion de saisie immobilière en vente devant un notaire.

L'an ..., le ..., heure de ..., par-devant Me ..., etc.

Ont comparu : 1° Me ..., avoué près le trib. de 1re inst. de ..., y demeurant, rue ..., n° ..., 2° Me ..., avoué près le tribunal de 1re inst. de ..., y demeurant, rue ..., n° ..., lesquels ont déclaré, savoir : Me ..., au nom du sieur B... (*p., q. et d.*), poursuivant la vente sur conversion de saisie immobilière d'une maison sise à .... rue ..., n° ..., renvoyée devant le notaire soussigné, par jugement du tribunal de 1re inst. de ..., le ..., enregistré, requérir ledit notaire, attendu que les formalités prescrites par la loi ont été régulièrement accomplies, de procéder à ladite vente, sur la mise à prix de ..., aux clauses et conditions énoncées au cahier des charges, dont le dépôt a été effectué en son étude, suivant acte reçu par lui, le ..., enregistré.

Et Me ..., au nom du sieur A... (*p., q. et d.*), qu'il comparaît pour assister à ladite adjudication, requérant également ledit notaire d'y procéder sans délai.

Déférant à ces réquisitions, attendu que l'heure fixée pour l'adjudication desdits immeubles est arrivée, le notaire soussigné a procédé ainsi qu'il suit :

Lecture par lui donnée des clauses et conditions du cahier des charges, il a déclaré que le montant des frais taxés par ordonnance enregistrée de M. ..., juge audit tribunal, s'élevait à ..., puis une première bougie a été allumée et s'est éteinte sans enchères; une seconde bougie a été allumée, et, pendant sa durée, il est survenu plusieurs enchères dont la dernière, mise par M. G..., a élevé le prix à la somme de ...

Une nouvelle bougie ayant été allumée et s'étant éteinte sans autre enchère, il en a été allumé une seconde qui s'est également éteinte sans nouvelle enchère; ledit sieur G... a requis que les immeubles dont il s'agit lui fussent adjugés sous la réserve de déclarer command dans les vingt-quatre heures.

(Si la dernière enchère a été mise par un avoué il requiert l'adjudication sous la réserve de déclarer le nom de l'adjudicataire dans les trois jours, et sous la réserve encore, pour ce dernier, de déclarer command dans les vingt-quatre heures de son acceptation.)

En conséquence, les immeubles dont il s'agit ont été adjugés par le notaire soussigné audit sieur G... (*p., q. et d.*), dernier enchérisseur présent et acceptant, sous les réserves déjà mentionnées, moyennant la somme de ..., en outre des charges.

Fait et passé, etc.

Décompte :	Timbre..........................	Mémoire.
	Enregistrement, droit proportionnel 5 f. 50 c. p. 0/0 plus les décimes. de 1 37 1/2........	Mémoire.
	Remise proportionnelle due au notaire (voir § 2, art. 14, ord. du 10 octobre 1841).........	Mémoire.
	Vacations à l'avoué poursuivant, 15 fr. par lot jusqu'à six.....	15 »
	Honoraires pour enchérir 1/2 p. 0/0..........................	
	Transcription..................	Mémoire.

FORMULE 481. — Art. 1234 et 1235 C. C.; Mourlon, t. II, p. 690.

Quittance de prix d'immeuble aux débiteurs eux-mêmes, sans subrogation.

(Si la quittance a lieu ensuite du contrat de vente, on commence ainsi :)

Et le (*date*).

En présence de, etc.

Le sieur A... (*p., q. et d.*), et la dame (*n., p.*), son épouse qu'il autorise, demeurant ensemble à ...

Ont reconnu avoir reçu de M. B... (*p., q. et d.*), et de dame (*n.,p.*), son épouse qu'il autorise, demeurant ensemble à ..., tous deux à ce présents, et payant en espèces métalliques ayant cours, réellement délivrées à la vue des notaires soussignés (ou bien *ayant payé dès avant ce jour, et hors la présence des notaires soussignés en espèces métalliques ayant cours*),

La somme de ..., composée de : 1° celle de ..., stipulée payable le ..., pour le prix principal moyennant lequel, aux termes d'un contrat reçu par Me ..., notaire à ..., et son confrère, le ..., dont la minute enregistrée précède, les sieur et dame A... ont vendu aux sieur et dame B... une ferme, sise à ..., plus amplement désignée audit contrat, ci. » »

2° Celle de ..., pour les intérêts à 5 p. 100, dont cette somme était productible, courus du ... jusqu'au ..., ci.................. » »

Somme égale.................. » »

De laquelle somme de ... les sieur et dame A... quittent les sieur et dame B... sans réserve.

Par suite de ce payement, les sieur et dame A... donnent mainlevée et consentent la radiation définitive de l'inscription prise d'office, à leur profit, contre lesdits sieur et dame B..., au bureau des hypothèques de ..., le ..., vol ..., n° ...

(Si les formalités hypothécaires n'ont pas fait connaître d'inscriptions, rédiger ainsi :)

Ce payement a été fait, attendu l'absence de charges hypothécaires sur l'immeuble vendu, ainsi qu'il est résulté de l'accomplissement des formalités suivante. ;

Monsieur et madame B... ont fait transcrire leur contrat d'acquisition au bureau des hypothèques de ..., le ..., vol. ..., n° ...

Un certificat du conservateur, en date du ..., constate qu'à cette transcription il ne s'est trouvé aucune inscription contre les sieur et dame A..., et contre leurs auteurs.

Mesdits sieur et dame B... ont fait remplir les formalités prescrites par la loi, pour purger les hypothèques légales qui pouvaient grever la ferme vendue.

A cet effet, copie collationnée de leur contrat a été déposée au greffe du tribunal de 1re instance de ..., le ..., et de suite a été affichée dans l'auditoire de ce tribunal, où elle est restée jusqu'au ..., ainsi qu'il résulte de deux certificats délivrés par le greffier du même tribunal, l'un pour le dépôt en date du ..., et l'autre pour le retrait en date du .... (*si le greffier ne délivre qu'un seul certificat on l'indique*).

Ce dépôt a été notifié tant à madame A... qu'à M. le procureur de la République près ledit tribunal, par exploit de ..., huissier à ..., en date du ..., enregistré, et cette notification a été rendue publique par l'insertion qui en a été faite au journal (*l'indiquer*), en date du ...

Pendant l'accomplissement de ces formalités il ne s'est trouvé et n'est survenu, sur ladite ferme, aucune inscription d'hypothèque légale, ainsi que le constate un certificat délivré par le même conservateur, le ...

(Quand on annexe les pièces de transcription et de purge, on dit :)

Toutes les pièces ci-dessus énoncées, présentées par M. et madame B..., sont demeurées ci-annexées, après mention de leur annexe faite sur chacune d'elles, par les notaires soussignés.

Monsieur et madame B... ont reconnu que M. et madame A... leur ont à l'instant remis les titres de propriété qu'ils devaient leur fournir, ensemble la grosse du contrat.

Mention des présentes est consentie sur tous titres et pièces.

Fait et passé, etc.

(S'il est trouvé des inscriptions, après avoir rendu compte des formalités de transcription et de la purge, on dit :)

Cette transcription a fait connaître ... inscriptions, non compris celle d'office prise au profit des vendeurs contre les acquéreurs le ..., vol. ..., n° ..., toutes comprises en l'état délivré par M. le conservateur, le ...

La première de ces inscriptions en date du ..., vol. ..., n° ..., au profit de M. ..., pour sûreté d'une somme de ..., a été radiée, en vertu d'une mainlevée reçue par M[e] ..., notaire à ..., et son confrère, le ..., ainsi qu'il résulte d'un certificat délivré par le conservateur dudit bureau, le ...

La deuxième du ..., vol. ..., n° ..., etc. (*indiquer ainsi toutes les inscriptions et le sort qu'elles ont eu*).

Les formalités ci-dessus indiquées accomplies pour la purge des hypothèques légales ont fait connaître deux inscriptions d'hypothèques de cette nature, ainsi que le constate un certificat délivré par le conservateur dudit bureau, le ..., savoir : la première (*comme ci-dessus*).

Décompte :		
	Timbre de minute, d'expédition et d'extrait...	Mémoire.
	Rôles suivant la classe	Mémoire.
	Enregistrement, 63 c. p. 0/0..................	Mémoire.
	Radiation de l'inscription d'office............	1 60
	Honoraires, 1/2 p. 0/0.....................	Mémoire.

FORMULE 482, — Art. 1250 et 1252 C. C. ; Mourlon, t. II, p. 690, 719.

Quittance avec subrogation.

(*Voir la formule précédente.*)

Au lieu du paragraphe commençant par les mots : *Par suite de ce payement*, mettre :

Monsieur et madame B... déclarent que la somme de ... qu'ils viennent de payer provient, jusqu'à concurrence de ..., de l'emprunt qu'ils ont fait de M. C... (*p.*, *q. et d.*), aux termes d'un acte reçu par Me ..., notaire, qui en a gardé minute et son confrère, le ..., enregistré.

Cette déclaration est faite, pour satisfaire à la promesse contenue dans l'acte de prêt ci-dessus énoncé et afin que M. C... acquière privilége sur la ferme ci-dessus indiquée, et soit subrogé, conformément à l'art. 1250 C. Civ., dans l'action résolutoire et dans les autres droits des vendeurs, notamment dans l'effet de l'inscription d'office qui sera ci-après énoncée, le tout sans garantie de la part des vendeurs.

On passe ensuite au compte rendu de l'accomplissement des formalités comme en la formule précédente.

Puis on rédige la mainlevée et la subrogation comme suit :

Par suite du payement et de la déclaration qui précèdent, les sieur et dame A... donnent mainlevée, et consentent la radiation de l'inscription prise d'office à leur profit au bureau des hypothèques de ..., le ..., vol. ..., n° ..., contre les sieur et dame B..., mais seulement jusqu'à concurrence de la somme de ..., payée des deniers personnels de ces derniers, l'effet de cette inscription étant réservé au profit de M. C..., pour les ... fr. qui ont été payés des deniers de celui-ci.

M. et madame A... en tant que de besoin consentent et M. C... accepte cette subrogation [1].

1. Plusieurs circonstances peuvent modifier la rédaction de cette subrogation.

I. Si c'est un acquéreur qui paye à son vendeur une partie de son prix avec des fonds empruntés, le vendeur conserve (art. 1252 C. C.), pour le solde de sa créance, préférence sur le bailleur de fonds ; il y a lieu dans ce cas de ne faire consentir la subrogation que sous la réserve de cette préférence.

II. Si l'acquéreur, toujours avec des fonds empruntés, au lieu de payer son vendeur, emploie une portion de son prix à désintéresser des créanciers inscrits du chef de ce vendeur, il peut vou-

M. C.., reconnaît que remise vient de lui être faite de la grosse du contrat de vente et d'un extrait de l'inscription d'office dans l'effet de laquelle il vient d'être subrogé.

Mention des présentes est consentie sur tous titres et pièces.

Même décompte qu'en la formule précédente.

FORMULE 483. — Art. 1254 C. C.; Mourlon, t. II, p. 690, 723 et suiv.

Quittance avec subrogation au profit d'un tiers payant comme caution.

Et le ... (*date*).

En présence de Me ..., etc.

M. A... (*p.*, *q. et d.*),

A reconnu avoir reçu de M. C... (*p.*, *q. et d.*), à ce présent, payant, de ses deniers en espèces métalliques ayant cours, réellement délivrées à la vue des notaires soussignés et en l'acquit de M. B... (*p.*, *q. et d.*), ci-après intervenant,

La somme de ..., exigible dès le ..., montant d'une obligation due audit sieur A... par le sieur B... suivant un acte reçu par Me ..., etc., le ..., enregistré, aux termes duquel mondit sieur C... s'est porté caution solidaire pour la somme prêtée.

Conformément aux art. 1236 et 1250 du C. Civ., M. C... se trouve de fait subrogé dans tous les droits, priviléges et hypothèques du sieur A... contre le sieur B..., notamment dans l'effet d'une inscription prise au profit du sieur A... contre ledit sieur B... au bureau des hypothèques de ..., le ..., vol. ...; mondit sieur A... en tant que de besoin consent cette subrogation, n° ..., sans cependant aucune garantie de sa part.

A l'appui de cette subrogation, le sieur A... a présentement remis à M. C..., qui le reconnaît, la grosse de l'obligation remboursée et le bordereau de l'inscription ci-dessus énoncée.

Est intervenu M. B..., ci-dessus prénommé, qualifié et domicilié.

Lequel a déclaré avoir pour agréable la subrogation qui vient d'avoir lieu, et se la tenir pour signifiée.

Mention des présentes est consentie sur tous titres et pièces.

Fait et passé, etc.

Même décompte.

FORMULE 484. — Art. 1251 C. C.; § 1; Mourlon, t. II, p, 690, 721 et suiv.

Quittance subrogative à un créancier par un créancier qui le prime.

En présence de ..., etc., le sieur A..., etc. (*Voir la formule* 481.)

A reconnu, etc. (*Voir ladite formule* 481.)

loir faire subroger le bailleur de fonds soit dans les droits des créanciers inscrits et lui confère ainsi préférence sur le vendeur, soit seulement dans les droits du vendeur qui, alors, conserverait préférence sur le bailleur de fonds (art. 1252 C. C.).

Dans l'une et l'autre hypothèse, il est nécessaire que l'acte d'emprunt et la quittance s'expriment clairement à cet égard.

De M. C... (*p.*, *q. et d.*), à ce présent, payant de ses deniers personels en l'acquit de M. B... (*p.*, *q. et d.*), ci-après intervenant.

La somme de..., montant en principal et intérêts d'une obligation actuellement exigible, due audit sieur A.... par le sieur B..., suivant acte reçu par Mᵉ ..., etc., le ..., enregistré.

Au moyen de ce que ce payement est fait à M. A..., premier créancier hypothécaire inscrit sur les immeubles sis à ..., appartenant à M. B..., par M. C..., dernier créancier inscrit sur lesdits immeubles dudit sieur C... à la réquisition et conformément à l'art. 1251 du C. C., M. A..., le met et subroge dans tous ses droits, priviléges et hypothèques contre le sieur B..., etc. (*La suite comme en la formule* 483.)

L'intervention du débiteur n'est pas indispensable, la subrogation étant de plein droit.

Même décompte, sauf l'enregistrement qui est de 1 f. 25 p. 0/0.

FORMULE 485. — Art. 1239 C. C.; Mourlon, t. II, p. 690, 701.

Quittance donnée par un mandataire.

En présence de, etc.

Le sieur C... (*p.*, *q. et d.*),

Au nom et comme mandataire de M. A..., (*p.*, *q. et d.*), aux termes de la procuration spéciale qu'il lui a donnée devant Mᵉ ..., etc., dont le brevet original, enregistré et légalisé, est demeuré ci-annexé, après avoir été dudit sieur C... certifié sincère, et que dessus mention de son annexe a été faite par les notaires soussignés.

A reconnu, etc. (*Voir les formules précédentes.*)

FORMULE 486, Mourlon, t, II, p. 690.

Diverses quittances. S. S. P.

1° *Quittance d'arrérages.*

Je soussigné A... (*p.*, *q. et d.*), reconnais avoir reçu de M. B... (*p.*, *q. et d.*) la somme de ..., pour ... mois échus le ..., des arrérages de la rente annuelle et perpétuelle constituée à mon profit par ledit sieur B..., suivant acte reçu par Mᵉ ..., etc. Dont quittance sous toutes réserves.

A ..., le ... (*Signature.*)

2° *Quittance d'arrérages de rente viagère.*

Je soussigné A... (*p.*, *q. et d.*), reconnais avoir reçu de M. B.., (*p.*, *q. et d.*), la somme de ..., pour ... mois échus le ..., des arrérages de la rente annuelle et viagère qu'il me doit, etc. (*Comme en la formule qui précède.*)

3° *Quittance de fermage.*

Je soussigné, etc. (*Voir ci-dessus.*)

La somme de ..., pour le terme échu le ..., du fermage des terres que j'ai louées audit sieur B..., aux termes d'un bail reçu par Mᵉ ..., etc.

21

Dont quittance sous toutes réserves.

A ..., le ... (*Signature.*)

4° *Quittance de loyer.*

Je, soussigné, etc. (*Voir ci-dessus.*)

La somme de ,.., pour le terme échu le ..., du loyer de l'appartement que je lui loue verbalement dans une maison sise à ..., rue ..., n° ..., et celle de ..., pour les contributions des portes et fenêtres à la charge dudit appartement, pour l'année ...

Dont quittance sous toutes réserves.

A ..., le ... (*Signature.*)

5° *Quittance d'intérêts de créance.*

Je soussigné, etc. (*Voir ci-dessus.*)

La somme de ..., pour ... mois échus le ..., des intérêts à 5 p. 100 par an de la somme de ..., prêtée par moi audit sieur ..., suivant acte reçu par Me ..., etc.

Dont quittance sous toutes réserves.

A ..., le... (*Signature.*)

FORMULE 487. — Art. 1433, 1434 et 1435 C. C.; Mourlon, t. II, p. 690.

Quittance de prix d'un immeuble propre à une femme avec déclaration d'emploi.

En présence de ..., etc. (*Comme en la formule* 481.)

M. B... déclare que la somme qui vient d'être payée par lui et par sa femme provient de la vente qu'ils ont faite, moyennant pareille somme, à M. C... (*p., q. et d.*), suivant contrat reçu par Me ... etc., le ..., enregistré, d'une ..., (*désigner l'immeuble*), propre de madite dame ..., aux termes du contrat qui a réglé les conditions de leur mariage, reçu par Me ..., etc., le ..., enregistré.

Cette déclaration est faite afin que l'immeuble dont le prix vient d'être payé serve, à ladite dame B..., de remploi conformément aux art. 1433, 1434 et 1435 du C. C.

Ladite dame, de son mari autorisée, déclare accepter ce remploi et renoncer, lors de la dissolution de la communauté, à toute autre récompense au sujet du prix de son immeuble vendu.

Par suite de ce payement, etc. (*Voir les formules* 481 *et* 482.)

FORMULE 488, Mourlon. t. II, p. 690.

Divers intitulés de quittances.

1° *Quittance par un héritier pur et simple.*

En présence, etc.,

Le sieur A... (*p., q. et d.*), seul héritier de M. B... (*p., q. et d.*), ainsi que le constate l'intitulé de l'inventaire fait après le décès de mondit sieur B..., arrivé à ..., le ..., par Me ..., notaire, etc., le ..., enregistré, dont un extrait légalisé, délivré par ledit Me ..., est demeuré ci-annexé après avoir été dudit sieur A... certifié sincère et véritable, et que dessus mention de son annexe a été faite par les notaires soussignés.

A reconnu, etc.

2° *Quittance par un héritier bénéficiaire.*

Voir le n° 1, ajouter :

Laquelle qualité d'héritier n'a été acceptée par M. A... que sous bénéfice d'inventaire, suivant déclaration par lui faite au greffe du trib. de 1re inst. de ..., le ..., enregistrée, dont une expédition dûment en forme a été présentée par le sieur A... aux notaires soussignés, qui la lui ont, à l'instant, rendue.

A reconnu, etc.

3° *Quittance par un exécuteur testamentaire.*

Le sieur A... (*p., q. et d.*), exécuteur testamentaire avec saisine de M. B... (*p., q. et d.*), aux termes du testament de ce dernier, reçu par Me ..., etc. le ..., enregistré, lequel testament est en cours d'exécution, attendu le décès de M. B..., arrivé à ... le ...

A reconnu avoir reçu de Me ..., etc.

4° *Quittance par un légataire.*

M. A... (*p., q. et d.*), légataire universel (ou *à titre universel* ou *à titre particulier*), de M. B... (*p., q. et d.*), etc.

(*Voir n° 3*)

5° *Quittance par une veuve commune et tutrice.*

Madame A... (*p., q. et d.*), veuve de M. ... (*n., p.*), en son vivant (*q. et d.*), tant en son nom personnel, à cause de la communauté de biens qui a existé entre elle et son défunt mari, aux termes de leur contrat de mariage reçu par Me ..., etc., qu'au nom et comme tutrice naturelle et légale de ... (*p. et d.*), enfant issu de son mariage avec le défunt sieur ..., et son seul héritier, ainsi que le constate, etc. (*Voir n° 1.*)

A reconnu, etc.

FORMULE 489, Mourlon, t. II, p. 690.

Quittance par suite d'ordre amiable.

Et le ..., en présence de ..., etc.

Ont comparu :

(*N., p., q. et d. de toutes les parties.*)

Lesquels ont reconnu avoir reçu en espèces métalliques ayant cours, réellement délivrées à la vue des notaires soussignés,

De M. B... (*p., q. et d.*), à ce présent,

Les sommes ci-après indiquées, pour lesquelles ils ont été colloqués sur le prix de ... (*désigner l'immeuble*), que M. B... a acquis de M. ... suivant contrat passé devant Me ..., etc., le ..., enregistré, moyennant ... de prix principal dont l'ordre amiable comprenant les intérêts courus jusqu'au ..., a été réglé entre tous les comparants, aux termes d'un acte reçu par Me ..., notaire à ..., le ..., dont la minute enregistrée précède, savoir :

M. ... la somme de ...

M. ... celle de ...

M. ... celle de ...

Et M. ... celle de ..., qui restait libre sur ledit prix de vente, et qu'il imputera sur celle de ..., montant de sa créance en principal et intérêts.

De toutes ces sommes les comparants quittent M. B... ainsi que de toutes choses relatives au prix dudit immeuble en principal et intérêts.

MM. ... donnent mainlevée et consentent les radiations définitives des inscriptions prises à leur profit au bureau des hypothèques de ..., contre M. ..., la première, le ..., vol. ..., n° ..., au profit de M. ... ; la seconde, le ..., vol. ..., n° ..., au profit de ..., etc.

M. ..., dernier créancier inscrit, donne aussi mainlevée et consent la radiation de l'inscription prise à son profit au même bureau, le ..., vol. ..., n° ..., mais seulement en ce qu'elle peut grever l'immeuble vendu à M. ..., et jusqu'à concurrence de la somme de ... qui vient de lui être payée sur le principal de sa créance, faisant réserve de son effet pour le surplus de ses causes et sur tous autres biens.

A ce fut présent M. ..., ci-dessus prénommé, qualifié et domicilié, lequel a déclaré approuver les payements constatés par ces présentes, donner mainlevée définitive de l'inscription prise d'office à son profit, au bureau des hypothèques de ..., le ..., vol. ..., n°...

Les susnommés consentent que M. le conservateur, en opérant toutes ces radiations dans le sens ci-dessus, soit valablement déchargé.

L'acquéreur reconnaît que son vendeur lui a remis les titres de propriété qu'il devait lui fournir.

Mention des présentes est consentie sur tous titres et pièces.

Fait et passé, etc.

Même décompte qu'en la formule précédente.

FORMULE 490.

Quittance par suite d'ordre judiciaire.

En présence de Me ..., etc.

Ont comparu :

Le sieur G... (*p., q. et d. de l'acquéreur*),

Assisté de Me ..., avoué près le trib. de 1re inst de ..., y demeurant.

Le sieur B... (*p., q. et d. du vendeur*),

Assisté, etc. (*Énoncer successivement les noms, prénoms. qualités et demeures de tous les créanciers, et les noms des avoués qui les assistent.*)

MMes ... (*les avoués*), agissant encore en leur nom personnel, à cause des frais de poursuite et de production, qui leur sont dus, dans l'ordre auquel a donné lieu la distribution du prix de la vente dont il va être question.

Lesquels ont exposé les faits suivants :

Le sieur G..., suivant jugement de l'audience des criées du tribunal de 1re inst. de ..., en date du ..., enregistré, et moyennant un prix principal de ..., exigible le ..., et productible d'intérêts à 5 p. 0/0 par an, à partir du ..., s'est rendu adjudicataire d'une maison sise à ..., ayant appartenu à M. B..., vendue par suite d'expropriation forcée; cette adjudication a eu lieu sous le nom de Me ..., avoué du sieur G..., qui lui en a passé déclaration de command par acte dressé au greffe du tribunal, le ..., enregistré.

Le sieur G... a fait transcrire (*Rendre compte des formalités de transcription comme en la formule* 481).

Dans la huitaine qui a suivi cette transcription, M. G... a déposé au greffe du tribunal l'état des inscriptions que cette transcription avait fait connaître, il a requis l'ouverture du procès-verbal d'ordre. A défaut d'un ordre amiable vainement tenté par Me ..., juge audit tribunal, commis par ordonnance de M. le président en date du ..., enregistré, l'ordre judiciaire a été suivi sur le prix de mondit sieur G... et a été clos définitivement, suivant procès-verbal dressé par le même magistrat, le ..., enregistré.

Aux termes de ce procès-verbal, le prix de l'adjudication dont il s'agit a été attribué aux créanciers comparants, les seuls venant en ordre utile, et le juge-commissaire a ordonné la radiation des inscriptions des autres créanciers. Ces radiations ayant été opérées, ainsi que le constatent les certificats délivrés par le conservateur des hypothèques de ..., le ..., il en résulte que la maison acquise par M. G... n'est plus grevée que des inscriptions prises au profit des créanciers colloqués comparants.

Les faits ainsi expliqués, le décompte du prix de M. G... a été réglé ainsi qu'il suit :

DÉCOMPTE.

Le prix de l'adjudication prononcée au profit de M. A... s'est élevé à ..., ci. . . . . » »

Intérêts de cette somme courus du ..., jour de l'entrée en jouissance, jusqu'au jour de la clôture de l'ordre, ci. . . . . » »

Total du prix en principal et intérêts. . . . . » »

De ce prix il convient de déduire la somme de ...., pour laquelle l'acquéreur a été colloqué par privilége pour frais extraordinaires de transcription, qu'il retient en ses mains. . . . . » »

En sorte qu'il n'est resté à distribuer que ..., ci. . . . . » »

PREMIÈRE COLLOCATION.

Me ..., avoué, par qui l'ordre a été poursuivi, a été colloqué au premier rang pour une somme de ..., composée de : 1° celle de ..., montant des frais de poursuite de cet ordre, ci. . . . . » »

2° De ..., pour l'enregistrement et pour l'extrait du procès-verbal de clôture de l'ordre, enfin pour les radiations des inscriptions ne venant pas en ordre utile, ci. . . . . » »

3e Et de ..., pour le coût du bordereau de collocation à lui délivré par le greffier du tribunal, ci. » »

Somme égale. . . . . » »

DEUXIÈME COLLOCATION.

M. ..., ancien propriétaire de la maison vendue au sieur G..., a été colloqué pour la somme de ..., composée : 1o de celle de ..., qui lui restait due par M. B... sur le prix de la vente qu'il lui en avait faite par contrat passé devant Me ..., etc., ci. . . . . » »

2o De celle de ..., pour intérêts de cette somme courus du ... jusqu'au ..., ci. . . . . » »

3o De celle de..., montant des frais de production à l'ordre, par lui remboursés à Me ..., son avoué, au profit duquel distraction en avait été ordonnée, ci. . . . . » »

4o De celle de ..., pour le coût, l'enregistrement et la signification du bordereau de collocation à lui délivré par le greffier du tribunal, ci. . . . . » »

Somme égale. . . . . » »

TROISIÈME COLLOCATION.

On continue à énoncer ainsi toutes les collocations.

Total général des collocations. . . . . » »

Égal précisément au décompte ci-dessus indiqué du prix à distribuer.

PAYEMENT.

En conséquence, M. G..., du consentement de M. B..., a présentement payé en espèces métalliques ayant cours, réellement délivrées à la vue des notaires soussignés, savoir :

A Me ..., avoué, la somme de..., ci. . . . . » »

A M... (*Énoncer, pour chacun, la somme de son bordereau de collocation*). . . . . » »

Somme égale. . . . . » »

De laquelle somme de ..., MM. ..., libèrent M. G...

Ils donnent mainlevée et consentent la radiation définitive de l'inscription prise d'office, au profit de mondit sieur B..., au bureau des hypothèques de ..., le ..., vol. ..., no ...

Faire donner mainlevée par chaque créancier des inscriptions qui lui profitent et pour lesquelles il a été colloqué.

Enfin ils consentent que M. le conservateur du bureau des hypothèques de ..., en opérant ces radiations sans réserve, soit valablement déchargé.

REMISE DES TITRES.

Le sieur G... reconnaît avoir reçu des créanciers qu'il vient de solder les titres de leurs créances, et du vendeur les titres de propriété qui devaient lui être fournis.

Mention des présentes est consentie sur tous titres et pièces.

Fait et passé à...

Timbre de minute, d'expédition et d'extrait...	Mémoire.
Rôles suivant la classe.....................	Mémoire.
Enregistrement à 63 c. p. 0/0..................	Mémoire.
Radiation de l'inscription d'office.............	Mémoire.
Intervention du vendeur......................	3 75
Honoraires 1/2 0/0...........................	

FORMULE 491. — Art. 1257-1258 C. C.; 352, 812 C. Pr.; Mourlon, t. II, p. 728 et suiv.

Procès-verbal d'offres réelles.

L'an ..., le ..., à la requête du sieur A... (*p., q. et d.*), lequel fait élection de domicile en l'étude de Me..., avoué, demeurant à ..., rue ..., no ..., j'ai (*immatricule de l'huissier*), soussigné, offert réellement au sieur B... (*p., q. et d.*), en son domicile et parlant à..., en exhibant les espèces ;

La somme totale de ..., en ... (*indiquer le nombre de pièces d'or, d'argent et de cuivre qui représentent la somme*), pour les causes suivantes, savoir :

1° ... francs, pour le montant en principal (*énoncer les titres de la créan à rembourser*).

2° ... francs, pour intérêts de cette somme à raison de 5 pour 100, calculés depuis le ... jusqu'au...

3° Et ... francs, pour les frais non liquidés, s'il en est dû, sauf à parfaire ou à diminuer d'après taxe.

S'il y a des frais liquidés, il y a lieu de les offrir intégralement, sans préjudice de l'offre conditionnelle des frais non liquidés.

J'ai, en outre, déclaré audit sieur B..., que lesdites offres étaient faites aux conditions suivantes :

1° De donner bonne et valable quittance des deniers offerts;

2° De remettre les titres susénoncés de la créance, et de consentir mainlevée (*des oppositions ou inscriptions hypothécaires qu'il y a lieu d'énoncer*).

S'il y a quelques conditions ou réserves spéciales, il y a lieu également de les énoncer.

Lequel sieur B..., a répondu ne pouvoir accepter lesdites offres (*énoncer ses motifs*), et a signé (ou *a refusé de signer*).

Contre laquelle réponse j'ai fait, pour le requérant, toutes protestations et réserves, et j'ai, à l'instant, fait sommation audit sieur B... de comparaître le ... (*dans les vingt-quatre heures*), heure de ..., dans les bureaux de la recette des finances à ..., rue ... où est établie la caisse des dépôts et consignations de l'arrondissement de ..., pour être présent, si bon lui semble, au dépôt qui y sera effectué de la somme offerte, et des intérêts courus jusqu'au jour du dépôt, aux charges, conditions et réserves qui viennent d'être énoncées, lui déclarant qu'il sera procédé à ce dépôt même en son absence.

Et je lui ai, parlant comme ci-dessus, laissé copie du présent procès-verbal, dont le coût est de... (*Signature de l'huissier.*)

(*En cas d'acceptation, au lieu du paragraphe ci-dessus, on termine ainsi:*)

Ledit sieur B... ayant déclaré accepter lesdites offres, aux charges et conditions auxquelles elles sont faites, je lui ai remis la somme de ... dont il m'a donné, pour le requérant, bonne et valable quittance, et il a signé. (*Signature de la partie prenante.*)

J'ai, en conséquence, dressé le présent procès-verbal dont j'ai laissé copie audit sieur B... parlant comme ci-dessus, et dont le coût est de ... (*Signature de l'huissier.*)

Décompte. (Tarif, art. 57.)

Original	3 »
Copie, le quart	» 75
Enregistrement (s'il y a titre enregistré)	3 75
Timbre	Mémoire.

FORMULE 492. — Art. 1257 C. C.; 814 C. Pr.; Mourlon, t. II, p. 728.

Sommation de se trouver à la caisse des dépôts et consignations.

L'an..., le ..., à la requête du sieur A..., etc. (*comme en la formule* 491), soussigné fait sommation au sieur B... (*p., q. et d.*), en son domicile en parlant à ..., de comparaître le ..., heure de..., à ..., rue ..., n° ..., à la recette des finances, dans les bureaux de la caisse des dépôts et consignations, pour assister, si bon lui semble, au dépôt qui y sera fait, sous les charges et conditions énoncées dans ledit procès-verbal d'offres dont il va être question, 1° de la somme de ..., à lui offerte par le requérant, et refusée par ledit sieur B..., suivant procès-verbal de ..., huissier, en date du ..., enregistré; 2° des intérêts de ladite somme courus jusqu'au jour du dépôt, lui déclarant qu'il sera procédé à ce dépôt même en son absence.

Et je lui ai, audit domicile parlant comme ci-dessus, laissé copie du présent, dont le coût est de ... (*Signature de l'huissier.*)

Décompte. (Tarif, art. 29, § 7.)

Original	2 »
Copie	» 50
Enregistrement	3 75
Timbre	1 20
Total	7 45

FORMULE 493. — Art. 1257 à 1261 C. C.; 814 C. Pr.; Mourlon, t. II, p. 728 et suiv.

Procès-verbal de consignation.

L'an ..., le ..., heure de ..., à la requête du sieur A... (*p., q. et d.*), (*comme en la formule* 491), soussigné, me suis transporté à la recette des finances, à ..., rue ..., n° ..., dans les bureaux de la caisse des dépôts et consignations, où étant, j'ai déclaré à M. C... (*p., q. et d.*), préposé à ladite caisse, en parlant à ..., que je venais, au nom du requérant, opérer une consignation par suite d'offres réelles faites à sa requête au sieur B... (*p., q. et d.*), refusées par ce dernier, le tout aux termes d'un procès-verbal dressé par ..., huissier, en date du ..., enregistré, et en conséquence de la sommation faite audit sieur B... (*énoncer si elle est contenue au procès-verbal d'offre ou dans un exploit séparé*) de se trouver à la présente consignation et, attendu qu'il est ... heures de ..., sans que ledit sieur B... se soit présenté ni personne pour lui, j'ai à l'instant versé à la caisse des dépôts et consignations, entre les mains de M. ..., son préposé, la somme totale de..., (*reproduire les énonciations du procès-verbal d'offres*), aux charges, conditions et réserves consignées dans le procès-verbal d'offres ci-dessus énoncé, duquel dépôt récépissé m'a été délivré au nom du requérant, et j'ai, de ce qui précède, dressé le présent procès-verbal dont le coût est de ..., et dont j'ai, comme du procès-verbal d'offres, laissé copie audit sieur C..., qui a visé l'original. (*Signature de l'huissier.*)

Vu et reçu copie le...

Le receveur général (ou *le secrétaire-mandataire du receveur général*) de ... (*Signature.*)

Décompte. (Tarif, art. 60.)

Enregistrement	3 75
Original	5 »
Copie, le quart	» 25
Visa	1 »
Timbre	Mémoire.
Copie	Mémoire.

FORMULE 494. — Art. 1259 C. C.; 814 C. Pr.; Mourlon, t. II, p. 738 et suiv.

Signification du dépôt et sommation de retirer.

L'an..., le ..., à la requête du sieur A... (*p., q. et d.*), j'ai ... (*immatricule de l'huissier*), soussigné, fait la signification et en tête (*de celle*) des présentes laissé copie au sieur B... (*p., q. et d.*), audit domicile et parlant à...

1° D'un procès-verbal dressé par ..., huissier, en date du ..., enregistré, constatant le dépôt fait ledit jour, à la caisse des dépôts et consignations de ..., de la somme de ..., 1° ... (*indiquer le détail des offres*).

2° Du récépissé délivré au requérant par le préposé à la caisse des dépôts et consignations, sous le n° ... du registre des déclarations, visé et enregistré, constatant ledit dépôt.

Et à même requête que ci-dessus, j'ai fait sommation audit sieur B... d'avoir à retirer la somme déposée, en satisfaisant aux conditions énoncées dans le procès-verbal d'offres du ..., enregistré, lui déclarant que faute par lui de retirer ladite somme, elle restera déposée à ses risques et périls aux intérêts d'usage alloués par ladite caisse, sans recours contre le requérant.

Et j'ai, sous toutes réserves, laissé copie du présent, dont le coût est de ...

(*Signature de l'huissier.*)

Décompte. (Tarif, art 29 § 7.)

Original	2 »
Copie	» 50
Enregistrement	3 75
Timbre	1 20
Total	7 45

FORMULE 495. — Art. 815 C. Pr.

Assignation en validité d'offres.

L'an ..., le ..., à la requête du sieur A... (*p.*, *q. et d.*), pour lequel domicile est élu en l'étude sise à ..., rue ..., n° ..., de Me ..., avoué près le tribunal de 1re inst. de ..., lequel est constitué et occupera pour le requérant sur l'assignation ci-après.

J'ai (*immatricule de l'huissier*) donné assignation au sieur B... (*p.*, *q. et d.*), en son domicile, parlant à ..., à comparaître d'aujourd'hui à huitaine franche à l'audience et par-devant MM. les président et juges composant le trib. de 1re inst. de ..., au palais de justice, à ..., heure de ...

Pour, attendu que par procès-verbal du ministère de ..., en date du ..., enregistré, le requérant a fait offres réelles au sieur B... de la somme de ..., que lesdites offres ont été faites aux charges, conditions et réserves suivantes (*les énoncer, voir formule* 491);

Attendu que sur le refus par le sieur B... d'accepter lesdites offres, le requérant en a versé le montant à la caisse des dépôts et consignations;

Attendu que ces offres réelles et consignations sont régulières et suffisantes;

Par ces motifs, voir déclarer les offres réelles du ..., ensemble la consignation qui en a été la conséquence, bonnes et valables, et par suite le sieur B... quitte et libéré;

Voir et ordonner que ledit sieur B... ne pourra retirer le montant de la consignation qu'à la charge des conditions et réserves sous lesquelles elle a été faite;

S'entendre, en outre, condamner aux dépens, y compris ceux de dépôt, lesquels dépens seront prélevés sur la somme déposée.

Et j'ai, audit domicile parlant comme ci-dessus, laissé copie du présent, dont le coût est de ... (*Signature de l'huissier.*)

Décompte. (Tarif, art. 29.)

Original	2 »
Copie	» 50
Enregistrement	3 75
Timbre	Mémoire.

FORMULE 495 *bis.* — Art. 815 C. Pr.

Requête en validité d'offres.

Le sieur A... (*p.*, *q. et d.*), défendeur en principal, demandeur aux fins des présentes, ayant pour avoué Me ...

Contre le sieur B... (*p.*, *q. et d.*), demandeur au principal défendeur aux fins des présentes ayant pour avoué Me ...

A l'honneur de vous exposer que sur la demande formée contre lui, à la requête du sieur B... par exploit de ..., pour (*énoncer la cause de la demande*), il a fait par procès-verbal du ministère de ..., huissier, en date du ..., enregistré, des offres réelles audit sieur B..., de la somme de ..., aux charges, conditions et réserves suivantes (*les énoncer, voir formule* 491.)

Par ces motifs, l'exposant conclut à ce qu'il plaise au tribunal déclarer lesdites offres réelles et la consignation qui les a suivies bonnes et valables et par suite ledit sieur A... quitte et libéré.

Ordonner que ledit sieur B... ne pourra retirer le montant de la consignation, qu'à la charge des conditions et réserves sous lesquelles elle a été faite.

Le condamner, en outre, aux dépens, y compris ceux du dépôt à prélever sur la somme déposée, et dont distraction, etc.

Pour original, pour copie,

Signifié, laissé copie, etc.

Décompte :	Original..........	2 »
	Copie............	» 50
	Timbre...........	Mémoire.
	Signification et enregistrement....	» 98

FORMULE 496. — Art. 1264 C. C.; Mourlon, t. II, p. 731.

Sommation de prendre livraison d'un corps certain.

L'an ..., le ... à la requête de A... (*p.*, *q. et d.*), j'ai ... (*immatricule de l'huissier*), soussigné, signifié et fait sommation au sieur B... (*p.*, *q. et d.*), en son domicile, en parlant à ..., d'enlever dans ... jours, pour tout délai, des ateliers du requérant une machine à battre les grains, vendue verbalement par ledit requérant audit sieur B..., avec convention que ce dernier en prendrait livraison dans lesdits ateliers au plus tard le ...; déclarant audit sieur B.., que faute par lui de satisfaire à la présente sommation, dans le délai qui vient d'être indiqué, le requérant se pourvoira pour faire ordonner par justice le transport et le dépôt de ladite machine, dans tel lieu qui sera indiqué, aux frais, risques et périls dudit sieur B...

Et j'ai, audit domicile parlant comme ci-dessus laissé copie du présent dont le coût est de ... (*Signature de l'huissier.*)

Décompte. (Tarif, art. 29.)

Coût ordinaire des exploits... 7 45

FORMULE 497. — Art. 1265 et suiv. C. C.; Mourlon, t. II, p. 735 et suiv.

Cession volontaire de biens.

Par-devant, etc.

Ont comparu : M. A... (*p. q. et d.*), d'une part ;

MM. ... (*p. q. et d. de tous les créanciers*), d'autre part.

Distinguer les créances hypothécaires des créances chirographaires.

Pour parvenir à la cession que M. A... se propose de faire de ses biens à ses créanciers, il leur a exposé que par suite de ..., etc. (*faire ici l'exposé des causes qui ont entraîné l'état de gêne du débiteur*), il se trouve obligé de suspendre ses payements ;

Que son actif est supérieur à son passif ; que néanmoins son crédit se trouvant ébranlé, sa faillite pourrait être déclarée, ce qui causerait le plus grave préjudice à ses créanciers.

En conséquence, M. A... a proposé à ces derniers de leur faire la cession volontaire de son actif mobilier et immobilier, pour qu'ils aient à le réaliser afin de l'appliquer au payement de leurs créances, en principal, intérêts et frais.

Cet exposé fait, M. A... a présenté à ses créanciers susnommés le bilan de son actif et de son passif, par lui dressé sur ... feuilles de papier au timbre de ..., enregistré à ..., le ..., f° ..., r° ..., case ..., par ..., qui a reçu ..., et le décime, lequel bilan certifié véritable et signé par ledit sieur A..., est demeuré ci-annexé après que dessus mention de son annexe a été faite par les notaires soussignés ;

Prenant en considération la position de M. A... et sa bonne foi, ses créanciers ont déclaré l'admettre au bénéfice de cession.

Les parties ont en conséquence arrêté ce qui suit :

CESSION.

Art. 1er. — M. A... cède à ses créanciers :

1° L'établissement qu'il exploite en cette ville..., etc.

(Désigner avec soin et détail toutes les valeurs mobilières et immobilières, créances, droits, baux, etc., que le débiteur cède à ses créanciers ; établir la propriété des immeubles, énoncer les hypothèques qui peuvent les grever.)

Cette cession a lieu aux conditions suivantes, savoir : que tous les objets qui y sont compris seront vendus aux enchères ;

Que tout l'actif, sans exception, sera réalisé et encaissé au profit de tous les créanciers de M. A..., auxquels il sera distribué par ordre de priviléges ou d'hypothèques d'abord, et ensuite par contribution entre les créances chirographaires.

Art. 2. — MM. ..., susnommés, ont déclaré accepter formellement la cession que M. A... vient de leur faire ; en conséquence ils demeurent saisis, pour la masse des créanciers à partir de ce jour, de tous les droits que la cession judiciaire leur aurait conférés. Remise leur sera immédiatement faite de tous les titres de propriété, registres, papiers et autres documents, qui peuvent établir la situation de M. A...

Art. 3. — Les énonciations faites au bilan présenté par M. A... ne pourront nuire aux créanciers, ni opérer la libération des débiteurs qui n'y figureraient pas.

Art. 4. — Au moyen de cette cession consentie et acceptée, M. A... se trouvera libéré envers ses créanciers en principal et intérêts, mais seulement jusqu'à concurrence de la valeur des biens abandonnés; et de plus, il demeure déchargé de la contrainte par corps.

Art. 5. — Les créanciers susnommés ont laissé M. A..., qui le reconnaît, en possession des habits, linge et vêtements à son usage, ainsi que de tous les meubles meublants et ustensiles de ménage, linge et argenterie garnissant l'appartement qu'il occupe dans la maison, rue ...

Desquels objets, que M. A... s'oblige de représenter quand et à qui il appartiendra, il a été dressé, par les parties, un état descriptif et estimatif sur ... feuilles de papier au timbre de ..., qui sera présenté à l'enregistrement en même temps que ces présentes, auxquelles après avoir été des parties certifié sincère et véritable, il est demeuré annexé après que dessus mention de son annexe a été faite par les notaires soussignés.

UNION.

Art. 6. — Les créanciers comparants ont déclaré s'unir, pour ne former qu'une seule masse, et agir en nom collectif, par l'intermédiaire de leurs syndics. Au moyen de quoi aucun desdits créanciers ne pourra faire de poursuites particulières, même lorsqu'elles auraient pour but l'intérêt commun.

Néanmoins les saisies, oppositions et autres actes conservatoires qui auraient pu être faits par quelques-uns des créanciers, continueront de subsister au profit de l'union, qui se trouve subrogée dans leur effet.

Art. 7. — MM. B... et C..., prénommés, qualifiés et domiciliés en tête des présentes, ont été élus syndics de l'union, afin d'exercer tous les droits que confère le C. de com. aux syndics des faillites; ils seront dispensés, bien entendu, de procéder sous la surveillance d'un juge-commissaire.

Ces fonctions ont été acceptées par MM. B... et C...; mais cette acceptation n'a eu lieu de leur part que sous la condition expresse qu'ils ne seront garants que des fautes graves qu'ils auraient commises; qu'ils seront remboursés, par privilége, de tous leurs frais; enfin, qu'ils pourront cesser leurs fonctions sans le consentement des autres créanciers.

Art. 8. — Sont nommés, savoir: M. ..., caissier; M[e] ..., notaire; M[e] ..., avocat; M[e] ..., avoué de l'union.

Ces nominations ne pourront être révoquées que par une délibération des créanciers.

Art. 9. — Les ventes auront lieu en l'étude et par le ministère du notaire de l'union.

Art. 10. — Les inscriptions formées en temps utile en faveur de quelques-uns des créanciers continueront d'exister à leur profit, avec les priviléges et préférences qu'elles leur assurent. Les droits de préférence que les créanciers ont les uns sur les autres, ceux qu'ils ont d'attaquer tous les actes faits frauduleusement à leur préjudice, enfin tous leurs droits, recours et action en garantie, contre les tireurs, accepteurs, endosseurs, cautions, codébiteurs solidaires, et autres coobligés du sieur A..., sont expressément réservés.

La distribution de l'actif aura lieu à l'amiable devant le notaire de l'union. Les syndics présenteront les projets d'ordre et de distribution à l'assemblée générale.

Tous les créanciers seront tenus de produire leurs titres entre les mains du notaire de l'union, dans le mois de la demande qui leur en aura été faite, à peine d'être forclos.

L'ordre des prix d'immeubles précédera la contribution des produits mobiliers ; en sorte que les créanciers qui n'auront pu venir utilement à l'ordre puissent être compris dans la distribution mobilière, pour le solde non colloqué de leurs créances hypothécaires ou privilégiées.

Art. 11. — Il sera statué, sur tout ce qui n'a pas été prévu en ces présentes, par des délibérations qui seront prises dans les assemblées de l'union, en l'étude du notaire soussigné.

Les assemblées seront convoquées par des lettres circulaires et par insertions dans un journal d'annonces judiciaires.

La majorité des voix se formera de la manière indiquée par la loi pour le vote du concordat.

Art. 12. — Les frais et honoraires des présentes et ceux qui seront dus aux officiers publics ou ministériels à quelque titre que ce soit seront réglés par les syndics, et payés par privilége sur les deniers, mobiliers et revenus. Les frais d'ordre seront prélevés sur le prix des immeubles.

Art. 13. — Ces présentes n'auront d'effet que si elles sont ratifiées dans ... de ce jour, par tous les créanciers connus dudit sieur A... qui n'y auraient pas concouru.

Art. 14. — Les syndics feront près des créanciers dudit sieur A... que celui-ci aurait omis dans son bilan et qui se présenteraient avant l'ordre et la distribution, les démarches convenables pour les engager à adhérer aux présentes. Au cas de refus, ils procèderont au nom de tous les créanciers unis, qui alors, sur leurs collocations, supporteront, s'il est nécessaire, les frais de cette action.

Art. 15. — Élection de domicile est faite, savoir : pour la masse des créanciers en la demeure des syndics indistinctement, et pour les autres parties en leurs demeures respectives.

Fait et passé à ..., etc.

Décompte : Timbre de minute, d'expédition et d'extraits .... Mémoire.
Enregistrement pour la cession... 5 50 plus 1 37. 1/2 p. d.
— pour l'union..... 5 63.

Rôles suivant la classe.......... Mémoire.
Honoraires 1 0/0................ Mémoire.

FORMULE 498. — Art. 1265 et suiv. C. C.; Mourlon, t. II, p. 735 et suiv.

Cession de biens avec concours et acceptation de la femme du débiteur et libération définitive de ce dernier.

Par-devant, etc.

Ont comparu :

M. A... (*p., q. et d.*), d'une part ;

MM. ... (*p. q. et d. des créanciers*), d'autre part ;

Madame D... (*p., q. et d.*), épouse, assistée de mondit sieur A..., autorisée par ordonnance du trib. de 1re inst. de ..., en date du ..., enregistrée, à former contre son mari une demande en séparation de biens, et ayant l'intention, ainsi qu'elle le déclare, de renoncer à la communauté de biens établie entre elle et son mari, par leur contrat de mariage reçu par Me ..., le ..., enregistré, encore d'autre part ;

Lesquels ont dit et fait ce qui suit :

Pour parvenir à la cession que M. A... se propose de faire de ses biens. (*Voir la formule qui précède*).

Art. 1, 2 et 3. — (*Voir la formule qui précède.*)

Art. 4. — Au moyen de cette cession consentie et acceptée, M. A..., demeurera libéré envers ses créanciers, encore que le produit des biens par lui cédés se trouvorait insuffisant pour l'acquit total de ses dettes, en principal intérêts et frais, et par une conséquence nécessaire il sera déchargé de la contrainte par corps que quelques-uns des créanciers pouvaient exercer contre lui.

M. A... aura seul droit aux deniers qui pourront rester libres sur les prix des ventes des biens cédés, après le payement des dettes et après l'acquit des frais de cession, d'administration, de vente, de recouvrement d'ordre et de distribution, tels qu'ils auront été réglés par les créanciers : remise lui sera faite de ces deniers sur sa simple quittance.

Art. 5. — (*Voir la formule qui précède.*)

UNION.

Art. 6. — Les créanciers de M. A..., afin d'éviter des frais inutiles et des pertes de temps qu'entraîneraient des procédures et des formalités devenues sans objet, attendu la libération entière dudit sieur A... stipulée par lui en l'art. 4 qui précède, ont déclaré conférer à MM. B.... et C...., créanciers susnommés, l'exercice de tous les droits actifs et passifs ci-dessus cédés, jusqu'aux opérations d'ordre, de distribution et d'encaissement des deniers exclusivement, et spécialement ils leur donnent pouvoir de, au nom de la masse des créanciers, retirer des mains de tous dépositaires les titres et pièces établissant l'actif porté au bilan; régir et administrer tous les biens composant cet actif; faire ou résilier tous baux et locations; donner et accepter tous congés; pourvoir à toutes réparations nécessaires; arrêter tous devis;

suivre le recouvrement de toutes créances en principal, intérêts et accessoires, celui de tous revenus, et le versement de toutes sommes entre les mains du notaire séquestre ci-après nommé; entendre, débattre, clore et arrêter tous comptes, en fixer les reliquats, les payer ou recevoir; consentir toutes compensations, et accepter toutes délégations et transports; signer tous ordres, faire tous endossements, donner tous acquits; faire faire, par la voie des enchères, toutes ventes de meubles et même le transport de toutes rentes et créances; aliéner, par la voie du transfert et au cours de la Bourse, toutes rentes inscrites ou à inscrire au grand-livre de la dette publique, et toutes actions de la Banque de France, valeurs industrielles et autres; procéder à la vente des immeubles, soit devant le tribunal, soit devant tel notaire que lesdits sieurs B... et C... choisiront, après apposition d'affiches et insertions au journal judiciaire, mais en n'observant d'ailleurs que les seules formalités que lesdits sieurs B... et C... jugeront convenables, ainsi que M. A... audit nom y a consenti, pour éviter les frais; consentant même qu'il soit procédé auxdites ventes en son absence; arrêter le compte de tous prix d'aliénations, en suivre le versement entre les mains du notaire séquestre, des payements faits à ce dernier, donner toutes quittances et décharges, consentir mentions et subrogations, remettre tous titres et pièces; faire, dans tous les cas de difficultés, comme à défaut de payement de la part de tous débiteurs, toutes diligences et poursuites;

Citer et comparaître en conciliation devant tous juges de paix; se concilier, si faire se peut, sinon, plaider, appeler, s'opposer devant tous tribunaux et cours; constituer avoués et avocats; faire exécuter tous jugements ou arrêts; se pourvoir par requête civile ou par voie de cassation: faire tous désaveux; former toutes oppositions et saisies-arrêts; faire toutes saisies mobilières et immobilières, en suivre l'effet; introduire tous ordres ou distributions, et y produire; faire toutes affirmations; retirer tous bordereaux et mandements de collocation, en suivre le recouvrement; requérir toutes inscriptions d'hypothèque ou de privilége; exercer toute contrainte par corps; faire tous écrous, recommandations; donner mainlevée de toutes oppositions et saisies, même de celles dans l'effet desquelles l'union se trouve subrogée par l'effet des présentes; consentir tous élargissements et toute mise en liberté; consentir mainlevées et radiations de toutes inscriptions hypothécaires ou de priviléges; constituer tous mandataires, les révoquer, en constituer d'autres; passer et signer tous actes; faire et changer toute élection de domicile, et généralement faire, dans l'intérêt commun des créanciers, pour arriver aux opérations d'ordre et de distribution de deniers, tout ce que lesdits sieurs B... et C... jugeront convenable.

Me ..., notaire soussigné, est nommé notaire séquestre des créanciers.

MM. ... constitueront les avoués et avocats dont le ministère leur sera nécessaire.

Art. 7. — (*Voir l'art.* 10 *de la formule précédente.*)

Art. 8. — Le coût des présentes sera employé en frais d'ordre et de distribution et par privilége, il en sera de même des frais faits, dans l'intérêt commun, par MM. B... et C...

Art. 9. — (*Voir l'art.* 14 *de la formule précédente.*)

Élection de domicile est faite, etc. (*Voir la formule précédente.*)

Fait et passé, etc.

Décompte, voir la formule précédente.

FORMULE 498 *bis*, Mourlon, t. II, p. 735.

Adhésion par un créancier.

Et le..., devant Me ..., etc.,

M..... (*p., q. et d.*), demeurant à ...,

Après que lecture lui a été donnée par Me ..., notaire, du contrat de cession et d'union passé devant ledit M ... et son collègue, le .., enregistré, dont la minute précède immédiatement (ou *dont la minute est l'une de celles qui précèdent*), ensemble du bilan annexé (ou *des pièces annexées*) audit contrat,

A déclaré adhérer à ce même contrat, et en conséquence, consentir son entière exécution, comme s'il y avait stipulé, élisant domicile en l'étude de Me ..., l'un des notaires soussignés.

Fait et passé à ..., etc.

Décompte :	Timbre de minute et d'expédition.	Mémoire.
	Rôles suivant la classe..........	Mémoire.
	Enregistrement..................	3 75
	Honoraires......................	6 »

FORMULE 499. — Art. 1268, 1269 et 1270 C. C.; Mourlon, t. II, p. 735.

Bilan.

Bilan ou état de situation de la fortune du sieur A... (p., q. et d.), dresse conformément à l'art. 878 *C. pr.*

1. — ACTIF.

Énoncer les espèces, valeurs, créances, marchandises, meubles et immeubles, qui composent la fortune du débiteur. On les évalue successivement dans une colonne dont on additionne les chiffres.

2. — PASSIF.

Énoncer les dettes, avec les noms et demeures des créanciers.

On tire les chiffres hors ligne et on les additionne.

3. — BALANCE.

Le passif s'élève à ..., ci................................	» »
L'actif à ..., ci..	» »
Il y a déficit de..., ci..................................	» »

Certifié sincère et véritable, à ..., le ... (*Signature de la partie.*)

Décompte : Timbre.......... Mémoire.
Enregistrement... 3 75

FORMULE 500. — Art. 1268, 1269 et 1270 C. C.; 898 C. Pr.; Mourlon, t. II, p. 735.

Acte de dépôt du bilan au greffe.

L'an ..., le ..., au greffe du tribunal de 1re inst. de ..., et devant nous, greffier, soussigné, a comparu Me ..., avoué près ce tribunal du sieur A... (*p.*, *q. et d.*), lequel a déposé, conformément à l'art. 898 C. pr. : 1° Un état dressé sur ... feuilles, au timbre de ..., en date du ..., enregistré, contenant l'actif et le passif du sieur A..., par lui certifié sincère et véritable; 2° une liasse de titres actifs (*les énoncer*); 3° ... (*les livres s'il y en a*).

Duquel dépôt, tendant à ce que M. A... soit admis au bénéfice de cession, Me ... a demandé acte, que nous lui avons donné, et qu'il a signé, après lecture, avec nous greffier. (*Signatures*.)

Décompte. (Tarif, art. 92, § 35.)

Timbre..................................	» 60
Enregistrement..........................	5 63
Droits de greffe, y compris la remise du greffier, 12 c. 1/2....................	1 56 25
Vacation à déposer le bilan..............	6 »
Timbre d'expédition......................	Mémoire.
Droits de greffe, 1 fr. 10 c. par rôle y compris la remise du greffier (» 30 c.)...	Mémoire.

FORMULE 501. — Art 1268, 1269 et 1270 C. C.; 899 et 900 C. Pr.; Mourlon, t. II, p. 735.

Demande en admission au bénéfice de cession.

L'an ..., le ..., à la requête du sieur A... (*p.*, *q. et d.*), pour lequel domicile est élu à ..., rue ..., n° ..., dans l'étude de Me ..., avoué près le trib. de 1re inst. de ..., qu'il constitue et qui occupera pour lui sur la présente demande, j'ai (*immatricule de l'huissier*), soussigné, donné assignation (*indiquer les noms, prénoms, qualités et demeures de tous les créanciers, en indiquant le parlant à pour chacun d'eux*) à comparaître à huitaine franche, de ce jour, outre un jour par trois myriamètres de distance, par-devant, etc.; Pour, attendu qu'aux termes de l'art. 1268 C. C. il est permis au débiteur malheureux et de bonne foi, pour assurer la liberté de sa personne de faire en justice l'abandon de ses biens à ses créanciers; attendu que le requérant n'est dans aucun des cas d'exception spécifiés par la loi; attendu que suivant l'art. 898 C. pr. il a déposé au greffe du tribunal le bilan de sa situation, ses titres actifs et ses registres, ainsi qu'il résulte de l'acte de dépôt dressé au greffe le ..., enregistré, dont il est en tête (*de celle*) des présentes donné copie; voir dire et ordonner que le requérant sera admis au bénéfice de cession, et qu'en conséquence il lui sera donné acte de l'abandon qu'il entend faire à ses créanciers de tous ses biens, meubles et immeubles, énoncés dans son bilan, offrant de réitérer cet abandon, en présence de ses créanciers, ou eux dûment appelés, à la barre du tribunal de commerce de... (ou *à la maison commune de* ...); voir ordonner également qu'après l'accomplissement de ces formalités ledit requérant sera déchargé de l'effet de toutes contraintes par corps prononcées ou à intervenir contre lui, à raison des dettes énoncées dans son bilan; et par provision, voir ordonner qu'il sera sursis aux poursuites tendant à contrainte par corps, dont il peut être l'objet, jusqu'à la décision sur son admission au bénéfice de cession, et que le jugement à intervenir à cet égard sera exécuté provisoirement, nonobstant appel ou opposition; s'entendre, en outre, les contestants, condamner aux dépens.

Et j'ai, à chacun des susnommés, en son domicile et parlant comme ci-dessus, laissé copie du présent exploit, dont le coût est de ...

(*Signature de l'huissier.*)

Décompte. (Tarif, art. 29.)

Original..........................	2 »
Copies, 50 c. chaque..............	Mémoire.
Enregistrement....................	3 75
Timbre............................	Mémoire.
Copie de pièces, 30 c. par rôle....	Mémoire.

FORMULE 502. — Art. 1337 et 2262 C. C.; Mourlon, t. II, p. 838.

Titre nouvel d'une rente perpétuelle par le débiteur originaire.

Par-devant, etc.

M. A... (*p.*, *q. et d.*), s'est reconnu débiteur envers M. B ... (*p.*, *q. et d.*), présent et acceptant, d'une rente annuelle et perpétuelle de ... francs, exempte de toutes retenues, constituée par ledit sieur A... au profit dudit sieur B..., aux termes d'un acte reçu par Mᵉ ..., etc., suivant lequel cette rente a été stipulée payable au domicile du créancier, en quatre termes égaux, aux premiers janvier, avril, juillet et octobre de chaque année, avec hypothèque sur (*désigner l'immeuble*), sur lequel une inscription a été prise au bureau des hypothèques de ..., le ..., vol. ..., n° ...

En conséquence, M. A... s'oblige à servir audit sieur B... ladite rente comme par le passé, ainsi qu'il est stipulé au contrat primordial ci-dessus énoncé, auquel il n'est fait aucune novation ni dérogation.

Les frais et honoraires des présentes et de la grosse à en délivrer à M. B... seront supportés par M. A...

Pour l'exécution des présentes, les parties font élection de domicile en leurs demeures.

Dont acte.

Fait et passé, etc.

Décompte :	Timbre de minute et d'expédition..	Mémoire.
	Rôles suivant la classe..........	Mémoire.
	Enregistrement....................	5 63
	Honoraires, 1/2 p. 0/0.	Mémoire.

FORMULE 503. — Art. 1337 et 2263 C. C.; Mourlon, t. II, p. 838.

Titre nouvel par des héritiers.

Par-devant Me ..., etc.

Furent présents :

M. C... (*p., q. et d.*), et M. D... (*p., q. et d.*),

Seuls héritiers de M. A... (*p., q. et d.*), ainsi qu'il résulte de l'intitulé de l'inventaire après le décès dudit sieur A..., fait par Me ..., notaire à ..., le ..., enregistré.

Lesquels se sont reconnus débiteurs, chacun personnellement, dans la proportion de sa part héréditaire, et hypothécairement pour le tout, envers M. B...(*p., q. et d.*), présent et acceptant, d'une rente annuelle et perpétuelle de ... francs, exempte de toutes retenues, constituée par M. A..., leur auteur, au profit du sieur B..., etc. (*Comme en la formule* 502.)

Même décompte

FORMULE 504. — Art. 1337 et 2363 C. C.; Mourlon, t. II, p. 838.

Titre nouvel par un acquéreur.

Par-devant Me ..., etc.

M. C... (*p., q. et d.*),

S'est reconnu débiteur envers M. B... (*p., q. et d.*), présent et acceptant, d'une rente annuelle et perpétuelle de ..., exempte de toutes retenues, stipulée payable en la demeure du créancier en quatre termes égaux, aux premiers janvier, avril, juillet et octobre de chaque année, due originairement par M. A... (*p., q. et d.*) à mondit sieur B..., comme formant le prix d'une maison sise à ..., vendue à mondit sieur A... par M. B..., suivant contrat reçu par Me ..., etc., le ..., enregistré.

M. C... est tenu de cette rente comme ayant acquis lui-même la maison susdésignée du sieur A..., aux termes d'un autre contrat reçu par Me ..., le ..., enregistré.

En conséquence, M. C... s'oblige à servir audit sieur B... ladite rente comme par le passé, et ainsi qu'il est stipulé au contrat primordial ci-dessus énoncé, auquel il n'est fait aucune novation ni dérogation.

M. B... fait réserve de ses droits, actions, privilége et hypothèque, et notamment de l'inscription prise d'office pour sûreté de ladite rente, lors de la transcription du contrat du ..., au bureau des hypothèques de ..., le ..., vol. ..., n° ...

Les frais, etc. (*Comme en la formule* 502.)

Même décompte.

FORMULE 505. — Art. 1305 à 1311 et 1314, 1338-39-40 C. C.; Mourlon, t. II, p. 784.

Ratification par un mineur devenu majeur.

Et le..., devant Me..., etc.

M. A... (*p.*, *q.* *et d.*), né à..., le..., lecture à lui faite, par Me..., l'un des notaires soussignés, d'un contrat passé devant ledit notaire, le..., dont la minute enregistrée précède, contenant vente, par M. B... (*p.*, *q.* *et d.*), tant en son nom personnel qu'au nom et comme se portant fort du comparant alors mineur, son pupille, à M. C... (*p.*, *q.* *et d.*), d'une pièce de terre sise à..., moyennant... francs de prix principal, stipulé payable le...,

A déclaré ratifier ce contrat de vente dans toutes ses dispositions, et consentir son entière exécution, comme s'il l'avait signé en majorité.

Mention des présentes est consentie sur tous titres et pièces que besoin sera.

Fait et passé, etc.

Décompte :	Timbre de minute et d'expédition...	Mémoire.
	Enregistrement....................	3 75
	Rôles suivant la classe...........	Mémoire.
	Honoraires........................	6 »

FORMULE 506. — Art. 1338 C. C.; Mourlon, t. II, p. 784 et 839.

Ratification par un propriétaire d'une vente faite sans sa procuration.

Et le..., devant, etc.

A comparu A... (*p.*, *q.* *et d.*),

Lequel, après lecture à lui faite par Me ..., l'un des notaires soussignés, d'un contrat reçu par ledit notaire, le..., dont la minute enregistrée précède, contenant vente, par M. B... (*p.*, *q.* *et d.*), au nom et comme se portant fort du comparant, au profit de M. C... (*p.*, *q.* *et d.*), d'une pièce de terre sise à..., moyennant le prix principal de..., stipulé payable le..., et productif d'intérêts à 5 p. 100,

A déclaré ratifier ce contrat de vente et consentir son exécution, comme s'il y eût été présent et l'eût signé.

Mention des présentes, etc. (*Voir la formule* 505).

Même décompte.

FORMULE 507. — Art 1338 C. C.; Mourlon, t. II, p. 784 et 839.

Ratification, par une femme séparée de biens, d'une obligation souscrite par elle sans l'autorisation de son mari ou de justice.

Par-devant, etc.

Madame A... (*p. et q.*), épouse assistée et autorisée de M. B... (*p.*, *et q.*), demeurant ensemble à..., de lui séparée quant aux biens, aux termes de leur contrat de mariage passé devant Me..., etc., le..., enregistré;

Après lecture à elle faite par Me..., l'un des notaires soussignés, d'un contrat reçu par lui, le..., dont la minute enregistrée précède, contenant obligation par ladite dame, sans l'autorisation de son mari (ou *de justice*), au profit de M. C... (*p., q. et d.*), de la somme de..., stipulée remboursable le..., avec intérêts à 5 p. 100, payables de six en six mois, aux... de chaque année,

A déclaré ratifier ce contrat dans toutes ses dispositions et consentir son entière exécution de même que si son mari l'y avait assistée et autorisée.

Mention, etc. (*Voir la formule* 505.)

Même décompte.

FORMULE 508.

Prorogation,

Par-devant, etc.

M. A.. (*p., q. et d.*);

A déclaré proroger au... le terme d'exigibilité expiré ou expirant le..., de la somme de..., montant en principal d'une obligation souscrite à son profit par M. A... (*p., q. et d.*), suivant acte reçu par Me..., etc., produisant intérêts à 5 p. 100, payables au... de chaque année, et garantie par hypothèque sur... (*désigner l'immeuble*), sur lequel une inscription a été prise au bureau des hypothèques de..., le..., vol. .., n°....

Cette prorogation est consentie par M. A..., sous la condition que ladite somme de... continuera, jusqu'à son remboursement, à produire des intérêts payables comme par le passé et qu'il ne sera rien innové aux droits, actions, privilèges et hypothèques résultant à son profit de l'acte ci-dessus.

M. B..., ci-dessus prénommé, qualifié et domicilié, à ce présent, a déclaré accepter cette prorogation sous les conditions ci-dessus indiquées, et sans novation aux droits du créancier.

Mention des présentes est consentie sur tous titres et pièces.

Les frais des présentes seront payés par M. B...

Fait et passé, etc.

Décompte :	Timbre de minute et d'expédition..	Mémoire.
	Rôles............................	Mémoire.
	Mention.........................	2 »
	Enregistrement..................	3 75
	Honoraires, 1/2 0/0..............	Mémoire.

FORMULE 509.

Acquiescement à une demande judiciaire ou à un jugement.

Par-devant, etc.

M. A... (*p.*, *q.* *et d.*)

Déclare acquiescer à la demande judiciaire intentée contre lui par M. B... (*p.*, *q.* *et d.*), suivant exploit de..., huissier à..., en date du..., enregistré, introductif d'une instance devant le trib. civil de..., tendant à faire condamner le comparant à... (*indiquer l'objet de la demande*).

Il reconnaît la justice de ladite demande, et s'oblige à donner entière satisfaction au sieur B..., le dispensant de toute poursuite judiciaire.

(S'il s'agit d'un jugement, dire :)

Lequel a déclaré acquiescer au jugement rendu contradictoirement par le trib. de 1re inst. de..., le..., enregistré, qui a condamné le comparant à payer au sieur B... (*p.*, *q.* *et d.*) une somme de... (*rapporter la condamnation*), ensemble les intérêts du jour de la demande et les dépens.

En conséquence, le comparant renonce au droit d'attaquer ce jugement, par appel ou par toute autre voie, s'obligeant à l'exécuter dans toutes ses dispositions,

Pour faire notifier ces présentes à qui besoin sera, tous pouvoirs sont donnés au porteur d'une expédition.

Dont acte, etc.

Décompte :	Timbre de minute et d'expédition.	Mémoire.
	Rôles	Mémoire.
	Enregistrement	3 75
	Honoraires	6 »

FORMULE 510. — Art. 1357 et suiv. C. C.; Mourlon, t. II, p. 868 et suiv.

Jugement qui ordonne la prestation d'un serment décisoire.

Attendu, etc., le tribunal donne acte au sieur A... de ce qu'il défère le serment au sieur B..., sur... (*énoncer les faits à affirmer*) ; en conséquence, ordonne que le sieur B... sera tenu d'affirmer par serment ledit fait à l'audience du..., et dit qu'il sera sursis à statuer sur la demande jusqu'après l'affirmation, dépens réservés.

Décompte : (Tarif, art. 80.)

Honoraires de l'avocat	15 »
Assistance de l'avoué	3 »
Enregistrement	5 63

FORMULE 511. — Art. 1366 et 1367 C. C.; Mourlon, t. II, p. 868.

Jugement qui ordonne d'office un serment supplétoire.

Attendu que le sieur A... réclame au sieur B... le payement d'une somme de... ; attendu que la demande se fonde sur... (*énoncer les présomptions*) ; attendu que si cette demande n'est point pleinement justifiée, elle n'est cependant pas totalement dénuée de preuves et qu'ainsi c'est le cas, conformément à l'art. 1367 du C. C., de déférer le serment au sieur B...,

Par ces motifs, condamne le sieur B... à payer au sieur A... la somme de..., à la charge par celui-ci d'affirmer en personne à l'audience du..., sous la foi du serment, que cette somme lui est due; condamne ledit sieur B... aux dépens, dont distraction, etc.

Même décompte.

FORMULE 512. — Art. 121 C. Pr., Mourlon, t. II, p. 868.

Signification du jugement qui ordonne une prestation de serment.

Cette signification se fait d'avoué à avoué. Voir formule 420.

FORMULE 513, Mourlon, t. II, p. 868.

Jugement qui reçoit un serment décisoire prêté par le défendeur.

Le tribunal donne acte au sieur A... du serment par lui prêté à l'audience en présence du sieur B...; en conséquence il déboute ledit sieur B.. de sa demande et le condamne aux dépens, dont distraction, etc.

Décompte : Voir *la formule* 510.

FORMULE 514, Mourlon, t. II, p. 868.

Jugement contre celui qui refuse de prêter le serment qui lui a été déféré, ou de le référer.

Le tribunal donne acte au sieur B.. du refus fait par le sieur A... de prêter le serment à lui déféré par jugement du..., et de le référer à son adversaire; en conséquence, condamne ledit sieur A... à payer au sieur B... la somme de..., et le condamne aux dépens, dont distraction, etc.

Décompte : Voir *la formule* 510.

Contrat de mariage.

FORMULE 515, Mourlon, t. III, p. 9.

Intitulés et qualités de contrats de mariage.

N° 1er. — ENTRE MAJEURS, PÈRES ET MÈRES EXISTANTS.

Par-devant, etc.

Furent présents :

M. A... (*p., q. et d.*),

Fils majeur et légitime, né à..., le..., de M. C... (*p. et q.*), et de dame D... (*p. et q.*), demeurant ensemble à...

Stipulant en son nom personnel, d'une part;

Mademoiselle B... (*p., q. et d.*), fille majeure et légitime, née à..., le..., de M. B... (*p., q. et d.*), et de dame D... (*p.*), demeurant ensemble à ...,

Stipulant en son nom personnel, d'autre part;

M. et madame A..., ci-dessus prénommés, qualifiés et domiciliés, ladite dame de son mari autorisée;

Stipulant à cause de la dot qu'ils se proposent de constituer au futur époux, leur fils, encore d'autre part;

M. et madame B..., ci-dessus prénommés, qualifiés et domiciliés, ladite dame de son mari autorisée,

Stipulant également à cause de la dot qu'ils se proposent de constituer à la future épouse, leur fille, toujours d'autre part;

Lesquels ont arrêté ainsi qu'il suit les conditions du mariage projeté entre M.... et mademoiselle ..., et dont la célébration aura lieu incessamment, à la mairie de ...

Art. 1er. — Etc.

N° 2. — ENTRE MAJEURS, PÈRES ET MÈRES DÉCÉDÉS.

Par-devant, etc.

Furent présents :

M. A... (*p. q. et d.*),

Fils majeur légitime, né à ..., le ..., de M. C... (*p.*, *q. et d.*), et de dame D... (*p. q.*), tous deux décédés,

Stipulant en son nom personnel, d'une part;

Et mademoiselle B... (*p.*, *q. et d.*),

Fille majeure et légitime, née à ..., le ..., de M. E... (*p.*, *q. et d.*), et de dame F... (*p. q.*), tous deux également décédés,

Stipulant pour elle et en son nom personnel, d'autre part;

Lesquels, etc.

N° 3. — MARIAGE ENTRE MINEURS, PÈRES ET MÈRES EXISTANTS.

Par-devant, etc.

Furent présents :

M. A... (*p.*, *q. et d.*),

Fils mineur et légitime, né à ..., le ..., de M. C... (*p.*, *q.*), et de dame D... (*p.*, *q.*), demeurant ensemble à ...,

Stipulant en son nom personnel, avec l'assistance et l'autorisation de ses père et mère, d'une part;

Mademoiselle B... (*p.*, *q. et d.*),

Fille mineure et légitime, née à ..., le ..., de M. E... (*p.*, *q.*), et de dame F... (*p.*. *q.*), demeurant ensemble à ...,

Stipulant en son nom personnel avec l'assistance et l'autorisation de ses père et mère, d'autre part;

M. et madame C..., ci-dessus prénommés, qualifiés et domiciliés, ladite dame de son mari autorisée,

Stipulant tant pour assister et autoriser M. A..., leur fils, qu'à cause de la dot qu'ils se proposent de lui constituer, encore d'autre part ;

M. et madame E..., ci-dessus prénommés, qualifiés et domiciliés, ladite dame de son mari dûment autorisée,

Stipulant tant pour assister et autoriser mademoiselle leur fille, qu'à cause de la dot qu'il se proposent de lui constituer, toujours d'autre part;

Lesquels, etc.

N° 4. — ENTRE MAJEUR ET MINEURE N'AYANT PLUS L'UN ET L'AUTRE NI PÈRE NI MÈRE.

Par-devant, etc.

Furent présents :

M. A... (*p., q. et d.*),

Fils majeur et légitime, né à ..., le ..., de M. C... (*p., q. et d.*), et de dame... (*n. p.*), tous deux décédés,

Stipulant en son nom personnel, d'une part;

Mademoiselle B... (*p., q. et d.*),

Fille mineure et légitime, née à ..., le ..., de M. E... (*p., q. et d.*), et de dame...(*q. et q.*), tous deux décédés,

Stipulant en son nom personnel et avec l'assistance de M. G... (*p., q. et d.*), son ..., et son tuteur, d'autre part ;

M. G..., ci-dessus prénommé, qualifié et domicilié,

Stipulant comme tuteur de mademoiselle B..., nommé à cette qualité, qu'il a acceptée, suivant délibération des parents et amis de ladite mineure réunis en conseil de famille, sous la présidence de M. le juge de paix du canton de ..., le ..., enregistrée, et comme représentant ledit conseil de famille, en vertu des pouvoirs que les membres de ce conseil lui ont donnés, sous la présidence de M. le juge de paix du même canton, par délibération, en date du ..., enregistrée, dont une expédition délivrée par le greffier est demeurée ci-annexée, après avoir été de M. G... certifiée sincère et véritable, et que dessus mention de son annexe a été faite par les notaires soussignés, encore d'autre part;

Lesquels, etc.

N° 5. — CONTRAT DE MARIAGE EN SECONDES NOCES.

Par-devant, etc.

Furent présents :

M. A... (*p., q. et d.*), fils majeur et légitime, né à ..., le ..., de M. C... (*p., q. et d.*), et de dame ... (*p., q. et d.*), tous deux décédés,

Veuf en premières noces avec deux enfants de dame G... (*n., p.*), décédée à ..., le ...,

Stipulant en son nom personnel, d'une part ;

Et dame B... (*p., q. et d.*),

Fille majeure et légitime, né à ..., le ..., de M. E... (*p., q. et d.*), et de dame F... (*p.*), tous deux décédés

Veuve sans enfants de M. D... (*p., q. et d.*), décédé à ..., le ...,

Stipulant en son nom personnel, d'autre part ;

Lesquels, etc.

FORMULE 516.

Clôture de contrat de mariage.

Telles sont les conventions des parties.

Dont acte.

Fait et passé à... (*indiquer le lieu*),

L'an..., le..., en présence des parents et amis, ci-après nommés, des futurs époux, savoir :

Du côté du futur :

. . . .

Du côté de la future :

. . . .

Avant de clore, Me ..., l'un des notaires soussignés, conformément à la loi, a fait lecture aux parties des art. 1391 et 1394 du C. C..., et leur a délivré le certificat prescrit par ce dernier article, pour être remis à l'officier de l'état civil avant la célébration du mariage.

Après lecture, les parties, ainsi que leurs parents et amis, ont signé avec les notaires.

FORMULE 517.

Acte à rédiger pour constater la signature du chef de l'État.

Et le..., par-devant MMes, etc.

M. A... (*p., q. et d.*);

A donné avis aux notaires soussignés, que le président de la République daignait, en approuvant le mariage projeté entre lui et mademoiselle B... (*p., q. et d.*), apposer sa signature sur le contrat qui en a réglé les conditions, reçu par ledit Me..., l'un des notaires soussignés et son collègue, le..., dont la minute enregistrée précède :

En conséquence, il a requis lesdits notaires de se transporter immédiatement au palais de ... à l'effet de recevoir la signature de M. le président de la République.

A l'instant, les notaires soussignés, accompagnés de M. A..., se sont rendus au palais de... où les présentes ont été signées par M. le président de la République.

Fait et passé pour M. le président de la République au palais de ... et pour M. A... en l'étude.

Les jours, mois et an ci-dessus.

Et M. A... a signé avec les notaires, après lecture.

FORMULE 518. — Art 1400 et suiv. C. C. ; Mourlon, t. III, p. 10 et suiv.

Nous plaçons dans cette formule toutes les clauses qui peuvent s'adapter au régime de la communauté, sauf au notaire à choisir, d'après les intentions des parties.

Communauté.

ART. PREMIER.

Les époux adoptent le régime de la communauté légale [1]. Communauté légale.

1. Ce contrat peut paraître inutile puisque à défaut de contrat la communauté légale est de droit (art. 1393 C. C.) ; nous en indiquons néanmoins ci-après la formule, parce que, tout en adoptant ce régime, les époux peuvent recevoir des dots, soit immobilières, qui sont exclues de la communauté, soit même mobilières, qui, quoique tombant dans la communauté, n'en ont pas moins besoin d'être constatées pour les droits de retour, les rapports, etc. Ils peuvent aussi stipuler des avantages de survie, de préciput, etc., et enfin se faire des dons mutuels.

(*Ou bien.*)

Communauté réduite aux acquêts.

Les futurs époux adoptent le régime de la communauté légale, sous les modifications ci-après. (*Dans le second cas l'art.* 2 *est le complément de l'art.* 1er.)

ART. 2.

Sont exclues dela communauté les dettes antérieures au mariage ainsi que celles qui grèveront les biens acquis à titre de propres pendant ledit mariage.

Communauté attribuée en totalité au survivant. (Art. 1525 C. C).

1° Cette communauté n'est établie qu'au profit du survivant des époux, et des descendants légitimes du prédécédé. Dans le cas où ce dernier ne laisserait pour héritiers que des ascendants, des collatéraux ou des successeurs irréguliers, tous les biens de la communauté, sans exception, appartiendront au survivant. (*Ou bien*) :

Communauté attribuée en partie au survivant.

2° Cette comunauté n'est établie qu'au profit du survivant des époux, et des descendants légitimes du prédécédé. Dans le cas où ce dernier ne laisserait pour héritiers que des ascendants, des collatéraux ou des successeurs irréguliers, les quatre cinquièmes de tous les biens de cette communauté appartiendront au survivant.

Communauté attribuée en totalité au survivant, à la charge de payer une somme fixe aux héritiers du prédécédé.

3° (*Même rédaction qu'au n°* 1er, *on termine ainsi*) : A la seule charge de payer auxdits héritiers une somme fixe de ..., six mois après le décés du prédécédé, sans intérêts jusque-là.

Communauté attribuée au survivant pour l'usufruit de la moitié revenant au prédécédé.

Le survivant des époux jouira en usufruit pendant sa vie, à compter du jour du décès du prémourant, de la moitié revenant au prédécédé, dans les biens meubles et immeubles de cette communauté, qu'il y ait ou non des enfants issus du mariage (ou bien : *pour le cas seulement où il n'existerait pas d'enfants issus du mariage*), à la charge, bien entendu, de payer les dettes qui pourraient grever la moitié revenant à l'époux prédécédé.

Attribution du mobilier au survivant.

Les futurs époux conviennent que le survivant aura droit, en toute propriété, à tous les objets mobiliers autres que les deniers comptants, titres, rentes et créances définis par l'art. 536 du C. C., qui, dépendant de la communauté, existeront au décès du prémourant dans les habitations de ville et de campagne des époux.

Attribution particulière des bénéfices de communauté.

Les futurs époux conviennent que les bénéfices nets de la communauté appartiendront, savoir :

1° S'il n'existe pas de descendants du mariage, au survivant pour moitié en toute propriété et pour moitié en usufruit, et aux héritiers et représentants du précédédé, pour moitié en nue propriété.

2° S'il existe des descendants du mariage, au survivant pour cinq huitièmes en toute propriété, et pour un huitième en usufruit, et aux héritiers du prédécédé pour trois huitièmes en toute propriété, et pour un huitième en nue propriété.

(Dire si le survivant sera dispensé de donner caution et de faire emploi pour l'usufruit.)

Attribution des bénéfices de la communauté aux héri-

Les futurs époux conviennent que les bénéfices nets de la communauté appartiendront en toute propriété aux héritiers et représentants du prémourant, à la charge de payer au survivant et pendant sa vie une rente viagère de ..., qui sera payable par année, de trois en trois mois, à partir du jour du décès du prémourant, au lieu qu'indiquera le survivant, laquelle rente sera garantie par hypothèque sur les immeubles dépendant de la communauté, s'il en existe de suffisants, ou par un placement en rentes sur l'État. *tiers du prémourant, à la charge d'une rente viagère au profit du survivant.*

ART. 3.

Le futur apporte en mariage les biens ci-après, dont il a donné connaissance à la future épouse, savoir :

NOTA. On va indiquer un certain nombre d'apports, sauf à choisir ceux qui peuvent s'appliquer à chaque contrat.

1° Ses habits, linge, hardes, bijoux, effets mobiliers, meubles meublants, voitures, chevaux, armes, etc., d'une valeur de ...; *Trousseau.*

2° La somme de ..., en deniers comptants; *Deniers comptants*

3° Un fonds de marchand de ..., qu'il exploite à ..., ensemble les objets mobiliers, ustensiles, marchandises et créances actives qui en dépendent, le tout d'une valeur de ...; *Fonds de commerce.*

4° Une rente de ..., en trois pour cent, inscrite au grand-livre de la dette publique de France, sous le numéro ..., au nom de mondit sieur A...; *Rentes sur l'État.*

5° Une obligation de la somme de ..., souscrite au profit de mondit sieur A... par ..., suivant acte reçu par Me ..., etc., le ..., enregistré, inscrite au bureau des hypothèques de ..., le ..., vol. ..., n° ..., exigible le ..., et productive d'intérêts à 5 p. 100 à partir du ...; *Créance hypothécaire.*

6° Une maison, sise à ... (*Désignation succincte*); *Maison.*

7° Une ferme sise à ..., consistant en ... hectares de terres, prés et bois, avec les bâtiments d'exploitation et d'habitation, le tout plus amplement désigné dans le bail de ladite ferme fait à M. ..., suivant acte, reçu par Me ..., etc., le ..., enregistré; *Ferme.*

8° Ses droits non encore liquidés dans la succession de M. ..., dont il est héritier pour ..., ainsi qu'il résulte de l'intitulé de l'inventaire fait après le décès de mondit sieur ... par Me ... et son collègue, notaires à ..., le ..., enregistré, d'après le dépouillement duquel il résulte que cette succession se compose de : *Droits successifs indivis.*

(*Énoncer brièvement l'actif et le passif.*)

Déclarant M. A... qu'il n'a encore rien touché sur ses droits dans ladite succession (ou *qu'il a déjà touché la somme de* ..);

9° La charge de ..., à ..., à laquelle il a été nommé par un décret en date du ... (*s'il n'est pas nommé, dire* :) dont il a traité par acte du ..., et de laquelle le titulaire actuel s'est démis en sa faveur conformément à l'art. 91 de la loi du 28 avril 1816; *Apport d'un office*

Ensemble, le cautionnement s'élevant à la somme de ..., qu'il a fourni en sa qualité de ..., et les recouvrements évalués à ..., qu'il peut avoir à faire en sadite qualité;

10° La somme de ..., à laquelle s'élèvent, d'après le dernier inventaire, *Mise sociale.*

ses droits acquis et sa mise sociale dans la société créée en nom collectif entre le futur époux et M. ..., pour le commerce de ..., dont le siége est à ..., suivant acte, etc.;

Reliquat d'un compte de tutelle.

La somme de ..., reliquat actif du compte que lui a rendu M. ..., son tuteur, suivant acte reçu par ..., le ..., enregistré, de l'administration qu'il a eue de sa personne et de ses biens.

ART. 4.

La future épouse apporte en mariage :

Trousseau.

1° Ses meubles, effets mobiliers, linge, vêtements, bijoux, à son usage personnel, d'une valeur de ...;

2° La somme de ..., etc. (*Voir, pour les divers objets de l'apport de la future, l'art. 3 ci-dessus.*)

Duquel apport la future épouse a donné connaissance au futur époux, qui le reconnaît, et s'en chargera par le seul fait de la célébration du mariage.

ART. 5.

Constitution de dot avec imputation sur les successions des donateurs.

En considération du mariage, M. et madame E... constituent en dot à la future épouse, leur fille, qui accepte, en avancement d'hoirie à imputer par moitié sur la succession future de chacun d'eux (ou *d'abord sur la succession du prémourant, et subsidiairement sur la succession du survivant*):

La ... (*Indiquer l'objet donné, maison, ferme, argent, créance, etc.*)

Constitution de dot en une somme imputable sur des droits successifs non liquidés et sur un compte de tutelle.

En considération du mariage, M. E... constitue en dot à mademoiselle B..., sa fille, qui accepte, la somme de ..., qui sera imputable d'abord sur les droits non encore liquidés de la future épouse dans la succession de la dame sa mère, dont elle est héritière pour ..., ainsi que le constate l'intitulé de l'inventaire fait après le décès de ladite dame par Me ..., etc., le ..., enregistré, ensuite sur le reliquat sur le compte de tutelle que doit le donateur à mademoiselle sa fille, et enfin subsidiairement sur la succession future dudit donateur :

Constitution de dot en une somme exigible au décès du donateur.

La somme de ..., à prendre sur le plus clair de la succession du donateur avec intérêts à 5 p. 100, mais à partir seulement du décès.

A la sûreté de ladite somme en principal, intérêts et accessoires, M. E... hypothèque spécialement ... (*désigner l'immeuble et en établir la propriété*).

Donations de biens présents et à venir.

En considération du mariage, M. K..., fait donation entre-vifs à la future épouse, sa nièce, qui accepte, de tous ses biens meubles et immeubles, présents et à venir, sans exception ni réserve.

La future épouse jouira et disposera desdits biens en toute propriété, à partir du jour du décès du donateur.

Cette donation est faite à la charge par la future, qui s'y oblige, d'acquitter : 1° toutes les dettes actuelles du donateur comprises en l'état dressé par les parties, qui est demeuré ci-annexé après avoir été d'elles certifié véritable, et que dessus mention de son annexe a été faite par les notaires soussignés; 2° toutes les dettes futures du donateur, si la future épouse ne s'en tenait pas aux biens présents.

M. K... déclare que ses biens présents consistent en : 1° .... (*Désignation et établissement de propriété.*)

Institution contractuelle en faveur d'un neveu.

En considération du mariage, M. et madame K... instituent le futur époux, leur neveu, seul et unique héritier de tous les biens, meubles et immeubles, qui composeront leurs successions, sans exception ni réserve et dont ils lui font donation irrévocable, s'interdisant de faire, à son préjudice, aucun acte de libéralité, entre-vifs ou testamentaire (*ou se réservant seulement la faculté de disposer par acte de libéralité entre-vifs ou testamentaire au profit de qui bon leur semblera, chacun jusqu'à concurrence de ...*)

Néanmoins cette institution ne pourra préjudicier aux avantages que M. et madame K... ont pu ou pourront se faire l'un à l'autre.

Institution contractuelle avec substitution au profit des enfants à naître.

En considération du mariage M. et madame K... instituent le futur époux, leur neveu, seul et unique héritier de tous les biens, meubles et immeubles qui composeront leurs successions, sans exception ni réserve, mais à la charge de rendre, à son décès, aux enfants à naître du mariage les biens qui écherront au futur époux au moyen de la présente donation.

Cette institution ne pourra préjudicier, etc. (*comme en l'art. précédent.*)

ART. 6.

Réserve du droit de retour.

M. et madame C... se réservent le droit de retour sur les biens donnés par chacun d'eux, pour le cas où ils survivraient l'un ou l'autre ou tous deux au futur et aux enfants à naître du mariage.

Toutefois il est convenu :

1° Que cette réserve ne pourra empêcher, pendant le mariage, le donataire de disposer, à titre onéreux, des biens donnés, hors la présence des donateurs, sauf à ces derniers à exercer leur droit de retour, en cas de vente, sur le prix, ou en cas d'échange sur l'immeuble contre-échangé.

Si les donateurs voulaient en cas d'aliénation exiger un emploi, il faudrait rédiger ainsi :

Que cette réserve du droit de retour ne pourra empêcher, pendant le mariage, le donataire d'aliéner, comme bon lui semblera, les biens donnés hors la présence des donateurs, pourvu qu'il soit fait emploi du prix des aliénations, soit en acquisition d'immeubles (*indiquer la nature des immeubles*), soit en rentes sur l'État.

Les tiers seront tenus de surveiller la réalisation matérielle du remploi, mais ils ne seront pas responsables de son utilité. Les titres de tous biens acquis en remploi devront faire mention du droit de retour.

2° Que cette réserve ne préjudiciera pas à la donation que le futur époux pourra faire à sa future épouse en usufruit, ni au préciput et autres gains de survie appartenant à ladite future épouse.

La future épouse, si elle survit, devra faire emploi et donner caution pour les biens soumis au droit de retour dont elle aurait l'usufruit. Ses héritiers auront un délai de ... pour le remboursement des sommes qu'ils devront restituer par suite de ce droit de retour, à la charge d'en payer l'intérêt à 5 p. 100 par an, à compter du jour du décès de ladite future.

ART. 7.

Réserve des propres.

Les biens actuels des époux, et ceux qui pendant la communauté leur écherront par succession, donation, ou legs, seront exclus de la communauté pour être repris lors de sa dissolution par chacun d'eux ou par ses représentants sur ladite communauté qui se trouvera dès lors réduite aux acquêts.

1re Variante. Mise en communauté d'une partie des apports.

Des biens des futurs époux il entrera de part et d'autre en communauté une somme de ... Le surplus de leurs biens, ensemble tout ce qui leur écherra par succession, donation ou legs, sera exclu de la communauté, pour être repris lors de la dissolution par chacun des époux ou par ses représentants.

2e Variante. Réserve pour la reprise d'un office ministériel.

Notamment, le futur ou ses représentants reprendront en nature : 1° la charge de ..., dont il est titulaire, ou de tout autre office qu'il pourrait obtenir ou acquérir durant le mariage ; 2° le cautionnement attaché à cette charge ; 3° les recouvrements qui pourraient en dépendre, sauf, bien entendu, à indemniser la communauté des sommes qu'elle aurait pu payer au sujet de ladite charge.

Le futur ou ses représentants faisant cette reprise auront seuls droit au bail des lieux occupés par le futur époux, pour son étude et son habitation, à la charge d'en payer les loyers et d'en exécuter les charges, de manière que la future épouse ou ses héritiers ne puissent être inquiétés à cet égard.

Si les lieux font partie d'une maison de la communauté, ou propre à la future épouse, il en sera fait bail à dire d'experts, au profit du futur époux ou de ses représentants, pour un temps qui ne pourra être moindre de neuf ans.

Si le futur époux avait cédé sa charge durant la communauté, la reprise s'exercera sur le prix de la cession.

3e Variante. Reprise en nature des objets mobiliers à l'usage personnel.

Il est convenu que les habits, linge, hardes, bijoux et autres objets à l'usage personnel des époux au moment de la dissolution de la communauté seront repris en nature par chacun d'eux, comme représentation de ceux par lui apportés, quelle que soit la différence de valeur qui puisse exister.

4e Variante. Mise inégale en communauté.

Les futurs époux mettent en communauté, savoir ; le futur époux, une somme de ..., et la future épouse, une somme de ... ; le surplus de leurs biens, etc. (*Comme en la 1re variante.*)

Les biens qui composeront la communauté seront partagés par moitié, nonobstant l'inégalité des mises des futurs époux.

5e Variante. Communauté en ...re universel des ...ens présents avec ameublement.

Les futurs époux mettent en communauté la totalité des biens qu'ils possèdent actuellement, et à cet effet le futur époux consent l'ameublissement de sa maison, sise à ..., ci-dessus désignée ; ils excluent de ladite communauté tous les biens, meubles et immeubles, qui pourront leur advenir durant la communauté, par successions, donations ou legs ; en-

conséquence, la communauté ne sera tenue que des dettes à la charge des biens présents des futurs époux, qui payeront séparément celles qui grèveront leurs biens à venir.

Les futurs époux mettent en communauté la totalité des biens qui pourront leur advenir, durant la communauté, par successions, donations ou legs et réservent propres à chacun d'eux la totalité des biens qu'ils possèdent actuellement; en conséquence, la communauté ne sera tenue que des dettes dont seront grevés les biens à venir des époux, qui payeront séparément celles qui grèvent leurs biens présents. 6e Variante. Communauté titre universel biens à veni

Les futurs époux mettent en communauté tous les biens qu'ils possèdent actuellement, ou qui pourront leur advenir durant la communauté par donations, successions ou legs; en conséquence, la communauté sera tenue des dettes des époux contractées avant le mariage ou qui grèveraient leur biens à venir. 7e Variante. Communauté verselle.

ART. 8.

Le remploi des biens propres des époux qui seront aliénés pendant la communauté se fera conformément aux dispositions du C. C., sans que les tiers aient à s'inquiéter du remploi, et la reprise provenant de ces aliénations s'exercera également suivant la loi. Remploi.

Nonobstant le régime de communauté adopté par les futurs époux, il est convenu que le mari devra faire emploi, au nom de sa femme, des capitaux à elles propres, qu'il pourrait toucher seul, par suite d'aliénations, et que les tiers ne seront libérés que par la réalisation de cet emploi, ou par la quittance collective signée des deux époux. 1re Variante Remploi for

Pour réaliser l'emploi qui vient d'être prescrit, le futur époux devra, etc. (*Indiquer la nature et le mode de l'emploi.*)

Cet emploi ne sera valable qu'autant qu'il sera accepté par la future épouse et que les titres seront inscrits en son nom avec mention de l'origine des deniers, et de la faculté d'aliéner à la charge de remploi.

ART. 9.

Le survivant des époux prendra par préciput, avant le partage de la communauté, ceux des biens meubles de cette communauté qu'il lui plaira choisir, jusqu'à concurrence d'une somme de ..., suivant la prisée de l'inventaire, ou cette somme en deniers comptants à son choix. Préciput

ART. 10.

Le survivant des futurs époux aura la faculté de retenir, à son profit d'abord, sur ses droits dans la communauté du prémourant et pour le surplus, s'il y a lieu, à la charge de remboursement, le fonds de commerce qu'ils se trouveront exploiter au moment du décès du premier mourant, avec droit exclusif à l'achalandage, aux ustensiles et marchandises qui en dépendront, le tout pour sa valeur d'après la prisée de l'inventaire quant aux Faculté de reprendre le f de commerce meubles, ustensiles et marchandises, et après estimation d'experts, quant à l'achalandage.

Le survivant aura ... ans pour rembourser aux héritiers du prédécédé ce qui pourra leur être restituable, avec intérêts à 5 p. 100 par an, à partir du jour du décès.

Le survivant, exerçant la faculté qui vient de lui être réservée, aura seul droit au bail des lieux occupés pour ledit fonds de commerce, et pour son habitation. Il acquittera les loyers et exécutera les charges de ce bail, de manière que les héritiers du prédécédé ne puissent être inquiétés à cet égard.

Si le commerce est exercé dans une maison de la communauté ou de la succession du prédécédé, il en sera passé bail, à dire d'experts, au profit du survivant, pour une durée de ...

ART. 11.

Reprise des propres de la future, francs et quittes.

La communauté dissoute, la future épouse en y renonçant pourra reprendre son apport en mariage, les biens qui lui ont été constitués en dot, et ceux qui lui seront advenus par successions, donations ou legs, le tout franc et quitte des dettes de la communauté, encore bien que ladite future épouse s'y fût engagée, ou y eût été condamnée. Ses héritiers auront les mêmes droits. Si la future elle-même fait cette renonciation, elle reprendra également francs de toutes dettes et hypotèques sa mise en communauté et le préciput ci-dessus stipulé; elle exercera même, si bon lui semble, ses droits concernant le fonds de commerce.

Il est entendu que cette clause n'aura d'application qu'entre les parties et leurs héritiers ou bien : (*Il est entendu que cette clause aura son effet non seulement entre leurs parties et leurs héritiers, mais même au regard des créanciers envers lesquels la future épouse se sera engagée ou au profit desquels elle aura été condamnée*).

ART. 12.

Donations. Donation universelle en toute propriété,

Les futurs époux font donation entre vifs au survivant d'eux, ce qu'ils accepent pour ledit survivant, de la toute propriété des biens, meubles et immeubles sans aucune exception, qui composeront la succession du prémourant.

En usufruit.

De l'usufruit, seulement sa vie durant, à partir du décès du prémourant, des biens, etc.

Réduction à 1/4 en propriété et à 1/4 en usufruit.

Dans le cas d'existence d'enfants du mariage, ou de descendants d'eux, à l'époque du décès du prémourant, cette donation sera réduite à un quart en propriété et à un quart en usufruit.

Réduction à 1/2 en usufruit. s'il y a dispense de caution et d'emploi.

Dans le cas d'existence d'enfants du mariage, ou de descendants d'eux, à l'époque du décès du prémourant, cette donation sera réduite à moitié en usufruit, avec dispense de donner caution ou de faire emploi, mais à la charge seulement de faire fidèle inventaire.

En cas d'existence d'un ou de plusieurs ascendants, la présente donation comprendra l'usufruit de la portion des biens qui leur est réservée. Disposition en cas d'existence d'ascendants.

En cas de convol, le survivant sera tenu de donner caution et de faire emploi à partir du jour du second mariage. Stipulations usitées dans le cas de convol.

(*Ou bien* :)

Le donataire ne sera dispensé de donner caution et de faire emploi des capitaux pour raison de son usufruit que jusqu'au jour où il convolerait à de secondes noces, époque à partir de laquelle commencera pour lui l'obligation de caution et d'emploi.

(*Ou bien* :)

La présente donation cessera d'avoir son effet du jour où le donataire convolerait à de secondes noces ; l'usufruit se réunirait alors de plein droit à la nue propriété.

Telles sont les conventions, etc. (*Voir la formule* 516.)

Décompte : Voir *la formule* 524.

FORMULE 519. — Art. 1400 C. C. ; Mourlon, t. III, p. 10.

Communauté légale [1].

Art. 1er — Les époux adoptent le régime de la communauté légale.

Art. 2 — Le futur déclare que les immeubles dont il est actuellement propriétaire consistent en : 1° (*les désigner, et indiquer les sommes qu'il peut devoir sur ces immeubles*.

Art. 3. — En considération du mariage, M. et Mme E... constituent en dot à la future épouse, qui accepte, en avancement d'hoirie, à imputer d'abord sur la succession du prémourant, et subsidiairement sur la succession du survivant :

1° Un trousseau composé d'habits, linge, hardes, bijoux, dentelles, objets mobiliers à l'usage personnel de ladite future, d'une valeur de...,

2° Une maison sise à ... (*désignation succincte*).

Art. 4. — Le trousseau ci-dessus constitué fera partie de la communauté. Les immeubles présents et futurs des époux leur demeureront propres.

Art. 5. — Le survivant des époux prendra par préciput, etc. (*Voir la formule* 518, *art.* 5.)

Art. 6. — La communauté dissoute, etc. (*Voir la formule* 518, *art.* 11.)

Art. 7. — Les futurs époux font donation, etc. (*Voir la formule* 518, *art.* 12.)

Telles sont les conventions, etc. (*Voir la formule* 516.)

Décompte : Voir *la formule* 524.

1. Bien que ce régime soit rarement adopté sans modifications, nous croyons devoir en donner la formule.

FORMULE 520. — Art. 1400 et suiv. C. C.; Mourlon, t. III, p. 10 et suiv.

Communauté réduite aux acquêts.

NOTA. Cette formule est généralement adoptée dans la pratique pour le régime de la communauté.

ART. 1er. — Les futurs époux adoptent le régime de la communauté légale sous les modifications ci-après :

ART. 2. — Sont exclus de la communauté, les dettes, etc. (*Voir la formule* 518, *art.* 2.)

ART. 3. — Le futur apporte en mariage, etc. (*Voir la formule* 518, *art.* 3.)

(S'il lui est fait une constitution de dot, une institution contractuelle, etc., voir la formule 518, art. 5. En cas de réserve de droit de retour, voir l'art. 6.)

ART. 4. — La future épouse apporte en mariage, etc. (*Voir la formule* 518, *art.* 4.)

(S'il lui est fait une constitution de dot, une institution contractuelle, etc., voir la formule 518, art. 5, et en cas d'une réserve de droit de retour, voir l'art. 6.)

ART. 5. — Des biens des futurs époux il entrera de part et d'autre en communauté, etc. (*Voir la formule* 518, *art.* 7, 1re *variante.*)

ART. 6. — Le remploi des propres des époux, etc. (*Voir la formule* 518, *art.* 8.)

ART. 7. Le survivant des époux prendra par préciput, etc. (*Voir la formule* 518, *art.* 9.)

ART. 8. — La communauté dissoute, la future épouse, en y renonçant, etc. (*Voir la formule* 518, *art* 11.)

ART. 9. — Les futurs époux font donation, etc. (*Voir la formule* 518,) *art.* 12.)

Telles sont les conventions, etc. (*Voir la formule* 516.)

Décompte : Voir *la formule* 524.

FORMULE 521. — Art. 1530 à 1535 C. C.; Mourlon, t. III, p. 146 et suiv.

Régime sans communauté.

ART. 1er — Il n'y aura pas de communauté entre les futurs époux; en conséquence, les dettes de chacun d'eux, créées pendant et avant le mariage, seront acquittées par celui qui les aura contractées, ou du chef duquel elles proviendront.

ART. 2. — Le futur époux administrera, à son profit, les biens meubles et immeubles de la future épouse; conformément aux art. 1530 et suivants C. C., les fruits et revenus de ces biens lui appartiendront.

ART. 3. — La future épouse déclare que les meubles et effets qu'elle possède, consistant en linges, hardes, dentelles, bijoux et argenterie, tous marqués à son chiffre, se trouvent par leur nature suffisamment distingués de ceux du futur. Il n'en a été fait aucun état.

Ou bien : Pour distinguer les meubles et effets des futurs, il a été fait, entre eux, un état estimatif de ceux appartenant à la future épouse, susceptibles de se consommer ou de s'user. Cet état, écrit sur... feuilles... de papier au timbre de..., est demeuré ci-annexé, après avoir été des parties certifié sincère, et après que dessus mention de son annexe a été faite par les notaires soussignés.

ART. 4. — Lors de la dissolution du mariage, les linge, hardes, bijoux, dentelles à l'usage de la future, ainsi que l'argenterie portant sa marque, lui appartiendront sans qu'elle soit tenue d'aucune justification ; quant à tous autres objets dont elle prétendrait avoir la propriété, elle sera obligée de justifier de son titre, ou des quittances des marchands qui les lui auront vendus.

ART. 5. — Il sera fait inventaire de tous les objets susceptibles de se consommer ou de s'user, qui écherront à la future épouse durant le mariage.

ART. 6. — La future épouse sera indemnisée par le futur époux des dettes et obligations qu'elle pourra contracter avec lui.

ART. 7. — Par dérogation à l'art. 2, la future épouse est autorisée à toucher pendant le mariage les arrérages d'une rente de... (*énoncer le titre et le chiffre de la rente.*)

ART. 8. — Donation mutuelle s'il y a lieu, *voir la formule* 518, *art.* 12.

Décompte : Voir *formule* 524.

FORMULE 522. — Art. 1536 à 1539 C. C. ; Mourlon, t. III, p. 148 et suiv.

Séparation de biens.

NOTA. Cette formule nous paraît le plus généralement adoptée pour le régime de la séparation de biens. Nous la faisons suivre des diverses clauses qui peuvent modifier ce régime.

ART. 1er. — Il y aura séparation de biens entre les futurs époux, suivant les dispositions de l'art. 1536 et suivants du C. C.

Chacun d'eux aura la jouissance libre de ses biens et la disposition de ses revenus, sauf ce qui sera ci-après dit pour la contribution des époux aux charges du mariage.

La future épouse aura l'entière administration de ses biens meubles et immeubles, avec le droit de disposer de son mobilier et de l'aliéner comme bon lui semblera. Elle pourra, sur sa simple signature, sans le concours de son mari, recevoir le remboursement de toutes sommes à elle dues, faire tous transports, consentir toutes subrogations avec ou sans garantie, vendre toutes rentes sur l'État, actions de la Banque de France ou autres valeurs mobilières ; passer, renouveler, et résilier tous baux ; donner toutes quittances et décharges ; consentir avec ou sans payement toutes mainlevées ; traiter, transiger sur ses droits mobiliers.

Ou bien : La future épouse ne pourra, sans le concours et la signature de son mari, disposer de ses capitaux, rentes, actions ou créances de toute nature, ni conséquemment les aliéner sous aucune forme.

ART. 2. — Les futurs ne seront pas tenus des dettes l'un de l'autre créées avant ou pendant le mariage, lesquelles seront acquittées par celui qui les aura contractées ou du fait de qui elles proviendront.

ART. 3. — Pour distinguer les meubles et les effets mobiliers appartenant actuellement à la future épouse, de ceux du futur époux, il a été fait des premiers un état qui est demeuré ci-annexé, après avoir été des parties certifié sincère, et après que dessus mention de son annexe a été faite par les notaires soussignés.

ART. 4. — Le linge à la marque de la future épouse, l'argenterie portant son chiffre, et tous les objets à son usage personnel seront réputés lui appartenir, sans qu'elle puisse être tenue d'en constater la propriété.

Mais à l'égard de tous les autres objets que la future achètera pendant le mariage, elle sera tenue de justifier de son droit par un acte authentique ou sous seing privé, constatant son acquisition.

ART. 5. — Les futurs époux contribueront aux frais et charges du mariage en proportion de leurs revenus, sans être assujettis à aucun compte entre eux, ni à se donner des quittances respectives.

ART. 6. — La future ne pourra, sans le consentement spécial de son mari, aliéner ses immeubles.

Le futur époux ou ses héritiers seront tenus de rembourser à la future épouse ou à ses héritiers le prix des immeubles de ladite future qui auraient été aliénés, et dont le remploi, dûment accepté, n'aurait pas été effectué.

NOTA. Cette clause serait applicable aux créances et capitaux dans le cas où la future n'aurait pas le droit de les aliéner sans le consentement du mari.

ART. 7. — La future épouse ou ses héritiers seront indemnisés, par le futur époux ou ses héritiers, des dettes et engagements qu'elle aurait pu contracter pour lui ou avec lui durant le mariage.

Donation mutuelle, s'il y a lieu, *voir la formule* 518, *art.* 12.

Telles sont les conventions, etc., *voir la formule* 516.)

Décompte : Voir la formule 524.

Clauses qui peuvent modifier le régime de la séparation de biens :

(Cette clause vient immédiatement après l'art. 1er.)

1. — Société entre les époux. Nonobstant l'adoption de la séparation de biens il y aura entre les futurs époux une société qui comprendra, savoir :

(Désigner les valeurs qui font l'objet de la société ; c'est en général un fonds de commerce ou d'industrie, déjà exploité par l'un des époux, et qui doit continuer à l'être par les deux, ou qu'ils se proposent d'acquérir.

Suivant les circonstances, la valeur du fonds est indiquée, et on fixe la part fournie ou à fournir par chacun des époux.)

Les bénéfices de cette société appartiendront par moitié à chacun des époux et à leurs héritiers ou représentants. Les pertes seront supportées dans la même proportion, sauf le droit qu'auraient la future épouse et ses héritiers de renoncer à ladite société.

(On peut stipuler une attribution complète en faveur du survivant, ou un partage inégal entre lui et les héritiers du prédécédé. *Voir la formule* 518, art. 2, n°s 2 et suiv.)

Les futurs époux mettent en commun : II.—Autre société

1° Leurs habits, linge, hardes, bijoux, tels qu'ils vont être ci-après désignés ;

2° Tous les meubles meublants qu'ils pourront acheter ensemble ou séparément pendant le mariage, et ce non compris ceux qui pourront leur advenir par succession, donation ou legs, et dont l'existence sera constatée par inventaire ou par acte en bonne forme.

(On peut stipuler au profit du survivant une attribution complète ou un partage inégal entre lui et les héritiers du prédécédé. Voir la formule 518, art 2, n° 2 et suiv.)

Chacun des époux sera réputé propriétaire des habits, linge, hardes, bijoux à son usage personnel, sans qu'il soit besoin d'une justification. III.—Présomption de propriété sur le mobilier.

Quant à tous effets mobiliers autres que les créances, rentes, actions et autres valeurs semblables, ils seront réputés appartenir et appartiendront au survivant des époux, à la charge de rembourser aux héritiers du prémourant, d'après la prisée de l'inventaire, la valeur de ceux desdits effets dont le prémourant aurait eu la propriété, justifiée par mémoires, factures, donations, legs ou de toute autre manière.

Le survivant aura la faculté de conserver pour son compte le bail des lieux occupés par les époux, tant à la ville qu'à la campagne, à la charge d'en payer les loyers et d'en exécuter les conditions. Il devra faire connaître son option dans les six mois du décès. IV. — Stipulation pour le bail.

La future épouse, en cas de survie, deviendra propriétaire de tous les objets mobiliers autres que les deniers, titres, rentes et créances, qui se trouveront dans les habitations de ville et de campagne des époux, à la charge de tenir compte de la valeur de ces divers objets, d'après la prisée de l'inventaire, aux héritiers du mari. V. — Convention sur le mobilier en faveur de la femme.

La future épouse ne se réserve la propriété dans son mobilier présent, et dans celui qui peut lui advenir, que des habits, linge, hardes, dentelles et bijoux à son usage personnel; quant à tout le surplus dudit mobilier, il deviendra la propriété du futur époux pour le montant de la prisée qui en sera faite dans l'inventaire après le décès du prémourant. VI. — Autre convention sur le mobilier.

Le futur époux contribuera aux charges du mariage pour une somme de... par an, payable à la future épouse en quatre termes égaux, de trois en trois mois; ladite future supportera le surplus desdites charges, sans être tenue de conserver la totalité de ses revenus sur lesquels elle fera les économies que bon lui semblera. VII.—Contribution aux charges.

Les futurs époux contribueront aux charges du mariage, chacun pour moitié, sans être assujettis à aucun compte entre eux, ni à se donner des quittances respectives. VIII. — Autre.

— Stipulation cas d'enfants premier lit de la femme.

Tant que les enfants du premier mariage de la future épouse demeureront avec leur mère, les frais de leur nourriture et de leur logement seront à la charge commune. La future supportera seule les frais de leur entretien et de leur éducation.

Telles sont les conventions, etc. (*Voir la formule* 516.)

Décompte : Voir *la formule* 524.

FORMULE 523. — Art. 1540 à 1581 C. C.; Mourlon, t. III, p. 149 et suiv.

Régime dotal sans société d'acquêts.

Les formules 523 et 524 sont les plus généralement adoptées pour l'application du régime dotal. A la fin de la formule 524 nous indiquerons les clauses qui peuvent modifier ce régime.

ART. 1er. — Les futurs époux adoptent le régime dotal, sans société d'acquêts, tel qu'il est établi par le C. C., sous les modifications ci-après :

ART 2. — En considération du mariage, M. et Mme E... donnent et constituent en dot, chacun par moitié, en avancement d'hoirie sur leurs successions futures, à la demoiselle B..., leur fille, qui accepte : 1° Un trousseau composé d'habits, linge, hardes, bijoux, argenterie et autres objets à l usage parsonnel de la future, d'une valeur de ...; 2° etc. (*Détailler les biens donnés.*)

ART. 3. — Les biens ci-dessus donnés à la future épouse seront dotaux, et il en sera de même de tous ceux qui lui écherront durant le mariage à quelque titre que ce soit.

Le futur aura seul l'administration des biens de la future épouse. Il en percevra les fruits et intérêts et recevra le remboursement des capitaux.

Il est néanmoins convenu que la future épouse touchera sur les loyers de ... une somme annuelle de ... pour son entretien personnel (ou : *sans avoir à employer cette somme pour son entretien personnel qui restera, comme l'entretien du futur époux et celui des enfants à naître, une charge du mariage*).

Les valeurs que la future épouse acquerra avec cette portion de revenus seront paraphernales.

ART. 4. — A défaut d'emploi par le futur époux des sommes par lui touchées pour le compte de la future épouse, lui ou ses héritiers seront tenus au remboursement de tous les capitaux non employés, à l'effet de quoi la future épouse aura hypothèque légale sur les biens dudit futur époux, à partir du jour du mariage.

Les immeubles acquis en emploi ou en remploi seront dotaux.

Les emplois ou remplois ne seront valables qu'autant qu'ils auront été acceptés par la future épouse.

ART. 5. — La future pourra reprendre, pour l'estimation ci-dessus faite, son trousseau composé de tous les effets de toilette et d'habillement, linge, bijoux, argenterie et autres objets à son usage personnel, qui pourront lui appartenir lors de la dissolution du mariage.

ART. 6. — Donation mutuelle s'il y a lieu, etc. (*Voir la formule* 518, *art.* 12)

Telles sont les conventions, etc. (*Voir la formule* 516.)

Décompte : Voir *la formule* 524.

FORMULE 524. — Art. 1498, 1499, 1581 C. C. ; Mourlon, t. III, p. 149, 205.

Régime dotal avec société d'acquêts.

ART. 1er. — Les futurs époux adoptent le régime dotal.

Néanmoins il y aura entre eux une société d'acquêts composée des bénéfices et économies que les futurs époux pourront faire pendant le mariage tant en meubles qu'immeubles, conformément aux articles 1581, 1498 et 1499 du C. C.

ART. 2. — Les biens du futur époux consistent. (Voir *Apport*, formule 518, art. 3.)

ART. 3. — La future épouse apporte en mariage et se constitue en dot :

1° Ses habits, linge, hardes, bijoux, argenterie et autres effets mobiliers, d'une valeur de ..., compris en un état descriptif et estimatif dressé par les parties, et demeuré ci-annexé, après avoir été d'elle certifié sincère et après que dessus mention de son annexe a été faite par les notaires soussignés.

L'estimation ci-dessus indiquée ne vaudra pas vente au futur époux des objets compris en cet état.

2° Une maison sise à Paris, etc. (*Désignation succincte.*)

3° Une ferme, etc. (*Désignation succincte.*)

ART. 4. — Les biens actuels de la future épouse seront dotaux; mais ceux qui lui adviendront durant le mariage, à quelque titre que ce soit, lui seront paraphernaux. Elle aura en conséquence l'administration et la jouissance particulière de ces derniers, sans avoir besoin de l'autorisation de son mari.

ART. 5. — Il est convenu que la maison sise à Paris, rue ..., n° ..., pourra être aliénée durant le mariage, par la future épouse, avec l'autorisation de son mari ou de la justice, mais sous la condition que le prix de cette vente sera immédiatement employé en acquisitions d'autres immeubles, lesquels étant acceptés par la future épouse auront nature de biens dotaux et ne pourront être aliénés.

ART. 6. — Le survivant des futurs époux percevra, à titre de préciput, et avant tout partage de la société d'acquêts, tels des meubles et effets dépendant de cette société qu'il voudra choisir, jusqu'à concurrence de la somme de ..., d'après la prisée de l'inventaire, ou cette somme en deniers comptants à son choix,

La future épouse aura droit à ce préciput, même en renonçant à la société d'acquêts, et si les biens de cette société ne suffisent pas pour acquitter son préciput, elle pourra l'exercer sur les biens propres du futur.

ART. 7. — Si la future ou ses héritiers renoncent à la société d'acquêts, ils pourront exercer la répétition de la dot et des autres droits, reprises et prélèvements de ladite future, comme si cette société n'avait jamais existé ;

mais ils n'auront aucune reprise à exercer pour la partie de ses revenus qui aura pu tomber dans la société d'acquêts.

ART. 8. — Donation mutuelle, s'il y a lieu. (*Voir la formule* 518, *art.* 12.)

S'il n'y pas de donation il est d'usage de mettre la clause suivante :

Dans le cas où la future décéderait, sans enfants, avant le futur époux, celui-ci aurait terme et délai de ... années, sans intérêts, pour le payement de toutes les sommes dont il pourra se trouver comptable envers la succession de la future.

Telles sont les conventions, etc. (*Voir la formule* 516.)

Clauses qui peuvent modifier le régime dotal.

(La modification n° 1 peut s'appliquer à l'art. 3 de la formule 523 ou à l'art. 4 de la formule 524.)

— Exception à la dotalité.

Tous les biens meubles et immeubles de la future épouse, présents et à venir, seront dotaux à l'exception de ... (*indiquer les biens qu'on veut ne pas rendre dotaux*), qui seront soumis au régime de la communauté, quoique réservés propres à la future épouse. Ces derniers biens seront administrés pas le futur époux sans aucune obligation de remploi ; ils ne seront garantis à la future épouse que par son hypothèque légale.

(La modification n° 2 peut remplacer l'art. 5 de la formule 524 ou en former le complément.)

— Aliénation biens dotaux autorisations erses à la femme dotale.

La future épouse autorisée par son mari pourra, sans recourir à la justice, et comme pourrait le faire une femme mariée sous le régime de la communauté, mais à la charge expresse du remploi dont sera ci-après parlé :

1° Procéder à tous comptes, liquidations, partages et ordres, traiter, transiger, compromettre, accepter toutes donations ;

2° Vendre et traiter à l'amiable ou aux enchères, échanger tous biens et droits, meubles et immeubles ;

3° Intervenir dans tous actes d'emprunt qui seraient faits par le futur époux sur les biens personnels ou sur les biens dépendant de la société d'acquêts ; consentir au profit des prêteurs antériorité sur l'hypothèque légale de ladite future épouse, sans pouvoir, dans aucun cas, s'obliger sur ses biens dotaux.

— Convention de remploi.

Toute somme dotale devra être immédiatement remployée au nom de la future épouse :

ı acquisition 'immeubles.

1° En acquisition d'immeubles utiles et productifs, urbains ou ruraux ;

rentes et va- s nominatives.

2° En rentes nominatives sur l'État français, actions de la Banque de France, et même en un placement par première hypothèque ou privilège sur des immeubles, offrant d'après leur prix d'acquisition une valeur double de la somme à remployer.

rentes et va- s au porteur.

3° En rentes, actions, obligations, même au porteur, émises par l'État, par la Ville de Paris, ou les quatre grandes compagnies de chemins de fer du Nord, de l'Ouest, de l'Est et d'Orléans, sous la condition que les titres en seront déposés à la Banque de France sur récépissé, au nom de la future épouse, avec indication de leur nature dotale, et obligation de ne les remettre qu'à un agent de change choisi par les époux et chargé d'opérer l'aliénation de ces valeurs à charge de remploi.

Les primes et lots qui pourront être attribués aux valeurs servant ainsi de remploi seront propres à la future épouse, et soumis, comme biens dotaux, à l'obligation de remploi..........

4° En payement des dettes qui, dûment constatées, pourraient grever les successions, donations ou legs advenus à la future épouse, et des frais, honoraires, droits de mutations, etc., dus par la future épouse, soit à l'occasion desdites successions, donations et legs, soit pour la réalisation des remplois. En payement de dettes personnelles à la femme.

IV. — Convention pour le cas d'expropriation pour cause d'utilité publique.

Les parties conviennent d'affranchir de la formalité de remploi les immeubles dotaux qui seront expropriés pour cause d'utilité publique, mais seulement jusqu'à concurrence d'une somme de ..., qui pourra être touchée par les époux sans justification de remploi. Cette somme fera, le cas arrivant, partie des reprises de la future épouse contre le futur époux.

(La clause suivante forme le complément de la précédente.)

V. — Conditions relatives aux tiers.

L'agent de change, chargé par la future de l'aliénation de ses rentes et valeurs dotales, sera seul chargé de suivre le remploi du prix. Les tiers seront dispensés de surveiller le remploi. L'agent de change lui-même se trouvera déchargé par le fait seul du remploi, sans responsabilité pour son utilité.

En cas de remploi en acquisition d'immeubles ou en payement de dettes personnelles à la future, les débiteurs des deniers dotaux seront libérés en les versant entre les mains des vendeurs ou des créanciers, sans responsabilité pour l'utilité de ce remploi.

VI. — Réserve pour doter des enfants d'un premier lit.

La future épouse se réserve de disposer quand bon lui semblera, pour l'établissement de ses enfants du premier lit, sans avoir besoin de l'autorisation maritale ou de justice, d'une somme de ..., à prendre sur ses biens dotaux, sans avoir à en indemniser le futur époux.

(La clause suivante peut s'appliquer à tous les régimes.)

VII. — Limitation de l'hypothèque légale de la femme.

L'hypothèque légale de la future épouse ne frappera que sur ... (*désigner les immeubles*). Tous les autres immeubles présents et à venir du futur époux en seront affranchis. Toutefois, si durant le mariage l'immeuble (ou *les immeubles*), grevé de l'hypothèque légale de la femme, devient insuffisant, la future épouse pourra exiger un supplément d'hypothèque qui n'aura d'effet à l'égard des tiers que du jour de son inscription.

Décompte : Lois du 22 frimaire an VII, 28 avril 1816;
18 mai 1850, 28 février 1872.

Enregistrement, pour : Déclaration de mariage, droit gradué. Voir la formule n° 264.	Mémoire.
Donation entre époux, droit fixe..........	9 38
Donations par des tiers.	

	Meubles.	Immeubles.
En ligne directe, 1 25 p. 0/0 et décimes...	1 76 p. 0/0	3 44
Entre frères, sœurs, oncles et tantes, neveux et nièces	5 63 p. 0/0	5 63 0/0
Entre grands-oncles et grand'tantes, petits neveux et petites-nièces, cousins germains.	6 25 p. 0/0	6 25 0/0
Entre parents du 4e au 12e degré.........	6 83 p. 0/0	6 83 0/0
Entre étrangers	7 50 p. 0/0	7 50 0/0
Timbre de minute d'expédition et d'extraits	Mémoire.	
Rôles suivant la classe..................	Mémoire.	
Frais de publicité, lorsque les époux sont commerçants	Mémoire.	
Honoraires, 1/2 p. 0/0 sur les apports et dots réunis	Mémoire.	

(Lorsque le contrat ne constate aucun apport, la position sociale et pécuniaire des futurs est prise en considération pour la fixation des honoraires.)

NOTA. Ce décompte s'applique à tout contrat de mariage.

FORMULE 525. — Art. 1443 C. C. ; 865 C. Pr. ; Mourlon, t. III, p. 69, 90.

Assignation en séparation de biens.

L'an ..., le ..., en vertu d'une ordonnance de M. le président du trib. de 1re inst. de ..., en date du ..., enregistrée, mise au bas de la requête à lui présentée, desquelles requête et ordonnance il est en tête (*de celle*) des présentes donné copie et à la requête de la dame A... (*p.*, *q.*), épouse du sieur B... (*n.*, *p.*), avec lequel elle demeure à ... (ou bien *demeurant de droit avec son mari à ..., et de fait à ...*), pour laquelle domicile est élu à ...., rue ..., no ..., dans l'étude de Me ..., avoué près le trib. de 1re inst. de ..., qu'elle constitue et qui occupera pour elle, sur la présente assignation, j'ai ... (*immatricule de l'huissier*), soussigné, commis à cet effet, donné assignation au sieur B..., en son domicile ci dessus indiqué, en parlant à ..., à comparaître d'aujourd'hui à huitaine franche, outre un jour par trois myriamètres de distance, à l'audience du trib. de 1er inst. de .... au palais de justice, à ... heure de ..., pour, attendu ... (*reproduire les moyens exposés dans la requête, et les développer, s'il est nécessaire*), entendre ordonner que ladite dame sera séparée quant aux biens, d'avec le sieur B..., son mari; qu'elle reprendra la libre administration des biens par elle apportés en mariage, de ceux qui lui sont échus pendant le mariage, et de ceux qui pourront lui échoir par la suite; en conséquence, voir dire que devant tel de MM. les juges qu'il plaira au tribunal commettre, et, pour les opérations de détail, devant Me ..., notaire à ..., il sera procédé, en cas d'acceptation de la communauté par ladite dame, à la liquidation, tant de ladite communauté que des reprises à exercer par la requérante contre son mari, à raison de ses biens propres, et, en cas de renonciation à ladite communauté, à la liquidation desdites reprises seulement; et s'entendre, en outre, condamner aux dépens.

Et j'ai, audit sieur B..., en son domicile, parlant comme ci-dessus, laissé copie du présent dont le coût est de... (*Signature de l'huissier.*)

Décompte. (Tarif, art. 29.)

Timbre..................	Mémoire.
Original..................	2 »
Copie....................	» 50
Enregistrement...........	3 75
Cop. de pièces à 30 c. p. rôle.	Mémoire.

FORMULE 526. — Art. 1443 C. C.; 866, 867, 868 C. Pr.; Mourlon, t. III, p. 90 et suiv.

Extrait de la demande en séparation de biens qui doit être affiché et inséré.

Par exploit de ..., huissier à ..., en date du ..., enregistré, la dame A... (*p., et d.*), épouse du sieur B..., (*p., q. et d.*), demeurant avec son mari (ou bien *de droit avec son mari, et de fait à*...), a formé contre ledit sieur A... une demande en séparation de biens, et Me ..., avoué près le tribunal civil de .., a été constitué pour elle sur ladite demande.

Pour extrait, certifié conforme, par moi, avoué soussigné, à ..., le ...

(*Signature de l'avoué*).

Décompte :	Timbre....................	Mémoire.
	Frais d'impression...........	Mémoire.
	Vacation pour la rédaction et les publications, un seul droit.	6 »
	Vacation pour faire légaliser la signature de l'imprimeur..	2 »

FORMULE 527. — Art. 1343 C. C.; 865 C. Pr.; Mourlon, t. II, p. 90 et suiv.

Requête présentée par la femme pour être autorisée à former une demande en séparation de biens.

A M. le président du tribunal de première instance de...

La dame A..., (*p., q. et d.*), épouse du sieur B..., (*p., q. et d.*), avec lequel elle demeure à ..., ayant pour avoué Me... (*ou bien :* demeurant de droit avec son mari à ..., et de fait à ...), a l'honneur de vous exposer qu'aux termes de son contrat de mariage, passé devant Me ..., et son collègue, notaires à ..., le ..., enregistré, il existe entre elle et son mari communauté de biens; que le sieur B... se trouve actuellement exposé aux poursuites de nombreux créanciers, ainsi qu'il résulte des actes d'huissiers et des protêts dont les copies sont jointes à la présente requête; que, dans cette position, l'exposante, dont la dot est en péril, a un intérêt pressant à provoquer sa séparation de biens d'avec le sieur B... son mari.

C'est pourquoi la dame B..., requiert qu'il vous plaise, M. le président, l'autoriser à former contre son mari ladite demande en séparation de biens. (*Si la femme est mineure, on ajoute* :) attendu son état de minorité, lui nommer un curateur *ad hoc* pour former ladite demande.

Nous, président ..., vu la requête ci-dessus et les pièces à l'appui, autorisons ladite dame A... à former sa demande en séparation de biens, par ... huissier audiencier (*si la femme est mineure, dire* :) avec l'assistance du sieur C... (*p.*, *q. et d.*), que nous nommons son curateur *ad hoc*.

Décompte. (Tarif, art. 78, § 10.)

Timbre......................	Mémoire.
Enregistrement de l'ordonnance.	5 63
Rédaction de la requête........	7 50
Timbre d'expédition...........	Mémoire.
Droit de greffe...............	Mémoire.

FORMULE 528. — Art. 1443 C. C.; 866, 867, 868 C. Pr.; Mourlon, t. III, p. 90 et suiv.

Acte de dépôt et de publication de l'extrait d'une demande en séparation de biens.

L'an ..., le ... au greffe du trib. de 1re inst. de ..., a comparu M[e] ..., avoué de la dame A... (*p. et d*), épouse du sieur B... (*p. et q.*), avec lequel elle demeure à..., lequel avoué a déposé pour être affiché conformément à la loi, un extrait de la demande en séparation de biens formée par ladite dame contre son mari. Nous, greffier, avons immédiatement apposé cet extrait au tableau à ce destiné dans l'auditoire du tribunal, en exécution de l'art. 866 C. pr. Dont acte signé par ledit M[e] ..., et nous, greffier, après lecture. (*Signatures.*)

Décompte :	Timbre du registre des dépôts.....	Mémoire.
	Enregistrement....................	5 63
	Droits de greffe, 1 fr. 56 1/4 y compris la remise du greffier, 12 c. 1/2	Mémoire.

FORMULE 529. — Art. 1443 C. C.; 869 C. Pr.; Mourlon, t. III, p. 90 et suiv.

Requête de la femme au président pour obtenir la permission de faire des actes conservatoires.

Voir la formule 104.

FORMULE 530. — Art. 871 C. Pr.; Mourlon, t. III, p. 90 et suiv.

Sommation faite par un créancier du mari à l'avoué de la demanderesse en séparation de biens de communiquer les pièces à l'appui de sa demande.

A la requête du sieur C..., (*p.*, *q. et d.*), créancier du sieur B... (*p.*, *q. et d.*), d'une somme de ..., montant de ..., ayant pour avoué M[e] ... qui se constitue pour lui ..., soit sommé M[e] ..., avoué près le tribunal de 1re inst. de ..., et de la dame A... (*p. et q.*), épouse dudit sieur B..., avec lequel elle demeure à... (*ou demeurant de droit avec son mari à ..., et de fait à ...*), de communiquer au requérant, dans trois jours pour tout délai, soit au greffe, soit sur simple récépissé dudit M[e] ..., l'original de la demande en séparation de biens formée par ladite dame contre son mari, avec les pièces à l'appui et toutes celles dont ladite dame ... entend faire usage ; lui déclarant que le requérant se réserve d'intervenir sur ladite demande, s'il y a lieu, pour la conservation de ses droits et pour s'opposer à ce qu'il soit rendu jugement tant que la communication demandée n'aura pas été faite.

Dont acte.

Pour original, pour copie,

Signifié, laissé copie, etc. (*Signature de l'avoué.*)

Décompte. (Tarif, art. 70 § 36.)

Timbre	1 20
Signification et enregistrement	» 98
Original	1 »
Copie, le quart	» 25
Total	3 43

FORMULE 531. — Art. 871 C. Pr.

Requête d'intervention d'un créancier du mari dans l'instance en séparation de biens.

A MM. les présidents et juges composant le trib. de 1re inst. de ...

Le sieur C... (*p., q. et d.*), pour lequel domicile est élu à ..., en l'étude de Me ..., avoué près le tribunal de 1re inst. de ..., lequel se constitue pour lui sur cette requête d'intervention, demandeur aux fins des présentes.

Contre : 1° la dame A... (*p. et q.*), épouse de M. B... (*p., et q.*) avec lequel elle demeure à ... (ou *demeurant de droit avec son mari à ... et de fait à ...*), demanderesse au principal, défenderesse aux fins de la présente requête d'intervention, ayant Me ... pour avoué.

2° Le sieur B..., défendeur au principal et aux fins de la présente requête d'intervention, ayant Me ... pour avoué.

A l'honneur de vous exposer qu'il est le créancier du sieur B... d'une somme de ..., aux termes de ... (*énoncer le titre*) ; que la dot, les droits et reprises de la dame A... sont à l'abri de tout danger, puisqu'ils sont garantis par l'hypothèque de ladite dame (*désigner les immeubles*) ; que les poursuites dirigées par ladite dame compromettent la créance de l'exposant, tant à cause du discrédit qu'elles jettent sur son débiteur, que (*indiquer les autres motifs s'il y en a*).

Par ces motifs, l'exposant conclut qu'il plaise au tribunal de recevoir intervenant dans l'instance en séparation de biens, pendante devant le tribunal, entre le sieur et la dame B..., et, statuant à l'égard de toutes les parties, par un seul jugement, déclarer la dame A... non recevable et mal fondée en sa demande en séparation de biens, et la condamner aux dépens tant de sa demande que de l'intervention, dont distraction, etc.

Pour original, pour copie.

Signifié, laissé copie, etc. (*Signature de l'avoué.*)

Décompte. (Tarif, art. 75, §§ 41 et 45.)

Timbre	Mémoire.
Signification et enregistrement (2 avoués)	1 95

Original, 2 fr. par rôle................	Mémoire.
Copies, le 1/4..........................	Mémoire.
Copie de pièces à 30 c. le rôle........	Mémoire.

FORMULE 532. — Art. 874 C. Pr.

Acte de renonciation de la femme à la communauté.

L'an ..., le ..., au greffe du tribunal de 1re inst. de ..., la dame A... (*p. et q.*), épouse séparée de biens du sieur B... (*p. et d.*) avec lequel elle demeure à ... (ou *demeurant de droit avec son mari à... et de fait à* ...), assistée de Me..., son avoué, a déclaré renoncer à la communauté de biens qui a existé entre elle et ledit sieur B..., son mari, dissoute par jugement de ce tribunal, en date du ..., enregistré.

Dont acte, signé par ladite dame ..., par Me ..., son avoué, et par nous greffier, après lecture. (*Signatures.*)

Décompte. (Tarif, art. 91, § 16.)

Timbre du registre........................	Mémoire.
Enregistrement..............................	5 63
Droits de greffe 1 fr. 56 1/4 y compris la remise du greffier, 12 c. 1/2.........	Mémoire.
Vacation de l'avoué.........................	3 »
Timbre d'expédition........................	Mémoire.
Droits de greffe 1 fr. 25 par rôle, y compris la remise du greffier, 30 c. p. rôle.	Mémoire.

FORMULE 533. — Art. 872 C. Pr.

Extrait du jugement de séparation de biens destiné à être affiché et inséré dans les lieux et journaux désignés par la loi.

Par jugement contradictoire (ou *par défaut*) du trib. de 1re inst. de ..., en date du ..., enregistré, la dame A... (*p. et q.*), épouse du sieur B... (*p. et q.*) avec lequel elle demeure à ... (ou *demeurant de droit avec son mari à ..., et de fait à ...*), a été déclarée séparée de biens d'avec son mari.

Pour extrait, certifié conforme par le soussigné, avoué près le trib. de 1re inst. de ..., occupant pour ladite dame A... *Signature de l'avoué.*

Décompte. (Tarif art. 92, § 29.)

Timbre.....................................	» 60
Rédaction..................................	6 »
Vacation pour la légalisation de la signature de l'afficheur....................	2 »
Frais d'impression.........................	Mémoire.

De la vente.

FORMULE 534. — Art. 1582 et suiv. C. C.; Mourlon, t. III, p. 206 et suiv.

Vente de meubles à l'amiable. S. S. P.

Par-devant, etc.

M. A... (*p., q. et d.*) a vendu à M. B... (*p., q. et d.*), présent et acceptant :

Les meubles désignés dans un état descriptif et estimatif dressé, et signé par les parties, sur... feuilles de timbre à 1 fr. 25 c., lequel état sera soumis à la formalité de l'enregistrement, avec ces présentes auxquelles il est demeuré annexé, après que dessus mention de son annexe a été faite par les notaires soussignés.

M. B... disposera desdits objets en toute propriété et jouissance à compter de ce jour.

Cette vente est faite moyennant ... francs, que M... reconnaît avoir à l'instant reçus en espèces métalliques ayant cours, réellement délivrées à la vue des notaires soussignés (ou *dès avant ce jour et hors la présence des notaires soussignés*).

Les frais des présentes seront payés par l'acquéreur.

Pour leur exécution, les parties élisent domicile en leurs demeures susindiquées.

Dont acte :

Fait et passé, etc.

Décompte : Timbre de minute et d'expédition..... Mémoire.
Rôles suivant la classe.............. Mémoire.
Enregistrement, 2 fr. 50 c. p. 0/0...... Mémoire.
Honoraires, 1 p. 0/0................. Mémoire.

FORMULE 535.

État de mobilier à annexer à la vente qui précède.

État [descriptif et estimatif des meubles et effets mobiliers vendu par M. A... (p., q. et d.), *à M. B* (p., q., et d.).

1° Une voiture à quatre roues, dite.... etc., estimée............ » »
2°... Etc., etc.. » »
Total.................

Certifié sincère et véritable, signé, paraphé par lesdits sieurs A... et B..., en présence de Mes ..., notaires à ..., soussignés, et annexé à la minute d'un acte de vente des meubles ci-dessus décrits et estimés, passé devant lesdit notaires, ce jourd'hui...

Décompte : Timbre................. Mémoire.
Enregistrement........ 3 75

Honoraires............. Néant.
(Ils sont compris dans les honoraires de la vente.

FORMULE 536. — Art. 1582 C. C; Mourlon, t. III, p. 206 et suiv.

Vente de récoltes à l'amiable. S. S. P.

Par-devant Me..., etc.

M. A... (*p., q. et d.*)

A vendu à M. B... (*p., q. et d.*), présent et acceptant :

La récolte à faire dans la présente année sur une pièce de pré, d'une contenance de ..., sise à ..., lieu dit ..., appartenant audit sieur A...

M. B... disposera de ladite récolte qui comportera les foins de première coupe et les regains, en toute propriété et jouissance, à compter de ce jour.

Cette vente est faite moyennant ... francs que M. A... reconnaît avoir reçus, etc. (*voir formule* 534) ; et en outre aux conditions suivantes que l'acquéreur s'oblige d'exécuter, savoir : 1° de faire opérer la fauchaison et l'enlèvement des récoltes aux époques et de la manière voulues par les usages des lieux ; 2° de ne pouvoir tondre les arbres et saules qui bordent ladite pièce de pré ; 3° de ne pouvoir y faire pâturer ; 4° de faire étaupiner ladite prairie et de répandre les taupinières de manière à la tenir à sol uni et à faux courante ; 5° de ne demander aucune diminution de prix dans le cas de perte de tout ou partie de la récolte par suite de grêle, d'inondation, ou de tout autre cas fortuit; 6° de payer les frais des présentes.

Dont acte, pour l'exécution duquel les parties élisent domicile en leurs demeures susdites.

Fait et passé, etc.

Même décompte qu'en la formule 534.

FORMULE 537. — Art. 1582 et suiv. C. C.; Mourlon, t. III, p. 206.

Vente de récolte par adjudication [1].

L'an ..., le ..., heure de ..., devant Me ..., etc.

A comparu :

M. A... (*p., q. et d.*).

Lequel a dit que, désirant vendre aux enchères la récolte à faire pour la présente année, sur une pièce de pré de 25 hectares, sise à ..., lieu dit ..., à lui appartenant, le notaire soussigné a fait connaître par les moyens de publicité ordinaires que cette vente aurait lieu ce jourd'hui, heure de midi, en son étude ; il a requis en conséquence ledit Me ... d'établir le ca-

1. Il y a lieu de copier en tête la déclaration préalable faite au bureau d'enregistrement, comme pour une vente publique de meubles.

hier des charges, clauses et conditions de l'adjudication, ce qui a eu lieu ainsi qu'il suit :

ART. 1er. — La récolte sera vendue sans aucune garantie, en ce qui concerne la contenance du pré sur lequel elle se trouve, la différence, excédât-elle un vingtième, devant tourner au profit ou à la perte de l'adjudicataire.

ART 2. — Il devra faire la coupe des foins, savoir : la première avant le..., et la seconde avant le ... Il ne pourra faire pâturer dans le pré, à quelque époque que ce soit; il sera tenu de faire étaupiner et de répandre les taupinières suivant l'usage, de manière à le tenir à sol uni et à faux courante.

ART. 3. — Il ne pourra réclamer aucune indemnité pour manque ou perte des récoltes, quels qu'en soient d'ailleurs les motifs.

ART. 4. — Enfin, il versera au plus tard dans la huitaine de l'adjudication, entre les mains du notaire soussigné, les frais d'affiches, les déboursés de timbre et d'enregistrement du présent cahier des charges, du procès-verbal d'adjudication et de la grosse qui en sera délivrée au vendeur, et de plus les honoraires fixés par les art. 1 et 3 du décret du 5 novembre 1851.

ART. 5. — Le prix de l'adjudication sera payable en l'étude du notaire soussigné dans un mois de ce jour, sans intérêts jusque-là, et avec intérêt à 5 p. 100 à partir de cette époque en cas de retard.

ART. 6. — L'adjudicataire sera tenu de fournir, si bon semble au vendeur, bonne et solvable caution solidaire pour le payement du prix et l'exécution des charges.

ART. 7. — Le domicile du vendeur est élu en sa demeure susindiquée. Celui de l'adjudicataire, à défaut d'indication spéciale, sera élu de droit en l'étude du notaire soussigné.

A l'instant, Me ... a fait lecture des charges et conditions ci-dessus aux personnes présentes. Il a procédé à la réception des enchères et, après plusieurs enchères successives, la récolte de ladite pièce de pré est demeurée adjugée au sieur C... (*p.*, *q. et d.*), moyennant ... francs, en sus des charges.

Et, après avoir accepté cette adjudication, ledit sieur C... a signé.

Fait et passé, etc.

Décompte :	Timbre de la minute et de la grosse.	Mémoire.
	L'expédition ne se délivre que rarement	Mémoire.
	Rôles suivant la classe	Mémoire.
	Enregistrement. 2 fr. 50 p. 0/0	Mémoire.
	Déboursés de publicité	Mémoire
	Timbre de la déclaration	» 60
	Vacation à la déclaration	Mémoire.
	Honoraires, 6 p. 0/0	Mémoire.

FORMULE 538.

Vente d'une coupe de bois à l'amiable.

Voir la formule 190.

FORMULE 539.

Vente ou traité d'office de notaire S. S. P.

Par-devant, etc.

M. A... (*p.*, *q. et d.*)

Cède et abandonne, sous la simple garantie de ses faits et promesses,

A M. B... (*p.*, *q. et d.*), présent et acceptant :

1° L'office de notaire dont il se trouve pourvu à la résidence de...

2° La clientèle qui y est attachée ;

3° (*S'il y a cession des recouvrements*). Les recouvrements se composant des déboursés de toute nature et honoraires qui se trouveront dus à son étude, par les clients à l'époque de l'entrée en jouissance de M. B..., ci-après fixée, avec retranchement de ceux qui seraient susceptibles de compensation avec des sommes dont M. A... serait comptable ou débiteur ;

4° Les objets mobiliers garnissant l'étude et le cabinet, desquels objets, attendu leur peu d'importance, il n'est fait aucun détail.

M. B... prendra possession du tout aussitôt la prestation de son serment et il aura droit, à partir de la même époque, aux produits et bénéfices de l'étude et aux recouvrements ci-dessus abandonnés.

M. B... reconnaît que Me A... lui a remis sa démission portant présentation au Président de la République de la personne de M. B...

Me A... s'oblige à présenter immédiatement M. B... comme son successeur, désigné à la Chambre des notaires de ..., et à ses clients.

Cette vente est faite aux charges et conditions suivantes que les parties s'obligent respectivement à exécuter, savoir :

De la part de M. B...,

De verser le cautionnement qu'il devra fournir avant sa prestation de serment, Me A... se réservant celui qu'il a versé ;

De supporter, à compter de sa mise en possession, les charges de la Compagnie, au lieu et place de Me A... ;

De délivrer gratuitement, si ce n'est quant au timbre, les expéditions, extraits et grosses que Me A... doit fournir aux parties pour les actes de son exercice, dont les honoraires resteront lui appartenir.

Et de la part de M. A...,

De remettre à M. B..., aussitôt sa prestation de serment, les minutes, les répertoires, les expéditions, extraits, grosses et brevets, les testaments authentiques, mystiques et olographes, confiés soit à lui soit à ses prédécesseurs, les registres autres que ceux relatifs à sa comptabilité personnelle, les livres d'étude, les règlements de la Compagnie, arrêtés et instructions de la Chambre, les tables d'interdictions, et généralement tous les renseignements et pièces étant dans l'étude ;

(*Lorsque les recouvrements ne sont pas cédés avec la charge on ajoute :*)

M. A. . se réserve encore les recouvrements se composant des déboursés et honoraires qui se trouveront dus à son étude par les clients à l'époque de l'entrée en jouissance de M. B...

Ce dernier s'engage, soit à faire lui-même pour le compte de M. A, soit à faciliter, autant qu'il dépendra de lui, la rentrée de ces recouvrements.

A cet effet, il devra délivrer gratuitement les grosses, expéditions et extraits qui n'auraient point encore été faits, sans autre réclamation contre ce dernier, que celle des frais de timbre.

M. A... s'oblige à remettre à M. B..., aussitôt après sa prestation de serment, ses minutes et celles de ses prédécesseurs, les répertoires où elles sont portées, les expéditions, grosses et brevets à délivrer, les testaments authentiques, mystiques (ou *olographe*), confiés, soit à lui, soit à ses prédécesseurs, les registres autres que ceux relatifs à sa comptabilité personnelle, journaux des débets, livres d'étude, les règlements de la Compagnie, arrêtés et instructions de la Chambre, les tables d'interdiction, et généralement toutes les pièces, papiers et renseignements étant dans l'étude.

Il sera fait immédiatement, après la prestation de serment, sur les répertoires, un récolement des minutes, qui sera constaté par un état dont un sera remis par M. B... à M. A..., à qui il servira de décharge, et un autre double devra être déposé, dans le mois de la prestation, aux archives de la Chambre.

Enfin, la présente vente est faite moyenant la somme de ..., applicable: aux recouvrements pour ...; au mobilier d'étude pour ...; et à la charge elle-même pour .... soit pour le tout .... que M. B... s'oblige de payer à M. A..., en sa demeure à ..., savoir : ...,

Jusqu'au payement effectif, ce prix produira des intérêts sur le pied de cinq pour cent par an, sans retenue, à partir de l'entrée en jouissance ci-dessus fixée; lesquels intérêts seront payables ... [1]

M. B... se réserve la faculté d'anticiper les époques de payement ci-dessus fixées, et de se libérer, par fractions ou portions qui ne pourront être moindre de ..., à la charge toutefois, par lui, de prévenir M. A... mois d'avance.

M. A... s'interdit expressément le droit de faire aucune délégation ni transport de tout ou partie du prix de la présente vente, avant l'expiration du mois qui suivra le jour de la prestation de serment de M. B...

M. A... prend l'engagement de faire à M. B..., à sa première réquisition, la cession de son droit à la location des lieux qu'il occupe, pour tout le temps qu'elle aura à courir, à compter du ..., à la charge par M. B... qui s'y oblige, d'en payer les loyers, à compter dudit jour, sur le pied de ... par an, et de satisfaire aux charges de cette location, dont il lui a été donné connaissance, ainsi qu'il le reconnaît.

Si, contre toute attente, M. B..., n'était pas admis aux fonctions de notaire, en remplacement de M. A... sur sa présentation ou celle de ses héritiers,

1. Quand le prix porte intérêts, on ne doit pas stipuler qu'ils seront payables tous les *six mois* (Lebon, des parquets, p. 114.)

le présent traité sera nul et résolu de plein droit, sans indemnité de part ni d'autre.

Les frais des présentes seront supportés par M. B...

M. A... déclare que le cautionnement versé par lui, en sa qualité de notaire, s'élève à la somme de...

Fait double à ..., le...

Souvent les traités sont refusés par les parquets et doivent être modifiés par les parties, comme contenant certaines clauses de droit inutiles, ou quelques conditions proscrites par la chancellerie. Aussi nous croyons devoir ajouter à la formule très complète qui précède une formule plus concise pour servir de cadre aux traités, sauf à y ajouter les conventions particulières qu'il serait nécessaire de stipuler :

Par-devant, etc, ont comparu :

M. A... (le *cédant*, nom, prénoms, profession et demeure),

Et M. B... (le *cessionnaire*, nom, prénoms, profession et demeure),

Lesquels ont arrêté ce qui suit :

M. A... cède à M. B..., qui accepte, son office de notaire à la résidence de ..., avec la clientèle qui y est attachée,

Pour M. B... en prendre possession aussitôt après la prestation de son serment comme notaire remplaçant M. A... et avoir droit, à partir de la même époque, aux produits de l'étude.

La présente cession est faite moyennant le prix de.... que M. B... s'oblige à payer à M. A..., savoir :

Cinquante mille francs dans les ... jours qui suivront la prestation de serment,

Vingt mille francs le ...,

Dix mille francs le ...,

Et les ... de surplus le ...

Ce prix produira des intérêts sur le pied de ... pour cent, par an, payables d'année en année à partir du lendemain de la prestation de serment.

Tous ces payements, en capital et intérêts, devront être effectués en la demeure, à ..., de M. A...

M. B. aura la faculté d'anticiper les époques de paiement ci-dessus fixées, et de se libérer par fractions qui ne pourront être moindres de ..., mais à la charge par lui de prévenir M. A..., deux mois à l'avance.

Dont acte... etc.

Même décompte.

FORMULE 540.

Vente de fonds de commerce S. S. P.

Par-devant, etc.

M. A... (*p.*, *q. et d.*),

Patenté pour la présente année en ladite ville, sous le nº...,

A vendu à M. B... (*p.*, *q. et d*), présent et acceptant,

Le fonds de ..., qu'il exploite à ..., rue ..., nº ..., l'achalandage qui y est attaché et les ustensiles, marchandises[1], comptoirs et meubles servant à son exploitation, lesquels ont été détaillés en un état descriptif et estimatif, qui est demeuré ci-annexé, après avoir été des parties certifié sincère et signé en présence des notaires soussignés, et après que dessus mention de son annexe a été faite par lesdits notaires,

Tel que ledit fonds se comporte, sans réserve de la part du vendeur et sans qu'il soit besoin d'une plus ample désignation, l'acquéreur déclarant le bien connaître.

M. B... en disposera, en toute propriété et jouissance, à compter de ce jour.

Cette vente est faite à la charge par l'acquéreur, qui s'y oblige, de payer, en l'acquit du vendeur, la patente qui lui a été délivrée pour la présente année, et de supporter en son lieu et place les charges de ville et de police dont il est et sera tenu.

En outre, cette vente est faite moyennant ... (*Voir pour tout le surplus, la formule* 534.)

NOTA. Quand il y a bail ou transport de bail, c'est après le prix qu'on l'insère. (Voir *Bail*, etc.)

Aux termes de l'art. 7 de la loi du 28 février 1872 les ventes de fonds de commerce ou de clientèle, faites par acte S. S. P. doivent être enregistrées dans les trois mois de leur date. Le droit d'enregistrement est de 2 50 0/0 à l'exception des marchandises neuves qui ne seront assujetties qu'au droit de 63 cent. 0/0 à condition qu'il sera stipulé pour elles un prix particulier et qu'elles seront estimées article par article.

FORMULE 541.

Vente d'un immeuble en toute propriété S. S. P (1).

Par-devant, etc.

M. A... (*p., q. et d.*) et madame B... (*n., p.*), son épouse, qu'il autorise, demeurant ensemble, à ...

Ont vendu, sous la garantie de droit, solidaire entre eux,

A M. C... (*p., q. et d.*), présent et acceptant,

Les immeubles dont la désignation suit :

DÉSIGNATION.

1° Une maison d'habitation située à ..., rue ..., n° ..., composée, sur caves, d'un rez-de-chaussée, de deux étages et de greniers couverts en

(1) La législation française, qui généralement sert de type et de modèle aux législations étrangères, s'est laissé devancer dans les pays où les sociétés de crédit foncier ont pris naissance au sujet d'une réforme qui paraît actuellement indispensable au double point de vue de l'intérêt général et du Trésor : nous voulons parler de la nécessité d'exiger l'authenticité pour tous les actes ayant trait à la propriété foncière.

Il est anormal qu'une obligation emportant hypothèque, que la mainlevée qui annihile l'inscription de cette hypothèque, ne puissent se produire que dans la forme authentique, tandis que la vente, le partage, l'échange d'un immeuble, etc., se concluent journellement au moyen d'actes sous seings privés ; on s'étonne, en d'autres

1. Si la vente comprend des marchandises neuves, il faut en faire un état estimatif article par article.

tuiles; tenant ladite maison, d'un côté, au sieur K..., pignon mitoyen entre eux, d'autre côté au sieur P..., pignon non mitoyen, appartenant à la propriété vendue, par devant à la rue et par derrière à la cour commune.

2° Une cour commune avec le sieur ..., tenant à la maison ci-dessus désignée, au nord au sieur..., au midi et au levant par un palis au sieur K..., au couchant au sieur P..., qui a droit d'égout et tour d'échelle sur ladite cour.

termes, que le législateur soit plus sévère pour le démembrement partiel et momentané que pour l'aliénation totale et définitive.

La propriété foncière a besoin d'une constitution solide; celui qui possède doit jouir sans inquiétude ni trouble. Le public a deux droits, deux intérêts : être prévenu de la mutation (la loi du 22 mars 1855 y a pourvu), être assuré de la sincérité de cette mutation (rien n'est encore fait sur ce point).

Les actes sous seings privés ne répondent certes pas à ce besoin : ils sont le plus souvent vicieux dans la forme, illisibles, inintelligibles, incomplets; ils peuvent être déniés par la mauvaise foi ou même par l'héritier de bonne foi; ils peuvent être supprimés et se perdre; bref, c'est le trouble et l'incertitude, où la sécurité doit régner.

Nous ne citerons qu'un exemple du désordre que les sous seings privés peuvent apporter dans le régime de la propriété ; il est caractéristique. M. Lechat, honorable notaire de Villiers-le-Bel (Seine-et-Oise), chargé de régulariser l'acquisition d'un domaine formé de la réunion d'un grand nombre de parcelles, trouvait récemment quatre-vingt-dix actes sous seings privés, radicalement nuls, sur cent deux qu'il avait à vérifier; quelle eût donc été la proportion si la régularisation se fût effectuée dans nos provinces éloignées !

Un autre exemple, puisé dans mon propre exercice, prouvera de quels dangers sont suivis les actes sous seings privés.

Peu de temps après mon installation comme notaire, un agent d'affaires, que j'avais connu comme clerc, me proposait un emprunt de 50, 000 fr., par première hypothèque, sur une magnifique propriété sise à Paris ; j'en vérifiai l'importance; je demandai les titres. A quelques jours de là, l'emprunteur, vieillard vénérable par son âge et par ses manières distinguées, vint me les apporter. Le principal de ces titres, celui qui conférait, en apparence, la propriété à la femme de l'emprunteur, n'était autre qu'un partage sous seings privés, déposé chez un notaire de Paris, sans reconnaissance d'écritures, manquant, par conséquent, du caractère de l'authenticité. J'exigeai cette formalité : homme d'affaires et emprunteur disparurent alors; deux escrocs avaient frappé à ma porte. Si j'avais succombé à la tentation d'honoraires considérables habilement offerts, ou bien à la confiance que devait faire naître un intermédiaire connu, j'étais ruiné dès le début de ma carrière.

Qui ne sait que la multiplicité des actes sous seings privés a empêché jusqu'ici le développement de la Société de crédit foncier dans les départements? Sa caisse ne s'ouvre et ne peut s'ouvrir que pour la grande propriété, dont les titres sont en général réguliers; elle reste fermée pour la petite propriété, que vicient, presque partout, les actes sous seings privés, et maintenant, en France, la grande propriété n'est qu'une exception.

La loi du 23 mars 1855 n'apportera qu'un remède inefficace à cet état de choses; ce n'est plus en effet parce qu'un contrat sous seings privés aura été transcrit qu'il sera valable, exempt de dol et de fraude, et qu'il ne pourra être supprimé ou contesté; le public, dans cette formalité, en cette circonstance trompeuse, pourra ne rencontrer que déceptions et dangers.

Quel intérêt le législateur peut-il avoir dans le maintien des actes sous seings privés, dans le régime de la propriété foncière ? On invoque en leur faveur la liberté des conventions, seul argument plausible qui se soit produit jusqu'ici, comme si cette liberté ne devait pas, ainsi que toutes les libertés individuelles, fléchir devant l'intérêt général, grand principe que la loi consacre elle-même dans cette matière, puisqu'en fait d'hypo-

3° Un droit à un passage de deux mètres de largeur à prendre le long du bâtiment appartenant audit sieur K..., pour arriver au jardin ci-après.

4° Un jardin de la contenance de ..., entouré de murs mitoyens, tenant d'un côté à ..., d'autre à ..., d'un bout à ..., d'autre bout à ...

5° Une pièce de terre, d'une contenance de ..., sise à ..., commune de..., lieu dit ..., tenant d'un côté à ..., d'autre à ..., d'un bout à ..., et d'autre bout à...

Ces immeubles sont vendus tels qu'ils se poursuivent et comportent,

thèque, de mainlevée, etc., nul n'est libre de choisir la forme qui peut lui convenir.

Dans des matières bien moins importantes, et dans un simple intérêt de bon ordre, que nous sommes loin de critiquer, le législateur n'a-t-il pas déjà lié cette liberté individuelle ? Le trafic des valeurs mobilières n'est-il pas, sous toutes les formes, astreint à des règles exceptionnelles ? Alors que l'agent de change seul peut transmettre valablement les valeurs de Bourse ; que le courtier a le monopole du placement des marchandises ; que le commissaire priseur peut, à l'exclusion de tous autres, vendre aux enchères les meubles corporels, n'est-il pas tout au moins bizarre que l'individu le plus incapable, le moins lettré et le moins responsable, puisse présider aux mutations de la propriété foncière, à ce point que même les adjudications publiques d'immeubles se font journellement sous les auspices des plus mauvais agents d'affaires, et n'est-il pas plus bizarre encore que cette anomalie existe alors que la loi a soigneusement institué une corporation chargée de veiller à la loyauté des contrats et d'assurer la clarté et la validité des conventions, limitant ainsi par un monopole d'une incontestable utilité cette liberté individuelle que l'on invoque, et que le législateur s'est vu, si souvent, forcé d'abandonner?

On est d'autant plus étonné de trouver dans la loi cette faveur pour les actes sous seings privés, qu'ils entraînent après eux les plus fâcheux inconvénients ; ils sont la source de presque tous les procès en France et forment l'obstacle le plus absolu à la bonne répartition de l'impôt direct, au recouvrement équitable de l'impôt indirect.

Sur le premier point, il est incontestable que la sottise et l'ignorance, la cupidité, l'intrigue et la fraude qui président le plus souvent à la rédaction des actes sous seings privés, sont l'origine de l'immense majorité des procès en France ; on pourrait à cet égard invoquer le témoignage impartial de la magistrature ; mais des calculs faits sur les comptes généraux de la justice civile et commerciale en France, rendus par S. Exc. le garde de sceaux à S. M. l'Empereur, donnent, pour 1855, les résultats suivants, qui ont bien leur signification :

Le ressort de la Cour de Grenoble avait pour 1,062,381 habitants 14,209 procès en première instance, et 97,282 actes notariés, ou 1 procès par 74 habitants, et 1 acte notarié par près de 11 habitants.

Le ressort de la Cour d'Amiens avait, pour 1,533,487 habitants, 6,951 procès, et 184,170 actes notariés, soit 1 procès par 220 habitants, et 1 acte notarié par 8 habitants.

Celui d'Agen avait, pour 945,048 habitants, 4,306 procès, et 137,098 actes notariés, c'est-à-dire 1 procès pour 49 habitants, et 1 acte notarié par 6 habitants.

Celui d'Orléans, pour 918,562 habitants, n'a eu que 3,443 procès ; il a fait 129,926 actes notariés, soit 1 procès pour 296 habitants, et 1 acte notarié pour 7 individus.

Le ressort de la Cour de Poitiers a eu, pour 1 494 646 habitants, 4 705 procès et 161 347 actes notariés ce qui donne un litige pour 318 habitants, et 1 acte notarié pour 9 habitants.

Pour le ressort de la Cour d'Angers, il a été constaté pour 1,363,089 habitants, 3,680 procès et 141,925 actes notariés.

Les résultats sont à peu près les mêmes pour tous les autres ressorts.

En prenant dans ces calculs les points extrêmes, on voit que dans le ressort de la Cour de Grenoble, qui ne comporte que 1 acte notarié sur 11 habitants, les procès y

avec tous les droits qui y sont attachés, sans en rien excepter, mais sans aucune garantie, soit au sujet des contenances indiquées pour le jardin et la pièce de terre ci-dessus désignés, la différence, excédât-elle un vingtième, devant tourner au profit ou à la perte de l'acquéreur, soit en raison des dégradations et vices de construction qui pourront se trouver dans les bâtiments, lors de son entrée en jouissance.

ÉTABLISSEMENT DE PROPRIÉTÉ.

Sous ce titre on va donner successivement les différents établissements de propriété qui peuvent se présenter dans la pratique.

I. — Succession et partage. Ces immeubles appartiennent à M. A..., comme les ayant recueillis dans

pullulent dans la proportion de 1 par 74 habitants ; tandis que dans le ressort d'Orléans, dans lequel il se fait 1 acte notarié sur 7 habitants, les procès n'y sont plus que dans la proportion de 1 sur 296 habitants. D'où il résulte que les procès sont en raison inverse des actes notariés, et en rapport parfait avec les actes sous seings privés, qui ne sont nulle part plus nombreux que là où les actes notariés diminuent de nombre.

En Angleterre, où presque tous les actes se font sous seings privés, les procès sont tellement nombreux, qu'il existe à Londres 3,000 avoués (attorneys) ; Paris n'en a que 150.

En Normandie, on retrouve les mêmes dispositions aux luttes judiciaires que chez les Anglais ; c'est sans doute la conséquence d'une même origine ; c'est surtout le résultat immédiat du grand nombre d'actes sous seings privés qui s'y font.

Dans le ressort de la Cour impériale de Caen il s'intente un procès sur 130 individus ; et il ne se fait que 1 acte notarié sur 11 habitants, comme dans le ressort de Grenoble.

Sur le second point, il est incontestable qu'avec l'immense quantité de ventes et de baux sous seings privés qui se font actuellement, il serait absolument impossible de reviser d'une manière équitable les évaluations cadastrales qui, depuis 1810, sont restées immuables, tandis que tout a changé de valeur, et cette revision devient cependant d'une nécessité flagrante, car, dans l'état actuel des choses, on peut affirmer qu'une partie notable des contribuables paye les impôts de l'autre.

C'est surtout dans le recouvrement de l'impôt indirect que les sous seings privés apportent une perturbation considérable ; il est positif que dans le plus grand nombre de cas on ne recourt à la forme du sous seing privé que pour frustrer le Trésor de tout ou partie des droits qui lui sont dus.

Il est rare qu'un bail soit fait par acte authentique, et que, lorsqu'il est dans la forme privée, il soit enregistré ; dans la plupart de nos départements il est plus rare encore que la quittance d'un prix de vente soit soumise à l'enregistrement.

Mais c'est surtout dans les ventes que la fraude se pratique sur une grande échelle, par l'entremise des agents d'affaires, qui trouvent dans les déguisements de prix un puissant moyen d'attirer les clients.

Un employé supérieur des domaines évaluait à près de trente millions de francs la perte que l'État éprouve chaque année par le fait des actes sous seings privés ; c'est près du trentième des recettes générales du budget ; perte considérable et qui mérite, certes, l'attention du législateur.

En résumé, exiger l'authenticité pour tous les actes ayant trait à la propriété foncière compléterait pour le propriétaire comme pour les tiers la sécurité ébauchée par la loi de 1855 ; elle diminuerait dans une énorme proportion le nombre des procès, elle enrichirait le Trésor. Ce qu'on appelle la liberté des conventions ne saurait prévaloir longtemps contre ces avantages.

(*Note de M. Jeannest Saint-Hilaire.*)
(Écrite en 1862.)

les successions de ses père et mère, M. C... et dame ..., son épouse, décédés, l'un, à ..., le ..., et l'autre à ..., le ..., dont il était seul héritier, ainsi que le constate un acte de notoriété dressé à défaut d'inventaire par M^e ..., etc., le...

(S'il y avait plusieurs héritiers, on mettrait :)

dont il était héritier pour moitié (*ou toute autre quotité*), l'autre moitié ayant été dévolue à M. ..., son frère, ainsi que le constate l'intitulé d'inventaire fait après le décès desdits sieur et dame C... par M^e ..., notaire à..., le..., enregistré, et au moyen de l'abandon, sans soulte ni retour, qui lui en a été fait par le partage desdites successions, réglé entre les deux frères, suivant acte reçu par M^e ..., le..., enregistré.

(S'il y a soulte, il faut dire :)

Cet abandon a été fait à la charge par M. A... de payer à son frère une soulte de ..., dont il s'est libéré suivant quittance reçue par M^e ..., le ..., enregistrée.

Ces immeubles dépendaient de la communauté d'entre M. et Mme C..., au moyen de l'acquisition que mondit sieur C... en avait faite durant leur mariage, suivant contrat reçu par M^e ..., etc., de Mme D... (*p., q. et d.*), épouse séparée, quant aux biens, de M. ... (*p., q. et d.*), suivant leur contrat de mariage, reçu par M^e ..., etc., le ..., enregistré, cette acquisition a été faite moyennant la somme de..., qui a été depuis payée par lesdits sieur et dame C... à leur venderesse, suivant quittance reçue par M^e ..., etc. II. — Conquêt de communauté.

Ce contrat de vente a été transcrit au bureau des hypothèques de ..., le ..., vol. ..., n^o...

Pour le compte rendu des formalités de transcription et de purge, *voir la formule* 481.

Ils avaient appartenu à la dame D..., comme s'en étant rendue adjudicataire avant son mariage, sur la licitation volontaire faite, entre elle et le sieur E..., son frère, des biens dépendant de la succession du sieur F..., suivant procès-verbal dressé par M^e ..., etc. Le prix de cette adjudication s'est élevé, en sus des frais, à la somme de ..., dont la moitié a été payée audit sieur E... qui en a donné quittance, suivant acte reçu par M^e ..., etc. III. — Licitation volontaire.

Pour le compte rendu des formalités de transcription et de purge, *voir la formule* 481.

Ces immeubles dépendaient de la société qui a existé entre M. F... et le sieur G..., suivant acte sous seings privés, fait double à ..., le ..., enregistré à ... (*copier la mention*), et publié conformément à la loi. Lesdits sieurs F... et G... les avaient acquis, au profit de ladite société, sous le nom de M^e ..., leur avoué, par jugement de l'audience des criées du trib. de 1re inst. de..., le..., sur la poursuite de saisie immobilière dirigée contre le sieur H... (*p., q. et d. du saisi*) par le sieur O... (*p., q. et d. du saisissant*), son créancier, mais convertie en vente sur publications volontaires, par jugement du même tribunal, rendu le ..., enregistré. IV. — Société : vente judiciaire.

Ce jugement d'adjudication a été transcrit, etc. (*Pour la transcription, voir formule* 481.)

L'ordre du prix de cette adjudication, s'élevant à la somme de ..., a été réglé entre les créanciers par M. ..., juge au même tribunal, suivant son procès-verbal clos et arrêté le ..., enregistré. Par suite de ce règlement, MM. F... et K... se sont libérés de la totalité de leur prix en principal et intérêts entre les mains des créanciers colloqués, aux termes d'une quittance passée devant Me ..., etc., et la radiation de toutes les inscriptions qui grevaient l'immeuble adjugé, même celle d'office, a été opérée, ainsi que le constatent divers certificats de M. le conservateur des hypothèques de ..., en date du ...

V. — Échange. Ils appartenaient au sieur H..., au moyen de l'échange fait entre lui et le sieur L... (*p., q. et d.*), contre une maison, sise à ...

Cet échange a eu lieu sans soulte, par contrat, reçu par Me ..., etc., transcrit, etc. (*Voir, pour la transcription et la purge, la formule* 481.)

S'il y avait eu soulte on dirait :

Aux termes de cet échange il a été mis à la charge de M. H..., une soulte de... francs, dont il s'est libéré en principal et intérêts entre les mains de M. L..., aux termes d'une quittance reçue par Me ..., etc.

VI. — Réméré. M. L... avait acquis ces immeubles à réméré du sieur M... (*p., q. et d.*), suivant contrat passé devant Me ..., enregistré, moyennant la somme de ..., dont le contrat porte quittance.

Le sieur M..., n'ayant pas exercé le réméré le ..., jour de son échéance, le sieur L... est devenu propriétaire incommutable desdits immeubles, ainsi qu'il résulte d'ailleurs d'un acte reçu par Me ..., etc., contenant quittance par le vendeur à l'acquéreur d'une somme de ..., payée à titre de supplément de prix.

Cette quittance et le contrat de réméré ont été transcrits (*voir, pour la transcription et la purge, la formule* 481).

VII. — Testament. Ils avaient été légués, à titre particulier, au sieur M... par M. N... (*p., q. et d*), aux termes du testament de ce dernier, reçu par Me ..., etc., dont l'exécution a été consentie par M. Q... (*p., q. et d.*), seul héritier du sieur N..., suivant acte passé en minute devant Me ..., etc.

Ce testament a été transcrit, etc. (*Voir la formule* 481.)

VIII. — Dation en payement. M. Q... en était propriétaire au moyen de l'abandon que M. R... (*p., q. et d.*) lui en a fait à titre de dation en payement, pour une somme de ..., suivant transaction faite entre eux devant Me ..., etc.

Cet acte a été transcrit, etc. (*Voir la formule* 481.)

IX. — Donation entre vifs. M. R. en était lui-même le propriétaire au moyen de la donation entre vifs que la dame S... (*p., q. et d.*) lui en avait faite, par acte passé devant Me ..., contenant l'acception du donataire.

Il est observé que la donatrice est décédée à ..., le ..., sans qu'il lui soit survenu d'enfants, ainsi qu'il résulte d'un acte de notorité reçu par Me ..., etc., au moyen de quoi la donation en question est devenue définitive.

Elle a été transcrite, etc. (*Voir la formule* 481.)

La dame S... s'était rendu adjudicataire de cet immeuble lors de la vente des biens de l'émigré T... (*p., q. et d.*), faite au district de ..., suivant procès-verbal dressé par les administrateurs du domaine national, le ... Cette adjudication a eu lieu moyennant ..., dont M. ... s'est libéré suivant quittance pour solde, mise par M. ..., receveur des domaines à ..., le ..., au bas du décompte de ce prix arrêté par l'administrateur des domaines, à ..., le ...

X. — Acquisition antérieure au Code civil.

Vente nationale.

Le sieur T... s'était rendu adjudicataire de ces immeubles sous le nom de M ..., son procureur, par sentence rendue au ci-devant Châtelet de Paris (ou *au ci-devant bailliage de* ...), le ..., insinuée et ensaisinée sur la poursuite de vente faite à la requête du sieur U... contre le sieur V... (*p., q. et d.*), son débiteur.

Adjudication judiciaire avant le Code.

Cette adjudication a eu lieu moyennant ...

(*Enoncer le prix, la libération, etc.*)

M. V... en était propriétaire comme les ayant acquis de M. ..., par contrat passé devant M^e ..., etc., contrôlé. Il a été obtenu, sur cette acquisition, des lettres de ratification au tribunal de ..., le ..., lesquelles ont été scellées le ... suivant, à la charge de deux oppositions qui ont été annulées, ainsi qu'il résulte d'un certificat mis au dos de ces lettres de ratification, en date du ...

Vente volontaire avant le Code.

Le prix de cette acquisition, s'élevant à la somme de ... a été payé, etc.

JOUISSANCE.

L'acquéreur disposera des immeubles vendus comme lui appartenant en toute propriété à compter de ce jour; il en entrera en jouissance seulement le ...[1].

CHARGES ET CONDITIONS.

La présente vente est faite aux charges et conditions suivantes, que l'acquéreur s'oblige d'exécuter fidèlement, savoir :

1° De prendre les immeubles vendus dans leur état actuel;

2° D'en souffrir les servitudes passives, de toute nature, sauf à jouir de celles actives, le tout à ses risques et périls, sans recours contre les vendeurs et sans que la présente clause puisse attribuer à qui que ce soit plus de droits qu'il n'en serait justifié par titres réguliers (*si les titres anciens énoncent des servitudes, il est prudent de les indiquer*);

3° D'exécuter et d'entretenir pendant tout le temps qui en reste à courir le bail desdits immeubles fait à M. ..., pour ..., années, à partir du ..., suivant acte reçu par M^e ..., etc., moyennant ... de loyer annuel ... (*s'il*

1. Quelques auteurs ayant soutenu que la faillite et le décès de l'acquéreur (quand sa succession est acceptée sous bénéfice d'inventaire), arrivés avant la transcription de la vente, mettent à néant les garanties du vendeur, son privilège et son action de résolution, il serait bon de modifier ainsi cette clause : la propriété des biens vendus demeurera complète dans la personne des vendeurs tant que la vente ne sera pas transcrite et les effets de cette vente, même l'entrée en jouissance, seront suspendus jusques-là, soit entre les parties, soit vis-à-vis des tiers. (*ou bien :*) jusqu'à la transcription du présent contrat, les immeubles vendus demeureront en la possession des vendeurs, pour sûreté de leur créance et des garanties légales qui y sont attachées.

y a des loyers payés d'avance, le dire, et stipuler ce qui aura été convenu à cet égard);

4° De payer, à compter du ..., les contributions de toute nature, ainsi que les cotisations annuelles au payement desquelles les vendeurs se sont obligés envers la Compagnie d'assurance contre l'incendie, dite ..., ainsi qu'il résulte de la police de cette assurance en date du ..., timbrée ...; au moyen de quoi l'acquéreur aura droit, en cas de sinistre, à l'indemnité qui serait fixée;

5° De payer les déboursés et honoraires du présent contrat et de la grosse à en délivrer aux vendeurs.

PRIX.

En outre, cette vente est faite moyennant la somme de ..., que M. B... s'oblige de payer à M. et à Mme A..., ou pour eux, au porteur de leurs pouvoirs et de la grosse des présentes, le ..., et non avant, sans le consentement exprès et par écrit des vendeurs. Jusqu'à son payement, ce prix produira des intérêts sur le pied de 5 p. 100, payables de six en six mois, à compter du ...

Ces payements, en principal et intérêts, se feront à ..., en espèces métalliques au cours de ce jour, en la demeure des vendeurs (*ou bien* : en l'étude du notaire soussigné).

RÉSERVE DE PRIVILÈGE.

A la sûreté de ce prix et de l'exécution des conditions de la vente, l'immeuble vendu demeure affecté et hypothéqué par privilège spécial.

TRANSCRIPTION ET PURGE.

L'acquéreur sera tenu de faire transcrire son contrat au bureau des hypothèques de ..., dans les vingt jours de sa date, après lesquels les vendeurs pourront faire opérer cette transcription, aux frais de l'acquéreur.

Il remplira, en outre, si bon lui semble, et à ses frais, les formalités nécessaires pour purger les hypothèques légales dans un délai de quatre mois.

Si, par suite de l'accomplissement des formalités de transcription et de purge, il se trouve des inscriptions grevant l'immeuble vendu, les vendeurs s'obligent solidairement à en rapporter certificat de radiation à l'acquéreur dans les quarante jours de la dénonciation qu'il sera tenu de leur en faire à leur domicile ci-après élu. Pendant ce délai, ledit acquéreur ne pourra faire ni les notifications de l'état des inscriptions aux créanciers inscrits, ni offre et consignation de son prix, à moins qu'il n'y soit contraint par les voies de droit; il sera indemnisé sur son prix de tous frais extraordinaires de transcription et de purge.

ÉTAT CIVIL DES VENDEURS.

Voir la formule 43.

REMISE DES TITRES.

Les vendeurs s'obligent à remettre à l'acquéreur, lors du payement du prix : 1° ... (*indiquer tous les titres qu'il y a lieu de remettre*).

Avant de clore, le notaire a donné aux parties lecture des articles 12, § 13 de la loi du 25 août 1871.

ÉLECTION DE DOMICILE.

Dont acte, pour l'exécution duquel les parties élisent domicile en leurs demeures susdites.

Fait et passé, etc.

Décompte :		
	Timbre de minute d'expédition de la grosse, s'il y a lieu................	Mémoire.
	Rôles suivant la classe................	Mémoire.
	Enregistr. 6 fr. 88 p. 0/0.............	Mémoire.
	Déboursés de transcription et de purge.	Mémoire.
	Honoraires, 1 p. 0/0..................	Mémoire.

FORMULE 542.

Vente de nue propriété S. S. P.

Par-devant, etc.

M. A... (*p., q. et d.*) a vendu à M. B... (*p., q. et d.*), présent et acceptant :

DÉSIGNATION.

La nue propriété, pour y réunir l'usufruit au décès du vendeur, d'une maison sise à ... etc. (*Voir la formule précédente.*)

ENTRÉE EN JOUISSANCE.

L'acquéreur disposera dudit immeuble comme de chose lui appartenant, savoir : pour la nue propriété à compter de ce jour, et pour l'usufruit à compter du jour du décès de M. B..., époque à laquelle ledit usufruit sera réuni de plein droit à la nue propriété.

(*Pour tout le surplus, voir la formule précédente.*)

Même décompte.

FORMULE 543.

Vente d'usufruit S. S. P.

Par-devant, etc. (*Voir la formule* 541, jusqu'au mot *Désignation.*)

DÉSIGNATION.

L'usufruit pendant la vie de l'aquéreur d'une maison sise à ..., etc. (*Désigner l'immeuble. Voir la formule* 541.)

JOUISSANCE.

Le sieur... jouira dudit immeuble et de ses dépendances à partir du ..., en usufruit seulement, jusqu'à son décès, époque à laquelle ledit usufruit se réunira à la nue propriété au profit, soit du vendeur, soit de ses héritiers ou représentants.

ÉTABLISSEMENT DE PROPRIÉTÉ.

(*Voir la formule* 541.)

CHARGES ET CONDITIONS.

La présente vente est faite aux charges et conditions suivantes, que l'acquéreur s'oblige d'exécuter fidèlement, savoir :

1° De faire faire avant son entrée en jouissance et à ses frais, contradictoirement avec le vendeur, un état de l'immeuble;

2° D'en jouir en bon père de famille et de l'entretenir de toutes réparations pendant la durée de son usufruit, suivant que les usufruitiers en sont tenus;

3° De souffrir, sans pouvoir réclamer d'indemnité, que le nu propriétaire fasse les grosses réparations qui pourraient devenir nécessaires, quelle qu'en soit la durée;

4° De payer les contributions, etc. (*Le surplus comme en la formule* 541.)

Même décompte.

FORMULE 544. — Art. 1659 et suiv. C. C.; Mourlon, t. III, p. 279 et suiv.

Vente à réméré.

Par-devant, etc.

M. A... (*p., q. et d.*) a vendu, sous la réserve de réméré ci-après exprimée à M. B... (*p., q. et d.*), présent et acceptant.

(Pour la désignation, l'entrée en jouissance, l'établissement de propriété, les charges et conditions, voir la formule 541.)

PRIX.

En outre, cette vente est faite moyennant la somme de ..., qui demeure compensée avec semblable somme actuellement exigible, due par le vendeur à M. B..., suivant acte reçu par Me ..., etc., le ..., enregistré, par hypothèque sur l'immeuble vendu.

Le vendeur se réserve pendant cinq ans, à partir de ce jour, de reprendre lesdits biens, en remboursant à l'acquéreur la somme de ..., qui forme le prix de la présente vente, les intérêts de ce prix, les frais et loyaux coûts du contrat, et les réparations indiquées par l'art. 1673 du C. C. Mais, faute par le vendeur d'avoir exercé cette faculté de réméré dans le délai ci-dessus fixé, il en sera déchu de plein droit et M. B... demeurera incommutable propriétaire de la maison vendue.

(Tout le surplus du contrat comme la formule 541.)

Même décompte.

FORMULE 545.

Vente de droits successifs S. S. P.

(*Voir transport de droits successifs*)

FORMULE 546.

Vente par adjudication volontaire.

L'an ..., le ..., devant Me ..., etc.

M. A... (*p.*, *q. et d.*) et dame B... (*p.*), sa femme, qu'il autorise, demeurant ensemble à ...

Lesquels ont dit qu'ils sont dans l'intention de vendre par adjudication, en plusieurs lots, diverses pièces de terre sises aux territoires de ...; qu'ils ont fait annoncer, par les soins du notaire soussigné, au son du tambour et par les affiches, que cette vente aurait lieu aujourd'hui, heure de ..., par le ministère dudit Mᵉ ..., notaire, en la salle de la maison d'école de la commune de ...

En conséquence, ils ont requis ledit Mᵉ ... d'établir la désignation des terres à vendre, l'origine de la propriété, les charges et conditions de l'adjudication, ce qu'il a fait ainsi qu'il suit :

(Pour la désignation et l'établissement de propriété, voir la formule 541.)

BAIL.

Les terres mises en vente sont affermées au sieur C... (*p.*, *q. et d.*), pour ... années, qui ont commencé à courir le ..., moyennant un fermage annuel de ..., aux termes d'un bail reçu par Mᵉ ..., notaire soussigné, le ..., enregistré.

ENGAGEMENTS DES VENDEURS.

M. et Mᵐᵉ A... s'obligent solidairement entre eux :

1° A la garantie ordinaire et de droit envers les adjudicataires.

2° A ouvrir, au midi de la pièce de terre mise en vente, et sur la portion de cette pièce qu'ils se réservent, un chemin de voiture de six mètres de largeur, sur lequel aboutiront tous les lots.

Ce chemin sera mis en état de viabilité et empierré par les vendeurs, mais il sera ultérieurement entretenu par les adjudicataires au prorata de la contenance du lot vendu à chacun d'eux.

3° A retirer les tuyaux et aqueducs qui, placés sous ladite pièce de terre, servent à conduire dans leur maison les eaux d'une source se trouvant dans la portion par eux réservée de ladite pièce de terre.

Ils replaceront lesdits tuyaux et aqueducs sous le chemin dont il vient d'être question, qui à cet effet restera leur propriété, sauf le droit que chaque adjudicataire aura d'en user pour le service du lot à lui vendu.

(On continue de même pour tous les engagements que prennent les vendeurs et pour les droits qu'ils se réservent.)

CHARGES ET CONDITIONS.

1° Les adjudicataires seront propriétaires par le fait seul de l'adjudication ; ils prendront possession des biens mis en vente dans l'état où ils se trouveront à l'époque de leur entrée en jouissance, ci-après fixée, sans pouvoir exercer contre les vendeurs aucune répétition pour mauvaise culture, effritement, défaut de contenance, encore bien que la différence excédât un vingtième, sauf leur recours, s'il y a lieu, mais à leurs risques et périls, contre le fermier ;

Ils entreront en jouissance par la perception des fermages à courir du ..., ceux antérieurs étant réservés aux vendeurs. Lesdits fermages seront répartis entre les adjudicataires au prorata de la contenance du lot adjugé à chacun d'eux, sans avoir égard à la classe des terres ni au prix de l'adjudication.

Ils feront en sorte qu'à l'occasion de l'exécution du bail précité, les vendeurs ne puissent être inquiétés.

3° Ils supporteront les contributions foncières et les charges dont l'immeuble mis en vente peut et pourra être tenu, à partir du ...

4° Ils supporteront également les servitudes passives de toute nature dont les biens mis en vente peuvent être grevés, sauf à jouir de celles actives, à leurs risques et périls, sans recours contre les vendeurs et sans que la présente clause puisse attribuer aux tiers plus de droits que ceux qui résulteraient de titres.

Il sera établi pour l'exploitation de la pièce de terre divisée un chemin commun de trois mètres de largeur vers le nord, et tenant à ...; chaque adjudicataire en fournira la contenance sur la largeur de son lot, sans aucune diminution de prix.

(Si d'autres droits ou servitudes étaient nécessaires, il y aurait lieu de les établir.)

5° Ils payeront dans les vingt-quatre heures de l'adjudication, entre les mains et sur la quittance de Me..., notaire soussigné, les droits d'enregistrement, les frais de timbre du cahier des charges et du procès verbal d'adjudication, ceux de publicité, de transcription, de purge, d'expédition, de grosse et d'extraits, et tous autres auxquels l'adjudication donnera lieu, et enfin 5 p. 100 de leurs prix, pour les honoraires tant des soins et travaux préparatoires, que du présent procès-verbal.

La taxe, si elle est requise, profitera aux vendeurs.

(Ou bien dans le cas d'une fixation à forfait, on met :)

Ils payeront dans les vingt-quatre heures de l'adjudication, entre les mains et sur la quittance de Me ..., notaire soussigné ..., centimes par franc du prix de leur acquisition, pour les droits d'enregistrement, les frais de timbre du cahier des charges et du procès-verbal d'adjudication, ceux de publicité, de transcription, de purge, d'expédition, de grosse et d'extraits, et enfin pour les honoraires tant des soins et travaux préparatoires que du présent procès-verbal.

La taxe, si elle est requise, profitera aux vendeurs[1].

6° Les prix seront payables en l'étude du notaire soussigné, soit aux vendeurs, soit aux créanciers inscrits, auxquels il est fait dès à présent toute délégation, savoir : moitié dans un an, à partir du jour de l'entrée en jouissance, et moitié un an après.

Ils produiront des intérêts à 5 p. 100 par an, payables d'année en année, à partir de la même époque.

1. Il est bon d'insérer cette clause, bien que la jurisprudence accorde maintenant aux vendeurs la différence pouvant résulter de la taxe.

Tous ces payements ne pourront être valablement effectués qu'en espèces métalliques au cours de ce jour.

Les adjudicataires, sous aucun prétexte, ne pourront faire ni les notifications de l'état des inscriptions aux créanciers inscrits, ni le dépôt de leurs prix à la caisse des consignations, avant l'époque fixée pour le payement final.

7° A la sûreté des prix les immeubles vendus demeureront affectés par privilège spécial.

8° Les adjudicataires devront faire opérer une seule et même transcription, du présent procès-verbal, au bureau des hypothèques de ...; ils devront également s'entendre pour opérer, s'ils le jugent opportun, au profit de tous, la purge des hypothèques légales non inscrites, et si ces formalités font connaître des inscriptions grevant les biens vendus, les vendeurs s'obligent solidairement à en rapporter main levée et certificats de radiation à l'époque fixée pour le dernier payement des prix.

9° Les titres de propriétés resteront dans les mains des vendeurs, qui s'obligent à en aider les adjudicataires à toute réquisition et sur récépissé.

(Si la totalité de la propriété est vendue, on remet les titres au plus fort adjudicataire, à la charge d'en aider ses coacquéreurs, ou bien, on les dépose pour minute au notaire.)

10° Toute personne dont la solvabilité pourrait paraître douteuse aux vendeurs ne sera admise à enchérir.

11° Les enchères seront portées de vive voix, avec ou sans intermédiaire, et sans qu'il soit besoin d'allumer de bougies; elles ne pourront être moindres de ...; les adjudications seront prononcées par le notaire qui seul appréciera la dernière enchère.

12° Aucune déclaration de command ne sera admise après l'heure de midi du jour qui suivra celui de l'adjudication; l'adjudicataire primitif restera solidairement obligé envers celui qu'il se sera substitué pour le payement du prix et l'exécution des charges.

13° Chaque adjudicataire sera tenu d'élire domicile à ... dans le procès-verbal même d'adjudication; la déclaration de command sera nulle si elle ne contient également élection de domicile à ..., de la part du command déclaré.

A défaut de cette élection, ce domicile sera élu de plein droit à ...

14° L'adjudication étant volontaire, les vendeurs se réservent le droit de ne pas adjuger.

(Ou bien :)

L'adjudication aura lieu sur les mises à prix ci-après, savoir :

Pour le 1er lot de ...

Etc., etc.

Une seule enchère de ..., au-dessus de chacune de ces mises à prix entraînera adjudication.

ÉTAT CIVIL.

Voir la formule 541.

ÉLECTION DE DOMICILE DES VENDEURS.

Voir la formule 541.

Sous ces conditions, les sieur et dame A..., après avoir requis le notaire soussigné de procéder à l'adjudication projetée, ont signé lecture faite.

(*Signatures.*)

A l'instant, le notaire soussigné a fait lecture du cahier des charges qui précède aux personnes réunies. Les enchères ont été portées et les adjudications ont été prononcées de la manière suivante :

1er LOT. — ... ares de terre formant l'article premier de la désignation, mis à prix à la somme de ..., ont été adjugés, après plusieurs enchères successives, moyennant la somme de ..., à M. G... (*p., q. et d.*), présent, qui accepte l'adjudication, s'oblige au payement du prix, à l'exécution des charges, et a signé après lecture.

(*Signature de l'adjudicataire.*)

2e LOT. — ..., etc.

Tous les immeubles mis en vente ayant été adjugés, le présent procès-verbal est demeuré clos.

Fait et passé à ... en la maison d'école de ..., les jours et an susdits, etc.

Et ont, les vendeurs, signé avec les témoins et le notaire, après lecture.

Décompte :	
Timbre de la minute, de la grosse et des extraits	Mémoire.
Frais d'impression, d'affichage, d'annonces et d'insertions	Mémoire.
Enregistrement 6 fr. 88 c. p. 0/0	Mémoire.
Rôles suivant la classe	Mémoire.
Honoraires 5 p. 0/0	Mémoire.
(Ou bien 13 ou 14 p. 0/0 pour le tout(1).	

(1) Le procès-verbal d'une adjudication d'immeubles est celui de tous les actes du notariat qui, dans la pratique, donne lieu à l'émolument le plus élevé, et rarement cet émolument est contesté, parce qu'il est juste. Au lieu du 1 p. 100 qui rémunère, en général les contrats translatifs de la propriété foncière ou des valeurs mobilières, c'est 5 p. 100 que le notaire a toujours reçus presque partout, et qu'il reçoit encore dans les lieux les plus éloignés comme les plus rapprochés de Paris, pour l'acte d'une adjudication publique.

Il convient d'indiquer les motifs de cette différence que repoussent un certain nombre de magistrats.

Les difficultés matérielles préparatoires et de rédaction sont plus grandes pour cet acte que pour tout autre, par la raison que, comprenant presque toujours un grand nombre de parcelles d'origines différentes se subdivisant, il y a lieu de régler avec soin les droits, servitudes et charges qui doivent résulter du nouvel état de choses, et préalablement de visiter les lieux, d'étudier les conditions du morcellement, les chances de la vente, les besoins locaux, les convenances privées, enfin de ne rien négliger pour réussir ; d'une autre part, cet acte entraîne pour le notaire une responsabilité morale exceptionnelle, en ce que le succès cherché dépend le plus souvent de lui ; s'il néglige de donner tous ses soins à la publicité, d'appeler avec

FORMULE 546 *bis*. Loi du 5 avril 1791, du 3 novembre 1790 et du 16 brumaire an V.

Procès-verbaux concernant l'adjudication de biens des communes, hospices ou établissements publics[1].

FORMALITÉS A REMPLIR.

Les ventes des biens des communes doivent se faire en la forme et aux conditions prescrites pour l'aliénation des biens de l'État (art. 2 de la loi du 5 avril 1791).

Aux termes de la loi du 3 novembre 1790, il devait y avoir pour arriver à cette aliénation : 1° une séance préparatoire à l'effet de fixer la première mise à prix, et pour effectuer le dépôt du cahier des charges; 2° une séance de premières publications et de premières enchères, qui devait avoir lieu huit jours au moins et quinze jours après au plus après la première journée ; et 3° une seconde séance pour les secondes publications

zèle l'attention des personnes que l'opération peut intéresser, de secouer leur tiédeur, s'il est tiède lui-même, s'il manque d'intelligence, s'il est maladroit, la vente échoue, et l'échec, dans ce cas, c'est presque la ruine pour le vendeur : chacun sait, en effet, de quelle dépréciation est frappé l'immeuble qui a subi l'épreuve d'une adjudication manquée.

D'autres considérations appellent et justifient encore une large rémunération. Au lieu du rôle passif qui convient aux habitudes notariales, le notaire est forcé de se transporter loin de sa résidence, dans un lieu public, au milieu d'une assistance laissant souvent à désirer, au point de vue des égards et de l'urbanité; il lui faut accepter la pénible et plus que modeste fonction de suivre lui-même les enchères; là encore le succès dépend de lui : il doit avec adresse et modération déjouer les ruses et les conditions de l'intérêt privé, il doit profiter, sans les surexciter, des rivalités et des convoitises opposées, il doit habilement faire valoir les avantages de l'opération, répondre à toutes les objections, éloigner sans les blesser les acquéreurs insolvables, toujours les plus hardis, il doit tenir une balance équitable d'abord entre les enchérisseurs, puis entre ces derniers et les vendeurs, et veiller soigneusement à la moralité d'une opération qui soulève, plus que toute autre, les passions humaines.

La vente ainsi faite et réussite, la mission du notaire n'est pas finie, sa responsabilité n'est pas déchargée; il doit effectuer le recouvrement des prix qui, dans un but d'économie, se payent en général comptant, même avant la transcription; il en devient dépositaire, il en surveille l'emploi conforme à la situation hypothécaire.

Nous ne connaissons pas d'opération plus complexe et plus difficile; un notaire habile, actif et moral peut seul la conduire utilement à bonne fin. Certes, la vente aux enchères d'effets mobiliers ne peut lui être comparée. Le commissaire priseur n'a pas de titres à dépouiller, d'établissement de propriété à faire, son cahier des charges

1. Un décret du 12 août 1807 a décidé que les baux concernant les communes, les hospices et les établissements publics seraient faits aux enchères, devant notaire; par conséquent, à *fortiori*, l'usage s'est établi de recourir exclusivement aux notaires pour les adjudications d'immeubles appartenant aux mêmes établissements. Cet usage est dans l'intérêt de tous; bien des maires sont incapables de rédiger les cahiers des charges compliqués que nécessitent les ventes d'immeubles, et d'assurer l'accomplissement régulier des formalités exigées par la loi sans lesquelles l'adjudication pourrait être viciée; l'examen des préfets se trouve simplifié par l'intervention d'un officier public éclairé; les actes qui consacrent ces opérations trouvent dans un dépôt officiel une garantie que les archives d'une mairie ne peuvent offrir, à cause de l'irresponsabilité de l'officier auquel elles sont confiées : sous tous les rapports, l'intérêt général doit faire recourir au ministère des notaires.

et pour l'adjudication définitive, qui ne pouvaient avoir lieu que quinze jours après la deuxième journée.

Ces formalités ont été simplifiées par la loi du 16 brumaire an V, à laquelle se réfèrent celle des 15 floréal an X et 5 ventôse an XII. L'art. 9 de la loi du 16 brumaire an V dispose que la vente des biens nationaux peut se faire quinze jours après les affiches, et sans qu'il soit besoin d'une adjudication préparatoire; mais comme l'usage, même pour les biens de l'État, a prévalu d'observer le délai d'un mois entre les affiches et l'adjudication définitive, et comme d'ailleurs rien dans les lois postérieures à celles du 5 août 1791, n'indique qu'on ait voulu étendre aux biens des communes les changements autorisés pour les biens de l'État, nous nous conformons dans notre formule aux prescriptions de la loi du 3 novembre 1790.

(Pour le cahier des charges, *voir les formules* 164 *et* 546.)

I. — *Dépôt du cahier des charges et fixation de la mise à prix.*

L'an ..., le ..., par-devant M[e] ..., etc.

M. A... (*p.*, *q. et d.*) maire de la commune de ..., a déposé audit M[e] ... le cahier des charges sur lequel devront être ouvertes les enchères de la vente (*désigner succinctement l'immeuble*), appartenant à la communauté des habitants de la commune de ..., et dont la vente a été autorisée par décret de ... en date du ...

est simple et toujours le même; à la tradition de l'objet vendu finit son ministère, car il doit se faire payer comptant, et cependant le tarif attache à cette opération, un émolument de 6 p. 100, non sans de graves raisons; car, quoique moins surchargée de soins, de veilles et de responsabilité que celle du notaire, sa mission est encore assez difficile pour motiver ce chiffre d'honoraires.

Dans beaucoup d'arrondissements l'usage a prévalu de fixer à forfait les déboursés et les honoraires que l'adjudication doit entraîner; c'est en général le chiffre de 12 p. 100 qui avait été adopté; maintenant, par suite de l'augmentation des décimes et des droits de timbre, ce chiffre varie de 13 à 14 0/0.

Cet usage ne s'est propagé que sur l'initiative des enchérisseurs, que l'incertitude du chiffre des déboursés inquiétait; cette incertitude nuisait à l'adjudication et éloignait les amateurs sérieux qui, sagement, avant de contracter voulaient savoir à quoi ils s'engageaient.

Si pour le notaire il offre l'avantage de faire cesser les récriminations qui se produisent lorsque la somme des déboursés dépasse les prévisions, il a l'inconvénient de ne produire, par son uniformité, qu'une émolumentation complètement insuffisante pour les opérations de peu d'importance.

Malgré cet inconvénient, nous croyons cet usage utile et raisonnable. Il est à désirer qu'il devienne général; les notaires doivent seulement, dans les grandes opérations, modérer le chiffre indiqué ci-dessus et le ramener à un taux qui assure, sans le dépasser, leur émolument de 5 p. 100.

Enfin, la disposition qui attribue au vendeur le bénéfice de la taxe, si elle est requise, tout en respectant l'action du magistrat, tout en consacrant la soumission du notaire à cette action, rend à chacun ce qui lui revient, puisque le prix, lors de l'enchère, ayant dû être d'autant moins élevé que les frais étaient plus considérables, par une corrélation logique la diminution des frais par la taxe doit évidemment augmenter le prix. Au surplus, maintenant il est de jurisprudence que le bénéfice de la taxe, si elle est requise, appartient aux vendeurs.

Lequel cahier des charges dressé sur la demande de M. A... par le notaire soussigné, le ..., approuvé par M. le préfet du département de ...., le ..., sera présenté à l'enregistrement en même temps que ces présentes, auxquelles il est demeuré annexé, après avoir été de M. A... signé et paraphé, et après que dessus mention de son annexe a été faite par le notaire soussigné, en présence des témoins.

Après ce dépôt, M. A... a requis le notaire soussigné :

1° De communiquer ledit cahier des charges aux personnes qui voudront en prendre connaissance ;

2° De faire connaître à qui se présentera que l'immeuble mis en vente sera adjugé sur la mise à prix de ... ; que la première publication et la première réception d'enchères auront lieu le ..., heure de ..., en la mairie de ..., et que la seconde publication et l'adjudication définitive auront lieu le ..., heure de ..., en la mairie de ...; le tout par le ministère du notaire soussigné ;

3° De faire apposer dans les lieux fixés par la loi des affiches indiquant le lieu du dépôt du cahier des charges, et les jours fixés pour les publications et pour l'adjudication.

Dont acte requis et octroyé.

Fait et passé, etc.

Décompte :	Timbre de minute et d'expédition.	Mémoire.
	Enregistrement du dépôt.........	3 75
	Enregistrement du cahier des charges.......................	3 75
	Rôles suivant la classe...........	Mémoire.
	Honoraires.........................	6 »

II. — *Première publication des premières enchères*

L'an ..., le ..., heure de ..., en l'étude et par-devant Me ..., etc.

M. A... (*p., q. et d.*), maire de la commune de ..., a requis le notaire soussigné : 1° de faire la lecture aux personnes présentes du cahier des charges déposé audit notaire, par acte reçu par lui, le ..., dont la minute enregistrée précède ; 2° de recevoir les premières enchères qui pourront être portées sur l'immeuble, dont la mise en vente a été annoncée par des affiches rédigées par le notaire soussigné, et déposées administrativement par les soins du maire requérant dans les lieux voulus par la loi.

En conséquence, le notaire soussigné a fait lecture aux personnes présentes du cahier des charges précité, et de l'affiche indicative de la vente, dont un exemplaire timbré et enregistré (*copier la mention*), portant les visa des maires des communes où l'apposition a eu lieu, est demeuré ci-annexé, après avoir été, du maire comparant, certifié sincère, signé et paraphé, et après que dessus, mention de son annexe a été faite par le notaire soussigné, en présence des témoins aussi soussignés.

Après cette lecture, ledit notaire a ouvert les enchères, sur la mise à prix de ... ; personne n'ayant enchéri, il a annoncé que la seconde publication et l'adjudication définitive auront lieu en son étude, le ..., heure de ... (*ou bien*) : plusieurs enchères ont été successivement portées et l'immeuble mis en vente a été porté à prix à la somme de ... par M. C. (*p., q. et d.*).

Trois feux ayant été successivement allumés, et s'étant éteints sur cette enchère sans que personne ait surenchéri, M. C... a été déclaré adjudicataire provisoire dudit immeuble pour la somme de ..., et il a signé après lecture.

Le notaire soussigné a ensuite annoncé, etc. (*Voir ci-dessus.*)

L'opération, confiée aux soins du notaire, étant terminée, le présent procès-verbal est demeuré clos.

Fait et passé, etc.

Décompte :	Timbre de la minute et de l'expédition.	Mémoire.
	Enregistrement, ...	3 75
	Rôles suivant la classe...............	Mémoire.
	Deux vacations suivant la classe	Mémoire.

III. — *Seconde publication et adjudication définitive.*

L'an ..., le ..., heure de ...,

En l'étude et par-devant Me ..., etc.,

M. A... (*p., q. et d.*), maire de la commune de ..., a dit que, par ses soins, des affiches rédigées par le notaire soussigné ont été apposées dans les lieux voulus par la loi, annonçant la vente de... (*désigner l'immeuble*) qui doit avoir lieu aujourd'hui en l'étude du notaire soussigné, heure de..., qu'en conséquence il requiert ledit notaire de procéder à cette opération après avoir fait la seconde publication de ladite vente, et la lecture du cahier des charges déposé audit notaire, par acte de son ministère en date du ..., dont la minute enregistrée est l'une de celles qui précèdent.

A l'appui de sa déclaration, M. A... a présenté au notaire soussigné l'original de l'un des placards apposés par ses soins, sur lequel se trouvent les visa des maires des communes où l'apposition a eu lieu, lequel placard, certifié véritable, signé, paraphé de M. le maire, est demeuré ci-annexé, après que dessus mention de son annexe a été faite par le notaire soussigné, en présence des témoins aussi soussignés.

Attendu qu'il est l'heure indiquée par les affiches, Me ... a donné lecture aux personnes présentes :

1° Du cahier des charges ci-dessus énoncé;

2° Du procès-verbal de première publication par lui dressé le ..., dont la minute enregistrée précède immédiatement.

Après avoir déclaré que les frais préparatoires mis à la charge de l'adjudicataire par le cahier des charges s'élèvent à ..., le notaire soussigné a procédé à la réception des enchères, sur la mise à prix de ..., ainsi qu'à l'adjudication.

Des bougies ayant été successivement allumées, plusieurs enchères ont été portées, la dernière par M. C... (*p., q. et d.*), etc.

(*Voir pour le surplus la formule* 166.)

Décompte : Voir *la formule* 166.

Les émoluments du notaire doivent être, selon nous, les mêmes qu'en matière de ventes judiciaires renvoyées par les tribunaux, c'est-à-dire conformes à ceux fixés par le tarif de 1841.

FORMULE 547. — Art. 1618 C. C.; Mourlon, t. III, p. 252.

Désistement par un acquéreur de son droit de propriété.

Par-devant, etc.,

Le sieur B... (*p., q. et d.*).

Usant de la faculté résultant à son profit de l'art. 1618 du C. C. et voulant éviter de payer un supplément de prix pour l'excédent de plus d'un vingtième qui s'est trouvé dans la contenance d'une pièce de terre sise à..., à lui vendue par M. A... (*p., q. et d.*), suivant contrat reçu par Me ..., notaire à ..., le ..., enregistré, a déclaré se désister purement et simplement des droits qui résultaient à son profit de ce contrat de vente et consentir que M. A... rentre dans la propriété de ladite pièce de terre, comme s'il n'avait jamais cessé d'en être le propriétaire.

Le sieur A..., à ce présent, accepte ce désistement, et décharge M. B... de tous les engagements qu'il avait pris par le contrat de vente précité.

Mention des présentes est consentie sur tous titres et pièces.

Fait et passé, etc.

Décompte :	Timbre de minute et d'expédition...	Mémoire.
	Rôles suivant la classe............	Mémoire.
	Enregistrement..................	3 75
	Déboursés de transcription.........	Mémoire.
	Honoraires.......................	6 »

FORMULE 547 *bis.*

Reconnaissance d'écritures.

Par-devant, etc.,

M. A... (*p., q. et d.*), d'une part,

M. B... (*p., q. et d.*), d'autre part,

Ont déclaré reconnaître, comme émanant d'eux, les signatures se trouvant au bas d'un acte privé, fait double entre eux, le ..., écrit par M. A..., qui le reconnaît (ou bien *par un tiers*), et contenant vente par ledit sieur A... à M. B.. d'une maison sise à ..., moyennant ... de prix principal, productif d'intérêts à 5 p. 100 par an, payables de six en six mois à partir du ...

Lesdits sieurs A... et B... consentent en conséquence que cet acte, dont lecture leur a été faite par Me ..., l'un des notaires soussignés, ait à l'avenir le caractère et les avantages de l'authenticité.

L'un des doubles de cette vente portant la mention suivante, enregistré (*copier la mention*), est demeuré ci-annexé, après avoir été signé des parties et après que dessus mention de son annexe a été faite par les notaires soussignés.

Les frais des présentes seront supportés par M. B...

Fait et passé, etc.

Décompte :		
	Timbre de minute et d'expédition...	Mémoire.
	Enregistrement..................	3 75
	Rôles suivant la classe...........	Mémoire.
	Transcription et purge............	Mémoire,
	Honoraires, 1 p. 0/0...............	Mémoire.

FORMULE 548.

Vente judiciaire devant notaire.

Voir la formule 164.

FORMULE 549.

Adjudication de meubles.

Voir la formule 153.

FORMULE 550.

Diverses clauses qui peuvent s'insérer dans une vente.

I,

PAYEMENT D'UNE PARTIE DU PRIX COMPTANT.

En outre, cette vente est faite moyennant la somme de ..., en déduction de laquelle le sieur B .. a présentement payé à M. A..., qui le reconnaît, celle de ..., en espèces métalliques ayant cours, comptées à la vue des notaires soussignés.

A l'égard des ... francs restants, le sieur ... s'est obligé à les payer à Me ... (*Voir la suite comme au titre Prix*, *formule* 541.)

II.

DISPENSE DE PAYER DES INTÉRÊTS.

Après le titre *Prix*, formule 541, mettre :

Cependant, si à l'expiration du délai ci-dessus fixé pour le payement du prix, l'acquéreur ne peut se libérer par le fait des inscriptions qu'aura fait connaître l'accomplissement des formalités de transcription et de purge, il est convenu que les intérêts du prix cesseront de courir à partir de l'expiration de ce délai, sans que ledit acquéreur soit tenu de faire aucune offre ou de remplir aucune formalité pour obtenir cette cessation d'intérêts.

III.

REMISE DE BILLETS POUR LE PAYEMENT DU PRIX.

Pour faciliter dès à présent au vendeur la libre disposition de ce prix, l'acquéreur lui a remis à l'instant, en présence des notaires soussignés, trois billets représentant chacun le tiers du prix, et les intérêts de ce tiers, à échoir au jour du payement. Ces billets, payables à chacune des époques qui viennent d'être fixées, ont été souscrits par l'acquéreur à l'ordre du vendeur, valeur en prix d'immeuble. Acquittés à leurs échéances, ils vaudront quittance des présentes, avec lesquelles ils ne feront qu'une même chose.

IV.

INDICATION DE PAYEMENT.

En outre, la présente vente est faite moyennant la somme de ..., en déduction de laquelle l'acquéreur retiendra celle de ..., pour payer, en l'acquit du vendeur, à M. C... (*p., q. et d.*), somme pareille due à ce dernier par le vendeur, en principal et intérêts courus jusqu'à ce jour, aux termes d'une obligation reçue par Me ..., etc., le ..., enregistrée, exigible le ..., et productive d'intérêts à 5 p. 100, payables le ...

M. B... est autorisé à faire ce payement, hors la présence du vendeur, à M. C..., au profit duquel il est fait ici toute délégation, et ce payement, ainsi fait, libérera d'autant l'acquéreur sur son prix.

A l'égard des ... francs restants, etc. (*le surplus, comme en la formule* 541).

V.

CONVERSION DU PRIX EN UNE RENTE VIAGÈRE.

Et, en outre, cette vente est faite moyennant un prix de ..., qui demeure converti en une rente annuelle et viagère, que l'acquéreur s'oblige de payer au vendeur, en la demeure et pendant la vie de ce dernier, à ..., en numéraire au cours de ce jour, en quatre portions égales, et de trois en trois mois, à compter du... Au décès dudit vendeur, cette rente sera éteinte et amortie, et la maison présentement vendue en sera dégrevée.

RÉSERVE DE PRIVILÈGE.

A la sûreté du service de cette rente viagère. (*Comme en la formule* 541.)

VI.

CONVERSION DU PRIX EN UNE RENTE PERPÉTUELLE.

(*Comme au* § *V.*)

VII.

PAYEMENT D'UNE PORTION DU PRIX AVEC DES DENIERS EMPRUNTÉS.

Après le § *Prix*, mettre :

L'acquéreur déclare que dans cette somme de ... est entrée celle de ..., qu'il a empruntée de M. C... (*p., q. et d.*), suivant obligation passée devant Me ..., etc., le ..., enregistrée. Il fait cette déclaration pour satisfaire à l'engagement qu'il a pris dans l'obligation précitée, afin que M. C... soit subrogé dans les droits, privilèges et hypothèques des vendeurs sur l'immeuble vendu, notamment dans l'effet, jusqu'à due concurrence de l'inscription d'office, qui sera prise lors de la transcription du présent contrat. Cette subrogation est consentie par les vendeurs, sans aucune garantie de leur part, sans aucune préférence au profit du sieur C..., et au contraire avec toute concurrence pour ce qui leur reste dû.

A l'égard des ..., francs restants (*voir la formule* 541).

VIII.

DÉCLARATION RELATIVE A UN IMMEUBLE DOTAL.

Attendu que M A... s'est constitué en dot ladite maison, avec faculté de l'aliéner, mais à la charge d'en faire emploi en immeubles de même valeur, les acquéreurs conserveront dans leurs mains le prix de la présente vente, et ils ne s'en libéreront qu'entre les mains des ayants droits au prix d'un immeuble libre de toutes hypothèques, acquis en remploi par M. et Mme A...

FORMULE 551. — Art. 1641, 1643 C. C.; loi du 23 mai 1838, art. 5; Mourlon, t. III, p. 269.

Demande adressée au juge de paix pour obtenir ordonnance qui accorde la nomination d'un expert afin de constater le vice rédhibitoire.

L'an ..., le ..., devant nous, juge de paix du canton de ..., département de..., assisté du sieur ..., greffier de notre juridiction.

A comparu le sieur A... (*p.*, *q. et d.*), lequel nous a dit que le ... il a acheté du sieur B... (*p.*, *q et d.*), moyennant la somme de ..., un cheval qui lui a été livré le jour même; que ce cheval est atteint du farcin, ce qui constitue un vice rédhibitoire; qu'en conséquence il demande qu'il nous plaise nommer tel médecin vétérinaire que nous voudrons commettre, pour procéder à la visite dudit cheval, et dresser procès-verbal du résultat de ladite visite.

Et a signé. (*Signature.*)

Nous, juge de paix, vu la requête ci-dessus, et l'art. 5 de la loi du 20 mai 1838, commettons le sieur C... (*p.*, *q. et d.*) à l'effet de procéder à la visite du cheval, de constater le vice rédhibitoire dont il peut être atteint, et nous faire son rapport pour être ensuite conclu et statué ce qu'il appartiendra.

Fait à ..., les jour, mois et an ci-dessus, et nous avons signé avec le greffier.

Décompte. (Tarif, art. 1, 9, et 16.)

Timbre....................................	» 60
Enregistrement..........................	1 88
Timbre d'expédition......................	Mémoire.
Émoluments dn greffier 50 c. par rôle...	Mémoire.

FORMULE 552. — Art. 1641 et suiv. C. C. ; 42 C. Pr.; Mourlon, t. III, p. 269 et suiv.

Prestation de serment de l'expert commis pour apprécier le vice rédhibitoire.

L'an ..., le ..., à ..., heure du ..., devant nous..., juge de paix du canton de ..., département de ..., assisté du sieur ..., greffier de notre juridiction dans notre cabinet à ...,

A comparu le sieur C... (*p.*, *q. et d.*), lequel a dit qu'ayant été nommé par notre ordonnance du ... à l'effet de procéder à la visite d'un cheval acquis par le sieur A... (*p.*, *q. et d.*) du sieur B... (*p.*, *q. et d.*), signalé par l'acquéreur comme atteint de farcin, il comparaît pour prêter serment.

En conséquence, le sieur C... a prêté en nos mains le serment de bien et fidèlement remplir sa mission.

Nous lui avons, de cette prestation de serment, donné acte, dont avons rédigé le présent procès-verbal, qu'il a signé après lecture, avec nous et le greffier. (*Signatures de l'expert, du juge et du greffier.*)

Décompte. (Tarif, art. 1, 9 et 16.)

Timbre	» 60
Enregistrement	1 88
Émoluments du greffier	3 30
Vacation de l'expert, comme pour une journée de travail	Mémoire.
Timbre d'expédition	Mémoire.
Rôles à 50 c. par rôle	Mémoire.

FORMULE 553. — Mourlon, t. III, p. 292.

Sommation au vendeur d'être présent à la visite.

L'an ..., le ..., à la requête du sieur A... (*p.*, *q. et d.*), j'ai ..., huissier soussigné, fait la signification et laissé copie au sieur B... (*p.*, *q. et d.*) audit domicile et parlant à ... : 1° d'une ordonnance rendue sur la demande du requérant par M. le juge de paix du canton de ..., le ..., enregistrée, portant nomination de M. C... (*p.*, *q. et d.*) à l'effet de visiter le cheval vendu par le sieur B... au requérant, le ... ; 2° d'un procès-verbal dressé par le même magistrat, le ..., enregistré, constatant la prestation de serment dudit expert; et en vertu de ladite ordonnance, j'ai fait sommation audit sieur B... de se trouver à ..., le ..., heure de ..., au domicile du requérant pour être présent, si bon lui semble, à la visite dudit cheval, afin de constater s'il est réellement atteint de farcin, déclarant audit sieur B... que, faute par lui de comparaître aux lieu, jour et heure indiqués, il sera procédé auxdites opérations, même en son absence.

Et j'ai, audit domicile, parlant comme ci-dessus, laissé copie du présent dont le coût est de... (*Signature de l'huissier.*)

Décompte : (Tarif, art. 29.)

Timbre	1 20
Enregistrement	3 75
Original	2 »
Copie	Mémoire.
Copie de pièces, 25 c. par rôle	Mémoire.

FORMULE 554.

Assignation devant le juge compétent pour voir statuer sur l'action rédhibitoire.

Loi du 20 mai 1838.

Suivant que la demande est de la compétence du juge de paix, du tribunal de commerce ou du tribunal civil, on procède par voie de citation dans la forme des ajournements ordinaires.

FORMULE 555.

Décharge de pièces à un vendeur.

Par devant, etc.

M. A... (*p. q. et d.*)

A reconnu que M. B... (*p., q. ted.*) lui a remis tous les titres et pièces qu'il s'était obligé à lui fournir, par un contrat reçu par Me ..., etc., le ..., enregistré, dans lequel ils sont détaillés.

Dont décharge.

Mention des présentes est consentie sur tous titres et pièces.

Fait et passé, etc.

Décompte :	Timbre de minute et d'expédition....	Mémoire.
	Rôles suivant la classe..............	Mémoire.
	Enregistrement....................	3 75
	Honoraires......................	6 »

FORMULE 556.

Acte de déclaration de command.

Par devant, etc.,

Le sieur B... (*p., q. et d.*),

A reconnu que l'acquisition par lui faite, avec réserve de déclarer command, du sieur A... (*p., q. et d.*), de ... (*indiquer l'immeuble*), suivant contrat reçu par Me ..., etc., le ..., enregistré, moyennant ... de prix principal en sus des charges, est pour le compte de M. C... (*p., q. et d.*), auquel il n'a fait que prêter son nom.

Le sieur C... a déclaré accepter la vente précitée, dont lecture lui a été faite par Me ..., l'un des notaires soussignés, s'obliger au payement de son prix, et à l'exécution des charges, de telle sorte que M. A..., ne puisse être inquiété à ce sujet.

Pour faire notifier ces présentes à qui besoin sera, tous pouvoirs sont donnés aux porteurs d'une expédition.

Fait et passé, etc.

Décompte :	Timbre de minute et d'expédition...	Mémoire.
	Rôles suivant la classe..............	Mémoire.
	Enregistrement....................	5 63
	Honoraires......................	6 »

FORMULE 557. — Art. 1689 et suiv. C. C. ; Mourlon, t. III, p. 295 et suiv.

Transport d'une créance.

Par devant, etc.,

M. A... (*p.*, *q. et d.*) a transporté sous la simple garantie de ses faits personnels (*ou bien*) avec toute garantie et même avec promesse de payer au lieu et place du débiteur, à défaut de payement par ce dernier,

A M. B... (*p.*, *q. et d.*) présent et acceptant,

La somme de ..., montant d'une obligation souscrite au profit du cédant par M. C... (*p.*, *q. et d.*), ci-après intervenant, suivant acte reçu par M^e ..., etc., le ..., enregistré.

Cette somme a été stipulée remboursable à ..., le ..., et productive d'intérêts à 5 p. 100 par an, payables à ..., de six en six mois, aux ... de chaque année.

Au moyen des présentes, M. B... touchera de M. C..., ou de tous autres qu'il appartiendra, la somme principale de ..., à son échéance, ensemble les intérêts qu'elle produit à compter du ...; il en disposera en toute propriété et jouissance à compter de ce jour.

A l'effet de quoi le sieur A..., sous la garantie susexprimée, subroge M. B..., qui accepte, dans tous les droits, actions et hypothèques qui résultent à son profit de l'obligation présentement transportée, notamment dans l'effet entier de l'inscription prise, pour sûreté de ladite somme, à son profit contre ledit sieur C... au bureau des hypothèques de ..., le ..., vol. ..., nº...

Le présent transport est fait moyennant pareille somme de ..., que le cédant reconnaît avoir présentement reçue du cessionnaire en espèces métalliques ayant cours, comptées, etc. (*Voir la formule* 534.)

Pour faire opérer la subrogation ci-dessus consentie, et faire signifier ces présentes à qui besoin sera, tout pouvoir est donné au porteur d'une expédition ou d'un extrait des présentes.

Le sieur B... reconnaît que le cédant vient de lui remettre la grosse de ladite obligation, et le bordereau de l'inscription susénoncée.

Dont acte pour l'exécution duquel les parties élisent domicile en leurs demeures susdites.

Fait et passé, etc.

Si le débiteur intervient, on ajoute après le § *Pour faire opérer :*

M. C..., ci-dessus prénommé, qualifié et domicilié,

A déclaré avoir le transport qui précède pour agréable, se le tenir pour dûment signifié, et n'avoir entre les mains aucune opposition qui puisse en arrêter l'effet.

Si la créance est échue et que le débiteur demande une prorogation. (*Voir la formule* 508.)

Décompte : Timbre de minute, d'expédition et d'extrait.... Mémoire.
Rôles suivant la classe........................ Mémoire.
Déboursés de la subrogation.................. Mémoire.

Signification............................... Mémoire.
Enregistrement, 1 fr. 25 c. p. 0/0.......... Mémoire.
Honoraires, 1 p. 0/0........................ Mémoire.

FORMULE 558. — Art. 1689 et suiv. C. C.; Mourlon, t. III, p. 295 et suiv.

Transport d'un prix de vente.

Voir la formule ci-dessus. Après l'énonciation du titre de vente on dit : Ce contrat de vente a été transcrit au bureau des hypothèques de ... le ..., vol. ..., n° ..., sans qu'il se soit trouvé aucune inscription, ainsi que le constate un certificat délivré par le conservateur des hypothèques le ... Il est en outre expliqué que l'acquéreur a fait remplir sur son acquisition les formalités voulues par la loi pour la purge des hypothèques légales, sans que pendant leur accomplissement il soit survenu aucune inscription contre le vendeur et contre les précédents propriétaires, ainsi que le constate un certificat du même conservateur, en date

Cette somme a été stipulée, etc. (*Le reste comme en la formule* 557.)

Même décompte qu'en la formule précédente.

FORMULE 559. — Art. 6189 et suiv. C. C.; Mourlon, t. III, p. 295 et suiv.

Transport de rente sur particulier.

Par-devant, etc.

Voir la formule 557.

Une rente annuelle et perpétuelle de ..., exempte de retenue (ou *sujette à la retenue du cinquième*), due par M. C... (*p., q. et d.*), payable chaque année au jour de la Saint-Martin, 11 novembre, en la demeure de ..., constituée originairement par M. D... (*p., q. et d.*) au profit de M. E... (*p., q. et d.*), suivant contrat par-devant M^{e}..., etc., le ..., enregistré, et garantie par hypothèque spéciale sur (*désigner l'immeuble*), et par hypothèque générale sur tous les biens du débiteur, conformément au titre primitif, antérieur au C. C.

Cette rente appartient actuellement au cédant (*établir la propriété, voir la formule* 541, *mais en la réduisant au plus strict nécessaire*).

Elle est due par M. C..., comme en ayant été spécialement chargé, aux termes d'un acte de vente reçu par M^{e} ..., etc., suivant lequel il a acquis du sieur K... (*p., q. et d.*) une maison sise à ..., grevée de l'inscription qui concerne cette rente.

Il est fait observer que ledit sieur ... a passé au profit du cédant un dernier titre, nouvel de cette rente, par acte reçu par M^{e}..., etc.

Au moyen des présentes, M. B... touchera, etc., (*le reste comme en la formule* 557).

Même décompte.

Seulement l'enregistrement est de 2 fr. 50 c. p. 0/0.

FORMULE 560. — Art. 1689 et suiv. C. C. ; Mourlon, t. III, p. 295 et suiv.

Transport de droits successifs mobiliers et immobiliers.

Par devant, etc.

A comparu :

M. A., (*p. q. et d.*).,

Héritier pour... (*quotité*) de M. K... (*p., q. et d.*) son... (*parenté*), ainsi qu'il résulte de l'intitulé de l'inventaire fait après le décès dudit sieur K..., arrivé à ..., le ..., par Me ..., le ..., enregistré.

Lequel a transporté sous la simple garantie de sa qualité d'héritier,

A M. B... (*p., q. et d.*), présent et acceptant,

Ses droits successifs mobiliers et immobiliers, tant en fonds et capitaux qu'en fruits et revenus, échus et à échoir dans la succession indivise du sieur K..., sans en rien excepter.

Au moyen des présentes, le cessionnaire disposera desdits droits comme de chose à lui appartenant, en toute propriété, à compter de ce jour. Il en fera monter la jouissance par la perception des fruits et revenus à partir du ..., jour du décès du sieur K...

A l'effet de quoi M. A... le subroge dans tous ses droits et actions, privilèges et hypothèques, dans ladite succession.

Le présent transport est fait moyennant, à forfait, la somme de ..., que le cédant reconnaît présentement avoir reçue, etc. (*voir la formule* 534). et en outre à la charge par le cessionnaire, qui s'y oblige : 1° d'acquitter, pour le cédant, la portion dont il est tenu dans les dettes de la succession, ainsi que les droits de mutation auxquels cette succession a donné ouverture, et de faire à ce sujet que le cédant ne puisse être inquiété, à peine de tous dépens, dommages et intérêts.

Cette charge, pour la perception du droit d'enregistrement, et sans tirer à conséquence, est évaluée à la somme de ...

2° De payer les frais et honoraires des présentes.

Le cédant déclare n'avoir rien reçu des sommes et objets dépendant de ladite succession.

Pour faire signifier, etc. (*voir la formule* 534).

Dont acte, pour l'exécution duquel, etc. (*voir la formule* 534).

Fait et passé, etc.

Décompte : voir *Vente*, formule 541.

Lorsque la valeur des immeubles et celle des meubles détaillés article par article est distinguée, il est perçu un droit d'enregistrement de 6 88 p. 0/0 sur les immeubles, et un droit de 2 fr. 50 sur les meubles; autrement i est perçu un droit de 6,88 pour 0/0 sur le tout.

FORMULE 561. — Art. 1699 C. C.; Mourlon, t. III, p. 295.

Transport de droits litigieux

Par devant, etc.

M. A... (*p., q. et d.*) a transporté, sans aucune garantie, à M. B... (*p., q. et d.*) présent et acceptant,

Tous les droits mobiliers et immobiliers, tant en fonds et capitaux, qu'en fruits et revenus, échus et à échoir, qui pourront lui appartenir comme légataire universel de M. K..., (*p.*, *q. et d.*) décédé à ..., le ..., aux termes du testament fait par ce dernier devant Mᵉ ..., etc., le ..., enregistré; duquel testament l'exécution a été refusée par les héritiers du défunt sous prétexte de captation, ainsi qu'il résulte d'un exploit introductif d'instance signifié au cédant par ..., huissier à ..., le ..., enregistré.

M. A... disposera des droits litigieux qui viennent de lui être cédés, à ses risques et périls, et sans recours contre le cédant, comme de chose lui appartenant en pleine propriété à compter de ce jour; il en fera, s'il y a lieu, remonter la jouissance au décès du testateur.

A cet effet M. A... le met et subroge, mais sans aucune garantie, dans tous ses droits, etc. Tout le surplus *comme en la formule* 560.

Même décompte.

Seulement l'enregistrement est de 6 fr. 88 c. si les droits litigieux s'appliquent à des immeubles, de 1 fr. 25 c. s'il s'agit d'une créance litigieuse, et de 2 fr. 50 c. s'il s'agit d'une rente ou d'un objet mobilier.

FORMULE 562. — Art. 1690 C. C.; Mourlon, t. III, p. 297.

Acceptation de transport.

Par devant, etc.

M. C... (*p.*, *q. et d.*),

Après lecture à lui faite par Mᵉ ..., l'un des notaires soussignés, d'un acte reçu en minute par Mᵉ ..., etc., contenant transport par M. A... (*p.*, *q. et d.*) à M. B... (*p.*, *q. et d.*), de la somme de ..., montant d'une obligation souscrite par ledit sieur B..., au profit dudit sieur A..., suivant acte, etc.

A déclaré se tenir ce transport pour signifié, et n'avoir dans les mains aucune opposition ou signification de précédent transport qui puisse en arrêter l'effet.

Dont acte, etc.

Décompte :	Timbre de minute et d'expédition.	Mémoire.
	Rôles suivant la classe..........	Mémoire.
	Enregistrement..................	3,75
	Honoraires......................	6 »

FORMULE 562 *bis*. Mourlon, t. III, p. 297.

Transport du bail d'une ferme.

Par-devant, etc.

M. A... (*p.*, *q. et d.*) a transporté, sous la simple garantie de ses faits et promesses, à M. B... (*p.*, *q. et d.*), présent et acceptant,

Le droit pour ... années qui restent à courir à partir du ..., au bail que lui a fait le sieur C... (*p.*, *q. et d.*), pour douze années, qui ont commencé à courir du ..., et finiront à pareille époque, de ..., d'une ferme sise à ..., commune de ..., composée de ... (*désignation*), suivant acte reçu par Me ..., etc., moyennant... de loyer annuel, payable en la demeure du propriétaire, en deux termes égaux, aux ... de chaque année.

Ce bail a eu lieu aux charges, clauses et conditions suivantes, que le sieur B... s'oblige d'exécuter au lieu et place du cédant, de manière que ce dernier ne puisse être inquiété à peine de tous dépens, dommages et intérêts, savoir :

(Énoncer toutes les charges du bail.)

Ce transport de bail est fait à la charge par le cessionnaire, qui s'y oblige, d'acquitter les loyers ci-dessus indiqués, au lieu et place du cédant, et en outre moyennant ... de pot-de-vin et prix de cession que le cédant reconnaît avoir reçus présentement du cessionnaire, en espèces métalliques comptées à la vue des notaires soussignés.

Par suite des présentes, M. A... subroge, sous la garantie susexprimée M. A..., qui accepte, dans tous les droits et actions résultant en sa faveur du bail ci-dessus énoncé.

M. B... reconnaît que son cédant vient de lui remettre l'expédition du bail transporté et l'état des lieux qui en a été la suite.

Dont acte, pour l'exécution duquel, etc. (*Le reste comme en la formule* 557.)

Décompte : voir *Bail.*

FORMULE 563. — Art. 1690 C. C.; Mourlon, t. III, p. 298.

Signification d'un transport au débiteur.

L'an ..., le ..., à la requête du sieur B... (*p., q. et d.*), pour lequel domicile est élu à ..., j'ai ... (*immatricule de l'huissier*), soussigné, fait la signification, et avec celle des présentes donné copie au sieur C... (*p., q. et d.*), en son domicile, où étant et parlant à ..., ainsi déclaré, de ... (*Indiquer l'acte de transport.*)

A ce que le susnommé n'en ignore, je lui ai, en son domicile et parlant comme ci-dessus, laissé, sous toutes réserves, copie tant dudit acte que du présent exploit, dont le coût est de ... (*Signature de l'huissier.*)

Décompte. (Tarif, art 27.)

Timbre	Mémoire.
Enregistrement	3,75
Original	2 »
Copie	» 50
Copie de pièces	Mémoire.

FORMULE 564. — Art. 1699 C. C.; Mourlon, t. III, p. 304.

Retrait de droit litigieux.

Par-devant, etc.

M. A... (*p., q. et d.*), voulant exercer le retrait du litige existant en ce moment devant le trib. de 1re inst. de ..., entre lui et M. B... (*p.*, *q. et d.*), et dont l'instance a commencé par un exploit de ..., huissier à ..., etc., lequel litige, ayant pour objet (*énoncer ici les causes du procès d'une manière nette et succincte*), a été cédé par M. B... à M. C... (*p.*, *q. et d.*), moyennant une somme de ..., à forfait, suivant acte passé devant M[e] ..., etc., qui contient quittance du prix de la cession.

A proposé à M. B... de lui rembourser ladite somme de ... fr., et tous les frais et loyaux coûts de la cession qui lui a été faite.

M. B..., ici présent, a accepté cette proposition afin d'éviter les frais des offres que M. A... aurait été en droit de lui faire. — En conséquence M. A... a présentement payé en espèces métalliques comptées, etc. (*voir la formule* 534) à M. B... la somme de ..., composée : 1° de celle de ... fr. pour le montant du prix de la cession faite à M. B..., ci. . . . . . » »

2° De celle de ... fr., pour frais et loyaux coûts auxquels la cession avait donné lieu, ci. » »

3° Et de celle de... fr., montant des intérêts de ces deux sommes courus depuis le ... jusqu'à ce jour, ci. . . . . » »

Somme égale. . . . . . . » »

Au moyen du remboursement qui vient d'être fait, le procès dont il s'agit se trouve définitivement éteint, et les comparants n'ont plus aucune répétition à exercer l'un contre l'autre.

M. A... reconnaît que M. B... vient de lui remettre toutes les pièces relatives au procès, savoir : (*les désigner*).

Mention des présentes est consentie sur tous titres et pièces que besoin, sera.

Fait et passé, etc.

Décompte : voir *Transport de droits litigieux.*

Enregistrement 62 c. 1/2 par 100.

FORMULE 565. — Art. 1702 à 1707 C. C. ; Mourlon, t. III, p. 311 et suiv.

Échange d'immeubles.

Par-devant, etc.

M. A... (*p.*, *q. et d.*), d'une part.

Et M. B... (*p.*, *q. et d.*), d'autre part,

Ont fait entre eux l'échange qui suit :

M. A... cède à titre d'échange à M. B... qui accepte...

DÉSIGNATION.

Voir la formule 541.

En contre-échange M. B... cède à M. A... qui accepte.

(*Désigner l'immeuble contre-échangé. Voir la formule* 541.)

Les immeubles ci-dessus désignés sont échangés, tels qu'ils se poursuivent et comportent, sans réserve de part ni d'autre, comme aussi sans garantie des contenances indiquées pour chacun desdits immeubles, la différence en plus ou en moins, excédât-elle un vingtième, ne devant donner lieu à aucun recours.

PROPRIÉTÉ.

1° En la personne de M. A... (*Voir formule* 541.)
2° En la personne de M. B... (*Voir formule* 541.)

JOUISSANCE.

Chacun des échangistes aura la pleine propriété et jouissance de l'immeuble à lui cédé à compter de ce jour.

CHARGES ET CONDITIONS.

Le présent échange est consenti à la charge par les parties qui s'y obligent respectivement,

1°... (*Comme en la formule* 541) Excepté pour les frais où il est stipulé qu'ils seront supportés par moitié par chacun des échangistes.

S'il n'y a pas de soulte, mettre :

Le présent échange est fait sans soulte.

S'il y a soulte, mettre :

SOULTE

Cet échange est fait moyennant une soulte de..., que M. A ... s'oblige de payer à M. B..., en la demeure de ce dernier, le..., avec intérêts à 5 p. 100, à compter de ce jour, le tout en espèces métalliques au cours actuel.

ÉTAT CIVIL.

Voir la formule 541.

REMISE DES TITRES.

Voir la formule 541.

ÉLECTION DE DOMICILE

Voir la formule 541.

Avant de clore le notaire a donné aux parties lectures des articles 12 et 13 de la loi du 25 août 1871.

Dont acte.

Fait et passé, etc.

Décompte : voir la formule 541.

Le droit d'enregistrement à 4 fr. 38 0/0 (art. 4 de la loi du 21 juin 1875) se perçoit sur l'une des parts lorsqu'il n'y a aucun retour : s'il y a retour, il est perçu sur la moindre portion, indépendamment du droit de vente, à 6 fr. 88 le retour ou la plus-value.

Du contrat de louage.

FORMULE 566. — Art 1713 C. C. ; Mourlon, t. III, p. 313.

Bail de meubles. (S. S. P.)

Par-devant, etc.

M. A... (*p.*, *q. et d.*),

(*Si le bailleur fait commerce des objets qu'il loue, on énonce sa patente*), patenté pour la présente année dans la commune de..., sous le n°...

A donné à loyer, pour deux années qui commenceront à courir du...

A M. B... (*p.*, *q. et d.*), présent et acceptant.

Les meubles dont la désignation suit : 1°... (*Désigner par numéros d'ordre tous les meubles loués, en indiquant, autant que possible, les défauts, brisures, etc., qui peuvent y exister.*)

Lesquels meubles ont été délivrés par M. A... à M. B..., et sont placés dans son appartement, rue..., n°...

Le présent bail est fait moyennant ... de loyer annuel, que le preneur s'oblige de payer au bailleur, en sa demeure à ..., ou pour lui, au porteur de ses pouvoirs et de la grosse des présentes, en espèces métalliques au cours de ce jour, en deux payements égaux, aux 1er janvier et juillet de chaque année, à partir du ..., et en outre aux charges, clauses et conditions suivantes, que le preneur s'oblige d'exécuter fidèlement, savoir : 1° de jouir desdits meubles en bon père de famille, et de les rendre dans l'état où il les a reçus, sauf les détériorations provenant d'un usage modéré ; 2° de ne pouvoir les sortir de l'appartement susdésigné sans la permission expresse et par écrit du bailleur ; 3° de payer les frais des présentes.

Ce bail sera signifié au propriétaire de la maison dans laquelle se trouve l'appartement de M. B..., afin que ledit propriétaire ne puisse exercer aucun privilége sur lesdits meubles pour raison de ses loyers.

Dont acte, pour l'exécution duquel, etc.

Fait et passé, etc.

Décompte :	Timbre de minute de grosse et d'expédition	Mémoire
	Rôles suivant la classe	Mémoire
	Enregistrement 25 c. p. 0/0 sur les années de loyer cumulées	Mémoire
	Honoraires, 24 fr. par 1 000 de la 1re année	Mémoire

FORMULE 567. — Art. 1708 et suiv. C. C.; Mourlon, t. III, p. 313 et suiv.

Bail d'une maison[1]. (S. S. P.)

Par-devant, etc.

M. A... (*p., q. et d.*),

A donné à loyer pour six années consécutives, qui commenceront à courir du... (ou bien : *pour trois, six ou neuf années, au choix respectif des parties*), (ou bien : *pour six ou neuf années, au choix du bailleur seulement*), qui commenceront à courir,

A M. B... (*p., q. et d.*), présent et acceptant,

Une maison ... (*désignation*),

Ainsi que cette maison et ses dépendances se poursuivent et comportent sans réserve et sans qu'il en soit fait une plus ample désignation, le preneur déclarant les bien connaître, pour les avoir vues et visitées.

Ce bail est fait aux charges et conditions suivantes, que le sieur B... promet d'exécuter fidèlement, savoir :

1. Ce que nous avons dit (*voir la formule* 541) sur la nécessité qu'il y aurait à exiger le caractère de l'authenticité pour tous les actes translatifs de la propriété foncière, s'applique essentiellement et par les mêmes motifs aux baux de longue ou de courte durée; ils constituent un démembrement incontestable de la propriété, et tel bail de trois ans, à notre époque de mouvements et de mutations rapides, peut, autant qu'un bail de dix-huit ans, diminuer la valeur de l'immeuble qui en fait l'objet, entraver son aliénation et porter aux tiers les plus graves préjudices. Nous n'avons, en conséquence, jamais bien compris comment la loi française, si profondément empreinte de l'esprit d'égalité, avait pu admettre une de ces démarcations arbitrairement fixées qui ont la prétention d'indiquer où finit le bien, où commence le mal. Tout ce qui pourrait, au contraire, assurer la publicité et la sincérité de cette nature d'actes, quelle que soit leur durée, serait, selon nous, un bienfait.

En effet, les baux sous seings privés, quoique enregistrés (*on doit, dans bien des cas, se défier de ceux qui sont enregistrés*), sont l'origine d'une foule de fraudes, rien n'en garantit la loyauté, les uns s'évanouissent le lendemain d'une aliénation, d'autres n'apparaissent que pour frustrer des créanciers, le système des pots-de-vin s'exploite presque toujours au préjudice des tiers; si jamais l'intervention de l'officier chargé par la loi de veiller à la moralité des conventions a pu paraître nécessaire, c'est incontestablement pour le bail qui, sans affecter une grande importance puisqu'il n'est que temporaire, ne se prête pas moins aux plus nuisibles combinaisons. La transcription de tous les baux par voie d'extraits analytiques et succincts, délivrés sous la responsabilité de l'officier public, compléterait la sécurité générale.

A bien des points de vue, le Trésor a les plus graves intérêts engagés dans la question, en apparence si peu importante, de l'authenticité des baux; le droit d'enregistrement qui leur est applicable, quelque minime qu'il soit, créerait déjà une ressource importante; il n'est certes pas d'impôt meilleur que celui qui se recommande par sa modicité et par sa généralité.

Le recouvrement des droits dus au Trésor sur les mutations d'immeubles, soit à titre onéreux ou gratuit, soit pour successions, en deviendrait plus régulier et plus productif. L'impôt est dû, il faut qu'il s'acquitte, personne ne peut désirer que les habiles s'en exonèrent en partie, et que les hommes loyaux seuls le supportent intégralement. C'est cependant ce qui arrive le plus fréquemment, et c'est ce qui deviendrait impossible si tous les baux étaient authentiques et rendus publics. Rien de

1° De garnir ladite maison de meubles et d'effets en suffisante quantité pour répondre du loyer et de l'exécution des charges ; 2° d'entretenir ladite maison et ses dépendances de toutes réparations locatives, et de les rendre, à la fin du présent bail, conformes à l'état de lieux qui en sera dressé entre les parties, aux frais du preneur, immédiatement après son entrée en jouissance ; 3° de souffrir que le propriétaire fasse les grosses réparations sans indemnité, quelle que soit leur durée ; 4° de faire faire, lorsque besoin sera et à ses frais, le curage du puits et la vidange de la fosse d'aisances ; 5° d'acquitter les contributions personnelle et mobilière (*indiquer si le locataire est tenu des portes et fenêtres*), et de satisfaire à toutes les charges de ville et de police dont les locataires sont ordinairement tenus, et de faire qu'à cet égard le bailleur ne puisse être inquiété ; 6° de payer annuellement au concierge ... (*fixer la somme et les époques*) ; 7° de ne pouvoir céder son droit au présent bail en tout ou en partie sans le consentement exprès et par écrit du bailleur ; 8° de payer les frais des présentes, et de la grosse à en délivrer au bailleur.

plus facile alors pour les employés des domaines que de fixer la valeur des immeubles soumis aux droits de mutations.

Enfin, ce moyen permettrait une équitable révision du cadastre qui sert de base à l'impôt foncier depuis 1810. Tout depuis lors a changé de valeur ; les chemins de fer ont passé leur niveau, grandissant ou abaissant les régions qu'ils traversent ou délaissent ; bien des terres incultes, des forêts, des landes ont été défrichées ; des marais ont été desséchés ; des changements de culture se sont opérés ; des départements, des arrondissements, des villages ont marché à grands pas dans la voie du progrès ; d'autres sont restés stationnaires, et cependant l'impôt se paye encore comme en 1810. L'irrégularité qui s'est forcément introduite dans la plupart des matrices cadastrales, par suite du morcellement indéfini de la propriété, rend, à elle seule, la révision du cadastre indispensable.

L'état actuel des choses ne saurait durer, car rien ne rend l'impôt plus lourd qu'une injuste répartition ; mais on comprend les insurmontables difficultés que l'absence des baux fait naître.

Vers 1842, sans rien changer aux matrices cadastrales, l'administration tenta une nouvelle répartition de l'impôt foncier, par départements, par arrondissements, par cantons et enfin par communes, en prenant pour base tous les baux enregistrés dans la période décennale précédente ; des commissions furent constituées dans chaque canton ; l'échec fut complet presque partout : les maires ne donnèrent que des renseignements volontairement incomplets ; l'administration ne put fournir qu'un très petit nombre de baux s'appliquant presque tous à la grande propriété ou à l'industrie. On put juger par cette épreuve de ce que serait la révision parcellaire du cadastre.

Le Code (art. 715), en refusant la preuve par témoins du bail non écrit la loi fiscale en n'imposant au contrat de bail que d'imperceptibles droits d'enregistrement, le législateur de 1855 en astreignant les baux de plus de dix-huit ans à la transcription, sont entrés dans la voie ; mais le but sera manqué si le contrat de bail n'est astreint à l'authenticité et à la transcription.

On invoquera sans doute encore contre cette conclusion la liberté des conventions, mais alors n'ayez pas d'impôts ou ne négligez rien pour leur bonne répartition ; il est peu logique que le citoyen abdique sa liberté à ce point de faire volontairement, dans l'intérêt social, le sacrifice d'une partie de sa fortune, et qu'il ne puisse abandonner une autre imperceptible fraction de cette liberté pour ne payer que ce qu'il doit. (*Note de Me Jeannest Saint-Hilaire.*)

En outre, le présent bail est fait moyennant un loyer annuel de ..., que le preneur s'oblige de payer au bailleur, en la demeure de ce dernier, ou pour lui, au porteur de ses pouvoirs, et de la grosse des présentes, en quatre payements égaux, les 1er janvier, avril, juillet et octobre de chaque année, pour le premier payement avoir lieu le ...

Tous ces payements se feront en espèces métalliques au cours de ce jour.

A défaut de payement d'un seul terme des loyers, le présent bail pourra être résilié, si bon semble au bailleur, par l'effet d'un simple commandement, demeuré infructueux pendant huit jours, sans préjudice de tous dépens, dommages et intérêts.

De son côté le bailleur s'oblige de tenir le preneur clos et couvert, suivant la loi et les usages.

Le bailleur reconnaît que le preneur lui a payé en espèces métalliques au cours de ce jour, réellement comptées en présence des notaires soussignés, la somme de ..., pour six mois desdits loyers payés d'avance, lesquels seront imputables sur les six derniers mois de jouissance.

Dont acte, pour l'exécution, etc.

Fait et passé, etc.

Même décompte (voir formule 566).

Si le bail a plus de dix-huit ans, il y a lieu de faire transcrire et de comprendre dans le décompte les frais de la transcription.

FORMULE 568. — Art. 1708 et suiv. C. C.; Mourlon, t. III, p. 313, 344 et suiv.

Bail d'une usine (S. S. P.)

Par-devant, etc.

M. A... (*p.*, *q. et d.*),

A donné à loyer pour ... années consécutives, qui commenceront à courir du ...

A M. B... (*p.*, *q.*), et à dame ... (*n.*, *p.*), son épouse, qu'il autorise, demeurant ensemble à ..., présents et acceptant, preneurs solidaires,

Un moulin à eau, situé en la commune de ..., sur la rivière de ..., garni de ... paires de meules montées à l'anglaise, et de tous ses tournants, virants travaillants, bluteaux, vannes et ustensiles servant à son exploitation.

Le moulin est composé ... (*Faire ici la désignation des lieux dans lesquels il est renfermé, de l'habitation du meunier, des écuries, hangars, etc., qui peuvent en dépendre.*)

Ainsi que le tout se poursuit et comporte, sans plus ample désignation, sur la demande des preneurs, qui ont déclaré parfaitement connaître l'usine présentement louée pour l'avoir vue et visitée.

Ce bail a été fait moyennant ... de loyer annuel, que les preneurs s'obligent solidairement entre eux de payer au bailleur en sa demeure, en deux termes égaux, aux ... de chaque année, et en espèces métalliques au cours de ce jour, et en outre aux charges et conditions suivantes, que les preneurs se sont obligés, sous la même solidarité, d'exécuter, à peine de tous dépens et dommages-intérêts :

1° De prendre le moulin et ses accessoires dans l'état où ils se trouveront le ..., et d'après la prisée qui en sera faite par deux experts choisis par les parties, ou, dans le cas de dissentiment, d'office par le juge de paix du canton de ... ;

2° D'entretenir de toutes réparations ledit moulin, la reillière ou col de cygne, les vannes, les chaussées, les déversoirs, et de s'arranger de manière qu'il n'y ait aucune inondation ni perte d'eaux, et que le bailleur ne puisse être inquiété par qui que ce soit ;

3° De faire faucher et curer la rivière à ... mètres en amont et à ... mètres en aval du moulin, et de rejeter les vases sur chacune des berges, sans pouvoir les étendre au delà d'un mètre de chaque côté ;

4° De rendre les virants et travaillants composant le moulin conformes à la prisée qui en aura été faite, ainsi qu'il est dit ci-dessus, sauf à payer la moins-value, ou à recevoir la plus-value s'il en existe, ce qui sera constaté par la nouvelle prisée qui aura lieu à l'expiration du présent bail ; cette différence sera exigible de part et d'autre dans le mois qui suivra l'estimation que feront les experts nommés de la manière ci-dessus fixée ;

5° D'entretenir le bâtiment principal de l'usine, la maison d'habitation et les autres dépendances de toutes réparations locatives, et de les rendre à la fin du présent bail conformes à l'état de lieux qui en sera dressé entre les parties, aux frais des preneurs, immédiatement après leur entrée en jouissance ;

6° De souffrir, sans indemnité, pendant tout le temps qu'elles pourraient durer, les grosses réparations qui deviendraient nécessaires ;

7° De ne pouvoir exiger aucune diminution du loyer ci-dessus stipulé pour chômage du moulin causé par inondations, par sécheresse ou par toute autre cause de force majeure ;

8° De ne pouvoir céder, en tout ou en partie, leur droit au présent bail sans le consentement exprès et par écrit du bailleur ;

9° De payer les frais des présentes, et de la grosse à en délivrer au bailleur.

De son côté, le bailleur s'est obligé à maintenir les lieux loués dans l'état où ils sont actuellement, et à les tenir constamment clos et couverts.

Dont acte, etc.

Même décompte et même observation pour la transcription qu'en la formule 567.

FORMULE 569. — Art. 1763 et suiv. C. C. ; Mourlon, t. III, p. 313, 344 et suiv.

Bail d'une ferme. (S. S. P.)

Par-devant, etc.

M. A... (*p., q. et d.*),

A donné à ferme pour ... années consécutives qui commenceront à courir le ... prochain,

A M. B... (*p.*), cultivateur, et à dame ... (*n.*, *p.*), son épouse, qu'il autorise, demeurant ensemble à ..., présents et acceptant,

Les biens ci-après désignés, situés dans les communes de ..., savoir :

1° Un corps de ferme appelé la ferme de ..., composé d'un principal corps de logis servant d'habitation (*faire avec soin la désignation des bâtiments*), le tout, y compris l'assiette des bâtiments, de la contenance de ... hectares ... ares ... centiares, tenant, d'un côté, vers le nord, à ..., d'autre côté, du sud, à ..., d'un bout et par hache, à ..., et d'autre bout, en pointe à ... et à ...

2° ... hectares de terre et pré, en ... pièces ci-après désignées, savoir :

Commune de ...

1° ... hectares de terre, lieu dit ..., tenant, etc.

Tous ces immeubles parfaitement connus des preneurs, qui ont déclaré les avoir vus et visités avec soin, dans l'intention d'en devenir fermiers, sont loués dans l'état où ils se trouvent actuellement, sans réserve, mais néanmoins sans aucune garantie de la mesure ci-dessus indiquée pour chaque pièce, la différence, excédât-elle un vingtième, devant tourner au profit ou au préjudice des preneurs.

Le présent bail a été fait sous les charges et conditions suivantes, à l'exécution desquelles les preneurs se sont obligés solidairement, savoir :

1° D'habiter le corps de ferme, de le garnir et tenir garni de meubles et effets, grains, fourrages, bestiaux, chevaux, et instruments aratoires en suffisante quantité pour répondre des fermages ; de ne pouvoir déposer ailleurs que dans les bâtiments de la ferme les récoltes de toute nature qui proviendront des immeubles présentement loués. Néanmoins, lorsque les récoltes seront trop abondantes pour être contenues dans les granges, ils auront la faculté de les mettre en meules, pourvu toutefois qu'elles soient établies dans un rayon de ... mètres au plus du corps de ferme;

2° D'entretenir les bâtiments de toutes réparations locatives et de les rendre à l'expiration du bail conformes à l'état des lieux qui sera dressé avant l'entrée en jouissance des preneurs et à leurs frais ;

3° De souffrir les grosses réparations qui deviendront nécessaires pendant le cours du bail, et de mettre à la disposition du bailleur, pendant tout le temps qu'elles dureront, trois voitures à deux chevaux pour le transport des matériaux nécessaires à ces réparations, pourvu que ces transports ne s'étendent pas à plus de vingt kilomètres du domicile des preneurs ;

4° De ne faire dans les lieux loués que les changements qui seraient expressément autorisés par le bailleur ;

5° De tenir le colombier constamment peuplé de ... paires de pigeons au moins, en état de produire, et de le rendre ainsi garni à la fin du présent bail;

9° De cultiver, labourer, fumer et ensemencer les terres en temps et saisons convenables, et de rendre à la fin du bail un tiers de ces terres en état de jachères[1] ;

7° De convertir en fumiers toutes les pailles provenant des récoltes, et de les conduire sur les terres dépendant de la ferme, sans pouvoir ni les vendre ni les employer à d'autres usages ;

8° De laisser au fermier qui leur succédera tout le fumier qui existera à l'époque de son entrée en jouissance, ainsi que ... bottes de pailles de ... kilogrammes ; de lui livrer le corps de ferme, savoir : l'écurie pouvant contenir ... chevaux, le grenier aux fourrages, le logement nécessaire pour les charretiers, le onze novembre ..., et le surplus de la ferme et les bâtiments d'habitation, le vingt-quatre juin suivant ;

9° De fumer les prés au moins trois fois, dont la dernière, dans les trois années qui précéderont la fin du bail, de les étaupiner, et d'étendre les taupinières de manière à conserver lesdits prés constamment en bon état et à faux courante ;

10° De curer et nettoyer les fossés qui entourent lesdits prés, de rejeter la vase sur les ados et d'entretenir les rigoles ;

11° De marner, dans le courant des années ..., les pièces formant les articles ... de la désignation ;

12° D'entretenir, soigner, écheniller tous les arbres existant sur la propriété, et ceux qui pourraient être plantés pendant la durée du bail, de labourer et fumer les arbres fruitiers, de les épiner contre les bestiaux ;

13° De planter à leurs frais pendant le cours du bail ... pommiers et poiriers à cidre, de bonne nature, dans les pièces de terre limitées par des chemins, à trois mètres de distance de ces chemins et à douze mètres les uns des autres, et de remplacer par d'autres ceux qui viendraient à mourir, de manière à compléter le nombre de ... ;

14° De ne pouvoir arracher ou abattre aucun des arbres existant, lors même qu'ils ne seraient plus en rapport ; de conserver au bailleur ceux qui viendraient à mourir et de les remplacer par d'autres bien venants de même nature ;

15° De ne pouvoir élaguer ceux des arbres qui en sont susceptibles que quatre fois pendant la durée du bail, et de laisser, à la fin de leur jouissance, une pousse de trois ans ;

1. La tendance générale, dans tous les pays de grande culture, est d'abolir les jachères ; mais ce n'est point un fait accompli ; aussi reproduisons-nous la clause à ce relative ; néanmoins nous en indiquons plusieurs par lesquelles on modifie plus ou moins radicalement l'ancien usage.

I. — Et de rendre à la fin du bail 1/9e de ces terres en jachères et 2/9es en luzernes, livrées après leur première coupe, les regains devant en appartenir au fermier entrant.

II. — Et de rendre toutes les terres le ... (*jour de la fin du bail*) en bon état de culture et d'engrais suivant les usages locaux sans aucune réserve de jachères.

III. — Après le mot (*convenables, du n° 6*) mettre : Comme bon leur semblera, sans être tenus à aucun assolement régulier, à la seule charge de les rendre non-effritées et en bon état de culture et d'engrais suivant les usages locaux.

16° De s'opposer à tous empiétements, et de prévenir le bailleur de ceux qui pourraient avoir lieu, sous peine d'en demeurer garants et responsables;

17° De payer en l'acquit du bailleur et en sus du fermage ci-après stipulé, et à partir du 1er janvier ... jusqu'au 1er janvier ..., les contributions de toute nature auxquelles les biens présentement loués pourront être imposés, ensemble les centimes additionnels, taxe de guerre, frais de culte, de garde champêtres, charges locales et autres, sous quelque dénomination qu'elle puissent être établies, et de justifier chaque année de leur acquit au bailleur par quittances en bonne forme, de manière qu'il ne puisse être inquiété à cet égard;

18° De ne pouvoir céder leur droit au présent bail, en tout ou en partie, ni échanger avec qui que ce soit l'exploitation, soit totale, soit partielle desdits biens, sans le consentement exprès et par écrit du bailleur, à peine de tous dommages-intérêts, et même de résiliation des présentes si bon lui semble;

20° De ne pouvoir réclamer aucune diminution de fermage pour cause de grêle, gelée, coulure, sécheresse, inondation, stérilité feu, du ciel, ravage de guerre, ou autres cas fortuits prévus ou imprévus;

21° De faire, sans indemnité, chaque année, pour le bailleur, aux époques qui lui conviendront, sauf celles des semailles et de la récolte, huit journées de voitures à trois chevaux, pour les transports dont le bailleur pourra avoir besoin. Ces journées ne pourront commencer avant le lever, ni finir après le coucher du soleil, elles ne pourront plus être exigées dès que l'année pour laquelle elles seront dues sera écoulée, à moins qu'elles n'aient été demandées judiciairement;

22° De faire assurer contre l'incendie, à leurs frais, pour les risques locatifs, le corps de ferme et tous les bâtiments qui en dépendent, pendant la durée du bail, ainsi que les récoltes qui proviendront des terres présentement louées, et de justifier des polices d'assurance au bailleur à sa première réquisition;

23° Et, enfin, de ne pouvoir exiger d'autre indemnité pour les portions de terrain dont la jouissance leur serait enlevée, pour l'établissement de routes, chemins ou sentiers, ou par suite de bornage avec les propriétaires voisins, qu'une diminution dans leur fermage de ... fr, par chaque hectare de terre.

En outre, le présent bail a été fait moyennant : 1° la somme de ... fr. 2° ... hectolitres de blé de bonne qualité et six paires de dindons; 3° ... hectolitres de cidre, le tout de fermage annuel, que les preneurs se sont obligés, sous la solidarité ci-devant stipulée, de payer et livrer au bailleur en sa demeure à ... susindiquée, savoir : l'argent, en trois termes égaux de chacun ... francs, les onze novembre, avril et juin, suivant chaque récolte, et le blé, le cidre et les dindons, le vingt-cinq décembre, aussi suivant chaque récolte.

Quant au blé, le bailleur s'est réservé le droit de l'exiger en nature, ou de recevoir sa valeur en argent, d'après la mercuriale du marché de ... qui suivra le vingt-cinq décembre.

Il s'est également réservé la faculté, à chaque échéance, de se faire payer le fermage en grains et denrées provenant de la récolte, choisis parmi les productions de la ferme, lesquelles seront fournies au bailleur d'après la valeur fixée par la mercuriale du marché qui suivra l'échéance de chaque terme, et jusqu'à concurrence de la somme nécessaire pour compenser ce qui sera alors dû en argent ; mais le bailleur ne pourra user de cette faculté qu'en prévenant le preneur de son intention un mois avant l'échéance des termes.

Lorsque le bailleur usera de cette faculté, les preneurs seront tenus de livrer les denrées en la demeure à ... du bailleur, ou dans tout autre lieu qu'il aura désigné, sans toutefois que la distance puisse excéder ... myriamètres.

Il a été formellement convenu que le bailleur aura le droit d'exiger les denrées et prestations en nature stipulées, lors même que le fermier n'en aurait pas récolté de semblables dans la ferme, et qu'il n'aurait pas élevé de dindons dans sa basse-cour.

Le bailleur s'est obligé, de son côté, de faire jouir les preneurs des biens à eux loués sans aucune espèce de troubles, et de tenir les bâtiments clos et couverts suivant la loi.

Toutes les charges et les faisances considérées comme supplément du fermage sont évaluées à une somme annuelle de ..., pour asseoir la perception des droits d'enregistrement seulement et sans tirer à conséquence entre les parties.

Les frais des présentes et de la grosse à en délivrer au bailleur seront supportés par les preneurs.

Dont acte : pour l'exécution duquel, etc.

Fait et passé, etc.

Même décompte et même observation pour la transcription qu'en la formule 567

FORMULE 570. — Mourlon, t. III, p. 341.

Bail de maison de campagne. (S. S. P.)

Par devant, etc.

(*Voir la formule* 448, jusqu'à la désignation.)

Une maison de campagne, située à ..., consistant : etc.

Désigner la maison, les communs, les jardins, etc.

M. A ... loue également à M. B..., qui accepte, les meubles et effets mobiliers garnissant ladite maison et ses dépendances, tels qu'il sont détaillés en un état dressé entre les parties, par elles certifié véritable, signé et paraphé, et demeuré ci-annexé après que dessus mention de son annexe a été faite par les notaires soussignés.

Ainsi que le tout se poursuit et comporte, sans réserve, et sans qu'il en soit fait une plus ample désignation, le preneur déclarant le bien connaître pour l'avoir vu et visité.

Ce bail est fait aux charges et conditions suivantes, que le sieur B... promet d'exécuter fidèlement, savoir :

1° D'entretenir ladite maison de campagne et ses dépendances de toutes réparations locatives, et de les rendre à la fin du bail conformes à l'état qui en sera dressé, avant l'entrée en jouissance, aux frais du preneur ;

2° De tenir en bon état les meubles et effet mobiliers compris dans la location, et de les rendre, à l'expiration de sa jouissance, sans autre détérioration, que celle qui résulte d'un usage modéré, à peine de remplacer par des objets neufs.

3° De cultiver et fumer convenablement le jardin sans en changer la distribution et la destination, de tailler les arbres et les vignes, sans pouvoir, sous aucun prétexte, les abattre ou les arracher; enfin de remplacer par des arbres vifs, sains et de bonne nature, ceux qui viendraient à périr pendant le cours du bail, le corps et les branches de ces derniers étant réservés au bailleur ;

4° D'acquitter les contributions personnelles et mobilières, et de satisfaire à toutes les charges de police, de manière que pour le tout le bailleur ne puisse être inquiété ;

5° D'acquitter, en déduction des loyers, les impositions foncières dont la propriété peut et pourra être chargée ;

6° De ne pouvoir céder son droit au présent bail, en tout ou en partie sans le consentement exprès et par écrit du bailleur ;

7° Enfin de payer les frais des présentes et de la grosse à en délivrer au bailleur.

Le reste comme en la formule 567.

Même décompte et même observation pour la transcription qu'en la formule 567.

FORMULE 571. — Art. 1763 C. C.; Mourlon, t. III, p. 313 et suiv.

Bail de quelques pièces de terre. (S. S. P.)

Par-devant, etc.

M. A... (*p., q. et d.*),

A donné à loyer pour ... années consécutives, qui commenceront le...

Au sieur B... (*p., q. et d.*), présent et acceptant,

Les pièces de terre ci-après désignées, d'une contenance totale de ..., toutes situées au territoire de ..., savoir :

1° Une pièce de terre de la contenance de ..., lieu dit ..., tenant d'un côté à ..., d'autre à ..., d'un bout au chemin de ..., d'autre à...

2°.., Etc., etc.

Ainsi que le tout se poursuit et comporte sans réserve, et sans une plus ample désignation, le preneur déclarant bien connaître lesdites pièces de terre pour les avoir vues et visitées.

Le présent bail est fait aux charges et conditions suivantes, que le preneur s'oblige d'exécuter fidèlement savoir :

1° De bien labourer, fumer et ensemencer lesdites terres en temps et saison convenables, et de rendre, à la fin du bail, ... hectares en luzernes de trois ans, ... hectares fumés dans l'année précédente et les autres terres en bon état et non effritées ;

2° De payer en l'acquit du bailleur et en sus du fermage ci-après stipulé toutes les contributions foncières et autres, qui peuvent ou pourront être imposées sur lesdites terres ;

3° De ne pouvoir céder son droit au présent bail, en tout ou en partie, sans le consentement exprès et par écrit du bailleur ;

4° De payer les frais des présentes et de la grosse à en délivrer au bailleur.

Le reste comme en la formule 567.

Même décompte et même observation pour la transcription qu'en la formule 567.

FORMULE 572. — Art. 1763 et suiv. C. C. ; Mourlon, t. III, p. 313 et suiv.

Bail de vigne. (S. S. P.)

Voir la formule précédente.

Parmi les conditions on insère les suivantes :

1° De bien cultiver, façonner et provigner lesdites vignes, en temps et saison convenables, suivant l'usage des lieux, de les rendre à la fin du bail garnies d'échalas, comme elles le sont en ce moment ;

2° De ne pas changer la nature du plan ;

3° De soigner et de cultiver les arbres fruitiers qui s'y trouvent, de les écheniller, de ne pouvoir en arracher aucun, et de remplacer en arbres vifs et de bonne nature ceux qui pourraient périr ;

4° De fournir et livrer à M. A... en sa demeure au moment de la vendange un panier de 15 kilogrammes de raisin mûr et bien choisi. Pour la perception du droit d'enregistrement seulement, cette charge est évaluée à 6 francs.

Choisir dans les formules précédentes les charges qui peuvent s'appliquer à ce bail.

Le reste comme en la formule 567.

Même décompte et même observation pour la transcription qu'en la formule 567.

FORMULE 572 *bis*. — Art. 1763 et suiv. C. C. ; Mourlon, t. III, p. 313, 314 et suiv.

Bail par adjudication.

L'an ..., le ..., par-devant M^e ..., etc., M. A... (*p., q. et d.*) a requis le notaire soussigné de dresser le cahier des charges et conditions sous lesquelles il est dans l'intention de louer aux enchères, les immeubles ci-après désignés, ainsi qu'il l'a fait annoncer, par les soins dudit notaire, au moyen d'affiches et d'insertions dans divers journaux.

En conséquence, le notaire soussigné a opéré ainsi qu'il suit :

DÉSIGNATION.

Les immeubles à louer consistent : ... (*Voir les formules précédentes, suivant la nature des biens à louer.*)

DURÉE DU BAIL.

Lesdits immeubles seront loués pour ... années consécutives, qui commenceront le ...

CHARGES ET CONDITIONS.

Le bail aura lieu sous les charges et conditions suivantes, savoir :

1° ..., etc. (*Choisir, suivant la nature des immeubles, celles des conditions se trouvant dans les formules* 567, 568, 569, 570, 571 *et* 572 *qui s'y appliqueraient*), on y ajoute les stipulations du prix et les clauses suivantes :

Art. ... Les adjudicataires payeront leurs loyers en espèces métalliques au cours de ce jour au bailleur, en sa demeure (*ou en l'étude du notaire soussigné*), en deux termes égaux, les jours de ... et de ..., de chaque année, à partir du ...

Art. ... A défaut de payement par l'un des adjudicataires d'un seul terme de ses loyers, le présent bail sera résilié à son égard, si bon semble au bailleur, par le seul fait d'un commandement demeuré infructueux pendant un mois, et encore sous la réserve de tous dommages et intérêts.

Art. ... Chaque adjudicataire sera tenu de fournir, dans les vingt quatre heures de l'adjudication, soit solvable caution solidaire, soit hypothèque suffisante pour le payement du loyer et pour l'exécution des charges et conditions de bail, si mieux il n'aime payer immédiatement une année de loyer d'avance, imputable sur la dernière année de jouissance.

Art. ... Les adjudicataires verseront dans les vingt-quatre heures de l'adjudication entre les mains du notaire soussigné : 1° leur part proportionnelle, eu égard au loyer à la charge de chacun d'eux dans la somme de ... à laquelle sont évalués les frais de publicité, ceux de timbre du présent procès-verbal, et de la grosse à en délivrer au bailleur, les frais de rôles de cette grosse d'après le tarif, ceux enfin d'enregistrement (*et de transcription si le bail a plus de* 18 *ans*) ; 2° un quart pour cent du prix de la première année de loyer pour les honoraires du présent procès-verbal et des soins préparatoires auxquels le notaire a dû se livrer. Le tout sauf la taxe, laquelle, si elle est requise, profitera au bailleur.

Art. ... A défaut de payement par l'un des adjudicataires des frais fixés dans l'article précédent, l'adjudication faite à son profit pourra être annulée, et le lot à lui adjugé sera, dans ce cas, remis aux enchères, après de nouvelles affiches, dans la huitaine de la mise en demeure signifiée à l'adjudicataire défaillant, qui ne pourra profiter de la plus-value que les nouvelles enchères pourraient produire, et qui, au contraire, sera responsable de la différence en moins et de tous dommages et intérêts.

ART. ... Les enchères seront reçues oralement et sans feux (*ou bien : à l'extinction des feux*), au plus offrant et dernier enchérisseur, sur la mise à prix, savoir :

Pour le premier lot, de ...

Pour le second lot, de ...

... Etc., etc.

M. A... a requis le notaire soussigné de donner lecture du cahier des charges qui précède aux personnes présentes, de recevoir les enchères et de prononcer les adjudications s'il y a lieu.

Il a signé. (*Signature.*)

A l'instant (*voir pour la suite la formule* 546).

Décompte : Timbre de minute, de grosse et d'extraits s'ils sont requis........................ Mémoire.
Rôles suivant la classe.................... Mémoire.
Enregistrement, 25 c. p. 0/0 sur les années cumulées du loyer.................. Mémoire.
Déboursés de publicité.................... Mémoire.
Frais de transcription si le bail a plus de 18 ans............................ Mémoire.
Honoraires, 25 p. 0/0 du prix de la première année du loyer.................. Mémoire.

FORMULE 573. — Art. 1779 C. C.; Mourlon, t. III, p. 313, 355 et suiv.

Bail ou marché d'ouvrage.

Bail entre un fabricant et un ouvrier.

Les soussignés :

M. A... (*p., q. et d.*), d'une part ;

M. B... (*p., q. et d.*), d'autre part;

Arrêtent les conditions suivantes :

M. A... s'oblige à travailler pendant ... années consécutives, à partir du ..., pour le compte de M. A...; à diriger tous les travaux de la fabrique que ce dernier vient d'établir à ... ; à donner tous ses soins à la bonne confection des marchandises, et à introduire, de concert avec M. A..., toutes les améliorations possibles dans les métiers et dans le mode de travail.

De son côté, M. A... prend l'engagement de conserver le sieur B..., comme principal ouvrier, pendant le temps ci-dessus fixé, et de lui payer chaque mois une somme de ..., à partir du ...

Il est encore convenu : 1° que le sieur B... ne pourra être contraint de travailler pendant les jours légalement fériés, et que, si des circonstances extraordinaires et des commandes urgentes nécessitent son travail pendant lesdits jours, M. A... sera tenu de lui payer la somme de ... par chaque jour supplémentaire ;

2° Que si le sieur B... se trouve obligé d'interrompre son travail, par maladie, ou pour toute autre cause de force majeure, il sera tenu de se faire remplacer à ses frais par un autre ouvrier intelligent et capable de le suppléer. Si l'empêchement excédait le délai de ... mois, M. A... aura le droit de résilier le présent traité et de remplacer définitivement le sieur B...;

3° Et que si, avant l'expiration du présent traité, M. A... fermait son atelier et cessait la fabrication de ..., il serait tenu de payer au sieur B..., à titre d'indemnité, une somme égale à la moitié de ce qu'il aurait eu à lui payer pour le temps qui resterait à courir de son engagement.

Fait double à ..., le ...

Même décompte.

Sauf que l'enregistrement est de 1 fr. 25 c. p. /0.

FORMULE 574. — Art. 1779 C. C.; Mourlon, t. III, p. , 315 et suiv.

Contrat d'apprentissage. (S. S

Loi du 22 février 1851.

Par-devant, etc.,

M. A... (*p.*, *q. et d.*), d'une part;

M. B... (*p.*, *q. et d.*),

Agissant, au nom du sieur B ... (*p.*, *q. et d.*), son fils mineur âgé de..., d'autre part;

Sont convenus de ce qui suit :

Art. 1er. — Le sieur A... s'oblige pendant... années consécutives, qui commenceront à courir le ... : 1° à enseigner progressivement et complètement au mineur B... son métier de ..., et à lui donner tous les moyens de devenir un bon ouvrier; 2° à se conduire envers son apprenti en bon père de famille, à surveiller sa conduite et ses mœurs, soit dans la maison, soit au dehors, et à prévenir ses parents des fautes qu'il pourrait commetttre ou des penchants vicieux qu'il pourrait manifester; 3° à ne l'employer qu'aux travaux et services qui se rattachent au métier de ... et dans la limite de ses forces; 4° à ne pas le faire travailler plus de dix heures par jour, jusqu'à ce qu'il ait accompli sa quatorzième année, et plus de douze heures de sa quatorzième à sa seizième année; 5° à ne l'employer à aucun travail de nuit; 6° et à lui laisser deux heures de liberté par jour, ainsi que tous les dimanches et jours fériés, pour son éducation et pour l'accomplissement de ses devoirs religieux; 7° enfin à lui fournir la nourriture et le logement dans sa maison, d'une manière saine et convenable.

Art. 2. — Le sieur B... père oblige son fils à se conduire envers le sieur A..., son maître, avec fidélité, obéissance et respect, et à l'aider par son travail dans la mesure de son aptitude et de ses forces.

Art. 3. — Dans le cas où le mineur B... viendrait à faire, pendant le cours de son apprentissage, une absence ou une maladie dont la durée excéderait quinze jours, il sera tenu, à la fin de son apprentissage, de remplacer le temps qu'il aura perdu.

Art. 4. — En considération des engagements contractés par M. A... envers son apprenti, M. B... père s'est obligé à lui payer en bonnes espèces, dans un an de ce jour, la somme de ... sans aucun intérêt.

Art. 5. — Chacune des parties aura un délai de ... mois, à partir du jour où commencera l'exécution du présent traité, pour demander sa nullité, sans être tenue à aucune indemnité. Ce délai expiré, elles rentreront dans le droit commun.

Art. 6. — Il n'est aucunement dérogé par ces présentes aux dispositions convenues dans les articles 15 et 16 de la loi du 23 février 1851.

Dont acte : pour l'exécution duquel, etc.

Fait et passé, etc.

Décompte :		
	Timbre	1 20
	Enregistrement	1 88
	Honoraires	2 »
	Timbre et rôles si l'expédition est réclamée	Mémoire.

FORMULE 575. Mourlon, t. III, p. 355.

Bail ou traité d'engagement entre un directeur de théâtre et une actrice.

Les soussignés :

M. A... (*p.*), directeur du théâtre de ..., demeurant à ..., d'une part;

Mademoiselle B... (*p.*), artiste dramatique, demeurant à ..., d'autre part;

Ont arrêté ainsi qu'il suit les conditions de l'engagement de mademoiselle B...

M. A... engage mademoiselle B... pour remplir, dans la troupe attachée audit théâtre, principalement les emplois de ..., sans exclure ceux à peu près du même genre, que le directeur croirait devoir lui confier, dans le cercle des moyens de l'actrice.

Cet engagement a été accepté par mademoiselle B..., qui, en conséquence, s'est obligée :

1° A jouer tous les rôles qui lui seront distribués d'après ce qui vient d'être dit;

2° A se conformer à tous les règlements du théâtre, et, en cas d'infraction, à subir toutes les amendes et retenues qu'elle aurait encourues;

3° A se présenter au théâtre, chaque jour, à l'heure de la représentation, lors même qu'elle ne devrait pas y concourir, afin d'être à même de prêter son concours à l'administration dans le cas où, par une circonstance imprévue, une pièce serait substituée à une autre;

4° A ne pouvoir exiger d'autre loge que celle qui sera affectée pour sa toilette, laquelle loge sera, du reste, garnie de tous les meubles nécessaires;

5° A se fournir de linge, souliers, gants, chapeaux, robes et toilette de ville, tous les costumes de caractère devant rester à la charge de l'administration;

6° A ne jouer et paraître sur aucun autre théâtre, à ne s'intéresser directement ou indirectement dans aucune autre entreprise théâtrale, sans le consentement formel de M. A...

7° A exécuter fidèlement le présent engagement pendant ... années consécutives, qui commenceront à courir du ..., jour où mademoiselle B... fera son premier début; mais cet engagement ne sera définitif qu'après trois débuts successifs, à ... jours d'intervalle, et seulement si elle est agréée par le public.

Dans le cas de maladie, mademoiselle B... devra faire constater son état tant par un médecin de son choix que par celui de l'administration. Si elle se trouvait pendant plus de deux mois dans l'impossibilité de reprendre son service, ses appointements seraient réduits à moitié; ils seraient supprimés entièrement après ce délai, sans que pour cela son engagement fût rompu.

De son côté M. A... s'oblige à payer à mademoiselle B... : 1° à titre d'appointements, la somme de ..., par douzième, de mois en mois, à compter du ... et pendant toute la durée de l'engagement; 2° à titre de feux, la somme de ..., payable à la fin de chaque mois, par chaque pièce en un acte au moins et en trois actes au plus dans lesquelles elle remplira un rôle; et en outre elle aura, chaque année, droit à un congé de ... mois. Le directeur fixera ce congé dans l'intervalle du mois de ... à celui de ...; il aura toutefois le droit de le racheter moyennant la somme de ..., qu'il payera, savoir....

En cas de résiliation du présent engagement, par le fait de l'une ou de l'autre des parties, elles se sont soumises respectivement à des dommages-intérêts qui ne pourront être moindres de ...

Fait double, à ..., le ...

Décompte : Timbre.................... Mémoire.
Enregistrement, 1 25 p. 0/0. Mémoire [1].

FORMULE 576. — Art. 1763 et 1764 C. C.; Mourlon, t. III, p. 313, 348 et suiv.

Colonat ou bail à fruits partagés. (S. S. P.)

Par-devant, etc.,

M. A... (*p., q. et d.*),

A donné à loyer pour ... années consécutives, qui commenceront à courir du ...,

A M. B... (*p., q. et d.*), présent et acceptant :

1° Une pièce de terre de la contenance de ... hectares, tenant d'un côté à..., etc.;

2° Et une maison d'habitation, etc.... tenant d'un côté, etc.

Ce bail a été fait aux charges et conditions suivantes, que les parties s'obligent respectivement d'exécuter :

1. La Régie prétend que comme marché il est dû 1 fr. 10 c. pour 100. MM. Rigaud et Championnière considèrent que comme acte innommé, il n'est soumis qu'au droit fixe de 2 fr. 20

1° M. A... fera jouir, sans trouble, M. B... des immeubles loués, pendant le temps ci-dessus fixé;

2° Il fera faire aux bâtiments les grosses réparations qui deviendraient nécessaires pendant la durée du bail;

3° M. B... plantera en vignes, à ses frais, la pièce de terre louée dans le délai de ... ans, à raison de ... hectares par année;

4° Il entretiendra les bâtiments de toutes réparations locatives, et les rendra à la fin du bail, conformes à l'état des lieux, qui sera fait contradictoirement à ses frais, avant son entrée en jouissance;

5° Il soignera la culture des vignes, il les garnira de bons échalas en suffisante quantité;

6° Il acquittera les contributions foncières de toute nature auxquelles les immeubles présentement loués peuvent ou pourront être assujettis pendant toute la durée du bail, et il justifiera chaque année de leur payement au bailleur.

7° Chaque année, sur les produits à provenir des vignes plantées, le preneur prélèvera à son profit, pour s'indemniser des impôts mis à sa charge, la quantité de ... hectolitres de vin. Le surplus, s'il y en a, sera partagé par moitié, et la portion revenant à M. A... sera transportée, dans le mois qui suivra la vendange, dans ses caves situées à ..., ou dans tel autre lieu qu'il désignera dans un rayon de ... kilomètres, au plus, de la pièce de terre louée; le tout aux frais du preneur.

Les parties ont évalué, seulement pour la perception des droits d'enregistrement, la portion qui reviendra à M. H... à ... hectolitres.

Les frais des présentes et ceux de la grosse à fournir au bailleur seront supportés par M. B...

Pour l'exécution des présentes, etc.

Dont acte, etc.

Fait et passé, etc.

Décompte :

Voir la formule 567.

Les honoraires se prennent sur la part fournie au propriétaire.

FORMULE 577. — Art 1697 à 1699 C. C.; Mourlon, t. III, p. 313, 361 et suiv.

Marché devis.

Entre les soussignés :

M. A... (*p.*), entrepreneur de bâtiments, demeurant à ..., d'une part;

M. B... (*p., q. et d.*), d'autre part;

A été convenu ce qui suit :

M. A... s'oblige à faire pour M. B... qui accepte, et sur un terrain appartenant à ce dernier, situé à ..., les constructions qui vont être indiquées, savoir :

1° Désigner toutes les constructions qu'il s'agit de faire.

Ces diverses constructions seront faites par M. A... suivant les règles de l'art, en matériaux qu'il fournira de la meilleure qualité; elles seront entièrement conformes aux plans et devis dressés par M. ..., architecte, signés et paraphés par les parties en double expédition; enfin elles seront terminées au plus tard le ..., sous peine de tous dommages-intérêts.

Le prix en est fixé à la somme de ..., que M. B... s'oblige de payer à M. A..., savoir : un tiers dans le cours des travaux, un tiers après leur achèvement, et le dernier tiers aussitôt leur vérification et leur réception définitive par l'architecte de M. B..., le tout sans intérêts.

Dans le cas où il surviendrait des difficultés sur le présent marché, elles seront jugées par deux arbitres choisis par les parties, sinon par le juge de paix du canton de ..., lesquels experts, en cas de partage d'avis, s'adjoindront un tiers arbitre. Les soussignés seront tenus de se conformer à leur décision comme jugement en dernier ressort et sans appel.

Fait double à ..., le ...

Décompte : Timbre de minute et d'expédition... Mémoire.
Rôles.............................. Mémoire.
Enregistrement, 1 fr. 25 c. p. 0/0.... Mémoire.

Nota. Si l'entrepreneur exigeait une hypothèque, cet acte devrait être fait pardevant notaire. Les honoraires, dans ce cas, sont de 1 fr. p. 0/0.

FORMULE 578. — Art. 1804 C. C.; Mourlon, t. III, p. 313, 369 et suiv.

Bail à cheptel simple. (S. S. P.)

Par-devant, etc.,

M. A..., (*p., q. et d.*),

A fait bail à cheptel simple pour ... années consécutives, à partir du ...,

A M. B... (*p.*), cultivateur, demeurant à ..., présent et acceptant :

D'un troupeau de bétail de la valeur de ... francs, détaillé en un état estimatif, que les parties ont dressé sur ... feuilles de papier au timbre de ..., non encore enregistré, mais qui le sera avant ou avec ces présentes, auxquelles il est demeuré annexé, après avoir été, des parties, certifié véritable et signé en présence des notaires soussignés, et après que dessus mention de son annexe a été faite par lesdits notaires.

Duquel troupeau de bétail, composé de ... moutons, ... vaches, ... génisses, ... chèvres, et ... porcs, le sieur B... s'est reconnu en possession.

Le présent bail a été fait aux charges, clauses et conditions suivantes, savoir :

1° Le sieur B... profitera seul du laitage et du fumier des animaux, les laines et le croît seront partagés par moitié entre le preneur et le bailleur;

2° Le preneur sera tenu de nourrir, garder, soigner, loger convenablement lesdits bestiaux à ses frais et en bon père de famille, de manière à les maintenir dans le meilleur état de conservation possible;

3° Le bailleur devra être prévenu de l'époque de la tonte, qui ne pourra être faite qu'en sa présence, ou lui dûment appelé;

4° Le preneur sera tenu de remplacer les bêtes du cheptel qui viendraient à périr ou à se perdre par sa faute, il ne pourra disposer d'aucune bête soit du fonds, soit du croît, sans le consentement exprès et par écrit du bailleur;

5° Il sera fait, à l'expiration du présent bail, une estimation du cheptel par experts, nommés par les parties, ou d'office par le juge de paix du canton de ... Ces experts, en cas de partage d'avis, nommeront un tiers expert.

Dans le cas où le cheptel aurait fructifié, le bailleur prélèvera, sur les bases de l'estimation résultant de l'expertise, des bêtes de chaque espèce, à son choix, jusqu'à concurrence de la somme de ..., évaluation du présent cheptel; le surplus sera partagé par moitié entre les parties. Si ce cheptel est, au contraire, en déficit, le bailleur le prendra tel qu'il se trouvera, et recevra du preneur, dans un délai de ..., à partir de la fin du bail, la moitié de la différence entre la première et la nouvelle estimation;

6° Dans le courant de chaque année, chacune des parties pourra exiger le partage des croîts. A cet effet, il sera procédé à la prisée du cheptel par voie d'expertise, comme il est dit ci-dessus; les croîts serviront d'abord à remplacer ce que le troupeau du bétail aura perdu, et le surplus, s'il y en a, sera partagé par moitié

Afin que M. C... (*p.*, *q. et d.*), propriétaire de la ferme qu'exploite le preneur, ne puisse exercer son privilège sur le cheptel, ces présentes lui seront notifiées avant l'entrée des bestiaux dans les bâtiments de la ferme.

Le produit annuel qui pourra revenir au bailleur a été évalué par les parties à la somme de ... francs, mais seulement pour servir de base à la perception de droits d'enregistrement.

Les frais des présentes, ceux de la grosse à remettre au bailleur et de notification à faire à M. C..., seront supportés par le preneur.

Dont acte, pour l'exécution duquel, etc.

Fait et passé, etc.

Décompte :	Timbre de minute et d'expédition......	Mémoire.
	Rôles....................................	Mémoire.
	Enregistrement, 25 c. p. 0/0 sur la valeur du bétail..................................	Mémoire.
	Coût de la signification................	Mémoire.
	Honoraires, 24 fr. par 1000 sur la valeur du bétail..................................	Mémoire.

FORMULE 579. — Art. 1818 à 1820 C. C.; Mourlon, t. III, p. 313, 372.

Bail à cheptel à moitié. (S. S. P.)

Par-devant, etc.,

M. A... (*p.*, *q. et d.*);

M. B... (*p.*), cultivateur, demeurant à...;

Ont mis en cheptel à moitié les bestiaux ci-après désignés, dont ils sont respectivement propriétaires, savoir : M. ...

Une vache de trois ans, noire, estimée la somme de deux cent francs, ci	200 »
Une autre vache, etc	200 »
Deux bœufs du même âge, etc	500 »
Un taureau, etc	500 »
... brebis et moutons, estimés ensemble deux mille cinq cents francs, ci	2,500 »
Total	3,900 »

Et M. B...,

Six bœufs de ... ans, dont deux rouges, et les autre noirs, estimés quinze cents fr., ci	1,500 »
Deux vaches blanches de ... ans, estimées cinq cents fr., ci.	500 »
... moutons, agneaux, brebis et béliers, de races croisées, estimés ensemble dix-neuf cents fr., ci	1,900 »
Total égal	3,900 »

M. A... a remis à M. B..., qui l'a reconnu, lesdits bestiaux, pour demeurer réunis, pendant ... années consécutives, à partir du ..., à ceux de M. B..., et ne former qu'un seul cheptel à moitié, commun auxdits sieurs A... et B...

Ce dernier demeurera seul chargé de garder, soigner, loger et nourrir tous ces bestiaux, il profitera seul du laitage, du fumier et du travail qu'ils produiront.

Les laines et le croît seront partagés par égales portions entre les parties.

La tonte ne pourra être faite qu'en présence de M. A..., ou lui dûment appelé.

Aucune des parties ne pourra disposer, pendant la durée du cheptel, d'aucune des bêtes qui le composent, ni d'aucun des croîts, sans le consentement par écrit de l'autre partie, à peine de tous dommages-intérêts, et même de résiliation des présentes.

M. B... sera tenu de remplacer à ses frais les bêtes qui viendraient à se perdre ou à périr par sa faute; et dans le cas où elles auraient péri par cas fortuits, il devra rendre compte de leurs peaux.

A l'expiration du temps fixé par le présent cheptel, il sera procédé, par des experts choisis par les parties, ou d'office par le juge de paix du canton de ..., à l'estimation du cheptel. L'une et l'autre des parties prendra des bêtes de chaque espèce, jusqu'à concurrence de sa mise, et le surplus sera partagé par moitié.

Afin que M. C..., propriétaire de la ferme qu'exploite M. B..., ne puisse exercer son privilége sur le bétail formant l'apport de M. A..., ces présentes seront notifiées audit sieur C...

Le produit annuel qui pourra revenir à M. A... a été évalué par les parties à la somme de ..., mais seulement pour servir de base à la perception des droits d'enregistrement.

Les frais des présentes, ceux de la grosse à remettre à M. A..., ceux enfin de la notification à faire à M. C..., seront supportés par M. B...

Dont acte, pour l'exécution duquel, etc.

Fait et passé, etc.

Même décompte.

Le droit d'enregistrement est de 25 c. p. 0/0 sur la part revenant au bailleur.

FORMULE 580. — Art. 1821 à 1826 C. C.; Mourlon, t. III, p. 313, 373 et suiv.

Cheptel de fer ou cheptel donné par le propriétaire à son fermier. (S. S. P.)

Par-devant, etc.,

M. A... (*p., q. et d.*),

A donné à ferme, pour ... années consécutives, qui commenceront à courir du ...,

A M. B... (*p., q. et d.*), présent et acceptant.

La ferme de... (*désigner*).

A l'exploitation de laquelle ferme est attaché, à titre de cheptel de fer, un troupeau de bétail composé de ... têtes, dont il sera dressé un état estimatif par experts, lors de l'entrée en jouissance du preneur.

Le présent bail est fait aux charges et conditions suivantes, que le preneur s'oblige d'exécuter fidèlement, savoir :

1° ... (*Mettre toutes les conditions qui s'appliquent à la culture de la ferme, voir les formules* 570, 571, 572 *bis;* puis on ajoute :)

Le preneur sera tenu de nourrir, garder, soigner et loger les bestiaux, de manière à les maintenir dans le meilleur état de conservation possible. Il ne pourra en disposer par vente ou autrement, ni les employer autrement qu'aux service et travaux de la ferme.

Le preneur profitera seul du laitage, des laines et du croît du troupeau. Les fumiers à en provenir devront être employés exclusivement à l'amendement de la ferme.

La perte, même totale et par cas fortuits dudit troupeau, sera entièrement à la charge du preneur; en conséquence, il sera tenu de remettre au bailleur, à la fin du bail, un cheptel de même nature et de pareille valeur que celui reçu par lui.

Voir pour le surplus la formule 579.

Décompte.

Même décompte qu'en la formule 578.

FORMULE 581. — Art. 1727 à 1730 C. C.; Mourlon, t. III, p. 314, 375.

Cheptel donné au colon partiaire. (S. S. P.)

Voir la formule précédente et après la désignation de la ferme, mettre :

A l'exploitation de cette ferme sont attachés divers bestiaux désignés en un état estimatif dressé par les parties sur ... feuilles, au timbre de ... lequel sera présenté à l'enregistrement, avec ou avant ces présentes, auxquelles il est demeuré annexé, après avoir été desdites parties certifié véritable, signé et paraphé, et après que dessus mention de son annexe a été faite par les notaires soussignés.

Ainsi que ladite ferme et ledit cheptel parfaitement connus du preneur se poursuivent et comportent, sans aucune exception ni réserve.

Ce bail est fait aux charges et conditions suivantes, que le preneur s'oblige d'exécuter fidèlement, savoir :

1°... (*Voir dans les formules* 570, 571, 572 *bis, les clauses s'appliquant à la culture de la ferme*) ajouter :

Il est encore convenu :

1° Que le preneur devra nourrir, garder, soigner et loger à ses frais les bestiaux composant le cheptel, de manière à les maintenir dans le meilleur état de conservation possible, et qu'il ne pourra les employer que pour le service et les travaux de la ferme;

2° Qu'il profitera seul du laitage;

3° Que les laines et le croît seront partagés par moitié entre le bailleur et le preneur;

4° Que le preneur sera tenu de faire la tonte à ses frais, et de prévenir le bailleur de l'époque qu'il aura choisie pour la faire, et qu'il transportera gratuitement la part de ce dernier en son domicile, ou dans tel lieu qu'il lui plaira de désigner, pourvu que ce ne soit pas à une distance de plus de...;

5° Que le partage des croîts ne sera fait chaque année qu'après avoir remplacé sur ces croîts, à dire d'experts, les pertes qui seraient survenues dans le cheptel;

6° Que le preneur sera tenu de remplacer, à ses frais, les têtes du cheptel qui auront péri, ou qui auront été perdues par sa faute;

7° Qu'il sera fait par experts, à la fin du bail, une nouvelle estimation du troupeau, et qu'alors le bailleur prélèvera une quantité de bestiaux, à son choix, suffisante, d'après cette estimation, pour se couvrir de la valeur du cheptel fixée par l'état ci-annexé; qu'enfin le surplus sera partagé par moitié comme croît;

8° Que s'il ne se trouve pas à la fin du bail assez de bêtes pour remplacer le fonds du cheptel, la perte sera supportée par moitié par les parties, et que le preneur payera immédiatement au bailleur la somme qu'il lui devra pour sa moitié.

(*Voir, pour le surplus, la formule* 576.)

Dont acte, etc.

Même décompte qu'en la formule 578.

FORMULE 581 *bis*. — Art. 1717 C. C.; Mourlon, t. III, p. 319.

Sous-bail. (S. S. P.)

Par-devant, etc.,

M..., (*p.*, *q. et d.*),

Principal locataire d'une maison sise à ..., rue ..., pour dix-huit années consécutives qui ont commencé à courir le ..., suivant le bail que lui en a fait M. C... (*p., q. et d.*), aux termes d'un acte reçu par Me..., etc.

A sous-loué pour neuf années consécutives qui commenceront le ...

A M. B... (*p., q. et d.*), présent et acceptant,

Les lieux ci-après désignés, dépendant de ladite maison, savoir : etc.

Ainsi que ces lieux se poursuivent et comportent.

Pour le prix comme pour les conditions, *voir la formule* 567.

Décompte.

Voir la formule 566.

FORMULE 581 *ter*. — Art. 1717 C. C.; Mourlon, t. III, p. 319.

Cession de bail. (S. S. P.)

Par-devant, etc.,

M. A... (*p., q. et d.*),

Cède et transporte, sous la simple garantie de ses faits et promesses (ou *sans aucune garantie* ou *avec toute garantie*),

A M. B... (*q., q. et d*)., présent et acceptant,

Ses droits pour le temps qui en reste à courir à compter du ... au bail qui lui a été fait par M. C... (*p., q. et d.*), suivant acte reçu par Me ..., etc. (*Désigner les biens sous-loués.*)

Ce bail a été fait pour neuf années consécutives, qui ont commencé à courir du ..., moyennant ..., francs de loyer annuel, stipulé payable par portions égales, aux quatre termes ordinaires de l'année, et aux charges et conditions suivantes, savoir : (*rapporter les charges et conditions*).

Le présent tranport de bail est fait à la charge par M. B..., qui s'y oblige,

1° De payer en l'acquit du cédant au propriétaire, à compter du ..., les loyers ci-dessus indiqués, et d'exécuter les charges et conditions du bail, de manière que M. A... ne puisse être inquiété;

2° De payer les frais des présentes et de la grosse à en délivrer au cédant.

S'il y a un pot-de-vin, on ajoute :

Et, en outre, le présent transport du bail est fait moyennant la somme de ..., à titre de pot-de-vin, que M. A... reconnaît avoir présentement reçue de M. B... en espèces métalliques ayant cours, comptées à la vue des notaires soussignés.

Dont quittance.

S'il y a eu des loyers payés d'avance, on ajoute :

M. A... reconnaît avoir reçu de M. B... la somme de ..., comptée, en espèces métalliques ayant cours, à la vue des notaires soussignés, pour le remboursement des six mois de loyer payés d'avance au propriétaire.

M. B... reconnaît que remise vient de lui être faite de l'expédition du bail transporté, et de l'état des lieux fait avec le propriétaire, le ..., enregistré, à ... (*copier la mention*).

Dont acte, pour l'exécution, etc..

Fait et passé, etc.

Décompte :

Voir la formule 566.

FORMULE 581 *quater*.

Résiliation de bail. (S. S. P.)

Par-devant, etc.,

M. A... (*p., q. et d.*);

M. B... (*p., q. et d.*);

Sont convenus de ce qui suit :

Le bail fait par M. A... à M. B..., pour neuf années, qui ont commencé le ..., moyennant ... de loyer annuel, d'une maison sise à ..., rue ..., n° ..., suivant acte reçu par Me ..., etc., est résilié à compter du ...

En conséquence, M. B... s'oblige à remettre, à l'époque qui vient d'être indiquée, ladite maison, comme il était tenu de le faire à la fin du bail ; à payer jusque-là les loyers et les contributions dont il était tenu, à exécuter enfin toutes les charges du bail.

Cette résiliation est consentie sans indemnité de part ni d'autre (*ou bien*) : cette résiliation a été convenue moyennant la somme de ... à titre d'indemnité, que M. B... a présentement payée en bonnes espèces ayant cours, comptées à la vue des notaires soussignés à M. A .., qui le reconnaît.

Les frais des présentes seront supportés par ...

Dont acte,

Fait et passé, etc.

Décompte : Voir *la formule* 566.

L'enregistrement à 25 c. se perçoit sur les années restant à courir.

FORMULE 582. — Art. 1736 C. C.; Mourlon, t. III, p. 327 et suiv.

Congé.

L'an ..., le ..., à la requête du sieur A... (*p., q. et d.*), j'ai (*immatricule de l'huissier*), soussigné, signifié au sieur B... (*p., q. et d.*), audit domicile et parlant à ..., que le requérant lui donne congé de la maison sise à .... rue ..., que ledit sieur B... occupe en vertu d'un bail verbal, afin que ladite maison soit tenue libre à l'époque du onze novembre prochain. En conséquence, j'ai sommé ledit sieur B... de quitter à cette époque la maison louée, de faire opérer les réparations locatives, de payer les loyers par lui dus, et de satisfaire à toutes les charges du bail.

Et je lui ai, en son domicile et parlant comme ci-dessus, laissé copie du présent, dont le coût est de ... (*Signature de l'huissier.*)

Décompte. (Tarif, art. 29.

Timbre...............	1 20
Enregistrement.......	3 75
Original..............	2 »
Copie................	» 50
Total........	7 45

FORMULE 583. — Loi du 25 mai 1838, art. 3; Mourlon, t. III, p. 327.

Citation en validité de congé devant le juge de paix.

L'an ..., le ..., à la requête du sieur A... (*p.*, *q. et d.*), j'ai (*immatricule de l'huissier*), soussigné, fait sommation au sieur B... (*p.*, *q. et d.*), en son domicile en parlant à ..., de sortir à l'instant de la maison sise ..., rue ..., n° ..., que, malgré le congé à lui signifié par exploit de ..., huissier, en date du ..., enregistré, il a continué à occuper comme locataire. Ledit sieur B... n'ayant pas déféré à la présente sommation et n'ayant pas payé les loyers échus, je lui ai, à même requête que ci-dessus, donné assignation à comparaître le ..., à ..., heure de ..., devant M. le juge de paix du canton de ..., au lieu ordinaire de ses audiences à ..., pour, attendu que le congé a été donné en temps utile, voir dire et ordonner qu'il sera tenu de vider ladite maison, de remettre les clefs, de faire faire immédiatement les réparations locatives, et de remplir toutes les obligations de son bail, sinon voir le requérant autorisé à faire procéder à l'enlèvement des meubles garnissant la maison et à les séquestrer pour sûreté des loyers et des réparations locatives.

Et j'ai, audit domicile en parlant comme ci-dessus, laissé copie du présent dont le coût est de ... (*Signature de l'huissier.*)

Décompte. (Tarif. art. 21.)

Timbre...............	1 20
Enregistrement.......	1 88
Original..............	1 50
Copie................	» 40
Total......	4 98

FORMULE 584. — Art. 1752, 1753 et suiv. C. C.; 806 C. Pr.; Mourlon, t. III, p. 344.

Tentative d'expulsion et assignation en référé.

L'an ..., le ..., à la requête du sieur A... (*p.*, *q. et d.*), je (*immatricule de l'huissier*), soussigné, procédant par suite d'un congé donné par le requérant au sieur B... (*p.*, *q. et d.*), suivant exploit de ..., huissier à ..., en date du ..., enregistré, me suis transporté au domicile dudit sieur B..., où parlant à ..., j'ai sommé ledit sieur B... de vider la maison à lui louée, de me remettre les clefs et de satisfaire à toutes les charges résultant de son bail verbal, des usages et de la loi; lui déclarant que faute par lui de satisfaire à la présente sommation, j'allais à l'instant l'expulser et séquestrer ses meubles pour sûreté des loyers et des réparations locatives; ledit sieur B... s'étant opposé à l'expulsion à laquelle j'allais procéder, prétendant que (*énoncer les motifs de refus*), à même requête que ci-dessus, j'ai donné assignation audit sieur B... de comparaître le ..., devant M. le président du tribunal de 1re instance de ..., tenant l'audience des référés, en son cabinet, au palais de justice à ..., heure du ..., pour, attendu que le congé en vertu duquel je procède a été donné en temps utile, attendu qu'il y a urgence, au principal, voir renvoyer les parties à se pourvoir, et par provision voir ordonner que sur la signification de l'ordonnance à intervenir (*ou dans le jour ou dans le délai de ... jours à compter de l'ordonnance*), le sieur B... quittera et videra la maison qu'il occupe, justifiera de l'acquit des charges locatives et remettra les clefs, sinon que le requérant sera autorisé à l'expulser, à faire procéder, s'il est nécessaire, à l'ouverture des portes avec l'assistance du maire (*ou du commissaire de police et au besoin de la force armée*), à séquestrer les effets mobiliers qui en sont susceptibles pour sûreté des loyers et de l'exécution des charges.

Et j'ai, audit domicile, parlant comme ci-dessus, laissé copie du présent, dont le coût est de... (*Signature de l'huissier.*)

Décompte : Coût ordinaire des exploits.......... 7 45

FORMULE 585. — Art. 585 et suiv. C. Pr.

Procès-verbal d'expulsion d'un locataire..

L'an ..., le ..., à la requête du sieur A... (*p., q. et d.*), et en vertu d'un jugement rendu par M. le juge de paix du canton de ..., le ..., enregistré et signifié, j'ai (*immatricule de l'huissier*), soussigné, de nouveau sommé le sieur B... (*p., q. et d.*), audit domicile en parlant à ..., d'évacuer la maison à lui louée, et dont congé lui a été donné, par exploit de ..., huissier à ..., le ..., enregistré, et de satisfaire aux charges de son bail verbal, lui déclarant que s'il ne déférait pas à cette sommation, j'allais procéder à l'exécution de ses meubles et les séquestrer pour sûreté des loyers dus, des réparations locatives, et de l'exécution des charges. Ledit sieur B... ayant refusé d'obtempérer à cette sommation, j'ai, en présence des sieurs C..., et D... (*p., q. et d. de deux témoins*), décrit tout ce qui se trouvait dans ladite maison (*faire la description*); cette description achevée, j'ai, toujours en présence des témoins, fait transporter lesdits meubles dans un hangar, sis à ..., appartenant au sieur E... (*p., q. et d.*), qui a consenti à s'en constituer gardien, et a promis de les représenter quand et à qui il appartiendra; j'ai ensuite expulsé le sieur B... des lieux dont les clefs m'ont été remises par lui, et j'ai, en sa présence, constaté les dégradations suivantes (*les désigner*).

J'ai, de ce qui précède, dressé le présent procès-verbal, auquel il a été vaqué depuis l'heure de ..., jusqu'à celle de ..., en présence des témoins susnommés, qui ont signé, avec ledit sieur E..., gardien, l'original et les copies remises, l'une audit sieur B..., et l'autre au gardien, et dont le coût, pour le tout, est de ...

(*Signatures du gardien, des témoins et de l'huissier*).

Décompte. (Tarif, art. 31. Par analogie.)

Timbre..............................	Mémoire.
Enregistrement 2 droits................	7 50
1re vacation de 3 heures, 8 fr., y compris 3 fr. pour les témoins. Les autres vacations 5 fr., y compris 1 fr. 60 c. pour les deux témoins....................	Mémoire.

Du contrat de société.

FORMULE 586. — Art. 1835 à 1840 C. C.; Mourlon, t. III, p. 376, 383 et suiv.

Société universelle de tous biens présents et de tous gains. (S. S. P.)

Par-devant Me ..., etc.,

M. A... (*p., q. et d.*), d'une part;

M. B... (*p., q. et d.*), d'autre part;

Sont convenus de ce qui suit :

ART. 1er. — Il y aura, entre MM. A... et B..., à compter de ce jour, une société universelle de tous les biens, meubles et immeubles, dont ils sont propriétaires, de tous les profits qu'ils pourront en tirer, des gains qu'ils pourront faire, à quelque titre que ce soit, pendant la durée de la société, et de la jouissance des biens meubles et immeubles dont ils pourront devenir propriétaires par succession, donation ou legs.

En conséquence, toutes les dettes et charges, présentes et à venir, seront payées et supportées par la société, à l'exception de celles qui grèveraient les successions, donations ou legs recueillis par les associés qui en resteront chargés, si ce n'est pour les intérêts et arrérages courus pendant la durée de la société, à la charge de laquelle ces intérêts et arrérages demeureront.

ART. 2. — Les bénéfices de la société seront partagés par moitié, il en sera de même des pertes.

ART. 3. — La présente société durera jusqu'au décès du premier mourant des associés.

ART. 4. — Elle pourra être dissoute pendant la vie des associés, mais seulement après un avertissement extrajudiciaire donné au moins six mois à l'avance par celui qui demandera la dissolution.

ART. 5. — Les biens actuels que les comparants font entrer dans la société consistent, savoir : — De la part de M. A... en 1° (*désigner les biens, en établir la propriété*); — Et de la part de M. B..., etc.

ART. 6. — M. A... aura seul la gestion de la société, sans que M. B... puisse s'immiscer dans cette gestion.

ART. 7. — Lors de la dissolution de la société résultant du décès de l'un des associés, il sera fait inventaire de l'actif et du passif qui la composeront. Les bénéfices seront partagés par moitié entre les héritiers du prédécédé et le survivant. Ce dernier conservera la jouissance, pendant sa vie, de la portion du prédécédé, sans être tenu de donner caution ni de faire emploi (ou bien : *sans être tenu de donner caution, mais à la charge de faire emploi de toutes les valeurs mobilières qui écherront aux héritiers du prédécédé*); — (ou bien : *ce dernier aura un délai de ... pour rendre aux héritiers du prédécédé la portion revenant à leur auteur, sans intérêts jusque-là*).

ART. 8. — Dans le cas de dissolution sur la demande de l'un des associés, celui qui l'aura provoquée n'aura le droit de reprendre qu'une somme de ..., plus les effets corporels à son usage; tout le surplus de l'actif de la société appartiendra en toute propriété à l'autre associé, qui aura un délai de ..., pour payer à son associé ladite somme de ..., avec intérêts à ... par an, à compter du jour de la dissolution.

Fait et passé, etc.

Décompte :	Timbre de minute et d'expédition.	Mémoire.
	Rôles suivant la classe............	Mémoire.
	Enregistrement, droit gradué voir la formule n° 264..............	
	Honoraires, 1 p. 0/0 du capital social...	Mémoire.

FORMULE 587. — Art. 1841 et suiv. C. C.; Mourlon, t. III, p. 376, 387.

Société particulière civile. (S S. P.)

Par-devant, etc.

M. A... (*p., q. et d.*), d'une part,

M. B... (*p., q. et d.*), d'autre part,

Sont convenus de ce qui suit :

ART. 1er. — MM. A... et B..., s'associent pour l'exploitation de la ferme de..., dont le bail pour ... années consécutives, qui commenceront à courir le..., a été consenti au profit de M. A... par M. C... (*p., q. et d.*), suivant acte reçu par Me..., etc., le..., enregistré; en conséquence, ils auront les bénéfices de cette exploitation, et ils en supporteront les charges chacun par moitié.

ART. 2. — Cette société sera régie par les dispositions du C. C.

Elle commencera à partir du..., époque à laquelle il y aura lieu de commencer les premiers travaux nécessaires à l'exploitation de la ferme de ..., et elle durera jusqu'à l'expiration du bail ci-dessus relaté.

ART. 3. — MM. A... et B... fourniront par égale portion les sommes nécessaires à l'acquisition des bestiaux, instruments aratoires, pailles, fumiers, semences, etc., nécessaires à l'exploitation de la ferme, sans que cette mise puisse excéder, pour chacun, une somme de ... francs. — Ils auront droit de fournir en nature les objets susmentionnés; ces objets seront reçus sur une estimation amiable entre les associés.

Art. 4. — M. A... aura la gestion de la société; il sera chargé de l'acquisition de tout le matériel, de la vente des récoltes, du règlement des comptes des ouvriers, et généralement de la recette et de la dépense de tout ce qui concerne la société. — M. B..., de son côté, sera chargé de la direction du travail, de la surveillance et de la conduite de toutes les personnes attachées à l'exploitation, et généralement de tout ce qui a rapport aux travaux de culture.

Art. 5. — Les comparants ne pourront céder leurs droits à l'association.

Art. 6. — Pour subvenir à leurs dépenses personnelles, chacun des associés pourra prendre annuellement une somme de ... sur les bénéfices de la société.

Art. 7. — Le prix du fermage dû à M. C..., les gages des domestiques, ouvriers, charretiers, etc., le chauffage, la lumière, les contributions, la nourriture des associés, celle de leurs femmes et de leurs enfants, enfin toutes les autres dépenses relatives à l'exploitation de la ferme seront à la charge de la société. Les frais de voyage seront payés sur le simple mémoire de celui des associés qui les aura faits.

Art. 8. — Pour constater l'état de la société, un inventaire contradictoire et en deux doubles sera dressé, chaque année, à l'époque du...

Les bénéfices seront laissés dans la société jusqu'à concurrence de la somme de ..., pour former un fonds destiné à parer aux pertes qui pourraient survenir. Le surplus sera partagé entre les associés par moitié.

Art. 9. — En cas de décès de l'un des associés, la société sera dissoute de plein droit, et le survivant aura la faculté de conserver l'exploitation de la ferme de ..., et l'actif de la société, en remboursant aux héritiers du prédécédé la moitié des valeurs fixées par l'inventaire qui aura précédé le décès. — Le survivant aura un délai de ..., sans intérêts, pour se libérer envers lesdits héritiers de la somme dont il se trouvera débiteur envers eux.

Art. 10. — Les difficultés qui pourront s'élever entre les associés seront soumises au jugement en dernier ressort de deux arbitres choisis par les parties, et à leur défaut, nommés par M. le juge de paix du canton de ..., avec faculté de s'adjoindre un troisième arbitre en cas de partage.

Fait et passé, etc.

Même décompte.

Formule 588. — Art. 1841 et suiv. C. C.; 20 C. Com.; Mourlon, t. III, p. 376 et suiv.

Société en nom collectif (S. S. P.)

Par-devant, etc.,

M. A... (*p., q. et d.*), d'une part;

M. B... (*p., q. et d.*), d'autre part;

Ont arrêté, ainsi qu'il suit, les conditions de la société en nom collectif convenues entre eux.

Art. 1er. — MM. A... et B... s'associent pour faire le commerce de...

Art. 2. — Cette société est contractée pour ... années consécutives, qui commenceront le ... et finiront le ...; néanmoins la société pourra être dissoute avant cette époque, sur la demande de l'un des associés, signifiée à son associé, au moins un an à l'avance.

Art. 3 — Le siége de la société fixé à ..., dans une maison sise rue ..., n° ... ne pourra être changé sans le consentement des deux associés.

Art. 4. — La raison de commerce sera A... et B... La signature sociale portera les deux noms; chacun des associés en fera usage, mais pour les affaires de la société seulement; en conséquence, tous billets, lettres de change, et engagements souscrits exprimeront leur cause.

Art. 5. — Les livres seront tenus par M. A... M. B... sera chargé de la caisse. Les livres et la caisse seront vérifiés par celui des associés qui n'en sera pas chargé.

Art. 6. — Les bénéfices et les pertes seront partagés par moitié.

Art. 7. — Le capital social, fixé à la somme de ..., sera versé par les associés par moitié le ..., jour fixé pour le commencement de la société.

Art. 8. — Ils pourront fournir plus que leur mise sociale jusqu'à concurrence de ... Les sommes ainsi versées par l'un des associés lui produiront intérêt à 6 pour cent par an, à compter du versement; elles ne pourront être retirées qu'après un avertissement de ... mois.

Art. 9. — Ils ne pourront transporter leurs droits dans la société, tant qu'elle durera, ni faire opération commerciale pour leur compte personnel, à peine d'en rapporter les bénéfices à ladite société, et d'en supporter les pertes, sans préjudice de tous dommages et intérêts.

Art. 10. — Ils prendront à la caisse sociale chacun ... francs, par année, pour leurs dépenses personnelles.

Art. 11. — Les loyers, les appointements des employés et des gens de service, et généralement toutes les dépenses relatives au commerce seront à la charge de la société; les frais de voyages et autres que les associés pourront faire dans l'intérêt de la société leur seront remboursés sur un état présenté par celui qui les aura faits.

Art. 12. — Chaque année, au mois de ..., un inventaire, en double copie, sera dressé, suivant l'usage du commerce; les bénéfices constatés seront laissés dans la société jusqu'à son expiration.

Art. 13. — La société sera dissoute par le décès de l'un des associés

Les ayants droit de l'associé décédé ne pourront faire apposer les scellés, former aucune opposition, ni requérir aucun inventaire autre que celui fait à l'amiable, dans la forme des inventaires annuels. Le partage aura lieu également à l'amiable sur cet inventaire. Le survivant conservera, si bon lui semble, l'établissement avec le bail des lieux où il l'exploitera alors, avec son achalandage et tous les accessoires, à la charge par lui de payer la part revenant aux ayants droit de son associé, dans un délai de ..., avec intérêts à 6 p. 100 jusqu'au jour du payement; la valeur du tout sera fixée par des arbitres choisis ou nommés, comme il sera dit en l'art. 16 ci- après.

ART. 14. — Dans le cas de dissolution de la société, par un motif autre que le décès de l'un des associés, celui qui se retirera ne pourra prendre aucun intérêt dans un établissement de même nature, non-seulement dans la ville de ..., mais encore dans un rayon de 50 kilomètres de ladite ville.

Art. 15. — La liquidation de la société devra être terminée un an après sa dissolution.

ART. 16. — Toute contestation entre associés ou ayants droit, au sujet de la présente société, sera jugée par deux arbitres choisis par les parties, sinon et en cas de dissentiment, par le président du tribunal de commerce de .... Les arbitres, en cas de partage, s'en adjoindront un troisième. Leurs décisions seront sans appel.

ART. 17. — Tout pouvoir est donné à M. A... pour faire publier le présent acte de société, conformément à la loi.

Dont acte.

Fait et passé, etc.

Même décompte.

Ajouter les frais de publication.

FORMULE 589. — Art. 23 C. Com.; L. 24 juillet 1867. Mourlon, t. III, p. 376.

Société en nom collectif et en commandite simple.

Par-devant, etc.,

M. A... (*p.*, *q. et d.*),

M. B... (*p.*, *q. et d.*),

M. C... (*p.*, *q. et d.*), etc., tous d'une part;

MM. D. E. F..., etc., tous d'autre part;

Ont exposé ce qui suit :

MM. A..., B... et C..., ont le projet d'établir une usine pour la fabrication de ..., d'après un procédé particulier connu d'eux seuls; leurs premiers essais ont eu les résultats les plus avantageux, tant pour l'économie dans la main-d'œuvre que pour la beauté des produits. Des bénéfices importants et une vente prompte, facile et considérable, paraissent assurés; mais pour obtenir ces avantages, il est indispensable d'agir avec des capitaux importants. — Dans cette position, ils ont proposé à MM. D... E... F..., etc. et qui ont accepté, de fonder une société en commandite pour la création et l'exploitation de l'établissement projeté, sur les bases qui seront ci-après fixées.

En conséquence, les comparants ont réglé et arrêté de la manière suivante les statuts de leur association :

Art. 1er. — Il y aura société entre tous les comparants pour la fondation et l'exploitation de ... d'après les procédés de fabrication connus de MM. A... B... et C...

Cette société sera en nom collectif à l'égard de ces derniers et en commandite pour tous les autres comparants.

Art. 2. — La durée est fixée à ... années à partir du ....

Le siége de la société sera à ..., dans les lieux occupés par l'usine même.

Art. 3. — La raison sociale sera *A. et Compagnie.*

Art. 4. — Le capital social est fixé à 300 000 francs.

MM. A... B... et C... font apport à la société pour la somme de 100 000 fr. et chacun pour un tiers de la propriété de leurs procédés ou découvertes, du brevet par eux obtenu, des ustensiles et du matériel de fabrication qu'ils possèdent déjà, détaillé en un état ci-joint et de la promesse qui leur a été faite par M..., d'un bail de l'usine de ..., pour un prix annuel de ... et une durée de ....

MM. D... E... F... etc. apportent ensemble, dans une égale proportion la somme de 200 000 francs en numéraire déjà en la possession de MM. A... B... et C... qui le reconnaissent.

Art. 5. — Les apports ci-dessus produiront au profit de chaque associé, selon bien entendu, la somme de sa participation, des intérêts à 6 p. 100 par an payables par semestre, fin juin et fin décembre.

Les fonds que l'un ou l'autre des associés pourraient verser dans la société au delà de sa mise sociale, du consentement de ses co-associés, seront portés à son compte courant et lui produiront des intérêts à 5 p. 100 mais ne lui donneront aucun droit dans le partage des bénéfices.

Les fonds ainsi versés ne pourront être retirés que trois mois après un avertissement.

Art. 6. — MM. A... B... et C... auront seuls la gestion et la signature de la société, mais ils ne pourront faire usage de cette signature que pour les affaires de la société, inscrites sur les registres à peine de tous dommages et intérêts.

Les opérations de la société seront constatées par des registres tenus dans les formes légales et selon les usages du commerce.

MM. D... E... F..., etc. pourront prendre communication de ces registres et de tous documents, toutes les fois que bon leur semblera, pourvu que ce ne soit pas plus de ... fois par mois pour chacun.

Art. 7. — M. A... sera spécialement chargé de la direction générale de la société.

M. B... aura particulièrement dans ses attributions, la fabrication des produits, l'achat des matières premières, le recrutement du personnel.

M. C... sera chargé de la caisse, des écritures, de la correspondance et du placement des produits.

Art. 8. — Les charges de la société sont principalement :

1° Le loyer des lieux occupés par l'usine et de toutes maisons de vente s'il en est établi ;

2° Les frais de voyage faits pour les affaires de la société, les appointements des commis et employés ;

3° Les impôts de toute nature ;

4° Une rémunération mensuelle de ... pour chacun de MM. A... B... et C ;

5° Et généralement tout ce qui, dans l'usage, est considéré comme charge sociale.

M. A... sera logé aux frais de l'association, mais dans l'usine même et non ailleurs.

Art. 9. — Il sera fait chaque année, au cours du mois de ..., un inventaire général, de l'actif et du passif de la société. Il sera transcrit sur un registre particulier tenu à cet effet et signé par tous les associés qui pourront en retirer chacun un double également signé de tous les associés.

Les bénéfices résultant de l'inventaire appartiendront à chacun des associés dans la proportion de leur mise ; les pertes, s'il y en a, seront supportées par eux, dans la même proportion, sans que, dans aucun cas, MM. D... E... F..., etc., puissent être engagés au delà de leur mise de fonds.

Art. 10. — La dissolution de la société pourra être demandée par l'un ou l'autre des associés, dans le cas où la société serait en perte de plus du quart de son capital.

Art. 11. — Le décès de l'un ou de plusieurs des commanditaires n'apportera pas de changement à la société qui continuera avec ses héritiers ou représentants comme avec lui-même.

En cas de décès de l'un ou de l'autre de MM. A... B... et C... les ou le survivant d'eux auront ou aura la gestion de l'administration de la société, qui continuera avec les héritiers ou représentants du ou des prédécédés, lesquels ne seront plus que de simples commanditaires.

Alors l'allocation mensuelle stipulée art. 8 en faveur de chaque associé en nom collectif reviendra pour la part du ou des prédécédés, à ou aux associés en nom collectif survivants.

Dans tous les cas, les héritiers ou représentants d'un associé décédé seront tenus de se faire représenter par un seul d'entre eux dans leurs rapports avec la société.

Le ou les survivants des associés en nom collectif auront seul droit aux avantages ci-après stipulés, notamment à la propriété entière de l'établissement.

Si MM. A... B... et C... venaient tous les trois à décéder, la société serait dissoute de plein droit, et il serait procédé à sa liquidation.

Art. 12. — A l'expiration du terme fixé pour la durée de la société, MM. A... B... et C... conserveront leur établissement pour l'estimation qui lui est ci-dessus donnée et ils auront la faculté de conserver aussi toutes les marchandises fabriquées ou non fabriquées qui pourront se trouver en magasin pour le prix qui en sera fixé à l'amiable entre les parties et à leur défaut, par experts.

Les sommes qu'ils pourront devoir aux commanditaires seront payables dans le délai d'une année avec intérêts à 5 p. 100 du jour de la dissolution à celui du remboursement.

Les valeurs de portefeuille deniers comptants seront répartis entre les associés dans la proportion de leurs mises sociales.

Et la liquidation sera faite par MM. A... B... et C... ou les ou le survivant d'eux, et il devra en être rendu compte aux commanditaires tous les trois mois.

Art. 13. — Dans aucun cas et pour quelque cause que ce soit, il ne pourra être requis d'apposition de scellés ni d'inventaire soit à la requête des associés eux-mêmes soit à celle des héritiers ou représentants d'eux ou de leurs épouses.

Art. 14. — Toutes les difficultés et contestations qui pourraient s'élever relativement à l'exécution des présentes, etc.

Art. 15. — Le porteur d'une expédition ou d'un extrait aura tous pouvoirs pour faire publier les présentes.

Dont acte, etc.

Même décompte.

FORMULE 589 *bis*. — (Art. 23 C. Com. — Loi 24 juillet 1867)

Société en commandite par actions.

Par devant, etc.

Unt comparu :

M. A... (*p. q. et d.*),

M. B... (*p. q. et d.*),

Lesquels ont exposé ce qui suit : MM. A... et B... sont locataires d'une usine et ses dépendances sises à ..., pour un délai de 30 années expirant le ..., aux termes d'un acte reçu par Me ... notaire à ... le ...

Les comparants qui l'ont affectée à usage de tréfilerie d'or et d'argent sont en outre propriétaires du matériel servant à l'exploitation de l'usine et à la fabrication des produits de leur négoce.

Voulant donner à leur commerce toute l'extension dont il est susceptible, MM. A... et B... ont résolu d'appeler des capitalistes à y prendre part en formant une société en commandite par actions dont ils conserveraient la gestion.

En conséquence, ils ont dressé ainsi qu'il suit les statuts de l'association projetée.

TITRE 1er. — *Constitution de la société.*

Art. 1er.

Il y aura entre MM. A. et B. et les personnes qui prendront les actions dont il sera parlé ci-après une société en commandite par actions dont le but est l'exploitation de la tréfilerie de ...

La société ne sera définitivement constituée et ne commencera ses opérations qu'après l'accomplissement des deux conditions suivantes :

1° Souscription de la totalité du capital social et versement par chaque souscripteur du quart des actions par lui souscrites, le tout constaté par la déclaration des gérants, dans un acte qui sera dressé à la suite des présentes, conformément aux prescriptions de l'article 1er de la loi du 24 juillet 1867;

2° Approbation ou révision des statuts dans deux assemblées générales des actionnaires, qui devront se réunir et délibérer successivement dans les formes indiquées ci-après par l'article 22.

ART. 2.

Aussitôt que la deuxième assemblée générale aura proclamé la constitution définitive de la société et nommé le comité de surveillance, la société commencera ses opérations pour les finir le ..., époque à laquelle finit aussi le bail sus-énoncé.

Le siége principal de la société sera à ...

ART. 3.

Elle existera sous la raison sociale A... B... et compagnie.

MM. A... et B... seront seuls gérants responsables et auront l'un et l'autre la signature sociale.

Les personnes qui prendront des actions ne seront que simples commanditaires, et ne pourront, dans aucun cas, être tenues des engagements de la société que jusqu'à concurrence de leur mise de fonds.

ART. 4.

Toute opération étrangère à l'exploitation des usines qui en font l'objet est interdite à la société.

Nul engagement de commerce ou de toute autre espèce ne pourra être souscrit par les gérants ni obliger la société.

Tous les achats d'objets nécessaires à l'exploitation devront être faits au comptant; néanmoins, les gérants pourront souscrire des marchés pour les objets livrables à terme, mais sous la condition expresse que le montant de chaque livraison sera payé au moment où elle sera faite.

TITRE II. — *Du fonds social et des actions.*

ART. 5.

Le fonds capital de la société est fixé à 800,000 fr. et sera divisé en 1600 actions de 500 fr. chacune.

Ces actions, numérotées de 1 à 1600, seront nominatives et extraites d'un registre à souche et signées par les gérants.

ART 6.

Le registre à souche sera déposé à ..., entre les mains de M..., banquier de la société, qui contre signera chaque action au moment de sa délivrance.

Ce visa n'emportera aucun engagement de garantie ou autre quelconque de la part de M...

ART. 7.

MM. A... et B... apportent à la société pour la somme de 400,000 fr., sauf approbation ou révision de ce chiffre par l'assemblée générale des actionnaires, ainsi qu'il sera dit ci-après :

1° Le droit au bail de l'usine de ..., pour les ... années qui en restent à courir depuis le ...

2° Tous les instruments, machines, outils et ustensiles propres à l'exploitation de l'usine ;

3° Le mobilier des bureaux ;

4° Enfin, les marchandises fabriquées, matières premières et approvisionnement existant en magasin ou en cours de fabrication.

Le tout compris et détaillé en un état estimatif dressé par les comparants et demeuré ci-annexé, après avoir été par eux certifié véritable.

ART. 8.

Pour cet apport, MM A... et B... auront droit à 800 actions, représentant ce capital de 400,000 fr. dont les fonds se trouvent ainsi faits d'avance, sous la condition, bien entendu, de l'approbation de cette valeur par l'assemblée générale.

Les 800 actions de surplus seront négociées au profit de la société, par les soins de M..., banquier, et moyennant la commission de 2 p. 100, suivant l'usage.

ART. 9.

Les personnes qui prendront des actions devront, en donnant leur souscription, verser immédiatement entre les mains de M..., banquier de la société, le quart du montant de ces actions, soit la somme de 125 fr. Quant au surplus des souscriptions, il serait payable, savoir : un autre quart ou 125 fr. dans les quinze jours qui suivront la constitution définitive de la société, c'est-à-dire après la deuxième assemblée générale dont il sera question plus loin, et les 250 fr. de complément le ...

En cas de retard par les souscripteurs ou cessionnaires, il sera dû par eux, de plein droit, à compter de l'échéance et jusqu'à parfait payement, un intérêt moratoire de 5 p. 100 par an, sans préjudice du droit qu'aura la société d'exiger immédiatement le terme échu.

Dans ce cas, la société pourra, même huit jours après un simple avis donné dans un journal judiciaire de l'arrondissement, rembourser les sommes déjà versées par l'actionnaire, qui encourra alors, de plein droit, sa déchéance et son exclusion de la société.

Tous paiements, bien entendu, ne pourront avoir lieu qu'en espèces.

Il sera délivré aux souscripteurs, lors du versement du premier quart des actions, des titres provisoires nominatifs libérés de cent vingt-cinq francs sur lesquels seront constatés des versements ultérieurs. Lors du dernier versement, ces titres provisoires seront échangés contre les titres définitifs, qui seront nominatifs ou au porteur, au choix de l'actionnaire.

Toutefois, les actions pourront, après avoir été libérées de moitié, être converties en actions au porteur par délibération de l'assemblée générale.

ART. 10.

Les sommes provenant du placement des actions pourront être remises par

M..., aux gérants, sur leur signature, jusqu'à concurrence d'une somme de 200, 000 fr., pour être employées, dans l'intérêt de la société, aux améliorations projetées.

Mais les gérants ne pourront toucher aucune somme avant la constitution définitive de la société.

Le surplus des fonds ne pourra être touché par les gérants, qu'en vertu d'une autorisation spéciale donnée par l'assemblée générale des actionnaires. Une copie certifiée véritable de la délibération prise à cet égard, avec le reçu des gérants, servira de décharge au banquier de la société.

ART. 11.

La cession des actions nominatives s'opérera par une déclaration de transfert inscrite sur les registres de la société et signée du cédant ou de son fondé de pouvoir; et il sera fait une mention du transfert au dos de l'action.

La cession des actions au porteur s'opérera par la simple tradition du titre.

Les actions seront négociables après le versement du quart. Le souscripteur primitif restera, mais seulement dans les termes de la loi, débiteur des sommes non versées; les cessionnaires intermédiaires seront affranchis de toute responsabilité à cet égard.

TITRE III. — *Répartition des intérêts et des dividendes.*

ART. 12.

Chaque action donne droit à un intérêt annuel de 5. p. 100, payable à ..., par le banquier de la société, sur les produits de l'établissement, le 1er des mois de ...

Le premier payement aura lieu le... et soldera le compte d'intérêts des versements effectués depuis la souscription des actions. Et à partir du... époque à laquelle devront être libérées toutes les actions, les paiements se succéderont par semestre d'une manière uniforme.

ART. 13.

Il sera dressé chaque année, dans le courant du mois de..., un inventaire général estimatif de l'actif et du passif de la société.

Il sera transcrit sur un registre particulier et signé par les gérants, qui feront les propositions de distributions de dividendes.

Il sera statué, à cet égard, par l'assemblée générale des actionnaires sur le rapport des membres du conseil de surveillance dont il sera ci-après parlé.

ART. 14.

La comptabilité relative aux dépenses sera divisée en deux parties principales et distinctes.

La première comprendra les dépenses annuelles et d'entretien.

Dans la seconde figureront les dépenses générales applicables aux travaux d'établissement qui forment une valeur réelle et doivent être portés pour une estimation dans l'inventaire annuel.

ART. 15.

Sur les bénéfices nets, constatés par l'inventaire, et prélèvement fait des intérêts des actions, sauf approbation par la deuxième assemblée générale des actionnaires, et de toutes les charges de la société, un cinquième est attribué à MM. A... et B...,chacun pour moitié, comme fondateurs de l'entreprise.

Un autre cinquième sera retenu comme fonds de réserve au profit de la société.

Tout le surplus des bénéfices sera réparti, comme dividende, entre les différentes actions. Le paiement en sera fait à..., par le banquier de la société, dans le mois de ... de chaque année.

ART. 16.

La réserve sera affectée aux dépenses imprévues et au développement dont l'exploitation serait susceptible.

Elle ne pourra être employée, même en partie, qu'en vertu d'une décision de l'assemblée générale des actionnaires.

TITRE IV. — *Administration de la société.*

ART. 17.

MM. A..., et B..., en qualité de gérants, sont chargés conjointement de l'administration de la société et de la direction et de l'entreprise.

Ils nomment les différents employés, ordonnent les travaux, arrêtent les devis et marchés nécessaires, négocient la vente des marchandises et font tous les recouvrements concernant la société.

Ils peuvent agir ensemble ou séparément, et, dans tous les cas, sont responsables des personnes auxquelles ils auraient délégué leurs pouvoirs de gestion.

ART. 18.

Indépendamment des frais de bureau, d'administration et de voyage, qui leur seront remboursés par la caisse sociale, sur les états et quittances qu'ils représenteront, chacun des gérants aura droit à un traitement annuel de 5.000 fr. payable par douzième, de mois en mois, et sera, en outre, logé dans les bâtiments dépendant de l'entreprise, toujours sauf approbation par la deuxième assemblée générale des actionnaires.

Au moyen de cette indemnité, MM. A... et B..., seront tenus de donner tout leur temps et leurs soins aux affaires de la société, sans pouvoir s'intéresser directement ni indirectement dans aucun autre établissement ou entreprise de commerce, à peine de tous dépens, dommages et intérêts envers la société.

ART. 19.

Sur les quatre cents actions appartenant à MM. A... et B..., cent resteront pour chacun d'eux, affectées à la garantie de sa gestion, de manière à former ensemble un cautionnement de 50.000 fr.

Ces actions seront inaliénables et demeureront attachées au registre à souches, déposé chez le banquier de la société, qui ne pourra s'en dessaisir qu'en vertu d'une décision expresse de l'assemblée générale des actionnaires.

ART. 20.

En cas de décès de l'un des gérants, le survivant aura la faculté de continuer seul la gestion de la société, et alors son traitement annuel serait porté à 9.000 fr., ou de proposer un autre gérant qui ne pourra entrer en fonctions qu'après avoir été admis par l'assemblée générale des actionnaires.

Dans le cas où le survivant des gérants viendrait aussi à décéder, les actionnaires seront immédiatement convoqués en assemblée générale par les soins des membres du conseil de surveillance, pour choisir un nouveau gérant, ou pourvoir à la liquidation de la société.

Le changement de la raison sociale, résultant du décès d'un gérant et de son remplacement, sera rendu public conformément à la loi, mais n'apportera aucune modification aux présents statuts.

ART. 21.

Dans tous les cas, le gérant admis en remplacement de celui décédé, sera tenu de remplir toutes les obligations imposées par ces présentes à MM. A. et B..., et d'affecter cent actions à la garantie de sa gestion.

Il jouira aussi de tous les avantages accordés par ces présentes aux gérants.

TITRE V. — *Assemblées générales et conseil de surveillance.*

ART. 22.

Aussitôt après que les gérants auront fait la déclaration prescrite par l'article 1er, ils devront convoquer l'assemblée générale des actionnaires à un délai de quinze jours après cette déclaration.

Cette première assemblée entendra les explications des gérants, et nommera une commission pour faire un rapport et donner un avis à la réunion prochaine; la commission pourra désigner des experts pour la vérification des apports des gérants.

La deuxième assemblée générale aura lieu quinze jours au plus tôt après la première; elle entendra le rapport de sa commission, se prononcera sur la valeur des apports et des avantages particuliers des gérants, et, si elle accepte ces apports et avantages tels qu'ils sont énoncés dans les articles 7, 14, 18 et 20, ou si elle approuve les concessions que pourraient faire, séance tenante, les gérants sur les observations présentées dans l'assemblée générale, elle proclamera immédiatement la constitution définitive de la société et procédera à la nomination du conseil de surveillance.

En outre, une assemblée générale des actionnaires aura lieu le ..., de chaque année, à .., au domicile du banquier de la société.

Le conseil de surveillance aura la faculté de convoquer extraordinairement l'assemblée, lorsqu'il le jugera convenable.

Les gérants auront le même droit et ils devront faire des convocations pour les deux premières assemblées générales et les assemblées annuelles.

Toutes convocations seront faites par deux insertions successives dans la feuille d'annonces judiciaires de l'arrondissement de ...

Le but de la convocation devra être indiqué.

ART. 23.

Tous les actionnaires auront voix délibérative à l'assemblée générale.

Le vote aura lieu par tête et non en raison du nombre d'actions possédées par chaque actionnaire.

Les actionnaires pourront se faire représenter en vertu d'une procuration ou même d'une simple lettre missive; pourvu que l'action soit en même temps représentée.

ART. 24.

L'assemblée générale nomme son président et ses secrétaires.

Les délibérations sont prises par la majorité des actionnaires présents, mais cette majorité doit comprendre le quart des actionnaires et représenter le quart du capital social en numéraire.

Ces délibérations sont transcrites sur un registre à ce destiné; elles sont signées par le président et les secrétaires, et, dans cette forme, elles sont obligatoires pour tous les actionnaires.

ART. 25.

L'assemblée générale nomme et renouvelle le conseil de surveillance, entend le compte rendu par les gérants des opérations et de la situation de la société, et le rapport du conseil sur la vérification de ce compte, qu'elle approuve et arrête, s'il y a lieu.

Les gérants n'ont pas voix délibérative quand il s'agit de vérifier les apports et leurs avantages, de nommer le conseil de surveillance et de contrôler leurs comptes, mais ils ont toujours droit de présence et de discussion.

L'assemblée générale fixe le montant des dividendes à répartir, l'emploi et la quotité de la réserve : elle pourvoit au remplacement des gérants, quand il y a lieu; enfin, elle propose ou adopte toutes modifications aux présentes.

Cependant, tout appel de fonds est formellement interdit, à moins qu'il ne soit consenti par tous les actionnaires sans aucune exception.

ART. 26.

Le conseil de surveillance est composé de cinq membres actionnaires. Chacun d'eux doit être et rester propriétaire de vingt actions au moins, lesquelles seront inaliénables et demeureront attachées au registre à souche de la société pendant toute la durée de leurs fonctions.

Le conseil sera d'abord nommé pour un an par la deuxième assemblée générale dont il est parlé sous l'art. 22; il sera soumis ensuite à la réélection tous les trois ans.

Les membres sortants sont indéfiniment rééligibles.

Il sera nommé, en outre, trois membres suppléants pour prendre, dans un ordre déterminé, les places qui deviendraient vacantes par suite de décès ou démissions dans l'intervalle d'une assemblée générale à l'autre.

Les membres du conseil de surveillance sont chargés spécialement de surveiller la gestion de la société, sans pouvoir cependant faire aucun acte d'administration.

Ils vérifient les livres, la caisse, le portefeuille et les valeurs de la société. Ils font chaque année un rapport à l'assemblée générale sur les inventaires et sur les propositions de distribution de dividendes faites par les gérants.

Le conseil peut convoquer l'assemblée générale; il peut aussi provoquer la dissolution de la société dans les limites de l'art. 27 ci-après.

TITRE VI. — *Dissolution et liquidation de la société.*

ART. 27.

La dissolution de la société pourra avoir lieu avant le terme ci-dessus fixé pour sa durée, si la moitié du fonds social se trouve absorbée par des pertes, et encore, dans ce cas, elle ne pourra être prononcée que par une majorité représentant les deux tiers des actions.

Cette délibération, prise dans la forme indiquée pour les assemblées générales, sera obligatoire pour les actionnaires absents ou dissidents, sans qu'il soit besoin de faire prononcer en justice la dissolution de la société à leur égard.

Dans tout autre cas où le conseil de surveillance croirait devoir provoquer la dissolution de la société, cette demande ne pourrait être prise en considération que par une décision de la même majorité, et la dissolution n'aurait plus lieu alors de plein droit, mais devrait être poursuivie contre les gérants par des commissions nommées à cet effet.

ART. 28.

A l'expiration de la société, ou dans le cas de dissolution avant le terme fixé, la liquidation en sera faite par les deux gérants auxquels il pourra être adjoint un ou deux commissaires spécialement nommés à la majorité des voix, dans une assemblée générale.

Les liquidateurs auront tous pouvoirs à l'effet de réaliser les propriétés mobilières et immobilières de la société, soit par ventes amiables soit par adjudication ou tout autre mode qu'ils jugeraient plus avantageux aux intérêts de la société; néanmoins, ils ne pourront opérer aucune vente qu'en présence et du consentement de l'un des commissaires.

La liquidation devra être mise à fin dans le délai d'une année; pendant ce temps, les gérants jouiront de tous les avantages qui leur sont assurés par ces présentes.

Les produits de la liquidation seront partagés entre tous les actionnaires, au marc le franc de leurs actions.

ART. 29.

Dans le cas de décès de l'un des gérants, ses héritiers majeurs ou mineurs, ou tous autres ayants cause, ne pourront pas faire apposer les scellés sur les biens de la société, ni faire faire inventaire ou s'immiscer en rien dans les affaires de la société : ils seront tenus de s'en rapporter au dernier inventaire qui fixera leurs droits.

Il en sera de même pour les héritiers de tous les autres actionnaires. Dans tous les cas, les héritiers devront s'entendre pour se faire représenter par un seul d'entre eux.

TITRE VII. — *Jugement des difficultés.*

ART. 30.

S'il s'élève des difficultés relativement à l'exécution des présentes, soit entre les actionnaires et les gérants, soit entre la compagnie et quelques-uns de ses membres, elles seront jugées conformément à l'art. 631 C. comm.

ART. 31.

MM. A... et B... font élection de domicile à..., chez M..., banquier, rue...

Et tout actionnaire, à moins d'une élection spéciale de domicile sera censé avoir élu le même domicile.

ART. 32.

Les présentes seront publiées conformément à la loi.

Et tous pouvoirs sont donnés, à cet effet, au porteur d'une expédition ou d'un extrait.

Dont acte :

Fait et passé, etc.

FORMULE 589 *ter*.

Déclaration de souscription du capital par les gérants.

Devant Me...

Ont comparu.

M. A (*p. q. et d.*),

M. B. (*p. q. et d.*),

Agissant en qualité de gérants, de la société en commandite par actions A. B et Cie, ayant son siége à... dont les statuts sont établis en un acte reçu par Me..., soussigné, le...

Lesquels ont constaté et déclaré ce qui suit :

Le capital de la société A. B. et Cie, fixé à 800 000 francs, divisé en 1600 actions de 500 francs, étant représenté à concurrence de 1,500,000 francs par l'apport personnel des comparants auxquels les statuts allouent en compensation 800 actions libérées, 800 actions sont restées à souscrire.

Cette souscription a eu lieu, et chaque souscripteur a versé le quart de sa souscription ou 125 francs, sur chaque action par lui prise.

A l'appui de cette déclaration, affirmée par les comparants sincère et véritable, MM. A et B. ont représenté et est demeuré ci-annexé, après mention signée d'eux, un état conforme aux déclarations de souscription consignées sur un registre *ad hoc* constatant : les noms, prénoms, professions et demeures des souscripteurs ; le nombre et les numéros des actions souscrites par chacun d'eux, — et les versements faits sur chaque souscription.

Dont acte.

FORMULE 590. — Art. 29 C. Com. — Loi, 24 juillet 1867.

Société anonyme.

Par-devant Me ..., etc...

Ont comparu :

M. R. (*p.*, *q. et d.*),

M. B. (*p.*, *q. et d.*),

M. etc.

Lesquels ont exposé ce qui suit :

Suivant acte passé devant Me... notaire à..., le..., les comparants ont acquis les usines comprenant moulin à tan, tannerie, carrosserie et leurs dépendances.

Pour parvenir à l'exploitation de ces usines, les comparants ont résolu de former une société anonyme conformément à la loi du 24 juillet 1867.

Et ils ont établi ainsi qu'il suit, les statuts de l'association projetée.

CHAP. Ier. — *Formation et objet de la société. — Dénomination.*

Siége. — Durée.

Art. 1er. — Il est formé, entre les comparants et tous les propriétaires des actions ci-après créées, une société anonyme, ayant pour objet :

1° L'exploitation des usines de... et par voie de conséquence

2° L'achat de toutes marchandises brutes, et matières premières et la revente des produits travaillés.

3° Et en général toutes les opérations se rattachant au commerce des cuirs.

Art. 2. — La société, outre son titre légal de société anonyme, prend la dénomination de grande tannerie de...

Art. 3. — Cette société a son siége à...

Art. 4. — La durée de la société est fixée à trente ans, qui commenceront à courir du jour de sa constitution définitive, sauf les cas de dissolution anticipée ou de prorogation ci-après prévus.

Art. 5. — La constitution définitive de la société n'aura lieu qu'après la souscription de la totalité des actions en numéraire, ci-après émises, et le versement du quart de ces actions, l'approbation, par l'assemblée générale, de la valeur des apports, et la nomination et l'acceptation des membres devant composer le conseil d'administration, et des commissaires : le tout, conformément aux articles 1er, 4, 24, et 25 de la loi du 24 juillet 1867. Jusque-là, la société n'est que provisoire, et les engagements des comparants et des souscripteurs sont purement conditionnels.

CHAP. II. — *Apport.*

Art. 6. — Les comparants apportent à la société :

1° Les usines de...

(*Description. — Établissement de propriété.*)

2° Les travaux d'études, plans et documents que les parties ont fait dresser en vue de la présente société.

Conditions de l'apport :

Le prix des usines et celui des plans et travaux, sont fixés à la somme de 1 million payable en actions libérées, que les comparants se partageront entre eux dans les proportions qui leur conviendront. Cette estimation sera soumise à l'assemblée générale délibérant dans les conditions et les formes de l'art. 4 de la loi du 24 juillet 1867. Si les parties ne pouvaient s'entendre, lors de la seconde réunion prescrite par le même article, les présentes seraient considérées comme non avenues.

CHAP. III. — *Fonds social. — Actions.*

Art. 7. — Le fonds social se compose : 1° De 2 000 actions libérées, et représentant les biens, valeurs et apport énumérés dans l'art. 6;

2° D'une somme de 2,000,000 francs à provenir des souscriptions de 4,000 actions qui seront émises au prix de 500 fr. l'une.

Ensemble 6,000 actions donnant droit chacune à un six-millièmes de l'actif social et de ses produits.

Art. 8. — Le montant des actions est payable à...

50 fr. lors de la souscription;

75 fr. aussitôt après la clôture.

375 fr. restent en réserve et ne seront appelés que successivement au fur et à mesure du développement des opérations sociales et dans les proportions qui seront fixées par le conseil d'administration.

Chaque souscripteur a la faculté de payer en souscrivant le montant des deux premiers versements.

Art. 10. — Il ne sera délivré aux souscripteurs, lors du premier versement, qu'un récépissé nominatif, qui sera, dans les deux mois à partir de la constitution définitive de la société, échangé contre un titre provisoire d'action également nominatif.

Tous versements ultérieurs, sauf le dernier, sont mentionnés sur ce titre provisoire.

Lors du dernier versement, ce titre provisoire sera échangé contre le titre définitif qui sera nominatif ou au porteur, au choix de l'actionnaire.

Les appels de versements ont lieu au moyen d'avis insérés dans les journaux..., désignés pour la publication légale des actes de société.

Art. 11. — Les titres provisoires et les titres définitifs sont extraits d'un registre à souche, frappés du timbre sec de la société, et revêtus de la signature de deux administrateurs.

Art. 12. — La cession des actions nominatives s'opère par un transfert sur les registres de la société, signé par le cédant et le cessionnaire, et l'un des administrateurs. Le titre contiendra la mention ou transfert.

La cession des actions au porteur s'opère par la simple tradition du titre.

Les actions ne sont négociables qu'après le versement du quart.

Les actions pourront, après avoir été libérées de moitié, être converties en actions au porteur, par délibération de l'assemblée générale.

Soit que les actions restent nominatives après cette délibération, soit qu'elles aient été converties en actions au porteur, les souscripteurs primitifs qui auront aliéné les actions et ceux auxquels ils les auront cédées avant le versement de moitié, resteront tenus au paiement du montant de leurs actions pendant un délai de deux ans à partir de la délibération de l'assemblée générale.

ART. 13. — Le conseil d'administration pourra autoriser le dépôt et la conservation des titres dans la caisse sociale ; il déterminera la forme des certificats de dépôt, le mode de leur délivrance ; les frais auxquels le dépôt pourra être assujetti, et les garanties dont l'exécution de cette mesure doit être entourée dans l'intérêt de la société et des actionnaires.

ART. 14. — Les droits et obligations attachés à l'action suivent le titre dans quelques mains qu'il passe. La possession de l'action emporte de plein droit adhésion aux statuts.

ART. 15. — Toute action est indivisible à l'égard de la société qui n'en reconnaît aucun fractionnement. Tous les copropriétaires indivis, d'une action sont tenus de se faire représenter auprès de la société par une seule et même personne.

Les héritiers ou ayants cause d'un actionnaire ne peuvent, pour quelque motif que ce soit, provoquer l'apposition des scellés sur les biens et valeurs de la société, ni s'immiscer, en aucune manière, dans son administration; ils doivent, pour l'exercice de leurs droits, s'en rapporter aux inventaires sociaux et aux délibérations de l'assemblée générale.

ART. 16. — En cas de perte d'un titre nominatif, la compagnie ne peut être tenue d'en délivrer un nouveau que moyennant caution, conformément aux art. 151, 152 et 153, C. comm.

Le nouveau titre sera délivré trois mois seulement après que la déclaration de perte aura été insérée dans deux journaux d'annonces légales du département.

CHAP. IV. — *Comptes annuels. — Dividendes. — Fonds de réserve. — Amortissement.*

ART. 17. — Il sera dressé, chaque semestre, un état sommaire de la situation active et passive de la société. Il sera, en outre, établi au 31 décembre de chaque année, un inventaire général contenant l'indication des valeurs mobilières et immobilières et de toutes les dettes actives et passives de la société. L'inventaire, le bilan et le compte des profits et pertes seront soumis à l'assemblée générale des actionnaires dans sa réunion annuelle.

ART. 18. — Les produits de l'entreprise serviront à acquitter les dépenses d'entretien et d'exploitation, les frais d'administration, l'intérêt et l'amortissement des emprunts, s'il en avait été contracté, et généralement toutes les charges sociales.

ART. 19. — Après l'acquittement des charges mentionnées dans l'article précédent, il sera opéré, chaque année, un prélèvement destiné à constituer un fonds de réserve pour les dépenses extraordinaires ou imprévues ; ce prélèvement ne pourra être inférieur au vingtième des bénéfices nets.

Lorsque la réserve aura atteint le chiffre de 300 000 francs, le prélèvement pourra être suspendu ; il reprendra son cours aussitôt que le fonds de réserve sera descendu au-dessous de ce chiffre.

ART. 20. — Le paiement des dividendes se fait annuellement aux époques fixées par le conseil d'administration.

Dans le cas où il résulterait des comptes arrêtés au 15 décembre de chaque année, que la situation des affaires et les bénéfices acquis permettent la distribution d'un dividende provisoire, une première répartition pourra avoir lieu sur le dividende annuel, en vertu d'une décision de l'assemblée générale, convoquée spécialement à cet effet.

Tout dividende qui n'est pas réclamé dans les cinq ans de son exigibilité est acquis à la société, conformément à l'acticle 2277, C. civ.

CHAP. V. — *Conseil d'administration.*

ART. 21. — La société est administrée par un conseil d'administration de 9 membres.

ART. 22. — Chaque administrateur doit être propriétaire de trente actions au moins.

Ces actions sont affectées à la garantie de la gestion ; elles sont nominatives, inaliénables ; elles demeurent déposées dans la caisse de la société et sont frappées d'un timbre indiquant l'inaliénabilité.

ART. 23. — Les administrateurs sont nommés en assemblée générale et au scrutin secret.

La première nomination des administrateurs aura lieu dans la première assemblée générale qui suivra la vérification des apports et après l'accomplissement des conditions de souscription des actions et de versement du quart du capital.

Le procès-verbal de la séance constatera l'acceptation des administrateurs présents à l'assemblée, conformément à l'art. 25 de la loi du 24 juillet 1867.

ART. 24. — Les fonctions des administrateurs durent six ans ; ils peuvent être réélus. On procède à leur remplacement dans l'ordre fixé par un tirage au sort qui a lieu dans l'assemblée générale ordinaire, et à raison de deux administrateurs par an.

ART. 25. — En cas de démission, décès ou empêchement d'un membre du conseil d'administration, il est pourvu à son remplacement par l'assemblée générale, au scrutin secret.

Toutefois, si le nombre des administrateurs se trouvait réduit au-dessous de 6, dans l'intervalle de deux assemblées générales, il serait pourvu provisoirement, par le conseil d'administration, aux nominations nécessaires pour que le nombre des membres du conseil soit maintenu à 6.

L'assemblée générale, lors de sa première réunion, procède à l'élection définitive.

L'administrateur ainsi nommé en remplacement d'un autre ne reste en exercice que jusqu'à l'époque où doivent expirer les fonctions de celui qu'il remplace.

Art. 26. — Chaque année, le conseil nomme parmi ses membres un président et un vice-président.

En cas d'absence du président et du vice-président, le conseil désigne, pour chaque séance, celui des membres présents qui doit en remplir les fonctions.

Le président et le vice-président peuvent toujours être réélus.

Art. 27. —Le conseil d'administration se réunit aussi souvent que l'intérêt de la société l'exige, et au moins deux fois par mois.

La présence de 5 membres est nécessaire pour la validité des délibérations.

Art. 28. — Les délibérations sont prises à la majorité des membres présents. En cas de partage, la voix du président est prépondérante.

Nul ne peut voter par procuration dans le sein du conseil.

Art. 29. — Les délibérations sont constatées par des procès-verbaux inscrits sur un registre et signées par le membre qui aura présidé la délibération.

Les copies ou extraits de ces délibérations à produire en justice ou ailleurs sont certifiés par le président du conseil, ou le membre qui en remplit les fonctions.

Art. 30. — Le conseil d'administration est investi des pouvoirs les plus étendus pour l'administration et la gestion de la société.

Il fixe les dépenses générales de l'administration.

Il passe et autorise les marchés de toute nature, les achats de matières nécessaire à la marche des opérations, au delà de 50 000 francs.

Il autorise les achats des machines, engins, et généralement de tous les objets nécessaires à l'exploitation.

Il autorise tous les achats et ventes d'objets mobiliers.

Il autorise toutes mainlevées d'opposition ou d'inscriptions hypothécaires, ainsi que tout désistement de privilége, avec ou sans paiement.

Il exerce toutes actions judiciaires tant en demandant qu'en défendant : il passe tous traités, transactions, compromis.

Il autorise tous retraits, transferts et aliénations de fonds, rentes et valeurs appartenant à la société ; il donne toutes quittances.

Il détermine le placement des fonds disponibles et règle l'emploi de la réserve.

Il arrête les règlements relatifs à l'organisation du service et à l'exploitation des établissements sociaux.

Il nomme ou révoque tous les chefs de service, employés et agents;

détermine leurs attributions, fixe leur traitement, et, s'il y a lieu, le chiffre de leur cautionnement; il en autorise la restitution.

Il arrête les comptes qui doivent être soumis à l'assemblée générale.

Il fait un rapport à l'assemblée générale des actionnaires sur les comptes et sur la situation des affaire sociales.

Il peut, avec l'autorisation de l'assemblée générale, contracter tous emprunts par voie d'émission, d'obligations ou autrement.

Enfin, il gère généralement toutes les affaires et pourvoit à tous les intérêts de la société.

Art. 31. — Le conseil d'administration peut déléguer à un ou plusieurs de ses membres des pouvoirs généraux et spéciaux, et pour une ou plusieurs affaires déterminées.

Il peut aussi conférer à un ou plusieurs de ses membres des pouvoirs permanents pour les affaires courantes.

Enfin, il peut conférer à une ou plusieurs personnes, même étrangères au conseil d'administration, les pouvoirs qui rendraient nécessaire l'expédition des affaires et la bonne direction de l'entreprise et spécialement la direction de l'un ou de plusieurs établissements sociaux.

Art. 32. — Les transferts de rentes et effets publics appartenant à la société; les mandats sur la Banque et sur tous les dépositaires de fonds de la société; les transactions, marchés, et généralement tous actes portant engagement de la part de la compagnie, doivent être signés par deux administrateurs, à moins d'une délégation expresse du conseil à un seul administrateur.

Art. 33. — Les administrateurs recevront un jeton de présence dont la valeur et la forme seront réglées par l'assemblée générale.

Art. 34. — Les administrateurs ne contractent, à raison de leur gestion, aucune obligation personnelle ni solidaire, relativement aux engagements de la société. Ils ne répondent que de l'exécution de leur mandat.

Art. 35. — Il est interdit aux administrateurs de prendre ou de conserver un intérêt direct ou indirect dans une opération quelconque, faire avec la société ou pour son compte, à moins qu'ils n'y soient autorisés par l'assemblée générale pour certaines opérations spécialement déterminées. Il est rendu, chaque année, à l'assemblée générale, un compte spécial des entreprises ou marchés par elle autorisés.

CHAP. VI. — *Commissaires.*

Art. 36. — Il est institué un commissariat composé de trois personnes; les commissaires sont nommés dans la première assemblée générale de la société, immédiatement après les administrateurs, et dans les mêmes formes.

Ils peuvent être pris en dehors des actionnaires.

Leurs fonctions durent un an; ils peuvent être réélus.

En cas de refus ou d'empêchement d'un des commissaires nommés, il sera procédé à son remplacement par ordonnance du président du tribunal de commerce, à la requête de tout intéressé.

ART. 37. — Les commissaires sont chargés de faire un rapport à l'assemblée générale sur la situation de la société, sur le bilan et sur les comptes présentés par les administrateurs.

Pendant le trimestre qui précède l'époque fixée pour la réunion de l'assemblée générale, les commissaires ont le droit, toutes les fois qu'ils le jugent convenable, dans l'intérêt social, de prendre communication des livres et d'examiner les opérations de la société.

Ils peuvent, en cas d'urgence, convoquer l'assemblée générale.

L'état semestriel doit être mis à leur disposition.

L'inventaire, le bilan et le compte des profits et pertes doivent leur être remis le quarantième jour, au plus tard, avant la réunion de l'assemblée générale.

ART. 38. — Les commissaires recevront un jeton de présence ou une rémunération dont l'importance sera réglée par l'assemblée générale.

CHAP. VII. — *Assemblée générale.*

ART. 39. — L'assemblée générale, régulièrement constituée, représente l'universalité des actionnaires.

L'assemblée générale se réunit chaque année avant le 1er avril, elle se réunit en outre extraordinairement toutes les fois que cela est utile, sur la convocation des administrateurs ou des commissaires.

ART. 40. — Est de droit membre de l'assemblée générale, tout titulaire ou porteur de 5 actions.

Dans les assemblées appelées à vérifier ou à approuver les rapports ou les avantages, et à nommer les premiers administrateurs et les commissaires, tout actionnaire, quel que soit le nombre des actions dont il est porteur, est admis à prendre part aux délibérations.

Nul ne peut représenter un actionnaire s'il n'est actionnaire lui-même, la forme des pouvoirs est déterminée par le conseil d'administration.

ART. 41. — L'assemblée générale est régulièrement constituée lorsque les actionnaires présents ou représentés réunissent dans leurs mains le quart au moins du capital social.

Si l'assemblée ne réunit pas ce nombre, il est procédé à une nouvelle convocation, au moins à quinze jours d'intervalle.

Les délibérations prises dans cette seconde réunion sont valables, quelle que soit la portion du capital social représentée; mais elles ne peuvent porter que sur les objets mis à l'ordre du jour de la première réunion.

ART. 42. — Les convocations aux assemblées ordinaires et extraordinaires sont annoncées par un avis inséré 15 jours à l'avance dans le journal d'annonces légales de..... Cet avis doit faire connaître le but et l'objet de la convocation.

Art. 43. — Les délibérations qui ont pour objet :

La vérification des apports ;

La nomination des premiers administrateurs ;

La sincérité de la déclaration des fondateurs ;

La création d'emprunts à long terme ;

Des traités d'annexion ou de fusion avec d'autres compagnies ;

La modification des statuts ;

L'augmentation du fonds social ;

La prorogation ou la dissolution anticipée de la société ;

Ne peuvent être valablement prises qu'avec le concours d'actionnaires réunissant au moins la moitié du capital social.

Art. 44. — Si l'assemblée convoquée pour la vérification des apports, pour la nomination des premiers administrateurs, pour la vérification de la sincérité de la déclaration des fondateurs, ne réunit pas un nombre d'actionnaires représentant la moitié du capital social, elle ne peut prendre qu'une délibération provisoire. Mais une nouvelle assemblée est convoquée ; deux avis publiés à huit jours d'intervalle, au moins un mois à l'avance, dans le journal désigné pour recevoir les annonces légales, font connaître aux actionnaires les délibérations provisoires ; et ces résolutions deviennent définitives, si elles sont approuvées par la seconde assemblée, composée d'un nombre d'actionnaires représentant le cinquième au moins du capital social.

Art. 45. — Les actions sont déposées au siége social 5 jours avant celui où doit avoir lieu la réunion ; il est remis à chaque déposant une carte personnelle mentionnant le nombre d'actions déposées et le nombre de voix auquel ce dépôt donne droit.

Art. 46. — L'assemblée générale est présidée par le président du conseil d'administration, et, en cas d'empêchement, par le vice-président, et, à défaut de celui-ci, par le plus âgé des membres du conseil.

Les deux plus forts actionnaires présents remplissent les fonctions de scrutateurs ; le secrétaire est désigné par le bureau.

Art. 47. — L'assemblée générale entend le rapport du conseil d'administration sur les affaires sociales, et ensuite le rapport des commissaires ;

Elle discute les comptes et les approuve s'il y a lieu ;

Elle fixe les dividendes, sur la proposition du conseil ;

Elle nomme les administrateurs et commissaires ;

Elle statue sur les propositions d'acquisitions et d'aliénations d'immeubles ;

Elle autorise les émissions d'obligations ;

Enfin, elle prononce souverainement, en se renfermant dans les limites des statuts, sur tous les intérêts de la société, et confère au conseil d'administration les pouvoirs nécessaires pour les cas qui n'auraient pas été prévus.

ART. 48. — Les délibérations de l'assemblée sont prises à la majorité des membres présents ou représentés.

Chaque actionnaire a droit à autant de voix qu'il a de fois cinq actions, sans toutefois que le même actionnaire puisse avoir plus de dix voix, soit par lui-même, soit comme fondé de pouvoirs.

Dans les assemblées appelées à vérifier les apports ou la sincérité de la déclaration des fondateurs, à nommer les premiers administrateurs, chaque action donnera lieu à une voix sans que, également, le même actionnaire puisse avoir plus de dix voix par lui-même ou comme fondé de pouvoirs. Les fondateurs et ceux qui ont fait l'apport, n'ont pas voix délibérative en ce qui touche le vote relatif à l'approbation de la valeur de l'apport.

ART. 49. — Les délibérations prises conformément aux statuts, obligent tous les actionnaires, même absents ou dissidents.

Elles sont constatées par les procès-verbaux signés par tous les membres du bureau, ou au moins par la majorité d'entre eux.

ART. 50. — Une feuille de présence, ainsi que les pouvoirs, demeurent annexés à la minute du procès-verbal de l'assemblée générale. Cette feuille est signée par chaque actionnaire en entrant en séance.

ART. 51. — Toutes les fois qu'il devra être justifié à des tiers des délibérations de l'assemblée, il leur sera délivré des copies ou extraits conformes, par le président du conseil d'administration.

CHAP. VIII. — *Modifications aux statuts. — Dissolution. — Liquidation.*

ART. 52. — Il pourra être apporté des changements ou des modifications aux présents statuts, par l'assemblée générale avec les conditions de majorité fixées art. 43.

ART. 53. — En cas de perte des trois quarts du fonds social; les administrateurs devront convoquer l'assemblée générale de tous les actionnaires à l'effet de statuer sur la question de savoir s'il y a lieu de prononcer la dissolution de la société.

La résolution de l'assemblée est dans tous les cas rendue publique au moyen du dépôt et de l'insertion prescrits par les art. 55 et 56 de la loi de 1867.

A défaut par les administrateurs de réunir l'assemblée générale, comme dans le cas où elle n'aurait pas pu se constituer régulièrement, tout intéressé peut demander la dissolution de la société devant les tribunaux.

ART. 54. — A l'expiration de la société ou en cas de dissolution anticipée, l'assemblée générale règle le mode de liquidation et nomme les liquidateurs.

Les liquidateurs pourront, en vertu d'une délibération de l'assemblée, faire à une autre société le transport des droits, actions et obligations de la société dissoute.

La nomination des liquidateurs met fin aux pouvoirs des administrateurs. Les pouvoirs de l'assemblée générale continuent jusqu'à l'apurement des comptes de la liquidation.

CHAP. IX. — *Contestations.*

Art. 55. — Dans le cas de contestations, tout actionnaire devra faire élection de domicile à Paris, et toutes modifications et assignations seront valablement faites au domicile par lui élu, sans avoir égard à la distance du domicile réel.

A défaut d'élection du domicile, cette élection aura lieu de plein droit pour les notifications judiciaires, au parquet du procureur de la République près le tribunal de première instance de la Seine.

Le domicile élu entraînera attribution de juridiction aux tribunaux compétents de la Seine.

Art. 56. — Des associés représentant le vingtième au moins du fonds social peuvent, dans un intérêt commun, charger à leurs frais un ou plusieurs mandataires d'intenter une action contre les administrateurs, à raison de leur gestion, sans préjudice de l'action que chaque associé peut intenter individuellement en son nom personnel, le tout conformément aux art. 17 et 39 de la loi de 1867.

CHAP. X. — *Publications.*

Art. 57. — Dans le mois de la constitution de la société, les administrateurs feront les dépôts, transcriptions et publications légales prescrits par les art. 55 et suivants de la loi du 24 juillet 1867. Tout porteur d'une expédition ou d'un extrait des présentes est autorisé à y procéder en leur nom.

Même décompte.

FORMULE 591. — Art. 20, 47 et suiv. C. Com. — Mourlon, t. III, p. 376.

Société en participation. (S. S. P.)

Par-devant, Me..., etc.,

M. A... (*p., q. et d.*) ..., d'une part;

M. B... (*p., q. et d.*), d'autre part;

Se sont associés en participation pour (*désigner l'entreprise pour laquelle l'association a lieu*) sous les conditions suivantes :

Art. 1er. — Cette association est faite à parts égales dans les profits et pertes et pour durer (*indiquer la durée*).

Art. 2. — L'association n'aura point de raison sociale. En conséquence il n'est point fixé de siège de la société.

Art. 3. — La mise des associés est égale; les besoins de l'entreprise en détermineront l'importance.

ART. 4. — Si l'un des associés verse dans la société une somme plus forte que celle apportée par son coassocié, il deviendra créancier de l'excédant, qui lui produira des intérêts, à raison de six pour cent par an, sans retenue, payables de six en six mois.

ART. 5. — Les pouvoirs des associés sont égaux. Ils géreront et administreront soit concurremment, soit séparément, en cas d'absence de l'un d'eux. Les traités, marchés, engagements, effets de commerce, souscrits et endossés par l'un des associés, obligeront son coassocié, pourvu néanmoins que la signature y ait été apposée pour les besoins de la société et que la cause y soit énoncée.

ART. 6. — Les registres seront tenus en partie double, suivant les usages du commerce.

ART. 7. — Tous les mois, à partir du ..., il sera dressé un état de l'actif et du passif de l'entreprise; le reliquat actif restera dans la caisse de l'entreprise jusqu'à la liquidation définitive.

ART. 8 — Si l'un des associés vient à décéder pendant le cours de l'entreprise, ses héritiers auront la faculté ou de continuer la société ou de la rompre. Dans le premier cas, ils seront tenus de se faire représenter par une seule personne et alors la signature, la gestion et l'administration appartiendront au survivant seul. Les héritiers du prédécédé, représentés comme il vient d'être dit, n'auront plus qu'un droit de surveillance. — Dans le second cas, l'associé survivant aura terme d'une année pour remettre les fonds et les bénéfices revenant au prédécédé, sans intérêts, en donnant néanmoins une caution solvable.

ART. 9. — Si, pendant le cours de l'association, il survient des difficultés au sujet de la présente société, les associés, ou leurs représentants, devront les soumettre à des arbitres choisis par eux, et, en cas de dissentiment, par le président du tribunal de commerce de ... Les décisions rendues par ces arbitres seront exécutées comme jugement en dernier ressort, et les parties ne pourront les attaquer par quelque voie que ce soit.

Dont acte.

Fait et passé, etc.

Même décompte.

FORMULE 592. — Mourlon t. III, p. 399.

Continuation de société. (S. S. P.)

Par-devant Me..., etc.,

M. A... (*p., q. et d.*), d'une part,

M. B... (*q., q. et d.*), d'autre part,

Ont prorogé, pour ... années consécutives qui commenceront le ... et finiront le ..., la société qu'ils ont contractée entre eux pour l'exploitation de ..., suivant acte reçu par Me..., etc., enregistré et publié.

Cette continuation de société est convenue sous les conditions contenues dans l'acte de société ci-dessus énoncé, sauf les modifications ci-après. (*Énoncer ces modifications*).

Pour faire publier ces présentes conformément à la loi, tout pouvoir est donné au porteur d'une expédition ou d'un extrait.

Dont acte.

Fait et passé, etc.

Même décompte.

FORMULE 592 *bis*.

Dissolution de société. (S. S. P.)

Par-devant Me ..., etc.,

M. A... (*p., q. et d.*), d'une part,

M. B... (*p., q. et d.*), d'autre part,

Sont convenus de ce qui suit :

ART. 1er. — La société établie entre les comparants pour l'exploitation de ..., suivant acte reçu par Me ..., etc., enregistré et publié, demeure dissoute à partir du ...

ART. 2. — M. A... sera chargé de la liquidation de la société, et pour s'indemniser des soins qu'il y mettra, il prélèvera à son profit 5 p. 0/0 de tous les recouvrements qui resteront à faire au jour de la dissolution de la société.

ART. 3. — D'ici à cette dissolution il ne sera fait aucune opération qui puisse retarder, par sa nature, la liquidation.

ART. 4. — Aussitôt après l'inventaire qui sera fait lors de la dissolution de la société, les deniers comptants, restant libres après payement des dettes sociales, seront partagés entre les associés, dans la proportion de leurs droits ; il en sera de même des effets qui paraîtraient d'un recouvrement certain, et M. A... rendra compte, de mois en mois, des autres effets, ainsi que du prix de la vente des marchandises.

ART. 5. — Si, un an après la dissolution, toutes les marchandises ne sont pas écoulées, elles seront vendues à l'encan, sauf ce qui sera dit en l'art. 6.

ART. 6. — M. A... pourra, si bon lui semble, continuer le commerce de la société ; il aura droit à l'achalandage moyennant la somme de ...; il prendra pour son compte le bail de la maison où s'exploitait ledit commerce, à la charge d'en payer les loyers et d'en exécuter les charges ; il pourra même reprendre, à prix de facture, les marchandises non écoulées.

ART. 7. — Les maisons, avec lesquelles la société se trouvera en rapport d'affaires, lors de la dissolution de la société, seront prévenues de cette dissolution par une circulaire que leur adressera M. A...

ART. 8. — Pour faire publier les présentes, tout pouvoir est donné au porteur d'une expédition ou d'un extrait.

Dont acte.

Fait et passé, etc.

Même décompte.

Du prêt.

FORMULE 593. — Art. 1875 à 1897 C. C.; Mourlon, t. II, p. 538 et t. III, p. 406.

Prêt à usage. (S. S. P.)

Par-devant Me ..., etc.,

M. A... (*p., q. et d.*) reconnaît que M. B... (*p., q. et d.*), présent et acceptant, lui a prêté, pour en faire la copie, un tableau à l'huile représentant, etc. (*Désigner.*)

Lequel tableau a été remis aujourd'hui à M. A... qui le reconnaît et s'oblige à ne le confier à personne, à le soigner, et à le rendre à mon dit sieur B..., en sa demeure, sans frais, et en bon état de conservation, au plus tard le ...

Si ce tableau vient à être détruit par la faute de M. A..., celui-ci devra payer à M. B... la somme de ..., comme en représentant le prix; s'il n'est que détérioré, M. B... sera libre ou de le délaisser pour le prix ci-dessus fixé ou de le reprendre; dans ce dernier cas, les détériorations seront évaluées par deux arbitres choisis par les parties, et, en cas de désaccord, nommés par le juge de paix du canton de ..., lesquels experts s'en adjoindront au besoin un troisième.

M. A... aura terme et délai d'un mois pour payer, sans intérêt, ce qu'il devra dans ces deux hypothèses.

Les frais des présentes seront payés par M. A...

Dont acte.

Fait et passé, etc.

Décompte : Timbre de minute et d'expédition........ Mémoire.
Rôles.................................. Mémoire.
Enregistrement, 1 fr. 25 c. p. 100....... Mémoire.
Honoraires, 1 fr. p. 100................ Mémoire.

FORMULE 594. — Art. 1892 à 1904 C. C.; Mourlon t. II. p. 537, 538; t. III, p. 418 et suiv.

Prêt de consommation.

Par-devant Me ..., etc.,

M. A... (*p., q. et d.*) reconnaît que M. B... (*p., q. et d.*), présent et acceptant, lui a prêté, pour être employés à ses besoins, cinquante hectolitres de blé froment de première qualité, qu'il s'oblige à rendre à M. B..., en sa demeure, francs de tous frais, et dans la même qualité, le ..., etc.; à titre d'intérêts, il s'oblige à lui livrer en sus, à la même époque, cinq hectolitres de semblable blé froment.

Dans le cas où M. A... ne ferait pas ces livraisons à l'époque ci-dessus fixée, il sera tenu, si bon semble à M. B... après un simple commandement de mise en demeure resté infructueux pendant ... jours, de lui payer le prix de ce blé d'après la mercuriale du marché de la ville de ..., au jour le plus voisin de celui de la livraison qu'il aurait dû faire.

Les frais des présentes seront payés par M. A...

Pour leur exécution, etc.

Dont acte,

Fait et passé, etc.

Même décompte.

L'enregistrement est de 2 fr. 25 c. p. 100.

FORMULE 595. — Art. 1905 C. C.; Mourlon, et t. III p. 426 et suiv.

Prêt à intérêt.

Voir *Obligation*, formules 372 et suiv.

FORMULE 596. — Art. 1909 et suiv. C. C.; Mourlon, t. III p. 432 et suiv.

Constitution de rente perpétuelle moyennant l'aliénation d'un capital mobilier.

Par-devant Mᵉ ..., etc.,

M. A... (*p.*, *q.*), et dame (*n.*, *q.*), son épouse, de lui autorisée, demeurant ensemble à ...,

On constitué, au profit de M. B... (*p.*, *q. et d.*), né à ..., le ..., présent ce acceptant, ... francs de rente perpétuelle, qu'ils se sont obligés solidairement à payer à M. B..., en son domicile, à ..., ou pour lui, au porteur de la grosse des présentes et de ses pouvoirs, en espèces métalliques ayant cours, en quatre termes égaux, de trois mois en trois mois à partir du ... prochain, jusqu'à l'époque où elle s'éteindra par le remboursement opéré dans les cas déterminés par la présente constitution ou par la loi.

A la sûreté du service de cette rente et du remboursement de son capital, M. et madame A... ont affecté et hypothéqué spécialement les immeubles ci-après désignés : (*désigner les immeubles et établir la propriété, voir la formule* 541).

Sur ces immeubles M. et madame A... ont consenti qu'il soit pris à leurs frais, inscription au profit de M. B...

Pour plus de sûreté, madame A..., cède et transporte, à titre de garantie, à M. B... qui accepte, spécialement sa créance dotale et généralement les droits et reprises qu'elle peut et pourra avoir à exercer contre son mari, à quelque titre que ce soit, en conséquence elle le subroge, dans l'effet de son hypothèque légale contre son mari, mais limitativement en ce qu'elle frappe sur l'immeuble ci-dessus hypothéqué. Il est même convenu que l'inscription d'hypothèque légale que M. B... devra prendre, aux termes de l'art. 9 de la loi du 23 mars 1855, pourra être rayée sur la mainlevée qu'il en donnera. M. A... déclare se tenir ledit transport pour signifié.

La présente constitution est faite moyennant la somme de ... francs, que M. et madame A... reconnaissent avoir reçue de M. B... en bonnes espèces, etc. (*Voir la formule* 481.)

Il a été expressément convenu : — 1° Que le remboursement de la rente présentement constituée ne pourra se faire qu'après 30 années de ce jour, en rendant pareille somme de ... francs, avec les arrérages qui pourront être dus à l'époque du remboursement ; — 2° Que, si les débiteurs ne remboursent pas à l'expiration desdites ... années, ils ne pourront plus se libérer qu'en avertissant le créancier de leur intention, au moins six mois à l'avance ; — 3° Que le défaut de payement des arrérages, pendant deux années, rendra le remboursement du capital exigible, sans qu'il soit besoin d'aucune sommation et sans que l'offre d'aucun payement ultérieur puisse relever les débiteurs de la déchéance qu'ils auront encourue.

M. et madame A... déclarent (*Voir la formule* 372).

Les frais des présentes et de la grosse exécutoire, ceux de l'état et de l'inscription hypothécaire, seront supportés par les débiteurs.

Dont acte, pour l'exécution duquel les parties élisent domicile, savoir : le créancier à ..., et les débiteurs à ..., où ils ont leur domicile réel.

Fait et passé, etc.

Décompte :		
	Timbre de minute et d'expédition.....	Mémoire.
	Rôles..................................	Mémoire.
	Enregistrement, 2 fr. 50 p. 0/0........	Mémoire.
	Inscription et état....................	Mémoire.
	Honoraires, 1 fr. p. 0/0...............	Mémoire.

FORMULE 597. — Art. 1909 et suiv. C. C. ; Mourlon, t. III, p. 436, 444 et suiv.

Constitution de rente perpétuelle moyennant l'aliénation d'un immeuble.

Par-devant Me ..., etc.,

M. A... (*p., q. et d.*) a vendu, sous la garantie de droit,

A M. B... (*p., q. et d.*), présent et acceptant,

(*Pour la désignation, l'établissement de propriété, la jouissance, les charges et conditions, les titres, l'élection de domicile, la réserve de privilége, etc., voir la formule* 541.)

Seulement au prix, mettre :

PRIX.

En outre, cette vente est faite moyennant ... de prix principal pour lequel l'acquéreur constitue ... de rente perpétuelle, qu'il s'oblige à payer au vendeur, en la demeure de ce dernier, à ..., chaque année, au 11 novembre, à partir du ..., jusqu'au remboursement de la rente.

Il est expressément convenu :

1° Que le remboursement de la rente ne pourra être effectué que deux ans après l'avertissement que le débiteur aura donné au créancier de son intention à cet égard.

2° Que le défaut de payement de deux années des arrérages de ladite rente rendra le capital exigible, si bon semble au créancier, sans qu'il soit besoin d'aucune mise en demeure et sans que l'offre d'aucun payement ultérieur puisse relever le débiteur de la déchéance qu'il aura encourue. (*Voir pour le surplus, la formule* 596.)

Même décompte.

Le droit d'enregistrement est 6 88 pour 0/0 sur le prix exprimé.

Des contrats aléatoires.

FORMULE 598. — Art. 1910, 1968 et suiv. C. C.; Mourlon, t. III, p. 441 et suiv.

Constitution de rente viagère sur une seule tête.

Par-devant Me ..., etc.,

M. A... (*p.*, *q.*), et dame (*n.*, *p.*), son épouse de lui autorisée, demeurant ensemble à ...,

Ont constitué au profit et sur la tête de M. B... (*p.*, *q. et d.*), né à ..., le ..., présent ce acceptant,

Une rente annuelle et viagère de ... francs qu'ils s'obligent solidairement entre eux, à payer en espèces ayant cours, à M. B..., en sa demeure, le 11 novembre de chaque année jusqu'au premier jour de l'année au cours de laquelle M. B... décèdera, époque à laquelle la rente sera amortie.

A la sûreté (*voir pour l'affection hypothécaire et la subrogation dans l'hypothèque de la femme, les formules* 372 et 596.)

Sur lesquels immeubles M. et madame A... consentent qu'il soit pris inscription au profit de M. B..., à leurs frais, pour un capital de ... (*On calcule le denier vingt du montant de la rente*) capital non exigible, mais nécessaire pour assurer le service de la rente constituée ci-dessus.

La présente constitution a été faite moyennant la somme de ..., que M. B... a présentement payée en espèces, à la vue des notaires soussignés.

Il est bien convenu que par le seul fait du décès de M. B..., le conservateur des hypothèques de ... devra rayer l'inscription qui sera prise en vertu des présentes, sans qu'il soit besoin d'autre justification que celle de l'acte de décès du rentier, M. B... consentant dores et déjà tous désistements nécessaires et toute décharge au conservateur.

Dont acte, pour l'exécution, etc.

Fait et passé, etc.

Même décompte.

Le droit d'enregistrement est de 2 fr. 50 c. pour 0/0 sur le capital aliéné.

FORMULE 599. — Art. 1910, 1968, 1969, et suiv. C. C.; Mourlon, t. III, p. 441.

Constitution de rente viagère sur deux têtes, avec ou sans diminution de la rente au décès du prémourant.

Par-devant Me ..., etc.,

M. A... (*p.*, *q.*), et dame (*n.*, *p.*), son épouse, qu'il autorise à l'effet des présentes, demeurant ensemble à ...,

Ont constitué au profit de M. B... (*p.*, *q.*), né à ..., le ..., et de dame (*n.*, *p.*), son épouse, née à ..., le ..., demeurant ensemble à ..., tous deux présents et acceptant, ladite dame autorisée de son mari.

Une rente annuelle et viagère de ... francs, que M. et madame A... s'obligent solidairement entre eux à servir et payer exactement à M. et madame B..., en la demeure ci-dessus indiquée de ces derniers, en deux termes égaux, de six mois en six mois, à partir du ..., pendant la vie et jusqu'au décès du survivant des sieur et dame B..., et sans aucune réduction au décès du premier mourant, mais au contraire avec accroissement au profit dudit survivant des arrérages qui pourront se trouver dus au décès du premier décédé; au moyen de quoi, les héritiers de ce dernier n'auront aucune prétention à faire valoir sur les arrérages de la rente présentement constituée, qui appartiendront au survivant, et les héritiers de celui-ci ne pourront également faire aucune réclamation pour les arrérages du semestre de la rente dans lequel il décèdera.

(Ou bien) :

Une rente annuelle et viagère de ... francs, que M. et madame A... s'obligent, solidairement entre eux, à servir et payer exactement à M. et madame B..., en la demeure ci-dessus indiquée de ces derniers, en deux termes égaux, de six mois en six mois, à partir du ..., pendant la vie et jusqu'au décès du premier mourant.

A cette époque, cette rente sera réduite à ... francs, mais à la condition que le survivant aura droit à tous les arrérages qui seront dus au jour du décès de son conjoint, et que les héritiers du survivant n'auront aucune prétention à faire valoir sur les arrérages des... francs restant de ladite rente; ces arrérages, ainsi que ceux antérieurs pour lesquels des poursuites n'auraient pas été exercées par le rentier de son vivant, appartiendront à M. et madame A...

A la sûreté du payement de cette rente viagère, etc. (*Voir les formules* 372 et 596.)

La présente constitution a été faite moyennant, etc. — (*Voir pour le surplus, la formule précédente.*)

Fait et passé, etc.

Même décompte.

FORMULE 600. — Art. 1968, 1969 et suiv. C. C.; Mourlon, t. III, p. 441.

Constitution de rente viagère sur la tête d'un tiers.

Par-devant M....., etc.,

M. A... (*p.*, *q.*), et dame (*n.*, *p.*), son épouse, qu'il autorise à l'effet des présentes, demeurant ensemble à ...,

Ont constitué au profit de madame B... (*p.*, *q. et d.*), présente et acceptant, une rente annuelle et viagère de ... francs, sur la tête et pendant la vie du sieur K... (*p.*, *q. et d.*), né à ... le ...

(*Voir pour tout le surplus les formules* 598 et 599.)

Même décompte.

FORMULE 601.

Certificat de vie pour toucher une rente sur particulier.

Aujourd'hui devant Me ..., etc.,

A comparu M. A... (*p.*, *q. et d.*), né à ..., le ...

Lequel a requis les notaires soussignés de lui donner acte de sa comparution pour certifier son existence, ce qui lui a été octroyé.

Fait et passé à ..., etc.

Décompte :	Timbre....................	» 60
	Enregistrement...........	3 75
	Légalisation................	» 25
	Honoraires................	2 »

Nota. A l'égard des certificats de vie, pour rentes viagères sur l'État, pensions civiles, ecclésiastiques ou militaires, l'État a des formules qui sont à la disposition de tous les notaires.

FORMULE 603. — Art. 1964 C. C.; 332 341, 350 C. Com.; Mourlon, t. III, p. 466

Contrats d'assurance maritime.

Par-devant Me, etc.,

M A... (*p.*, *q. et d.*),

Agissant au nom de la Compagnie d'assurance maritime, établie à ..., constituée par acte reçu par Me ..., etc., le ..., enregistré et comme représentant ladite compagnie, aux termes des pouvoirs que lui ont conférés les membres composant son conseil d'administration, par acte reçu par Me ..., etc., dont un extrait est demeuré ci-annexé, après avoir été dudit sieur A... certifié véritable, et après que dessus mention de son annexe a été faite par les notaires soussignés,

A déclaré assurer à M. B... (*p.*, *q. et d.*), patenté pour la présente année en la ville de ..., sous le no .... présent et acceptant pour son propre compte (ou *pour le compte de ..., désigner la personne au nom de qui on agit et les marchandises assurées*), le tout d'une valeur de..., chargées sur le navire ..., capitaine ..., actuellement dans le port de ..., en destination de ,...

où il doit opérer son déchargement après avoir fait relâche dans les ports de ... et de...

Cette assurance est faite aux conditons suivantes :

ART. 1er. — Tous les risques, même ceux de rade, commenceront à courir du moment où le navire sortira du port pour faire voile, et cesseront au moment où il abordera à ...

ART. 2. — Les assureurs supporteront les pertes et les dommages qu'éprouveront les marchandises, par quelques causes que ce soit, prévues ou imprévues, ordinaires ou extraordinaires, et spécialement par suite de tempête, naufrage, échouement, abordage, incendie, jet à la mer, prise, pillage, confiscation, piraterie, baraterie.

ART. 3. — Les assureurs ne seront cependant tenus des avaries ordinaires qu'autant qu'elles excèderont un pour cent de la valeur des marchandises avariées.

ART. 4. — En cas de perte ou d'avarie, les assureurs rembourseront à l'assuré le préjudice qu'il aura éprouvé, et le remboursement devra être effectué au plus tard dans les vingt jours de l'avertissement qui leur en aura été donné par l'assuré.

ART. 5. — L'assuré s'est expressément réservé le droit de faire le délaissement des objets assurés dans les cas prévus par le C. de com.

ART. 6. — L'assuré payera aux assureurs une prime de ..., pour cent, en billets à ordre, à six mois de date de la présente police.

ART. 7. — Dans le cas où il s'élèverait des contestations pour raison de ladite assurance, elles seront jugées par trois arbitres choisis par les parties ou nommés par le président du tribunal de commerce de ..., en cas de désaccord.

Ces arbitres prononceront, sans appel, comme amiables compositeurs, et sans être tenus de s'astreindre aux formes et aux délais de droit.

Dont acte, etc.

Fait et passé, etc.

Décompte :	Timbre de minute et d'expédition........	Mémoire.
	Rôles..................................	Mémoire
	Enregistrement gratis. (Art. 6 de la loi du 23 août 1871)......................	
	Honoraires, 24 fr. par 1000.............	Mémoire.

FORMULE 604. — Art. 1964 C. C.; Mourlon, t. III, p. 466.

Prêt à la grosse aventure.

Par-devant Me, etc.

M. A... (*p. et d.*), armateur, patenté pour la présente année en la ville de ..., sous le no ..., propriétaire du navire la ..., du port de ... tonneaux métriques, capitaine ..., actuellement dans le port de ..., d'où il doit appareiller le ..., pour se rendre à ...,

A reconnu que M. B... (*p., q. et d.*), présent et acceptant, lui a prêté aujourd'hui à la grosse aventure, la somme de ..., en bonnes espèces d'argent ayant cours, pour l'employer au payement des fournitures, agrès, apparaux, armement et victuailles dudit navire.

Ce prêt est fait pour le temps du voyage dudit navire, aller et retour, avec les risques à courir du jour où il aura quitté le port pour se mettre en mer, jusqu'à celui où, de retour, il aura mouillé dans la rade.

M. A.... s'oblige à rembourser ladite somme de .., à M. B... ou à son ordre, sans qu'il soit besoin d'autre transport ou signification, ... mois après le retour du navire, avec le profit maritime, au taux convenu de ..., pour cent, et avec stipulation que si la guerre survenait entre la France et toute autre puissance maritime, avant la rentrée du bâtiment dans le port de ..., le taux ci-dessus convenu s'élèverait à ... pour cent, à partir du jour où un vaisseau de l'une des deux nations aurait été capturé.

A la sûreté de l'acquit de la somme de ..., et de ses accessoires, M. A ..., affecte par privilége le navire la ..., ensemble ses agrès, ses apparaux, son armement et ses victuailles. — Il est convenu que les difficultés qui surviendraient sur l'exécution du présent traité, seront soumises à trois arbitres nommés soit par les parties, soit en cas de désaccord, d'office par le tribunal de commerce de... ; ces arbitres seront dispensés de l'observation des formes et des délais de la procédure, et jugeront en dernier ressort comme amiables compositeurs.

Pour faire enregistrer ces présentes au greffe du tribunal de commerce, ainsi que pour en faire toutes publications, pouvoir ont donné au porteur.

Dont acte, etc.

Fait et passé, etc.

Décompte : Timbre de minute et d'expédition.......... Mémoire.
Rôles suivant la classe........................ Mémoire.
Enregistrement 1 fr. 20 p. 100 sur le capital versé, en temps de guerre il ne sera dû qu'un 1/2 droit............................ Mémoire.
Honoraires, 24 fr. pour 1000............. Mémoire.

Du dépôt et du séquestre.

FORMULE 605. — Art. 1917 et suiv. C. C. ; Mourlon, t. III, p. 450.

Dépôt chez un notaire d'un acte authentique.

Par-devant Me, etc.,

M. A... (*p., q. et d.*)

A déposé à Me ..., l'un des notaires soussignés, pour être mis au rang de ses minutes, l'original d'un acte, reçu par Me ..., notaire à ..., le ..., enregistré et légalisé, contenant pouvoir par M. B... (*p., q. et d.*), à M. C... (*p., q. et d.*), de... (*énoncer succinctement l'objet de la procuration.*

En conséquence cette pièce certifiée véritable du comparant, est demeurée ci-annexée après mention.

Dont acte :

Fait et passé, etc.

Décompte	Timbre	» 60
	Enregistrement	3 75
	Expédition, timbre	Mémoire.
	Rôles suivant la classe	Mémoire.
	Honoraires	6 »

FORMULE 606. — Art. 1917 et suiv. C. C.; Mourlon, t. III, p. 450.

Dépôt chez un notaire d'un acte S. S. P. avec reconnaissance d'écritures.

Par devant Me etc.,

M. A... (*p., q. et d.*),

M. B... (*p., q. et d.*),

Ont déposé à Me..., l'un des notaires soussignés, pour être mis au rang de ses minutes, l'un des originaux d'un acte fait double entre eux, sous leurs signatures privées, à ..., le ..., contenant vente par M. A... à M. B..., d'une maison sise à ..., moyennant ..., de prix principal, stipulé payable le ... à ...

Laquelle pièce écrite par M. ..., l'un des comparants (*ou bien :* par M. ...), sur ... feuilles au timbre de ..., portant la mention suivante, enregistrée à ..., etc. (*copier la mention*), est demeurée ci-annexé, après avoir été certifiée véritable, des comparants.

MM. A... et B... reconnaissent sincères les signatures par eux apposées au bas dudit acte, auquel ils entendent attacher tous les caractères de l'authenticité.

Dont acte,

Fait et passé, etc.

Même décompte.

Les honoraires sont perçus suivant la nature de l'acte déposé.

FORMULE 607.

Dépot de testament olographe.

Aujourd'hui..., Me..., notaire à ..., soussigné, en présence de Me ..., son collègue, aussi soussigné, a mis au rang de ses minutes : 1° l'expédition de l'ordonnance rendue par M. le président du trib. de 1re inst. de ..., en date du ..., enregistrée, aux termes de laquelle ce magistrat, après avoir constaté l'état du testament fait olographe, par M. B... (*p., q. et d.*), le ..., enregistré à ... (*copier la mention*), a désigné Me ... pour en recevoir le dépôt; 2° l'original dudit testament sur lequel se trouve la mention faite et signée par M. le président de l'ordonnance susdatée.

Lesquelles pièces sont demeurées ci-annexées, après mention.

Dont acte.

Fait et passé, etc.

Décompte : voir *la formule* 605.

FORMULE 608. — Art. 1955 et suiv. C. C. Mourlon, t. III, p. 450 et suiv.

Dépôt de deniers à un notaire séquestre.

Par devant, etc.,

M. A... (*p.*, *q. et d.*),

En exécution d'un contrat d'union intervenu entre les créanciers de M. B. (*p.*, *q. et d.*), le ..., enregistré, a déposé entre les mains de Me ..., l'un des notaires soussignés, nommé séquestre par le contrat d'union susénoncé, la somme de ..., dont il est débiteur pour le montant en principal et intérêts d'une obligation par lui souscrite au profit de M. B... par acte reçu par Me ..., etc., le ..., enregistré.

De laquelle somme versée, savoir : ... (*désigner les espèces*), M e..., l'un des notaires soussignés, s'est chargé comme séquestre, envers les créanciers de M. B...

Dont acte.

Fait et passé, etc.

Même décompte.

Formule 609. — Art. 1923 et suiv. C. C; Mourlon, t. II, p. 538 et t. III, p. 450.

Reconnaissance de dépôt volontaire.

Je soussigné A... (*p. q.*, *et d.*), reconnais avoir reçu de M. B... (*p.*, *q. et d.*), à titre de dépôt volontaire gratuit, et dans son intérêt (*désigner l'objet déposé*), que je tiendrai à sa disposition, pour lui être remis à première réquisition.

Fait à... le ... (*Signature.*)

Décompte :	Timbre	» 35
	Enregistrement	3 75
	(S'il s'agit d'une somme d'argent, 1 fr. 25 c. par cent............	Mémoire.

FORMULE 610. — Art. 1936 et 1944 C. C; Mourlon, t. III, p. 450 et suiv.

Sommation au dépositaire de restituer le dépôt.

L'an ..., le ..., à la requête du sieur A... (*p.*, *q. et d.*), pour lequel domicile est élu à ..., chez ..., j'ai (*immatricule de l'huissier*), soussigné, fait sommation au sieur B... (*p.*, *q. et d.*), de restituer immédiatement au requérant, sous l'offre de lui en donner décharge (*désigner l'objet déposé*), qui lui a été remis volontairement en dépôt par le requérant, ainsi qu'il résulte de ... (*énoncer la reconnaissance et son enregistrement*), de laquelle reconnaissance copie est donnée en tête (*de celle*), des présentes; déclarant audit sieur B..., que faute par lui de satisfaire à la présente sommation, il y sera contraint par toutes les voies de droit, et qu'à cet effet le réquérant se pourvoira devant les juges compétents, sous toutes réserves, avec dépens.

Et j'ai, audit domicile parlant comme ci-dessus, laissé copie du présent, dont le coût est de ... (*Signature de l'huissier*.)

Décompte. (Tarif, art. 29.)

Original..........................	2 »
Copie..............................	» 50
Enregistrement................	3 75
Copie, 25 c. par rôle...........	Mémoire.

Du Mandat.

FORMULE 611. — Art. 1984 à 2010 C. C.; Mourlon, t. III, p. 475.

Intitulés de procurations.

1. PROCURATION PAR UN MARI A SA FEMME.

Par-devant Me ..., etc., M. A... (*p., q. et d.*),

A constitué pour sa mandataire madame (*n., p.*), son épouse, demeurant avec lui, qu'il autorise à l'effet de ce qu'elle fera en vertu des présentes, en conséquence il lui donne pouvoir de ...

2. PROCURATION PAR UNE FEMME A SON MARI.

Par-devant Me ..., etc., madame (*n., p.*), épouse de M. A... (*p., q.*), avec lequel elle demeure à ..., de lui, autorisée, a constitué pour son mandataire son mari susnommé et lui a donné pouvoir de ..., etc.

3. PROCURATION PAR UN TUTEUR DATIF.

Par-devant Me ..., etc., M. A... (*p., q. et d.*), au nom et comme tuteur de B... (*p., q. et d.*), nommé à cette qualité, de lui acceptée par délibération du conseil de famille dudit mineur, tenu sous la présidence de M. le juge de paix du canton de ..., le ..., enregistrée;

A constitué pour son mandataire M. ..., auquel il a donné pouvoir de pour lui et en son nom, etc.

4. PROCURATION PAR UN MINEUR ÉMANCIPÉ ASSISTÉ DE SON CURATEUR.

Par-devant Me ..., etc., a comparu M. A... (*p., q. et d.*),

Fils mineur, âgé de ..., de M. ... et de dame ..., son épouse, tous deux décédés, émancipé par M. le juge de paix du canton de ..., en vertu de la délibération du conseil de famille dudit mineur présidée par ce magistrat, le ..., enregistré, assisté de M. B... (*p.*, *p. et d.*), ici présent, son curateur, élu à cette qualité de lui acceptée, par la délibération qui vient d'être énoncée.

Lequel a constitué pour son mandataire, etc.

5. PROCURATION PAR UN NÉGOCIANT POUR SA MAISON DE COMMERCE.

Par-devant Me ..., etc., M. A... (*p.*), négociant, demeurant à ..., patenté pour la présente année dans la ville de ..., sous le numéro...

Agissant pour la maison de commerce, établie sous la raison sociale ... dont il a la signature, ainsi que cela résulte de son acte de société. (*Énoncer.*)

A constitué audit nom, pour son mandataire, etc.

6. PROCURATION PAR UN HÉRITIER.

Par-devant Me ..., etc, M. A... (*p.*, *q. et d.*)

(*Si la procuration a pour objet des actes conservatoires*, on met : *habile à se dire et porter héritier ; si la procuration a pour objet des actes entraînant acception d'hérédité*, on met : héritier pour ... de M. B... (*p.*,*q. et d.*), décédé à..., le..., son...,

A constitué pour son mandataire, etc.

7. PROCURATION PAR UN LÉGATAIRE.

Par-devant Me ..., etc., a comparu M. A... (*p.*, *q. et d.*),

Légataire (*dire :* universel, à titre universel ou particulier) de M. (*p.*, *q. et d.*), décédé à ..., le ..., aux termes de son testament (*énoncer la nature et la date de ce testament*), duquel legs il a été envoyé en possession par une ordonnance de M. le président du tribunal de 1re instance de ..., en date du ..., enregistré (ou : duquel legs délivrance a été consentie à son profit par ..., aux termes d'un acte reçu par Me ..., etc., enregistré.)

A constitué, etc.

8. PROCURATION PAR UN EXÉCUTEUR TESTAMENTAIRE.

Par-devant Me..., etc., M. A... (*p.*, *q. et d.*),

Exécuteur testamentaire avec la saisine de M. B... (*p.*, *q. et d.*), décédé à ..., le ..., aux termes du testament de ce dernier, etc. (*Énoncer la nature et la date de ce testament.*)

A constitué pour son mandataire, etc.

9. PROCURATION PAR LES SYNDICS D'UNE FAILLITE.

Par-devant Me ..., etc., M. A... (*p.*, *q. et d.*), M. B... (*p.*, *q. et d.*), tous deux syndics de la faillite de M. C. (*p.*, *q. et d.*), nommés d'abord provisoirement, puis définitivement à cette qualité, par deux jugements rendus par le tribunal de commerce de ..., en date des..., enregistrés.

Ont constitué, etc.

10. PROCURATION PAR UNE VEUVE COMMUNE EN BIENS ET TUTRICE.

Par-devant, Me ..., etc., madame A... (*p.*, *q.* et *d.*), veuve de M. ..., en son vivant, demeurant à ...

Agissant,

1° A cause de la communauté de biens ayant existé entre elle et son défunt mari (*soit conformément à la loi, à défaut de contrat de mariage, soit aux termes de leur contrat de mariage reçu par Me... etc., le... enregistré*).

2° A cause des reprises et conventions matrimoniales, résultant de son contrat de mariage susénoncé et de tous autres actes, qu'elle a le droit d'exercer contre la succession de son défunt mari.

Et 3° comme tutrice naturelle et légale de..., ses enfants mineurs, issus de son mariage avec ledit sieur ..., héritiers chacun pour ... de leur père.

A constitué, etc.

11. CLOTURE DE PROCURATION.

Passer et signer tous actes, élire domicile, substituer en tout ou partie des présents pouvoirs, une ou plusieurs personnes, et généralement faire tout ce que le mandataire jugera utile aux intérêts du constituant, quoique non prévu.

12. PROCURATION POUR TRANSFÉRER DES RENTES SUR L'ÉTAT.

NOTA. Cette procuration doit être faite en minute pour éviter un dépôt ultérieur.

Transférée, au cours de la bourse de ... et par le ministère de tel agent de change que le mandataire jugera convenable, une inscription de ... fr. de rente faite au nom du constituant, sous le n° ..., de la série ..., sur le grand-livre de la dette publique de France, des 4 1/2 p. 0/0 (*ou* des 3 p. 0/0 etc.); signer tout transfert, en recevoir le prix; en donner quittance et décharge valables, signer tous émargements, faire toutes déclarations et affirmations qu'il appartiendra, et généralement, etc.

13. PROCURATION POUR TRANSFÉRER DES ACTIONS DE LA BANQUE.

NOTA. Cette procuration doit être faite en minute, pour éviter un dépôt ultérieur.

Transférer au cours et par le ministère de tel agent de change que bon semblera au mandataire ... actions de la Banque de France inscrites, au nom du constituant, sur le registre coté A, fol..., ainsi que celles qui pourront lui appartenir par la suite, recevoir les prix de ces transferts, en donner quittance et décharge valables, signer tous actes, acquits et émargements; faire toutes déclarations et affirmations, et généralement, etc.

14. PROCURATION POUR NOMMER UN TUTEUR ET UN SUBROGÉ-TUTEUR.

Représenter le constituant au conseil de famille que doit présider M. le juge de paix du canton de ..., à l'effet de nommer un subrogé-tuteur (*ou* un tuteur et un subrogé-tuteur) à ..., enfant mineur de ... et de dame ..., son épouse; conférer ces qualités à ceux des parents du mineur qu'il plaira au mandataire de désigner; donner au tuteur toutes autorisations qui seront jugées nécessaires, accepter celles desdites qualités qui pourraient être conférées au constituant, signer tous procès-verbaux, et généralement, etc.

15. PROCURATION POUR FAIRE UN BAIL ET TOUCHER LES LOYERS.

Louer et affermer verbalement, par actes sous signatures privées, ou par acte notarié, aux personnes, pour le temps, et aux prix, charges et conditions que le mandataire constitué jugera convenables, tout ou partie des biens immeubles qui appartiennent et pourront appartenir par la suite au constituant; renouveler et résilier tous baux; faire faire tous états de lieux, arpentages, mesurages et bornages; s'opposer à tous envahissements et usurpations; adhérer à toutes cessions de baux et sous-locations; exiger ou accorder toutes indemnités, en recevoir ou payer le montant; faire procéder à tous récolements; faire faire toutes réparations; arrêter tous devis et marchés, les faire exécuter, en payer le montant; toucher et recevoir tous loyers et fermages échus ou à échoir; — payer toutes impositions; faire toutes réclamations ou dégrèvement ou réduction; présenter à cet effet tous mémoires et pétitions; — de toutes sommes reçues ou payées donner ou retirer quittances et décharges valables.

A défaut de payement ou en cas de difficulté. — (V. n° 38 ci-après.)

16. PROCURATION POUR TOUCHER UNE CRÉANCE.

Toucher et recevoir de M..., ou de tous autres qu'il appartiendra, la somme de ..., montant d'une obligation souscrite au profit du constituant par ledit sieur ..., suivant acte passé devant Me ..., etc.; recevoir également tous intérêts échus et à échoir de ladite somme; — de toutes sommes reçues donner quittance et décharges valables; consentir mentions et subrogations, avec ou sans garantie : ainsi que tous désistements mainlevées et médiations avec ou sans payement : remettre tous titres et pièces;

A défaut de payement, etc. — (V. le n° 38.)

17. PROCURATION POUR TRANSPORTER UNE CRÉANCE.

Céder et transporter sous la simple garantie des faits et promesses du constituant (*ou avec toute garantie*), à telles personnes que le mandataire jugera convenable, et en une ou plusieurs parties, la somme de ..., due au constituant par M. ..., suivant obligation, etc., ensemble tous intérêts échus et à échoir de cette créance; toucher et recevoir le prix des transports, en donner quittances et décharges valables; consentir toutes mentions et subrogations, sous la garantie susexprimée; remettre tous titres et pièces; aux effets ci-dessus, passer et signer tous actes, etc. — (V. le n° 11 ci-dessus.)

18. PROCURATION POUR SUIVRE LA LIQUIDATION DE CRÉANCES SUR LE GOUVERNEMENT.

Poursuivre la liquidation des créances dues au constituant par le gouvernement, pour (*énoncer à quel titre le constituant est créancier de l'État*); se présenter partout où besoin sera; faire toutes demandes, pétitions et réclamations; produire tous titres et pièces, les certifier véritables; faire toutes déclarations et affirmations; retirer tous bons, mandats, lettres d'avis, ordonnances de payement, au nom du constituant, en recevoir le montant en numéraire ou en valeurs, vendre, céder et transférer lesdites valeurs et même lesdites créances, telles qu'elles existent actuellement, et sans attendre leur liquidation, à telle personne, au cours et pour le prix que le mandataire jugera convenables; toucher le prix des transferts ou cessions; — de toutes sommes ou valeurs reçues donner bonnes et valables quittances et décharges; remettre tous titres et pièces; signer tous actes, transferts, acquits, registres, émargements et feuilles de payement, élire, etc. — (V. le n° 11.)

19. POUVOIR POUR SUIVRE DANS UNE FAILLITE.

Le représenter à la faillite du sieur ..., débiteur du constituant d'une somme de ... (*énoncer la créance*); — En conséquence, réquérir toutes appositions, reconnaissances et levées de scellés; procéder à tous inventaires et récolements; faire, en procédant, tous dires, réquisitions, protestations et réserves; — prendre communication de tous livres, registres, journaux, titres et pièces propres à constater la situation active et passive du débiteur; — comparaître à toutes assemblées de créanciers, prendre part à toutes délibérations; vérifier, admettre ou rejeter tous titres qui seraient produits; faire vérifier la créance du constituant, affirmer qu'elle est sincère et véritable, et qu'il ne prête son nom directement ou indirectement à qui que ce soit, ainsi qu'il l'a présentement affirmé entre les mains des notaires soussignés; — traiter, composer, transigner, faire toutes remises, signer tous contrats d'union, d'atermoiements et de concordat; nommer tous syndics, caissiers-gérants et séquestres, les révoquer, s'il y a lieu, et en nommer d'autres; — accepter toutes cessions, transport, délégations et abandons des biens meubles et immeubles du failli; introduire tous référés; former toutes plaintes; s'inscrire en faux; poursuivre devant tous tribunaux; constituer avoués, les révoquer, en constituer d'autres; s'opposer; appeler; obtenir jugements et arrêts, les faire mettre à exécution; exercer toutes poursuites et même la contrainte par corps; poursuivre toutes ventes de biens meubles et immeubles appartenant au failli; former toutes oppositions et saisies-arrêts; introduire tous ordres et contributions; — toucher et recevoir toutes les sommes qui reviendront au constituant, par le résultat des répartitions des ordres et des contributions; de toutes sommes reçues donner quittances et décharges valables; — donner mainlevée et consentir la radiation partielle ou définitive, avec ou sans payement, de toutes oppositions, saisies, écrous, recommandations et inscriptions; donner tous désistements; remettre tous titres et pièces; élire domicile; substituer une ou plusieurs personnes dans tout ou partie des présents pouvoirs; passer et signer tous actes, et généralement, etc. (V. le n° 11.)

20. PROCURATION POUR TOUCHER TOUS TRAITEMENTS ET PENSIONS.

Recevoir de tous payeurs, caissiers, trésoriers, et autres qu'il appartiendra, les arrégages échus et à échoir des traitements et pensions qui peuvent et pourront appartenir au constituant, et notamment (*désigner ici le traitement ou la pension*); produire et remettre tous titres, pièces et certificats de vie; faire toutes déclarations et affirmations; donner toutes quittances et décharges; signer et émarger tous registres et feuilles de payement, et généralement, etc. (Voir le n° 11.)

21. PROCURATION POUR RETIRER UN CAUTIONNEMENT D'OFFICIER PUBLIC.

Recevoir de tous payeurs et caissiers la somme de ... montant du cautionnement versé par le constituant au Trésor, le ..., sous le n° ..., en qualité de (*énoncer la qualité pour laquelle le cautionnement a été versé et le lieu où les fonctions ont été exercées*), (*ou bien, si le cautionnement a été fourni par un bailleur de fonds*), montant du cautionnement versé par le constituant, au trésor, le ..., pour le compte de M. ..., etc. *énoncer la qualité, etc.*), et inscrit au nom du constituant, comme bailleur de fonds, sous le n° ..., toucher également les intérêts échus et à échoir, de ce cautionnement, produire et remettre tous titres et pièces; faire toutes déclarations et affirmations; signer et émarger tous registres et feuilles de payement; donner toutes quittances et décharges, et généralement, etc. (Voir le n° 11.)

22. PROCURATION POUR GÉRER LES AFFAIRES D'UNE MAISON DE COMMERCE.

Continuer et faire toutes les opérations de commerce du constituant, acheter et vendre toutes marchandises; se charger de toutes commissions, et passer tous marchés et les exécuter; souscrire tous billets à ordre, effets de commerce et autres engagements; tirer et accepter toutes lettres de change; signer tous endossements, avals ou chèques, arrêter tous comptes courants; faire tous protêts, dénonciations, comptes de retour; signer tous mandats sur tous correspondants, négociants, particuliers, et sur toutes caisses et notamment sur la Banque de France; — Traiter avec tous créanciers, débiteurs ou simples comptables; entendre, débattre, clore et arrêter tous comptes actifs ou passifs, en fixer les reliquats, les payer ou recevoir, en donner ou retirer quittance; — Retirer de toutes administrations des postes, des chemins de fer, messageries, roulages et autres, tous paquets et lettres chargés ou non chargés, à l'adresse du constituant; agir dans les faillites ou déconfitures dans lesquels ledit constituant aurait des intérêts à discuter; requérir toutes appositions, etc. (*Voir les pouvoirs pour agir dans une faillite, n°* 19.) — Recevoir toutes les sommes qui peuvent et pourront être dues au constituant, à tel titre et pour quelle cause que ce soit; — Payer et acquitter celles dont il est et pourra être débiteur; — De toutes sommes reçues et payées donner ou retirer quittances et décharges valables; consentir toutes mentions et subrogations avec ou sans garantie; remettre ou se faire remettre tous titres et pièces.

En cas de difficultés de la part de qui que ce soit, et à défaut de payement par tous débiteurs, etc. (Voir les nos 11 et 38.)

23. PROCURATION POUR ACCEPTER OU RÉPUDIER UNE SUCCESSION.

Se présenter au greffe du trib. de 1re inst. de ...; y déclarer que le constituant n'entend accepter que sous bénéfice d'inventaire la succession de M..., dont il est habile à se porter héritier pour un ... (ou *déclarer que le constituant renonce purement et simplement à la succession de M..., dont il était habile à se porter héritier pour un ...*); affirmer, ainsi que le constituant l'a présentement fait ès mains des notaires soussignés, qu'il n'a fait aucun acte d'héritier; passer et signer tous actes, et généralement, etc. (V. n° 11.)

24. PROCURATION POUR FAIRE RENDRE COMPTE A UN MANDATAIRE.

Faire rendre compte à M..., demeurant à ..., du mandat que le consixtuant lui a conféré, suivant une procuration passée en brevet devant Me ...; etc. — Entendre débattre, clore et arrêter les comptes des recettes et dépenses auxquels ce mandat a donné lieu, en fixer le reliquat, en payer ou recevoir le montant; donner et retirer toutes quittances et décharges; remettre ou exiger tous titres et pièces.

En cas de difficultés, etc. (V. les nos 11 et 38.)

25. PROCURATION PAR UN MARI ET UNE FEMME POUR EMPRUNTER.

Emprunter, jusqu'à concurrence de... fr., en une ou plusieurs parties, d'une ou de différentes personnes, pour le temps, aux taux d'intérêts et au, conditions que le mandataire jugera convenable; obliger les constituants solidairement entre eux, au remboursement du capital et au payement des intérêts qui seront stipulés, le tout aux époques et de la manière qui seront convenues; — Affecter et hypothéquer à la sûreté des obligations à intervenir (*désigner sommairement les immeubles que les constituants entendent hypothéquer*); — Et, pour plus de sûreté, transporter aux prêteurs, avec toutes garanties de la part de la constituante, le montant des créances, reprises et avantages matrimoniaux qu'elle peut et pourra avoir à répéter contre son mari, en conséquence de leur contrat de mariage passé devant Me..., et de tous autres actes, etc.; — par suite de ce transport, subroger les prêteurs jusqu'à due concurrence dans les droits et actions de ladite dame ... contre son mari, notamment dans l'effet de son hypothèque légale inscrite ou à inscrire, mais limitativement sur les immeubles ci-dessus désignés; tenir ce transport pour signifié au constituant; convenir que l'inscription à prendre de l'hypothèque légale cédée, à titre de garantie, aux prêteurs pourra être radiée sur leur seul consentement; — Stipuler toute concurrence entre les prêteurs; — Déclarer, pour les constituants, comme ils le déclarent et affirment en ces présentes : — 1° Qu'ils sont communs en biens, aux termes de leur contrat de mariage, ci-dessus énoncé; — 2° Que les immeubles ci-dessus désignés sont d'une valeur de ..., fr.. et d'un revenu net de ... fr.; — 3° Qu'ils ne sont grevés d'aucune hypothèque si ce n'est de l'hypothèque légale de la constituante (*s'il y a des inscriptions, on les énonce*); — 4° Et que les constituants ne sont et n'ont jamais été chargés d'aucune tutelle, ni de comptabilité de deniers publics. — (*Quelquefois on ajoute* : Déclarer que la somme empruntée est destinée à être employée en entier (ou *jusqu'à concurrence de...*) au payement de partie du prix principal de l'acquisition que les constituants ont faite de... (*désigner l'immeuble*), suivant contrat passé devant Me..., etc., — Obliger les constituants à effectuer cet emploi dans le délai qui conviendra aux prêteurs, le réaliser et faire dans l'acte de réalisation la déclaration de l'origine des deniers; requérir toutes subrogations au profit des prêteurs; — Aux effets ci-dessus, passer et signer tous actes, élire domicile, et généralement, etc. (V. le n° 11.)

26. PROCURATION POUR SE RENDRE CAUTION.

Rendre le constituant, M. A..., caution et répondant solidaire de M. B..., envers M. C... pour la somme de ..., prêtée par M. C... à M. B.... stipulée remboursale, à..., le..., et productive d'intérêts à 5 p. 0/0, payables les... de chaque année, aux termes d'un acte passé devant Me ..., etc. — affecter et hypothéquer à la sûreté de ce cautionnement, etc.; — Déclarer, de la part du constituant (Voir le n° 25).

27. PROCURATION POUR ACQUÉRIR.

Acquérir de M..., aux prix, charges et conditions que le mandataire jugera convenables, une maison située à ...; obliger le constituant au payement du prix en principal et intérêts, et à l'exécution de toutes les charges qui seront imposées; se faire remettre tous titres et pièces, en donner décharge; signer tous contrats de vente ou procès-verbaux d'adjudication; faire faire toutes transcriptions, dénonciations, notifications et offres de payement; provoquer tous ordres; payer les créanciers colloqués, ou faire toutes consignations; former toutes demandes en mainlevée; constituer tous avoués; élire domicile, et généralement, etc. (V. le n° 11.)

28. PROCURATION POUR VENDRE.

Vendre, soit à l'amiable, soit aux enchères, aux personnes et aux prix, charges et conditions que le mandataire jugera convenables, une maison, située à ..., dont les constituants sont propriétaires; obliger ces deniers solidairement entre eux, à la garantie de droit et au rapport de toutes mainlevées et radiations; fixer l'époque des payements du prix, le recevoir en principal et intérêts, en donner quittance; requérir, si l'acquéreur ne le fait lui-même, la transcription de l'acte, à l'effet de conserver le privilége des vendeurs (ou mieux encore :) stipuler que les vendeurs resteront détenteurs et possesseurs de l'immeuble vendu, tant que l'acquéreur n'aura point fait transcrire l'acte de vente; donner mainlevée et consentir la radiation partielle ou définitive, avec ou sans payement, de toutes inscriptions d'office et autres, faire tous transports; remettre tous titres et pièces (ou *obliger les constituants à les remettre*); en retirer décharge.

A défaut de payement, former toutes demandes en résolution de ventes, exercer toutes poursuites, contraintes et diligences nécessaires; faire tous commandements, etc. (V. le nº 34.)

29. PROCURATION POUR RECUEILLIR UNE SUCCESSION.

Recueillir la succession de M...; — en conséquence, requérir toutes appositions de scellés ou s'y opposer; demander la levée, avec ou sans description, de ceux qui pourraient être apposés; faire procéder à l'inventaire des biens dépendants, tant de la communauté qui a existé entre M. ... et la dame son épouse que de la succession dudit sieur ...; faire, lors de ces opérations, tous dires, réquisitions, déclarations, protestations et réserves; choisir les officiers, gardiens et dépositaires; introduire tous référés; demander toutes autorisations pour agir sans attribution de qualité; — prendre connaissance des forces et charges desdites communauté et succession, ainsi que des titres et papiers qui seront inventoriés, et de toutes dispositions entre-vifs, à cause de mort, ou testamentaires; demander ou consentir la délivrance de tous legs; accepter ladite succession purement et simplement, ou sous bénéfice d'inventaire et même y renoncer, faire à cet effet les déclarations et affirmations nécessaires au greffe du tribunal qu'il appartiendra; — faire procéder à la vente du mobilier, avec ou sans attribution de qualité; recevoir et payer les sommes qui peuvent et pourront être dues, en principal, intérêts, frais et accessoires; — Entendre, débattre, clore et arrêter tous comptes, notamment celui de l'officier public qui aura procédé à la vente du mobilier; en fixer les reliquats, les recevoir ou solder; — faire toutes déclarations et affirmations pour le payement des droits de succession.

Consentir ou provoquer la vente, à l'amiable, par licitation volontaire ou judiciaire, des biens immeubles dépendants desdites communauté et succession; — procéder à tous comptes, liquidations et partages, soit à l'amiable, soit judiciairement; nommer ou faire nommer tous experts pour les évaluations; composer les masses, y faire et exiger tous rapports; faire et consentir tous prélèvements; former les lots, les tirer au sort ou les distribuer à l'amiable; fixer toutes soultes, les recevoir ou payer; faire et accepter tous abandonnements; laisser tous objets en commun; donner ou accepter tous pouvoirs pour les administrer ou pour en suivre le recouvrement; toucher et recevoir toutes sommes généralement quelconques qui pourront revenir au constituant dans lesdites communauté et succession, payer celles qu'il pourra devoir; — de toutes sommes reçues ou payées donner ou retirer quittances et décharges; consentir mentions et subrogations, avec ou sans garantie ainsi que tous désistements, mainlevées et radiations, avec ou sans payement; remettre ou se faire remettre tous titres et pièces, en donner ou retirer décharge.

En cas de difficulté avec qui que ce soit, et à défaut de payement de la part de tous débiteurs, etc. (V. les nº 11 et 33.)

30. PROCURATION POUR FAIRE UNE DONATION[1].

Faire donation, entre-vifs, actuelle et irrévocable, à M..., demeurant à..., de ... (*Faire ici une désignation très-exacte des immeubles qui devront être compris dans la donation appartenant au constituant*);

Fixer l'entrée en jouissance desdits biens en faveur du donataire au...;

Imposer à ce dernier les charges qui peuvent grever lesdits immeubles à partir du..., et l'obligation de payer les sommes dues par le constituant, savoir : à M..., demeurant à..., etc. (*énoncer toutes les sommes dont le constituant est débiteur et qui grèvent les immeubles qui seront compris dans la donation*); — Obliger le constituant au rapport des mainlevées de toutes inscriptions autres que celles qui conservent les sommes ci-dessus énoncées; — déclarer qu'il n'est et n'a jamais été ni tuteur, ni comptable de deniers publics, et que, conséquemment, lesdits immeubles ne sont grevés de son chef d'aucune hypothèque légale; — L'obliger à la remise de tous beaux et titres de propriété, passer et signer tous actes, élire domicile, et généralement, etc. (V. le nº 11.)

31. PROCURATION POUR ACCEPTER UNE DONATION[2].

Accepter la donation entre-vifs qui lui a été faite par M..., demeurant à..., son..., aux termes d'un acte passé devant Mᵉ..., etc., de la pleine propriété de... (*désigner l'immeuble*); — Obliger le constituant à l'exécution des charges, clauses et conditions qui lui ont été imposées par le donataire; requérir la transcription de ladite donation, et remplir, si le mandataire le juge convenable, les formalités nécessaires pour purger les hypothèques légales; passer et signer tous actes, élire domicile, et généralement, etc. V. le nº 11.)

32. PROCURATION POUR FAIRE DES ACTES RESPECTUEUX.

Se présenter, assisté de deux notaires ou d'un notaire et de deux témoins au domicile de M. ... et de madame..., ses père et mère, demeurant à..., et leur demander respectueusement leur consentement au mariage qu'il se propose de contracter avec mademoiselle B... (*p. q. et d.*), fille légitime de M. B...(*p., q. et d.*), et de dame...; — et dans le cas où les père et mère du constituant n'accorderaient pas le consentement qu'il les supplie de lui donner, faire dresser et notifier un acte respectueux dans les formes

1. Cette procuration doit être faite en minute et dans la même forme qu'une donation.
2. *Ibid.*

voulues par la loi ; — Aux effets ci-dessus, passer et signer tous actes, élire domicile, et généralement, etc. (V. le n° 11.)

33. POUVOIRS JUDICIAIRES.

En cas de difficulté avec qui que ce soit et à défaut de payement de la part de tous débiteurs, exercer les poursuites, contraintes et diligences qui seront nécessaires; faire tous commandements et toutes sommations; citer comme demandeur et comparaître comme défendeur devant tous tribunaux de paix; s'y concilier, si faire se peut, et à cet effet prendre tous arrangements, faire toutes remises, accorder termes et délais, traiter, composer, transiger, compromettre, en tout état de cause, nommer tous experts, arbitres et amiables compositeurs, leur donner tous pouvoirs et autorisations, s'en rapporter à leurs décisions ou les contester, renoncer à tous appels et recours en cassation; à défaut de conciliation, se pourvoir devant tous tribunaux compétents, y former toutes demandes soit en 1re inst., soit en appel, ou intervenir, défendre à celles intentées, constituer tous avoués et avocats, les révoquer, en constituer d'autres, se pourvoir en cassation ou y défendre; faire toutes consignations, s'opposer à celles qui seraient demandées; obtenir tous jugements et arrêts, les faire lever, signifier et exécuter par toutes les voies de droit, faire tous actes conservatoires, interrompre toutes prescriptions ou les opposer; former toutes oppositions, prendre toutes inscriptions hypothécaires, les renouveler, faire procéder à toutes saisies et ventes de meubles, ainsi qu'à toutes expropriations forcées; convertir toutes saisies immobilières en ventes sur publications volontaires; provoquer tous ordres et contributions, produire et affirmer les titres du constituant; contester ceux qui seraient à tort produits par d'autres; obtenir tous bordereaux et mandements de collocations, en toucher le montant; donner mainlevées partielles ou définitives, et consentir la radiation, avec ou sans payement, de toutes inscriptions de priviléges ou d'hypothèques, ainsi que de toutes oppositions; donner tous acquiescements et désistements; aux effets ci-dessus, passer et signer tous actes et procès-verbaux, élire domicile, substituer une ou plusieurs personnes dans tout ou partie des présents pouvoirs; révoquer lesdites substitution, en faire de nouvelles; et généralement, etc. (V. le n° 11.)

34. PROCURATION GÉNÉRALE.

Par-devant, etc.

M. A... (*d.*, *q. et p.*),

A constitué pour son mandataire général et spécial M. B... (*p.*, *q. et d.*), auquel il donne pouvoir, de pour lui et en son nom, régir, gérer et administrer tous ses biens, droits et affaires présents et à venir.

Louer et affermer, à telles personnes, pour le temps, et aux prix, charges, clauses et conditions que le mandataire jugera convenables, tout ou partie des biens meubles et immeubles qui appartiennent et appartiendront au constituant; passer, proroger, renouveler et accepter tous baux verbaux, sous-seings privés ou authentiques; les résilier, avec ou sans indemnité; faire toutes coupes de bois, ou les vendre sur pied, ainsi que toutes récoltes pendantes par branches ou par racines;

Donner et accepter tous congés, faire tous états de lieux et récolements; faire procéder à tous arpentages et délimitations, s'opposer à toutes usurpations;

Faire toutes réparations et constructions utiles et nécessaires; passer à cet effet tous devis et marchés avec tous entrepreneurs et ouvriers; exiger des locataires et fermiers les réparations à leur charge;

Payer toutes impositions et contributions, faire toutes réclamations en dégrèvement et diminution, présenter à cet effet tous mémoires et pétitions;

Recevoir tous loyers, fermages, intérêts de capitaux, arrérages de rentes et autres revenus échus et à échoir, même tous remboursements offerts ou exigibles, et généralement toutes les sommes qui sont et pourront être dues à M. A...;

Acquitter celles dont il est et pourra être débiteur, tant en principal qu'intérêts, arrérages, frais et accessoires;

Entendre, débattre, clore et arrêter tous comptes, en fixer les reliquats actifs et passifs, les recevoir ou payer;

Faire tous emprunts et placements de fonds, soit à constitution de rentes perpétuelles ou viagères, soit par obligations, avec ou sans priviléges et hypothèques, soit par billets, lettres de change, ou de toute autre manière; fixer le taux des intérêts, obliger M. A... au remboursement des sommes empruntées, et au payement des intérêts aux époques, et de la manière qui seront déterminées; donner ou exiger tous gages; prendre ou donner tous immeubles en antichrèse; affecter et hypothéquer à a garantie des emprunts tout ou partie des immeubles appartenant à M. A...

Établir la propriété des biens hypothéqués, faire toutes déclarations de situation hypothécaire, d'état civil, d'emplois de deniers et autres; s'obliger à effectuer lesdits emplois, et à requérir toutes subrogations au profit des prêteurs, et, pour plus de sûreté des obligations, céder et transporter, avec toute garantie, priorité et préférence, sous toutes renonciations aux bénéfices et exceptions de droit, tous loyers, fermages, créances, adhérer même à la cession des droits et reprises que madame A... peut ou pourra avoir contre ledit sieur son mari s'il lui convient de s'obliger avec lui; passer ou accepter tous titres nouvels;

Acquérir, soit à titre onéreux, soit par voie d'échange dans les formes, et aux prix et conditions que le mandataire jugera convenables, tous biens meubles et immeubles, droits successifs, rentes et créances sur l'État ou sur particuliers, toutes valeurs industrielles, rentes perpétuelles ou viagères, et servitudes, ainsi que tous usufruits; prendre possession des biens acquis, exiger toutes traditions, obliger le constituant au payement du prix des acquisitions ou échanges, consentir tous priviléges et hypothèques pour sûreté desdits prix, retirer des mains de qui il appartiendra tous titres de propriété, remplir les formalités de transcription et de purge légale, faire toutes dénonciations, notifications, offres et consignations, provoquer tous ordres, payer le prix des acquisitions et les soultes;

Vendre dans les formes, aux prix et conditions que la mandataire avisera, tout ou partie des biens, meubles et immeubles qui appartiennent et appartiendront audit sieur A..., et notamment (*disigner s'il y a lieu les immeubles*); obliger le constiuant à toute garantie, au rapport de tous certificats de radiations et à la remise de tous titres de propriété, requérir toutes inscriptions d'office, en donner mainlevée partielle ou définitive, avec ou sans payement;

Continuer les opérations du commerce du constituant, acheter et vendre toutes marchandises, se charger de toutes commissions, les exécuter, faire tous chargements, fréter tous navires, faire toutes assurances; souscrire tous billets à ordre, effets de commerce et autres engagements, tirer et accepter toutes traites et lettres de change, signer tous endossements et avals, soumettre le constituant à la contrainte par corps, passer tous marchés, recevoir, payer, arrêter tous comptes courants et autres; faire tous protêts, dénonciations, comptes de retour, exercer tous recours en garantie et toutes contraintes par corps; signer la correspondance;

S'intéresser dans toutes entreprises; contracter et dissoudre toutes sociétés;

Suivre la liquidation de toutes sociétés de commerce et de toutes créances, soit sur particuliers, soit sur le gouvernement; se présenter à tous bureaux, ministères, directions, commissions de liquidation, au trésor, et partout où besoin sera; faire toutes demandes, pétitions et réclamations; se faire délivrer tous bons, mandats, lettres d'avis, ordonnances de payement; en toucher le montant;

Intervenir dans tous rapports et délégations qui pourraient être faits sur M. et Madame A...; les accepter et se les tenir pour signifiés;

Faire et accepter toutes prorogations, y stipuler et consentir toutes clauses et conventions, obliger M. A... à leur exécution;

Accepter ou conférer toutes tutelles ou curatelles, donner ou requérir toutes autorisations, faire valoir ou rejeter toutes excuses et dispenses, prendre part aux délibérations de tous conseils de famille;

Recueillir les successions à lui échues ou qui pourront lui échoir; recueillir également tous legs universels, à titre universel ou particulier, accepter toutes donations et autres actes de libéralité, requérir toutes appositions de scellés ou s'y opposer, prendre connaissance de tous testaments, codiciles ou donations, en consentir ou contester l'exécution, accepter ou consentir la délivrance des legs et des dons y contenus, faire procéder à tous inventaires, nommer tous officiers publics ou ministériels pour y procéder, faire pendant le cours des opérations tous dires, réquisitions, déclarations, protestations et réserves; prendre connaissance des forces et charges de ces successions et legs; les accepter purement et simplement ou sous bénéfice d'inventaire, ou même y renoncer, faire à tous greffes qu'il appartiendra toutes déclarations et affirmations nécessaires; faire procéder, s'il y a lieu, à la vente du mobilier, avec ou sans attribution de qualité; à cet effet, comme pour faire administrer lesdites successions, introduire tous référés, obtenir toutes ordonnances, les faire exécuter, entendre les comptes des officiers qui auront procédé aux ventes du mobilier et des personnes qui auront administré lesdites successions, en fixer les reliquats, les toucher ou payer;

Acquitter les droits de mutation auxquels lesdits legs et lesdites successions pourront donner ouverture, faire à cet effet les déclarations nécessaires;

Procéder à l'amiable ou en justice aux comptes, liquidations et partages des communautés et successions dans lesquelles le comparant aura des droits, composer les masses, faire et consentir tous prélèvements, former les lots, les tirer au sort ou les distribuer à l'amiable; fixer, recevoir ou payer toutes soultes, faire et accepter tous abandonnements, cessions et transports, laisser tous objets en commun, procéder à toutes licitations d'immeubles; défendre à toutes demandes qui pourraient être intentées contre lui à cet égard;

Agir dans les faillites ou déconfitures dans lesquelles M. A... aura des intérêts à discuter, requérir toutes appositions de scellés, faire procéder à leur reconnaissance et levée, et à tous inventaires et récolements, prendre communication de tous livres, registres, journaux et autre titres et pièces propres à constater la situation active et passive des débiteurs; en cas de refus ou de retard, requérir cette communicatiou en justice, obtenir toutes autorisations et tous compulsoires;

Assister à toutes assemblées de créanciers, prendre part aux délibérations, signer tous contrats d'union d'atermoiement et de concordats; nommer tous syndics provisoires et définitifs, commissaires, directeurs, séquestres, gardiens et dépositaires, produire tous titres et pièces; assister à la vérification des créances, affirmer et faire admettre celles de M. A..., consentir toutes remises, poursuivre l'homologation contre les créanciers refusants, prendre part à toutes distributions de deniers, accepter toutes cessions, transports, délégations, et abandons de biens meubles et immeubles;

Retirer de toutes administrations des postes, de chemins de fer, de messageries et de roulages, tous paquets et lettres, chargés ou non, à l'adresse du constituant;

Recevoir toutes les sommes généralement quelconques qui sont et pourront être dues au constituant, en principal, intérêts, frais et accessoires, à quelque titre que ce soit, payer celles qu'il peut et pourra devoir; de toutes sommes reçues ou payées, donner ou retirer bonnes et valables quittances, consentir mentions et subrogations avec ou sans garantie, ainsi que tous désistements, main levée et radiations, avec ou sans payement, remettre tous titres et pièces ou les recevoir, consentir ou donner toutes décharges; stipuler toutes compensations;

En cas de difficulté (*Pour le surplus voir, à la même formule, le n° 33*);

Assister et autoriser la dame C... épouse dudit sieur A..., dans tous les actes qu'elle pourra avoir à faire, soit dans son intérêt personnel, soit dans un intérêt commun avec le constituant, et dans le cercle des pouvoirs qu'il vient de conférer à son mandataire;

Aux effets ci-dessus, passer et signer tous actes, etc. (V. le n° 11.)

Décompte.

En brevet :

Timbre	Mémoire.
Enregistrement	3 75
Légalisation	» 25
Port	» 50
Honoraires	3 50

En minute :

Timbre de minute et d'expédition	Mémoire.
Enregistrement	3 75
Légalisation	» 25
Port	» 50
Rôles suivant la classe	Mémoire.
Honoraires de la minute	3 50

NOTA Quand une procuration comporte des pouvoirs aussi étendus, on ajoute 10 fr. aux honoraires.

FORMULE 612. — Art. 2003, 2004 et suiv. C. C.; Mourlon, t. III, p. 475 et suiv.

Acte de révocation d'un mandat.

L'an..., le..., à la requête du sieur A... (*p., q. et d.*), pour lequel domicile est élu à ..., rue ..., n° ..., dans l'étude de Me ..., avoué, près le trib. de 1er inst. de..., j'ai (*immatricule de l'huissier*), soussigné, signifié et déclaré au sieur B... (*p., q. et d.*), audit domicile et parlant à..., que le requérant révoque, la procuration qu'il lui a donnée par acte ... (*énoncer l'acte et son objet*), faisant en conséquence défense audit sieur B.... sous peine de tout dommage et intérêts, d'agir, à partir de la présente signification, comme son mandataire, le sommant d'avoir à nous remettre ladite procuration, offrant de lui en donner décharge, et de l'indemniser de tous frais et avances justifiés.

Et j'ai, audit domicile parlant comme ci-dessus, laissé copie du présent, dont le coût est de... (*Signature de l'huissier.*)

Décompte. (Tarif, ar., 29.)

Coût ordinaire des exploits. 7 45

FORMULE 613. — Art. 2003 à 2007 C. C. ; Mourlon, t. III, p. 475 et suiv.

Acte de renonciation au mandat.

L'an ..., le ... (*voir la formule* 612), que le requérant renonce formellement, par le présent acte, au mandat qui lui a été conféré par ledit sieur A... par acte (*énoncer l'acte et son objet*), qu'il offre en conséquence de rendre compte audit sieur A... de sa gestion de mandataire et le somme d'avoir à lui payer ... francs, dont il se trouve en avance à l'occasion de son mandat.

Et j'ai, etc. (*Voir, pour la fin de l'exploit la formule précédente.*)

Décompte : Coût ordinaire des exploits. 7 45.

FORMULE 614.

Décharge d'un mandat.

Par-devant, etc.

M. A... (*p., q. et d*).

Reconnaît que M. B... (*p., q. et d.*) lui a remis, tant précédemment que ce jourd'hui, toutes les sommes qu'il a touchées en vertu de la procuration qu'il lui a donnée par acte reçu par M^e ..., etc., le ..., enregistré, et qu'il lui a rendu fidèle compte de la gestion qu'il a eue de ses affaires, par suite du mandat dont il vient d'être question.

En conséquence, il lui donne décharge, sans réserve, de toutes choses relatives à ce mandat.

Mention des présentes est consentie sur tous titres et pièces.

Dont acte, etc.

Fait et passé, etc.

Décompte :	Timbre de minute et d'expédition..	Mémoire.
	Rôles suivant la classe...........	Mémoire.
	Enregistrement..................	3 75
	Honoraires........................	6 »

FORMULE 615.

Substitution de pouvoirs.

I. — SUBSTITUTION GÉNÉRALE.

Par-devant, etc.

M. B... (*p., q. et d.*),

En vertu du pouvoir, pour ce spécial, contenu en la procuration que lui a donnée M. A... *p., q. et d.*), suivant acte passé devant M^e ..., etc., dont l'original est demeuré ci-annexé, après avoir été certifié véritable par le comparant, a, par ces présentes, substitué en son lieu et place M. C... (*p., q. et d.*);

Auquel il a transmis, sans exception tous les pouvoirs à lui conférés par cette procuration, dont il pourra faire usage comme le comparant en avait le droit.

Dont acte, etc.

Fait et passé, etc.

Décompte.

Voir la formule 611.

II. — SUBSTITUTION PARTIELLE.

Auquel il a transmis les pouvoirs à lui conférés par cette procuration, mais seulement à l'effet de ..., etc. — (*On transcrit tous les pouvoirs dont le mandataire substitué doit faire usage.*)

Dont acte, etc.

Fait et passé, etc.

Décompte.

Voir la formule 611.

FORMULE 616. — 2003 C. C.; Mourlon, t. III, p. 475 et suiv.

Révocation d'une procuration spéciale.

Par-devant, etc.

M. A... (*p.*, *q. et d.*),

A déclaré révoquer la procuration qu'il a donnée à M. B... (*p.*, *q. et d*), suivant acte reçu en brevet (ou *en minute*) par Me ..., etc., à l'effet de..., etc., entendant que le sieur B... ne puisse faire aucun acte ni aucune démarche pour le comparant, à dater du jour de la signification de la présente révocation, à peine de nullité.

Dont acte, etc.

Fait et passé, etc.

Décompte.

Voir la formule 611.

FORMULE 617. — Art. 2003 C. C.; Mourlon, t. III, p. 475 et suiv.

Révocation en termes généraux d'une procuration.

Par-devant, etc.

M. A... (*p.*, *q. et d.*),

A déclaré révoquer tous les pouvoirs qu'il peut avoir donnés à M. B... (*p.*, *q. et d.*), dans telle forme et de quelque manière que ce soit, sans aucune exception, entendant que M. B... ne puisse à l'avenir s'immiscer en aucune manière dans ses affaires, à peine de nullité de tous les actes qu'il pourrait faire, à compter du jour de la signification des présentes.

Dont acte, etc.

Fait et passé, etc.

Même décompte.

Du cautionnement.

FORMULE 618. — 2003 C. C. ; Mourlon, t. III, p. 495 et suiv.

Cautionnement simple.

Par-devant, etc.

M. A... (*p.. q. et d.*),

Après lecture à lui faite par Me ..., notaire soussigné, d'un acte passé devant ce notaire, le..., par lequel M. B... (*p., q. et d.*) a reconnu devoir à M. C... (*p., q. et d.*) la somme de ..., remboursable le ..., avec intérêts à 5 p. 100 par an, payables aux ... de chaque année.

A déclaré se constituer caution du sieur B..., envers M. C..., présent et acceptant, auquel il s'oblige à payer ladite somme de..., et les intérêts, aux époques et lieux fixés dans l'obligation, dans le cas où ledit sieur B... ne remplirait pas lui-même ses engagements, renonçant même au bénéfice de discussion; mais sous la garantie établie par l'art. 2037 C. C. au profit des cautions.

Il est bien entendu que le sieur A... ne pourra être actionné qu'après que le sieur B..., débiteur principal, aura été, mais sans résultat, mis en demeure de payer.

Dont acte.

Fait et passé.

Décompte : Timbre de minute et d'expédition...	Mémoire.
Rôles suivant la classe........................	Mémoire.
Enregistrement, 0,63 centimes p. 0/0...........	Mémoire.
Honoraires, 1/2 p. 100	Mémoire.

FORMULE 619. — Art. 2011 et suiv. C. C. ; Mourlon, t. III, p. 495 et suiv.

Cautionnement solidaire.

Voir pour le commencement la formule précédente.

A déclaré se constituer caution du sieur B... envers M. C..., présent et acceptant, auquel il s'oblige solidairement, sans division ni discussion, avec le débiteur principal, à payer ladite somme de ..., et les intérêts, aux époques fixées dans l'obligation.

Il est cependant bien entendu que si l'hypothèque constituée par le sieur B..., au profit du sieur C..., devient inefficace par le fait ou par la faute de ce dernier, le sieur A... sera de plein droit déchargé de tout engagement envers lui.

Le surplus, *comme en la formule précédente.*

Même décompte.

FORMULE 620. — Art. 2011 et suiv. C. C. ; Mourlon, t. III, p. 495 et suiv.

Certificat de caution.

Par devant, etc.,

M. D.... (*p.*, *q. et d.*),

Après lecture à lui faite par Me..., notaire soussigné : 1° d'un acte... (*voir la formule* 617) ; 2° d'un autre acte passé devant Me..., etc., enregistré, par lequel M. A.... s'est rendu caution solidaire du débiteur principal, pour raison de cette somme et des intérêts.

A déclaré certifier à M. C..., présent et acceptant, la solvabilité de M. A..., e 1se rendre caution solidaire de ce dernier, pour raison du cautionnement qu'il a consenti par l'acte précité, pour le payement du principal et des intérêts de la somme de ..., due au sieur C...

Dont acte.

Fait et passé.

Décompte :	Timbre de minute et d'expédition..	Mémoire.
	Rôles suivant la classe............	Mémoire.
	Enregistrement....................	3 75
	Honoraires........................	6 »

FORMULE 621. — Art. 518 C. Pr. ; Mourlon, t. III, p. 495 et suiv.

Acte de dépôt au greffe des titres qui constatent la solvabilité de la caution.

L'an ..., le ..., au greffe du trib. de 1re inst. de ...,

Le sieur A... (*p.*, *q. et d.*), assisté de Me ..., avoué près ce tribunal,

A dit qu'il a obtenu en la ... chambre de ce tribunal un jugement rendu contradictoirement, le ..., enregistré, condamnant le sieur B... (*p.*, *q. et d.*), à lui payer la somme de ..., etc., et ordonnant l'exécution provisoire, à charge par le comparant de fournir caution ;

Qu'étant dans l'intention de faire exécuter ce jugement provisoirement, nonobstant l'appel interjeté par le sieur B..., il présente comme caution le sieur C... (*p.*, *q. et d.*), et propriétaire d'une maison sise à ...

Pour établir la solvabilité de ladite caution, le comparant a déposé entre les mains de nous, greffier soussigné, les titres de propriété de ladite maison, consistant dans :

1° (*Énoncer les titres de propriété, en commençant par les plus récents.*)

2° Les pièces, au nombre de ..., constatant l'accomplissement des formalités de purge des hypothèques légales sur ladite acquisition ;

3° Le certificat délivré par M. le conservateur des hypothèques de..., le ..., constatant que la maison dont s'agit n'est grevée d'aucune inscription d'ypothèque conventionnelle, légale ou judiciaire.

Desquels comparution, déclaration et dépôts, le comparant a demandé acte que nous lui avons donné, et a signé avec ledit Me ..., son avoué, et nous greffier, après lecture.

(*Signatures de la partie, de l'avoué et du greffier.*)

(*Décompte.* (Tarif, art. 91.)

Timbre	Mémoire
Dépôt	3 75
Expédition	Mémoire
Vacation de l'avoué	3 »

FORMULE 622. — Art 518 C. Pr. ; Mourlon, t. III, p. 495 et suiv.

Présentation de caution par exploit.

L'an ..., le ..., à la requête du sieur A... (*p. q. et d.*), pour lequel domicile est élu en l'étude de Me ..., avoué près le trib. de 1re inst. de ..., lequel est constitué et continuera d'occuper pour lui; j'ai (*immatricule de l'huissier*), soussigné, fait la signification, et en tête (*de celle.*) des présentes laissé copie au sieur B... (*p., q. et d.*), audit domicile en parlant à...,

De l'expédition d'un acte fait au greffe du trib. de 1re inst. de ..., le ..., enregistré, constatant :

1° L'indication de la personne de M. C... (*p., q. et d.*), présentée par le requérant comme caution, en exécution du jugement rendu par ledit tribunal, le ..., enregistré et signifié ;

2° Le dépôt des titres et pièces énoncés audit acte, établissant la solvabilité de la caution présentée.

Et à même requête j'ai fait sommation audit sieur B... de prendre, dans le délai de trois jours, communication sans déplacement des titres et pièces déposés au greffe, et de faire connaître s'il accepte ou refuse ladite caution, lui déclarant que faute par lui de faire connaître sa détermination, comme en cas d'acceptation de ladite caution, le sieur C... fera sa soumission audit greffe, conformément à la loi.

En conséquence, je lui ai, audit domicile, en parlant comme ci-dessus, laissé copie tant de l'acte de dépôt susénoncé que du présent, dont le coût est de ...

Décompte. (Tarif, art. 29.)

Original	2 »
Copie	» 50
Enregistrement,	3 75
Timbre	Mémoire.
Copie à 30 c. par rôle	Mémoire.

FORMULE 623. — Art. 518 C. Pr.; Mourlon, t. III, p. 495 et suiv.

Présentation de caution par acte d'avoué à avoué.

A la requête du sieur A... (*p., q. et d.*), ayant pour avoué Me ...

Soit faite la signification, et en tête (*de celle*) des présentes, laissé copie à Me ... avoué du sieur B... (*p., q. et d.*)

De l'expédition, etc. (*voir la formule précédente*); sommant ledit sieur B..., de prendre, etc. (*Voir la formule précédente.*)

Dont acte.

Pour original, pour copie,
Signifié, donné copie. (*Signature de l'avoué.*)

Décompte. (Tarif, art. 71 et 156.)

Timbre	» 60
Enregistrement	» 94
Signification	Mémoire.
Original	5 »
Copie, le quart	1 25
Copie de pièce à 30 c. par rôle	Mémoire.

FORMULE 624.

Acceptation de caution par acte d'avoué à avoué,

A la requête du sieur A... (*p., q. et d.*), ayant pour avoué Me...

Soit signifié et déclaré à Me... avoué du sieur B... (*p., q. et d.*), que le requérant accepte la personne de M. C... (*p., q. et d.*), comme caution présentée par ledit sieur A..., suivant exploit de..., en date du..., enregistré, pour satisfaire au jugement rendu au profit du sieur B..., par le trib. de 1re inst. de..., le..., enregistré, sans d'ailleurs aucune approbation dudit jugement, et au contraire sous toutes réserves.

Dont acte.

Pour original, pour copie,
Signifié, donné copie. (*Signature de l'avoué.*)

Même décompte.

FORMULE 625. — Art. 519 C. Pr.; Mourlon, t. III, p. 1495 et suiv.

Acte pour contester la caution.

A la requête du sieur B... (*p., q. et d.*), ayant pour avoué Me (*Si l'avoué n'avait pas été encore constitué, dire :*) qu'il constitue et qui occupera pour lui sur les contestations de caution ci-après :

Soit signifié et déclaré à Me ..., avoué du sieur A... (*p., q. et d.*), que le requérant conteste la validité de la présentation comme caution du sieur C... (*p., q. et d.*), faite par le sieur A ..., par acte du ..., en exécution du jugement rendu par le tribunal de 1re inst. de..., le..., enregistré.

Soit, en conséquence, sommé ledit Me.... de comparaître le..., heure de..., à l'audience et par-devant MM. les président et juges composant le tribunal de 1re inst. de..., séant au palais de justice, à..., pour, attendu que l'immeuble appartenant au sieur C..., dont les titres ont été déposés au greffe, se trouve grevé de l'hypothèque légale de la dame..., épouse dudit sieur C... (ou *d'une inscription hypothécaire. — Énoncer les autres empêchements qui peuvent rendre la caution insuffisante*); attendu que cet immeuble ne présente pas de garanties réelles, et qu'ainsi la solvabilité de la caution présentée n'est pas suffisamment établie, voir rejeter ladite caution, en conséquence, voir dire que jusqu'à ce qu'il ait été présenté bonne et solvable caution, il sera fait défense au sieur A... d'exécuter le jugement du..., qui n'a ordonné l'exécution provisoire qu'à la charge de caution; et s'entendre condamner aux dépens de l'incident, dont distraction sera prononcée au profit de Me..., avoué, qui affirme en avoir fait l'avance.

Dont acte.

Pour original, pour copie,

Signifié, donné copie, etc. (*Signature de l'avoué.*)

Décompte. (Tarif, art 71.)

Timbre	» 60
Enregistrement	» 94
Signification	Mémoire
Original et copie	6 25

FORMULE 626. — Art. 519 et 522 C Pr.; Mourlon, t. III, p. 495 et suiv.

Acte de soumission de la caution au greffe.

L'an..., le..., au greffe du trib. de 1re inst. de...,

A comparu :

M. C... (*p., q. et d.*), assisté de Me..., avoué près ce tribunal.

Lequel a dit que par jugement rendu contradictoirement entre le sieur B... (*p., q. et d.*), et le sieur A... (*p., q. et d.*) par le tribunal de..., le..., enregistré, il a été ordonné que le sieur A... serait tenu de fournir caution;

Que par acte d'avoué à avoué, en date du..., enregistré, le sieur A..., a présenté comme caution le comparant, et que cette caution a été acceptée par le sieur B..., suivant acte d'avoué à avoué, en date du..., enregistré;

En conséquence, le comparant déclare se constituer caution du sieur A..., dans les termes du jugement de ..., se soumettant à rembourser le montant des condamnations prononcées par ledit jugement, en cas d'infirmation.

Desquelles comparution et soumission le comparant a demandé acte que nous lui avons donné, et qu'il a signé avec ledit Me... et nous, greffier, après lecture. (*Signatures de la caution, de l'avoué et du greffier.*)

Décompte :	Timbre et expédition	Mémoire.
	Enregistrement	Mémoire
	Vacation de l'avoué	3 »

Des transactions.

FORMULE 627. Art. 2044 à 2058 C. C. ; Mourlon, t. III, p. 515.

Transaction.

(NOTA. La formule d'une transaction varie suivant la nature des faits qui y donnent lieu, il est dès lors presque impossible de donner un modèle de transaction : nous nous bornerons à fixer le cadre qui peut s'adapter au plus grand nombre de cas.)

Par-devant, etc.,

M. A... (*p., q. et d.*), d'une part;

M. B... (*p., q. et d.*), d'autre part;

En vue de la transaction que ces présentes ont pour objet, et afin d'en rendre les dispositions plus claires, ont préalablement exposé ce qui suit :

EXPOSÉ DES FAITS.

(Indiquer ici avec beaucoup de soin l'objet ou les objets du litige ou de la contestation.)

Dans cet état de choses, les parties, dans leur intérêt commun, se sont rapprochées et sont tombées d'accord de transiger sur les difficultés qui les divisaient, de la manière et ainsi qu'il suit :

TRANSACTION.

Art. 1er. — Etc., etc.

Dans une série d'articles qu'on doit rédiger très brièvement avec la clarté la plus absolue, on stipule les engagements pris, les renonciations, les réserves, etc., faites par chacune des parties.

Art. ... Etc., etc.

(S'il y a eu procès commencé, dire :)

M. A... consent que tous les actes de la procédure dirigée par lui contre M. B..., et tout ce qui en a été la conséquence soient considérés comme nuls et non avenus.

(S'il y a lieu de donner des mainlevées d'oppositions ou d'inscriptions, on les insère à la suite de cette clause.)

Si le procès n'est pas commencé, dire :

M. A... renonce à exercer aucune poursuite contre M. B..., et tous procès à naître entre les parties demeurent éteints.

Art. ... — Les frais du procès (*s'il y en a eu*) et ceux des présentes seront supportées par moitié entre les parties.

Dont acte.

Fait et passé, etc.

Décompte : Timbre de minute et d'expédition......... Mémoire.
Enregistrement......................... 5 63
Excepté pour le cas où les stipulaions de la transaction donneraient lieu à des droits proportionnels......................... Mémoire.
Rôles suivant la classe.................. Mémoire.
Honoraires suivant la nature des dispositions contenues dans l'acte................. Mémoire.

(Les formules 628 à 646 inclus, qui avaient trait à la *contrainte par corps*, n'ont pas été reproduites ici, par cette raison que la contrainte par corps a été supprimée en matière commerciale, civile et contre les étrangers. — L. du 22 juillet 1867.)

Du nantissement.

FORMULE 647. — Art. 2071 à 2084 C. C.; Mourlon, t. III, p. 531 et suiv.

Acte de gage.

Par-devant, etc.

M. A... (*p., q. et d.*),

A reconnu devoir légitimement (*voir le commencement de la formule* 371, *Obligation simple*).

Pour sûreté de cette dette, M. A..., a présentement remis à M. C..., qui le reconnaît, à titre de gage et de nantissement, les objets mobiliers ci après désignés, lui appartenant, ainsi qu'il vient de l'affirmer en présence des notaires soussignés, savoir :

M. B..., s'oblige à rendre ces objets à M. A... aussitôt après le remboursement de la dette ci-dessus contractée.

A défaut de payement du principal et des intérêts à leurs échéances, M. B... pourra, soit faire vendre judiciairement et aux enchères les objets ci-dessus remis en gage, après une mise en demeure restée sans effet pendant huit jours, pour exercer ses droits, par privilége et préférence à tous autres créanciers, sur le prix de la vente, soit faire ordonner en justice que les objets engagés à sa sûreté lui donneront en payement de sa créance et jusqu'à due concurrence, d'après une estimation qui sera faite par experts.

Dont acte, pour l'exécution duquel, etc.

Fait et passé.

Décompte : Timbre de minute et d'expédition. Mémoire.
Rôles............................ Mémoire.
Enregistrement, 1 fr. 25 c. p. 0/0.
Honoraires, 1 fr. p. 0/0.

FORMULE 648. — Art. 2071 à 2084 C. C.; Mourlon, t. III, p. 531 et suiv.

Acte de gage en rentes sur l'État.

(*Voir pour le commencement de l'acte, la formule précédente.*)

Pour sûreté de cette dette, M. A... a présentement remis, à titre de gage et de nantissement, à M. B... qui le reconnaît,

Une inscription de... de rente perpétuelle, faite en son nom au grand-livre de la dette de France, 3 p. 100, sous le n°... de la... série.

M. B... est autorisé à toucher sur ses quittances, les arrérages de cette inscription, pour l'imputation en être faite d'abord sur les intérêts de la présente obligation et subsidiairement sur le principal.

M. B... s'oblige a rendre, etc. (*tout le surplus comme en la formule précédente*).

Même décompte.

FORMULE 648 *bis*. — Art. 2071 et 2086 C. C.; Mourlon, t. III, p. 531 et suiv.

Acte du gage d'une créance.

Voir la formule précédente.

Cet acte est peu en usage, on préfère dans la pratique faire un transport en garantie, qui saisit davantage le créancier, permet une subrogation plus complète et évite de recourir à une vente judiciaire.

Pour le transport en garantie, on commence par l'obligation simple du débiteur (*voir la formule* 371), puis on ajoute : à la sûreté de cette dette, M. A... transporte, etc. (*Voir la formule* 557.)

Même décompte qu'en la formule 557.

FORMULE 649. — Art. 2072 à 2091 C. C.; Mourlon, t. III, p. 537 et suiv.

Antichrèse.

Par-devant, etc.,

M. A... (*q., q, et d,*), etc.,

Voir pour le commencement *la formule* 371.

Pour sûreté de cette dette, M... a remis en antichrèse à M. B..., qui accepte,

Une ferme sise à ... (*désignation*),

Louée pour neuf années, commencées le..., finissant le..., au sieur C... (*p., q. et d.*), moyennant .... de loyer annuel, payable en deux termes égaux, les ... de chaque année, aux termes d'un acte reçu par M^{e}..., etc., enregistré.

Établir très succinctement la propriété.

Au moyen des présentes, M. B... touchera, jusqu'au payement intégral de sa créance en principal et intérêts, directement du locataire, à titre d'antichrèse, les loyers de ladite ferme, à partir du ... A cet effet M. A.., le met et subroge dans tous ses droits et actions contre son locataire.

Le présent acte d'antichrèse est fait à la charge par M. C... : 1° de payer et d'acqitter à partir du... tous les impôts généralement quelconques, dont ladite ferme peut et pourra être chargée;

2° De l'entretenir de toutes les réparations dont le locataire ne serait pas tenu, après en avoir fait reconnaître l'opportunité, soit par le sieur A..., soit, en cas de dissentiment, par la justice.

Il est convenu que sur les loyers que le sieurs B... touchera du locataire il prélèvera les impôts et les réparations dont il vient d'être question.

Dès que ce dernier aura reçu le montant de sa créance intégrale, M. A.. rentrera dans la jouissance libre de sa ferme.

M. B... reconnaît que M. A... lui a remis la grosse du bail fait au sieur C...

A l'expiration de ce bail, si la libération du débiteur n'est pas complète, il en sera passé un nouveau, pour neuf années par MM. A... et B..., simultanément, sinon et en cas de dissentiment par M. B... seul; en ce cas il aura lieu devant notaire aux enchères publiques, en présence du sieur A... ou lui dûment appelé.

Pour faire signifier ces présentes, pouvoir est donné au porteur d'une expédition.

Les frais auxquels elles donneront lieu seront à la charge du sieur A...

Dont acte, pour l'exécution, etc.

Fait et passé, etc.

Décompte :	Timbre de minute et d'expédition..	Mémoire.
	Rôles..............................	Mémoire.
	Enregistrement à 2 fr. 50 c. p. 0/0.	Mémoire.
	Transcription......................	Mémoire.
	Honoraires, 1 fr. p. 0/0...........	Mémoire.

FORMULE 650. — Art. 2075 C. C.; Mourlon, t. III. p. 537 et suiv.

Signification de l'acte constitutif de l'antichrèse.

L'an..., le..., à la requête du sieur B... (*p. q. et d.*), j'ai (*immatriculé de l'huissier*), soussigné, fait la signification et en tête (*de celle*) des présentes, donné copie au sieur C... (*p., q. et d.*), audit domicile, en parlant à ..., d'un acte reçu par Me..., etc., enregistré, par lequel le sieur A... (*p., q. et d.*), en se reconnaissant débiteur envers le requérant d'une somme de ..., exigible le ..., et productive d'intérêts à 5 p. 100, à partir du ..., lui a donné en antichrèse la ferme de ..., louée audit sieur C..., aux termes d'un acte reçu par Me ..., etc., enregistré, moyennant ... de loyer annuel; déclarant audit sieur C... que la présente signification est faite afin d'acquérir privilège sur les loyers de ladite ferme, audit sieur B... entre les mains duquel il devra se libérer de ses loyers, à peine de payer deux fois et de tous dépens, dommages et intérêts.

Et j'ai, audit domicile, parlant comme ci-dessus, laissé copie du présent, dont le coût est de ... (*Signature de l'huissier.*)

Décompte. (Tarif, art 29.)

Timbre..........................	1 20
Enregistrement..................	3 75
Original........................	1 »
Copie...........................	» 50
Copie de pièces, 25 c. par rôle...	Mémoire.

FORMULE 651. — Art. 2075 C. C.; Mourlon, t. III, p. 537 et suiv.

Signification de l'acte constitutif du gage au débiteur lorsque le gage consiste dans une créance.

Voir la formule précédente.

Même décompte.

Des privilèges et hypothèques.

FORMULE. 262. — Art. 2103 C. C.; Mourlon, t. III, p. 608.

Bordereau d'inscription de privilège contre un acquéreur [1].

Inscription de privilège est requise au bureau des hypothèques de ..., au profit de M. A... (*p., q. et d.*), pour lequel domicile est élu à ... (*l'une des communes de l'arrondissement dans lequel se trouve le bureau des hypothèques.*)

Contre M. B... (*p., q. et d.*),

En vertu d'un acte passé devant Me ..., notaire à ..., qui en a la minute et son confrère, le ..., enregistré, contenant vente par M. A... à M. B... d'une maison et dépendances, sise à ... (*désigner très clairement l'immeuble, indiquer les tenants et aboutissants, etc.*)

Pour sûreté, 1° de la somme de ..., prix de l'immeuble ci-dessus désigné, exigible le ..., et productive d'intérêts à 5 p. 100 par an, payables le..., de chaque année, à compter du ..., ci........................ » »

2° De la somme de ..., pour les intérêts échus et à échoir, calculés depuis le ..., jusqu'au ... (*jour de l'échéance du prix*), ci [2].. » »

3° De la somme de ..., pour le montant approximatif des intérêts qui, à défaut de payement du capital. à l'échance ci-dessus précisée, continueront de courir au profit du requérant, ci.. » »

4° Des frais de mise à exécution, évalués à 300 fr., sauf à parfaire ou à diminuer.. 300 »

Sur (*désigner les immeubles abandonnés par ce partage au débiteur de la soulte*).

1. Cette inscription n'est, en général, utile qu'autant que l'acte de vente n'a pas été transcrit. La transcription vaut, en effet, inscription au profit du vendeur (art 2105 C. C.); elle est d'ailleurs suivie d'une inscription d'office (même art.). Le vendeur peut requérir lui-même la transcription.

2. Il est généralement admis que l'inscription prise par le vendeur conserve tous les intérêts du prix échus ou à échoir, jour fixé pour le payement, mais sous la condition de préciser dans l'inscriptiou, l'époque de l'exigilité de la créance inscrite. (Voir M. Mourlon, *Examen crit. du comm.*, de M. Troplong, *Sur les privilèges*, n° 158.)

Décompte :	Timbre des bordereaux......	Mémoire.
	Coût de l'inscription aux hypothèques, 1 fr. 25 par 1000...	Mémoire.
	Salaire.........................	1 25
	Rédaction du bordereau......	6 »
	On ajoute 10, 15 ou 20 fr. lorsque les bordereaux sont compliqués et suivant leur degré de complication............	Mémoire.

FORMULE 653. — Art. 2103 C. C.; Mourlon, t. III, p. 608, 611.

Bordereau d'inscription de privilége contre un héritier au profit de son cohéritier, pour sûreté d'une soulte.

Inscription de privilége est requise au bureau des hypothèques de ..., au profit de M. A... (*p., q. et d.*), pour lequel domicile est élu à ... (*lieu dans l'arrondissement du bureau*),

Contre M. B... (*p., q. et d.*), son frère,

En vertu d'un acte passé devant Me ..., notaire à ..., qui en a gardé minute et son confrère, le ..., enregistré, contenant les comptes, liquidation et partage des biens composant la succession de ..., père des susnommés, dont ils sont héritiers, chacun pour moitié,

Pour sûreté, 1° de la somme de ..., montant de la soulte mise à la charge de M. B..., au profit de M. A..., aux termes de l'acte de partage sus énoncé, stipulée exigible le ..., et productive d'intérêts à 5 p. 100 par an, payables les ... de chaque année, ci. .... » »

2° De la somme de ... pour les intérêts échus et à échoir, calculés depuis le..., jusqu'au ... (*jour de l'échéance de la soulte*), ci.. .... » »

3° De la somme de ..., pour le montant approximatif des intérêts qui, à défaut de payement du capital, à l'échéance ci-dessus précisée, continueront de courir au profit du requérant, ci. .... » »

4° Des frais de mise à exécution évalués à 300 fr., sauf à parfaire ou à diminuer. .... 300 »

Sur (*désigner les immeubles abandonnés par le partage au débiteur de la soulte*).

Même décompte.

FORMULE 654. — Art. 2103 C. C.; Mourlon, t. III. p. 608, 611.

Bordereau d'inscription de privilége contre un propriétaire au profit d'un entrepreneur pour sûreté de payement de travaux [1].

PREMIÈRE INSCRIPTION.

Inscription de privilége est requise au bureau des hypothèques de ...

1. On prend deux inscriptions, l'une en vertu du procès-verbal qui constate l'état des lieux, l'autre, définitive, en vertu de ce même procès-verbal et en vertu du procès-verbal de réception des travaux.

Au profit de M. A... (*d.*, *q. et d.*), pour lequel domicile (*voir la formule* 652),

Contre M. B... (*p.*, *q. et d.*),

En vertu d'un procès-verbal dressé le .... par M. K... (*p.*, *q. et d.*), architecte expert commis, à cet effet, par jugement du tribunal de 1re inst. de ..., en date du ..., enregistré, lequel procès-verbal constate l'état d'un terrain situé à ... (*le désigner*), appartenant au sieur B... et indique les constructions que ce dernier a le dessein de faire.

Pour sûreté, 1° de la somme de ..., valeur approximative desdits travaux, ci. . . . . » »

2° Des frais de mise à exécution évalués à 300 fr., sauf à parfaire ou à diminuer. . . . . » »

Sur le terrain ci-dessus indiqué et sur les constructions que le sieur A.. y aura faites, dont la valeur sera ultérieurement fixée définitivement.

SECONDE INSCRIPTION.

Inscription de privilége est requise au bureau des hypothèques de ..., pour valoir tant à sa date qu'à celle de l'inscription faite au même bureau, le ..., vol. ..., n° ...,

Au profit de M. A... (*p.*, *q. et d.*), pour lequel domicile est élu, etc. (*Voir la formule* 652.),

Contre M. B... (*p.*, *q. et d.*),

En vertu, 1° d'un procès-verbal dressé le ..., par M. K... (*p.*, *q. et d.*), architecte expert commis à cet effet par jugement du tribunal de 1re inst. de ..., en date du ..., enregistré, ledit procès-verbal portant réception des travaux s'élevant à la somme de ..., faits par le sieur A..., sur un terrain, sis à ... (*désigner*), appartenant au sieur B..., sur lequel ledit sieur A... a construit une maison, consistant en ... (*désigner*) ;

2° D'un procès-verbal, constatant l'état du terrain avant la construction dressé le ..., par ledit sieur K..., architecte expert commis à cet effet par jugement du tribunal de 1re inst. de ..., en date du ..., enregistré ;

Pour sûreté, 1° de la somme de ..., valeur des travaux, exigible le ..., et productive d'intérêts à 5 p. 100 par an, payables, ci. . . . » »

3° Des intérêts échus et à échoir, dont la loi conserve le rang. Mémoire.

4° Des frais de mise à exécution évalués à 500 fr, sauf à augmenter ou à diminuer, ci. . . . . 500 »

Sur le terrain ci-dessus désigné et sur la maison qui y a été construite.

Même décompte.

FORMULE 655. — Art. 678 C. C. ; Mourlon, t. III, p. 608, 626.

Bordereau d'inscription de privilége au profit d'un créancier ou d'un légataire pour la séparation des patrimoines.

Inscription de privilége est requise au bureau des hypothèques de ...

Au profit de M. A... (*p., q. et d.*), pour lequel domicile, etc. (*Voir la formule* 652.),

Contre M. C... (*p., q. et d.*), en sa qualité d'héritier de M. B... (*p., q. et d.*), décédé à ..., le ...

En vertu d'une acte passé devant Me ..., etc., enregistré, contenant obligation par M. B..., au profit de M. A..., d'une somme de ...

Pour sûreté et avoir payement, par privilége et préférence aux créanciers personnels de M. C..., à l'égard duquel M. A... se réserve de demander la séparation du patrimoine du défunt d'avec celui de son héritier.

1° De la somme de ..., montant de l'obligation susénoncée, » »

2° Des intérêts de ladite obligation échus et à échoir, dont la loi conserve le rang. . . . . Mémoire.

3° Des frais de mise à exécution, évalués à ..., sauf à augmenter ou à diminuer. . . . . » »

Sur tous les immeubles dépendants de la succession de M. B..., situés dans l'étendue du bureau des hypothèques de ..., et spécialement sur (*désigner les immeubles*).

Même décompte.

FORMULE 656. — Art. 2114 C. C.; Mourlon, t. III, p. 701 et suiv.

Bordereau d'inscription hypothécaire simple.

Inscription est requise au bureau des hypothèques de ..., au profit de M. A... (*p., q. et d.*), pour lequel domicile est élu (*Voir la formule* 652).

Contre M. B... (*p., q. et d.*),

En vertu d'une obligation souscrite par M. B... au profit de M. A..., suivant acte passé devant Me ..., notaire, etc., le ..., enregistré.

Pour sûreté, 1° de la somme de ..., montant de l'obligation précitée, exigible le ..., et productive d'intérêts à 5 p. 100 par an, payables de six en six mois à compter du. . . . . » »

2° Des intérêts échus et à échoir, dont la loi conserve le rang. . Mémoire.

3° Des frais de mise à exécution, évalués à ..., sauf à augmenter ou à diminuer, ci . . . . » » »

Sur les immeubles ci-après désignés.

(Les désigner.)

Même décompte.

FORMULE 657. — Art. 2114 et suiv., 2117 et suiv. C. C.; Mourlon, t. III, p. 701 et suiv.

Bordereau d'inscription collective d'une hypothèque conventionnelle et d'une hypothèque légale [1].

Inscription est requise au bureau des hypothèques de ...

1. La question de savoir s'il y a lieu de prendre deux inscriptions distinctes et de produire par conséquent, quatre bordereaux a été controversée. M. Mourlon, qui s'est prononcé pour l'affirmative (voir la *Revue pratique*, t. Ier, page 89 et suiv., et t. II, p. 494 et suiv.), persiste dans sa manière de voir; néanmoins l'usage d'une inscription unique mais collective ayant prévalu, nous indiquons la formule qui nous paraît se concilier le plus avec les deux systèmes.

Au profit exclusif de M. A... (*p., q. et d.*), pour lequel domicile est élu etc. (*Voir la formule* 652);

D'une part, contre M. B... (*p., q. et., d.*), et dame ... (*n. et p.*), son épouse, demeurant ensemble à ..., débiteurs solidaires,

De l'hypothèque conventionnelle que M. et madame B..., ont consentie à son profit aux termes de l'obligation énoncée ci-après.

Et d'autre part, contre M. B..., susnommé,

De l'hypothèque légale, conservant les reprises, créances, indemnités, et autres droits que madame B... a et pourra avoir à exercer contre ledit sieur B..., son mari, pour raison spécialement, 1° de la somme de ..., formant son apport en mariage, réservé propre par son contrat de mariage passé devant Mᵉ ..., etc., le ..., enregistré;

2° De celle de..., etc. (*Voir, pour les autres causes de l'hypothèque légale, la formule* 663.)

Le tout en vertu, d'une obligation de la somme de ..., souscrite solidairement par M. et madame B..., au profit de M. A..., suivant acte reçu par Mᵉ ..., etc., le ..., enregistré, aux termes duquel cette dame, autorisée de son mari, a subrogé M. A..., jusqu'à concurrence des causes de l'obligation susénoncée, en principal, intérêts, frais et accessoires, dans l'effet de son hypothèque légale. (*Si la subrogation a été limitée, dire* :) limitativement sur les immeubles ci-après désignés.

Pour sûreté, 1° de la somme de ..., montant en principal de l'obligation ci-dessus énoncée, stipulée exigible le ..., et productive d'intérêts à 5 p. 100 par an, payables, de mois en mois, à partir du ..., ci. . . . . » »

Sur (*désigner les immeubles*).

Et, à cause de la subrogation dans l'hypothèque légale de la dame B..., sur les immeubles que le sieur B... a ou pourra avoir dans l'arrondissement du bureau des hypothèques de..., ainsi que sur ceux dont il a pu antérieurement disposer.

(*Si l'hypothèque légale est limitée, il y a lieu de ne pas mettre le paragraphe qui précède. Dans tous les cas, il est prudent de terminer ainsi* :) l'inscription étant ainsi prise au profit exclusif de M. A..., même pour l'hypothèque légale, il pourra en consentir la radiation seul et sans le concours de madame B..., ainsi qu'il a été convenu dans l'obligation ci-dessus énoncée.

Même décompte.

FORMULE 658.

Bordereau d'inscription d'une hypothèque consentie pour sûreté d'un bail.

Le commencement comme aux formules précédentes.

En vertu d'un bail de terres situées à ..., consenti par M. A..., au profit de M. et madame B..., pour ... années, qui commenceront (*ou qui ont commencé*) à courir du ..., suivant acte reçu par Mᵉ ..., etc.

Pour sûreté, 1° de la somme de ..., total des années de redevance convenue dans ledit bail et dont chacune est payable le ..., ci. . . . » »

2° De celle de ..., à laquelle est évaluée la charge imposée par le bail à M. et madame B..., de fournir chaque année à M. A... (*désigner les faisances*), à raison de ... par année, ci. . . . . » »

3° De celle de ..., pour frais de mise à exécution évalués à..., sauf à augmenter ou à diminuer, ci. . . . . » »

4° De celle de ..., pour les dommages-intérêts qui pourront résulter de l'inexécution du bail à. . . . . » »

Sur (*désigner les immeubles*).

Même décompte.

FORMULE 659.

Bordereau d'inscription d'une hypothèque consentie pour sûreté d'un crédit.

Le commencement comme dans les formules précédentes.

En vertu d'un acte de crédit ouvert par M. A..., au profit de M. B..., reçu par Me ..., notaire à ..., etc., aux termes duquel M. B... pourra user du crédit ouvert en tout ou en partie, comme bon lui semblera, à partir du..., jusqu'au ...

Pour sûreté, 1° de la somme de ..., montant du crédit ouvert, exigible le ..., et productive d'intérêts à 6 p. 100 par an, à partir du jour de chacune des remises qui auront été faites par M. A..., ou pour son compte, jusqu'au jour du payement, ci. . . . . » »

2° Des intérêts à échoir dont la loi conserve le rang. . . . . . Mémoire.

3° Des frais de mise à exécution, évalués à..., sauf à augmenter ou à diminuer, ci. . . . .

Sur (*désigner les immeubles*).

Même décompte.

FORMULE 660.

Bordereau d'inscription d'une hypothèque consentie pour sûreté d'une rente viagère.

Le commencement comme aux formules précédentes.

En vertu d'un acte passé devant Me ..., etc., le ..., enregistré,

Pour sûreté, 1° de la somme de...[1], non exigible, hors le cas de non payement de deux semestres de ladite rente viagère, dûment constaté par un simple commandement resté infructueux pendant..., mais, ladite somme de..., nécessaire pour assurer le service de la rente viagère de..., constituée aux termes de l'acte précité, par M. B..., au profit et sur la tête de M. A..., payable de six en six mois, a partir du ..., ci. . . . . . » »

1. On calcule le capital au denier vingt de la rente viagère. Ainsi pour 200 fr. de rente on porte 4,000 fr.

2° Des arrérages échus et à échoir, dont la loi conserve le rang. . . . . Mémoire.

3° Des frais de mise à exécution évalués à..., sauf à augmenter ou à diminuer, ci. . . . . » »

Sur (*désigner les immeubles*).

Même décompte.

FORMULE 661. — Art. 2117 C. C. ; Mourlon, t. III, p. 656.

Bordereau d'inscription d'une hypothèque judiciaire.

Le commencement comme aux formules précédentes.

En vertu d'un jugement rendu par le tribunal de ..., contradictoirement (*ou* par défaut) le ..., enregistré (*ou* d'une sentence arbitrale rendue par MM. ..., le ..., enregistrée, déposée au greffe du tribunal de 1re inst. de ..., le ..., et rendue exécutoire par ordonnance de M. le président dudit tribunal en date du ..., enregistrée) ;

Pour sûreté, 1° de la somme de ..., montant en principal des condamnations prononcées, au profit de M. A... contre M. B..., par le jugement susénoncé, exigible le ..., et productive d'intérêts à 5 p. 100 par an, payables en même temps que le principal, à compter du ..., jour de la demande, ci. . . . . » »

2° Des intérêts échus et à échoir, dont la loi conserve le rang. Mémoire

3° De la somme de ..., montant des frais liquidés par le jugement, ci. . . . . » »

4° Et du coût de ce jugement, de la signification et des frais de mise à exécution, ces derniers évalués à..., sauf à augmenter ou diminuer, ci. . . . . » »

Total des sommes déterminées. . . . » »

Sur tous les biens immeubles présents et à venir de M. B..., situés dans l'arrondissement du bureau des hypothèques de ...

Même décompte

FORMULE 662. — Art. 2130 C. C. ; Mourlon, t. III, p. 656.

Bordereau d'inscription d'hypothèque conventionnelle sur les biens à venir, attendu l'insuffisance des biens présents.

Le commencement comme en la formule 656.

Jusqu'au paragraphe commençant par le mot : Sur.

Sur (*désigner les immeubles*).

Et attendu l'insuffisance desdits immeubles déclarée dans l'obligation précitée, en conformité de l'art. 2130 du C. C., sur tous les biens que le débiteur acquerra par la suite, à quelque titre que ce soit.

Même décompte.

FORMULE 663. — Art. 1493 à 1447, 2121 à 2123 C. C. ; Mourlon, t. III, p. 656.

Bordereau d'inscription d'hypothèque légale au profit d'une femme.

Inscription d'hypothèque légale est requise au bureau des hypothèques de ..., au profit de madame B... (*p.*, *q. et d.*), épouse de M. A... (*p.*, *q. et d.*) : pour lequel domicile est élu à ..., etc. (*Voir la formule* 652).

Contre mondit sieur A..., son mari,

En vertu de son contrat de mariage, reçu par Me ..., etc., le ..., enregistré,

Pour sûreté : 1° de la somme de ..., formant son apport en mariage, réservée propre par le contrat ci-dessus énoncé, ci.	»	»
2° De celle de ..., montant de la dot que son père lui a constituée par ledit contrat de mariage, ci.	»	»
3° De la somme de..., qu'elle a recueillie dans la succession du sieur C... (*p.*, *q. et d.*), décédé à ..., le ..., liquidée par acte reçu par Me ..., etc., le ..., enregistrée.	»	
4° Des sommes et valeurs à recueillir par elle dans la succession non encore liquidée du sieur D... (*p.*, *q. et d.*), décédé à ..., le ..., ci.	»	
5° De la somme de..., prix de la vente de (*désigner l'immeuble*), appartenant en propre à la dame B..., et dont l'aliénation a été faite par acte reçu par Me ..., etc., le ..., enregistré.	»	
6° Des droits, créances et indemnités qu'elle pourra avoir à réclamer contre son mari, ci.	*Indéterminées.*	
7° Du préciput auquel elle aura droit en cas de survie, jusqu'à concurrence d'une somme de ... en effets mobiliers ou argent comptant, à son choix, ci.	»	»
Total des créances déterminées, non compris les créances éventuelles.	»	»

Sur tous les biens immeubles présents et à venir de M. A..., situés dans l'arrondissement du bureau des hypothèques de ..., ainsi que sur ceux dont il a pu antérieurement disposer [1].

Même décompte.

FORMULE 664. — Art. 2121 C. C. ; Mourlon, t. III, p. 702.

Subrogation dans l'hypothèque légale d'une femme par acte séparé.

Par-devant, etc.

Madame C... (*p.*, *q. et d.*), épouse assistée et autorisée de M. A...

1. Bien que l'hypothèque légale soit générale, l'inscription peut, en vertu d'une clause expresse, être spécialisée et appliquée exclusivement à un immeuble déterminé.

(*p.*, *q. et d*), son mari, avec lequel elle est commune en biens, aux termes de leur contrat de mariage passé devant Me ..., etc., le ..., enregistré,

A déclaré s'obliger solidairement avec son mari, envers M. B... (*p.*, *q. et d*), présent en acceptant, au remboursement en principal et au service des intérêts de la somme de ..., montant d'une obligation souscrite par son mari, au profit de mondit sieur B..., aux termes d'un acte reçu par Me ..., etc., le ..., enregistré, laquelle somme a été stipulée exigible le ..., et productive d'intérêts à 5 p. 100 par an, payables de six en six mois, à partir du ...

Afin de garantir l'engagement qu'elle vient de prendre, madame A ... cède et transporte à M. B..., qui accepte pareille somme de ..., ses intérêts frais et accessoires à prendre dans ses droits, créances et reprises qu'elle peut ou pourra avoir à exercer contre son mari. En conséquence, elle le met et le subroge dans l'effet de son hypothèque légale contre son mari, et de toute inscription prise ou à prendre pour la conservation de cette hypothèque (*si on entend limiter cette subrogation, on ajoute*) : cette subrogation n'est consentie que sur (*désigner l'immeuble ou les immeubles sur lesquels le créancier doit exercer ses droits*), tous les autres biens du sieur A... devant en rester affranchis.

Pour faire opérer cette subrogation au bureau des hypothèques de ..., pour inscrire, s'il est besoin, l'hypothèque légale de madame A..., tous pouvoirs sont donnés au porteur.

Il est entendu que l'inscription de l'hypothèque légale de la dame A..., qui sera la conséquence des présentes, aura lieu au profit exclusif de M. B..., qui pourra seul et sans le concours de ladite dame en donner mainlevée.

Fait et passé à...,

Décompte :	Timbre..................................	» 60
	Enregistrement + 63 c. 0/0..........	
	Timbre d'expédition et rôles........	Mémoire.
	Coût de la subrogation..............	2 35
	Honoraires.............................	6 »

FORMULE 665. — Art. 2121, 2141 C. C.; Mourlon, t. III, p. 702.

Bordereau d'inscription d'hypothèque légale au profit d'un mineur ou d'un interdit.

Inscription d'hypothèque légale est requise par ... (*indiquer la personne qui recquiert l'inscription*), au bureau des hypothèques de ..., au profit du sieur A... (*p.*, *q. et d.*,) mineur (*ou* interdit par jugement du tribunal de 1re inst. de ..., en date du ..., enregistré), sous la tutelle de M. B... (*p.*, *q. et d.*), élu à cette qualité de lui acceptée, par délibération du conseil de famille du mineur (ou *de l'interdit*), prise sous la présidence de M. le juge de paix du canton de .... le ..., enregistrée.

Pour sûreté de l'administration que le B... a des biens du mineur (*ou* de l'interdit), et des sommes, dont, par suite de cette gestion, ledit sieur

B... se trouvera reliquataire ou débiteur envers son pupille, le tout actuellement indéterminé [1].

Sur tous les biens présents et à venir de M. B..., situés dans l'étendue de l'arrondissement du bureau des hypothèques de...

(Dans le cas où l'hypothèque légale a été limitée sur certains immeubles, par un avis du conseil de famille, dire :

Sur les biens ci-après désignés, sur lesquels a été limitée l'hypothèque légale du mineur A.., (*ou* de l'interdit), aux termes de la délibération de son conseil de famille, prise sous la présidence de M. le juge de paix du canton de ..., le ..., enregistrée, savoir : (*désigner les immeubles*).

Décompte : Voir *la formule* 652.

FORMULE 666. — Art. 2154 C. C. ; Mourlon t. III, p. 720 et suiv.

Renouvellement d'une inscription de privilége.

Inscription de privilége est requise au bureau des hypothèques de ..., pour valoir tant à sa date qu'en renouvellement de celle prise au bureau des hypothèques de ..., le ..., vol ..., no ...

Au profit (*pour tout le surplus voir les formules* 652 *et suiv.*).

Même décompte.

FORMULE 667. — Art. 2154 C. C. ; Mourlon, t. III, p. 120 et suiv.

Bordereau pour le renouvellement d'une inscription au profit d'un cessionnaire.

Inscription est requise au bureau des hypothèques de ..., pour valoir tant à sa date qu'en renouvellement de celle prise au bureau des hypothèques de ..., le ..., vol..., n° ..., au nom de M. A... (*p., q. et d.*),

Au profit de M. C.., (*p., q. et d.*), pour lequel domicile est élu à (*lieu dans l'arrondissement du bureau*).

Contre M. B... (*p., q. et d.*),

Pour sûreté, 1° de la somme de ..., due par M. B..., originairement à M. A..., suivant acte reçu par Me ..., etc., etc., le ..., enregistré, transportée par M. A... à M. C..., aux termes d'un autre acte reçu par Me ... etc., le ..., enregistré; ladite somme exigible le ..., etc., productive d'intérêts à 5 p. 100, payables de six en six mois, aux ... de chaque année, ci. . . . . » »

2° Des intérêts échus et à échoir, dont la loi conserve le rang.. Mémoire.

3° Les frais de mise à exécution, évalués approximativement à ..., sauf à augmenter ou à diminuer. ci. . . . . » »

En vertu des actes d'obligation et de transport ci-dessus énoncés;

Sur (*désigner les immeubles*).

Même décompte.

1. Si au moment où l'inscription est prise, des valeurs déterminées existent entre les mains du tuteur, l'inscription doit en faire connaître le montant et la nature.

FORMULE 668. — Art. 2161 à 2165 C. C.; Mourlon, t. III, p. 720.

Assignation en réduction d'hypothèque judiciaire.

Pour le commencement, *voir la formule* 203.

Pour, à défaut de conciliation (*voir la formule* 203), attendu que ledit sieur A..., ainsi que le constate le procès-verbal de non conciliation sus énoncé, n'a pas voulu consentir à la réduction de l'hypothèque judiciaire par lui prise au bureau des hypothèques de ..., le ..., vol. ..., n° ..., en vertu de ... (*indiquer le jugement*), sur tous les immeubles présents et à venir du requérant, situés dans l'étendue de l'arrondissement de ... ; attendu que cette inscription, sans les biens à venir, affecte des biens présents situés dans le ressort du bureau des hypothèques de ..., plus que suffisants pour assurer la créance du sieur A... ; que, pour s'en convaincre, il suffit de constater que le seul domaine de ... offre en fonds libres un excédant de plus d'un tiers sur le montant de ladite créance en capital, intérêts et accessoires, puisqu'il résulte, tant du revenu constaté par la matrice du rôle de la contribution foncière multiplié par quinze, comme le veut l'art. 2165, C. C., que d'un bail passé devant Me ... et son collègue, notaires à ..., le ..., enregistré, que la valeur dudit domaine est de ...; qu'il n'existe sur ce domaine d'inscriptions hypothécaires que pour une somme de ..., ainsi que l'établit un certificat du conservateur des hypothèques, en date du ... ; et que la créance du sieur A..., d'après l'évaluation par lui faite dans son inscription, ne s'élève qu'à ...; par ces motifs, entendre prononcer la réduction de l'hypothèque judiciaire par lui prise au bureau des hypothèques de ..., le ..., vol. ..., n° ...; voir dire qu'elle ne frappera plus que le domaine de ..., sur lequel elle sera limitée, et que tous les autres biens immeubles présents et à venir du requérant, dans l'arrondissement de ..., seront affranchis de ladite inscription; voir ordonner, en conséquence, que le conservateur des hypothèques de ... sera tenu, sur la production de l'expédition du jugement à intervenir, et après les justifications prescrites par la loi, de modifier, dans le sens de cette réduction, l'inscription prise le..., vol. ..., n°..., et s'entendre, en outre, ledit sieur A..., condamner aux dépens.

Et j'ai, audit domicile, parlant comme ci-dessus, laissé copie du présent dont le coût est de ... (*Signature de l'huissier.*)

Décompte : Coût ordinaire des exploits, 7 45

FORMULE 669. — Art. 2143 C. C.; Mourlon, t. III, p. 703.

Avis du conseil de famille sur la demande du tuteur en restriction de l'hypothèque légale du mineur.

L'an ..., le ..., à .... heure du ..., devant nous, juge de paix du canton de ..., arrondissement de ..., département de ..., assisté du sieur ..., greffier de notre juridiction,

A comparu M. A..., (*p.*, *q. et d.*),

Lequel a exposé qu'il a été nommé tuteur du mineur B... (*p., q. et d.*), par délibération du conseil de famille dudit mineur, tenue sous notre présidence, le .., enregistrée; que M. C... (*p., q. et d.*), subrogé tuteur, nommé par la délibération susénoncée, a requis l'inscription de l'hypothèque légale dudit mineur sur tous les immeubles du comparant situés dans les arrondissements de ... et de ...; que les biens ainsi affectés dépassent par leur valeur l'importance de la gestion qui lui est confiée, et que, pour la garantie des intérêts du mineur, il suffit de resteindre l'hypothèque à ... (*désigner les biens, leur nature et leur situation*), qui représentent une valeur de ..., supérieure à la fortune dudit mineur; qu'en conséquence, sur l'indication par nous verbalement donnée, il a invité les parents composant le conseil de famille dudit mineur à se trouver aujourd'hui en ce lieu et à cette heure, devant nous, pour y délibérer, sous notre présidence, sur la restriction de l'hypothèque légale dont il s'agit; et a signé après lecture.

(*Signature.*)

Faisant droit à cette réquisition, nous avons reçu et comparus,

Du côté paternel :

1° Le sieur ... (*noms, prénoms, professions, degrés de parenté et demeures des trois plus proches parents*);

Du côté maternel :

1° Le sieur... (*noms, prénoms, qualités, demeures et degrés de parenté des trois plus proches parents. Voir du reste la formule* 136).

Lesquels nous ont déclaré qu'il n'existait pas d'autres et plus proches parents, ni alliés dudit mineur domiciliés dans la commune, ni dans la distance de deux myriamètres.

Nous avons alors constitué le conseil de famille dudit mineur sous notre présidence, et lui avons donné lecture de la réquisition qui précède.

Après en avoir délibéré, ledit conseil de famille, considérant que l'hypothèque générale sur les immeubles du tuteur excède notoirement les sûretés suffisantes pour répondre de la gestion du tuteur, a déclaré à l'unanimité, qu'il y avait lieu de restreindre ladite hypothèque à... (*désigner les immeubles*), tous les autres biens immeubles présents ou à venir dudit tuteur devant en demeurer affranchis.

De tout ce qui précède, nous avons dressé le présent procès-verbal, que les membres du conseil de famille ont signé avec nous et notre greffier, les jour, mois et an ci-dessus..

Décompte : (Tarif, art 4 et 16.)]

Timbre........................	Mémoire.
Enregistrement..................	7 50
Au greffier, par vacation 1 fr. 76 c.	Mémoire.
Expédition, 50 c. par rôle.........	Mémoire.

FORMULE 669 *bis.* — Art. 2143 C. C. ; Mourlon, t. III, p. 703.

Assignation au subrogé tuteur pour voir ordonner la restriction de l'hypothèque légale du mineur.

L'an..., le..., à la requête du sieur A... (*p., q. et d.*), tuteur du mineur B... (*p., q. et d.*), nommé par délibération du conseil de famille, tenue sous la présidence de M. le juge de paix du canton de..., enregistrée, pour lequel requérant domicile est élu à..., rue ..., n°..., dans l'étude de M^e..., avoué qu'il constitue et qui occupera pour lui sur la présente demande, j'ai ... (*immatricule de l'huissier*), soussigné, fait la signification et en tête (de celle) des présentes, donné copie au sieur C... (*p., q. et d.*), subrogé tuteur dudit mineur B..., audit domicile, en parlant à ..., de l'expédition d'une délibération du conseil de famille dudit mineur, tenue sous la présidence de M. le juge de paix du canton de ..., le ..., enregistrée, contenant un avis favorable à la demande en restriction de l'hypothèque légale du mineur C..., qu'entend former le requérant; et à même requête, j'ai donné assignation audit sieur B... à comparaître d'aujourd'hui à huitaine franche, outre un jour par trois myriamètres de distance, à l'audience et devant MM. les président et juges composant le tribunal de 1re inst. de ..., au palais de justice, à ..., heures du ..., pour, par les motifs exprimés par le requérant dans la délibération sus énoncée et approuvés par le conseil de famille du mineur, entendre homologuer la délibération du conseil de famille en date du ...; voir, en conséquence, ordonner que l'hypothèque légale du mineur sera restreinte à ... (*indiquer les immeubles*); qu'ainsi les autres immeubles du requérant, présents et à venir, en demeureront affranchis; que le conservateur des hypothèques de ... sera tenu, sur la production d'une expédition du jugement à intervenir et sur les justifications prescrites par la loi, de modifier, dans le sens de cette restriction, toutes les inscriptions qui auraient pu être prises dans l'intérêt du mineur jusqu'à ce jour; s'entendre en outre condamner aux dépens que le requérant emploiera en frais de tutelle.

Et j'ai, audit domicile, parlant comme ci-dessus, laissé copie du présent, dont le coût est de...

(*Signature de l'huissier.*)

Décompte : Coût ordinaire des exploits. 7 45

Plus le droit de copie de pièces, à 25 ou 30 c. par rôle.

FORMULE 670. — Art. 2144 C. C. ; Mourlon, t. III, p. 699.

Avis des quatre plus proches parents de la femme, réunis en assemblée de famille sur la demande du mari, pour obtenir la restriction de l'hypothèque légale de la femme.

L'an..., le ... (*Voir pour le protocole la formule* 669.)

A comparu le sieur A... (*p., q. et d.*),

Lequel a exposé en présence de la dame B..., (*p. q.*), son épouse demeurant avec lui, que voulant se pourvoir en justice pour obtenir la restriction de l'hypothèque légale de sa femme, qui frappe ses biens, présents et à venir, il a, du consentement de son épouse et sur l'indication par nous donnée, invité les quatre plus proches parents de ladite dame A..., à se trouver aujourd'hui en ce lieu et à cette heure devant nous, pour s'y constituer, sous notre présidence, en assemblée de famille, et donner leur avis sur la restriction dont il s'agit; que cette restriction se fonde sur (*indiquer les motifs et les immeubles sur lesquels l'hypothèque devra frapper*).

Ladite dame a déclaré adhérer à la demande de son mari.

Et ont signé. (*Signatures du mari et de la femme.*

De suite ont comparu,

1° ... (*n., p., q. et d. des quatre parents. Le reste comme en la formule* 669).

Même décompte.

FORMULE 671. — Art. 2144 et 2145 C. C.; Mourlon, t. III, p. 699.

Requête en homologation de l'avis des quatre plus proches parents de la femme présentée par le mari pour obtenir la restriction de l'hypothèque légale de sa femme.

A MM. les président et juges composant le tribunal de 1re *inst. de* ...

Le sieur A... (*p. q. et d.*), ayant Me ... pour avoué,

A l'honneur de vous exposer que voulant obtenir la restriction de l'hypothèque légale qui frappe, du chef de la dame A... (*p. q. et d.*), son épouse, ses bies- immeubles, présents ou à venir, il a, conformément aux prescriptions de l'art. 1146 C. C., obtenu le consentement de sa femme, et pris l'avis des quatre plus proches parents de ladite dame ...; lesquels réunis en assemblée de famille, sous la présidence de M. le juge de paix du canton de ..., le ..., ont émis un avis favorable à la demande en restriction, ainsi que le constate le procès verbal dressé par ce magistrat, le même jour, enregistré; attendu que toutes les formalités préalables exigées par la loi ont été remplies; par les motifs, l'exposant conclut à ce qu'il plaise au tribunal homologuer pour être exécutée, selon sa forme et teneur, la délibération de l'assemblée de famille ci-dessus énoncée: ordonner en conséquence que l'hypothèque légale de la dame A... sera restreinte à ... (*désigner les immeubles*), que toutes inscriptions à prendre le seront dans ces limites, et que celles qui auraient été déjà prises seront rayées en tant qu'elles frapperaient des immeubles autres que ceux qui viennent d'être désignés.

Présenté au palais de justice, à..., le...

(*Signature de l'avoué.*)

(*Cette requête est communiquée au ministère public qui donne ses conclusions écrites; un rapporteur est nommé, et le jugement est rendu en chambre du conseil.*)

Voir, pour l'ordonnance du président, l'avis du ministère public et le jugement d'homologation, *la formule* 225.)

Décompte :	Timbre de minute et d'expédition.	Mémoire.
	Requête	7 50
	Enregistrement du jugement........	5 63
	Droits de greffe, 1 fr. 50 c. par rôle, y compris la remise du greffier 30 c. par rôle....................	Mémoire.

FORMULE 672. — Art. 2157 à 2160 C. C.; Mourlon, t. II, p. 722.

Assignation en radiation d'inscription.

L'an..., le..., à la requête du sieur A... (*p.*, *q. d.*), pour lequel domicile est élu à..., rue..., n°..., dans l'étude de M°..., avoué, qu'il constitue et qui occupera pour lui sur la présente demande, j'ai... (*immatricule de l'huissier*), soussigné, fait la signification et en tête (de celle) des présentes donné copie au sieur B... (*p.*, *q. et d.*), audit domicile en parlant à..., d'un procès-verbal de non conciliation dressé par M. le juge de paix du canton de..., le..., enregistré; et à même requête, j'ai donné assignation audit sieur B... à comparaître d'aujourd'hui à huitaine franche, outre un jour par trois myriamètres de distance, à l'audience et devant MM. les président et juges composant le tribunal de 1re inst. de..., au palais de justice, à..., heures du..., pour, attendu que ledit sieur B..., ainsi que le constate le procès-verbal sus énoncé, n'a pas voulu consentir la radiation de l'inscription hypothécaire par lui prise au bureau des hypothèques de..., le..., vol...., n°..., en vertu de..., sur... (*indiquer l'immeuble*), bien que cette inscription n'ait pas de raison d'être, puisque... (*énoncer l'un des motifs énumérés par l'art.* 2160, C. C.); voir ordonner que ladite inscription sera rayée par le conservateur, sur la production d'une expédition du jugement à intervenir, après les autres justifications exigées par la loi; s'entendre en outre condamner aux dépens.

Et j'ai, audit domicile, parlant comme ci-dessus, laissé copie du présent, dont le coût est de...

(*Signature de l'huissier.*)

Décompte :	Coût ordinaire des exploits...	7 45
	Plus le droit de copie de pièces à 25 ou 30 c. par rôle.....	Mémoire.

FORMULE 673. — Art. 2180 C. C.; Mourlon, t. III, p. 722.

Mainlevée d'une inscription hypothécaire.

Par-devant, etc.,

M. A... (*p.*, *q. et d.*), en se désistant de tous droits d'hypothèque, a consenti la radiation définitive d'une inscription prise au bureau des hypothèques de..., le..., vol...., n°..., à son profit contre le sieur B... (*p. q. et d.*), pour sûreté d'un capital de....

M. le conservateur, en opérant cette radiation sans réserve, sera valablement déchargé.

Dont acte, etc.

Décompte : Timbre de minute et d'expédition.. Mémoire.
Rôles........................... Mémoire.
Enregistrement. Droit gradué voir la formule n° 264
Radiation....................... 1 35
Honoraires...................... 6 »

FORMULE 674. — Art. 2180 C. C.; Mourlon, t. III, p. 722.

Mainlevée partielle d'une inscription.

Par devant, etc.,

M. A... (*p.*, *q. et d.*) a donné mainlevée, et consenti la radiation d'une inscription prise au bureau des hypothèques de..., le..., n°..., à son profit, contre le sieur B... (*p.*, *q. et d.*), mais seulement en ce qu'elle grève (*désigner l'immeuble qu'on veut dégrever*,) son effet étant réservé sur tous les autres biens qui en sont grevés.

M. le conservateur, en opérant cette radiation partielle dans le sens ci-dessus précisé, sera valablement déchargé.

Dont acte, etc.

Même décompte.

Le droit d'enregistrement est de 6 25

FORMULE 675. — Art. 2180 C. C.; Mourlon, t. III, p. 722

Restriction d'une inscription hypothécaire.

Par-devant, etc.,

M. A... (*p.*, *q. et d.*),

A restreint à la somme de... en capital et aux intérêts et accessoires de ce capital, l'effet de l'hypothèque attachée à une créance de... en principal, résultant d'une obligation souscrite à son profit par M. B... (*p.*, *q. et d.*), suivant acte passé devant Me..., notaire à..., de celui de l'inscription qui en a été en sa faveur au bureau des hypothèques de..., le..., vol..., n°...

M. le conservateur, en opérant cette restriction sera déchargé.

Même décompte.

Le droit d'enregistrement est gradué.

FORMULE 676. — Art 2157 et suiv. C. C.; Mourlon, t. III, p. 722.

Désistement de privilége.

Par-devant, etc.,

M. A... (*p.*, *q. et d.*),

En se désistant du privilége et de l'action résolutoire résultant à son profit d'un contrat reçu par Me..., etc., le..., enregistré, contenant vente par le comparant à M..., de divers immeubles moyennant un prix de..., stipulé payable à terme... a consenti la radiation définitive d'une inscription d'office prise à son profit au bureau des hypothèques, etc. (*Le reste comme en la formule* 673.)

Même décompte qu'au n° 673.

FORMULE 677.

Mainlevée partielle par une femme, de son hypothèque légale.

Par-devant, etc.,

A comparu :

Madame..., épouse assistée et autorisée de M. A..., ici présent, avec lequel elle demeure à...

Laquelle a exposé qu'elle a acquis, conjointement avec son mari, par contrat passé devant Me..., etc., le..., enregistré, un pré situé à... ; — Que cette acquisition a lieu moyennant... francs, qui ont été payés après l'accomplissement des formalités de transcription et de purge des hypothèques légales, suivant quittance passée devant, etc... ; — Que, postérieurement à cette acquisition, madame A... a fait inscrire au bureau des hypothèques de... son hypothèque légale contre son mari, le..., vol...., fol...., n°..., laquelle se trouve frapper le pré de... ; — Que M. et madame A... ont revendu ledit pré..., moyennant... francs, à M. B... (*p., q. et d.*), suivant contrat passé devant Me..., le..., enregistré, transcrit au bureau des hypothèques de..., etc., à la charge, entre autres inscriptions, de celle ci-dessus énoncée, prise par madame A... ; — Que, par ledit contrat de vente, madame A... a garanti, solidairement avec son mari, M. B..., de tous troubles et hypothèques, et, par conséquent de l'hypothèque qui milite à son profit.

En conséquence, madame A..., avec l'autorisation de son mari, a déclaré renoncer à l'effet de son hypothèque légale, et consentir la radiation de l'inscription de cette hypothèque légale faite au bureau des hypothèques de..., le..., etc., mais seulement en ce que ces hypothèque et inscription grèvent le pré vendu à M. B...

En opérant cette radiation dans les termes ci-dessus, M. le conservateur des hypothèques de... sera valablement déchargé.

Fait et passé, etc.

Même décompte

Le droit d'enregistrement est de 0 25

FORMULE 678.

Autre mainlevée d'hypothèque légale par une femme.

Par-devant, etc.,

Madame..., épouse assistée et autorisée de M. A... (*p., q. et d.*) ici présent, avec lequel elle demeure à...,

Et encore autorisée à l'effet des présentes, par délibération de son conseil de famille, tenu sous la présidence de M. le juge de paix du canton de

..., le..., enregistrée et homologuée par jugement du trib. de 1re ins. de..., en date du...;

Desquelles délibération et homologation, les expéditions sont demeurées ci-annexées, après mentions;

A donné mainlevée et consenti la radiation de l'inscription de son hypothèque légale contre ledit sieur A..., son mari, faite au bureau des hypothèques de..., le..., vol..., n°..., mais seulement en ce qu'elle grève tous autres immeubles situés dans le ressort dudit bureau, que..., etc. (*désigner le ou les immeubles*), son effet étant formellement réservé, conformément à la délibération précitée, sur lesdits immeubles.

M. le conservateur, etc. (*Voir la formule* 674.)

Même décompte.

Mainlevées diverses.

FORMULE 679.

Mainlevée d'une opposition.

Par-devant, etc.,

M. A... (*p., q. et d.*),

A donné mainlevée pure et simple d'une opposition formée à sa requête sur M. B... *p., q. et d.*), entre les mains de M. C... (*p., q. et d.*), suivant exploit de..., huissier à..., le..., enregistré, et par suite il a consenti que cette opposition soit considérée comme non avenue, et que M. C..., en payant à M B... les sommes qu'il peut lui devoir, soit bien et valablement libéré.

Dont acte.

Même décompte.

FORMULES 680, 681. — Art. 583 à 625 C. Pr.

Mainlevée de saisie-exécution, de saisie-gagerie, de saisie-brandon ou de saisie-revendication.

Par-devant, etc.,

M. A... (*p., q. et d.*),

A donné mainlevée pure et simple de la saisie-exécution (ou *de la saisie-gagerie, de la saisie-brandon, de la saisie-revendication*) pratiquée à sa requête, sur M. B... (*p., q. et d.*), suivant procès-verbal du ministère de..., huissier à ..., le ..., enregistré, et par suite il a consenti que cette saisie soit considérée comme non avenue, et que le gardien, en se retirant, soit valablement déchargé envers le comparant.

Fait et passé, etc.

Même décompte.

FORMULE 682.

Mainlevée de saisie immobilière.

Par-devant, etc.,

M. A... (*p.*, *q. et d.*),

A donné mainlevée pure et simple de la saisie immobilière pratiquée à sa requête sur une maison sise à ..., contre M. B... (*p.*, *q. et d.*), aux termes d'un procès-verbal de ..., huissier à ..., etc ..., visé le ..., par M. le maire de la commune de ..., enregistré, dénoncé à mondit sieur B... par autre exploit de ..., huissier à ..., etc., visé lui-même par le maire de la commune de ..., le même jour, enregistré, et transcrit au bureau des hypothèques de ..., le ..., etc. En conséquence, il a consenti que ces divers actes et exploits soient considérés comme nuls et non avenus, et qu'en rayant la transcription de ladite saisie immobilière des registres du bureau des hypothèques de ..., M. le conservateur soit valablement déchargé.

La présente mainlevée a été donnée par M. A ..., sous la réserve expresse de tous ses droits, pour raison des sommes qui lui sont dues par M. B... en principal, intérêts et frais, et notamment de l'effet de l'inscription par lui prise, pour raison de ses créances, au bureau des hypothèques de .. , etc.

Fait et passé, etc.

Même décompte.

FORMULE 683.

Désistement de privilége de secon

Par-devant, etc.,

M. A... (*p.*, *q. et d.*),

A déclaré se désister purement et simplement du privilége de second ordre qui milite à son profit sur le cautionnement versé par lui, au trésor public, pour M. B... (*p.*, *q. et d.*), ainsi qu'il résulte d'un acte reçu par Me ..., etc., le ..., enregistré.

Il consent, en conséquence, que ce privilége demeure éteint, et que tous payeurs, en versant le montant de ce cautionnement entre les mains de qui de droit, soient valablement déchargés; mais il déclare se réserver tous les autres droits qu'il peut avoir à faire valoir contre M. B..., pour raison de la somme de ..., que ce dernier lui doit et qui forme le montant dudit cautionnement.

Fait et passé, etc.

Même décompte.

FORMULE 684.

Désistement d'appel.

Par-devant, etc.,

M. A... (*p., q. et d.*),

A déclaré se désister purement et simplement de l'appel qu'il a interjeté, suivant exploit de ..., huissier à ..., en date du ..., enregistré, d'un jugement rendu par le tribunal de 1re inst. de ..., le ..., aussi enregistré, au profit de M. B... (*p., q. et d.*), présent et qui accepte ce désistement.

En conséquence, ledit appel sera considéré comme non avenu, et le jugement dudit jour ... sera exécuté selon sa forme et teneur, comme jugement définitif en dernier ressort.

Pour faire mention des présentes, tout pouvoir est donné, etc.

Fait et passé, etc.

Même décompte.

FORMULE 685.

Désistement d'instance.

Par-devant, etc.,

M. A... (*p., q. et d.*),

A déclaré se désister purement et simplement de l'instance qu'il a introduite contre M. B... (*p., q. et d.*), devant le tribunal de 1re inst. de ..., par exploit de ..., huissier à ..., le ..., enregistré, consentant que cette instance soit considérée comme n'ayant jamais été entamée, renonçant à pouvoir en former une nouvelle pour les mêmes causes, et donnant tout pouvoir à Me ..., son avoué à ..., pour produire le présent désistement et faire rayer la cause du rôle.

Fait et passé, etc.

Même décompte.

Du mode de purger les propriétés des priviléges et hypothèques.

FORMULE 685 *bis*. — Art. 2183, 2184 C. C.; 573 C. Pr.; Mourlon, t. III, p. 774 et suiv.

Sommation au tiers détenteur d'un immeuble hypothéqué de délaisser ou de payer.

L'an ..., le ..., à la requête du sieur K... (*p., q. et d.*), pour lequel domicile est élu à ..., rue ..., no..., en l'étude de Me ..., avoué près le trib de 1re inst. de ..., j'ai (*immatricule de l'huissier*), soussigné, fait la signi fication, et en tête (*de celle*), des présentes, laissé copie au sieur A... (*p., q. et d.*), tiers détenteur d'une maison (*désigner*), par lui acquise du sieur B... (*p., q. et d.*), audit domicile, en parlant à ..., d'une obligation (*d'un jugement ou d'un arrêt. Désigner le titre du créancier*).

Et à même requête, je lui ai fait sommation de délaisser la maison qu'il détient et qui est affectée par hypothèque à la sûreté du requérant, ou, à défaut de délaissement, de payer, dans le délai de trente jours, audit sieur K... ou à moi ..., huissier porteur des pièces, la somme de ..., montant en principal, intérêts, frais et accessoires, de la créance résultant, au profit du requérant, du titre ci-dessus signifié.

Lui déclarant que faute par lui, soit de payer, soit de délaisser ladite maison, dans le délai ci-dessus fixé, le requérant fera, si le commandement notifié le ... (ou *qui sera notifié au sieur* B...), débiteur originaire, demeure infructueux, procéder à la saisie réelle et à la vente dudit immeuble, dans la forme prescrite par la loi, pour être payé sur le prix à en provenir.

Je lui ai, audit domicile, en parlant comme ci-dessus, laissé copie du présent exploit, dont le coût est de ... et dont l'original sera visé dans le jour, par M. le maire de ..., conformément à la loi.

Il a été employé pour la copie... feuilles de papier spécial au timbre de...

(*Signature de l'huissier.*)

Décompte. (Tarif de 1841, art. 3 et 5.)

Original..........................	2 »
Copie..............................	» 50
Visa................................	1 »
Enregistrement................	3 75
Timbre............................	Mémoire.
Copie de pièces à 25 c. par rôle.	Mémoire.

FORMULE 686. — Art. 2183 ; Mourlon, t. III, p. 774.

Extrait et tableau pour servir à la notification aux créanciers inscrits.

D'un acte passé devant Me ..., qui en a gardé minute, et son collègue, notaires à ..., le ..., enregistré.

Il résulte que M. B... (*p., q. et d.*) a vendu à M. A... (*p., q. et d.*) une maison située à ..., rue ..., n° ..., avec cour, jardin et dépendances (*on désigne sommairement l'immeuble ; s'il s'agit d'un immeuble rural, on indique son nom, la commune, l'arrondissement et le département où il est situé, sa contenance approximative, et deux des tenants et aboutissants*), moyennant le prix principal de ..., payable en ... termes échéant les ... et productifs d'intérets à raison de cinq pour cent l'an, à partir du ..., jusqu'au payement et, en outre, aux charges, clauses et conditions suivantes (*énoncer les charges et conditions de la vente qui imposent à l'acquéreur des obligations de quelque nature que ce soit, et surtout celles qui sont appréciables en argent et peuvent dire considérées comme augmentant le prix*).

Duquel acte l'expédition porte en marge la mention de transcription suivante : transcrit au bureau des hypothèques de ..., le ..., volume ..., n° ..., et inscrit d'office vol. ..., n° ... Reçu ..., pour droits.

Signé : (*nom du conservateur des hypothèques.*)

TABLEAU *des inscriptions existantes sur ladite maison, dressé conformément à l'art. 2183 C. C.*

DATES des HYPOTHÈQUES.	DATES des INSCRIPTIONS.	NOMS DES CRÉANCIERS INSCRITS.	MONTANT DES CRÉANCES INSCRITES.
.... (*jour, mois et an*).	.... (*jours, moi et an*) (d'office) vol. ... nº ...	M. ... (*nom du vendeur, au profit duquel l'inscription d'office a été prise*).	Prix principal ... fr. Intérêts conservés à partir du ...
.... (*jour, mois et an*).	.... (*jour, mois et an*). vol. ... nº ... renouvelée le . ... vol. ... nº ...	M. ... (*nom, prénoms*).	Somme principale... fr. Intérêts conservés à partir du ..., mémoire. — Frais d'exécution évalués à ...
.... (*jour, mois et an*).	.... (*jour, mois et an*). vol. ... nº ... renouvelée le .. .. vol. ... nº ...	M. ... (*nom, prénoms*). Créancier originaire auquel a été subrogé M. ... (*nom, prénoms*).	Subrogation dans l'effet de l'inscription précédente par M. ... jusqu'à concurrence de ... de principal. Intérêts à 5 p. 100 par an. — Frais de mise à exécution évalués à ...
.... (*jour, mois et an*).	....	M. (*nom, prénoms*). etc., etc.	Somme principale ... fr. Intérêts à 5 p. 100. — Frais d'exécution évalués à ...

Pour extrait, certifié sincère et véritable par moi, avoué soussigné à..., le...

(*Signature de l'avoué.*)

Décompte. (Tarif, art. 143.)

Timbre.................... Mémoire.
Composition de l'extrait pour chaque inscription......... Mémoire.

FORMULE 687. — Art. 2183 et suiv. C. C.; 832 C. Pr.; Mourlon, t. III, p. 774 et suiv.

Requête présentée au président pour faire commettre l'huissier chargé de signifier la notification.

A M. le président du trib. de 1re inst. de...

Le sieur A... (*p., q. et d.*), ayant Me ..., pour avoué,

A l'honneur de vous exposer que, suivant acte passé devant M^e ... et son collègue, notaires à ..., le ..., enregistré, il a acquis du sieur B... (*p.*, *q. et d.*) une maison située à ..., rue ..., n° ..., etc. (*indication sommaire de l'immeuble*), moyennant le prix principal de ..., en sus des charges et des conditions énoncées audit contrat; que, cet acte ayant été transcrit au bureau des hypothèques de ..., le ..., volume ..., n° ..., l'existence de plusieurs inscriptions a été constatée par l'état délivré après ladite transcription par M. le conservateur des hypothèques; que l'exposant est dans l'intention de faire aux créanciers inscrits les notifications prescrites par l'art. 2183, C. C., pour parvenir à purger les hypothèques inscrites; par ces motifs, il conclut à ce qu'il vous plaise, monsieur le président, commettre un huissier pour signifier lesdites notifications, conformément à l'art. 832, C. pr.

Présenté à ..., le ...

(*Signature de l'avoué.*)

ORDONNANCE.

Nous, président, vu la requête ci-dessus et l'art. 832, C. pr., commettons ..., huissier audiencier, pour signifier les notifications dont il s'agit.

Fait au palais de justice, à ..., le ...

(*Signature du président et du greffier.*)

Décompte. (Ord. de 1841, art 8, § 1er.)

Timbre..................	». 60
Enregistrement..........	5 63
Requête.................	2 »
Timbre d'expédition......	Mémoire.
Droits de greffe, 1 fr. 10 c. par rôle, y compris la remise du greffier, 30 c....	Mémoire.

FORMULE 688. — Art. 2183, 2184 C. C., 832 C. Pr.; Mourlon, t III, p. 774.

Exploit de notification aux créanciers inscrits.

L'an ..., le ..., à la requête du sieur A... (*p.*, *q. et d.*), pour lequel domicile est élu à ..., rue ..., n° ..., dans l'étude de M° ..., avoué près le trib. de 1re inst. de ..., qu'il constitue et qui occupera pour lui sur les présentes notifications et dans la procédure de surenchère qu'elles pourront provoquer, j'ai ... (*immatricule de l'huissier*), soussigné, commis à cet effet, fait la signification et en tête (*de celle*) des présentes laissé copie : 1° au sieur K... (*p.*, *q. et d. du créancier inscrit, tels qu'ils se trouvent dans l'état des inscriptions*), dans l'étude de M° ..., avoué près le tribunal de 1re inst. de ..., demeurant à ..., rue..., n° ..., (ou *en tout autre domicile qui aurait été élu dans l'inscription*), domicile par lui élu dans l'inscription prise à son profit le ..., au bureau des hypothèques de ..., en parlant à ...; 2° au sieur L... (*p.*, *q. et d.*); 3° au sieur ...; 4° ... etc. (*mêmes *énonciations pour chaque créancier inscrit*) : 1° de l'extrait d'un acte passé devant Me ..., notaire à ..., qui en a gardé minute, et son collègue, le ..., enregistré, contenant vente par le sieur B... (*p.*, *q. et d.*), au requérant, d'une maison située à ..., rue ..., n° ... (*désignation sommaire de l'immeuble*), moyennant le prix principal de ... francs, en sus des charges et des conditions énoncées audit extrait ; 2° de la mention de la transcription dudit contrat faite au bureau des hypothèques de ..., le ..., vol. n° ..., mise en marge de l'expédition dudit acte ; 3° d'un tableau sur trois colonnes de toutes les inscriptions existant sur ledit immeuble, dressé par Me ..., avoué, d'après l'état délivré par M. le conservateur des hypothèques de ..., le ... ; 4° d'une requête présentée à M. le président du trib. de 1re inst. de ..., afin d'obtenir commission d'un huissier, et de l'ordonnance de ce magistrat rendue à la suite de cette requête, le ..., enregistrée. A même requête, j'ai déclaré aux susnommés que le réquérant est prêt à acquitter sur-le-champ les dettes et charges hypothécaires qui grèvent l'immeuble par lui acquis, sans distinction entre celles qui sont ou non exigibles ; mais jusqu'à concurrence seulement du prix de son acquisition en principal et intérêts, sous la réserve de ses droits à raison des frais extraordinaires de transcription, et de notification, ainsi que de tous les autres.

En conséquence, j'ai, auxdits domiciles élus, parlant comme ci-dessus, laissé à chacun des créanciers, copie séparée du présent acte, dont le coût est de...

Il a été employé pour les copies ... feuilles de papier spécial au timbre de... chacune, soit ensemble ... francs... centimes...

(*Signature de l'huissier.*)

Décompte. (Tarif, art. 29 et ord. de 1841, art. 3.)

Timbre	Mémoire.
Original	2 »
Chaque copie 50 c.	Mémoire.
Enregistrement (autant de droit de 3 fr. 75 qu'il y a d'acquéreurs multipliés par le nombre de créanciers, ainsi, s'il y a 6 acquéreurs et 20 créanciers, le droit sera de 450 fr.)	Mémoire.
Transport, s'il y a lieu	Mémoire.
Copie de pièces des extraits, tableau, requête et ordonnance à 30 c. par rôle	Mémoire.

Nota. Un rôle de tableau équivaut à 5 rôles d'expédition.

FORMULE 689. — Art. 2185 C. C. ; Mourlon, t. III, p. 774.

Procuration pour surenchérir.

Je soussigné K... (*p.*, *q. et d.*), créancier hypothécaire du sieur B... (*p.*, *q. et d.*), et en cette qualité inscrit au bureau des hypothèques de ..., le ..., vol. ..., n° ..., sur la maison ci-après désignée, donne pouvoir à Me ..., avoué près le trib. de 1re inst. de ..., de pour moi et en mon nom, requérir la mise aux enchères publiques, d'une maison située à ..., rue ..., n° ..., vendue au sieur A... (*p., q. et d.*), moyennant la somme de ..., en outre des charges, suivant acte passé devant Me ... et son collègue, notaires à..., le ..., à moi notifié par extrait avec le tableau des inscriptions, par exploit de ..., huissier à ..., en date du ...; en conséquence, surenchérir ledit immeuble à un dixième en sus du prix de ladite vente, également en outre des charges et conditions; offrir pour caution de ladite surenchère le sieur C... (*p., q. et d.*), et à l'effet, de la réception de ladite caution, comme pour parvenir à ladite surenchère, faire tous dires et réquisitions, signifier tous exploits, signer tous actes et procès-verbaux, élire domicile et généralement faire tout ce qui sera nécessaire, promettant l'avouer et m'obligeant à rembourser les frais et honoraires légitimement dus audit Me...

A ..., le... (*Signature.*)

Décompte :		
	Timbre	» 60
	Enregistrement	3 75
	Total	4 35

FORMULE 690. — Art. 2183 C. C.; 832 C. Pr.; Mourlon, t. III, p. 774.

Requête au président pour faire commettre un huissier chargé de signifier la surenchère.

A M. le président du trib. de 1re inst. de...

Le sieur K... (*p., q. et d.*), ayant pour avoué Me ...,

A l'honneur de vous exposer qu'il est créancier hypothécaire, en vertu de ... (*énonciation du titre*), du sieur B... (*p., q. et d.*), et qu'en cette qualité il est inscrit au bureau des hypothèques de ..., le ..., vol. ..., n° ..., sur une maison située à ..., rue ..., n° ...; que ladite maison a été vendue par le sieur B... au sieur A... (*p., q. et d.*), suivant acte passé devant Me ..., et son collègue, notaires à ..., le ..., enregistré; que le sieur A... ayant fait aux créanciers inscrits les notifications prescrites par l'art. 2183 C. C., l'exposant est dans l'intention de surenchérir ladite maison; par ces motifs, il conclut à ce qu'il vous plaise, monsieur le président, commettre, conformément à l'art. 832, C., pr., un huissier pour signifier à l'acquéreur et au vendeur la réquisition de surenchère dont il s'agit.

Présenté au palais de justice à ..., le ..., (*Signature de l'avoué.*)

ORDONNANCE.

Nous ..., président, vu la requête qui précède, la grosse d'un acte d'obligation (ou *d'un jugement*) en date du ..., formant le titre de créance du sieur K ..., et l'art. 832 C. pr., commettons, pour signifier la réquisition de surenchère dont il s'agit ..., huissier audiencier.

Fait au palais de justice, à ..., le ...

(*Signatures du président et du greffier.*)

Décompte. (Ord. de 1841, art. 8, § 1er.)

Timbre de la requête..................	» 60
Enregistrement de l'ordonnance........	5 63
Émolument de l'avoué................	2 »
Timbre d'expédition..................	Mémoire.
Droit de greffe, 1 fr. 20 c. par rôle, y compris la remise du greffier, 30 c. par rôle..........................	Mémoire.

FORMULE 691. — Art. 2185 C. C.; 832 C. Pr.; Mourlon, t. III, p. 774.

Acte de soumission de la caution et de dépôt au greffe des pièces qui constatent sa solvabilité.

L'an ..., le ..., au greffe du trib. de 1re inst.. de ..., et devant nous, greffier soussigné,

Le sieur C... (*p., q. et d.*), assisté de Me ..., son avoué.

A déclaré se porter caution du sieur B... (*p., q. et d.*), pour la surenchère du dixième en sus des charges que ce dernier, en qualité de créancier inscrit, entend faire conformément à l'art. 2185 du C. C., sur ... (*désigner l'immeuble*), vendu par le sieur B... (*p., q. et d.*), au sieur A.., (*p., q. et d.*), moyennant ... francs de prix principal, suivant acte reçu par Me ..., etc., le ..., enregistré, dont extrait a été notifié audit sieur A... ; qu'en conséquence, pour établir sa solvabilité, il déposait entre nos mains (*désigner les titres de propriété déposés. Si le cautionnement est fait en argent ou en rentes sur l'État, on l'énonce ainsi :* un récépissé délivré par M. ..., le directeur [ou *receveur général* ou *particulier*] de ... préposé de la caisse des dépôts et consignations, constatant que le comparant a déposé le ..., dans ladite caisse, une somme de ... [ou *une inscription de rente de* ...]), ajoutant ledit sieur C... qu'il entend se soumettre à exécuter toutes les charges et conditions qui peuvent peser sur le surenchérisseur et toutes les autres obligations des cautions judiciaires.

Desquels soumissions et dépôt de titres, nous avons donné acte au comparant, qui a signé avec ledit Me ... et nous, greffier, après lecture.

(*Signatures de la caution, de l'avoué et du greffier.*)

Décompte. (Ord. de 1841, art. 8, § 2.)

Timbre..........................	Mémoire.
Enregistrement..................	5 63
Droit de rédaction, 1 fr. 50, y compris la remise du greffier (12 centimes 1/2)......................	Mémoire.
Vacation de l'avoué..............	3 »
Timbre d'expédition..............	Mémoire.
Droit de greffe, 1 fr. 20 c. par rôle, y compris la remise du greffier 30 c. par rôle)...............	Mémoire.

FORMULE 692. — Art. 2185 C. C.; 832 à 836, 866 et 873, C. P.; Mourlon, t. III p. 774.

Réquisition de surenchère.

L'an ..., le ..., à la requête du sieur K... (*p., q. et d.*) pour lequel domicile est élu à ..., rue ..., n° ..., dans l'étude de Me ..., avoué près le trib. de 1re inst. de ..., qu'il constitue et qui occupera pour lui sur la présente réquisition de surenchère et ses suites, j'ai ... (*immatricule de l'huissier*), soussigné, commis à cet effet, fait la signification et en tête (*de celle*) des présentes laissé copie : 1° au sieur B... (*p., q. et d.*), vendeur de l'immeuble ci-après désigné, audit domicile en parlant à ... ; 2° au sieur A ... (*p., q. et d.*), acquéreur dudit immeuble, au domicile par lui élu dans son exploit de notification du ..., à ..., rue ..., n° ..., dans l'étude de Me ..., son avoué constitué, où étant et parlant à ... : 1° de l'expédition d'un acte fait au greffe du trib. de 1re inst. de ..., le ..., enregistré, contenant soumission de caution sur la présente surenchère et dépôts des titres et pièces établissant sa solvabilité par le sieur C... (*p., q. et d.*); 2° d'une ordonnance de M. le président du trib. de 1re inst. de ..., en date du ..., enregistrée, qui me commet pour signifier la présente réquisition, et de la requête présentée à ce magistrat le même jour, au bas de laquelle est écrite ladite ordonnance; et, à même requête, j'ai donné assignation à chacun des susnommés à comparaître d'aujourd'hui à trois jours francs, outre un jour par cinq myriamètres de distance, à l'audience et devant MM. les président et juges composant le trib. de 1re inst. de ..., au palais de justice, à ..., heures du ..., pour, attendu que le requérant est créancier du sieur B... (*le vendeur*), d'une somme principale de ..., résultant d'un acte d'obligation reçu par Me ... et son collègue, notaires à ..., le ..., enregistré, conférant au requérant une hypothèque spéciale, inscrite au bureau des hypothèques de .... le ... vol. ..., n° ..., sur une maison située à ..., rue ..., n° ...; attendu que, par exploit en date du ..., le sieur A... (*p., q. et d.*) a fait notifier au requérant l'extrait d'un contrat reçu par Me ... et son collègue, notaires à ..., le ..., enregistré, contenant vente à lui faite de ladite maison par le sieur B... au sieur ..., moyennant le prix principal de ...; attendu que le requérant déclare par le présent acte surenchérir du dixième, conformément à l'art. 2185 C. C., ladite maison et requérir la mise aux enchères de l'immeuble dont il s'agit, se soumettant à en porter ou faire porter le prix à un dixième en sus de celui qui a été stipulé dans le contrat de vente, soit à la somme de ..., sauf erreur de calcul, et sous réserve de parfaire, s'il y a lieu, ladite somme payable en sus des charges, des frais loyaux coûts du contrat et de tous autres frais non liquidés; attendu que le requérant présente pour caution de cette surenchère, jusqu'à concurrence du prix et des charges augmentés d'un dixième, la personne du sieur C... (*p., q. et d.*) lequel a fait sa soumission au greffe et a déposé les pièces propres à constater sa solvabilité, ainsi qu'il résulte de l'acte susénoncé; attendu que la présente surenchère est régulière et que la caution présentée est suffisante ;

Par ces motifs, voir déclarer bonne et valable la présente surenchère et reçue la caution présentée ; en conséquence, voir ordonner qu'il sera procédé, sur la poursuite du requérant, au jour fixé par le tribunal et après l'accomplissement des formalités voulues par la loi, à la vente aux enchères publiques, dudit immeuble, sur la mise à prix de ..., en sus des charges ; spécialement ledit sieur A..., acquéreur de l'immeuble surenchéri, voir ordonner que, dans la huitaine de la signification du jugement à intervenir, il sera tenu de déposer au greffe du tribunal l'expédition de son contrat d'acquisition dudit immeuble, laquelle servira de minute d'enchère, conformément à l'art. 837, C. pr., et faute par lui de faire ce dépôt dans ce délai, entendre autoriser le requérant à se faire délivrer par le notaire dépositaire de la minute une expédition dudit contrat; en cas de contestation, s'entendre, ledit sieur A... condamner aux dépens, que le requérant sera, dans tous les cas, autorisé à employer comme frais privilégiés de poursuite de vente.

Et j'ai, auxdits domiciles, parlant comme ci-dessus, laissé à chacun des sieurs A... et B... copie, signée par le requérant, qui a également signé l'original du présent acte, dont le coût est de...

Il a été employé pour les copies... feuilles de papier spécial au timbre de ..., soit ensemble... francs ... centimes.

(*Signatures de la partie et de l'huissier.*)

Décompte. (Ord. de 1841, art. 4, § 5 et art. 8, § 3.)

Timbre	Mémoire.
Original	5 »
Chaque copie	Mémoire.
Enregistrement	3 75
Copie de pièces, à 30 c. par rôle..	Mémoire.
Vacation des avoués, à chacun 3 fr.	Mémoire.

FORMULE 693. — Art. 2185 C. C. ; 832 C. Pr; Mourlon, t. III, p. 774.

Acte de conclusions pour contester la surenchère.

A la requête du sieur A... (*p., q. et d.*), ayant pour avoué Me ..., soit signifié à Me ..., avoué du sieur K... (*p., q. et d. du surenchérisseur*), que le requérant est dans l'intention de demander la nullité de la surenchère formée par ledit sieur K..., par acte du ...; qu'en conséquence il conclura devant le tribunal comme il conclut par ces présentes à ce que, attendu (*indiquer les motifs*), ladite surenchère soit déclarée nulle; qu'il soit ordonné que le contrat de vente reçu par Me ..., etc. (ou *le jugement d'adjudication du ...*,), continuera d'être exécuté suivant sa forme et teneur, et que ledit sieur K... soit condamné aux dépens, dont distraction, etc.

Pour original, pour copie, signifié laissé copie, etc.

(*Signature de l'avoué.*)

Décompte :		
	Timbre	Mémoire.
	Signification et enregistrem..	» 90
	Original	5 »
	Copie	1 25

FORMULE 694. — Art. 2185, 2188 C. C.; 836 C. P.; Mourlon, t. III, p. 774.

Placard pour parvenir à l'adjudication par suite de surenchère.

Étude de Me..., avoué à ..., rue..., n° ...

A VENDRE.

Après surenchère sur aliénation volontaire.

Sur la poursuite du sieur K... (*p., q. et d.*), surenchérisseur, ayant Me... pour avoué, contre le sieur B,.. (*p., q. et d.*), vendeur, ayant Me... pour avoué, et contre le sieur A... (*p., q. et. d.*), acquéreur, ayant Me... pour avoué.

UNE MAISON (ou *autre immeuble*)

SITUÉE A ..., RUE ..., N° ...

(*désignation de l'immeuble tel qu'il se trouve dans l'acte d'aliénation.*)

Cet immeuble a été vendu, suivant acte passé devant Me ... et son collègue, notaires à ..., le ..., par le sieur B... au sieur A..., moyennant la somme de ... Ledit sieur A..., acquéreur, ayant fait aux créanciers inscrits les sommations prescrites par les art. 2183 et 2184 C. C., le sieur K..., l'un d'eux, a formé une surenchère dans laquelle il a porté le prix dudit immeuble à la somme de ...; et, par jugement du ..., le trib. de 1re inst. de ... a validé ladite surenchère et ordonné que la revente dudit immeuble aurait lieu à l'audience des criées du tribunal sur la mise à prix de ... Ce jugement, après avoir été signifié à avoué, l'a été à partie par exploit du ...

En conséquence, il sera procédé le ..., à ..., heure du ..., à l'audience des criées du trib. de 1re inst. de ..., au palais de justice, rue ..., à l'adjudication de l'immeuble ci-dessus désigné, sur la mise à prix de ...

L'adjudicataire sera tenu, en sus du prix de son adjudication, de restituer au sieur A..., acquéreur, les frais et loyaux coûts de son contrat, ceux da la transcription sur les registres du conservateur, ceux de la notification et ceux faits par le sieur K..., surenchérisseur, pour parvenir à la revente, conformément à l'art. 2188, C. C.

Me ..., avoué du poursuivant, donnera aux prétendants les renseignements nécessaires.

Fait et dressé à ..., le ..., par moi, avoué poursuivant.

(*Signature de l'avoué.*)

Décompte. (Tarif de 1841, art. 11.)

Timbre	Mémoire.
Enregistrement	1 88
Frais d'insertion et d'impression	Mémoire.
Vacation à la légalisation de l'imprimeur	2 »
Rédaction du placard	6 »
Droit pour chaque insertion, 2 fr.	Mémoire.

FORMULE 695. — Art. 2185 et suiv. C. C.; 873 C. Pr.; Mourlon, t. III, p. 774.

Sommation à l'ancien et au nouveau propriétaire d'assister à l'adjudication.

L'an ..., le ..., à la requête du sieur K... (*p., q. et d. du poursuivant, surenchérisseur*), pour lequel domicile est élu à ..., rue ..., n° ..., dans l'étude de Me ..., avoué près le tribunal de 1re inst. de ..., qui est constitué et qui continuera d'occuper pour lui sur le présent acte, j'ai (*immatricule de l'huissier*), soussigné, fait sommation : 1° au sieur B..., (*p., q. et d.*), ancien propriétaire de l'immeuble ci-après désigné, surenchéri par le requérant, au domicile susindiqué, en parlant à ...; 2° au sieur A... (*p., q. et d.*), acquéreur dudit immeuble, au domicile ci-dessus indiqué, en parlant à ..., de comparaître à l'audience des criées du trib. de 1re inst. de ..., au palais de justice à ..., le ..., heure de ..., pour assister à l'adjudication sur surenchère de (*désignation sommaire de l'immeuble*), qui aura lieu en exécution d'un jugement dudit tribunal, en date du ..., enregistré, précédemment signifié, leur déclarant que, faute par eux de comparaître, il sera pris défaut contre eux, et procédé à ladite adjudication, même en leur absence.

Et j'ai, auxdits domiciles, parlant comme ci-dessus, laissé copie du présent, dont le coût est de ...

Il a été employé pour la copie ... feuilles de papier spécial au timbre de...,

Décompte. (Ord. de 1841, art. 3, § 16.)

Timbre........................	1 80
Enregistrement................	3 75
Original......................	2 «
2 copies......................	1 »
Transport, s'il y a lieu........	Mémoire.

FORMULE 696. — Art. 2185 et suiv. C. C.; 837 C. Pr.; Mourlon, t. III, p. 774.

Dépôt au greffe de l'acte d'aliénation.

L'an ..., le ..., au greffe du trib. de 1re inst. de ..., et devant nous, greffier soussigné,

Me ..., avoué près ce tribunal du sieur A... (*p., q. et d.*), lequel, au nom dudit sieur A..., a déposé entre nos mains l'expédition d'un contrat passé devant Me ... et son collègue, notaires à ... le ..., enregistré, contenant vente par le sieur B... (*p., q. et d.*) audit sieur K..., de ... (*énoncer très-sommairement l'immeuble*), moyennant le prix de ..., ajoutant ledit Me ... que ce dépôt est affectué conformément aux dispositions de l'art. 837, C. pr., pour que l'expédition dudit contrat serve de cahier des charges lors de la revente dudit immeuble, qui aura lieu devant le tribunal par suite de la surenchère du dixième formée par le sieur K... (*p., q. et d.*).

Nous avons donné acte dudit dépôt au comparant, qui a signé avec nous, après lecture.

Dont acte. (*Signatures de l'avoué et du greffier.*)

Décompte :	Émolument du greffier, tant pour le dépôt que pour communiquer la pièce déposée	15 »
	Vacation de l'avoué au dépôt	3 »
	Timbre	» 60
	Enregistrement	5 63

FORMULE 697. — Art. 2185 C. C.; 833 C. Pr.; Mourlon, t. III, p. 774.

Requête en subrogation.

A MM. les président et juges composant le trib. de 1re inst. de ...

Le sieur M... (*p., q. et d.*), créancier inscrit sur l'immeuble dont il va être parlé, ayant Me ... pour avoué, qui se constitue et occupera pour lui sur la présente demande en subrogation.

Contre : 1° le sieur K... (*p., q. et d.*), créancier inscrit sur le même immeuble, poursuivant la surenchère ci-après énoncée, ayant Me ... pour avoué; 2° le sieur B... (*p., q. et d.*), demeurant à ..., vendeur de l'immeuble surenchéri, ayant Me ... pour avoué; 3° le sieur A... (*p., q. et d.*), acquéreur dudit immeuble, ayant Me ... pour avoué;

Conclut à ce qu'il plaise au tribunal : attendu que, suivant contrat passé devant Me ... et son collègue notaires à ..., le ..., enregistré, le sieur B... a vendu au sieur A... une maison située à ..., rue ..., n° ..., sur laquelle l'exposant a pris inscription hypothécaire au bureau des hypothèques de ..., le ..., vol. ..., n° ..., pour sûreté de la somme principale de ..., avec intérêts et accessoires, à lui due par le sieur B..., aux termes d'une obligation passée devant Me ..., notaire à ..., le ..., enregistrée; attendu que l'extrait dudit contrat de vente ayant été notifié aux créanciers inscrits par le sieur A..., le sieur K..., l'un des créanciers inscrits, a signifié au sieur A... et au sieur B... une réquisition de surenchère du dixième, précédée d'un acte dressé au greffe du trib. de ..., le ..., enregistré, par lequel le sieur C... (*p., q. et d.*) s'est soumis à cautionner ladite surenchère, et a déposé les titres à l'appui de sa solvabilité; attendu que, depuis ladite réquisition de surenchère il s'est écoulé plus d'un mois sans que le sieur K... se soit mis en mesure de faire statuer sur la validité de ladite surenchère (ou *si la surenchère a été validée par jugement*) : attendu que, par jugement rendu contradictoirement par le tribunal, le ..., enregistré, ladite surenchère a été déclarée régulière et valable; que néanmoins le sieur K... a négligé de prendre les mesures nécessaires pour parvenir à l'adjudication, notamment de faire apposer les affiches et insérer les annonces prescrites par la loi; qu'il demeure ainsi dans l'inaction, depuis le ..., ce qui constitue, sinon une présomption de fraude et de collution, au moins une négligence suffisante pour autoriser une demande en subrogation; attendu que le concluant, en sa qualité de créancier inscrit sur l'immeuble surenchéri, a droit et intérêt à demander la subrogation dans la poursuite de surenchère ainsi interrompue, conformément aux termes de l'art. 833. C. pr.; recevoir l'exposant, intervenant dans l'instance pendante entre les susnommés sur la surenchère formée par le sieur K... ; statuant sur cette intervention, déclarer que la procédure commencée sur ladite surenchère sera reprise et mise à fin par l'exposant d'après les derniers errements, aux risques et périls du surenchérisseur et du sieur C..., sa caution ; ordonner que le sieur K... sera tenu à cet effet de communiquer au concluant toutes les pièces de la procédure, dans les trois jours du jugement à intervenir, à peine de ... francs de dommages-intérêts par chaque jour de retard ; dire également que soit le sieur B..., soit le sieur A..., seront tenus de déposer au greffe, dans le même délai, l'expédition de leur contrat de vente, lequel servira de cahier des charges, à peine de ... francs de dommages-intérêts pour chaque jour de retard, sinon et faute par eux de ce faire, autoriser l'exposant à se faire délivrer par Me ..., notaire, dépositaire de la minute, une expédition dudit contrat condamner personnellement le sieur K..., et le sieur C..., sa caution, aux dépens de la présente demande de subrogation, que le concluant pourra, dans tous les cas, employer en frais privilégiés de poursuite de vente, et dont distraction, etc.

Pour original, pour copie, signifié, laissé copie, etc.

(Signature de l'avoué.)

Décompte. (Tarif, art. 75.)

Timbre......................	Mémoire.
Signification et enregistrement.	
Par copie 00 c................	Mémoire.
Original, 2 fr. par rôle.........	Mémoire.
Chaque copie, le quart.........	Mémoire.

FORMULE 698. — Art. 2185 C. C. ; 838 C. Pr. ; Mourlon, t. III, p. 774.

Jugement d'adjudication par suite de surenchère.

Audience publique des criées du trib. de 1re inst. de ..., tenue le ...

Présents :

MM. ... *(noms des président, juges, officier du ministère public et greffier)*, ouï Me ..., avoué, qui a dit que, par jugement du ..., le tribunal a validé la surenchère de ... francs faite par le sieur K... *(p., q. et d.)* sur le prix de la vente d'une maison située à ..., rue ..., n° ..., consentie le ..., au prix de ..., par le sieur B... *(p., q. et d.)*, au sieur A... *(p., q. et d.)*, devant Me ..., notaire à ..., et que le même jugement a ordonné la revente de ladite maison à l'audience des criées sur la mise à prix de ..., montant de ladite surenchère ; qu'en exécution de ce jugement, des placards annonçant la vente pour aujourd'hui ont été dressés et affichés le ..., ainsi que le constate un procès-verbal de ..., huissier ; qu'en outre un des placards a été inséré le ..., dans le journal ..., désigné pour les annonces judiciaires, et qu'enfin, par exploit du ..., sommation a été faite auxdits sieurs A... et B... d'assister à la revente de ladite maison, à ces jour, lieu et heure ; en conséquence ledit Me ... a conclu à ce qu'il plaise au tribunal ordonner la lecture et la publication de l'acte de vente dont une expédition a été déposée au greffe pour servir de minute d'enchère et procéder immédiatement à l'adjudication; ouï Me ..., avoué du sieur A..., qui a déclaré ne pas s'opposer à ce qu'il fût passé outre à l'adjudication; ouï Me ..., avoué du sieur B...., qui a fait la même déclaration; ouï M...., procureur de la République, en ses conclusions verbales et motivées.

Sur l'ordre de M. le président, l'huissier de service a lu le cahier des charges; il a annoncé que les frais de revente, taxés conformément à l'art. 701 C. pr. par ordonnance de M...., juge taxateur en date du ..., enregistrée, s'élèvent au chiffre de ..., et a délaré l'ouverture des enchères sur la mise à prix de ...

Le premier feu étant allumé, il a été enchéri par Me ... à la somme de ..., par Me ..., à celle de ...

Le premier feu étant éteint, le second étant allumé, il a été enchéri par Me ... à la somme de ...

Le second feu éteint, et le troisième étant allumé, il a été enchéri par Me ... à la somme de ...

Ouï Me ..., avoué, qui a conclu à ce que trois feux s'étant éteints sans que son enchère ait été couverte, il plaise au tribunal lui donner acte de son enchère et lui adjuger l'immeuble dont il s'agit, sous réserve de déclaration de command dans le délai de la loi, au prix de ...; ouï Me ..., avoué du sieur A..., qui s'en est rapporté à la sagesse da tribunal; ouï Me ..., avoué du sieur B..., qui a fait la même déclaration; ouï M...., procureur de la République, en ses conclusions verbales et motivées; le tribunal, attendu que trois feux se sont éteints sans que l'enchère faite par Me ... ait été couverte, adjuge audit Me ... l'immeuble dont il s'agit, au prix de ..., montant de la dernière enchère, et aux clauses et conditions résultant de la loi et de l'acte de vente susmentionné, sous réserve de déclaration de command dans le délai de la loi; ordonne que sur la signification du présent jugement tous détenteurs ou possesseurs de l'immeuble vendu seront tenus d'en délaisser la possession en faveur de l'adjudicataire, sous peine d'y être contraints par toutes les voies de droit, même par corps.

Décompte. (Tarif de 1841, art. 6-11.)

Vacations des huissiers audienciers, y compris les frais de bougie, 5 fr. par lot adjugé sans qu'ils puissent percevoir sur plus de 6 lots.	
Vacations à chacun des avoués du poursuivant et du surenchéri, 15 fr. par lot sans qu'on puisse percevoir sur plus de 6 lots.	
Remise proportionnelle allouée à l'avoué poursuivant, art. 11, § 14, droit proportionnel qui varie suivant les circonstances..........................	Mémoire.
Vacation à chaque avoué enchérisseur..............	7 50
Vacation à l'avoué qui a enchéri...................	15 »
Enregistrement, 6 fr. 88 c. p. 0/0 sur le prix et les charges.	
Droit de greffe, 63 c. sur les premiers 5000 fr. et 32 c. sur le surplus.	
Timbre..	Mémoire.

Purge des hypothèques légales non inscrites.

FORMULE 699. — Art. 2193 à 2195 C. C.; Mourlon, t. III, p. 723.

Acte de dépôt au greffe de la copie collationnée d'un titre d'acquisition pour parvenir à la purge des hypothèques légales non inscrites.

L'an ..., le ..., au greffe du trib. de 1re inst. de ..., au palais de justice à ..., et devant nous, greffier soussigné.

Me ..., avoué, près ce tribunal, du sieur A... (*p.*, *q. et d.*) a déposé en nos mains la copie collationnée d'un acte passé devant Me ... et son collègue notaires à ..., le ..., enregistré, contenant vente par le sieur B... (*p.*, *q. et d.*), audit sieur A..., de ... (*désignation de l'immeuble*), moyennant ... de prix principal en sus des charges. Il a déclaré que cette copie était déposée, pour qu'un extrait en demeurât affiché pendant deux mois dans l'auditoire du tribunal afin de parvenir à la purge des hypothèques légales, non inscrites, conformément aux dispositions de l'art. 2194 du C. C., et de ces comparutions, dépôt et déclaration, il a demandé acte que nous lui avons donné.

De suite nous avons dressé un extrait dudit contrat que nous avons inséré au tableau à ce destiné, placé dans l'auditoire du tribunal, pour y demeurer exposé pendant deux mois.

Dont acte, que ledit Me ... a signé avec nous, greffier, après lecture.

Décompte. (Ord. de 1841, art. 11, § 2.)

Timbre	Mémoire.
Enregistrement du dépôt	5 63
Droit de rédaction, 1 fr. 50 c., y compris la remise du greffe (12 c. 1/2)	Mémoire.
Vacation	3 »
Droit de greffe, 1 fr 20 c. par rôle, y compris la remise du greffier, 30 c. par rôle	Mémoire.

FORMULE 700. — Art. 2193 à 2195 C. C.; Mourlon, t. III, p. 783.

Extrait prescrit par l'art. 2194 du Code Civil.

D'un acte passé devant Me ..., qui en a gardé minute et son collègue, notaires à ..., le ..., enregistré, il appert que le sieur B... (*p.*, *q. et d.*) a vendu au sieur A... (*p.*, *q. et d.*) un ... (*désigner succinctement l'immeuble*), moyennant, outre les charges, la somme principale de ...

Pour extrait conforme. (*Signature du greffier.*)

Décompte :

Timbre	» 60
Enregistrement	Néant.
Émolument du greffier	1 »

FORMULE 701. — Art. 2194 C. C.; Mourlon, t. III, p. 783.

Notification de l'acte de dépôt au procureur de la République et aux femmes, aux subrogés tuteurs ou aux mineurs devenus majeurs, etc.

L'an ... le ..., à la requête du sieur A... (*p., q. et d.*), pour lequel domicile est élu à ..., rue ..., n°, dans l'étude de Me ..., avoué près le trib. de 1re inst. de ..., j'ai ... (*immatricule de l'huissier*), soussigné, fait la notification, et, en tête (*de celle*) des présentes, laissé copie 1° à M. le procureur de la République près le trib. de 1re inst. de ..., au parquet dudit tribunal, en parlant à ..., qui a visé le présent original (ou *l'original du présent*); 2° à la dame C... (*p., femme du vendeur, s'il est marié*), demeurant à ..., audit domicile, en parlant à ...; 3° au sieur B... (*p., q. et d.*), comme exerçant les droits et actions de la dame C..., son épouse, audit domicile, en parlant à ...; 4° au sieur D... (*p., q. et d.,*) comme subrogé tuteur du mineur E... (*p., q. et d.*), audit domicile, en parlant à ...; 5° au sieur F... (*p., q. et d.*) comme ayant été sous la tutelle du sieur B..., audit domicile, en parlant à..., de l'expédition d'un acte dressé au greffe du tribunal de 1re instance de ..., le ..., enregistré, constatant le dépôt fait au greffe, ledit jour, de la copie collationnée d'un acte passé devant Me ... et son collègue, notaires à ..., le..., enregistré, contenant vente par le sieur B... au requérant, d'un immeuble (*désignation sommaire de l'immeuble, semblable à celle de l'acte du dépôt*), moyennant le prix principal de ... en sus des charges; leur déclarant que la présente notification leur est faite, conformément à l'art. 2194 C. C., pour qu'ils aient à prendre telle inscription d'hypothèque légale qu'ils aviseront, dans le délai de deux mois, et que, faute par eux de se mettre en règle dans ce délai, l'immeuble dont il s'agit demeurera définitivement purgé, entre les mains du requérant de toute hypothèque de cette nature; déclarant, en outre, à M. le procureur de la République que les anciens propriétaires dudit immeuble sont, indépendamment du vendeur : 1° ..., 2° ..., 3° ..., etc. (*énoncer avec la plus grande exactitude les noms, prénoms, des anciens propriétaires, tels que ces noms se trouvent dans le contrat, en commençant par ceux de qui le vendeur avait acquis, et en remontant ainsi jusqu'au propriétaire originaire*), et que tous ceux du chef desquels il pourrait être pris des inscriptions d'hypothèque légale n'étant pas connus du requérant, il fera publier la présente notification dans un des journaux désignés pour les annonces judiciaires, conformément à l'avis du conseil d'État du 9 mai 1807.

Et j'ai, auxdits domiciles, parlant comme ci-dessus, laissé à M. le procureur de la République et à chacun des susnommés, séparément, copie du présent, dont le coût est de ...

Il a été employé pour les copies ... feuilles de papier spécial au timbre de ... (*Signature de l'huissier.*)

Vu et reçu copie par nous, procureur de la République.

Au parquet du tribunal, le ...

(*Signature.*)

Décompte. (Tarif, art. 29.)

Timbre	Mémoire.
Original	2 »
Chaque copie 50 c.	Mémoire.
Visa	1 »
Enregistrement.	3 75
Copie de pièces de l'acte de dépôt à 30 c. par rôle	Mémoire.

FORMULE 702.

Avis du conseil d'État du 9 mai 1817.

Insertion des notifications au journal d'annonces judiciaires.

Étude de Me..., avoué à...

Purge d'hypothèque légale.

Suivant exploit de ..., huissier à ..., en date du ..., enregistré,

Notification a été faite à M. le procureur de la République près le tribunal civil de ...

A la requête de M. A ... (*p., q, et d.*), pour lequel domicile est élu à..., en l'étude de Me ... avoué.

De l'expédition d'un acte dressé au greffe du tribunal civil de ..., le , enregistré, constatant le dépôt fait le même jour audit greffe, de la copie collationnée d'un contrat passé devant Me ..., notaire à ..., le ..., contenant vente par M. B. (*p., q. et d.*) et madame ..., son épouse, au profit de M. A..., requérant, d'une propriété... (*la désigner.*)

Et ce, moyennant outre les charges le prix principal de ...

Avec déclaration à M. le procureur de la République :

1° Que ladite notification lui était ainsi faite conformément à l'art. 2194 du code civil, pour qu'il eût à prendre, dans le délai de deux mois, telles inscriptions d'hypothèque légale qu'il aviserait, et que sinon et faute par lui de ce faire dans ledit délai et icelui passé, l'immeuble dont s'agit serait et demeurerait définitivement purgé et libéré entre les mains de M. A..., de toutes hypothèques légales non inscrites;

2° Que les précédents propriétaires de l'immeuble dont s'agit étaient, outre les vendeurs ... (*les désigner.*)

Et 3° que tous ceux du chef duquels il pourrait être pris des inscriptions d'ypothèque légale n'étant pas connus de M. A... susnommé, il ferait insérer ladite notification dans un journal d'annonces judiciaires, conformément à la loi.

(*Signature de l'avoué.*)

Décompte. (Ord de 1841, art. 11, § 3 et 8.)

Coût de l'insertion	Mémoire.
Rédaction et vacation à l'insertion.	2 »
Vacation à la légalisation de la signature de l'imprimeur.	2 »
Enregistrement du journal.	1 88

FORMULE 703. — Art. 2194 C. C.; Mourlon, t. III, p. 783.

Acte du greffe constatant que l'affiche a été faite conformément à la loi.

L'an ..., le ..., au greffe du trib. de 1re inst. de ..., et devant nous greffier soussigné,

Me ..., avoué du sieur A... (*p., q. et d.*) près le tribunal, nous a requis de lui délivrer un certificat constatant qu'un extrait d'un contrat reçu par Me ... et son collègue, notaires ..., le ..., enregistré, contenant vente par le sieur B... (*p., q. et d.*), au profit dudit sieur A..., d'un (*désigner sommairement l'immeuble,*) moyennant la somme de ..., de prix principal, en sus des charges, a été exposé deux mois au tableau placé dans l'auditoire du tribunal.

Déférant à cette réquisition, nous certifions que l'extrait dont il s'agit a été placé par nous, dans le tableau à ce destiné, le ..., et qu'il y est demeuré exposé depuis cette époque jusqu'à ce jour, qu'il en a été retiré.

La copie déposée par le comparant lui a été immédiatement rendue, et il a signé avec nous, après lecture.

(*Signatures.*)

Décompte :		
	Enregistrement..........	5 63
	Droit de rédaction, 1 fr. 50 c., y compris la remise du greffier, 12 c. 1/2......	Mémoire.
	Vacation de l'avoué, 1 fr. 50, à Paris 3 fr............	Mémoire.
	Timbre d'expédition.......	Mémoire.
	Droit de greffe, 1 fr. 20 c. par rôle, y compris la remise du greffier..............	Mémoire.

FORMULE 704.

Certificat délivré par le conservateur des hypothèques.

Le conservateur des hypothèques au bureau de ..., soussigné, certifie qu'il n'existe sur le registre, depuis le ... jusqu'à ce jour, aucune inscription d'hypothèque légale contre le sieur B... (*p., q. et d.*).

Le présent certificat délivré par moi, conservateur des hypothèques soussigné, sur la demande de Me ..., avoué.

A ..., le ..., reçu un franc soixante centimes.

(*Signature du conservateur.*)

Décompte. (Décret du 4 sept. 1810, Ord. de 1841, art, 7, § 3.)

Timbre..................................	» 60
Salaire..................................	1 »
S'il y a des inscriptions, il est dû 1 fr. pour chacune d'elles..................	Mémoire.

Si le certificat concerne plusieurs propriétaires successifs, il est dû autant de fois 1 fr. qu'il y a de mentions négatives.......................... Mémoire.
Vacations de l'avoué.......................... 6 »

De l'expropriation forcée et de l'ordre.

(Pour ce qui a trait à l'expropriation forcée, voir les formules 424 et suivantes.)

De l'ordre.

FORMULE 705. — Art. 750 et 751. C. Pr.

Dépôt de l'état des inscriptions et réquisition de nomination d'un juge-commissaire.

L'an ..., le ..., au greffe du tribunal de 1re inst. de ..., Me ..., avoué du sieur K... (*p., q. et d.*) créancier saisissant[1], sur le sieur B... (*b., q. et d.*), de l'immeuble dont il va être question, après avoir déposé, conformément à l'art. 750 C. Pr., au greffe de ce tribunal, l'état sur transcription, délivré à la date du ..., par M. le conservateur du bureau des hypothèques de ..., des inscriptions grevant (*désigner l'immeuble*), adjugé au sieur A.. (*p., q. et d.*), moyennant ... fr. de prix principal, par jugement de l'audience des criées du trib. de 1re inst. de ..., en date du ..., enregistré, sur la poursuite de saisie dirigée par le sieur K... contre le sieur B... (ou bien : *vendu au sieur B..., par contrat reçu par Me, notaire, etc.*), transcrit au bureau des hypothèques de ..., le ..., vol. ..., no ..., a requis l'ouverture du procès-verbal d'ordre à l'effet de régler la distribution entre les créanciers du prix provenant de l'adjudication (ou *de la vente*), susénoncée et demandée, pour le cas où M. le juge spécialement désigné pour les ordres serait empêché, qu'il plût à M. le président, commettre l'un de MM. les juges dudit tribunal pour procéder à la distribution par voie d'ordre, entre les créanciers inscrits, du prix en question.

Et a, ledit Me ..., signé. (*Signature de l'avoué.*)

Cet acte s'inscrit sur le registre des adjudications, tenu à cet effet au greffe; à la suite, le président rend son ordonnance ainsi :

ORDONNANCE.

Nous président, vu la requête qui précède, commettons Me ..., l'un des juges de ce tribunal, pour procéder à l'ordre dont il s'agit.

Fait au palais de justice le ... (*Signature du président.*)

1. A défaut du créancier saisissant, cet acte peut être fait à la requête du créancier le plus diligent, de la partie saisie ou de l'adjudicataire.

Décompte. (Tarif, art. 130. § 1.)

Timbre du registre........ » 60
Vacation de l'avoué... .. 6 »

FORMULE 706. — Art. 751 C. Pr.

Déclaration d'ouverture de procès-verbal d'ordre et ordonnance de convocation pour l'ordre amiable.

L'an ..., le ..., dans notre cabinet, au palais de justice ;

Nous, juge au tribunal de 1re inst. de ..., chargé des ordres (ou bien : *nommé juge-commissaire pour l'ordre dont il va être question*), assisté de Me ..., commis greffier;

Vu la réquisition d'ouverture du procès-verbal d'ordre faite au greffe par Me ..., avoué du sieur K... (*p.*, *q. et d.*), le ..., constatant le dépôt de l'état des inscriptions demeuré ci-annexé ;

Déclarons ouvert le procès-verbal d'ordre, à l'effet de parvenir à la distribution de la somme de ..., montant du prix de l'adjudication prononcée ou (*de la vente faite*) au profit du sieur A... (*p.*, *q. et d.*), de ... (*désigner l'immeuble*).

Ordonnons que les créanciers portés audit état, la partie saisie et l'adjudicataire (ou *le vendeur et l'acquéreur*) seront convoqués immédiatement pour ..., le ..., (*jour, lieu et heure*), devant nous, afin de se régler amiablement sur la distribution dudit prix. Nous avons signé avec notre greffier. (*Signature.*)

Décompte. (Circulaire du 2 mai 1859.)

Néant. Sauf 5 fr. 63 c. pour droit d'enregistrement, qui n'est perçu que lors de l'enregistrement de l'ordonnance de clôture de l'ordre.

FORMULE 707. — Art. 731 C. Pr.

Convocation de créanciers inscrits, de la partie saisie ou du vendeur et de l'adjudicataire ou de l'acquéreur, afin de se régler amiablement sur la distribution du prix.

A ..., le ... 18 ...

Au nom de M. ... (*juge spécial aux ordres, ou juge commis.*)

Le greffier du trib. de 1re inst. de ... invite M. C ... (*p.*. *q. et d*)., à se rendre, muni de ses titres et pièces, en la chambre du conseil dudit tribunal à ..., le ..., heure de ..., à l'effet de se régler sur la distribution, par voie d'ordre amiable, d'une somme de ..., montant du prix moyennant lequel M. A... (*p.*, *q. et d.*), a acquis, suivant (*indiquer l'acte translatif de propriété*), un ... (*désigner l'immeuble*), ayant appartenu à M. B... (*p.*, *q. et d.*), prévenant ledit sieur C..., que faute par lui de se présenter aux lieux, jour et heure indiqués, il sera condamné à une amende de 25 fr., en vertu de l'art. 751 du C. de pr.

Fait au greffe du tribunal de ... (*Signature du greffier.*)

Décompte : Port de la lettre......... » 20
Le chargement se fait gratuit.
Honoraires du greffier... » 20

FORMULE 708. — Art. 751 C. P.

Bulletin préparé par le greffier et à lui remis, signé par le directeur des postes pour tenir lieu de bulletin de chargement.

Le greffier du trib. de 1re inst. de ... a remis le ..., au bureau de poste de cette ville..., lettres qu'il a fait charger, portant convocation à MM.... (*noms et adresses*), créanciers inscrits, au sieur... (*nom et adresse*), partie saisie (*ou vendeur*) et au sieur ... (*nom et adresse*), adjudicataire (ou *acquéreur*), de se trouver en la chambre de conseil dudit tribunal, séant à ..., le ..., heure de ..., à l'effet de se régler amiablement par-devant Me ..., juge spécial aux ordres (ou *juge-commissaire*), sur la distribution de la somme de ..., prix moyennant lequel M. A... (*p., q. et d.*) a acquis, suivant (*désigner le titre*), un .., (*désigner l'immeuble*), ayant appartenu à M. B... (*p., q. et d.*).

Il a été perçu pour port et chargement de ces lettres la somme de ...

(*Le directeur du bureau de poste.*)

Décompte : Néant. Sauf le port et le chargement.

FORMULE 709. — Art. 751 C. Pr.

Pouvoir donné à un avoué ou à tout autre mandataire pour procéder à un ordre amiable [1].

Par-devant, etc.

M. C.., (*p., q. et d.*),

A constitué pour son mandataire,

M. D... (*p., q. et d*),

Auquel il donne pouvoir de le représenter dans la tentative d'ordre amiable du prix moyennant lequel M. A... (*p., q. et d.*), a acquis, suivant (*énoncer le titre*), un ... (*désigner l'immeuble*), ayant appartenu à M. B... (*p., q. et d.*), sur lequel immeuble il existe au profit du comparant une inscription prise au bureau des hypothèques de ..., le ..., vol ..., no ..., pour sûreté d'une somme principale de ..., à lui due, en vertu d'une obligation reçue par Me ..., etc.

Concourir, en conséquence, au nom du constituant, aux opérations dudit ordre amiable, obtenir du juge-commissaire collocation de sa créance en rang utile, consentir, s'il est besoin, tous arrangements, remises, transactions, mainlevées d'inscriptions et désistements de priviléges ou hypothèques, passer et signer tous actes et procès-verbaux, élire domicile, substituer et généralement faire ce qui sera utile et nécessaire.

Dont acte, etc.

1. Il est nécessaire que cet acte soit fait devant notaire, parce qu'il emporte le droit de donner mainlevée de privilége ou d'inscription.

Décompte :		
	Timbre.............	» 60
	Enregistrement......	3 75
	Honoraires.........	3 »
	Total...	7 35

FORMULE 710. — Art. 751 C. Pr.

Procès-verbal constatant la comparution des parties et la production des pièces.

L'an ..., le ..., à ..., heures du ..., dans la chambre du conseil du trib. de 1re inst. de ..., au palais de justice à ..., nous, juge aux ordres (ou *juge-commissaire*), assisté de ..., greffier, avons fait faire l'appel des parties convoquées, ainsi qu'il résulte d'un bulletin de chargement des lettres de convocations expédiées le ..., en vertu de notre ordonnance du ..., lequel bulletin est demeuré ci-annexé.

Ont comparu[1].

1° M. K... (*p.,q. et d.*), poursuivant l'ordre;

2° M. D... (*p., q. et d.*), créancier hypothécaire inscrit sur l'immeuble dont le prix est en distribution;

3° M. E... etc. (*même indication*);

4° M. A... (*p., q. et d.*), adjudicataire (ou *acquéreur dudit immeuble*);

5° M. B... (*p., q. et d.*) partie saisie (ou *vendeur dudit immeuble*);

Ledit sieur K... a exposé que toutes les parties convoquées par M. le juge aux ordres (ou *commissaire*), suivant la lettre circulaire du greffier en date du ..., sont présentes à l'effet de s'entendre sur la distribution du prix de l'immeuble ayant appartenu au sieur B...; qu'il y a lieu de leur donner acte de leur comparution; de recevoir les titres de leurs créances, et de procéder au règlement par voie d'ordre amiable, conformément aux dispositions de l'art. 751 C. pr.

Les autres comparants ont déclaré se présenter en effet pour déférer à notre convocation susénoncée, et être disposés à déposer en nos mains les titres et pièces constitutifs de leurs créances.

Nous, juge aux ordres (ou *commissaire*), après avoir donné aux susnommés acte de leurs comparutions et déclarations, avons reçu les pièces produites, telles qu'elles sont spécifiées ci-après :

Savoir : Premièrement, du sieur K...

1° La grosse d'une obligation reçue par Me..., etc.

2° Le bordereau de l'inscription qui conserve ladite créance, faite au bureau des hypothèques de..., le..., vol. ..., n°...

3° Pièces d'exécution, s'il y en a.

Deuxièmement, du sieur D...

Mêmes énonciations.

Nous avons ensuite prévenu les comparants qu'après examen des pièces

1. Il est d'usage que les parties se fassent représenter par leurs avoués; mais ces derniers agissent dans ce cas comme mandataires et non comme officiers ministériels. (Voir Mourlon, *Traité des ordres*.)

remises, nous préparerons un projet d'ordre amiable dont ils pourront prendre communication au greffe de ce tribunal, depuis le... jusqu'au..., et que le..., à..., heures du.., nous recevrons les observations auxquelles cette communication aura pu donner lieu.

Tous les comparants ont signé avec nous et notre greffier après lecture. (*Signatures.*)

Décompte. (Circulaire du 5 mai 1859.)

Droit de greffe pour chaque production 1 fr. 80 c., qui est perçu lors de l'enregistrement du procès-verbal de distribution du prix (en ce compris 15 c., remise du greffier).

FORMULE 711. — Art. 751 C. Pr.

Procès-verbal de la distribution du prix par règlement amiable.

L'an..., le..., à.., heure du..., dans notre cabinet au palais de justice à...,

Nous juge aux ordres (ou *commissaire*), assisté de Me..., greffier,

Agissant conformément aux prescriptions de l'art. 751 du C. de pr., avons procédé, ainsi qu'il suit, à la distribution par voie d'ordre amiable du prix moyennant lequel M. A... (*p., q. et d.*) s'est rendu adjudicataire suivant jugement, etc. (*ou s'est rendu acquéreur suivant contrat, etc.*) d'un (*désigner succinctement l'immeuble*) ayant appartenu à M. B... (*p., q. et d.*).

Lequel jugement (ou *acte*) a été transcrit au bureau des hypothèques de.., le..., vol..., n°... (*si c'est une vente autre qu'une expropriation forcée, ajouter*) : les hypothèques légales ont été purgées, et les notifications ont été faites aux créanciers inscrits, sans qu'il soit survenu de surenchère, ainsi qu'il résulte des pièces de purge et de notifications que nous avons vérifiées.

Par suite de la réquisition en date du... faite par Me..., avoué du sieur K..., l'ordre du prix de l'adjudication (ou de *la vente*) du..., ayant été ouvert, les créanciers inscrits, la partie saisie (ou *le vendeur*), et l'adjudicataire (ou *l'acquéreur*), régulièrement convoqués, se sont entendus de la manière suivante pour la répartition du prix :

SOMME A DISTRIBUER.

La somme à distribuer se compose.

1° De la somme de..., montant en principal du prix de ladite adjudication (ou *vente*), en date du..., ci .... » »

2° De celle de... pour intérêts à 5 pour 100 de cette somme depuis le..., époque à laquelle ils ont commencé à courir, jusqu'à ce jour, ci.. » »

Total.............. » »

COLLOCATIONS.

Sur laquelle somme sont colloqués :

1° *Par privilége.*

S'il s'agit d'un ordre après expropriation forcée.

Art. 1er. — Me... avoué et mandataire du sieur K... (*p.. q. et d.*), poursuivant, pour la somme de..., à laquelle nous avons taxé le coût de l'état des inscriptions, les frais de poursuite et de ce règlement du présent ordre, le coût de l'extrait à produire pour la radiation des inscriptions non colloquées, celui de la radiation de ces inscriptions, et le coût des bordereaux à délivrer aux créanciers colloqués, ci.................... » »

Art. 2. — M. A... (*p., q. et d.*), adjudicataire, pour la somme de..., à laquelle s'élèvera la radiation des inscriptions venant en ordre utile.

S'il s'agit d'un ordre après toute autre aliénation.

Art. 1er. — En vertu de l'art. 774., C. pr., et par droit de rétention sur le prix d'adjudication (ou *de vente*).

M. A... (*p., q. et d.*), pour le coût de l'extrait des inscriptions des dénonciations faites aux créanciers inscrits, et des frais de radiation des inscriptions venant en ordre utile.

Dans les deux hypothèques et s'il reste dû une partie du prix au vendeur créancier privilégié, dire :

Art. 2. — M. C... (*reproduire l'article premier ci-dessus*).

Art. 3. — M..., vendeur du sieur..., ayant conservé son privilège par une inscription prise le..., vol..., n°..., renouvelée le..., vol..., n°..., pour 1° la somme de..., capital restant dû, ci.................................... » »

2° Celle de... pour intérêts à 5 pour 100, courus du..., jusqu'à ce jour, ci.. » »

3° Celle de..., pour coût de renouvellement de ladite inscription, ci.. » »

Total de la collocation....... » »

2° *Par hypothèque.*

Art. 4. M. C... (*p., q. et d.*), à la date de son inscription, prise le... vol. ..., n°... pour 1° la somme de..., capital d'une obligation souscrite à son profit par ledit sieur A...., devant Me..., notaire, etc., enregistré, ci. » »

2° Celle de.., pour intérêts (*comme ci-dessus*), ci.............. » »

3° Celle de...pour frais de renouvellement d'inscription ou de mise à exécution (*s'il y en a*), ci................................ » »

Art. 5, 6, 7. — ... (*Mêmes énonciations pour chaque créance colloquée*).

Au dernier article on met : Pour la somme de... restant disponible sur la somme à distribuer, et par imputation sur sa créance.

La somme à distribuer se trouvant épuisée par les collocations qui précèdent, les autres créanciers ne peuvent être admis en rang utile.

En conséquence, nous avons clos et arrêté le présent règlement amiable, et pour son exécution, nous ordonnons que le greffier du tribunal délivrera aux créanciers ci-dessus colloqués des bordereaux exécutoires contre M. A.., adjudicataire (ou *acquéreur*).

Disons que l'adjudicataire (ou *l'acquéreur*), en payant son prix d'après le rang des collocations qui précèdent, sera bien et valablement libéré; que les créanciers colloqués, en touchant le montant de leurs bordereaux, donneront mainlevée et consentiront la radiation définitive non seulement de leurs inscriptions, mais encore de l'inscription d'office prise le..., vol, ..., n°..., en ce qu'elle leur profite, et que ladite inscription sera complétement rayée après justification faite par l'acquéreur du payement intégral de son prix, en principal et en intérêts.

Faisons mainlevée, entière et défintive, et ordonnons la radiation des inscriptions ci-après énoncées, au profit des créanciers non colloqués, mais seulement en ce qu'elles grèvent l'immeuble adjugé (ou *vendu*), à M. A..., et dont le prix vient d'être distribué, savoir, celle prise au profit du sieur..., le..., vol..., n°..., en ce qu'elle excède la collocation partielle faite à son profit; celle prise le..., vol..., n°..., par M..., etc.

Lesquelles radiations auront lieu par le conservateur des hypothèques de..., sur la présentation d'un extrait de la présente ordonnance.

Et nous avons clos le présent procès-verbal, que toutes les parties ont signé avec nous et notre greffier. (*Signatures.*)

Décompte :		
	Timbre..............................	Mémoire.
	Timbre du répertoire.............	» 15
	Enregistrement du procès-verbal d'ouverture........................	3 75
	Enregistrement sur le montant des collocations à 63 c. p. 0/0.......	Mémoire.
	Pour chaque mainlevée d'inscription, 2 fr. 20 centimes..................	Mémoire.
	Pour annexe de l'état des inscriptions, 3 fr. 30 c., et pour chaque production, 1 fr. 65 c..................	Mémoire.
	Émolument au greffier en sus du déc. sur les droits de greffe...........	» 10
	État de frais de l'avoué poursuivant,	» 10

FORMULE 712. — *Art.* 751 C. Pr.

Bordereau de collocation par suite d'ordre amiable.

République française.

Au nom du peuple français.

Le greffier près le trib. de 1er inst. de... a délivré le bordereau de collocation dont la teneur suit :

D'un procès-verbal dressé le..., par M..., juge chargé des ordres près ce tribunal (ou *juge-commissaire*), contenant le règlement amiable du prix moyennant lequel M. A... (*p.*, *q. et d.*), a acquis ou s'est rendu adjudicataire suivant (*énoncer la vente ou l'adjudication*), d'un (*énoncer l'immeuble*) ayant appartenu à M. B..., (*p.*, *q. et d.*), lequel procès-verbal a été enregistré le..., vol..., f°..., par..., qui a reçu pour droits..., a été extrait ce qui suit :

SOMME A DISTRIBUER.

Voir la formule précédente au titre : somme à distribuer.

COLLOCATIONS.

Voir la formule précédente au titre : collocations.

En conséquence, et pour l'exécution dudit ordre amiable, il est, par nous greffier soussigné, délivré bordereau de collocation au sieur C... (*p.*, *q. et d.*), pour la somme de..., montant en principal, intérêts et accessoires de la collocation ci-dessus relatée, faite à son profit, pour qu'il touche cette somme des mains du sieur A..., acquéreur, en vertu du présent bordereau exécutoire par les voies de droit ; à la charge par le créancier colloqué de fournir bonne et valable quittance.

En conséquence la République mande et ordonne, etc.

(*Signature du greffier.*)

Décompte. (Tarif, art. 137.)

Timbre	Mémoire.
Répertoire	» 15
Droit de greffe, 30 c. p. 0/0 sur le montant du bordereau (y compris la remise du greffier, 2 c. 1/2)	Mémoire.
Droit d'expédition, 1 fr. 20 c. par rôle (y compris la remise du greffier, 30 c.)	Mémoire.
Émolument du greffier, 2 ou 3 fr. suivant que le bordereau est au-dessus ou au-dessous de 3000 fr.	
Vacation à l'avoué pour requérir le bordereau	5 »

FORMULE 713. — Art. 773 C. Pr.

Requête au juge spécial ou au président du tribunal à l'effet de procéder au préliminaire du règlement amiable et ordonnance de ce magistrat.

A M. ... (juge au trib. de 1re inst. de..., spécialement chargé des ordres (ou *président du trib. de 1re inst. de ...*).

Le sieur A... (*p.*, *q. et d.*), ayant pour avoué Me ..., qu'il constitue et qui occupera pour lui sur la présente demande,

A l'honneur de vous exposer que sur la poursuite de saisie immobilière dirigée contre le sieur B... (*p.*, *q. et d.*), le sieur A... (*p.*, *q. et d.*), s'est rendu adjudicataire de ... (*désigner les immeubles*), pour le prix principal de ..., par jugement du tribunal de ..., en date du ..., enregistré (ou *par procès-verbal dressé par M*[e] ..., *etc.*, *le* ..., *enregistré*); que ce jugement (ou *cette vente*) a été signifié à la partie saisie et transcrit au bureau des hypothèques de ..., le ..., vol. ..., n° ...; que l'exposant a requis du conservateur des hypothèques un certificat faisant connaître la situation hypothécaire des immeubles vendus; qu'il résulte de ce certificat en date du ..., joint à la présente requête, qu'il y a moins de quatre créanciers inscrits sur lesdits immeubles; que c'est le cas par conséquent de procéder au règlement du prix dans les formes prescrites par les art. 751 et 773 C. pr.

C'est pourquoi l'exposant conclut à ce qu'il vous plaise, M. le ... ordonner que les créanciers inscrits, la partie saisie (ou *le vendeur*), et l'adjudicataire (ou *l'acquéreur*), seront convoqués devant vous (ou *si c'est le président*), devant tel juge que vous voudrez bien commettre à l'effet de s'y régler sur la distribution du prix provenant de l'adjudication.

Présenté à ..., le ... (*Signature de l'avoué.*)

ORDONNANCE.

Voir la formule 105.

Décompte (Tarif, art. 130, § 1.)

Par analogie. Timbre de la requête.....	1 20
Émoluments de l'avoué..............	6 »

NOTA. La suite de cette procédure a lieu par les actes indiqués dans les formules 706, 707, 708, 709, 710, 711 et 712. Seulement, lorsqu'il n'y a pas d'ordre amiable, le juge, au lieu de déclarer l'ordre ouvert, termine la formule 706 ainsi :

Déclarons n'y avoir lieu à la distribution du prix par voie du règlement amiable, et renvoyons les parties à se pourvoir, conformément à la loi.

FORMULE 714. — Art. 773 C. Pr.

Demande en distribution du prix, lorsque après une vente judiciaire, autre qu'une saisie immobilière, il n'y a pas plus de trois créanciers inscrits.

L'an ..., le ..., à la requête du sieur C... (*p., q. et d.*), pour lequel domicile est élu à ..., rue ..., n° ..., dans l'étude de M[e] ..., avoué près le tribunal de 1re inst. de ..., qu'il constitue et qui occupera pour lui sur l'assignation ci-après, j'ai ... (*immatricule de l'huissier*), soussigné, donné assignation :

1° Au sieur D... (*p., q. et d.*), au domicile par lui élu dans son inscription, à ..., chez ..., en parlant à ...

2° Au sieur E... (*p., q. et d.*), au domicile par lui élu dans son inscription, à ..., chez ..., en parlant à ...

3° Au sieur F... (*p., q. et d.*), héritier bénéficiaire du sieur A..., audit domicile, en parlant à ...

4° Au sieur A..., (*p., q. et d.*), adjudicataire, audit domicile, en parlant à ...

A comparaître d'aujourd'hui à huitaine franche, outre un jour par trois myriamètres de distance, à l'audience et par-devant MM. les président et juges composant le tribunal de 1re inst. de ..., séant au palais de justice, à ..., heure du ..., pour,

Attendu que ledit sieur F..., en sa qualité d'héritier sous bénéfice d'inventaire du sieur B..., (*p., q. et d.*), a fait vendre conformément à la loi (*désigner sommairement l'immeuble vendu*) ; que l'adjudication de cet immeuble a été prononcée en faveur du sieur A..., moyennant la somme de ..., par jugement de l'audience des criées du tribunal de ..., rendu le ..., (ou *par procès-verbal d'adjudication, en date du ..., enregistré, dressé par M^e^ ..., judiciairement commis à cet effet*), transcrit au bureau des hypothèques de ..., et dénoncé par extrait aux créanciers inscrits, avec le certificat de transcription et l'état des inscriptions, par exploit de ..., huissier à ..., le ..., attendu que les formalités de la purge des hypothèques légales ont été remplies.

Attendu que l'aliénation ne résulte pas d'une expropriation, et qu'il n'existe que trois créanciers inscrits : qu'ainsi, aux termes de l'art. 773 C. pr., il n'y a pas lieu à ordre, mais seulement à une demande en attribution de prix ; que l'essai du règlement amiable voulu par ledit article n'a pas réussi, ainsi qu'il résulte du procès-verbal dressé par M. le juge aux ordres de ce tribunal, en date du ..., enregistré ;

Attendu que le requérant est l'un des créanciers inscrits sur ledit immeuble, pour la somme de ..., qu'il a prêtée au sieur B..., par acte passé devant M^e^ ... et son collègue, notaires à ..., le ..., enregistré, en vertu duquel il a été pris inscription au bureau des hypothèques de ..., le ..., vol. ..., n° .. ; voir dire et ordonner que, sur la somme principale, de ..., prix de l'adjudication faite au sieur A..., et les intérêts qu'elle a produits, le requérant sera payé au rang de son hypothèque, en principal, intérêts et frais, et que lesdits sieurs D... et E..., autres créanciers, recevront également le montant de leurs créances en principal et accessoires, suivant le rang auquel ils justifieront avoir droit, après toutefois que l'adjudicataire aura prélevé les frais extraordinaires de transcription et de notification qu'il a avancés, ainsi que les frais de la tentative d'ordre amiable ; voir dire également qu'en justifiant du payement des créances ci-dessus énoncées, les inscriptions qui grèvent l'immeuble adjugé seront rayées par le conservateur des hypothèques, qui pourra y être contraint par toutes les voies de droit ; entendre enfin ledit sieur A..., adjudicataire, déclarer commun avec lui le jugement à intervenir qu'il sera tenu d'exécuter.

Et j'ai, sous toutes réserves, laissé séparément à chacun des susnommés, en parlant comme ci-dessus, copie du présent, dont le coût est de

Il a été employé par les copies ..., feuille de papier spécial au timbre de ... (*Signature de l'huissier.*)

Décompte. (Tarif, art. 29.)

Timbre	1	75
Enregistrement, 4 droits	15	»
Original	2	»
Quatre copies	2	»
Total	20	75

FORMULE 715. Art. 751 et 752 C. Pr.

Procès-verbal constatant que les créanciers n'ont pu se régler entre eux, déclarant l'ordre ouvert et commettant les huissiers pour les sommations aux créanciers inscrits.

L'an ..., le ..., à ..., heures du ..., dans notre cabinet au palais de justice à ..., etc.

Reproduire la partie de la formule 710, qui mentionne la comparution et l'exposé de l'avoué poursuivant.

Personne ne s'étant présenté pour MM. ..., créanciers inscrits, dûment convoqués, les comparant nous ont déclaré ...

Comme en la formule 710.

Le juge-commissaire peut faire adresser une nouvelle convocation aux défaillants, et s'ils persistent, prononcer contre eux, à l'expiration du mois, l'amende en ces termes :

Les sieurs ..., créanciers inscrits dûment convoqués, n'ayant pas comparu, et le mois réservé pour la tentative de règlement amiable étant expiré,

Nous, juge aux ordres (ou *commissaire*),

Vu les art. 751 C. pr., avons remis aux comparants les pièces par eux produites, déclaré n'y avoir lieu à la distribution du prix par voie d'ordre amiable, et condamné les sieurs ..., non comparants, chacun à 25 fr. d'amende.

Avons déclaré en outre l'ordre ouvert, et commis le sieur ..., huissier près ce tribunal, à l'effet de sommer les créanciers de produire.

Si les créanciers inscrits ont comparu, mais n'ont pu s'entendre, dire :

Nous, juge aux ordres (ou *commissaire*),

Attendu que les créanciers ci-dessus nommés n'ont pu s'entendre sur la distribution du prix par voie d'ordre amiable et que le délai d'un mois est expiré,

Vu l'art. 752 C. pr.,

Déclarons ouvert l'ordre requis par Me ..., avoué du sieur C..., pour le règlement de la distribution du prix dû par le sieur A..., adjudicataire (ou *acquéreur*) de ..., et commettons ..., huissier, à l'effet de sommer les créanciers de produire.

Et avons signé, avec notre greffier. (*Signatures.*)

Décompte : Timbre .... Mémoire
Enregistrement... 3 75

Pour faire connaître à l'avoué poursuivant l'ouverture de l'ordre, le greffier lui adresse par la poste une lettre chargée ainsi conçue :

TRIBUNAL
de 1re inst. de ...

Nº de l'ordre.	Nom du saisi ou du vendeur.
.....	.....

A ..., le ...

Au nom de Me ..., etc.,

Le greffier du trib. de 1re inst de ... fait connaître à Me ..., avoué poursuivant, l'ordre émargé ci-contre, qu'une ordonnance, en date de ce jour, a prononcé l'ouverture de l'ordre, conformément à l'art. 752 C. pr., et commis Me ..., huissier, pour notifier les sommations de produire.

Fait au greffe du tribunal de ...

(*Signature et sceau.*)

Décompte de cette lettre.

Affranchissement et chargement....	» 30
Émolument du greffier............	» 20
Total.......	» 50

FORMULE 716. — Art. 753 C. Pr.

Sommation aux créanciers inscrits et au vendeur de produire à l'ordre.

L'an ..., le ..., en vertu d'une ordonnance rendue par M. ..., juge au trib. de 1re inst. de ..., chargé des ordres, le ..., enregistré, et à la requête du sieur C... (*p., q. et d.*), pour lequel domicile est élu à ..., dans l'étude de Me ..., avoué, qui est constitué et qui occupera pour lui sur la présente poursuite d'ordre, j'ai (*immatricule*), soussigné, commis par ladite ordonnance fait sommation :

1º Au sieur D... (*p., q. et d.*), au domicile par lui élu en son inscription, prise au bureau des hypothèques de ..., le ... vol ..., nº ..., à ..., audit domicile, en parlant à ...

2º Au sieur ... (*même indication*).

3º Au sieur ... (*Id.*)

Tous créanciers inscrits sur ... (*désigner l'immeuble*), situé à ...

4º Et au sieur G... (*p., q. et d.*), précédent vendeur dudit immeuble, en son domicile, en parlant à ..., d'avoir à produire dans le délai de quarante jours, à partir de ce jour, leurs titres de créance, avec acte de production contenant demande en collocation et constitution d'avoué, au greffe du trib. de 1re inst. de ..., et entre les mains de Me ..., juge audit tribunal chargé des ordres (ou *juge-commissaire*), pour procéder à la distribution par voie d'ordre ouvert au greffe, sous le nº ..., de la somme de ..., montant du prix qui, aux termes de .., (*énoncer le titre translatif de propriété*, est dû par le sieur A... (*p., q. et d.*), leur déclarant que, faute par eux de produire dans ce délai, ils encourront la déchéance prononcée par la loi.

Et j'ai, auxdits domiciles, parlant comme ci-dessus, laissé à chacun des susnommés copie du présent exploit, dont le coût est de...

Il a été employé pour les copies... feuilles de papier spécial au timbre de...

(*Signature de l'huissier.*)

Décompte. (Tarif, art. 29.)

Original	2 »
Copie, 50 c. par copie	Mémoire.
Enregistrement, 3 fr. 75 par chaque copie sommée	Mémoire.
Timbre	Mémoire.

FORMULE 717. — Art. 753 C. Pr.

Sommation par acte d'avoué aux créanciers inscrits qui ont un avoué constitué.

(*Pour le commencement voir la formule précédente.*)

A la requête du sieur C... (*p., q. et d.*), ayant pour avoué Me ...

Soient sommés : 1° Me ..., avoué du sieur D... (*p., q. et d.*) créancier inscrit; 2° Me ..., avoué du sieur E... (*p., q. et d.*), créancier inscrit; 3° .... (*mêmes énonciations*), de produire dans les quarante jours, à partir de ce jour, etc., (*le reste comme en la formule qui précède*).

Dont acte.

Pour original, pour copie,

Signifié, donné copie, etc. (*Signature de l'avoué.*)

Décompte :	Timbre	Mémoire.
	Signification et enregistrement, autant de fois 90 c. qu'il y a de copies	Mémoire.
	Émolument de l'avoué	Mémoire.
	Original	1 »
	Chaque copie, à 25 c	Mémoire.

FORMULE 718. — Art. 753 C. Pr.

Dénonciation de l'ouverture de l'ordre à l'avoué de l'adjudicataire.

A la requête du sieur A... (*p., q. et d.*), ayant pour avoué Me ..., soit dénoncé à M. A... (*p., q. et d.*), adjudicataire, suivant (*énoncer le jugement ou l'adjudication*), en date du ..., enregistré, de ... (*indiquer l'immeuble*), saisi sur le sieur B... (*p., q. et d.*), que l'ordre pour la distribution entre les ayants droit au prix de cette adjudication a été déclaré ouvert par ordonnance de M. ..., juge préposé aux ordres (ou *commissaire*), en date du ..., et que par acte de ce jour les créanciers inscrits ont été sommés d'avoir à produire leurs titres dans un délai de quarante jours, à peine de déchéance.

Dont acte.

Pour original, pour copie,

Signifié et donné copie, etc.

Même décompte qu'en la formule précédente.

FORMULE 719. — Art. 753 C. Pr.

Mention, sur le procès-verbal, de la remise au juge de l'original de la sommation faite aux créanciers inscrits.

L'an ..., le ..., Me ..., avoué du sieur C... (*p., q. et d.*), poursuivant le présent ordre, nous a remis l'original de la sommation de produire, notifiée le ..., aux créanciers inscrits et de la dénonciation de l'ouverture de l'ordre signifiée le même jour à l'avoué de l'adjudicataire par ..., huissier commis, lesquelles pièces sont annexées au présent.

Ledit Me ... a signé avec nous et le greffier, après lecture.

(*Signatures.*)

Décompte. (Tarif, art. 139 par analogie.)

Vacation de l'avoué pour faire cette remise....	1 50
Au greffier....................................	1 50

FORMULE 720. — Art. 754 et 755 C. Pr.

Acte de production et demande en collocation.

A M..., juge au trib. de 1re inst. de..., chargé des ordres (ou *commissaire.*)

Le sieur B... (*p., q. et d.*), créancier hypothécaire inscrit du sieur C... (*p., q. et d.*), ayant pour avoué Me ..., qu'il constitue et qui occupera pour lui sur la présente demande.

Conclut à ce qu'il vous plaise, en procédant à la distribution par voie d'ordre entre les créanciers inscrits de la somme de ..., moyennant laquelle le sieur A... (*p., q. et d.*), s'est rendu adjudicataire de ... (*désigner l'immeuble*), suivant jugement rendu par la chambre des criées du tribunal de..., en date du ..., enregistré (ou *par adjudication, etc.*), le colloquer à la date du ..., jour de l'inscription par lui prise sur ledit immeuble au bureau des hypothèques de ..., le ..., vol. ..., n° ..., pour :

1° La somme de ..., montant en principal d'une obligation souscrite par ledit sieur B..., au profit de l'exposant par acte passé devant Me ... et son collègue, notaires à ..., le ..., enregistré, ci............ » »

2° La somme à laquelle s'élèveront les intérêts dudit capital de ... francs, à 5 p. 100 par an, à partir du ... jusqu'au jour du payement effectif, ci.................................... » »

3° La somme à laquelle s'élèveront, d'après la taxe, les frais de mise à exécution de ladite créance et ceux de production au présent ordre, de délivrance et de signification du bordereau de collocation, desquels frais, distraction sera par vous prononcée au profit de Me ..., qui la demande, affirmant en avoir fait l'avance, ci.................................... Mémoire.

Total, sauf l'article porté pour mémoire...... »

A l'appui de la présente demande en collocation, l'exposant produit :

1° la grosse de l'obligation susénoncée ; 2° le borderau d'inscription ; 3° et ... (*pièces d'exécution*).

Fait à ..., le ... (*Signature de l'avoué.*)

Décompte. (Tarif, art. 133.)

Timbre	» 60
Enregistrement	1 88
Rédaction et vacation pour produire	20 »
Droit de greffe pour chaque production	1 80

FORMULE 721. — Art. 754 C. Pr.

Acte de procuration pour les frais de poursuite d'ordre.

A M. le juge au trib. de 1re inst. de ..., chargé des ordres (ou *commis pour procéder à l'ordre*), *ci-après indiqué.*

Le sieur A... (*p., q. et d.*), ayant Me ... pour avoué, lequel est constitué et occupera pour lui sur la présente poursuite d'ordre et ses suites, conclut à ce qu'il vous plaise, en procédant à la distribution par voie d'ordre, entre les créanciers inscrits de la somme de ..., moyennant laquelle l'exposant s'est rendu acquéreur (*énoncer le titre*), d'un (*désigner l'immeuble*), le colloquer par privilége et préférence à tous autres créanciers conformément à l'art. 2101, § 1er, C. C., pour la somme à laquelle s'élèveront, d'après la taxe, les frais extraordinaires de transcription et de purge, les frais de poursuite de l'ordre, ensemble ceux de la présente demande en collocation, et en outre, pour les coût, enregistrement et signification, s'il y a lieu, du bordereau de collocation et de radiation des inscriptions, desquels frais distraction sera faite au profit de Me ..., avoué, qui la demande, affirmant en avoir fait l'avance. — Mémoire.

Et à l'appui de la présente demande, le sieur A... produit les pièces de poursuite et de purge. (*Signature de l'avoué.*)

Même décompte qu'en la formule précédente.

FORMULE 722. — Art. 755 C. Pr.

Constatation d'office sur le procès-verbal d'ordre de la déchéance encourue par les créanciers non produisants.

Nous, juge aux ordres (ou *commissaire*),

Vu l'original (ou *les originaux*) de la sommation de produire, notifiée le ..., ou les ..., à la requête du poursuivant, aux créanciers inscrits ;

Vu les productions faites et mentionnées ci-dessus ;

Vu l'art. 755 C. pr. ;

Constatons que les créanciers ci-après nommés, n'ayant pas produit dans les quarante jours de la sommation qui leur a été faite, sont frappés de la déchéance prononcée par la loi, savoir :

M. F ... (*p., q. et d.*), inscrit le ..., vol. ..., n° ...

M. G..., etc.

Fait en notre cabinet, au palais de justice à ..., le ...

Et avons signé avec le greffier. (*Signatures.*)

Décompte : Néant.

FORMULE 723. — Art. 755 C. Pr.

Règlement provisoire.

L'an ..., le ..., nous, juge spécial aux ordres (ou *juge-commissaire à l'ordre*) ..., assisté du greffier soussigné,

Vu : 1° l'état des inscriptions délivré par M. le conservateur du bureau des hypothèques de ..., le ...;

2° Le procès-verbal d'ouverture dudit ordre, en date du ...;

3° Les originaux de (*nombre*) ... exploits du ministère de ..., huissier commis, en date des ..., enregistrés, contenant sommation à tous les créanciers inscrits, aux domiciles élus en leurs inscriptions (*ajouter s'il y a lieu au vendeur, le sieur ..., à son domicile réel, à ...*);

4° L'original d'un acte d'avoué, notifié, le ..., à M° ..., avoué du sieur A..., adjudicataire, pour lui dénoncer l'ouverture de l'ordre;

5° Les ... (*indiquer le nombre*), production faite au présent ordre, et les pièces à l'appui;

6° La mention faite le ..., sur le procès-verbal d'ordre pour constater que la déchéance pour défaut des productions a été encourue par les ci-après nommés, savoir :

M. F ... (*p., q. et d.*);

M. G... (*p., q. et d.*);

Attendu que les formalités prescrites par la loi ont été remplies, avons procédé, ainsi qu'il suit, au règlement provisoire du présent ordre.

SOMME A DISTRIBUER.

La somme à distribuer se compose : 1° de la somme de ..., prix principal moyennant lequel M. A... (*p., q. et d.*) s'est rendu adjudicataire (*ajouter, s'il y a eu saisie :* après conversion d'une saisie pratiquée à la requête de M. ..., transcrite le ...; *Ou* par suite d'une saisie pratiquée à la requête de M...; — (*Indiquer s'il y a eu surenchère du sixième ou du dixième, ou folle enchère*), suivant jugement de l'audience des criées de ce tribunal, en date du ..., enregistré, de ... (*désigner l'immeuble*) situé à ..., ayant appartenu à M. B... (*p., q. et d.*); (*s'il y a eu deux adjudications, ajouter*) : lequel (*immeuble*) avait été précédemment adjugé, moyennant la somme de ..., à M. ..., suivant jugement de l'audience des criées du ..., enregistré;

S'il s'agit d'une aliénation volontaire, on se borne à énoncer le contrat et sa transcription, ainsi que la purge légale.

2° Des intérêts à cinq pour cent par an de ladite somme depuis le ..., jour fixé pour l'entrée en jouissance de l'adjudicataire, jusqu'au payement;

3° De la somme de ..., montant des loyers immobilisés par la transcription de la saisie, et dus par M. ... (*s'ils sont consignés, ajouter :*) des intérêts dus par la caisse des consignations jusqu'au payement.

Sur lequelles sommes sont provisorement colloqués :

CHAPITRE I. — PAR PRIVILÉGE.

(On colloque sous ce chapitre tous les priviléges dans leur ordre légal.)

ART. 1er. — En vertu de l'art. 777 C. pr., et par droit de rétention sur le prix d'adjudication,

M. A... (*p., q. et d., adjudicataire*).

Pour les frais extraordinaires de transcription du jugement d'adjudication, ceux des notifications aux créanciers inscrits (*s'il y a lieu*), et ceux de production, d'après la taxe, avec distraction à Me ..., avoué (*cet article ne peut être admis que dans le cas où il n'y a pas eu surenchère du dixième art.* 2188, *C. C.*);

ART. 2. — En vertu de l'art. 759 C. pr.,

M. C..., (*p., q. et d., créancier poursuivant l'ordre*).

Pour les frais de poursuite du présent ordre, et ceux de production, d'après la taxe, avec distraction à Me ..., avoué;

ART. 3. — Par privilége de vendeur conservé par l'inscription d'office prise le..., vol. . ., n° ...

M. K... (*p. q. et d.*),

Pour : 1° la somme de ..., montant en principal de la vente par lui consentie au sieur C... suivant acte passé devant Me... et son collègue, notaires à ..., le ..., enregistré ;

2° Les intérêts à 5 p. 100 de ladite somme depuis le ..., jour auquel ils ont cessé d'être payés, jusqu'au remboursement du capital. ... Mémoire.

3° Les frais accessoires de la créance et ceux de production, d'après la taxe, avec distraction à Me ..., avoué.

CHAPITRE II. — PAR RANG D'HYPOTHÈQUE.

ART. 1er. — M. C... (*p. q., et d., créancier*).

A la date de l'hypothèque légale de la dame ... contre son mari, conservée par l'inscription prise le ..., vol. ..., n°...

Et encore à la date de l'inscription d'hypothèque conventionnelle prise le ..., vol. ..., n° ...

Pour : 1° la somme de ..., montant en principal de l'obligation souscrite à son profit, par les sieur et dame B..., solidairement, suivant acte passé devant Me ..., le ..., ci. . . . . » »

2° Les intérêts à 5 p. 100 de ladite somme depuis le ..., époque à laquelle remontent les deux années et l'année courante déterminées par la date de la transcription de la saisie jusqu'au payement (ou bien : *depuis le ..., jour auquel ils ont cessé d'être payés jusqu'au remboursement du capital*), ci. . . . . Mémoire.

3° Les frais accessoires de la créance et ceux de production, d'après la taxe, avec distraction à Me ..., avoué, ci. . . . . » »

ART. 2. — M. D.., (*p. q., et d.*).

A la date de son inscription prise le ..., vol. . ., n° . .

Pour : 1° la somme principale de ..., montant des condamnations prononcées à son profit par jugement du tribunal de ..., enregistré, ci. . . . . .

2° Les intérêts à 5 p. 100 de ladite somme depuis le ..., époque à laquelle remontent les deux années et l'année courante, déterminées par la date de la transcription de la saisie jusqu'au payement, ci. . . . . Mémoire.

3° Les frais accessoires, etc. (*comme ci-dessus*).

Art. 3. — M. ... (*énonciations analogues à celles qui précèdent*).

Et attendu qu'il a été par nous statué sur toutes les productions faites au présent ordre, avons arrêté le présent règlement provisoire, dont la clôture sera dénoncée conformément à la loi. Et avons signé avec le greffier. (*Signatures du juge et du greffier*).

Décompte : Néant.

Cet acte n'est qu'une partie du procès-verbal d'ordre qui est soumis tout entier à l'enregistrement après la clôture définitive et avant la délivrance des bordereaux.

FORMULE 724. — Art. 756 C. Pr.

Dénonciation de la confection du règlement provisoire.

A la requête du sieur C... (*p., q. et d.*), poursuivant l'ordre dont il va être parlé, ayant pour avoué Mᵉ ...

Soit signifié et dénoncé à :

1° Mᵉ ..., avoué du sieur D... (*p. q., et d.*).

2° *Id.*, *Id.*

3° *Id.*, *Id.*

4° *Id.*, *Id.*

5° Mᵉ .... avoué du sieur B... (*p. q., et d.*), partie saisie, que le procès-verbal de distribution par voie d'ordre, du prix de la maison, sise à..., adjugée au sieur A... (*p. q., et d.*), par jugement du trib. de 1ʳᵉ inst. de ..., en date du ... (ou *par contrat, etc.*), ouvert sous le nº ..., au greffe du tribunal de ..., a été clos et arrêté provisoirement par M. ..., juge aux ordres (ou *commissaire*), le ..., en conséquence, soient sommés, lesdits Mᵉˢ ..., d'en prendre communication et de contredire si bon leur semble, dans le délai, de trente jours, leur déclarant que faute par eux de le faire, dans ledit délai, ils seront forclos, et qu'il sera procédé au règlement définitif dudit ordre, d'après les bases fixées dans le règlement provisoire.

Dont acte.

Pour original, pour copie,

Signifié, laissé copie, etc.

Décompte : Timbre.......................... Mémoire.
Signification et enregistrement,
90 c. par Copie............ Mémoire.
Original........................... 3 »
Par chaque copie 75 c......... Mémoire.

FORMULE 725.

Dénonciation de règlement provisoire à la partie saisie qui n'a pas constitué d'avoué.

L'an ..., le .... à la requête du sieur C... (*p.*, *q. et d.*), pour lequel domicile est élu à ..., rue .... n° ..., dans l'étude de Me ..., avoué près le tribunal de 1re inst. de ..., qui est constitué sur les poursuites d'ordre dont il va être parlé, j'ai... (*immatricule de l'huissier*), soussigné, dénoncé au sieur B... (*p. q., et d.*), audit domicile, en parlant à..., qu'après l'adjudication sur saisie immobilière prononcée au profit du sieur C... (*p. q. et d.*), moyennant la somme de ..., par jugement du tribunal de 1re inst. de ..., le ..., enregistré, de ... (*indiquer l'immeuble*), ayant appartenu au sieur B..., le requérant a poursuivi l'ouverture d'un ordre pour la distribution dudit prix; que la sommation de produire ayant été faite aux créanciers inscrits, un état de collocation a été clos et arrêté provisoirement par M. ..., juge aux ordres (*ou* commissaire), sous le n° ...: en conséquence, j'ai sommé ledit sieur B..., en sa qualité de partie saisie, de prendre communication dudit règlement provisoire et des pièces produites qui sont dépo sées au greffe dudit tribunal, et de contredire, s'il le juge convenable, dans le délai de trente jours; lui déclarant qu'après ce délai, il sera procédé au règlement définitif dudit ordre sur les bases posées dans le règlement provisoire.

Et j'ai, audit domicile, parlant comme ci-dessus, laissé copie du présent dont le coût est de ...

Il a été employé pour la copie .... feuilles de papier spécial au timbre de ...

(*Signature de l'huissier.*)

Décompte : Coût ordinaire des exploits. 7 45

FORMULE 726. — Art. 759 C. Pr.

Règlement définitif quand il ne s'est élevé aucune contestation.

Ce règlement se fait dans les mêmes termes que la formule 723 constate, ou qu'il ne s'est élevé aucune contestation dans le délai de la loi.

FORMULE 727. — Art. 768 C. Pr.

Dire de contestation du règlement provisoire.

L'an ..., le ..., au greffe, a comparu Me ..., avoué, près ce tribunal, du sieur C... (*p.*, *q. et d.*), créancier hypothécaire du sieur B... (*p.*, *q. et d.*), lequel a dit qu'il contestait le règlement provisoire qui précède, par les motifs suivants (*Énoncer les moyens sur lesquels se fonde la contestation. Les motifs peuvent varier suivant la position des créanciers; ils peuvent porter sur leurs droits personnels, sur la régularité de leurs titres, sur celle de leurs inscriptions, sur l'ordre de collocation; il faut les énoncer clairement, de façon qu'il ne puisse s'élever aucun doute sur l'objet de la contestation*).

En conséquence, Me ..., au nom de son client, demande la réformation du règlement provisoire :

1° En ce que ...

2° En ce que ...

Et conclut à ce qu'il plaise à M. le juge-commissaire renvoyer les parties à l'audience pour être statué par le tribunal sur lesdites contestations. Et a signé. (*Signature de l'avoué.*)

Décompte. (Tarif, art. 135.)

Vacation pour prendre communication et pour contredire...	7 »
Vacation de l'avoué poursuivant pour prendre communication des productions et y contredire, 1/2 vacation c'est-à-dire 50 c. par chaque production........................	Mémoire.

FORMULE 728. — Art. 758 C. Pr.

Règlement définitif partiel.

L'an ..., le .... nous juge aux ordres (ou *juge-commissaire à l'ordre* ...), assisté du greffier soussigné, vu :

1° Notre règlement provisoire en date du... ;

2° Les dénonciations qui en ont été faites par acte d'avoué du ..., enregistré, aux avoués produisants, et par exploit de ..., en date du ..., aussi enregistré, à la partie saisie, en sa demeure à ... ;

3° Les dires et contestations consignés à la suite dudit règlement.

Attendu que lesdites contestations sont étrangères aux créanciers colloqués, compris sous les articles..., disons qu'il va être par nous, à l'égard de ces créanciers, procédé à un règlement définitif partiel de la manière suivante :

Sur la somme de ..., en principal et intérêts, prix de ..., situé à ..., ayant appartenu à ..., telle qu'elle est établie dans notre règlement provisoire, sont définitivement colloqués :

ART. 1er. — M. C... (*p.*, *q. et d.*)

ART. 2. — M. D... (*p.*, *q. et d.*)

Et attendu qu'il a été par nous statué sur toutes les collocations non contestées, déclarons clos et arrêté le règlement définitif partiel; pour son exécution disons qu'il sera, par le greffier du tribunal, délivré, aux créanciers colloqués, des bordereaux exécutoires contre le sieur A... ; disons en outre que l'adjudicataire, en payant, etc.

Voir pour la libération de l'adjudicataire et la radiation des inscriptions la formule 733.

Décompte : voir *ladite formule* 733.

FORMULE 729. — Art. 758, 760 C. Pr.

Renvoi à l'audience.

Nous, juge-commissaire,

Vu les dires consignés sur le règlement provisoire qui précède ; 1° par Me ..., avoué du sieur ..., le ...; 2° par Me ..., avoué du sieur ..., le ..., etc., contenant contestation dudit règlement provisoire; vu les art. 756 et 758 C. pr.; attendu qu'aucune autre contestation n'est plus possible, le délai pour contredire étant expiré, renvoyons les parties, contestantes et contestées, ensemble l'avoué que les créanciers postérieurs aux collocations contestées auront choisi, ou, à défaut, Mᵉ ... avoué du sieur..., dernier créancier colloqué, à l'audience de la chambre du tribunal de ..., heure de ..., pour être statué, sur notre rapport, ce qu'il appartiendra; commettons Mᵉ ..., avoué du sieur ..., contestant pour suivre l'audience.

A..., le ... (*Signature du juge.*)

Décompte : Néant.

FORMULE 730. — Art. 761 C. Pr.

Production de nouvelles pièces à l'appui d'un contredit ou contre un contredit.

L'an ..., le ..., au greffe du tribunal a comparu Mᵉ ..., avoué du sieur F..., (*p., q. et d.*), créancier produisant dans le présent ordre, lequel a déposé à l'appui du contredit (ou *en réponse au contredit*), formé le ..., contre la collocation figurant sous le nᵒ ... du règlement provisoire ci-dessus, les pièces ci-après :

1° ... (*énonciation des pièces*).
2° ... *Id.*
3° ... *Id.*

Et a signé, avec nous, greffier. (*Signatures.*)

Décompte. (Tarif, art. 130, § 1.)

Timbre du registre	» 40
Timbre du répertoire	» 15
Enregistrement	3 50
Émolument du greffier	1 50
Répertoire	» 10
État	» 10
Rédaction, y compris la remise du greffier, 13 c	1 37 1/2
Vacation de l'avoué	6 »

FORMULE 731. — Art. 761 C. Pr.

Avenir pour plaider sur les difficultés élevées dans l'ordre.

A la requête du sieur C... (*p., q. et d.*), créancier hypothécaire du sieur B... (*p., q. et d.*), colloqué dans l'ordre dont il va être parlé, ayant pour avoué Mᵉ ..., commis pour suivre l'audience.

Soient nommés : 1° Mᵉ ..., avoué du sieur F... (*p. q. et d.*), créancier contestant (*ou contesté*), 2° Mᵉ ..., avoué du sieur ..., etc. (*on appelle toutes les parties contestantes ou contestées, et l'avoué du dernier créancier colloqué*), de comparaître le ..., heure de ..., conformément au renvoi prononcé par M. ..., juge aux ordres (ou *juge-commissaire*), le ..., à l'audience et par-devant MM. les président et juges composant le tribunal de 1ʳᵉ instance de ..., séant au palais de justice à ..., pour, attendu que la collocation dudit sieur C... dans le règlement provisoire de l'ordre ouvert pour la distribution du prix de ... (*désigner l'immeuble*), ayant appartenu au sieur B..., a été contestée par le requérant, entendre le rapport de M. le juge-commissaire, plaider sur lesdites contestations et voir statuer ce qu'il appartiendra.

Dont acte.

Pour original, pour copie,

Signifié, donné copie, etc.

Décompte. (Tarif, art. 67.)

Timbre de l'original.............	» 60
Timbre pour chaque copie, 35 c..	Mémoire.
Signification....................	» 30
Enregistrement, 55 c. par copie..	Mémoire.

FORMULE 732. — Art. 761 C. Pr.

Conclusions motivées signifiées par les contestés.

CONCLUSIONS.

Pour le sieur C... (*p., q. et d.*), contesté, ayant pour avoué Me ...

Contre le sieur F... (*p., q. et d.*), contestant, ayant pour avoué Me ...

Plaise au tribunal :

Attendu (*énoncer les moyens de fait et de droit*) ; par ces motifs déclarer (*conclusions*).

Pour original, pour copie,

Signifié, donné copie, etc. (*Signature.*)

Décompte. (Tarif, art. 71.)

Timbre....................	Mémoire.
Signification..............	» 30
Enregistrement.............	» 63
Rédaction à l'avoué pour l'original....................	5 »
Pour chaque copie, 1 fr. 25 c.	Mémoire.

FORMULE 733. — Art. 759, 765 C. Pr.

Règlement définitif.

L'an ..., le ..., nous ..., juge-commissaire à l'ordre ..., assisté du greffier sousigné ;

Vu : 1° notre règlement provisoire, en date du ... ;

2° Les dénonciations qui en ont été faites par acte d'avoué, du ..., enregistré, aux avoués produisants, et par exploit de ..., du ..., aussi enregistré, à la partie saisie, M. B..., en sa demeure, à ... ;

S'il y a eu contestation :

3° Le jugement rendu sur les contestations par ce tribunal, le ..., enregistré, et dont le dispositif est ainsi conçu : ... (*copier le dispositif*) ;

4° La signification dudit jugement faite aux avoués en cause par acte d'avoué, du ..., enregistré ;

5° Le certificat de non-appel délivré par le greffier de ce tribunal, le ..., enregistré (*s'il a été interjeté appel*) : l'arrêt confirmatif (ou *infirmatif*) rendu sur l'appel dudit jugement par la cour de ..., le ..., enregistré, et dont le dispositif est ainsi conçu : ... (*copier le dispositif*);

6° La signification d'avoué, dudit arrêt faite aux avoués en cause par acte du ..., enregistré;

Attendu qu'il a été statué sur toutes les contestations élevées contre ledit règlement provisoire;

S'il y a eu contestation et désistement ou adhésion :

3° Le dire de Me ..., avoué du sieur C..., en date du ...;

4° Le dire d'adhésion de Me ..., avoué du sieur F..., en date du ...;

Attendu qu'au moyen des dires qui précèdent, il n'existe plus aucune contestation, et que le délai fixé par la loi pour contredire est expiré;

S'il n'y a pas eu contestation :

Attendu qu'il ne s'est élevé aucune contestation dans le délai fixé par la loi; disons qu'il va être par nous procédé au règlement définitif dudit ordre, de la manière suivante :

SOMMES A DISTRIBUER.

Comme au *Règlement provisoire*. V. la formule 423.

Sur lesquelles sommes sont définitivement colloqués :

CHAPITRE I. — PAR PRIVILÉGE.

ART. 1er. (*S'il n'y a pas eu saisie immobilière ni surenchère du dixième.*) En vertu de l'art. 777 C. pr., M. A... (*p., q. et d.*), adjudicataire de l'immeuble dont il s'agit, pour la somme de ..., à laquelle nous avons taxé les frais de l'extrait des inscriptions, ceux de notification aux créanciers inscrits et ceux de production et de collocation (*on peut ajouter* : et pour la somme de ..., représentant les frais de radiation des inscriptions), non compris le coût du bordereau de collocation, avec distraction à Me ..., avoué, ci. . . . . » »

ART. 2. En vertu de l'art. 759 C. pr., M. C... (*p., q. et d.*), pour la somme de ..., à laquelle nous avons taxé les frais de poursuite du présent ordre et ceux de production et de collocation, non compris le coût de l'enregistrement du présent règlement définitif, de l'extrait à en fournir au conservateur du bureau des hypothèques pour faire opérer les radiations (*ajouter, si le prix est consigné* : ou à la caisse des consignations), du certificat de radiation des inscriptions et du bordereau de collocation, avec distraction à Me ..., avoué, ci. . . . . » »

ART. 3. Par privilége du vendeur, etc.

(Comme en la formule 723, art. 3, en indiquant le chiffre des frais taxés.)

Lorsqu'il y a eu des contestations, les frais doivent être colloqués conformément aux dispositifs des jugements ou arrêts qui les ont tranchées.

CHAPITRE II. — PAR RANG D'HYPOTHÈQUE.

ART. 1er. M. C... (*p., q. et d.*), à la date de l'inscription prise par M. ..., le ..., vol. ..., nº ..., renouvelée par M. ..., le ..., pour : 1º la somme de ...;

2º Les intérêts de ladite somme, à 5 p. 100, par an, depuis le ... jusqu'au payement . . . . Mémoire.

3º Et la somme de ..., à laquelle nous avons taxé les frais accessoires de la créance et ceux de production et de collocation, non compris le coût du bordereau de collocation et de sa signification, s'il y a lieu, avec distraction à Mº ..., avoué, ci... » »

Reproduire les collocations du règlement provisoire jusqu'à épuisement de la somme à distribuer et colloquer ainsi le créancier :

M. O... (*p.*, *q. et d.*), pour ce qui restera de la somme à distribuer, par imputation, conformément à la loi, sur sa créance composée de : 1º ...; 2º ..., etc.; (*et finir ainsi* :) et attendu que la somme à distribuer se trouve complétement absorbée par les collocations qui précèdent, disons qu'il n'y a lieu de colloquer définitivement les autres créanciers admis au règlement provisoire; en conséquence, déclarons clos et arrêté le présent règlement définitif, et, pour son exécution, ordonnons que le greffier du tribunal délivrera aux créanciers ci-dessus colloqués, des bordereaux de collocation exécutoires contre M. A..., adjudicataire, resté détentenr de son prix (*ou bien s'il y a eu consignation du prix* : contre M. le directeur, receveur général *ou* particulier, de ..., préposé de la caisse des dépôts et consignations de ..., dépositaire des sommes présentement distribuées); (*si la consignation a eu lieu sans jugement de validité, dire* : Déclarons M. A... définitivement libéré de son prix au moyen de la consignation qu'il en a faite); (*s'il y a eu jugement de validité d'offres, il suffira de dire* : Faisons mainlevée de toutes les inscriptions, mentions de subrogations et transcriptions, dont la radiation a été ordonnée par le jugement de validité d'offres, du ..., en tant qu'elles frappent encore sur la somme présentement distribuée);

Disons que l'adjudicataire, en payant son prix d'après le rang des collocations qui précèdent, sera bien et valablement libéré; disons que les créanciers utilement colloqués, en touchant le montant de leurs bordereaux, donneront mainlevée et consentiront radiation définitive des inscriptions hypothécaires grevant directement à leur profit l'immeuble dont il s'agit, soit de leur chef, soit du chef de leurs cédants, ainsi que de l'inscription d'office prise à ..., le .... vol. ..., nº ..., en proportion de ce qu'elle leur profite, et que ladite inscription sera complétement rayée après la justification faite par l'adjudicataire du payement intégral de son prix en principal et intérêts, conformément au présent règlement;

Faisons mainlevée pure et simple, entière et définitive, et ordonnons la radiation des inscriptions ci-après énoncées, prises au bureau des hypothèques de ..., au profit des créanciers non produisants et de ceux non utilement colloqués, mais seulement en tant qu'elles frappent sur l'immeuble dont le prix est présentement distribué, savoir :

1º De celle prise le ..., vol. ..., nº ..., par M. P... (*p.*, *q. et d.*);

2º De celle prise le ..., vol. ..., nº ..., au profit de M. Q..., et de la mention de subrogation, faite le ..., dans l'effet de ladite inscription, au profit de M. R... (*p. q. et d.*);

Et de la transcription faite le ..., vol..., n° ..., de la saisie pratiquée le..., à la requête de M. K... (*p., q. et d.*) et de la transcription opérée le ..., vol. ..., n° ..., le ...., de la dénonciation de ladite saisie, en date du ..., ainsi que de toutes les mentions qui s'y rapportent; lesquelles radiations, M. le conservateur du bureau des hypothèques de ... sera contraint d'opérer sur le vu d'un extrait du présent règlement définitif; et avons signé avec le greffier. (*Signatures.*)

Décompte :		
	Timbre	Mémoire.
	Répertoire	» 15
	Enregistrement, 63 c. par 100 fr. sur le montant des collocations	Mémoire.
	Par chaque production, 1 fr. 80 c., y compris la remise du greffier, 15 c.	Mémoire.
	Émoluments du greffier pour le répertoire	» 10

Le timbre et l'enregistrement de ce règlement doivent compter au nombre des déboursés de l'avoué poursuivant et doivent être payés par préférence à tous autres créanciers.

FORMULE 734. — Art. 767 C. Pr.

Dénonciation de l'ordonnance de clôture.

A la requête du sieur C... (*p., q. et d.*).

(Comme en la formule 724).

Que l'ordonnance de clôture définitive de l'ordre ouvert entre les parties pour la distribution du prix provenant de l'adjudication du ..., prononcée au profit du sieur A..., a été rendue le ... par M. le juge aux ordres (*ou juge-commissaire*), avertissant les susnommés que la présente dénonciation leur est faite conformément aux dispositions de l'art. 767 C. pr.

Même décompte qu'en la formule 724.

FORMULE 735. — Art. 767 C. Pr.

Dire d'opposition à l'ordonnance de clôture définitive.

L'an ..., le ..., au greffe a comparu Me ..., avoué du sieur D... (*p., q. et d.*), créancier produisant dans l'ordre ci-dessus, lequel a dit que, conformément aux dispositions de l'art. 767 C. pr., il déclarait au nom de son client former opposition à l'exécution de l'ordonnance de clôture définitive rendue par Me ..., juge-commissaire, le ..., dont la teneur précède, et qui lui a été dénoncée le ...; que cette opposition a pour but de ... (*indiquer les modifications proposées*), et que les moyens et conclusions à l'appui seraient indiqués dans l'acte à signifier aux intéressés suivant les prescriptions de la loi, et a signé. (*Signature.*)

Décompte. (Tarif, art. 135. Par analogie.)
Vacation de l'avoué. 10 »

FORMULE 736. — Art. 767 C. Pr.

Simple acte d'avoué contenant avenir ainsi que les moyens et conclusions à l'appui de l'opposition.

Soit signifié et déclaré : 1° à Me ..., avoué du sieur B... (*p., q. et d.*), partie saisie; 2° à Me ..., avoué du sieur C... (*p., q. et d.*), créancier inscrit; 3° à Me ..., avoué du sieur E... (*p. q. et d.*), dernier créancier colloqué, ledit M. ... représentant tous les créanciers postérieurs au sieur ...; que, par un dire consigné le ..., sur le procès-verbal, le requérant a formé opposition à l'exécution du règlement définitif, dressé par Me ..., juge aux ordres (*ou commissaire*), de l'ordre ouvert devant le tribunal de ..., pour la distribution de la somme de ..., prix de l'adjudication de ... (*désigner l'immeuble*), saisi sur le sieur B..., le ...; que cette opposition est fondée sur ce que ... (*énoncer les moyens de l'opposition*); soient, en conséquence, sommés lesdits Mes ..., d'avoir à comparaître pour leurs parties à l'audience du ..., pour être statué sur la présente opposition, la voir déclarer bonne et valable, entendre modifier le règlement définitif en ce qu'il ... (*indiquer les modifications*), avec dépens.

Dont acte.

Pour original, pour copie,

Signifié, laissé copie, etc. (*Signature de l'avoué.*)

Décompte. (Tarif, art. 70.)

Timbre...................... Mémoire.
Signification et enregistrement par chaque copie, » 90 c.... Mémoire.

FORMULE 737. — Art. 767 C. Pr.

Dénonciation d'opposition par exploit à la partie saisie qui n'a pas d'avoué.

L'an ..., le ..., à la requête du sieur D... (*p., q. et d.*) pour lequel domicile est élu à ..., rue ..., n° ..., dans l'étude de Me ..., avoué, près le trib. de 1re inst. de ..., qu'il constitue et qui occupera pour lui sur l'assignation ci-après, j'ai (*immatricule de l'huissier*), soussigné, signifié et déclaré au sieur B... (*p., q. et d. partie saisie*), audit domicile et parlant à ..., que le requérant a, par un dire consigné le ..., sur le procès-verbal ..., formé opposition à l'exécution de l'ordonnance de clôture définitive de l'ordre ouvert devant le tribunal de 1re inst. de ..., pour la distribution de la somme de ..., prix de l'adjudication de ... (*désigner l'immeuble*) ayant appartenu au sieur B... ladite ordonnance en date du ..., rendue par M. le juge aux ordres (ou *juge-commissaire*), que cette opposition est fondée sur ce que (*énoncer les motifs de l'opposition*); en conséquence, j'ai donné assignation audit sieur B..., à comparaître, d'aujourd'hui à huitaine franche, outre un jour par cinq myriamètres de distance, à l'audience et par-devant MM. les président et juges composant le tribunal de 1re inst. de ..., séant au palais de justice à ..., heure de ..., pour, avec les sieurs C... et E..., créanciers inscrits, et Me ..., avoué du dernier créancier, colloqué, représentant la masse, qui recevront avenir à cet effet, entendre déclarer recevable dans la forme et bien fondée au fond, l'opposition du requérant, voir dire que le règlement définitif sera modifié en ce que (*indiquer les modifications*), ordonner que le requérant sera colloqué pour la somme de ..., immédiatement après le sieur ..., et qu'en vertu du bordereau de collocation, qui lui sera délivré, il recevra le montant de sa créance de l'adjudicataire (ou de *la caisse des dépôts et consignations*), s'entendre en outre, en cas de contestation, condamner aux dépens, que le requérant, s'il n'y a pas contestation, sera autorisé à employer en frais, accessoires de sa créance, et dont il obtiendra la collocation, au même rang que ladite créance ; sous toutes réserves.

Et j'ai, audit domicile parlant comme ci-dessus, laissé aux susnommés copie du présent, dont le coût est de ...

Il a été employé pour les copies ... feuilles de papier spécial au timbre de ... (*Signature de l'huissier.*)

Décompte. (Tarif, art. 29.)

Original........................	2 «
Copie........................	» 50
Enregistrement.............	3 75
Timbre........................	Mémoire.

FORMULE 738. — Art. 767 C. Pr.

Ordonnance de clôture rectificative de l'ordonnance contre laquelle l'opposition a été admise.

L'an ..., le ..., nous, juge aux ordres (ou *commissaire*), assisté du greffier soussigné ;

Vu :

1° Notre ordonnance de clôture définitive du présent ordre, en date du ... ;

2° L'opposition (*énoncer cette opposition, dire qu'elle a été déclarée valable par arrêt de la cour, énoncer le dispositif de cet arrêt*).

Attendu qu'il y a lieu de modifier le règlement définitif du ..., conformément à la décision susvisée, nous avons procédé comme suit :

SOMME A DISTRIBUER, ETC.

Voir la formule 733.

Rappeler les collocations non contestées en y ajoutant les intérêts courus.
Puis indiquer les modifications ordonnées par l'arrêt.
On termine comme en la formule 733.

Même décompte qu'en ladite formule.

Sauf en ce qui concerne l'enregistrement qu'il n'y a lieu de percevoir que sur l'excédant des intérêts.

NOTA. Extrait de cette ordonnance est déposé au bureau des hypothèques pour la radiation des inscriptions des créanciers non colloqués.

FORMULE 739.

Bordereau de collocation par suite du règlement définitif.

Voir la formule 712.

De la prescription.

FORMULE 740. — Art. 2276 C. C. ; Mourlon, t. III, p. 917.

Décharge de pièces à un officier public ou ministériel. S. S. P.

Par-devant, etc.

M. A... (*p., q. et d.*),

A reconnu que Me..., avoué, lui a remis les titres et pièces qu'il lui avait confiés pour ... (*indiquer les causes*).

Dont décharge.

Fait et passé.

Décompte :		
	Timbre de minute et d'expédition..	Mémoire.
	Rôles............................	Mémoire.
	Enregistrement...................	3 75
	Honoraires.......................	6 »

Styles et Protocoles à l'usage des notaires.

FORMULE 741.

§ I. — PROTOCOLES DES MINUTES.

1. ACTE REÇU PAR DEUX NOTAIRES.

Par-devant Me ... et son collègue, notaires à ... (*nom du lieu de la résidence s'il s'agit d'une grande ville*), soussignés,

Ou bien (*si la résidence est dans une commune rurale*) : Par-devant Me ... et son collègue, notaires à ..., canton de ..., arrondissement de ..., département de ..., soussignés.

2. ACTE REÇU PAR UN NOTAIRE EN PRÉSENCE DE DEUX TÉMOINS.

Par-devant Me ..., notaire à ..., canton de ..., arrondissement de ..., département de ..., soussigné, en présence des témoins ci-après nommés, aussi soussignés.

3. ACTE REÇU PAR UN NOTAIRE SUBSTITUANT.

Par-devant Me ... et son collègue, notaires à ..., soussignés ; Me ... substituant Me ..., son confrère, absent.

4. PROTOCOLES POUR LES INVENTAIRES ET PROCÈS-VERBAUX.

1° *Intitulé de la 1re vacation.* — L'an ..., le ..., heure du ...,

A la requête de ..., etc. (*Voir la formule* 140.)

2° *Intitulé d'une vacation subséquente.* — Et le ..., ... heure du ..., en conséquence, etc. (*Voir la formule* 140.)

5. PROTOCOLE D'UN ACTE FAIT EN SUITE D'UN AUTRE

Et le ..., devant Me.... et son collègue, notaires à ..., soussignés.

6. CLOTURE D'UN ACTE REÇU PAR DEUX NOTAIRES.

Fait et passé à ..., en l'étude de Me ... (*ou bien :* en la demeure de M. ..., l'une des parties),

L'an ..., le ...,

Le comparant a signé (*ou bien* : les parties ont signé) avec les notaires, après lecture.

7. CLOTURE D'UN ACTE REÇU PAR UN NOTAIRE ET DEUX TÉMOINS.

Fait et passé à ...., en l'étude, l'an ..., le ..., en présence de M. A... (*p.*, *q. et d.*), et de M. B... (*p.*, *q. et d.*), témoins instrumentaires.

Le comparant a signé (*ou les parties ont signé*) avec le notaire et les témoins, après lecture.

8. CLOTURE D'UN ACTE REÇU POUR DES PARTIES DONT L'UNE OU PLUSIEURS NE SAVENT PAS SIGNER.

Les sieurs A... et B... ont signé avec les notaires (*ou bien :* avec le notaire et les témoins). Quant au sieur C..., il a déclaré ne savoir ni écrire ni signer, le tout après lecture. — *Ou bien :* le sieur A... seul a signé avec les notaires (*ou :* avec le notaire et les témoins). Quant à MM. B... et C... ils ont déclaré ne savoir ni écrire ni signer, le tout après lecture.

9. CLOTURE D'UN ACTE QUE LA PARTIE NE PEUT SIGNER POUR UNE CAUSE ACCIDENTELLE.

Les sieurs A... et B... ont signé avec les notaires *ou* avec le notaire et les témoins; quant au sieur C..., il a déclaré ne pouvoir signer, parce que, etc (*indiquer la cause*), le tout après lecture.

10. CLOTURE D'UN ACTE PORTANT PLUSIEURS DATES.

Fait et passé à ..., en l'étude, l'an ..., le ..., pour M. A...;

Et pour M. B..., en sa demeure à ..., le ... du même mois.

Le tout en présence de M. ... et de M. ..., témoins instrumentaires.

Les parties ont signé avec le notaire et les témoins, après lecture.

11. CLOTURE D'UN ACTE DANS LEQUEL L'INDIVIDUALITÉ D'UNE PARTIE EST ATTESTÉE PAR DEUX TÉMOINS.

Fait et passé à ..., en l'étude, l'an ..., le ...,

En présence, *premièrement*, de M. A... (*p.*, *q. et d.*), et de M. B... (*p.*, *q. et d.*), qui ont attesté l'individualité et la capacité civile de M....;

Deuxièmement, de M. C... (*p.*, *q. et d*), et de M. D... (*p.*, *q. et d.*), témoins instrumentaires.

M. ... a signé avec les témoins certificateurs et instrumentaires et le notaire, après lecture.

12. CLOTURES DES ACTES DÉSIGNÉS DANS L'ART. 2 DE LA LOI DU 21 JUIN 1843, ACTES DITS SACRAMENTELS.

1° *Acte reçu par deux notaires, toutes les parties sachant signer.*

Les parties ont signé avec le notaire, après lecture.

Cette lecture faite par Me ..., notaire en premier, et la signature par les parties, ont eu lieu en la présence réelle de Me ..., notaire en second.

2° *Acte reçu par deux notaires, une ou plusieurs parties ne sachant signer.*

Les parties ont signé avec les notaires, à l'exception de M. ... et de M. ... qui ont déclaré ne le savoir, le tout après lecture.

La lecture du présent acte par Me ..., notaire en premier, la signature des parties qui l'ont signé, et la déclaration de ne le savoir par les autres parties, ont eu lieu en la présence réelle de Me ..., notaire en second.

3° *Acte reçu par un notaire et deux témoins, toutes les parties sachant signer.*

Les parties ont signé avec le notaire et les témoins, après lecture.

La lecture du présent acte par Me .... et la signature par les parties ont eu lieu en la présence réelle et simultanée des témoins instrumentaires.

4° *Acte reçu par un notaire et deux témoins, une ou plusieurs parties ne pouvant ou ne sachant signer.*

Les parties ont signé avec le notaire et les témoins, à l'exception de M ..., qui a déclaré ne pouvoir signer à cause de son grand âge, le tout après lecture.

La lecture du présent acte par Me ..., la signature par celles des parties qui l'ont signé, et la déclaration par M... de ne le pouvoir, ont eu lieu en la présence réelle et simultanée des témoins instrumentaires.

13. CLOTURE D'UN ACTE PORTANT SA DATE AU COMMENCEMENT.

Fait et passé à ..., en l'étude de Me ..., les jours, mois et an ci-dessus indiqués.

Les parties ont signé avec les notaires, après lecture.

14. CLOTURE D'UN ACTE DANS LEQUEL UN NOTAIRE EST SUBSTITUÉ. (VOIR No 3.)

Fait et passé à ..., en l'étude de Me B..., l'an ..., le ...

Les parties ont signé avec les notaires, après lecture, les présentes, demeurées à Me A..., notaire, substitué, et qui seront portées sur les répertoires de celui-ci et du notaire substituant.

15. CLOTURE D'UN CONTRAT DE MARIAGE.

Avant de clore et conformément à la loi, Me ..., l'un des notaires soussignés, a donné lecture aux parties du dernier alinéa de chacun des articles 1391 et 1394 du C. C., et leur a délivré le certificat prescrit par ce dernier article, pour être remis à l'officier de l'état civil, avant la célébration du mariage, ainsi qu'ils en sont avertis.

Les parties ont signé, etc. (*Voir le n°* 10.)

§ II. — STYLES DES EXPÉDITIONS.

MODIFICATIONS QU'IL EST D'USAGE DE FAIRE SUBIR AUX MINUTES DANS LES EXPÉDITIONS.

Après ces mots : *les parties ont signé avec les notaires, après lecture*, on ajoute : la minute des présentes demeurée à Me A...

Après la clôture, no 11, on ajoute : ainsi qu'il est dit en la minute des présentes demeurée à Me A...

L'enregistrement est copié, textuellement, ainsi : En marge de la minute des présentes (*ou* en suite) est la mention suivante : Enregistré à ..., le ..., mil huit ..., fol ... recto, case ... Reçu ... Signé ...

Partout où il y a *ces présentes*, on met : La minute des présentes.

Aux mots : *Demeuré annexé à ces présentes, on substitue :* Demeuré annexé à la minute des présentes.

17. STYLE D'EXPÉDITION DÉLIVRÉE EN VERTU D'UNE ORDONNANCE DU PRÉSIDENT DU TRIBUNAL DE PREMIÈRE INSTANCE.

Ces présentes délivrées aujourd'hui ...., mil huit ..., à M. A... (*p., q. et d.*), en vertu de l'ordonnance de M. le président du trib. de 1re inst. de ..., en date du ..., enregistrée, dont l'original a été déposé à Me ..., l'un des notaires soussignés (*ou* notaire soussigné), par acte du ..., enregistré, étant en suite de l'acte dont expédition précède.

18. STYLE D'EXPÉDITION DÉLIVRÉE PAR UN NOTAIRE, DE LA MINUTE D'UN ACTE REÇU PAR UN DE SES PRÉDÉCESSEURS.

L'an ..., le ..., collation des présentes a été faite par Me A ..., notaire à ..., soussigné, sur la minute dudit acte de ..., étant en sa possession comme successeur médiat (*ou* immédiat) de Me D...

19. EXPÉDITION DÉLIVRÉE PAR UN NOTAIRE, DÉPOSITAIRE PROVISOIRE DES MINUTES DE SON CONFRÈRE DÉCÉDÉ.

L'an ..., le ..., collation des présentes a été faite par Me A ..., notaire à ..., soussigné, sur la minute d'un acte, étant actuellement en sa possession par suite du dépôt provisoire fait en ses mains, des minutes de Me B ..., notaire décédé, par ordonnance de M. le président du trib. de 1re inst. de ..., en date du ..., enregistrée.

20. EXPÉDITION DÉLIVRÉE PAR UN NOTAIRE DE LA MINUTE D'UN ACTE ÉTANT EN LA POSSESSION D'UN AUTRE NOTAIRE, EMPÊCHÉ PAR QUELQUE PROHIBITION DE LA LOI.

L'an ..., le ..., ces présentes ont été, sur la minute d'un acte reçu et représenté par Me B..., collationnées par Me A..., notaire à ..., soussigné, commis à cet effet par jugement du trib. de 1re inst. de ..., en date du ..., enregistré, dont la grosse est demeurée annexée à la minute d'un procès-verbal dressé par Me A ... soussigné, le ..., enregistré.

21. EXPÉDITION SÉPARÉE D'UN ACTE EN SUITE D'UN AUTRE.

En suite acte passé devant Me ..., notaire à ..., qui en a la minute, et son collègue, le ..., enregistré, contenant vente par M. A... (*p., q. et d.*) à M. B... (*p., q. et d.*), de (*indiquer l'objet de la vente*) est la quittance dont la teneur suit :

Et le ..., etc.

22. EXPÉDITION D'ANNEXE.

Après que l'expédition de l'acte principal est terminée, on met ces mots :

SUIT LA TENEUR DE L'ANNEXE.

Par-devant Me ..., etc. (*rapporter les signatures, la mention d'enregistrement, copier textuellement les légalisations et terminer ainsi*) :

Il est ainsi en l'original de ladite procuration, certifié véritable, et annexé à la minute de l'acte de ..., dont l'expédition précède ; le tout étant en la possession de Me A ..., soussigné.

23. EXPÉDITION DE PIÈCE ANNEXÉE A LA MINUTE D'UN ACTE REÇU PAR UN PRÉDÉCESSEUR.

L'an ..., le ..., ces présentes ont été collationnées par Me A ..., notaire à ..., soussigné, sur la minute dudit acte de vente, et sur l'original de la procuration qui s'y trouve annexé; le tout étant en sa possession comme successeur médiat (*ou* immédiat) de Me D...

24. EXPÉDITION SÉPARÉE D'UNE PIÈCE ANNEXÉE A LA MINUTE D'UN ACTE.

Il est ainsi en l'original du ... (*indiquer la nature de la pièce*), certifié véritable, et annexé à la minute d'un acte de ..., reçu par Me ..., notaire à ..., soussigné, le ..., enregistré.

25. EXPÉDITION DE PIÈCE DÉPOSÉE.

Il est ainsi en l'original de ladite procuration certifié véritable et déposé pour minute à Me ..., notaire à ..., soussigné, par acte passé devant son collègue et lui, le ..., enregistré.

26. EXPÉDITION D'UN TESTAMENT OLOGRAPHE DÉPOSÉ.

Il est ainsi en l'original du testament olographe de M. ..., mis au rang des minutes de Me ..., notaire à ..., soussigné, à la date du ..., en vertu de l'ordonnance du président du trib. de 1re inst. de ..., insérée au procès-verbal de description de ce testament, dressé en la chambre du conseil de ce tribunal le même jour, enregistré.

27. EXPÉDITION D'UN TESTAMENT OLOGRAPHE DÉPOSÉ A UN PRÉDÉCESSEUR.

Il est ainsi au testament olographe de M. ..., déposé pour minute à Me ..., ancien notaire à ..., le ..., en vertu de l'ordonnance de M. le président de 1re inst. de ..., insérée au procès-verbal de description de ce testament en date du même jour, enregistré, l'original dudit testament étant actuellement en la possession de M[e] ..., notaire soussigné, comme successeur immédiat (*ou* médiat) dudit Me D...

28. EXPÉDITION DE PIÈCES DÉPOSÉES DANS LES MINUTES D'UN PRÉDÉCESSEUR.

Il est ainsi en l'original de ladite procuration, certifié véritable, et déposé pour minute à Me D..., notaire à ..., par acte reçu par lui et son collègue le ..., enregistré, étant actuellement en la possession de Me A..., notaire soussigné, comme successeur immédiat (*ou* médiat) dudit Me D...

29. EXPÉDITION D'UN ACTE IMPARFAIT.

Collation des présentes a été faite l'an ..., le ..., par M[e] ..., notaire à ..., soussigné, sur ledit acte, revêtu seulement de la signature de M. A. ..., et par conséquent imparfait, étant en la possession dudit M[e] ..., qui a délivré la présente copie audit sieur A..., pour valoir ce qu'il appartiendra, en exécution de l'ordonnance de M. le président du trib. de 1re inst. de ..., en date du ..., enregistrée, dont l'original est demeuré annexé à la minute d'un procès-verbal dressé à la suite dudit acte imparfait, par M[e] ..., le ..., enregistré.

30. COPIE COLLATIONNÉE.

Collationné par M[e] ... et son collègue, notaires à ..., soussignés, cejourd'hui ..., sur l'expédition (l'original *ou* la copie) dudit acte de ..., représentée auxdits notaires par M. A... (*p.*, *q. et d.*), qui l'a certifiée véritable et signée.

31. EXTRAIT COLLATIONNÉ.

D'un acte passé devant M[e] ..., notaire à ..., qui en a la minute, et son collègue, le ..., portant la mention suivante : (*copier la mention d'enregistrement*), contenant vente par M. A... (*p.*, *q. et d.*) à M. B... (*p.*, *q. et d*).

A été extrait (*si l'extrait doit être littéral, on ajoute :* littéralement) ce qui suit :

(Copier ou analyser la partie de l'acte qu'il s'agit de reproduire dans l'extrait.)

Extrait et collationné par M[e] ... et son collègue, notaires à ..., soussignés, cejourd'hui ..., sur l'expédition du contrat de vente ci-dessus énoncé, représentée aux notaires soussignés, par M. A... (*p.*, *q. et d.*), et à lui par lesdits notaires à l'instant rendue.

32. EXPÉDITION DE COPIE FIGURÉE.

L'an ..., le ..., ces présentes ont été délivrées en forme exécutoire, par M[e] ..., notaire à ..., soussigné, à M. A... (*p.*, *q. et d.*), créancier de la somme de ..., montant d'une obligation souscrite à son profit par M. B... (*p.*, *q. et d.*), aux termes de l'acte reçu par ledit M[e] ... et son collègue, le ..., enregistré, dont la minute a été déposée par ledit Me, au greffe du trib. de 1re inst. de ..., en exécution d'un jugement contradictoire de ce tribunal, en date du ..., enregistré. Cette délivrance a eu lieu sur la copie figurée dudit acte remise audit Me ..., par M. le président de ce tribunal, après collation faite par ce magistrat suivant procès-verbal du greffe, en date du ..., enregistré, dont un extrait est resté annexé à la copie dont la grosse précède.

33. GROSSE EXÉCUTOIRE.

Intitulé.

République française. — Au nom du peuple français.
Par devant Me ... et son collègue, notaires à ..., etc.

Clôture.

En conséquence, le Président de la République française mande et ordonne à tous huissiers, sur ce requis, de mettre ces présentes à exécution ; aux procureurs généraux et aux procureurs près les trib. de 1re inst. d'y tenir la main ; à tous commandants et officiers de la force publique de prêter main-forte lorsqu'ils en seront légalement requis.

En foi de quoi ces présentes ont été scellées.

34. GROSSES D'UN MÊME ACTE DÉLIVRÉES A PLUSIEURS CRÉANCIERS.

(*Voir la formule ci-dessus, n° 33, et après les mots :* légalement requis, *mettre :*)

En foi de quoi ces présentes ont été scellées pour être délivrées à mondit sieur ..., afin de lui servir séparément de titre exécutoire pour (*énoncer le motif*).

— GROSSE D'UN ACTE REÇU PAR UN PRÉDÉCESSEUR.

République française, etc. (*V. n°* 33.)
Par-devant Me H... et son collègue, etc.
En conséquence, etc. (*V. n°* 33.)

L'an ..., le ..., ces présentes ont été revêtues de la forme exécutoire, et collation en a été faite par Me A..., notaire à ..., soussigné, sur la minute dudit acte, étant en sa possession comme successeur immédiat de Me B...

36. AMPLIATION.

Après avoir copié la grosse entièrement, on termine par le style suivant :

Il est ainsi en la grosse dudit acte de ..., annexé à la minute d'un acte reçu par Me ..., notaire, soussigné, et son collègue, le ..., enregistré, contenant : (*énoncer la nature de l'acte*).

Ces présentes ont été délivrées en forme d'ampliation par ledit Me ..., notaire, à M. A... (*p., q. et d.*), pour lui servir de titre exécutoire pour raison de l'abandonnement qui lui a été fait dans l'acte du ..., ci-dessus énoncé, de .. (*énoncer l'abandonnement*).

§ III. — SECONDES GROSSES.

37. PROCÈS-VERBAL DE DÉLIVRANCE D'UNE SECONDE GROSSE LORSQUE LE DÉBITEUR NE COMPARAIT PAS.

L'an ..., le ..., ..., heures du ..., devant Mᵉ ... et son collègue, notaires à ..., et en l'étude de Mᵉ ...

A comparu :

M. A ... (*p.*, *q. et d.*),

Lequel a dit que, par exploit de ..., huissier à ..., en date du ..., enregistré, il a fait sommation à M. B... (*p.*, *q. et d.*) de se trouver cejourd'hui, en l'étude, à l'heure susdite, pour être présent à la délivrance qui doit être faite au comparant en vertu d'une ordonnance de M. le président du trib. de 1ʳᵉ inst. de ..., rendue, sur requête, le ..., enregistrée, d'une seconde grosse, la première ayant été adirée, d'un acte passé devant Mᵉ ..., etc., contenant obligation par M. B..., au profit de M. A... d'une somme de ..., etc.

Les originaux desquelles sommation, requête et ordonnance ci-dessus relatées, représentés par le comparant, sont demeurés ci-annexés, après que dessus mention de leur annexe a été faite par les notaires soussignés.

M. A... après avoir requis que la grosse de cette obligation lui fût délivrée, même en l'absence de M. B..., a signé après lecture. (*Signature.*)

Attendu qu'il est ... heures de relevée, sans que M. B... se soit présenté, ni personne pour lui, M. A... a requis les notaires de donner défaut contre M. B..., et de procéder à l'instant à la délivrance de la seconde grosse dont il est question.

Optempérant à cette demande, nous, notaires, avons donné défaut contre M. B..., et procédé de suite à la délivrance de ladite seconde grosse, conformément à l'ordonnance ci-dessus relatée.

De tout ce qui précède, nous avons, les jour, mois et an ci-dessus indiqués, dressé le présent procès-verbal, que M. A... a signé avec nous, notaires, après lecture.

38. PROCÈS-VERBAL DE DÉLIVRANCE D'UNE SECONDE GROSSE LORSQUE LE DÉBITEUR COMPARAIT ET DONNE SON CONSENTEMENT.

L'an ..., le ..., etc. (*Voir le nº* 39 *jusqu'à la signature du requérant.*)

A l'instant a comparu M. B...

Lequel a dit qu'il comparaît pour satisfaire à la sommation qui lui a été faite par l'exploit de ..., huissier, ci-dessus énoncé, et qu'il ne s'oppose pas à la délivrance de la seconde grosse requise par M. A...

Il a signé après lecture. (*Signature.*)

Attendu le consentement de M. B..., les notaires soussignés ont de suite procédé à la délivrance de ladite seconde grosse, conformément à l'ordonnance ci-dessus énoncée.

De tout ce qui précède, etc. (*V. nº* 39.)

39. PROCÈS-VERBAL SUR UNE DEMANDE EN DÉLIVRANCE D'UNE SECONDE GROSSE LORSQUE LE DÉBITEUR DÉCLARE S'Y OPPOSER.

L'an ..., le ..., etc. (*Voir le n° 39 jusqu'à a signature du requérant.*)

A l'instant a comparu M. B...

Lequel a dit qu'il comparaît pour satisfaire à la sommation que lui a faite M. E..., par l'exploit susrelaté, mais qu'il entend formellement s'opposer à la délivrance de la seconde grosse demandée, attendu (*expliquer ici les motifs sur lesquels l'opposition est fondée*).

Il a signé après lecture. (*Signature.*)

M. A... a répondu (*développer la réponse*).

Il a signé après lecture. (*Signature.*)

Attendu les difficultés survenues entre MM. A..., et B..., au sujet de la délivrance de cette seconde grosse, les notaires soussignés ont renvoyé les parties à se pourvoir, et de tout ce qui précède, ils ont dressé le présent procès-verbal, etc. (*V. n°* 39.)

40. STYLE EN SUITE DE LA SECONDE GROSSE DÉLIVRÉE.

L'an ..., le ..., ces présentes ont été délivrées audit sieur A..., revêtues, pour la seconde fois, de la formule exécutoire, en vertu de l'ordonnance de M. le président du trib. de 1re inst. de ..., en date du ..., autorisant Me..., l'un des notaires soussignés, à délivrer la présente grosse aux parties intéressées dûment appelées, ce qui a eu lieu par exploit de ..., huissier à ..., en date du ..., enregistré, ainsi qu'il résulte d'un procès-verbal de comparution et défaut (ou bien *de comparution et de consentement*), reçu par ledit Me ..., qui en a minute, et son collègue, le ..., enregistré, étant en suite de la minute de l'acte dont la grosse précède, auquel procès-verbal sont demeurés annexés les originaux de l'ordonnance et de l'exploit ci-dessus énoncés.

§ IV. — EXTRAITS.

41. EXTRAIT LITTÉRAL.

D'un acte reçu par Me ..., notaire à ..., soussigné, qui en a la minute, et son collègue, le ..., en suite duquel est la mention suivante : Enregistré à ..., le ..., fol ..., case, reçu ..., signé ..., contenant (*indiquer succinctement la nature de l'acte*).

A été extrait littéralement ce qui suit, etc. (*Copier textuellement la disposition qu'on veut reproduire. Pour la clôture, voir les nos 42 à 44.*)

42. CLOTURE D'UN EXTRAIT.

Extrait par Me ..., sur la minute dudit contrat de (*indiquer la nature de l'acte*) étant en sa possession.

43. CLOTURE D'UN EXTRAIT D'UNE PIÈCE DÉPOSÉE.

Extrait par Me ..., notaire soussigné, le ..., du brevet original de ladite procuration, certifié véritable, et déposé pour minute audit M^e ..., par acte reçu par lui et son confrère, le ... enregistré.

44. CLOTURE D'UN EXTRAIT D'UNE PIÈCE ANNEXÉE.

Extrait par Me ..., notaire soussigné, du brevet original de ladite procuration, certifié véritable, et annexé à la minute d'un acte reçu par Me ..., le ..., enregistré.

45. CLOTURE D'EXTRAIT D'UNE PIÈCE DÉPOSÉE A UN PRÉDÉCESSEUR.

Extrait par Me A..., notaire soussigné, le ..., du brevet original de ladite procuration, certifié véritable, et déposé pour minute à Me B..., prédécesseur immédiat de Me A..., par acte reçu par lui, le ..., enregistré, étant en la possession de Me A..., ès qualité.

46. CLOTURE D'UN EXTRAIT D'UN ACTE DONT LE NOTAIRE EST DÉPOSITAIRE PROVISOIRE.

Extrait par Me ..., notaire à ..., soussigné, le ..., de la minute dudit acte de ..., étant en sa possession, comme dépositaire provisoire des minutes de Me ..., notaire à ..., en exécution d'une ordonnance de M. le président du trib. de 1re inst. de ..., en date du ..., enregistrée.

47. EXTRAIT D'UN INTITULÉ D'INVENTAIRE.

L'inventaire après le décès arrivé à ..., le ..., de M. A..., a été fait par Me ..., notaire à ..., et son collègue, le ...

A la requête de madame ..., veuve de M. A. ..., demeurant à ..., ayant agi en son nom personnel :

1° A cause de la communauté de biens qui avait existé entre elle et le feu sieur son mari, aux termes de son contrat de mariage, passé devant Me ..., etc;

2° A cause des reprises et créances qu'elle avait à exercer contre la succession du sieur A ... son mari.

3° Et comme donataire, etc.;

Et encore au nom et comme tutrice légale de, etc.

Et en présence de M ..., demeurant à ...; au nom et comme subrogé-tuteur du mineur ..., élu à cette fonction de lui acceptée, par délibération du conseil de famille dudit mineur, tenue sous la présidence de M. le juge de paix du canton de ..., le ... enregistrée.

Le mineur A... habile à se porter seul héritier de son père, décédé.

Extrait par Me ..., notaire à ... soussigné, de la minute de cet inventaire, demeurée en sa possession et à la suite de la deuxième séance duquel est la mention suivante : Enregistré à ..., etc. (*Copier littéralement la mention de l'enregistrement.*)

48. MENTION D'UNE QUITTANCE.

Suivant quittance passée devant Me ... et son collègue, notaires à ..., le ... enregistré, M. A... (*p., q. et d.*) a payé à M. B... (*p., q. et d.*) la somme de ..., pour solde de l'obligation qu'il lui avait souscrite, aux termes de l'acte dont la minute est ci-contre.

Décompte : Honoraires........ 4 fr.

49. MENTION DE RATIFICATION.

L'acte de ..., dont la minute (*la grosse*, ou *l'expédition*) est ci-contre (ou *ci-dessus*), a été ratifié par M. A..., (*p., q. et d.*), suivant un acte passé en minute devant M^e ... et son collègue, notaires à ..., le ..., enregistré.

Même décompte.

FORMULE 742. — Art. 839 C. Pr.

Requête pour être autorisé à assigner à bref délai le notaire ou dépositaire qui refuse de délivrer expédition ou copie d'un acte parfait.

A M. le président du tribunal de 1re instance de ....

Le sieur A... (*p., q. et d.*), ayant M^e ... pour avoué,

A l'honneur de vous exposer que, suivant acte passé devant M^e ... qui en a gardé la minute, et son collègue, notaires à ..., le ..., enregistré, le sieur B... (*p., q. et d.*) s'est reconnu débiteur envers l'exposant de la somme de ...; que cet acte a reçu sa perfection par la signature de toutes les parties intéressées; que, néanmoins, ledit M^e ..., bien qu'il ait été payé du coût dudit acte et de la grosse qu'il en a délivrée, refuse d'en délivrer à l'exposant une expédition contre le payement qu'offre ce dernier du coût de cette expédition; que l'exposant, étant intéressé au nom direct dans l'obligation dont il s'agit, a droit de s'en faire délivrer expédition, conformément à l'art. 839 C. pr.; par ces motifs, l'exposant conclut à ce qu'il vous plaise, Monsieur le président, l'autoriser à assigner, à bref délai, M^e ... à comparaître devant le tribunal, pour s'entendre condamner, même par corps, à délivrer à l'exposant expédition de l'obligation susénoncée, dans les trois jours de la signification du jugement à intervenir; sous la réserve expresse de réclamer contre ledit M^e ... tels dommages-intérêts qu'il avisera, avec dépens.

Présenté au palais de justice, à ..., le ... (*Signature de l'avoué.*)

ORDONNANCE.

Nous, président, vu la requête ci-dessus et les pièces à l'appui, ensemble l'art. 839 C. pr., permettons d'assigner M^e ... à comparaître le ..., heure de ..., devant le tribunal, pour y répondre sur les conclusions de ladite requête.

Fait au palais de justice, à ..., le ...

(*Signatures du président et du greffier.*)

Décompte. (Tarif, art. 78, §§ 3 et 19.)

Timbre........................	» 60
Enregistrement................	5 63

Rédaction de la requête..................	7 50
Timbre d'expédition........................	Mémoire.
Droit de greffe, 1 fr. 20 c. par rôle, y compris la remise du greffier, 30 cent..	Mémoire.

FORMULE 743. — Art. 839 C. Pr.

Signification de la requête et de l'ordonnance au dépositaire, avec sommation de délivrer l'expédition demandée, et en cas de refus assignation devant le tribunal.

L'an ..., le..., en vertu d'une ordonnance de M. le président du tribunal de 1re inst. de ..., en date du ..., enregistrée, mise au bas de la requête à lui présentée le même jour, desquelles requête et ordonnance il est en tête (*de celle*) des présentes donné copie, et à la requête du sieur A... (*p., q. et d.*) pour lequel domicile est élu à ..., rue ..., nº ..., dans l'étude de Me ..., avoué près le tribunal de 1re inst. de ..., qu'il constitue et qui occupera pour lui sur l'assignation ci-après, j'ai ... (*immatricule de l'huissier*), soussigné, fait sommation à Me ..., notaire à ..., en son étude, et parlant à ..., qui a visé le présent original (ou *l'original des présentes*), de délivrer au requérant l'expédition d'un acte reçu par lui et son collègue, le ..., enregistré, contenant obligation par le sieur B... (*p., q. et d.*), au profit du requérant, d'une somme de ..., sous l'offre que fait ledit requérant de payer le coût de cette expédition, lequel Me ... a répondu (*mentionner sa réponse*); faute par ledit Me ... d'avoir déféré à la présente sommation, je lui ai donné assignation à comparaître le ..., heure de ..., à l'audience de tribunal de 1re inst. de ..., au palais de justice, à ..., pour, attendu que, malgré les droits du requérant, partie dans ledit acte, et bien que les déboursés et honoraires dus pour la minute et la grosse de cet acte aient été intégralement soldés, ledit Me ... persiste à refuser d'en délivrer expédition, se voir condamner, même par corps, à délivrer au requérant expédition de l'obligation susénoncée, dans les trois jours de la signification du jugement à intervenir, voir déclarer ledit jugement exécutoire nonobstant opposition ou appel et sans caution; s'entendre condamner aux dépens et en ... francs de dommages-intérêts pour le préjudice occasionné au requérant par son refus.

Et j'ai, audit domicile, parlant comme ci-dessus, laissé copie du présent, dont le coût est de... (*Signature de l'huissier.*)

Il a été employé pour la copie une demi feuille de papier spécial au timbre de soixante centimes.

Décompte. (Tarif, art. 29.)

Original..................................	2 »
Copie.....................................	» 50
Enregistrement............................	3 75
Timbre....................................	Mémoire.
Visa......................................	1 »
Copie de pièces, suivant qu'elle est certifiée par l'avoué ou par l'huissier, 30 ou 25 c. par rôle............	Mémoire.

FORMULE 744. — Art. 841 C. Pr.

Requête pour obtenir copie d'un acte resté imparfait.

A M. le président du tribunal de 1re instance de...

Le sieur A... (*p.*, *q. et d.*), ayant Me ... pour avoué,

A l'honneur de vous exposer qu'il est créancier d'une somme de ... du sieur B... (*p.*, *q. et d.*), pour argent prêté, qu'ayant voulu avoir un titre qui constatât sa créance, il s'est rendu avec le sieur B..., le ..., dans l'étude de Me ..., notaire à ..., qui a rédigé la minute de l'obligation; que l'exposant a apposé sa signature sur cette minute; mais que le sieur B..., sous divers prétextes, a refusé d'y apposer la sienne; que, dès lors, l'acte est resté imparfait; que des lettres qui sont en la possession du sieur A... forment contre le sieur B... un commencement de preuve par écrit, qui rend les présomptions admissibles pour parvenir à démontrer l'existence de la dette du sieur B..., et que la minute de l'acte du ..., resté imparfait, constitue une présomption grave qu'il importe au sieur A... de pouvoir soumettre à la justice; par ces motifs, l'exposant conclut à ce qu'il vous plaise, Monsieur le président, l'autoriser à se faire délivrer par Me ..., notaire à ..., une copie de l'acte imparfait du ..., laquelle délivrance se fera en vertu de votre ordonnance, dont il sera fait mention au bas de ladite expédition.

Présenté au palais de justice, à ..., le ... (*Signature de l'avoué.*)

ORDONNANCE.

Nous, président, vu la requête ci-dessus, les pièces à l'appui, et les art. 841 et 842 C. pr., autorisons le sieur A... à se faire délivrer par Me ..., notaire à ..., copie de la minute restée imparfaite, dans son étude, de l'acte du ...; disons qu'en cas de refus dudit notaire de faire cette délivrance, il nous en sera référé.

Fait au palais de justice, à ..., le ...

(*Signatures du président et du greffier.*)

Décompte : Voir la formule 742.

FORMULE 745. — Art. 841, 843, C. Pr.

Sommation aux parties intéressées de se trouver dans l'étude du notaire pour assister à la délivrance d'un acte imparfait.

L'an ..., le ..., en vertu d'une ordonnance rendue sur requête par M. le président du trib. de 1re inst. de ..., en date du ... enregistrée, desquelles requête et ordonnance il est en tête (*de celle*) des présentes, donné copie, et à la requête du sieur A... (*p.*, *q. et d.*), j'ai ... (*immatricule de l'huissier*), fait sommation au sieur B... (*p.*, *q. et d.*), audit domicile, en parlant, à ... de se trouver dans l'étude de Me ..., notaire à ..., sise ..., rue ..., le ..., heure du ..., pour assister à la délivrance qui sera faite au requérant par ledit Me ... de la copie d'un acte, en date du ..., resté imparfait, contenant obligation au profit du requérant par ledit sieur B ... d'une somme de.. ; lui déclarant qu'il sera procédé à cette délivrance, même en son absence.

Et j'ai, audit domicile, parlant comme ci-dessus, laissé copie du présent, dont le coût est de ... (*Signature de l'huissier.*)

Il a été employé pour la copie une demi-feuille de papier spécial au timbre de soixante centimes.

Décompte, voir la formule précédente.

FORMULE 746. — Art. 841, 843 C. Pr.

Sommation avec signification de la requête et de l'ordonnance, et assignation en référé au notaire pour avoir copie d'un acte imparfait.

L'an ..., le ..., en vertu de l'ordonnance rendue, sur requête, par M. le président du tribunal de 1re instance de ..., en date du ..., enregistrée, desquelles ordonnance et requête copie est donnée en tête (*de celle*) des présentes, et à la requête de M. A... (*p.*, *q. et d.*), qui élit domicile à ..., rue ..., n° ..., dans l'étude de Me ..., son avoué, j'ai ... (*immatricule de l'huissier*), soussigné, fait sommation à Me ..., notaire à ..., y demeurant, en son domicile, en parlant à lui-même, qui a visé le présent original (ou *l'original des présentes*), de délivrer au requérant copie de la minute d'un acte reçu par lui, le ..., par lequel le sieur B... (*p.*, *q. et d.*), se reconnaissait débiteur envers le requérant de la somme de ..., pour argent prêté, lequel acte est resté imparfait par le défaut de signature du sieur B..., aux offres que fait le requérant de payer à Me ... tous les frais et honoraires qui lui seront dus à raison de cette copie, lequel Me ... a répondu ... (*mentionner la réponse ; si le notaire refuse de délivrer la copie, on lui donne assignation en référé, en ces termes :*) Faute par Me ... d'avoir déféré à la présente sommation, je lui ai donné assignation à comparaître le ..., heure de ..., par-devant M. le présid. du trib. de 1re inst. de ..., tenant l'audience des reférés, au palais de justice, pour entendre dire que l'ordonnance, rendue le ..., sera exécutée suivant sa forme et teneur; en conséquence, que Me ... sera tenu de délivrer au requérant copie de l'acte du ..., ce qui sera exécuté par provision, nonobstant appel.

Et je lui ai, audit domicile, laissé copie du présent, dont le coût est de ... (*Signature de l'huissier.*)

Il a été employé pour la copie une feuille de papier spécial au timbre de soixante centimes.

Décompte. (Tarif, art 29.)

Original....................	2 »
Copie........................	» 50
Enregistrement.............	3 75
Timbre.......................	1 80
Total..................	8 05

FORMULE 747. — Art. 846, 847 C. Pr.

Requête tendante à compulsoire.

A MM. les président et juges du trib. de 1re inst. de ...

Le sieur A... (*p., q. et d.*), défendeur au principal, et demandeur incidemment par la présente requête, ayant pour avoué Me ...

Contre le sieur B... (*p., q. et d.*), demandeur au principal, et défendeur à l'incident, ayant pour avoué Me ...,

A l'honneur de vous exposer (*faire connaître les faits et les motifs sur lesquels se fonde la demande en compulsoire*); qu'il importe donc à l'exposant d'avoir expédition dudit acte, mais que, comme il n'y a pas été partie, il ne peut obtenir cette expédition qu'avec l'autorisation de la justice.

Par ces motifs, l'exposant conclut à ce qu'il plaise au tribunal l'autoriser à faire compulser, soit devant celui de Messieurs, soit devant Me ..., notaire à ..., qu'il plaira au tribunal commettre, les minutes de Me ..., notaire à ..., pour y rechercher celle de l'acte du ..., ci-dessus relaté; ordonner en conséquence qu'il sera délivré expédition en bonne forme dudit acte au requérant, aux offres qu'il fait de payer à Me ..., notaire, dépositaire de la minute, les frais et honoraires qui lui seraient dus; déclarer exécutoire, conformément à l'art. 848 C. pr., nonobstant opposition ou appel, le jugement à intervenir, et condamner le sieur B... aux dépens de l'incident, dont distraction au profit de Me ..., avoué, qui affirme en avoir fait l'avance.

Pour original, pour copie,
Signifié, laissé copie, etc. (*Signature de l'avoué.*)

Décompte. (Tarif, art. 75, §§ 39 et 45.)

Timbre........................	Mémoire.
Signification et enregistrement...	» 98
Original, à 2 fr. par rôle (six rôles au plus)........................	Mémoire.
Après 50 c. par rôle..............	Mémoire.

FORMULE 748.

Procès-verbal de compulsoire d'un acte parfait, toutes les parties présentes.

L'an ..., le ..., heures de ..., devant Me ..., etc.,

A comparu :

M. A... (*p., q. et d.*), assisté de Me ..., avoué près le trib. de 1re inst. de ...

Lequel a dit : que, par jugement dudit tribunal, en date du ..., rendu contradictoirement entre lui et M. B... (*p., q. et d.*), enregistré et signifié, il a été autorisé à se faire délivrer, par compulsoire, extrait d'un acte passé devant Me ..., etc., le ..., par lequel M. B... (*faire une analyse clair et concise de l'acte*).

Qu'en conséquence de ce jugement, le comparant a fait sommation au sieur B..., par exploit de ..., huissier à ...., en date du ..., de se trouver en l'étude, aux jour et heure ci-dessus indiqués, pour être présent à la délivrance qui lui serait faite de l'extrait dont il s'agit.

Qu'il représente la grosse du jugement et l'original de l'exploit de sommation qui sont demeurés ci-annexés, et qu'il requiert que, dans le cas où M. B... ne comparaîtrait pas, ni personne pour lui, il soit donné défaut et passé outre à la délivrance de l'extrait de l'acte ci-dessus énoncé.

Et le comparant a signé, après lecture, avec Me ..., son avoué.

(*Signatures.*)

Ensuite a comparu M. B...,

Lequel a dit qu'il comparaît pour satisfaire à la sommation qui lui a été faite, et assister à la délivrance demandée, se réservant de faire tels dires et réquisitions qu'il avisera ; et il a signé après lecture.

(*Signature.*)

Les notaires soussignés ont donné acte aux sieurs A... et B... de leurs dires et comparutions.

Ensuite Me ..., l'un des notaires soussignés, a immédiatement produit la minute de l'acte du ..., ci-dessus relaté, et fait, sur cette minute, l'expédition littérale de l'acte entier.

Cette expédition achevée, Me ... l'a mise sous les yeux des comparants, et, assisté de son collègue, il en a fait, sur la minute étant en ses mains, la collation dont il a mis au pied le certificat de collation par compulsoire, et la délivrance en a été de suite faite à M. A..., qui l'a reconnu.

De tout ce qui précède les notaires soussignés ont dressé, en l'étude de Me ..., l'un d'eux, le présent procès-verbal, auquel il a été vaqué jusqu'à ... heures ..., par ... vacation, et les comparants ont signé avec leurs avoués, le tout après lecture.

(*Décompte.* (Tarif, art. 168 §§ 6 et 169.)

Timbre...............................	» 60
Enregistrement 3 fr. 75 c. par vacation.	Mémoire.
Timbre d'expédition..................	Mémoire.
Rôles................................	Mémoire.
Vacations............................	Mémoire.

FORMULE 749.

Procès-verbal de compulsoire, la partie sommée ne paraissant pas.

L'an ..., le ..., heures du ..., etc.,

A comparu :

M. A... (*p.*, *q. et d.*), assisté de Me ..., son avoué,

Lequel a dit : que, par jugement du tribunal de ..., rendu contradictoirement entre lui et M. B... (*p.*, *q. et d.*), enregistré et signifié, il a été autorisé à se faire délivrer, par compulsoire, extrait d'un contrat passé devant Me ..., l'un des notaires soussignés, le ...

Qu'en conséquence de ce jugement, il a fait sommation, par exploit de

..., huissier à ..., en date du ..., enregistré, à M. B..., de se trouver en l'étude, à ces jour et heure, pour être présent à la délivrance qui lui serait faite de l'extrait dont il s'agit.

Qu'il représente la grosse du jugement et l'original de l'exploit de sommation qui sont demeurés ci-annexés et qu'il requiert que, dans le cas où M. B... ne comparaîtrait pas, ni personne pour lui, il soit donné défaut contre lui et que délivrance soit faite de l'extrait du contrat sus-énoncé.

Et le comparant a signé, après lecture.

(*Signatures de la partie et de son avoué.*)

Et après avoir attendu jusqu'à ..., sans que M. B... ait comparu, ni personne pour lui, les notaires soussignés ont donné défaut contre lui ; et obtempérant à la réquisition de M. A..., ils ont, en vertu du jugement précité, fait et collationné, sur la minute du contrat du ..., ci-dessus relaté, l'extrait littéral de la stipulation par laquelle M. B... a été chargé ..., etc., lequel extrait, certifié conforme par lesdits notaires, a été remis à l'instant même à M. A..., qui l'a reconnu.

De tout ce qui précède, les notaires ont dressé le présent procès-verbal, auquel il a été vaqué, jusqu'à ... heures, par ..., vacation, et M. A... et son avoué ont signé avec les notaires, après lecture.

Même décompte.

SUPPLÉMENT

JUSTICES DE PAIX

FORMULE 750.

Loi du 11 ventôse an II, art. 2.

Convocation de la famille d'un militaire absent pour lui nommer un curateur.

L'an ..., le ..., par-devant nous ..., juge de paix du canton de ..., assisté du sieur ..., greffier de notre juridiction,

Ont comparu :

Les plus proches parents du sieur A... (*p.*), soldat au ... régiment de ..., absent et sans nouvelles depuis le ..., savoir :

Du côté paternel :

Noms (*p., q. et degrés de parenté de trois personnes*);

Du côté maternel :

Noms (*p., q. et degrés de parenté de trois personnes*);

Lesquels nous ont déclaré qu'il n'existait pas d'autres et plus proches parents ni alliés dudit sieur A..., militaire absent, domiciliés dans la commune ou dans la distance de deux myriamètres, et que le sieur A... étant habile à recueillir une partie de la succession du sieur ..., son cousin germain, il y avait lieu, en exécution des art. 1 et 2 de la loi du 11 ventôse an II, de lui nommer un cu ateur.

Nous avons, en conséquence, constitué le conseil de famille du sieur A... sous notre présidence, et avons soumis à sa délibération la nomination d'un curateur audit sieur A...

Après en avoir délibéré, etc. (*Voir les formules* 136 *et* 137.)

Même décompte qu'en la formule 136.

FORMULE 751. — Art. 14 C. Pr.

Jugement à rendre quand un acte sous seing privé est dénié.

Justice de paix du canton de ..., dép. de ..., audience tenue publiquement à l'heure accoutumée, en l'auditoire ordinaire du tribunal, l'an ..., le ..., par nous ..., juge de paix, assisté du sieur ..., greffier de notre juridiction.

Entre le sieur A... (*p., q. et d.*), d'une part;

Et le sieur B.., (*p., q. et d.*), d'autre part.

Par exploit de ..., huissier à ..., en date du ..., enregistré, le sieur A... à fait citer le sieur B... à comparaître devant nous, pour s'entendre condamner à payer la somme de ..., montant en principal, intérêts et frais, d'un billet souscrit par lui audit sieur A..., le ..., enregistré à ..., le ..., f° ..., c° ..., par ..., qui a reçu ... pour droits, ladite somme exigible dès le ...

Examen fait du billet en notre présence, le sieur B... a déclaré n'en être pas l'auteur et refuser de le payer.

Sur quoi, nous, juge de paix, vu l'art. 14 du C. pr. :

Attendu que le sieur B... dénie la signature mise au bas du billet en date du ..., que ce titre constitue la seule preuve de la créance qui fait l'objet de la poursuite, qu'il y a dès lors lieu à une vérification d'écriture qui est dans les attributions du tribunal civil.

Statuant contradictoirement et en premier ressort,

Donnons acte au sieur B... de sa déclaration qu'il ne reconnaît pas le titre dont il s'agit, que nous avons parafé, renvoyons le demandeur à se pourvoir devant le trib. de 1re inst. à l'effet de suivre la vérification d'écriture du titre contesté, pour, après le jugement de l'incident, être par nous statué ce qu'il appartiendra.

Fait et jugé, etc.

Décompte : Timbre.................. Mémoire.
Enregistrement, 1 fr. 88 c., si le jugement est préparatoire; 3 fr. 75 c. s'il est définitif....................... Mémoire.
Rôles.......................... Mémoire.
Émolument du greffier............... Néant.

FORMULE 752. — Art. 27, 128, 141, 523, 525 C. Pr.

Acte possessoire.

Jugement portant condamnation sur une demande en complainte et liquidation des condamnations contre le défendeur.

Voir, pour le commencement, la formule 751.

(Puis au dispositif, dire :)

Maintenons le sieur A... en possession de la pièce de terre dont il s'agit, faisons défense au sieur B... de le troubler à l'avenir dans cette possession, condamnons ledit sieur B... à rétablir, dans les trois jours, les lieux dans l'état où ils étaient avant le trouble de possession; autorisons, ce délai passé, ledit sieur A... à faire ce rétablissement à la charge de retirer quittance des frais qu'il aura faits, et pour lesquels il lui sera délivré exécutoire contre le défendeur; condamnons ce dernier à payer au demandeur la somme de ..., pour les fruits qu'il a indûment perçus; le condamnons en outre en ... de dommages-intérêts envers le sieur A..., et aux dépens liquidés à ..., non compris le coût de la signification du présent jugement.

Fait et jugé, etc.

Même décompte qu'en la formule précédente.

FORMULE 753. — Art. 27 C. Pr.

Jugement qui rejette une action en complainte.

Voir la formule 751 jusqu'au dispositif et dire :

Déboutons le sieur B..., donnons acte à ce dernier de la déclaration par lui faite à notre audience qu'il prend cette demande pour trouble en sa possession, et admettant ses conclusions, faisons défense audit sieur A..., de le troubler, et le condamnons aux dépens, liquidés à ...

Fait et jugé, etc.

Décompte :	Timbre..................	Mémoire.
	Enregistrement	3 75
	Rôles.....................	Mémoire.
	Émolument du greffier...	Néant.

FORMULE 754.

Jugement qui ordonne la comparution des parties.

Voir la formule 751, finir ainsi :

Sur quoi, nous, juge de paix,

Considérant que le jugement à rendre sur la présente demande dépend de faits dont les parties rendront par elles-mêmes un compte plus exact que leurs fondés de pouvoirs ;

Remettons la cause à notre audience du ..., jour auquel les parties seront tenues de comparaître en personne, heure de ..., pour s'expliquer sur les faits de la cause, dépens réservés.

Fait et jugé, etc.

Même décompte qu'en la formule précédente.

L'enregistrement est de 1 fr. 88 c.

FORMULE 755.

Jugement sur comparution volontaire des parties qui demandent jugement dans une cause qui n'était pas de la compétence du juge de paix.

Voir la formule 751 et finir ainsi :

Le sieur A... déclare que (*analyser la demande et les moyens à l'appui*) ;

Le sieur B... soutient, au contraire, que (*énoncer les prétentions opposées*).

Pour mettre fin au différend qui existe entre eux, lesdits sieurs A... et B... ont comparu volontairement devant nous et ont déclaré nous en soumettre le jugement, proroger à cette fin notre juridiction, promettant l'un et l'autre de tenir pour jugement ce qui aura été statué par nous sur ladite contestation, se réservant néanmoins contre ladite décision tel recours que de droit.

Et ont lesdits sieurs A... et B... signé. (*Signatures.*)

Sur quoi, nous, juge de paix, acceptant la délégation de pouvoir qui vient d'être consentie, renvoyons la cause et les parties à notre audience du ..., pour être fait droit ainsi qu'il appartiendra.

Fait et jugé, etc.

Même décompte.

L'enregistrement est de 5 fr. 63 c.

FORMULE 756. — Loi du 25 mai 1838, art. 5, §§ 3 et 4.

Jugement portant condamnation d'un ouvrier, d'un domestique ou d'une nourrice à remplir ses engagements.

Voir la formule 751 et finir ainsi :

Condamnons ledit B..., à reprendre dans les vingt-quatre heures son service et à le continuer jusqu'au ..., pour le compte du demandeur; permettons au demandeur, en cas de refus par ledit sieur B..., de le faire remplacer à ses frais et dépens, pendant le temps ci-dessus, et, pour ce cas, condamnons ledit B... à rembourser au demandeur, suivant les quittances qui en seront rapportées : 1° les dépenses qu'il aura été obligé de faire; 2° la somme de ..., pour dommages et intérêts résultant du préjudice qu'il a causé; et 3° aux dépens liquidés à ...

Fait et jugé, etc.

Même décompte qu'en la formule 751.

FORMULE 757. — Loi du 25 mai 1838, art. 5.

Jugement sur action pour dommages aux champs.

Voir la formule 751 et finir ainsi :

Attendu qu'il résulte du rapport des experts nommés par notre jugement, en date du ..., enregistré, que les faits, objets de la demande, ont pour résultat un préjudice éprouvé par le demandeur, évalué à ..., estimation que nous adoptons.

Condamnons le sieur B..., défendeur, à payer au sieur A..., demandeur, la somme de ...; le condamnons aux intérêts de ladite somme, à partir du jour de la demande jusqu'à celui du payement; le condamnons en outre aux dépens, liquidés à la somme de ...., non compris le coût et la signification du présent jugement qui seront aussi à sa charge.

Fait et jugé, etc.

Même décompte.

L'enregistrement est de 2 fr. 50 p. 100 sur la condamnation, ou de 3 fr. 75 c. (*droit fixe*) en cas de rejet.

FORMULE 758. — Loi du 22 frimaire an VII, art. 49.

Jugement portant remise de la cause pour faire timbrer ou enregistrer un titre.

Voir la formule 751 et finir ainsi :

Sur quoi, nous, juge de paix, statuant par jugement préparatoire :

Attendu que le demandeur excipe d'un acte sous seing privé, qui n'est ni timbré ni enregistré; qu'il ne peut être rendu un jugement sur une telle pièce.

Avant faire doit, et sans rien préjuger, ordonnons que ledit A... fera timbrer et enregistrer l'acte sous signature privée du ..., passé entre lui et le sieur B..., portant que ..., et cela dans trois jours, pour être produit à l'audience du ... à laquelle nous renvoyons la cause et les parties, dépens réservés.

Fait et jugé, etc.

Même décompte.

Ce jugement est exempt de l'enregistrement.

FORMULE 759. — Art. 13, 14 C. Pr.

Jugement ordonnant une production de pièces.

Voir la formule 751 et finir ainsi :

Le sieur B..., pour sa défense, a dit que la somme que le demandeur réclame contre lui a été payée, suivant quittance reçue par Me ..., notaire à ..., le ..., enregistrée; mais qu'attendu l'éloignement, il n'a pu se procurer encore l'expédition de cette quittance.

Sur quoi, nous, juge de paix, statuant par jugement préparatoire, avons remis la cause à l'audience du ..., jour auquel le sieur B... sera tenu de représenter la quittance par lui alléguée; sinon sera fait droit.

Fait et jugé, etc.

Même décompte.

L'enregistrement est de 1 fr. 88 c.

FORMULE 760. — Art. 15, 28, 30, 34, 38, 141 C. Pr.

Jugement interlocutoire qui ordonne une enquête.

Voir la formule 751 et finir ainsi :

Le sieur B... a déclaré que ses voitures et ses charretiers n'ont pu, le ..., traverser la pièce de terre du sieur A..., sise à ..., attendu que ce même jour ils étaient occupés pour son service à ..., distant de plus de ..., qu'il était prêt à prouver ses assertions par témoins.

Le sieur A..., demandeur, a lui-même déclaré qu'il était également prêt à prouver par témoins les faits allégués dans la citation.

Sur quoi, nous, juge de paix, statuant par jugement interlocutoire et en premier ressort :

Considérant que les faits allégués par le sieur A... sont de nature à être prouvés par témoins, que la preuve contraire est de droit; admettons les sieurs A... et B... à prouver, devant nous, en notre audience, par témoins, les faits plus haut spécifiés, à l'effet de quoi il sera, par nous, délivré cédule nécessaire, pour, après ladite enquête, être par nous statué ce qu'il appartiendra.

Fait et jugé, etc.

Même décompte.

L'enregistrement est de 1 fr. 88 c.

FORMULE 761.

Jugement qui rejette la preuve testimoniale.

Voir la formule 751 et finir ainsi :

Sur quoi, nous, juge de paix, statuant par jugement interlocutoire :

Attendu que les faits articulés ne sont pas pertinents, puisqu'ils ne pourraient établir que des présomptions insuffisantes pour faire admettre la demande; qu'au surplus la valeur de la demande excède cent cinquante francs, et que la loi ne permet pas la preuve testimoniale au-dessus de cette somme ;

Sans avoir égard à la preuve offerte par le demandeur, ordonnons qu'il justifiera sa demande par tels autres moyens qu'il appartiendra; que sinon il sera fait droit à l'audience du ..., à laquelle la cause est renvoyée, dépens réservés.

Fait et jugé, etc.

Même décompte.

FORMULE 762. — Loi du 25 mai 1838, art. 11 ; art. 137, 141 C. Pr.

Jugement ordonnant l'exécution provisoire nonobstant appel, avec ou sans caution.

Voir la formule 751 et finir ainsi :

Déclarons la demande du sieur A... fondée, condamnons en conséquence le sieur B... à lui payer la somme de ..., avec les intérêts à partir du jour de la demande jusqu'à celui du payement; le condamnons aux dépens liquidés à la somme de..., non compris le coût et l'expédition du présent jugement; et attendu qu'il y a promesse reconnue, ordonnons, conformément à l'art. 11 de la loi du 25 mai 1838, que le présent jugement sera exécuté par provision, nonobstant appel, sans qu'il soit besoin de fournir caution.

Fait et jugé, etc.

S'il y a lieu à caution, dire :

Considérant que la créance du sieur A... est ancienne et bien justifiée, mais attendu que la condamnation prononcée contre le sieur B... excède 300 fr., autorisons le sieur A... à mettre le présent à exécution par provision, nonobstant appel, mais à la charge par lui de fournir caution.

Fait et jugé, etc.,

Si la caution est présentée et reçue devant le juge, on dit :

A l'instant le sieur A... nous a présenté, et le sieur B... a accepté comme caution le sieur C... (*p., q. et d.*), lequel, présent à l'audience, a déclaré se porter en effet caution du sieur A... pour la restitution au sieur B... du montant des condamnations prononcées contre lui, dans le cas où les condamnations seraient infirmées sur appel.

Fait et jugé, etc.

Même décompte.

FORMULE 763.

Jugement qui rejette la demande.

Voir la formule 751 et finir ainsi :

Sur quoi, nous, juge de paix, statuant par jugement définitif contradictoire et en premier ressort :

Attendu que ... (*expliquer les motifs du rejet de la demande*).

Déclarons que l'action du sieur A... n'est pas fondée; renvoyons en conséquence sans dépens le sieur B... de la demande formée contre lui.

Fait et jugé, etc.

Même décompte.

FORMULE 764.

Jugement qui compense les dépens.

Voir la formule 751 et finir ainsi :

Déclarons que la demande est fondée, condamnons en conséquence le sieur B... à payer au sieur A... la somme de ..., et attendu que le sieur B... a eu des motifs légitimes de reculer le payement de sa dette, compensons les dépens entre les parties.

Ainsi jugé, etc.

Même décompte.

FORMULE 765. — Art. 19 C. Pr.

Jugement par défaut contre le demandeur.

Voir la formule 751 et finir ainsi :

Le sieur D... n'a pas comparu, ni personne pour lui, bien que l'heure indiquée en la citation à lui signifiée à la requête du sieur B... soit expirée.

Sur quoi, nous, juge de paix, statuant par jugement en premier ressort,

Donnons défaut contre le sieur A..., et, pour le profit, renvoyons sans dépens le sieur B... de la demande formée contre lui par le sieur A... par la citation susénoncée.

Fait et jugé, etc.

Même décompte.

L'enregistrement est de 3 fr. 75 c.

FORMULE 766. — Art. 19, 20, 141, 150 à 152, 434 C. Pr.

Jugement par défaut contre le défendeur.

Le sieur B... n'a pas comparu, ni personne pour lui, bien que l'heure indiquée en la citation à lui signifiée, à la requête du sieur A..., soit expirée.

Le sieur A... a persisté dans ses conclusions.

Sur quoi, nous, juge de paix :

Statuant par jugement non contradictoire en premier ressort,

Considérant que la demande du sieur A... paraît juste et fondée,

Condamnons par défaut le sieur B... à payer au sieur A.... la somme de ..., et les intérêts du jour de la demande jusqu'au payement; le condamnons en outre aux dépens, liquidés à la somme de ..., non compris le coût de la signification du présent jugement.

Commettons M[e] ..., huissier, pour faire ladite signification.

Fait et jugé, etc.

Même décompte.

Le droit de titre doit être perçu indépendamment du droit de condition qui est au minimum de 1 fr. 88 c.

FORMULE 767. — Loi du 25 mai 1838, art. 17.

Lettre d'invitation pour conciliation volontaire.

Le juge de paix du canton de ...

Invite M. A... (*p., q. et d.*) à se rendre en son cabinet le ..., à ... heures du ..., pour se concilier sur une demande que M. B... (*p., q. et d.*) est dans l'intention de former en justice contre lui.

A ..., le ... (*Signature du greffier.*)

Décompte : Le timbre de la poste seulement.

FORMULE 768. — Art. 417 C. d'Instr. crim.

Déclaration de recours en cassation contre un jugement du tribunal de police.

L'an ..., le ..., etc.

Au greffe du tribunal de police du canton de ...., département de ..., et par-devant nous ..., greffier soussigné,

M. A... (*p., q. et d.*),

A déclaré se pourvoir en cassation contre un jugement de ce tribunal rendu le ..., entre lui et le sieur B... (*p., q. et d.*),

De laquelle déclaration nous avons donné acte audit sieur A..., qui a signé avec nous après lecture. (*Signatures.*)

Décompte : Timbre................ Mémoire.
Emolument du greffier.. Néant.
Enregistrement........ 46 88

Articles 68, § 6 de la loi du 22 frimaire an VII; 47, n° 1 de la loi du 28 avril 1816; 4, § 1er de la loi du 28 février 1872.

FORMULE 769. — Loi du 18 septembre 1806.

Certificat de propriété à délivrer par le juge de paix pour le remboursement d'un cautionnement.

Nous soussigné ..., juge de paix du canton de..., arrondissement de ..., département de ..., certifions, conformément au décret du 18 septembre 1806, et sur l'attestation de (*noms, prénoms et qualités des deux témoins*), que le sieur A... (*p., q. et d.*), est décédé à..., le ... *ab intestat;* qu'après son décès, il n'a pas été fait d'inventaire, et que (*noms, prénoms, qualités et résidences des ayants droit*) ses héritiers sont propriétaires du capital et des intérêts du cautionnement que ledit sieur A... a fourni en sadite qualité, et qu'ils ont droit d'en recevoir le remboursement.

Fait à...

Ce certificat énoncera la portion afférente à chacun des ayants droit, et, s'il y a des mineurs, les noms des tuteurs qui ont droit de toucher pour eux. Il ne peut être délivré par un juge de paix qu'autant qu'il n'existe aucun acte de transmission de propriété passé devant notaire; s'il en existe, le notaire est seul compétent. Enfin ce certificat doit être légalisé.

Décompte : Timbre................ Mémoire.
Vacation du greffier... 1 66
Rôles.................. Mémoire
Enregistrement....... 1 88

FORMULE 770. — Art. 6 C. Pr.

Cédule pour abréger les délais

Nous, etc.,

Sur ce qui nous a été exposé par le sieur A... (*p., q. et d.*), qu'il est créancier du sieur B... (*p., q. et d.*), logé à ... pour une somme de ..., à raison de (*cause de l'action*);

Que son débiteur est sur le point de quitter ce domicile, et qu'il est urgent pour l'exposant d'obtenir une prompte condamnation contre lui.

Vu l'art. 6 du C. pr.,

Autorisons ledit A... à faire citer le sieur B... à comparaître devant nous, ce jour à dix heures du matin, pour répondre à la demande du sieur A..., après quoi il sera par nous statué.

Donné à ..., le ..., à huit heures. (*Signature.*)

Décompte : Timbre................ Mémoire.
Enregistrement et émoluments............ Néant.

FORMULE 771. — Art. 48 C. Pr.

Procès-verbal de non-conciliation sur comparution volontaire.

L'an ..., le ..., par-devant nous, etc.,

Le sieur D... (*p., q. et d.*), en qualité de mandataire du sieur A... (*p., q. et d.*), suivant procuration sous seing privé du ..., enregistrée, laquelle est demeurée annexée à notre registre, après avoir été dudit sieur D... certifiée véritable, nous a dit que sur l'avertissement à lui donné au nom du sieur B... (*p., q. et d.*), il se présente devant nous pour se concilier, si faire se peut, sur la demande que ledit B... est dans l'intention de former contre son mandant, au sujet de (*expliquer la demande*), il a signé.

(*Signature.*)

Le sieur B..., de son côté, a dit que, etc., il a signé. (*Signature.*)

Ayant inutilement employé notre médiation pour accorder les parties, nous les avons renvoyées à se pourvoir par-devant les juges qui doivent connaître du litige.

Desquelles comparution et déclarations, etc.

Décompte :	Timbre..........................	Mémoire.
	Enregistrement, s'il n'y a pas conciliation..................	1 88
	Rôles...........................	Mémoire.
	Emolument du greffier........	Néant.

FORMULE 772. — Art. 48 C. Pr.

Procès-verbal de conciliation.

Voir, pour le commencement, la formule précédente, jusques et y compris la comparution du demandeur, puis dire :

Le sieur B... a dit qu'il reconnaît être débiteur envers le sieur A... de la somme de ..., mais non de celle de ..., parce qu'il a déjà payé, audit sieur A..., la somme de ...; qu'il n'est pas en état d'acquitter sur-le-champ ce qu'il reste devoir, mais qu'il prie ledit sieur A... de lui accorder un terme suffisant pour sa libération;

A quoi ce dernier a répliqué, qu'à la vérité il a reçu un acompte en fournitures de marchandises dont ledit sieur B... porte le prix trop haut;

Nous, juge de paix, avons représenté aux parties que leurs contestations portées en justice entraîneraient des longueurs et des frais;

Nous avons engagé le sieur A... à donner un délai convenable, et le sieur B... à modérer le prix des marchandises par lui fournies.

Les parties s'étant rapprochées, le sieur B... s'est réduit pour le prix des marchandises par lui fournies à la somme de ..., et le sieur A... a consenti à accorder un délai de ..., pour le remboursement de ce qui lui est dû ; au moyen de quoi elles sont convenues que la créance dudit sieur A... serait réduite à la somme de ..., que ledit sieur B... s'est obligé à payer au sieur A..., le...

De tout ce qui précède, nous avons rédigé le présent procès-verbal, dont les frais seront payés par moitié entre les parties qui ont signé avec nous et le greffier. (*Signatures.*)

Si la conciliation s'opère au moyen d'une demande en jugement, on rédige ainsi :

Les parties s'étant rapprochées, nous ont demandé de les juger en dernier ressort, déclarant qu'elles nous donnent à cet effet les pouvoirs nécessaires, elles ont signé. (*Signatures.*)

Vu la déclaration ci-dessus, dont nous donnons acte aux parties, disons qu'elles seront pour nous jugées, suivant leur demande, à l'audience du ..., à laquelle elles devront comparaître, sans citation préalable.

Fait et jugé, etc.

Même décompte.

L'enregistrement est fixé suivant la convention qui ressort de la conciliation.

FORMULE 773. — Art. 49 C. d'Instr. crim.

Procès-verbal constatant un crime.

L'an ..., le ..., heure de ..., à la réquisition du sieur A... (*p., q. et d.*);

Nous ..., juge de paix du canton de ..., département de ..., assisté du sieur..., greffier de notre juridiction, dudit sieur A... et de M. ... (*le commissaire de police, le maire ou l'adjoint ou deux témoins*), nous nous sommes transporté dans la maison dudit sieur A..., sise à ..., rue ..., n° ..., où étant, nous avons remarqué dans le volet de la devanture de boutique, ouvrant sur la rue, un trou rond de la dimension de ... centimètres, pratiqué au moyen de vrilles dites anglaises, correspondant à un bris de vitre dans la croisée; sur le bois de ladite croisée et sur le volet se trouvent des traces de sang, ce qui paraîtrait indiquer que le voleur, en ouvrant l'espagnolette de la croisée, en passant son bras par la vitre brisée, se serait blessé.

Après avoir pénétré dans la boutique, le sieur A..., ayant prêté serment de dire la vérité, a déclaré que dans la nuit précédente, ayant entendu du bruit dans la boutique, il y était descendu, n'y avait trouvé personne, mais que tout y était bouleversé, et que, vérification par lui faite, il avait reconnu qu'il lui avait été volé (*désigner soigneusement les objets*).

A l'instant est survenu le sieur B... (*p., q. et d.*), lequel, après avoir prêté serment en nos mains de dire la vérité, nous a déclaré avoir trouvé vers cinq heures du matin, dans une ruelle contiguë à la maison du sieur A..., une casquette en drap noir qu'il nous a remise; il nous a encore déclaré que sur le pavé de la ruelle, et même sur le seuil de la maison n° ..., de la ruelle, il avait remarqué des gouttes de sang paraissant nouvellement répandues.

Le sieur A..., interpellé par nous si dans la maison sise au n° ... de la ruelle ... il ne connaissait personne sur qui ses soupçons pourraient s'arrêter, nous a répondu qu'il avait plusieurs fois employé dans son intérieur, à titre d'homme de peine, un sieur C... (*p.*, *q.*), demeurant en effet dans ladite maison; mais que rien ne peut faire soupçonner ledit sieur C... du vol dont il vient d'être victime.

Nous avons de suite fait mettre la casquette, à nous remise par le sieur B..., dans un sac de toile sur lequel nous avons apposé notre sceau, pour être, avec notre procès-verbal, transmise comme pièce de conviction à M. le procureur de la République; de ce qui précède nous avons dressé le présent procès-verbal, qui a été clos à ... heure, et que les sieurs A... et B... ont signé avec nous et le greffier, après lecture.

Décompte : Timbre, enregistrement, émoluments du greffier. Néant.

S'il y a transport de cinq à dix kilomètres, il est dû au juge de paix 9 fr. ou 12 fr. et les 2 3 au greffier.

FORMULE 774. — Art. 49 C. d'Instr. crim.

Procès-verbal en cas de flagrant délit.

L'an ..., le ..., etc.

Nous, juge de paix du canton de ..., assisté du sieur ..., greffier de notre juridiction, du sieur ..., brigadier de la gendarmerie de ..., et de ..., gendarme,

Prévenu que le sieur A... venait d'être trouvé gisant à ..., non loin de sa demeure, à ...

Après avoir donné avis du fait, par ordonnance de la gendarmerie, à M. le procureur de la République, et à M. le juge d'instruction, près le trib. de 1re inst. de...,

Nous nous sommes transporté au lieu indiqué, où étant, nous avons trouvé à ..., dans une chambre au 1er étage dépendant d'une maison sise rue ..., n° ... un individu qu'on nous a dit avoir été reporté de la cour de la maison dans ladite chambre, et se nommer A... (*p.*, *q. et d.*) ; cet individu nous a paru avoir été blessé au moyen de (*indiquer la nature des blessures*).

Nous avons fait requérir MM. ..., chirurgiens, et après serment par eux prêté dans nos mains, d'accomplir fidèlement leur mission, nous les avons chargés de visiter le blessé, de le panser, et de nous faire leur rapport.

Nous avons ensuite donné ordre à la gendarmerie de ne laisser sortir personne de la maison où nous procédons, et dans laquelle paraît s'être accompli le fait criminel dont le sieur A... aurait été victime.

Ayant appris que le sieur B..., voisin, avait été témoin d'une partie des faits, nous l'avons fait comparaître; il nous a dit se nommer B... (*p.*, *q. et d.*), a prêté serment de dire la vérité, et a déclaré n'être parent, allié, serviteur, ni domestique à gages du blessé.

Il a déposé qu'il y a environ une heure il a entendu le bruit d'une vive discussion qui avait lieu dans la cour de la maison que lui et le sieur A... occupent, que, s'étant mis à la croisée, il avait vu que la dispute avait lieu entre ledit sieur A... et un individu qu'il ne connaît pas, mais qu'il nous a désigné (*indiquer la mise, le signalement*, etc.), qu'après une lutte assez courte le sieur A... s'est affaissé sur lui-même et que son adversaire s'est enfui.

Le sieur B... ayant déclaré ne savoir autre chose, lecture lui a été faite de sa déclaration qu'il a dit contenir la vérité, et qu'il a signée avec nous et le greffier. (*Signatures.*)

A l'instant, MM. ..., chirurgiens, nous ont déposé leur rapport ainsi conçu : (*le copier*).

Lecture à eux faite de ce rapport, ils l'ont affirmé sincère et ont signé avec nous et le greffier. (*Signatures.*)

Ayant visité les lieux, nous avons, dans la cour, à l'endroit où la lutte a eu lieu, trouvé (*indiquer les objets*).

Nous avons saisi lesdits objets comme pièces de conviction ; nous les avons renfermés dans une boîte en sapin que nous avons fermée d'un cadenas, dont la clef a été remise à notre greffier après avoir, sur ladite boîte, apposé nos scellés.

Si d'autres témoins du fait peuvent donner des renseignements utiles, on les entend et on rédige leur déposition dans la forme ci-dessus indiquée pour le sieur B...

Nous avons voulu questionner le blessé ; mais son état ne lui a pas permis de répondre.

Si le blessé pouvait faire une déposition, il y a lieu de la consigner avec soin au procès-verbal.

Nous avons ensuite ordonné que l'auteur présumé des blessures dont le sieur A... est victime (*indiquer le signalement recueilli précédemment*) sera amené devant nous pour répondre aux questions qui lui seront adressées sur les faits qui lui sont imputés.

Fait et clos à ..., les jour et an susdits, heure de ..., et ont les sieurs (*tous ceux qui ont été entendus*) signé avec nous et le greffier, après lecture. (*Signatures.*)

Si pendant que le juge de paix procède, le procureur de la République et le juge d'instruction surviennent, il doit cesser ses fonctions et dire :

Comme nous procédions, sont survenus M. ..., procureur de la République, et M. ..., juge d'instruction, nous leur avons remis les objets saisis, leur avons fait connaître l'état de l'instruction, et avons clos notre procès-verbal.

Les magistrats susnommés ont signé avec nous et le greffier. (*Signatures.*)

Même décompte.

FORMULE 775. — Art. 40 et 49 C. d'Instr. crim.

Mandat d'amener.

République française, au nom du peuple Français,

Nous, juge de paix du canton de ..., département de ...,

En vertu des art. 40 et 49 du C. d'Instr. crim., et attendu les indices graves de culpabilité;

Mandons au commandant de la gendarmerie établi dans la commune de ..., d'amener devant nous, conformément à la loi, le sieur C... (*p., q. et d.*), âgé d'environ ..., taille de ..., cheveux et sourcils ..., front ..., nez ..., bouche ..., menton ..., prévenu de (*énoncer le crime ou le délit*); requérons tous autres dépositaires de la force publique de prêter main-forte en cas de besoin pour l'exécution du présent mandat.

Délivré à ..., le ...

Décompte : Néant.

FORMULE 776. — Art. 40 et 49 C. d'Instr. crim.

Procès-verbal d'interrogatoire d'un prévenu arrêté.

L'an ..., e ..., devant nous, juge de paix du canton de ..., assisté du sieur ..., greffier de notre juridiction, a été amené par la gendarmerie, en vertu de notre mandat d'amener, un individu présumé être le sieur C..., que nous avons requis de nous déclarer ses nom, prénoms, âge, profession et demeure, et qui nous a dit être en effet le sieur C... (*p., q. et d.*), âgé de ...

Nous avons immédiatement procédé à son interrogatoire de la manière suivante :

D. Êtes-vous l'auteur des blessures dont le sieur A... a été victime?

R. Non.

D. Vous niez avoir eu avec lui la dispute qui a précédé la rixe dans laquelle il a été blessé?

R. Oui.

D. Reconnaissez-vous pour vous appartenir les objets que voici?

R. Oui.

D. Ces objets ont été trouvés sur le lieu de la rixe.

On continue ainsi sur toutes les circonstances du crime, de manière à arriver à la manifestation de la vérité.

Lorsque l'interrogatoire est terminé, les pièces à conviction, s'il est nécessaire, sont replacées sous les scellés, ce qui se constate ainsi :

Nous avons replacé les pièces à conviction, ci-dessus présentées au prévenu, dans la boîte dont elles avaient été extraites, et après l'avoir fermée au moyen d'un cadenas, dont la clef a été remise à notre greffier, nous avons, sur cette boîte, réapposé nos scellés, le tout en présence du prévenu.

S'il est nécessaire de faire une perquisition, on procède ainsi :

Nous avons ordonné que nous nous transporterions sur-le-champ avec le prévenu en la demeure susindiquée, pour faire perquisition, afin de découvrir (*indiquer les objets recherchés*) ou tous autres indices du crime.

Nous nous sommes, en effet, transporté, accompagné de notre greffier et du prévenu maintenu sous la garde de la gendarmerie, à ..., etc., où étant nous avons procédé à la perquisition.

Dans une pièce sise au rez-de-chaussée, servant de chambre à coucher, nous avons trouvé (*désigner les objets*).

Ces objets ayant été présentés au prévenu, il a déclaré, etc.

Si les objets saisis sont susceptibles d'être placés sous les scellés, on constate le fait comme ci-dessus.

Lecture faite au prévenu de son interrogatoire et de tout ce qui précède, il a déclaré persister dans ses déclarations, et néanmoins il a refusé de signer.

Du tout, nous avons alors rédigé le présent procès-verbal, qui a été signé avec nous par M. (*le commissaire de police ou le maire*) et notre greffier, après lecture. (*Signatures.*)

Décompte.

Néant, excepté les frais de transport.

FORMULE 777. — Art. 327 C. Pr.

Interrogatoire sur faits et articles.

Ordonnance qui fixe le jour d'un interrogatoire sur faits et articles.

Au bas de l'ordonnance du président, le juge de paix écrit :

Nous ..., etc., assisté, etc.,

Vu l'ordonnance ci-dessus,

Disons qu'il sera procédé à l'interrogatoire dont il est question en ladite ordonnance, le ..., heure de ..., en notre prétoire, pour lesquels jour, lieu et heure le sieur A... devra être cité à la diligence du sieur B..., poursuivant.

Fait à ..., le ...

Décompte.

Néant, sauf les rôles au greffier.

FORMULE 778. — Art. 326, 327, 330 à 333, 1035 C. Pr.

Procès-verbal d'interrogatoire sur faits et articles.

L'an ..., le .., etc.,

Nous ..., etc., assisté, etc.,

En vertu, 1° de la commission qui nous a été adressée par M. le président du tribunal de ..., suivant ordonnance en date du ..., enregistrée ; 2° de l'ordonnance mise par nous au bas de celle qui précède, et dans laquelle nous avons indiqué les présents jour et heure pour entendre le sieur A... (*p.*, *q. et d.*).

Lesquelles ordonnances ont été signifiées audit A..., par exploit de Me ..., huissier à ..., en date du ..., enregistré.

Après avoir pris lecture de la requête du sieur B... (*p.*, *q. et d.*), en date du..., enregistrée, et tendant à l'interrogatoire ci-après :

Avons entendu ledit sieur A... en personne, lequel, sans lire aucun projet de réponse par écrit, sans assistance de conseil et hors la présence du requérant, a fait les réponses ci-après, sur les interpellations que nous lui avons adressées :

D. N'avez-vous pas été présent à un rendez-vous qui vous a été donné par le sieur B..., en la maison de Me C..., notaire à ... ?

R. Oui. (*Chaque fait contenu en la requête est l'objet d'une semblable interpellation; après quoi il est dit :*)

Les questions que nous devions adresser au sieur A... étant épuisées, nous lui avons donné lecture de l'interrogatoire ci-dessus, et l'avons interpellé de déclarer si ses réponses contiennent vérité et s'il y persiste, et il a répondu qu'il persiste dans ses réponses contenant vérité et a signé avec nous et le greffier, les jour, mois et an susdits.

(*Signatures.*)

Décompte.

Néant, sauf les rôles.

ÉTAT CIVIL ET MAIRIES.

FORMULE 779. — Art. 63 et suiv. C. C.; Mourlon, t. I, p. 54 et suiv.

Acte de mariage.

Du ..., mil huit cent ..., à ..., heures du ..., sont comparus devant nous ..., maire, officier de l'état civil de la commune de ...

(*Ou* adjoint au maire de ..., remplissant, en son absence et par délégation, les fonctions d'officier de ..., etc.)

(*Ou* premier conseiller municipal présent dans la commune, suivant l'ordre du tableau, remplissant en l'absence du maire et de l'adjoint, et par délégation, les fonctions d'officier de ..., etc.)

M. A... (*p., q. et d.*), âgé de ..., étant né à ..., le ... (*jusqu'à* 30 *ans voir les numéros* 1, 2, 3, 4, 5, 6, 7, 8, 9, 10, 11, 12, 13, 14 *ci-après, suivant le cas*).

Et demoiselle B... (*p., q. et d.*), âgée de ..., étant née à ..., le ... (*jusqu'à* 25 *ans, voir les nos* 1 *à* 14 *ci-après, suivant le cas*).

S'ils sont majeurs de plus de trente ans ou de vingt-cinq ans, voir le n° 15.
S'ils sont enfants naturels reconnus, voir le n° 16.
S'ils sont enfants naturels non reconnus, voir les nos 17 ou 18.
S'ils sont élèves d'hospices, voir le n° 19.
S'ils sont enfants trouvés non déposés, voir le n° 20.
Veuf ou veuve, voir le n° 21.

Si le futur est militaire, voir le n° 22 (*les cas différents*).
S'il y a impossibilité de produire les actes de naissance des futurs ou les actes de décès des père et mère, voir le n° 23.

Lesquels ... (*S'il y a parenté ou alliance à un degré prohibé voir n° 24; si c'est à un degré non prohibé, voir n° 25; s'il y a apparence de parenté, voir n° 26.*)

S'il y a eu dispense d'âge, voir le n° 27.

... Nous ont requis de procéder à la célébration du mariage projeté entre eux, en nous présentant : 1° leurs actes de naissance (ou *les actes qui en tiennent lieu, et les autres pièces produites, les énumérer*); 2° les actes de publication faits les dimanches ..., en cette mairie et en celle de ... (*suivant le domicile des futurs ou de celui des ascendants*), sans opposition (*en cas d'opposition ou mainlevée, voir le n° 28 ci-après; en cas de dispense d'une publication, voir le n° 29*).

Si les futurs sont étrangers, voir le n° 30.

Toutes ces pièces dûment légalisées.

Si l'époux a satisfait au service militaire, voir le numéro 31. Indiquer s'il fait partie de la réserve ou de l'armée territoriale. L'époux devra fournir les certificats nécessaires (L. 27 juillet 1872).

Ensuite nous avons interpellé les époux (*et s'il y a lieu*), les personnes qui autorisent le mariage, de nous déclarer s'il a été fait un contrat de mariage, sur leur réponse ... (*voir le n° 32*).

Et après avoir visé ces pièces pour être annexées, nous en avons donné lecture aux parties comparantes, assistées des quatre témoins ci-après nommés et qualifiés, ainsi que du chap. VI du titre du *Mariage*, du Code Civil.

Si les actes de décès des aïeuls ou aïeules ne sont pas produits, voir le n° 33.
S'il y a des erreurs ou des omissions dans les prénoms ou dans l'orthographe des noms propres dans les pièces produites, voir le n° 34.

Ensuite nous avons reçu la déclaration de M. A... (*p.*), qu'il prend pour sa légitime épouse, demoiselle (ou *dame*) B..., (*p.*), et celle de demoiselle (ou *dame*) B... (*p.*), qu'elle prend pour son légitime époux, M. A... (*p.*). En conséquence, nous avons déclaré, au nom de la loi, que M. A... (*p.*) et demoiselle (ou *dame*) B... (*p.*) sont unis par le mariage.

S'il y a légitimation, voir le n° 35.
Si les époux sont sourds ou sourds-muets, voir le n° 36.

Tout ce qui précède fait et prononcé publiquement en la salle de la mairie (*si le mariage est célébré* in extremis, *voir le n° 37*), en présence de MM. ... (*n., p., q., âge*), *domicile et degré de parenté* [*s'il y a lieu*] *des quatre témoins, qui doivent toujours être majeurs et jouir de leurs droits civils*).

Lesquels ont signé avec les époux et avec nous, maire, officier de l'état civil (ou *adjoint au maire, officier de l'état civil délégué*, ou *conseiller municipal, officier de l'état civil délégué)*, qui avons dressé le présent acte et en avons fait lecture aux parties et aux témoins. (*Énoncer, avant les signatures, les personnes qui ne peuvent ou ne savent signer.*)

NOTA. Les lois étrangères qui concernent l'état et la capacité des étrangers; régissent ces derniers en France, même lorsqu'ils ont été autorisés à y fixer leur domicile (Mourlon, 1er vol., p. 54 et 87).

Dans le cas où il y a lieu à dispense pour âge ou parenté, elle doit être obtenue par l'étranger, non-seulement de son gouvernement, mais encore du gouvernement français.

Les pièces venant de l'étranger doivent contenir les visas et légalisation, propres à en garantir l'authencité et être traduites par un interprète jurés elles doivent de plus être revêtues du timbre français à l'extraordinaire ou visées pour timbre.

Toutes les pièces produites doivent être sur timbre (*excepté les permissions des militaires, les certificats des ambassadeurs ou chargés d'affaires, les certificats d'origine, les consentements des hospices, les certificats de contrats de mariage*). Les pièces produites pour les mariages des indigents sont visées pour timbre (*loi du* 10 *décembre* 1850).

Les pièces délivrées en France ou en Algérie, dans un arrondissement autre que celui où le mariage se célèbre, doivent être légalisées par le président du tribunal de 1re instance de l'arrondissement ou par le juge de paix du canton; celles qui sont délivrées dans les autres colonies françaises doivent être légalisées en dernier lieu par le ministre de la marine.

Dans le cas où une expédition d'acte de mariage avec légitimation du futur ou de la future serait produite, cette pièce devrait être enregistrée; le droit est de 2 fr. 20 (art. 42 de la loi du 22 frimaire an VII).

1. Père et mère présents et consentant.	Fils (ou *fille*) mineur de ... (*p., q. et d.*), et de (*n., p., q.*), son épouse, domiciliés à ..., *tous deux présents et consentant.*
2. Consentant par acte.	Après domiciliés à ..., mettre : *consentant* par acte passé devant Me ..., et son collègue, notaires à ..., le ..., enregistré.
Père consentant seul en cas de dissentiment.	Le père seul présent et consentant (ou *le père seul consentant par acte passé devant Me..., et son collègue, notaires à ..., le ..., enregistré*), à cause du dissentiment de la mère, ainsi qu'il résulte de sa déclaration (ou *d'un acte reçu par Me .... et son collègue, notaires à ..., le ..., enregistré.*
4. Père ou mère décédé.	Fils (ou *fille*) mineur de ... (*n., p.*), décédé à ..., le ..., et de ... (*n., p., q.*), sa veuve, domiciliée à ... (ou *mineur de* ... [*n., p., q.*], *domicilié à* ..., [*et de ... n., p.*] *son épouse, décédée à ..., le ...*). *Mentionner en outre la présence ou le consentement du survivant.*)
5. Père et mère décédés.	Fils (ou *fille*) mineur de (*n., p.*), décédé à ..., le ..., et de ... (*n., p.*), décédé à ..., le ... (*s'il y a d'autres ascendants*), petit-fils ou petite-fille de ... (*V. le n°* 10.)

6.

Père ou mère frappé d'incapacité légale ou d'interdiction pour démence.

Fils (ou *fille*) mineur de ... (*n., p., d.*), et de ... (*n., p., q.*), seule présente et consentant (ou *seule consentant par acte, etc., voir n°* 2), le père étant dans l'impossibilité de donner son consentement, ainsi qu'il résulte des pièces produites et annexées (*voir n°* 7).

(Opérer le changement si c'est la mère qui est dans l'impossibilité de le donner.)

7.

Père ou mère frappé d'incapacité physique.

Fils (ou *fille*) mineur de ... (*n., p.*), et de ... (*n., p.*), le père seul (ou *la mère seule*), présent et consentant (ou *consentant par acte, etc., voir n°* 2), le père (ou *la mère*), étant hors d'état de manifester sa volonté, ainsi qu'il résulte d'un certificat de M. ..., directeur *ou* médecin en chef de l'hospice de ..., *ou* d'un acte de notoriété dressé par M. le juge de paix du canton de ..., en date du ..., enregistré.

8.

Absence déclarée du père ou de la mère.

Le père (ou *la mère*) absent, ainsi qu'il résulte d'un jugement rendu le ..., par le tribunal de ...

(Ceci s'applique également lorsque l'absence n'est pas déclarée, mais lorsqu'elle est ordonnée, art. 119 du C. C.)

9.

Absence non déclarée.

Le père (ou *la mère*) absent, sans nouvelles depuis ... ans, ainsi qu'il résulte d'un acte de notoriété dressé le ..., par M. le juge de paix du canton de ..., enregistré.

(Si l'époux ou l'épouse est majeur, d'après l'avis du Conseil d'État du 4 thermidor an XIII, le serment des témoins et des époux suffit.)

10.

Aïeuls et aïeules présents et consentant ou consentant par acte.

Fils (ou *fille*) mineur (*voir le n°* 5), et petit-fils (ou *petite-fille*) de ... (*désigner le ou les survivants des aïeuls et aïeules dans chaque ligne paternelle ou maternelle, n., p., q. et d.*), présents et consentant (ou *consentant par acte, etc., voir le n°* 2).

11.

Aïeul consentant seul en cas de dissentiment.

(*Voir le n°* 3 en mettant *aïeul* au lieu de *père*, et *aïeule* au lieu de *mère*.)

12.

Père, mère, aïeuls et aïeules décédés ou hors d'état de manifester leur volonté.

Ledit sieur ... (ou *ladite demoiselle*), demeurant de fait à ..., et de droit chez M. ... (*p., q. et d.*), son tuteur, fils (ou *fille*) mineur de ... et de ..., son épouse, (*s'ils sont décédés, voir le n°* 5), ou hors d'état de manifester leur volonté (*n°s 6, 7, 8 et 9, suivant les cas*), autorisé à contracter mariage, par délibération du conseil de famille prise sous la présidence de M. le juge de paix du canton de ..., le ..., enregistré.

(Ce consentement n'est exigible que jusqu'à 21 ans sans distinction de sexe.)

13.

Un ou plusieurs des aïeuls et aïeules décédés ou hors d'état de manifester leur volonté.

(*Voir les nos 4, 6, 7, 8, 9, comme pour es père et mère.*)

14.

Refus de consentement par les pères, mères, aïeuls, aïeules.

Fils (ou *fille*) majeur de ... et de ..., son épouse, ou petit-fils (ou *petite-fille*) de ... et de ... Ledit sieur ... (ou *ladite demoiselle*) nous a produit les procès-verbaux de trois actes respectueux faits à sa requête auxdits sieur et dame ... (*les pères, mères, aïeuls ou aïeules suivant le cas*), par Me ... et son collègue, notaires à ..., les ... (*date des trois actes enregistrés*).

15.

Refus de consentement des mêmes personnes.

Voir le no 14; mais il n'y a lieu qu'à un seul acte respectueux; au lieu d'énoncer trois procès-verbaux on n'en énonce qu'un dans la même forme; hors cette différence, tous les numéros 1 à 11 et 13 sont applicables aux futurs de plus de 30 et de 25 ans.

16.

Enfants naturels reconnus.

Toutes les formules 1 à 12 en ce qui concerne seulement les père et mère; après les noms de la mère, il ne faut pas dire son épouse. — La formule 17 ci-après leur est aussi applicable pour l'autorisation du tuteur *ad hoc;* en cas de décès des père et mère ou de l'impossibilité où ils seraient de manifester leur volonté, seulement jusqu'à l'âge de 21 ans sans distinction de sexe.

L'acte de naissance d'un enfant naturel reconnu doit être enregistré, ce droit est de 5 fr. 50. Si une première expédition dudit acte avait déjà été enregistrée, mention en est faite sur l'expédition produite.

17.

Enfants naturels non reconnus ayant moins de 21 ans.

Fils (ou *fille*) mineur de ... (*n. et p. de la mère, si elle est désignée dans l'acte*), ou de père et de mère non désignés, ledit sieur ... (ou *ladite demoiselle*), autorisé à contracter mariage par M. ... (*n., p., q.*), domicilié à ..., son tuteur *ad hoc*, nommé par délibération du conseil de famille prise sous la présidence de M. le juge de paix du canton de ..., le ..., enregistré.

(Ce consentement n'est exigé que jusqu'à l'âge de 21 ans, sans distinction de sexe.)

18.

Enfants naturels non reconnus ayant plus de 21 ans.

Fils (ou *fille*) majeur de ... (*Comme au n°* 17.)

(Au cas où la mère est désignée dans l'acte de naissance, énoncer si elle est vivante ou décédée; mais la justification du consentement est inutile. Art. 159 C. C.)

19.

Élèves d'hospices.

Fils (ou *fille*) de ... et de ... (*n°* 17), inconnus, ayant été déposé à l'hospice de ..., le ..., ainsi qu'il résulte du certificat d'origine délivré par le directeur dudit hospice.

(Si c'est un mineur de moins de 21 ans, il faut ajouter:)

Lequel certificat nous a été produit avec le consentement donné le ..., par le tuteur des mineurs orphelins, dépendant des établissements charitables de ...

(Ce consentement peut être donné sous seings privés, sans timbre ni enregistrement.)

20. Enfants trouvés non déposés. — Le sieur ... (ou *la demoiselle*), né en l'année ..., ainsi qu'il résulte d'un procès-verbal dressé par le maire de ..., conformément à l'art. 58 du C. C., autorisé à contracter mariage par ledit sieur ... (n° 17).

21. Veuf ou veuve. — Ledit sieur ..., veuf de (*n., p. de l'épouse décédée*), décédée à ..., le ..., ou ladite dame ..., veuve de (*n., p. de l'époux décédé*), décédé à...,le...,

22. Militaires de l'armée de terre ou de mer. — Ledit sieur ... (*grade ou qualité*), autorisé à contracter mariage par (*officiers, intendants, chirurgiens*) permission du ministre de la guerre en date du ...

(*Sous-officiers, soldats au corps ou en congé temporaire*), permission du conseil d'administration du corps en date du ...

(*Militaires de la réserve ou en congé par anticipation*), permission du général commandant le département de ..., en date du ...

(Les permissions accordées aux pompiers doivent être approuvées par le général commandant le département; celles qui sont accordées aux sous-officiers et soldats de la gendarmerie sont approuvées par le colonel. Les invalides sont assimilés aux militaires pour les permissions de mariage.)

23. Acte de notoriété pour suppléer aux actes de naissance des futurs, et aux actes de décès des père et mère. — (Si les futurs époux ne peuvent produire leurs actes de naissance, il faut dire :)

Né à ..., le ..., ainsi qu'il résulte d'un acte de notoriété dressé, pour suppléer à l'acte de naissance, par M. le juge de paix du canton de ..., en date du ..., homologué par jugement du trib. de 1re inst. de ..., en date du ..., enregistré.

(Employer la même formule si l'on ne peut produire les actes de décès des père et mère.)

24. Parenté ou alliance à un degré prohibé. — Lesquels, après nous avoir déclaré qu'ils ont obtenu une dispense de M. le Président de la République à raison du degré de parenté (ou *d'alliance*) qui existe entre eux (*dire le degré*), ladite dispense en date du ..., et enregistrée au greffe du trib. de 1re inst. de ...

25, Parenté ou allianc à un degré non prohibé. — Lesquels, après nous avoir déclaré qu'il n'exist entre eux d'autre parenté (ou *alliance*) que celle de ... (*la dire*).

26. Apparence de parenté.

Lesquels, après nous avoir déclaré qu'il n existe entre eux aucun degré de parenté ou d'alliance.

(Le mariage est prohibé en ligne directe entre tous parents ou alliés légitimes ou naturels, en ligne collatérale entre frère et sœur, oncle et nièce, tante et neveu, beau-frère et belle-sœur (161 à 163 C. C.). Cependant il peut être obtenu dispense pour mariage entre oncle et nièce, tante et neveu, beau-frère et belle-sœur (164, loi du 16 avril 1832). L'adoption donne lieu également à certaines prohibitions (art. 348 C. C.).

27. Dispense d'âge.

Lesquels, après nous avoir déclaré que le sieur ... (ou *la demoiselle*) a obtenu de M. le Président de la République une dispense d'âge en date du ..., enregistrée au greffe du trib. de 1re inst. de ...

28. Opposition et mainlevée par jugement ou par acte.

(*Au lieu de sans opposition, dire* :) Vu l'exploit à nous signifié le ..., à la requête de ..., contenant opposition audit mariage; vu la mainlevée de ladite opposition prononcée par jugement du tribunal de ..., en date du ..., à nous signifié le ...; *ou* : Vu la mainlevée de ladite opposition donnée par ..., suivant acte passé devant M[e] ... et son collègue, notaires à ..., le ..., dont une expédition en forme nous a été produite.

29. Dispense d'une publication.

Au lieu de *les dimanches*, dire : le dimanche ...; la deuxième publication n'ayant pas eu lieu, en vertu d'une dispense accordée le ... par le procureur de la République, près le tribunal de ...

30. Futurs étrangers; publications, consentement.

Lesquelles publications n'ont pas eu lieu à ..., domicile des père et mère du sieur ... (ou *de la demoiselle*), les lois du pays n'y obligeant pas, ainsi que l'atteste le certificat de l'ambassadeur (ou *chargé d'affaires*, ou *consul*) de ..., qui a en outre délivré au sieur ... (ou *à la demoiselle*) qui nous l'a produit, un certificat constatant son aptitude à contracter mariage sans le consentement de ses père et mère.

(L'individu né en France d'un étranger et qui, à ce titre, n'a pas satisfait à la loi de recrutement, doit produire le certificat de non-naturalisation de son père.)

31. Recrutement.

L'époux nous a présenté son certificat constatant qu'il a satisfait au service militaire en ce qui touche les cinq années de l'armée active, d'après la loi du 27 juillet 1872, etc. (*indiquer la situation de l'époux à cet égard*).

32. Contrat de mariage ou non.	Affirmative, ils nous ont présenté un certificat délivré par Me ..., notaire à ..., constatant que le contrat de mariage desdits futurs a été passé le ... devant Me ..., qui en a gardé minute. Ou négative.
33. Faute de production des actes de décès des aïeuls ou aïeules.	Et après avoir reçu des futurs époux et des quatre témoins ci-après nommés la déclaration affirmative sous serment que les autres ascendants sont aussi décédés, mais qu'ils ne peuvent produire les actes de décès, faute de connaître leur dernier domicile et le lieu de leur décès.
34. Erreurs ou omissions dans les noms ou prénoms.	Et après avoir reçu (suivant les cas prévus par l'avis du Conseil d'État du 30 mars 1808) la déclaration affirmative sous serment, attestant l'identité des personnes, malgré les différences qui existent quant aux énonciations de noms ou de prénoms dans les actes produits.
35. Légitimation.	*Dire :* Et à l'instant les époux ont déclaré reconnaître et légitimer (*n. et p. des enfants d'après les actes de naissance qui doivent être produits*) né le ..., enregistré à la mairie de ..., le ..., comme fils (ou *fille*) de ..., entendant qu'à l'avenir il (ou *elle*) porte les noms de ...
36. Sourds ou sourds-muets.	(Si l'un des futurs est sourd ou sourd-muet, il faut expliquer que toutes les questions ou interpellations lui ont été faites par écrit ou par signe, et que les déclarations et réponses faites par le sourd-muet ont eu lieu aussi par écrit ou par signes. Si un interprète est requis, il faut qu'il prête serment et qu'il en soit fait mention dans l'acte.)
37. Mariage célébré ailleurs qu'à la mairie.	Au lieu de *à la mairie*, dire : Au domicile du sieur... (ou *de la demoiselle*) sis à ..., où nous nous sommes transporté, vu l'état de grave maladie dudit sieur ... (ou *de*), lequel est constaté par un certificat du docteur ..., en date du ... (*Ce certificat est annexé avec les autres pièces, il doit être sur timbre à soixante centimes, et légalisé.*)

FORMULE 780.

Arrêtés municipaux.

§ 1er.

CADRE D'UN ARRÊTÉ MUNICIPAL POUVANT S'APPLIQUER A TOUS LES CAS.

L'an ..., le ...,
Le maire de la commune de ...,

Vu les dispositions de ... (*indiquer les articles de lois, décrets, ordonnances, etc., ayant trait à l'arrêté qu'il s'agit de prendre*).

Considérant que (*indiquer les motifs qui nécessitent l'arrêté*).

ARRÊTE :

(Dispositif de l'arrêté)

Fait à la mairie de ...

Le maire. (*Signature.*)

Vu et approuvé,
Le préfet du département de ...
(*Signature*).

§ 2.

DISPOSITIFS D'ARRÊTÉS MUNICIPAUX LES PLUS HABITUELS, POUVANT ÊTRE PRIS, SOIT SIMULTANÉMENT, SOIT SÉPARÉMENT.

I

RIVIÈRES.

Art. 8 du titre II, art. 46 du titre I de la loi du 19 juillet 1791 ; — loi du 14 décembre 1789; loi du 14 août 1790; — loi du 28 juillet 1791.

ART. 1er. — Il est défendu de se baigner dans la rivière de ... sans être vêtu d'un caleçon ou d'un pantalon.

ART. 2. — Il est également défendu de se baigner, même avec caleçon et pantalon, à moins de 100 mètres de distance des lavoirs, abreuvoirs, ponts, passerelles et autres établissements publics.

ART. 3. — Il ne pourra être conduit simultanément par le même charretier, dans les rues et aux abreuvoirs, plus de trois chevaux en laisse.

ART. 4. — Tout bateau placé sur la rivière devra être enchaîné et cadenassé depuis le coucher jusqu'au lever du soleil.

ART. 5. — Toute pêche, même celle à la ligne volante, est prohibée du 15 avril au 15 juin de chaque année.

ART. 6. — Il est défendu de jeter dans la rivière les bouteilles, verres et poteries cassés, les animaux morts, les produits des vidanges, les ordures, les détritus de jardins, et généralement tout ce qui peut gêner l'écoulement des eaux ou en altérer la pureté.

II

AUBERGISTES, CABARETIERS, CAFETIERS, LOGEURS.

Art. 3 du titre XI de la loi du 16 août 1790; art. 5, 6 et 46 du titre I de la loi du 19 juillet 1791 ; — art. 9 du titre II de la loi du 28 septembre 1791 ; — art. 605 du Code de brumaire an IV et art. 471 et 475 du Code pénal; — art. 10, 11 et 15 de la loi du 18 juillet 1837.

ART. 1er. — Les auberges, cabarets, cafés, estaminets, jeux, bals publics et tous autres établissements assujettis à recevoir le public ne pourront être ouverts avant le jour; ils devront être fermés, du 1er avril au 30 septembre, à ... heures du soir, et du 1er octobre au 31 mars à ... heures du soir.

ART. 2. — Il ne pourra être fait exception à cette règle qu'en cas de fête patronale, des jours gras, d'une fête nationale ou d'une noce. Dans l'un et l'autre cas, la demande en autorisation de laisser un ou plusieurs établissements ouverts après l'heure, sera faite par écrit au maire, qui délivrera une permission indiquant l'heure à laquelle l'établissement ou les établissements devront être fermés.

Cette permission sera valable pour le jour où elle aura été délivrée, seulement après avis donné au commissaire de police cantonnal et à la gendarmerie.

ART. 3. — Il est défendu aux maîtres desdits établissements de garder chez eux des personnes étrangères à leur habitation au delà desdites heures, sous quelque prétexte que ce soit.

ART. 4. — Il est enjoint à toutes personnes de se retirer des cabarets, cafés et autres établissements ci-dessus indiqués, aux heures fixées par l'art. 1er, sans qu'il soit besoin de les y contraindre ou même de les avertir.

ART. 5. — Il est défendu aux maîtres desdits établissements de tenir ou de laisser jouer aucun jeu de hasard.

ART. 6. — Il leur est défendu de recevoir des enfants au-dessous de seize ans, si ce n'est avec le père, la mère ou le tuteur.

ART. 7. — Il leur est défendu de donner à boire aux gens ivres.

ART. 8. — Il leur est enjoint d'éclairer les voitures qui, pendant la nuit, stationneront devant leurs maisons.

ART. 9. — Les aubergistes, cabaretiers, logeurs, etc., sont tenus d'avoir un registre coté et parafé par nous, à l'effet d'y inscrire, sans aucune lacune : 1° les noms, prénoms, âges, qualités et domiciles de tous ceux qui coucheront chez eux; 2° l'époque de leur entrée et de leur sortie ; et 3° la date et le lieu de la délivrance de leur passe-port, livret ou feuille de route. Ils devront représenter ledit registre à toute réquisition.

Ils seront tenus de nous faire de suite leur rapport sur tous ceux qui, logés chez eux, n'auraient aucun papier, ou qui leur paraîtraient suspects.

ART. 10. — Il leur est enjoint d'avertir immédiatement l'autorité des scènes de désordre qui se passeraient dans leurs établissements, et du refus que des consommateurs feraient de se retirer à l'heure prescrite.

III

BALAYAGE.

Art. 46, titre I de la loi du 19, 22 juillet 1791, et art. 471 du Code pénal.

ART. 1er. — Tous les propriétaires ou locataires sont tenus de faire balayer chaque jour la voie publique au devant de leurs maisons, boutiques, cours, jardins et autres dépendances.

Le balayage sera fait à partir du milieu de la chaussée, et les boues et immondices seront déposés en tas près des bornes ou des trottoirs.

Nul ne pourra pousser les boues et immondices devant la propriété de ses voisins.

Art. 2. — Le balayage sera terminé à huit heures du matin depuis le 1er octobre jusqu'au 1er mars, et à sept heures depuis le 1er mars jusqu'au 1er octobre.

Art. 3. — Nul ne pourra déposer dans les rues aucune ordure et immondice provenant de l'intérieur des cours ou maisons, après le passage des voitures de nettoiement.

Art. 4. — Il est défendu d'allumer du feu dans les rues et sur aucun point de la voie publique.

Art. 5. — Les étalagistes qui occupent des places sur le marché sont tenus de les rendre nettes.

Art. 6. — Les verres, bouteilles cassées et morceaux de glace, de poterie, de faïence, etc., ne pourront dans aucun cas être déposés sur la voie publique ou jetés dans la rivière.

Art. 7. — Il est défendu de rien jeter par les fenêtres et croisées.

Art. 8. — Il est défendu de déposer des terres, gravois, fumier, détritus de jardin au devant des propriétés, sans une autorisation spéciale.

Art. 9. — Dans les temps de neige et de gelée, les propriétaires ou locataires seront tenus de balayer la neige et de casser la glace au devant de leurs propriétés jusques et y compris le milieu de la chaussée. Ils mettront en tas les neiges et les glaces, et, en cas de verglas, ils jetteront des cendres ou du sable.

Art. 10. — Ils ne pourront déposer dans les rues les neiges et les glaces provenant des cours ou jardins.

Art. 11. — Il est défendu, pendant les gelées, de laisser couler sur la voie publique les eaux ménagères.

Art. 12. — Ces eaux ne pourront, en temps ordinaire, être dirigées sur la voie publique que par des tuyaux de descente arrivant au niveau du sol.

Dans les rues bordées de trottoirs, elles seront conduites jusqu'aux accotements de la chaussée par des caniveaux en fonte placés sous les trottoirs; dans les autres rues, elles seront dirigées jusqu'aux ruisseaux par un caniveau à ciel ouvert, en grès cimenté, le tout aux frais des propriétaires.

Les eaux pluviales devront être réunies dans des gouttières et conduites jusqu'au sol par des tuyaux de descente.

IV

BOUCHERS ET CHARCUTIERS.

Loi des 16, 22 août 1790 (titre XI, art. 3, n° 4)

Art. 1er. — Les individus qui voudront exercer les professions de boucher et de charcutier seront tenus de se faire inscrire à la mairie.

Art. 2. — Aucun boucher ou charcutier ne pourra quitter son commerce que trois mois après en avoir fait la déclaration à la mairie.

ART. 3. — Tout boucher ou charcutier qui, les jours de vente, c'est-à-dire les ... de chaque semaine, n'aurait pas son étal garni d'une quantité de viande suffisante à la consommation, sera susceptible de voir son étal fermé pendant trois mois, et en cas de récidive pendant six mois.

ART. 4. — Les bouchers et charcutiers ne pourront verser sur la voie publique aucune eau sanguinolente, ou imprégnée de matières fécales.

ART. 5. — Ils ne pourront, de même que les marchands de volailles, jeter sur la voie publique, ni conserver dans leurs cours les dépouilles, les excréments ou le sang des animaux qu'ils auront tués.

ART. 6. — Les bouchers et charcutiers devront placer leurs bestiaux vivants de manière à éviter de troubler le repos des habitants. Ils devront les abattre dans des endroits clos, n'ayant aucun aspect sur la voie publique.

ART. 7. — Il leur est défendu d'amener dans la commune aucune bête malade.

V

BRUITS ET TAPAGES NOCTURNES.

Lois des 14, 22 décembre 1789, art. 50; — 16, 24 août 1790, titre XI, art. 3, numéros 2 et 3; — 19, 22 juillet 1791, titre I, art. 19 et 46; — 18 juillet 1837, art. 10 et 11; — et art. 471, numéros 11, 15 et 479, numéros 8 et 480, numéro 5 du Code pénal.

ART. 1er. — Sont considérés comme bruits et tapages nocturnes les réunions ou rassemblements tumultueux, les disputes et querelles sur la voie publique, les cris, les chants, les charivaris, qui pendant la nuit troublent le repos des habitants.

ART. 2. — Il est défendu de parcourir la commune, soit isolément, soit en groupes, en proférant des cris, en chantant, ou en jouant d'un instrument bruyant, après dix heures du soir en été, et après neuf heures en hiver.

ART. 3. — Il est également défendu de tenir publiquement des propos obscènes ou deshonnêtes, de huer, outrager, invectiver, apostropher ou inquiéter qui que ce soit par paroles ou par gestes, comme aussi de chanter aucune chanson provocatrice au désordre, indécente ou scandaleuse.

ART. 4. — Les charivaris sont défendus même le jour.

VI

ROUISSAGE DU CHANVRE.

Art. 3 du titre II de la loi du 24 août 1790; art. 46 du titre I de la loi du 22 juillet 1791; — art. 9 du titre II de la loi du 6 octobre 1791; — art. 12 et 13 de la loi du 28 pluviôse an VIII; — art. 605 de la loi du 3 brumaire an IV et art. 471 du Code pénal.

ART 1er. — Il est défendu de faire rouir le chanvre en amont de la rivière à moins de 500 mètres au moins de distance des maisons ou abreuvoirs.

ART. 2. — Il est défendu de faire sécher le chanvre dans les fours, ni au feu, auprès des habitations ou dans leur intérieur, et d'allumer du feu pour le sécher à une distance moindre de 500 mètres des habitations et des bois ou forêts.

VII

CHEMINS VICINAUX. — ÉLAGAGE.

Art. du règlement préfectoral du concernant les chemins vicinaux, approuvé le par M. le Ministre de l'intérieur.

ART. 1er. — Tout propriétaire d'arbres ou de haies, dont les branches forment saillie sur le sol des chemins vicinaux et ruraux, ou qui par leur ombrage sont susceptibles d'y entretenir l'humidité, sera tenu de les élaguer d'ici au ... prochain. Les haies seront recépées à la hauteur de 1m,33, fixée par l'art. ... dudit règlement.

ART. 2. — A défaut par le propriétaire de s'être conformé aux dispositions de l'article précédent dans le délai prescrit, il y sera pourvu d'office à la diligence du maire, et aux frais des contrevenants, qui seront, en outre, passibles des peines prononcées pour contraventions aux règlements de police. Le règlement des frais d'élagage sera, dans ce cas, établi conformément à l'art. ..., susvisé.

VIII

CIMETIÈRES.

Loi des 16, 25 août 1790; 19, 22 juillet 1791; 12 frimaire an II; — règlements des 23 prairial an XII, 5 thermidor an XIII, 12 mai 1886; — art. 257, 358, 359, 360, 437, 471, numéro 15 du Code pénal, 77, 81, 82, 1384 du Code civil.

ART. 1er. — Il est défendu de pénétrer dans les cimetières en escaladant les murs de clôture; d'escalader les entourages des tombeaux, de monter sur les tombes, de les dégrader, d'écrire sur les monuments, de couper, d'arracher, de déranger ou d'enlever les fleurs, plantes et arbustes, et autres objets posés sur les tombes.

ART. 2. — Il est défendu, sans une autorisation spéciale, de faire entrer aucune voiture dans le cimetière; les fardeaux nécessaires à la construction des tombes seront transportés à bras par les allées seulement, sans qu'on puisse traverser les carrés.

ART. 3. — Il ne pourra être placé sur les tombes aucune inscription, sans que préalablement elle ait été communiquée à l'autorité municipale.

ART. 4. — Le fossoyeur ne peut faire ou permettre aucune exhumation s'il n'est autorisé par la justice ou par l'autorité municipale.

Toute exhumation qui sera pratiquée donnera droit à un salaire de ..., lorsque l'inhumation aura moins de deux ans de date, et de ..., lorsqu'elle sera plus ancienne, et ce compris le coût des matières désinfectantes qu'il conviendra d'employer.

IX

COUVERTURES EN CHAUME.

Art. 3 et 5 du titre XI de la loi du 16 août 1790; — art. 9 du titre II de la loi du 28 septembre 1791; — art. 606 et 607 du Code du 3 brumaire an IV; — art. 161 du Code d'instruction criminelle; — et arrêt de la Cour de cassation, du 23 avril 1819.

ART. 1er. — Les couvertures en chaume, paille ou roseau, sont interdites, elles ne pourront même être réparées.

X

ÉCHENILLAGE DES ARBRES.

Loi du 26 ventôse an IV; art. 741, numéro 8 du Code pénal.

Art. 1er. — Faute par les propriétaires d'arbres, bois, haies ou buissons, d'avoir procédé conformément à la loi du 26 ventôse an IV, à l'échenillage des arbres, du 1er au 20 février de chaque année, ils seront traduits devant le tribunal de police municipale.

Art. 2. — On brûlera sur-le-champ les bourses et toiles provenant des chenilles à une distance de 100 mètres au moins des habitations et de tout objet combustible.

Art. 3. — Du 20 février au 1er mars, le garde champêtre constatera les contraventions par des procès-verbaux.

Art. 4. — En cas de négligence, et en vertu de l'art. 7 de la loi du 26 ventôse an IV, il sera procédé d'office à l'échenillage pour le compte des retardataires, par des ouvriers qui seront payés sur l'exécutoire des dépenses délivré par le juge de paix, contre les propriétaires ou fermiers.

XI

FENÊTRES.

Lois des 14, 22 décembre 1789, art. 50; — 16, 24 août 1790, titre XI, art. 3, numéro 1; — 19, 23 juillet 1791, titre I, art. 15 et 46; — art. 471 du Code pénal et art. 1384 du Code d'instruction criminelle.

Art. 1er. — Il est défendu à tous propriétaires ou locataires de déposer sur les fenêtres, toits, entablements, gouttières, terrasses, murs et autres lieux élevés des maisons, des caisses, pots à fleurs, vases et autres objets pouvant nuire par leur chute.

On ne peut déposer ces objets que dans l'intérieur des balcons et sur es appuis des croisées garnis de barres de fer treillagées.

Art. 2. — Ceux qui en arrosant les fleurs laissent couler de l'eau sur la voie publique, sont passibles de peines de police.

XII

FÊTE PATRONALE.

Art. 1er. — Le jour de la fête patronale de ..., tombant le ... prochain, tous les habitants balayeront le devant de leurs maisons et dépendances, et enlèveront les ordures et immondices qui pourraient s'y trouver.

Art. 2. — Les marchands, les saltimbanques, bateleurs, faiseurs de tours, etc., devront, avant de s'établir sur la fête, se munir d'une autorisation du maire.

Art. 3. — Il est défendu d'établir des jeux de hasard ou de loterie, sur la voie publique et dans les établissements publics.

Art. 4. — Les voitures et les personnes à cheval traversant le lieu de la fête ne pourront aller qu'au pas.

Art. 5. — Il ne pourra être tiré pendant la fête aucuns pétards, boîtes ou pièces d'artifice sans une permission du maire.

XIII

FOIRE.

Lois des 14 décembre 1789, art. 50; — 16, 24 août 1790, titre XI, art. 3, numéros 1, 2 et 3; — 19, 22 juillet 1791, titre I, art. 46; — art. 471, numéros 4 et 15, art. 477, numéro 1, art. 478, 479, numéros 5 et 6; — art. 480, numéros 2 et 3 du Code pénal.

Art. 1er. — La distribution des baraques aux marchands se fera, sans aucune préférence, à mesure qu'ils arriveront.

Art. 2. — Le passage des chevaux et voitures autres que ceux destinés à être vendus, ainsi que des bœufs, vaches et autres animaux, sera interdit depuis ... heures du matin, jusqu'à ... heures du soir, sur l'emplacement de la foire.

Art. 3. — Il est défendu à toutes personnes autres que celles qui vendent et achètent, de s'introduire dans l'enceinte destinée à l'essai des chevaux mis en vente.

Art. 4. — Il est défendu à tous marchands de chevaux, cultivateurs ou propriétaires, d'essayer leurs chevaux ailleurs que dans l'enceinte dont il vient d'être parlé.

Art. 5. — Les voitures qui se rendent au marché au blé entreront par la rue de ..., et ne pourront sortir que par celle de ...

Art. 6. — Il est défendu à tous conducteurs d'animaux de les abandonner, même attachés, sur la voie publique.

Art. 7. — Les carrioles, cabriolets et autres voitures légères qui ne pourront être remisées dans les auberges, devront être rangées dans la rue de ..., à un mètre les unes des autres, de manière à ne pas gêner la circulation, et à permettre l'attelage des chevaux sans déranger les voitures voisines.

Art. 8. — Les contrevenants au présent arrêté seront cités au tribunal de police municipale; les voitures ou animaux seront mis en fourrière.

XIV

FONTAINES.

Lois du 14 décembre 1789, art. 50; — 16, 24 août 1790, titre XI, art. 5, numéro 1; — 19, 22 juillet 1791, titre I, art. 46; — art. 257 et 471, numéro 15 du Code pénal et l'art. 1384 du Code civil.

Art. 1er. — Il est défendu à toute personne de dégrader les fontaines publiques.

Art. 2. — Il est défendu d'y laver du linge, d'y faire abreuver des chevaux ou autres animaux et de déposer aucune ordure auprès desdites fontaines.

Art. 3. — Il est défendu de puiser de l'eau auxdites fontaines pour d'autres besoins que pour ceux du ménage.

ART. 4. — Il est défendu de poser sur les tampons mobiles aucun poids ou appareil pouvant provoquer un écoulement permanent de l'eau.

ART. 5. — Dans les temps de gelée les fontaines seront arrêtées. Elles le seront également lorsqu'il s'agira de les nettoyer ou de les réparer.

XV

FOURS ET CHEMINÉES.

Lois des 16, 24 août 1790, titre XI, art. 3, numéro 5; — 28 septembre, 6 octobre 1791; — art. 471, numéro 1 du Code pénal.

ART. 1er. — Chaque année il sera, par nous ou par notre adjoint, assisté d'un maçon, procédé à la visite des fours et cheminées dans toute la commune, à l'effet de constater leur état.

ART. 2. — Cette visite sera annoncée huit jours à l'avance à son de caisse.

ART. 3. — Cette année elle aura lieu le ...

Art. 4. — Procès-verbal sera dressé contre tout habitant dont les fours et cheminées n'auront pas été trouvés en bon état et convenablement nettoyés.

XVI

MASQUES.

Lois des 22 décembre 1789; 16, 24 août 1790, titre XI, art. 3, numéros 1, 2 et 3; — 19, 22 juillet 1791, titre I, art. 46; 17 mai 1819, art. 1 et 8; — 29 novembre 1830; — art. 287, 330, 471, numéros 4, 11 et 15; — art. 475, numéro 13; art. 479, numéro 8 du Code pénal; art. 1384 du Code civil.

ART. 1er. — Toute personne masquée devra se démasquer à la première réquisition des dépositaires de l'autorité.

ART. 2. — Toute personne masquée, déguisée ou travestie, ne pourra porter ni armes ni bâtons.

ART. 3. — On ne pourra prendre de déguisement qui serait de nature à tourner en ridicule aucune fonction publique ou religieuse, ou qui pourrait blesser la morale et la décence.

ART. 4. — Il est défendu à toute personne masquée d'insulter qui que ce soit, de même qu'il est défendu d'insulter ou de provoquer tout individu masqué, déguisé ou travesti.

XVII

PARCOURS.

Section 4 du titre I de la loi du 28 septembre, 6 octobre 1791; loi du 28 pluviôse an VIII; — art. 12, 18, 22, 24, 25 et 26 du titre II de la même loi; art. 471, numéro 14 et 475, numéro 10 du Code pénal; délibération du conseil municipal du

ART. 1er. — Tout propriétaire ou fermier pourra faire conduire (*nombre*) chèvres, ... moutons ou brebis, ... bœufs, vaches, chevaux ou bêtes de somme, à raison de chaque hectare de terre qu'il possède dans la commune.

ART. 2. — Il est défendu de conduire le bétail au parcours dans les terres closes par des murs, palissades, haies vives ou mortes, dans les prairies artificielles, dans les pépinières, plants, et oseraies, et dans les terres ensemencées ou non dépouillées de leurs récoltes.

ART. 3. — Le bétail ne pourra être mené dans les champs moissonnés que deux jours après la récolte.

ART. 4. — Le bétail doit être gardé par un nombre suffisant de gardiens; les bestiaux qui, laissés à l'abandon, entreraient dans les fonds sur lesquels le parcours est prohibé, seront mis en fourrière. Le gardien et le propriétaire seront poursuivis.

ART. 5. — Il est défendu de conduire les chèvres autrement qu'à la corde.

ART. 6. — Le parcours et la vaine pâture sont interdits pendant la nuit, c'est-à-dire du coucher au lever du soleil.

XVIII

VIDANGES.

Art. 3 du titre XI de la loi du 16-24 août 1790, et l'art. 11 de la loi du 18 juillet 1837.

ART. 1er. — Aucune fosse d'aisances ne pourra être ouverte et vidée que depuis ... heures du soir, jusqu'à ... heures du matin.

ART. 2. — Le transport des vidanges ne pourra se faire que dans des tonnes de moyenne dimension parfaitement fermées.

ART. 3. — Les voitures consacrées à ce transport ne pourront entrer et circuler dans la commune avant ... heures du soir, elles devront être sorties à ... heures du matin.

ART. 4. — Chaque voiture devra porter une lanterne de couleur ..., sur laquelle sera marqué le nom du propriétaire ou de l'entreprise.

ART. 5. — Les vidangeurs déposeront immédiatement, à côté de l'ouverture des fosses, les matières provenant de la vidange dans les récipient qui doivent les transporter.

ART. 6. — Si dans le courant de leurs opérations les vidangeurs rencontrent quelque objet dont l'origine leur paraisse suspecte, ils devront en faire la déclaration à la mairie.

ART. 7. — Les vidanges ne pourront être déposées que dans des fosses à ... mètres au moins de toute habitation, et à ... mètres de tout chemin. Elles devront être recouvertes de terre.

XIX

VOIRIE.

Lois des 18 décembre 1789, 16, 24 août 1790, 19, 22 juillet et 28 septembre, 5 octobre 1791 Art. du règlement arrêté par M. le Préfet, le et approuvé par M. le Ministre de l'intérieur; art. 471 et 479 du Code pénal.

ART. 1er. — Il est défendu aux propriétaires et habitants de la commune de construire, reconstruire ou réparer aucuns bâtiments ou murs; d'ouvrir des fossés, de faire des plantations d'arbres, des haies vives ou mortes, de fermer, rétablir ou réparer des clôtures quelconques le long des chemins vicinaux, des rues, places et autres voies publiques, sans avoir demandé l'alignement et sans avoir obtenu de l'autorité compétente l'autorisation nécessaire.

ART. 2. — Il est défendu de placer enseignes, bouchons, etc., sur la voie publique, sans une autorisation de l'autorité locale.

ART. 3. — Il est défendu de faire développer aucune porte sur la voie publique; les volets et persiennes des croisées devront être retenus au mur par des crochets.

ART. 4. — Il est défendu de faire sur les murs donnant sur la voie publique aucun dessin, ni inscription, et même d'y apposer des affiches sans l'autorisation du maire.

Les propriétaires ou locataires seront immédiatement obligés de faire disparaître ces dessins, inscriptions ou affiches.

ART. 5. — Il est défendu, dans l'intérieur du pays, de faire prendre aux chevaux une allure plus vive que le trot.

ART. 6. — Il est défendu de conduire, dans les rues et sur les chemins même ruraux, des charrues, herses et autres instruments aratoires, sans qu'ils aient été placés sur des appareils roulants.

ART. 7. — Il est défendu aux propriétaires et locataires de laisser les portes d'allées ouvertes pendant la nuit. Elles devront, en toute saison, être fermées à dix heures du soir.

ART. 8. — Il est enjoint aux propriétaires qui ont des lieux d'aisances ou des puits ouverts sur la voie publique, de les fermer un mois au plus tard après la publication de cet arrêté.

ART. 9. — Il est défendu à toute personne, même munie d'un permis de chasse, de chasser sur les routes ou chemins (soit vicinaux, soit ruraux).

ART. 10. — Il est défendu de faire sur les rues, places et chemins aucun dépot de quelque nature qu'il soit.

FORMULE 781.

Procès-verbal d'adjudication aux enchères [1].

(Sur papier timbré.)

Commune de ...

PROCÈS-VERBAL DE L'ADJUDICATION DE LA RÉCOLTE SUR PIED DU FOIN ET DU REGAIN EXISTANT SUR LA PROPRIÉTÉ COMMUNALE DITE ... SISE AU LIEU DIT ...

L'an ..., le ..., à ... heure du ..., nous, maire de la commune de ..., assisté, conformément à la loi du 18 juillet 1837, de M. ... et de M. ..., tous deux membres du conseil municipal, désignés à cet effet par ce conseil, et en présence du receveur municipal, en la salle de la mairie, avons procédé de

1. Cette formule peut s'appliquer à toute espèce d'adjudication aux enchères.

Toutes les difficultés qui peuvent s'élever sur les opérations préparatoires de l'adjudication sont résolues séance tenante, par le maire et les deux conseillers assistants, à la majorité des voix, sauf le recours de droit.

la manière suivante à l'adjudication, au plus offrant et dernier enchérisseur, de la récolte du foin et du regain à faire cette année, sur la propriété communale ..., dite ..., sise au lieu dit ..., contenant environ ... hectares ... ares ... centiares, laquelle adjudication a été annoncée pendant deux dimanches consécutifs par voie d'affiches, et à son de caisse, tant dans cette commune que dans les communes environnantes. Nous avons fait lecture des clauses et conditions suivantes de l'adjudication, savoir : ART. 1er. La récolte sera vendue, etc. (*Voir la formule* 537.) Nous avons ensuite annoncé qu'il allait être procédé à la réception des enchères, sur la mise à prix de ...

Il a été allumé successivement plusieurs feux pendant la durée desquels il a été fait diverses enchères, dont la dernière s'élevant à la somme de ..., a été portée par le sieur ...

Un dernier feu s'étant éteint sans nouvelle enchère, nous avons adjugé au sieur A... (*p.*, *q. et d.*), la coupe de foin et de regain ci-dessus désignée, moyennant la somme de ..., à charge par lui d'exécuter les clauses et conditions de l'adjudication ;

Et le sieur M. ... nous a présenté pour caution le sieur B ...(*p.*, *q. et d.*), qui s'est engagé solidairement avec lui au payement du prix et à l'exécution des charges de l'adjudication.

De l'avis de MM. les membres de la commission, nous avons accepté cette caution jugée suffisante.

Les sieurs A... et B..., les membres de la commission et M. le receveur municipal ont signé avec nous, après lecture. (*Signatures.*)

FORMULE 782.

Procès-verbal d'adjudication au rabais.

Commune de ...

PROCÈS-VERBAL DE L'ADJUDICATION DES TRAVAUX DE CONSTRUCTION (*ou* de réparation) DE ..., SUIVANT LES DEVIS ET CAHIER DES CHARGES APPROUVÉS LE ...

L'an..., le..., à... heures du ...

Nous, maire de la commune de ..., assisté, conformément à la loi du 18 juillet 1837, de M. ... et de M. ...., tous deux membres du conseil municipal, désignés à cet effet par ce conseil, et en présence du receveur municipal, en la salle ordinaire des assemblées publiques, avons procédé de la manière suivante à l'adjudication au rabais des travaux de construction (*ou de réparation*) de ..., suivant les devis et cahier des charges approuvés le..., par M. le préfet.

Nous avons fait donner lecture des devis et du cahier des charges, et nous avons annoncé qu'il allait être procédé à la réception des rabais, sur la mise à prix de...

Il a été allumé successivement plusieurs feux, pendant le durée desquels il a été fait diverses offres, dont la dernière s'élevant à la somme de..., est restée au sieur ....

Un dernier feu s'étant éteint sans nouveau rabais, nous avons adjugé au sieur A... (*p.*, *q. et. d.*) les travaux de construction (*ou de réparation*) de .... au prix de ..., et à charge par lui de se conformer aux clauses et conditions de l'adjudication.

Et immédiatement le sieur A... nous a présenté pour caution le sieur B... (*p.*, *q. et d.*), qui a déclaré avoir pris connaissance des devis et du cahier des charges de l'entreprise et se porter caution solidaire du sieur A... pou l'exécution des travaux et des conditions de l'adjudication.

Ayant trouvé cette caution suffisante, nous l'avons acceptée, de l'avis de MM. les membres de la commission, qui ont signé avec nous, ainsi que le receveur municipal, l'adjudicataire et sa caution.

(*Signatures.*)

FORMULE 783. – Loi du 25 décembre 1790.

Affirmation d'un procès-verbal [1].

L'an .... le ..., par-devant nous, maire (ou *adjoint au maire*) de la commune de ..., a comparu le sieur A ..., (*p.*, *q. et d.*), garde champêtre (ou *forestier*) de la commune de ..., lequel après avoir entendu lecture par nous faite du procès-verbal qui précède, l'a affirmé, avec serment, sincère et véritable, et l'a signé avec nous.

(*Signatures.*)

FORMULE 784.

Rôle d'affouage.

Papier libre

Arrondissement de ..., commune de ...

ROLE DES COTISATIONS SUR LES LOTS D'AFFOUAGE POUR L'ANNÉE 18..., DRESSÉ CONFORMÉMENT A LA DÉLIBÉRATION PRISE PAR LE CONSEIL MUNICIPAL, LE ...

Détail des sommes à répartir :

Contribution foncière des bois.....................................	»	»
Salaire du garde forestier..	»	»
Frais d'exploitation de la coupe....................................	»	»
Frais d'ouverture ou de confection des fossés....................	»	»
Redevance établie sur les lots d'affouage pour subvenir à l'insuffisance du revenu de la commune........................	»	»
Remise du receveur municipal.......................................	»	»
20 centimes par franc de l'estimation............................	»	»
Frais de ... avertissements à 0 fr. 05 cent......................	»	»
TOTAL	»	»

1. Cet acte doit être fait dans les vingt-quatre heures du procès-verbal, à peine de nullité.

NUMÉROS D'ORDRE.	NOMS ET PRÉNOMS des affouagistes.	MONTANT de la cotisation.	ÉMARGEMENTS.
. . . .	. . . .	. . . .	. . . .
. . . .	. . . .	. . . .	. . . .
. . . .	. . . .	. . . .	. . . .
RÉCAPITULATION DES PAGES			
1re page.	. . . .	. . . .	. . . .
2e page.	. . . .	. . . .	. . . .
TOTAUX. . .	. . . .	. . . .	. . . .

Le présent rôle, montant à la somme de ..., a été dressé par nous, maire de la commune de ..., pour être mis en recouvrement par le receveur municipal de la commune, après avoir été rendu exécutoire par M. le préfet.

A ..., le ...

FORMULE 785.

Distribution d'une futaie.

DISTRIBUTION DE LA FUTAIE DE LA COUPE DE L'EXERCICE 18...

Le conseil municipal ayant décidé qu'il serait imposé sur la futaie de la coupe de l'exercice 18.. la somme de ..., cette somme répartie entre les propriétaires des maisons, au marc le franc du métré de leurs bâtiments respectifs, donne pour chaque mètre de bâtiments la somme de ...

Nos D'ORDRE.	NOMS ET PRÉNOMS des propriétaires.	ÉTENDUE des mètres carrés de leurs BATIMENTS.	TAXE A PAYER.	OBSERVATIONS.
. . . .	. . . .	. . . .	. . . . .	. . . .
. . . .	. . . .	. . . .	. . . . .	. . . .
. . . .	. . . .	. . . .	. . . . .	. . . .

FORMULE 786 p. 613.

Tableau mensuel ou trimestriel des affaires en retard à la préfecture ou à la sous-préfecture.

Commune de ..., canton de ...

NATURE de L'AFFAIRE.	DATE DE L'ENVOI.		MOTIFS DU RETARD.
	à la préfecture.	à la sous-préfecture.	
Vote d'une imposition extraordinaire pour...	. . . .	. . . .	Cette colonne restera en blanc pour recevoir les annotations de la préfecture ou de la sous-préfecture.

Certifié par nous, maire de ..., le ... (*Signature.*)

FORMULE 787. — Loi du 30 juin 1838.

Rapport d'un maire sur l'état d'un aliéné dangereux.

Nous, maire de la commune de ..., avons l'honneur d'exposer à M. le sous-préfet (*ou à M. le préfet*) que le sieur A... (*p., q. et d*), atteint d'aliénation mentale depuis ..., est devenu dangereux tant pour lui-même que pour les personnes qui l'entourent.

Nous estimons, en conséquence, qu'il est urgent de placer ledit sieur A... dans un hospice, afin de l'y faire traiter.

Nous certifions, enfin, que ledit sieur A... jouit d'une fortune suffisante pour payer sa pension audit hospice (*ou bien*) : que la position dudit sieur A... (*ou de sa famille*) le met dans l'impossibilité de pourvoir aux frais de sa pension et de son traitement.

Fait à, le ... *Le maire.*

(*Signature.*)

FORMULE 788. — Loi du 30 juin 1838.

Demande d'admission d'un aliéné indigent dans un établissement d'aliénés, par une personne ne sachant pas écrire.

L'an ..., le ..., devant nous, maire de la commune de ..., s'est présenté le sieur B... (*p., q. et d.*), lequel nous a déclaré que le sieur A... (*p., q. et d.*), âgé de .., (*fils, neveu, ou, à défaut de parenté, nature des relations*) du déclarant, est atteint d'aliénation mentale depuis ... ; qu'en raison de cet état, son interdiction a été prononcée par jugement rendu par le trib. de 1re inst. de ..., en date du ..., enregistré, dont le déclarant nous a présenté un extrait ; qu'il est devenu urgent de placer ledit sieur A... dans un établissement, pour le traitement de sa maladie.

Qu'en conséquence le déclarant, ne sachant pas écrire, nous fait, conformément à l'art. 8 de la loi du 30 juin 1838, la demande d'admission du sieur A... dans l'établissement de ..., affirmant que la position dudit sieur A... le met dans l'impossibilité de payer aucune pension.

De cette demande et de cette déclaration nous avons délivré acte au sieur B...

Le maire.
(*Signature.*)

FORMULE 789.

Légion d'honneur.

Canton de ..., commune de ...

ÉTAT DES MEMBRES DE LA LÉGION D'HONNEUR DÉCÉDÉS DANS LE COURANT DU ... TRIMESTRE DE L'ANNÉE.

NOMS ET PRÉNOMS des légionnaires décédés.	DATE DU DÉCÈS.	GRADE DANS L'ORDRE.	DATE de la nomination A CE GRADE.	POSITION au JOUR du décès.
. . . .	. . . . . .	. . . .	. . . .	. . . . . .
. . . .	. . . . . .	. . . .	. . . .	. . . . . .
. . . .	. . . . . .	. . . .	. . . .	. . . . . .

A..., le ...

Le maire.
(*Signature.*)

FORMULE 790.

Mandat d'amener.

De par la loi.

Nous (*maire ou adjoint*), de la commune de ..., arrondissement de..., département de ..., mandons et ordonnons à tous huissiers et agents de la force publique d'amener devant nous, en se conformant à la loi, le sieur A... (*p., q. et d.*) et (*si ces renseignements ne sont pas connus, la désignation la plus claire possible, art.* 95 *du C. d'inst. crim.*), pour être entendu sur les inculpations dont il est prévenu.

Nous requérons tous dépositaires de la force publique de prêter main-forte, en cas de nécessité, pour l'exécution du présent mandat.

Donné à ..., le ... 18..

(*Sceau de la mairie.*) *Le maire.*
(*Signature.*)

FORMULE 791.

Réquisition à la force armée.

RÉQUISITION A LA GENDARMERIE.

Au nom de la loi, nous, maire de la commune de..., ayant été informé qu'un (*spécifier le crime ou le délit*) a été commis aujourd'hui au domicile du sieur A... (*p., q. et d.*), et que le sieur B... (*p., q. et d.*), prévenu d'en être l'auteur, s'est réfugié à..., requérons le maréchal des logis (*ou*) brigadier commandant la gendarmerie de..., de commander le nombre suffisant d'hommes pour arrêter et conduire devant le procureur de la République ledit..., prévenu de..., crime (*ou délit*) prévu par l'art.... du Code pénal.

Fait à..., le.. *Le maire.*
(*Signature.*)

FORMULE 792. — Loi du 30 juin 1838.

Délibération d'un conseil municipal pour l'admission d'un aliéné indigent dans un asile, aux frais du département et de la commune.

L'an..., le..., le conseil municipal s'est réuni au lieu ordinaire de ses séances pour la tenue de sa session ordinaire (*ou extraordinaire*), sur la convocation de M. le maire et en vertu de l'autorisation de M. le préfet, en date du...

Étaient présents MM....

M. le maire invite le conseil à délibérer sur les moyens de pourvoir aux frais de traitement et d'entretien du sieur A... (*p., q. et d*). dans l'hospice de...

Il communique au conseil les renseignements consignés en l'état ci-joint, et desquels il résulte que les ressources du sieur A... et de sa famille sont insuffisantes pour payer cette dépense;

Le conseil, après en avoir délibéré;

Considérant l'état d'indigence du sieur A... et de ceux des membres de sa famille à qui la loi impose l'obligation de subvenir à ses besoins;

Est d'avis, à l'unanimité (ou à *la majorité de...*) que, conformément à l'art. 28 de la loi du 30 juin 1838 et à l'arrêté de M. le préfet, en date du..., sur le règlement de la dépense des aliénés indigents, les frais d'entretien du sieur A..., dans l'hospice de..., sont à la charge du département et de la commune dans la proportion fixée par l'arrêté ci-dessus mentionné.

Et ont signé. (*Signatures.*)

FORMULE 793. — Loi du 22 juin 1851.

Déclaration d'une personne qui réclame l'assistance judiciaire.

Papier libre.

L'an..., le..., devant nous, maire de la commune de..., le sieur A... (*p., q. et d.*), atteste qu'il est, à raison de son indigence, dans l'impossibilité d'exercer ses droits en justice, et nous fait connaître qu'il n'a pas d'autres moyens d'existence que (*les indiquer*), ayant à sa charge (*mentionner ses charges de famille, par exemple le nombre de ses enfants, de ses ascendants*); ce dont nous, maire, avons dressé le présent acte que nous avons signé avec le comparant. (*Signature.*)

FORMULE 794. — Art. 49, 50 et 55 de la loi municipale.

Délibération d'un conseil municipal pour demander l'autorisation de plaider.

L'an..., le..., le conseil municipal de... s'est réuni extraordinairement au lieu ordinaire de ses séances sur la convocation de M. le maire, et en vertu de l'autorisation de M. le préfet, en date du...

Étaient présents MM....

M. le maire invite le conseil à examiner s'il y a lieu d'intenter une action judiciaire contre le sieur A... (*p., q. et d.*), au sujet de l'usurpation qu'il paraît avoir commise sur un terrain communal, au lieu dit... Il expose que ce terrain, d'après le plan cadastral (*ou d'après d'autres titres*) n'a pas cessé d'appartenir à la commune, etc.

Le conseil municipal, après en avoir délibéré,

Considérant que (*exposer ici le point de fait de la contestation et le point de droit*),

Est d'avis, à l'unanimité (ou *à la majorité de...*), qu'il y a lieu d'autoriser M. le maire à actionner, devant le tribunal compétent, le sieur A..., en raison de l'usurpation dont il s'agit, et à se pourvoir, s'il y a lieu, en appel contre le jugement à intervenir.

Ont signé, les membres présents, après lecture. (*Signatures.*)

FORMULE 795. — Art. 673 C. Pr.

Bruits et tapages nocturnes (procès-verbal pour).

L'an..., le..., devant nous, maire de... etc., s'est présenté le sieur A... (*p., q. et d.*), lequel nous a déclaré que les sieurs B... (*p., q. et d.*) et C... (*p., q. et d.*), compromettent la tranquillité de son établissement par du bruit et du tapage; nous nous sommes à l'instant transporté sur les lieux, où étant, nous avons trouvé effectivement les sieurs B... et C... qui chantaient et vociféraient. Nous les avons sommés de cesser ce bruit, et, sur leur refus, nous leur avons déclaré procès-verbal que nous avons rédigé et que nous avons signé. (*Signature.*)

FORMULE 796.

I.

Divers certificats à délivrer par les maires [1].

Certificat à joindre aux demandes de permission de mariage formées par les militaires appartenant à la réserve.

Nous, maire de la commune de..., certifions, que le sieur A... (*p., q.*

1. D'après le principe général posé par la loi du 13 brumaire an VII (art. 12), tout certificat *délivré dans un intérêt privé* doit être timbré; il n'y a d'exceptions que pour le cas d'indigence

et d), âgé de... ans, jeune soldat faisant partie de la réserve de (l'armée active ou l'armée territoriale) la classe 18..., ayant des projets de mariage avec la demoiselle B... (*p., q. et d.*), est de bonnes vie et mœurs, et qu'aucune plainte n'a jamais été portée contre lui.

Certifions aussi que ladite demoiselle B..., en tout point honorable et d'une bonne conduite, peut subvenir aux besoins de son existence par le produit de son travail sans avoir besoin des secours de son mari, dans le cas où il viendrait à être appelé au service actif.

Fait à ..., le ... (*Signature du maire.*)

II.

Procès-verbal constatant le décès d'un ouvrier qui a péri dans une mine.

Papier libre.

L'an ..., le ..., heure du ..., nous soussigné..., maire de la commune de ..., averti qu'un ouvrier a péri par accident dans l'exploitation de la mine située à ..., nous nous sommes transporté à l'instant sur les lieux (*au besoin assisté du sieur ..., docteur en chirurgie ou en médecine*) où, étant arrivé, nous avons fait retirer de la mine le corps dudit ouvrier. Nous avons remarqué (*détailler les blessures et exprimer quelle peut être la cause de la mort*) ; rien ne nous a fait soupçonner que la mort eût été occasionnée par quelque crime. (*S'il en était autrement, il faudrait le dire et faire procéder à l'examen du corps par le médecin ou le chirurgien.*)

De ce qui précède, nous avons rédigé le présent procès-verbal que nous avons signé.

Le maire.

(*Signature.*)

III.

Certificat de résidence.

Papier timbré, sauf le cas d'indigence.

Nous, soussigné maire ou adjoint de la commune de ..., arrondissement de ..., département de ..., certifions, sur l'attestation des sieurs B ... et C ... (*p., q. et d.*), que le sieur A ... (*p., q. et d.*), âgé de ... ans, réside (ou *a résidé*) sans interruption à ..., depuis le ..., jusqu'au ...

Fait à ..., le ... (*Signature du maire et des témoins.*)

IV.

Certificat de bonnes vie et mœurs.

Papier timbré, sauf le cas d'indigence.

Nous maire de la commune de ..., canton de ..., arrondissememt de ..., département de ..., certifions que le sieur A ... (*p., q. et d.*), né à ... département de ..., est de bonnes vie et mœurs.

Fait à ..., le ..., 186. *Le maire.*

(*Signature.*)

et pour les militaires en activité de service. (Art. 16 de la loi précitée; lois du 15 mai 1818 (art. 80), et du 10 décembre 1858.)

V.

Certificat de bonne conduite d'un détachement militaire pendant son séjour dans une commune.

Papier libre.

Le maire de la commune de ..., département de ..., certifie que le détachement du ... régiment de ..., commandé par M ... (*grade*), s'est comporté de manière à ne donner lieu à aucune plainte pendant son séjour dans cette commune.

Fait à ..., le ..., 18.

VI.

Certificat d'indigence [1].

Papier libre.

Nous maire de la commune de ..., canton de ..., arrondissement de ..., département de ..., certifions que le nommé A..., (*p., q. et d.*), est dans un état complet d'indigence; qu'il ne possède aucune propriété mobilière ou immobilière; qu'il ne figure pas au rôle des contributions directes, et qu'il se trouve, attendu son grand âge et ses infirmités (*les indiquer*), ainsi que sa famille, composée de ..., presque entièrement à la charge de la commune.

Fait à ..., le ... (*Signature du maire.*)

VII.

Certificat de bonne-conduite pour un militaire en congé limité.

Papier libre.

Le maire de la commune de ..., département de ..., certifie que le sieur A ... (*p., q. et d.*) s'est bien conduit pendant le cours du congé limité qui lui a été accordé. (*Signature du maire.*)

Fait à ..., le ...,

VIII.

Certificat constatant la nécessité de la présence d'un militaire dans sa commune pour régler des affaires de famille.

Papier libre

Nous, maire de la commune de ..., département de ..., certifions d'après les renseignements exacts que nous nous sommes procurés, que la présence du sieur A (*p., q. et d., désignation du corps auquel il appartient*) est nécessaire à ..., pendant ..., pour y régler des affaires de famille importantes par suite de ..., etc.

Fait à ..., le ... (*Signature.*)

IX.

Certificat pour faire délivrer un passe-port à l'étranger [1].

Sur papier timbré.

Nous, maire, etc., certifions, d'après les renseignements que nous nous sommes procurés, qu'il y a lieu de délivré un passeport à l'étranger à M. A... (*p., q. et d.*), qui a déclaré vouloir se rendre à ..., pour affaires (*d'intérêt ou de famille, ou pour un voyage d'agrément*).

Fait à ..., le ... (*Signature.*)

1. Ce certificat doit être visé par le préfet quand l'individu veut sortir du département.

X.

Certificat de solvabilité.

Papier timbré.

Nous, maire de la commune de ..., arrondissement de ..., département de ..., certifions, d'après les renseignements exacts que nous nous sommes procurés, que le sieur A ... (*p.*, *q. et d.*), qui a déclaré être dans l'intention de soumissionner la fourniture (*indiquer la nature de la fourniture*), offre, ainsi que le sieur B... (*p.*, *q. et d.*), sa caution, toutes les garanties désirables de solvabilité, de moralité et de capacité.

Fait à ..., le ... (*Signature.*)

XI.

Certificat pour obtenir un passe-port d'indigent.

Papier libre.

Nous, maire de la commune de ..., canton de ..., arrondissement de ..., département de ..., certifions, d'après les renseignements exacts que nous nous sommes procurés, que le nommé A ..., (*p.*, *q. et d.*), âgé de ..., est dans un véritable état d'indigence, et qu'en raison de sa position il a droit à un passe-port gratuit.

En conséquence, M. le directeur des domaines est prié de lui faire délivrer une formule de passe-port d'indigent.

Fait à ..., le ... *Le maire.*

XII.

Attestation en cas d'impossibilité pour le titulaire d'une pension sur l'État, de requérir lui-même son certificat de vie chez le notaire [1].

Papier timbré.

Nous, maire de la commune de ..., sur la demande du sieur A ... (*p.*, *q. et d.*), titulaire d'une pension militaire (*ou civile, ou d'une rente viagère*). lui avons délivré la présente attestation ayant pour but de constater son existence et l'impossibilité où il est, par suite (*indiquer la maladie ou les infirmités*), de se rendre lui-même auprès du notaire qui doit lui délivrer son certificat de vie.

Fait à ..., le ... (*Signature.*)

Vu par nous, sous-préfet (ou *juge de paix.*)

XIII.

Certificat d'exercice des instituteurs [2].

NOTA. Si l'instituteur n'est entré en fonctions qu'après le commencement de l'année, on indiquera exactement la date de l'ouverture de son école; s'il a

1. Les certificats de vie nécessaires pour toucher les pensions ou les rentes viagères à payer par le trésor ne peuvent être délivrés que par un notaire. — Quand un rentier viager ou un pensionnaire est atteint d'une maladie ou d'infirmités qui l'empêchent de venir requérir lui-même son certificat de vie, le notaire n'est autorisé à délivrer ce certificat que sur le vu d'une attestation du maire de la commune, visée par le sous-préfet ou par le juge de paix, et constatant : 1° l'existence du titulaire; 2° sa maladie ou ses infirmités (décret du 23 septembre 1806).

2. Ce certificat n'est réclamé qu'aux communes auxquelles il est nécessaire d'accorder une subvention pour compléter le traitement de l'instituteur.

renoncé à l'exercice de ses fonctions, s'il a été suspendu avec privation de traitement ou révoqué, on indiquera exactement la date de la fermeture de son école.

Papier libre.

DÉPARTEMENT
d ....
—
ARRONDISSEMENT
d ....
—
CANTON
d ....
—
COMMUNE
d ....

École publique communale de ...

Nous, maire de la commune de ..., certifions que le sieur ..., instituteur communal public à ..., est resté en fonctions pendant tout le 1er semestre 18. (*ou*) depuis le ..., jusqu'au ... 18.

Fait à ..., le ... 18.

(*Signature.*)

XIV.

Certificat pour un ancien militaire qui demande des secours éventuels au ministre de la guerre[1].

Papier libre.

Nous, maire de la commune de ..., certifions, d'après les renseignements que nous nous sommes procurés, que le sieur A ..., (*p.*, *q. et d.*), âgé de ..., ancien militaire, né à ..., est de bonnes vie et mœurs; qu'il est veuf (ou *marié*); qu'il a ... enfants; enfin qu'il est réduit à l'indigence par suite de l'impossibilité où il se trouve de se livrer à aucun travail; certifions de plus que si le sieur A... obtient le secours qu'il est dans l'intention de solliciter de M. le ministre de la guerre, il ne pourra en faire qu'un bon usage.

Fait à ..., le ... (*Signature.*)

XV

Certificat du maire nécessaire pour obtenir un permis de chasse[2].

SIGNALEMENT.
—

Le maire de ... certifie qu'il n'est pas à sa connaissance que M. A... (*p.*, *q. et d.*) se trouve dans aucune des catégories prohibitives énoncées dans la loi du 3 mai 1844, pour lesquelles le permis de chasse ne peut être délivré. *Le maire.*

Fait à ..., le ... 18... (*Signature.*)

1. A envoyer au général commandant le département.

Pièces à joindre : 1° La copie des états de service du postulant, légalisée par un sous-intendant militaire; 2° la pétition au ministre de la guerre, apostillée par le maire. (Sur papier libre.)

S'il s'agit de secours annuels, la demande doit être adressée au grand chancelier de la Légion d'honneur, par l'intermédiaire du préfet. Les deux autres pièces à produire sont les mêmes dans les deux cas.

2. La demande peut être présentée sur la même feuille. — Il faut y joindre la quittance du percepteur.

XVI.

Certificat du maire, à joindre à la demande d'une pension faite par la veuve d'un militaire.

Papier libre.

Nous, maire de la commune de ..., département de ..., sur la déclaration des sieurs B... et C... (*p., q. et d.*), certifions : 1° que la dame A ... (*p., q. et d.*), veuve de ..., sergent retraité, après le décès duquel elle est dans l'intention de solliciter une pension, jouit de l'usage de ses droits civils ; 2° que son mariage n'a pas été dissous par le divorce ; 3° qu'aucune séparation de corps n'a été prononcée judiciairement entre les époux.

Fait à ..., le ... (*Signatures.*)

Vu pour la légalisation du sieur ..., maire de la commune de ...

Le préfet de

XVII.

Certificat d'exemption du service militaire.

Papier timbré.

Nous, maire de ..., certifions que le sieur A... (*p., q. et d.*), né le ..., à ..., fils de M. A... (*p., q. et d.*), et de la dame B... (*p., q. et d.*), faisant partie de la classe de 18.. et inscrit comme tel sur la liste du tirage du canton de ... sous le n° ... (*en toutes lettres*), a été exempté du service militaire par le conseil de revision, attendu que le dernier numéro compris dans le contingent de ce canton est inférieur à celui qui est ci-dessus énoncé.

Délivré à ..., le ... (*Signature.*)

Vu et vérifié à la sous-préfecture de ... *Le sous-préfet.*

Vu pour légalisation de la signature de M..., sous-préfet de l'arrondissement de ... *Le préfet du département, de ...*

XVIII.

Certificat de trois pères de familles domiciliés dans le canton, pour établir les droits d'un jeune homme qui réclame l'exemption du service militaire.

(Les cadres de tous les certificats nécessaires pour justifier des différents motifs d'exemption sont fournis aux maires, par les préfectures, conformément aux modèles arrêtés par l'administration supérieure. Il nous a donc paru inutile de les reproduire ici.)

FORMULE 797.

Publication du rôle des prestations en nature imposées en 18... pour la restauration et l'entretien des chemins vicinaux.

Le maire de la commune de ..., prévient ses administrés que le rôle des prestations de 18..., dressé et rendu exécutoire en exécution de la loi du 21 mai 1836, pour la restauration des chemins vicinaux, est parvenu à la mairie, et a été remis aujourd'hui au percepteur-receveur municipal, chargé d'opérer, comme en matière de contributions directes, le recouvrement des cotes que les prestataires n'auraient pas, dans le délai d'un mois, déclaré vouloir acquitter en nature.

Le procès-verbal destiné à constater les déclarations d'option restera ouvert à la mairie pendant un mois, à partir d'aujourd'hui jusqu'au ... inclusivement.

Les contribuables qui veulent se libérer en nature devront, à peine de déchéance, se présenter dans ce délai à la mairie, munis de leur avertissement, pour faire leur déclaration et la signer.

Il est rappelé à ceux qui auraient des réclamations à former pour surtaxe, double emploi ou toute autre cause, qu'ils doivent, dans les trois mois, à partir du premier janvier prochain, adresser leur demande en dégrèvement à M. le sous-préfet, et l'appuyer de leur extrait du rôle ou avertissement imprimé. Passé ce délai, leur réclamation ne serait plus admissible.

Fait en mairie, à ..., le ...

FORMULE 798.

Cahier des déclarations d'option des contribuables, pour l'acquittement de leurs prestations soit en nature, soit en argent.

Département de ..., canton de ...
Arrondissement de ..., commune de ...

DATE des DÉCLARATIONS.	NOMS et PRÉNOMS des DÉCLARANTS.	ARTICLE DU RÔLE.	DÉCLARATIONS. — Mettre dans cette colonne ces mots : *acquittera en nature*, ou bien : *acquittera en argent*.	SIGNATURE DU CONTRIBUABLE.	OBSERVATIONS.
. . . . .	. . . . .	. .	. . . .	. . . . . .	. .
. . . . .	. . . . .	. .	. . . .	. . . . . .	. .
. . . . .	. . . . .	. .	. . . .	. . . . . .	. .

FORMULE 799.

Procès-verbal constatant un empiétement ou une usurpation sur un chemin vicinal [1].

Département de ..., canton de ...
Arrondissement de ..., commune de ...
L'an ..., le ..., etc.

Nous (*maire, adjoint, agent voyer ou garde champêtre*) de la commune

1. Ce procès-verbal doit être soumis au visa pour timbre et à l'enregistrement en débet dans les quatre jours de sa date.

S'il est rédigé par le garde champêtre, il sera soumis à l'affirmation dans les vingt-quatre heures de sa date.

Si le contrevenant n'a pas obéi à l'injonction de restituer le terrain usurpé, le procès-verbal sera, après l'expiration du délai de huitaine, adressé par le maire au sous-préfet, avec un plan des lieux, l'original de l'acte de notification et les moyens de défense du prévenu, s'il en a de..., nous étant transporté sur le chemin vicinal de ..., classé sous le n° ... au tableau général des chemins de ladite commune, avons reconnu que le sieur A... (*p.*, *q. et d.*) a empiété sur ledit chemin, en face de sa propriété, lieu dit ... sur environ ... mètres ... centimètres de longueur, et sur environ ... mètres ... centimètres de largeur, en pratiquant (*indiquer ici la nature de l'entreprise d'où résulte l'impiétement*);

Et attendu que ce fait constitue une contravention aux lois et règlements sur la petite voirie et compromet la viabilité publique, nous avons dressé le présent procès-verbal, que nous avons signé.

(*Signature.*)

FORMULE 800.

Acte de notification d'un procès-verbal constatant une contravention aux règlements en matière d'alignement.

L'an ..., le ..., etc.

Nous, soussigné (*maire, adjoint, agent voyer ou garde champêtre*) de la commune de ..., nous sommes rendu au domicile du sieur A... (*p.*, *q. et d.*); et lui avons notifié le procès-verbal dressé par nous le ..., dont nous lui avons laissé copie en tête du présent acte, avec sommation soit de rétablir, dans les huit jours de la présente notification, le chemin dont il s'agit dans sa largeur primitive, soit de fournir ses moyens de défense dans le même délai; lui déclarant que si, à l'expiration du délai de huitaine, il n'a pas satisfait à l'injonction de rétablir les lieux dans leur premier état, la contravention sera déférée au conseil de préfecture, conformément à l'art. 8 de la loi du 9 ventôse an XIII, sans préjudice des poursuites qui pourront être exercées contre le délinquant devant le tribunal de simple police, en vertu de l'article 479 du code pénal.

(*Signature.*)

FORMULE 801.

Réclamation d'un enfant déposé dans un hospice.

Papier libre.

L'an ..., le ..., devant nous, maire de la commune de ..., s'est présenté le sieur A... (*p.*, *q. et d.*), lequel, par suite de la reconnaissance qu'il a faite par déclaration en date du ..., inscrite aux registres des actes de l'état civil de cette commune, de l'enfant élevé jusqu'à ce jour à l'hospice de ..., sous le nom de ..., demande que cet enfant lui soit remis.

En conséquence, nous avons dressé le présent acte, que nous avons signé avec le déclarant, pour être transmis à M. le préfet, à l'effet de statuer sur la remise de l'enfant dont il s'agit.

(*Signatures.*)

Nous, maire de la commune de ..., certifions que le sieur A ..., par qui

fourni, ou un certificat du maire constatant qu'il n'a rien répondu, et qu'il n'a pas rétabli les lieux dans leur état primitif.

est faite la déclaration ci-dessus, a (*ou n'a pas*) les moyens de rembourser les frais de layette et les mois de nourrice de l'enfant qu'il réclame (*ajouter suivant le cas*), mais que ses ressources sont néanmoins suffisantes pour subvenir aux frais de nourriture et d'apprentissage de cet enfant.

Fait à ..., le ... (*Signature du maire.*)

FORMULE 802. — Décret du 15 oct. 1810.

Enquête administrative de commodo et incommodo [1].

L'an ..., le ..., à ... heures du matin,

Nous, maire de la commune de ..., chargé par M. le préfet du département (*ou par le sous-préfet de l'arrondissement*), suivant sa lettre du ... de ce mois, de procéder, conformément aux dispositions de l'art. 7 du décret du 15 octobre 1810, à une enquête de *commodo et incommodo*, relativement à (*énoncer l'objet de l'enquête*), que M. A... (*p., q. et d.*) se propose d'établir dans (*indiquer exactement le lieu de la commune où doit être placé l'établissement*);

Après avoir fait connaître au public, par des publications faites les ..., d'abord à son de caisse, puis par affiches placardées dans les lieux accoutumés, les jours et les heures auxquels seraient reçues les déclarations des habitants intéressés, concernant l'établissement projeté.

Avons ouvert le présent procès-verbal, et procédé à l'enquête dont il s'agit en établissant deux colonnes, à l'effet d'inscrire, dans la première, les observations *pour*, et dans la seconde, les déclarations *contre*.

POUR:	CONTRE:
Le ..., à ... heures du ..., s'est présenté le sieur B... (*p., q. et d.*), lequel a déclaré ..., etc., et a signé après lecture. (*Signature.*)	Le ..., à ... heures du ..., s'est présenté le sieur C... (*p., q. et d.*), lequel a déclaré qu'il s'opposait à l'établissement dont il s'agit, par le motif, etc., et a signé après lecture. (*Signature.*)
Le même jour, à ... heures, s'est présenté le sieur ..., etc. (*Signature.*)	Le ..., à ..., s'est présenté le sieur .., lequel, etc. (*Signature.*)

Et, attendu qu'aujourd'hui ..., jour fixé pour la clôture de l'enquête, personne ne s'est plus présenté, nous avons clos à ... heures du ... le présent procès-verbal.

Fait à ..., le ...

1. En envoyant au sous-préfet ce procès-verbal, il faut l'accompagner :
 1° De la copie de l'affiche;
 2° Du certificat de publication de l'enquête;
 3° De l'avis particulier du maire, sur l'établissement dont il s'agit.

Ces trois pièces sont délivrées sur papier libre.

FORMULE 803. — Loi du 18 juillet 1837. — Décret du 25 mars 1852. — Circulaire du 2 avril 1841.

Règlement tendant à la perception de droits de voirie suivant un tarif annexé [1].

§ Ier.

Arrêté préfectoral approbatif d'un règlement de voirie.

Nous, préfet de ...;

Vu le tarif des droits de voirie à percevoir dans la commune de ..., tel qu'il a été arrêté par délibération du conseil municipal en date du ...;

L'arrêté du maire de ..., portant règlement permanent en matière de constructions, de réparations et de saillies fixes ou mobiles, des bâtiments riverains des voies publiques de la commune, dépendant de la voie urbaine;

Les arrêtés préfectoraux pris le ..., sur les mêmes objets, après l'avis de l'ingénieur en chef du département, en date du ..., en ce qui concerne les rues formant traverses des routes nationales et départementales, et des chemins vicinaux de grande communication;

Le budget de la commune;

L'avis du sous-préfet, en date du ...;

L'avis, en date du ..., du conseil des bâtiments civils institué près de la préfecture;

La loi du 18 juillet 1837, art. 21, et le décret du 25 mars 1852;

La circulaire du ministre de l'intérieur du 2 avril 1841, sur la marche à suivre pour la formation des tarifs de droits de voirie;

Considérant que la commune de ... justifie de la nécessité où elle est de se créer de nouvelles ressources; que les droits de voirie sont classés par la loi au nombre des ressources ordinaires des communes; que, d'ailleurs, les droits déterminés au tarif voté par le conseil municipal sont modérés, et que les dimensions assignées aux saillies par les règlements ci-dessus visés sont analogues à celles indiquées dans l'ordonnance royale du 24 dé-

1. Dans un temps où la création de maisons communes, d'écoles, de salles d'asile, etc., et la mise en état de viabilité des chemins de toute sorte ont obéré un grand nombre de communes, il n'est pas sans intérêt d'appeler l'attention des conseils municipaux sur les ressources que peut leur donner un règlement de voirie que la loi du 18 juillet 1837, le décret du 25 mars 1852 et la circulaire du ministre de l'intérieur du 2 avril 1841 les mettent à même de voter.

Ces ressources sont d'un recouvrement plus facile que les droits d'octroi, elles sont à la disposition de toutes les communes, tandis que l'octroi ne peut être établi que dans les villes de 3,000 âmes au moins de population; elles donnent d'ailleurs lieu à moins de réclamations et d'oppositions.

Un règlement de voirie n'est que la juste compensation d'abord des frais que les communes sont obligées de faire pour la création de leurs plans d'alignements, puis des soins, des démarches et des travaux imposés aux maires pour vérifier et appliquer ces plans à l'occasion des constructions et modifications qui s'opèrent le long des voies publiques.

Nous indiquons la forme de la délibération à prendre par les conseils municipaux et de l'arrêté préfectoral qui en est la conséquence.

cembre 1823, spéciale à la ville de Paris, mais proposée comme modèle par la circulaire du 2 avril 1841 ;

ARRÊTONS :

ART. 1er. — Est autorisée la perception des droits de voirie dans la commune de ..., conformément au tarif inséré dans la délibération du conseil municipal en date du ..., ci annexée ;

ART. 2. — La perception des droits, en ce qui concerne la délivrance des alignements, n'aura lieu qu'après que ces alignements auront été obtenus dans les formes déterminées par les lois et règlements sur la voirie ;

ART. 3. — Le maire de ... est chargé de l'exécution du présent arrêté.

Fait en l'hôtel de la préfecture. (*Signature du préfet.*)

§ II.

Extrait du registre des délibérations du conseil municipal de la commune de ..., fixant le taux et la nature des droits de voirie.

L'an ..., le ...

Le conseil municipal, dûment convoqué, s'est réuni au lieu ordinaire de ses séances, sous la présidence de M. ..., maire ;

Étaient présents MM. ...

La séance étant ouverte, le maire expose que la commune de ... prend chaque jour de l'accroissement; que, d'un autre côté, les dépenses communales augmentent; que chaque année les dépenses obligatoires portées au budget de la commune dépassent ..., tandis que ses revenus ne s'élèvent qu'à ... ; qu'il faut dès lors pourvoir à la différence, par des centimes additionnels, avant de songer à faire aucune amélioration ; que des travaux importants deviennent urgents, que notamment (*indiquer les travaux et amélioration auxquels il y a lieu de pourvoir*).

Le conseil, reconnaissant la justesse de ces observations, et voulant créer des ressources, est unanimement d'avis :

1° Qu'il y a lieu d'établir des droits de voirie au profit de la caisse municipale sur toutes les voies publiques nationales, départementales, vicinales ou communales ;

2° Que la perception des droits soit faite à partir du 1er janvier prochain, conformément au tarif suivant.

TABLEAU DES DROITS A PERCEVOIR (*voir le tableau à la page suivante.*)

DÉNOMINATION ET TARIF des DROITS A PERCEVOIR.	DROITS.	OBSERVATIONS.
§ 1er. CONSTRUCTIONS NEUVES.		
Alignement pour chaque mètre de longueur.		
1° Bâtiment en maçonnerie. . . .	3 »	
2° Constructions en pans de bois.	5 »	
3° Murs de clôture.	» 50	
4° Exhaussement d'un bâtiment, droit fixe.	7 »	
5° Exhaussement du mur de clôture.	3 50	
§ 2. CONSTRUCTIONS EN SAILLIE.		
1° *Saillies fixes.*		
Grand balcon, par mètre de long..	6 »	Sont considérés comme grands balcons ceux qui ont plus de 2 mètres de long.
Petit balcon, Id. Id.	2 »	
Perron en pierre, Id. Id.	8 »	On payera en outre un droit pour la location du terrain communal occupé par le perron, ce droit sera déterminé par le traité qui autorisera l'occupation du terrain.
Pilastres, chaque.	2 50	Ce droit sera dû lors même que les colonnes ou pilastres ne seraient en saillie que d'une partie de leur épaisseur.
Borne isolée ou engagée, droit fixe.	1 »	
Banc sur la façade des maisons, Id.	2 »	
Marche saillante.	1 »	
NOTA. Dans le cas de rétablissement de ces divers objets, il ne sera perçu qu'un demi-droit :		
Descente de tuyaux pour les eaux pluviales ou ménagères.	1 50	
Tuyaux de poêle débouchant sur la rue.	1 50	
2° *Saillies mobiles.*		
Auvents en bois ou en métal :		
1° Au-dessus d'une boutique, droit fixe.	2 »	
2° Au-dessus d'une porte, dite marquise, droit fixe.	5 »	

DÉNOMINATION ET TARIF des DROITS A PERCEVOIR.	DROITS.	OBSERVATIONS.
Porte ouvrant en dehors et croisée munie de contrevents, volets ou persiennes, ou garnie de grille ou barreaux en saillie, pour chaque saillie, porte ou croisée, droit fixe. .	1 »	
Tableau, enseigne, bouchon de marchand de vins, droit fixe. . . .	3 »	
Devanture de boutique, par mètre.	3 »	On payera, en outre, un droit pour la location du terrain communal occupé par ces ouvrages. Ce droit sera déterminé par le traité qui autorisera l'occupation de ce terrain.
Travail de maréchal ferrant. . .	10 »	
Embattoir, échoppe.	10 »	
Perche d'étendage.	1 »	
Puisard.	20 »	
Bannes contre le soleil.	1 »	
§ 3. TRAVAUX OU RÉPARATIONS.		
Reconstruction partielle de murs de façade, compris le bouchement des baies.		
1° Au rez-de-chaussée d'un bâtiment, pour chaque mètre de longueur.	» 75	Il ne pourra être compté moins d'un mètre.
2° Au-dessus d'un rez-de-chaussée.	» 50	
3° Reconstruction totale ou partielle de murs de clôture, pour chaque mèt.	» 25	
Ouverture avec ou sans linteau ou poitrail.		
1° D'une croisée.	2 »	
2° D'une porte bâtarde.	3 »	
3° D'une porte charretière, ou cochère, ou d'une grille.	6 50	
4° D'une baie de boutique. . . .	4 »	

DÉNOMINATION ET TARIF des DROITS A PERCEVOIR.	DROITS.	OBSERVATIONS.
Ravalement partiel ou général.		
1° De la façade d'une maison, par mètre courant.	» 50	
2° D'un mur de clôture.	» 20	
Revêtissement en dalles, par mètre de longueur.	» 60	
§ 4. DROITS DIVERS		
Étai, chevalet, contre-fiche, par mètre de longueur.	3 »	On ne pourra taxer moins d'un mètre.
Dépôts de matériaux autorisés sur la voie publique, quelle qu'en soit la matière, par mètre superficiel et par mois.	1 »	Ne sont pas compris les dépôts qui concernent les constructions ou réparations qui auraient donné lieu à un droit en faveur de la commune, non plus que les dépôts de fumier et autres objets qui seraient mis momentanément sur la voie publique pour être enlevés immédiatement.

Le maire est autorisé à prendre tel arrêté que bon lui semblera pour assurer l'exécution du présent tarif.

Fait et signé en séance, les jours, mois et an susdits.

Ont signé au registre : MM. ...

Pour copie conforme, par le maire soussigné, ce ...

(*Signature du maire.*)

§ III.

RÈGLEMENT DE POLICE MUNICIPALE CONCERNANT LA VOIRIE.

Mairie de ...

L'an ..., le ...

Nous maire,

Considérant qu'il importe, dans l'intérêt de la liberté et de la sûreté de la voie publique, de déterminer les dimensions des auvents, bornes et autres objets en saillie, ainsi que les conditions moyennant lesquelles ces objets peuvent être établis;

Vu :

1° La loi des 11 et 22 décembre 1789;

2° L'article 3 du titre XI de la loi du 16-24 août 1790;

3° L'article 46 du titre Ier de la loi du 19-20 juillet 1791;

4° L'article 11 de la loi du 18 juillet 1837;

ARRÊTONS :

ART. 1er. — Il est défendu d'établir ou de réparer, sans une permission de l'autorité municipale, aucun objet en saillie dans les rues, places et autres voies publiques de la commune, sans préjudice des droits afférents à la grande voirie et des lois et règlements qui y sont exclusivement applicables.

ART. 2. — Les permissions ne seront accordées que dans les cas spécifiés au présent règlement.

Elles ne pourront s'appliquer à des saillies autres que celles qui se trouvent déterminées ci-après.

ART. 3. — Ces permissions ne seront valables que pour une année.

ART. 4. — Les saillies ne pourront excéder les dimensions suivantes à partir du niveau au-dessus de la retraite, savoir :

Saillies fixes.

	mèt.	c.
Pilastres et colonnes en pierre	»	10
Les jambes ou boutisses devront toujours être placées sur l'alignement, dans le cas où les pilastres et colonnes auront une épaisseur plus considérable que la saillie permise, l'excédent devra se trouver en arrière de l'alignement.		
Grands balcons	»	70
Cette espèce de saillie ne pourra être établie qu'à quatre mètres au moins au-dessus du sol, et seulement dans les rues de sept mètres au moins de largeur.		
Petits balcons (y compris l'appui des croisées)	»	20
Bornes à la base	»	35
Les bornes devront toujours être adhérentes aux murs.		
Pans en bois ou en pierre	»	35
Pas et marche	»	35
Auvents de boutiques, de portes ou de croisées, avec une hauteur au moins de 4m, 50 au-dessus de la chaussée	»	45
Pilastres en menuiserie	»	16
Colonnes en menuiserie, isolées ou engagées	»	16
Tuyaux de descente ou d'éviers	»	16
Devantures de boutiques	»	16
Barreaux ou grilles de boutiques	»	16
Tableaux, enseignes, montres, attributs, reliefs, y compris les supports et points d'appui, avec une hauteur de 3m, 50 au-dessus du sol	»	16
Ferrures de boutiques, portes ou fenêtres	»	10

Jalousies, persiennes ou contrevents.................. » 10

Trottoirs, savoir : 1 mètre pour les voies de 7 mètres et au-dessous; 1^{m}, 20 pour celles de 8 mètres; 1^{m}, 50 pour celles de 9 mètres, et 2 mètres pour celles de 10 mètres.

Saillies mobiles.

Les échafaudages temporaires pour les constructions ou réparations................................ 2 »

Bannes.................................. 1 50

Les bannes devront être établies sur des supports horizontaux, à 3 mètres au moins au-dessus du sol, dans la partie la plus basse.

ART. 5. — Il ne pourra être autorisé aucune échoppe, aucun embattoir, travail de maréchal, etc., si ce n'est en dehors de l'alignement.

Lorsque pour l'établissement de ces objets, ainsi que pour les perrons, l'autorité municipale aura autorisé l'occupation d'une partie de terrain communal, il sera perçu un droit de location dont la quotité sera déterminée dans chaque cas spécial.

ART. 6. — A l'avenir, aucun tuyau de poêle ne pourra déboucher sur la voie publique.

Les tuyaux qui y débouchent actuellement, ne seront tolérés qu'autant qu'il sera reconnu qu'on ne peut leur donner aucune issue intérieure, dans ce cas ils seront élevés jusqu'à l'entablement avec les précautions nécessaires pour assurer leur solidité et empêcher l'eau rousse de tomber sur la voie publique.

ART. 7. — Les tuyaux de cheminée qui font actuellement saillie sur la voie publique sont provisoirement tolérés, mais ils ne pourront, sous aucun prétexte, être réparés; ils devront être supprimés lorsqu'ils seront en mauvais état, ou lorsqu'il sera fait de grosses réparations dans les bâtiments auxquels ils seront adossés.

ART. 8. — Dans toutes les maisons qui seront construites, à partir de ce jour, il ne pourra être établi, sur la voie publique, aucune espèce de cuvettes pour recevoir les eaux ménagères des étages supérieurs.

Dans les maisons actuellement existantes, les cuvettes placées en saillie seront supprimées lorsqu'elles auront besoin de réparation, s'il est reconnu qu'elles peuvent être établies à l'intérieur.

Dans le cas contraire, elles seront disposées, autant que faire se pourra, de manière à recevoir les eaux intérieurement, on les garnira de hausses, pour prévenir tout déversement.

ART. 9. — Les auvents et corniches qui seront au-dessus des boutiques, devront être construits en bois ou en métal, ils auront au moins 3^{m},50 au-dessus de la chaussée.

Les auvents et corniches en plâtre existant actuellement seront supprimés ou remplacés, comme il vient d'être dit, dès qu'ils auront besoin de réparations.

ART. 10. — Les lanternes ou transparents qui seront établis à l'avenir seront retenus aux poteaux par des anneaux ou crochets en fer, fixés solidement au moyen d'une douille.

Les transparents ne seront maintenus en place que dans la nuit, ou pendant les heures où ils seront éclairés.

On ne pourra suspendre pendant le jour aux cordes des lanternes et transparents, aucun objet pouvant, par sa chute, blesser les passants.

ART. 11. — Les portes devront s'ouvrir en dedans.

Les tuyaux de descente des eaux pluviales ou ménagères devront les déverser au niveau de la voie publique, en passant sous le trottoir, s'il en existe.

ART. 12. — Les bannes ne seront mises en place qu'au moment où le soleil donnera sur les boutiques qu'elles sont destinées à abriter; elles seront retirées aussitôt que les boutiques ne seront plus exposées aux rayons du soleil.

ART. 13. — Il est défendu de couvrir en paille; les couvertures de cette nature actuellement existantes ne pourront être réparées.

Les contraventions au présent règlement seront constatées par des procès-verbaux, et les auteurs de ces contraventions seront poursuivis conformément aux lois.

Pour copie conforme :

(*Signature du maire.*)

Vu pour être annexé à notre arrêté de ce jour, à...

(*Signature du préfet.*)

NOTA. Quand la commune est traversée par des routes nationales, départementales ou de grande communication, le préfet prend des arrêtés pour chacune de ces routes, fixant les dimensions des saillies qu'on peut y permettre.

MAIRIE DE ...	AUTORISATION DE VOIRIE.		
ARRONDISSEMENT de ... — DÉPARTEMENT DE ... — VOIRIE. N°	Le maire de ... autorise M. ... à faire, suivant sa demande, les travaux suivants : à la charge de payer avant le commencement des travaux, entre les mains du receveur municipal de ..., la somme de , ci pour les droits fixés pour ce genre de travaux, par le règlement de voirie approuvé par M. le préfet de ..., le 22 mai 18...	F.	C.

A ..., le ...

(*Signature.*)

PROCÉDURE.

Appel.

FORMULE 804. — Art. 456 C. Pr.

Acte d'appel.

L'an ..., le..., à la requête du sieur A... (*p.*, *q. et d.*), pour lequel domicile est élu en l'étude de Me ..., avoué près la cour d'appel de ..., demeurant en ladite ville, rue ..., n° ..., lequel est constitué et occupera sur la présente assignation, j'ai ... (*immatricule de l'huissier*), soussigné, déclaré au sieur B... (*p.*, *q. et d.*), où étant et parlant à ..., que le sieur A... interjette appel d'un jugement, contradictoirement rendu entre lui et le sieur B... (ou : *d'un jugement rendu par défaut contre le requérant au profit dudit sieur B...*), par le tribunal de ..., le ..., enregistré; en conséquence, j'ai donné assignation audit sieur B... à comparaître à huitaine franche, outre un jour par trois myriamètres de distance, à l'audience et par-devant MM. les premier président et conseillers composant la cour d'appel de ..., séant à ..., heure de ..., pour :

Attendu ... (*exposer, très succinctement, les moyens invoqués*), voir dire qu'il a été mal jugé au fond par le jugement susénoncé (*si on prétend, en outre, que les formes de la procédure ont été violées, on met*) : Voir dire que le jugement susénoncé est nul en la forme et mal rendu au fond; en conséquence : 1° que ledit jugement sera infirmé et mis à néant (*si on prétend qu'il est nul en la forme et au fond, on met*) : que ledit jugement sera annulé et en tout cas infirmé; 2° que le sieur A... sera déchargé des condamnations prononcées contre lui par ledit jugement; 3° que le sieur B... sera déclaré non recevable dans la demande sur laquelle est intervenu le jugement dont est appel; 4° qu'il payera tous les dépens tant de 1re instance que d'appel; 5° que l'amende consignée par le requérant lui sera restituée.

Et je lui ai, audit domicile, parlant comme ci-dessus, laissé copie du présent, dont le coût est de ...

Il a été employé pour la copie une feuille de papier spécial au timbre de soixante centimes. (*Signature de l'huissier.*)

Décompte. (Tarif, art. 29.)

Timbre	» 60
Original	2 »
Copie	» 50
Enregistrement	18 75
Total	21 85

FORMULE 804 *bis*. — Art. 462 C. Pr.

Requête contenant les griefs ou les moyens de l'appelant.

A MM. les premier président, président et conseillers, composant la... chambre de la cour d'appel de...

Le sieur A... (*p.*, *q. et d.*), appelant, défendeur au principal et demandeur aux fins de la présente requête, ayant Me ..., pour avoué,

Contre le sieur B... (*p.*, *q. et d.*), intimé, demandeur en principal et défendeur aux fins des présentes, ayant pour avoué Me ...

A l'honneur de vous exposer, à l'appui de son appel, les griefs suivants :

FAITS.

Exposer les faits et l'état de la procédure jusqu'au jour de la requête.

GRIEFS D'APPEL OU MOYENS.

Développer les moyens tirés des faits ou du droit.

Par tous ces motifs et autres à produire en plaidant, le sieur A... conclut en ce qu'il plaise à la cour (*reproduire les conclusions de l'exploit d'appel*).

Et vous ferez justice. (*Signature de l'avoué.*)

Décompte. (Voir *la formule* 804.)

FORMULE 805. — Art. 463 C. Pr.

Conclusions de l'intimé en réponse à celles de l'appelant.

Conclusions.

A. MM. les premier président, président et conseillers, composant la ... chambre de la cour d'appel de ...

Pour M. B... (*p.*, *q. et d.*), ayant Me ... pour avoué,

Contre M. A... (*p.*, *q. et d.*).

Plaise à la cour :

Attendu (*indiquer les motifs à l'appui des conclusions*).

Par ces motifs et par tous autres de droit et d'équité qu'il plaira à la cour d'indiquer,

Statuant sur l'appel interjeté par le sieur A..., du jugement contradictoirement rendu entre les parties par le trib. de 1re inst. de ..., en date du ..., enregistré,

Mettre l'appellation au néant, ordonner que ce dont est appel conservera son entier effet, condamner le sieur A... à l'amende et aux dépens des causes principale et d'appel, dont distraction est remise par Me ..., avoué, qui la requiert, comme en ayant fait l'avance de ses propres deniers.

Sous les réserves les plus expresses de modifier et même de changer les présentes conclusions en tout état de cause, et même d'interjeter immédiatement appel des chefs dudit jugement qui font grief à l'intimité.

Et vous ferez justice. (*Signature de l'avoué.*)

Décompte. (Tarif, art. 72, 147.)

Timbre........................	Mémoire.
Original, 3 fr. par rôle............	Mémoire.
Copie, 75 c. par rôle..............	Mémoire.
Enregistrement...................	18 75

FORMULE 806. — Art. 443 C. Pr.

Conclusions de l'intimé contenant appel incident.

Pour le commencement, voir la formule précédente.

Recevoir le sieur B..., incidemment appelant du jugement contradictoirement rendu entre les parties par le tribunal de ..., le ..., enregistré et signifié, en ce que, par ledit jugement, il a été condamné au payement de la somme de ..., envers le sieur A...

Attendu (*indiquer les motifs à l'appui des conclusions*).

Par ces motifs et par tous autres de droit et d'équité qu'il plaira à la cour d'indiquer,

Mettre le jugement dudit jour, quant aux chefs du présent appel incident, au néant;

Émendant ..., décharger le sieur B... desdites condamnations contre lui prononcées par ledit jugement;

Statuant au principal, déclarer le sieur A... purement et simplement non recevable pour les causes susénoncées en sa demande de ..., en tout cas mal fondée, et l'en débouter;

Dire et ordonner que le surplus du jugement sortira son entier effet, ordonner la restitution de l'amende consignée par l'intimé ... et condamner, etc. (*Voir la formule précédente.*)

Même décompte.

FORMULE 807.

Constitution d'avoué.

Me ..., avoué près la cour d'appel de ..., déclare à Me..., avoué près la même cour, du sieur A... (*p., q. et d.*), qu'il a mandat d'occuper, et qu'il se constitue pour le sieur B... (*p., q. et d.*), sur l'appel interjeté par ledit sieur A... d'un jugement rendu entre parties par le tribunal de 1re inst. de ..., le ..., ledit appel signifié au sieur B... par exploit de ..., huissier à .... en date du .., enregistré,

Sans aucune approbation dudit appel, et sous la réserve expresse de tous moyens de nullité de forme et de fonds, ainsi que de tous moyens et exceptions de fait et de droit.

Dont acte.

Pour original, pour copie. (*Signature de l'avoué.*)

Signifié, laissé copie à Me ..., avoué, à domicile en parlant à ..., le ..., par moi, huissier audiencier soussigné. Coût.

(*Signature de l'huissier.*)

Décompte. (Tarif, art. 70 et 147.)

Original........................	1 50
Copie...........................	» 38
Timbre..........................	1 20
Enregistrement..................	1 88
Signification...................	» 75

FORMULE 808. — Art. 457 C. Pr.

Requête afin d'obtenir l'autorisation de citer à bref délai pour obtenir des défenses à l'exécution d'un jugement qualifié, mal à propos, en dernier ressort.

A M. le premier président de la cour d'appel de...

Le sieur A... (*p., q. et d.*), ayant pour avoué Me ...

A l'honneur de vous exposer que par jugement rendu le ..., par le trib. de 1re inst. de ..., le ..., enregistré, il a été condamné envers le sieur B... (*p., q. et d.*). à ... (*indiquer la condamnation*); que par exploits de ..., en date des ..., enregistrés, signifiés à ..., avoué, et à la partie, il a interjeté appel dudit jugement, mal à propos qualifié en dernier ressort (*indiquer les motifs*), qu'il importe à l'exposant de faire cesser les poursuites d'exécution que le sieur B... persiste à diriger contre lui.

Par ces motifs, l'exposant conclut à ce qu'il vous plaise, monsieur le premier président, lui permettre d'assigner le sieur B... à bref délai pour voir ordonner que l'exécution du jugement susénoncé sera suspendue jusqu'à ce qu'il ait été statué sur l'appel interjeté par l'exposant, et, vu l'urgence, statuons que l'exécution de votre ordonnance aura lieu sur la minute.

Présenté à ..., le ... (*Signature de l'avoué.*)

ORDONNANCE.

Vu la requête ci-dessus et les faits y énoncés, permettons au sieur A... d'assigner le sieur B... devant la cour, à comparaître dans le délai de trois jours, en défense à l'exécution du jugement énoncé en la requête qui précède, et, vu l'urgence, disons que l'exécution de la présente ordonnance aura lieu sur la minute.

(*Signature du président.*)

Décompte. (Tarif, art. 77 et 147.)

Enregistrement........	9 38
Timbre................	» 60
Émolument.............	Néant.

FORMULE 809. — Art. 457 C. Pr.

Assignation à bref délai pour obtenir des défenses à l'exécution d'un jugement mal à propos qualifié en dernier ressort.

L'an ..., le ..., en vertu d'une ordonnance rendue par M. le premier président de la cour d'appel de ..., en date du ..., enregistrée, écrite au bas de la requête à lui présentée le même jour, desquelles requête et ordonnance copie se trouve en tête (*de celle*) des présentes et à la requête du sieur A... (*p., q. et d.*), pour lequel domicile est élu en l'étude de Me ..., avoué, près ladite cour d'appel, qu'il constitue et qui occupera pour lui sur la présente assignation, j'ai ... (*immatricule de l'huissier*), soussigné, donné assignation au sieur B... (*p., q. et d.*), en son domicile, où étant et parlant à ...

A comparaître le ..., à l'audience et par-devant MM. les premier président, président et conseillers de la cour d'appel de ..., séant au palais de justice, à ..., pour,

Attendu que le jugement contradictoirement rendu au profit du sieur B..., contre le requérant par le tribunal de ..., le ..., a été mal à propos qualifié en dernier ressort, puisque ... (*indiquer les motifs*);

Attendu que le requérant est fondé à demander que l'exécution dudit jugement soit suspendue, nonobstant la qualification qui lui a été donnée par erreur, jusqu'à ce que l'appel, dont la cour est saisie, ait été vidé;

Par ces motifs, voir ordonner que l'exécution du jugement susénoncé sera suspendue, jusqu'à ce qu'il ait été statué sur l'appel interjeté par le requérant, et que défense sera faite au sieur B... de le mettre à exécution avant que ledit appel soit jugé définitivement, et s'entendre, en outre, condamner aux dépens, dont distraction sera prononcée au profit de Me ..., qui affirme en avoir fait l'avance.

Et je lui ai, parlant comme ci-dessus, laissé copie, tant des requête et ordonnance susénoncées que du présent, dont le coût est de ...

Il a été employé pour la copie une demi-feuille de papier spécial au timbre de soixante centimes. (*Signature de l'huissier.*)

Décompte. (Tarif, art. 29.)

Timbre....................	Mémoire.
Original..................	2 »
Copie.....................	» 50
Enregistrement...........	3 75

FORMULE 810. — Art. 76 C. Pr.

Constitution d'avoué sur l'assignation à bref délai afin d'obtenir des défenses.

Voir la formule 807.

Même décompte.

FORMULE 811. — Art. 457 C. Pr.

Acte pour rendre exécutoire, malgré l'appel, un jugement mal à propos qualifié en premier ressort.

A la requête du sieur B... (*p., q. et d.*), ayant pour avoué Me ...

Soit sommé Me ..., avoué du sieur A... (*p., q. et d.*).

De comparaître le ... heure de ..., à l'audience et par-devant MM. les président et conseillers composant la ... chambre de la cour d'appel de ..., séant au palais de justice, à ..., pour,

Attendu que la compétence en dernier ressort des tribunaux de première instance s'étend à toutes les contestations dont l'objet n'excède pas une valeur déterminée de 1500 fr.;

Attendu que la demande formée par le requérant contre le sieur A... n'avait pour objet que ... (*constater que l'importance de la demande était déterminée et inférieure* à 1500 *francs*); qu'elle devait donc être jugée en dernier ressort par le tribunal de première instance;

Attendu, dès lors, que le jugement rendu entre les parties par le tribunal de ..., le ..., enregistré, dont est appel, n'a pu être que par erreur qualifié en premier ressort;

Voir dire que ledit jugement a été à tort qualifié en premier ressort; en conséquence, qu'il sera exécuté suivant sa forme et teneur, nonobstant l'appel interjeté par le sieur A...

Et s'entendre condamner aux dépens, dont distraction au profit de Me ..., avoué, qui affirme en avoir fait l'avance.

Dont acte, sous toutes réserves.

Pour original, pour copie.

Signifié, etc. (*Signature de l'avoué.*)

Décompte. (Tarif, art. 67, 147 et 148.)

Timbre.............	Mémoire.
Enregistrement.......	1 88
Signification.........	1 75

FORMULE 812. — Art. 450 C. Pr.

Acte pour faire ordonner l'exécution provisoire d'un jugement qui a omis de la prononcer.

Voir la formule précédente.

(Après les motifs de la demande, on peut conclure ainsi :)

Voir ordonner que le jugement du ..., sera exécuté par provision, et sans qu'il soit besoin de caution, nonobstant l'appel sus-énoncé.

Et s'entendre condamner aux dépens, etc.

(Le reste comme en la formule précédente.)

Même décompte.

FORMULE 813. — Art. 459 C. Pr.

Requête pour obtenir permission d'assigner à bref délai, à l'effet de défendre l'exécution provisoire d'un jugement frappé d'appel, qui a ordonné mal à propos cette exécution provisoire.

Voir la formule 809.

Même décompte.

FORMULE 814.

Acte de réitération d'un appel déclaré non recevable.

L'an ..., le ..., à la requête, etc. (*Voir la formule* 805), j'ai, etc., déclaré, etc. (*Voir la formule* 805), que le sieur A..., réitère l'appel qui avait été par lui interjeté d'un jugement du tribunal de ..., en date du ..., rendu contradictoirement entre lui et le sieur B..., ledit appel déclaré non recevable comme formé avant l'expiration du délai voulu par la loi.

Et je lui ai, etc. (*Voir la formule* 805.)

Même décompte.

Appel incident.

FORMULE 815. — Art. 443 C. Pr.

Appel incident.

Me ..., avoué près la cour d'appel de ..., et du sieur B... (*p., q. et d.*), déclare à Me ..., avoué près la même cour, constitué pour le sieur A... (*p., q. et d.*), que sa partie se porte incidemment appelante du jugement rendu entre lesdits sieurs A... et B... par le tribunal de ..., le .... enregistré, duquel jugement le sieur A... a interjeté appel par exploit de ..., huissier à ..., en date du ..., enregistré, par les motifs que (*les indiquer*).

Lui déclarant, en conséquence, qu'il conclut pour sa partie à ce qu'il plaise à la cour démettre le sieur A... de son appel principal, réformer le jugement susénoncé, quant aux dispositions qui préjudicient au sieur B..., condamner le sieur A... à l'amende et aux dépens, dont distraction, etc.

Dont acte.

Pour original, pour copie.

Signifié, laissé copie, etc. (*Signature de l'avoué.*)

Décompte. (Tarif, art. 71 et 147.)

Timbre	1	20
Enregistrement	18	75
Signification	»	75
Original	7	50
Copie	1	90
Total	30	10

FORMULE 816.

Appel en adhérant.

Me ..., avoué près la cour d'appel de ..., et du sieur A... (*p., q. et d.*), déclare à Me ..., avoué du sieur B... (*p., q. et d.*), que sa partie ... se rend appelante du jugement rendu entre lesdits sieurs A... et B..., par le tribunal de ..., le ..., enregistré.

Et attendu que ce jugement ne fait que confirmer celui rendu le ..., entre lesdites parties, par le même tribunal, et dont le sieur A... a appelé par exploit de ..., huissier, en date du ..., enregistré ; qu'il a été d'ailleurs rendu sur les mêmes motifs, dont le sieur A... doit contester devant la cour la légitimité;

Attendu, en conséquence, qu'il importe au sieur A... d'arrêter l'exécution dudit jugement, et d'en faire prononcer la réformation par le même arrêt, qui statuera sur le premier appel dans lequel il persiste;

Lui déclare qu'il conclut pour sa partie, à ce qu'il plaise à la cour donner acte au concluant de l'appel par lui interjeté des jugements ci-dessus énoncés, ordonner qu'il y sera statué par le même arrêt; au fond, déclarer nuls les susdits jugements et remettre les parties dans l'état où elles étaient auparavant; ordonner la restitution des amendes et condamner le sieur B... en tous les dépens, tant de première instance que d'appel, dont distraction, etc.; dont acte.

Pour original, pour copie.

Signifié, donné copie, etc. (*Signature de l'avoué.*)

Même décompte qu'en la formule précédente.

FORMULE 817. — Art. 471 C. Pr.

Sommation de l'avoué de l'intimé à celui de l'appelant de justifier qu'il a consigné l'amende.

A la requête du sieur B... (*p., q. et d.*), ayant pour avoué M[e] ..., soit sommé M[e] ..., avoué du sieur A... (*p., q. et d.*), de justifier dans la huitaine pour tout délai, de la consignation d'amende qu'il a dû effectuer au nom de sa partie.

Dont acte sous toutes réserves;

Pour original et pour copie.

Signifié et laissé copie, etc. (*Signature de l'avoué.*)

Décompte. (Tarif, art. 70 et 158.)

Timbre	1	20
Enregistrement	1	88
Signification	»	75
Original	1	50
Copie	»	37 1/2
Total	5	70 1/2

FORMULE 818.

Signification par l'avoué de l'appelant, à l'avoué de l'intimé, de la quittance d'amende.

A la requête du sieur A..., ayant pour avoué M[e] ..., soit faite la signification et donné copie en tête (*de celle*) des présentes, à M[e] ..., avoué du sieur B..., de la quittance de consignation d'amende délivrée par M. ..., receveur de l'enregistrement, le ..., enregistrée.

Dont acte, sous toutes réserves.

Pour original, pour copie.

Signifié, laissé copie. (*Signature de l'avoué.*)

Décompte :	
Timbre	1 20
Enregistrement	1 88
Signification	» 75
Original	1 50
Copies, 45 c. par rôle	Mémoire.

FORMULE 819. — Art. 464 C. Pr.

Acte de demande nouvelle.

CONCLUSIONS.

Pour le sieur A... (*p.*, *q. et d.*), appelant, ayant pour avoué Me ...

Contre le sieur B... (*p.*, *q. et d.*), intimé, ayant pour avoué Me ...

PLAISE A LA COUR :

Attendu que (*indiquer les motifs de la demande*), tout en statuant sur les conclusions prises pour le sieur A..., signifiées le ... ; réformer le jugement dont est appel, et ordonner que (*indiquer l'objet de la demaude*), et condamner ledit sieur B... aux dépens, tant de 1re instance que d'appel, dont distraction sera faite, etc.

Dont acte, sous toutes réserves.

Pour original, pour copie.

Signifié, etc. (*Signature de l'avoué.*)

Décompte. (Tarif, art. 71 et 147.)

Timbre, enregistrement et signification	3 83
Original	7 50
Copie	1 90
Total	13 23

FORMULE 820. — Art. 466 et 474 C. Pr.

Requête en intervention.

A MM. les président et conseillers composant la ... chambre de la cour d'appel de ...

Le sieur C... (*p.*, *q. et d.*), ayant pour avoué Me ..., dans l'étude duquel il élit domicile à ..., rue ..., n° ..., qu'il constitue et qui occupera pour lui sur l'intervention ci-après;

Contre : 1° le sieur A... (*p.*, *q. et d.*), appelant, ayant pour avoué Me ... ; 2° le sieur B... (*p.*, *q. et d.*), intimé, ayant pour avoué Me ...;

A l'honneur de vous exposer (*indiquer les motifs qui rendent l'intervention nécessaire, les droits que l'intervenant invoque à la chose contestée entre l'appelant et l'intimé ; continuer ainsi*) :

Qu'il n'est pas intervenu en 1re instance, parce qu'il ignorait la contestation, mais que se trouvant dans le cas de l'art. 474 C. p., il a le droit et l'intention d'intervenir sur l'appel, conformément à l'art. 466 du même Code ;

C'est pourquoi il conclut à ce qu'il vous plaise le recevoir partie intervenante dans l'instance d'appel pendante entre lesdits sieurs A... et B... ; et faisant droit, tant sur ladite intervention que sur la demande principale, déclarer l'exposant dûment intervenant, déclarer également mal fondés l'appel du ..., interjeté par le sieur A..., à l'égard du jugement du ..., et les prétentions du sieur B... ; réformer le jugement susénoncé qui accueille ces prétentions ; déclarer que l'exposant a seul droit à l'objet de la contestation, et condamner les sieurs A... et B... en tous les dépens, tant de 1re instance que d'appel, dont distraction à Me avoué, qui affirme en avoir fait l'avance. Dont acte.

Pour original, pour copie.

Signifié, laissé copie, etc. (*Signature de l'avoué.*)

Décompte. (Tarif, art. 75, § 17 et 147.)

Timbre	Mémoire.
Signification, deux copies	1 50
Enregistrement	1 88
Original, 3 fr, par rôle	Mémoire.
Sur chaque copie 1/4	Mémoire.
Copie de pièces à 45 cent. par rôle	Mémoire.

FORMULE 821. — Art. 647 C. Pr.

Requête pour obtenir permission de citer à heure fixe pour plaider.

A M. le premier président de la cour d'appel de ...

Le sieur A... (*p., q. et d.*) ayant Me ... pour avoué, a l'honneur de vous exposer que, par exploit du ..., il a interjeté appel d'un jugement du tribunal de commerce de ..., en date du ..., rendu contradictoirement entre lui et le sieur B..., lequel ordonne (*analyser le dispositif*) ; que l'exécution de ce jugement, qu'il n'est pas en son pouvoir d'arrêter, doit avoir pour l'exposant les plus funestes effets, puisque (*déduire les motifs*) ; qu'il est donc de l'intérêt de l'exposant d'obtenir, dans le plus court délai, la réformation dudit jugement ;

Dans ces circonstances, l'exposant conclut à ce qu'il vous plaise, monsieur le premier président, en vertu de l'art. 647 C. com., et vu les faits ci-dessus et les pièces à l'appui, lui accorder la permission de citer le sieur B... extraordinairement, aux jour et heure que vous voudrez bien indiquer pour plaider sur l'appel, et, vu l'urgence, ordonner l'exécution sur la minute de votre ordonnance. (*Signature de l'avoué.*)

Décompte. (Tarif, art. 77 et 147.)

Timbre	» 60
Enregistrement de l'ordonnance	9 38
Requête	4 50
Total	14 48

FORMULE 822. — Art. 462 C. Pr.

Requête contenant les moyens de l'appelant.

A MM. les président et conseillers composant la ... chambre de la cour d'appel de ...

Le sieur A... (*p., q. et d.*), appelant, ayant Me ... pour avoué ;

Contre le sieur B... (*p., q. et d.*), intimé, ayant Me ... pour avoué ;

A l'honneur de vous exposer les motifs sur lesquels il fonde son appel.

FAITS.

(Les établir.)

MOYENS.

(Les développer.)

CONCLUSIONS.

Par ces motifs, le sieur A... conclut à ce qu'il plaise à la cour lui adjuger les conclusions signifiées par son exploit d'appel (*les compléter s'il y a lieu*). (*Signature de l'avoué.*)

Décompte. (Tarif, art. 75 et 147.)

Timbre........................	Mémoire.
Signification, enregistrement.	2 63
Original, 3 fr. par rôle......	Mémoire.
Copie, 75 cent. par rôle.....	Mémoire.

FORMULE 823.

Requête en réponse par l'intimé.

Voir la formule précédente, les conclusions se font ainsi :

A ce que l'appel soit mis au néant ; qu'il soit ordonné que ce dont est appel sortira son entier effet, et que l'appelant soit condamné à l'amende.

Même décompte.

Assistance judiciaire.

FORMULE 824. — Loi du 30 janvier 1851, art. 10.

Certificat du percepteur constatant que l'indigent n'est pas imposé.

CONTRIBUTIONS DIRECTES.

DÉPARTEMENT
de

ARRONDISSEMENT
de

BUREAU.
à
rue nº

Perception de ...

Je soussigné, percepteur-receveur des contributions directes de la commune de ..., certifie qu'il n'existe pas aux rôles qui sont en recouvrement, d'article imposé sous le nom du sieur A ... (*p., q. et d.*), et qu'il n'est pas à ma connaissance que ledit sieur A... paye ... d'impôt sous un autre nom dans le ressort de ma perception.

Délivré à ..., le ... (*Signature du percepteur.*)

NOTA. Si l'indigent paye quelque contribution, le certificat est remplacé par un extrait du rôle de ses contributions.

FORMULE 825. — Loi du 30 janvier 1851, art. 10.

Déclaration de l'indigent avec affirmation.

Le soussigné A... (*p.*, *q. et d.*), dans le but d'obtenir l'assistance judiciaire et pour se conformer aux dispositions de l'art. 10 de la loi du 30 janvier 1851, déclare et atteste qu'il est, à raison de son état d'indigence, dans l'impossibilité d'exercer ses droits en justice, et que ses moyens d'existence consistent uniquement dans... (*énumération détaillée de ces moyens, quels qu'ils soient*), ce qui suffit à peine à l'entretien d'une nombreuse famille composée de ..., dont le soussigné est le seul soutien.

Fait à ..., le ... (*Signature.*)

La sincérité de la déclaration qui précède a été affirmée par le sieur A... (*p.*, *q. et d.*), devant nous ..., maire de la commune de ..., qui lui en avons donné acte, après lui avoir rappelé les dispositions de l'art. 26 de la loi du 30 janvier 1851, qui ont trait aux déclarations frauduleuses.

Fait à la mairie de ..., le ..., et a, le sieur A..., signé avec nous, maire, après lecture. (*Signatures.*)

FORMULE 826. — Loi du 30 janvier 1851, art. 18.

Demande d'assistance.

A MM. les président et membres du bureau d'assistance judiciaire près le tribunal de 1re instance de ...

Le sieur A... (*p.*, *q. et d.*),

A l'honneur de vous exposer que ... (*exposer avec clarté les causes de la contestation, indiquer les pièces qui justifient les droits du demandeur, et le but qu'il se propose d'atteindre, soit en demandant soit en résistant à une demande formée contre lui*); que, dans ces circonstances, l'exposant doit recourir aux tribunaux pour la protection de ses intérêts, mais que, ses ressources ne lui permettant pas de faire face aux frais d'une instance, il invoque le bénéfice de la loi du 30 janvier 1851, pour obtenir l'assistance judiciaire; par ces motifs, l'exposant conclut à ce qu'il vous plaise, Messieurs, vu : 1° un certificat délivré par le percepteur de son domicile, constatant qu'il n'est pas imposé aux rôles des contributions directes; 2° une déclaration conforme aux prescriptions de l'art. 10 de la loi précitée; l'admettre au bénéfice de l'assistance judiciaire dans l'action qu'il est dans l'intention d'intenter contre le sieur B... (*p.*, *q. et d.*) (ou que le sieur B... a intentée contre lui).

(*Signature du demandeur en assistance*, ou, s'il ne sait pas signer, *de son conseil.*)

NOTA. Les pièces précédentes sont déposées au parquet.

FORMULE 827. — Loi du 30 janvier 1851, art. 6, 11 et 12.

Décision du bureau.

Le bureau d'assistance judiciaire près le trib. de 1re inst. de ... ; vu la requête qui lui a été transmise par M. le procureur de la République, et notamment un certificat négatif délivré le..., par le percepteur de la commune de..., et la déclaration dudit sieur A... (*p. q. et d.*), affirmée sincère par lui devant M. le maire de..., le ... ; après avoir entendu le sieur A..., demandeur, et le sieur B... (*p. q. et d.*), partie adverse;

Attendu qu'il résulte du dossier soumis à l'examen du bureau et des explications données par les parties qui n'ont pu être conciliées que... (*exposé sommaire des faits et des moyens*), déclare que l'assistance est accordée au sieur A..., pour intenter (*ou* défendre à) la demande dont il s'agit.

Ainsi prononcé dans l'une des salles du palais de justice, à..., le... par MM. ... (*noms des membres*, composant le bureau d'assistance, assistés de M. ..., commis greffier, secrétaire dudit bureau).

(*Signatures du président et du secrétaire.*)

FORMULE 828. — Loi du 20 janvier 1851, art. 13.

Extrait de la décision qui admet l'assistance judiciaire.

D'une décision rendue le..., par le bureau d'assistance judiciaire établi près du trib. de 1re inst. de..., il résulte que le sieur A... (*p. q., et d.*) a été admis à l'assistance judiciaire, pour intenter contre le sieur B... (*p. q. et d.*) une action tendante à..., (ou *pour défendre à une action tendante à...*), dirigée contre lui par le sieur B...

A..., le...

Pour extrait conforme,
Le secrétaire du bureau,
(*Signature.*)

FORMULE 829. — Loi du 30 janvier 1851, art. 13.

Invitation du président du tribunal relative à la désignation d'un avocat.

Le président du trib. de 1re inst. de... invite, conformément à l'art. 13 de la loi du 30 janvier 1851, M. le bâtonnier de l'ordre des avocats (ou *le président de la chambre des avoués*, ou *le syndic des huissiers*) à désigner l'avocat (ou *l'avoué* ou *l'huissier*) qui prêtera son ministère au sieur A... (*p., q. et d.*), admis à l'assistance judiciaire par décision du bureau établi près le tribunal en date du..., pour intenter contre le sieur B... (*p., q. et d.*) une action tendante à... (ou *pour y défendre.*)

A..., le... (*Signature du président.*)

NOTA. Le premier président de la cour d'appel fait cette invitation lorsque l'assistance est accordée sur l'appel. S'il n'existe pas de bâtonnier, ou s'il n'y a pas de chambre d'avoués, la désignation est faite directement par le président du tribunal, dans une lettre qu'il adresse à l'avocat ou à l'avoué.

FORMULE 830. — Loi du 30 janvier 1851, art. 20.

Extrait du jugement de condamnation que le greffier est tenu de transmettre dans le mois au receveur de l'enregistrement.

Extrait des minutes du greffe du trib. de 1re inst. de...

Cause d'entre le sieur A... (*p.*, *q. et d.*) et le sieur B... (*p. q. et d.*).

La... chambre dudit tribunal a rendu le..., un jugement dont le dispositif, en ce qui concerne les dépens, est ainsi conçu :

Condamne le sieur B... aux dépens envers l'administration de l'enregistrement et des domaines, représentant le sieur A..., admis au bénéfice de l'assistance judiciaire.

Pour extrait certifié conforme, délivré en exécution de l'art. 20 de la loi du 30 janvier 1851.

A..., le... (*Signature du greffier.*)

FORMULE 831. — Loi du 30 janvier 1851, art. 11 et 12.

Demande en retrait de l'assistance judiciaire.

A M. le procureur de la République près le trib. de 1re inst. de.,
A MM. les président et membres du bureau d'assistance judiciaire près le trib. de 1re inst. de...

Le sieur A... (*p.*, *q. et d.*),

A l'honneur de vous exposer que le sieur B... (*p. q. et d.*), contre lequel il est en instance devant ce tribunal, a été, par votre décision du..., admis au bénéfice de l'assistance judiciaire ; que depuis cette époque il est survenu à l'assisté des ressources suffisantes (ou *que la déclaration d'indigence faite par le sieur B..., est frauduleuse*).

Expliquer les ressources survenues, ou les preuves de la fraude, et produire les pièces à l'appui.

Par ces motifs, l'exposant conclut à ce qu'il vous plaise, Messieurs, prononcer le retrait de l'assistance judiciaire accordée audit sieur B...

A..., le... (*Signature de la partie ou de son conseil.*)

FORMULE 832. — Loi du 30 juillet 1851, art. 22.

Décision qui prononce le retrait de l'assistance judiciaire.

Le bureau d'assistance judiciaire près le trib. de 1re inst. de...

Vu la requête qui lui a été transmise par M. le procureur de la République au nom du sieur A... ; vu les pièces justificatives à l'appui de ladite requête (ou *vu la lettre en date du... par laquelle M. le procureur de la République demande le retrait de l'assistance judiciaire accordée au sieur B...* ou *sur les renseignements recueillis d'office par le bureau*), après avoir entendu le sieur B... dans ses explications (ou *le sieur B... mis en demeure de s'expliquer par lettre du... n'ayant pa s déféré à cette invitation*).

Attendu ...; par ces motifs, prononce le retrait de l'assistance accordée au sieur B... par décision du ...

Ainsi prononcé, etc.

NOTA. Le secrétaire du bureau prévient par simple lettre le receveur de l'enregistrement de cette décision, et le receveur dirige immédiatement des poursuites contre l'assisté par voie de contrainte sur l'exécutoire délivré.

Lorsque le retrait est fondé sur une déclaration frauduleuse, le bureau peut ajouter dans sa décision qu'il est d'avis que l'assisté soit traduit devant le tribunal de police correctionnelle. (L. art. 26.)

Avenir. — Constitution et révocation d'avoués.

FORMULE 833 — Art. 79 et 80 C. Pr.

Avenir.

A la requête du sieur A... (*p., q. et d.*), ayant Me ... pour avoué,

Soit sommé Me ..., avoué du sieur B... (*p., q. et d.*),

De comparaître et se trouver le mardi 10 novembre, présent mois, à l'audience et par-devant MM. les président et juges composant le trib. de 1re inst. de ..., séant au palais de justice à ..., à dix heures du matin, pour y plaider la cause qui divise les parties, distribuée à ladite chambre sous le n° ... du rôle général.

Lui déclarant que faute de comparaître, il sera contre lui donné défaut et pris avantage.

A ce qu'il n'en ignore.

Dont acte. (*Signature de l'avoué.*)

Signifié, laissé copie à Me ..., avoué à domicile, par moi huissier audiencier soussigné. Coût : 90 centimes.

Paris, le ... (*Signature de l'huissier.*)

Décompte. (Tarif, art. 70, 156.)

Original	1 »
Copie	» 25
A l'huissier	» 30
Total	1 55

FORMULE 834. — Art. 75 C. Pr.

Acte de constitution d'avoué.

Me ..., avoué près le trib. de 1re inst. de ..., déclare à Me ..., avoué près le même tribunal, constitué pour le sieur B... (*p., q. et d.*), qu'il a charge et pouvoir d'occuper pour le sieur A... (*p.*, *q. et d.*), sur l'assignation à lui donnée à la requête du sieur B..., suivant exploit du ministère de ..., huissier à ..., en date du ..., enregistré; sans aucune approbation de ladite demande, mais au contraire, sous la réserve la plus expresse de tous moyens de nullité, fins de non-recevoir, exceptions de forme et du fond, et de tous autres droits.

A ce qu'il n'en ignore.

Dont acte.

Pour original. (*Signature de l'avoué.*)

Signifié et donné copie à Me ..., avoué, à domicile, par moi huissier audiencier soussigné, le ... mil huit cent ... Coût : ...

Employé pour la copie une feuille de papier spécial à soixante centimes.

(*Signature de l'huissier.*)

Décompte. (Tarif, art. 70.)

Timbre	1 20
Signification	» 30
Enregistrement	» 94
Original	1 »
Copie	» 25
Total	3 69

FORMULE 835. — Art. 75 C. Pr.

Révocation d'avoué et constitution d'un nouvel avoué.

A la requête du sieur A... (*p.*, *q. et d.*),

Soit signifié et déclaré à Me ..., avoué près le tribunal de ..., occupant pour le sieur B...(*p.*, *q. et d.*),

Que ledit sieur A... révoque par ces présentes Me... qui occupait pour lui dans son instance contre ledit sieur B..., et qu'il constitue en son lieu et place, Me ..., avoué audit tribunal de ..., lequel occupera désormais pour lui sur l'assignation qui lui a été donnée à la requête dudit sieur B..., par exploit de ... huissier ..., en date du ...

(*Signature de l'avoué.*)

Même décompte qu'en la formule précédente.

FORMULE 836. — Art. 77 C. Pr.

Requête signifiée par les défendeurs contenant les moyens de la défense.

A M. les président et juges composant le trib. de 1re inst. de ...

Le sieur A... (*p.*, *q. et d.*), défendeur aux fins de l'assignation à lui donnée à la requête du sieur B... (*p.*, *q. et d.*), suivant exploit du ministère, de ..., huissier à ..., en date du ... enregistré, ayant pour avoué Me ..., contre le sieur C... (*p.*, *q. et d.*), demandeur aux fins de son exploit introductif d'instance, ayant pour avoué Me ..., a l'honneur de vous exposer les faits suivants :

FAITS.

Exposer les faits, avec réserve, et de manière à ne pas donner d'armes contre soi.

Détailler la procédure, faire ressortir ses vices et ses nullités s'il en existe.

Résumer le procès et indiquer les questions à discuter.

DISCUSSION.

Discuter : 1° Les vices de forme et les nullités de la procédure ;

2° Les exceptions qui peuvent résulter contre les adversaires du défaut de qualité, de la prescription, etc., etc. ;

3° Les moyens du fond, en fait et en droit. On termine ainsi :

Par tous ces motifs et autres à suppléer, l'exposant conclut à ce qu'il vous plaise, Messieurs,

Attendu que, etc. ;

Déclarer la nullité de l'exploit introductif d'instance, en date du ..., enregistré, déclarer le sieur B..., non recevable dans sa demande, en tout cas mal fondée, l'en débouter et le condamner aux dépens, dont distraction sera faite au profit de Me ..., avoué, qui la requiert, affirmant les avoir avancés de ses deniers.

Déclarant le sieur A..., qu'il offre de communiquer au sieur B... les pièces à l'appui des présentes défenses, soit par la voie du greffe, soit à l'amiable sur simple récépissé de l'avoué.

(*Signature de l'avoué.*)

Signifié et laissé copie, etc.

Décompte. (Tarif, art. 72.)

Original, 2 fr. par rôle.................................... Mémoire.
Copies, le quart pour chacune.................................... Mémoire.
Timbre.................................... Mémoire.

NOTA. Chaque rôle de l'original doit contenir 25 lignes à la page et 22 syllabes à la ligne, et chaque rôle de copie doit contenir trois rôles d'original.

Enregistrement et droits des huissiers audienciers, 90 cent. par copie signifiée.................................... Mémoire.

FORMULE 837 — Art. 78 C. Pr.

Requête signifiée par le demandeur en réponse aux défenses.

Voir la formule précédente.
Même décompte.

FORMULE 838. — Décret du 30 mars 1808, art. 33 et 74.

Placet.

TRIBUNAL DE 1re INSTANCE de....	Affaire distribuée à ... la ... chambre, le ... N° ... du rôle général.
Nature de l'affaire. Ordinaire (*ou* sommaire).	Pour le sieur A .... (*p., q. et d.*), Demandeur ...; Me ..., avoué. Contre le sieur B... (*p. q. et d.*) Défendeur; Me ...,) avoué.

M. ...., juge-commissaire.
N° ....

Il plaira au tribunal,

Attendu (*reproduire les motifs et les conclusions de la demande*);

Condamner le défendeur aux dépens, dont distraction est requise au profit de Me ..., qui affirme les avoir avancés de ses deniers.

(*Signature du greffier.*) (*Signature de l'avoué.*)

Me ...., avoué.

Décompte. (Usage à Paris.)

Rédaction en matière ordinaire............ 3 »
En matière sommaire...................... 2 »

FORMULE 839.

Bulletins.

§ Ier.

N° ....
du rôle général.

BULLETIN DES CAUSES

Distribués par le sort aux chambres du tribunal de ...

AVOUÉS EN CAUSE.
MM. ....
A.
B.

Me .... avoué au trib. de 1re inst., est prévenu que la cause ...
Pour ...
Contre ...
A été distribuée à la ... chambre dudit tribunal.
Le ... du mois de ... 18...

§ II.

N° ....
du rôle général.

BULLETIN POUR VENIR PLAIDER.

A la ... chambre du tribunal de ...

AVOUÉS EN CAUSE.
MM. ....
A...
B...

Me ..., avoué du trib. de 1re inst., est prévenu que la cause...
Entre...
Et ...
A été indiquée pour être plaidée
Au ...
Ou bien.. Renvoyée à la
Mise ... au rôle le ...
Supprimée ... le ...

Décompte. Ces bulletins, qui tiennent les avoués au courant du mouvement de leurs affaires, sont payés 15 cent.

FORMULE 840.

Conclusions à poser à l'audience par l'avoué du défendeur.

CHAMBRE...
—
N° ...
du rôle.

CONCLUSIONS.

Pour le sieur A... (*p., q. et d.*) ;
Défendeur (*nom de l'avoué*);
Contre le sieur B... (*p., q. et d.*);
Demandeur (*nom de l'avoué*).

PLAISE AU TRIBUNAL,

AUDIENCE DU ....

Attendu que ... (*énoncer avec concision les principaux moyens de fait et de droit*),

Déclarer la demande du sieur B... purement et simplement non recevable, en tout cas mal fondée, la rejeter;

Et condamner le sieur B... aux dépens, dont distraction sera prononcée au profit de Me ..., avoué, qui affirme en avoir fait l'avance.

(*Nom de l'avoué.*) (*Signature de l'avoué.*)

Décompte. (Tarif, art. 71.)

Rédaction des conclusions..........	5 »
Signification à l'huissier	» 30
Enregistrement	» 94
Total...........	6 24

Contrefaçon.

FORMULE 841. — Loi du 5 juillet 1847.

Requête afin d'être autorisé à faire procéder à la désignation et à la description avec ou sans saisie des objets contrefaits.

A M. le président du tribunal de 1re instance de ...

Le sieur A... (*p., q. et d.*),

A l'honneur de vous exposer qu'il est propriétaire d'un brevet d'invention ayant encore ... ans de durée, aux termes d'un décret du Président de la République en date du ..., inséré au *Bulletin des lois*, n° ..., pour un système de ... (*désigner ici l'invention, le procédé, l'appareil*). L'original duquel brevet (ou copie) certifié est par lui joint à la présente requête ;

(*Si le demandeur n'est que cessionnaire, dire*) : que M. B... (*p., q. et d.*), ... titulaire d'un brevet d'invention ayant encore ... ans de durée, aux termes d'un décret du Président de la République en date du ..., inséré au *Bulletin des lois*, n° ..., pour un système de ... ;

A cédé à l'exposant, par un acte passé devant Mᵉ ... et son collègue, notaires à ..., le ..., enregistré, ledit brevet d'invention ;

Que nonobstant l'insertion dudit brevet d'invention au *Bulletin des lois* et l'enregistrement de la cession ci-dessus datée, au secrétariat de la préfecture du département de ...., l'exposant a appris que le sieur C... *p., q. et d.*) a dans ses ateliers des appareils conformes à ceux qui sont l'objet du brevet dont l'exposant est propriétaire (ou *cessionnaire*) ;

Que la fabrication de ces appareils porte atteinte aux droits de l'exposant et constitue la contrefaçon.

Pour quoi il requiert qu'il vous plaise, Monsieur le président, l'autoriser à faire procéder par le ministère d'huissier à la désignation et à la description détaillées, avec ou sans saisie, des objets contrefaits ou servant à la fabrication des produits du sieur A..., qui se trouveront au domicile et dans les magasins du sieur C..., et dans tous lieux où lesdits objets seront exposés, mis en vente ou recélés ; à faire à cet effet toutes les perquisitions qui seront nécessaires pour découvrir lesdits objets, et autoriser l'huissier à se faire assister à cet effet d'un commissaire de police de la ville de ..., sous toutes réserves de fait et de droit ; et vous ferez justice.

L'exposant joint à la présente requête copies du brevet et de la cession susénoncés.

(*Signature de l'avoué.*)

ORDONNANCE.

Nous ..., président du tribunal de ...

Vu la requête ci-dessus, le brevet dont le sieur A... est propriétaire, *ou :* le brevet et la cession que le sieur B... en a faite au sieur A..., suivant acte passé devant Mᵉ ... et son collègue, notaires à ..., le ..., enregistré ;

Autorisons M. A... à faire désigner et décrire et en même temps saisir par tout huissier requis, accompagné s'il le juge convenable par ... (*le président désigne ici un homme de l'art*), les appareils qui, suivant la requête du sieur A..., constitueraient la contrefaçon des objets pour lesquels il a été breveté, et qui se trouveraient dans le domicile et dans les ateliers ou magasins du sieur C... et dans ceux de tous marchands, vendeurs et recéleurs ; à faire en conséquence toutes les perquisitions qui seront nécessaires pour découvrir lesdits appareils, disons que l'huissier se fera assister à cet effet d'un commissaire de police de la ville de ....

Disons néanmoins qu'avant de faire procéder à la saisie, le sieur A... consignera à la Caisse des dépôts et consignations, à titre de cautionnement, la somme de ..., qui sera spécialement affectée aux suites de la saisie, et de la poursuite de contrefaçon.

Fait à ..., le ... (*Signature du président.*)

Décompte. (Tarif, art. 76.)

Timbre........................	Mémoire.
Requête........................	2 »
Enregistrement de l'ordonnance....	5 63

FORMULE 841 *bis.*

Procès-verbal de description avec ou sans saisie.

L'an ..., le ..., en vertu de l'ordonnance rendue sur requête par M. ..., président du trib. de 1re inst. de ..., en date du ..., enregistrée, dont copie précède,

Et à la requête de M. A... (*p., q. et d.*), où il fait élection de domicile,

Je ..., soussigné, huissier près le trib. de 1re inst. de ..., y demeurant, rue ..., me suis transporté, assisté de M. ..., commissaire de police de la ville de ..., et des témoins ci-après, nommés, en l'établissement de M. C... (*p., q. et d.*), situé à ..., à l'effet de décrire et de saisir (*s'il y a saisie*), conformément à l'art. 47 de la loi du 5 juillet 1844, les appareils, pouvant se trouver dans lesdits lieux, pour lesquels le requérant a obtenu son brevet d'invention, sous la date du ... (*ou* pour lesquels le sieur B... (*p., q. et d.*) a obtenu un brevet d'invention, à la date du ...), et dont il a fait cession totale *ou* partielle au requérant; au mépris duquel brevet le sieur C... fabrique lesdits appareils; et à cet effet faire toutes perquisitions qui seraient nécessaires pour découvrir les objets qui constituent la contrefaçon. Et de fait étant sur les lieux, nous avons fait connaître à M. C... le motif de notre transport, en parlant à ..,. à quoi il nous a été fait réponse que ... Nonobstant cette déclaration, contre laquelle nous avons fait toutes réserves et protestations contraires, nous avons passé outre et nous avons trouvé :

1° Dans un magasin situé au rez-de-chaussée (*décrire les objets*);

2° Dans un atelier.

(*Si l'on saisit.*) Lesquels objets nous avons saisis, mis sous la main de justice. (V. la formule 389.)

Et attendu que les appareils ci-dessus décrits (*s'ils ont été saisis, dire*) : et saisis constituent une contrefaçon aux appareils pour lesquels le requérant est breveté, j'ai fait et rédigé le présent procès-verbal dont j'ai, au susnommé, en parlant comme ci-dessus, laissé copie, avec celles des requête et ordonnance susdatées et de l'acte constatant le dépôt du cautionnement; le tout fait et rédigé en présence de M. le commissaire de police et des témoins qui ont signé avec nous.

Coût ...

Il a été employé pour la copie... feuille de papier spécial au timbre de...

(*Signatures.*)

Décompte. Voir *la formule* 389.

Reprise d'instance.

FORMULE 842. — Art. 344 C. Pr.

Notification du décès de la partie.

Me ..., avoué près le tribunal de 1re inst. de ...,

Déclare à Me ..., avoué, près le même tribunal, occupant pour le sieur B... (*p. q. et d.*);

Que ledit sieur C..., pour qui ledit Me... occupait dans l'instance pendante entre lui et le sieur B..., au tribunal de ..., est décédé à ..., le ... qu'en conséquence il y a lieu de suspendre toutes poursuites et procédures, à peine de nullité de tout ce qui serait fait au préjudice de la présente notification. Dont acte.

Pour original, pour copie.

Signifié, laissé copie, etc. (*Signature de l'avoué.*)

Décompte :		
	Timbre et enregistrement	1 54
	Original	1 25
	Signification	» 70
	Total	3 49

FORMULE 843. — Art. 345 C. Pr.

Réassignation donnée par l'héritier du demandeur au défendeur qui n'a pas encore constitué avoué, sur la première assignation.

L'an ..., le ..., à la requête du sieur A... (*p., q. et d.*), habile à se dire seul héritier du sieur C... (*p., q. et d.*), son père, décédé à ..., le ..., pour lequel requérant domicile est élu à ..., rue ..., en l'étude de Me ..., avoué près le tribunal de 1re inst. de ..., qui occupera pour lui sur la présente assignation, j'ai ..., (*immatricule de l'huissier*), soussigné, fait la signification et en tête (*de celle*) des présentes, laissé copie au sieur B... (*p., q. et d.*), audit domicile en parlant à ...,

De l'original enregistré d'un exploit du ministère de ..., huissier à ..., en date du ..., contenant assignation donnée à la requête du sieur C..., auteur du requérant, au sieur B..., qui n'a pas encore constitué avoué,

Et, à même requête, j'ai donné assignation au susnommé en parlant comme ci-dessus, à comparaître, à huitaine franche, outre un jour par trois myriamètres de distance, à l'audience et par-devant MM. les président et juges composant le tribunal de 1re inst. de ..., séant au palais de justice à ..., heure de ..., pour, par les motifs énoncés dans l'assignation dont copie précède (*celle des présentes*), voir adjuger au requérant les conclusions qui y sont contenues.

Je lui ai, audit domicile, en parlant comme ci-dessus, laissé copie, tant de l'assignation susénoncée, que du présent, dont le coût est de ...

Il a été employé pour la copie une feuille de papier spécial au timbre de ...

(*Signature de l'huissier.*)

Décompte. (Tarif, art. 29.)

Timbre..........................	Mémoire.
Original..........................	2 »
Copie..........................	» 50
Enregistrement..........................	3 75
Copie de pièces à 30 c. par rôle....	Mémoire.

FORMULE 844. — Art. 346 C. Pr.

Assignation en constitution d'un nouvel avoué.

L'an..., le ..., à la requête du sieur A... (*p., q. et d.*), pour lequel domicile est élu à ..., en l'étude de Me ..., avoué près le tribunal de 1re inst. de ..., lequel occupera pour lui sur la présente assignation, j'ai *immatricule de l'huissier*), soussigné, donné assignation au sieur B... (*p., q. et d.*), audit domicile, en parlant à ..., à comparaître à huitaine franche de ce jour, outre un jour par trois myriamètres de distance, à l'audience et par-devant MM. les président et juges composant le tribunal de 1re inst. de ..., séant au palais de justice, à ..., le ..., heure de ..., pour

Attendu que, par exploit de ..., en date du ..., enregistré, le sieur A... a formé contre ledit sieur B... une demande tendante à ...

Attendu que le sieur B... a constitué pour avoué Me ..., décédé le ... sans qu'un autre avoué ait été désigné en son lieu et place ;

Voir dire que le sieur B... sera tenu de constituer un nouvel avoué sur la demande susénoncée; et faute par lui de ce faire, voir ordonner qu'il sera par défaut, passé outre au jugement de la cause; en conséquence, voir (*reprendre les conclusions de l'exploit introductif d'instance*) ; et s'entendre condamner aux dépens.

Je lui ai, audit domicile, en parlant comme ci-dessus, laissé copie du présent, dont le coût est de...

Il a été employé pour la copie une feuille de papier spécial au timbre de...

(*Signature de l'huissier.*)

Décompte. (Tarif, art. 29.)

Timbre..........................	Mémoire.
Original..........................	2 »
Copie..........................	» 50
Enregistrement..........................	3 75

FORMULE 845. — Art. 347 C. Pr.

Constitution d'un nouvel avoué.

Me ..., avoué au tribunal de ..., déclare à Me ..., avoué au même tribunal constitué pour le sieur A... (*p., q. et d.*) ;

Qu'il occupera pour le sieur B... (*p., q. et d.*), au lieu et place de Me ..., avoué, décédé, sur la demande formée par le sieur B... contre le sieur

A..., par exploit de ..., huissier, en date du ..., enregistré ; à ce qu'il n'en ignore. Dont acte.

Pour original, pour copie.

Signifié, laissé copie, etc. (*Signature de l'avoué.*)

Décompte :	Timbre, signification et enregistrement.....	2 24
	Original et copie.............................	1 25
	Total...............	3 49

FORMULE 846. — Art. 346 C. Pr.

Assignation en reprise d'instance après le décès du défendeur.

L'an ..., le ..., à la requête du sieur A... (*p., q. et d.*), pour lequel domicile est élu à ..., en l'étude de Me ..., avoué près le tribunal de 1re inst. de ..., lequel continuera d'occuper pour lui sur l'assignation ci-après, j'ai (*immatricule de l'huissier*), soussigné, donné assignation au sieur B... (*p., q. et d.*), seul héritier du sieur C... (*p., q. et d.*), son père, décédé à ..., le ..., en parlant, au domicile susindiqué, à ... ;

A comparaître, à huitaine franche de ce jour, outre un jour par trois myriamètres de distance, à l'audience et par-devant MM. les président et juges composant le tribunal de 1re inst. de ..., séant au palais de justice, à..., le ..., heure de ..., pour :

Attendu que, sur la demande formée par le requérant contre le sieur C.... par exploit de ..., en date du ... ,enregistré, et tendante à ..., ledit sieur C.. avait constitué Me pour avoué ;

Attendu que la cause a été mise en délibéré au rapport de Me . ..., juge près ledit tribunal ;

Voir dire et ordonner qu'il sera tenu de reprendre, par acte d'avoué à avoué, l'instance introduite par le requérant contre le sieur C... par l'exploit susénoncé, sinon, et faute par lui de ce faire, voir dire et ordonner, par le jugement à intervenir, qu'il sera passé outre au jugement du fond; en conséquence, attendu... (*reprendre les conclusions de la première demande*).

(*S'il y a eu changement d'avoué, on ajoute* : Déclarant que Me ... occupera sur la présente assignation, ainsi que sur la demande originaire, au lieu et place de Me ..., précédemment constitué.)

Je lui ai, audit domicile, et en parlant comme ci-dessus, laissé copie du présent, dont le coût est de...

Il a été employé pour la copie une feuille de papier spécial au timbre de ...

(*Signature de l'huissier.*)

FORMULE 847. — Art. 347 C. Pr.

Assignation en reprise d'instance à la requête du défendeur, après le décès du demandeur.

L'an ..., le ..., à la requête du sieur B... (*p., q. et d.*), pour lequel domicile est élu à ..., en l'étude de Me ..., avoué près le tribunal de 1re inst. de..., lequel continuera d'occuper sur l'assignation ci-après.

J'ai (*immatricule de l'huissier*) donné assignation au sieur A... (*p., q. et d.*), seul héritier du sieur C... (*p.*, *q. et d.*), son père, décédé à..., le..., parlant à..., au domicile susindiqué;

A comparaître, etc. (*comme à la formule précédente*).

Pour, attendu que par exploit de..., huissier à..., en date du..., contenant constitution de Me..., avoué près le tribunal de 1re inst. de..., le sieur A... a donné assignation au requérant à comparaître devant le tribunal pour (*reproduire les conclusions de la demande*).

Attendu que, depuis le décès du sieur C... (*p.*, *q. et d.*), l'instance n'a pas été reprise;

Voir dire et ordonner que le sieur A... sera tenu de reprendre, par acte d'avoué à avoué, l'instance introduite par son auteur contre le requérant; sinon, et faute par lui de ce faire, voir ordonner par le jugement à intervenir, que ladite instance sera tenue pour reprise entre les parties; en conséquence, et statuant sur le fond, attendu (*rapporter les conclusions*), se voir, ledit sieur A..., déclarer non recevable, en tous cas mal fondé dans ladite demande, et se voir, en outre, condamner au dépens; à ce qu'il n'en ignore, etc.

Il a été employé pour la copie... feuille de papier spécial au timbre de... (*Signature de l'huissier.*)

Décompte : Voir la formule 808.

FORMULE 848. — Art. 347 C. Pr.

Reprise d'instance après le décès d'une partie.

A la requête du sieur A... (*p.*, *q. et d.*), seul héritier du sieur C... (*p.*, *q. et d.*), son père, ayant Me... pour avoué,

Soit signifié et déclaré à Me..., avoué près le tribunal de 1re inst. de..., occupant pour le sieur B... (*p.*, *q. et d.*);

Que ledit sieur A... reprend l'instance introduite devant le tribunal de 1re inst. de..., par le sieur C..., son père, contre ledit sieur B..., suivant exploit de..., huissier, en date du..., enregistré.

Si l'instance est reprise par les héritiers du défendeur, on ajoute :

Sans néanmoins aucune approbation de ladite demande, mais au contraire sous la réserve expresse de tous droits, fins de non-recevoir, moyens de nullité de fait et de droit.

Dont acte.

Pour original, pour copie;

Signifié, etc. (*Signature de l'avoué.*)

Décompte. (Tarif, art. 71.)

Timbre, signification et enregistrement...	2 24
Original et copie..........................	6 25
Total.................	8 49

FORMULE 849. — Art. 347 C. Pr.

Constitution d'un nouvel avoué.

Me..., avoué près le tribunal de 1re inst. de...,

Déclare à Me..., avoué, près le même tribunal, constitué pour le sieur A... (*p., q. et d.*),

Qu'il a pouvoir d'occuper pour le sieur B... (*p., q. et d.*), au lieu et place de Me...., avoué décédé, sur la demande formée à la requête dudit sieur B... contre le sieur A... (*p., q. et d.*), suivant exploit de..., huissier, en date du..., enregistré.

Dont acte.

Pour original, pour copie;

Signifié, laissé copie, etc. (*Signature de l'avoué.*)

Décompte. (Tarif, art. 70.)

Timbre, signification et enregistrement....	2 24
Original................................	1 »
Copie, le quart.........................	0 25
Total...............	3 49

Désaveu.

FORMULE 850. — Art. 353 C. Pr.

Acte de désaveu.

L'an..., le..., au greffe du tribunal de 1re inst. de...,

A comparu le sieur A... (*p., q. et d.*);

Lequel, assisté de Me..., avoué près ledit tribunal, qui occupera pour lui sur la demande en désaveu dont il va être parlé, a déclaré désavouer Me..., avoué, comme ayant excédé les pouvoirs qu'il lui avait donnés, dans la cause pendante devant ce tribunal, entre lui et le sieur B... (*p., q. et d.*);

Qu'en effet (*rapporter les faits et les moyens à l'appui du désaveu*).

Pourquoi le comparant conclut à ce qu'il soit donné acte de ce qu'il désavoue formellement ledit Me..., comme ayant, sans pouvoir, dans la requête signifiée en son nom, le ..., donné un consentement au profit dudit sieur B...; en conséquence, que la requête dont il s'agit et le jugement rendu sur cette requête, le..., enregistré, soient déclarés nuls; qu'enfin il soit fait défense au sieur B... de mettre à exécution ledit jugement, et que Me.... soit condamné en... de dommages-intérêts envers le comparant, et en outre aux dépens;

De ce qui précède, le comparant a requis acte, qu'il a signé avec Me..., son avoué, et nous, greffier.

(*Signatures de la partie, de l'avoué et du greffier.*)

Lorsque le désaveu est fait par un mandataire, la procuration doit être spéciale et authentique.

Décompte. (Tarif, art. 92.)

Timbre	0 35
Enregistrement	3 75
Vacation	6 »
Total	10 10

FORMULE 851. — Art. 354 C. Pr.

Signification de l'acte de désaveu.

A la requête du sieur A... (*p., q. et d.*), soit faite la signification et avec celle des présentes donné copie :

1° A Mᵉ ..., avoué près le tribunal de 1ʳᵉ inst. de ...,

2° Et à Mᵉ ..., avoué près le même tribunal de ..., constitué pour le sieur B... (*p., q. et d.*);

3° D'un acte fait au greffe dudit tribunal, en date du ..., enregistré, contenant désaveu par le sieur A... (*p., q. et d.*); de Mᵉ ..., avoué qui a occupé pour lui dans l'instance pendante entre le sieur C... et ledit sieur A..., à ce que du contenu audit acte, les susnommés n'ignorent. Soient, en outre, sommés lesdits MMᵉˢ ... d'avoir à suspendre toute procédure jusqu'au jugement à intervenir sur le désaveu, sous peine de tous dépens, dommages et intérêts. (*Signature de l'avoué.*)

Signifié, laissé copie à Mᵉ ..., avoué, par moi, huissier audiencier soussigné, etc.

(*Signature de l'huissier.*)

Décompte. (Tarif, art. 70.)

Timbre	Mémoire.
Signification et enregistrement	1 29
Original et copie	Mémoire.
Copie de pièces, 30 c. par rôle	Mémoire.

FORMULE 852. — Art. 355, 356 et 358 C. Pr.

Assignation en désaveu.

L'an ..., le ..., à la requête du sieur A... (*p., q. et d.*), pour lequel domicile est élu à ..., rue ..., nº ..., en l'étude de Mᵉ ..., avoué près le tribunal de 1ʳᵉ inst. de ..., qui occupera pour lui sur la présente assignation, j'ai ... (*immatricule de l'huissier*), soussigné, fait la signification et, en tête (*de celle*) des présentes, laissé copie au sieur D... (*p., q. et d.*), seul héritier du feu sieur C... (*p., q. et d.*), son père, de son vivant avoué près le tribunal de ..., audit domicile en parlant à ...

De l'expédition d'un acte dressé au greffe du trib. de 1ʳᵉ inst. de ..., le ..., enregistré, contenant désaveu par ledit sieur A..., dudit feu sieur C..., avoué près ledit tribunal, qui a occupé pour lui dans l'instance existant entre lui et le sieur B... (*p., q. et d.*).

Et à même requête que ci-dessus, je lui ai donné assignation à comparaître, d'aujourd'hui à huitaine franche, outre un jour par trois myriamètres de distance, à l'audience et par-devant MM. les président et juges composant le trib. de 1re inst. de ..., séant au palais de justice à ..., pour, par les motifs énoncés dans l'acte de désaveu dont copie précède (*celle des présentes*), voir donner acte au sieur A... de ce qu'il désavoue ledit feu Me C.., comme ayant... (*énoncer le fait à raison duquel le désaveu a lieu*); et attendu que le jugement rendu contradictoirement entre les parties, le ..., est motivé sur l'acte qui forme l'objet du désaveu susénoncé, voir déclarer nuls ledit acte et le jugement dont il s'agit; voir ordonner que les parties seront remises au même état où elles se trouvaient avant la signification de l'acte désavoué avec défense au sieur B... de mettre à exécution ledit jugement, et s'entendre condamner le sieur ... aux dépens et à ... francs de dommages-intérêts, à raison du préjudice causé au requérant.

Je lui ai, audit domicile, en parlant comme ci-dessus, laissé copie tant de l'acte de désaveu susénoncé que du présent, dont le coût est de ...

Il a été employé pour la copie ... feuilles de papier spécial au timbre de...

(*Signature de l'huissier*).

Décompte. (Tarif, art. 29.)

Timbre........................	Mémoire.
Original........................	2 »
Copie........................	0 50
Enregistrement........................	3 75
Copies de pièces à 30 c. par rôle...	Mémoire.

Désistement.

FORMULE 853. — Art. 402 C. Pr.

Acte de désistement judiciaire.

A la requête de M. A... (*p., q, et d.*), ayant Me ... pour avoué.

Soit signifié et déclaré à Me ..., avoué près le trib. de 1re inst. de ..., constitué pour le sieur B... (*p., q. et d.*),

Que ledit M. A... se désiste de la demande formée à sa requête par exploit de ..., huissier à ..., en date du ..., enregistré, ainsi que de la procédure qui a suivi ladite demande, se soumettant, en conséquence, à payer les frais faits sur la demande dont il se désiste, conformément à la taxe.

A ce que ledit Me ... n'en ignore.

Dont acte.

(*Signatures de l'avoué, de la partie ou de son mandataire spécial.*)

Pour original, pour copie, signifié, etc.

Décompte. (Tarif, art. 71, § 15 et 23.)

Timbre....................	Mémoire.
Signification et enregistrement.	1 99
Original....................	5 »
Copie....................	1 25

FORMULE 854. — Art 402 C. Pr.

Acceptation de désistement.

A la requête de M. B... (*p., q. et d.*), ayant Me ... pour avoué.

Soit signifié et declaré à Me ..., avoué près le tribunal de ..., constitué pour le sieur A... (*p., q. et d.*).

Que ledit M. B... accepte le désistement donné par le sieur A..., suivant acte d'avoué à avoué signifié le ..., de la demande par lui formée par exploit de ..., huissier à ..., en date du ..., contre ledit B..., se réservant de poursuivre la taxe et le payement des frais faits sur ladite demande.

A ce que mondit Me ... n'en ignore.

Dont acte, etc.

(*Signature de l'avoué et de sa partie, ou de son mandataire spécial.*)

Signifié, laissé copie, etc.

Même décompte que dans la formule précédente.

FORMULE 855. — Art. 403 C. Pr.

Requête à l'effet d'obtenir la nomination d'un juge taxateur et l'ordonnance du président qui déclare la taxe exécutoire.

A M. le président du tribunal de 1re inst. de ...

Le sieur B... (*p., q. et d.*), ayant Me ... pour avoué, a l'honneur de vous exposer ce qui suit :

Le sieur A... (*p., q. et d.*) s'est désisté par acte d'avoué à avoué, signifié le ..., d'une demande formée à sa requête contre ledit sieur B... par exploit du ministère de ..., huissier, en date du ..., enregistré.

Ce désistement a été accepté par l'exposant, par acte également d'avoué à avoué, signifié le ..., enregistré.

Pourquoi il vous plaira, monsieur le président, vu l'art. 403 C. pr., commettre celui de MM. qu'il vous plaira pour taxer les frais de l'instance dont il s'agit, et vous ferez justice. (*Signature de l'avoué.*)

ORDONNANCE.

Nous président du tribunal, vu la requête et les actes y compris, commettons M. ..., juge, pour taxer les frais.

A ..., le ... (*Signature du président.*)

Décompte. (Tarif, art. 76.)

Timbre....................	0 60
Enregistrement....................	Néant.
Rédaction et vacation....................	2 »
Droit de greffe, y compris la remise du greffier (30 c.), 1 fr. 20 c. par rôle....................	Mémoire.

FORMULE 856. — Art. 403. C. Pr.

Sommation d'avoir à se trouver devant le président pour voir déclarer la taxe exécutoire.

A la requête du sieur B... (*p.*, *q. et d.*), ayant pour avoué Me ..., soit sommé Me ..., avoué du sieur A... (*p.*, *q. et d.*), de comparaître le ..., heure de ...., par-devant M. le président du trib. de 1re inst. de ..., dans son cabinet au palais de justice, à ..., pour voir déclarer exécutoire la taxe des frais et dépens faits à la requête dudit sieur B... sur la demande introduite contre lui par le sieur A..., suivant exploit de ..., huissier, en date du ..., et dont ce dernier s'est désisté par acte d'avoué à avoué, en date du ...

Dont acte.

Pour original, pour copie.

Signifié, laissé copie, etc. (*Signature de l'avoué.*)

Décompte. (Tarif, art. 70.)

Timbre	0 60
Enregistrement et signification	1 64
Original et copie	1 25
Total	3 49

FORMULE 857.

Requête au président pour obtenir indication du jour auquel la taxe sera rendue exécutoire.

A M. le président du trib. de 1re inst. de ...

Le sieur B... (*p.*, *q. et d.*), a l'honneur de vous exposer qu'il a été procédé par M. ..., juge commis par votre ordonnance en date du ..., à la taxe des frais et dépens d'une demande formée contre l'exposant à la requête du sieur A... (*p.*, *q. et d.*), et dont ce dernier s'est désisté.

Pourquoi l'exposant supplie qu'il vous plaise lui permettre de faire citer devant vous, en votre cabinet, aux jour et heure qu'il vous plaira indiquer, le sieur A..., pour voir déclarer exécutoire la taxe des frais et dépens dont l'état, taxé par M. le juge-commissaire, est annexé aux présentes. Et vous ferez justice. (*Signature de l'avoué.*)

ORDONNANCE.

Permis de sommer à comparaître devant nous en la chambre du conseil, le ..., heure de ...

A..., le ... (*Signature du président.*)

Même décompte qu'en la formule 855.

FORMULE 858. — Art. 403 C. Pr.

Requête présentée au président pour obtenir l'ordonnance, afin de rendre la taxe exécutoire.

A M. le président du trib. de 1re inst. de ...

Le sieur B... (*p.*, *q. et d.*), ayant pour avoué Me ..., a l'honneur de vous exposer que, par acte d'avoué à avoué, en date du ..., le sieur A... (*p., q. et d.*), s'est désisté de la demande formée à sa requête contre l'exposant par exploit de ..., huissier, en date du... ; que ce désistement a été accepté par l'exposant par autre acte du ..., enregistré ; que les frais de la procédure ayant été taxés, et ledit sieur B... ayant été sommé par acte du ..., enregistré, de comparaître aujourd'hui devant vous, pour voir rendre cette taxe exécutoire, il ne s'agit plus que d'obtenir votre ordonnance au bas de ladite taxe; pour en poursuivre le payement contre ledit sieur A... ; par ces motifs, l'exposant conclut à ce qu'il vous plaise, monsieur le président, vu la copie dudit désistement, les originaux de l'acceptation et de la sommation notifiés à l'avoué du sieur A..., ensemble l'état taxé des frais, rendre exécutoire contre le sieur A... la taxe faite par M. ..., juge, des frais et dépens faits sur la demande dont ledit sieur A... s'est désisté.

Présenté au palais de justice, à ..., le ... (*Signature de l'avoué.*)

ORDONNANCE.

Nous ..., président du trib. de 1re inst. de ..., assisté de Mᵉ ..., greffier, vu la taxe ci-dessus, l'acte du ..., contenant le désistement du sieur A..., l'acte du ..., contenant l'acceptation du sieur B..., la sommation en date du ..., notifiée à l'avoué du sieur A..., pour qu'il ait à comparaître à ces jour, lieu et heure.

Ouï, Mᵉ ..., avoué du sieur B..., et Mᵉ ..., avoué du sieur A..., déclarons la taxe ci-dessus exécutoire pour la somme de ..., montant de ladite taxe (*ou* à laquelle ladite taxe est par nous réduite), et disons que le sieur A... sera contraint au payement de ladite somme, nonobstant opposition ou appel.

Fait au palais de justice en notre cabinet, à ..., le ...

(*Signatures du président et du greffier.*)

Décompte :		
	Timbre de la requête	0 60
	Enregistrement de l'ordonnance, 5 fr. 63 ou 63 c. 0/0 si le montant des frais dépasse 600 fr.	Mémoire.
	Requête et vacation	2 »
	Timbre d'expédition	Mémoire.
	Droit de greffe, y compris la remise du greffier (30 c.), 1 fr. 10 c. par rôle	Mémoire.

Enquête.

FORMULE 859. — Art. 252 C. Pr.

Acte contenant l'articulation des faits dont la preuve est demandée.

A MM. les président et juges, composant le tribunal de 1re inst. de ...

Le sieur A... (*p., q. et d.*), ayant Mᵉ ... pour avoué,

Contre le sieur B... (*p., q. et d.*), ayant Mᵉ ... pour avoué,

Conclut à ce qu'il plaise au tribunal,

Lui donner acte de ce qu'il articule, et offre de prouver, 1° ...,; 2° ...; 3° ....

Ordonner, dans le cas où le sieur B... n'aurait pas formellement dénié lesdits faits dans les trois jours de la signification du présent, que ces faits seront tenus pour avérés; en conséquence, que les conclusions précédemment prises par le sieur A... lui seront adjugées avec dépens : et en cas de déni, attendu que les faits susénoncés sont pertinents et admissibles autoriser le sieur A... à faire la preuve de ces faits, tant par titres que par témoins, par-devant celui de MM. les juges qu'il plaira au tribunal commettre à cet effet, pour, l'enquête faite et rapportée, être par les parties conclu et par le tribunal statué ce qu'il appartiendra, et en cas de contestation, condamner le sieur B... aux dépens, dont distraction sera prononcée au profit de Me ..., avoué, qui la requiert, affirmant les avoir avancés de ses deniers personnels.

Pour original, pour copie.

Signifié, donné copie, etc. *(Signature de l'avoué.)*

Décompte. (Tarif, art. 71, § 4.)

Timbre...........................	Mémoire.
Signification et enregistrement......	1 29
Original non grossoyé..............	5 »
Copie, le quart.....................	1 25

FORMULE 860. — Art. 252 C. Pr.

Acte de dénégation des faits.

A MM. les président et juges, etc.

Le sieur B... (*p., q. et d.*), ayant Me ... pour avoué,

Contre le sieur A... (*p., q. et d.*), ayant Me ... pour avoué,

Conclut à ce qu'il vous plaise

Donner acte au sieur B..., de ce qu'il dénie les faits articulés par le sieur A..., par acte du ...

Et attendu, d'ailleurs, que lesdits faits ne sont ni pertinents ni admissibles.

Sans avoir égard à la preuve demandée, adjuger au sieur B... les conclusions de son exploit introductif d'instance avec dépens, sous la réserve par le sieur B... dans le cas où la preuve desdits faits serait ordonnée, de faire la preuve contraire,

Et, en outre, condamner le sieur A... aux dépens, dont distraction sera faite à Me ..., avoué, qui affirme en avoir fait l'avance.

Dont acte.

Pour copie, pour original.

Signifié, donné copie. *(Signature de l'avoué.)*

Même décompte.

FORMULE 861. — Art. 253 C. Pr.

Acte pour demander au tribunal le rétablissement des faits articulés, qui, par erreur, ont été omis dans le jugement ordonnant l'enquête.

A MM. les président et juges composant le trib. de 1re inst. de ...

Le sieur A... (*p., q. et d.*), ayant Me ... pour avoué,

Contre le sieur B... (*p., q. et d.*), ayant Me pour avoué,

Conclut à ce qu'il vous plaise :

Attendu que, parmi les faits articulés par le concluant dans l'acte du ..., se trouvent ... (*indiquer les faits omis*); que cependant le jugement rendu le ..., qui autorise la preuve des faits articulés ne reproduit pas, par erreur, les faits rappelés ci-dessus; qu'il importe au sieur A... d'établir l'existence desdits faits pour obtenir la condamnation qu'il poursuit contre le sieur B... ; que ces faits sont pertinents et admissibles.

L'admettre à faire la preuve de 1° ... ; 2° ..., par-devant M. ..., juge commis par le jugement précité, pour, l'enquête faite et rapportée, être par les parties conclu, et par le tribunal statué ce qu'il appartiendra, etc.

Pour original, pour copie.

Signifié, donné copie, etc. (*Signature de l'avoué.*)

Décompte. (Tarif, art. 71.)

Timbre	1 85
Original et copie	6 25
Total	8 10

FORMULE 862. — Art. 255 C. Pr.

Requête à l'effet de faire commettre un juge par un tribunal auquel une enquête a été renvoyée par commission rogatoire.

A MM. les président et juges composant le trib. de 1re inst. de....

Le sieur A... (*p., q. et d.*), ayant pour avoué Me ..., a l'honneur de vous exposer :

Que, par jugement du trib. de 1re inst. de ..., en date du ..., enregistré, rendu contradictoirement entre l'exposant et le sieur B... (*p., q. et d.*), duquel jugement la grosse vous est représentée à l'appui des présentes, il a été ordonné, avant faire droit, que l'exposant ferait preuve, par-devant tel de MM. les juges de ce tribunal qu'il vous plairait commettre, des faits par lui articulés, et qui sont énoncés audit jugement.

C'est pourquoi l'exposant conclut à ce qu'il vous plaise, messieurs, commettre l'un des juges de ce tribunal, pour procéder à l'enquête dont s'agit. (*Signature de l'avoué.*)

Décompte. (Tarif, art. 76.)

Timbre	1 20
Requête	2 »
Enregistrement	3 75
Expédition	Mémoire.

FORMULE 863. — Art. 259 C. Pr.

Requête au juge-commissaire pour assigner les témoins.

A M. ..., juge au trib. de 1re inst. de ..., commis pour procéder à l'enquête dont il va être parlé.

Le sieur A... (*p., q. et d.*), ayant pour avoué Me ..., a l'honneur de vous exposer :

Que, par jugement de ce tribunal, rendu contradictoirement entre l'exposant et le sieur B... (*p., q. et d.*), le ..., enregistré, il a été ordonné, avant faire droit, que l'exposant ferait preuve par-devant vous des faits par lui articulés, et qui sont énoncés audit jugement; que ce jugement a été signifié à avoué par acte d'avoué à avoué, en date du ..., enregistré, et qu'il s'agit aujourd'hui de procéder à l'enquête ordonnée.

C'est pourquoi l'exposant conclut à ce qu'il vous plaise, monsieur le juge-commissaire, indiquer les jour, lieu et heure auxquels il sera procédé à l'audition des témoins qu'il se propose de faire entendre sur les faits par lui articulés.

Présenté au palais de justice, à ..., le ... (*Signature de l'avoué.*)

ORDONNANCE.

Nous, juge-commissaire, vu la requête qui précède, ensemble la grosse du jugement rendu par le tribunal, le ..., enregistré, autorisons le sieur A... à faire assigner, à comparaître par-devant nous, les témoins qu'il se propose de faire entendre, et, à cet effet, disons qu'il sera procédé à ..., le ..., heure de ..., à l'enquête ordonnée par le jugement susénoncé.

Fait et déclaré au palais de justice, à ..., le ...

(*Signature du juge.*)

Décompte. (Tarif, art. 76.)

Timbre et enregistrement.	6 23
Rédaction de la requête..........	2 »
Total:	8 23

FORMULE 864. — Art. 260 C. Pr.

Assignation aux témoins.

L'an ..., etc., à la requête du sieur A... (*p., q. et d.*), pour lequel domicile est élu à ..., rue ..., n° ..., en l'étude de Me ..., avoué près le tribunal de 1re inst. de ..., lequel continuera d'occuper pour le sieur A...

J'ai ... (*immatricule de l'huissier*), soussigné, fait la signification et avec celle des présentes donné copie, 1° au sieur C... demeurant à ..., en son domicile où étant et parlant à ...; 2° au sieur D...; 3° à la dame ... (*indiquer également le parlant à*) :

1° De l'extrait du dispositif d'un jugement contradictoirement rendu entre ledit sieur A... et le sieur B... (*p., q. et d.*), par le tribunal de 1re inst. de ..., le ..., enregistré, en ce qui concerne les faits dont le tribunal a admis la preuve.

(*En cas d'appel, dire* : ledit jugement confirmé par arrêt ... de la ... chambre de la cour d'appel de ..., en date du ..., enregistré, et signifié ...)

2° D'une requête présentée à M..., juge audit tribunal, commis pour procéder à l'enquête dont sera ci-après parlé, ensemble de l'ordonnance étant au bas de ladite requête en date du ..., enregistrée.

A ce que les susnommés n'en ignorent, et à mêmes requête, demeure, élection de domicile et constitution d'avoué, j'ai, huissier susdit et soussigné, en vertu de l'ordonnance susdatée, donné assignation auxdits susnommés, en leur domicile, et parlant comme dessus.

A comparaître et se trouver le ..., heure de.... par-devant M. ..., juge-commissaire, au palais de justice, en la chambre du conseil du tribunal de ..., pour, serment préalablement prêté, déposer vérité sur les faits dont ils ont connaissance, et dont ledit jugement a autorisé la preuve, aux offres que fait le requérant de leur tenir compte de la taxe, s'ils la requièrent.

Leur déclarant que, faute par eux de comparaître aux jour et heure ci-dessus indiqués, ils encourront les amende et dommages-intérêts prononcés par la loi, et seront réassignés à leurs frais.

A ce que pareillement les susnommés n'ignorent, je leur ai, en leur domicile, et parlant comme dessus, laissé à chacun séparément copie tant des disposif, requête et ordonnance susénoncés, que du présent, dont le coût est de ...

Il a été employé, pour la copie ... feuilles de papier spécial au timbre de ... (*Signature de l'huissier.*)

Décompte. (Tarif, art. 29.)

Timbre............................	Mémoire.
Original............................	2 »
Chaque copie, 50 c................	Mémoire.
Copie de pièces à 30 c. par rôle....	Mémoire.

FORMULE 864 *bis*. — Art. 261 C. Pr.

Assignation à la partie.

L'an ..., etc. (*Comme en la formule précédente*).

Soussigné, fait la signification et laissé copie au sieur B... (*p., q. et d.*), au domicile de Me ..., son avoué, sis à ..., en son domicile, où étant et parlant à ..., d'une requête, etc. (*comme en la formule précédente*).

Pour être présent, si bon lui semble, à la prestation de serment et à la déposition des témoins suivants, que le requérant se propose de faire entendre dans l'enquête ordonnée par le jugement contradictoirement rendu entre eux, le ..., enregistré, lesquels témoins sont : 1° le sieur C... (*p., q. et d.*), 2° ..., etc.

A ce que le susnommé n'en ignore, lui déclarant que, faute par lui de comparaître, il sera procédé à l'enquête dont il s'agit, même en son absence.

Et je lui ai, parlant comme ci-dessus, laissé copie tant des ordonnance et requête susénoncées que du présent exploit dont le coût est de ...

Il a été employé pour la copie ... feuilles de papier spécial au timbre de ... (*Signature de l'huissier.*)

Décompte. (Tarif, art. 29.)

Timbre	1 20
Enregistrement	3 75
Original	2 »
Copie	0 50
Copie de pièces, à 30 c. par rôle.	Mémoire.

FORMULE 865. — Art. 266 C. Pr.

Requête au juge-commissaire pour faire commettre le président d'un autre tribunal, afin d'entendre un témoin éloigné.

A M. ..., juge au tribunal de 1re instance de ..., commis pour procéder à l'enquête dont il va être parlé.

Le sieur A... (*p., q. et d.*), ayant Me ... pour avoué, a l'honneur de vous exposer que le sieur C... (*p., q. et d.*), l'un des témoins qu'il se propose de faire entendre dans l'enquête ordonnée par jugement dudit tribunal, en date du ..., ne peut, à cause de l'éloignement de son domicile, se transporter devant vous.

Pourquoi il vous plaira, monsieur le juge-commissaire, donner commission rogatoire à M. le président du tribunal de ..., à l'effet d'entendre la déposition dudit sieur C..., ou de commettre un juge à ces fins à la charge de remplir toutes les formalités prescrites par la loi. (*Signature de l'avoué.*)

ORDONNANCE.

Nous, juge-commissaire, vu la requête ci-dessus et les dispositions de l'art. 266 C. Pr., donnons commissions rogatoire à M. le président du trib. de 1re inst. de ..., à l'effet d'entendre ou de faire entendre, par tel juge qu'il lui plaira commettre, la déposition du sieur C..., dans l'enquête ordonnée par jugement du tribunal de ..., en date du ...

Fait à ..., le .... (*Signatures du juge et du greffier.*)

Décompte. (Tarif, art. 29.)

Timbre	0 60
Enregistrement	5 63
Droit de l'avoué	2 »
Total	8 23

FORMULE 866. — Art. 266 C. Pr.

Requête au président d'un autre tribunal pour faire entendre un témoin éloigné.

A M. le président du trib. de 1re inst. de ..., le sieur A... (*p., q. et d.*), ayant pour avoué Me ..., a l'honneur de vous exposer :

Que, par jugement du trib. de 1re inst. de ... rendu contradictoirement entre l'exposant et le sieur B... (*p., q. et d.*), le ..., enregistré et signifié, il a été ordonné, avant faire droit, que le sieur A... serait admis à faire par-devant M. ..., juge audit tribunal, la preuve des faits articulés par lui, et énoncés audit jugement; que ladite enquête a été commencée par-devant

M. ..., mais que le sieur C... (*p., q. et d.*), témoin qu'il se proposait de faire entendre, se trouvant éloigné, M. le juge-commissaire a, par son ordonnance, en date du ..., enregistrée, qui vous est remise, renvoyé pour recevoir la déposition dudit sieur C... devant vous, ou devant tel de MM. les juges qu'il vous plairait commettre.

En conséquence, l'exposant conclut à ce qu'il vous plaise, monsieur le président, indiquer les jour, lieu et heure où vous entendrez la déposition du sieur C..., sur les faits articulés par l'exposant, ou commettre l'un de MM. les juges du tribunal, à l'effet de recevoir ladite déposition.

Présenté au palais de justice à ..., le... (*Signature de l'avoué.*)

ORDONNANCE.

Nous..., président du trib. de 1re inst. de ..., vu la requête qui précède les pièces à l'appui ; vu l'art. 266 C. Pr., commettons M. ..., juge en ce tribunal, à l'effet de recevoir la déposition du sieur C..., témoin que le sieur A... se propose de faire entendre dans l'enquête ordonnée par jugement du tribunal de ...

Fait et délivré au palais de justice, à ..., le ...

(*Signatures du président et du greffier.*)

Décompte. (Tarif, art. 76.)

Timbre et enregistrement........	6 23
Rédaction de la requête.........	2 »
Total...........	8 23

FORMULE 867. — Art. 261, 262 et 269 à 274 C. Pr.

Procès-verbal d'enquête.

L'an ..., le ..., heure de ..., en la chambre du conseil et par-devant nous..., juge au tribunal de ..., nommé par ledit tribunal, par jugement en date du ..., enregistré, à l'effet de procéder à l'enquête ordonnée par autre jugement rendu en ce tribunal ..., le ..., enregistré, assisté de M^e ... greffier.

A comparu M^e ..., avoué du sieur A... (*p., q. et d.*) (*s'il est présent, dire*) : présent à l'enquête.

Lequel nous a dit qu'en vertu de notre ordonnance, en date du ..., et par exploit de ..., huissier, en date du ..., il avait fait assigner les témoins que ledit sieur A... se propose de faire entendre dans ladite enquête, à comparaître les ... (jour, lieu et heure)...

Et que, par autre exploit du même huissier, en date du ..., il a fait assigner le sieur B... (*p., q. et d.*) au domicile de M^e ..., pour être présent, si bon lui semble, à l'audition desdits témoins, dont les noms, professions et demeures ont été notifiés en ladite assignation, et après nous avoir présenté les originaux desdits exploits, le comparant a requis défaut, tant contre le sieur B... et M^e ..., son avoué, que contre les témoins, en cas de non-comparution, et pour le profit qu'il fût passé outre à l'audition des témoins présents et de ceux qui se présenteraient ultérieurement.

(*Signature de l'avoué.*)

Me ..., avoué du sieur B..., présent, ayant comparu, nous a déclaré qu'il ne s'opposait point, pour sa partie, à ce qu'il fût procédé à l'audition desdits témoins, et il a signé sous toutes réserves.

(*Signature de l'avoué.*)

Desquelles comparutions et déclarations nous avons donné acte aux parties ; après quoi, en présence desdits avoués, nous avons procédé à ladite enquête, et à l'audition des témoins, dans l'ordre qui suit :

PREMIER TÉMOIN.

A comparu le sieur D... (*p., q. et d.*),

Lequel après avoir prêté serment de dire la vérité, et après nous avoir déclaré qu'il n'est parent, allié, serviteur ou domestique d'aucune des parties, nous a présenté la copie de l'assignation à lui donnée, a dit se nommer D... (*p., q. et d.*), et a déposé de vive voix sans lire aucun projet écrit, et séparément des autres témoins, ainsi qu'il suit : (*transcrire la déposition*).

Lecture faite au témoin de sa déposition, il a déclaré y persister, comme contenant vérité,

Interpellé s'il requérait taxe, il a répondu négativement.

Et a ledit témoin signé avec nous, et le greffier soussigné.

(*Signatures du témoin, du juge et du greffier.*)

CONTESTATION DE TÉMOINS.

On procède de même pour les autres témoins. Mais s'il y avait reproches contre l'un d'eux, aussitôt sa comparution on procéderait comme suit :

DEUXIÈME TÉMOIN.

Avant de passer outre à la déposition de ce témoin, Me ..., avoué du sieur B..., a proposé contre lui les motifs de reproches ci-après (*les énoncer*), qu'il a offert de prouver soit par, etc. (*indiquer les preuves écrites*) soit par le témoignage des sieurs ...

Ledit témoin a répondu, etc.

Sur quoi, nous, juge-commissaire, avons donné acte audit Me ... du reproche qu'il a proposé, contre ledit témoin, et à ce dernier de ses réponses, pour être statué par le tribunal ce qu'il appartiendra.

(*Signatures du juge et du greffier.*)

TROISIÈME TÉMOIN.

Et de suite a comparu le sieur C... (*p., q. et d.*), lequel, etc. (*voir ci-dessus.*)

DÉFAUT CONTRE L'UN DES TÉMOINS.

Après l'audition des témoins susnommés, Me ..., avoué du sieur A..., nous a requis de donner défaut contre le sieur E... (*p., q. et d.*), non comparant quoique assigné par l'exploit susdaté, et, pour le profit, le condamner aux dommages-intérêts prononcés par la loi, et ordonner qu'il sera réassigné à ses frais, à tels jour et heure qu'il nous plaira indiquer. Et a signé sous toutes réserves. (*Signature de l'avoué.*)

Sur quoi, nous juge-commissaire, faisant droit à ladite réquisition, avons donné défaut contre ledit sieur E..., non comparant, lequel est condamné à ... francs de dommages-intérêts envers le sieur A..., et à ... francs d'amende; autorisons, en outre, ledit sieur A... à le faire assigner de nouveau à ses frais, à comparaître le ..., heure de ...

Fait à ... (*Signatures du juge-commissaire et du greffier.*)

CAS OU UN TÉMOIN FAIT PROPOSER SES MOTIFS D'EXCUSE.

Me ..., avoué du sieur E... (*p., q. et d.*), assigné à comparaître comme témoin, nous a exposé que depuis quinze jours ledit sieur E..., étant absent pour affaires, et ne devant être de retour que dans ... jours, il y avait lieu de lui accorder ce délai pour comparaître.

Sur quoi nous avons accordé au sieur E... le délai demandé, et nous avons ordonné que ledit sieur E... serait réassigné à comparaître par-devant nous, le ...; en conséquence, nous avons continué les opérations de ladite enquête, audit jour ... auquel les parties seront tenues de comparaître sans nouvelle assignation, et disons qu'il sera procédé à la nouvelle audition des témoins, même en l'absence desdites parties.

De ce qui précède, nous avons dressé, lesdits jours, mois et an, le présent procès-verbal que les parties et leurs avoués ont signé avec nous et le greffier.

(*Signatures des parties, des avoués, du juge et du greffier*).

Décompte. (Tarif, art. 70.)

Timbre...........................	Mémoire.
Enregistrement....................	3 75
Émoluments de l'avoué.............	Mémoire.

FORMULE 868. — Art. 286 C. Pr.

Signification du procès-verbal d'enquête.

A la requête du sieur A... (*p., q. et d.*), ayant Me ... pour avoué.

Soit faite la signification et en tête (*de celle*) des présentes, laissé copie à Me ..., avoué près le trib. de 1re inst. de ..., constitué pour le sieur B. (*p., q. et d.*).

De l'expédition d'un procès-verbal dressé le ..., enregistré, contenant l'enquête faite à la requête dudit sieur A..., par-devant Me ..., juge de ce tribunal, commis, en exécution du jugement rendu entre les parties, le ..., enregistré.

Dont l'acte.

Pour original, pour copie.

Signifié, donné copie, etc. (*Signature de l'avoué.*)

Exceptions.

FORMULE 869. — Art. 173 C. Pr.

Requête d'exception déclinatoire.

A MM. les président et juges composant le trib. de 1re inst. de ...

Le sieur A... (*p., q. et d.*),

Défendeur aux fins de l'assignation qui sera ci-après énoncée,

Demandeur aux fins des présentes, ayant Me ... pour avoué,

Contre le sieur B... (*p., q. et d.*),

Demandeur aux fins de la même assignation,

Et défendeur aux fins des présentes, ayant pour avoué Me ...

Il plaira au tribunal,

Attendu que l'exposant est domicilié à ... et non à ..., ainsi qu'il offre d'en faire la preuve en cas de dénégation, et que c'est à tort qu'il a été assigné par exploit de ..., à la requête du sieur B..., devant le tribunal de l'arrondissement de ...,

Se déclarer incompétent, renvoyer la cause et les parties devant les juges qui en doivent connaître, et condamner le sieur B... aux dépens de l'incident, dont distraction sera faite à Me ..., avoué, qui la requiert comme les ayant déboursés, ainsi qu'il offre de l'affirmer; sous réserve de toutes autres exceptions et fins de non-recevoir, ainsi que de tous moyens de fait et de droit; et vous ferez justice. (*Signature de l'avoué.*)

Décompte. (Tarif, art. 75.)

Original, 2 fr. par rôle......... Mémoire.
Copie, 50 c. par rôle........... Mémoire.

FORMULE 870. — Art. 173 C. Pr.

Requête pour demander la nullité d'une assignation.

A *MM. les président, etc.* (Voir la formule précédente.)

Attendu que la demande formée contre lui, par exploit de ..., huissier à ..., en date du ..., n'indique pas le délai pour comparaître.

Déclarer nul ledit exploit, et condamner le sieur B... aux dépens, sous réserve, etc. (*Voir la formule précédente.*) (*Signature de l'avoué.*)

Même décompte.

FORMULE 871. — Art. 188 C. Pr.

Sommation de produire des pièces employées dans la cause.

A la requête du sieur A... (*p.*, *q. et d.*),

Soit sommé Me ..., avoué du sieur B... (*p.*, *q. et d.*), de communiquer, dans trois jours pour tout délai, à Me ..., soit par la voie du greffe, soit à l'amiable sur son récépissé.

Toutes les pièces dont entend faire usage ledit sieur B..., à l'appui de sa demande, et notamment, 1° ..., etc.

Sans, néanmoins, aucune approbation de ladite demande et sous la réserve, au contraire, de tous moyens de nullité, fins de non-recevoir, et de tous autres moyens de fait et de droit.

Lui déclarant que, faute de satisfaire à la présente sommation, toute audience lui sera refusée; à ce qu'il n'en ignore.

Dont l'acte. (*Signature de l'avoue.*)

Décompte. (Tarif, art. 70.)

Timbre........................	» 60
Enregistrement et signification.	1 64
Original......................	1 »
Copie.........................	» 50
Total..........	3 74

FORMULE 871 *bis*. — Art. 189, 190 C. Pr.

Acte de récépissé amiable.

Je soussigné, avoué au tribunal de ..., constitué pour le sieur ..., reconnais que Me A... (*p.*, *q. et d.*), mon confrère, m'a donné, cejourd'hui en communication, trois pièces qui sont: 1°... (*énoncer sommairement la nature des pièces*), lesquelles pièces je lui remettrai dans la huitaine.

Fait à ..., le .... (*Signature de l'avoué.*)

Décompte :	Timbre........................	» 60
	Enregistrement	2 20
	Vacation......................	Mémoire.

FORMULE 872. — Art. 180 C. Pr.

Procès-verbal de dépôt d'une pièce demandée.

L'an ..., le ..., au greffe du tribunal de ..., a comparu Me ..., avoué près ce tribunal, constitué pour le sieur B... (*p.*, *q. et d.*).

Lequel, audit nom, nous a dit qu'il comparaissait pour satisfaire à la sommation qui lui a été faite à la requête du sieur A... (*p.*, *q. et d.*), par acte d'avoué à avoué, en date du ..., à l'effet de déposer entre nos mains, une pièce timbrée et enregistrée, contenant (*énoncer la nature de la pièce*), qu'il nous a en effet déposée.

Pour ladite pièce être communiquée sans déplacement audit sieur A... ou à Me ..., son avoué, et être remise audit Me ... à sa première réquisition,

Duquel dépôt, ledit Me ..., audit nom, a requis acte qu'il a signé avec nous, greffier, les jour, mois et an susdits.

(*Signatures du greffier et de l'avoué.*)

Décompte. (Tarif, art. 91.)

Timbre...........................	Mémoire,
Vacation à communiquer, la pièce...	3 »

FORMULE 872 *bis*. — Art. 189 C. Pr.

Notification du dépôt de la pièce demandée.

A la requête du sieur B... (*p., q. et d.*), ayant Me ... pour avoué.

Soit faite la signification et avec celle des présentes laissé copie à Me ..., avoué du sieur A... (*p., q. et d.*).

D'un acte du greffe du tribunal de ..., en date du ..., enregistré, constatant le dépôt fait, audit greffe, 1° d'un acte ...; 2° ... etc., pour satisfaire à la sommation signifiée au requérant, par acte d'avoué à avoué, en date du ..., enregistré.

Lui faisant, en conséquence, sommation de prendre communication, sans déplacement desdites pièces, dans le délai de ..., lui déclarant que, faute de ce faire dans ledit délai, lesdites pièces seront retirées du greffe, et qu'il se pourvoira, ainsi qu'il avisera ; à ce que Me ... n'en ignore.

Dont acte. (*Signature de l'avoué.*)

Décompte. (Tarif, art. 70.)

Signification et enregistrement.	1 29
Timbre...........................	1 20
Original et copie................	1 25
Total.........	3 74

FORMULE 873. — Art. 191 C. Pr.

Requête au président pour faire remettre les pièces retenues par l'avoué à qui elles ont été données en communication.

A M. le président du tribunal de ...

Le sieur B... (*p., q. et d.*)

A l'honneur de vous exposer que, par le ministère Me ..., son avoué, il a confié le ..., sur récépissé, à Me ..., avoué du sieur A... (*p., q. et d.*), plusieurs pièces dont le sieur A ... avait demandé communication.

Qu'aujourd'hui ..., ledit Me ... n'a pas encore remis ces pièces, malgré les demandes réitérées de Me ..., et que le délai de la communication, qui était de trois jours, est plus qu'expiré.

Pourquoi il vous supplie, monsieur le président, d'ordonner que Me ... sera immédiatement contraint et par corps à remettre, sur décharge valable à Me..., son confrère, les pièces dont ce dernier a donné récépissé, et condamner en outre le dit Me ..., en son nom personnel, à payer à l'exposant trois francs de dommages et intérêts par chaque jour de retard, à compter de la signification qui lui sera faite de l'ordonnance à intervenir, et le condamner aux frais de la présente requête, de l'ordonnance et de la signification; et vous ferez justice.

(*Signature de l'avoué ou de la partie.*)

Décompte. (Tarif, art. 76.)

Timbre........................	Mémoire.
Enregistrement..............	5 63
Emolument dû à l'avoué.......	2 »

FORMULE 874. — Art. 191 C. Pr.

Signification à avoué de la requête et de l'ordonnance portant injonction de remettre des pièces données en communication.

A la requête du sieur B... (*p.*, *q. et d.*), ayant pour avoué Me...,

Soit faite la signification, et avec celle des présentes donné copie à Me..., avoué au tribunal de..., constitué pour le sieur A... (*p.*, *q. et d.*),

D'une ordonnance de M. le président du tribunal de..., en date du..., enregistrée, portant que ledit Me ..., sera tenu de remettre, sans aucun délai, entre les mains de Me ..., avoué du sieur B..., les pièces à lui confiées en communication, dans la cause pendante entre les parties, à peine d'y être contraint par corps, et le condamnant personnellement, et sans répétition contre sa partie, à payer audit sieur B... , la somme de trois francs par chaque jour de retard qu'il apportera à la remise desdites pièces, à compter de ce jour ; de laquelle ordonnance et de la requête au bas de laquelle elle se trouve il est, avec celles des présentes, donné copie ; à ce qu'il n'en ignore.

Dont acte. (*Signature de l'avoué.*)

Décompte. (Tarif, art. 70.)

Timbre........................	Mémoire.
Enregistrement..............	3 75
Original.......................	1 »
Copie..........................	» 25

FORMULE 875. — Art. 192 C. Pr.

Requête d'opposition à l'ordonnance portant contrainte de remettre les pièces.

A MM. les président et juges du tribunal de...

Me..., avoué près le tribunal de ..., occupant pour le sieur A... (*p.*, *q. d.*),

A l'honneur de vous exposer (*énoncer les faits et moyens*).

Par tous ces motifs, il plaira au tribunal recevoir ledit Me..., opposant à l'exécution de l'ordonnance surprise contre lui par le sieur B...; lui donner acte de ce qu'il soutient qu'il y a plus de huit jours que les pièces dont il s'agit ont été remises à l'un des clercs de Me...; en conséquence, le décharger des condamnations prononcées personnellement contre lui par l'ordonnance dont il s'agit ; faire défense au sieur B... de ne plus, à l'avenir, redemander lesdites pièces ; ordonner que le récépissé mentionné en ladite ordonnance sera rendu à l'exposant par ledit Me ..., avoué, sinon que l'ordonnance à intervenir lui servira de décharge ; et condamner le sieur B... aux dépens de l'incident. (*Signature de l'avoué.*)

Décompte. (Tarif, art. 75.)

Timbre..........................	Mémoire.
Enregistrement..................	3 75
Original, 2 fr, par rôle.........	Mémoire.
Copie, par rôle 50 c............	Mémoire.

Exécutoire.

FORMULE 876. — Art. 544 C. Pr. Décret du 16 février 1807, art. 5.

Exécutoire de dépens.

République française etc.

Le tribunal de 1re inst. de... a délivré, en la chambre du conseil, l'exécutoire de dépens dont la teneur suit :

Le tribunal mande et ordonne à tous huissiers, sur ce requis, de contraindre par toutes les voies de droit le sieur A... (*p., q. et d.*) à payer à Me ..., avoué, au nom et comme ayant occupé pour le sieur B... (*p., q. et d.*), la somme de ..., montant de la taxe faite par Me ..., juge commis à cet effet des frais et dépens dus audit sieur B..., dans une instance à fin de ..., et au payement desquels frais le sieur A... a été condamné par jugement du tribunal de 1re inst. de ..., en date du..., enregistré, prononçant la distraction des dépens, au profit dudit Me ..., en ce non compris le coût de la minute et de la grosse, l'enregistrement et la signification du présent exécutoire et les frais de mise à exécution ; au payement desquels frais et dépens ledit sieur A... sera contraint en vertu du présent.

Fait et délivré au palais de justice, à ..., le ..., etc.

(*Signatures du président et du greffier.*)

En conséquence, le président de la République française, etc.

Décompte :	Timbre de la minute de l'exécutoire...	» 60
	Enregistrement, 63 c. p. 100; minimum.	1 25
	Timbre d'expédition..................	1 80
	Droits de greffe (2 rôles), 2 fr. 40, y compris la remise du greffier (60 c),....	2 40
	Total..........	6 05

NOTA. L'avoué met en marge de la demande (Pour demande d'exécutoire), avec sa signature.

FORMULE 877. — Décret du 16 février 1807.

Signature de l'exécutoire à avoué.

A la requête de Me ..., avoué, ayant occupé pour le sieur B... (*p., q. et d.*), soit faite la signification et en tête (*de celle*) des présentes, laissé copie à Me ..., avoué du sieur A... (*p., q, et d.*), de la grosse d'un exécutoire de dépens délivré au profit de Me ..., contre ledit sieur B ..., en la chambre du conseil dudit tribunal, le..., enregistré.

Dont acte.

Pour original, pour copie.

Signifié, laissé copie, etc. (*Signature de l'avoué.*)

Décompte. (Tarif, art. 70.) par analogie.

Timbre, signification et enregistrement........	2 19
Original et copie............................	1 25
Copie de pièces de l'exécutoire, 30 c. par rôle...	Mémoire.

FORMULE 878. — Décret du 16 février 1807, art. 6.

Opposition à exécutoire de dépens.

A la requête du sieur A ... (*p., q. et q.*), soit signifié à Me ..., avoué du sieur B... (*p., q. et d.*), que ledit sieur A... s'oppose à l'exécutoire délivré contre lui le ..., et signifié à raison des dépens adjugés par jugement du trib. de 1re inst. de ..., en date du ..., enregistré.

En conséquence, soit sommé ledit Me ... de comparaître le ..., heure de ..., en la chambre du conseil du trib. de 1re inst. de ..., pour voir dire que le requérant sera reçu opposant à l'exécutoire susénoncé, et qu'il sera de nouveau procédé en sa présence à la taxe des dépens dont il s'agit; et qu'en cas de contestation le sieur B... sera condamné aux dépens de l'incident.

Dont acte.

Pour original, pour copie.

Signifié, laissé copie, etc, *Signature de l'avoué.*

Décompte :	Timbre, enregistrement et signification.	2 19
	Original et copie......................	1 25
	Total............	3 44

FORMULE 879. — Loi du 22 frim. an VII, art. 30.

Requête au juge de paix pour obtenir exécutoire.

A M. le juge de paix du canton de...

M. A... (*p. q. et d.*) a l'honneur de vous exposer que comme (*notaire, huissier ou greffier*) il a fait l'avance de la somme de ..., montant des droits de timbre et d'enregistrement d'un acte passé, etc... ; à la requête du sieur B... (*p. q. et d.*), le..., contenant (*énoncer la nature de l'acte*), enregistré;

Que pour obtenir le payement desdites avances il est nécessaire qu'elles aient été taxées.

Pourquoi, l'exposant supplie qu'il vous plaise, monsieur le juge de paix, en conformité de l'art. 30 de la loi du 22 frimaire an VII, procéder à ladite taxe et lui délivrer exécutoire contre le sieur B..., ce sera justice.

Fait à ..., le .... (*Signature de l'exposant.*)

ORDONNANCE.

Nous ..., juge de paix du canton de ..., soussigné, vu la requête ci-dessus, les minutes des actes y énoncés représentées et à l'instant rendues, avons, en exécution de l'art. 30 de la loi du 22 frimaire an VII, délivré à l'exposant, contre le sieur B... (*p., q. et d.*), l'exécutoire par lui requis à fin de payement de la somme de ..., montant des avances de droit d'enregistrement et de timbre dont le détail est ci-dessus, sur la minute duquel exécutoire le sieur B... sera contraint par toutes les voies de droit au payement desdits frais.

Fait et délivré en notre cabinet, à ..., le...

(*Signature du juge de paix.*)

Décompte.

Enregistrement, 63 c. p. 100, minimum......	1 25.
Timbre..............................	Mémoire.
Rôles d'expédition à 40 c. par rôle..........	Mémoire.
Émolument..............................	Néant.

Faux incident civil,

FORMULE 880. — Art. 215 C. Pr.

Sommation de déclarer si l'on veut faire usage d'une pièce arguée de faux.

A la requête du sieur A... (*p., q. et d.*), ayant M[e] ... pour avoué,

Soit sommé M[e] ..., avoué, près le trib. de 1re inst. de ..., constitué pour le sieur B... (*p., q et d.*), de déclarer, dans la huitaine, au sieur A..., s'il entend se servir, pour en tirer la preuve de sa libération, de l'expédition d'une quittance, en date à ..., du ..., signifiée (*communiquée* ou *produite*) audit sieur A..., dans la cause pendante entre eux devant le trib. de 1re inst. de ...; lui déclarant que, dans le cas où il se servirait de ladite pièce, le requérant s'inscrira en faux contre elle, se réservant, faute de réponse à la présente sommation, de se pourvoir, ainsi qu'il avisera, pour faire prononcer par le tribunal le rejet de ladite pièce; à ce que du tout ledit Me ..., pour sa partie, n'ignore.

Dont acte, etc. (*Signature de l'avoué.*)

Décompte. (Tarif, art. 71.)

Timbre et signification	2 19
Original et copie..............	6 25
Total	8 44

FORMULE 881. — Art. 216 C. Pr.

Déclaration qu'on se servira ou qu'on ne se servira pas d'une pièce arguée de faux.

A la requête du sieur B... (*p., q. et d.*), ayant Me ... pour avoué,

Soit signifié et déclaré à Me ... avoué du sieur A... (*p., q. et d.*), pour satisfaire à la sommation par lui faite audit sieur B..., par acte du ..., enregistré, qu'il déclare, par ces présentes, vouloir (*ou renoncer à*) se servir contre ledit sieur A..., dans la cause actuellement pendante entre eux, de la pièce en date à ..., du..., et contenant ...; à ce que ledit Me ... n'en ignore.

Dont acte, etc. (*Signatures de l'avoué et de la partie.*)

Même décompte.

FORMULE 882. — Art. 217 C. Pr.

Avenir sur la réponse faite qu'on ne se servira pas d'une pièce arguée de faux.

A la requête (*comme en la formule* 880), soit sommé, etc. (*comme en la formule* 880), de comparaître le ..., heure de ..., à l'audience et par-devant MM. les président et juges, etc., pour, attendu que sur la sommation faite au sieur B..., par acte d'avoué, à avoué, le ..., enregistrée, ce dernier a déclaré, par un autre acte d'avoué à avoué signé de lui, et en date du ..., qu'il n'entendait pas se servir contre le requérant de la pièce en date à ..., enregistrée, contenant ...; voir donner acte au sieur A... de ladite déclaration du sieur B...; ce faisant, voir ordonner que ladite pièce maintenue fausse sera rejetée de l'instance pendante entre les parties; sous la réserve que fait le sieur A... de tirer d'icelle telles conséquences qu'il jugera convenables, même de former toutes demandes en dommages-intérêts. Lui déclarant que, faute par lui de comparaître, il sera contre lui donné défaut.

Dont acte.

Pour original, pour copie.

Signifié, donné copie. (*Signature de l'avoué.*)

Même décompte.

FORMULE 883. — Art. 217 C. Pr.

Acte pour faire rejeter la pièce arguée de faux faute de déclaration

A la requête du sieur A... (*p.. q. et d.*); ayant Me ... pour avoué,

Soit sommé Me ..., avoué du sieur B ... (*p., q. et d.*), de comparaître le ..., à..., heure du ..., par-devant MM. les président et juges composant le trib. de 1re inst. de ..., pour voir dire que, faute par le sieur B... d'avoir satisfait à la sommation du ..., et d'avoir déclaré s'il entend ou non se servir de l... (*la pièce contre laquelle on veut s'inscrire*), ladite pièce sera rejetée de l'instance pendante entre les parties devant ledit tribunal, sauf au requérant à tirer de ladite pièce telles conséquences qu'il jugera convenables, même à former toutes demandes en dommages-intérêts.

Sous toutes réserves. Dont acte. (*Signature de l'avoué.*)

Pour original, pour copie.

Signifié, laissé copie, etc. (*Signature de l'huissier.*)

Même décompte.

FORMULE 884. — Art. 218 C. Pr.

Déclaration au greffe qu'on veut s'inscrire en faux contre une pièce produite.

L'an ..., le ..., au greffe du trib. de 1re inst. de ..., sis au palais de justice à ..., a comparu le sieur A ... (*p., q. et d.*), assisté de Me ..., avoué en ce tribunal, lequel a déclaré s'inscrire présentement en faux contre l'expédition d'un acte reçu par Me ..., le ..., et contenant une prétendue quittance par le sieur A... au sieur B... (*p., q. et d.*); laquelle pièce a été produite contre lui par ledit sieur B..., qui a déclaré, par acte d'avoué à avoué, en date du ... enregistré, être dans l'intention d'en faire usage contre le comparant dans la cause, entre eux pendante devant le trib. de 1re inst. de ...

Déclarant, en outre, ledit sieur A... comparant, conformément à l'art. 218 du C. de pr., qu'il entend poursuivre l'admission de la demande en inscription de faux contre la pièce dont il s'agit, sous toutes réserves, de prendre telles conclusions qu'il avisera, notamment à fin de dommages-intérêts.

Desquels comparution, dires, déclarations et réserves, nous avons donné acte audit sieur A..., qui a signé avec son avoué et avec nous, greffier, après lecture faite.

(*Signatures.*)

Si la partie ne sait pas signer, l'inscription de faux doit être signée par un fondé de pouvoir spécial et authentique.

Décompte. (Tarif art, 72.)

Vacation de l'avoué .... 6 »

FORMULE 885. — Art. 218 C Pr.

Avenir pour faire admettre une inscription de faux.

A la requête du sieur A... (*p.*, *q. et d.*), ayant Me pour avoué.

Soit faite la signification, et en tête (*de celle*) des présentes laissé copie à Me..., avoué du sieur B... (*p.*, *q. et d.*);

De l'expédition d'une déclaration faite au greffe du trib. de 1re inst. de ..., le ..., etc., pour...,

Voir admettre l'inscription de faux formée contre l'acte du... (*l'énoncer*), par le sieur A..., aux termes de sa déclaration faite au greffe, dont copie est donnée en tête (*de celle*) des présentes; en conséquence, voir ordonner que, par-devant tel de MM. les juges du tribunal qui sera commis à cet effet, ladite inscription de faux sera poursuivie conformément à la loi, et qu'à cet effet le sieur B... sera tenu, dans les trois jours de la signification du jugement à intervenir, de déposer au greffe la pièce dont s'agit, et de signifier, dans les trois jours suivants, l'acte de dépôt au requérant par l'acte d'avoué à avoué, avec indication des jour, lieu et heure qui seront fixés par M. le juge-commissaire à l'effet de procéder, en présence de M. le procureur de la République, au procès-verbal de description de ladite pièce.

Lui déclarant que, faute de comparaître, il sera contre lui donné défaut et pris tels avantages que de droit.

Dont acte.

Pour original, pour copie.

Signifié, donné copie. (*Signature de l'avoué.*)

Décompte. (Tarif, art. 71.)

Timbre, enregistrement et signification.	2 19
Original et copie	6 25
Copies de pièces à 30 c. par rôle	Mémoire.

FORMULE 886. — Art. 219 C. Pr.

Procès-verbal de dépôt de la pièce par le défendeur.

L'an..., le..., au greffe, a comparu le sieur B... (*p.*, *q. et d.*), assisté de Me..., son avoué, lequel a dit qu'en exécution du jugement contradictoirement rendu par ce tribunal, le..., entre lui... et le sieur A... (*p.*, *q. et d.*), et pour satisfaire à la sommation qui lui a été faite suivant exploit du ministère de..., en date du..., dont il nous a représenté la copie, il dépose (*désigner la pièce*) signée de lui et de nous, greffier. Duquel dépôt il a requis acte, se réservant de répéter ses frais de voyage, séjour et retour, contre le sieur A..., qui a poursuivi le dépôt; il a signé avec ledit Me..., et nous, greffier.

Décompte. (Tarif, art. 91.)

Vacation de l'avoué	3 »
Timbre	» 60
Enregistrement	3 75
Expédition	Mémoire.

FORMULE 887. — Art. 220 C. Pr.

Exécutoire des dépens pour l'apport au greffe de l'acte argué aux.

Voir : *Exécutoire de dépens; formule* 876.

Même décompte.

FORMULE 888. — Art. 221 C. Pr.

Requête au juge-commissaire pour faire ordonner l'apport au greffe de la minute de la pièce arguée de faux.

A M..., juge au trib. de 1re inst. de..., commis, pour procéder aux opérations ci-après énoncées;

Le sieur A... (*p., q. et d.*), requiert qu'il vous plaise, monsieur le juge-commissaire,

Attendu que, par jugement contradictoire rendu par le tribunal de..., ..., enregistré et signifié, sur l'inscription de faux formée incidemment par l'exposant, contre la pièce produite par le sieur B... (*p., q. et d.*), dans une instance à fin de..., pendante entre les parties devant ledit tribunal, il a été ordonné que cette inscription de faux incident serait poursuivie par-devant vous; — attendu qu'il existe une minute de la pièce dont il s'agit, et qu'il est important, pour établir le faux, de faire apporter cette minute au greffe;

Vu l'art. 221 du C. Pr., permettre à l'exposant de faire sommer de comparaître devant vous, aux jour, lieu et heure que vous indiquerez, ledit sieur B..., pour voir ordonner que, dans le délai qu'il vous plaira fixer, il sera tenu de faire apporter au greffe du tribunal la minute de la pièce dont il s'agit; à quoi faire les dépositaires seront contraints par corps; et vous ferez justice. (*Signature de l'avoué.*)

ORDONNANCE.

Nous, juge-commissaire, vu la requête qui précède et les pièces à l'appui;

Autorisons le sieur A... à faire assigner le sieur B... à comparaître devant nous, le..., heure de..., en..., pour répondre sur les fins de ladite requête.

Fait au palais de justice, à..., le... (*Signature.*)

Décompte. (Tarif, art. 76 et 92. § 7.)

Timbre et enregistrement......	6 23
Rédaction....................	2 »
Vacation.....................	6 »
Total............	14 23

FORMULE 889. Art 221 C. Pr.

Sommation d'être présent à la réquisition d'apport au greffe de la minute de la pièce arguée de faux.

A la requête du sieur A... (*p., q. et d.*), ayant pour avoué Me..., soit sommé Me... de comparaître en la chambre du conseil, etc., par-devant M. ..., juge audit tribunal, et commissaire en cette partie;

Pour, en conséquence de l'indication de mondit sieur le juge-commissaire, contenue en son ordonnance du ..., enregistrée, rendue sur la requête à lui présentée le ..., desquelles requête et ordonnance copie est donnée en tête de celle des présentes, voir ordonner, sur la réquisition du requérant, que ledit sieur B... sera tenu, dans le délai qui sera fixé, de faire apporter au greffe dudit tribunal la minute de la pièce contre laquelle l'inscription de faux a été admise par le jugement du ..., enregistré; lui déclarant qu'il sera statué même en son absence.

Dont acte.

Pour original, pour copie.

Signifié, donné copie, etc. (*Signature de l'avoué*)

Décompte. (Tarif, art. 70.)

Timbre, enregistrement et signification..	2 19
Original et copie	1 25
Copie de pièces, à 30 c. par rôle.......	Mémoire

FORMULE 890. — Art. 221 C. Pr.

Procès-verbal du juge-commissaire constatant l'apport de la minute d'une pièce arguée de faux

L'an ..., le ..., heure de ..., en la chambre du conseil du trib. de 1re inst. de..., sis au palais de justice, à ..., et par-devant nous, ..., juge en ce tribunal, commis pour procéder aux opérations ci-après, assisté du sieur ..., greffier assermenté;

A comparu Me ..., avoué près de ce tribunal constitué pour le sieur A... (*p., q. et d.*), lequel nous a dit qu'en vertu de notre ordonnance en date du ..., mise au bas de la requête présentée à cet effet, le sieur A..., par acte d'avoué en date du ..., enregistré, a fait sommer le sieur B... (*p., q. et d.*), et Me ..., son avoué, de comparaître aux présents jour, lieu et heure par nous indiqués, pour voir ordonner que ledit sieur B... serait tenu, dans le délai qui serait par nous indiqué, de faire apporter, au greffe du tribunal, la minute de l'acte (*l'énoncer*), contre lequel l'inscription de faux a été admise par le jugement du ...;

Que ledit Me ... conclut à ce qu'il soit donné défaut dans le cas où le sieur B... ni son avoué ne comparaîtraient, et dans tous les cas à ce qu'il soit par nous ordonné que le sieur B... sera tenu, dans le plus bref délai, de faire apporter au greffe la minute de l'acte dont il s'agit, pour être ensuite procédé conformément à la loi, et a signé sous toutes réserves.

(*Signature de l'avoué.*)

Le sieur B... et Me ..., son avoué, n'ayant point comparu, bien que l'heure indiquée soit passée, vu l'original de la sommation signifiée audit Me ..., enregistrée, nous avons donné défaut contre ledit sieur B... et son avoué; et pour le profit : attendu que la partie de Me ... articule qu'il est utile, pour arriver à la constatation du faux, de faire représenter la minute de la pièce en question, et nous demande d'en ordonner l'apport au greffe;

Faisant droit sur cette demande, ordonnons que dans la huitaine de la signification de la présente ordonnance à l'avoué du sieur B..., ce dernier sera tenu de faire apporter au greffe du tribunal la minute de l'acte passé le ..., devant Me ..., notaire à ..., qui pourra y être contraint même par corps.

Fait en la chambre du conseil, les jour, mois et an susénoncés, et avons signé avec le greffier.

(*Signatures du juge-commissaire et du greffier*).

Décompte. (Tarif, art. 92.)

Vacation de l'avoué.......... 6 »

FORMULE 891. — Art. 224 C. Pr.

Signification de l'ordonnance du juge-commissaire portant que la minute de la pièce arguée de faux sera apportée au greffe.

A la requête du sieur A... (*p., q. et d.*), ayant pour avoué Me ..., soit faite la signification et en tête (*de celle*) des présentes laissé copie à Me ..., avoué près le trib. de 1re inst. de ... et du sieur B... (*p., q. et d.*), de l'expédition d'un procès-verbal dressé le ... par M. ..., juge audit tribunal, assisté du greffier, contenant l'ordonnance par laquelle ce magistrat dispose que la minute de l'acte, contre lequel le sieur A... s'est inscrit en faux, sera apportée au greffe du tribunal;

Afin que ledit Me ... ait à faire les diligences nécessaires pour l'exécution de ladite ordonnance.

Dont acte.

Pour original, pour copie.

Signifié, laissé copie, etc. (*Signature de l'avoué.*)

Décompte. (Tarif, art. 70.)

Timbre..........................	Mémoire.
Signification et enregistrement.....	1 29
Original et copie...................	1 25
Copie de pièces, à 30 c. par rôle...	Mémoire.

FORMULE 892. — Art. 224 C. Pr.

Signification de l'ordonnance au dépositaire de la minute.

L'an ..., le ..., à la requête du sieur B... (*p., q. et d.*), pour lequel domicile est élu ..., j'ai (*immatricule de l'huissier*), soussigné, fait la signification, et en tête (*de celle*) des présentes laissé copie à Me ..., notaire à ..., audit domicile en parlant à ...

De la copie signifiée à la requête du sieur A... (*p.*, *q*, *et d.*), à Me .., avoué du requérant, par acte d'avoué à avoué, en date du..., d'une ordonnance en date du..., enregistrée de M. ..., juge au trib. de 1re inst. de..., commis à cet effet.

Et je lui ai, à même requête, fait sommation de déposer dans trois jours, pour tout délai, au greffe du trib. de 1re inst. de..., la minute d'un acte passé en son étude le... etc , contenant, etc.

Lui déclarant que, faute par lui de satisfaire à la présente sommation, il y sera contraint par toutes les voies de droit et même par corps, en vertu de ladite ordonnance.

Je lui ai audit domicile, en parlant comme ci-dessus, laissé copie tant de l'ordonnance susénoncée et de la signification, que du présent exploit, dont le coût est de... (*Signature de l'huissier.*)

Il a été employé pour la copie... feuilles de papier spécial, au timbre de...

Décompte. (Tarif, art. 29.)

Timbre...........................	Mémoire.
Original et copie..................	2 50
Enregistrement....................	3 75
Copie de pièces, à 30 c, par rôle...	Mémoire.

FORMULE 893. — Art. 224 C. Pr.

Acte de dépôt au greffe de la minute de la pièce arguée de faux.

Voir la formule 886.

Même décompte.

FORMULE 894. — Art. 225 C. Pr.

Signification de l'acte de dépôt de la minute, et sommation d'être présent au procès-verbal de constat de la pièce arguée de faux.

A la requête du sieur A... (*p.*, *q. et d.*) soit faite la signification, et avec celle des présentes donné copie à Me ..., avoué du sieur B... (*p.*, *q et d.*), 1° d'un acte délivré par le greffier du tribunal de 1re inst. de ..., le ..., enregistré, constatant le dépôt fait au greffe dudit tribunal par Me ..., notaire à..., de la minute d'un acte passé devant lui le..., enregistré ; 2° d'une ordonnance de M....., juge-commissaire, en date du..., enregistrée, mise au bas de la requête à lui présentée, ensemble de ladite requête, à ce que ledit Me ... n'ignore, le sommant en conséquence de comparaître et de faire trouver le sieur B..., sa partie, le... (*délai de trois jours*), heure de..., au greffe dudit tribunal de..., pour, si bon leur semble, être présents au procès-verbal qui sera dressé en présence de M. le procureur de la République, par M. ..., juge commis à cet effet, de l'état de la minute de l'acte dont il s'agit, contre lequel le sieur A..., s'est inscrit en faux ; déclarant audit Me ..., que, faute par lui de comparaître et de faire comparaître sa partie, il sera contre eux donné défaut, et passé outre, à ce qu'il n'en ignore.

Dont acte, etc. (*Signature de l'avoué.*)

Signifié, laissé copie.

Décompte. (Tarif, art. 70.)

Timbre, signification et enregistrement.	2 19
Original et copie	1 25
Copie de pièces, à 30 c. par rôle	Mémoire.

FORMULE 895. — Art. 225, 226 et 227 C. Pr.

Procès-verbal de l'état de la pièce.

L'an... le..., heure de..., au greffe du trib. de 1re inst. de..., et par-devant nous ..., juge commis aux fins ci-après, par jugement dudit tribunal, rendu le..., assisté de notre greffier, a comparu le sieur A... (*p.*, *q. et d.*), assisté de Me.... son avoué, lequel nous a dit qu'il a fait sommer, suivant acte d'avoué à avoué, en date du..., le sieur B... (*p.*, *q. et d.*), d'avoir à comparaître devant nous à ces lieu, jour et heure, pour, en exécution du jugement susdaté, contradictoire entre eux, assister au constat qui serait par nous dressé de l'état de la pièce énoncée en ladite requête ; et attendu que M. le procureur de la République, le sieur B....et Me ..., son avoué, sont présents, il nous a invité à procéder à cette opération sur la représentation qui nous sera faite de ladite pièce par Me ..., greffier de ce tribunal, qui en est dépositaire, et a signé avec ledit Me...

(*Signatures.*)

Ont aussi comparu M. le procureur de la République près ce tribunal et ledit sieur B..., assisté de son avoué, lesquels nous ont dit qu'ils n'empêchent pas et demandent même qu'il soit procédé à la constatation de l'état de ladite pièce, et ont signé. (*Signatures.*)

Desquels comparutions, dires et consentements nous avons donné acte aux comparants ; nous avons ensuite, en leur présence, procédé à la description de ladite pièce, ainsi qu'il suit, sur la présentation qui nous en a été faite par le greffier dépositaire ;

Ladite pièce est, etc. (*la décrire avec soin*).

La pièce étant ainsi décrite a été paraphée par nous, M. le procureur de la République, et les comparants avec leurs avoués, et Me..., greffier ; puis elle a été remise à ce dernier pour la garder en dépôt jusqu'à ce qu'il en ait été autrement ordonné par justice, et les comparants ont tous signé avec nous et notre greffier. (*Signatures.*)

A la suite ou en marge de la pièce, on met la mention du paraphe en ces termes :

Paraphé par nous, ..., juge au tribunal de..., par M. le procureur de la République près ledit tribunal, par le sieur A..., et Me ..., son avoué, le sieur B..., Me... son avoué, et Me ..., greffier dudit tribunal, en exécution du jugement dudit tribunal du..., et conformément à notre procès-verbal de ce jour, à..., le... (*Signatures.*)

Décompte : Timbre .... Mémoire.
Enregistrement......................... 3 75
Expédition.............................. Mémoire,
Par chaque vacation de 3 h., 6 fr... Mémoire.

FORMULE 896. — Art. 229 C. Pr.

Requête pour présenter les moyens d'une présomption de faux incident.

A MM. les président et juges composant le tribunal de 1re inst. de..., etc,

Le sieur A..., (*p., q. et d.*), demandeur au principal, à l'inscription de faux et aux fins de la présente requête, ayant pour avoué Me ...

Contre le sieur B... (*p., q. et d.*), défendeur au principal, à l'inscription de faux et aux fins de la présente requête, ayant Me ... pour avoué ;

A l'honneur de vous exposer que (*énoncer successivement et avec précision tous moyens de faux*).

Par tous ces motifs, plaise au tribunal donner acte au sieur A... de ce que, pour moyens de faux contre la pièce dont s'agit, il allègue les faits et circonstances ci-dessus énoncés et détaillés;

Ordonner que lesdits moyens de faux seront déclarés pertinents et admissibles, et que le sieur A... sera autorisé à en faire preuve tant par titres que par témoins, en la manière accoutumée, par-devant M. ..., juge commis à cet effet, sauf au défendeur à faire la preuve contraire; ordonner également qu'il sera procédé par-devant le même juge, en présence du sieur B..., où lui dûment appelé, à la vérification de la pièce en question par trois experts écrivains, qui seront commis d'office par le tribunal, pour, sur le rapport qu'ils feront, être statué ce qu'il appartiendra, dépens réservés.

Dont acte.

Pour original, pour copie.

Signifié, laissé copie, etc. (*Signature de l'avoué.*)

Décompte. (Tarif, art. 75.)

Signification et enregistrement. 1 29
Timbre.............................. Mémoire.
Original, 2 fr. par rôle........ Mémoire.
Copie, le quart .... Mémoire.

FORMULE 897. — Art. 230 C. Pr.

Acte pour faire rejeter l'inscription de faux, lorsqu'on n'a pas signifié les moyens à l'appui.

A la requête du sieur B... (*p., q. et d.*), ayant Me ... pour avoué,

Soit sommé Me ..., avoué près le trib. de 1re inst. de ..., constitué pour le sieur A... (*p., q. et d.*),

De comparaître le..., heure de..., à l'audience du trib. de 1re inst. de..., séant au palais de justice à..., pour, faute par le sieur, A... d'avoir dans les huit jours du procès-verbal de constat de la pièce contre laquelle il s'est inscrit en faux, signifié ses moyens de faux contre ladite pièce, voir ordonner que ledit sieur A... sera déchu de son inscription de faux faite par acte au greffe, en date du..., contre la pièce produite par le sieur B..., en la cause pendante entre eux audit tribunal, laquelle pièce timbrée et enregistrée, consiste en (*la désigner*).

En conséquence, entendre déclarer ladite inscription de faux nulle et calomnieuse, et attendu le préjudice qu'elle a causé au requérant, se voir, ledit sieur A..., condamner par corps à payer audit sieur B..., la somme de..., à titre de dommages-intérêts, sans préjudice de l'amende prononcée par la loi, et enfin voir ordonner qu'après l'expiration du délai voulu par la loi pour la remise des pièces, celle arguée de faux sera rendue au requérant par le greffier qui pourra y être contraint même par corps;

Et statuant au principal, attendu que l'inscription de faux du sieur A... étant déclarée nulle, l'acte du..., à lui opposé par le requérant fait tomber la demande contre lui formée par exploit de..., en date du...; voir ordonner que ledit sieur A... sera purement et simplement déclaré non recevable en ladite demande, en tous cas mal fondé en icelle et qu'il en sera débouté; et le condamner aux dépens, tant de la demande principale que de l'inscription de faux; desquels dépens, distraction, etc., à ce que ledit Me... n'en ignore.

Dont acte.

Pour original, pour copie.

Signifié, laissé copie, etc. (*Signature de l'avoué.*

Décompte. (Tarif, art. 71.)

Timbre, enregistrement et signification.	2 19
Original et copie	6 25
Total	8 44

FORMULE 898. — Art. 230 C. Pr.

Requête en réponse à celle qui contient les moyens de faux.

A MM. les président et juges composant le tribunal de 1re instance de....

Le sieur B.... (*p., q., et d.*), défendeur au principal à l'instance d'inscription de faux, ayant pour avoué Me...

Contre M. A... (*p., q. et d.*), demandeur au principal de ladite instance d'inscription de faux, ayant Me... pour avoué,

A l'honneur de vous exposer (*répondre article par article à chaque moyen de faux invoqué par la partie adverse*).

Par ces motifs, plaise au tribunal ordonner que les parties en plaidant la cause pendante entre elles, plaideront sur les écritures, documents et moyens fournis par le requérant contre les moyens de faux invoqués par le sieur A...

Ordonner que lesdits moyens de faux seront déclarés non pertinents ni admissibles, et que le sieur A... sera déchu de l'inscription de faux par lui faite, par acte au greffe, en date du..., ordonner, etc.

(*Voir pour le surplus la formule* 897.)

Décompte. (Tarif, art. 75.)

Signification et enregistrement.........	1 29
Timbre....................................	Mémoire.
Original, par rôle, 2 fr..................	Mémoire.
Copie, le quart, 50 c.....................	Mémoire.

FORMULE 899. — Art. 231 C. Pr.

Avenir pour faire admettre ou rejeter les moyens de faux.

CAUSE DISTRIBUÉE AU TRIBUNAL de 1re instance de .... N° ....

NATURE DE L'AFFAIRE.

RÉQUISITION D'AUDIENCE.

Pour le sieur B... (*p., q. et d.*), demandeur, Me ... (*nom de l'avoué*).

Contre le sieur A... (*p., q. et d.*), défendeur, Me ... (*nom de l'avoué*).

PLAISE AU TRIBUNAL :

Attendu que (*transcrire le libellé de l'assignation*), dire et ordonner, etc.

Transcrire les conclusions de l'assignation, en retranchant les mots voir et entendre, placés en tête des différents membres de phrase ;

Me ..., juge-commissaire.

Et condamner le sieur A... aux dépens, dont distraction sera prononcée au profit de Me ..., qui affirme en avoir fait l'avance. (*Signature de l'avoué.*)

Décompte : Rédaction du placet.. 3 fr.

FORMULE 900. — Art. 238 C. Pr.

Acte de poursuite d'audience à l'effet d'obtenir le jugement définitif sur l'inscription de faux incident.

A la requête du sieur A... (*p., q. et d.*), ayant pour avoué Me ...

Soit nommé Me ..., avoué près le trib. de 1re inst. de ..., constitué pour le sieur B ... (*p., p. et d.*) ;

De comparaître ..., etc., pour :

Attendu que (*exposer ici le résultat de l'instruction, du rapport des experts de l'enquête*) ; desquels rapports d'experts, enquête et contre-enquête, il est en tête (*de celle*) des présentes, donné copie ;

Voir dire et ordonner que l'acte dont il s'agit sera déclaré faux et qu'il sera rejeté de la cause pendante entre les parties ; en conséquence, qu'il sera fait défense au sieur B... de l'opposer à qui que ce soit, et notamment au sieur A... ; comme aussi que ladite pièce falsifiée sera lacérée par le greffier du tribunal, et que les pièces de comparaison seront remises à qui de droit, après les délais d'appel, par le greffier, qui pourra y être contraint même par corps, et statuant au principal, voir ordonner, etc. (*reproduire ici les conclusions principales*), et s'entendre le sieur B... condamner aux dépens tant de la demande principale que de l'inscription de faux, dont distraction sera prononcée au profit de M^e..., avoué, qui affirme en avoir fait l'avance.

Lui déclarant que, faute par lui de comparaître, il sera contre lui donné défaut et pris tels avantages que de droit.

Dont acte.

Pour original, pour copie ;

Signifié, laissé copie, etc. (*Signature de l'avoué.*)

Décompte. (Tarif, art. 71.)

Timbre, signification et enregistrement........	1 19
Original et copie...........................	6 25
Copies de pièces, à 30 par rôle..................	Mémoire.

FORMULE 901. — Art. 248 C. Pr.

Requête pour être autorisé à retirer avant les délais d'appel, requête civile ou cessation, les pièces déposées dans une instance en inscription de faux.

A MM. les président et juges composant le trib. de 1re inst. de ...

M^e ..., notaire à ..., y demeurant, ayant M^e ... pour avoué, a l'honneur de vous exposer qu'en exécution d'une ordonnance rendue le ... par M. ..., juge-commissaire nommé par vous dans la procédure d'inscription de faux formée par le sieur A... contre le sieur B..., il a déposé au greffe du tribunal, pour servir de pièce de comparaison en ladite procédure, la minute de ... ;

Que votre jugement du ... a rejeté ladite inscription de faux et ordonné qu'il serait sursis à la remise des pièces déposées en votre greffe, jusqu'à l'expiration du délai voulu par la loi pour l'effectuer ;

Que cependant la minute dont il s'agit est nécessaire pour ... ;

En conséquence, l'exposant conclut à ce qu'il vous plaise, messieurs, ordonner que remise de ladite minute lui sera faite par le greffier, sur la décharge qu'il offre de lui donner.

(*Signature de l'avoué.*)

Décompte. (Tarif, art. 78.)

Timbre......	1 20
Émolument...	7 50
Total......	8 70

Interrogatoire sur faits et articles.

FORMULE 902. — Art. 324 C. Pr.

Requête tendante à autorisation de faire interroger sur faits et articles.

A MM. les président et juges composant le trib. de 1re inst. de ...

Le sieur A... (*p.*, *q. et d.*) expose que le sieur B... (*p.*, *q. et d.*) a formé, contre lui, par exploit du ..., en date du ..., une demande à fin de (*indiquer l'objet*) ;

Que le sieur A ..., pour se défendre de cette demande, a droit, aux termes de l'art. 324 du C. de Pr., de faire interroger le sieur B... sur les faits qui suivent (*énoncer les faits*).

Attendu que tous ces faits sont pertinents et concluants, il vous plaira messieurs, permettre au sieur A... de faire interroger le sieur B...; pardevant M. le président ou celui de MM. les juges qu'il plaira à ce magistrat commettre à cet effet, sur les faits et articles ci-dessus énoncés et sur tous autres sur lesquels le juge commissaire croira convenable de l'interroger, et vous ferez justice. (*Signature de l'avoué.*)

Décompte. (Tarif, art. 79.)

Timbre........................	1	20
Rédaction de la requête.........	15	»
Total.......	16	20

FORMULE 903. — Art. 325 C. Pr.

Requête pour faire commettre un juge chargé de faire l'interrogatoire si le jugement ne l'a pas commis.

A M. le président du trib. de 1re inst. de ...

Le sieur A... (*p.*, *q. et d.*), ayant pour avoué Me .... a l'honneur de vous exposer :

Que par jugement rendu sur requête, le ..., enregistré, le tribunal que vous présidez a ordonné que le sieur B... (*p.*, *q. et d.*), avec lequel l'exposant se trouve en instance, serait interrogé sur les faits et articles énoncés dans ladite requête par l'un de MM. les juges qu'il vous plairait commettre.

C'est pourquoi l'exposant requiert qu'il vous plaise commettre l'un de MM. les juges du tribunal pour procéder audit interrogatoire.

Présenté au palais de justice à ..., le ...

(*Signature de l'avoué.*)

Décompte. (Tarif, art. 76.)

Timbre et enregistrement de l'ordonnance.....	6 23
Rédaction de la requête.....................	2 »
Total..........	8 23

FORMULE 904. — Art. 327 C. Pr.

Requête au juge-commissaire pour la fixation du jour de l'interrogatoire.

A M. ..., juge au tribunal de ..., commis par le jugement ci-après énoncé.

Le sieur A... (*p., q. et d.*), ayant Me... pour avoué,

A l'honneur de vous exposer que, par jugement rendu en ce tribunal le ..., vous avez été commis pour procéder à l'interrogatoire sur faits et articles du sieur B... (*p., q. et d.*) ;

Pour quoi il vous plaira, monsieur le juge-commissaire,

Indiquer les jour, lieu et heure auxquels il vous conviendra de procéder audit interrogatoire ; et ce sera justice.

(*Signature de l'avoué.*)

ORDONNANCE.

Nous, juge-commissaire, indiquons le ..., heure de ..., en la chambre du conseil, pour procéder à l'interrogatoire dont s'agit. — Et sera l'assignation donnée au sieur B..., par ..., que nous commettons à cet effet.

Fait en notre cabinet, à ..., le ...

(*Signature du juge-commissaire.*)

Même décompte qu'en la formule précédente.

FORMULE 905. — Art. 326 C. Pr.

Requête pour faire commettre le président du tribunal dans le ressort duquel sa partie réside.

La forme de cette requête est la même que celle de la précédente; on indique l'éloignement de la partie à interroger, et on conclut aux fins de l'art. 16 C. Pr.

ORDONNANCE.

Nous, président, etc.

Attendu l'éloignement du sieur B ..., commettons M. le président du trib. de 1re inst. de ..., dans le ressort duquel réside ledit sieur B..., pour procéder à l'interrogatoire ordonné contre ce dernier.

Fait au palais de justice à ..., le ...

Même décompte.

FORMULE 906. — Art. 329 C. Pr.

Signification des jugement, requête et ordonnance, avec assignation à comparaître pour subir l'interrogatoire.

L'an ..., le ..., à la requête du sieur A... (*p., q. et d.*), pour lequel domicile est élu à ..., rue ..., n° ..., en l'étude de Me ..., avoué près le tribunal de 1re inst. de ..., lequel est constitué et continuera d'occuper pour lui, j'ai ... (*immatricule de l'huissier commis*), soussigné commis à cet effet, fait la signification et, en tête (*de celle*) des présentes, laissé copie au sieur B... (*p., q. et d.*), audit domicile, en parlant à ...

1° De l'expédition rendu sur requête par le tribunal de 1re inst. de ..., le ..., enregistré, d'un jugement portant permission de faire procéder à l'interrogatoire du sieur B..., sur les faits et articles énoncés en ladite requête, ensemble de ladite requête;

2° D'une ordonnance également rendue sur requête par M. le président dudit tribunal en date du ..., enregistrée, ensemble de cette requête, ladite ordonnance contenant nomination de M. ..., juge audit tribunal, pour procéder à l'interrogatoire dont il s'agit;

3° Et de l'ordonnance de M. ..., juge-commissaire, étant au bas de la précédente, en date du ..., enregistrée, contenant indication des jour, lieu et heure auxquels il sera procédé audit interrogatoire et commission de moi, huissier soussigné, pour faire la présente signification.

A ce qu'il n'en ignore, et à même requête que dessus, j'ai, en vertu desdites ordonnances, donné assignation audit sieur B..., en parlant comme ci-dessus, à comparaître en personne le ..., heure de ..., en ..., par-devant M. ..., juge-commissaire, pour subir l'interrogatoire autorisé par ledit jugement sur les faits et articles énoncés en la requête dont copie précède (celle des présentes), et répondre en outre aux questions qui lui seront adressées d'office par M. le juge-commissaire.

Lui déclarant que, faute par lui de comparaître et de subir ledit interrogatoire, lesdits faits et articles seront tenus pour confessés et avérés; se réservant de prendre par la suite telles autres conclusions qu'il appartiendra.

A ce qu'il n'en ignore, je lui ai audit domicile, en parlant comme ci-dessus, à l'heure de ..., laissé copie certifiée sincère et véritable, et signée de Me ..., avoué, tant du jugement et des ordonnance et requête susénoncées, que du présent, dont le coût est de ...

Il a été employé, pour la copie une feuille de papier spécial au timbre de .... (*Signature de l'huissier.*)

Décompte. (Tarif, art. 29.)

Original....................................	2 »
Copie....................................	» 50
Enregistrement....................................	3 75
Copie de pièces à 30 c. par rôle..............	Mémoire.

FORMULE 907. — Art. 333 et 334 C. Pr.

Interrogatoire sur faits et articles.

L'an ..., le ..., heure ..., en la chambre du conseil du trib. de 1re inst. de ..., et par-devant nous ..., juge audit tribunal ..., nommé à l'effet de procéder à l'interrogatoire ci-après, par jugement du tribunal [de 1re inst. de ..., en date du ..., assisté du sieur ..., greffier.

A comparu le sieur B... (*p.*, *q. et d.*), lequel nous a dit qu'il se présente en exécution dudit jugement et de notre ordonnance du ..., pour satisfaire à l'assignation à lui donnée, à la requête du sieur A... (*p.*, *q. et d.*), par exploit de ..., huissier, en date du ..., dont il nous a représenté la copie, à l'effet de subir interrogatoire sur les faits et articles insérés en la requête sur laquelle a été rendu ledit jugement, et sur tels autres qu'il nous plaira d'indiquer d'office; desquelles comparution et offres il nous a demandé acte.

Et a signé. (*Signature.*)

Sur quoi, nous ..., juge-commissaire susdit, avons donné acte de ses comparution et réquisition audit sieur B..., et avons à l'instant procédé audit interrogatoire ainsi qu'il suit :

D. Vos nom, prénoms, âge, qualités et demeure?

R. (*N.*, *p.*, *a.*, *q. et d.*)

D. Avez-vous, etc. (*indiquer la demande*)?

R. ... (*indiquer la réponse.*)

Ainsi de suite pour toutes les questions que le juge adresse à la partie interrogée.

On doit distinguer les demandes faites d'office de celles indiquées par la partie.

Lecture faite au sieur B... de l'acte ci-dessus, il a dit que ses réponses contenaient la vérité, il y a persisté, et a signé avec nous et le greffier.

(*Signatures.*)

NOTA. La signification de ce procès-verbal a lieu par acte d'avoué à avoué.

Décompte.

Les avoués ne peuvent être présents à l'interrogatoire, il ne leur revient aucune vacation.

Référé.

FORMULE 908. — Art. 807 C. Pr.

Assignation en référé.

L'an ..., le ..., à la requête du sieur A... (*p.*, *q. et d.*), pour lequel domicile est élu en l'étude de Me ..., avoué, près le trib. de 1re inst. de ..., lequel occupera sur la présente assignation, j'ai ... (*immatricule de l'huissier*), soussigné, donné assignation au sieur B... (*p.*, *q. et d.*), audit domicile, en parlant à ..., à comparaître le ..., devant M. le président dudit tribunal, tenant l'audience des référés, en son cabinet, au palais de justice à ..., heure de ..., pour ..., attendu (*exposé de la demande et des moyens à l'appui*), au principal, voir renvoyer les parties à se pourvoir, et dès à présent voir ordonner que ... (*conclusions*), voir dire que l'ordonnance à intervenir sera exécutée par provision et sur minute, attendu l'urgence, nonobstant appel.

Et je lui ai, audit domicile, parlant comme ci-dessus, laissé copie du présent exploit, dont le coût est de ...

Il a été employé pour la copie une feuille de papier spécial au timbre ...

(*Signature de l'huissier.*)

Décompte. (Tarif, art. 29, § 55.)

Timbre...........	1 20
Original.........	2 »
Copie............	» 50
Enregistrement....	3 75
Total....	7 45

FORMULE 909. — Art. 308 C. Pr.

Requête pour être autorisé à assigner en référé à heure fixe

A M. le président du trib. de 1re inst. de ...

Le sieur A... (*p.*, *q. et d.*), ayant pour avoué Me ...

A l'honneur de vous exposer que (*énoncer les faits qui constituent l'urgence*), en conséquence, l'exposant conclut à ce qu'il vous plaise, monsieur le président, l'autoriser à faire assigner le sieur B... (*p.*, *q. et d.*), à comparaître aujourd'hui devant vous, en état de référé, aux lieu et heure que vous voudrez bien indiquer pour, au principal, voir renvoyer les parties à se pourvoir, et, dès à présent, voir ordonner que (*conclusions*). Ce qui sera exécuté par provision, nonobstant appel, sur la minute de l'ordonnance à intervenir et avant son enregistrement.

Présenté à ..., le ... (*Signature de l'avoué.*)

ORDONNANCE.

Nous, président, vu la requête ci-dessus, permettons au sieur A... de faire assigner par le ministère de ..., huissier audiencier, sur la minute et avant l'enregistrement de la présente ordonnance, le sieur B... à comparaître devant nous, aujourd'hui, heure de ..., à ..., pour répondre sur les conclusions de ladite requête.

(*Signature du président.*)

Décompte. (Tarif, art. 76, § 44.)

Timbre................	Mémoire.
Enregistrement.........	3 75
Requête................	2 »

FORMULE 910. — Art. 809 C. Pr.

Signification d'une ordonnance de référé.

L'an ..., le ..., à la requête du sieur A... (*p., q. et d.*), j'ai ... (*immatricule de l'huissier*), soussigné (*si l'ordonnance est par défaut, on ajoute :* commis par l'ordonnance dont il va être question), fait la signification, et, en tête (*de celle*) des présentes, donné copie au sieur B... (*p., q. et d.*), audit domicile en parlant à ..., d'une ordonnance de référé rendue contradictoirement entre les parties (ou *par défaut contre ledit sieur B...*) par M. le président du tribunal de ..., le ..., enregistrée, afin que ledit sieur B... ait à l'exécuter sous peine d'y être contraint par les voies de droit.

Et j'ai audit domicile, parlant comme ci-dessus, laissé copie du présent, dont le coût est de ...

Il a été employé pour la copie une feuille de papier spécial au timbre de ... (*Signature de l'huissier.*)

Décompte.		
	Timbre	Mémoire.
	Enregistrement	3 75
	Original	2 »
	Copie	» 50
	Copies de pièces, à 30 c. par rôle	Mémoire.

FORMULE 911. — Art. 807 C. Pr.

Assignation à bref délai, par suite de l'autorisation d'assigner.

L'an ..., le ..., en vertu d'une ordonnance de M. le président du trib. de 1re inst. de ..., étant au bas de la requête à lui présentée le même jour, desquelles requête et ordonnance il est en tête (*de celle*) des présentes laissé copie, et à la requête du sieur A... (*p., q. et d.*), pour lequel domicile est élu en la demeure de Me ..., avoué près ledit tribunal, sis à ..., lequel occupera sur la présente assignation, j'ai (*immatricule de l'huissier*), soussigné, commis à cet effet, donné assignation au sieur B... (*p., q. et d.*), audit domicile, où étant et parlant à, etc., etc. (*le surplus comme en toute assignation à bref délai.*)

Décompte :		
	Coût ordinaire des exploits	7 45
	Copies de pièces, à 30 c. par rôle	Mémoire.

Requête civile.

FORMULE 912 — Art, 483 C. Pr.

Requête à l'effet d'être autorisé à assigner en requête civile.

A M. le président du trib. de 1re inst. de ...

Le sieur A... (*p., q. et d.*), ayant Me... pour avoué,

A l'honneur de vous exposer qu'il se propose de se pourvoir en requête civile contre un jugement rendu contradictoirement par le tribunal que vous présidez le ..., enregistré, entre lui et le sieur B... (*p.*, *q. et d.*), signifié à domicile le ..., il conclut en conséquence, monsieur le président, à ce qu'il vous plaise, vu : 1° la quittance timbrée du receveur d'enregistrement, de ..., en date du ..., constatant le dépôt fait par le requérant, conformément à l'art. 494 C. pr., de la somme de ... fr., pour l'amende et les dommages-intérêts; 2° la consultation ci-jointe, délibérée par trois avocats exerçant depuis plus de 10 ans près (*indiquer la juridiction*), contenant leur déclaration qu'ils approuvent la requête civile en question, et les moyens y donnant ouverture; lui permettre, après communication au ministère public, de faire assigner ledit sieur B... à comparaître devant le tribunal, dans le délai de la loi, pour voir admettre la requête civile contre le jugement ci-dessus énoncé, par le motif que ce jugement n'a pas fait mention que la cause ait été communiquée au ministère public, vu l'état de minorité où se trouvait alors le requérant, et que, par suite, le procureur de la République ait été entendu en ses conclusions (*ou tout autre des motifs indiqués dans les art.* 480 *et* 481 *C. pr.*), voir ordonner que ledit jugement sera rétracté dans tous ses chefs, et en outre : 1° que la somme de ..., consignée par le requérant lui sera rendue, sur la représentation de l'expédition du jugement à intervenir ; 2° que la somme de ..., que ledit requérant a payée, comme forcé et contraint audit sieur B..., en exécution du jugement attaqué, lui sera également restituée sans délai, avec les intérêts, depuis le jour du payement, et se voir enfin condamner aux dépens, dont distraction, etc.

Présenté au palais de justice, à ..., le .... (*Signature de l'avoué.*)

Soit la présente requête communiquée à M. le procureur de la République

Fait au palais de justice, le ... (*Signature du président.*)

Nous n'empêchons. (*Signature du procureur de la République.*)

Nous, président du tribunal de 1re inst. de ..., vu la requête qui précède et les pièces à l'appui; vu l'avis de M. le procureur de la République ; permettons d'assigner dans le délai ordinaire, aux fins de la requête ci-dessus, sans préjudice de l'exécution de jugement attaqué, laquelle doit avoir lieu jusqu'à rétractation.

Fait au palais de justice, le ... (*Signature du président.*)

Décompte. (Tarif, art. 78 et 147.)

Timbre	1 20
Rédaction de la requête, communication au ministère public et obtention de l'ordonnance	7 50
Enregistrement	5 63
S'il s'agissait d'un arrêt, l'enregistrement serait de 9 fr. 38 c. et l'émolument de l'avoué de 11 fr. 25.	
Total	14 33

FORMULE 913. — Art. 480 C. Pr.

Consultation de trois avocats.

Les soussignés :

1° Me ..., avocat à la cour d'appel de ..., demeurant en ladite ville, rue ..., n° ..., inscrit au tableau depuis le ... (10 ans au moins).

2° Me ..., etc., inscrit au tableau, depuis le ...

3° Me ..., etc., inscrit au tableau, depuis le ...

Vu l'exposé qui leur a été fait par le sieur A... (*p., q. et d.*), que par jugement rendu le ..., par le trib. de 1re inst. de ..., enregistré, dont il nous a représenté la copie signifiée à son tuteur le ..., il a été condamné envers le sieur B... (*p., q. et d.*) à ... (*indiquer l'objet de la condamnation*).

Que ledit jugement ne fait pas mention que la cause ait été communiquée au ministère public, ni que ce magistrat ait été entendu en ses conclusions.

Qu'il est, en conséquence, dans l'intention d'attaquer ledit jugement par voie de requête civile.

Après en avoir délibéré.

Attendu qu'il est constant que le sieur A... était mineur à l'époque dudit jugement, ainsi qu'il résulte de son acte de naissance, inscrit sur les registres de l'état civil de ..., le ...

Attendu que ce jugement est susceptible d'être attaqué par requête civile, aux termes de l'art. 480, § 8, C. pr., pour omission de communication au ministère public.

Que ledit sieur A... est encore dans les délais de la loi, puisque ledit jugement signifié à son tuteur pendant sa minorité ne lui a point été de nouveau signifié depuis sa majorité, selon que le prescrit l'art. 484 C. pr.

Sont unanimement d'avis, que le sieur A... est fondé à attaquer, par la voie de la *requête civile*, le jugement susdaté, pour l'omission de la communication au ministère public, exigée pour les mineurs.

Fait et délibéré dans le cabinet de Me ..., à Paris, ce ... ... 18..

(*Signatures.*)

Décompte. (Tarif, art. 140.)

Timbre..............................	1 20
Honoraires des trois avocats........	72 »
Total............	73 20

FORMULE 914. — Art. 494 C. Pr.

Certificat de consignation.

Je soussigné, receveur de l'enregistrement à ..., reconnais avoir reçu du sieur A... (*p., q. et d.*), par les mains et des deniers de Me ..., son avoué, la somme de ...., pour consignation d'amende et dommages-intérêts de l'appel, par voie de requête civile, interjeté à la requête dudit sieur A... contre le sieur B... (*p.*, *q. et d.*), par exploit de ...

A..., le ... (*Signature du receveur.*)

Décompte. (Tarif, art. 91 et 147.)

Timbre	» 60
Enregistrement	3 75
Vacation	2 25
Total	6 60

FORMULE 915. — Art. 492, 495 C. Pr.

Assignation en requête civile.

L'an ..., le ..., à la requête du sieur A... (*p.*, *q. et d.*), pour lequel domicile est élu en l'étude de Me ..., avoué près la cour d'appel de ..., y demeurant, rue ..., nº ..., qu'il constitue et qui occupera pour lui sur la présente assignation.

J'ai ... (*immatricule de l'huissier*), soussigné, fait la signification, et, en tête (*de celle*) des présentes, donné copie au sieur B... (*p.*, *q. et d.*), audit domicile où étant et parlant à ...

1º De la consultation, à ... en date du ..., signée de trois avocats, exerçant depuis plus de dix ans, près la cour d'appel de ..., contenant la déclaration qu'ils approuvent la requête civile qu'entend former le sieur A ..., contre le jugement rendu contradictoirement entre lui et le sieur B..., par le trib. de 1re inst. de ..., le ..., signifié à domicile, le ..., et indiquant les moyens donnant ouverture à ladite requête.

2º De la quittance du receveur de l'enregistrement de ..., en date du ..., constatant que le sieur A..., a déposé entre ses mains la somme de ..., pour l'amende et les dommages-intérêts auxquels le requérant pourrait être condamné, sur la requête civile dont il est ci-après parlé.

3º De l'ordonnance rendue par le président du tribunal de 1re inst. de ..., le ..., enregistrée, mise au bas de la requête à lui présentée le même jour, ensemble de ladite requête.

Et à mêmes requête, demeure et élection de domicile que ci-dessus, j'ai, huissier, soussigné, donné assignation audit sieur B..., parlant comme il a été dit, à comparaître d'aujourd'hui à huitaine franche, outre un jour par trois myriamètres de distance, à l'audience et par-devant MM. les président et juges composant le tribunal de ..., séant au palais de justice, à ...

Pour, attendu que le jugement ci-dessus énoncé n'a pas, malgré la minorité du requérant, fait mention que la cause ait été communiquée au ministère public, ni que le procureur de la République ait été entendu en ses conclusions.

Voir déclarer que la requête civile présentée par le requérant, contre le jugement, sera purement et simplement admise, et le jugement rétracté dans tous ses chefs, et en outre (*copier les conclusions de la formule* 913).

Et j'ai, audit sieur B..., audit domicile, et parlant comme ci-dessus, laissé copie tant des consultation, quittance, requête et ordonnance ci-dessus énoncées, que du présent exploit dont le coût est de ...

(*Signature de l'huissier.*)

Décompte. (Tarif, art. 29.)

Timbre...........................	Mémoire.
Enregistrement..................	3 75
Original.........................	2 »
Copies...........................	» 50
Copies de pièces, à 30 c. par rôle..	Mémoire.

FORMULE 916. — Art. 493 C. Pr.

Requête civile incidente.

Cette demande est formée par assignation précédée d'une requête en brevet et d'une ordonnance (*voir les formules précédentes*), comme lorsqu'il s'agit de la requête civile principale.

Même décompte.

FORMULE 917. — Art. 493 C. Pr.

Requête en réponse à la requête civile, soit incidente, soit principale.

A MM. les président et juges composant le trib. de 1re *inst. de* ...

Le sieur B... (*p., q. et d.*), demandeur au principal et défendeur en requête civile, ayant pour avoué Me ...

Contre le sieur A... (*p., q. et d.*), défendeur au principal et demandeur en requête civile, ayant pour avoué Me ...

A l'honneur de vous exposer ce qui suit : (*exposé des faits et développement des moyens*).

Pourquoi l'exposant conclut à ce qu'il plaise au tribunal déclarer le sieur A... purement et simplement non recevable en sa demande, à fin de rétractation dudit jugement, rejeter ladite requête civile; en conséquence, ordonner que le jugement rendu contradictoirement entre les parties par le tribunal, le ..., enregistré et signifié, sera exécuté dans toutes ses dispositions, et condamner le sieur A... en ... francs de dommages-intérêts envers le concluant, sans préjudice de l'amende; le condamner, en outre, aux dépens, dont distraction, etc.

Pour original, pour copie.

Signifié, laissé copie, etc. (*Signature de l'avoué.*)

Décompte (Tarif, art. 75.)

Timbre................................	» 60
Signification et enregistrement.........	1 74
Original, 2 fr. par rôle................	Mémoire.
Copie, 50 c, par rôle..................	Mémoire.
Copie de pièces, à 30 c. par rôle.......	Mémoire.

Arbitrage.

FORMULE 918. — Art. 1008 à 1011 C. Pr.

Compromis. (S. S. P.)

Par-devant, etc.

M. A... (*p.*, *q. et d.*),

M. B...(*p.*, *q. et d.*),

Ont exposé ce qui suit :

Énoncer les faits du litige.

Les choses en cet état, les parties, voulant mettre fin au procès qui les divise, sont tombées d'accord d'en soumettre le jugement à des arbitres; en conséquence, elles ont choisi, pour en remplir les fonctions, M. C... (*p.*, *q. et d.*), et M. D... (*p.*, *q. et d.*), auxquelles elles donnent pouvoir de statuer sur ... (*indiquer avec soin les questions à résoudre*).

La durée de l'arbitrage est fixée à ...

Les arbitres devront statuer sans être astreints, pour la procédure, aux formes et délais établis pour les tribunaux.

Ils prononceront, en dernier ressort, en se conformant aux règles du droit, les parties n'entendant pas les constituer amiables compositeurs.

En cas de partage, les arbitres sont autorisés à s'adjoindre le tiers arbitre qui devra les partager.

Dont acte, etc.

Décompte : Timbre de la minute et de l'expédition..	Mémoire.
Enregistrement....................................	5 63
Rôles suivant la classe..............................	Mémoire.
Vacations..	Mémoire.

FORMULE 919. — Art. 1008 à 1011 C. Pr.

Constitution du tribunal arbitral.

L'an..., le ..., heure de ..., devant nous C... et D... (*p.*, *q. et d.*), et dans le cabinet de M..., l'un de nous.

Ont comparu :

1° M. A... (*p.*, *q. et d.*),

2° M. B... (*p.*, *q. et d.*),

Lesquels ont exposé que, par acte passé devant Me ... et son collègue, notaires à ..., le ..., enregistré, ils ont, pour terminer les contestations qui les divisent, posé les bases d'un compromis aux termes duquel nous sommes appelés à statuer comme arbitres sur les difficultés indiquées dans ledit acte; nous priant, lesdits sieurs A... et B..., de déclarer si nous acceptons le mandat qu'ils veulent nous confier; en cas d'affirmative, de nous constituer en tribunal arbitral et d'annexer à notre procès-verbal l'expédition du compromis qu'ils nous ont représentée.

En conséquence, nous avons donné acte aux parties de leur comparution et de la remise qu'elles ont faite dudit compromis, qui demeurera annexé au présent procès-verbal.

Acceptant le mandat qui nous est confié, nous nous sommes constitués en tribunal arbitral pour statuer, dans la forme et les délais réglés par ledit compromis, sur les objets qui y sont indiqués; et pour entendre plus amplement les parties, nous nous sommes ajournés au ..., heure de ..., dans le cabinet de M. ..., l'un de nous, jour, lieu et heure auxquels les parties se sont obligées à comparaître sans sommation.

De ce qui précède, nous avons dressé le présent procès-verbal, que les parties ont signé avec nous, après lecture. (*Signatures.*)

Décompte : Timbre.................. Mémoire.
Enregistrement.......... 5 63.

FORMULE 920.

Sommation d'avoir à comparaître devant les arbitres.

L'an ..., le ..., à la requête du sieur A... (*p., q. et d.*), j'ai ... (*immatricule de l'huissier*), soussigné, fait sommation au sieur B... (*p., q. et d.*), audit domicile en parlant à ..., de comparaître le ..., heure de ..., devant MM. C... et D... (*p., q. et d.*), dans le cabinet de M. ..., l'un d'eux, pour voir lesdits arbitres se constituer en tribunal arbitral, conformément aux pouvoirs que ledit sieur B... et le requérant leur ont conférés, suivant acte reçu par M^e^..., notaire à ..., qui en a gardé minute, et son confrère, le ..., enregistré, et pour prendre telles conclusions et produire telles pièces qu'il jugera convenables, déclarant audit sieur B... qu'il sera passé outre à la constitution du tribunal arbitral, même en son absence.

Et je lui ai, audit domicile, parlant comme ci-dessus, laissé copie du présent, dont le coût est de ...

Il a été employé pour la copie une feuille de papier spécial au timbre de...

(*Signature de l'huissier.*)

Décompte (Tarif, art. 29.)

Timbre............................	1 20
Enregistrement....................	3 75
Original..........................	2 »
Copie.............................	» 50
Total...........	7 45

FORMULE 921. — Art. 1008 C. Pr.

Révocation des arbitres.

L'an ..., le ..., à la requête du sieur A... (*p., q. et d.*), et du sieur B... (*p., q. et d.*), j'ai ... (*immatricule de l'huissier*), soussigné, signifié et déclaré : 1° au sieur C... (*p., q. et d.*), audit domicile, en parlant à ...; 2° au sieur D... (*p., q. et d.*), audit domicile, en parlant à ..., que les requérants révoquent par le présent acte les pouvoirs qu'ils leur avaient conférés par compromis reçu par Mᵉ ..., notaire à ..., qui en a gardé minute, et son confrère, le ..., enregistré, pour statuer en qualité d'arbitres sur une contestation relative à ... (*rappeler sommairement l'objet du compromis*); qu'en conséquence, les requérants somment lesdits sieurs C... et D... de cesser, dès aujourd'hui, de s'occuper dudit arbitrage et de remettre entre mes mains, sous l'offre d'en fournir valable décharge, les titres et pièces que chacun des requérants leur a confiés, offrant également de payer auxdits arbitres révoqués le montant des déboursés et honoraires qui pourraient leur être actuellement dus, sous toutes réserves, et notamment de se pourvoir pour obtenir, contre lesdits sieur C... et D..., des dommages-intérêts pour la réparation du préjudice que leur refus ou leur retard pourrait occasionner.

Et j'ai auxdits domiciles, parlant comme ci-dessus, laissé copie du présent exploit, signé par les requérants sur l'original et sur la copie, et dont le coût est de ...

Il a été employé pour la copie une feuille de papier spécial au timbre de ... (*Signatures.*)

Décompte. (Tarif, art. 29.)

Timbre............	Mémoire.	
Enregistrement......	7 50	(2 droits.)
Original...........	2 »	
Deux copies........	1 »	

FORMULE 922. — Art 1016 C. Pr.

Sommation de remettre les pièces aux arbitres.

L'an ..., le ..., à la requête du sieur A... (*p., q. et d.*), j'ai ... (*immatricule de l'huissier*), soussigné, signifié et déclaré au sieur B... (*p., q. et d.*), demeurant à ..., audit demicile, en parlant à ..., que le délai du compromis fait entre eux, par acte reçu par Mᵉ ..., notaire à ..., le ..., enregistré, expire le ...; qu'aux termes de l'art. 1016 C. pr., chacune des parties est tenue de produire entre les mains des arbitres ses pièces et défenses, quinzaine au moins avant l'expiration dudit délai; que le sieur B... n'a point encore remis ces pièces à MM. C... et D..., arbitres nommés par ledit compromis; en conséquence, j'ai fait sommation audit sieur B... de produire, dans ce délai, entre les mains de MM. les arbitres susnommés, ses défenses et les titres et pièces qu'il entend faire valoir à l'appui, lui déclarant que, faute par lui de faire cette production, les arbitres passeront outre au jugement sur les pièces produites, conformément à l'art. 1016 précité.

Et j'ai audit domicile, parlant comme ci-dessus, laissé copie du présent, dont le coût est de ...

Il a été employé pour la copie une feuille de papier spécial au timbre de ... (*Signature de l'huissier.*)

Décompte. (Tarif, art. 29.)

Coût ordinaire des exploits...... 7 45

FORMULE 923. — Art. 1017 C. Pr.

Requête pour faire nommer un tiers arbitre.

A M. le président du trib. de 1re inst. de ...

Le sieur A... (*p., q. et d.*), ayant pour avoué Me ..., a l'honneur de vous exposer qu'une contestation s'est élevée entre lui et le sieur B... (*p., q. et d.*), à l'occasion de ... (*exposer sur quoi porte le débat*); que, voulant terminer cette contestation par la voie arbitrale, ils ont, d'un commun accord, et par un compromis en date du ... (*énoncer le compromis*); constitué un tribunal arbitral composé de MM. C... et D... (*p., q. et d.*), qu'ils ont acaccordé auxdits arbitres, en cas de partage, le pouvoir de nommer un tiers arbitre, mais que ces arbitres n'ont pu s'entendre sur le choix du tiers arbitre, ainsi que l'atteste un procès-verbal en date du ..., enregistré à ..., le ..., folio ..., recto ..., case ..., par ..., qui a perçu ...., produit à l'appui de la présente requête; qu'il y a lieu, par conséquent, de faire, conformément à l'art. 1017 C. pr., nommer par vous le tiers arbitre, ce à quoi l'exposant conclut.

Présenté au palais de justice, à ..., le ... (*Signature de l'avoué.*)

ORDONNANCE.

Nous ..., président du tribunal de ..., vu la requête ci-dessus, l'art. 1017 C. pr., et les pièces à l'appui, nommons pour statuer, comme tiers arbitre sur la contestation dont il sagit, M. E... (*p., q. et d.*).

Fait et délivré au palais de justice, à ..., le ...

(*Signatures du président et du greffier.*)

Décompte. (Tarif, art. 77.)

Timbre	Mémoire.
Enregistrement	5 63
Rédaction de la requête	3 »
Timbre de l'expédition	Mémoire.
Droits de greffe, 1 fr. 20 c. par rôle, y compris la remise du greffier (30 c.)	Mémoire.

FORMULE 924. -- Art. 1018 C. Pr.

Signification de la requête et de l'ordonnance qui précèdent aux arbitres, avec sommation auxdits arbitres de se réunir au tiers arbitre.

L'an ..., le ..., à la requête du sieur A... (*p., q. et d.*), pour lequel élection de domicile est faite en l'étude de Me ..., avoué à ..., j'ai ... (*immatricule de l'huissier*), soussigné, fait la signification, et, en tête (*de celle*) des présentes, donné copie :

1° Au sieur C... (*p., q. et d.*), audit domicile et parlant à ...;

2° Au sieur D... (*p., q. et d.*), audit domicile et parlant à ...;

3° Au sieur B... (*p., q. et d.*), audit domicile et parlant à ...;

De l'expédition d'une ordonnance rendue par M. le président du tribunal de ..., le ..., enregistrée, et de la requête présentée à ce magistrat le même jour, au bas de laquelle est écrite cette ordonnance, qui contient nomination de M. F... (*p.*, *q. et d.*), comme tiers arbitre pour statuer sur la contestation pendante entre le requérant et ledit sieur B..., et sur laquelle les sieurs C... et D..., arbitres, ont déclaré partage; en conséquence, j'ai fait sommation auxdits sieurs C... et D..., d'avoir à se trouver le ..., heure de ..., dans le cabinet de M. F..., tiers arbitre, rue ..., n° ..., pour y conférer avec ledit M. F... sur l'objet du compromis et sur les motifs de leur divergence d'opinions, leur déclarant que, faute par eux de comparaître, M. F... constatera leur non-comparution et prononcera seul.

Et j'ai à chacun des susnommés, en leursdits domiciles, parlant comme ci-dessus, laissé séparément copie du présent, dont le coût est de ...

Il a été employé pour les copies ... feuilles de papier spécial au timbre de ... (*Signature de l'huissier.*)

Décompte. (Tarif, art. 29.)

Timbre	Mémoire.
Original	2 »
Copies, le quart pour chacune	1 50
Enregistrement	3 75
Copies de pièces, à 25 ou 30 c. par rôle	Mémoire.

FORMULE 925. — Art. 1020 C. Pr.

Acte de dépôt du jugement arbitral.

L'an ..., le..., au greffe du trib. de 1re inst. de ..., et devant nous, greffier soussigné, a comparu le sieur C... (*p.*, *q. et d.*), lequel a déposé entre nos mains la minute d'une sentence arbitrale, rendue le ..., par lui et le sieur D... (*p.*, *q. et d.*), arbitres nommés par les sieurs A... et B... (*p.*, *q. et d.*), pour statuer sur la contestation existant entre ces derniers, suivant compromis reçu par Me ..., notaire à ..., le..., enregistré.

Duquel dépôt nous avons donné acte audit sieur C..., qui a signé avec nous, après lecture. (*Signatures.*)

Décompte :	Timbre	Mémoire.
	Enregistrement	3 75
	Droit de greffe, 1 fr. 50, y compris la remise du greffier	1 50

FORMULE 926. — Art. 1020 et 1024 C. Pr.

Ordonnance d'exécution.

Nous, président du trib. de 1re inst. de ..., assisté du sieur ..., greffier, vu la sentence arbitrale qui précède; attendu que ladite sentence est régulière en la forme, et qu'elle ne contient rien de contraire à l'ordre public, ni aux bonnes mœurs; ordonnons que ladite sentence sera exécutée selon sa forme et teneur.

Fait à ..., le .... (*Signatures du président et du greffier.*)

Décompte. (Tarif, art. 91.)

Vacation..................	3 »
Enregistrement............	5 63

FORMULE 927.

Signification de la sentence revêtue de l'ordonnance d'exequatur.

L'an ..., le ..., à la requête du sieur A... (*p., q. et d.*), pour lequel domicile est élu à ..., rue ..., nº ..., dans l'étude de Mᵉ ..., avoué près le trib. de 1ʳᵉ inst. de ..., j'ai ... (*immatricule de l'huissier*), soussigné, fait la signification, et en tête (*de celle*) des présentes, laissé copie au sieur B... (*p., q. et d.*), audit domicile, en parlant à ..., de la grosse exécutoire d'une sentence arbitrale rendue par MM. C... et D..., arbitres (ou *par M. F... tiers arbitre*), le ..., enregistrée, et revêtue d'une ordonnance d'exécution émanée de M. le président du trib. de 1ʳᵉ inst. de ..., en date du ..., aussi enregistrée, sommant, en conséquence, ledit sieur B... d'avoir à l'exécuter (ou bien, si le requérant veut se réserver le droit d'en appeler quand l'appel est possible : *Sous toutes réserves, et notamment d'attaquer ladite sentence par voies légales, sur les chefs qui portent grief au requérant*).

Et je lui ai, audit domicile, parlant comme ci-dessus, laissé copie du présent, dont le coût est de ...

Il a été employé pour la copie ... feuilles de papier spécial au timbre de ... (*Signature de l'huissier.*)

Décompte. (Tarif, art. 29.)

Timbre..............................	Mémoire.
Original............................	2 20
Copie...............................	» 50
Enregistrement......................	3 75
Copies de pièces à 30 c. par rôle......	Mémoire.

Biens dotaux.

FORMULE 928. — Art. 1558 C. C., 997 C. Pr. Mourlon, t. III, p. 143 et suiv.

Requête pour obtenir l'autorisation de vendre un immeuble dotal.

La dame A... (*p., q.*), et le sieur B... (*p., q.*), son mari, demeurant ensemble à . ., ayant Mᵉ ... pour avoué.

Ont l'honneur de vous exposer que, par contrat passé devant Mᵉ ..., qui en a gardé minute, et son collègue, notaires à ..., le ..., enregistré, dont une expédition est produite à l'appui de la présente requête, les exposants ont arrêté les conventions civiles de leur mariage ; que dans ce contrat les époux ont adopté le régime dotal, et que la dame ... s'est constitué (ou *a reçu de* ...) en dot une maison, située à ..., rue ..., n° ..., tenant du nord à ..., et du sud à ..., évaluée à la somme de ...; qu'aucune clause dudit contrat ne permet l'aliénation de cet immeuble; mais que la loi, prévoyant les cas où cette aliénation deviendrait nécessaire, a permis aux tribunaux de l'autoriser; que les exposants se trouvant dans l'un de ces cas; qu'en effet... (*exposer avec clarté les circonstances qui rendent l'aliénation nécessaire*); par ces motifs les exposants concluent à ce qu'il plaise au tribunal, conformément à l'art. 1558 C. Civ., permettre la vente de ladite maison dans les formes prescrites par l'art. 997 C. Pr., devant tel de MM. les juges (*ou M*e ..., *notaire à* ...), que le tribunal voudra bien commettre à cet effet, pour le prix à provenir de ladite aliénation, être, après le payement des frais auxquels elle aura donné lieu, consacré intégralement à ... (*cause de l'aliénation*).

Présenté au palais de justice, à ..., le .... (*Signature de l'avoué.*)

ORDONNANCE DU PRÉSIDENT.

Soit la requête qui précède communiquée à M. le procureur de la République pour, sur ses conclusions, et le rapport qui sera fait par M. ..., juge, que nous commettons à cet effet, être, par le tribunal, statué ce qu'il appartiendra.

Fait à ..., le .... (*Signature du président.*)

CONCLUSIONS DU MINISTÈRE PUBLIC.

Vu la requête ci-dessus et les pièces justificatives, vu l'art. 1558, C. C., nous pensons qu'il y a lieu d'accorder l'autorisation sollicitée.

Au parquet du tribunal, à ..., le ....

(*Signature du procureur de la République.*)

Décompte. (Ord. du 10 oct. 1841.)

Timbre........................	Mémoire.
Rédaction de la requête.......	7 50

Caution judicatum solvi.

FORMULE 929. — Art. 166 C. Pr.

Requête pour réclamer d'un étranger la caution judicatum solvi.

CONCLUSIONS EXCEPTIONNELLES.

A MM. les président et juges composant le trib. de 1re inst. de ....

Pour le sieur A... (*p., q. et d.*), défendeur au principal, demandeur aux fins des présentes, ayant pour avoué Me ....

Contre le sieur B... (*p. q. et d.*), demandeur au principal, défendeur aux fins des présentes, ayant pour avoué Me ....

Elles tendent à ce qu'il plaise au tribunal :

Attendu que le sieur B... étant Américain, n'est point admis à exercer en France les droits civils et qu'il n'a pas en France de biens suffisants pour assurer le payement : 1° des dépens qui pourraient être prononcés contre lui au profit du sieur A..., dans l'instance qu'il a introduite contre ledit sieur A..., par son assignation du ministère de ..., en date du ..., enregistrée; et 2° de la somme de ..., montant des dommages-intérêts que le sieur A... entend réclamer reconventionnellement contre le sieur B...;

Attendu qu'aux termes de l'art. 16 C. C., et de l'art. 166 C. Pr., tout étranger, demandeur principal ou intervenant, est tenu, s'il en est requis, de fournir caution pour garantir le payement des frais et dommages-intérêts auxquels il pourra être condamné;

Ordonner avant faire droit, sous la réserve de toutes autres exceptions, d'incompétence, moyens de nullité, fins de non-recevoir et autres de fait et de droit, que le sieur B... sera tenu de donner, dans les trois jours du jugement à intervenir, bonne et solvable caution, présentée en la forme accoutumée, pour sûreté de la somme de ..., à laquelle il plaira au tribunal évaluer les condamnations qui pourront être prononcées au profit du sieur A... contre le sieur B..., en dommages-intérêts et frais, sur la demande formée par ce dernier, suivant l'exploit précité.

Sinon et faute par ledit sieur B... de fournir la caution ordonnée dans le délai fixé, le déclarer dès à présent purement et simplement non recevable en sa demande.

Et condamner ledit sieur B... aux dépens, dont distraction à Me ..., avoué, qui la requiert, comme en ayant fait l'avance de ses deniers.

(*Signature de l'avoué.*)

Signifié, laissé copie, etc.

Décompte. (Tarif, art. 75.)

Signification et enregistrement......	1 29
Timbre..........................	Mémoire.
Original, 2 rôles..................	4 »
Copie............................	1 »

Délibéré et instruction par écrit.

FORMULE 930.

Signification d'un jugement qui ordonne l'instruction par écrit.

A la requête du sieur A... (*p. q. et d.*), ayant pour avoué Me ...;

Soit faite la signification et, en tête (*de celle*) des présentes, laissé copie à

Me ..., avoué près le trib. de 1re inst. de ..., occupant pour le sieur B... (*p., q. et d.*).

De la grosse exécutoire d'un jugement rendu contradictoirement entre les parties, par ledit tribunal, le ..., enregistré.

Afin que ledit Me ..., pour sa partie, ait à se conformer audit jugement.

Signifié, donné copie, etc. (*Signature de l'avoué.*)

Décompte. (Tarif, art. 70-89 et 156)

Timbre, signification et enregistrement.....	2 19
Original et copie..........................	1 25
Copies de pièces à 30 c. par rôle...........	Mémoire.

FORMULE 931. — Art. 95, 96, C. Pr.

Requête de production dans une instruction par écrit.

A M. ..., juge au tribunal de 1re inst. de ..., commis pour faire le rapport, sur l'instruction par écrit, de la cause pendante entre les parties ci-après nommées, suivant jugement rendu contradictoirement par ledit tribunal le ..., enregistré.

Le sieur A... (*p., q. et d.*), ayant Me ... pour avoué;

Contre le sieur B... (*p., q. et d.*), ayant Me ... pour avoué;

A l'honneur de vous exposer les faits et moyens suivants :

On développe ici avec soin et en forme de mémoire les faits, moyens et conclusions de la cause.

A l'appui de la présente requête, l'exposant va déposer au greffe de ce tribunal, les pièces suivantes (*les indiquer*).

Pour original, etc. (*Signature de l'avoué.*)

La présente requête contenant ... rôles.

Décompte. (Tarif, art. 73.)

Timbre.............................	Mémoire.
Signification et enregistrement......	1 29
Original, par rôle 2 fr..............	Mémoire.
Pour chaque copie..................	Le [illegible].

NOTA. Cette requête est signifiée à avoué dans la forme ordinaire, s'il y a avoué constitué; autrement elle est signifiée à domicile.

FORMULE 932. — Art. 96 C. Pr.

Procès-verbal de dépôt au greffe des pièces à l'appui de la requête signifiée dans une instruction par écrit.

Voir les formules 925 et 872.

Même décompte.

FORMULE 933. — Art. 96 C. Pr.

Dénonciation du dépôt des pièces au greffe au défendeur.

Voir la formule 872 *bis.*

Même décompte.

FORMULE 934. — Art. 97 C. Pr.

Requête en réponse à la production du demandeur.

Voir la formule 931.

Même décompte.

FORMULE 935.

Procès-verbal du dépôt des pièces au greffe, par le défendeur.

Voir les formules 925 et 872.

Même décompte.

FORMULE 936.

Dénonciation du dépôt des pièces au demandeur.

Voir la formule 872 *bis.*

Même décompte.

FORMULE 937. — Art. 98 C. Pr.

Production du demandeur dans le cas de l'art. 98.

Dans cet article le demandeur réplique aux moyens opposés par le défendeur et produit les nouvelles pièces qu'il croit utiles.

Voir la formule 931.

Même décompte.

FORMULE 938. — Art. 102 C. Pr.

Procès-verbal de production de nouvelles pièces.

Voir la formule 872.

Même décompte.

FORMULE 939. — Art. 102. C. Pr.

Dénonciation de la nouvelle production.

A la requête du sieur A... (*p.*, *q. et d.*), ayant Me ... pour avoué.

Soit signifié et déclaré à Me ..., avoué du sieur B... (*p.*, *q. et d.*), que ledit Me ... a déposé au greffe, à la date d'aujourd'hui, par production nouvelle, les pièces suivantes, savoir : 1° ..., 2° ....

Qu'il résulte de ces pièces que (*conséquence que l'on prétend en tirer*) :

Qu'en conséquence, ledit sieur A... persiste dans ses conclusions précédemment signifiées. (*Dans le cas où les nouvelles pièces donnent lieu de modifier les conclusions, on met :*)

Qu'en conséquence, le sieur A..., modifiant ses précédentes conclusions, conclut à ce qu'il plaise au tribunal : attendu que ... (*exposer sommairement les nouveaux moyens*), dire et ordonner que ..., etc.

Et, à même requête, soit sommé ledit Me ..., de prendre, dans huit jours pour tout délai, communication des nouvelles pièces produites et fournir sa réponse, conformément à l'art. 103 C. pr.

Lui déclarant que, faute par lui de ce faire, le requérant se pourvoira, après l'expiration de ce délai, à l'effet de faire rendre jugement sur sa seule production.

Dont acte.

Pour original, pour copie.

Signifié, laissé copie, etc. (*Signature de l'avoué.*)

Décompte. (Tarif, art. 71.)

Timbre, enregistrement et signification...	2 19
Original....................................	5 »
Copie.......................................	1 25
Total	8 44

FORMULE 940. — Art. 103 C. Pr.

Réponse à l'acte de production de nouvelles pièces.

Voir la formule 931.

Même décompte.

FORMULE 941. — Art. 106 C. Pr.

Récépissé de l'avoué qui reçoit les pièces en communication.

Je, soussigné, avoué près le trib. de 1re inst. de ..., occupant pour le sieur B... (*p.*, *q. et d.*), déclare avoir aujourd'hui reçu, au greffe et des mains de Me..., greffier dudit tribunal, les pièces produites par Me ..., avoué du sieur A... (*p.*, *q. et d.*), et énoncées dans l'acte de production du ... (*date*), lesquelles pièces je rétablirai dans les délais fixés par la loi.

A..., le ... (*Signature de l'avoué.*)

Décompte. (Tarif, art. 90.)

Vacation à prendre communication des pièces... 1 50

FORMULE 942. — Art. 107 C. Pr.

Certificat du greffier constatant que les pièces remises en communication n'ont pas été rétablies.

Je ..., greffier du trib. de 1re inst. de ..., soussigné, certifie que Me ..., avoué audit tribunal, occupant pour le sieur B... (*p.*, *q. et d.*). a pris communication avec déplacement et suivant récépissé en date du ..., des pièces produites le ..., par Me ..., avoué audit tribunal, occupant pour le sieur A... (*p.*, *q. et d.*), que lesdites pièces n'ont pas encore été rétablies au greffe par ledit Me ....

Fait à ..., le .... (*Signature du greffier.*)

Décompte. (Tarif, art. 90.)

Vacation de l'avoué à requérir.........	1 50
Timbre............................	Mémoire.
Enregistrement....................	3 75

FORMULE 943. — Art. 107 C. Pr.

Sommation d'avoir à rétablir les pièces avec avenir à l'audience pour obtenir jugement qui ordonne la remise des pièces communiquées et non rétablies au greffe dans les délais.

A la requête du sieur B... (*p.*, *q. et d.*), ayant pour avoué Me ....

Soit sommé Me ..., avoué du sieur A... (*p.*, *q. et d.*), de rétablir, dans vingt-quatre heures pour tout délai, au greffe du trib. de 1re inst. de ..., les pièces appartenant au sieur B..., déposées audit greffe par Me B..., et communiquées par le greffier du tribunal audit Me ..., ainsi qu'il résulte d'un certificat délivré le ..., par le greffier du tribunal, enregistré, dont copie est donnée en tête (*de celle*) des présentes.

Et, faute par ledit Me ... de rétablir lesdites pièces dans le délai indiqué, soit sommé Me ... de comparaître le ..., heure de ..., à l'audience et par-devant MM. les président et juges composant le trib. de 1re inst. de ..., séant à ..., pour voir dire qu'il sera tenu, dans les vingt-quatre heures de la signification du jugement à intervenir, de rétablir au greffe les pièces dont il s'agit; s'entendre condamner personnellement à payer au sieur B... la somme de ... francs par chaque jour de retard, à titre de dommages-intérêts et aux dépens, sans préjudice des autres peines portées par l'art. 107 du Code de procédure civile, et sous toutes réserves.

Dont acte.

Pour original, pour copie.

Signifié, laissé copie, etc. (*Signature de l'avoué.*)

Décompte. (Tarif, art. 76.)

Timbre, enregistrement et signification..........	2 19
Original....................................	1 »
Copie.......................................	0 25
Total..............	3 44

FORMULE 944.

Réquisition faite au greffier d'avoir à remettre les pièces au rapporteur.

A la requête du sieur A... (*p. q.. et d.*), ayant Me .., pour avoué, soit requis M. ..., greffier du trib. de 1re inst. de .... de remettre les pièces produites par le sieur A... et par le sieur B... (*p., q. et d.*), à M. ..., juge rapporteur, nommé par le jugement rendu par ledit tribunal, le ..., enregistré, ordonnant l'instruction par écrit de ladite cause.

(*Signature de l'avoué.*)

Décompte. (Tarif, art. 90.)

Timbre et enregistrement..........	2 19
Original..........................	1 »
Copie.............................	0 25
Vacation pour requérir............	1 50
Total................	4 94

FORMULE 945. — Art. 110 C. Pr.

Requête au président pour faire nommer un nouveau rapporteur.

A M. le président du trib. de 1re inst. de ...

Le sieur A... (*p., q. et d.*), ayant pour avoué Me ..., a l'honneur de vous exposer :

Que, par jugement de ce tribunal en date du ..., enregistré, il a été ordonné une instruction par écrit en la cause pendante entre lui et le sieur B .. (*p., q. et d,*), et que M. ..., l'un de MM. les juges du tribunal, a été commis par ledit jugement pour faire le rapport ; que M. ... se trouve dans l'impossibilité de faire son rapport, parce que ... (*cause d'empêchement*) ; qu'il y a donc lieu de nommer l'un de MM. les juges pour faire le rapport dont il s'agit, au lieu et place de M. ..., ce à quoi l'exposant conclut. (*Signature de l'avoué.*)

ORDONNANCE PRÉPARÉE.

Nous, président, vu la requête ci-dessus, ensemble l'art. 110 du C. Pr., commettons M. ..., juge en ce tribunal, à l'effet de faire son rapport sur la cause pendante entre le sieur A... et le sieur B..., au lieu et place de M. ..., empêché.

Fait au palais de justice, à..., le ... (*Signature du président.*)

Décompte. (Tarif, art. 76.)

Timbre..............................	0 60

Enregistrement.................. 5 63
Rédaction de la requête......... 2 »

NOTA. Cette requête est signifiée à avoué par acte d'avoué à avoué, trois jours au moins avant le rapport.

Elle est ensuite communiquée au ministère public trois jours au moins avant l'audience indiquée pour les plaidoiries.

Enfin, elle est suivie d'un avenir pour venir plaider. (Voir la formule 834.)

FORMULE 946. — Art. 115 C. Pr.

Sommation d'assister au retrait des pièces produites dans une instruction par écrit.

A la requête du sieur A... (*p., q. et d.*), ayant pour avoué Me ...

Soit sommé Me ..., avoué du sieur B... (*p., q. et d.*).

De comparaître le ..., heure de ..., au greffe du trib. de 1re inst. de ..., pour être présent, si bon lui semble, au retrait que fera ledit Me ... des pièces par lui produites dans l'instruction par écrit de la cause pendante entre les parties susnommées devant ce tribunal, au rapport de M. ..., juge audit tribunal.

Lui déclarant qu'il sera procédé audit retrait, même en son absence.

Dont acte.

Pour original, pour copie.

Signifié, etc. (*Signature de l'avoué.*)

Décompte (Tarif, art. 70.)

Timbre, signification et enregistrement.........	2 19
Original et copie..............................	1 25
Total....................	3 44

FORMULE 947. — Art. 114 C. Pr.

Sommation au rapporteur d'avoir à remettre les pièces.

L'an ..., le ..., à la requête du sieur A... (*p., q. et d.*), j'ai ... (*immatricule de l'huissier*), soussigné, fait sommation à M. ..., juge au trib. de 1re inst. de ..., en son domicile et parlant à ...

D'avoir, dans le délai de ..., à rétablir au greffe dudit tribunal de ..., les pièces qui, déposées par Me ..., avoué du requérant, dans l'instance engagée entre le sieur A... et le sieur B... (*p., q. et d.*), ont été remises audit M. ..., en sa qualité de rapporteur, nommé par jugement du ..., enregistré.

Déclarant audit M. ..., que, faute par lui d'effectuer cette remise dans ledit délai, le requérant se pourvoira devant qui de droit pour obtenir des dommages-intérêts en réparation du préjudice que lui aura occasionné cette négligence.

Et j'ai, audit domicile, en parlant comme dessus, laissé copie du présent, dont le coût est de ...

Dont acte, dont la copie a été rédigée sur une feuille de papier spécial au timbre de ...

Décompte : Coût ordinaire des exploits........... 5 40

Péremption.

FORMULE 948 — Art. 400 C. Pr.

Requête pour demander la péremption.

A MM. les président et juges composant le trib. de ...

Le sieur A... (*p. q. et d.*), défendeur au principal et demandeur aux fins des présentes, ayant pour avoué Me ...

Contre le sieur B... (*p., q. et d.*), demandeur au principal et défendeur à la présente requête, ayant pour avoué Me ...

A l'honneur d'exposer que, par exploit du ministère de ..., huissier, en date du ..., le sieur B... a intenté contre lui une instance ayant pour objet (*qualifier l'instance*); que cette instance a été poursuivie de part et d'autre par différents actes de procédure;

Que le dernier acte de procédure ... (*qualifier l'acte*) a été signifié par le sieur B... à l'avoué de l'exposant, le ..., en sorte qu'aujourd'hui (*indiquer la date*), il y a plus de trois années écoulées sans nouvelle procédure; d'où il suit que l'instance est périmée, aucun acte valable, n'ayant été fait pour couvrir la péremption.

Par ces motifs, le sieur A... conclut à ce qu'il plaise au tribunal déclarer périmées l'instance introduite contre lui par le sieur B..., le ..., et la procédure suivie depuis cette époque, et condamner le sieur B... en tous les dépens de la procédure périmée et de la demande en péremption, desquels dépens, distraction sera prononcée au profit de Me ..., qui affirme en avoir fait l'avance.

Pour original, pour copie. (*Signature de l'avoué.*)

Signifié le ..., heure de ...

Décompte. (Tarif, art. 75.)

Signification et enregistrement	1 29
Original	2 »
Copie	0 50

FORMULE 949. — Art. 400 C. Pr.

Requête en réponse à une demande en péremption.

Cette requête est rédigée et signifiée dans la même forme que la précédente.

Même décompte.

FORMULE 950. — Art. 400 C. Pr.

Demande en péremption formée par exploit.

L'an ..., le ..., à la requête du sieur A... (*p.*, *q. et d.*), lequel élit domicile en l'étude de Me ..., avoué, demeurant à ..., déjà constitué dans l'instance dont il va être parlé, et qui continuera d'occuper pour lui sur l'assignation ci-après, j'ai ... (*immatricule de l'huissier*), soussigné, donné assignation au sieur B... (*p.*, *q. et d.*), demeurant à ..., en son domicile, où, étant et parlant à ...,

A comparaître d'aujourd'hui à huitaine franche, outre un jour par trois myriamètres de distance, à l'audience et par-devant MM. les président et juges, etc., pour,

Attendu que, depuis la requête du sieur B..., en date du ..., il n'a été signifié par les parties aucun acte de procédure sur la demande tendante à ..., formée à la requête dudit sieur B... contre le requérant par exploit de ..., huissier, en date du ...;

Attendu, en conséquence, qu'il s'est écoulé plus de trois ans depuis le dernier acte de la procédure faite à la requête du sieur B... et plus de six mois depuis ... (*énumérer le fait qui a donné lieu au retrait du pouvoir de l'avoué primitivement constitué*); qu'ainsi la péremption est acquise, aux termes de l'art. 397 C. pr.; par ces motifs :

Voir déclarer périmées l'instance introduite contre le requérant par le sieur B..., le ..., et la procédure suivie depuis cette époque, et condamner le sieur B... en tous les dépens de la procédure périmée et de la demande en péremption, dont distraction, etc.

Et j'ai, au susnommé, en son domicile et parlant comme ci-dessus, laissé copie du présent exploit, dont le coût est ...

Il a été employé, pour la copie une feuille de papier spécial au timbre de ...

(*Signature de l'huissier.*)

Décompte. (Tarif, art. 29.)

Timbre........................	1 20
Enregistrement...............	3 75
Original......................	2 »
Copie.........................	0 50
Total.............	7 45

FORMULE 951.

Conclusions motivées sur la demande en péremption formée par exploit.

A MM. les président et juges composant le tribunal de 1re inst. de...

CONCLUSIONS.

Pour le sieur A... (*p.*, *q. et d.*), demandeur au principal et aux fins des présentes conclusions, ayant Me ... pour avoué.

Contre le sieur B... (*p.*, *q. et d.*), défendeur au principal et aux fins des présentes, ayant Me ... pour avoué.

Plaise au tribunal :

Attendu que ... (*indiquer les causes de la péremption.*)

Recevoir le sieur A... demandeur incident et statuant sur la demande incidente, dire et ordonner que l'instance introduite contre ledit sieur A..., par le sieur B..., le ..., est actuellement périmée, déclarer nulle la procédure suivie depuis le ..., et condamner le sieur B... en tous les dépens de la procédure périmée et de la demande en péremption, dont distraction, etc.

Signifié, laissé copie, etc. (*Signature de l'avoué.*)

Décompte. (Tarif, art. 71.)

Timbre........................	Mémoire.
Signification et enregistrement......	1 29
Original et copie..................	6 25

Protêt.

FORMULE 952. — Art. 120, 173 et 174 C. Com[1].

Protêt faute d'acceptation.

En tête on transcrit la lettre de change.

Voir la formule 361.

L'an ..., le ..., à la requête du sieur A... (*p.*, *q. et d.*), je ... (*immatricule de l'huissier ou du notaire, si c'est un notaire, on met :* Assisté de M^{e}..., son confrère, ou de MM. C... et D... (*p.*, *q. et d.*), témoins instrumentaires requis), soussigné, me suis transporté au domicile du sieur B... (*p.*, *q. et d.*), lieu indiqué dans la lettre de change dont il va être parlé,

1. L'art. 173 du C. Com. donne aux notaires le droit de faire les protêts en concurrence avec les huissiers ; néanmoins, beaucoup d'entre eux ne les font que dans le cas de nécessité reconnue, et lorsqu'ils en sont formellement requis. Le protêt est, en effet, un acte de rigueur. Il exclut la mansuétude et la bienveillance, attributs essentiels du ministère du notaire ; nous croyons qu'il vaut mieux laisser le soin exclusif de le faire aux officiers de la juridiction contentieuse.

Les formules actuellement en usage donnent au protêt la forme ordinaire des actes notariés, c'est-à-dire qu'on y fait comparaître le porteur qui présente la lettre de change ou le billet, et qui proteste lui-même, à défaut d'acceptation ou de payement. Les notaires ne font que donner l'authenticité à ces faits, nous croyons cette manière de procéder vicieuse et peut-être dangereuse.

L'art. 173 du C. Com. règle l'ordre des faits qui doivent se produire dans un protêt. L'art. 174 en règle la forme. Or le premier, dit : « Les protêts sont faits par deux notaires, » etc., et le second s'exprime ainsi : « L'acte de protêt contient, » etc., distinguant ainsi le protêt de l'acte qui le constate.

Selon nous, les notaires doivent se conformer aux formules 953, 954 et 955, sauf à constater la présence du notaire en second, un des témoins, bien que, le décret du 23 mars 1848 ayant dispensé les huissiers de la présence des témoins pour les protêts, on pourrait en induire que la même dispense existe pour les notaires.

où étant et parlant à ... (*si ce n'est pas le tiré lui-même, il faut énoncer son absence*), j'ai présenté une lettre de change de la somme de ..., tirée sur le sieur B... par le sieur C... (*p.*, *q. et d.*), à l'ordre du sieur D... (*p.*, *q. et d.*), qui l'a transmise par la voie de l'endossement au sieur E... (*p.*, *q. et d.*), lequel l'a passée à son tour à l'ordre du requérant, de laquelle lettre de change copie est donnée en tête des (*de celles des*) présentes, et j'ai sommé ledit sieur B... d'accepter immédiatement cette lettre de change pour la payer à l'échéance.

Le sieur B... a répondu que ... (*mentionner la réponse*), et, requis de signer, il a déclaré ne le vouloir (ou bien : *et à signé*) ; en conséquence, j'ai, au nom du requérant, protesté contre le refus d'acceptation qui résulte de la réponse dudit sieur E..., et réservé tous ses droits pour agir contre les endosseurs et le tireur de ladite lettre de change, pour avoir remboursement en capital, intérêts et frais, du montant de la somme qui y est énoncée.

Et j'ai, audit domicile, parlant comme ci-dessus, laissé copie du présent, dont le coût est de ... (*si le protêt est fait par un notaire, mettre :* Le tout en présence de Me ..., ou des témoins susnommés, qui a, ou ont signé avec moi, notaire, après lecture.

Il a été employé, pour la copie, une feuille de papier spécial au timbre de ...

(*Signature de l'huissier.*)

Décompte. (Tarif du 23 mars 1848.)

Timbre	1 20
Timbre du registre (art. 4 du décret du 24 nov. 1871)	» 40
Droit de copie sur l'original et la copie.	» 75
Enregistrement	1 88
Original et copie	1 60
Total	5 83

FORMULE 953. — Art. 162, 163, 173, 174 et 176 C. Com1.

Protêt faute de payement.

Transcription de la lettre de change ou du billet, comme dans la formule précédente.

L'an ..., le ..., à la requête du sieur A.,. (*p.*, *q. et d.*), je ... (*immatricule de l'huissier*), soussigné, me suis transporté au domicile du sieur B... (*p.*, *q. et d.*), tiré, où étant et parlant à ... (*si le tiré est absent, il faut l'énoncer*), je lui ai fait sommation d'avoir à payer immédiatement entre mes mains, comme porteur des pièces, la somme de ..., montant de la lettre de change dont copie précède, et dont j'ai offert de lui remettre l'original dûment acquitté.

Ledit sieur B... a répondu que ... (*mentionner la réponse*), et, requis de signer, il a déclaré ne le vouloir. J'ai, en conséquence protesté au nom du requérant contre ce refus de payement et réservé formellement tous ses

1. Si l'acte est fait par un notaire, voir la formule précédente et la note qui la précède.

droits contre qui il appartiendra, pour obtenir le remboursement en principal, intérêts et frais, du montant de ladite lettre de change.

Et j'ai audit sieur B.... en son domicile et parlant comme ci-dessus, laissé copie du présent, dont le coût est de ... (*Signature de l'huissier.*)

Je me suis immédiatement rendu au domicile du sieur C... (*p., q. et d.*), indiqué dans la lettre de change transcrite en tête du présent, comme lieu de payement au besoin, où étant et parlant à ..., je lui ai donné connaissance de ce qui précède, en le sommant, vu le refus du tiré, de payer le montant de ladite lettre de change, dont j'ai offert de lui remettre l'original acquitté.

Ledit sieur C... a répondu que ... (*réponse et signature, ou mention du refus*). En conséquence, j'ai, au nom du requérant, protesté de nouveau contre ce refus de payement, et réservé tous ses droits contre qui il appartiendra.

Et j'ai, audit domicile, parlant comme ci-dessus, laissé copie du protêt fait sur le sieur B... et du présent, dont le coût est de ...

(*Signature de l'huissier.*)

En quittant le domicile du sieur C..., je me suis transporté au domicile du sieur D... (*p., q. et d.*), qui a accepté ladite lettre de change par intervention, où étant et parlant à ..., je lui ai donné connaissance de ce qui précède, en le sommant, vu le refus des sieurs B... et C..., de payer le montant de la lettre de change transcrite en tête du présent, dont j'ai offert de lui remettre l'original acquitté.

Ledit sieur D... a répondu que ... (*réponse*); en conséquence, j'ai, au nom du requérant, protesté de nouveau contre ce refus de payement, et réservé tous ses droits contre qui il appartiendra.

Et j'ai, audit domicile, parlant comme ci-dessus, laissé copie des protêts fait sur les sieurs B... et C... et du présent, dont le coût est de ...

Il a été employé, pour les copies ... feuilles de papier spécial au timbre de ... (*Signature de l'huissier.*)

Décompte. (Tarif du 23 mars 1848.)

Coût du protêt au tiré.......................... 5 83
Et pour chacun des autres domiciles, 1 fr. 25 en sus.... Mémoire.

FORMULE 954. — Art. 173 C. Com.

Acte de perquisition et protêt[1].

Transcription de la lettre de change et des endos, comme en la formule 952.

L'an ..., le ..., à la requête du sieur A... (*p., q. et d.*), je ... (*immatricule de l'huissier*), soussigné, me suis transporté à ..., rue ..., n° ..., domicile indiqué pour le payement dans la lettre de change ci-dessus transcrite, pour y faire sommation au sieur B... (*p., q. et d.*), de payer la somme de ..., montant de cette lettre de change. Étant arrivé dans ladite maison, où parlant à ..., je l'ai invité à me faire connaître l'appartement dudit sieur B... Il m'a répondu ne connaître personne de ce nom dans la

1. Si l'acte est fait par un notaire, voir la formule 952 et la note qui la précède.

maison, et ignorer complètement qu'il en existât dans le quartier. Requis de signer, il a déclaré ne le vouloir. J'ai alors demandé des renseignements aux divers locataires de la même maison, aux voisins, à M. le maire de la commune de ..., au commissaire de police, à la direction de la poste aux lettres, à la succursale de la banque de France établie dans ladite ville, et à plusieurs négociants notables, lesquels m'ont tous déclaré ne point connaître le sieur B..., et ont refusé de signer leur déclaration.

Attendu qu'il résulte de ces perquisitions que ladite lettre de change contient une fausse indication de domicile, j'ai protesté, faute de payement du montant dudit effet, et réservé formellement tous les droits du requérant contre qui il appartiendra, pour en obtenir le remboursement en principal, intérêts et frais.

J'ai ensuite : 1° affiché une copie entière du présent acte de perquisition et protêt et de ladite lettre de change à la principale porte du tribunal de commerce de ...; 2° remis une autre copie à M. le procureur de la République près le tribunal de ..., au parquet, en parlant à ..., qui a visé le présent, dont le coût est de ... Il a été employé pour la copie ... feuille de papier spécial au timbre de ... (*Signature de l'huissier.*)

Visé par nous, procureur de la République, le présent original, dont copie nous a été remise, ainsi que celle de la lettre de change qui y est énoncée.

Au parquet, à ..., le ... (*Signature du procureur de la République.*)

Décompte. (Décret du 23 mars 1848.)

Timbre	Mémoire.
Enregistrement	1 88
Timbre du registre (art. 4 du décret du 24 nov. 1871.)	» 60
Original et copie	5 »
Droit de copie	1 25
Copie du titre	» 50
Visa	1 »
Transcription du titre du procès-verbal de perquisition et du protêt sur les registres	» 75

FORMULE 955. — Art. 165 C. Com.

Dénonciation de protêt.

L'an ..., le ..., à la requête du sieur A... (*p., q. et d.*), pour lequel domicile est élu à ..., rue ..., n° ..., dans l'étude de Me ..., avoué près le trib. de 1re inst. de ..., j'ai ... (*immatricule de l'huissier*), soussigné, fait la signification et en tête (*de celle*) des présentes donné copie au sieur D... (*p., q. et d.*), audit domicile en parlant à ..., 1° d'une lettre de change de ..., payable le ..., tirée par le sieur ..., de ..., le ..., sur le sieur ... endossée par le sieur ... au profit du requérant (*si une intervention a eu lieu, si un compte de retour est joint à la lettre, il faut aussi en donner copie*); 2° d'un protêt, faute de payement de ladite lettre de change, dressé par ..., huissier à ..., le ..., et à même requête, j'ai sommé ledit sieur D... d'avoir à payer au requérant la somme de ..., montant de ladite lettre de change, et celle de ..., montant des intérêts et frais divers, lui déclarant que, faute par lui d'acquitter lesdites sommes, il lui était donné assignation à comparaître, un jour franc après la date du présent, outre un jour par trois myriamètres de distance, et devant MM. les président et juges composant le tribunal de commerce de ..., séant à ..., à ... heures du ..., pour, attendu que ledit sieur ... a transmis, par voie d'endossement, la lettre de change dont il s'agit au requérant, s'entendre condamner par corps à lui payer la somme de ..., montant en principal de ladite lettre de change, les intérêts de droit courus jusqu'à l'époque du payement, et se voir enfin condamner aux dépens, qui comprendront l'enregistrement de la lettre de change et le coût du protêt; entendre ordonner l'exécution provisoire, nonobstant opposition ou appel, sans caution, du jugement à intervenir.

Et j'ai, audit domicile, parlant comme ci-dessus, laissé copie du présent, dont le coût est de ....

Il a été employé pour la copie... feuilles de papier spécial au timbre de ...

(*Signature de l'huissier.*)

Décompte. (Tarif du 13 mars 1848.)

Timbre	Mémoire.
Enregistrement	1 88
Original	2 »
Copie	» 50
Copie du billet et du protêt	» 75
S'il y a lieu, copie de l'intervention et du compte de retour, 25 c	Mémoire.

FORMULE 956. — Art. 1457 C. C., et 997 C. Pr.; Mourlon, t. III, p. 99.

Acte de renonciation à la communauté.

L'an ..., le ..., au greffe du trib. de 1re inst. de ..., a comparu la dame A... (*p., q. et d.*), veuve du sieur..., laquelle, assistée de Me ..., son avoué, a déclaré renoncer expressément à la communauté de biens ayant existé entre elle et ledit sieur..., son mari, décédé en sa demeure, à ..., le ...

Nous avons donné acte à la comparante de sa renonciation, et elle a signé avec Me ..., son avoué, et nous, greffier, après lecture.

(*Signatures de la partie, de l'avoué et du greffier.*)

Décompte. (Tarif, art. 91.)

Timbre	Mémoire.
Enregistrement	5 63
Droit de rédaction, 1 fr. 37 1/2, y compris la remise du greffier (12 c. 1/2)	Mémoire.
Droit de greffe, 1 fr. 10 c. par rôle	Mémoire.
Vacation	3 »

Notariat.

FORMULE 957. — Art. 519 C. Com.

Atermoiement.

Par-devant, etc.

M. A... (*p., q. et d.*), patenté pour la présente année sous le n° ..., du rôle des patentes de la ville de ..., d'une part;

M. B... (*p., q. et d.*),

M. C... (*p., q. et d.*),

Etc., etc.,

Créanciers de M. A..., d'autre part;

Ont dit et fait ce qui suit :

M. A... ayant fait connaître à ses créanciers l'état fâcheux de ses affaires et les causes qui ont amené cette position, leur a remis deux états contenant, l'un le bilan de sa position, et l'autre le montant des pertes qui ont produit la gêne de son commerce.

Ces états sont demeurés ci-annexés, après avoir été de M. A... certifiés sincères et véritables, signés et paraphés, et après que dessus mention de leur annexe a été faite par les notaires soussignés.

Les créanciers comparants, reconnaissant que M. A... mérite leur bienveillance, ont acquiescé aux propositions d'atermoiement qu'il leur a faites; en conséquence les parties ont arrêté les conventions suivantes :

Art. 1er. — Les créanciers de M. A... lui font remise des intérêts échus et à échoir de leurs créances, ainsi que des frais de poursuites qu'ils ont pu faire contre lui.

Art. 2. — Ils lui accordent terme et délai de quatre ans, à partir du ..., pour se libérer des capitaux desdites créances, qui seront payables par quart, d'année en année.

Il ne pourra, en conséquence, être exercé aucune poursuite contre M. A... pendant ce délai de quatre années; néanmoins, à défaut de payement de tout ou partie d'une annuité comme dans le cas où le sieur A... serait poursuivi par un créancier postérieur à ces présentes, ce qu'il restera devoir aux créanciers comparants deviendra immédiatement exigible, et ses créanciers pourront même réclamer les intérêts et frais dont ils viennent de faire la remise.

Art. 3. — M. A... déclare accepter la remise et l'atermoiement qui viennent de lui être accordés sous les conditions qui y sont attachées.

Art. 4. — Ces présentes ne pourront préjudicier à ceux des créanciers comparants qui auront des droits à exercer, soit par privilège et hypothèque, sur les immeubles du sieur A..., soit contre des tiers, à quelque titre que ce soit, le tout sans novation.

ART. 5. — M. B... fait et donne mainlevée de l'opposition par lui formée contre le sieur A..., etc. (*Voir au mot* Mainlevée *pour le cas où il y aurait des mainlevées d'opposition, d'inscriptions ou de privilège à donner*)

ART. 6. — Ces présentes ne produiront d'effet qu'autant que tous les créanciers du sieur A..., qui ne stipulent pas en ces présentes, y auront adhéré par acte authentique avant le .....

Dont acte, pour l'exécution duquel, etc.

Fait et passé, etc.

Décompte :	Timbre de minute et d'expédition....	Mémoire.
	Enregistrement....................	3 75
	Rôles suivant la classe............	Mémoire.
	Honoraires, 1 p. 100...............	Mémoire.

FORMULE 958.

Affectation hypothécaire.

Par-devant, etc.

M. A... (*p.*, *q. et d.*),

Pour assurer le payement d'une somme de ..., qu'il doit à M. B... (*p.*, *q. et d.*), suivant acte reçu par Me ..., notaire à ..., le ..., enregistré, aux termes duquel ladite somme a été stipulée remboursable à ..., le ..., et productive d'intérêts à 5 p. 100, payables également à ..., en deux termes égaux, aux ..., de chaque année,

A déclaré affecter et hypothéquer à la sûreté de ladite somme, en principal, intérêts, frais et accessoires, etc.

Voir, pour le surplus, la formule 372.

Décompte :	Timbre de minute et d'expédition........	Mémoire.
	Enregistrement, lorsque le titre originaire de la créance a été enregistré.........	3 75
	Rôles................................	Mémoire.
	Inscription (Voir *Inscription*)...........	Mémoire.
	Honoraires, 1 p. 100.....................	Mémoire.

FORMULE 959.

Billet à ordre.

Par-devant, etc.

M. A... (*p.*, *q. et d.*), a promis de payer à M. B... (*p.*, *q. et d.*), ou à son ordre, à ..., le ..., la somme de ..., valeur reçue en espèces, dès avant ce jour.

Dont acte, etc.

Décompte :	Timbre............................	» 60
	Enregistrement, 63 c. p. 100.........	Mémoire.
	Honoraires, 1 p. 100..................	Mémoire.

FORMULE 960.

Lettre de change.

Par-devant, etc.

M. A... (*p.*, *q. et d.*), a souscrit la lettre de change suivante :

Paris, le ...

M. B... (*p.*, *q. et d.*), à ... jours de date il vous plaira payer par cette première (ou *deuxième*) lettre de change à M. ..., banquier ou à son ordre, ... francs, valeur reçue comptant (ou *en compte*, ou *en marchandises*).

Dont acte, fait et passé, etc.

Même décompte.

(Voir, pour les autres lettres de change, la formule 362 et suiv.)

FORMULE 961.

Ouverture de crédit entre non-commerçants.

Par-devant, etc.

M. A... (*p.*, *q. et d.*), d'une part;

Et M. B... (*p.*, *q. et d.*), d'autre part;

Ont arrêté entre eux ce qui suit :

Art. 1er. — M. A... ouvre à M. B..., qui accepte, un crédit de la somme de ... fr., qu'il s'oblige à lui fournir par fractions de ... fr., de mois en mois, à partir du ... prochain.

Art. 2. — La durée de ce crédit sera de ..., à partir du ...

M. B... pourra effectuer tels remboursements que bon lui semblera, et reprendre ensuite, dans la limite et aux intervalles ci-dessus fixés, les sommes dont il aura besoin, de manière cependant à ne pouvoir jamais excéder le crédit ouvert.

Art. 3. — Les sommes qui seront remises à M. B... et celles qu'il remboursera porteront intérêt à raison de 5 p. 100 par an, à partir du jour des versements, jusqu'à l'expiration du crédit; la balance de ces intérêts sera faite chaque année le .... La différence qui résultera de cette balance sera immédiatement payable par M. B... à M. A...

Art. 4. Les remises et remboursements de fonds seront constatés par les quittances respectives des parties.

Art. 5. — Le défaut de payement exact de la différence d'intérêts, constaté par une mise en demeure, fera perdre à M. B... le bénéfice du présent crédit, et rendra exigible ce dont il se trouvera redevable en principal.

Art. 6. — M. B... affecte et hypothèque au profit de M. A..., pour sûreté de la somme de ... francs, des intérêts conservés par la loi, qu'elle produira, et des frais de mise à exécution, une propriété située à ..., etc. (Voir la *formule* 372.)

ART. 7. — Les frais des présentes, ceux d'une grosse qui en sera délivrée à M. A..., enfin ceux d'un état hypothécaire et de l'inscription à prendre au bureau des hypothèques de ..., seront supportés par M. B...

Dont acte.

Fait et passé à ..., etc.

Décompte : Timbre de la minute et de l'expédition......	Mémoire.
Enregistrement, 63 c. p. 100..............	Mémoire.
Rôles....................................	Mémoire.
Inscription et état........................	Mémoire.
Honoraires, 1 p. 100......................	Mémoire.

FORMULE 962.

Ouverture de crédit entre commerçants.

Par-devant, etc.

M. A... (*p.*, *q. et d.*), banquier, patenté, etc., d'une part;

Et M. B... (*p.*), banquier, demeurant à ..., patenté, etc., d'autre part;

Ont arrêté entre eux ce qui suit :

M. A... ouvre à M. B..., qui accepte, un crédit de ... francs.

ART. 2. — La durée de ce crédit n'est point limitée, elle durera autant qu'il plaira aux parties, sauf à se prévenir respectivement au moins ... à l'avance, de leur intention de le faire cesser.

ART. 3. — M. B... est autorisé à tirer sur M. A... toutes traites, lettres de change et autres effets de commerce jusqu'à concurrence du crédit ouvert, et à la charge de ne pas excéder par mois une somme de ..., et de prévenir par correspondance M. A... au moins dix jours à l'avance.

ART. 4. — M. A... s'oblige, en conséquence, à accepter et acquitter, jusqu'à concurrence de ce même crédit, toutes les traites et lettres de change qui seront tirées sur lui, ainsi qu'il est dit ci-dessus, soit par M. B..., soit à son ordre; de son côté, celui-ci devra couvrir, en temps utile, la maison de banque de M. A... de ces traites et lettres de change par des remises de fonds ou effets et valeurs de commerce à des échéances ordinaires et d'usage en banque, de manière que les fonds soient faits à la maison de banque de M. A... pour le payement des acceptations qu'elle aura fournies.

ART. 5. — M. B... s'oblige à rembourser immédiatement, à la maison de banque de M. A..., les sommes dont elle pourra, nonobstant ce qui vient d'être dit, se trouver à découvert par suite des acceptations et payements qu'elle aura faits en conséquence du présent crédit, ensemble tous intérêts, droits de commission, frais et accessoires.

ART. 6. — Le crédit sera suffisamment justifié vis-à-vis de M. B... par les registres de la maison de banque de M. A... et par la représentation des traites, lettres de change et effets acquittés.

ART. 7. — M. B... affecte et hypothèque, etc. (V. la *formule* 962, art. 6 et 7.)

Dont acte.

Fait et passé, etc.

Même décompte.

FORMULE 963.

Contribution amiable de deniers.

L'an ..., le ..., devant Mᵉ ..., etc.

M. A... (*p., q. et d.*), d'une part;

M. B... (*p. q. et d.*);

M. C... (*p., q. et d.*);

Etc., etc.,

Tous créanciers de M. A..., d'autre part;

Ont dit et fait ce qui suit :

Les créanciers de M. A..., ayant fait vendre par autorité de justice et par le ministère de Mᵉ ..., huissier à ..., suivant procès-verbal en date du ..., enregistré, les ... (*indiquer ce qui a été vendu*), appartenant à mondit sieur A..., la vente s'est élevée à la somme de .... » »

Dont il convient de déduire la somme de ..., pour frais dus audit Mᵉ ..., huissier .... » »

En sorte qu'il n'est resté net que la somme de........... » »

M. A... a consenti que ses créanciers touchassent cette somme de..., et, pour arriver à la distribution qui doit en être faite entre eux, ces derniers ont dressé de la manière suivante l'état des créances qui doivent y prendre part :

§ I. — DETTES PRIVILÉGIÉES.

ART. 1ᵉʳ. — *Frais dus au notaire soussigné.*

Ces frais s'élèvent à ..., savoir :

1° ... francs pour le coût des mainlevées d'opposition........ f. c.

2° ... francs pour l'enregistrement et le timbre des présentes. » »

3° Et ... francs pour les honoraires des présentes.......... » »

Somme égale au montant de l'article premier.............. » »

ART. 2. — *Frais judiciaires.*

Pour parvenir à la présente distribution, plusieurs des créanciers susnommés, avaient commencé des poursuites contre le sieur A...; ces frais sont dus, savoir :

1° A Mᵉ ..., avoué de M. B..., pour ..., etc. .... » f. » c.

2° A Mᵉ ..., avoué de M. C... et autres, pour frais, etc........................ » »

3° A Mᵉ ..., pour, etc........................ » »

Total de l'art. 2........ » f. » » f. » c.

ART. 3. — *Loyers de la maison.*

La somme de ... francs due à M. ... pour ... loyers de la maison qui était occupée par le sieur A..., en vertu ..., etc. » »

ART. 4. — *Gages des domestiques.*

La somme de ..., pour une année échue le ..., et l'année courante, jusqu'au ..., des gages dus à ... domestiques du sieur A.. » »

Total du § 1er................ » f. »

§ II. — CRÉANCES NON PRIVILÉGIÉES.

ART. 1er. — *Créance de M. B...*

Elle se compose de la somme de ..., due en principal par M. A... à M. B... aux termes d'un acte reçu par Me ..., etc... » »

Et de celle de ..., pour intérêts courus depuis le ..., jusqu'au .... » »

Total de la créance de M. B......... » »

ART. 2. — *Créance de M. C...*

Etc., etc., (*comme ci-dessus*)........................ » »

Total des créances non privilégiées........ » »

La somme à distribuer étant de..................... » »

Et les créances priviligiées s'élevant à ..., ainsi qu'on l'a vu ci-dessus.. » »

Il reste net pour les créances non privilégiées........... » »

Lesdites créances s'élevant à la somme de ..., il en résulte que, division faite, chaque créancier a droit à ... p. 100 de sa créance, sans préférence entre eux, ce qui donne le résultat exprimé au tableau ci-après :

CRÉANCIERS.	SOMMES dues.	SOMMES allouées.	SOMMES restant dues.
Art. 1er. M. B..........	» »	» »	» »
Art. 2. M. C..........	» »	» »	» »
Art. 3. etc.			
Totaux..........	» »	» »	» »

Me ..., huissier, a payé à l'instant à chacun des créanciers susnommés, qui lui en donnent décharge du consentement de M. A..., les sommes ci-dessus indiquées, revenant à chacun d'eux.

Les créanciers non privilégiés font réserve de leurs droits contre le sieur A..., pour les sommes qui leur restent dues.

S'il y a eu des oppositions sur les deniers de la vente, on en donne mainlevée. (Voir *Mainlevée.*)

Décompte : Timbre de la minute et de l'expédition.. Mémoire.
Enregistrement; 1° 63 c. 0/0 sur les sommes quittancées; 2° 3 fr. 75 c. pour consentement du débiteur.................. Mémoire.
Rôles.................................. Mémoire.
Honoraires, 1 p. 100.................... Mémoire.

FORMULE 964.

Acceptation d'une donation.

Par-devant, etc.

M. A... (*p.*, *q. et d.*) a déclaré accepter la donation à lui faite par M. B... (*p.*, *q. et d.*), de ... (*énoncer l'objet de donation*), aux termes d'un acte reçu par Me ..., notaire à ..., qui en a gardé minute, et son confrère, le ..., enregistré, dont lecture lui a été faite par Me ... sur une expédition en forme.

En conséquence, ledit sieur A... s'oblige à l'exécution de toutes les charges que cette donation lui impose.

Pour faire signifier ces présentes, pouvoir est donné au porteur d'une expédition.

Dont acte.

Fait et passé.

Décompte : Timbre de la minute et de l'expédition... Mémoire.
Enregistrement........................ Mémoire.
(*Si les droits proportionnels ont été perçus sur la donation.*)
Rôles, suivant la classe................ Mémoire.
Honoraires.......................... .... 6 »

FORMULE 965.

Ordre amiable devant notaire.

L'an ..., le ..., devant Me ..., etc.

M. A... (*p.*, *q. et d.*), d'une part;

M. B... (*p.*, *q. et d.*),

M. C... (*p.*, *q. et d.*),

M. ... etc., etc.,

Tous créanciers du sieur A..., d'autre part;

M. D... (*p.*, *q. et d.*), encore d'autre part;

Ont exposé ce qui suit :

M. A..., suivant contrat reçu par Me ..., etc., enregistré, a vendu à M. D... une maison sise à ..., moyennant ... de prix principal, productif d'intérêts à 5 p. 100, à partir du ..., le tout stipulé payable le ...

M. D... a fait transcrire son contrat au bureau des hypothèques de ...,

1, Cet acte doit être passé dans la forme des donations.

le ..., vol. ..., nº ..., et l'état délivré le ..., par M. le conservateur dudit bureau, sur cette transcription, a fait connaître ... inscriptions profitant aux créanciers susnommés, dans l'ordre qui va être indiqué.

La première desdites inscriptions est celle faite d'office, le ..., vol. ..., nº ..., au profit de M. A... contre M. D..., pour sûreté du prix de la vente susénoncée.

La deuxième du ..., vol. ..., nº ..., est prise au profit de M. B..., contre M. A... pour sûreté de ..., montant d'une obligation résultant d'un acte devant Mᵉ ..., etc., le ..., enregistré.

S'il y a des mentions constatant des restrictions ou des remboursement partiels, ou des subrogations, il faut les indiquer.

On dépouille ainsi l'état des inscriptions.

M. D... a rempli sur son acquisition les formalités nécessaires pour la purge des hypothèques légales (*Voir pour le compte-rendu de ces formalités la formule* 481, p. 318).

S'il y a eu des notifications aux créanciers inscrits, il y a lieu de les énoncer.

Les choses en cet état, M. A..., dans l'intérêt de ses créanciers, voulant leur éviter les frais de notifications (*si elles n'ont pas été faites*), ceux d'une consignation, et enfin ceux d'un ordre judiciaire, a invité lesdits créanciers à produire leurs titres entre les mains du notaire soussigné, pour régler, amiablement, par ses soins, l'ordre dans lequel ils toucheront le prix de M. D...

Ces titres ayant été produits, et chaque créancier en ayant pris connaissance, il a été procédé à l'ordre amiable du prix dû par le sieur D..., de la manière suivante :

Sommes à distribuer :

Voir la formule 711.

Au dernier article colloqué, on met :

M. ..., éventuellement pour la somme de ..., qui pourra rester disponible sur la somme à distribuer, pour ledit sieur..., toucher ladite somme s'il y a lieu, aux imputations de droit sur sa créance, s'élevant à la somme de ..., et composée :

1º De la somme de ..., en principal, etc. ;

2º Des intérêts, etc.

MM. ..., derniers créanciers ne venant pas en ordre utile, donnent mainlevée définitive et sans réserve, en ce qu'elles grèvent la maison, sise à ..., de leurs inscriptions susénoncées, dont l'effet est réservé sur tous autres biens qu'elles peuvent grever.

Ils consentent que M. le conservateur du bureau des hypothèques de ..., en opérant ces radiations dans le sens ci-dessus, soit valablement déchargé.

Tous les comparants, examen fait de l'ordre amiable qui précède, déclarent l'approuver en tout son contenu.

En conséquence M. A... autorise M. B... à se libérer, même en son absence, de son prix entre les mains de ceux de ses créanciers qui viennent d'être colloqués, il autorise ses créanciers colloqués à donner mainlevée en son nom de l'inscription d'office ci-dessus énoncée, prise contre M. D... pour sûreté du prix, dont l'ordre amiable vient d'être réglé.

A cet effet, il les subroge, sans réserve, dans l'effet de ladite inscription d'office et dans tous ses droits contre M. D...

Le notaire soussigné est autorisé à délivrer à chacun des créanciers colloqués un extrait exécutoire des présentes pour qu'il puisse agir, s'il est besoin, directement contre M. D...

Dont acte.

Décompte : Timbre de minute d'expédition et d'extraits.. Mémoire.
Enregistrement, 63 c. p. 100.......................... Mémoire.
Rôles.. Mémoire.
Subrogations... Mémoire.
Honoraires 1 p. 100...................................... Mémoire.

DÉCRET IMPÉRIAL

CONTENANT

LE TARIF DES FRAIS ET DÉPENS

POUR LE RESSORT DE LA COUR D'APPEL DE PARIS.

De notre camp impérial de Preussisch-Eylau, le 16 février 1807.

NAPOLÉON, empereur des Français, roi d'Italie;

Sur le rapport de notre grand-juge, ministre de la Justice;

Notre conseil d'État entendu,

Nous avons décrété et décrétons ce qui suit :

LIVRE Ier.

DES JUSTICES DE PAIX.

CHAPITRE Ier.

TAXE DES ACTES ET VACATIONS DES JUGES DE PAIX.

1. (C. de proc. civ., art. 909, 932.) Il est accordé au juge de paix, pour chaque vacation d'apposition, reconnaissance et levée de scellés, qui serait de 3 heures au moins,

A Paris .... 5 »

Dans les villes où il y a tribunal de 1re instance 3 75

Dans les autres villes et cantons ruraux 2 50

Dans la première vacation seront compris les temps du transport et du retour du juge de paix; s'il n'y a qu'une seule vacation, elle sera payée comme complète, encore qu'elle n'ait pas été de trois heures.

Si le nombre des vacations d'apposition, reconnaissance et levée de scellés paraît excessif, le président du tribunal de première instance, en procédant à la taxe, pourra le réduire.

2. (C. de proc. civ., art. 921, 935, 916.) S'il y a lieu à référé, lors de l'apposition des scellés.

Ou dans le cours de leur levée,

Ou pour présenter un testament, ou autre papier cacheté, au président du tribunal de première instance,

Les vacations du juge de paix lui sont allouées comme celles pour l'apposition, la reconnaissance et la levée de ses scellés.

3. En cas de transport du juge de paix devant le président du tribunal de première instance, il lui est accordé par chaque myriamètre.................. 2 »

Autant pour le retour.. 2 »

Et par journée de 5 myriamètres.. 10 »

Il ne lui est accordé qu'une seule journée quand la distance ne sera pas de plus de deux myriamètres et demi, y compris sa vacation devant le président du tribunal.

Si la distance est de plus de deux myriamètres et demi, il lui sera payé deux journées pour l'aller, le retour et la vacation devant le président du tribunal.

4. (C. de proc. civ., art. 406.) Pour l'assistance du juge de paix à tout conseil de famille,

A Paris.. 5 »

Dans les villes où il y a tribunal de première instance............ 3 75

Dans les autres villes et cantons ruraux.......................... 2 50

Nota. Le juge de paix ne pourra jamais prendre plus de deux vacations.

5. (C. de proc. civ., art. 70 et 71.) Pour l'acte de notoriété sur la déclaration de sept témoins, pour constater, autant que possible, l'époque de la naissance d'un individu de l'un ou de l'autre sexe qui se propose de contracter mariage, et les causes qui empêchent de représenter son acte de naissance,

A Paris, 5 »

Dans les villes où il y a tribunal de première instance............ 3 75

Dans les autres villes et cantons ruraux.......................... 2 50

Et pour la délivrance de tout acte de notoriété qui doit être donné par le juge de paix,

A Paris.. 1 »

Dans les villes où il y a tribunal de première instance............ » 75

Dans les autres villes et cantons ruraux.......................... » 50

6. (C. de proc. civ., art. 587, 781.) Pour le transport du juge de paix, à l'effet d'être présent à l'ouverture de portes en cas de saisie-exécution, par chaque vacation de trois heures,

A Paris.. 5 »

Dans les villes où il y a tribunal de première instance............ 3 75

Dans les autres villes et cantons ruraux.......................... 2 50

Et à l'arrestation d'un débiteur condamné par corps, dans le domicile où ce dernier se trouve,

A Paris.. 10 »

Dans les villes où il y a tribunal de première instance............ 7 50

Dans les autres villes et cantons ruraux.......................... 5 »

7. (C. de proc. civ., art. 4, 6, 29.) Il n'est rien alloué au juge de paix, 1° pour toute cédule qu'il pourra délivrer;

(Art. 14) 2° pour le paraphe des pièces en cas de dénégation d'écriture, et de déclaration qu'on entend s'inscrire en faux incident.

8. (C. de proc. civ., art. 38.) Il lui est alloué pour transport, soit à l'effet de visiter des lieux contentieux, soit à l'effet d'entendre des témoins, lorsque le transport aura été expressément requis par l'une des parties et que le juge l'aura trouvé nécessaire, par chaque vacation,

A Paris.. 5 »

Dans les villes où il y a tribunal de première instance............... 3 75
Dans les autres villes et cantons ruraux............................... 2 50

Nota. Le procès-verbal du juge doit faire mention de la réquisition de la partie, et il n'est rien alloué à défaut de cette mention.

CHAPITRE II

TAXE DES GREFFIERS DES JUGES DE PAIX.

9. (C. de proc. civ., art. 8.) Il sera taxé aux greffiers des juges de paix, par chaque rôle d'expédition qu'ils délivreront, et qui contiendra vingt lignes à la page et dix syllabes à la ligne,

A Paris.. » 50
Dans les villes où il y a tribunal de première instance............... » 40
Dans les autres villes et cantons ruraux............................... » 40

10. (C. de proc. civ., art. 54.) Pour l'expédition du procès-verbal qui constatera que les parties n'ont pu être conciliées, et qui ne doit contenir qu'une mention sommaire qu'elles n'ont pu s'accorder, il sera alloué,

A Paris.. 1 »
Dans les villes et cantons ruraux...................................... » 80

11. (C. de proc. civ., art. 7.) La déclaration des parties qui demandent à être jugées par le juge de paix sera insérée dans le jugement; et il ne sera rien taxé au greffier pour l'avoir reçue, non plus que pour tout autre acte du greffe.

12. (C. de proc. civ., art. 30.) Pour transport sur les lieux contentieux, quand il sera ordonné, il sera alloué au greffier les deux tiers de la taxe du juge de paix.

13. (C. de proc. civ., art. 58.) Il n'est rien alloué pour la mention sur le registre du greffe et sur l'original, ou la copie de la citation en conciliation, quand l'une des parties ne comparaît pas

14. (C. de proc. civ., art. 45 et 47.) Pour la transmission au procureur impérial de la récusation et de la réponse du juge, tous frais de port compris.

A Paris.. 5 »
Dans les villes où il y a tribunal de première instance............... 5 »
Dans les autres villes et cantons ruraux............................... 5 »

15. (C. de proc. civ., art. 347.) Il sera taxé au greffier du juge de paix qui aura assisté aux opérations des experts, et qui aura écrit la minute de leur rapport, dans le cas où tous, ou l'un d'eux ne saurait écrire, les deux tiers des vacations allouées à un expert.

16. Il lui est alloué les deux tiers des vacations du juge de paix pour assistance,
(C. civ., art. 406.) Aux conseils de famille;
(C. de proc. civ., art. 909.) Aux appositions de scellés;
(Art. 932.) Aux reconnaissances et levées de scellés;
(Art. 921 et 935.) Aux référés;
(C. civ., art. 70 et 71.) Aux actes de notoriété.

Il est encore alloué au greffier les deux tiers des frais de transport dans les mêmes cas où ils sont alloués au juge de paix.

Les greffiers des juges de paix ne pourront délivrer d'expéditions entières des procès-verbaux d'apposition, reconnaissance et levée de scellés, qu'autant qu'ils en seront expressément requis par écrit.

Ils seront tenus de délivrer les extraits qui leur seront demandés, quoique l'expédition entière n'ait été ni demandée, ni délivrée.

17. (C. de proc. civ., art. 925.) Il sera taxé au greffier du juge de paix,

Pour sa vacation, à l'effet de faire sa déclaration de l'apposition des scellés sur le registre du greffe du tribunal de première instance, dans les villes où elle est prescrite, les deux tiers d'une vacation du juge de paix.

18. (C. de proc. civ., art. 926.) Il lui sera alloué pour chaque opposition aux scellés qui sera formée par déclaration sur le procès-verbal de scellés,

A Paris.. » 50
Dans les villes où il y a tribunal de première instance.............. » 40
Dans les autres villes et cantons ruraux.................................. » 40

19. (C. de proc. civ., art. 1039.) Il ne lui sera rien alloué pour les oppositions formées par le ministère des huissiers, et visées par lui.

20. (C. de proc. civ., art. 926.) Il est alloué pour chaque extrait des oppositions aux scellés, à raison, par chaque opposition, de

A Paris.. » 50
Dans les villes où il y a tribunal de première instance.............. » 40
Dans les autres villes et cantons ruraux.................................. » 40

CHAPITRE III.

TAXE DES HUISSIERS DES JUGES DE PAIX.

21. Pour l'original,
De chaque citation contenant demande,
A Paris.. 1 50
Dans les villes où il y a tribunal de première instance.............. 1 25
Dans les autres villes et cantons ruraux.................................. 1 25
(C. de proc. civ., art. 16 et 19.) De signification de jugement......... 1 25
(Art. 17.) De sommation de fournir caution ou d'être présent à la réception et soumission de la caution ordonnée.............................. 1 25
(Art. 20.) D'opposition au jugement par défaut, contenant assignation à la prochaine audience.. 1 50
(Art. 32.) De demande en garantie.. 1 50
(Art. 34.) De citation aux témoins.. 1 50
(Art. 42.) De citation aux gens de l'art et experts......................... 1 50
(Art. 52.) De citation en conciliation.. 1 50
(C. civ., art. 406.) De citation aux membres qui doivent composer le conseil de famille... 1 50
De notification de l'avis du conseil de famille............................ 1 50
(Art. 926.) D'opposition aux scellés.. 1 50
De sommation à la levée de scellés.. 1 50
Et pour chaque copie des actes ci-dessus énoncés, le quart de l'original.

22. Pour la copie des pièces qui pourra être donnée avec les actes, par chaque rôle d'expédition de vingt lignes à la page et de dix syllabes à la ligne.

A Paris.. » 25
Dans les villes où il y a tribunal de première instance.............. » 20
Dans les autres villes et cantons ruraux.................................. » 20

23. Pour transport qui ne pourra être alloué qu'autant qu'il y aura plus d'un demi-myriamètre (*une lieue ancienne*) de distance entre la demeure de l'huissier et le lieu où l'exploit devra être posé, aller et retour, par myriamètre.......... 2 »

Il ne sera rien alloué aux huissiers des juges de paix pour visa par le greffier de la justice de paix ou par les maire et adjoints des communes du canton, dans les différents cas prévus par le code de procédure.

CHAPITRE IV.

TAXE DES TÉMOINS, EXPERTS ET GARDIENS DES SCELLÉS.

24. (C. de proc. civ., art. 29 et 34.) Il sera taxé au témoin entendu par le juge de paix une somme équivalente à une journée de travail, même à une double journée si le témoin a été obligé de se faire remplacer dans sa profession, ce qui est laissé à la prudence du juge.

Il sera taxé au témoin qui n'a pas de profession.............................. 2 »

Il ne sera point passé de frais de voyage, si le témoin est domicilié dans le canton où il est entendu.

S'il est domicilié hors du canton et à une distance de plus de deux myriamètres et demi du lieu où il fera sa déposition, il lui sera alloué autant de fois une somme double de journée de travail, ou une somme de 4 francs, qu'il y aura de fois cinq myriamètres de distance entre son domicile et le lieu où il aura déposé.

25. (C. de proc. civ., art. 29 et 42.) La taxe des experts en justice de paix sera la même que celle des témoins, et il ne leur sera alloué de frais de voyage que dans les mêmes cas.

Les frais de garde seront taxés par chaque jour, pendant les douze premiers jours,

À Paris.......... 2 50
Dans les villes où il y a tribunal de première instance.......... 2 »
Dans les autres villes et cantons ruraux.......... 1 50

Ensuite seulement à raison de,

À Paris.......... 1 »
Dans les villes où il y a tribunal de première instance.......... » 80
Dans les autres villes et cantons ruraux.......... » 60

LIVRE II.

DE LA TAXE DES FRAIS DANS LES TRIBUNAUX INFÉRIEURS ET DANS LES COURS.

TITRE Ier.

DE LA TAXE DES ACTES DES HUISSIERS ORDINAIRES.

§ 1er.

Actes de première classe.

27. (C. de proc. civ., art. 16, 59, 61 et 69, n° 8.) Pour l'original d'un exploit d'appel du jugement de la justice de paix,

D'un exploit d'ajournement, même en cas de domicile inconnu en France, et d'affiche à la porte de l'auditoire,

À Paris.......... 2 »
Partout ailleurs.......... 1 50

28. (C. de proc. civ., art. 65.) Pour les copies de pièces qui doivent être données avec l'exploit d'ajournement et autres actes, par rôle contenant vingt lignes à la page, et dix syllabes à la ligne, ou évalué sur ce pied,

À Paris.......... » 25
Partout ailleurs.......... » 20

Le droit de copies de toute espèce de pièces et de jugement appartiendra à l'avoué, quand les copies de pièces seront faites par lui ; l'avoué sera tenu de signer les copies de pièces et de jugements, et sera garant de leur exactitude.

Les copies seront correctes et lisibles, à peine de rejet de la taxe.

29. (C. de proc. civ., art. 121.) Pour l'original d'une sommation d'être présent à la prestation d'un serment ordonné.

(Art. 147.) D'une signification de jugement à domicile.

(Art. 153.) De signification d'un jugement de jonction par un huissier commis.

(Art. 156.) De signification d'un jugement par défaut contre partie, par un huissier commis.

(Art. 162.) D'opposition au jugement par défaut rendu contre partie.

(Art. 204.) De sommation aux experts et aux dépositaires des pièces de comparaison, en vérification d'écritures.

(Art. 223.) De signification aux dépositaires de l'ordonnance ou du jugement qui porte que la minute de la pièce sera apportée au greffe.

(Art. 260 et 261.) D'assignation aux témoins dans les enquêtes.

D'assignation à la partie contre laquelle se fait l'enquête.

(Art. 307.) De signification de l'ordonnance du juge-commissaire pour faire prêter serment aux experts.

(Art. 329.) De la signification de la requête et des ordonnances, pour faire subir interrogatoire sur faits et articles.

(Art. 350.) De la signification du jugement rendu par défaut contre partie, sur demande en reprise d'instance, ou en constitution de nouvel avoué, par un huissier commis.

(Art. 355.) De signification du désaveu.

(Art. 365.) De signification du jugement portant permission d'assigner en règlement de juges, contenant assignation.

(Art. 415.) Pour l'original d'une demande formée au tribunal de commerce.

(Art. 429.) D'une sommation de comparaître devant les arbitres, ou experts nommés par le tribunal de commerce.

(Art. 435.) De signification de jugement par défaut du tribunal de commerce par un huissier commis.

(Art. 436 et 437.) Pour l'original d'opposition au jugement par défaut rendu par le tribunal de commerce, contenant les moyens d'opposition et assignation.

(Art. 439.) De signification des jugements contradictoires.

(C. de proc., art. 449 et 441.) De l'acte de présentation de caution avec sommation à jour et heure fixes, de se présenter au greffe pour prendre communication des titres de la caution, et assignation à l'audience, en cas de contestation, pour y être statué.

(Art. 456.) Original d'un acte d'appel de jugements des tribunaux de première instance et de commerce, contenant assignation et constitution d'avoué.

(Art. 447.) De signification de jugement à des héritiers collectivement, au domicile du défunt.

(Art. 507.) D'une réquisition aux tribunaux de juger en la personne du greffier.

(Art. 514.) De signification de la requête et du jugement qui admet une prise à partie.

(Art. 418.) De signification de la présentation de caution, avec copie de l'acte de dépôt au greffe des titres de solvabilité de la caution.

(Art. 534.) De signification de l'ordonnance du juge commis, pour entendre un compte, et sommation de se trouver devant lui, au jour et heure indiqués, pour être présent à la présentation et affirmation.

(Art, 557, 558 et 559.) D'un exploit de saisie-arrêt ou opposition contenant énonciation de la somme pour laquelle elle est faite, et des titres, ou de l'ordonnance du juge.

(Art. 563.) De la dénonciation au saisi de la saisie-arrêt, ou opposition, avec assignation en validité.

(Art. 564.) De la dénonciation au tiers-saisi de la demande en validité formée contre le débiteur saisi.

(Art. 570.) De l'assignation au tiers-saisi pour faire sa déclaration.

(Art. 583 et 584.) D'un commandement, pour parvenir à une saisie-exécution.

(Art. 602.) De la notification de la saisie-exécution faite hors du domicile du saisi, et en son absence.

(Art. 606.) D'une assignation en référé à la requête du gardien, qui demande sa décharge.

D'une sommation à la partie saisie, pour être présente au récolement des effets saisis, quand le gardien a obtenu sa décharge.

(Art. 609.) D'une opposition à vente, à la requête de celui qui se prétendra propriétaire des objets saisis entre les mains du gardien.

De dénonciation de cette opposition au saisissant et au saisi, avec assignation libellée et l'énonciation des preuves de propriété.

Le gardien ne pourra être assigné.

(C. de proc. civ., art. 609.) D'une opposition sur le prix de la vente, qui en contiendra les causes.

(Art. 612.) D'une sommation au premier saisissant de faire vendre.

(Art. 614.) D'une sommation à la partie saisie, pour être présente à la vente qui ne serait pas faite au jour indiqué par le procès-verbal de saisie-exécution.

(Art. 626.) Pour l'original du commandement qui doit précéder la saisie-brandon.

(Art. 628.) De dénonciation de la saisie-brandon au garde-champêtre, gardien de droit à ladite saisie, et qui ne sera pas présent au procès-verbal.

(Art. 636.) Pour l'original du commandement qui doit précéder la saisie de rentes constituées sur particuliers.

(Art. 641.) De dénonciation à la partie saisie de l'exploit de saisie de rentes constituées sur particuliers.

(Art. 659 et 660.) D'une sommation aux créanciers de produire dans les contributions, et à la partie saisie de prendre communication des pièces produites, et de contredire, s'il y échet.

(Art. 661.) D'une sommation à la partie saisie qui n'a point d'avoué constitué, à la requête du propriétaire, de comparaître en référé devant le juge-commissaire, pour faire statuer préliminairement sur son privilège pour raison des loyers à lui dus.

(Art. 663.) De dénonciation à la partie saisie, qui n'a point d'avoué constitué, de la clôture du procès-verbal du juge-commissaire, en contribution, avec sommation d'en prendre communication, et de contredire sur le procès-verbal dans la quinzaine.

(Art. 673.) Pour l'original d'un commandement tendant à saisie immobilière.

(Art. 687.) De la notification à la partie saisie de l'acte d'apposition de placards en saisie immobilière.

(Art. 693.) De la signification aux créanciers inscrits de l'acte de consignation faite par l'acquéreur, en cas d'aliénation, qui peut avoir lieu après la saisie immobilière, sous la condition de consigner.

(Art. 695.) De la notification d'un exemplaire du placard aux créanciers inscrits.

(C. de proc. civ., art. 727.) De la demande en distraction d'objets saisis immobilièrement contre la partie qui n'a pas avoué en cause.

(Art. 734 et 736.) De la notification au greffier de l'appel du jugement qui aura statué sur les nullités proposées en saisie immobilière.

(Art. 753.) De sommation aux créanciers inscrits de produire dans les ordres.

(Art. 807.) D'assignation en référé, dans les cas d'urgence, ou lorsqu'il s'agit de statuer sur les difficultés relatives à l'exécution d'un titre exécutoire ou d'un jugement.

(Art. 809.) De signification d'une ordonnance par référé.

(C. civ., art. 1259.) D'une sommation d'être présent à la consignation de la somme offerte.

De dénonciation du procès-verbal de dépôt de la chose ou de la somme consignée, au créancier qui n'était pas présent à la consignation.

(Art. 1264.) De sommation aux créanciers d'enlever le corps certain, qui doit être livré au lieu où il se trouve.

(C. de proc. civ., art. 819.) D'un commandement à la requête des propriétaires et principaux locataires de maisons ou biens ruraux, à leurs locataires, sous-locataires et fermiers, pour payement de loyers ou fermages échus.

(C. civ., art. 2183.) De la notification aux créanciers inscrits de l'extrait du titre du nouveau propriétaire, de la transcription et du tableau prescrit par l'article 2183 du Code civil.

(C. de proc., art. 829.) D'une assignation et sommation à un notaire, et aux parties intéressées, s'il y a lieu, pour avoir expédition d'un acte parfait.

(Art. 841.) D'un acte non enregistré, ou resté imparfait.

(Art. 844.) Ou une seconde grosse.

(Art. 861.) D'une sommation à la requête de la femme à son mari, de l'autoriser.

(Art. 856.) D'une demande à domicile, à fin de rectification d'un acte de l'état civil.

(Art. 876.) D'une demande en séparation de corps.

(C. civ., art. 241.) D'une demande en divorce pour cause déterminée.

(C. de proc. civ., art. 883.) D'ajournement, pour demander la réformation d'un avis du conseil de famille, à l'homologation de la délibération.

(C. de proc. civ., art. 888.) De l'opposition formée, à la requête des membres d'un conseil de famille, à l'homologation de la délibération.

(Art. 947.) De sommation aux parties qui doivent être appelées à la vente des meubles dépendants d'une succession.

(Art. 976.) De sommation aux copartageants de comparaître devant le juge-commissaire.

(Art. 980.) De sommation aux parties pour assister à la clôture du procès-verbal de partage chez le notaire.

(Art. 992.) De sommation à la requête d'un créancier, à l'héritier bénéficiaire de donner caution.

(Art. 1018.) De sommation aux arbitres de se réunir au tiers-arbitre pour vider le partage.

De tout exploit contenant sommation de faire une chose, ou opposition à ce qu'une chose soit faite, protestation de nullité, et généralement de tous actes simples du ministère des huissiers non compris dans la seconde partie du présent tarif,

A Paris	2 »
Partout ailleurs	1 50

Pour chaque copie, le quart de l'original.

Indépendamment des copies de pièces qui n'auront pas été faites par les avoués, et qui seront taxées comme il a été dit ci-dessus.

§ 2.

Actes de seconde classe et procès-verbaux.

30. (C. de proc. civ., art. 45.) Pour l'original de la récusation du juge de paix, qui en contiendra les motifs, et qui sera signé par la partie ou son fondé de pouvoir spécial, ainsi que la copie,

A Paris	3 »
Dans les villes où il y a tribunal de première instance	2 25
Dans les autres villes et cantons ruraux	2 25

Et pour copie, le quart.

31. (C. de proc. civ., art. 585, 586, 587, 588, 589, 590 et 601.) Pour un procès-verbal de saisie-exécution, qui durera trois heures, y compris le temps nécessaire pour requérir, soit le juge de paix, soit le commissaire de police ou maire et adjoints, en cas de refus d'ouverture de porte.

A Paris, y compris 1 franc 50 centimes pour chaque témoin	8 »
Dans les villes où il y a tribunal de première instance, et dans les autres villes et cantons ruraux, y compris 50 centimes pour chaque témoin.	6 »

Si la saisie dure plus de trois heures, par chacune des vacations subséquentes aussi de trois heures,

A Paris, y compris 80 centimes pour chaque témoin	5 »
Dans les villes où il y a tribunal de première instance, et dans les autres villes et cantons ruraux, y compris 60 centimes pour chaque témoin	3 75

Dans les taxes ci-dessus se trouvent comprises les copies pour la partie saisie et pour le gardien.

32. (C. de proc. civ., art. 587.) Vacation du commissaire de police qui aura été requis pour être présent à l'ouverture des portes et des meubles fermant à clef, ou aux maire et adjoints, si ces derniers le requièrent,

A Paris........................ 5 »
Dans les villes où il y a tribunal de première instance........ 3 75
Dans les autres villes et cantons ruraux........ 2 50

33. (C. de proc. civ., art. 590.) Vacation de l'huissier pour déposer au lieu établi pour les consignations, ou entre les mains du dépositaire qui sera convenu, les deniers comptants qui pourraient avoir été trouvés,

A Paris........................ 2 »
Dans les villes où il y a tribunal de première instance........ 1 50
Dans les autres villes et cantons ruraux........ 1 50

34. (C. de proc. civ., art. 596.) Les frais de garde seront taxés par chaque jour, pendant les douze premiers jours,

A Paris........................ 2 50
Dans les villes où il y a tribunal de première instance........ 2 »
Dans les autres villes et cantons ruraux........ 1 50

Ensuite seulement à raison de

A Paris........................ 1 »
Dans les villes où il y a tribunal de première instance........ » 80
Dans les autres villes et cantons ruraux........ » 60

35. (C. de proc. civ., art. 606.) Pour un procès-verbal de récolement des effets saisis, quand le gardien a obtenu sa décharge,

A Paris........................ 3 »
Dans les villes où il y a tribunal de première instance........ 2 25
Dans les autres villes et cantons ruraux........ 2 25

Ce procès-verbal ne contiendra aucun détail, si ce n'est pour constater les effets qui pourraient se trouver en déficit; et l'huissier ne sera point assisté de témoins.

Il sera laissé copie du procès-verbal de récolement au gardien qui aura obtenu sa décharge : il remettra la copie de la saisie qu'il avait entre les mains au nouveau gardien, qui se chargera du contenu sur le procès-verbal de récolement.

Pour chacune des copies à donner du procès-verbal de récolement, le quart de l'original.

C. de proc. civ., art. 611.) Dans le cas de saisie antérieure et d'établissement de gardien pour le procès-verbal de récolement sur le premier procès-verbal que le gardien sera tenu de représenter, et qui, sans entrer dans aucun détail, et contenant seulement la saisie des effets omis, et sommation au premier saisissant de vendre, témoins compris et deux copies, sera taxé,

A Paris........................ 6 »
Dans les villes où il y a tribunal de première instance........ 4 50
Dans les autres villes et cantons ruraux........ 4 50

Et pour une troisième copie, s'il y a lieu, le quart de l'original.

37. (C. de proc. civ., art. 616.) Pour le tribunal de récolement qui précédera la vente, et qui ne contiendra aucune énonciation des effets saisis, mais seulement de ceux en déficit, s'il y en a, y compris les témoins,

A Paris........................ 6 »
Dans les villes où il y a tribunal de première instance........ 4 50
Dans les autres villes et cantons ruraux........ 4 50

Il n'en sera point donné de copie.

38. (C. de proc. civ., art. 616.) S'il y a lieu au transport des objets saisis, l'huissier sera remboursé de ses frais sur les quittances qu'il en représentera, ou sur une simple déclaration, si les voituriers et gens de peine ne savent écrire, ce qu'il constatera par son procès-verbal de vente.

Il sera alloué à l'huissier ou autre officier qui procédera à la vente, pour la rédaction de l'original du placard qui doit être affiché,

A Paris........................ 1 »
Dans les villes où il y a tribunal de première instance........ 1 »
Dans les autres villes et cantons ruraux........ 1 »

Pour chacun des placards, s'ils sont manuscrits,

A Paris........................ » 50

Dans les villes où il y a tribunal de première instance.................. » 50
Dans les autres villes et cantons ruraux.............................. » 50

Et s'ils sont imprimés, l'officier qui procédera à la vente en sera remboursé sur les quittances de l'imprimeur et de l'afficheur.

39. Pour l'original de l'exploit, qui constatera l'apposition des placards, dont il ne sera point donné de copie,

A Paris.. 3 »
Dans les villes où il y a tribunal de première instance............... 2 25
Dans les autres villes et cantons ruraux............................... 2 25

Il sera passé en outre la somme qui aura été payée pour l'insertion de l'annonce de la vente dans un journal, si la vente est faite dans une ville où il s'imprime.

Pour chaque vacation de trois heures à la vente, le procès-verbal compris, il sera taxé à l'huissier dans les lieux où ils sont autorisés à la faire,

A Paris.. 8 »
Dans les villes où il y a tribunal de première instance............... 5 »
Dans les autres villes et cantons ruraux............................... 4 »

Et à Paris, où les ventes sont faites par les commissaires-priseurs, il sera alloué à l'huissier, pour requérir le commissaire-priseur, une vacation de....... 2 »

40. (C. de proc. civ., art. 623.) En cas d'absence de la partie saisie, son absence sera constatée, et il ne sera nommé aucun officier pour la représenter.

41. (C. de proc. civ., art. 620 et 621.) Dans le cas de publication sur les lieux où se trouvent les barques, chaloupes et autres bâtiments, prescrite par l'article 620 du Code, et dans le cas d'exposition de la vaisselle d'argent, bagues et joyaux, ordonnée par l'article 621, il sera alloué à l'huissier, pour chacune des deux premières publications ou expositions,

A Paris.. 6 »
Dans les villes où il y a tribunal de première instance............... 4 »
Dans les autres villes et cantons ruraux............................... 3 »

La troisième publication ou exposition est comprise dans la vacation de vente.

A Paris, et dans les villes où il s'imprime des journaux, les vacations, pour publications et expositions, ne pourront être allouées aux huissiers, attendu qu'il doit y être suppléé par l'insertion dans un journal.

Si l'expédition du procès-verbal de vente est requise par l'une des parties, il sera alloué à l'huissier ou autre officier, qui aura procédé à la vente, par chaque rôle d'expédition, contenant vingt-cinq lignes à la page, et dix à douze syllabes à la ligne,

A Paris.. 1 »
Dans les villes où il y a tribunal de première instance............... » 50
Dans les autres villes et cantons ruraux............................... » 40

42. (C. de proc. civ., art. 657.) Pour la vacation de l'huissier ou autre officier qui aura procédé à la vente, pour faire taxer ses frais par le juge, sur la minute de son procès-verbal,

A Paris.. 3 »
Dans les villes où il y a tribunal de première instance............... 2 »
Dans les autres villes et cantons ruraux............................... 1 50

Et pour consigner les deniers provenant de la vente,

A Paris.. 3 »
Dans les villes où il y a tribunal de première instance............... 2 »
Dans les autres villes et cantons ruraux............................... 1 50

43. (C. de proc. civ., art. 627.) Pour un procès-verbal de saisie-brandon contenant l'indication de chaque pièce, sa contenance et sa situation, deux au moins de ses tenants et aboutissants, et la nature des fruits, quand il n'y sera pas employé plus de trois heures,

A Paris.. 6 »
Dans les villes où il y a tribunal de première instance............... 5 »
Dans les autres villes et cantons ruraux............................... 4 »

Et quand il sera employé plus de trois heures pour chacune des autres vacations aussi de trois heures,

A Paris.. 5 »
Dans les villes où il y a tribunal de première instance............ 4 »
Dans les autres villes et cantons ruraux........................ 3 »
L'huissier ne sera point assisté de témoins.

44. (C. de proc. civ., art. 628.) Pour les copies à délivrer à la partie saisie, au maire de la commune et au garde champêtre, ou autre gardien, par chacune, le quart de l'original.

Nota. Le surplus des actes sera taxé comme en saisie-exécution.

45. Il sera alloué pour frais de garde, soit au garde-champêtre, soit à tout autre gardien qui pourrait être établi, au termes de l'article 628, pour chaque jour, savoir :

Au garde champêtre,
A Paris.. » 75
Dans les villes où il y a tribunal de première instance............ » 75
Dans les autres villes et cantons ruraux........................ » 75
Et à tout autre que le garde-champêtre,
A Paris.. 1 25
Dans les villes où il y a tribunal de première instance............ 1 25
Dans les autres villes et cantons ruraux........................ 1 25

46. (C. de proc. civ., art. 637.) Pour un exploit de saisie du fonds d'une rente constituée sur particulier, contenant assignation au tiers-saisi en déclaration affirmative devant le tribunal,
A Paris.. 4 »
Dans les villes où il y a tribunal de première instance............ 3 »
Dans les autres villes et cantons ruraux........................ 3 »
Pour la copie, le quart.

Nota. La dénonciation des placards et tous les autres actes seront taxés comme en saisie immobilière.

47. (C. de proc. civ., art. 675.) Pour un procès-verbal de saisie immobilière auquel il n'aura été employé que trois heures,
A Paris.. 6 »
Dans les villes où il y a tribunal de première instance............ 5 »
Dans les autres villes et cantons ruraux........................ 5 »
Et cette somme sera augmentée, par chacune des vacations subséquentes qui auront pu être employées de,
A Paris.. 5 »
Dans les villes où il y a tribunal de première instance............ 4 »
Dans les autres villes et cantons ruraux........................ 4 »
L'huissier ne se fera point assister de témoins.

48. (C. de proc. civ., art. 676.) Pour chaque copie de ladite saisie qui sera laissée au greffier des juges de paix et aux maire ou adjoints des communes de la situation, le quart de l'original.

49. (C. de proc. civ., art. 681.) Pour la dénonciation de la saisie immobilière et des enregistrements de la partie saisie,
A Paris.. 2 50
Dans les villes où il y a tribunal de première instance............ 2 »
Dans les autres villes et cantons ruraux........................ 2 »
Pour la copie de ladite dénonciation, le quart.

50. (C. de proc. civ., art. 685 et 686.) Pour l'original de l'acte d'apposition de placards en saisie immobilière, lequel ne contiendra pas la désignation des lieux où ils ont été apposés,
A Paris.. 4 »
Dans les villes où il y a tribunal de première instance............ 3 »
Dans les autres villes et cantons ruraux........................ 3 »

51. (C. de proc. civ., art. 780.) Pour l'original de la signification du jugement qui prononce la contrainte par corps, avec commandement,

A Paris	3	»
Dans les villes où il y a tribunal de première instance	2	»
Dans les autres villes et cantons ruraux	1	25

Et pour la copie, le quart.

52. (C. de proc. civ., art. 781.) Vacation pour obtenir l'ordonnance du juge de paix, à l'effet, par ce dernier, de se transporter dans le lieu où se trouve le débiteur condamné par corps, et requérir son transport,

A Paris	2	50
Dans les villes où il y a tribunal de première instance	2	»
Dans les autres villes et cantons ruraux	2	»

53. (C. de pr. civ., art. 783 et 789.) Pour le procès-verbal d'emprisonnement d'un débiteur, y compris l'assistance de deux recors et l'écrou,

A Paris	60	25
Dans les villes où il y a tribunal de première instance	40	»
Dans les autres villes et cantons ruraux	30	»

Il ne pourra être passé aucun procès-verbal de perquisition, pour lequel l'huissier n'aura point de recours, même contre sa partie ; la somme ci-dessus lui étant allouée en considération de toutes les démarches qu'il pourrait faire.

54. (C. de proc. civ., art. 786.) Vacation de l'huissier en référé, si le débiteur arrêté le requiert,

A Paris	8	»
Dans les villes où il y a tribunal de première instance	6	»
Dans les autres villes et cantons ruraux	6	»

55. (C. de proc. civ., art. 789.) Pour la copie du procès-verbal d'emprisonnement et de l'écrou, le tout ensemble,

A Paris	3	»
Dans les villes où il y a tribunal de première instance	2	25
Dans les autres villes et cantons ruraux	2	25

56. (C. de proc. civ., art. 790.) Il sera taxé au gardien ou geôlier qui transcrira sur son registre le jugement portant la contrainte par corps, par chaque rôle d'expédition,

A Paris	»	25
Dans les villes où il y a tribunal de première instance	»	20
Dans les autres villes et cantons ruraux	»	20

57. (C. de proc. civ., art. 792 et 793.) Pour un acte de recommandation d'un débiteur emprisonné sans assistance de recors,

A Paris	4	»
Dans les villes où il y a tribunal de première instance	3	»
Dans les autres villes et cantons ruraux	3	»

Pour chaque copie à donner au débiteur et au geôlier, le quart.

58. (C. de proc. civ., art. 796.) Pour la signification du jugement qui déclare un emprisonnement nul, et la mise en liberté du débiteur,

A Paris	4	»
Dans les villes où il y a tribunal de première instance	3	»
Dans les autres villes et cantons ruraux	3	»

Pour la copie à laisser au gardien ou geôlier, le quart.

59. (C. de proc. civ., art. 813.) Pour l'original d'un procès-verbal d'offres, contenant le refus ou l'acceptation du créancier,

A Paris	3	»
Dans les villes où il y a tribunal de première instance	2	25
Dans les autres villes et cantons ruraux	2	25

Pour copie, le quart.

60. (C. de proc. civ., art. 1259.) D'un procès-verbal de consignation de la somme ou de la chose offerte,

A Paris .... 5 »
Dans les villes où il y a tribunal de premère instance........ 4 »
Dans les autres villes et cantons ruraux........ 4 »

Pour chaque copie à laisser au créancier, s'il est présent, et au dépositaire, le quart.

61. (C. de proc. civ., art. 819, 822, 825.) Les procès-verbaux de saisie-gagerie sur locataires et fermiers,

Et ceux de saisie des effets du débiteur forain,

Seront taxés comme ceux de saisie-exécution, ainsi que tout le reste de la poursuite.

62. (C. de proc. civ., art. 829.) Pour un procès-verbal tendant à saisie-revendication, s'il y a refus de portes ou opposition à la saisie, contenant assignation en référé devant le juge, y compris les témoins,

A Paris .... 5 »
Dans les villes où il y a tribunal de première instance........ 4 »
Dans les autres villes et cantons ruraux........ 4 »

Pour la copie, le quart.

Le procès-verbal de saisie-revendication sera taxé comme celui de saisie-exécution.

63. (C. de proc. civ., art. 822; C. civ., art. 2185.) Pour l'original de l'acte, contenant réquisition d'un créancier inscrit, afin de mises aux enchères et adjudications publiques de l'immeuble aliéné par son débiteur,

A Paris........ 5 »
Dans les villes où il y a tribunal de première instance........ 4 »
Dans les autres villes et cantons ruraux........ 4 »

Et pour la copie, le quart.

L'original et la copie de cette réquisition seront signés par le requérant ou par son fondé de procuration spéciale.

Il contiendra la soumission de porter ou faire porter le prix à un dixième en sus de celui qui aura été stipulé dans le contrat, et l'offre d'une caution avec assignation devant le tribunal pour la réception de la caution.

64. (C. de proc. civ., art. 901.) Pour un procès-verbal de réitération de la cession par le débiteur failli à la maison commune, s'il n'y a pas de tribunal de commerce,

A Paris........ 4 »
Dans les villes où il y a tribunal de première instance........ 3 »
Dans les autres villes et cantons ruraux........ 3 »

65. (C. de proc. civ., art. 902.) Pour un procès-verbal d'extraction de la prison du débiteur failli, à l'effet de faire la réitération de sa cession de biens, indépendamment du procès-verbal de ladite réitération,

A Paris........ 6 »
Dans les villes où il y a tribunal de première instance........ 5 »
Dans les autres villes et cantons ruraux........ 5 »

Le procès-verbal d'apposition de placards, en vente de biens immeubles de mineurs, ou dépendants d'une succession bénéficiaire ou vacante, ou abandonnés par un débiteur failli, sera taxé comme en saisie immobilière.

Par chaque original de protêt, intervention à protêt, et sommation d'intervenir, assistants et copie compris,

A Paris........ 2 »
Dans les villes où il y a tribunal de première instance........ 1 50
Dans les autres villes et cantons ruraux........ 1 50

Pour l'original d'un protêt avec perquisition, assistants et copie compris,

A Paris........ 5 »
Dans les villes où il y a tribunal de première instance........ 4 »
Dans les autres villes et cantons ruraux........ 4 »

§ 3.

Dispositions générales relatives aux huissiers.

66. (C. de proc. civ., art. 62.) Il ne sera rien alloué aux huissiers pour transport jusqu'à un demi-myriamètre.

Il leur sera alloué au delà d'un demi-myriamètre, pour frais de voyage qui ne pourra excéder une journée de 5 myriamètres (dix lieues anciennes); savoir, au delà d'un demi-myriamètre et jusqu'à un myriamètre, pour aller et retour,

À Paris.. 4 »

Dans les villes et cantons ruraux.. 4 »

Au delà d'un myriamètre, il sera alloué par chaque demi-myriamètre, sans distinction.. 2

Il sera taxé pour *visa* de chacun des actes qui y sont assujettis,

A Paris.. 1 »

Dans les villes où il y a tribunal de première instance.. » 75

Dans les autres villes et cantons ruraux.. » 75

En cas de refus de la part du fonctionnaire public qui doit donner le *visa*, et dans le cas où l'huissier sera obligé, à raison de ce refus, de requérir le *visa* du procureur impérial, le droit sera double.

Les huissiers qui seront commis pour donner des ajournements, faire des significations de jugements, et tous autres actes, ou procéder à des opérations, ne pourront prendre de plus forts droits que ceux énoncés au présent tarif, à peine de restitution et d'interdiction, quels que soient la cour et le tribunal auxquels ils sont attachés.

Les huissiers qui auront omis de mettre au bas de l'original et de chaque copie des actes de leur ministère la mention du coût d'icelui, pourront, indépendamment de l'amende portée par l'art. 67 du C. de proc., être interdits de leurs fonctions sur la réquisition d'office des procureurs généraux et impériaux.

TITRE II.

DES AVOUÉS DE PREMIÈRE INSTANCE.

CHAPITRE Ier.

MATIÈRES SOMMAIRES.

67. Les dépens, dans ces matières, seront liquidés, tant en demandant qu'en défendant; savoir :

Pour l'obtention d'un jugement par défaut contre partie ou avoués, y compris les qualités et la signification à avoué, s'il y a lieu, quand la demande n'excédera pas 1,000 francs,

A Paris.. 7 50

Dans le ressort, les trois quarts.

Et quand elle excédera 1,000 jusqu'à 5,000 fr.. 10 »

Et quand elle excédera à 5,000 fr.. 15 »

Et pour l'obtention d'un jugement contradictoire ou définitif, quand la demande n'excédera pas 1,000 fr.. 15 »

Et quand elle excédera 1,000 fr., jusqu'à 5,000 fr.. 20 »

Quand elle excédera 5,000 fr.. 30 »

Nota. Si la valeur de l'objet de la contestation est indéterminée, le juge allouera l'une des sommes ci dessus indiquées.

S'il y a lieu à enquête ou à visite et estimation d'experts, ordonnée contradictoirement, et s'il est intervenu aussi jugement contradictoire sur l'enquête ou le rapport d'experts, il sera alloué un demi-droit.

Et en outre, pour copie des procès-verbaux d'enquête et d'expertise, par chaque rôle,

A Paris.. » 15

Dans le ressort, les trois quarts.

S'il y a plus de deux parties en cause, et si elles ont des intérêts contraires, il sera alloué un quart en sus des droits ci-dessus à l'avoué qui aura suivi contre chacune des autres parties.

S'il y a lieu à un interrogatoire sur faits et articles, il sera passé à l'avoué de la partie à la requête de laquelle il aura été subi, un demi-droit; et en outre, pour copie du procès-verbal d'interrogatoire, par chaque rôle d'expédition.

A Paris.. » 15

Dans le ressort, les trois quarts.

Il sera passé à l'avoué qui lèvera le jugement rendu contradictoirement, pour dressé des qualités et de signification de jugement à avoué, le quart du droit accordé pour l'obtention du jugement contradictoire.

Il ne sera alloué aucun honoraire aux avocats dans ces sortes de causes.

Si l'avoué est révoqué, ou si les pièces lui sont retirées, il lui sera alloué, savoir :

S'il y a eu constitution d'avoué avant l'obtention d'un jugement par défaut, moitié du droit accordé pour faire rendre un jugement par défaut;

Et s'il a été obtenu un premier jugement par défaut ou un jugement interlocutoire, indépendamment de l'émolument pour ces jugements, moitié du droit accordé pour obtenir un jugement contradictoire.

Mais ces droits ne seront acquis, et ils ne pourront être exigés que lorsqu'il y aura eu constitution d'avoué dans le premier cas, ou qu'il aura été formé opposition au premier jugement par défaut, et que l'avoué qui aura obtenu le premier jugement aura suivi l'audience sur le débouté d'opposition.

Au moyen de la fixation ci-dessus, il ne sera passé aucun autre honoraire pour aucun acte et sous aucun autre prétexte. Il ne sera alloué en outre que les simples déboursés.

CHAPITRE II.

MATIÈRES ORDINAIRES.

—

§ 1er.

Droit de consultation.

68. (C. de proc. civ., art. 50, 64, 75, etc.) Pour la consultation sur toute demande principale, intervention, tierce-opposition et requête civile, tant en demandant qu'en défendant, sans qu'il puisse être passé plus d'un droit par chaque avoué et par cause, et sans que l'intervention d'un appelé en garantie puisse y donner lieu; le droit ne pourra être exigé qu'autant qu'il aura été obtenu un jugement par défaut contre partie, ou qu'il y aura eu constitution d'avoué, et y compris la procuration sous signature privée ou par-devant notaire indépendamment des déboursés,

A Paris.. 10 »

Dans le ressort.. 7 50

69. Il ne sera alloué aucun émolument à l'avoué dans le cas où il comparaîtrait au bureau de conciliation pour sa partie.

§ 2.

Actes de première classe.

70. (C. de proc. civ., art. 75.) Pour l'original d'une constitution d'avoué.

(Art. 79, 82, *et passim.*) Pour un acte d'avoué à avoué pour suivre l'audience, sans qu'il puisse en être passé plus d'un seul pour chaque jugement par défaut, interlocutoire ou contradictoire.

(Art. 452.) Les avoués seront tenus de se représenter au jour indiqué par les jugements préparatoires ou de remise, sans qu'il soit besoin d'aucune sommation.

(C. de proc. civ., art. 96, 104.) Pour l'original d'un acte de déclaration de production par le demandeur en instruction par écrit, contenant le nombre des rôles dont la requête est composée.

(Art. 97.) *Id.* de la part du défendeur.

(Art. 110.) De la signification de l'ordonnance du président, portant nomination d'un autre rapporteur, en cas de décès, démission ou impossibilité de faire le rapport en délibéré ou instruction par écrit.

(Art. 115, résultat de l'art.) D'une sommation d'être présent au retrait des pièces, après les jugements sur délibérés ou en instruction par écrit.

(Art. 121.) D'une sommation d'avoué à avoué, pour être présent à la prestation d'un serment ordonné.

(Art. 145.) D'une sommation d'avoué à avoué, pour être réglé sur une opposition aux qualités.

(Art. 179.) De la déclaration au demandeur originaire de la part du défendeur, qu'il a formé une demande en garantie.

(Art. 179.) De la dénonciation au demandeur originaire de la demande en garantie.

(Art. 188.) De la sommation de communiquer les pièces signifiées ou employées dans la cause.

(Art. 191.) De la signification de la requête et de l'ordonnance portant que l'avoué qui retient ces pièces sera tenu de les remettre.

De la signification de l'acte de dépôt au greffe de la pièce dont l'écriture est déniée.

(Art. 204.) De la sommation de comparaître devant le juge commis en vérification d'écritures, pour être présent au serment des experts et à la représentation des pièces de comparaison.

(Art. 206.) De la sommation pour être présent à la confection d'un corps d'écriture.

(Art. 219.) De la signification de l'acte de dépôt au greffe d'une pièce arguée de faux.

(Art. 221.) De la sommation pour être présent à la réquisition d'apport au greffe de la minute de la pièce arguée de faux.

(Art. 124.) De la signification de l'ordonnance portant que la minute de la pièce arguée de faux sera apportée au greffe.

(C. de proc. civ., art. 225.) De la signification de l'acte de dépôt au greffe de la pièce arguée de faux, avec sommation d'être présent au procès-verbal qui sera dressé de son état.

(Art. 286.) De la signification des procès-verbaux d'enquête.

(Art. 297.) De la signification de l'ordonnance du juge commis pour faire une descente sur les lieux, contenant la désignation des jour, lieu et heure, et sommation d'y être présent.

(Art. 299.) De la signification du procès-verbal du juge-commissaire qui a fait une descente sur les lieux.

(Art. 315.) De la sommation contenant indication des jour et heure choisis par les experts, si la partie n'était pas présente à la prestation de leur serment.

(Art. 321.) De la signification du rapport des experts.

(Art. 335.) De la signification de l'interrogatoire sur faits et articles.

(Art. 344.) De la notification du décès d'une partie.

(Art. 354, 355.) De la signification d'un désaveu.

(Art. 372.) De la signification de l'acte à fin de renvoi d'un tribunal à un autre des pièces y annexées et du jugement intervenu.

(Art. 396.) De la signification de l'arrêt intervenu sur l'appel d'un jugement qui aura rejeté une récusation, ou du certificat du greffier de la cour d'appel, contenant que l'appel n'est pas jugé, et indication du jour où il doit l'être.

(Art. 403.) De la sommation de se trouver devant le président, et voir déclarer la taxe des frais exécutoire, en cas de désistement de la demande.

(Art. 534.) De la sommation d'être présent à la présentation et affirmation d'un compte.

(Art. 574.) De la signification de la déclaration affirmative, et du dépôt des pièces contenant constitution d'avoué.

(Art. 575.) D'un acte contenant dénonciation d'opposition formée sur le débiteur entre les mains d'un tiers saisi.

(Art. 578.) De la signification de l'état détaillé des effets mobiliers saisis et arrêtés entre les mains d'un tiers saisi.

(C. de proc. civ., art. 871.) De la sommation à la requête des créanciers du mari, à l'avoué de la femme poursuivant sa séparation de biens, de leur communiquer la demande et les pièces justificatives.

(Art. 972.) De l'acte de signification du cahier des charges en licitation, aux avoués des colicitants.

(Titre des partages). De l'acte de sommation aux avoués des copartageants de se trouver soit devant le juge-commissaire, soit devant le notaire, pour procéder aux opérations du partage,

A Paris.. 1 »

Dans le ressort.. » 75

Pour les copies de chacun des actes ci-dessus énoncés, indépendamment des copies de pièces, le quart.

§ 3.

Actes de deuxième classe.

71. (C. de proc. civ., art. 102.) Acte de production nouvelle en instruction par écrit contenant l'état des pièces.

(Art. 215.) Sommation à la partie adverse de déclarer si elle veut ou non se servir d'une pièce produite, avec déclaration que dans le cas où elle s'en servirait, le demandeur s'inscrira en faux.

(Art. 216.) Déclaration de la partie sommée, signée d'elle ou du fondé de sa procuration spéciale et authentique, dont il sera donné copie, qu'elle entend ou non se servir de la pièce arguée de faux.

(Art. 252.) Acte contenant articulation succincte des faits dont une partie demandera à faire preuve.

Acte contenant réponse au précédent et dénégation ou reconnaissance des faits.

(Art. 282.) Acte contenant la justification des reproches par écrit.

Acte en réponse.

(Art. 289.) Acte contenant offre de prouver les reproches contre les témoin non justifiés par écrit, et désignation des témoins à entendre sur les reproches.

Acte en réponse.

(Art. 309.) Acte contenant les moyens de récusation contre les experts.

(C. de proc. civ., art. 311.) Acte contenant réponse aux moyens de récusation

(Art. 337.) Acte contenant les moyens et conclusion des demandes incidentes.

Acte servant de réponse aux demandes incidentes.

(Art. 347.) Acte de reprise d'instance.

(Art. 402.) Acte de désistement et d'acceptation de désistement.

(Art. 518.) Acte de présentation de caution.

(Art. 519.) Acte de déclaration d'acceptation de caution.

(Art. 520.) Acte de contestation de la caution offerte.
(Art. 524.) Acte d'offres sur la déclaration des dommages et intérêts.
(Art. 856.) Acte contenant demande en rectification d'un acte de l'état civil.
Acte servant de réponse.
Tous ces actes seront taxés pour l'original,

A Paris	5 »
Dans le ressort	3 75

Et pour chaque copie, indépendamment des copies de pièces, le quart.

§ 4.

Des requêtes et défenses qui peuvent être grossoyées, et des copies de pièces.

72. (C de proc. civ., art. 77.) Pour l'original ou grosse des requêtes servant de défenses aux demandes, contenant vingt-cinq lignes à la page et douze syllabes à la ligne,

A Paris	2 »
Dans le ressort	1 50

Les copies de pièces qui seront données avec les défenses, ou qui pourront être signifiées dans les causes, seront taxées, à raison du rôle, de vingt-cinq lignes à la page, et de douze syllabes à la ligne, ou évaluées sur ce pied,

A Paris	» 30
Dans le ressort	» 25

Les copies de tous actes ou jugements, qui seront signifiés avec les exploits des huissiers, appartiendront à l'avoué, si elles ont été faites par lui, à la charge de les certifier véritables et de les signer.

73. Pour l'original ou grosse des requêtes, contenant réponse aux défenses dans la forme ci-dessus pour chaque rôle,

A Paris	2 »
Dans le ressort	1 50

(C. de proc. civ., art. 96.) Des requêtes en instruction par écrit, terminées par l'état des pièces .... *Id.*

(Art. 97.) *Id.* servant de réponse à celles en instruction par écrit, avec état des pièces au soutien .... *Id.*

(Art. 103.) *Id.* en réponse aux productions de nouvelles pièces qui ne pourront excéder six rôles.

74. (C. de proc. civ.. art. 104.) Dans les instructions par écrit, les grosses et les copies de toutes les requêtes porteront la déclaration du nombre de rôles dont elles sont composées, à peine de rejet de la taxe.

75. (C. de proc. civ., art. 161.) Pour la grosse de la requête d'opposition au jugement par défaut contenant les moyens, par chaque rôle,

A Paris	2 »
Dans le ressort	1 50

Si les moyens ont été fournis avant le jugement par défaut, la requête d'opposition, sans les moyens, ne sera passée que pour un rôle .... *Id.*

(Art. 166.) *Id.* pour la grosse de la requête, qui ne pourra excéder deux rôles, tendant à ce que l'étranger demandeur soit tenu de fournir caution.

Id. de celle en réponse qui ne pourra non plus excéder deux rôles.

(Art. 168.) *Id.* de la requête pour proposer un déclinatoire, qui ne pourra excéder six rôles.

Id. de la réponse.

(Art. 173.) *Id.* de la requête en nullité de la demande ou du jugement, qui ne pourra non plus excéder six rôles.

Id. de la réponse.

(Art. 174.) *Id.* de la requête pour demander délai pour délibérer et faire inventaire, qui ne pourra aussi excéder six rôles.

Id. de la réponse.

(Art. 180.) *Id.* de la requête pour soutenir qu'il n'y a lieu d'appeler garant, qui ne pourra excéder six rôles.

Id. de la réponse.

(Art. 192.) *Id.* de la requête d'opposition à l'ordonnance portant contrainte de remettre des pièces, qui ne pourra excéder deux rôles.

Id. de la réponse.

(Art 229.) *Id.* de la requête contenant les moyens de faux.

(Art. 230.) *Id.* de la requête contenant réponse aux moyens de faux.

(Art. 339.) *Id.* de la requête d'intervention.

Id. de la requête en réponse à l'intervention.

(Art. 348). *Id.* de la requête contenant contestation sur la demande en reprise d'instance, qui ne pourra excéder six rôles.

Id. de la réponse.

(Art. 354.) *Id.* de la requête servant de moyens contre un désaveu.

Et réponse.

(Art. 373.) *Id.* de la requête contre la demande à fin de renvoi d'un tribunal à un autre, pour cause de parenté ou alliance.

Et pour la réponse.

(Art. 400.) *Id.* de la requête en péremption d'instance, qui ne pourra excéder six rôles.

Id. de la réponse.

(Art. 475.) *Id.* de la requête de la tierce opposition.

Et réponse.

(Art. 493.) *Id.* de la requête civile incidente.

Et réponse.

(Art. 514.) *Id.* de la requête contenant défense du juge pris à partie.

Et réponse.

(Art. 531.) *Id.* pour la grosse d'un compte dont le préambule ne pourra excéder six rôles.

Il ne sera fait qu'une seule grosse.

(Art. 570.) *Id.* pour la grosse de la requête du tiers saisi, qui demandera son renvoi devant son juge, en cas que sa déclaration affirmative soit contestée : cette requête ne pourra excéder deux rôles.

Et réponse.

(Art. 815.) *Id.* de la requête pour demander incidemment la validité et la nullité d'offres réelles.

Et réponse.

(Art. 847.) *Id.* de la requête afin de se faire autoriser à compulser un acte, qui ne pourra excéder six rôles.

Et réponse.

(C. de proc. civ., art. 871.) *Id.* de la requête d'intervention des créanciers du mari dans les demandes en séparation de biens.

Et réponse.

(Art. 972.) *Id.* de la requête de conclusions motivées contenant demande en entérinement du rapport des experts, en partage et licitation.

Et réponse.

Il sera taxé pour chacun des rôles des requêtes ci-dessus énoncées.

A Paris.. 2 »

Dans le ressort................................ 1 50

Et pour chaque copie, par rôle, le quart.

Le nombre des rôles de requête en réponse ne pourra jamais excéder celui fixé pour la requête en demande.

Nota. Il ne sera passé aucuns frais d'impression des requêtes et défenses même autorisées.

§ 5.

Requêtes qui ne peuvent être grossoyées, et copies d'actes.

76. (C. de proc. civ., art. 110.) Requête pour faire nommer un autre rapporteur en instruction par écrit ou sur délibéré.

Art. 156.) Pour faire commettre un huissier à l'effet de signifier un jugement par défaut contre partie.

(Art. 191.) Pour faire contraindre un avoué à remettre les pièces qu'il a prises en communication.

(Art. 199.) Pour obtenir l'ordonnance du juge-commissaire en vérification d'écritures, à l'effet de sommer la partie adverse de comparaître à jour et heure certains, pour convenir de pièces de comparaison.

(Art. 204.) A fin d'obtenir l'ordonnance du commissaire en vérification d'écritures pour sommer les experts de prêter serment et les dépositaires de représenter les pièces de comparaison.

(Art. 221.) Au juge-commissaire en inscription de faux incident pour faire ordonner l'apport de la minute de la pièce arguée par le dépositaire.

(Art. 259.) Au juge commis pour procéder à une enquête, à l'effet d'obtenir son ordonnance, indiquant le jour et l'heure pour lesquels les témoins seront assignés.

(C. de proc. civ., art. 267.) Au juge commis pour faire une descente sur les lieux, à l'effet d'obtenir son ordonnance, portant l'indication des jour, lieu et heure.

(Art. 307.) Au juge-commissaire pour demander son ordonnance, à l'effet de faire prêter serment aux experts convenus ou nommés d'office.

(Art. 403) En cas de désistement de la demande pour obtenir l'ordonnance du président, afin de rendre la taxe de frais exécutoire.

(Art. 354.) Au juge commis pour entendre un compte, à l'effet d'obtenir l'ordonnance fixant le jour et l'heure de la présentation.

(Art. 617.) A fin de permission de vendre les meubles saisis-exécutés, dans un lieu plus avantageux que celui indiqué par la loi.

(Art. 780.) Pour faire commettre un huissier, à l'effet de signifier le jugement portant contrainte par corps.

(Art. 808.) A fin d'assigner extraordinairement en référé, si le cas requiert célérité.

(Art. 819.) A fin de saisir-gager à l'instant les meubles et effets garnissant les maisons et fermes.

(Art 822.) A fin de permission de saisir les effets de son débiteur forain, trouvés en la commune qu'habite le créancier.

(Art. 832.) A fin de faire commettre un huissier pour notifier le titre du nouveau propriétaire aux créanciers inscrits.

A fin de faire commettre un huissier, à l'effet de notifier la réquisition de surenchère.

(Art. 976.) Au juge-commissaire en partage et licitation, à l'effet d'obtenir son ordonnance pour citer les autres parties à comparaître par-devant lui.

(C. civ., art. 467.) Au procureur impérial pour faire désigner trois jurisconsultes, sans l'avis desquels le tuteur de mineur ne pourra transiger.

Les requêtes ci-dessus énoncées ne seront point grossoyées et seront taxées,

A Paris.. 2 »

Dans le ressort.................................... 1 50

La vacation pour demander l'ordonnance du président ou du juge-commissaire et se la faire délivrer, est comprise dans la taxe.

77. (C. de proc. civ., art. 72.) Requête contenant demande pour abréger les délais dans les cas qui requièrent célérité.

(C. de proc. civ., art 558.) Pour obtenir permission de saisir et arrêter, entre les mains d'un tiers, ce qu'il doit au débiteur, quand il n'y a pas de titre.

(Art. 582.) Pour avoir permission de saisir et arrêter la portion que le juge détermínera dans des sommes ou pensions données ou léguées pour aliments, et ce pour créances postérieurs aux dons et legs.

(C. civ., art. 783.) A l'effet d'obtenir, pour le témoin assigné, un sauf-conduit qui ne pourra être accordé que sur les conclusions du ministère public, et qui règlera sa durée.

(C. de proc. civ., art. 795.) A l'effet de demander la nullité de l'emprisonnement d'un débiteur détenu pour dettes.

(Art. 800.) Pour demander la liberté d'un débiteur détenu pour dettes, dans tous les cas prévus par l'art. 800.

(Art. 802.) Pour assigner le geôlier qui refuse de recevoir la consignation de la dette.

(Art. 803.) Pour demander la liberté faute de consignation d'aliments.

(Art. 826, 827.) Pour demander la permission de saisir-revendiquer, contenant la désignation des effets.

(C. civ., art. 113; C. de proc. civ., art. 928, 931.) *Id.* pour faire commettre un notaire à l'effet de représenter les absents présumés, dans les inventaires, comptes, partages et liquidations dans lesquels ils sont intéressés.

(C. de proc. civ., art. 946.) Pour faire autoriser à la vente du mobilier d'une succession.

(Art. 986.) A fin d'être autorisé sans attribution de qualité, à faire procéder à la vente d'effets mobiliers dépendants d'une succession.

(Art. 996.) Pour faire nommer un curateur au bénéfice d'inventaire.

(Art. 998.) Pour faire nommer un curateur à une succession vacante.

(Art. 1017.) *Id.* à l'effet de faire nommer un tiers-arbitre.

« Elles seront taxées,

A Paris	3 »
Dans le ressort	2 25

Les requêtes ci-dessus ne seront point grossoyées.

Et la vacation pour prendre l'ordonnance est comprise dans la taxe.

78. (C. pe proc. civ., art. 364.) Requête à fin d'obtenir permission d'assigner en règlement de juges.

(C. de proc. civ., art. 483 et 492.) Requête civile principale.

(Art. 839, 841, 844, 854.) A fin de permission de se faire délivrer expédition ou copie d'un acte parfait, non enregistré, ou même resté imparfait, ou pour se faire délivrer une seconde grosse.

(Arr. 855.) A fin de réformation d'un acte de l'état civil.

(Art. 859.) A l'effet de faire pourvoir à l'administration des biens d'une personne présumée absente.

(C. civ., art. 113.) Pour avoir permission de faire enquête pour constater l'absence.

(C. de proc. civ., art. 860.) A fin d'envoi en possession provisoire des biens d'un absent.

(Art. 861.) De la femme, à l'effet de citer son mari à la chambre du conseil pour déduire les causes de son refus de l'autoriser.

(Art. 863 et 864.) De la femme, en cas d'absence présumée ou déclarée du mari, ou en cas d'interdiction, pour se faire autoriser.

(Art. 865.) De la femme, qui se pourvoit en séparation de biens.

(C. de proc. civ., art. 885; C. civ., art. 467.) A fin d'homologation de l'avis d'un conseil de famille.

(C. civ., art. 1008.) Pour demander l'envoi en possession du legs universel.

(C. de proc. civ., art. 909.) Du créancier, pour obtenir la permission de faire apposer un scellé.

(Art. 955 et 964.) A fin d'homologation d'un avis du conseil de famille pour aliéner des immeubles des mineurs, ou pour être autorisé à vendre au dessous de l'estimation.

(Art. 987.) De l'héritier bénéficiaire, à l'effet d'être autorisé à vendre les immeubles dépendants d'une succession bénéficiaire.

(Art. 988.) Pour demander l'entérinement du rapport d'experts qui ont fait l'estimation des immeubles dépendants d'une succession bénéficiaire.

Id. d'un curateur à une succession vacante.

(Art. 70 et 71.) *Id.* pour demander l'homologation d'un acte de notoriété délivré par le juge de paix sur la déposition de sept témoins, pour suppléer à un acte de naissance.

Ces requêtes ne peuvent être grossoyées; et l'émolument pour prendre les ordonnances et communiquer au ministère public est compris dans la taxe qui sera de,

A Paris.......... 7 50

Dans le ressort.......... 5 50

79. (C. de proc. civ., art. 325.) Requête pour avoir permission de faire interroger sur faits et articles, contenant les faits.

Cette requête ne sera point signifiée ni la partie appelée avant le jugement qui admettra ou rejettera la demande à fin de faire interroger : elle ne sera notifiée qu'avec le jugement et l'ordonnance du juge commis pour faire subir l'interrogatoire.

(Art. 875.) De l'époux qui se pourvoit en séparation de corps, contenant sommairement les faits.

(C. civ., art. 236.) De l'époux qui se pourvoit en divorce pour cause déterminée, contenant le détail des faits.

(C. de proc. civ., art. 390.) Contenant demande à fin d'interdiction, le détail des faits et l'indication des témoins.

Ces requêtes ne peuvent être grossoyées; et l'émolument pour prendre les ordonnances et communiquer au ministère public est compris dans la taxe.

A Paris.......... 15 »

Dans le ressort.......... 12 »

§ 6.

Plaidoiries et assistance aux jugements.

80. (C. de proc. civ., art. 76 et suiv.) Pour honoraires de l'avocat qui aura plaidé la cause contradictoirement,

A Paris.......... 15 »

Dans le ressort.......... 10 »

81. Pour assistance de l'avoué à l'audience, à l'effet de demander acte de sa constitution, en cas d'abréviation des délais,

A Paris.......... 1 50

Dans le ressort.......... 1 »

82. (C. de proc. civ., art. 149.) Assistance et plaidoirie aux jugements par défaut,

A Paris.......... 3 »

Dans le ressort.......... 2 45

Pour l'honoraire de l'avocat qui aura pris le jugement par défaut,

A Paris.......... 5 »

Dans le ressort.......... 4 «

Quand le jugement par défaut aura été pris par un avocat, le droit d'assistance de l'avoué ne sera,

A Paris, que de.......... 1 »

Dans le ressort.......... » 75

83. (C. de proc. civ., art. 87.) Pour assistance de chaque avoué à tout jugement portant remise de cause ou indication de jour, sans que les jugements puissent être levés, ni qu'il soit signifié de qualités, ou donné d'avenir,

A Paris.......... 3 »

Dans le ressort.......... 2 25

84. (C. de proc. civ., art. 93 et 95.) Pour assistance et observations des avoués aux jugements qui ordonneront une instruction par écrit,

A Paris.......... 5 »

Dans le ressort.......... 4 »

85. (C. de proc. civ., art. 103.) Pour assistance aux jugements sur délibéré ou instruction par écrit, y compris les notes qu'ils pourront fournir,

À Paris.. 5 »

Dans le ressort.................................. 4 »

86. (C. de proc. civ., art. 116.) Pour assistance des avoués à chaque journée de plaidoirie qui précède les jugements interlocutoires et définitifs contradictoires, quand les causes sont plaidées par les parties elles-mêmes ou par des avocats,

À Paris.. 3 »

Dans le ressort.................................. 2 25

Et quand les avoués plaideront eux-mêmes,

À Paris.. 10 »

Dans le ressort.................................. 6 »

§ VII.

Qualités et significations des jugements.

87. (C. de proc. civ., art. 142.) Pour l'original des qualités contenant les noms, profession et demeure des parties, leurs conclusions et les points de fait et de droit, sans que les motifs des conclusions puissent y être insérés, ni qu'on puisse rappeler, dans les points de fait et de droit, les moyens des parties; savoir, pour celle d'un jugement par défaut,

À Paris.. 3 75

Dans le ressort.................................. 2 80

Pour celles d'un jugement contradictoire sur plaidoirie et délibéré,

À Paris.. 7 50

Dans le ressort.................................. 5 50

Et celle d'un jugement en instruction par écrit,

À Paris.. 10 »

Dans le ressort.................................. 7 50

88. (C. de proc. civ., art. 142.) Pour chaque copie qui ne pourra être signifiée que dans le cas où le jugement serait contradictoire, le quart.

89. (C. de proc. civ., art. 157 et 156.) Pour signification de tout jugement à avoué ou à domicile, par chaque rôle d'expédition,

À Paris.. » 30

Dans le ressort.................................. » 25

§ VIII.

Des vacations.

90. Vacation pour mettre la cause au rôle.

(C. de proc. civ., art. 83.) Pour communiquer les pièces de la cause au ministère public et les retirer, le tout ensemble.

(Art. 94.) Pour produire et retirer les pièces dans les causes où il a été ordonné un délibéré.

(Art. 102.) Pour produire au greffe des pièces nouvelles en instruction par écrit.

(Art. 103.) Pour prendre en communication les pièces nouvelles produites en instruction par écrit.

(Art. 107.) Pour prendre le certificat du greffier, constatant que la partie adverse n'a pas produit en instruction par écrit dans les délais fixés.

(Art. 109.) Pour requérir le greffier, après que toutes les parties ont produit en instruction par écrit ou après l'expiration des délais, de remettre les pièces au rapporteur.

(Art. 144.) Pour former opposition à des qualités, le droit ne sera passé qu'autant que le président aura ordonné une réformation.

(Art. 145.) Pour faire régler les qualités des jugements en cas d'opposition.

(C. de proc. civ., art. 163, 164 et 549.) Pour faire la mention, sur le registre tenu au greffe, de l'opposition au jugement par défaut, ou de l'appel de tout jugement, quand il y aura dans les jugements des dispositions qui doivent être exécutées par des tiers.

(Art. 471 et 494.) Pour consigner l'amende en requête civile, ou sur appel dans toutes les causes, à l'exception des matières sommaires.

(Art. 501.) Pour la retirer.

(Art. 548.) Pour donner certificat contenant la date de la signification, au domicile de la partie condamnée, du jugement qui prononce une mainlevée, la radiation d'inscription hypothécaire, un payement ou autre chose à faire par un tiers ou contre lui.

Pour requérir du greffier le certificat qu'il n'existe contre le jugement énoncé ci-dessus, ni opposition ni appel portés sur le registre tenu au greffe.

(Art. 967.) Pour faire viser par le greffier la demande en partage et licitation.

A Paris.. 1 50

Dans le ressort.................................. 1 15

91. (C. de proc. civ., art. 77 et 189.) Vacation pour donner et prendre communication des pièces de la cause à l'amiable, sur récépissé ou par la voie du greffe, et le rétablissement entre les mains de l'avoué, ou le retrait du greffe, le tout ensemble.

(Art. 96.) Pour produire au greffe dans les causes où il a été ordonné une instruction par écrit.

(Art. 97.) Pour prendre communication au greffe de la production du demandeur en instruction par écrit, et le rétablissement de cette production, le tout ensemble.

(Art. 115.) Pour retirer les pièces du greffe dans les instructions par écrit.

(Art. 219, 220.) Pour déposer au greffe les pièces arguées de faux.

(Art. 259.) Pour requérir l'ordonnance du juge commis à l'effet de procéder à une enquête et signer le procès-verbal d'ouverture.

(Art 306.) Pour faire la déclaration au greffe des experts convenus.

(Art. 307, 315.) Pour être présent à la prestation de serment des experts devant le juge-commissaire.

(C. de proc. civ., art. 361.) Pour faire faire la mention, en marge de l'acte de désaveu, du jugement qui l'aura rejeté.

(Art. 518.) Pour déposer au greffe les titres de solvabilité de la caution présentée.

Art. 519.) Pour prendre communication au greffe des titres de solvabilité de la caution.

(Art. 519 et 522.) Pour faire aire au greffe la soumission d'une caution.

(Art. 523.) Pour déposer au greffe ou donner en communication sur récépissé à l'amiable les pièces justificatives de la déclaration de dommages et intérêts, et les retirer, le tout ensemble.

Pour prendre communication à l'amiable sur récépissé, ou au greffe, des pièces justificatives de la déclaration de dommages et intérêts, et les rétablir, le tout ensemble.

(Art. 569.) Pour requérir des fonctionnaires publics, tiers-saisis, le certificat du montant de ce qu'ils doivent à la partie saisie.

(Art. 874.) Pour assister au greffe la femme qui fait sa renonciation à la communauté en cas de séparation de biens.

(C. civ., art. 240.) Pour prendre l'ordonnance du tribunal qui permet de citer l'époux défendeur en divorce.

(C. de proc. civ., art. 997; C. civ., art. 793 et 794.) Pour assister au greffe la femme qui renonce à la communauté après décès, ou l'héritier qui renonce à la succession, ou qui ne l'accepte que sous bénéfice d'inventaire.

(C. de proc. civ., art. 1020.) Pour demander l'ordonnance d'*exequatur* d'une décision arbitrale,

A Paris.. 3 »

Dans le ressort.................................. 2 25

92. (C. de proc. civ., art. 196.) Vacation pour déposer au greffe une pièce dont

l'écriture est déniée, et assistance au procès-verbal dressé par le greffier de l'état de ladite pièce.

(Art. 198.) *Idem* pour prendre communication de ladite pièce, et assistance au procès-verbal dressé par le greffier.

(Art 199.) *Idem* devant le juge-commissaire, pour convenir de pièces de comparaison.

(Art. 284, 207.) Pour être présent au serment des experts à la représentation des pièces de comparaison, et faire les réquisitions et observations par chaque vacation.

(C. de proc. civ., art 206.) A la confection du corps d'écriture fait par le défendeur, s'il est ainsi ordonné.

(Art. 218.) Pour former une inscription de faux incident au greffe.

(Art. 221.) Pour requérir du juge-commissaire son ordonnance à l'effet de faire apporter au greffe la pièce arguée de faux, dont il y a minute.

(Art. 226.) Au procès-verbal de l'état des pièces arguées de faux.

(Art. 228.) De l'avoué du demandeur, pour prendre, en tout état de cause communication de la pièce arguée de faux.

(Art. 270.) A l'audition des témoins, par trois heures.

(Art. 297.) En cas de descente sur les lieux, par trois heures.

(Art. 317.) Des avoués aux rapports d'experts s'ils en sont expressément requis par leurs parties, pour ne les répéter que contre elles, et sans qu'elles puissent entrer en taxe.

(Art. 353.) Pour former un désaveu au greffe, contenant les moyens, conclusions et constitution d'avoués.

(Art. 370.) Pour former par acte au greffe la demande à fin de renvoi d'un tribunal à un autre pour parenté et alliance.

(Art. 384.) Pour faire au greffe l'acte contenant les moyens de récusation contre un juge.

Pour interjeter appel au greffe du jugement qui aura rejeté la récusation, avec énonciation des moyens et dépôt des pièces au soutien.

(Art. 532, 536.) Pour mettre en ordre les pièces d'un compte à rendre, les coter et les parapher.

Il sera passé une vacation pour cinquante pièces; deux pour cent, et ainsi de suite,

(Art. 534.) A la présentation et affirmation du compte.

(Art. 535.) Pour requérir du juge-commissaire exécutoire de l'excédant de la recette sur la dépense dans les comptes présentés.

(Art. 536.) Pour prendre en communication les pièces justificatives du compte et les rétablir, le tout ensemble.

(Art. 538.) Pour fournir des débats sur le procès-verbal du juge-commissaire.

Par chaque vacation de trois heures, dont le nombre sera fixé et arbitré par le juge-commissaire.

(C. de proc. civ., art. 538.) *Idem* pour fournir soutènements et réponses.

Par chaque vacation de trois heures, dont le nombre sera fixé et arbitré par le juge-commissaire.

(Art. 573 et 574.) Pour faire au greffe une déclaration affirmative sur saisie-arrêt, contenant les causes et le montant de la dette, les payements à compte si aucuns ont été faits, l'acte ou les causes de libération, et les saisies-arrêts formées entre les mains du tiers-saisi et le dépôt au greffe des pièces justificatives, le tout ensemble.

(Art. 850.) Pour assistance au compulsoire et dires au procès-verbal par chaque vacation.

(Art. 866, 867, 868.) Pour faire et remettre l'extrait de la demande en séparation de biens qui doit être inséré dans les tableaux de l'auditoire du tribunal où se poursuit la séparation et du tribunal de commerce, des Chambres des avoués de première instance et des notaires, et le faire insérer dans un journal, le tout ensemble.

(Art. 872.) Pour faire insérer l'extrait du jugement qui aura prononcé la séparation de biens dans les mêmes tableaux et dans un journal, le tout ensemble.

(Art. 880.) Pour faire insérer l'extrait du jugement qui prononcera la séparation de corps dans les mêmes tableaux et dans un journal, le tout ensemble.

(C. civ., art. 242, 243.) Pour assister à huit clos les époux dans le cas de demande en divorce, représenter les pièces, faire les observations et indiquer les témoins.

(C. de proc. civ., art. 892.) Pour assister à la délibération du conseil de famille qui suit la demande en interdiction et avant l'interrogatoire.

(Art. 501.) *Idem* pour faire l'extrait du jugement qui prononcera une interdiction ou une nomination de conseil, le faire insérer dans le tableau de l'auditoire et des études des notaires de l'arrondissement et dans un journal, le tout ensemble.

Le jugement d'interdiction ou de nomination de conseil ne sera point signifié aux notaires de l'arrondissement; l'extrait en sera remis au secrétaire de leur Chambre, qui en donnera récépissé, et qui le communiquera à ses collègues, qui seront tenus d'en prendre note, et de l'afficher dans leurs études.

(Art. 898.) Pour déposer au greffe le bilan, les livres et les titres actifs, s'il y en a, du débiteur qui demande à être admis au bénéfice de cession.

(C. de proc. civ., art. 903.) Pour faire l'extrait du jugement qui admet à la cession de biens, et le faire insérer au tableau du tribunal de commerce, ou du tribunal de première instance, qui en fait les fonctious, dans le lieu des séances de la maison commune et dans un journal, le tout ensemble.

(Art. 976, 977 et 982.) Vacation au partage, soit devant le juge-commissaire, soit devant le notaire commis par lui, par trois heures.

(Art. 977.) Les vacations devant le notaire n'entreront point en frais de partage; elles ne pourront être répétées que contre la partie qui aura requis l'assistance de l'avoué.

A Paris	6	»
Dans le ressort	4	50

93. (C. de proc. civ., art. 806.) Vacation en référé contradictoire,

A Paris	5	»
Dans le ressort	3	75
Et par défaut,		
A Paris	3	»
Dans le ressort	2	25

94. (C. de proc. civ., art. 929.) Vacation pour requérir une apposition de scellés.

(Art. 911.) *Idem* à l'apposition de scellés, par trois heures.

(Art. 916, 918, 920, 921, 922.) En référé lors de l'apposition, ou dans le cours de la levée.

(Art. 931.) Pour en requérir la levée.

(Art. 932, 933, etc.) A chaque vacation de trois heures, à la reconnaissance et levée.

(Art. 940.) Pour requérir la levée des scellés sans description.

A la reconnaissance et levée sans description,

A Paris	6	»
Dans le ressort	4	50

§ IX.

Poursuite de Contribution.

95. (C. de proc. civ., art. 658.) Vacation, pour requérir sur le registre tenu au greffe, la nomination d'un juge-commissaire devant lequel il sera procédé à une contribution,

A Paris	5	»
Dans le ressort	3	25

S'il se présente deux ou plusieurs requérants en même temps au greffe, ils se retireront devant le juge du tribunal, qui décidera sur-le-champ celui dont la réquisition sera reçue. Il n'y aura ni appel, ni opposition contre la décision; il n'en sera point dressé procès-verbal, et il ne sera alloué aucune vacation aux avoués pour s'être transportés devant le président.

96. (C. de proc. civ., art. 659.) Pour la requête au juge-commissaire à l'effet d'obtenir son ordonnance pour sommer les opposants de produire et la partie saisie de

prendre communication des pièces produites et de contredire, s'il y échet, et la vacation pour obtenir l'ordonnance du commissaire, le tout ensemble,

À Paris.. 3

Dans le ressort... 2 25

97. (C. de proc. civ., art. 660 et 661.) Pour l'acte de production des titres contenant demande en collocation, et même à fin de privilège et constitution d'avoué, y compris la vacation pour produire,

À Paris.. 10 »

Dans le ressort... 7 50

Il ne sera point signifié.

98. (C. de proc. civ., art. 661.) Pour la sommation, à la requête du propriétaire, à l'avoué de la partie saisie, si elle en a constitué un, et au plus ancien de ceux de opposants, pour comparaître en référé par-devant le juge-commissaire à l'effet de faire statuer préliminairement sur son privilége, pour raison des loyers à lui dus

À Paris.. 1 »

Dans le ressort... » 75

Et pour chaque copie, le quart.

Vacation en référé devant le juge-commissaire, qui statuera sur le privilège réclamé pour loyers dus, par défaut,

À Paris.. 3 »

Dans le ressort... 2 25

Et contradictoirement,

À Paris.. 5 »

Dans le ressort... 3 75

99. (C. de proc. civ., art. 663.) Pour l'acte de dénonciation de la clôture du procès-verbal de contribution du juge-commissaire aux avoués des créanciers produisants et de la partie saisie, si elle en a un, avec sommation d'en prendre communication et de contredire sur le procès-verbal dans la quinzaine,

À Paris.. 1 »

Dans le ressort... » 75

Et pour chaque copie, le quart.

Le procès-verbal du juge-commissaire ne sera ni levé ni signifié, et il ne sera enregistré que lors de la délivrance des mandements aux créanciers.

100. (C. de proc. civ., art. 663.) Vacation pour prendre communication de l'état de contribution et contredire sur le procès-verbal du juge-commissaire, sans qu'il puisse en être passé plus d'une sous quelque prétexte que ce soit,

À Paris.. 5 »

Dans le ressort... 3 75

Il ne sera fait aucun dire s'il n'y a lieu à contredire.

Il sera alloué à l'avoué du poursuivant autant de demi-droits de vacation pour prendre communication de l'état de contribution et contredire, qu'il y aura eu de créanciers produisants,

À Paris.. 2 50

Dans le ressort... 1 88

101. (C. de proc. civ., art. 665, 671.) Vacation pour requérir la délivrance du mandement au créancier utilement colloqué, et être présent à l'affirmation de la créance devant le greffier ; l'avoué signera le procès-verbal,

À Paris.. 2 »

Dans le ressort... 1 50

Nota. Les mandements collectivement contiendront la totalité du procès-verbal du juge-commissaire. Si on délivrait, indépendamment des mandements, une expédition entière, ce serait un double emploi.

En cas de contestations, les dépens de ces contestations seront taxés comme dans les autres matières, suivant leur nature sommaire ou ordinaire.

§ X.

Poursuite de Saisie immobilière.

102. (C. de proc. civ., art. 677 et 680.) Vacation pour faire transcrire le procès-verbal de saisie immobilière au bureau de la conservation des hypothèques et au greffe du tribunal où doit se faire la vente, par chacune,

A Paris.. 6 »
Dans le ressort.. 4 50

103. (C. de proc. civ., art. 681.) Pour faire enregistrer au bureau de la conservation des hypothèques la dénonciation faite à la partie saisie de la saisie immobilière,

A Paris.. 6 »
Dans le ressort.. 4 50

104. (C. de proc. civ., art. 682.) Pour l'extrait de la saisie immobilière qui doit être inséré dans un tableau placé à cet effet dans l'auditoire,

A Paris.. 6 »
Dans le ressort.. 4 50

105. (C. de proc. civ., art. 683.) Pour l'extrait pareil à celui prescrit par l'article 682, qui doit être inséré dans un journal.

Il sera passé autant de droits à l'avoué qu'il y aura eu d'insertions prescrites par le Code.

A Paris.. 2 »
Dans le ressort.. 1 50

Pour faire légaliser la signature de l'imprimeur par le maire, s'il y a lieu,

A Paris.. 2 »
Dans le ressort.. 1 50

106. (C. de proc. civ., art. 684, 686.) Pour l'extrait de la saisie immobilière qui doit être imprimé et placardé, et qui servira d'original et ne pourra être grossoyé,

A Paris.. 6 »
Dans le ressort.. 4 50

Il ne sera passé qu'un droit à l'avoué, attendu qu'aux termes de l'article 703 il ne doit entrer en taxe qu'une seule impression de placards, et que les additions, lors des appositions subséquentes, doivent être manuscrites.

107. (C. de proc. civ., art. 695.) Vacation pour se faire délivrer l'extrait des inscriptions,

A Paris.. 6 »
Dans le ressort.. 4 50

108. (C. de proc. civ., art. 696.) Vacation pour faire enregistrer, à la conservation des hypothèques, la notification du placard faite aux créanciers inscrits,

A Paris.. 6 »
Dans le ressort.. 4 50

109. (C. de proc. civ., art. 697.) Pour la grosse du cahier des charges, contenant vingt-cinq lignes à la page, et douze syllabes à la ligne,

A Paris.. 2 »
Dans le ressort.. 1 50

Il ne sera signifié de copie ni à la partie saisie ni aux créanciers inscrits, attendu que cette grosse doit être déposée au greffe quinzaine avant la première publication, que toute partie intéressée a la faculté d'en prendre communication.

110. Il ne sera fait qu'une seule grosse, et il n'en sera point remis à l'huissier audiencier pour les publications : l'huissier publiera sur la note qui lui sera remise par le greffier, et le greffier constatera les publications qui seront d'ailleurs signées par le juge.

Vacation pour déposer au greffe le cahier des charges,

A Paris.. 3 »
Dans le ressort.. 2 45

111. (C. de proc. civ., art. 699 et 700.) A chaque publication des charges, avec les dires qui pourront avoir lieu,

A Paris.. 3 »
Dans le ressort... 2 45

Il ne sera point signifié d'acte de remise de la publication du cahier des charges, attendu que les parties intéressées peuvent se présenter à la première publication et connaître les jours auxquels les publications subséquentes auront lieu; que d'ailleurs apposition des placards et l'insertion dans un journal, annonçant les adjudications préparatoires et définitives, les instruiront suffisamment.

112. (C. de proc. civ., art. 702.) Vacation à l'adjudication préparatoire,

A Paris.. 6 »
Dans le ressort... 4 50

113. (C. de proc. civ., art. 706.) Vacation à l'adjudication définitive,

A Paris.. 15 »
Dans le ressort... 12 »

Indépendamment des émoluments ci-dessus fixés, il sera alloué à l'avoué poursuivant, sur le prix des biens dont l'adjudication sera faite au-dessus de 2,000 francs; savoir, depuis 2,000 francs jusqu'à 10,000 francs, un pour cent; sur la somme excédant 10,000 francs jusqu'à 50,000 francs, demi pour cent; sur la somme excédant 50,000 jusqu'à 100,000 francs, un quart pour cent; et sur l'excédant de 100,000 fr., indéfiniment, un huitième d'un pour cent. En cas d'adjudication par lots de biens compris dans la même poursuite, en l'état où elle se trouvera lors des adjudications, la totalité des prix des lots sera réunie pour fixer le montant de la remise.

Il ne sera passé que trois quarts de la remise aux avoués des tribunaux de département.

114. (C. de proc. civ., art. 707.) Vacation pour enchérir,

A Paris.. 7 50
Dans le ressort... 5 63

Pour enchérir et se rendre adjudicataire,

A Paris.. 15 »
Dans le ressort... 11 25

Pour faire la déclaration de command,

A Paris.. 6 »
Dans le ressort... 4 50

Nota. Les vacations pour enchérir ou pour la déclaration de command sont à la charge de l'enchérisseur ou de l'adjudicataire.

115. (C. de proc. civ., art. 710.) Vacation pour faire au greffe la surenchère du quart au moins du prix principal de l'adjudication en saisie immobilière,

A Paris.. 15 »
Dans le ressort... 11 25

116. (C. de proc. civ., art. 711.) Pour l'acte de dénonciation de la surenchère aux avoués de l'adjudicataire, du poursuivant, et de la partie saisie, si elle en a constitué, contenant avenir à la prochaine audience,

A Paris.. 1 »
Dans le ressort... » 75

Pour chaque copie, le quart.

117. (C. de proc. civ., art. 719.) Pour la requête d'avoué à avoué, contenant demande à fin de réunion de poursuites de saisies immobilières de biens différents portées devant le même tribunal, par chaque rôle,

A Paris.. 2 »
Dans le ressort... 1 50

Pour la copie, le quart.

Pour la requête en défense à cette même demande,

A Paris.. 2 »
Dans le ressort.. 1 50

Pour la copie, le quart.

118. (C. de proc. civ., art. 720.) Pour l'acte de dénonciation de la plus ample saisie au premier saisissant, à la requête du plus ample saisissant, avec sommation de se mettre en état,

A Paris.. 3 »
Dans le ressort.. 2 25

Pour la copie, le quart.

119. (C. de proc. civ., art. 721 et 722.) Pour l'acte contenant demande en subrogation à la poursuite, soit faute par le premier saisissant de s'être mis en état sur la plus ample saisie, soit en cas de collusion, faute ou négligence de la part du poursuivant,

A Paris.. 5 »
Dans le ressort.. 3 75

Pour la copie, le quart.

Pour l'acte en réponse,

A Paris.. 5 »
Dans le ressort.. 3 75

Pour la copie, le quart.

120. (C. de proc. civ., art. 726.) Vacation pour faire viser par le greffier l'exploit d'intimation sur l'appel du jugement, en vertu duquel il a été procédé à la saisie immobilière,

A Paris.. 2 »
Dans le ressort.. 1 50

121. (C. de proc. civ., art. 728.) *Idem* pour déposer au greffe les titres justificatifs d'une demande en distraction d'objets immobiliers saisis,

A Paris.. 3 »
Dans le ressort.. 2 45

122. (C. de proc, civ., art. 727.) Pour la requête d'avoué à avoué contenant demande en distraction, par chaque rôle,

A Paris.. 2 »
Dans le ressort.. 1 50

Pour la copie, le quart.

Quête en réponse, rôle,

A Paris.. 2 »
Dans le ressort.. 1 50

Pour la copie, le quart.

123. (C. de proc. civ., art. 729.) Pour la requête d'avoué à avoué contenant demande en décharge de l'adjudication préparatoire de la part de l'adjudicataire, en cas de demande en distraction de tout ou partie de l'objet saisi immobilièrement, par chaque rôle, sans cependant qu'elle puisse excéder le nombre de trois rôles.

A Paris.. 2 »
Dans le ressort.. 1 50

Pour la copie, le quart.

Pour la réponse,

A Paris.. 2 »
Dans le ressort.. 1 50

Pour la copie, le quart.

124. (C. de proc. civ., art. 733.) Requête d'avoué à avoué de la part de la partie saisie, contenant moyens de nullité contre la procédure antérieure à l'adjudication préparatoire, par chaque rôle,

A Paris.. 2 »
Dans le ressort.. 1 50

Pour la copie, le quart.

Pour la réponse,

A Paris.......... 2 »

Dans le ressort.......... 1 50

Pour la copie, le quart.

125. (C. de proc. civ., art 735.) Requête d'avoué à avoué de la part de la partie saisie, contenant ses moyens contre les procédures postérieures à l'adjudication préparatoire,

A Paris.......... 2 »

Dans le ressort.......... 1 50

Pour la copie, le quart.

Pour la requête en réponse,

A Paris.......... 2 »

Dans le ressort.......... 1 50

Pour la copie, le quart.

126. (C. de proc. civ., art. 738.) Vacation pour requérir le certificat du greffier, constatant que l'adjudicataire n'a point justifié de l'acquit des conditions exigibles de l'adjudication,

A Paris.......... 3 »

Dans le ressort.......... 2 25

127. (C. de proc. civ., art. 747). Requête non grossoyée et non signifiée, sur le consentement de toutes les parties intéresssés, pour demander, après saisie immobilière, que l'immeuble saisi soit vendu aux enchères par-devant notaires ou en justice,

A Paris.......... 6 »

Dans le ressort.......... 4 50

128. Les émoluments des avoués pour dresser le cahier des charges, en faire le dépôt au greffe, et pour les publications, les extraits à placarder, et à insérer dans les journaux, les adjudications préparatoires et définitives, seront réglés et taxés comme en saisie-immobilière, lorsqu'il s'agira :

(C. de proc. civ., art. 636.) 1° De saisie de rentes constituées sur perticuliers;

(Art. 832.) 2° De surenchère sur aliénation volontaire;

(Art. 954.) 3° De ventes d'immeubles de mineurs, et des biens dotaux dans le régime dotal;

(Art. 972.) 4° De vente sur licitation;

(Art. 988 et 1001.) 5° Et de vente d'immeubles dépendants d'une succession bénéficiaire ou vacante, ou provenant d'un débiteur failli ou qui a fait cession.

129. La remise proportionnelle sur le prix de l'adjudication sera divisée en licitation, ainsi qu'il suit :

Moitié appartiendra à l'avoué poursuivant;

La seconde moitié sera partagée par égales portions entre tous les avoués qui ont occupé dans la licitation, y compris l'avoué poursuivant, qui aura sa part comme les autres dans cette seconde moitié.

L'art. 972 prescrivant en licitation la signification du cahier des charges par un simple acte aux avoués des colicitants, cet acte sera taxé comme un acte simple; et la copie du cahier des charges, comme celle de requête d'avoué à avoué.

Dans tous les cahiers des charges, il est expressément défendu d'y stipuler d'autres et plus grands droits au profit des avoués, que ceux énoncés au présent tarif; et s'il y est inséré quelque clause pour les exhausser, elle sera réputée non écrite.

§ XI.

Poursuite d'Ordre.

130. (C. de proc. civ., art. 750.) Vacation pour requérir sur le registre tenu au greffe, la nomination, par le président du tribunal, d'un juge-commissaire devant lequel il sera procédé à l'ordre,

A Paris.. 6 »
Dans le ressort... 4 50

Si deux ou plusieurs avoués se présentent en même temps au greffe pour faire la même réquisition, ils se retireront sur-le-champ, sans sommation, devant le président du tribunal, qui décidera quelle est la réquisition qui doit être admise sans dresser aucun procès-verbal ; il ne sera reçu ni appel ni opposition contre la décision du président, et il ne sera alloué aucune vacation aux avoués.

131. (C. de proc. civ., art. 752.) Requête au juge-commissaire à l'effet d'obtenir son ordonnance portant que les créanciers inscrits seront tenus de produire, et vacation pour se faire délivrer l'ordonnance, le tout ensemble,

A Paris.. 3 »
Dans le ressort... 2 25

Vacation pour se faire délivrer, par le conservateur des hypothèques, l'extrait des inscriptions,

A Paris.. 6 »
Dans le ressort... 4 50

132. (C. de proc. civ., 753.) Sommation d'avoué à avoué aux créanciers inscrits qui en ont constitué, de produire dans le mois,

A Paris.. 1 »
Dans le ressort... » 75

Et pour chaque copie, le quart.

133. (C. de proc. civ., art. 754.) Acte de production des titres contenant demande en collocation et constitution d'avoué, y compris la vacation pour produire,

A Paris.. 20 »
Dans le ressort... 15 »

Il ne sera point signifié.

134. (C. de proc. civ., art. 755.) Dénonciation, par acte d'avoué à avoué, aux créanciers produisants et à la partie saisie, de la confection de l'état de collocation, avec sommation d'en prendre communication, et de contredire, s'il y échet, sur le procès-verbal du commissaire dans le délai d'un mois : le procès-verbal ne sera ni levé, ni signifié, et il ne sera enregistré que lors de la délivrance des mandements,

A Paris.. 3 »
Dans le ressort... 2 25

Et pour chaque copie, le quart.

135. Vacation pour prendre communication des productions et contredire sur le procès-verbal du commissaire, sans qu'il puisse être passé plus d'une vacation dans le même ordre, sous quelque prétexte que ce soit,

A Paris.. 10 »
Dans le ressort... 7 50

Il sera passé à l'avoué poursuivant une demi-vacation par chaque production, pour en prendre communication et contredire s'il y a lieu,

A Paris.. 5 »
Dans le ressort... 3 75

136. (C. de proc. civ., art. 757.) Pour la dénonciation aux créanciers inscrits et à la partie saisie, des productions faites après les délais dans les ordres, et sommation d'en prendre communication, et de contredire s'il y a lieu,

A Paris.. 3 »
Dans le ressort... 2 25

Pour chaque copie, le quart.

137. (C. de proc. civ., art. 159.) Vacation pour faire rayer une ou plusieurs inscriptions en vertu du même jugement,

A Paris.. 6 »
Dans le ressort... 4 50

Vacation pour requérir et se faire délivrer le mandement ou bordereau de collocation,

A Paris.. 5 »
Dans le ressort.. 3 75

Nota. Les bordereaux de collocation et l'ordonnance de main-levée des inscriptions non utilement colloquées, contenant nécessairement la totalité du procès-verbal du juge-commissaire, l'expédition entière serait un double emploi : elle ne sera ni levée ni signifiée.

138. (C. de proc. civ., art. 779.) Requête pour demander la subrogation à la poursuite d'ordre; elle ne sera point grossoyée,
A Paris.. 3 »
Dans le ressort.. 2 25

139. Vacation pour la faire insérer au procès-verbal du juge-commissaire,
A Paris.. 1 50
Dans le ressort.. 1 15

Signification de la requête au poursuivant par acte d'avoué à avoué,
A Paris.. 1 »
Dans le ressort.. » 75

Pour la copie, le quart.

Acte servant de réponse,
A Paris.. 1 »
Dans le ressort.. » 75

Pour la copie, le quart.

§ XII.

Actes particuliers.

140. (C. de proc. civ, art. 495.) Pour la consultation de trois avocats exerçant depuis dix ans, qui doit précéder la requête civile principale ou incidente,
A Paris.. 72 »
Dans le ressort.. 72 »

141. (C. de proc. civ., art. 523.) Pour la déclaration de dommages et intérêts, par article,
A Paris.. » 60
Dans le ressort.. » 45

Pour la copie signifiée, par chaque article,
A Paris.. » 15
Dans le ressort.. » 12

142. (C. de proc. civ., argum. de l'art. 524.) Pour chaque apostille de l'avoué défendeur sur la déclaration de dommages et intérêts,
A Paris.. » 60
Dans le ressort.. » 45

143. (C. civ., art. 2183.) Composition de l'extrait de l'acte de vente, ou donation qui doit être dénoncé aux créanciers inscrits par l'acquéreur ou donataire,
A Paris.. 15 »
Dans le ressort.. 11 75

Et en outre par chaque inscription extraite,
A Paris.. 1 »
Dans le ressort.. » 75

Les copies de cet extrait et des inscriptions seront taxées comme les copies de pièces.

144. (Il sera taxé aux avoués par chaque journée de campagne, à raison de cinq myriamètres pour un jour, lorsque leur présence sera autorisée par la loi ou requise par leurs parties, y compris leurs frais de transport et de nourriture,
A Paris.. 30 »
Dans le ressort.. 22 50

145. Quand les parties seront domiciliées hors de l'arrondissement du tribunal, il

sera passé à leurs avoués, pour frais de port de pièces et de correspondances, par chaque jugement définitif,

A Paris.. 10 »

Dans le ressort.. 7 50

Et par chaque interlocutoire,

A Paris.. 5 »

Dans le ressort.. 3 75

146. Lorsque les parties feront un voyage et qu'elles se seront présentées au greffe, assistées de leur avoué, pour y affirmer que le voyage a été fait dans la seule vue du procès, il leur sera alloué, quels que soient leur état et leur profession, pour frais de voyage, séjour et retour, trois francs par chaque myriamètre de distance entre leur domicile et le tribunal où le procès sera pendant, et à l'avoué pour vacation au greffe,

A Paris.. 1 50

Dans le ressort.. 1 15

Il ne sera passé en taxe qu'un seul voyage en première instance et un seul en cause d'appel. La taxe pour la partie sera la même en l'un et l'autre cas.

Cependant, si la comparution d'une partie avait été ordonnée par jugement, et qu'en définitive les dépens lui fussent adjugés, il lui sera alloué pour cet objet une taxe égale à celle d'un témoin.

CHAPITRE III.

AVOUÉS DE LA COUR D'APPEL DE PARIS.

147. Les émoluments des avoués de la cour d'appel seront taxés au même prix et dans la même forme que ceux des avoués du tribunal de première instance de Paris, avec une augmentation sur chaque espèce de droits; savoir, dans les matières sommaires, du double, et dans les matières ordinaires, du double pour le droit de consultation, ainsi que pour le port de pièces, lorsque les parties seront domiciliées hors de l'arrondissement du tribunal de première instance de Paris; et pour les autres droits, d'une moitié seulement de ceux attribués aux avoués de première instance.

Néanmoins, dans les demandes de condamnation de frais d'un avoué contre sa partie, il ne sera alloué que moitié du droit ci-dessus fixé pour les matières sommaires.

148. (C. de proc. civ., art. 457, 458, 459.) Les frais de demandes à fin de défenses contre les jugements mal à propos qualifiés en dernier ressort, ou dont l'exécution provisoire a été mal à propos ordonnée, hors les cas prévus par la loi, ainsi que ceux des demandes à fin d'exécution provisoire des jugements non qualifiés ou mal à propos qualifiés en premier ressort, et de ceux qui n'auraient pas prononcé l'exécution provisoire dans les cas où elle devait l'être, seront liquidés comme en matière sommaire.

149. (C. de proc. civ., art. 809.) Il en sera de même des frais faits sur les appels d'ordonnances de référés.

150. (C. de prov. civ., art. 858.) Les requêtes en prise à partie, et celles du pourvoi contre un jugement qui a statué sur une demande en rectification d'un acte de l'état civil, quand il n'y a d'autre partie que le demandeur en rectification, seront axées.. 15 »

CHAPITRE IV.

DISPOSITIONS COMMUNES AUX AVOUÉS DES COURS ET DES TRIBUNAUX.

151. Tous les avoués seront tenus d'avoir un registre, qui sera coté et paraphé par le président du tribunal auquel ils seront attachés, ou par un des juges du siège, qui sera par lui commis, sur lequel registre ils inscriront eux-mêmes, par ordre de date et sans aucun blanc, toutes les sommes qu'ils recevront de leurs parties.

Ils représenteront ce registre toutes les fois qu'ils en seront requis, et qu'ils formeront des demandes en condamnation de frais; et faute de représentation ou de tenue régulière, ils seront déclarés non-recevables dans leurs demandes.

Le tarif ne comprend que l'émolument net des avoués et autres officiers; les déboursés seront payés en outre.

Les officiers ne pourront exiger de plus forts droits que ceux énoncés au présent tarif, à peine de restitution, dommages et intérêts, et d'interdiction, s'il y a lieu.

Il ne sera passé aux juges de paix, aux experts, aux avoués, aux notaires, et à tous officiers ministériels, que trois vacations par jour quand ils opéreront dans le lieu de leur résidence; deux par matinée, et une seule l'après-dîner.

CHAPITRE V.

DES HUISSIERS AUDIENCIERS.

§ Ier.

Des tribunaux de première instance.

152. Pour chaque appel de cause sur le rôle et lors des jugements par défaut, interlocutoires et définitifs, sans qu'il soit alloué aucun droit pour les jugements préparatoires et de simples remises,

A Paris	» 30
Dans les tribunaux du ressort	» 25

153. Pour chaque publication du cahier des charges dans toute espèce de ventes,

A Paris	1 »
Dans les tribunaux du ressort	» 75

154. Pour la même publication lors de l'adjudication préparatoire,

A Paris	3 »
Dans les tribunaux du ressort	2 25

155. Pour la publication, lors de l'adjudication définitive, y compris les frais de bougies, que les huissiers disposeront et allumeront eux-mêmes,

A Paris	5 »
Dans les tribunaux du ressort	3 75

156. Pour signification de toute espèce, d'avoué à avoué, sans aucune distinction, à l'ordinaire,

A Paris	» 30
Dans les tribunaux du ressort	» 25

Pour significations extraordinaires, c'est-à-dire, à une autre heure que celle où se font les significations ordinaires, suivant l'usage du tribunal,

A Paris	1 »

Nota. Ces significations doivent être faites à heure datée; et à défaut de date, elles ne seront taxées que comme significations ordinaires : elles ne sont passées en taxe, comme extraordinaires qu'à Paris seulement.

Les huissiers audienciers, quoiqu'ils soient commis pour faire des significations ou autres opérations, ne pourront exiger autres ni plus forts droits que les huissiers ordinaires; et ils seront obligés de se conformer à toutes les dispositions du Code, comme tous les autres huissiers; mais les frais de transport des huissiers de la cour d'appel, commis par elle, seront, dans ce cas, alloués suivant la taxe, quelle que soit la distance.

§ II.

Des huissiers audienciers de la cour d'appel de Paris.

157. Pour l'appel des causes sur le rôle, ou lors des arrêts par défaut, interlocutoires et définitifs, à la charge d'envoyer des bulletins aux avoués pour toutes les remises de causes qui seront ordonnées 1 25

Il ne sera passé aucun droit d'appel pour les simples remises de causes et les jugements préparatoires.

158. Pour significations de toute espèce, d'avoué à avoué, sans aucune distinction, à l'ordinaire .... » 75

A l'extraordinaire ou à heure datée 1 50

CHAPITRE VI.

DES EXPERTS, DES DÉPOSITAIRES DE PIÈCES, ET DES TÉMOINS.

159. (C. de proc. civ., art. 320.) Il sera taxé aux experts, par chaque vacation de trois heures, quand ils opéreront dans les lieux où ils sont domiciliés ou dans la distance de deux myriamètres; savoir, dans le département de la Seine,

Pour les artisans ou laboureurs .... 4 »

Pour les architectes et autres artistes .... 8 »

Dans les autres départements,

Aux artisans et laboureurs .... 3 »

Aux architectes et autres artistes .... 6 »

160. Au delà de deux myriamètres, il sera alloué par chaque myriamètre, pour frais de voyage et nourriture, aux architectes et autres artistes, soit pour aller, soit pour revenir,

A ceux de Paris .... 6 »

A ceux des départements 4 50

Nota. La taxe sera réduite, dans le cas où le nombre de quatre vacations n'aura pas été employé.

161. Il leur sera alloué pendant leur séjour, à la charge de faire quatre vacations par jour, savoir,

A ceux de Paris .... 32 »

A ceux des départements .... 24 »

S'il y a lieu à transport d'un laboureur au delà de deux myriamètres, il sera alloué 3 francs par myriamètre, pour aller, et autant pour le retour, sans néanmoins qu'il puisse rien être alloué au delà de cinq myriamètres.

162. Il sera encore alloué aux experts deux vacations, l'une pour leur prestation de serment, l'autre pour le dépôt de leur rapport, indépendamment de leurs frais de transport s'ils sont domiciliés à plus de deux myriamètres de distance du lieu où siége le tribunal; il leur sera accordé par myriamètre, en ce cas, le cinquième de leur journée de campagne.

Au moyen de cette taxe, les experts ne pourront rien réclamer ni pour frais de voyage et de nourriture, ni pour s'être fait aider par des écrivains ou par des toiseurs et porte-chaînes, ni sous quelque autre prétexte que ce soit; ces frais, s'ils ont eu lieu, restant à leur charge.

Le président, en procédant à la taxe de leurs vacations, en réduira le nombre s'il lui paraît excessif.

163. Il sera taxé aux experts en vérification d'écritures, et en cas d'inscription de faux incident, par chaque vacation de trois heures, indépendamment de leurs frais de voyage, s'il y a lieu,

A Paris .... 8 »

Dans les tribunaux du ressort .... 6 »

164. (C. de proc. civ., art. 208 et 232). Il ne leur sera rien alloué pour prestation de serment ni pour dépôt de leur procès-verbal, attendu qu'ils doivent opérer en présence du juge ou du greffier, et que le tout est compris dans leurs vacations.

165. Il leur sera alloué pour frais de voyage, s'ils sont domiciliés à plus de deux myriamètres du lieu où se fait la vérification,

A Paris .... 32 »

Dans les tribunaux du ressort .... 24 »

A raison de cinq myriamètres par journée, et au moyen de cette taxe, ils ne pourront rien réclamer pour frais de transport et de nourriture.

166. (C. de proc. civ., art. 201, 204, 205, 221, 225.) Il sera taxé aux dépositaires qui devront représenter les pièces de comparaison en vérification d'écritures ou arguées de faux, en inscription de faux incident, indépendamment de leurs frais de voyage, par chaque vacation de trois heures devant le juge-commissaire ou le greffier, savoir :

1° Aux greffiers	1° des cours d'appel	12 »
	2° de justice criminelle	12 »
	3° des tribunaux de première instance	10 »
2° Aux notaires	1° de Paris	9 »
	2° des départements	6 »
3° Aux avoués	1° des cours d'appel	8 »
	2° des départements	6 »
4° Aux huissiers	1° de Paris	5 »
	2° des départements	4 »
6° Aux autres fonctionnaires publics ou autres particuliers, s'ils le requièrent		6 »

167. Il sera taxé au témoin, à raison de son état et de sa profession, une journée pour sa déposition; et s'il n'a pas été entendu le premier jour pour lequel il aura été cité, dans le cas prévu par l'article 267, il lui sera passé deux journées, indépendamment des frais de voyage, si le témoin est domicilié à plus de deux myriamètres du lieu où se fait l'enquête.

Le *maximum* de la taxe du témoin sera de 10 francs ; et le *minimum*, 2 francs.

Les frais de voyage seront fixés à 3 francs par myriamètre pour l'aller et le retour.

CHAPITRE VII.

DES NOTAIRES

I.

168. Il sera taxé aux notaires, pour tous les actes indiqués par le Code civil et par le Code judiciaire,

Pour chaque vacation de trois heures,

(C. de proc. civ., art. 849.) 1° Aux compulsoires faits en leur étude,

(Art. 852.) 2° Devant le juge, en cas que leur transport devant lui ait été requis,

(C. civ., art. 151, 152, 153 et 154).) 3° A tout acte respectueux et formel pour demander le conseil du père et de la mère, ou celui des aïeuls ou aïeules, à l'effet de contracter mariage,

(Art. 279). 4° Aux inventaires contenant estimation des biens meubles et immeubles des époux qui veulent demander le divorce par consentement mutuel,

(Art. 281, 284 et 285.) 5° Aux procès-verbaux qu'ils doivent dresser de tout ce qui aura été dit et fait devant le juge, en cas de demande en divorce par consentement mutuel,

(C. de proc. civ., art. 941 et suiv.) 6° Aux inventaires après décès,

(Art. 944) 7° En référé devant le président du tribunal, s'il s'élève des difficultés ou s'il est formé des réquisitions pour l'administration de la communauté ou de la succession, ou pour tous autres objets,

(Art. 977, 978, etc.) 8° A tous les procès-verbaux qu'ils dresseront en tous autres cas et dans lesquels ils seront tenus de constater le temps qu'ils y auront employé,

(C. de proc. civ., art. 979. Au greffe, pour y déposer la minute du procès-verbal des difficultés élevées dans les partages, contenant les dires des parties,

A Paris	9 »
Dans les villes où il y a tribunal de première instance	6 »
Partout ailleurs	4 »

169. Dans tous les cas où il est alloué des vacations aux notaires, il ne leur sera rien passé pour les minutes de leur procès-verbaux.

II.

170. Quand les notaires seront obligés de se transporter à plus d'un myriamètre de leur résidence, indépendamment de leur journée, il leur sera alloué pour tous frais de voyage et de nourriture, par chaque myriamètre, un cinquième de leurs vacations et autant pour leur retour;

Et par journée, qui sera comptée à raison de cinq myriamètres, aussi pour l'aller et le retour, quatre vacations.

III.

171. Il sera passé aux notaires, pour la formation des comptes que les copartageants peuvent se devoir de la masse générale de la succession, des lots et des fournissements à faire à chacun des copartageants, une somme correspondante au nombre des vacations que le juge arbitrera avoir été employées à la confection de l'opération.

IV.

172. Les remises accordées aux avoués sur les prix des ventes d'immeubles seront allouées aux notaires, dans les cas où les tribunaux renverront des ventes d'immeubles par-devant eux, mais sans distinction de celles dont le prix n'excédera pas 2,000 francs; et au moyen de cette remise, ils ne pourront rien exiger pour les minutes de leurs procès-verbaux de publication et d'adjudication.

V.

173. Tous les autres actes du ministère des notaires, notamment les partages et ventes volontaires qui auront lieu par-devant eux, seront taxés par le président du tribunal de première instance de leur arrondissement, suivant leur nature et les difficultés que leur rédaction aura présentées, et sur les renseignements qui lui seront fournis par les notaires et les parties.

VI.

174. Les expéditions de tous les actes reçus par les notaires, y compris celles des inventaires et de tous procès-verbaux, contiendront vingt-cinq lignes à la page et quinze syllabes à la ligne, et leur seront payées, par chaque rôle.

A Paris	3 »
Dans les villes où il y a tribunal de première instance	2 »
Partout ailleurs	2 50

VII.

175. (C. civ., art. 501.) Les notaires seront tenus de prendre à leur Chambre de discipline, et de faire afficher dans leurs études, l'extrait des jugements qui auront prononcé des interdictions contre des particuliers, ou qui leur auront nommé des conseils, sans qu'il soit besoin de leur signifier les jugements.

Notre grand-juge ministre de la justice est chargé de l'exécution du présent décret.

Signé NAPOLÉON.

Par l'Empereur;

Le secrétaire d'État, signé HUGUES B. MARET.

ORDONNANCE DU ROI

CONTENANT LE TARIF DES FRAIS ET DÉPENS RELATIFS AUX VENTES JUDICIAIRES DE BIENS IMMEUBLES.

Au palais de Saint-Cloud, le 10 octobre 1841.

LOUIS-PHILIPPE, Roi des Français, à tous présents et à venir, salut.
Sur le rapport de notre garde des sceaux, ministre de la justice et des cultes;
Vu la disposition de l'art. 10 de la loi du 2 juin 1841, sur les ventes judiciaires de biens immeubles, relative au tarif des frais et dépens;
Notre conseil d'État entendu,
Nous avons ordonné et ordonnons ce qui suit:

TITRE Ier.

DISPOSITIONS COMMUNES A TOUT LE ROYAUME.

CHAPITRE Ier.

GREFFIERS DES TRIBUNAUX DE PREMIÈRE INSTANCE.

Art. 1er. Il est alloué aux greffiers des tribunaux de première instance:

Pour la communication sans déplacement, tant du cahier des charges que du procès-verbal d'expertise.. 15 »

Ce droit sera dû, soit qu'il y ait, soit qu'il n'y ait pas d'expertise. Toutefois, si l'expertise a été ordonnée en matière de licitation, le droit sera réduit à. 12 »

Il sera perçu lors du premier dépôt au greffe, soit du procès-verbal d'expertise, soit du cahier des charges.

CHAPITRE II.

CONSERVATEURS DES HYPOTHÈQUES.

Art. 2. Il est alloué aux conservateurs des hypothèques, pour:

La transcription de chaque procès-verbal de saisie immobilière et de chaque exploit de dénonciation de ce procès-verbal au saisi (art. 677 et 678 du C. de proc. civ.) par rôle d'écriture du conservateur, contenant vingt-cinq lignes à la page et dix-huit syllabes à la ligne.. 1 »

L'acte du conservateur contenant son refus de transcription, en cas de précédente saisie (art. 680 du C. de proc. civ.).. 1 »

Chaque extrait d'inscription ou certificat qu'il n'en existe aucune (arg. de l'art. 692 du C. de proc. civ.).. 1 »

La mention des deux notifications prescrites par les art. 691 et 692 du C. de proc. (art. 693 *ibid.*).. 1 »

La radiation de la saisie immobilière (art. 693, C. de proc. civ.)........ 1 »

La mention du jugement d'adjudication (art. 716, C. de proc. civ.).... 1 »

La mention du jugement de conversion (art. 748, C. de proc. civ.).... 1 »

TITRE II.

DISPOSITIONS POUR LE RESSORT DE LA COUR ROYALE DE PARIS.

CHAPITRE Ier.

HUISSIERS.

§ Ier. Huissiers ordinaires.

ART. 3. *Actes de première classe.*

Il est alloué aux huissiers ordinaires (C. de proc., art. 673),

Pour l'original du commandement tendant à saisie immobilière :

A Paris	2	»
Dans le ressort	1	50

Pour chaque copie, le quart de l'original.

Pour droit de copie du titre, par rôle contenant vingt lignes à la page et dix syllabes à la ligne, ou évalué sur ce pied :

A Paris	»	25
Dans le ressort	»	20

(Art. 681.) Pour l'original de l'assignation en référé ;

(Art. 684.) De la demande en nullité de bail ;

(Art. 685.) De l'acte d'opposition entre les mains des fermiers ou locataires, ou de la simple sommation aux mêmes ;

(Art. 687.) De la signification aux créanciers inscrits de l'acte de la consignation faite par l'acquéreur en cas d'aliénation, qui peut avoir lieu après saisie immobilière sous la condition de consigner ;

(Art. 691, 692.) De la sommation à la partie saisie et aux créanciers inscrits de prendre communication du cahier des charges ;

(Art. 716.) De la signification du jugement d'adjudication ;

(Art. 717.) De la demande en résolution qui doit être formée avant l'adjudication et notifiée au greffe ;

(Art. 718.) De l'exploit d'ajournement ;

(Art. 725.) De la demande en distraction de tout ou partie des objets saisis immobilièrement contre la partie qui n'a pas avoué en cause ;

(Art. 732.) De l'acte d'appel qui doit être en même temps notifié au greffier du tribunal et visé par lui ;

(Art. 735.) De la signification du bordereau de collocation avec commandement ;

(Art. 736.) De la signification des jour et heure de l'adjudication sur folle enchère ;

(Art. 837.) De la sommation à faire à l'ancien et au nouveau propriétaire, et, s'il y a lieu, au créancier surenchérisseur ;

(Art. 962.) De l'avertissement qui doit être donné au subrogé tuteur ;

(Art. 969.) De la demande en partage ;

Et généralement de tous actes simples non compris dans l'article suivant :

A Paris	2	»
Dans le ressort	1	50

Pour chaque copie, le quart de l'original.

ART. 4. *Procès-verbaux et actes de seconde classe.*

(Art. 675.) Pour un procès-verbal de saisie immobilière auquel il n'aura été employé que trois heures :

A Paris	6	»
Dans le ressort	5	»

Et cette somme sera augmentée, par chacune des vacations subséquentes qui auront pu être employées, de :

A Paris.. 5 »
Dans le ressort.................................. 4 »

L'huissier ne se fera pas assister de témoins.

(Art. 617.) Pour la dénonciation de la saisie immobiliere à la partie saisie :

A Paris.. 2 50
Dans le ressort.................................. 2 »

Pour la copie de ladite dénonciation, le quart.

(Art. 832; C. civ., art. 2185.) Pour l'original de l'acte contenant réquisition d'un créancier inscrit, à fin de mises aux enchères et adjudication publique de l'immeuble aliéné par son débiteur :

A Paris.. 5 »
Dans le ressort.................................. 4 »

Et pour la copie, le quart.

L'original et la copie de cette réquisition seront signés par le requérant ou par son fondé de procuration spéciale.

(Art. 699, 704, 709, 735, 741, 743, 836, 959. 972, 988, 997.) Pour le procès-verbal d'apposition de placards dans toutes les ventes judiciaires, y compris le salaire de l'afficheur :

A Paris.. 8 »
Dans le ressort.................................. 6 »

Art. 5. Il ne sera rien alloué aux huissiers pour transport jusqu'à un demi-myriamètre.

Il leur sera alloué au delà d'un demi-myriamètre, pour frais de voyage qui ne pourra excéder une journée de cinq myriamètres (dix lieues anciennes), savoir, au delà d'un demi-myriamètre et jusqu'à un myriamètre pour aller et retour :

A Paris.. 4 »
Dans le ressort.................................. 4 »

Au delà d'un myriamètre, il sera alloué par chaque demi-myriamètre, sans distinction, 2 fr.

Il sera taxé pour visa de chacun des actes qui y sont assujettis :

A Paris.. 1 »
Dans le ressort.................................. » 75

§ 2. Huissiers audienciers des tribunaux de première instance.

Art. 6. Il est alloué aux huissiers audienciers des tribunaux de première instance (C. de proc. civ., art. 659),

Pour la publication du cahier des charges :

A Paris.. 1 »
Dans le ressort.................................. » 75

(Art. 705, 706.) Lors de l'adjudication, y compris les frais de bougies que les huissiers disposeront et allumeront eux-mêmes :

A Paris.. 5 »
Dans le ressort.................................. 3 75

Ce droit sera alloué à raison de chaque lot adjugé, quelle qu'en soit la composition, sans qu'il puisse être exigé sur un nombre de lots supérieur à six.

Lorsque après l'ouverture des enchères l'adjudication n'aura pas lieu, il sera alloué aux huissiers, y compris les frais de bougies et quel que soit le nombre de lots :

A Paris.. 5 »
Dans le ressort.................................. 3 75

CHAPITRE II.

AVOUÉS DE PREMIÈRE INSTANCE.

§ 1er. Émoluments spéciaux à chaque nature de vente.

Art. 7. *Saisie immobilière.*

Il est alloué aux avoués de première instance, pour chacune des vacations suivantes (C. de proc. civ., art. 678) :

Vacation à faire transcrire la saisie immobilière et l'exploit de dénonciation;

(Art. 692.) Vacation pour se faire délivrer l'extrait des inscriptions;

(Art. 692.) Vacation à l'examen de l'état d'inscription et pour préparer la sommation au vendeur de l'immeuble saisi;

(Art. 693.) Vacation à la mention, aux hypothèques, de la notification prescrite par les art. 691 et 692 du C. de proc. civ.;

(Art. 716.) Vacation à la mention sommaire du jugement d'adjudication en marge de la transcription de la saisie;

(Art. 748.) Vacation à la mention sommaire du jugement de conversion en marge de la transcription de la saisie:

A Paris........ 6 »
Dans le ressort........ 4 50

(Art. 695.) Pour la vacation à la publication, compris les dires qui pourront avoir lieu:

A Paris........ 3 »
Dans le ressort........ 2 45

(Art. 720.) Pour l'acte de la dénonciation de la plus ample saisie au premier saisissant, à la requête du plus ample saisissant, avec sommation de se mettre en état:

A Paris........ 3 »
Dans le ressort........ 2 25

Pour la copie, le quart.

(Art. 726.) Vacation pour déposer au greffe les titres justificatifs d'une demande en distraction d'objets immobiliers saisis:

A Paris........ 3 »
Dans le ressort........ 2 45

(Art. 745.) Requête non grossoyée et non signifiée, sur le consentement de toutes les parties intéressées, pour demander, après saisie immobilière, que l'immeuble saisi soit vendu aux enchères par-devant notaire ou en justice:

A chaque avoué signataire de la requête:

A Paris........ 6 »
Dans le ressort........ 4 50

Art. 8. *Surenchère sur aliénation volontaire.*

(Art. 832.) Requête pour faire commettre un huissier:

A Paris........ 2 »
Dans le ressort........ 1 50

Vacation pour faire au greffe la soumission de la caution et déposer les titres justificatifs de sa solvabilité:

A Paris........ 3 »
Dans le ressort........ 2 25

Vacation pour prendre communication des pièces justificatives de la solvabilité de la caution:

A Paris........ 3 »
Dans le ressort........ 2 25

Art. 9. *Vente de biens de mineurs.*

(Art. 954.) Requête à fin d'homologation de l'avis du conseil de famille pour aliéner les immeubles des mineurs:

A Paris.......... 7 50
Dans le ressort.......... 5 50
(Art. 956.) Vacation à prendre communication de la minute en rapport des experts :
A Paris.......... 6 »
Dans le ressort.......... 4 50
Requête pour demander l'entérinement du rapport :
A Paris.......... 7 50
Dans le ressort.......... 5 50
Il sera alloué aux avoués, sans distinction de résidence, dans le cas où l'expertise n'aura pas lieu, à raison des soins et démarches nécessaires pour la fixation de la mise à prix.......... 25 »
Sans préjudice du supplément de remise proportionnelle accordé par l'art. 11 de la présente ordonnance.
(Art. 954.) Vacation à prendre communication du cahier des charges, au cas de renvoi devant notaire :
A Paris.......... 6 »
Dans le ressort.......... 4 50
(Art. 963.) Requête pour obtenir l'autorisation de vendre au-dessous de la mise à prix :
A Paris.......... 7 50
Dans le ressort.......... 5 50
Ces émoluments seront les mêmes lorsqu'il s'agira de vente d'immeubles dépendan d'une succession bénéficiaire, d'immeubles dotaux, ou provenant, soit d'une succession vacante, soit d'un débiteur failli, ou qui a fait cession.

Art. 10. *Partages et licitations.*

(Art. 969.) Requête à fin de remplacement du juge ou du notaire commis :
A Paris.......... 3 »
Dans le ressort.......... 2 25
(Art. 971.) Vacation à prendre communication du procès-verbal d'expertise :
A Paris.......... 6 »
Dans le ressort.......... 4 50
Acte de conclusions d'avoué à avoué pour demander l'entérinement du rapport :
A Paris.......... 7 50
Dans le ressort.......... 5 50
Pour chaque copie, le quart.
Il sera alloué aux avoués, sans distinction de résidence, dans le cas où l'expertise n'aura pas lieu, à raison des soins et des démarches nécessaires pour la fixation de la mise à prix en cas de vente, ou pour l'estimation et la composition des lots, en cas de partage en nature.......... 25 »
Sans préjudice du supplément de remise proportionnelle accordé par l'art. 11 de la présente ordonnance. Aucune remise proportionnelle ne sera due toutefois dans les cas de partage en nature.
(Art. 973.) Sommation de prendre communication du cahier des charges :
A Paris.......... 1 »
Dans le ressort.......... » 75
Pour chaque copie, le quart.
Vacation à prendre communication du cahier des charges, au greffe pour chaque avoué colicitant;
En l'étude du notaire, pour l'avoué poursuivant et pour chaque avoué colicitant :
A Paris.......... 6 »
Dans le ressort.......... 4 50
Acte de conclusions d'avoué à avoué pour obtenir l'autorisation de vendre au-dessous de la mise à prix :
A Paris.......... 7 50
Dans le ressort.......... 5 50
Pour chaque copie, le quart.

§ 2. Émoluments communs aux différentes ventes.

ART. 11. (C. de proc. civ., art. 690.) Pour la grosse du cahier des charges, qui ne sera signifiée dans aucun cas, par rôle contenant vingt-cinq lignes à la page et douze syllabes à la ligne :

A Paris	2 »
Dans le ressort	1 50

Vacation pour déposer au greffe le cahier des charges :

A Paris	3 »
Dans le ressort	2 45

(Art. 696.) Pour l'extrait qui doit être inséré dans le journal désigné par les Cours royales :

A Paris	2 »
Dans le ressort	1 50

Il sera passé autant de droits à l'avoué qu'il y aura eu d'insertions prescrites par le Code.

(Art. 697.) Pour obtenir l'ordonnance tendant à faire l'insertion extraordinaire :

A Paris	2 »
Dans le ressort	1 50

Cette vacation ne sera allouée qu'autant que l'autorisation aura été obtenue.

Pour faire faire l'insertion extraordinaire :

A Paris	2 »
Dans le ressort	1 50

(Art. 698.) Pour faire légaliser la signature de l'imprimeur par le maire :

A Paris	2 »
Dans le ressort	1 50

(Art. 699.) Pour l'extrait qui doit être imprimé et placardé, et qui servira d'original et ne pourra être grossoyé :

A Paris	6 »
Dans le ressort	4 50

L'avoué poursuivant aura droit à cette allocation toutes les fois que de nouvelles appositions de placards auront été nécessaires.

(Art. 702.) Vacation à l'adjudication :

A Paris	15 »
Dans le ressort	12 »

Ce droit sera alloué à raison de chaque lot adjugé, quelle qu'en soit la composition, sans que ce droit puisse être exigé sur un nombre de lots supérieur à six.

Néanmoins la somme provenant de la réunion de tous les droits alloués sera répartie également entre tous les adjudicataires, quel qu'en soit le nombre.

Indépendamment des émoluments ci-dessus fixés, il sera alloué à l'avoué poursuivant, sur le prix des biens dont l'adjudication sera faite au-dessus de 2,000 francs, savoir : depuis 2,000 jusqu'à 10,000 fr., 1 pour 100; sur la somme excédant 10,000 fr. jusqu'à 50,000 fr., 1/2 pour 100; sur la somme excédant 50,000 fr. jusqu'à 100,000 fr., 1/4 pour 100; et sur l'excédant de 100,000 fr. indéfiniment, 1/8 de 1 pour 100. En cas d'adjudication par lots de biens compris dans la même poursuite, en l'état où elle se trouvera lors de l'adjudication, la totalité du prix des lots sera réunie pour fixer le montant de la remise.

Le montant de la remise sera calculé sur le prix de chaque lot, séparément, lorsque les lots seront composés d'immeubles distincts.

Cette remise, lorsque le tribunal n'aura pas ordonné l'expertise dans les cas où elle est facultative, sera, depuis 2,000 jusqu'à 10,000 de 1 et demi pour 100; sur la somme excédant 10,000 jusqu'à 100,000 fr., de 1 pour 100; sur l'excédant de 100,000 fr. jusqu'à 300,000 fr., de 1/2 pour 100; et sur l'excédant de 300,000 fr. indéfiniment, de 1/4 pour 100.

La remise proportionnelle sur le prix de l'adjudication sera divisée, en licitation, ainsi qu'il suit :

Moitié appartiendra à l'avoué poursuivant;

La seconde moitié sera partagée par égales portions entre tous les avoués qui ont occupé dans la licitation, y compris l'avoué poursuivant, qui aura sa part comme les autres dans cette seconde moitié.

(Art. 703.) Vacation au jugement de remise :

A Paris.. 6 »
Dans le ressort.. 4 90

(Art. 706.) Vacation pour enchérir :

A Paris.. 7 50
Dans le ressort.. 5 63

(Art. 707.) Vacation pour enchérir et se rendre adjudicataire :

A Paris.. 15 »
Dans le ressort.. 11 25

(Art 707.) Vacation pour faire la déclaration de command :

A Paris.. 6 »
Dans le ressort.. 4 50

Les vacations pour enchérir, ou pour les déclarations de command, sont à la charge de l'enchérisseur ou de l'adjudicataire.

Art. 12. (C. de proc. civ., art. 708.) Vacation pour faire au greffe la surenchère du sixième au moins du prix principal de l'adjudication :

A Paris.. 15 »
Dans le ressort.. 11 25

Pour acte de la dénonciation de la surenchère contenant avenir :

A Paris.. 1 »
Dans le ressort.. » 75

Pour chaque copie, le quart.

(Art. 734-964.) Vacation pour requérir le certificat du greffier ou du notaire constatant que l'adjudicataire n'a pas justifié de l'acquit des conditions exigibles de l'adjudication :

A Paris.. 3 »
Dans le ressort.. 2 25

Les émoluments des avoués pour le dépôt de l'acte tenant lieu du cahier des charges, pour les extraits à placarder ou à insérer dans les journaux, pour enchérir, se rendre adjudicataire et faire la déclaration de command, par suite de la surenchère autorisée par l'art. 708, ou de la folle enchère, seront taxés comme il est dit dans l'art. 11 : le droit de remise proportionnelle sur l'excédant produit par la surenchère ou la folle enchère sera alloué à l'avoué qui les aura poursuivies.

Les autres incidents des ventes judiciaires ne pourront donner lieu à d'autres et plus forts droits que ceux établis pour les matières sommaires.

Art. 13. Les copies de pièces, qui appartiendront à l'avoué, seront taxées à raison du rôle de vingt-cinq lignes à la page et de douze syllabes à la ligne :

A Paris.. » 30
Dans le ressort.. » 25

CHAPITRE III.

DES NOTAIRES.

Art. 14. Dans les cas où les tribunaux renverront des ventes d'immeubles par-devant les notaires, ceux-ci auront droit, pour la grosse des cahiers des charges, par rôle contenant vingt-cinq lignes à la page et douze syllabes à la ligne :

A Paris.. 2 »
Dans le ressort.. 1 50

Ils auront droit en outre, sur le prix des biens vendus, jusqu'à 10,000 fr., à 1 pour 100; sur la somme excédant 10,000 fr. jusqu'à 50,000 fr., à 1/2 pour 100; sur la somme excédant 50,000 fr. jusqu'à 100,000 fr., à 1/4 pour 100; et sur l'excédant de 100,000 fr. indéfiniment, à 1/8 de 1 pour 100. Moyennant les allocations ci-dessus, les notaires sont chargés de la rédaction du cahier des charges, de la réception des enchères et de l'adjudication; ils ne pourront rien exiger pour les minutes de leurs procès-verbaux d'adjudication.

Les avoués restent chargés de l'accomplissement des autres actes de la procédure; ils auront droit aux émoluments fixés pour ces actes, et, lorsque l'expertise est facultative et n'aura pas été ordonnée, les avoués auront droit, en outre, à la différence entre la remise allouée pour ce cas par l'article 11 de la présente ordonnance, et la remise fixée par le paragraphe 2 du présent article.

CHAPITRE IV.

DES EXPERTS.

Art. 15. (C. de proc. civ., art. 955, 956.) Il sera taxé aux experts, par chaque vacation de trois heures, quand ils opéreront dans les lieux où ils sont domiciliés ou dans la distance de deux myriamètres, savoir : dans le département de la Seine :

Pour les artisans ou laboureurs........................ 4 »
Pour les architectes et autres artistes........................ 8 »

Dans les autres départements :

Aux artisans et laboureurs........................ 3 »
Aux architectes et autres artistes........................ 6 »

Au delà de deux myriamètres, il sera alloué par chaque myriamètre, pour frais de voyage et nourriture, aux architectes et autres artistes, soit pour aller, soit pour revenir :

A ceux de Paris........................ 6 »
A ceux des départements........................ 4 50

Il leur sera alloué pendant leur séjour, à charge de faire quatre vacations par jour, savoir :

A ceux de Paris........................ 32 »
A ceux des départements........................ 24 »

La taxe sera réduite dans le cas où le nombre des quatre vacations n'aurait pas été employé.

S'il y a lieu à transport d'un laboureur au delà de deux myriamètres, il sera alloué 3 francs par myriamètre pour aller et autant pour le retour, sans néanmoins qu'il puisse être rien alloué au delà de cinq myriamètres.

Il sera encore alloué aux experts deux vacations, l'une pour leur prestation de serment, l'autre pour le dépôt de leur rapport, indépendamment de leurs frais de transport s'ils sont domiciliés à plus de deux myriamètres de distance du lieu où siége le tribunal; il leur sera accordé par myriamètre, en ce cas, le cinquième de leur journée de campagne.

Au moyen de cette taxe, les experts ne pourront rien réclamer, ni pour frais de voyage et de nourriture, ni pour s'être fait aider par des écrivains ou par des toiseurs et porte-chaînes, ni sous quelque autre prétexte que ce soit; ces frais, s'ils ont lieu, restant à leur charge.

Le président, en procédant à la taxe de leurs vacations, en réduira le nombre, s'il lui paraît excessif.

TITRE III.

DISPOSITIONS POUR LES RESSORTS DES AUTRES COURS ROYALES.

Art. 16. Le tarif réglé par le titre précédent pour le tribunal de première instance établi à Paris sera commun aux tribunaux de première instance établis à Marseille, Lyon, Bordeaux et Rouen.

Toutes les sommes portées en ce tarif seront réduites d'un dixième dans la taxe des frais et dépens pour les tribunaux de première instance établis dans les villes où siège une cour royale, ou dans les villes dont la population excède trente mille âmes.

Dans tous les autres tribunaux de première instance, le tarif sera le même que celui qui est fixé pour les tribunaux du ressort de la cour royale de Paris autres que celui qui est établi dans cette capitale.

Néanmoins, le droit fixe de 25 francs établi par les articles 9 et 10 de la présente ordonnance, et les remises proportionnelles fixées par les articles 11 et 14, seront perçus dans tout le royaume, sans distinction de résidence.

Les dispositions du chapitre IV du titre précédent seront appliquées sans autre distinction, à raison de la résidence, que celle qui se trouve indiquée dans ce chapitre.

TITRE IV.

DISPOSITIONS GÉNÉRALES.

Art. 17. Tous actes et procédures relatifs aux accidents des ventes immobilières, et qui ne sont pas l'objet de dispositions spéciales dans la présente ordonnance, seront taxés comme actes et procédures en matière sommaire, conformément à l'article 718 du Code de procédure civile, et suivant les règles établies par le dernier paragraphe de l'article 12 qui précède.

Si, à l'occasion d'une procédure de vente judiciaire d'immeubles il s'élève une contestation qui n'ait pas le caractère d'incident, et qui doive être considérée comme matière ordinaire, les actes relatifs à cette contestation seront taxés suivant les règles établies pour les procédures en matière ordinaire.

Art. 18. Dans tous les cahiers des charges, il est expressément défendu de stipuler au profit des officiers ministériels d'autres et plus grands droits que ceux énoncés au présent tarif. Toute stipulation, quelle qu'en soit la forme, sera nulle de droit.

Art. 19. Outre les fixations ci-dessus, seront alloués les simples déboursés justifiés par pièces régulières.

Le timbre des placards autorisés par les articles 699 et 700 du Code de procédure ne passera en taxe que sur un certificat délivré par le président de la Chambre des avoués, constatant que le nombre des exemplaires a été vérifié par lui.

Art. 20. Sont et demeurent abrogés les numéros 11, 12, 13, 14 et 15 du tableau annexé au décret du 21 septembre 1810; les paragraphes 44, 45, 46, 47, 48, 49, de l'article 29; les articles 47, 48, 49, 50 et 63; les paragraphes 14, 15, 16 et 17 de l'article 78; les articles 153, 154, 155, 172, du premier décret du 16 février 1807; la disposition de l'article 65 du même décret relative à l'apposition des placards; le paragraphe de l'article 70 applicable à l'acte de signification du cahier des charges; le paragraphe de l'article 75 applicable aux requêtes contenant demande ou réponse en entérinement du rapport des experts; le paragraphe de l'article 76 applicable à la commission d'un huissier, à l'effet de notifier la réquisition de mise aux enchères.

Sont également abrogées les dispositions des articles 102, 103, 104, 105, 106, 107, 108, 109, 110, 111, 112, 113, 114, 115, 116, 117, 118, 119, 120, 121, 122, 123, 124, 125, 126, 127, 128, 129, en tant qu'elles concernent les saisies immobilières, les surenchères sur aliénation volontaire, les ventes d'immeubles de mineur, et de biens dotaux, dans le régime dotal; les ventes sur licitations, les ventes d'immeubles dépendant d'une succession bénéficiaire ou vacante, ou provenant d'un débiteur failli, ou qui a fait cession.

Art. 21. Notre garde des sceaux, ministre de la justice et des cultes, est chargé de l'exécution de la présente ordonnance, qui sera insérée au *Bulletin des Lois*.

Signé : LOUIS-PHILIPPE.

Par le roi :

Le garde des sceaux de France, ministre secrétaire d'État au département de la justice et des cultes,

N. Martin (du Nord).

RÉPUBLIQUE FRANÇAISE.

Liberté, Égalité, Fraternité.

AU NOM DU PEUPLE FRANÇAIS.

DÉCRET

CONTENANT LE TARIF DES DROITS ALLOUÉS AUX OFFICIERS PUBLICS CHARGÉS DE PROCÉDER A DES VENTES VOLONTAIRES ET AUX ENCHÈRES DE FRUITS ET RÉCOLTES PENDANTS PAR RACINES OU DE COUPES DE BOIS TAILLIS.

Du 5 novembre 1851.

LE PRÉSIDENT DE LA RÉPUBLIQUE,

Sur le rapport du garde des sceaux, ministre de la justice;

Vu l'article 2 de la loi du 5 juin 1851, sur les ventes publiques, volontaires, de fruits et de récoltes pendants par racines et des coupes de bois taillis, lequel article est ainsi conçu : « Pour l'exécution de la présente loi, et dans les trois » mois de sa promulgation ; il sera fait un tarif spécial, dans la forme des règle- » ments d'administration publique; »

Le conseil d'État entendu,

DÉCRÈTE :

ART. 1er. Il est alloué, pour tous droits d'honoraires, non compris les déboursés, à l'officier public chargé de procéder à une vente volontaire et aux enchères de fruits et récoltes pendants par racines ou de coupes de bois taillis, une remise sur le produit de la vente, qui est fixée à deux pour cent jusqu'à dix mille francs, et à un quart pour l'excédant, sans distinction entre les ventes faites au comptant et celles faites à terme.

En cas d'adjudication par lots, consentie au nom du même vendeur, la remise proportionnelle établie au présent article est calculée sur le prix total des lots réunis.

La remise, en aucun cas, ne peut être inférieure à six francs.

2. Lorsque l'officier public qui a procédé à une vente à terme est chargé d'opérer le recouvrement du prix, il a droit à une remise de un pour cent sur le montant des sommes par lui recouvrées.

3. S'il est requis expédition ou extrait de procès-verbaux de vente, il est alloué, outre le timbre, un franc pour chaque rôle de vingt-cinq lignes à la page et de quinze syllabes à la ligne.

4. Pour versement à la caisse des consignations, payement des contributions ou assistance aux référés, s'il y a lieu, il est alloué :

A Paris, Lyon, Bordeaux, Rouen, Toulouse et Marseille, quatre francs;

Partout ailleurs, trois francs.

5. Toutes perceptions directes et indirectes, autres que celles autorisées par le présent règlement, à quelque titre et sous quelque dénomination qu'elles aient lieu, sont formellement interdites.

En cas de contravention, l'officier public pourra être suspendu ou destitué, sans préjudice de l'action en répétition de la partie lésée et des peines prononcées par la loi contre la concussion.

6. Il est également interdit aux officiers publics de faire aucun abonnement ou modification à raison des droits ci-dessus fixés, si ce n'est avec l'État et les établissements publics.

Toute contravention sera punie d'une suspension de quinze jours à six mois. En cas de récidive, la destitution pourra être prononcée.

7. Le garde des sceaux, ministre de la justice, est chargé de l'exécution du présent décret, qui sera inséré au *Bulletin des Lois*.

Fait à l'Élysée-National, le 5 novembre 1851.

Signé : LOUIS-NAPOLÉON BONAPARTE.

Le garde des sceaux, ministre de la justice,

Signé A. DAVIEL.

LOI

SUR LA FORME DES ACTES NOTARIÉS.

Du 21 juin 1843.

LOUIS-PHILIPPE, roi des Français, à tous présents et à venir, salut,

Nous avons proposé, les chambres ont adopté, nous avons ordonné et ordonnons ce qui suit :

ART. 1er. Les actes notariés passés depuis la promulgation de la loi du 25 ventôse an XI ne peuvent être annulés par le motif que le notaire en second ou les deux témoins instrumentaires n'auraient pas été présents à la réception desdits actes.

ART. 2. A l'avenir, les actes notariés contenant donation entre-vifs, donation entre époux pendant le mariage, révocation de donation ou de testament, reconnaissance d'enfants naturels, et les procurations pour consentir ces divers actes, seront, à peine de nullité, reçus conjointement par deux notaires, ou par un notaire en présence de deux témoins.

La présence du notaire en second ou des deux témoins n'est requise qu'au moment de la lecture des actes par le notaire et de la signature par les parties : elle sera mentionnée à peine de nullité.

ART. 3. Les autres actes continueront à être régis par l'article 9 de la loi du 25 ventôse an XI, tel qu'il est expliqué dans l'article 1er de la présente loi.

ART. 4. Il n'est rien innové aux dispositions du Code civil sur la forme des testaments.

La présente loi, discutée, délibérée et adoptée par la chambre des pairs et par celle des députés, et sanctionnée par nous cejourd'hui, sera exécutée comme loi de l'État.

Donnons en mandement à nos cours et tribunaux, préfets, corps administratifs, et tous autres, que les présentes ils gardent et maintiennent, fassent garder, observer et maintenir, et, pour les rendre plus notoires à tous, ils les fassent publier et enregistrer partout où besoin sera ; et, afin que ce soit chose ferme et stable à toujours, nous y avons fait mettre notre sceau.

Fait au palais de Neuilly, le 21e jour du mois de juin, l'an 1843.

Signé : LOUIS-PHILIPPE.

LOI

CONTENANT ORGANISATION DU NOTARIAT.

Du 25 ventôse.

Au nom du Peuple français, Bonaparte, premier consul, etc.

DÉCRET.

TITRE PREMIER.

DES NOTAIRES ET DES ACTES NOTARIÉS.

SECTION Ire.

Des fonctions, ressort et devoirs des notaires.

ART. I. Les notaires sont les fonctionnaires publics établis pour recevoir tous les actes et contrats auxquels les parties doivent ou veulent faire donner le caractère d'authenticité attaché aux actes de l'autorité publique, et pour en assurer la date, en conserver le dépôt, en délivrer des grosses et expéditions.

II. Ils sont institués à vie.

III. Ils sont tenus de prêter leur ministère lorsqu'ils en sont requis.

IV. Chaque notaire devra résider dans le lieu qui lui sera fixé par le gouvernement. En cas de contravention, le notaire sera considéré comme démissionnaire en conséquence, le grand juge ministre de la justice, après avoir pris l'avis du tribunal, pourra proposer au gouvernement le remplacement.

V. Les notaires exercent leurs fonctions, savoir, ceux des villes où est établi le tribunal d'appel, dans l'étendue du ressort de ce tribunal;

Ceux des villes où il n'y a qu'un tribunal de première instance, dans l'étendue du ressort de ce tribunal;

Ceux des autres communes, dans l'étendue du ressort du tribunal de paix.

VI. Il est défendu à tout notaire d'instrumenter hors de son ressort, à peine d'être suspendu de ses fonctions pendant trois mois, d'être destitué en cas de récidive, et de tous dommages-intérêts.

VII. Les fonctions de notaire sont incompatibles avec celles des juges, commissaires du gouvernement près les tribunaux, leurs substituts, greffiers, avoués, huissiers, préposés à la recette des contributions directes et indirectes, juges, greffiers et huissiers des justices de paix, commissaires de police et commissaires aux ventes.

Section II.

Des actes, de leur forme; des minutes, grosses, expéditions et répertoires.

VIII. Les notaires ne pourront recevoir des actes dans lesquels leurs parents ou alliés, en ligne directe à tous les degrés, et en collatérale jusqu'au degré d'oncle ou de neveu inclusivement, seraient parties, ou qui contiendraient quelques dispositions en leur faveur.

IX. Les actes seront reçus par deux notaires, ou par un notaire assisté de deux témoins, citoyens français, sachant signer, et domiciliés dans l'arrondissement communal où l'acte sera passé.

X. Deux notaires parents ou alliés au degré prohibé par l'article VIII ne pourront concourir au même acte.

Les parents, alliés, soit du notaire, soit des parties contractantes, au degré prohibé par l'article VIII, leurs clercs et leurs serviteurs, ne pourront être témoins.

XI. Le nom, l'état et la demeure des parties devront être connus des notaires, ou leur être attestés dans l'acte par deux citoyens connus d'eux, ayant les mêmes qualités que celles requises pour être témoin instrumentaire.

XII. Tous les actes doivent énoncer les nom et lieu de résidence du notaire qui les reçoit, à peine de 100 francs d'amende contre le notaire contrevenant.

Ils doivent également énoncer les noms des témoins instrumentaires, leur demeure, le lieu, l'année et le jour où les actes sont passés, sous les peines prononcées par l'article LXVIII ci-après, et même de faux si le cas y échoit.

XIII. Les actes de notaires seront écrits en un seul et même contexte, lisiblement, sans abréviation, blanc, lacune ni intervalle; ils contiendront les noms, prénoms, qualités et demeures des parties, ainsi que les témoins qui seraient appelés dans le cas de l'article XI; ils énonceront en toutes lettres les sommes et les dates; les procurations des contractants seront annexées à la minute, qui fera mention que lecture de l'acte a été faite aux parties; le tout à peine de cent francs d'amende contre le notaire contrevenant.

XIV. Les actes seront signés par les parties, les témoins, et les notaires, qui doivent en faire mention à la fin de l'acte.

Quant aux parties qui ne savent ou ne peuvent signer, le notaire doit faire mention à la fin de l'acte de leur déclaration à cet égard.

XV. Les renvois et apostilles ne pourront, sauf l'exception ci-après, être écrits qu'en marge; ils seront signés ou paraphés, tant par les notaires que par les autres signataires, à peine de nullité des renvois et apostilles. Si la longueur du renvoi exige qu'il soil transporté à la fin de l'acte, il devra être non seulement signé ou paraphé comme les renvois écrits en marge, mais encore expressément approuvé par les parties, à peine de nullité du renvoi.

XVI. Il n'y aura ni surcharge, ni interligne, ni addition dans le corps de l'acte; et les mots surchargés, interlignés ou ajoutés, seront nuls. Les mots qui devront être rayés le seront de manière que le nombre puisse être constaté à la marge de leur page correspondante, ou à la fin de l'acte, et approuvé de la même manière que les renvois écrits en marge; le tout à peine d'une amende de cinquante francs contre le notaire, ainsi que de tous dommages-intérêts, même de destitution en cas de fraude.

XVII. Le notaire qui contreviendra aux lois et aux arrêtés du gouvernement concernant les noms et qualifications supprimés, les clauses et expressions féodales, les mesures et l'annuaire de la République, ainsi que la numération décimale, sera condamné à une amende de cent francs, qui sera double en cas de récidive.

XVIII. Le notaire tiendra exposé, dans son étude, un tableau sur lequel il inscrira les noms, prénoms, qualités et demeures des personnes qui, dans l'étendue du ressort où il peut exercer, sont interdites et assistées d'un conseil judiciaire, ainsi que la mention des jugements relatifs; le tout immédiatement après la notification qui en aura été faite, et à peine des dommages-intérêts des parties.

XIX. Tous actes notariés feront foi en justice, et seront exécutoires dans toute l'étendue de la République.

Néanmoins, en cas de plainte en faux principal, l'exécution de l'acte argué de faux sera suspendue par la déclaration du jury d'accusation, prononçant *qu'il y a lieu à accusation* : en cas d'inscription de faux faite incidemment, les tribunaux pourront, suivant la gravité des circonstances, suspendre provisoirement l'exécution de l'acte.

XX. Les notaires seront tenus de garder minute de tous les actes qu'ils recevront.

Ne sont néanmoins compris dans la présente disposition, les certificats de vie, procurations, actes de notoriété, quittances de fermage, de loyers, de salaires, arrérages de pensions et rentes, et autres actes simples qui, d'après les lois, peuvent être délivrés en brevet.

XXI. Le droit de délivrer des grosses et des expéditions n'appartiendra qu'au notaire possesseur de la minute ; et néanmoins, tout notaire pourra délivrer copie d'un acte qui lui aura été déposé pour minute.

XXII. Les notaires ne pourront se dessaisir d'aucune minute, si ce n'est dans les cas prévus par la loi, et en vertu d'un jugement.

Avant de s'en dessaisir ils en dresseront et signeront une copie figurée, qui, après avoir été certifiée par le président et le commissaire du tribunal civil de leur résidence, sera substituée à la minute, dont elle tiendra lieu jusqu'à sa réintégration.

XXIII. Les notaires ne pourront également, sans l'ordonnance du président du tribunal de première instance, délivrer expédition ni donner connaissance des actes à d'autres qu'aux personnes intéressées en nom direct, héritiers ou ayants droit, à peine des dommages-intérêts, d'une amende de cent francs, et d'être, en cas de récidive, suspendus de leurs fonctions pendant trois mois ; sauf néanmoins l'exécution des lois et règlements sur le droit d'enregistrement, et de celles relatives aux actes qui doivent être publiés dans les tribunaux.

XXIV. En cas de compulsoire, le procès-verbal sera dressé par le notaire dépositaire de l'acte, à moins que le tribunal qui l'ordonne ne commette un de ses membres ou tout autre juge, ou un autre notaire.

XXV. Les grosses seules seront délivrées en forme exécutoire ; elles seront intitulées et terminées dans les mêmes termes que les jugements des tribunaux.

XXVI. Il doit être fait mention, sur la minute, de la délivrance d'une première grosse, faite à chacune des parties intéressées ; il ne peut lui en être délivré d'autre à peine de destitution, sans une ordonnance du président du tribunal de première instance, laquelle demeurera jointe à la minute.

XXVII. Chaque notaire sera tenu d'avoir un cachet ou sceau particulier, portant son nom, qualité et résidence, et, d'après un modèle uniforme, le type de la république française.

Les grosses et expéditions des actes porteront l'empreinte de ce cachet.

XXVIII. Les actes notariés seront légalisés, savoir, ceux des notaires à la résidence des tribunaux d'appel, lorsqu'on s'en servira hors de leur ressort ; et ceux des autres notaires, lorsqu'on s'en servira hors de leur département.

La légalisation sera faite par le président du tribunal de première instance de la résidence du notaire, ou du lieu où sera délivré l'acte ou l'expédition.

XXIX. Les notaires tiendront répertoire de tous les actes qu'ils recevront.

XXX. Les répertoires seront visés, cotés et paraphés par le président, ou, à son défaut, par un autre juge du tribunal civil de la résidence ; ils contiendront la date, la nature et l'espèce de l'acte, les noms des parties, et la relation de l'enregistrement.

TITRE II.

RÉGIME DU NOTARIAT.

SECTION Ire.

Nombre, placement et cautionnement des notaires.

XXXI. Le nombre des notaires pour chaque département, leur placement et résidence, seront déterminés par le gouvernement, de manière, 1o que, dans les villes de mille habitants et au-dessus, il y ait un notaire au plus par six mille habitants; 2o que dans les autres villes, bourgs ou villages, il y ait deux notaires au moins, ou cinq au plus, par chaque arrondissement de justice de paix.

XXXII. Les suppressions ou réductions de places ne seront effectuées que par mort, démission ou destitution.

XXXIII. Les notaires exercent sans patentes; mais ils sont assujettis à un cautionnement fixé par le gouvernement d'après les bases ci-après, et qui sera spécialement affecté à la garantie des condamnations prononcées contre eux, par suite de l'exercice de leurs fonctions.

Lorsque, par l'effet de cette garantie, le montant du cautionnement aura été employé en tout ou en partie, le notaire sera suspendu de ses fonctions, jusqu'à ce que le cautionnement ait été entièrement rétabli; et, faute par lui de rétablir, dans les six mois, l'intégralité du cautionnement, il sera considéré camme démissionnaire, et remplacé.

XXXIV. Le cautionnement sera fixé par le gouvernement, en raison combinée des ressort et résidence de chaque notaire, d'après un *minimum* et un *maximum*, suivant le tableau ci-après, savoir :

ET RÉSIDENCES	POUR LES NOTAIRES DES RESSORTS DE TRIBUNAUX D'APPEL — droits.		DE TRIBUNAUX DE Ire INSTANCE — droits.		DE JUSTICES DE PAIX — droits.	
	Minimum	*Maximum*	*Minimum*	*Maximum*	*Minimum*	*Maximum*
au-dessous de 5.000 h.	»	»	1.000f.	1.500f.	500f.	800f.
de 5.000 à 10.000...	2.000f.	2.500f.	1.500	1.800	800	1.000
de 10.000 à 25.000..	2.500	3.200	1.800	2.200	1.000	1.400
de 25.000 à 50.000..	3.200	3.800	2.200	2.800	1.400	2.000
de 50 000 à 75.000..	3.800	4.400	2.800	3.400	»	»
de 75.000 à 100.000.	4.400	5.000	5.400	4.000	»	»
de100.000etau-dessus	»	6.000	»	»	»	»
de Paris............	»	12.000	»	»	»	»

Ces cautionnements seront versés, remboursés, et les intérêts payés conformément aux lois sur les cautionnements, sous la déduction de tous versements antérieurs.

Section II.

Conditions pour être admis, et mode de nomination au notariat.

XXXV. Pour être admis aux fonctions de notaire, il faudra :
1° Jouir de l'exercice des droits de citoyen ;
2° Avoir satisfait aux lois sur la conscription militaire ;
3° Être âgé de vingt-cinq ans accomplis ;
4° Justifier du temps de travail prescrit par les articles suivants.

XXXVI. Le temps de travail ou de stage sera, sauf les exceptions ci-après, de six années entières et non interrompues, dont une des deux dernières, au moins, en qualité de premier clerc chez un notaire d'une classe égale à celle où se trouvera la place à remplir.

XXXVII. Le temps de travail pourra n'être que de quatre années, lorsqu'il en aura été employé trois dans l'étude d'un notaire d'une classe supérieure à la place qui devra être remplie, et lorsque, pendant la quatrième, l'aspirant aura travaillé, en qualité de premier clerc, chez un notaire d'une classe supérieure ou égale à celle où se trouvera la place pour laquelle il se présentera.

XXXVIII. Le notaire déjà reçu, et exerçant, depuis un an, dans une classe inférieure, sera dispensé de toute justification de stage, pour être admis à une place de notaire vacante dans une classe immédiatement supérieure.

XXXIX. L'aspirant qui aura travaillé pendant quatre ans, sans interruption, chez un notaire de première ou de seconde classe, et qui aura été, pendant deux ans au moins, défenseur ou avoué près d'un tribunal civil, pourra être admis dans une des classes où il aura fait son stage, pourvu que pendant l'une des deux dernières années de son stage, il ait travaillé, en qualité de premier clerc, chez un notaire d'une classe égale à celle où se trouvera la place à remplir.

XL. Le temps de travail exigé par les articles précédents devra être d'un tiers en sus, toutes les fois que l'aspirant, ayant travaillé chez un notaire d'une classe inférieure, se présentera pour remplir une place d'une classe immédiatement supérieure.

XLI. Pour être admis à exercer dans la troisième classe de notaires, il suffira que l'aspirant ait travaillé, pendant trois années, chez un notaire de première ou de seconde classe ; ou qu'il ait exercé, comme défenseur ou avoué, pendant l'espace de deux années, auprès du tribunal d'appel ou de première instance, et qu'en outre il ait travaillé pendant un an chez un notaire.

XLII. Le gouvernement pourra dispenser de la justification du temps d'étude les individus qui auront exercé des fonctions administratives ou judiciaires.

XLIII. L'aspirant demandera à la Chambre de discipline du ressort dans lequel il devra exercer un certificat de moralité et de capacité. Le certificat ne pourra être délivré qu'après que la Chambre aura fait parvenir au commissaire du gouvernement du tribunal de première instance l'expédition de la délibération qui l'aura accordé.

XLIV. En cas de refus, la Chambre donnera un avis motivé, et le communiquera au commissaire du gouvernement, qui l'adressera au grand juge avec ses observations.

XLV. Les notaires seront nommés par le premier consul, et obtiendront de lui une commission qui énoncera le lieu fixe de la résidence.

XLVI. Les commissions de notaires seront, dans leur intitulé, adressées au tribunal de première instance dans le ressort duquel le pourvu aura sa résidence.

XLVII. Dans les deux mois de sa nomination, et à peine de déchéance, le pourvu sera tenu de prêter, à l'audience du tribunal auquel la commission aura été adressée, le serment que la loi exige de tout fonctionnaire public, ainsi que celui de remplir ses fonctions avec exactitude et probité.

Il ne sera admis à prêter le serment qu'en représentant l'original de sa commission et la quittance du versement de son cautionnement.

Il sera tenu de faire enregistrer le procès-verbal de prestation de serment au secrétariat de la municipalité du lieu où il devra résider, et aux greffes de tous les tribunaux dans le ressort desquels il doit exercer.

XLVIII. Il n'aura le droit d'exercer qu'à compter du jour où il aura prêté serment.

XLIX. Avant d'entrer en fonctions, les notaires devront déposer au greffe de chaque tribunal de première instance de leur département, et au secrétariat de la municipalité de leur résidence, leurs signature et paraphe.

Les notaires à la résidence des tribunaux d'appel feront, en outre, ce dépôt aux greffes des autres tribunaux de première instance de leur ressort.

SECTION III.

Chambre de discipline.

L. Les Chambres qui seront établies pour la discipline intérieure des notaire seront organisées par des règlements.

LI. Les honoraires et vacations des notaires seront réglés, à l'amiable, entre eux et les parties ; sinon, par le tribunal civil de la résidence du notaire, sur l'avis de la Chambre et sur simples mémoires, sans frais.

LII. Tout notaire suspendu, destitué ou remplacé, devra aussitôt après la notification qui lui aura été faite de sa suspension, de sa destitution ou de son remplacement, cesser l'exercice de son état, à peine de tous dommages et intérêts, et des autres condamnations prononcées par les lois contre tout fonctionnaire suspendu ou destitué qui continue l'exercice de ses fonctions.

Le notaire suspendu ne pourra les reprendre, sous les mêmes peines, qu'après la cessation du temps de la suspension.

LIII. Toutes suspensions, destitutions, condamnations d'amende et dommages-intérêts, seront prononcées contre les notaires par le tribunal civil de leur résidence, à la poursuite et diligence du commissaire du gouvernement.

Ces jugements seront sujets à l'appel, et exécutoires par provision, excepté quant aux condamnation pécuniaires.

SECTION IV.

Garde, transmission, tables des minutes, et recouvrements.

LIV. Les minutes et répertoires d'un notaire remplacé, ou dont la place aura été supprimée, pourront être remis par lui ou par ses héritiers à l'un des notaires résidant dans la même commune, si le remplacé était le seul notaire établi dans la commune.

LV. Si la remise des minutes et répertoires du notaire remplacé n'a pas été effectuée, conformément à l'article précédent, dans le mois, à compter du jour de la prestation de serment du successeur, la remise en sera faite à celui-ci.

LVI. Lorsque la place de notaire sera supprimée, le titulaire ou ses héritiers seront tenus de remettre les minutes et répertoires dans le délai de deux mois du jour de la suppression, à l'un des notaires de la commune, ou à l'un des notaires du canton conformément à l'art. LIV.

LVII. Le commissaire du gouvernement près le tribunal de première instance est chargé de veiller à ce que les remises ordonnées par les articles précédents soient effectuées ; et dans le cas de suppression de la place, si le titulaire ou ses héritiers n'ont pas fait choix, dans les délais prescrits, du notaire à qui les minutes et répertoires devront être remis, le commissaire indiquera celui qui en demeurera dépositaire.

Le titulaire ou ses héritiers, en retard de satisfaire aux dispositions des articles LV et LVI, seront condamnés à cent francs d'amende par chaque mois de retard, à compter du jour de la sommation qui leur aura été faite d'effectuer la remise.

LVIII. Dans tous les cas, il sera dressé un état sommaire des minutes remises ; et le notaire qui les recevra s'en chargera au pied de cet état, dont un double sera remis à la Chambre de discipline.

LIX. Le titulaire ou ses héritiers, et le notaire qui recevra les minutes, aux termes des articles LIV, LV et LVI, traiteront de gré à gré des recouvrements, à raison des actes dont les honoraires sont encore dus, et du bénéfice des expéditions.

S'ils ne peuvent s'accorder, l'appréciation en sera faite par deux notaires dont les parties conviendront, ou qui seront nommés d'office par les notaires de la même résidence, ou, à leur défaut, parmi ceux de la résidence la plus voisine.

LX. Tous dépôts de minutes, sous la dénomination de *Chambres de contrats Bureaux de tabellionnage*, et autres, sont maintenus à la garde de leurs possesseurs actuels. Les grosses et expéditions ne pourront en être délivrées que par un notaire de la résidence des dépôts, ou, à défaut, par un notaire de la résidence la plus voisine.

Néanmoins, si lesdits dépôts de minutes ont été remis au greffe d'un tribunal, les grosses et expéditions pourront, dans ce cas seulement, être délivrées par le greffier.

LXI. Immédiatement après le décès du notaire ou autre possesseur de minutes, les minutes et répertoires seront mis sous les scellés par le juge de paix de la résidence jusqu'à ce qu'un autre notaire en ait été provisoirement chargé par ordonnance du président du tribunal de la résidence.

TITRE III.

DES NOTAIRES ACTUELS.

LXII. Sont maintenus définitivement tous les notaires qui, au jour de la promulgation de la présente loi, seront en exercice.

LXIII. Sont également maintenus définitivement les notaires qui, au jour de la promulgation de la présente loi, n'ayant point été remplacés, n'auraient interrompu l'exercice de leurs fonctions, ou n'auraient été empêchés d'y entrer que pour cause soit d'incompatibilité, soit de service militaire.

LXIV. Tous lesdits notaires exerceront ou continueront d'exercer leurs fonctions, et conserveront rang entre eux, suivant la date de leurs réceptions respectives.

Mais ils seront tenus, dans les trois mois du jour de la publication de la présente loi :

1° De remettre au greffe du tribunal de première instance de leur résidence, et sur un récépissé du greffier, tous les titres et pièces concernant leurs précédentes nomination et réception ;

2° De se pourvoir, avec ce récépissé, auprès du gouvernement, à l'effet d'obtenir du premier consul une commission confirmative, dans laquelle seront rappelés la date de leur nomination et réception primitives, ainsi que le lieu fixe de leur résidence ;

LXV. Dans les deux mois qui suivront la délivrance de cette commission, chacun desdits notaires sera tenu de prêter le serment prescrit par l'article XLVII, et de se conformer aux dispositions de l'article XLIX pour le dépôt des signature et paraphe.

Le présent article et le précédent seront exécutés, à peine de déchéance.

LXVI. Les notaires qui réunissent des fonctions incompatibles seront tenus, dans les trois mois du jour de la publication de la présente loi, de faire leur option, et d'en déposer l'acte au greffe du tribunal de première instance de leur résidence : sinon, ils seront considérés comme ayant donné leur démission de l'état de notaire, et remplacés ; et dans le cas où ils continueraient à l'exercer, ils encourront les peines prononcées par l'article LII.

LXVII. A compter du jour de leur option, ils auront un délai de trois mois pour obtenir la commission du premier consul et pour remplir les formalités prescrites aux articles XLVII et XLIX ; le tout sous les mêmes peines.

DISPOSITIONS GÉNÉRALES.

LXVIII. Tout acte fait en contravention aux dispositions contenues aux articles VI, VIII, IX, X, XIV, XX, LII, LXIV, LXV, LXVI et LXVII, est nul, s'il n'est pas revêtu de la signature de toutes les parties; et lorsque l'acte sera revêtu de la signature de toutes les parties contractantes, il ne vaudra que comme écrit sous signature privée : sauf, dans les deux cas, s'il y a lieu, les dommages-intérêts contre le notaire contrevenant.

LXIX. La loi du 6 octobre 1791, et toutes autres, sont abrogées en ce qu'elles ont de contraire à la présente.

Collationné à l'original, par nous président et secrétaires du Corps législatif. A Paris, le 25 ventôse an IX de la République française. *Signé :* MÉRIC, *président;* LEJEAS, RICOUR, SAURET (Étienne), *secrétaires.*

Soit la présente loi revêtue du sceau de l'État, insérée au Bulletin des lois, inscrite dans les registres des autorités judiciaires et administratives, et le grand-juge ministre de la justice chargé d'en surveiller la publication. A Paris, le 5 germinal, an XI de la République.

Signé, BONAPARTE, *premier consul.* Contre-signé, *le secrétaire d'État,* HUGUES-B. MARET. Et scellé du sceau de l'État.

Vu, *le grand-juge, ministre de la justice,* signé RÉGNIER.

TARIF DES HONORAIRES

CONSACRÉS PAR L'USAGE DANS UN GRAND NOMBRE DE COMPAGNIES POUR LES DIFFÉRENTS ACTES DU MINISTÈRE DES AFFAIRES.

NATURE DES ACTES.	TAUX des HONORAIRES. fixes.	proportionnels.	OBSERVATIONS.
	FR.		
Abandon de mitoyenneté..........		1 0/0	au minimum 6 *b.*
Acceptation de donation et legs....	6		
— de remploi...........	6		
— de transport..........	6		
Acquiescement..................	6		
Acte imparfait..................		vacations.	
— de suscription...............			Voir *Testament mystique.*
— respectueux pour mariage ou pour adoption............		vacations.	(Tarif légal, art. 168.
Adhésion.......................	6		
Adjudication de coupe de bois.....		2 0/0	jusqu'à 10,000, 1/4 0/0 ensuite.
— de fonds de commerce.		6 0/0	sur le prix du fonds et des marchandises.
— de meubles...........		6 0/0	sur le prix.
— d'immeubles à l'amiable		5 0/0	ou 14 0/0, tous déboursés et honoraires compris.
— judiciaire d'immeubles.			(Tarif légal, ordonn. de 1841.) jusqu'à 10,000, 1/4 0/0 sur l'excédant, plus 1 0/0 sur les recettes (déc. 5, 8 nov. 1851.
— de récoltes..........		2 0/0	
Administration (compte d')........		1 0/0	
Affectation hypothécaire.........		1 0/0	sur la somme garantie.
Antériorité d'hypothèque.........	6		
Antichrèse......................		1 0/0	sur la somme garantie.
Apprentissage (contrat d')........	2		
Arbitre (constitution d')...........		vacations.	
Assurances maritimes..............		25 du 1,000	
Atermoiement.....................			Voir *Concordat.*
Autorisation maritale.............	6		
— paternelle..........	6		
Bail............................		20 du 1,000 s. la 1re ann.	Si le bail a plus de neuf ans, on augmente de 1/6.
— à cheptel...................		20 du 1,000	sur la valeur du bétail.
— à moitié ou colonat...........		20 du 1,000	sur la part fournie au propriétaire.
— par adjudication.............		25 0/0	sur le prix de la 1re ann. de loyer.
— d'ouvrage...................		20 du 1,000	
Bénéfice d'inventaire (compte de)..		1 0/0	jusqu'à 20,000 fr., 1/2 0/0 au-des.
Billet à ordre..................		1 0/0	sur la somme reconnue.
Cahier des charges d'une vente judiciaire........................		1 50	par rôle de minute.
Cautionnement..................		1/2 0/0	sur la somme cautionnée.
Caution (certificat de)...........	6		
Certificat de propriété...........		6 fr. jusqu'à 1,000 fr. du capital.	1/4 0/0 de 1,000 à 2,000 fr., et 1/8 au delà.

NATURE DES ACTES.	TAUX des HONORAIRES. fixes.	proportionnels.	OBSERVATIONS.
	FR.		
Certificat de vie, autre que ceux des pensionnaires de l'État...........	2		
Cession de biens...................		1 0/0	sur le capital cédé.
Changement d'une élection de domicile.............................	6		
Command (déclaration de)..........	6		
Compromis.........................		vacations	
Compulsoire.......................		id.	
Concordat.........................		1 0/0	sur la valeur des biens cédés.
Consentement à adoption..........	5		
— à mariage............	6		
Constitution de rente perpétuelle...		1 0/0	sur le capital aliéné.
— viagère......		1 0/0	— au denier 10.
Contributiou de deniers............		1 0/0	sur l'actif partagé.
Contrat de mariage................		1/2 0/0	sur les apports et dots réunis.
Crédit (ouverture de).............		1 0/0	sur le montant du crédit.
Décharge..........................	6		
Déclaration de succession.... moitié des rôles d'inventaire, minimum, une vacation..........................			
Délégation........................			Voir *Transport*.
Délivrance de legs................		1/2 0/0	de 1,000, à 10,000 1/2 0/0; au delà 1/4 0/0.
Dépôt.............................	6		
— de cahier des charges d'une vente judiciaire.............		vacations	
— de séquestre.................	6		
— de testament.................	6		
Désistement.......................	6		
— de privilège..........	6		
Donation à cause de mort..........		1 0/0	sur la valeur des biens donnés.
— d'un usufruit.............		1 0/0	sur le capital au denier 10 ou 12 1/2, selon la nature des biens.
— entre époux....... chacune	8	1 0/0	au décès, sur l'importance des biens donnés.
— entre-vifs autre que par contrat de mariage....		1 0/0	sur la valeur des biens donnés.
— et partage d'acsendants...		1 0/0	sur la valeur des biens.
Échange...........................		1 0/0	sur la valeur de la plus forte part.
Élection de domicile..............	6		
Endossement.......................		1/2 0/0	sur la somme garantie.
État descriptif et estimatif de meubles		vacations	
— de situation d'un tuteur.......		id.	
— d'un immeuble grevé d'usufruit.		id.	
Exécution testamentaire (compte d').		1 0/0	sur la masse des recettes.
Gage (acte de)....................		1 0/0	sur le montant de la créance garantie.
Grosse (procès-verbal pour délivrance d'une seconde)..................		vacations	
Habitation (acte d'établissement d').			Voir *Bail*.
Inscriptions hypothécaires........	6		
— (renouvellement d')...			V. *Inscriptions hypothécaires*.
Inventaire........................		vacations	(Tarif légal.)
Lettres de change.................		1 0/0	sur la somme à payer.

NATURE DES ACTES.	TAUX des HONORAIRES. fixes.	TAUX des HONORAIRES. proportionnels.	OBSERVATIONS.
	FR.		
Licitation amiable		1 0/0	sur les parts acquises.
— judiciaire			(Tarif légal.)
Liquidation		1 0/0[1]	
— (état rectificatif de)		vacations	
— de reprises		1 0/0	sur le montant des reprises.
— (procès-verbal d'approbation de)		vacations	
— (procès-verbal de difficultés de)		id.	
— (procès-verbal d'ouverture des opérations de)		id.	
Mainlevée	6		
Marchés et devis		1 0/0	sur le montant du marché.
Mention	2		
Mitoyenneté (vente de)			Voir *Vente.*
Notoriété	6		
Obligation		1 0/0	sur la dette reconnue.
Ordre amiable		1 0/0	sur la somme distribuée.
Ordres (quittance d')		1/2 0/0	sur les sommes payées.
Partage avec ou sans liquidation		1 0/0	sur les lots ou sur la masse active.
— par un notaire commis (procès-verbal de composition des lots de)		vacations	
— testamentaire		1 0/0	le droit est dû immédiatement.
Prescription (renonciation à)	6		
Prêt à la grosse aventure		24 fr. du 1,000.	
— à usage		1 0/0	sur la valeur de la chose prêtée
— de consommation		1 0/0	*Id.*
Procuration en brevet	4		
— en minute	4		quand elle est générale ou compliquée, on ajoute 10 fr. aux honor.
Prorogation de partage	6		
— par suite d'obligation		1/2 0/0	sur le montant de l'obligation.
Protêt		vacations	
Quittance		1/2 0/0	mention en sus.
Ratification	6		
Récépissé de compte de tutelle		vacations	
Recherches (droit de)	1		par chaque acte.
Reconnaissance d'écriture		1 0/0	sur l'importance de la valeur reconnue.
— d'enfant naturel	6		
Règlement d'indemnité par suite d'expropriation		1 0/0	sur l'indemnité allouée.
Réméré (retrait de)		1/2 0/0	sur la valeur des biens retirés.
— (vente à)		1 0/0	sur la valeur des biens soumis au droit de réméré.
Renonciation	6		
— à un droit d'usufruit		1 0/0	sur la valeur de l'usufruit.
Résiliation de bail			Voir *Bail.*

1. En général, le 1 0/0 se perçoit sur la masse brute de la communauté seulement, parce-qu'il arrive souvent que la masse active de la succession se compose de reprises à faire sur la communauté, et qu'il y aurait, dans ce cas, double emploi; mais quand l'actif de la succession

NATURE DES ACTES.	TAUX des HONORAIRES. fixes.	proportionnels.	OBSERVATIONS.
	FR.		
Résolution de contrat de mariage..	6		
Rétablissement de communauté ou réconciliation entre époux séparés.		1/2 0/0	sur l'actif de la communauté.
Retrait de droits litigieux ou successifs		1 0/0	sur le prix du retrait.
Rétrocession......................		1 0/0	sur la valeur de la chose rétrocédée.
Révocation de donation............		vacations	
— de pouvoirs....................			Voir *Procuration.*
— d'une élection de domicile.	6		
— de testament..........			
Société (acte de)..................		1 0/0	(sur le capital social, jusqu'à 10,000; au delà 1/2, 1/4, 1/8 1/16, 1/32, selon l'importance de l'acte (usage de Paris).
— (continuation de)..........			même taux.
— (dissolution de)...........			sans liquid. 6°; avec liquid. on partage 1 0/0 sur l'actif partagé jusqu'à 10,000. V *Société.*
Substitution de pouvoirs...........			Voir *Procuration.*
Testament mystique...............		vacations	sans préjudice des honoraires proportionnels à 1 0/0 sur les sommes léguées, à percevoir au décès.
— public.................		id.	id.
Tirage de lots au sort..............			Voir *Partage.*
Titre nouvel.......................		1/2 0/0	minimum 6°.
Transaction........................			Les honoraires se perçoivent suivant la nature des dispositions contenues dans l'acte.
Transport de bail.................		1 0/0	Voir *Bail.*
— de créance............		1 0/0	sur la créance cédée.
— de droits litigieux.......		1 0/0	sur le prix.
— — successifs......		1 0/0	sur le prix.
— de rente...............		1 0/0	sur le capital des rentes.
Tutelle (compte de)...............		1 0/0	sur le total des recettes.
Tuteur (nomination de)...........	6		
Union de créanciers..............			Voir *Cession de biens.*
Usufruit (constitution ou cession d').		1 0/0	sur le capital au denier 10 ou 12 1/2, selon la nature des biens.
Ventes de bois de communes, hospices, etc..........			(Tarif légal.)
— d'une coupe de bois à l'amiable		1 0/0	sur le prix.
— de fonds de commerce.....		1 0/0	sur le prix du fonds et des marchandises.
— d'immeubles..............		1 0/0	sur le prix.
— de meubles à l'amiable.....		1 0/0	id.
— d'offices..................		1 0/0	id.
— de récoltes à l'amiable.....		1 0/0	id.
— de nue propriété.........		1 0/0	id.
— d'un usufruit............		1 0/0	id.
Tous les actes innomés n'entraînant pas mutation de valeurs mobilières ou immobilières................	6		

est plus important que celui de la communauté, on perçoit sur l'actif brut, réel et non fictif des deux. Ce mode est en général plus équitable.

TARIF

DES HONORAIRES PARTICULIERS, CONSACRÉS PAR L'USAGE POUR MM. LES AVOUÉS[1].

Purges.

1° Un droit fixe de 25 fr. pour le dépouillement de la propriété;
2° 1 fr. par 1,000 fr. sur le prix, comme honoraire proportionnel.

II.

Assistance aux inventaires et aux procès-verbaux contentieux confiés aux notaires.

6 fr. par vacation de 3 heures.

NOTA. Ces vacations ne se perçoivent pas, en général, lorsque l'avoué assiste à la liquidation, et que pour cette assistance il reçoit des honoraires.

III.

Assistance aux liquidations.

1/3 des honoraires attribués au notaire qui fait la liquidation.

IV.

Transactions.

Si c'est le notaire qui a présidé à la transaction, l'avoué reçoit 1/3 des honoraires du notaire. — Si c'est l'avoué, au contraire, qui y a procédé, 1 0/0 sur la valeur appréciable de l'objet en litige.

Si cette appréciation n'est pas possible, comme en matière de séparation, l'émolument est fixé eu égard à la position des parties, à la difficulté de l'affaire et aux soins qu'elle a nécessités.

V.

Arbitrages.

(Voir *Transactions.*)

1. Comme les avocats, les avoués n'exigent judiciairement aucun honoraire; s'ils ont rendu aux clients des services exceptionnels, en dehors des actes de la procédure, ils en réclament les émoluments, suivant l'importance et la difficulté de ces services; mais, en cas de refus, les usages de la corporation prohibent toute action judiciaire; assez souvent on s'en rapporte à la décision de l'un des officiers de la Chambre, on ne va pas au delà de cet arbitrage.

Les chiffres que nous indiquons ne reçoivent pas une application aussi générale que ceux qui rémunèrent les actes des notaires; la raison en est simple, c'est que la ligne de démarcation qui sépare les fonctions contentieuses de l'avoué de son rôle fiduciaire est moins tranchée que pour le notaire, et qu'il est plus difficile d'apprécier pour le premier que pour le second le point exact où finit le devoir, où commence le dévouement; mais comme minimum, ces chiffres sont rarement refusés à Paris.

VI.

Séparations de biens et de corps.

(Voir *Transactions.*)

VII.

Ordres

(Quand il y a des difficultés.)

1/4 0/0 sur le montant de la collocation du client.

VIII.

Contributions

(Voir *Ordres.*)

IX.

Cession de biens.

Cessions de biens. (Voir *Transactions.*)

X.

Plaidoiries.

Quoique chargé de la procédure, l'avoué plaidant est assimilé à l avocat, et a droit aux mêmes honoraires.

XI.

Expropriation pour cause d'utilité publique.

1 0/0 sur la différence entre l'offre et l'allocation[1].

XII.

Droit d'enchères.

L'avoué enchérisseur et adjudicataire perçoit 1/2 0/0.
S'il n'est qu'enchérisseur, il n'a droit qu'à des vacations.

1. La ville de Paris a pour cet objet un tarif qui règle les droits proportionnels de l'avoué qu'elle emploie ; il est gradué de manière que, pour stimuler le zèle de l'officier ministériel, l'émolument augmente au fur et à mesure que l'écart entre l'offre et l'allocation diminue.

Nous ne pouvons indiquer les chiffres de cette rémunération, qui, partagée d'abord entre l'avocat et l'avoué, a été attribuée depuis à l'avoué seul; les chiffres sont modérément fixés à cause de l'importance exceptionnelle des expropriations auxquelles ils s'appliquent ; mais le fait seul constate la reconnaissance pour une grande administration du principe des honoraires particuliers dus en dehors de la procédure.

FIN.

TABLE ALPHABÉTIQUE

JUSTICES DE PAIX

FORMULAIRE DES MAIRES.

NOTARIAT.

Procédure.

Sous seing privé.

FIN DE LA TABLE ALPHABÉTIQUE

PARIS. — IMPRIMERIE ÉMILE MARTINET, RUE MIGNON, 2.

www.ingramcontent.com/pod-product-compliance
Lightning Source LLC
LaVergne TN
LVHW021040011026
849160LV00007BA/194
9782012545533